黄今言先生简介

　　黄今言，祖籍江西石城，1937年生。江西师范大学中国经济史研究所原所长、教授、博士生导师，享受国务院特殊津贴，全国优秀教师。曾任学校学位委员会副主任、中国秦汉史研究会第六至第十届副会长、中国经济史学会古代经济史专业委员会副会长、江西省农村社会研究会顾问等职。长期研究秦汉史，承担并完成国家级、省部级课题多项。出版《秦汉赋役制度研究》《秦汉军制史论》《秦汉商品经济研究》《秦汉史文存》等专著八部，在《历史研究》《中国史研究》《中国经济史研究》等学术刊物发表论文80余篇。曾获省部级社会科学优秀成果一、二、三等奖和曾宪梓教育基金二等奖。

黄今言教授八十华诞纪念文集

陈晓鸣　温乐平　主编

江西人民出版社

图书在版编目(CIP)数据

黄今言教授八十华诞纪念文集/陈晓鸣,温乐平主编.
—南昌:江西人民出版社,2017.6
ISBN 978-7-210-09489-0

Ⅰ.①黄… Ⅱ.①陈…②温… Ⅲ.①黄今言–纪念文集②中国历史–秦汉时代–文集 Ⅳ.①K232.07-53

中国版本图书馆 CIP 数据核字(2017)第 107688 号

黄今言教授八十华诞纪念文集

陈晓鸣　温乐平　主编
责任编辑:陈世象
封面设计:同异文化传媒
出版:江西人民出版社
发行:各地新华书店
地址:江西省南昌市三经路47号附1号
学术出版中心电话:0791-86898330
发行部电话:0791-86898815
邮编:330006
网址:www.jxpph.com
E-mail:swswpublic@sina.com　web@jxpph.com
2017年6月第1版　2017年6月第1次印刷
开本:787毫米×1092毫米　1/16
印张:45.5
字数:890千字
ISBN 978-7-210-09489-0
赣版权登字—01—2017—361
版权所有　侵权必究
定价:98元
承印厂:南昌市红星印刷有限公司

历史是活在我们心中的文化（代序）

岁月是生活的长链。人们常常感叹时间不给人情,翻转的时间如同"白驹过隙",如同"闪电而去",一晃几十年,"时间都去哪儿了"？当然,时间的匆忙,丝毫也不会磨灭人们生活的轨迹。人们会在不知不觉中留下自己经历的印痕,书写自己奋斗的华章。到今年年底,我们就要迎来我校著名历史学家黄今言教授八十华诞了。这是黄今言先生的喜事,更是史学界同仁的喜庆！

人们着实无法选择自己的出身,但是,却可以笃定地把握自己的人生道路。对于许多出生苦寒的人来说,都是因为自己的奋斗并抓住了改变人生行程的机遇,最终获得了成功。黄今言先生可谓其中一员,具有典范意义。

1937年11月,黄今言先生出生在江西省石城县一个普通的农家。可以说,黄先生生不逢时。20世纪30年代的农村,出生在一般农民家庭的人,其生活的艰辛程度,可想而知。黄先生曾经回忆说,正是靠着父母的坚强和勤劳,靠他旺盛的生命力,他才能在贫穷生计中顽强地活下来,并一步一步地成长起来。在新中国建立之初,他家的生活境况也还不太好。1954年夏,黄先生在石城初中毕业后,为了不给家里增添生活负担,就毅然报考了读书不要钱的宁都师范学校。在师范学习期间,黄先生十分珍惜这"读书不要钱"的幸福生活,严格要求自己,勤学不厌,因此,他一直是班上的好学生。1957年初夏,黄先生中师毕业了。这是他人生道路上的又一个重要关头。由于他三年的不懈付出,因而又赢得了幸运的青睐,他以"全优生"被直接保送（免试）到江西师范学院（前身为民国时期教育部直属的国立中正大学,首任校长为民国时期著名的大学校长胡先骕博士;1983年更名为江西师范大学）历史系本科就读。在大学读书期间,黄今言先生秉持了他在中师阶段养成的好学深思的学习习惯,以饱满的学习积极性形成了大学四年刚健有为的学习状态,受到了老师的喜爱,同学的羡慕。1961年7月,黄先生以优异的学业毕业,并留校任教。随后,师从我国著名历史学家谷霁光教授(1907—1993)攻读"秦汉魏晋南北朝史"多年。1965年初，他被借调到中共江西省委宣传部理论处工作了一年多的时间，复又回校任教。在"文化大革命"中，他和当时我国许多知识分子一样，受到冲击，被迫中断了大学的教学和科研工作。在1968年11月全省兴起的"干部下放"潮中，黄先生与几名省直机关干部和25名南昌市铁路中学知青一道，被"下放"到泰和县农村，参加劳动锻炼。1969年3月，他被调到泰和县革委会政治部，负责了一段时间的宣传理论工作。1972年5月，黄先生接到中共江西省委组织部调令，得以重回江西师范学院历史系任教，度过了几年"半教半闲"的时光。1978年党的十一届三中全会以后，黄今言先生迎来了他一生中最好的光景，能够全身心地投身到历史学教学、科研、社会服务和文化传承创新之中去，"功夫不负有心人"，终于取得了丰硕成果，并得到了组织和同事的肯定和好评，先后被评为讲师、副教授、教授。

人生的价值，在于奋斗，在于创造，在于奉献社会。唯有奋斗、创造和奉献，才能放大生命的意义，使生命的个体成为社会的生命，使生命的价值超越生命本身。黄今言先生几十年如一日，把自己的工作与历史学事业紧紧联系在一起，扬起了学术的风帆，担负了育人的使命，释放了人生的光焰。

黄先生经历了幼时饥寒清贫，青少年时代寒窗苦读，青年时期政治动荡，直到壮年才真正安定下来，稳坐"冷板凳"，潜心做学问。他经常感慨十年浩劫使他耽误了韶华，中断了他所心爱的历史学教学、科研事业。只有身逢改革开放科教兴国的好时代，黄先生才能攒足干劲，做他所喜爱的历史学教育工作。从七七级开始，黄先生一直坚持给本科生上课，受到历届学生喜欢；他担任硕士、博士研究生导师，先后指导硕士生、博士生三十余人，他们都顺利通过学位论文答辩，取得了学位。黄先生在担任中国古代史教研室主任、中国经济史研究所所长期间，他主讲过"中国古代史""中国古代经济史""中国古代兵制史""秦汉史""秦汉史专题研究""秦汉商品经济研究""秦汉文献与简牍概要"等7门课程。对于每门课，他都认真备课，用心讲解。他常说，三尺讲台小，学生前途大，要把学生的前途搁在讲台上，认真讲课，毫不含糊。无论是本科生，还是研究生，他都自编教材，体现自己教学改革的思考和特色，参编或主编了《中国古代史讲义》(上册)1981年版、《中国古代史专题讲座》(上、下册)1985年版等教材。黄先生不仅注重教学与科研结合；也注重与学生互动，经常与学生交流、讨论。在互动中，黄先生把学生的学习与生活结合起来，他既关心学生的学业进步，也关怀学生成长成材；他不只是学生的学业导师，更是学生的人生导师。他常说，他平生所爱，一是与学生在一起，爱听学生叫他"黄老师"，"老师称呼声声重，一言一行配师名"；二是爱读书、爱思考，有了心得就立马写下来琢磨，笔耕不辍。

黄先生长期致力于中国古代史研究，尤其是秦汉史研究。在繁重的教学工作之余，他潜心钻研中国古代史前沿问题，尤其是秦汉史研究。黄先生先后承担并完成国家课题2项,省部级课题5项,海外合作课题1项;出版了《秦汉赋役制度研究》(1988年)、《秦汉军制史论》(1993年)、《中国军事通史·东汉卷》(合著,1998年)、《秦汉江南经济述略》(主编,1999年)、《秦汉经济史论考》(2000年)、《秦汉商品经济研究》(2005年)、《秦汉史丛考》(2008年)、《秦汉史文存》(2016年)等8部史学著作;仅1997年以来,在《历史研究》《文史》《中华文史论丛》《中国史研究》《中国经济史研究》等重要的专业学术刊物发表了政治史、经济史、军事史、区域社会史研究等系列论文80余篇。著述总字数多达300余万字。黄先生在研究方法上,注重宏观把握与微观剖析结合;历史文献与考古资料结合;定性分析与数学计量结合;坚持实证原则,服务现实;所以,他的这些论著刊发后,都在史学界产生了积极反响,论文有转载,著作有书评,同行评议有肯定。譬如,关于他的著作的书评,多为同行专家所写;他的史学论文有很高的转载率,多在《新华文摘》《中国史研究动态》《历史学年鉴》和中国人民大学《报刊复印资料》《高等学校文科学术文摘》以及有关学术网站上全文转载、摘要或观点简介。他的很多研究成果还走出了国门,受到国际同行的重视,譬如韩国的《庆北史学》和日本的《东洋史研究》《东方学》《骏台史学》等多家外文刊物也转载、介绍或引征过黄先生论著的观点和看法。总之,数十年来,黄先生的科研成果不仅在课堂上使学生受益;而且在国内外史学界受到重视,有力地推动了史学研究。

黄先生在教学、科研上辛勤耕耘,硕果累累,受到了组织的肯定和同事的尊敬。他获得了很多标志着他取得成功的荣誉和称号,比如,他获得省部级教学改革成果和哲学社会科学优秀成果一、二等奖多项;1991年被江西省教委评为学科带头人;1992年获得国务院专家特殊津贴;1993年被选为中国秦汉史研究会副会长;1995年获得全国优秀教师称号;1999年获得"曾宪梓教育基金"二等奖,并在北京参加人民大会堂举行的授奖盛会;2000年被评为优秀共产党员;2004年受聘学校教授一类岗,2006年评为国家二级教授。黄先生的主要业绩也被收入《江西省突出贡献专家传略》《中国经济学专家辞典》《中外名人录》等多部辞书,还有一些报刊、广播、电视也宣传、介绍过黄先生教书育人、钻研史学、服务社会、创新学术的事迹。黄先生在七十岁时办理了退休手续,但他人退心不退,还经常关心学校历史学类专业建设、中国古代史学科建设、人才培养方案制定和修订,多次为本科生、研究生开讲座,把读书、思考和写作作为退休后的重要生活,常有新作发表于各家学术期刊。黄先生以实际行动为学生树立了"学习到老,思考到老,研究到老"、"勤奋学习,认真工作,健康生活"的人生榜样。

平庸者都是一样的平庸,成功者各有各的不同。我们赞美成功者,鼓励开拓者,激励奋斗者,宽容挫折者,是因为他们以自己的心血和汗水丰富了我们的生活内容,以他们的人生精彩升华了时代精神和民族精神,并为后来者树立了进步的标杆。一个人一年干一件事算不了什么;一个人十年干一件事还算不容易;而当他数十年如一日地坚持做好一件事,当然就很了不起了!足以让人肃然起敬,值得人们学习了。黄今言先生五十多年如一日,克服了许多人们难以想象的困难,兢兢业业地置身于历史学教育事业,孜孜不倦地潜心于历史学研究事业,殚精竭虑地投身于中国文化传承创新事业,毫无保留地把他的智慧服务于社会进步事业,虽谓书生,而志在四海矣!

杨绛先生生前曾经回答人们对她的关切:是什么使她有如此巨大的力量能够克服人生道路上的艰辛苦难,从而矢志不渝,并形成了无怨无悔、向上之气的美好品质?杨绛先生回答说:"是信仰,是老百姓说的'念想'。"① 这是杨绛先生对于坚守者的文化揭示,具有重要的人生意义。我们庆祝黄今言先生的八十华诞,研讨他的教育、学术思想,追问他走向成功的精神力量,欣赏他终生坚守的精神家园,领略他的精神品质,这远比盘点他在教学、科研领域收获的"战利品"要重要得多!因为这样,可以嘉惠后人,丰富史学精神。黄今言先生是一名称职的"人师",是一名中国古代史专家,他将他生命的全部很早就融入史学事业,早已成为一名通透的"史学人"了。因此,找寻黄先生终生以历史教学、历史研究、文化传承创新的终极力量,还是应该深入到他所从事的史学事业中去。是什么呢?我认为,一言以蔽之,就是:历史是活在我们心中的文化。黄今言先生无比热爱历史教学与研究,很早就立志要像他的导师谷霁光先生那样具有阳雀扒枝、燕子衔泥的精神,真正做到"穷原意委稽秦汉,求是崇真究古今"②。黄今言先生要以无比顽强的精神、毅力和意志,弄清历史的来去原委、是非曲直。以非常之心,集数十年之功,成非常之事,这就是他的"念想"。所以,数十年来,黄先生对于前人所未涉足的秦汉时期的诸多历史真相,念兹在兹,毫无别移!黄今言先生对于史学事业的坚守,上升到了文化的境界和高度,就具有了坚不可摧的文化自信力。这,还是要回到黄先生所从事的秦汉史研究中找寻答案。西汉武帝时代伟大的史学家司马迁讲述他著述《史记》的心路历程时,既动情于心,不免流露心迹;又总结前人,揭示古今常理,说道:"夫《诗》《书》隐约者,欲遂其志之思也。昔西伯拘羑里,演《周易》;孔子厄陈、蔡,作《春秋》;屈原放逐,著《离骚》;左丘失明,厥有《国语》;孙子膑脚,而论兵法;不韦迁蜀,世传《吕览》;韩非囚秦,《说难》《孤愤》;《诗》三百篇大抵贤圣发愤之所为作也。"③ 黄今言先生自幼读史,稔熟秦汉典籍,加之史学大家谷霁光教授指导引导,这样就能在黄先生心中激活文化理想,穷究古史谱新篇。

能够毕生献身于一桩事业的人,都是有信仰的人,有信念的人,有品格的人,有坚守的人。真可谓:"撼泰山易,撼信念难!"黄今言先生正是这样的人。

"黄今言先生八十华诞学术座谈会"召集人计划在会前出版一本由黄今言教授的友人、同行和门生所写的论文集,关于书名征求我的意见,同时他们提出,一定请我为

---

① 周毅:《纯真的生命,我见过了——记杨绛先生与文汇报笔会的这十年》,《文汇报》,2016年6月16日。
② 周声柱:《斯人已逝,流风可仰——忆著名历史学家谷霁光先生》,《南昌大学报》,2014年11月12日。
③ 司马迁:《史记卷一三零·太史公自序第七十》,中华书局,1999年。

本书写一篇"序言"之类的东西,实在是盛情难却!"盛情难却"一词,现在一般成了人际交往的冠冕堂皇,或搪塞敷衍之词,但它对于我确是认真之词。我之所以如此爽快地答应了,一是出于对黄先生由衷的仰慕之情;二是出于对于学校历史学专业的无限热爱之意;三是出于对许许多多默默耕耘在历史学教学、科研这片深情土地的同行的同情共感,所谓"嘤其鸣矣,求其友声"①吧。

是为序。

原刊于《光明日报》2016年11月26日"理论·史学"版

张艳国
2016 年 9 月 10 日

---

① 《诗经·小雅·伐木》,中华书局,2009 年。

目 录

历史是活在我们心中的文化（代序） 　　张艳国

1　昌邑王废帝海昏侯刘贺经历考辨　　朱绍侯
9　秦汉新道家与黄老之学　　熊铁基
12　论"徙民实边"不是屯田　　刘光华
22　"亚细亚生产方式"再探讨
　　——重读《资本主义生产以前的各种形式》的思考　　李根蟠
45　陈垣与鼠疫斗士伍连德
　　——以1911年扑灭东北鼠疫和"奉天国际鼠疫会议"为中心　　张荣芳
69　汉初郡县长吏考　　廖伯源
98　论东汉门阀的形成　　周天游
123　论东魏北齐王爵的封授及元氏诸王的"准例降爵"　　张鹤泉
139　安危在出令　存亡在所任
　　——秦汉"治安"三策（乙格式）　　龚留柱
152　渠县东汉冯氏墓域石刻文字的史料价值　　吕宗力
163　河西"之蜀"草原通道：丝路别支考　　王子今
178　关于汉代循吏问题的再研究　　刘　敏
196　汉代儒学的经学化进程　　李振宏
235　汉代居延地区的信息传递与通行凭证　　周国林
245　地富阶层与农村经济社会发展及历史怪圈
　　——毛泽东《寻乌调查》解读的启示　　温　锐　陈　涛
262　《史》《汉》所记刘邦在汉中开汉业史事比较
　　——以《高祖本纪》和《高帝纪》为中心的考察　　王文涛

273	从新朝到东汉：伦理政治演进的历史考察	王　健
283	从西汉抑商政策看官僚地主的经商	晋　文
293	汉初货币制度变革与经济结构的变动	
	——兼谈张家山汉简《钱律》问题	臧知非
310	秦汉帝陵及其影响	徐卫民
322	秦汉时期徭戍制度研究述评	王彦辉
331	秦汉"乡举里选"考辨	卜宪群
345	中国孙子学的整体辨析	赵国华
358	历史大视野下的霍光及刘贺被废事件	
	——兼论君主专制制度中的虚君治理	万义广
375	地缘战略与吴魏辽东之争	陈金凤
384	博弈与平衡：秦汉乡里社会中的民间秩序与国家权力	沈　刚
397	秦汉间的政治转折与相权问题探微	王　刚
416	地方县志的族谱化：以明清瑞金县志为考察中心	李晓方
431	试论西汉求贤诏	叶秋菊
442	试论鄱阳湖传统渔业饮食习俗与地方社会建构	
	——以鄱阳县古渔村管驿前为例	程宇昌
453	建国以来党和政府对传染病疫区的社会治理	
	——以余江县血防为中心	万　心　万振凡
465	西夏文《六韬》译本的文献学价值	邵　鸿　张海涛
472	儒家素质教育观的历史反思	
	——兼论大学素质教育中儒家素质教育观的继承、转化和发展	赵　明
487	秦汉工商管理思想析论	刘承禄
493	汉代江南城市与商业问题述论	陈晓鸣
505	汉代的出版业	陈昌文
510	水与汉代南方社会	王福昌
518	论汉代的财政危机及其对策	周　琍
525	论战国土地私有制	李恒全　宋澄宇
543	王阳明行《南赣乡约》时间辨析	黄志繁
546	汉代农业经济管理法初探	黄顺春
553	岳麓秦简所见"徭"制问题分析	
	——兼论"奴徭"和"吏徭"	朱德贵
583	"江东神"论考	
	——基于地方文献的分析	邹春生

593　秦汉时期通讯设施建设与军事信息传递问题论略　　上官绪智
627　从张家山汉简看西汉初期徭役制度　　温乐平
639　秦汉私营工商业多层次考察　　谢　华
645　秦代中央与地方关系的重新审视
　　——以出土政务文书为中心　　吴方基
663　再论《额简》"專部士吏典趣輒"
　　——兼谈汉代的士吏　　吴方浪
680　我所敬仰的黄今言先生　　张艳国
688　今言吾师：永远感怀的师生情谊　　吴　琦
691　认真　严谨　执着
　　——黄今言先生印象记　　陈晓鸣
694　黄今言先生的《秦汉军制史论》读后　　李祖德
698　说《秦汉军制史论》的创获　　霍印章
700　古代商品经济断代研究的力作
　　——黄今言先生的《秦汉商品经济研究》　　徐卫民　方　原
704　自然经济与商品经济的互动
　　——黄今言教授《秦汉商品经济研究》评介　　臧知非
709　一部研究古代江南经济的拓荒之作
　　——读《秦汉江南经济述略》　　陈世象
712　读黄今言先生的《秦汉商品经济研究》　　王　亮

717　后　记

昌邑王废帝海昏侯刘贺经历考辨

朱绍侯

一、海昏侯刘贺身世简介

最近江西南昌发掘了西汉海昏侯墓,出土文物之多、品位之高为近年所罕见。其陪葬品之奢华,非一般汉代列侯所能企及,这与刘贺的特殊身份有关,有必要略作介绍。

海昏侯刘贺,是汉武帝刘彻之孙,昌邑哀王刘髆之子。刘髆是武帝宠姬李夫人所生,因此他幼年时就深受武帝所宠爱,特聘儒学大师夏侯始昌为其少子刘髆施教。估计在立刘髆为昌邑王时,封赏也会特别优厚。但刘髆是汉武帝六个儿子中最平庸的一位。他既没有政治野心,又没有什么政绩,所以在《汉书·昌邑王髆传》中只有九个字的记载:"天汉四年(前9年)立,十一年薨。"刘髆死后,其子刘贺继立为昌邑王。他"在国素狂纵,动作无节,武帝之丧,贺游猎不止"①。这在当时是违背礼仪的重罪,因无人举报,他就敢任意胡为。昌邑国中尉王吉劝诫刘贺要停止游猎,注意读书,"考仁圣之风,习治国之道",让他注意养生,使"体有乔、松之寿",还暗示他与当今皇帝(昭帝)最亲,可能有继承帝位之机会。刘贺表面说:"中尉甚忠,数辅吾过。"并给予很重的物质奖励,但仍放纵不改②。昌邑国郎中令龚遂对刘贺"久与驺奴、宰人游戏饮食,赏赐无度",当面涕泣向刘贺劝诫说:"今大王亲近群小,渐渍邪恶,所习,存亡之机,不可不慎也。"并为他聘请"通经有行义者",陪他一起学习,"以便坐则诵《诗》《书》,立则习礼容",刘贺表面上接受了,没过几天就把陪他的人都赶走了③。

---

① [宋]司马光:《资治通鉴》卷24《汉纪·昭帝纪》,中华书局,1992年,第776—777页。
② 《汉收》卷72《王吉传》。
③ 《汉书》卷89《龚遂传》。

在刘贺继承王位后的第十三年,即元平元年(前74年)四月,昭帝驾崩,无子,大将军霍光与群臣商议,要找一位与帝室最亲近的人立为皇帝。当时昭帝的亲弟兄中只有广陵王刘胥还在世,但因他行为不道不为昭帝所用而被排除,另一位亲人就是昭帝亲侄、昌邑王刘贺可以当选。于是霍光就奏明皇后,请下诏遣行(代理)大鸿胪事少府乐成等迎接昌邑王进京主持昭帝丧事,实际是要立刘贺为帝。

刘贺接到征书后,于当天中午即出发,黄昏时至定陶,半天走了135里,累死的马匹相望于道,其急切的心情于此可见。王吉上书劝诫刘贺说:"大王以丧事征,宜日夜哭泣悲哀而已,慎毋有所发。"即劝诫他不要过急。书中还说霍光辅政,有仁爱、勇智、忠信之德,为武帝所信任,故把天下托付给他,希望刘贺对霍光"事之、敬之,政事一听之,大王垂拱南面而已"①。刘贺对王吉的忠告全当耳旁风。刘贺在路上不断扰民生事,到济阳(今河南兰考)时,求长鸣鸡、买积竹杖,过弘农(今河南灵宝)时,又令大奴善以衣车载女子供其淫乐。朝廷的使者责问昌邑国相安乐有无此事,刘贺谎称无,遂以处置大奴善了事,以洗清刘贺的丑闻。刘贺至霸上(今陕西西安东),大鸿胪至郊迎接,驺官请他乘舆车。刘贺命昌邑王太仆寿成赶车,郎中令龚遂参乘。至长安东郭门(东都门),龚遂说:"礼,奔丧望见国都哭,此长安东郭门也。"刘贺说我喉咙痛,不能哭。至长安城门,龚遂说:"大王宜下车,乡(向)阙西面伏哭,尽哀止。"这次刘贺答应了,"哭如仪"。元平元年(前74年)六月,刘贺接受皇帝玺绶,即皇帝位。即皇帝位后的刘贺仍然淫戏无度,日与近臣饮酒作乐,斗虎豹,或召皇帝专用的皮轩车,与亲信各处游荡,违背圣道。龚遂知道后,哭泣着对昌邑国相安乐说:"君,陛下故相,宜极谏诤。"②而刘贺对所有谏诤一概不听。

刘贺即位后,把原昌邑国的官属二百余人调至长安,越级提拔以掌握中央实权。太仆张敞上书谏阻说:"今天子以盛年初即位,天下莫不拭目倾耳,观化听风。(原来的)国辅大臣未褒(奖)而昌邑小辈先迁,此过之大者也。"③刘贺仍然不听。

当时主政的霍光对新帝如此胡作非为深感忧虑,就问最亲近故吏大司农田延年应该怎么办。田延年说:"将军为国柱石,审此人不可,何不建白太后,更选贤而立之。"④于是霍光暗中与大将军张安世商量废黜刘贺的计划,然后又与田延年找丞相杨敞说明情况。杨敞初时惊惧,不知所言,后经其夫人开导,才表示"请奉大将军教令"⑤。在征得丞相杨敞同意后,霍光召集群臣在未央宫开会。霍光说:"昌邑王行昏乱,恐危社稷,如何?"群臣听后"皆惊愕失色,莫敢发言"。田延年遂离席按剑说:先帝(武帝)托孤以安天下,知将军忠贤,现在刘贺昏乱,社稷将倾,今日之议,必须迅速

---

① 《汉书》卷72《王吉传》,商务印书馆,1958年,第875页。
② [宋]司马光:《资治通鉴》卷24《汉纪·昭帝纪》,第780—781页。
③ 《汉书》卷76《张敞传》,第929页。
④ 王先谦:《汉书补注》,中华书局,1983年,第831页。
⑤ 《汉书》卷66《杨敞传》,第815页。

决定,群臣如有后应者,我将以剑斩之。于是群臣皆叩头曰:"万姓之命,在于将军。唯大将军令(听之)。"①会议之后,霍光即率领群臣向皇太后奏陈昌邑王不可以承受宗庙的情况。太后遂下诏不许昌邑群臣进入宫门。刘贺入朝太后,想回未央宫温室,宦官闭门不许进。刘贺问为什么不让我进温室?霍光跪曰:皇太后有诏不让进。车骑将军张安世派羽林军逮捕了昌邑群臣二百余人,皆送入廷尉监狱。霍光又命令中常侍要看守好刘贺,不要让他自杀,以免落下杀主之名。

不久,太后有诏召刘贺,刘贺很恐惧地说:我有什么罪要召见我?太后身穿珠襦(宫服)端坐在帐中,侍御数百人皆持兵器。群臣以次上殿,昌邑王伏前听诏。霍光、杨敞等大臣联名陈奏昌邑王受诏入朝后的劣迹。如:居丧时无悲哀之心,废礼仪;在进京路上不素食,掠取女子;立为太子后,私买鸡豚以食;受皇帝玺后,在昭帝灵前发玺不封;在宫中召引从官、官奴二百余人敖戏;赐昌邑国侍中君卿取十妻;昭帝之棺在前殿时,击鼓、歌吹、作俳倡;乘法驾驰驱北宫,弄彘斗虎;召皇太后所乘小马车让官奴骑乘;与昭帝宫人淫乱;取诸侯、列侯、二千石印绶给昌邑国郎官、免奴为良人者佩带,发御府金钱、刀剑、玉器、采缯赏与游戏者;令使者持节以三大牢(最隆重的祭礼)祭祀昌邑王,自称"嗣子皇帝"。由此揭露了昌邑王即皇帝位前后荒淫迷惑、失帝王礼仪、乱汉家制度等及"受玺以来二十七日,使者旁午频繁持节诏诸官署征发凡一千一百二十七事"②。最后杨敞奏曰:臣敞等谨与众博士议,皆曰:"今陛下嗣孝昭帝后,行淫辟不轨,五辟(刑)之属,莫大不孝者……宗庙重于君,陛下未见命高庙,不可以乘天序,奉祖宗庙,子万姓,当废。"③杨敞所奏刘贺的劣迹中,每一件都构成杀身之罪,其中所说的"宗庙重于君,陛下未见命高庙"分量颇重,意思是说,刘贺没有祭祀高祖庙,没有得到高祖的认可,就不能成为皇帝,应当废黜。皇太后同意大臣的陈奏,刘贺就被废黜了。按群臣的意见,刘贺被废黜后应当流放到汉中房陵县,太后不同意,命刘贺回昌邑,免去王爵,但原昌邑国的财产仍归刘贺所有,另赐食邑二千户,既没封新爵,也没说免为庶人,故昌邑人称他为"故王"。这是一个很特殊的处分方案。刘贺凭昌邑王国财产和二千户食邑,仍有条件过他的奢侈、腐化、荒淫无度的生活。宣帝即位后,对刘贺颇有顾忌,怕他有复辟意图,故暗中给山阳太守下诏让他对刘贺监督、查防。张敞受命后,就开始督察刘贺的行为踪迹,并向宣帝秘密汇报。大的汇报有两次。第一次是在地节三年(前67年)五月,说他亲自视察"故昌邑王居,故宫奴婢在中者百八十三人,闭大门开小门。廉吏(督察吏)一人,为领钱物,市买朝内食物,它不得出入。督盗一人,别主徼循往来者"。意思是说他视察时,发现刘贺行为谨慎,对外没有交往,也没有闲杂人员出入。第二次大的汇报是在地节四年九月,张敞又亲自视察刘贺

---

① 《汉书》卷68《霍光传》,第832页。
② 征发,指向各地索要贡品。
③ 《汉书》卷68《霍光传》,第831—834页。

住处,"状故往年二十六七,为人青黑色,小目鼻未锐卑(尖鼻),少须眉,身体长大,疾痿,步行不便,衣短大裤……察故王衣服,起居、跪起、清狂不惠(白痴)……终不见仁义"①。中间还多次打过小报告。宣帝看过汇报后,知道昌邑王刘贺并无复辟野心,只痴迷于腐朽生活,而且未老先衰,体弱多病,遂不以为念,就放心了,于元康三年(前63年),封故昌邑王刘贺为海昏侯,食邑四千户;后侦知他背地说霍光坏话而削户三千。至神爵三年(前59年),海昏侯刘贺病逝。因其身前行为淫辟,"不得置后"②。至初元三年(前46年),元帝才封刘贺子代宗为海昏侯,代宗死后其子保世嗣位,保世死后其子会邑继立,直到东汉建武年间仍有海昏侯国存在。

以上史实说明,刘贺的一生是非常坎坷的。他经历了昌邑王、废帝、海昏侯三个身份;但他又是很幸运的,他虽失去帝位,却仍拥有昌邑国财富及侯爵。他死后殉葬品之所以丰富多彩,与他拥有昌邑国财富有关,是一般列侯无法企及的。当然也反映了汉代"昭宣中兴"、社会进步、经济发展的客观情况。

二、昌邑王国地望考辨

关于汉代昌邑国的地望究竟在什么地方,历史文献中很早就有争议,有的说在山阳郡,有的说在豫章郡。那么豫章郡说是怎么来的呢?其根据介绍如下。

臧励龢等编辑的《中国古今地名大辞典》对昌邑有两个词条。其一是"昌邑城",在该词条下说:"在江西永修县北六十里。汉废昌邑王为海昏侯,此其处。刘昭《后汉志注》海昏县有昌邑城。《豫章记》:城东十三里江边名慨口,昌邑王每乘海东望,至此辄愤慨而还,故谓之慨口。今名游塘城。"其二是"昌邑县",在该条目下说:"秦置。汉昌邑王国。山阳郡。后汉兖州刺史皆治此。南朝宋废。隋复置。寻省。故城在今山东金乡县西北四十里。"③这便提出了两个昌邑的问题。特别是"昌邑城"条中"汉废昌邑王为海昏侯,此其处"一语,虽较模糊,但再配以"昌邑王每乘海东望"云云,昌邑王国址在江西(汉豫章郡)的结论就几乎坐实了。而关于山阳郡的"昌邑县",则只是简单说了"汉昌邑王国"几个字,远不及"昌邑城"条写得具体生动。而豫章郡有昌邑城,并且在此即废帝昌邑王刘贺的昌邑国也是有据可寻的。关于把昌邑王国误谓在豫章郡,首先是王先谦的《汉书补注》。他在《汉书·地理志》"豫章郡海昏"条目注:"先谦曰:《续志》后汉李注有昌邑城。赣水注,缭水导源建昌县(今南昌市新建区),汉元帝永光二年分海昏立,又东经新吴县,又经海昏县,为上缭水,又为海昏江,分为二水。县东津上有亭,为济渡之要。其水东北迳昌邑城,而东出豫章大江,谓之

---

① 《汉书》卷63《昌邑哀王髆传》,第775—776页。
② 王先谦:《汉书补注》,第204页。
③ 臧励龢:《中国古今地名大辞典》,香港商务印书馆分馆,1931年,第472页。

慨口。昔汉昌邑王之封海昏也。每乘流东望,辄愤慨而还,世因名焉。"

王先谦的说法,又来自《续汉志》李贤注和《水经注》。

《后汉书·郡国四》:豫章郡……"海昏"侯国。李贤注曰:在昌邑城。《豫章记》(南朝宋人雷次宗撰)曰:"城东十三里,县列江边,名慨口,出豫章大江之口也。昌邑王每乘流东望,辄愤慨而还,故谓之慨口。"

《水经注》"赣水"条:"缭水又迳海昏县,王莽更名宜生,谓之上缭水,又谓之海昏江,分为二水。县东津上有亭,为济渡之要。其水东北迳昌邑城,而东出豫章大江,谓之考口。昔汉昌邑王之封海昏也。每乘流东望,辄愤慨而还,世因名焉。"

这里牵涉了南朝宋人雷次宗、北魏人郦道元和唐代人李贤。从简单的年代先后看,雷次宗、郦道元、李贤三人相因并转相发挥而成。雷次宗讲了"昌邑王每乘流东望";郦道元添加了一个"昌邑城";李贤注进一步断言"海昏侯国在昌邑城"。于是,这个故事就讲圆了。起因于雷次宗,郦道元发挥了一下,李贤注作了定论。而这一切都是起因于一个非事实性的习惯性说法、一个不靠谱的说法:"昌邑王每乘流东望。"本应是说"海昏侯每乘流东望"(如果不是海昏侯乘流东望而是昌邑王的话,那还是刘贺的得意之时,享受着王的尊严和待遇,他愤慨什么呢?海昏侯因地位被废,才有愤慨之气),但人们习惯用昌邑王来称呼海昏侯,于是产生了这个说法。郦道元进而又添加一个"昌邑城"。当然,郦道元也不是凭空想象,其根据也可能是《豫章记》。据谢旻《(康熙)江西通志》卷三十八记载:"《豫章记》昌邑王贺既废之,后宣帝封为海昏侯,东就国,筑城于此。"很可能是刘贺从昌邑迁为海昏侯,在此新筑城邑,时人或后人称为"昌邑城"。如果是这样的话,郦道元在记载此处的"昌邑城"时多说一句话给予交代,也就不会有后世的误会了。既然汉代就有昌邑城,昌邑王后来又改封为海昏侯,自然会使人联想到海昏侯是在昌邑原址获封,李贤就这么顺势而说。至近代,人们编写地名词典的时候就直接明了地说:"汉废昌邑王为海昏侯,此其处。"一个历史的误会就这样形成了。

真实的汉史文献中,豫章郡根本就没有什么"昌邑县"或"昌邑城"。

根据《汉书》有关记载,昌邑王国在山阳郡,海昏侯国在豫章郡,是极其清楚的。如:《汉书·地理志》:山阳郡……昌邑,武帝天汉四年更山阳为昌邑国。《后汉书·郡国三》:山阳郡……"昌邑",刺史治。《汉书·王子侯表》:"海昏侯贺",国址"豫章"。

综合《汉书》关于昌邑王或海昏侯的记载,可以得出三项铁证,证明昌邑王国确实在山阳郡而不是在豫章郡。

其一,山阳郡与昌邑国的更替废立,把此事说得甚明。《汉书》地理志:"山阳郡……昌邑,武帝天汉四年更山阳为昌邑国。"《汉书·昌邑哀王髆传》:"废贺归故国,赐汤沐邑二千户,故王家财物皆与贺。及哀王女四人各赐汤沐邑千户……国除,为山阳郡。"这说明在昌邑王国建立之前,其地为山阳郡,在昌邑王国废立之后,其地又恢复为山阳郡。

其二,《汉书·昌邑哀王髆传》关于昌邑王刘贺进京路线的记载。刘贺是当天早晨接到让他进京的诏书。他中午便出发,黄昏时"至定陶,行百三十五里"。按昌邑王国(山阳郡)在山东金乡县(今属济宁市),距今山东定陶有一百三四十里,恰好是去汉长安(今陕西西安市)必经路线,如果昌邑王国是在豫章郡(今江西南昌市),那就不仅是一百多里的路程了,而且从南昌去长安,也就不必走定陶、兰考的路线了。这是不必考证就可以明白的事情。

其三,据《汉书》昌邑王传记载:宣帝即位后,心内忌贺,元康二年遣使者赐山阳太守张敞玺书曰:"制诏山阳太守,其谨备盗贼,察往来过客。毋下所赐书。"这封诏书是专门发给张敞的,让他暗中监督、察访刘贺行踪的,故不让往下传达。张敞当然心知肚明,于是就开始督察刘贺的生活、活动状况,并多次向宣帝汇报,前已讲明。我们现在所要说明的问题,是证实昌邑国一定是在山阳郡,否则宣帝不会让山阳太守张敞去督察刘贺。如果昌邑王在豫章郡,山阳太守是插不上手的,那只能派豫章太守去督察刘贺才合乎情理。

综上三种情况,昌邑王国地望是在山阳郡,是没有异议的。

三、刘贺劣迹不能翻案

由于在海昏侯的墓中出土了很多珍贵的殉葬品,令人不禁产生喜悦心情,于是就想为刘贺的劣迹翻案,认为大将军霍光、丞相杨敞等向太后陈奏刘贺劣迹不实,而说刘贺不可能在27日内做1127件坏事。其实霍光等向太后陈奏的是两大项劣迹。先奏的是刘贺在进京路上的各种丑事及当上皇帝后所干的各种坏事;后奏的是刘贺当上皇帝后派使者持节向各官署征收贡品的1127件坏事。这1127件征收贡品事,由于刘贺不必亲临其境,只要有一通诏书,持节使者们就完全可以办成。这些都说明,刘贺确实是一个荒淫、浮华、奢侈、任性的皇帝。他墓中殉葬品之多,可能与任意征发贡品有关。要知道刘贺墓中的奇珍异宝,并不是他有意留给后人的财富,而是让他在死后也能够过上腐朽的生活。这些珍贵的殉葬品都是民脂民膏,是汉代人民用血汗创造的旷世奇珍,应该是刘贺的罪恶见证。

在历史上也确实有人认为,刘贺被废是霍光一手造成的,如东汉学者王符就说:"霍氏之贵,专相幼主,诛灭同僚,废帝立帝,莫之敢违,山、云屏事,诸婿专典禁兵,婚姻本族。"王符还把霍光与王莽相提并论,说:"王氏之贵,九侯五将,朱轮(王侯贵族所乘之车)二十三。太后(王政君)专政,秉权三世,莽为宰衡,封安汉公,居摄假号,身当南面,卒以篡位。"王符以上论述可以说不够公允。第一,说霍光"专相幼主"就不合史实。如昭帝即位时年方六岁,可以说是幼主,但这不是由霍光决定的,是汉武帝因知霍光"出入禁二十余年,小心谨慎,未尝有过,甚见亲信",故在临终前让霍光"行周公之事"①,辅保少子(昭帝),而成"托孤"的首席大臣。再者,在元平元年四月昭帝逝世,必须立一位与昭帝近亲为帝。霍光推立昭帝亲侄刘贺是没有私心的。当时刘贺继承昌邑王位已有13年,再加上刘贺继承王位时已经6岁,刘贺当皇帝时至少也有19岁,已不算年幼,也说不上霍光"专相幼主"。在刘贺被废之后,又立卫太子之孙刘询为帝,宣帝即位时已经17岁,当然也不能称为年幼。在昭宣二帝在位期间,霍光始终忠于汉室,并没篡位的野心,这怎么能与王莽专权三世、毒死平帝、"篡汉建新"列为同类呢?第二,霍光在昭宣二帝时,确实握有军政大权,"政事一决于光"。霍光确实也诛杀过上官桀、桑弘羊等人,并迫使燕王旦、鄂邑公主自杀,但是都与这些人结党营私、谋权篡位有关,如果让这些人掌权,汉政权将何以堪。第三,霍光也确实任用其亲属霍山、霍云及其两个女婿担任禁军和东西宫卫尉,但在霍光执政时,对其亲属约束较严,并未出现什么大的劣迹。昭宣二帝对霍光也非常信任,霍光也恪尽职守,忠心为国,所以在霍光逝世后,享受到国家最高葬礼。但是霍光任用亲属的后遗症在霍光死后终于显现。霍光之子霍禹继任为大将军,他专权乱政,为所欲为,霍云、霍山等也相继腐化,霍禹甚至要篡权自立为帝。特别是霍光夫人勾结女医淳于衍害死许皇后,令其小女入宫为皇后事泄露,引起宣帝震怒,遂严查霍氏之案。霍禹被腰斩,霍光夫人被弃市,"与霍氏相连坐诛灭者数千家"。尽管霍氏最后受灭族之罪,而霍光辅佐昭宣二帝成"中兴"之业绩,仍为史家所赞扬。汉室的后世皇帝也承认霍光为忠臣,所以至汉成帝时,就为"光置守冢百家,吏卒奉祠焉",说明汉代后世皇帝仍承认霍光是忠臣。《汉书》作者班固对霍光也给予很高的评价。其赞曰:"霍光以结发内侍,起于阶闼之间,确然秉志,谊形(见)于主,受襁褓之托,任汉室之寄,当庙堂,拥幼君,摧燕王,仆上官,因权制敌,以成其忠,处废置之际,临大节而不可夺,遂匡国家安社稷,拥昭(帝)立宣(帝),光为师保,虽周公、阿衡(伊尹)何以加此。"司马光完全同意班固对霍光的评价,故在《资治通鉴》卷二十五中全文照录班固的赞语,同时也表达了为霍光鸣不平之意。司马光说:"夫以显(霍光夫人名)、禹、云、山之罪,虽应夷灭,而光置忠勋不可不祀,遂使家无噍类(遗类),孝宣亦少恩哉!"从班固、司马光的评语来看,霍光铲除燕王旦、上官桀、废刘贺等事,都是他们咎由自取,自作自受,不能翻案,而霍光对上述等人的处置,都是忠于汉室,并无个人野心,对此也应该肯定。

---

① 《汉书》卷68《霍光传》,第830页。

附记:我与今言教授是几十年的老朋友,他待人亲切和善,而性格豪爽,和他交谈常听到他朗朗的笑声。我们都研究秦汉史,也都是从1981年开始加入中国秦汉史研究会。所以会面、联系的机会较多。我们是以文会友,谁有论著发表,都互相赠阅,以达到深切的磋磨目的。今言教授是多产学者,对秦汉史造诣很深,出版过《秦汉赋役制度研究》《秦汉军制史论》等多部专著,拜读后受益良多。今年是今言教授的寿诞,谨以拙文表示贺忱。祝:延年益寿,著作等身!

老友 朱绍侯 2016年8月

(作者简介:朱绍侯,河南大学历史文化学院教授)

秦汉新道家与黄老之学

熊铁基

20世纪70年代末我研究《吕氏春秋》和《淮南子》,提出了"秦汉新道家"的概念。1981年在《文史哲》第2期发表题为《从〈吕氏春秋〉到〈淮南子〉——论秦汉新道家》的文章,1984年又集结有关论文出版《秦汉新道家略论稿》(上海人民出版社出版)。虽然"秦汉新道家"这一提法曾经受到学界广泛的注意,但明确赞同和使用这个提法的人不多。而同时引起的一个研究就是黄老之学的研究,先后有吴光的《黄老之学通论》(浙江人民出版社1985年出版)、丁原明的《黄老学论纲》(山东大学出版社1997年出版)等著作出版,此二书皆从战国黄老之学讲起,包括秦汉"黄老道家"。而研究战国"黄老新学"的更多,如胡家聪的《稷下争鸣与黄老新学》(中国社会科学出版社1998年出版)、白奚的《稷下学研究》(三联书店1998年出版)。台湾陈丽桂的《战国时期的黄老思想》(台北联经出版社1991年出版)更早一些,她在研究黄老思想时是注意了《秦汉新道家略论稿》的。我所说的"秦汉新道家"与"黄老"关系十分明确,黄老道家也是我提到过或想到过的。

"黄老"一词,在文献上有根有据,众所周知的《史记》中就有:申不害之学"本于黄老",韩非也"归本于黄老",慎到、田骈、接子、环渊皆"学黄老道德之术,因发明、序其旨意"。还有盖公"善治黄老言"、陈平"本好黄帝、老子之术"等几十处"黄老"连称(参见《史记》有关列传、世家)。不论是说"黄老之言",还是称"黄老之术",或称"黄老之学",实际上都是讲的道家思想,是以《老子》"清静、虚无"为核心的道家思想,突出的是在老子之前加了一个黄帝。

随着黄帝传说越来越多,从战国中后期开始,黄帝的书也就纷纷出现了,《汉书·艺文志》中记载有二十七种冠以黄帝君、臣名的书籍:道家类五种,兵阴阳五种,五行类三种,神仙类四种,医经、经方各二种,天文、历谱、杂占、房中、阴阳、小说家类各一种。不难看出,这些黄帝书基本上可以归入"杂而多端"的道家,主要是道家人物创作的,而且如《黄帝君臣》十篇注所说:"起六国时,与《老子》相似也。"是战国时期的人根据《老子》的基本思想而创作出来的。实际上当然不止以上二十七种,近些年出土的简帛材料中,有不少被认为是属于黄老思想的文献,黄老之学的内容就大大丰富了。毋庸置疑,黄老之学是道家之学,是战国秦汉之际的道家之学,以《老子》思想为核心的道家,创造和包含了黄帝的各种思想和学问,这是道家发展和包容性的一次突出表现。

道家抬高黄帝,创造黄帝书,应该是在与儒家争鸣中产生的。儒家孔、孟之徒,言必称尧、舜,这是当时很明显的事实,道家抬出黄帝来,比尧舜更早,可以增强自己的争鸣资本,如《淮南子·修务训》所说:"世俗之人,多尊古而贱今,故为道者必托之于神农、黄帝而后能入说。"托词于黄帝建立自己的学说,以便更有竞争力。

西汉初年,当权者(张良、陈平、曹参、文帝、窦太后等一批人)信黄老之言,行黄老之术,黄老之学大显,于是到汉武帝时出现了黄老道论的集大成著作《淮南子》。

由此看来,"黄老学"或"黄老新学"乃至"黄老道家"等等,当然会被使用。

道家有极大的包容性,因而它能不断发展,有很明显的发展性。汉初极盛的黄老道家(或称道家的黄老派),与以前以老庄为代表的道家有很大的不同,所以我称之为"秦汉新道家"。"新",就是讲发展,道家思想不断发展,所以会有不止一次的"新"。冯友兰在《中国哲学简史》中曾把魏晋时期的"玄学"称为"新道家",他说:"'新道家'是一个新名词,指的是公元三、四世纪的'玄学'。……'玄学'这个名称表明它是道家的继续。"(《中国哲学简史》第253页)这是他对道家流派的阶段划分提出的,我看或者称"魏晋新道家"更为合适。按历史阶段划分,以后还可以有"唐宋新道家"。这些"新",既有历史阶段的划分之意,包含着发展之意,也有内容上的"创新"之意。道家是在不断创新中发展的。

以《老子》思想学说为根本的"道家"("其要归本于老子"),在历史发展的过程中,有一些不同的发展阶段,也出现过许多不同的派别,研究者会使用一些不同的称谓,如按地区分有楚道家、齐道家、郑道家、秦道家等等;按时间分有先秦道家、战国道家、原始道家等等;还有老庄派、黄老派等分法。按历史阶段分有先秦、秦汉、魏晋、唐宋,无疑是几个区别明显的大阶段。各阶段有各阶段的特点,而且是一些特别突出的特点。先秦以老庄为代表,可以说有其原始性。战国秦汉,就是如上所述有黄老特色,当时创造了许多以《老子》思想为核心思想的黄帝书,是《老子》思想的发展和丰富。魏晋可以用"玄学"命名的"新道家",其突出特点应该是吸收了儒家思想,是汉代以来"儒道互补"的结果,或者说是以道家为基础吸收和融合儒家思想的结果,玄学的主题之一"自然与名教","自然"是道家的,"名教"是儒家的,玄学家们是站在道家的立场,讨论儒家的"名教"思想。然后,就是唐宋以后,道家(包含道教)的"新",我看应该就是"三教合一",道家、道教的"三教合一",也是以自己"道"的立场为主的。

由此看来,用"秦汉新道家""魏晋新道家"以及唐宋以后的"新道家"(乃至当代新道家)来形容和说明道家的发展,比起"黄老之学""玄学"等更有系统性。既能明确说明道家的发展性,也可以反映道家的包容性,"新"就新在道家对其他学派、思想的吸收、融合和包容。

"秦汉新道家"比"黄老之学"似乎能更明确地反映道家的发展。

原刊于《光明日报》2016年5月16日第16版

(作者简介:熊铁基,华中师范大学历史文化学院教授、博士生导师)

论"徙民实边"不是屯田

刘光华

我国古代存在过屯田制度。屯田有军屯、民屯和商屯之分。关于西汉屯田,海内外大多数学者主张有军屯、民屯两种;也有一些学者认为,西汉屯田乃指军屯,没有什么民屯,存在着分歧意见。

主张西汉有"民屯"的学者很多,其主要依据就是"徙民实边"。例如,"文帝时,晁错首先建议屯田。他主张移民实边,一面当兵,一面屯田"。到汉武帝时,"与军屯并行,民屯也大规模进行。……竟有一次达七十万人之多者,可谓'盛矣'。"[1]近年来,史学界在讨论汉代公田、屯田问题时,对"徙民实边"与"民屯"的关系又多所提及,[2]这是一种传统的看法。

我认为"徙民实边"不是屯田,"历来把'徙民实边',作为民屯,纳入屯田范畴的说法,是不妥当的。"[3]现兹陈述意见于后。

一

主张徙民实边为屯田的学者认为,屯田始于西汉文帝之时。这种说法不符合历史。如果说徙民实边是屯田,则我国古代大规模的徙民实边不始于西汉,而是始于秦王朝。

---

[1] 翦伯赞《秦汉史》(北京大学出版社,1983年,第179、181页)、陈直《两汉经济史料论丛》、日本学者清水泰次《汉代的屯田》、美籍学者张春树《古代屯田制度的原始与河西西域边塞上屯田制的发展过程》、台湾学者管东贵《汉代的屯田与开边》等论著均主是说。

[2] 高敏:《曹魏屯田制的历史渊源》,《东岳论丛》1980年第2期;武守志:《汉代河西屯田简论》,《甘肃社会科学》1981年第2期。

[3] 尾形勇:《汉代屯田制的问题》,《简牍研究译丛》第1辑。该文对"徙民实边"不是屯田的问题并未展开论证。

秦王政统一六国后,曾派将军蒙恬率兵北攻匈奴。秦军取得胜利,占领了"河南地",秦始皇遂决定向这里徙民:

>(三十三年)西北斥逐匈奴。自榆中并河以东,属之阴山,以为四十四县……徙谪,实之初县。
>
>(三十六年)迁北河、榆中三万家,拜爵一级。(《史记·秦始皇本纪》)

汉人应劭也曾总括地说,"秦始皇遣蒙恬攘却匈奴,得其河南……地甚好,于是为筑城郭,徙民充之,名曰新秦。"①

秦徙民实边是不成功的。秦王朝存在的时间太短了,前后不过十五年。它向北边徙民是在秦始皇三十三年(前214年),距秦末农民起义的爆发仅仅六年,距秦的灭亡也不过八年。在农民起义发展时期,秦王朝已无力顾及边地,还调戍守长城的军队于内地,镇压农民起义②,加之,谪戍边塞者和徙谪实边县者相继逃归内地,设防的西北边塞瓦解。而这期间的匈奴,在冒顿单于统率下却处在由弱而强的转折关头。冒顿于秦二世元年(前209年)继立后,东灭东胡,西击走月氏,并趁"诸秦所徙谪边者皆复去"之机,"复稍度河南,与中国界于故塞。"③这"故塞"又称"故河南塞",系指战国秦长城一线,这说明匈奴又控制了战国秦长城以北地区。

汉高帝五年(前202年)年初,刘邦消灭项羽,统一中原,并继承了秦汉之际匈奴南下"与中国界于故塞"的现状。刘邦建都关中,"地近胡寇",据娄敬说,"匈奴河南白羊、楼烦王,去长安近者七百里,轻骑一日一夕可以至"④。匈奴从北、西北"故塞"入侵,便会构成汉王朝的心腹之患。

刘邦对匈奴的威胁很早就有警惕。汉二年当汉军还定三秦,攻占陇西郡后,他立即遣卒"缮治河上塞"。张维华先生认为"河上塞","似在今皋兰以北,即秦始皇于此所置之塞,最远不出灵夏。"⑤汉五年,又有遣卒"戍陇西"的记载。这说明刘邦对西北边塞的重视。然而,经历了八年战乱而刚统一的汉王朝,社会经济凋敝,"自天子不能具钧驷,而将相或乘牛车,齐民无藏盖。……米至石万钱"⑥;人口也大量减损,"户口可得而数者十二三"⑦,无力与匈奴抗衡。刘邦遂对匈奴实行和亲政策,"使刘敬奉宗室女翁主为单于阏氏,岁奉匈奴絮缯、酒食各有数,约为兄弟以和亲。"⑧和亲并不能

---

① 《汉书·食货志》注引。
② 《史记·李斯列传》载,蒙恬死,"以兵属王离"。巨鹿之战时,王离军已被调至巨鹿。
③ 《汉书·匈奴传》。
④ 《史记·刘敬列传》。
⑤ 《中国长城建置考》上册《汉边塞》。
⑥ 《史记·平准书》。
⑦ 《史记·高祖功臣侯者年表》。
⑧ 《史记·匈奴列传》。

满足匈奴贵族的贪欲,因而它不时入边掠夺。

汉初的西北边郡不仅民少,而且边塞线长,备塞之卒有限;戍卒又"一岁而更",不熟悉敌人和边塞地形,面对强敌,"不足以卫边地而救民死"。所以,西汉前期北边、西北边郡人民深受匈奴侵掠之苦。贾谊指出:

> 今西边北边之郡,虽有长爵不轻得复,五尺以上不轻得息,斥候望烽燧不得卧,将吏被介胄而睡。 《汉书·贾谊传》

晁错继贾谊之后讲得更具体:

> ……今使胡人数处转牧行猎于塞下,或当燕代,或当上郡、北地、陇西,以候备塞之卒,卒少则入。陛下不救,则边民绝望而有降敌之心;救之,少发则不足,多发,远县才至,则胡又已去。聚而不罢,为费甚大;罢之,则胡复入。
>
> 臣闻汉兴以来,胡虏数入边地,小入则小利,大入则大利,高后时再入陇西,攻城屠邑,殴略畜产;其后复入陇西,杀吏卒,大寇盗。……自高后以来,陇西三困于匈奴矣,民气破伤,亡有胜意。 《汉书·晁错传》

因此,晁错向汉文帝建议"徙民实边",文帝接受了建议,"徙民实塞下"。这是西汉大规模向边地徙民的开始,但无具体的人数记载。

汉武帝时,西汉王朝经过几十年的恢复、发展,国家力量强大了,遂终止了与匈奴的和亲,开始了反击匈奴的战争。随着对匈战争的胜利,元朔二年(前127年)汉朝收复了河南地,元狩二年(前121年)又占领了河西地,这时,汉武帝不仅向旧边郡大规模徙民,而且在新拓展的领土上设置郡县,更大规模地徙民。

> (元朔二年春)遣将军卫青、李息出云中,至高阙,遂西至符离,获首虏数千级。收河南地,置朔方、五原郡。……夏,募民徙朔方十万口。 《汉书·武帝纪》
>
> 其明年(指元狩三年),……乃募徙贫民于关以西,及充朔方以南新秦中,七十余万口,衣食皆仰给于县官。 《汉书·食货志》
>
> 其后(指元狩二年后)骠骑将军击破匈奴右地,降浑邪、休屠王,遂空其地,始筑令居以西,初置酒泉郡,后稍发徙民充实之。 《汉书·西域传》
>
> (元鼎六年秋)又遣浮沮将军公孙贺出九原,匈河将军赵破奴出令居,皆二千余里,不见虏而远。乃分武威、酒泉地置张掖、敦煌郡,徙民以实之。 《汉书·武帝纪》

以上,是秦、西汉大规模向北边、西北边徙民的背景和一些具体的资料。

然而,对秦和西汉徙民实边的认识,许多学者却是不同的。他们认为西汉的徙民实边是屯田,而秦的徙民却不是。究其原因,有的学者说得比较具体:"秦移民边城主要是为了军事防卫和作战,即是'筑亭障以逐戎人',所以秦移徙罪人实边是为了充实军队的不足,它没有屯田的含意";而"晁错所说的不但要军事守卫,而且要'先为室屋,具田器'而居,以'能自给'","则是军防与农耕相结合的屯田措施了"。①

我认为,这种解释有商榷之处。第一,从上面已引的资料来看,秦始皇"徙谪,实之初县","徙北河、榆中三万家"是明确的;而蒙恬所将的三十万众以及三十四年"适治狱吏不直者",乃是为了伐匈奴、"筑长城"、"筑亭障以逐戎人"②,也是很明确的,即"实"县者与"筑"长城、亭障者任务不同,不能混同。第二,秦实初县的被徙者与西汉实边者一样,都是西北边地的开发者,由于秦王朝二世而亡,其向边地所徙之民都逃回内地,其地很快又为匈奴所据,所以开发之功效不显著,不像西汉那样长期经营,收效明显,这是由具体的历史条件决定的,我们不能因此而否定秦徙民开发边地之功。

以上所述,并不是为了证明秦之徙民与西汉徙民一样,都是屯田者,而是为了说明秦、西汉徙民都在开发边地,都从事着农业生产。所以,我们对他们在边地活动的认识应该一致,而不应该截然相反。我认为,秦、西汉实边之徙民从事农业生产是一个问题,而其是否为屯田是另一个问题。屯田,或具体说民屯,应该有自己的特点。徙民实边是不是民屯,应该用民屯所具有的特点来衡量。

我国古代民屯的典型实例,是建安时期的曹操屯田,其主要特点我认为有二:第一,民屯是由与郡县行政管理系统平行的田官系统管理的,其主管官员均有军衔,如郡一级的主管长官称典农中郎将、典农校尉,县一级的主管长官称屯田都尉,③基层之屯田吏称司马,"五十人一屯,屯置司马"④;第二,屯田民是"专以农桑为业"⑤的,因之其所受剥削仅仅是分成租制(即用官牛者其收获"官六民四",六四分成;用私牛者"与官中分",五五分成⑥),其他征戍杂役一概豁免。⑦ 以下,我们将用这两个特点分别考察西汉的徙民实边。

二

西汉政府对实边徙民的管理,据晁错的建议:

---

① 李祖德:《西汉的屯田》,《复旦学报》1964 年第 1 期。
② 《史记·秦始皇本纪》。
③ 参见《三国志·陈留王曹奂传》。
④ 《晋书·食货志》。
⑤ 《三国志·司马芝传》。
⑥ 《晋书·傅玄传》。
⑦ 《魏书·李彪传》。

> 臣又闻古之制边县以备敌也,使五家为伍,伍有长;十长一里,里有假士,四里一连,连有假五百;十连一邑,邑有假候……   《汉书·晁错传》

是伍、里、连、邑之制。汉文帝是否采用实行了这一建议,史无记载。但我们可以很有把握地说,西汉前期的北边、西北边的上郡、北地、陇西诸郡,始建于战国秦昭王之时,距文帝徙民已有一百年历史了;秦县的历史更长,秦武公"十年,伐邽、冀戎,初县之"①,时间在前688年,地域在今甘肃天水地区。中经商鞅秦变法,"并诸小乡聚,集为大县,县一令"②,"令民为什伍,而相牧司连坐。"③什伍制度在公元前四世纪就普遍推行于陇右地区了,秦始皇在"河南地"设县徙民,亦当承袭着秦原有的郡县乡里什伍之制。汉承秦制,所以对徙民不可能采用晁错建议的"古之制边县"的制度。西汉对边地实行的是郡县乡里之制,文献中的上郡、北地、陇西是旧郡;而在新拓展的地区也是建置郡县的,以河西地区为例,《居延汉简》有如下记录:

> 元凤三年十月戊子朔戊子酒泉库令定国以近次兼太守事丞步迁谓过所县河津请遣□官持□□□钱去□□取丞从事金城张掖酒泉敦煌郡…… 303·12A④
> 八月庚寅武威北部都尉□光行塞敢言之太守府   42·6A

按:简1有金城、张掖、酒泉、敦煌诸郡,简2之"武威北部都尉",为武威郡之北部都尉,此即汉代之河西五郡,若去掉金城,则称作河西四郡。

汉制,郡下为县。《汉书·地理志》记载,武威、张掖、酒泉、敦煌四郡共三十五县,据笔者不完全的记录,汉简中之四郡县名有媪围、揟次、张掖(或"小张掖")、姑臧、鸾鸟、显美、番和、骊靬、删丹、氐池、屋兰、日勒、觻得、肩水、居延、昭武、会水、表是、禄福、玉门、效谷、敦煌、龙勒、广至、冥安等二十五县,占《汉书》所载四郡县名的七分之五。

河西郡县,是河西地区的地方政府机构。

所辖为乡。《汉书·百官公卿表》载西汉全国有"县、道、邑、国千五百八十七,乡六千六百二十二",平均每县辖四乡有余。河西县下之乡,文献中无记载,汉简中有一些,但不多。日本学者藤枝晃先生撰有《汉简职官表》,所列居延县有都乡、东乡、南乡、广明乡和陶乡等。⑤ 按,汉县有大有小,大县乡多,小县乡少。《续汉书·职官》

---

① 《史记·秦本纪》。
② 《史记·秦本纪》。
③ 《史记·商君列传》。
④ 以下凡标号的简文,均见《居延汉简(甲乙编)》下册《释文》。
⑤ 见《简牍研究译丛》第1辑,第166页。

曰:"凡县户五百以上置乡,三千以上置二乡,五千以上置三乡,万户以上置四乡。"河西四郡共三十五县七万余户,平均每县两千余户,若依上引置乡的户数标准,则每县仅置一乡。不过边县不同于内地人口稠密之县,在置乡上或比内地为宽。上引藤枝氏表列居延县有五乡,张春树先生虽然认为居延县有几个乡是一个很难解决的问题,但仍主张"可能"有三个乡,即东乡,西乡,都乡。①

关于乡官,《汉书·百官公卿表》载:"乡有三老、有秩、啬夫、游徼。三老掌教化。啬夫职听讼,收赋税。游徼循禁盗贼。"以上乡官,藤枝氏表中备列。由职掌上看,啬夫是主要的乡官,"有秩"无职掌,汉简有"乡有秩","乡啬夫",《续汉书·百官志》载:"乡置有秩,三老,游徼",本注曰:"有秩郡所署,秩百石,掌一乡人,其乡小者,县置啬夫一人。皆主知民善恶,为役先后,知民贫富,为赋多少,平其品差。"则啬夫、有秩为同一乡官之不同称呼,职掌相同;其区别在于大乡由郡置"有秩","秩百石",即有秩之啬夫,简称"有秩";小乡由县置啬夫,为斗食吏,无秩,即无秩之啬夫,简称"啬夫"。所以,简文中的"乡有秩"即大乡有秩啬夫,"乡啬夫",即小乡无秩啬夫。简文中有"乡啬夫×佐×","佐"乃"乡佐,主佐乡收税赋。"②为乡啬夫之副贰。

乡下为里。《续汉书·百官志》注引《风俗通》曰:"国家制度,大率十里一乡。"乡辖里在汉简中也有记录:

永始五年闰月己巳朔丙子北乡啬夫忠敢言之义成里男子崔自当自言为家私市居延谨案自当毋官狱征事当得取传谒移肩水金关居延县索关敢言之……

15·19

简文中所记乃是北乡啬夫忠,就本乡所辖义成里崔自当申请去居延"私市"事,向觻县所上证明崔自当"毋官狱征事",应准许前往的报告。觻得县北乡辖义成里,甚为明确。汉简中戍卒名籍简关于籍贯的记录所署里名,比比皆是,不赘引。

据"十里一乡",则里比乡至少多十倍。据统计,汉简中可以确定为地处边塞前哨的居延县的里名,计有安故里、安国里、昌里、西道里、西夜里、长乐里、肩水里、间里、金积里、中官里、康里、康利里、广地里、累山里、利山里、广都里、临仁里、龙山里、平里、平明里、始至里、市阳里、收锥里、孙山里、当益里、当遂里、鞮轩里、万岁里、阳里、延寿里、卯道里、第一里、第二里等,达三十三个之多③,这说明了边塞置里的普遍性,其他河西诸县亦不会例外。

乡、里是汉代地方基层行政机构。

里之下为什、伍。《续汉书·百官志》载:"民有什伍,善恶以告。"本注曰:"什主

---

① 见张春树:《汉代边地上乡和里的结构》,载《汉代边疆史论集》,台湾食货出版社,1977年。
② 《后汉书·张宗列传》注引《续汉书》。
③ 见张春树:《汉代边地上乡和里的结构》,载《汉代边疆史论集》,台湾食货出版社,1977年。

十家,伍主五家,以相监察。民有善恶事,以告监官。"五家为伍,设伍长,五家间要相互告奸,不告奸者被发觉后要处以匿奸之连坐罪。二伍为什,置什长。伍、什是国家对广大人民实现统治的最基层的编制组织,惜汉简中无记录。

从以上所述可知,徙民到达边地,定居于"地广民稀,水草宜畜牧"、农耕的肥饶地后,首先要向国家著籍;而国家对著籍徙民的管理,乃是郡、县、乡、里民政机构,并用什、伍组织编制。所以,他们是国家控制的编户齐民。

三

再说国家对实边徙民的剥削。

被迁往边地的徙民,"或以关东下贫,或以背逆亡道,家属徙焉。"①在著籍的前提下,"关东下贫"便会得到"县官衣食振业"、拜爵、复其身的优待。若为罪犯,诸项优待中的拜爵虽然无分,但可"免罪",成为自由人。所谓"县官衣食振业",或包括"募徙民,县次传食。至徙所,赐田、宅、什器,假予犁、牛、种、食"②,"予冬夏衣,能自给而止"③;所谓"复其身",或包括"勿收租"、"除算"赋④,而更赋戍徭不在复免之列。田租、算赋的免复有年限规定,年限一过。他们就要按规定向国家缴纳。

国家向边郡编户征收赋税,是由民政管理系统的地方基层行政机构进行的,上述乡官"有秩""啬夫",其职掌即为"听讼,收赋税"。《居延汉简》亦有记录:

> 建平五年八月戊□□□广明乡啬夫客假佐玄敢言之善居里男子丘张自言与家买客田居延都亭部欲取□□案张等更赋皆给当得取检谒移居延如律令敢言之。　　　　　　　　　　　　　　　　　　　　　　　　505·37A
>
> 秩护佐 敢言之口况更赋给乡□　　　　　　　　　　　　　　212·55

简4之"更赋皆给",与简5之"更赋给"同义,是乡官上报文书中之专用语。劳干先生云:"更者徭役或徭戍之称,赋者田赋及口赋之谓,更赋皆给者即言劳役及赋税并完纳矣。"⑤劳先生的解释基本上是正确的。他说"赋者田赋及口赋之谓",虽无可厚非,但或有不足。《汉书·食货志》曰:"……有赋有税。税谓公田什一及工商衡虞之入也。赋供车马甲兵士徒之役,充实府库赐予之用。"师古曰:"赋为计口发财,税谓收其田入也。"班固、颜师古将赋、税给予区别,是有道理的。汉代"月为更卒"和"供车马甲兵士徒之役"

---

① 《汉书·地理志》。
② 《汉书·平帝纪》。
③ 《汉书·晁错传》。
④ 《后汉书·章帝纪》。
⑤ 《居延汉简考证·都亭部条》,见"中央研究院"历史语言研究所专刊之四十《居延汉简·考释之部》。

的戍徭以及"充实府库赐予之用"的口赋、算赋,统称为赋,亦可称为更赋。税为"田之入也",也称租、田租。徙民到边地复免几年租、赋(指口赋)之后,便要按规定缴租完赋。若遇严重自然灾害,必由皇帝下诏,方可免除。汉宣帝本始三年夏天大旱,"东西数千里",当包括关以西之地区,宣帝因此下诏:"郡国伤旱甚者,民毋出租、赋"。① 又,汉元帝初元二年二月,"地震于陇西郡,……坏败狄道县城郭官寺及民室屋,压杀人众。山崩地裂,水泉涌出",灾情很是严重,三月元帝下诏:"郡国被地动灾害甚者无出租赋。"② 边郡灾年编户"无出租赋",说明正常年馑要出租赋。

国家对边郡编户"更赋"的征收,与内郡一样由乡官啬夫负责,故乡官啬夫所辖之里民申请外出或迁居他地,要由乡官啬夫向上级出具是否"更赋皆给"的证明。此外,乡官啬夫还"职听讼",上引简3由北乡啬夫忠所证明者,为崔自当"毋官狱征事",即不是前科犯,乃其例证。

就以上论述来看,边郡之民由什伍组织编制,属郡县乡里民政系统管辖;国家对其之剥削也与内郡人民一样,有沉重的租、赋。因此,我们没有理由不把他们称之为国家编户。相反,如果把他们称之为"民屯",试问:这"民屯"又将以什么特点而与国家编户相区别呢? 所以,实边之徙民不是民屯。

四

最后还要谈一个在上面已涉及,但却未展开的问题,即边郡人民的军事服役以及参与边塞防御的问题。

边郡人民的军事服役,按制度规定,和内郡人民基本一样。这里据《汉旧仪》的记载作一说明。

> 民年二十三为正,一岁以为卫士,一岁为材官、骑士,习射御骑驰战阵。八月,太守、都尉、令、长、相、丞、尉会都试,课殿最。水处为楼船,亦习战射行船。边郡……不给卫士。

"正"就是正卒,汉昭帝以前民年二十傅籍,为正卒,昭帝时改为二十三岁。正卒共两项,"一岁为材官、骑士",此一岁役在本郡服,限定于傅籍之时;役期内除防卫地方外,主要是"习射御骑驰战阵"即接受军事训练。训练内容因地区而不同,内郡为材官(步兵),边郡为骑士(骑兵),"水处为楼船(江、淮以南为水兵)"。服役将近结束的八月,还要由郡、县长官"会都试,课殿最",进行以考核为目的的军事大检阅。"一岁

---

① 《汉书·宣帝纪》。
② 《汉书·平帝纪》。

以为卫士",此一岁役是指已经训练的材官、骑士,或在京城作"卫士"(边郡不去京师"给卫士"),或在边郡为戍卒。由于内郡的"卫士"一岁役不在本郡,故称外徭。以上乃制度规定,实际上编户从二十(或二十三)岁到五十六岁间服两年役后而遇国家有事时,也还要随时听候差遣调发。

然而边郡又不同于内郡,边郡人民还有军事防御任务。边郡乃边地之郡,与敌人接界,因而边郡人民除正常的农、牧业生产外,还非常重视修习战备。《汉书》记载天水、陇西、安定、北地、上郡、西河诸郡,或"处势迫近羌胡",或"皆迫近戎狄","习俗修习战备,高上勇力鞍马骑射"①,"以射猎为先"。河西四郡也处在羌胡夹击形势之中,故四郡人民"保边塞,二千石治之,咸以兵马为务。"②在敌人入侵之时,他们为了保家,势必奋起反抗,所以,保家和卫国对他们是一致的。《汉书·司马相如传》载,武帝派唐蒙从巴蜀"略通夜郎、僰中,发巴蜀吏卒千人,郡又多为发转漕万余人,用军兴法诛其渠帅。巴蜀民大惊恐。"武帝使相如责唐蒙等,并安定巴蜀,其檄文曰:

……
夫边郡之士,闻烽举燧燔,皆摄弓而驰,荷兵而走,流汗相属,唯恐居后,触白刃,冒流矢,议不反顾,计不旋踵,人怀怒心,如报私仇。彼岂乐死恶生,非编列之民、而与巴蜀异主哉?计深虑远,急国家之难,而乐尽人臣之道也。……

这是古代边郡"编列之民"在敌人入侵时所表现出的爱国主义的生动记载。

当然我们也必须看到,边郡人民"闻烽举燧燔,皆摄弓而驰,荷兵而走",既有自觉的保家卫国的一面,也有被强制的一面。所谓被强制,即国家对边郡人民的军事防御任务有明确的规定。《后汉书·陆康列传》记载:

县在边垂,旧制:令户一人具弓弩以备不虞,不得行来。

所谓"旧制",或为西汉之制度规定;其规定每一编户,必须有一丁壮"具弓弩",待命于家,处于戒备状态。这又是内郡人民所没有的负担。

主张徙民实边为民屯的学者们,特别强调西汉实边徙民是"一面当兵,一面屯田"的观点。这给人以极强烈的印象,似乎汉文帝徙民以前的边郡人民没有军事服役,也不参与军事防御,只是埋头生产。这是不符合历史实际的。我们引建议徙民的晁错所上的《言兵事疏》中的话为例:

---

① 《汉书·赵充国传》。
② 《汉书·地理志》。

> 自高后以来,陇西三困于匈奴矣,民气破伤,亡有胜意。今兹陇西之吏,赖社稷之神灵,奉陛下之明诏,和辑士卒,底厉其节,起破伤之民以当乘胜之匈奴,用少击众,杀一王,败其众而大有利。非陇西之民有勇怯,乃将吏之制巧拙异也。故兵法曰:"有必胜之将,无必胜之民。"……

在这段引文中,曾四次提到了"民"。据晁错讲,由于将吏指挥上的失误,陇西"三困于匈奴,民气破伤"。而"今兹"由于指挥思想上的变化,即将吏"和辑士卒","起破伤之民",结果"以少击众,杀一王,败其众而大有利",取得了胜利。晁错特别强调"非陇西之民有勇怯",关键在于将吏的指挥。可见,晁错所说的"陇西之民"是参加了保卫边防的战斗的。

我认为,汉文帝徙民以前和以后的边郡之民,在边防有警的情况下都是且耕且战的;我们将这种且耕且战与其称之谓"民屯",倒不如称之谓"民兵"更为符合实际。

所以民屯的实质,并不在于且耕且战,一面当兵,一面生产;而在于用田官系统管理,以军队组织编制这种超经济强制。

以上意见,错误难免;谬误之处,敬请批评指正。

原刊于《兰州大学学报(社会科学版)》1987年第1期

(作者简介:刘光华,兰州大学历史文化学院教授)

"亚细亚生产方式"再探讨[*]
——重读《资本主义生产以前的各种形式》的思考

李根蟠

马克思在《政治经济学批判·序言》(下文简称《序言》)中说:"大体说来,亚细亚的、古代的、封建的和现代资产阶级的生产方式可以看做是经济的社会形态演进的几个时代。"[①]"亚细亚生产方式"何所指?学界争论已近百年。我在20世纪80年代曾撰文赞同亚细亚生产方式为原始社会形态说。[②] 新近的争论引起我的思索,深感这是关系如何正确把握马列主义唯物史观的重大问题,遂重新研读了马克思的《资本主义生产以前的各种形式》(下文简称《形式》)、《政治经济学的方法》(下文简称《方法》)及相关论述,产生了一些新的认识,充实和发展了先前的基本观点,也对先前认识的偏差作了纠正。我从前人和今人的研究中汲取了不少营养,亦有与时贤意见相左者,愿就教于学界同仁和广大读者。

关于亚细亚生产方式以及相关的亚细亚所有制形式的研究,可以包括两方面:一是如何正确理解其内涵,二是如何将它应用于历史的研究。正确理解是正确应用的前提。本文主要探索亚细亚生产方式以及相关的亚细亚所有制形式的内涵。至于这些理论如何运用于对中国史的认识和研究,将另文探讨。亚细亚生产方式究竟指什么,众说纷纭,见仁见智。答案只能从马克思的论著中、从他本人的经历和思想发展中去寻找。恩格斯指出:"一个人如果想研究科学问题,首先要学会按照作者写作的原样去阅读自己要加以利用的著作,并且首先不要读出原著中没有的东西。"[③]本文就马克思提出亚细亚生产方式的思想轨迹、探索历程和研究方法三个方面作些探讨。

---

[*] 本文修改过程中,林甘泉、廖学盛同志提出宝贵意见,特此致谢!

[①] 《马克思恩格斯全集》第31卷,人民出版社,1998年,第413页。

[②] 李根蟠:《马克思恩格斯原始社会理论的若干问题》,《中国社会科学院经济研究所集刊》第9辑,中国社会科学出版社,1987年。

[③] 《资本论》第3卷德文版《序言》,《马克思恩格斯文集》第7卷,人民出版社,2009年,第26页。

一、亚细亚生产方式概念形成前后的思想轨迹

马、恩从批判资本主义生产方式出发研究历史,他们否定建立在私有制基础上的剥削制度的合理性和永恒性,因此很早就关注人类社会的起始状态。《德意志意识形态》(1845—1846)(以下简称《形态》)提出的"第一种所有制形式是部落所有制",就是马、恩对人类社会起始状态的一种探索。"部落所有制"虽然包含了马、恩关于原始社会理论的胚芽,但还不能算是原始社会形态的科学概括。

19世纪50年代初,马、恩在研究亚洲时局和亚洲社会时,敏锐地发现它与西方社会有所不同,其中比较突出的一点是保存了村社的土地公有制。① 这就为理解原始社会的生产关系提供了实证线索。马、恩在分析论述东方社会历史特点的同时,把亚洲社会中存留的村社和欧洲社会历史上的公社残余进行比较,认定土地公有制的公社是东西方社会都要经历的初始阶段,从而初步形成了原始社会形态的科学概念。这就是《序言》提出"亚细亚生产方式"的由来。

《政治经济学批判》出版于1859年1月,为了完成这部著作,马克思写了数十万言的手稿,②后者被称为《资本论》的最初稿。马克思关于原始社会形态的新思想大体上是在该手稿撰写过程中最终形成的。该手稿中载有《形式》一文,比较集中地反映了马克思这方面的思考和研究。

《形式》是《政治经济学批判》手稿第3章即《资本章》的一部分,它以资本主义生产方式的分析为出发点追溯它的起源。在资本主义生产方式下,一方面是除了自己的劳动力以外一无所有的自由劳动者,另一方面是占有大量生产资料和生活资料的资本家,只有当资本家用货币购买自由劳动者的劳动力,从而使劳动者得以和劳动资料发生关系以后,生产才能进行,而生产的目的完全是为资本家增殖价值。劳动与资本的这种对立是以劳动者与劳动的物质条件的彻底分离为前提的。这种分离是历史发展的结果。那么,在这种分离出现以前劳动者同劳动的客观条件是一种什么关系,这种分离又是如何实现的? 这就是《形式》论述的主题。

马克思指出,劳动者同劳动的客观条件(即自然条件,指劳动资料和劳动材料,主要是土地)的初始关系是"天然统一"(《形式》,第465页),③也就是说,劳动者是劳

---

① 1853年6月2日马克思致恩格斯的信说:"贝尔尼埃正确地看到,东方(他指的是土耳其、波斯、印度斯坦)一切现象的基础是不存在土地私有制。这甚至是了解东方天国的一把真正的钥匙。"恩格斯6月6日的回信表示赞同(《马克思恩格斯文集》第10卷,人民出版社,2009年,第112、113页)。
② 《政治经济学批判》(1857—1858年手稿),《马克思恩格斯全集》第30卷,人民出版社,1995年;《马克思恩格斯全集》第31卷。
③ "《形式》,第 * * 页"是"《资本主义生产以前的各种形式》,《马克思恩格斯全集》第30卷,第 * * 页"的简化。本文凡引《形式》文仿此,不另出注。

动的客观条件的自然的和当然的所有者,但他们之所以成为所有者,是以归属于自然形成的某一共同体为前提的。这是一种以公社成员身份为中介的劳动者对劳动客观条件的所有制,劳动者、所有者和共同体在这里是三位一体的。这类所有制有种种不同的表现形式,《形式》主要论述了三种。亚细亚所有制是直接的共同所有制,不存在土地私有制;公社是经济实体,个人是公社附属物,是公社财产的占有者。古代的所有制是公有土地与私有土地并存,以城市为中心的公社是仍有独立经济存在的有机体。日耳曼形式个人私有制已占支配地位,公有土地只是个人财产的补充或公共附属物;公社实际上只存在于公社成员的集会和他们为了公共目的的联合之中。这三种所有制虽然各有不同特点,但都离不开共同体的存在,任何所有者都必须和必然具有共同体成员的身份。马克思在《形式》中总结说:

> 这种所有制所表现出来的一切形式,都是以这样一种共同体为前提的,这种共同体的成员彼此间虽然可能有形式上的差异,但作为共同体的成员,他们都是所有者。所以,这种所有制的原始形式本身就是直接的共同所有制(东方形式,这种形式在斯拉夫人那里有所变形;在古代的和日耳曼的所有制中它发展成为对立物,但仍然是隐蔽的——尽管是对立的——基础)。(按"共同所有制",《全集》中译本第1版译作"公有制")(《形式》,第490—491页)

在这里,马克思揭示了三种所有制的共同点和它们之间的区别。其中,只有亚细亚所有制(即文中所称"东方形式")是"原始形式",表现为"直接的共同所有制"。[①] 古代的和日耳曼的所有制是"产生出来的东西",是"解体"的形式,它们已经产生了公有制的对立物——个体私有制[②];但这两种形式下的个体私有仍以共同体的存在为前提,正是在这个意义上马克思指出公有制仍然是它们"隐蔽的基础"。

既然亚细亚形式是原始形式,古代的和日耳曼的形式是解体形式,这就意味着古代的和日耳曼的形式是从亚细亚类型的所有制演变而来的,也就是说,亚细亚形式虽然以代表性的地域命名,实际上包含了超越地域的普遍意义,是东西方都要经历的一种所有制形式。马克思写《形式》时,没有读过毛勒关于德国马尔克制度的著作。1868年3月14日,马克思在给恩格斯的信中说,他最近阅读了毛勒的有关著作,这些

[①] 在同一手稿《形式》一文前面,马克思写道:"历史却表明,共同财产(如印度人、斯拉夫人、古克尔特人等等那里的共同财产)是原始形式,这种形式还以公社财产形式下长期起着显著的作用。"(《政治经济学批判》1857—1858手稿前半部分,《马克思恩格斯全集》第30卷,第29页)"共同财产"(《全集》中译本第1版译作"公有制"),与上引文"直接的共同所有制"同一意义。这段话也同样把印度等地存留的"共同财产制"定位为"原始形式",而与其他的"公社所有制形式"区分开来。

[②] 《形式》谈到古代形式的公社时说:"在这里它已经是历史的产物,不仅在事实上,而且在人们的意识里也是如此,因而是一个产生出来的东西。"(《形式》,第470页)个体私有制有了进一步发展的日耳曼形式的公社更不在话下。"解体"形式也是马克思的原话,见《马克思恩格斯全集》第31卷,第426页。

著作"详尽地论证了土地私有制只是后来才产生的,等等。……我说过欧洲各地的亚细亚的或印度的所有制形式都是原始形式,这个观点在这里(虽然毛勒对此毫无所知)再次得到了证实。"①按,马克思阅读的毛勒有关著作出版于19世纪50年代中期到60年代中期,这时毛勒对马克思关于"欧洲各地的亚细亚的或印度的所有制形式都是原始形式"的观点"毫无所知",这说明马克思这一观点的形成应在此以前或与此同时,具体时间难考其详,但从现存材料看,《形式》中有关论述无疑集中体现了这一观点。② 这样,马克思在阐述劳动者同劳动的客观条件的原初关系时,通过对东西方公社形式的比较,揭示了人类原始社会形态的一个基本特征——天然共同体的土地共同所有制。

为什么会形成这样的土地原始公有制? 马克思是从初始形态的人类社会中人与自然以及人与人的关系进行分析的:作为自然的人("主体自然")与他依以生存的自然,首先是土地("客体自然")是不可分离的,人占有自然(土地)就是占有他自己的生存条件,这实际上是他双重存在("主体自然"与"客体自然")的表现。(《形式》,第482页)但在生产力低下的原始时代,人们必须通过依存于共同体的"共同生产"(或曰"共同劳动"、"协作")③来利用土地。"所以孤立的个人是完全不可能有土地财产的,就像他不可能会说话一样"。共同体"并不是共同占有(暂时的)和利用土地的结果,而是其前提"。(《形式》,第466页)进一步说:活的个体所归属的"某一自然形成的社会,部落等等"也是"生产的自然条件之一"。(《形式》,第484页)这样,以共同体为基础的劳动者土地所有制作为人类原初社会形态的特征,也就是自然的和必然的。

在此基础上,马克思提出"原始共产主义"的概念。《政治经济学批判》(1857—1858年手稿)后半部分有这样一段话:

---

① 《马克思恩格斯文集》第10卷,第281—282页。
② 有的学者说马克思是在19世纪60年代看了毛勒的著作后,才认识到"以土地公有制为基础的社会形式不仅在亚洲存在,而且在欧洲也存在过"。(涂成林、杨耕:《论马克思东方社会理论的生成逻辑》,《哲学研究》2007年第12期)这种说法与马克思本人的表述直接相忤。马克思在给恩格斯的信中明白无误地说毛勒的著作"再次证实"了他原来的判断,而不是改变了他原来的看法。再者,1859年1月出版的《政治经济学批判》中,明确指出"从印度的公有制的各种形式中""可以推出""罗马和日耳曼的私人所有制的各种原型"(《马克思恩格斯全集》第31卷,第426页),时间也在马克思阅读毛勒著作之前。
③ 马克思把原始公有制和共同生产(共同劳动)联系起来。在《形式》中,印度和斯拉夫人公社是亚细亚形式的代表,秘鲁公社是它的派生形式;前者比后者实行"更古老的更简单的""公有制和共同生产"(《形式》,第482页)。"靠共同劳动来利用"(《形式》,第469页)土地的程度,在很大程度上决定了共同体土地公有的程度,东方社会共同修建灌溉渠道的需要,是其公社共同所有制长期保存的重要条件。在《政治经济学批判》第1章中,马克思指出"共同劳动"是"一切文明民族的历史初期自然发生的"现象,并把它和"原始的公有制形式"联系在一起。(《马克思恩格斯全集》第31卷,第425—426页及注)在《资本论》第1卷第1章中,马克思称"共同的劳动即直接社会化的劳动",是"一切文明民族的历史初期都有过的这种劳动的原始的形式"。第11章提到"在人类文化初期的那种在劳动过程中占统治地位的协作。"(《马克思恩格斯全集》第44卷,人民出版社,2001年,第95、388页)

不久前有人又发现公社所有制是斯拉夫族特有的一种奇异现象。事实上，印度为我们提供了这种经济共同体的各种各样形式的典型，它们虽然或多或少已经解体了，但仍然完全可以辨认出来；经过更仔细地研究历史，又发现这种共同体是一切文明民族的起点。以私人交换为基础的生产制度，最初就是这种原始共产主义在历史上解体的结果。①

我们知道，马克思和恩格斯自19世纪40年代初从革命的民主主义者转变为共产主义者，共产主义就成为他们经常的话题。但是据我所见，"原始共产主义"一词在马、恩著作中是50年代末才首次出现的。除上述引文外，1858年4月2日马克思在给恩格斯的信中也说过：

价值本身除了劳动本身没有别的任何"物质"。……这种规定本身就已经假定：（1）原始共产主义的解体（如印度等）；（2）一切不发达的、资产阶级前的生产方式（在这种生产方式中，交换还没有完全占支配地位）的解体。虽然这是一种抽象，但它是历史的抽象，它只是在一定的社会经济发展的基础上才能产生出来。②

在1861—1863年的《剩余价值理论》中，马克思径称"亚洲村社（原始共产主义）"。③

这三处的"原始共产主义"都与"印度"或"亚洲村社"相联系，显然是指以实行直接公共所有制的印度村社或亚洲村社为代表的一种社会类型，马克思指出它是"一切文明民族的起点"，赋予它超越地域作为人类社会发展的一个时代的属性。可见，在准备撰写《政治经济学批判》的过程中，不晚于1858年，关于原始社会形态新的科学概念已在马克思脑海中成形。

以上所引，与《序言》提出的"亚细亚生产方式"，无论时间、内容、语言表述上都极为接近，无疑真实反映了"亚细亚生产方式"概念形成的思想轨迹。它清楚地表明，"亚细亚生产方式"的提出决不是偶然的，它作为表示原始社会形态的概念毋庸置疑。有人说，马克思始终没有给亚细亚生产方式一个明确定义；我认为，以"亚洲村社"为代表的"原始共产主义"就可以视为它最初的定义。

---

① 《马克思恩格斯全集》第31卷，第294页。
② 《马克思恩格斯文集》第10卷，第158页。
③ 《马克思恩格斯全集》第26卷，第3册，人民出版社，1974年，第465—466页。

二、从《形态》到《形式》的探索历程

为进一步理解亚细亚生产方式的意义,需回头看看《形态》中的"部落所有制"。《形态》是马克思恩格斯唯物史观的奠基作,它既阐述了唯物史观的基本原理,又展示了人类社会所有制的演进序列,这种"所有制形式",就是后来提出的"经济的社会形态"的雏形。马克思恩格斯说:

> 第一种所有制形式是部落[Stamm]所有制。这种所有制与生产的不发达的阶段相适应,当时人们靠狩猎、捕鱼、牧畜,或者最多靠耕作为生。在人们靠耕作为生的情况下,这种所有制是以有大量未开垦的土地为前提的。在这个阶段,分工还很不发达,仅限于家庭中现有的自然形成的分工的进一步扩大。因此,社会结构只限于家庭的扩大:父权制的部落首领、他们管辖的部落成员,最后是奴隶。潜在于家庭中的奴隶制,是随着人口和需求的增长,随着战争和交易这种外部交往的扩大而逐渐发展起来的。①

"部落所有制"的内涵是什么?人们"靠狩猎、捕鱼、牧畜,或者最多靠耕作为生",这种生产力属于原始社会范畴是清楚的。但生产关系的性质就比较模糊。马、恩认为私有制是社会分工的产物,部落所有制时代分工很不发达,仅仅是家庭自然分工的扩大,与此相应,社会结构也只是作为家庭扩大的部落。② 部落中包含了奴隶,马、恩强调它是从潜在于家庭中的奴隶制逐步发展起来的。可见,这里说的还不是奴隶制社会本身,而是它所由起始的形态。在《形态》中"野蛮向文明的过渡、部落制度向国家的过渡"等列并提,又说"私法是与私有制同时从自然形成的共同体(引者按,即部落)的解体过程中发展起来的",③据此部落所有制应定位在私有制和国家出现以前。然而《形态》又称:"家庭中这种诚然还非常原始和隐蔽的奴隶制,是最初的所有制,但就是这种所有制也完全符合现代经济学家所下的定义,即所有制是对他人劳动力的支配。"④那么,作为这种家庭扩大形态的"部落所有制"自然也应包括在该定义适用范围之内。总之,"部落所有制"是马克思恩格斯当时对人类社会初始状态生

---

① 《马克思恩格斯文集》第1卷,人民出版社,2009年,第521页。
② 关于这里的"部落"(Stamm),马、恩全集的编者指出:"德语 Stamm 这一术语在19世纪中叶的历史科学中含义比现在要广,它表示渊源于同一祖先的人们的共同体,包括近代所谓的'氏族'(Gens)和'部落'(Stamm)两个概念。另外,马克思关于原始社会和早期部落制中家庭关系的观点,即认为人们最初先是形成为'家庭',然后从家庭发展和扩大而成为'氏族',也是沿用当时历史科学中的观点。"(《马克思恩格斯全集》第30卷,第630页注14)
③ 《马克思恩格斯文集》第1卷,第556、584页。
④ 《马克思恩格斯文集》第1卷,第536页。

产力和生产关系所作的概括,但它并没有和建立在私有制基础上的阶级社会划清界线,还没有能够上升到原始社会生产方式或社会形态高度。

在《形态》中,"所有制"相当于后来所说的"社会形态"或"社会经济形态",但这种表述是不够确切的。1847年底,马克思在《雇佣劳动与资本》中对什么才是"具有独特的特征的社会"作了进一步说明:

> 生产关系总合起来就构成所谓社会关系,构成所谓社会,并且是构成为一个处于一定历史发展阶段上的社会,具有独特的特征的社会。古典古代社会、封建社会和资产阶级社会是这样的社会关系的总和,而其中每一个生产关系的总和同时又标志着人类历史发展的一个特殊阶段。①

这是马克思社会形态概念的早期表述。在这里和稍后的《共产党宣言》中,都没有在"古代社会"(奴隶社会)以前列出一个原始社会来,我认为并非由于偶然的疏忽或其所论述仅局限于阶级社会历史,而是和当时对人类的原始时代的探索,尚未能构成"具有独特特征的社会"的概念有关。

这种情况反映了那个时代人类认识水平的局限。1888年恩格斯为《共产党宣言》(英文版)"至今所有一切社会的历史,都是阶级斗争的历史"一语作注时说:"这是指有文字记载的全部历史。在1847年,社会的史前史、成文史以前的社会组织,几乎还完全没有人知道。"②当时,史前考古学尚处于初创阶段,而且考古学虽然能够提供人类太古时代物质生产和生活方面的宝贵材料,但难以单独依靠它来复原当时的社会制度。民族学已经积累了一些原始民族的材料,但并没有进行系统的整理和研究。因此,当时人们只能利用后世文献(如《旧约》等宗教经典)中有限的而且局限性较大的对这一时代的追述。"在[十九世纪]六十年代开始以前,根本谈不到家庭史。历史科学在这一方面还是完全处于'摩西五经'的影响之下。人们不仅毫无保留地认为那里比任何地方都描写得更为详尽的这种家长制的家庭形式是最古的形式……"③家长制家庭,亦称父权家族,特点是专制父权和包括奴隶等非自由人在内。它当时被认为是最古老的社会组织形式而构成"部落所有制"概念的基础,而实际上只不过是父系家族公社的晚期阶段。④《形态》中的"部落所有制"既像原始社会的东

---

① 《马克思恩格斯选集》第1卷,人民出版社,2012年,第340页。
② 《马克思恩格斯选集》第1卷,第400页注。
③ 恩格斯:《关于原始家庭的历史(巴霍芬、麦克伦南、摩尔根)》,《马克思恩格斯全集》第22卷,人民出版社,1965年,第247页。
④ 马克思在19世纪80年代初写道:"传统说法是:认为父权家族——其拉丁形式或希伯来形式——是原始社会{家族}的典型形式。"而实际上"闪族部落的父权家族制属于野蛮期的最晚期,而且在文明期开始以后还保持了一些时期"。(马克思:《摩尔根〈古代社会〉一书摘要》,中国科学院历史研究所翻译组译,人民出版社,1965年,第36、37页)

西,又像奴隶社会的东西,扑朔迷离,其源盖出于此。

或多或少、或显或晦保留土地公有制成分的公社,是在1847年以后才陆续被发现的。而对传统"家庭"观念的突破,从而使家庭史研究得以开始,则要迟至1861年巴霍芬《母权论》的出版。在人类对原始社会认识史的这种时代背景下,让我们来看看《形式》中对劳动者对劳动客观条件的所有制的描述,并与《形态》中的"部落所有制"作些比较。

关于亚细亚所有制形式,马克思指出它的"第一个前提首先是自然形成的共同体。家庭和扩大成为部落的家庭,或通过家庭之间互相通婚[而组成的部落],或部落的联合"。(《形式》,第466页)在《形式》中,部落或部落体等同于共同体或天然的共同体,原始共同体则被归结为部落体。它既说明马克思早年关于部落、家庭以及两者关系的观点这时还没有改变,也说明《形式》中的劳动者对劳动客观条件所有制与《形态》中的部落所有制有着一脉相承的一面。

但《形式》中的劳动者对劳动客观条件所有制比起《形态》中的部落所有制,又有很大不同。第一,《形态》从"古典古代的公社所有制和国家所有制"以及"封建的或等级的所有制"追溯其起始形式而形成的部落所有制的概念,主要依据西方社会的历史材料,文中提及罗马人和日耳曼人等。《形式》研究和阐述劳动者同劳动客观条件统一的所有制,不但用了西方材料,而且用了东方材料,不但有古代的和日耳曼的形式,而且有亚细亚的和斯拉夫的形式,尤其是亚洲村社材料的加入,激活了整个研究。第二,通过比较,肯定了共同体的公有制(共同所有制)是东西方社会都要经历的所有制的原始形式,即使是已经产生个体私有的解体形式,公有制仍然是其隐蔽的基础。这就更正了"家庭中……的奴隶制是最初的所有制"的提法。向世人展示了先于私有制阶级社会的没有剥削的平等的公有制社会。第三,所有制由此获得重新定位。在《形态》中,马、恩把分工和所有制联系在一起,他们说:"分工的各个不同发展阶段,同时也就是所有制的各种不同形式。这就是说,分工的每一个阶段还决定个人在劳动材料、劳动工具和劳动产品方面的相互关系。"这一表述包含了把所有制归结为劳动者与生产资料的关系的思想。但他们又沿袭了"现代经济学家"关于"所有制是对他人劳动力的支配"的说法,认为"分工和私有制是相等的表达方式,对同一件事情,一个是就活动而言,另一个是就活动的产品而言"。① 这就把所有制和私有制等同起来。《形式》中所说的所有制,是以劳动者同生产资料的关系为核心的,所谓"劳动的客观条件"、"劳动的物质条件"等等,主要就是指生产资料而言。虽然《形式》着重研究的是劳动者同劳动客观条件"原始统一"(《形式》,第488页)的各种形式,但它对

---

① 《马克思恩格斯文集》第1卷,第521、536页。

所有制的这种定位,抓住了所有制的本质,并把它拓展到新的领域,是具有普遍意义的。① 它突破"所有制是对他人劳动力的支配"的限制,既适用于以私有制为基础的阶级社会,也适用于以公有制为基础的无阶级社会。第四,上文谈到,《形态》中的部落所有制没有和建立在私有制基础上的剥削制度划清界线,《形式》则把以共同体为中介的劳动者同生产资料统一的所有制与奴隶制、农奴制明确地区分开来:

> 在奴隶制、农奴制等等之下,劳动者本身表现为服务于某一第三者个人或共同体的自然生产条件之一……因而,财产就不再是亲身劳动的个人对劳动客观条件的关系了。奴隶制、农奴制等等总是派生的形式,而决不是原始的形式。(《形式》,第489页)

> 如果把人本身也作为土地的有机附属物而同土地一起加以夺取,那么,这也就是把他作为生产条件之一而一并加以夺取,这样便产生奴隶制和农奴制,而奴隶制和农奴制很快就败坏和改变一切共同体的原始形式,并使自己成为它们的基础。简单的组织因此便取得了否定的规定。(《形式》,第484页)

可见,《形式》中的劳动者对劳动客观条件的所有制和《形态》中的部落所有制有着明显的区别,它们分别处于不同认识层次上。

《形式》是谈所有制形式,而不是谈社会形态的。但社会经济形态即生产方式是生产关系的总和,而以劳动者与生产资料的关系为中心内容的所有制是生产关系的核心,所以《形式》的论述又是与生产方式密切相关的。事实上,亚细亚生产方式就是从劳动者对劳动客观条件天然统一的所有制形式中,尤其是从亚细亚所有制形式中抽象出来的。我们既不能把两者等同起来,也不能把两者割裂开来。上文谈到,可以把亚细亚生产方式定义为"原始共产主义",以共同劳动为基础的、以亲属关系为纽带的原始共同体共同所有制是其核心。马克思说:"在人类文化初期,在狩猎民族中,或者例如在印度公社的农业中,我们所看到的那种在劳动过程中占统治地位的协作,一方面以生产条件的公有制为基础,另一方面,正像单个蜜蜂离不开蜂房一样,以个人尚未脱离氏族或公社脐带这一事实为基础。"②这可以视为对"原始共产主义"的诠释,也可以视为对亚细亚生产方式的诠释。科学的发展证明,这确实是原始社会最基本的特点。如果说,19世纪40年代提出的"部落所有制"对人类社会的原始状况的描述还不很准确的话,那么,从亚细亚形式中抽象出来的亚细亚生产方式已经具有不

---

① 马克思在《资本论》中说:"不论生产的社会形式如何,劳动者和生产资料始终是生产的因素。但是,二者在彼此分离的情况下只在可能性上是生产因素。凡要进行生产,就必须使它们结合起来。实行这种结合的特殊方式和方法,使社会结构区分为各个不同的经济时期。"(《马克思恩格斯全集》第45卷,人民出版社,2002年,第45页)

② 《马克思恩格斯全集》第44卷,第388页。

同于奴隶社会和封建社会的"独特特征",能够构成人类历史上第一个独立的社会经济形态了。

这样一来,部落所有制似乎又在公社所有制的名义下获得新的意义。在《形式》中,部落和公社是可以互换的同列概念。这种以共同体为中介的劳动者的所有制不但被称为"公社所有制",而且有时还直接称为"以部落体为基础的财产"。(《形式》,第486页。按,此"财产"与所有制同义)所以,劳动者同劳动的客观条件统一的所有制,既是对部落所有制的扬弃,也可视为部落所有制的升华。

那么,为什么不把原始社会形态直接称为"公社生产方式"呢?有学者认为,马克思在《形式》中已经把原始社会形态称为"原始所有制"或"公社的生产方式"了,所以"亚细亚生产方式"不可能用作原始社会形态的名称。[①]"原始所有制"竟成为否定亚细亚生产方式原始社会形态属性的理由!

上文已说明,亚细亚生产方式和《形式》中的所有制原有形式既不能等同,也不能割裂;而这就是把两者割裂的一例。这种割裂没有道理,不必细说。需要指出的是,所谓马克思把原始社会形态称为"原始所有制"的说法是不确切的。

《马克思恩格斯全集》中译本第1版第46卷所载《形式》一文中确有"原始所有制"一词,但这不是马克思的原话,而是出自《马克思恩格斯全集》俄文版的编者。俄文版编者给《形式》一文加了两级标题,文章开头处的小标题就是"劳动的个人对其劳动的自然条件的原始所有制"。中译本第1版是从俄文版翻译的,这话也就照搬过来。这里的"原始所有制"是在限定的意义上使用的,是指劳动者对劳动自然条件的所有制,即劳动者对劳动的客观条件原有统一的各种形式,包括亚细亚所有制、古代所有制、日耳曼所有制以及作为亚细亚所有制变形的斯拉夫所有制等。这些所有制相对于奴隶制和农奴制,确实带有某种原始的性质,但它们之间是有区别的。《形式》开篇就说,资本主义生产的前提是"自由劳动同实现自由劳动的客观条件相分离",要完成这一分离,首要的是要实现两种解体,即"自由的小土地所有制解体,以及以东方公社为基础的公共土地所有制解体"(《形式》,第465页)。在《剩余价值理论》中,马克思也表述了相同的意思:

> 劳动者和劳动条件之间原有的统一{我们不谈奴隶关系,因为当时劳动者自身属于客观的劳动条件}有两种主要形式:亚洲村社(原始共产主义)和这种或那种类型的小家庭农业(与此相结合的是家庭工业)。这两种形式都是幼稚的形式,都同样不适合于把劳动发展为社会劳动,不适合于提高社会劳动的生产力。因此,劳动和所有权(后者应理解为对于生产条件的所有权)之间的分离、破裂和

[①] 张新丽、甄修钰:《马克思研究农村公社的动机和方法论——兼论走出"亚细亚生产方式"问题的困境》,《历史研究》2012年第3期。

对立就成为必要的了。①

所谓"东方公社"云云,相当于亚细亚所有制形式。所谓"自由的小土地所有制"云云,在这里指的是古代的和日耳曼的所有制形式;在《政治经济学批判》(1857—1858年手稿)的另一个地方,马克思称之为"由自由土地所有者组成的西方公社",而与"东方公社"相区别。② 这两类所有制,马克思以"幼稚的形式"名之。但它们之间有着明显区别:亚细亚形式实行直接的共同所有制,古代的和日耳曼的所有制则已产生公有制的对立物——个体私有制。所以在马克思看来,只有亚细亚所有制是原始的形式。把这些不同形式笼统地称为原始所有制,并不符合马克思的原意。马克思并没有提出"原始所有制",更没有用"原始所有制"称呼原始社会形态。马克思用作原始社会形态代称的,是从亚细亚所有制形式抽象出来的、以"原始共产主义"为内涵的"亚细亚生产方式"。③

"原始所有制"问题说明白了,马克思为什么没有用"公社生产方式"命名原始社会形态,也就清楚了。因为有各式各样的公社,不是任何公社都实行反映原始社会形态特征的直接共同所有制。在《形态》中,马、恩还曾经用"古代公社所有制和国家所有制"作为奴隶社会的名称。所以把原始社会形态称为"公社生产方式"是不够妥当的。

应该指出,马、恩著作中确实有过"公社的""生产方式"的提法,它仅一见于《政治经济学批判》(1857—1858年手稿)中,排列在《形式》一文之前。其文曰:

> 凡是这种自由劳动者的数量不断增多,而且这种关系日益扩展的地方,旧的生产方式,即公社的、家长制的、封建制的生产方式等等,就处于解体之中,并准备了真正雇佣劳动的要素。④

该手稿的"生产方式"指社会经济形态。"公社的""生产方式"置于"家长制的(按即早期奴隶制)和封建制的生产方式"前,无疑是原始社会形态。这表明马克思确实曾想使用"公社生产方式"指称原始社会形态。但1859年《政治经济学批判》正式出版时,还是选择了"亚细亚生产方式"这一名称。这显然是因为从实行直接公有制的亚细亚所有制形式抽象出来、以"原始共产主义"为内涵的"亚细亚生产方式",

---

① 《马克思恩格斯全集》第26卷,第3册,第465—466页。
② 《马克思恩格斯全集》第30卷,第458页。
③ 笔者在《马克思恩格斯原始社会理论的若干问题》中,辨析不慎,误把俄文版编者所说"原始所有制"当成马克思原话,遂把"原始所有制"与"亚细亚生产方式"等同起来,把劳动者同劳动的客观条件统一的几种所有制形式都归入原始社会范畴,是错误的。
④ 《马克思恩格斯全集》第30卷,第463页。

比"公社生产方式"能更准确反映原始社会形态的本质。

三、研究方法:抽象、逆向推演和残片复原
——兼谈人类历史发展的普遍性和特殊性

从上文论述看,亚细亚生产方式作为代表原始社会形态的概念是清楚的,但为什么不少学者仍把亚细亚生产方式视为人类进入阶级社会以后的一种社会形态或社会发展阶段?我认为重要原因之一,是他们把经过抽象的作为"一般"概念的亚细亚所有制和亚细亚生产方式,同作为亚细亚所有制素材的亚洲村社实态和东方社会混同起来了。其实作为亚细亚所有制形式素材的亚洲村社和东方社会,并不等同于亚细亚所有制形式"一般",更不等同于亚细亚生产方式"一般";即使是亚细亚所有制形式,也并不完全等同于亚细亚生产方式。①

要说清楚这个问题,必须了解马克思的研究方法,而这又需要从体现马克思这种研究方法的文本和马克思对自己研究方法的诠释来把握它。

马克思1857—1858年《经济学手稿》(《政治经济学批判手稿》是它的主要组成部分)的《导言》中有专文论"政治经济学的方法",强调抽象在政治经济学研究中的作用。因为感性的具体只是"混沌的表象",只有通过分析,抽取出关键要素,形成"简单的概念",才能把握事物的本质。经过抽象形成的概念,超越了它的具体形态,从而具有更为普适的意义。例如《资本论》是从分析商品开始的,这里的商品,是商品的理论抽象,即商品"一般",它既不同于英国的商品实态,也不同于法国的商品实态,但却能够深刻地反映一切国家、一切时代商品的共同本质。思维如何掌握具体?马克思提出从抽象上升到具体的研究路线。即通过分析,从"完整的表象蒸发为抽象的规定",然后通过对各种抽象出来的概念、范畴进行综合,使"抽象的规定在思维行程中导致具体的再现",这种"具体"已不是"混沌的表象,而是一个具有许多规定和关系的丰富的总体了"。(《方法》,第41—42页)②

这种方法可以应用于历史研究。社会是历史地生成和发展的,而不是静止和亘古不变的,现实中有历史传统、历史积淀和历史遗存,所以可以从现实透视历史,从"比较发展"的社会透视"比较不发展"的社会。马克思说:

> 资产阶级社会是最发达的和最多样性的历史的生产组织。因此,那些表现

---

① 为什么亚细亚形式和亚细亚生产方式不能混同?因为亚细亚形式等是从劳动者同劳动客观条件的关系来把握的所有制形式,生产方式则是社会生产关系的总和,虽然前者是生产关系的核心,但后者涵盖的范畴要宽广得多,两者并不等同。下文还要谈到,亚细亚生产方式是在亚细亚所有制形式的基础上再次抽象而形成的。

② "《方法》,第＊＊页"是"《政治经济学的方法》,《马克思恩格斯全集》第30卷,第＊＊页"的简化。本文凡引《方法》文仿此,不另出注。

它的各种关系的范畴以及对于它的结构的理解,同时也能使我们透视一切已经覆灭的社会形式的结构和生产关系。资产阶级社会借这些社会形式的残片和因素建立起来,其中一部分是还未克服的遗物,继续在这里存留着,一部分原来只是征兆的东西,发展到具有充分意义,等等。人体解剖对于猴体解剖是一把钥匙。反过来说,低等动物身上表露的高等动物的征兆,只有在高等动物本身已被认识之后才能理解。因此,资产阶级经济为古代经济等等提供了钥匙。(《方法》,第46—47页)

从发展阶段较高的社会透视发展阶段较低的社会,并非抹杀不同社会发展阶段的历史差别。"在一切社会形式中都有一种一定的生产决定其他一切生产的地位和影响,因而它的关系也决定其他一切关系的地位和影响。"马克思称之为"普照的光"、"特殊的以太"(《方法》,第48页)。"一个比较不发展的整体的处于支配地位"的简单范畴,在"一个比较发展的整体"中却会被"当作一种从属关系保存下来"。(《方法》,第43页)例如,在前资本主义的农业社会,土地所有制处于支配地位,工业、工业的组织以及与工业相应的所有制形式都多少带着土地所有制的性质,自然联系占优势。在资本主义社会中,工业处于主导地位,农业越来越变成仅仅是一个产业部门,资本支配着一切,土地所有制是从属的关系,社会、历史所创造的因素占优势。如此等等。

研究原始社会也可以应用这种方法吗？答案是肯定的。马克思指出:"资产阶级经济学只有在资产阶级社会的自我批判已经开始时,才能理解封建的、古代的和东方的经济。"(《方法》,第47页)这里的"东方的经济"与"东方形式"、"东方公社"一脉相承,从其逆排序看,应是指原始社会的经济。这清楚地说明,马克思研究原始社会的经济关系,也是使用《导言》阐述的方法。

这种方法不同于一般的历史叙事方法,它是一种立足于基本的历史事实和基本的历史联系的逻辑演绎的方法,表现出逆向推演和残片复原相结合的特点。先说逆向推演。在《手稿》中,《形式》的前一节"资本的原始积累"有以下一段话:

……我们的方法表明历史考察必然开始之点,或者说,表明仅仅作为生产过程的历史形式的资产阶级经济,超越自身而追溯到早先的历史生产方式之点。因此,要揭示资产阶级经济的规律,无须描述生产关系的真实历史。但是,把这些生产关系作为历史上已经形成的关系来正确地加以考察和推断,总是会得出这样一些原始的方程式,——就像例如自然科学中的经验数据一样,——这些方程式将说明在这个制度以前存在的过去。这样,这些启示连同对现代的正确理解,也给我们提供了一把理解过去的钥匙——这也是我们希望做的一项独立的工作。另一方面,这种正确的考察同样会得出预示着生产关系的现代形式被扬弃之点,从而预示着未来的先兆,变易的运动。①

《形式》承接这一思路展开分析。资本与劳动对立的基础是劳动者同劳动的物质条件的彻底分离,这既是资本主义生产的历史前提,也是历史发展的结果,那么在这种分离以前必然存在着劳动者同劳动的物质条件天然统一的状态。而事实也正是这样。劳动者与劳动条件的统一——劳动者与劳动条件的分离——在新的基础上劳动者与劳动条件的重新统一,这正可理解为上引文所讲的"原始方程式"。劳动的物质条件在人类社会的早期主要表现为自然条件,首先是土地。这样,劳动同劳动的自然条件的统一,或者说劳动者对土地的所有制,就成为马克思研究人类早期经济关系的逻辑起点。马克思又发现,劳动者土地所有制的各种形式都是以劳动者的公社成员身份为前提的,原始共同体在这里成为逻辑中介,通过这个中介得出劳动者土地所有制的原始形式是原始共同体的共同所有制这一结论,它可视为马克思研究劳动者同劳动客观条件早期关系的逻辑终点。②

再说残片复原。上述逻辑演绎的事实依据主要是存在于资本主义支配的世界各地中的公社残片。人们不应忘记的事实是:马克思研究劳动者同劳动的客观条件原有统一的所有制形式,并由此作出亚细亚生产方式的概括时,知识界尚未发现独立存在于文明世界之外的原生的完整的原始公社的实例。马克思只能利用文明世界中各地的公社遗存和公社残片为素材。具体说来,古代的形式取材于古希腊罗马的城市公社,日耳曼的形式取材于欧洲中世纪农村公社比较晚后的形式,亚细亚的形式则取材于印度等地的亚洲村社。马克思指出:"因为资产阶级社会本身只是发展的一种对立的形式,所以,那些早期形式的各种关系,在它里面常常只以十分萎缩的或者完全歪曲的形式出现。公社所有制就是个例子。"又说资产阶级经济的范畴"可以在发展了的、萎缩了的、漫画式的种种形式上,总是在有本质区别的形式上,包含着这些社会形式(引者按:指资本主义以前的社会形式)"。(《方法》,第47页)这里说得很清楚,文明社会中的公社残片往往是"以十分萎缩的或者完全歪曲的形式出现"的,已经不是其原生形态,但与资本主义等阶级制度又有着某种"本质区别"。事实正是如此。上述作为研究素材的公社遗存,毫无例外都打上阶级社会的烙印,而这对于它们的原型来说,是被"完全歪曲"的形式,但同时它们又包含着或者比较显露或者比较隐蔽的区别于阶级制度的元素。因此,利用这些残片复原公社制度,必须使用抽象的方法,

---

① 《马克思恩格斯全集》第30卷,第452—453页。
② 马克思1858年4月2日致恩格斯的信中指出:把价值"纯粹归结为劳动量","只是资产阶级财富的最抽象的形式",它意味着原始共产主义和一切不发达的、资产阶级前的生产方式的解体,"这是一种抽象,但它是历史的抽象"。(《马克思恩格斯文集》第10卷,第158—159页)我们同样可以说,以土地的共同所有制为原始形式的劳动者同劳动客观条件的统一是一种"历史的抽象"。

经过分析研究,提取出反映公社原有本质的因素和关系,舍象阶级社会后加给它的种种成分,从而矫正其被歪曲的形象。例如,作为古代的所有制形式素材的古希腊罗马奴隶社会中的城市公社,《形态》是这样描述的:它"首先是由于几个部落通过契约或征服联合为一个城市而产生的。在这种所有制下仍然保存着奴隶制。除公社所有制以外,动产私有制以及后来的不动产私有制已经发展起来,但它们是作为一种反常的、从属于公社所有制的形式发展起来的。公民仅仅共同拥有支配自己那些做工的奴隶的权力,因此受公社所有制形式的约束。这是积极公民的一种共同私有制,他们面对着奴隶不得不保存这种自然形成的联合方式。"①然而在《形式》中,这里的奴隶制关系完全被舍象了,而突出了公社以城市为中心的存在和劳动者与劳动的客观条件的统一。不独古代的形式,《形式》中各种原有的所有制形式,劳动者都通过公社的中介成为所有者,都与奴隶制和农奴制划清界线,②这是经过抽象的复原了的公社形象。所以,复原后的公社形式虽然取材于但并不等同于残存于阶级社会中的公社实态。

逆向推演和残片复原两者不是相互分离,而是相辅相成的,前者是后者的导向,后者是前者的支撑。

现在回到亚细亚生产方式、亚细亚形式与亚洲村社、东方社会实态区别的话题来。作为亚细亚形式素材的历史上实际存在的印度村社,按马克思的说法,是"身上带着种姓划分和奴隶制度的污痕"的"小小的半野蛮半文明的公社",③是东方专制制度的基础。而《形式》中经过抽象的"亚细亚形式",以直接公有制和共同生产为特点,是劳动者同劳动的客观条件统一的所有制的原始形式,刻印在它身上的种姓划分和奴隶制度被舍象了。前者是地域性存在,后者则成为超地域性的人类历史的一种所有制形态。如果说,劳动者、共同体、所有者三位一体的所有制是从残存于各地的公社实态中抽象出来的,则亚细亚生产方式是从这种三位一体的所有制尤其是亚细亚所有制再一次抽象的结果。正如上引《政治经济学批判》(1857—1858年手稿)中所言,印度提供的公社所有制典型在现实中"或多或少已经解体了",它们的原型是需要"辨认出来"的;而实行"原始共产主义"的共同体"是一切文明民族的起点"的判

---

① 《马克思恩格斯文集》第1卷,第521页。恩格斯也说过:"在自发的公社中,平等是不存在的,或者只是非常有限地、对个别公社中掌握全权的成员来说才是存在的,而且是与奴隶制交织在一起的。在古希腊罗马的民主政体中也是如此。"(《〈反杜林论〉的准备材料》,《马克思恩格斯全集》第20卷,人民出版社,1971年,第668—669页)《马克思恩格斯文集》第1卷,第521页。恩格斯也说过:"在自发的公社中,平等是不存在的,或者只是非常有限地、对个别公社中掌握全权的成员来说才是存在的,而且是与奴隶制交织在一起的。在古希腊罗马的民主政体中也是如此。"(《〈反杜林论〉的准备材料》,《马克思恩格斯全集》第20卷,人民出版社,1971年,第668—669页)

② 《形式》明确指出,在奴隶制和农奴制下,劳动者本身变成生产的自然条件,或与牲畜同列,或作为土地的附属物,而被他人占有,"财产就不再是亲身劳动的个人对劳动客观条件的关系了":它们与劳动者对劳动客观条件"原有"所有制的区别是十分清楚的。

③ 《不列颠在印度的统治》,《马克思恩格斯选集》第1卷,人民出版社,2012年,第853、854页。

断,则是"经过更仔细地研究历史"得出的结论。前者属于第一次的抽象,后者属于再一次的抽象。亚细亚生产方式、亚细亚所有制形式与东方社会的亚洲村社实态的区别是明显的。

但由于作为亚细亚形式素材的亚洲村社存在于早已产生阶级和国家的东方社会,村社本身带着阶级的烙印。奴隶、种姓、专制君主等现象,马、恩在论述亚洲村社和东方社会时多次提到,在剖析亚细亚所有制形式时也间有涉及。这种情况难免使人迷惑,以至把亚细亚形式和亚细亚生产方式混同于亚洲村社和东方社会。最容易令人产生错觉的是《形式》的下面一段话:

> 这种以同一基本关系为基础的形式,本身可以以十分不同的方式实现。例如,跟这种形式完全不矛盾的是,在大多数亚细亚的基本形式中,凌驾于所有这一切小的共同体之上的总合的统一体表现为更高的所有者或唯一的所有者,因而实际的公社只不过表现为世袭的占有者。(《形式》,第467页)

马克思还指出,这种"总合的统一体"是由"许多共同体之父的专制君主"(《形式》,第467页)来体现的。难道这不是表明亚细亚所有制形式和亚细亚生产方式是属于阶级社会中的物事吗?然而这里所指并非经过抽象的亚细亚形式"一般",而是它的"实现"方式,属于亚洲村社的实态。它的上面已经出现了"专制君主",显然不是纯粹的村社共同所有制,不能等同于"原始共产主义"性质的亚细亚生产方式。更为明显的是,马克思明确指出亚细亚所有制是超地域的,希腊、罗马人和日耳曼人也曾经历过所有制形态的这一发展阶段,在亚细亚形式的基础上概括出来的亚细亚生产方式也是超地域的,是人类"经济的社会形态演进的几个时代"之一;但在小共同体之上形成"总合统一体"只存在于一定的地域和一定的条件下,①并没有超地域的普适性,希腊、罗马人和日耳曼人的公社之上就没有形成过以专制君主为代表的"总合统一体"。

那么,为什么马克思说这种"总合统一体"与亚细亚所有制"这种形式"是"完全不矛盾的"?原来这里的"形式"是指"以同一基本关系为基础的形式"。"基本关系"是指劳动者与公社的关系,即公社是土地的所有者,社员是土地的占有者,同时通过公社的中介成为土地的共有者;这和《形式》探讨的主题相关,故谓之"基本关系"。以专制君主为代表的"总合统一体"的出现,并不破坏这种"基本关系"。所以《形式》

---

① 关于早期专制政体出现的条件,恩格斯曾经说过:"在有的地方,如在亚洲雅利安民族和俄罗斯人那里,当国家政权出现的时候,公社还是共同耕种的,或者只是在一定时间内交给各个家庭使用,因而还没有产生土地私有制,在这样的地方,国家政权便以专制政体出现。"(《法兰克时代》,《马克思恩格斯全集》第19卷,第541页)

在上述引文之后接着说:"在东方专制制度下以及那里从法律上看似乎并不存在财产的情况下,这种部落的或公社的财产(引者按,这里的'财产'和'所有制'相通)事实上是作为基础而存在的。"(《形式》,第467页)上文已经说明,在《形式》中,劳动者对劳动客观条件统一的所有制和奴隶制、农奴制已经划清了界线。在《形式》的另一个地方,马克思说奴隶制和农奴制"必然改变部落体的一切形式(引者按,这是指劳动者对劳动客观条件统一的所有制的各种形式)。在亚细亚形式下,它们所能改变的最少"。又说"奴隶制在这里既不破坏劳动的条件,也不改变本质的关系"。"劳动的条件"指"自给自足的工农业统一";"本质的关系"等同于上文的"基本关系",指"单个的人从来不能成为所有者,而只不过是占有者"。可见,以专制君主为代表的"总合统一体"是已经被奴隶制改变过的,而不是亚细亚所有制形式的原型,尽管公社和劳动者的基本关系仍然保持着,但公社成员"实质上就是作为公社统一体的体现者的那个人的财产,即奴隶"。(《形式》,第485—486页)

总之,弄清马克思从历史残余中恢复其原始形态的研究方法,把阶级社会中残存的、被歪曲的或萎缩了的公社实态,和经过矫正的复原后的公社原型区别开来,是理解马克思在《形式》有关论述的关键,也是理解亚细亚生产方式的关键。

在亚细亚生产方式的争论中,除了主张原始社会形态说外,还有主张它属于阶级社会范畴的。后者依各人的不同认识,或认为是奴隶社会的早期,或认为是奴隶社会的东方类型,或认为是封建社会的东方类型;更有一些学者认为它既非奴隶社会、又非封建社会,是东方的特殊社会形态,姑称为东方特殊论,等等。说法虽各异,但毫无例外都混淆了亚细亚所有制形式、亚细亚生产方式和亚洲村社、东方社会的实态之间的界线,都误把马克思对亚洲村社和东方社会实态的阐析当成是对亚细亚生产方式的表述。

现在换一个角度,回到《序言》来。本文开头曾引用恩格斯的话,强调人们进行科学研究一定要按照所利用著作的"原样"来阅读和理解它。让我们看看这些主张和《序言》有关表述的原意和逻辑是否契合。

马克思在《序言》中对他研究政治经济学所得并用以指导其研究工作的"总的结果"作了经典性的概述。他指出同"物质生产力的一定发展阶段相适合的生产关系"的总和,"构成社会的经济结构",即"制约着整个社会生活、政治生活和精神生活的过程"的生产方式,也就是经济的社会形态。生产力继续发展到一定程度,又同现存的生产关系发生矛盾,使之"由生产力的发展形式变成生产力的桎梏",从而引发社会革命,导致经济社会形态的变更;其更替的大体次序就是本文开始引的那句话。[①] 列宁在介绍马克思的唯物主义历史观时基本上完整地引用了马克思这一大段前后呼应

---

① 详见《马克思恩格斯全集》第31卷,第412—413页。

的论述,称之为"推广和运用于人类社会及其历史的唯物主义的基本原理"。① 唯物史观基本原理所概括和表述的当然是整个人类社会和全部人类历史的规律,而非局限于某些地域或某些时段。作为马克思唯物史观基本原理的一部分,亚细亚的、古代的、封建的和现代资产阶级的生产方式,既是人类社会的几种经济社会形态,又是人类历史的几个时代,这些形态当然不是只局限于某一地域;它们之间是"演进"的关系,构成依次更替的序列,覆盖人类的全部历史。在马克思恩格斯的其他论著中,也可以找到对这种完整的演进序列的表述。例如马克思撰写、恩格斯整理、1894 年出版的《资本论》第 3 卷说:"作为商品而进入流通的产品,不论是在什么生产方式的基础上生产出来的,——不论是在原始共同体的基础上,还是在奴隶生产的基础上,还是在小农民和小市民的生产的基础上,还是在资本主义生产的基础上生产出来的,——都不会改变自己的作为商品的性质。"② 这里"在原始共同体的基础上"、"在奴隶生产的基础上"、"在小农民和小市民的生产的基础上"和"在资本主义生产的基础上"的生产方式,正分别与《导言》中"亚细亚的、古代的、封建的和现代资产阶级的生产方式"相对应。1884 年出版的《起源论》,恩格斯阐述实行"原始共产制"的"史前"社会的瓦解导致文明时代的诞生,而"奴隶制是古希腊罗马时代世界所固有的第一个剥削形式;继之而来的是中世纪的农奴制和近代的雇佣劳动制。这就是文明时代的三大时期所特有的三大奴役形式"。③ 该书的"史前"社会实际上就是马克思所称的"亚细亚生产方式"。可见《序言》的生产方式排序不是随意的,而是马克思恩格斯的一贯思想,是对人类历史发展阶段规律性的概括。东方特殊论认为,奴隶社会→封建社会→资本主义社会的更替只属于西方历史,东方则是一以贯之的"亚细亚生产方式",两者是以一对三的并列,不能构成演进的序列。这显然是和《序言》反拧着的。可是东方特殊论者总是一厢情愿地把《序言》的亚细亚方式当作自己的理论依据,罔顾基本逻辑的矛盾,堪称学术史上的一枝奇葩。④ 早期奴隶社会说、东方类型奴隶社会说、东方类型封建社会说虽然承认人类历史发展的普遍规律,但原始社会、奴隶社会和封

---

① 《列宁选集》第 2 卷,人民出版社,2012 年,第 423—424 页。恩格斯则称之为对"唯物主义历史观""要点"的"扼要的阐述"(《马克思恩格斯全集》第 13 卷,人民出版社,1963 年,第 526 页)。
② 《马克思恩格斯全集》第 46 卷,人民出版社,2003 年,第 362 页。
③ 《马克思恩格斯选集》第 4 卷,人民出版社,1995 年,第 176 页。
④ 我们反对否定人类社会形态演进具有共同规律的东方特殊论,并非否定东方社会历史的特殊性。东方社会的历史发展当然有特殊性,但不是特殊到不包含普遍性。马克思恩格斯虽然没有对东方社会形态的演变作过专门的论述,但他们从来没有说奴隶社会和封建社会只适用于西方,不存在于东方。例如马克思称印度村社"身上带着种姓划分和奴隶制度的标记";恩格斯明确指出"在亚细亚古代和古典古代,阶级压迫的主要形式是奴隶制"。(《美国工人运动》,《马克思恩格斯选集》第 4 卷,第 273 页)马、恩在他们的著作中,多次论及地处东亚的日本封建制度,领土主要在西亚的土耳其封建制度,地处东欧的波兰封建制度,领土横跨欧亚大陆的俄国农奴制等。马克思论述封建的劳动地租时,也曾举出与印度小农"带有自发性质的生产公社"相关的例子。(《马克思恩格斯全集》第 46 卷,第 893 页)恩格斯《起源论》所说的"文明时代的三大时期所特有的三大奴役形式"当然也不是只限于西欧。

建社会的依次演进变成两种奴隶社会和一种封建社会或一种奴隶社会和两种封建社会的相互更替,也和《序言》所表述的思想和逻辑牴牾,完整的人类经济社会形态的演进序列由此残缺和失序,而且这些主张都把马克思对东方社会地区性特点的一些论述当成亚细亚生产方式的属性,这就不可避免地给东方特殊论提供了可以出入其间的暗道。因此。只有肯定亚细亚生产方式是原始社会形态,才能消除上述主张与《序言》之间的逻辑矛盾,才能堵死东方特殊论的通路,才能维护唯物史观的完整性和普适性。

近年又出现了认为马克思的"亚细亚生产方式"包括"两种类型"的新观点。在"共同劳动"基础上实行原始的公有制,这是亚细亚生产方式的一种类型;在小共同体之上产生了"总合统一体",这是亚细亚生产方式的又一种类型。前者与亚细亚生产方式原始社会形态论相近,后者则把作为亚细亚形式依以抽象的亚洲村社实态视为与《序言》的亚细亚生产方式并列的另一种"亚细亚生产方式"。作者又认为,第一种类型属于"普遍史观",体现了西欧中心论,第二种类型属于"特殊史观",或者是"特殊史观"的肇始,马克思晚年提出跨越"卡夫丁峡谷"的东方道路摆脱了西欧中心论,是"特殊史观"的正式形成。作者显然是肯定后者而对前者持批评态度。这样,不但马克思的亚细亚生产方式被"一分为二",马克思的唯物史观也被"一分为二"了。这可算得是"读出原著中没有的东西"的一个例证。① 笔者不打算在此对这种观点全面予以评论,只就与亚细亚生产方式概念形成的认识路线有关的普遍性与特殊性的关系问题谈些简单的看法。

我们知道,特殊的具体事物中包含着普遍性,普遍性存在于特殊的具体事物之中。没有不包含普遍性的特殊性,也没有离开特殊性单独存在的普遍性。特殊性和普遍性的这种关系,马克思和列宁常常用个别和一般的范畴来表达。例如列宁在《谈谈辩证法问题》中指出:"个别就是一般。"因为"个别一定与一般相联而存在。一般只能在个别中存在,只能通过个别而存在。任何个别(不论怎样)都是一般。任何一般都是个别的(一部分,或一方面,或本质)。任何一般只是大致地包括一切个别事物。任何个别都不能完全地包括在一般之中,如此等等。"② 马克思提出的"从个别上升到一般"的命题,是在个别与一般辩证统一基础之上,从事物的特殊性中发现它的普遍性,从个别中通过分析和抽象形成反映事物本质的一般概念或范畴。人们在思

---

① 涂成林:《亚细亚生产方式类型与东方发展道路》,《哲学研究》2014年第5期;《世界历史视野中的亚细亚生产方式》,《中国社会科学》2013年第6期。涂成林在《世界历史视野中的亚细亚生产方式》开篇中说:"可以肯定的是,有关亚细亚生产方式问题的正确答案并没有被预先藏在马克思著作的某个角落中,等待我们去细心地考证和发现。"(《中国社会科学》2013年第6期)这表明作者一开始就没有信心也没有打算严格按照马克思著作的"原样"求解"亚细亚生产方式"的本义。涂文用很大篇幅介绍马、恩以后世界社会主义运动中对亚细亚生产方式的讨论,这些讨论当然有助于我们对亚细亚生产方式理论及其后续影响的了解,但"亚细亚生产方式"的本义,主要只能从马克思的原著中求索。

② 《列宁选集》第2卷,人民出版社,2012年,第558页。

维中通过"一般"来认识和把握客观事物的本质、共性和规律,而在现实中"一般"只能存在于(或依附于)"个别"的具体事物之中。普遍性和特殊性的二元对立违背特殊性和普遍性辩证统一的马列主义常识。

实际上,亚细亚生产方式概念的形成,正是"从个别上升到一般"的认识路线的体现,也是一般和个别不可分离关系的体现。马克思的研究是从东方社会的特殊性出发的,正是发现了东方社会不存在土地私有制这一不同于西方社会的现象,才激发起他的探索热情。但马克思不是孤立地看待事物的特殊性,而是从事物的特殊性中发现其包含的普遍性,从个别上升到一般。通过比较和分析,认定原始共同体的共同所有制的原始性,并从中概括起亚细亚生产方式的概念,这就体现了特殊的东方社会所包含的人类社会历史的普遍性。另一方面,虽然东西方都要经历公社的土地公有制,但它们的表现形式和发展走向却有所不同。东方社会这种共同体公有制的形式保持比较长久,进入阶级社会以后变化比较不那么显著,原因是修建大型灌溉渠道需要共同劳动和集体协作,这就使共同体的维持和延续成为必要,并且在小共同体之上形成"总合统一体",以致出现了专制君主。这又体现了东方社会不同于西方社会的特殊性。这种普遍性和特殊性是共存于同一的具体事物中,而不是分裂为两种不同的事物。东方社会的历史确实有其特殊性,其实无论东方或西方,任何地区任何民族的历史发展都有其特殊性。但世界上没有不包含普遍性、摒绝一般规律的特殊性,也没有互相分离和对立的特殊性和普遍性。亚细亚生产方式所代表的社会形态是东西方都经历的,与亚细亚生产方式同为"社会形态演进的几个时代"的奴隶社会和封建社会当然也是东西方都经历的。所以亚细亚生产方式本身就是对东方特殊论的否定。这一点,亚细亚生产方式"两种类型"论者想也心知肚明,但并不以为然,他承认《序言》的亚细亚生产方式是指原始社会形态,而将它们划归体现西欧中心论的"普遍史观",又别出心裁地提出另一种特殊的"亚细亚生产方式",直接与跨越"卡夫丁峡谷"的设想挂钩,说成是马克思从"普遍史观"到"特殊史观"的转向。这实际上就否定了《序言》所宣示的亚细亚生产方式和唯物史观。

但马克思跨越"卡夫丁峡谷"的设想真的能够为东方特殊论提供理论支撑吗?"卡夫丁峡谷"设想探讨的对象是在18世纪70年代特殊的历史条件下俄国农村公社的命运和前途。马克思晚年对农村公社的认识的确有很大发展,他不但给农村公社在原始公社发展序列中重新定位,揭示农村公社的两重性和特点,而且指出农村公社的生命力比奴隶社会、封建社会和资本主义社会都要强大。他曾设想当时仍然存在于俄国的农村公社可能跨越资本主义的"卡夫丁峡谷",避免覆灭的命运,直接进入社会主义。但这种"跨越"论是有条件的,而不是无条件的。条件就是资本主义世界已经出现危机而社会主义革命正在兴起。同时它又是或然的,而不是必然的,"跨越"只是诸种可能性之一。而且实际上这种可能性并没有实现,资本主义的发展还是导致了俄国农村公社的覆灭。因此,无论在理论上还是实践上,"跨越"论都不是对人类经济社会形态演进普遍规律的否定,而是对这种普遍规律在不同地区、不同民族、不同历史条件下实现形式多样性的一种预测。① 马克思主义关于社会经济形态有规律演进的学说,是统一性与多样性的统一,常规性与变异性的统一,共性与个性的统一,不应把这两方面对立起来。

可见,亚细亚生产方式的争论,关系到是否承认人类社会历史发展的普遍规律,关系到如何认识不同地区不同民族社会历史发展的特殊性和普遍性的关系,是一个不可小觑的问题。

四、余论

马克思利用抽象、逆向推演、残片复原等方法获得很大成功,在材料还相当缺乏的情况下大体把握住原始社会生产关系最基本的特点,从而第一次对原始社会生产方式做出理论概括。但这种理论概括仍然是初创性的,不够完备。从19世纪50年代至70年代末,马克思恩格斯关于原始社会的理论尚未形成完整的科学体系,有些论述是比较笼统的、原则性的,同时还包含了某些不确切的地方。例如,没有弄清楚原始社会组织的内部结构和本质,仍然认为家庭是原生的最早的社会细胞,氏族部落是家庭的扩大;也没有弄清楚原始社会组织的演进序列,以亚洲村社为代表的公社类型被当作原始公社最古老的形式,或者在谈论村社时把农村公社以前的公社形态也包括进去,实际上亚洲村社大体上属于原始公社演进最后阶段——农村公社。如此等等。但是马克思恩格斯并没有停止探索,他们时刻关注和吸收科学发展的最新成果,不断补正和发展原有理论。尤其是1877年摩尔根《古代社会》的发表,揭开氏族的秘密,展示了原始共产主义社会内部组织的典型形式,成为马克思恩格斯构建新的更完整的原始社会理论体系的主要思想资料。马克思恩格斯据此纠正了家庭先于氏族、部落存在的传统认识,理顺了家庭、氏族、部落的关系;在这基础上区别了原始共同体的不同形态及其发展序列,把农村公社定位为"原生的社会形态的最后阶段"。② 从70年代末开始,马克思就为写一本科学的原始社会史做了大量准备工作。《〈古代社会〉摘要》《科瓦列夫斯基〈公社土地占有制、其解体的原因,进程和结果〉一书摘要》以及给查苏利奇复信的草稿等著作,反映了80年代初马克思对原始社会认识的新飞跃。在这个崭新的原始社会理论体系即将诞生的时候,马克思于1883年与世长

---

① 马克思主义者从来不否定某些民族在特定的历史条件下实现跨越式发展的可能,例如中华人民共和国建立以后,原来处于奴隶社会、封建农奴制社会,以至原始社会的一些民族,在国家和兄弟民族的帮助下,直接跨入新民主主义社会和社会主义社会。但谁也不会把它看成是对社会形态演进规律的否定。
② 《马克思恩格斯全集》第19卷,第450页。

辞。一年以后,恩格斯为完成马克思的遗愿而撰写的《家庭、私有制和国家的起源》(下文简称《起源》)出版,详细论述了原始社会的演进不同阶段的生产力、生产关系和上层建筑,以及私有制和国家的起源,它的问世标志着马克思主义原始社会理论体系的形成。

在这里,还有一个问题需要讨论。国内外学术界流传马克思恩格斯晚年抛弃了"亚细亚生产方式"的说法。林志纯、廖学盛早就批驳了这种观点,他们指出,1867年出版的《资本论》第1卷说:"在古亚细亚的、古希腊罗马的等等生产方式下,产品变为商品、从而人作为商品生产者而存在的现象,处于从属地位,但是共同体越是走向没落阶段,这种现象就越是重要。……这些古老的社会生产机体比资产阶级的社会生产机体简单明了得多,但它们或者以个人尚未成熟,尚未脱掉同其他人的自然血缘联系的脐带为基础,或者以直接的统治和服从的关系为基础。"在1887年出版的由恩格斯编的英译本《资本论》第1卷在"共同体"之前增加"原始"二字,"尚未脱掉同其他人的自然血缘联系的脐带为基础"改为"以个人在原始部落公社中尚未脱掉同其他成员联系的脐带为基础"。这样一来,"古亚细亚的"生产方式属于原始公社制时代,"古代的"生产方式属于统治和服从关系的奴隶制时代,先后相承,一目了然。可见马克思恩格斯晚年并没有放弃"亚细亚生产方式"的概念。① 这种解释是合理的。它不但说明马克思在1867年仍然使用亚细亚生产方式这一概念,而且说明恩格斯在《起源论》出版后的1887年也没有否定和放弃这一概念。但恩格斯在《起源论》中的确没有出现"亚细亚生产方式"一词,而是称原始社会形态为"史前"社会,这又是为什么呢?如上所述,马克思提出"亚细亚生产方式"这一概念时,人们尚未发现原生的完整的原始公社的实例,只能利用留存于文明世界中的公社残片来复原原始社会形态,而这些"残片"中最典型、最能体现原始社会特性的就是仍然保留公社土地共同所有制的亚洲村社,故而用"亚细亚"来命名这种生产方式。但19世纪70年代末期以后,原生的原始公社的实例已经被人们发现和研究,如美洲易洛魁人的社会等等,再不需要用亚洲村社做复原原始公社的典型,在这种情况下,总结这些新发现和新研究成果时,继续沿用具有特定时代烙印的"亚细亚生产方式"就不那么合适了。所以恩格斯虽然在编辑《资本论》第1卷的英译本时照录马克思"古亚细亚"生产方式的提法,而且对其内涵作了更加明晰的表述,但在撰写《起源论》时已经不用"亚细亚生产方式"的概念。不过,"亚细亚生产方式"概念所揭示的原始社会形态的基本特征,如原始共产制、土地公有制、原始共同体等,仍然被吸收进去,其精神体现在《起源论》的全部论述之中。摩尔根的《古代社会》和马克思对这本著作的摘录和评论,是恩格斯写作

---

① 林志纯、廖学盛:《怎样理解马克思说的"亚细亚生产方式"?》,《世界历史》1979年第2期。引文出自1972年人民出版社出版的《马克思恩格斯全集》第23卷,第96页。他们指出中译本中的"古希腊罗马的",按原文应改为"古代的"。新版中译本已作改正。

《起源论》的主要依据。1884年3月7日,即着手撰写《起源论》的前夕,恩格斯致信左格尔,请他读摩尔根的《古代社会》,指出摩尔根"巧妙地展示出原始社会和原始社会共产主义的情景。他独立地重新发现了马克思的历史理论……"①这里所说的马克思的历史理论,不但包括而且主要应是指以原始共产主义为核心的亚细亚生产方式理论,摩尔根的发现与研究证实了马克思提出这一理论的正确性,并提供了大批新鲜的更加典型的材料。《起源论》是在这种基础上写成的,它作为马克思、恩格斯共同建构的原始社会理论体系的代表作,是对亚细亚生产方式理论的继承和发展,怎么可能是对亚细亚生产方式理论的抛弃呢?

马克思恩格斯原始社会理论的形成和发展的历史表明,这些理论不是从天上掉下来的,也不是他们头脑中固有的,而是在几十年的探索中,运用正确的立场方法,总结了当时有关科学发展的最新成果而建立起来的。在马克思主义的理论中,原始社会理论体系形成较晚,这是因为有关原始社会的各个学科是比较晚后才发展起来的。恩格斯说过:"我们只能在我们时代的条件下进行认识,而且这些条件达到什么程度,我们便认识到什么程度。"②马克思恩格斯的高明之处,不在于他们未卜先知,也不在于他们说的每一句话都正确无误,而在于他们总是不断吸收最新的科学成果,来补正、充实和发展自己的理论。马克思主义本质是发展的、生气勃勃的、不断前进的。学习马克思主义原始社会理论,应该全面地正确地理解它,首先要掌握它的基本原理和基本方法,切忌断章取义,脱离具体条件,把他们的某些论断绝对化,生搬硬套,同时要善于运用其立场、观点和方法,去研究新问题,吸收新材料,推导出新结论。对待马克思主义原始社会理论应该这样,对待马克思主义的东方社会理论也应该这样。马克思主义并没有结束真理,而是在实践中不断开辟认识真理的道路。

(作者简介:李根蟠,中国社会科学院经济研究所研究员)

---

① 《马克思恩格斯全集》第36卷,人民出版社,1974年,第127页。
② 《自然辩证法》,《马克思恩格斯全集》第20卷,第585页。

陈垣与鼠疫斗士伍连德
——以1911年扑灭东北鼠疫和"奉天国际鼠疫会议"为中心

张荣芳

一、伍连德扑灭东北鼠疫功勋卓著

伍连德(1879—1960年),祖籍广东新宁(今台山),生于英属马来西亚的槟城。父亲伍祺学16岁时来南洋谋生,白手起家。母亲林彩繁为当地土生第二代华侨。伍连德从小接受英文教育。18岁(1896年)时,以英女皇奖金选拔考试第一名的成绩入剑桥大学意曼纽学院,后就读于圣玛利亚医学院。后再获多项研究奖学金,在英国利物浦热带病学院、德国哈勒大学卫生学院、法国巴斯德研究所进修,作细菌学专科研究。1903年8月完成剑桥大学医学博士论文答辩,获博士学位,时年24岁。1904年回到马来西亚的槟城开私人诊所。1907年(29岁)受时任清政府直隶总督兼北洋大臣的袁世凯礼聘为天津陆军医学堂副监督(副校长),举家归国。[①]

1910年10月,我国东北爆发震惊世界的鼠疫。10月12日,鼠疫由俄国的西伯利亚传至中国境内的满洲里。10月26日,满洲里车站首先发现了鼠疫患者。于是,这段全长530英里的东清铁路,成了满洲里至哈尔滨鼠疫传播的大通道;10月30日到达长春;11月2日抵达奉天(今沈阳)。尤以哈尔滨为甚。据当时的统计,吉林、黑龙江两省(当时哈尔滨属吉林管辖)已经死亡近4万人,相当于两省总人口的1.7%,

---

① 参考阿成:《伍连德医生——纪念伍连德医生扑灭东北鼠疫100周年》,《光明日报》2010年12月17日;黄贤强:《跨域史学:近代中国与南洋华人研究的新视野》,厦门大学出版社,2008年,第256页;王哲:《国士无双伍连德》,福州:福建教育出版社,2014年,第一章"少年苦旅",第二章"此去经年";伍连德著,程光胜等译:《鼠疫斗士——伍连德自述》,湖南教育出版社,2011年,第5、6、7、8章;礼露:《发现伍连德》,中国科学技术出版社,2010年,第二部分,伍连德博士行迹录。

而且这个数字还在不断增加,让人不寒而栗。东三省总督锡良曾派遣两名北洋医学堂毕业的姚医生和孙医生速往哈尔滨探查病源,采取措施,以图阻断鼠疫进一步向沈阳方面侵漫。沿途各地的巡抚也纷纷向朝廷奏报这场突如其来的瘟疫。与此同时,世界几乎所有的报刊都以显著位置报道了这场鼠疫。在 14 世纪中叶,欧洲大陆曾发生过一次大规模鼠疫,蔓延到整个欧洲和俄国的部分地区,死亡约 2500 万人,占当时欧洲大陆总人口的四分之一。因为死者会出现黑斑,所以又得名"黑死病"。侨居在哈尔滨、长春、沈阳等地的外国人,闻鼠色变,纷纷举家离开中国的东北地区。疫情最严重的哈尔滨傅家甸(今哈尔滨道外区部分地带),每天都有十数人死亡。哈尔滨一时被外界传为死亡之城。①

朝廷为此事万分焦急。朝廷决定,从军中选派医官任钦差大臣,全权负责东北防疫。外务部按军中资历,选中海军总医官谢天宝。但是,谢天宝谢绝了这项任命,他认为此去生死未卜,有可能死于鼠疫,所以要求先付巨额抚恤金,以免家人生活无着,令朝廷很为难。② 时任外务部右丞的施肇基向朝廷推荐了伍连德。

施肇基是留学美国康奈尔大学的第一位中国留学生,也是第一位在美国获得硕士学位的中国学生。正如他自己所说,他求学的动力是因为"中国积弱,受人欺凌,愿以所学,为国家收回权利,雪耻图强。"③学成归国,1908 年,清政府委任他为吉林路兵备道兼滨江关监督。后调任外务部右丞,位于外务部的核心领导层。1905 年,施肇基参加清政府考察团,在槟城认识伍连德。他们志趣相同,都有远大抱负,忧国忧民。当时,袁世凯正在考虑拟用专家改造陆军军医学堂。施肇基认为伍连德是一个可堪大用之材,推荐了伍连德,并致信敦促他回国任职。鼠疫发生后,施肇基向伍连德介绍东北的情形,说哈尔滨虽然是我大清国土,但是可以说是控制在俄国人手中,居民中俄国人占大多数。1905 年,日俄战争中俄国失败,退出东北,借北满铁路盘踞哈尔滨一带。日本在列强干预下将辽东退还给清朝,但把大连作为殖民地,设关东州,借南满铁路继续吞食东北。现在鼠疫突起,地方上没有能力加以控制,因此日俄双方对朝廷施加压力,都要求独自主持北满防疫,两国都想借此机会,夺我东北主权,朝廷是万万不能答应的。驻华西方使团,一方面不愿意日俄任何一方独霸东北,另一方面也惧怕鼠疫传到全球,同样给朝廷施加压力,要求尽快控制东北鼠疫。我想向朝廷举荐你任钦差大臣,全权负责东北防疫,不知你能否接受? 伍连德听完施肇基的话,立刻意识到,鼠疫关系到国家的命运,他毫不犹疑地表示,"施大人,东三省不能丢,绝对不能让日俄的阴谋得逞。我愿意接受朝廷的任命,为国家效力是我的荣幸。"④这样,朝

---

① 阿成:《伍连德医生——纪念伍连德医生扑灭东北鼠疫 100 周年》,《光明日报》2010 年 12 月 17 日。
② 王哲:《国士无双伍连德》,第 56 页。
③ 阿成:《伍连德医生——纪念伍连德医生扑灭东北鼠疫 100 周年》,《光明日报》2010 年 12 月 17 日。
④ 王哲:《国士无双伍连德》,第 55—57 页。

廷任命伍连德为东三省防鼠疫全权总代表,统一协调东北鼠疫防疫。朝廷和对外的关于鼠疫的事宜都由施肇基一人承担,沟通朝廷与伍连德的联系。伍连德带着他的学生兼助手林家瑞,携带相应的医学器具、试验用品,如英制中型显微镜、酒精、试管、剪刀和钳子等,乘火车奔赴疫情最严重的哈尔滨。

1910年12月24日晚,伍连德及其助手抵达哈尔滨,伍连德认为,首先要搞清楚瘟疫的性质及疫源。他开始对疫情最严重的傅家甸进行调查。在踏察过程中,了解到这一区域的瘟源来自满洲里的一个俄国人和当地人捉土拨鼠的窝棚。土拨鼠亦称旱獭,属啮齿类,主要生存在蒙古、俄国贝加尔湖和中国东北地区,是一种穴居于干燥寒冷地带的小动物。在哈尔滨居住着大量俄罗斯侨民,这些侨民喜穿裘皮衣装,尤喜紫貂围脖、帽子和抄手,以此御寒,以资装扮,显示高贵。东、西欧各国对中国东北地区的紫貂皮货亦情有独钟。由于紫貂数量有限,于是一些俄国人开始向中国满洲里地区进发,与当地的中国人一道捕捉土拨鼠。在窝棚内土拨鼠剖杀之后,加工其毛皮,冒充紫貂出卖获利。伍连德经过认真研究后,立即请哈尔滨关道派人前往这一地区,寻找土拨鼠的活体样板,再进行解剖化验,以求病源。伍连德从事先派来的姚医生和孙医生中知道,他们的任务并不是防疫和治病,而是将染病者遣送到固定地区封锁起来,对于死者,则由当地政府购买棺材进行埋葬。这些防疫人员没有任何自我防护措施,包括那些负责收尸的警察均不带口罩。①

随后,伍连德协调道府的官员,将滨江官立女子二等小学堂作为防疫办公室和消毒站,着手建立了滨江疑似病院。同时,找到了一幢相对安静的泥草房,作为疫病试验室。这幢茅草房即为中国第一个瘟疫病菌试验室。1910年12月27日,伍连德在这里做了第一个疫尸解剖手术。死者是一家日式旅馆的女老板。伍连德及其助手看到在死者房间的地板上到处是死者咳的血迹,气味刺鼻,死者身躯佝偻,表情痛苦。经调查知道,该旅馆一周前入住过从满洲里过来的日俄混血儿专卖旱獭的毛皮商人。在瘟疫病菌试验室,伍连德对死者脏器的切片进行观察,在显微镜下,他很快发现鼠疫杆菌。可以肯定此地流行的是鼠疫。但重要的是必须探清它的传播渠道。三天后,营养液培养的样品便出现了大量的鼠疫杆菌。伍连德又对疫尸的各个器官进行了进一步研究,发现死者血液中存有鼠疫杆菌。同时,伍连德得了土拨鼠的活体样本,进行解剖后,在土拨鼠的体内发现了大量的鼠疫杆菌。伍连德立刻致电施肇基,报告哈尔滨流行的是鼠疫,而这种鼠疫病菌是通过呼吸和唾液进行传播的。这一发现是在伍连德到达哈尔滨瘟疫区的第6天。他立刻给施肇基发了一封长篇电报,向

---

① 关于**警察**,晚清废除了科举考试制度,成立了新的军事和警察组织。清政府的官员,如袁世凯,开始成立西式的公共卫生机构作为新政府改革计划的一部分,借鉴德国和日本的**警察负责公共卫生与疾病的观念**,,从1902年开始,中国一些城市的新式警察部门开始采用西式的疾病控制技术,如检疫及治疗传染病的隔离医院。渐渐地,一个由警察管理公共卫生的模式在中国出现。参考国家清史编纂委员会·编译丛刊:[美]班凯乐著、朱慧颖译、余新忠校:《十九世纪中国的鼠疫》,中国人民大学出版社,2015年,第159页。

朝廷做了九点汇报及相关建议：

1. 鼠疫已经在傅家甸流行。
2. 鼠疫主要在人与人之间传播，鼠到人的传播可以排除，因此应该集中控制人群中的相互传播。
3. 与俄国政府合作，对俄方管辖的西伯利亚到哈尔滨的铁路加以严格控制。
4. 在路口和冰河通道处加强巡逻予以监控。
5. 在傅家甸建立更多的医院以便留置病人，并建立隔离区隔离病人家属。
6. 派遣大批医护人员来哈尔滨。
7. 道台衙门提供足够的资金。
8. 严格观察中方管辖的北京到奉天的南满铁路。
9. 和日本合作，监控日本管辖的大连到奉天的南满铁路。①

伍连德和林家瑞在傅家甸病人家中解剖，在普通房间里进行细菌培养，是冒着生命危险的。但是他们在6天内既证明了瘟疫的性质、查清了疫源并提出了合理的建议，创造了人间奇迹。

朝廷很快批准了伍连德的所有建议，并派了协和医院的吉布医生和方擎率领的十多名陆军军医学堂的学生赶来增援。

外国人不相信这个中国医生。12月31日上午，伍连德拜访俄国铁路当局负责人中东铁路管理局局长霍尔瓦特将军和专程从圣彼得堡赶来的俄国专家伊沙恩斯基医生。伍连德介绍前几天的尸体解剖、样品观察和细菌培养结果，证明此地流行的是鼠疫。并阐述该病菌是通过呼吸和唾液传播方式，建议俄方应立即采取相应的防护措施，对俄籍医院和病人采取隔离方式，以避免瘟疫进一步扩大传播。俄国人认同伍连德的观点和建议。霍将军并答应拨一些火车车皮，便于对傅家甸的染病者进行隔离。但是，他们不相信中国医生能控制这场鼠疫的发展。

伍连德又连续拜访了驻哈尔滨的各国领事馆。哈尔滨瘟疫刚爆发时，日本的南满铁路部门曾派一名日本医生专程到哈尔滨，进行该地区鼠疫流行的调查。这位医生是发现鼠疫杆菌的日本著名学者北里柴三郎教授的学生。当伍连德介绍此地流行的是鼠疫时，这位医生坚持说，他已经在哈尔滨解剖了几百只老鼠，鼠疫是由老鼠经跳蚤的叮咬传给人，我没有从一只老鼠身上发现鼠疫杆菌。因此，我可以证明，此地流行的不是鼠疫。伍连德深感难以说服这个固执的日本医生。但是，日本医生愿意

---

① 王哲：《国士无双伍连德》，第75页；阿成：《伍连德医生——纪念伍连德医生扑灭东北鼠疫100周年》，《光明日报》2010年12月17日。

把自己建立起来的实验室借给伍连德使用。这样,两人共同使用一间实验室。①

哈尔滨俄国铁路医院的院长哈夫肯,他的叔叔老哈夫肯是印度孟买大鼠疫中参加预防控制的俄人医生。孟买的鼠疫是老鼠通过跳蚤叮咬人而传染到人,只要采取大量灭鼠行动就可以控制瘟疫的流行。朝廷派来哈尔滨增援伍连德的北洋医学堂首席教授,法国人麦斯尼,也认为应当在该地区大力灭鼠。某些当地官府也在采取灭鼠的方式企图阻止病源。伍连德依据自己的试验,向麦氏阐述自己的观点,哈尔滨的冬天异常寒冷,不可能有大量老鼠出来活动,按说,疫情应当越来越少,但事实正相反,不仅没有减少,而且越来越严重,这说明这场瘟疫一定是另有传播渠道。必须把病人与健康人进行隔离,才是最有效的防疫方式。但是,伍连德的说法与提供的试验数据,并没有说服麦斯尼。②

伍连德利用日本医生提供的实验室作研究和这几次调查得到的大量事实,提出一个新的理论:肺鼠疫。

当时人们认为鼠疫传播的主要环节是从家鼠到人,也就是后来所说的腺鼠疫。伍连德认为这次是另一种新型鼠疫,应该称为肺鼠疫,是从人到人,通过呼吸传播的,没有家鼠这个中间环节。这是在科学史上第一次提出鼠疫分类。他这个判断,并没有十分详细的大量临床资料可以佐证,而当时迫在眉睫的局势也不容许他从容求证。但是,伍连德强烈的责任感,使他表现出敏锐、自信、冷静和果断的品格。

1911年1月6日,以东三省防疫总指挥伍连德为首的防疫委员会召开哈尔滨各有关方面的联席会议,经讨论,决定实行下列防疫措施:

1. 将鼠疫流行中心傅家甸全面隔离。整个地区划成四个相互严格隔离的小区,每小区由一位高级医生作为主管,配备足够的助理员和警察,逐日挨户检查。一旦发现患者和可疑病人,马上送入防疫医院。其亲属送入从俄方租借的车厢改建的隔离站,对其住处进行彻底消毒,情况每日上报。

2. 由于先前负责检查病人的警察不具备医学知识,由医护人员取代。负责逐户检查和接触病人的医护人员,上岗前必须接受培训。

3. 为了保证傅家甸隔离的成功,从长春调1160名官兵维持秩序,严格控制傅家甸地区人员出入。带队军官列席鼠疫联席会议。

4. 为了弥补医疗人员的不足,培训600名警察,协助医务人员进行鼠疫防疫。

同时,伍连德下令准备充足的硫黄和石炭酸等消毒剂。还规定当地居民的行动规则:每区人民必须在左臂佩戴政府之证章,该证章分为白、红、黄、蓝,以分别一、二、三、四区居民。佩戴证章之人,可以在本区内行动。如欲前往他区,必须申请特别准证。军人亦施行同一规则。凡城外士兵,非有许可证不得进入或离去城市。城外

---

① 王哲:《国士无双伍连德》,第80页。
② 阿成:《伍连德医生——纪念伍连德医生扑灭东北鼠疫100周年》,《光明日报》2010年12月17日。

1200名士兵,城内600警察,均为推行此项规则而工作。并严禁假紫貂皮及皮货贩卖者进入哈尔滨地区。还强调每个老百姓必须戴口罩。伍连德还亲自设计一种防护口罩,老百姓称之为"呼吸囊",后人称为"伍式口罩"。①

这种严密的防疫措施,挽救了无数人的生命。这也是中国防疫史上的一个创举。

伍连德缜密的思维,使他想起还有一个地方没有被考虑到,那就是坟场。1911年1月28日,伍连德考察了哈尔滨傅家甸坟场。这里的情况,让他目瞪口呆。鼠疫刚开始时,官府还能提供棺材,征集民工掩埋。后来由于死亡人数太多,没有足够的棺材,只能直接下葬。可是由于缺乏人手,加上天寒地冻挖土困难,到现在已经6个星期没有下葬了。坟场上三四千具尸体停放在露天,长达数里。这个坟场可以说是鼠疫杆菌的天然冷藏柜。如果一旦有老鼠出没,鼠疫就可以传给老鼠,再由老鼠带到全城。这样,傅家甸所做的一切防疫努力就可能化为乌有。

在这紧要关头,伍连德当机立断,决定把全部尸体焚烧,彻底消除隐患。焚尸,有违中国的伦理和传统。伍连德把当地官员们、全城士绅和商会首脑召集到傅家甸坟场,请大家戴好口罩,和他一起坐上马车,缓缓绕着长达数里的尸体和棺木视察。一路上没有一个人说话,走完这段令人伤心和惊心的路程。伍连德对他们解释了这里的隐患,然后沉痛地说:"上报朝廷,请求全部烧掉这里的尸体和棺材。"这些人看到了惨不忍睹的情景,听了伍连德的入情入理的解释,每个人都在伍连德起草的请求朝廷批准焚尸的电文上签了字。在北京,经过施肇基疏通有关部门大臣的同意,最后由摄政王载沣批准了伍连德的焚尸奏折。

1911年1月31日,是中国传统春节的大年初一。防疫人员将疫尸分为22堆,每堆100人,分别倒上煤油后,开始焚烧。伍连德令所有文武官员都必须前来观看,前来观看的老百姓亦不计其数。这是中国历史上从来未有过的集体火葬之举。疫尸共焚烧了三天。伍连德令防疫人员印制传单,借用春节之传统习俗,鼓励市民、商家燃放鞭炮,迎接好运的到来。亦鼓励百姓在自己的家里、屋内烧放鞭炮,消灾避邪,庆祝春节。全城放鞭炮,散发出硫黄味道,也有良好的消毒作用。这是伍连德的良苦用心。

自焚烧疫尸之后,全城死亡人数急速下降,感染者亦越来越少。1911年3月1日,是具有历史意义的一天,这一天,哈尔滨达到了鼠疫零死亡和零感染。之后,连续几日,哈尔滨的瘟疫感染和死亡均为零。于是,伍连德宣布扑灭鼠疫的胜利。据统计,此次东北鼠疫流行,共夺去了6万余条生命,其中傅家甸为7200余人。参加防疫的工作人员为2943名,有297人殉职。施肇基和伍连德上下配合,及时控制疫情,在

---

① 王哲:《国士无双伍连德》,第99—101页;阿成:《伍连德医生——纪念伍连德医生扑灭东北鼠疫100周年》,《光明日报》2010年12月17日。

4个月内力挽狂澜,成功消灭鼠疫,创造了世界防疫史上的奇迹。[①] 伍连德名扬天下,他的名字与这次大规模控制传染病的行动,被记载在世界防疫史的史册上。

清朝廷论功行赏,伍连德功劳第一,1911年4月,圣旨赏伍连德医科进士。陆军部队授予蓝令羽军衔(相当于西方国家的协参领)。摄政王亲自接见,并颁发二等双龙勋章。

二、"奉天国际鼠疫会议"及《会议报告》

1911年4月3日至4月28日,清政府在奉天举行"奉天国际鼠疫会议"。会议结束后,受会议委托,由美国R·P·斯特朗(Strong)医生、德国埃里茨·马蒂尼(Erich Martini)医生、英国G·F·皮特里(Petrie)医生和中国亚瑟·斯坦利(Arthur Stanley)医生等组成的编辑委员会继续工作,并于1911年10月完成编辑。《奉天国际鼠疫会议报告》于1911年10月在马尼拉用英文出版。100年之后,国家清史编纂委员会·编译丛刊,把《奉天国际鼠疫会议报告》(1911)英文版,列入翻译出版计划,张士尊译、苑洁审校,由中央编译出版社2009年出版。

1911年3月初,清朝外务部,与各国使节聚集一堂,讨论"国际鼠疫会议"之事。鉴于东三省的鼠疫大流行已经得到完全的控制,外务部所邀请的、正在陆续来华的各国专家已经派不上用场,施肇基向朝廷建议,利用这个机会,在奉天召开国际鼠疫会议。这是宣传大清国威的事,朝廷大力支持,马上拨出十万两专款。

《奉天国际鼠疫会议报告》(以下简称《会议报告》),将近45万字,对会议全过程记载相当详尽。我先简要介绍《会议报告》的目录,然后再分析一些相关的内容。

该书前面是理查德·P·斯特朗1911年10月写于马尼拉的"序言"。其次列奉天国际鼠疫会议代表名单。共有美、奥匈帝国、法、德、英、意大利、日本、墨西哥、荷兰、俄国、中国等11国数十名医生、专家参加会议。

《会议报告》分三部分:第一部分"提供这次鼠疫的证据"。下列开幕式(4月3日)、1910—1911年肺鼠疫需要讨论问题、第1次会议至第17次会议的报告及讨论记录。第二部分"为临时报告准备决议和证据、闭幕式"。下列第18次至第23次会议报告及讨论记录、临时报告、闭幕式(4月28日下午)、附录:有关肺鼠疫菌凝集的某些试验。第三部分"对这次鼠疫的总结",分一、二、三、四章。

会议正式使用的语言为英语、法语、德语和汉语。会议的目的就是为了总结经验教训,为人类今后预防和治疗鼠疫作出贡献。在开幕式上由东三省总督锡良阁下宣读大清国摄政王给会议发来的贺电中,明确说"由各方面专家出席的本次会议,不但

[①] 王哲:《国士无双伍连德》,第123—135页;阿成:《伍连德医生——纪念伍连德医生扑灭东北鼠疫100周年》,《光明日报》2010年12月17日。

会在纯科学研究方面,而且在最大限度地减少未来鼠疫所带来灾难的预防和治疗手段方面,都将取得骄人的成就。""你们的劳动成果将促进博爱事业,给人类带来无限的福祉。"①在扎博罗特尼教授(俄国)代表外国专家致辞中说:"同时也真诚地希望通过本次研讨,在采取有效措施以防止这种可怕的瘟疫卷土重来方面,我们可以提供帮助。"我们"制定完善的预防鼠疫的条例以务未来之需,并以这种方式,帮助你们抗击另外一次鼠疫,这是完全可以做到的。"②

关于会议需要讨论的内容,朝廷委派参加会议的特使施肇基在致辞中说,我斗胆恳请诸位尤其要多多讨论如下问题:

1. 这次鼠疫的疫源和流行方式及其控制手段如何?

2. 这次鼠疫和满洲疫源地有什么样的联系?如果这次鼠疫与满洲疫源地有联系,那么,控制起源地的最好办法是什么?

3. 与导致腺鼠疫的细菌相比,引起肺鼠疫的细菌有更大的毒性吗?换句话说,就我们所知,为什么同样一种细菌,具有同样的显微表示,同样的细菌检验结果,在这里会引起肺炎和败血型鼠疫,而在印度和其他地区则只导致腹股沟腺炎型鼠疫,肺炎型的病例只是偶尔出现?

4. 根据我们所掌握的医学证据,这次鼠疫只在人类中流行,而没有发现老鼠传染的病例,这是怎么回事?

5. 肺鼠疫和腺鼠疫所依赖的环境各有什么不同?

6. 鼠疫可以通过空气传染,接触是唯一的传染途径吗?

7. 这种细菌能够在人体外存活数月之久吗?如果那样的话,需要什么条件?对我们来说,这是一个重要的问题,因为那也许意味着肺鼠疫可能于明年冬天再次爆发。

8. 如果可能的话,我们应该采取什么样的措施去预防鼠疫再次爆发?

9. 在鼠疫流行的特殊环境下,贸易可以在多大范围内进行?如价值不菲的大豆贸易和数量巨大的皮毛出口贸易等。

10. 您认为按照系统计划建立对城乡居民进行大规模接种的制度合适吗?

11. 焚毁鼠疫感染者房屋的办法是明智的吗?或者,根据你的经验,能找到其他对房屋进行彻底消毒的办法吗?

12. 在类似的鼠疫流行时,作为保护和治疗手段的疫苗和免疫血清生产出来还需要多长时间?③

我们翻阅《会议报告》第一部分,提供这次鼠疫的证据,共17次会议,基本是环绕

---

① 张士尊译,苑洁审校:《奉天国际鼠疫会议报告》(1911),中央编译出版社,2009年,第3—4页。
② 张士尊译,苑洁审校:《奉天国际鼠疫会议报告》,第9—10页。
③ 张士尊译,苑洁审校:《奉天国际鼠疫会议报告》,第7—8页。

这 12 个问题展开报告和讨论。

第二部分,"为临时报告准备决议和证据·闭幕式"。从第 18 次到 23 次会议,基本上逐字逐句讨论编辑委员会起草的《临时报告》。在 4 月 28 日下午的闭幕式上,由赫休尔斯医生(荷兰)呈交《临时报告》给中国政府的代表。所以这份《临时报告》,即会议研究成果,是相当认真的,由各国代表签字。《临时报告》分:第一,"从提交给会议的证据中得出的临时结论",共 11 条。我把它归结为重要的 7 条:

1. 从北蒙古,鼠疫沿着一条清晰的既定的路线向东向南流行,其传播主要由旅行路线决定,尤其是铁路、陆路和航运。这种传染病是从人到人直接传染。无论其最初起源可能是什么,但是没有证据表明,同时流行于啮齿动物中的传染病对鼠疫的普遍传播起过任何作用。

2. 鼠疫消退的主要因素可能是根据科学方法,或由于人民自我保护的本能努力所采取的强制防疫措施。气候影响可能起着间接的甚至是直接的作用,从而导致鼠疫的结束,但是关于这些观点所提供的证据并不是决定性的。鼠疫的消退绝不是鼠疫菌毒性减弱的结果。

3. 这次流行,几乎无一例外,一直是原发性肺鼠疫。潜伏期通常为 2—5 天。体温上升和脉搏加快通常是可以观察到的最早期症状,但是在痰液中找到特殊鼠疫菌之前,或者对痰液进行专门的染色之前,还不能做出诊断。为了排除其他细菌对肺部的传染,准确的诊断只能通过对痰液的细菌检查。因为,在这次鼠疫流行过程中所有的患者都是败血症,证据倾向于得出这样的结论:对血液进行显微和培养物检查可能对诊断有很大的帮助。

4. 在这次鼠疫中患者死亡率极高,会议几乎没有接到患者康复的报告。

5. 在抢救生命的过程中,没有治疗手段能够发挥作用,但是有几个病例显示,血清治疗似乎有延长患病时间的作用,甚至有一两个治愈的例子也归结到血清的使用。

6. 在这次鼠疫中分离出来的菌株,与以前从其他来源分离出来的菌株没有实质性的区别。

7. 在这次鼠疫中唯一的传染媒介是患者的痰液。在多数情况下,这种疾病是通过吸入痰液飞沫中的鼠疫菌,从而导致气管和支气管下部感染造成的。[①]

第二,"决议"共 45 条。这 45 条与《会议报告》的第三部分,有些重复,不专列介绍,结合第三部分分析。

《会议报告》的第三部分,"对这次鼠疫的总结",也是这次会议的重要成果。分四章,由负责编写《会议报告》的三位医生署名撰写。

第一章"1900—1911 年华北各省肺鼠疫流行病学方面的回顾",由英国皮特里医

[①] 张士尊译,苑洁审校:《奉天国际鼠疫会议报告》,第 481—482 页。

生撰写。全文分七个部分,主要论证三个问题:(一)鼠疫的起源:这次流行的肺鼠疫,在这个地区和人类鼠疫有密切联系的唯一动物是土拨鼠。土拨鼠中的瘟疫引发了这次人类的鼠疫。(二)鼠疫的传播:鼠疫的传播始于被严重传染的满洲里,接着向东向南的道路蔓延,最后传染到整个满洲地区和华北的直隶、山东等省。铁路、陆路、航运都起到了传播的作用。漂泊不定的直隶、山东的苦力也起到鼠疫向南向东传播的作用。居住条件的拥挤,给鼠疫传播提供了很好的机会。鼠疫传播是通过人与人的直接传染造成的。(三)鼠疫的消退:鼠疫消退的主要原因可能是根据科学原理,或出于人们自卫的努力而采取的防疫措施。气候影响可能间接地发挥作用,乃至直接带来鼠疫的结束。①

第二章"在满洲鼠疫流行过程中观察到肺鼠疫临床特征概要",由美国斯特朗医生撰写。主要论证以下问题:(一)鼠疫流行过程中遇到的类型:感染者几乎完全可以归入原发性肺鼠疫;只有两三例属于原发性腺鼠疫;少数有属于败血症型。(二)性别、年龄和潜伏期:男女两性同样易于受到感染。鼠疫在比较贫穷的阶层和苦力中传播特别严重,感染者多数在20至40岁之间。潜伏期通常不超过两三天,但变化的幅度在2至5天之内。(三)症状:通常有头疼、厌食、脉搏加快和体温升高等症状。(四)体征:肺部体征常常较好,在一些病例中,感染者在患病晚期肺部功能还很好。(五)诊断:对鼠疫菌大量存在和几乎都是鼠疫菌的痰液进行检验,一般很容易做出明确的诊断。(六)预后和治疗:在这次鼠疫流行期间,没有一位通过细菌检验确诊的鼠疫患者曾经康复。似乎没有什么治疗方法获得成功。②

第三章"肺鼠疫细菌学和病理学概要",由美国期特朗医生撰写。主要论述下列问题:(一)肺鼠疫菌株的特性。(二)鼠疫患者的传染。(三)肺鼠疫的细菌学诊断。(四)预防接种。(五)血清治疗。(六)有关传染方式的病理解剖学。③

第四章"抗击鼠疫所采取的措施和鼠疫对贸易的影响",由中国斯坦得医生撰写。主要叙述两个问题:(一)抗击鼠疫所采取的措施,包括(1)预防性接种。(2)在疫区城镇或农村控制疫情蔓延所采取的措施:防疫封锁线;限制居民区人口流动的措施;普及卫生知识;建立医院;建立隔离营;疫情通报和死亡登记;消毒;处理鼠疫死亡者尸体;卫生工作人员的组织;卫生工作人员所采取的预防措施;防止污染传染大规模扩散所采取的措施;铁路运输的检疫;内河航运检疫;海港进出检疫。(二)鼠疫对贸易的影响:关于这次鼠疫对贸易的影响并没有统计数据提供给会议。但是,大量的大豆及其他产品运不出去,主要是由于人们恐慌和交通中断。没有证据肺鼠疫是通过受到感染的货物传入非疫区港口的。因此,人们认为限制货物运输或邮件传递等抗

---

① 张士尊译,苑洁审校:《奉天国际鼠疫会议报告》,第505—527页。
② 张士尊译,苑洁审校:《奉天国际鼠疫会议报告》,第528—532页。
③ 张士尊译,苑洁审校:《奉天国际鼠疫会议报告》,第533—558页。

击鼠疫的有关措施是不合适的。①

我们从上面介绍《会议报告》内容来看,该报告对会议事无巨细,有言必录,真实准确地反映了会议的情况。斯特朗在"序言"中说:由于会议使用的正式语言实际是英语、德语和法语,在记录中传达讲话者的确切意思非常困难。"但是,每当会议记录打印出来,编辑委员会和医学秘书马上进行校对,并就记录中出现的原话与速记之间似乎矛盾之处与发言者核对。另外,每次会议开始时,都要提交上次会议记录,并进行讨论,以决定接受、修改或纠正。"所以"会议内容得以非常完整地记录下来"。② 为什么会议记录得如此详尽,"究其原因,主要有两点:第一,在此之前的文献记载中没有发生过如此规模的肺鼠疫,参加会议的代表虽然都是某个方面的专家,但对肺鼠疫却很生疏,所以对各种证据特别重视,生怕有所遗漏。第二,获得防疫方面的技术支持是中国政府召开这次会议的目的,所以从朝廷特使施肇基到会议主席伍连德特别强调保留会议记录的细节,编辑委员会正是领会了这一点,才把工作做得如此细致。"③

这次会议是成功的,表现在第一,各国专家对中国政府以及会议成果的肯定,在闭幕式上,赫休尔斯(荷兰)医生代表各国专家在《呈交临时报告》的讲话中说:"中国政府不但尽其所能地控制正在夺去许多人生命的瘟疫,而且孕育出邀请各国代表到奉天研究这种疾病的非凡设想。通过这种行动,中国政府找到了加强自己力量的方法,得到全世界最杰出科学家经过常年研究所获得的经验和成果,从而根据人类友爱和仁慈的法则,抗击这个无情的致命的共同敌人。"④第二,中国政府对会议的肯定,在闭幕式上,朝廷特使施肇基在答词中说:"为了阐明这次肺鼠疫流行过程中出现的许多问题,诸位在工作中表现出的令人钦佩的严谨态度,使我感动至深。""会议在鼠疫菌作用于人的方法、鼠疫传染的方式、防止从人向人传染的措施等方面都取得了很大的成功。""已经收集的众多证据将在未来指导防疫时发挥作用。我可以向诸位保证,帝国政府会特别重视这些东西。"⑤第三,会议的气氛十分和谐,诚如会议主席伍连德在"闭幕词"中说:"从始至终,会议讨论都充满和谐的气氛,有时出于科学的目的表达了相反的观点,但在产生分歧的代表之间,一直保持着友好的关系。这只能用每个人都有使会议取得圆满成功的愿望加以解释。"⑥

"奉天国际鼠疫会议"是世界历史上第一次国际肺鼠疫会议,是中国历史上第一次国际科学会议。这次会议形成的《奉天国际鼠疫会议报告》在世界医学史上和中国

---

① 张士尊译,苑洁审校:《奉天国际鼠疫会议报告》,第559—571页。
② 张士尊译,苑洁审校:《奉天国际鼠疫会议报告·序言》,第2—3页。
③ 张士尊译,苑洁审校:《奉天国际鼠疫会议报告·译者序》,第2—3页。
④ 张士尊译,苑洁审校:《奉天国际鼠疫会议报告》,第493页。
⑤ 张士尊译,苑洁审校:《奉天国际鼠疫会议报告》,第494—495页。
⑥ 张士尊译,苑洁审校:《奉天国际鼠疫会议报告》,第496页。

科技史上都占有重要地位,它不但是一部科学著作,而且也是一部历史著作。如果我们要研究中国科技史、中国社会史、东北地方史,甚至研究清末的中国政局,它都是一本不可或缺的重要史料。

三、广东光华医社的地位和陈垣著《奉天万国鼠疫研究会始末》

陈垣(1880—1971),字援庵,广东新会人。出生于中医药材店商人家庭。1894年(清光绪二十年)广州发生鼠疫,传染得很快,陈垣看见郊区尸体遍野,都来不及埋葬。他认为如果医学发达,则不至于传染蔓延。这时他就有学习医学的想法。1906年,他父亲患膀胱结石病,中医老治不好,痛苦非常。后来入博济医院行膀胱取石手术后方痊愈。这样坚定了他学西医的信念。1907年,他考入博济医院附属的博济医学堂学习西医。学校当局歧视中国籍的教员和学生。陈垣愤而转学,1908年与朋友创办了光华医学专门学校。他转入光华三年级作插班生,以优异成绩毕业。当时他已被推举为学校董事之一,所以在毕业文凭上,他以董事"陈援庵"的名字,与其他董事一起,签发了给"陈垣"的毕业文凭。毕业后留校任助教,教授细菌学、解剖学等课程,还兼作医生。

这里首先要介绍广东光华医社、广东光华医学专门学校和光华医院成立的情况及其在国内外的影响。

西方医学伴随着传教和贸易活动传入中国,而广州是西医传入中国最早的地区。西方传教士在广州行医、办西医学校、建西式医院,掌握医权和医学教育权。1907年,在来往于广州与香港的佛山轮船上,发生英国雇用的印度籍警员踢死中国人事件,因当时的医疗事故鉴定权掌握在外国人手中,认定死者为心脏病猝死,而使中国人败诉,凶手逍遥法外,中国无权过问。这件事震动广州西医学界,激起国人义愤。大家决心集资创办中国人自办的医社、西医学校和医院,争取"国权""医权"和"医学教育权"。1935年陈衍芬著《私立广东光华医学院沿革史》中说:

> 本医学院之缘起,乃由广东光华医社所创办。而医社则倡于前清光绪三十四年(1908)冬,为吾粤医界及绅商学各界之同志者所组织。溯于清光绪三十四年十二月十五日,初次开筹备会于广州新城天平街刘子威牙医馆,到会者医界有陈子光、梁培基、郑豪、左吉帆、刘子威、陈则参……等,各界则有沈子钧、邓亮之……等共数十人。为提倡世界大同科学化之医学,故议决组织医社、特筹办医校以培育医才,并设医院,以救济贫疾。复以鉴于生老病死,为人类所不能免,而救济同胞疾苦,国人实责无旁贷。当时外国传教会及慈善界所设立医校、医院于

我国者且多，而纯粹我华人创立者，反未尚之见，同人认为憾事。故本社创办医校院之主旨，乃本纯粹华人自立之精神，以兴神农之坠绪，光我华夏，是以命医社之名曰光华。随举出陈子光、梁培基、郑豪、左吉帆、刘子威、叶芳圃、邓肇初、罗炳常、刘禄衡、邓亮之等十人为筹备员，草拟简章，并广募倡建值理，以结合团体，务底于成。当时并由热心同志中陈子光、梁培基、郑豪……等九人，每人垫款五百元，足洋银三千两之数，定购广州新城五仙门内关部前麦氏七间过大屋一所，以为本社开办校院之基址。……业主麦君楚珍，商人也，屋价原取式万两，但念本社之购此屋，乃创办慈善新事业，特愿割价四千两，以为义捐，而勷善举，麦君之慷慨好善，又殊可嘉。计本社当时所延揽之倡建值理，先后共435人。……由倡建值理中，举陆君汉秋等40人为当年值理。并举绅商易蘭池……等10人为总理，以资号召，于是广东光华医社之团体以成。

宣统元年（1909）春，校院开办，举医博士郑豪为医校校长，其时郑君适充广东陆军军医学堂总教习之席，对于光华医校校长之职，特以义务任之，同时聘衍芬为医院院长，兼医校教务长，以实任规划，主持一切。衍芬其时正在香港充任那打素医院及何妙龄医院两院院主任之职，因素提倡华人应谋医学自立之旨，乃毅然辞职回粤就聘，以冀得行其志耳。既而教医职员任定后，即于是年二月初十日（即阳历3月1日）开课，初名广东光华医学专门学校，定修业四年而毕业，计所招由博济医学堂转学插入三年班生陈垣等6人，插入二年班生张传霖等11人，及新招一年班生叶慧博等42人，共有学生59人。同时医院成立，名曰广东光华医院。……迨医校院成立后，于宣统元年七月二十三日，呈奉两广总督部堂批准之案，札县出示保护，是年十月初三日（即阳历11月15日）举行开幕典礼。……并办一杂志，颜曰《广东光华医事卫生杂志》。……二年（1910）正月，兼办女医学校。……同年冬，医校举行第一届学生毕业典礼，毕业者有陈垣、梅湛等6人……

同年，医社因以前当年总值理制，未尽妥善，改由倡建值理，举董事制，以专责成，同时并举郑豪、陈子光、陈垣、刘子威、左吉帆、池耀庭、梁培基……等12人为董事，而正副社长为郑豪、陈子光两君……[①]

以上是广东光华医社、医校、医院设立早期（1908—1912）的情况。这个时期梁培基、郑豪、陈垣三人和《医学医生报》《广东光华医事卫生杂志》两份报刊对医社、医校、医院的发展，扩大广东医学界在国内外的影响起了重要的作用。

梁培基（1875—1947），原名梁斌，字慎余。原籍广东顺德陈村大都乡。1875年

[①] 私立广东光华医学院总务处编：《私立广东光华医学院概况·私立广东光华医学院沿革史》（1935年编），见《民国史料丛刊》，大象出版社2009年影印。

(清光绪元年)出生于广州一个造船作坊主家庭。其父梁奕乾很想梁培基能继承已业,但梁培基对此不感兴趣。1894年(光绪二十年),他接受父亲朋友的劝说,考入博济医院附属医校学习。1897年,以优异成绩毕业,留校做助理教师,后又兼任新成立于荔湾的夏葛女子医学校的药物学教师。与此同时,他开始自设诊所,对外挂牌行医。后来他发明治疗疟疾的"发冷丸"等药物,开厂制药。他治厂有方,又利用友人潘达微主办的《时事画报》刊登药品广告,广为宣传。由于经营得当,很快成为富商。他被推选为光华医社社长兼董事长。

为了宣传医学知识,提高国人卫生素质,1908年(光绪三十四年),由梁培基出资创办《医学卫生报》,主要由潘达微绘画、陈垣撰文。1910年又创办《广东光华医事卫生杂志》,由陈垣主编。梁培基在《医学卫生报发刊意见书》(署名梁慎余)中阐明办此报的目的。说爱国必须有强体,"苟不培养国民之体魄,使其强壮有耐劳之能力,虽有经天纬地之才,仍恐其力与愿违,神疲脑倦,疾病缠绵,能以身殉国,而不能救国也。"而要体强,必须从卫生开始,"卫生者,合个人,公众两方面言之也,非独节饮食、慎寒暑而已。"国人愚昧、迷信,"种种谬论,其原因均由于不识生理与卫生之道来也。""谁不爱其父母妻子,而欲其强壮哉?欲其强壮,则必有强壮之道。强壮之道,舍卫生实无他途。故医学卫生者,人人所应知之事,日日要用之件也。""抑吾闻之,治未开化之国,不可不从事于医事为第一着手。"日人欲侵我国,亦从医事入手,"吾不谋之,人将谋之。此同人等所以不量绵力,而欲分任此事也。"①由此可见,创办此报之主旨就是要国民强身壮体,为国家效劳,以防外国侵略我国。

陈垣在《光华医事卫生杂志发刊词》中说,医学杂志犹如人之口,"人之苦莫苦于无口,口不备不足以成人,今吾医人亦赖口之用甚矣。"有新药、新治疗法、新病源;有新医事法令、新卫生规则;世界医学会议的地点、时日、布告、演说;世界著名医学家之逝世、纪念、诞辰、来游;海外医风之转移、各国医事法令之改变;病家、世俗对医生的批评和诽谤;医人对政府的正当要求;对医家先哲经验之继承;对风俗习惯的迷信;……凡此种种,均要靠医学杂志去传布、揭示、记录、编纂、调查、辩明、唤醒。"凡此诸端,皆须有报以为之口。光华诸子于时有卫生杂志之倡,将欲引其吭而摇其舌",以改变过去存在的不足。②

《医学卫生报》和《光华医事卫生杂志》对普及医学卫生知识、开展医学史研究、提高广东医学界在中国医学界乃至世界医学界的影响起了重要作用。陈垣在《医学卫生报》发表62篇文章,在《光华医事卫生杂志》发表30篇论文。陈垣的文章和论文,主要涉及三方面的内容:

---

① 梁慎余:《医学卫生报发刊意见书》,载《医学卫生报》第1期。转引自陈垣《陈垣早年文集·附录》,台北:"中央研究院"中国文哲研究所印行(1992年),第411—414页。
② 陈垣:《陈垣全集》第一册,安徽大学出版社,2009年,第296—297页。

（一）关于医学史人物的记述和评论

《张仲景像题辞》中的张仲景，是我国汉代著名医家，著《伤寒杂病论》一书，论述伤寒发热病的发展和治疗规律，该书所列方剂，"世之师法先生者众矣"。并认为该书"二千年来，吾国言医者，竟莫能出其外也"。同时赞誉张仲景的变革精神，认为《伤寒论自叙》的主旨在于说明"凡墨守旧法而不求新知者，为先生所深鄙也。"要求人们应该领略张仲景的不断革新精神。①

《王勋臣像题辞》中的王勋臣，名清任，河北玉田人，是我国清代著名医学家。他用了数十年时间，写出《医材改错》一书，论证了《内经》脏腑描述之差误，从而总结了活血化瘀的治疗理论，对中国医学发展有很大贡献，受到人们的赞誉。陈垣对王勋臣敢于冲破封建礼教束缚，探索人们脏腑机理的追求真理的求实精神十分赞赏，"譬之于儒，则黄梨洲之俦也。"呼吁人们学习他坚忍不拔的求知精神。②

《黄绰卿像题辞》中的黄绰卿，是我国近代留学欧洲最早学习医学者。他于道光二十年（1840）赴英美留学，比日本最早留学外国学习西洋医学的人要早。认为黄氏为"我国洋医前辈"。③ 后来有人对陈垣说，中国人最早留学西方学医者，还不是黄绰卿，康熙时有高老番随葡萄人学习西医，并曾给康熙太后治愈乳疮，为此康熙赐为养心殿御医。后来陈垣写了《高嘉淇传》，嘉淇名竹，号广瞻，乡人称高老番。"高老番者，粤人称国外人为番，邑人以嘉淇久处外洋，又习其医，故称之。"陈垣认为，我国学习西洋医学之最早人物，虽不敢说即为高嘉淇，但为高嘉淇、黄绰卿写传，使其姓氏事迹不致"湮没不称"。④ 这点在我国医学史研究上还具有重要意义。

《古弗先生》与《古弗先生之业绩》西文中的古弗（近人译为科赫 Ropert Koch，1843—1910）系德国细菌学家，"近代细菌学之泰斗"，对人类健康作出很大贡献，1905年获得诺贝尔医学奖。他去世当年（1910），陈垣能迅速作出反应，根据日本《医事新闻》758 号所载先生小传译出，并写文章全面介绍他的细菌学成就，逐年排列他的业绩。⑤ 这是我国第一次记载伟大细菌学家古弗的文章。

（二）关于医学史的研究

这方面内容的主要著作有下列几种：

《牛痘入中国考略》，对免疫学在我国的发展作了最早的介绍。他列举了中国古籍中关于种痘术的记载，但他说："牛痘之法，虽不可谓发端于中国人，而中国人之早有见及，则典籍具在，不可得而诬也。所谓'人工免疫法'为人类思想所同到。"⑥ 此

---

① 陈垣：《陈垣全集》第一册，第 142 页。
② 陈垣：《陈垣全集》第一册，第 148 页。
③ 陈垣：《陈垣全集》第一册，第 183 页。
④ 陈垣：《陈垣全集》第一册，第 309—310 页。
⑤ 陈垣：《陈垣全集》第一册，第 298、314 页。
⑥ 陈垣：《陈垣全集》第一册，第 201 页。

外,陈垣还写了《论人巧免疫之理》和《告种痘者》等文①,在我国医学免疫学发展史上都是开拓之作。

《洗冤录略史》,最早提倡改革我国法医制度。按我国古代汉律、唐律,虽然对于刑事检验之事也较重视,但因时代的局限而不完备。到南宋,宋慈(惠父)因任刑事法官多年,荟萃众说,著成《洗冤集录》一书,受到人们重视,以致后世凡官司检验多奉为金科玉律。但是,至清末时,由于西方人体构造新说传入,《洗冤集录》所记载骨骼脏腑之说与实际相差甚远。为此,陈垣将我国历代法医著作寻检一遍,分"上古史"、"中古史"、"近古史"、"现世史"四篇罗列,并将英国人德贞(Dudeon)所著《洗冤新说》和英国人傅兰雅(John Fryer)与我国赵元益等所合译的《法律医学》,介绍于国内。陈垣说:"检验之事,各国均委诸医生,称为法医学。我国医生不为此,均委之仵作(收尸者),仵作所凭者《洗冤录》"②,其影响甚至达于日本和朝鲜。但日本自明治以后,记载判医学为法医学,改善检验尸体之法,法医学成为独立学科。我国法医检验之事应有所改变。陈垣这篇著作,可以说是一篇对我国落后的法医状况必须变革的最早呐喊,具有重要意义。

《中国解剖学史料》一文,引用《灵枢》《史记》《汉书》《宾退录》《郡斋读书志》《医旨绪余》等历代资料,说明我国医学重视解剖学渊源很早。但自汉代以后,解剖学没有得到相应发展。因此,我国医学在一个很长历史时期中处于因循保守状态。陈垣认为,解剖学是基础医学,在世界医学日渐发达之日,如果不变革,仍"拘守残帙",则更加落后③。陈垣呼吁,应该重视人体解剖学的研究,以促进我国医学的发展。

(三)关于医事方面的研究

关于这方面的内容,主要有下列著作:

《论江督考试医生》,记清两江总督端方有考试医生之举,于光绪三十四年(1908)在南京对所有开业医生均要求参加考试。考试成绩分为最优等、优等、中等、下等、不列等五级。前三等给予文凭,准予行医,后二等则不准行医。这次考试特点是中西医结合,为我国历来医学考试所没有的。这是在当时变法维新政治形势影响下,在医学变革方面的一个体现。陈垣认为此次江督考试,虽然试题包括中医、西医内容,但只注重临床科目,而没有注意基础医学。考试新医学,必须先扩充医师教育,使医生能经过系统学习,然后再经考试。我国医学之进步,应首先从扩充医师教育入手,五年以后就可以培养出一批医生。此次江督考试的试题,至少促使学者"多读许多新书,多识许多新理"是有好处的。这样"未始非振兴中国医学之一大关键也。"④

---

① 陈垣:《陈垣全集》第一册,第247、256页。
② 陈垣:《陈垣全集》第一册,第207页。
③ 陈垣:《陈垣全集》第一册,第343页。
④ 陈垣:《陈垣全集》第一册,第171页。

《释医院》一文,主要从建立医院和防治疾病的必要出发,回顾我国医院制度。认为我国医院的建立,始于六朝,《南齐书·文惠太子传》有"六疾馆"记载,此即医院雏形。自此以后,唐有"养病坊",宋有"安济坊",宋金元均设有"惠民药局"。陈垣说:"医院之制,吾国古代多有之,特皆为疗治贫民而设,未有如今日各国之医院者。"①在国外,医院有许多专科病院,如传染病、精神病、胃肠病、皮肤病等,都设有专科医院。凡患者"无贵无贱,无贫无富,有病应入医院者,无不以入医院为乐。"医院的构造,"较寻常住宅养病为宜。医生便、器械便、看护手便。"②文中列举了光绪三年(1877),西医传入后,已在中国设立医院,如上海公济医院等。清政府民政部在京师内外城开办了官医院数所,这如"旭光之曦微",是一个进步。这篇文章反映了一百年前我国医院处于初始状况的历史实际。陈垣还写一篇《粤中医院之始祖》,认为"粤之有医院,不自六朝始也,盖始于宋宝祐间之寿安院。"③

《日本德川季世之医事教育》一文,是一篇介绍日本医学变革历程的论述。认为"吾国素无医事教育,故外人得操吾国医事教育权,可耻也。"④虽述日本医学发展的历史,实际上都蕴涵着对我国医学发展的无限希望。

陈垣1908年至1912年的数年间,在《医学卫生报》和《光华医事卫生杂志》发表一系列推动近代医学发展,以及中西医学史的文章,具有开拓性,因而被医学史研究专家誉为近代中国医学史研究的开拓者和奠基人。⑤

关于郑豪(1878—1942),1948年,陈垣应光华医学院校友之请,撰写《广东光华医学院故校长郑君纪念碑》文,介绍郑豪的生平和贡献。碑文曰:

> 郑君名豪,字杰臣,粤之中山人。幼随叔父往檀香山,弱冠入美国加省大学医科,一九〇四年毕业,开业于三藩市者二年。归国后任南京中西医院院长,旋代表中国政府出席菲律宾万国医学会。返广州,任陆军军医学校教务长。一九〇八年应留学生考试,授医科举人、内阁中书。于是广州适有光华医学院之倡,乃共推君为校长。光华医学院者,合全粤医师之力而成,谋"学术自立"之先锋队也。学术贵自立,不能恒赖于人。广州濒海,得风气最先。近代医学之入广州百年矣,然迄无一粤人自办之医事教育机关,有之自光华始。君既长校,擘画经营,不遗余力。一九〇九年,出席挪威万国麻疯会议,更感学术自立之必要,而吾国

---

① 陈垣:《陈垣全集》第一册,第218页。
② 陈垣:《陈垣全集》第一册,第220页。
③ 陈垣:《陈垣全集》第一册,第350页。
④ 陈垣:《陈垣全集》第一册,第175页。
⑤ 赵璞珊:《陈垣先生和近代医学》,《北京师范大学学报》(社科版)1983年第6期;赵璞珊:《陈垣先生和医学史》,《纪念陈垣校长诞生110周年学术论文集》,北京师范大学出版社,1990年;刘泽生:《近代中国医史奠基人陈垣在广州》,龚书铎主编《励耘学术承习录》,北京师范大学出版社,2000年。

富于疾病矿,待学人之发掘及发明者无限,固大可为之地也。……君主持光华二十余年,中间复任中山大学内科主任、教授,又被推为广州医学会及中西医学会会长,培植人材甚众。今粤中名医,大半出君门下,此君稍可自慰者也。一九四二年六月十九日,以避寇,卒于广西贵县,得年六十有五。……君性笃厚,和易近人,热心社会事业。光华之成,余忝为创办人之一,复而就学焉,故余于光华诸师,皆先友而后师,君又余在校时之校长也。同人为君立纪念碑,不摈余于校友之外,属为之辞,因述其所知所感者如此。愿同人善继君志,毋忘学术自立之本旨也。①

陈垣这五百多字的碑文,简练概要地说明了当时广州医界的情况及郑豪的生平和贡献。我们还可以就碑文内容作更深入的研究。

郑豪1878年出生于广东省香山县乌石村。父母是很穷的农民。他13岁时,为追求更好的生活,逃到香港,并积极学习英文。15岁时,没有钱买船票,也没有护照,随在檀香山工作的堂弟,偷偷溜进即将开往美国的轮船,到了夏威夷岛的希炉市。与人合伙开一间"合旺商店"。在希炉市他加入基督教,并剪去辫子。② 1900年夏天,他请堂弟郑旭、郑仲为法律代理人,照顾他在希炉的生意,只身前往加州医学院求学。1903年12月,他回家度假和处理"合旺商店"的事务,孙中山在夏威夷组织"中华革命军",郑豪由毛文明介绍,与堂弟郑旭(鋈)参加了"中华革命军",并举行了隆重的宣誓仪式。③ 在加州医学院完成一年级的学业后,转学到三藩市内、外科医学院,1904年毕业,并通过加州医学考试部的考试,成为加州第一位取得行医执照的华人医生。三藩市中文报纸《大同报》1904年5月20日对郑豪的毕业加以报道:"本埠内外科医学堂之今年卒业生共数十人,昨晚在钟士街近乙地街之西人戏院内,行卒业之礼,其卒业班拔出为医者,内有少年华人一名。郑君豪原籍香山县人,系由檀香山来游学者,郑君考选甚高,盖平日苦学所致也。昨晚往观行礼者甚众,该戏院几无容足之地,内有华人五十余人。钟领士丰随员及商家多人皆在座,其余多是美国留学生。当该书院长高唱郑君之名时,郑君由右廊而出对书院长接卒业之文凭。当时中西人士尽鼓掌称贺。闻郑君再往东方大学堂再学一年,使其所业精益求精云。"《大同报》8月报道郑豪考取加州行医执照的情况:"准给医照。香邑郑君豪,内外科医士也,前两月卒业于本埠内外科医学堂,经登本报。郑君已于前礼拜二往加省考医生院应考,连考数日,可知其功课之多矣。至前礼拜六日,已得该院榜示,准给郑君在本省行医文凭。按西人此次之应考者一百二十余人,因医学未深,当时不准考者十余人。虽准考,今

---

① 陈垣:《陈垣全集》第七册,第824—825页。
② 郑浩华主编:《郑豪——光华百年史料集》,中山大学出版社,2008年,第2—3页。
③ 郑浩华主编:《郑豪——光华百年史料集》,第32页。

不得应选不能领取行医牌照者亦有二十余人。观此可知,虽能卒业,并要所学湛深,乃得领照行术也。今郑君一考,遂领悬壶凭照,可知其平日之苦学矣。"①

郑豪1905年学成归国,回国后的第一份工作,是在南京中西医院任外科主任。据说,郑豪为慈禧太后治好眼疾。其时,科举制度虽已废除,慈禧仍为郑豪假设殿试,授以医科举人,并册封为内阁中书,人称郑中书。郑豪在南京工作期间,曾代表中国政府出席菲律宾举办的国际医学会会议。后来,被调回广州陆军军医学堂任总教练。②

1909年,郑豪代表清政府赴挪威出席第二届国际消除麻风病医学会议。这件事在广州乃至中国都是一件大事。因为当年美国推行排华政策,除了国家派出的公务人员外,其他华人很难入境美国。为此,清朝两广总督发给郑豪特别护照,美国领事馆也发给他特别签证及介绍信。行前广州光华医学专门学校校友在海珠慈度寺畔送别郑豪,为此陈垣写两篇文章:《题郑学士送别图》《送郑学士之白耳根万国麻风会序》在《医学卫生报》发表。前一文把参加告别会的二十四人,按摄影照片的位置一一介绍。这幅照片反映了当时光华医学专门学校的师资阵容,除郑豪外,还包括光华院长陈衍芬、保全堂主人刘子威、资生堂主人池耀廷、东美主人李镇、六和主人陈则参、恒安别馆主人梁慎馀、九丹池主人左吉帆、大同春主人陈子光,"凡此皆光华教授及医生也"。还有光华书记长陈泮馨以及陈垣和十多名学生。为什么要摄影留念呢?陈垣说:"斯为吾国医事纪念之大者,不可无纪也","后数年或十数年,开第三次万国麻风会时,吾犹欲持是图而见吾国医学进步之高度也。""今图中诸人,……为今日吾国医学革新之健卒",故"录诸人姓氏于后,俾他日有所考焉。"③后一文是陈垣认为郑豪参加此会,既是国家的荣耀,对郑豪也寄以厚望。第一,我国参加国际医学会议,此前有过四次,此次为第五次,"吾愿学士此行,亦必有游记之属以报告于我医人也"。第二,中国和世界各国都有麻风病的历史,"吾愿学士此行,有以得各家治疗疯病之成绩,汇译之,以为吾国组织疯病疗养所之预备也"。第三,了解各国预防此病之方法,"有以得各国预防疯病最完备之法,足以施行于我国者毕录之,冀政府之实行也"。第四,各国对疯病传染的途径有各种说法,"吾愿学士此行,有以得各家学说之已定论或未定论者,并存之,以祛吾国人之惑也"。第五,郑学士此行,不独至挪威,还有游伦敦、巴黎、柏林、华盛顿等欧美各国,"壮哉此行"。据报载,本年8月间,在匈牙利布特佩斯召开第十六次国际医学会议,讨论医学21个学科的问题,必大有裨益于医界。"吾愿学士此行,顺道入匈牙利一会"。第六,以前我国不知有麻风病国际会议,也没有疯病疗养所,更无取缔麻风病之法律,而此三者为会议讨论之内容。"吾愿学士此

---

① 郑浩华主编:《郑豪——光华百年史料集》,第42、57、58页。
② 郑浩华主编:《郑豪——光华百年史料集》,第68页。
③ 陈垣:《陈垣全集》第一册,第279—280页。

行,有以雪此耻也"。① 由此可见,陈垣对此会十分关注,从国家、民族、学科发展、中国医学传统出发,来看世界医学的发展。如何取得先进国家医学的技术和经验,改造我国落后之医学,为我国人民所用。

郑豪在挪威贝根市国际麻风会议上表现是突出的,也非常谦虚,引起会议主持人和各国医生的注意。贝根市的 Bergan Tridend(贝根《泰典报》)于 1909 年 8 月 20 日报道会议圆满结束。此文叙述会议的主持人、医学权威及在麻风研究、防治方面确有成就的学者演说及表扬对医治麻风病有贡献的医生。郑豪被邀请为演讲者,报道用了三分之一的篇幅登载他流利而谦逊的演讲。他介绍了中国麻风病的历史,"我们希望用科学的方法,控制疾病的蔓延","在与该病的抗争中,我们落后了很多年,换言之,我们还处于童年时代,中国的医学科学将全力以赴对抗此病"。"中国渴望西方的科学,但没有哪一个科学领域比医学来得更为迫切。因此,中国对这次会议充满了期待。在此,我感谢此行带给我们的学习机会和收获,也感谢此行对未来的成果将产生的影响。"②

还有一件事足以反映郑豪在国际卫生医药领域的地位及在美国的影响。1906 年,美国国会通过肉类检查法案,要求所有进口肉类食品必须要有合法的检验官签名的证书,才准入口。法案规定,饲养及屠宰后的肉类,均要有检验报告。由于中国没有肉类监测制度,肉类食品制造商的产品出口备受打击。两广总督张人骏寻求对策,他委任郑豪为检验官,负责肉类检测、审批及签名等事项。1908 年 10 月 4 日,郑豪给美国驻广州领事写信解释,中国生产腊肠中的肉只采用大米饲养的猪,并采用后四分之一部分的肉类,加上酱油、糖、盐及少量酒来调味腌制,然后在阳光下晒制而成。用这种简便的脱水方法制作成无毒害、无传染、无腐败、无染色的腊肠,符合美国肉类检查法案标准。信中也提及自己的身份,毕业于三藩市内、外科医学院,并拥有加州行医护照。后来经过清政府委任,再向美国国务院提名,经美国农业部及其属下的肉类检查部门同意后,知会财政部及其附属的海关等机构,期间中国两广总督、美国驻广州领事馆、清政府驻美国大使馆往返多次的沟通、协调,最后,美国国务院批准郑豪为中国肉类出口美国的总检验官。从此,所有中国制作的腊肠出口美国,均要有郑豪签名的证书。③ 这件事足以说明郑豪的地位及反映广州的卫生医药领域的情况。

由于光华医社、医校、医院作出了很好的成绩,梁培基、郑豪、陈垣等人的努力,《医学卫生报》《光华医事卫生杂志》出版发行,使广东医学界在国内外医学界有比较大的影响,具有举足轻重的重要地位。1913 年,光华医校的同仁为欢送陈垣去北京参加众议院而召开恳亲会,在会上陈垣有过一段论述:

---

① 陈垣:《陈垣全集》第一册,第 281—285 页。
② 郑浩华主编:《郑豪——光华百年史料集》,第 124 页。
③ 郑浩华主编:《郑豪——光华百年史料集》,第 84—87 页。

> 以今日大势,我国不欲强及不欲免外人干涉内治则已矣;我国苟欲强而免外人干涉内治,则卫生政治岂能不竭力实行乎? 若实行卫生政治,则必要提倡医学,培植医材。医科大学之设,又岂能缓乎? 然设医科大学,当有多数医人以为教授。窃思医人之多,唯一广东。我光华为广东一大医团,医师荟萃之区。故国家兴医学,求医材,亦唯一之光华矣。昔那威开万国麻风会,香港开热带病学会,前清政府皆派本社郑君豪往。滇省办理陆军医院,则电聘陈君子光往。去月鲁省筹办军医,亦电聘陈君子光往。即如前东三省之防疫来电请医,现在粤省陆军医院长、警察公医生、警察医院长、高等检察厅之检验局长、都督府之军医课,均是我光华同人。有事可征,固非徒见诸空言已也。……是故我光华必欲常为广东最有名誉之医校,不可不黾勉力求进取。惟是前毕业诸君,或奉职京师,或就聘他省,或求学外国,或就席医院,或悬壶于乡,散处四方。①

正是由于广东光华医社在全国的地位,所以 1911 年 4 月 3 日至 28 日,在奉天召开"国际鼠疫会议"时邀请广东光华医社派人参加,光华医社共派九人赴会,陈垣因为有其他事,不能前往。陈垣在广州根据东省友人函告、京沪奉天各报、东西方各国新闻等资料,编纂成《奉天万国鼠疫研究会始末》(以下简称《始末》)一书,在"纂例"中说:"是书不名报告而名始末。报告非会外人所得为,他日大部自为之。此名始末,乃私家著述,纪其事之首尾云尔。"②该书于 1911 年 4 月初版,发行者:广州光华医社。本书还在上海丁福保主办的《中西医学报》第十三期(1911 年 4 月出版)开始,连续八期刊载。说明了陈垣对此会的关注及反映之快。

书前有"伍连德像题词",作者专门介绍伍连德的医学经历,在英国剑桥大学取得博士学位,被聘为天津陆军医院军官。"此次万国鼠疫研究会,经各国医士公意,举充会长。伍君之学术资望,久为世人所推重也。"③

该书是一部纪事本末体史书,以事件为中心记载史事的始末。从"本会之发端",到"闭幕式",把"奉天国际鼠疫会议"的全过程,分 79 条事目(包括附录 7 条)叙述清楚。诚如郑豪在"序"中说:"陈君固邃于国学,其于细菌学,又为专门,故所纪述,能原原本本。"④在本文第二节中,我们专门分析了《奉国际鼠疫会议报告》。今天虽有《会议报告》行世,但陈垣的《始末》仍有重要的历史学和文献学价值。

第一,保存了《会议报告》没有录入的许多关于会议的历史资料。

---

① 梁培基:《光华医事卫生杂志续出发刊词》,《陈垣早年文集·附录》,第 417—418 页。
② 陈垣:《奉天万国鼠疫研究会始末》,《陈垣全集》第一册,第 357 页。
③ 陈垣:《陈垣全集》第一册,第 353—354 页。
④ 陈垣:《陈垣全集》第一册,第 355 页。

如"会场之盛饰"、"实验室之陈列"、"媒介物之陈列"、"报告写真及救护人模型"等事目,使我们了解当时会场的布置及供会议使用的设备。"满铁病院之参观"、"日领事晚餐会"记参见南满铁路公司的情形。"休会之消遣"、"旅大视察"、"哈尔滨游历"等,记各国医生参见奉天各皇宫、考察旅顺、大连、游历哈尔滨的情形。"赐觐及观光"、"入觐记"、"公私之酬宴"等,记各国代表进京参观一些政府部门、觐见监国摄政王、公私宴会的盛况。附录中保存了《学部奏请赏给伍连德医科进士折》。以上略举《会议报告》所未备者,可见其珍贵。

第二,是一部为中国争取国权、医权、弘扬爱国精神的历史记录。

郑豪在"序"中说:"陈君援庵,以事不获行,乃于诸君子出发之日,为词以勖之,曰东省牺牲数万生灵,以供诸君子之研究矣,诸君子其毋负此行也。其言至为悲惨。""其于国权一节,尤三致意,又不徒为研究学术观已。"①陈垣在"自序"中说:"既纂《奉天万国鼠疫研究会始末》毕,喟然曰:中国学者,其果不足以外国学者抗行乎。万国医学大会中,中国学者果不容置喙乎。今观斯会,然其不然。"对于医学,"国家不任提倡,士夫视为末技,求一有志撰述,研精专门,致力于国家医学者,殆不多见。"此次东北鼠疫,日俄以为我国无力,"彼得越俎而谋之",企图由他们主持扑灭鼠疫工作,夺我主权,是可忍,孰不可忍!"今日之会,伍君竟能本其所学,为祖国光"。"伍君其吾国后起之英哉。一般医界男女青年,急起直追,储为国家御侮之才,此其时矣。"②

"会长之举定"一目中说:"公推中国外务部特派医官伍连德为会长。伍君学问湛深,此次从事防疫,尤富经验,故膺此选也。"但据某报报道云:"鼠疫研究会之开办,以吾国为东道主。无如吾国医学,不见发达,会长一席,遂惹起他们之艳羡,以某国为尤甚。其某博士之来东,最在事先,即为此也。幸有美医士,深恐喧宾夺主,不第不甚雅观,且于中国主权,亦形丧失,遂不惜周折,与吾交涉司说明,并与各医士关说,同举伍连德为会长。且谓伍君医学高明,不但有称位主,即于此会前途亦多便利云。"③

在附录中,有"字林报驳北里博士之言论"、"上海报驳北里博士之言论"及"日人对我最后之言论"三目,摘录了当时国内外媒体报道日人企图担任会议主席之野心,及各国医士对日人言论的批驳。

事情的原委是这样的:1911年3月初,施肇基向朝廷建议,利用各国医学专家来华的机会,在奉天召开万国鼠疫研究会议,朝廷大力支持此事。施肇基和最近一直共同关注东三省鼠疫的英、美领事商议后,正式向各国使馆发出照会。各国均作出热烈的回应,只有日本使馆,在表示北里柴三郎可能出席以后,提出了一个要求:如果北里出席,必须任会议主席。在讨论会议的组织议程时,日本领事首先发言说:"敝国前来

---

① 陈垣:《陈垣全集》第一册,第355页。
② 陈垣:《陈垣全集》第一册,第355—356页。
③ 陈垣:《陈垣全集》第一册,第370页。

参加鼠疫研究会议的北里柴三郎教授是鼠疫杆菌的发现者,著名的微生物学家。因此敝国政府认为,此次会议主席应该由北里柴三郎教授担任。"但其他各国领事和医生表示反对。英国使馆医生道格拉斯·戈瑞说:"我认为此次会议的主席应该由毕业于大英帝国剑桥大学的伍连德博士担任,伍博士是满洲防鼠疫的总指挥,对控制此次流行的贡献最大,会议主席非他莫属。"美国代表也说:"我也认为应该由伍博士出任会议主席。"俄国领事说:"完全同意。鉴于伍博士在满洲,特别是在哈尔滨控制鼠疫的突出成绩,以及挽救在哈十万俄国公民的壮举,敝国政府已经决定,授予他二等勋章。"法国领事也同意伍博士任会议主席。在各国领事和医生的反对下,日本领事收回由北里柴三郎担任会议主席的要求。①

附录"字林报驳北里博士之言论"一目中,引述《满洲日报》报道,说日本代表北里博士说:"决意不准中国于会中议事置喙"。② 在"上海报驳北里博士之言论"一目中,引述北里言论,说"清国政府无防疫智识,而日本则已早将关于研究之种疫材料,调集于南满铁路病院之一室中,直已超于万国之上。故会中欲研究者,但求诸日本可耳。清政府虽为召集此之主人,虽可于会中置喙,而决不容其有提议权。果其提议,余必会断然拒绝之。"对于北里之言论,我国记者批驳曰:"彼欲反客为主,禁我国在会中提议。观于北里宣言,阴谋不啻若自其口出矣。盖彼又欲乘开此会时,剥夺我国在东三省之主权,乃致脱口而出,如见肺肝也。""我国所以召集此会之意,不过欲藉今日世界甚进步之科学医术,以祛至烈之恶疫,造世界人类之宏福耳。此固我国召集斯会纯粹之真意也。而北里乃竟挟争夺侵侮之心以俱来,且公然以傲慢之态度,宣之于口,竟不自悟,大有背于各国遣派专门家来赴会纯为乐利之本旨。"③

在中国政府特派员施肇基和伍连德的合作领导下,各国派遣的专家的努力下,会议取得巨大成功,获得重大收获,使日本改变了态度。在《日人对我最后之言论》一目中,引述《东京报》云:奉天鼠疫研究会日本代表北里博士,四月十二日回抵东京,盛赞中政府招待奉天研究会各代表之周到,并谓该会为中国科学历史上空前之举动。又力言此次关于肺炎霉菌,多所发明,关系极巨。彼言此会结果,影响于中国医学前途,极有效力云。④

由此可见,《始末》不啻是一部为中国争主权,争医权,弘扬爱国精神的真实记录。

1911 年,伍连德领导扑灭东北鼠疫之后,继续为清政府和中华民国政府服务,成为中国近现代医学先驱,国际公认的公共卫生学奠基人,著名的预防医学家,医学教育家和社会活动家。陈垣 1912 年被选为中华民国第一届国会众议院议员,1913 年 3

---

① 王哲:《国士无双伍连德》,第 136—137 页。
② 陈垣:《陈垣全集》第一册,第 423 页。
③ 陈垣:《陈垣全集》第一册,第 426—427 页。
④ 陈垣:《陈垣全集》第一册,第 429 页。

月赴北京参加国会,从此定居北京。陈垣无心政界,转而从事历史学研究和高等教育,在宗教史、元史、历史文献学等领域作出卓越贡献,被誉为"中国近代之世界学者",20世纪20—30年代,他与王国维齐名,40年代以后,他与陈寅恪被称为"史学二陈"。他任辅仁大学校长27年,成为著名的教育家。

2016年4月4日清明节完成初稿,2016年4月29日修改

(作者简介:张荣芳,中山大学教授、博士生导师)

汉初郡县长吏考

廖伯源

一、引言

据《汉书·百官公卿表》《后汉书·续百官志》及近人之研究，汉代郡县政府组织中，朝廷所任命之官员，即所谓长吏，为数甚少。如郡府仅有郡太守、郡都尉及太守丞、都尉丞四员朝廷命官。[1] 县廷则多者有县令（长）、丞、左尉、右尉四员；或一尉，仅有县长、丞、尉共三员；[2]少者不置尉，仅县长、丞各一，凡二员。[3]《张家山汉墓竹简·二年律令·秩律》所载，朝廷任命之郡长吏尚有郡发弩令、司空令、轻车令，"秩各八百石，有丞者三百石。卒长五百石。"又有"郡候、骑千人⋯秩各六百石，有丞者二百石。"尚有郡司马、骑司马、备盗贼、塞尉、城尉等。朝廷任命之县长吏则尚有司空二百五十石至百六十石；田、乡部二百石至百二十石；卫官、校长百六十石；县之塞尉、城尉；又有"县、道传，马、候，厩有乘车者，秩各百六十石；毋乘车者，及仓、库、少内、校长、髳长、发弩⋯秩各百二十石。"[4]是汉初朝廷任命之地方长吏，其官职与员额较之传统所知者，多出甚多；其秩阶二百五十石、百六十石、百二十石，皆传世文献所不见。

---

[1] 郡府之朝廷命官仅太守、太守丞、都尉、都尉丞四员，盖就一般而言。边郡太守丞称长史，部分边郡或一郡有二都尉或三都尉，亦各有丞；又或有属国都尉，或因事而设之农都尉、骑都尉、关都尉等。详严耕望：《中国地方行政制度上编卷上：秦汉地方行政制度》（初版刊于1961年），"中央研究院"历史语言研究所专刊之四十五，台北，1974年，第73、102—108、147—187页。

[2] 详严耕望：《中国地方行政制度上编卷上：秦汉地方行政制度》，第218—221页。

[3] 《尹湾汉墓简牍·东海郡吏员簿》所载：东海郡中，不置尉之县凡二，侯国凡十一，此十三县（侯国）各仅有长（相）一人、丞一人，凡二长吏。见连云港市博物馆、东海县博物馆、中国社会科学院简帛研究中心、中国文物研究所编：《尹湾汉墓简牍》，中华书局，1997年，第79—849页。论详后文。

[4] 张家山二四七号汉墓竹简整理小组编：《张家山汉墓竹简》，文物出版社，2001年。所引释文之页数详下文。

《秩律》所载为汉承秦制而建立之郡县官制,史书所见则为景帝、武帝及以后演变形成者。今考论汉初之制,推论其演变之迹。

二、汉初之县长吏

(一) 汉初秩百二十石以上之县吏皆朝廷任命

西汉中叶以后,县廷官吏分为长吏与少吏二类。《汉书·百官公卿表》①曰:

> 县令、长……令,秩千石至六百石……长,秩五百石至三百石。皆有丞、尉,秩四百石至二百石,是为长吏。百石以下有斗食、佐史之秩,是为少吏。

长吏为朝廷任命之官员,秩比二百石以上,所谓朝廷命官是也。少吏则长吏所自辟除,秩百石以下,为长吏之属吏。上引文仅言县政府之官吏,实则郡政府及中央政府之各官署,秩比二百石以上官吏亦为朝廷所任命,百石以下为长吏自辟除之属吏。

县廷长吏之人数,据《尹湾汉墓简牍·东海郡吏员簿》所载,②西汉末东海郡三十八县(邑、侯国),以县之大小而异。今整理如下:

县令一人,丞一人,尉二人,狱丞一人,凡五人。(凡一县)
县令一人,丞一人,尉二人,凡四人。(凡十五县)
县长一人,丞一人,尉一人,凡三人。(凡二县)
县长一人,丞一人,凡二人。(凡二县)
侯国相一人,丞一人,尉二人,侯家丞一人,凡五人。(凡二侯国)
侯国相一人,丞一人,尉一人,侯家丞一人,凡四人。(凡五侯国)
侯国相一人,丞一人,侯家丞一人,凡三人。(凡十一侯国)

县令、长(侯国相),县(侯国)各一人。丞,县(侯国)各一人。尉,大县(侯国)二人,小县(侯国)一人。此与传世史书所言相同,与严耕望师据史书及汉碑之考证亦相同。③ 上引〈东海郡吏员簿〉有二县、十一侯国不置尉,各县(侯国)仅长(相)一人,丞一人,长吏凡二人。此则传世史书所不言,考证者忌言否定之辞,④亦不明言汉县有不置尉者。及《尹湾汉墓简牍》出土,简文谓西汉末东海郡三十八县邑侯国,有十三县

---

① 本文所引正史,除特别注明者外,俱引用中华书局点校本。
② 前引《尹湾汉墓简牍》,第79—84页。
③ 严耕望师所引史书及汉碑及其考证见前引《中国地方行政制度上编卷上:秦汉地方行政制度》,第218—221页。
④ 行文至此,忆及当年严耕望师口授考证之法,谓考证名物之有无,忌作否定之论断。盖据有限之史料,轻断必无,若他人找出一例,则考证全盘推翻。故即使汉碑有仅书县长、县丞,不书县尉之例,师必不据以言汉县有不置尉者,而以为碑文有阙或遗漏。

侯国不置尉,可证汉县(侯国)不置尉者比例相当大。

严耕望师《秦汉地方行政制度》考证汉县丞、尉,除上述一般县外,亦考其特异者。其一,京县"置员稍广"。西汉长安县丞不止一人,县尉四人;东汉洛阳县丞三人,县尉亦四人,此京县特异。西汉杜陵县丞亦不止一人,盖"三辅尤异"。其二,若干特别之县特置专某职务之丞,如阳翟县置狱丞,专掌刑狱;睢陵县置马丞,专知马政。① 又《东海郡吏员簿》载郯县除县令、县丞及县左右尉外,有"狱丞一人,秩二百石"。② 按据《汉书·地理志》,郯县为东海郡之首书县,郡治所在。各县之重案及上诉案于郡府重审,为方便提问嫌犯,于郯县设置较大之监狱,又置秩二百石之朝廷命官一人为狱丞以主之。③《张家山汉墓竹简·二年律令·秩律》规定诸郡县长吏及中都官之秩,其中县长吏之官秩有:

(县令)秩各千石,丞四百石。(页193/简444)
田、乡部二百石,司空二百五十石。(页202/简468)④
(县令)秩各八百石,有丞、尉者半之,司空、田、乡部二百石。(页195/简450)
(县令)秩各六百石,有丞、尉者半之,田、乡部二百石,司空及卫官、校长百六十石。(页197/简463—464)
(县长)秩各五百石,丞、尉三百石。(页202/简465)
(县长)秩各三百石,有丞、尉者二百石,乡部百六十石。(页202/简466)
县有塞、城尉者,秩各减其郡尉百石。道尉秩二百石。(页202/简469)
县、道传、马、候、厩有乘车者,秩各百六十石;毋乘车者,及仓、库、少内、校长、髳长、发弩……都市、亭、厨有秩者及毋乘车之乡部,秩各百廿石。(页203/简471—472)

诸县之长吏,县令(长)、丞、尉之外,又有司空、田、乡部、卫官、校长、塞尉、城尉,更有"县、道传、马、候、厩有乘车者…毋乘车者,及仓、库、少内、校长、髳长、发弩…都市、亭、厨有秩者及毋乘车之乡部"。其秩分二百五十石、二百石、百六十石及百廿石凡四级。按百石以下为少史,即长吏之属吏,长吏所辟除。《秩律》所载诸吏之秩,最低为

---

① 此段文字据前引《中国地方行政制度上编卷上:秦汉地方行政制度》,第219—220页。
② 前引《尹湾汉墓简牍·东海郡吏员簿》第79页之第6条释文。
③ 参见廖伯源《汉代郡县属吏制度补考》,《简牍与制度——尹湾汉墓简牍官文书考证》,台北文津出版社,1998年,第79页。
④ 按此简当排列于444号简之后。盖443—444号简列天下第一等县,长吏秩下不列田、乡部、司空之秩。此简释文前段:"田、乡部二百石,司空二百五十石"当为县吏,与前一简(简467)释文之内容不相衔接;而此简之司空秩二百五十石,高于秩阶二百石之第二等县之司空(见第195页/简447—450),应是第一等县之司空。

百廿石,盖〈秩律〉规定朝廷所任命官吏之秩。百廿石以上秩之官吏应是朝廷所任命。

(二) 乡部、田部

先言乡部。《汉书·循吏传·黄霸传》:"乡部书言"云云。《后汉书·樊儵传》:"乡部吏司"。又《后汉书·左雄传》:雄上请"乡部亲民之吏,皆用儒生清白任从政者"。"乡部"于两汉皆指乡。盖县分若干乡,为县之分部。乡吏有乡有秩(啬夫)、乡佐、游徼等。《后汉书·续百官志》:

> 乡置有秩……本注曰:有秩,郡所署,秩百石,掌一乡人;其乡小者,县置啬夫一人……游徼掌徼循,禁司奸盗。又有乡佐,属乡,主民收赋税。①

乡分大乡小乡,大乡置有秩一人,郡所署;小乡置啬夫一人,由县长委任。乡有秩与乡啬夫之职掌相同,掌一乡之事务。《后汉书·续百官志》所载,盖西汉后期以后之制度,谓乡有秩为郡所署,乡啬夫为县所置。《张家山汉墓竹简·二年律令·秩律》所言之"乡部",当是指乡有秩及乡啬夫而言,其秩多者二百石,其次百六十石,少者为"毋乘车之乡部",百廿石。

次言田部。上引《秩律》言"田、乡部二百石"者凡三。汉代田部之名,不见于史籍。战国时赵奢为"赵之田部吏",收租税;(《史记·廉颇蔺相如列传》)盖主农业之事务,登记田亩,征收田地租税。裘锡圭《啬夫初探》据云梦秦简考证,谓《法律答问》中"部佐匿者(诸)民田"之所谓"部佐",②应是田佐,结合其他材料,因断言秦之"乡啬夫下面有乡佐、里典,田啬夫下面有部佐、田典,这是平行的两个系统。"因谓田啬夫之职掌"总全县田地等事",又"管理假民公田的事务,""督促农民进行生产"。③《秩律》"田、乡部"并言,秩皆二百石,则田、乡为平行之两系统说,似可成立,且至西汉初犹然。裘锡圭又证在西汉武帝时,"田啬夫仍然是各县普遍设置的一种重要官职",且东汉初仍有其官。④

据《秦汉地方行政制度》之研究,汉郡府列曹有田曹、劝农掾史,⑤县廷列曹亦有田曹,⑥又《汉书·百官公卿表》:乡有秩、啬夫"职听讼,收赋税。"⑦又《后汉书·续百

---

① 《后汉书·续百官志》,志28/3624。参见前引《中国地方行政制度上编卷上:秦汉地方行政制度》,第237—240页。
② 《睡虎地秦墓竹简》戊午年本《法律问答》,台北里仁书局,1981年,第483—484页。
③ 裘锡圭:《啬夫初探》,收入中华书局编辑部编:《云梦秦简研究》,中华书局,1981年,第248—251页。
④ 前引《啬夫初探》,第248页。
⑤ 参见前引《中国地方行政制度上编卷上:秦汉地方行政制度》,第131页。
⑥ 前引《中国地方行政制度上编卷上:秦汉地方行政制度》,第230页。
⑦ 《汉书·百官公卿表》。仅谓"啬夫职听讼,收赋税"。严耕望师释谓:"但举啬夫,不言有秩。是皆以啬夫包括有秩而言也。盖五千户之大乡甚少,故啬夫几成通制;至于有秩,乃特制耳。"见前引《中国地方行政制度上编卷上:秦汉地方行政制度》,第238页。

官志》曰:乡佐"主民收赋税"。田租为主要之赋税项目,国家税收之大宗。推测汉初县下分若干田部;其后田部省置,职事分入县廷之田曹及乡部诸吏。①

(三) 司空

次言司空。上引《秩律》言县之司空有"二百五十石"、"二百石"、"百六十石"三等,盖以县大小其司空之秩有差异。汉代以司空名官者有二类:其一为东汉三公之一司空,其源盖出自战国儒生之说,职掌水土之事,本文不讨论。② 其二为掌刑狱之司空,是今所讨论者。《汉书·百官公卿表》中以"司空"为官名者有:

> 宗正……属官有都司空令丞。
> 少府……属官有……左、右司空③。
> 水衡都尉……属官有……水司空。

颜师古注宗正之属官都司空,引如淳曰:

> 律,司空主水及罪人。贾谊曰"输之司空,编之徒官"。

所谓司空主水,盖混淆掌水土事之司空于掌刑狱之司空。上引都司空、左、右司空及水司空皆掌刑狱及罪徒劳役之事。《史记·淮南衡山列传》:伍被说淮南王安扰乱天下之法有言:

> "又伪为左右都司空上林中都官诏狱书,逮诸侯太子幸臣。"注【集解】引晋灼曰:"《百官表》宗正有左右都司空,上林有水司空,皆主囚徒官也。"

按晋灼所注,稍有混乱。上引《百官表》谓宗正属官都司空,少府属官左、右司空。晋

---

① 裘锡圭亦作类似推论。前引《啬夫初探》曰:"估计田啬夫在东汉中后期已经停止设置。《后汉书·百官志五》本注说县'诸曹略如郡员,五官为廷掾,监乡(五)部,春夏为劝农掾,秋冬为制度掾'。督促农民生产本是田啬夫的任务,如果田啬夫仍在设置,似乎没有必要再有劝农掾。"

② 《后汉书·续百官志》曰:"司空……本注曰:掌水土事。凡营城起邑,浚沟洫,修坟防之事,则议其利,建其功。凡四方水土功课,岁尽则奏其殿最而行赏罚……大丧则掌将校复土。"注引《韩诗外传》:"……司空主土……山陵崩阤,川谷不通,五谷不植,草木不茂,则责之司空。"又引应劭《汉官仪》曰:"绥和元年,罢御史大夫官,法周制,初置司空。"《汉书·百官公卿表》叙曰:"《书》载唐虞之际……禹作司空,平水土……记曰三公无官……或说司马主天,司徒主人,司空主土,是为三公。"司空主水土,盖战国时说,其后汉人以为是周制。故应劭《汉官仪》曰:"法周制,初置司空。"

③ 《汉书·百官公卿表》曰:"少府……属官有尚书……左、右司空……东园匠十(二)〔六〕官令丞。"《汉书补注》钱大昭曰:"十二疑是十六。以左右司空分两官,亦是十七。"官本注:十二作十六,是。点校者以左右司空为一官,自尚书至东园匠凡十六官,又采官本注之说,故改十二为十六。今以左右司空当分为二官。本文所引《汉书补注》,为台北艺文印书馆影印"光绪二十六年长沙王氏校刊本"。

灼谓"宗正有左右都司空",盖混合都司空与左右司空而言。晋灼注又谓"上林有水司空",盖水司空属水衡都尉,水衡都尉掌上林苑。唯晋灼谓都司空、水司空及左、右司空"皆主囚徒官",则是确诂。① 上引伍被所言云云,乃谓伪造都司空、水司空及左、右司空之诏狱文书,逮捕诸侯大臣,引起怨恨与混乱。盖此数官署主宗室诸侯大臣之刑狱,惯例由此数官署遣人持文书逮捕诏狱人犯。《史记·魏其武安侯列传》:魏其侯窦婴与丞相田蚡相争,武帝偏袒其舅田蚡,"使御史簿责魏其……欺谩。劾系都司空。"按窦婴为景帝母窦太后之姪,是所谓"宗室外家"②,故由宗正属官都司空收系。又《汉书·陈咸传》曰:

  (陈咸)为南阳太守。所居以杀伐立威,豪猾吏及大姓犯法,辄论输府,以律程作司空,为地白木杵,舂不中程,或私解脱钳釱,衣服不如法,辄加罪笞,督作剧,不胜痛,自绞死,岁数百千人。师古注曰:司空,主行役之官。

是司空监督刑徒服役劳作。前述之"水司空"官,推测其职掌当是监督刑徒作与水有关之苦役,如浚河、挖沟洫、筑堤防之类。

又有军司空,为军中之狱官。《汉书·杜延年传》曰:

  (昭帝时,杜延年)补军司空。注:"苏林曰:'主狱官也。'如淳曰:'律,营军司空,军中司空各二人。'"

军司空、军中司空外,又有军司空令。昭帝时,冯奉世为"前将军韩增奏以为军司空令。"(《汉书·冯奉世传》)盖为前将军营之军司空令,下领军司空、军中司空各二人,为军中之典狱官。

司空之职掌既明,唯上述诸司空皆京师九卿之属官、将军军营之属官或郡太守之属官,《张家山汉墓竹简·二年律令·秩律》所言之县司空则诸县之属官。史籍虽无某人任职县司空之例,而《后汉书·续百官志》注引应劭《汉官仪》曰:

  绥和元年,罢御史大夫官,法周制,初置司空。议者又以县道官狱司空。故

---

① 《史记·儒林列传》:窦太后好老子书,怒儒者辕固生贬老子书之言,曰:"安得司空城旦书乎?"【集解】"徐广曰:'司空,主刑徒之官也。'翦案:《汉书音义》曰:'道家以儒法为急,比之于律令。'"按司空为狱官,城旦为秦汉徒刑之名目,窦太后怒谓"安得司空城旦书乎?"意指辕固生之言如法律书。故《汉书音义》释谓道家视儒家之言与法家之律令同类。

② 《史记·魏其武安侯列传》。西汉帝室出自社会下层,前期尚"保有相当浓厚之母系遗俗",故外戚称宗室。参见牟润孙著《汉初公主及外戚在帝室中之地位试释》,《注史斋丛稿》,第52—61页,香港新亚研究所,1959年。

覆加"大",为大司空,亦所以别大小之文。

直至西汉末,县道尚有狱司空。《秦汉地方行政制度》曰:县置尉曹掾史、狱司空,主士卒。又据〈续百官志〉公府"尉曹主卒徒转运事。"因谓郡国之尉曹盖同。县道之尉曹、狱司空盖主县内之刑徒役作。裘锡圭《啬夫初探》谓"从秦律看,县司空主要有两方面任务,一是主管县里的土木工程等徭役,一是管理大量刑徒,让他们从事劳役。"①《秩律》作"司空",传世文献作"狱司空",或是本名司空,以其主狱徒,后习惯加狱字而称狱司空,用以区别三公之司空。

(四)传、马、候、厩、仓、库、少内、校长

次言县吏之"传、②马、候、厩有乘车者,秩各百六十石;毋乘车者,秩各百廿石。""传"者,传舍吏,据《秦汉地方行政制度》所考,汉代传舍吏有传舍啬夫、门长。③"候"者谓候舍吏,④盖县置候舍,供来往百姓人客投宿。《后汉书·方术传·李郃传》:"县召署幕门候史……使者……微服单行……观采风谣……投郃候舍。"使者夜与郃言,郃不知其人乃使者。⑤ 按使者采风微行,必恐人知其身份而乔装打扮,故其非以官吏之身份投宿候舍甚明,则候舍供百姓投宿可知。传舍接待往来之官吏,候舍则供宿百姓,此或两者之分别。唯小县或仅有传舍,兼供宿往来之官吏与百姓,此所以文献可见传舍甚多,候舍则极少。

"马"吏盖主马之县属吏。《秦汉地方行政制度》所考县佐官,某特别之县置马丞,主马政。至以马为名之县属吏,无考。或中叶以后省,其职并入厩吏。

"厩"吏,《秦汉地方行政制度》所考县吏有厩令史、厩啬夫、厩司御。盖主马及车驾。裘锡圭《啬夫初探》引《云梦秦简·秦律杂抄》中有厩啬夫、皂啬夫,谓"整理小组注:'厩啬夫是(县属)整个养马机构的负责人……皂啬夫是厩中饲养人员的负责人。'"又谓"皂啬夫之称不见于汉,可能已与厩啬夫并为一职。"

"传、马、候、厩"吏当各指其主吏而言,其中有分二等,一等为"有乘车者",秩百六十石。其次为"毋乘车者",秩百廿石。

次言县吏之"仓、库、少内、校长……秩各百廿石。"

"仓"吏,《睡虎地秦墓竹简·秦律十八种》之《仓律》及《效律》载秦县之仓啬夫、

---

① 前引《啬夫初探》,第251—252页。
② 《二年律令释文》释作"传马",今分开为"传"、"马"。
③ 参见前引《中国地方行政制度上编卷上:秦汉地方行政制度》,第231页。
④ 参见前引《中国地方行政制度上编卷上:秦汉地方行政制度》,第231—232页。
⑤ 《后汉书·方术传·李郃传》:"李郃……汉中南郑人……县召署幕门候吏。和帝即位,分遣使者,皆微服单行,各至州县,观采风谣。使者二人当到益部,投郃候舍。时夏夕露坐,郃因仰观,问曰:'二君发京师时,宁知朝廷遣二使邪?'二人默然,惊相视曰:'不闻也。'问何以知之。郃指星示云……"按前引《中国地方行政制度上编卷上:秦汉地方行政制度》已引《李郃传》以作考述。

仓佐、仓史。① 裘锡圭《啬夫初探》据此及其他文献及汉印与封泥,考秦汉县有仓啬夫。②《秦汉地方行政制度》所考县属吏之诸曹有仓曹掾、史,主农赋,收民租。

"库"吏,《秦汉地方行政制度》所考县属吏有库啬夫,主兵戎器械。裘锡圭《啬夫初探》据出土简牍器物,考秦汉县有库啬夫、库佐,谓"库的主要任务是管理车和兵甲等作战物资。"又证秦及西汉前期县之库亦制造兵器、车器、漆器等,且利用刑徒劳作。③

"少内",县属吏之少内,不见于史籍。④《睡虎地秦墓竹简·法律答问》有"县少内",【注释】谓"县少内,县中收储钱财的机构"。⑤ 又《睡虎地秦墓竹简·封诊式》"告臣"条有"少内某、佐某"云云。⑥《睡虎地秦墓竹简·秦律十八种·金布律》又有"少内"。⑦ 裘锡圭《啬夫初探》据此及其他资料,考秦汉县有少内啬夫,其下有佐。⑧《秦汉地方行政制度》考县属吏有少府,又称小府,其职掌"总管财政",主县廷之饷粮出纳也。《秩律》所载县属吏之少内,当即是少府。

"校长",上引《秩律》谓县属吏之校长有秩百六十石、百廿石两等,盖视县之大小为区分。《张家山汉墓竹简》【注释】曰:

> 校长,见于《睡虎地秦墓竹简·封诊式》的"群盗"条,《续汉书·百官志》注:"主兵戎盗贼事。"⑨

按《睡虎地秦墓竹简·封诊式》"群盗"条曰:"群盗爰书:某亭校长甲、求盗乙、丙三人,徼巡到某山,逮捕盗丁,及斩盗戊之首级云云。⑩ 据此,校长为亭吏。传世文献所载亭吏有亭长、亭佐、亭候、求盗(亭父),⑪无校长。高敏据秦简"群盗"条,谓秦之校长职掌徼巡捕盗贼,与传世文献所言亭长之职掌相同,因断言"'校长'则可能是'亭

---

① 前引《睡虎地秦墓竹简》《秦律十八种》《仓律》及《效律》。
② 前引《啬夫初探》,第258—259页。
③ 前引《啬夫初探》,第252—256页。
④ 《史记·孝景本纪》:景帝中六年改官制,"以大内为二千石,置左右内官,属大内。"【集解】韦昭曰:"大内,京师府藏。"【索隐】:"主天子之私财物曰少内,少内属大内也。"《汉书·丙吉传》:巫蛊之祸,皇曾孙(日后之宣帝)下狱;遭大赦,以无去处,治狱使者丙吉留养皇曾孙狱中。"后少内啬夫白吉曰:'食皇孙亡诏令。'"师古注曰:"少内,被藏主府藏之官也。"是京师宫内有少内之官,盖主内庭之府藏。
⑤ 前引《睡虎地秦墓竹简》,第438页。
⑥ 前引《睡虎地秦墓竹简》,第521—522页。
⑦ 前引《睡虎地秦墓竹简》,第341页。
⑧ 前引《啬夫初探》,第280—281页。
⑨ 【注释】释县吏之校长,引《续汉书·百官志》注:'主兵戎盗贼事'。"实是错引。盖此"主兵戎盗贼事"者,乃诸陵园之校长,非县吏之校长。《后汉书·续百官志》太常条下曰:"先帝陵,每陵园令各一人,六百石……丞及校长各一人。本注曰:校长,主兵戎盗贼事。"又《后汉书·舆服志》:"诸陵校长秩二百石。"虽然诸陵校长与县吏之校长两者禁捕盗贼之职掌类似,官称相同,但不可以彼校长拟此校长。
⑩ 《睡虎地秦墓竹简·封诊式》,第518页。
⑪ 《后汉书·续百官志》。参见前引《中国地方行政制度上编卷上:秦汉地方行政制度》,第240—243页。

长'的别称"①。云梦秦简中校长仅一见,不易考证。今张家山汉简数见汉初之校长,可据以证秦及汉初亭有校长,校长当即传世文献之亭长。

"群盗"条谓"某亭校长甲,求盗"乙、丙,"甲将乙等徼循"。② 校长为亭吏,官职又高于求盗。《秦汉地方行政制度》考亭有两卒,或称亭父、亭公、弩父、求盗,因地不同而异。③ 校长、亭长皆领率求盗之亭吏,可能因时地不同而一官异名,则校长可能即为亭长,此其一。

《张家山汉墓竹简·奏谳书》"淮阳守"条:从狱史武出行新郪县公梁亭,髳长苍、求盗布、舍人余"共贼杀武于校长丙部中"。"公梁亭校长丙"与发弩赘逮捕苍,"布死,余亡不得"。苍供出受新郪县长信指使,丙、赘即释放苍。后淮阳守偃疑有奸诈,案理其事,劾髳长苍贼杀人,新郪县长信谋贼杀人,罪皆弃市。公梁亭校长丙、发弩赘"捕苍而纵之",律:纵囚,与同罪。丙、赘亦当弃市。④ 释文有"公梁亭校长丙"、"校长丙部中"之文。按"亭部"史书多见,如"渭城寿陵亭部"、"凤皇、黄龙所见亭部"等,⑤ 汉人习惯称亭之辖区为亭部。"校长丙部"即"公梁亭校长丙"所辖之亭部。校长可能是亭长之别称,此其二。

《张家山汉墓竹简·奏谳书》"江陵余"条曰:

(汉高祖十年五月庚戌,)校长池曰:"士五(伍)军告池曰:'大奴武亡,见池亭西,西行。'池以告,与求盗视追捕武……"……军曰:"武故军奴,楚时亡,见池亭西。以武当复为军奴,即告池所。"

军发现其故奴武,即向该地亭之校长池报案,其述发现武之地为"池亭西",又曰"即告池所",是校长池任职之亭以池之名为称。《奏谳书》为法律公文,其文字应当精确,若池之上尚有亭长,不得称该亭为池亭;池当为该亭之主吏,即亭长。汉初县吏校长,当即亭长,此其三。

上文已述高敏据秦简之校长职掌与传世文献之亭长职掌相同,因断言秦简之校长为亭长。又上述《张家山汉墓竹简·奏谳书》"淮阳守"条曰:公梁亭校长率领求盗二人,徼巡到某山,捕斩群盗,则校长之职掌禁捕盗贼。上述"江陵余"条,校长池据告武为亡奴,即"与求盗视追捕武";追捕亡奴,亦属禁捕盗贼之职责。《秦汉地方行政

---

① 高敏:《秦汉时期的亭》,收入中华书局编辑部编:《云梦秦简研究》,中华书局,1981年,第310—311页。
② 前引《睡虎地秦墓竹简·封诊式》,第518页。
③ 参见前引《秦汉地方行政制度》,第242—243页。
④ 《张家山汉墓竹简·奏谳书·淮阳守》章,第219—220页。
⑤ 《汉书·元帝纪》有"渭城寿陵亭部"。《成帝纪》有"渭城延陵亭部"。《哀帝纪》"渭城西北原上永陵亭部"。《汉书·张禹传》"平陵肥牛亭部"。《后汉书·章帝纪》元和二年诏:"凤皇、黄龙所见亭部无出二年租赋……"注引《古今注》:"黄龙见洛阳元延亭部。"《安帝纪》:延光三年,赐"凤皇所过亭部,无出今年田租……"尚有其他亭部之例,不列举。

制度》引《后汉书·续百官志》本注曰："亭长,主求捕盗贼,承望都尉",考亭长之本职为"典武禁盗贼。"亭长、校长之职掌相同,亦皆亭吏;亭长、校长可能是一官而异名,此其四。

县吏之校长,传世文献仅见一例。《史记·彭越列传》:秦末,群雄起,众拥彭越起事。越与众约,后期者斩,因诛最后到一人,"令校长斩之。"拥彭越起事之众皆乡里少年,所见识之官不过乡亭小吏。所谓校长,必亭吏校长。亭之校长职掌禁捕盗贼,故彭越使校长斩最后期者以立威。

(五)髳长、发弩……都市、亭、厨吏及塞尉、城尉

次言县吏之"髳长、发弩……都市、亭、厨有秩者…秩各百廿石。"

"髳长",《二年律令》释文【注释】曰:"髳长,《说文》:'汉令有髳长。'"①按所谓汉令,当是类似如《二年律令》之令,由朝廷颁布之令。传世文献不见髳长,髳长盖秦及汉初时官,其后官省。许慎尚见前所颁之令有髳长之文,故于解髳字时附言之。《二年律令·秩律》所言髳长,应是县吏。又前引《张家山汉墓竹简·奏谳书》"淮阳守"条,新郪县长信指使髳长苍贼杀从狱史武。髳长是县属吏无疑,髳长职掌无考。据前引《秩律》,髳长秩百廿石。

"发弩",《汉书·地理志》:南郡"有发弩官。"师古注曰:"主教放弩也。"前引《张家山汉墓竹简·奏谳书》"淮阳守"条,髳长苍等杀从狱史武于"校长丙部中",公梁亭校长"丙与发弩贅"捕苍。发弩盖郡县武职小吏。裘锡圭引云梦秦简《秦律杂抄》"除吏律"载发弩啬夫,②并引整理小组注释谓发弩啬夫为县吏,是"统率专门发弩的士卒"。又谓传世之秦及西汉前期"发弩"半通印及封泥数见。③《地理志》谓南郡有发弩官,则郡发弩到西汉后期尚见在,县发弩仅见于秦及汉初。据前引《秩律》,县发弩秩百廿石。

"都市、亭、厨有秩者",亦皆县吏。《秦汉地方行政制度》已详考亭吏,上文考校长可能即亭长,亦略言之,今不赘言。

"市"吏,裘锡圭引用大量官印、封泥之印文及器物上之印文、铭文、陶文,证明汉县属官有市吏。并证秦代亭吏兼管市务,盖先有亭,亭吏禁盗贼,亭之所在,治安较佳,人众会聚而成市集。至汉代亭、市分立,市吏管理有市籍者,有市籍乃得从事商业与手工业,市吏收市租,维持市场秩序,交易公平,监督手工业之生产,故手工业之产品铜器、漆器、陶器,有市吏之市印印文、铭文、陶文。④《秦汉地方行政制度》考县属吏有金曹掾、史,职"共钱布","主市租"。又引《太平御览》所载《汝南先贤传》:黄浮

---

① 段玉裁:《说文解字注》,台北,艺文印书馆据经韵楼臧版影印,1966年。
② 前引《睡虎地秦墓竹简·秦律杂抄》,第403页。
③ 前引《啬夫初探》,第280页。
④ 前引《啬夫初探》,第262—279页。

为濮阳令，"同岁子为都市掾，犯罪当死，"浮执法不私。① 是濮阳县属吏有都市掾，《秦汉地方行政制度》以为都市掾即市掾，又考市掾"职主市籍"，"主物价"。②

"厨"吏，《汉书·王莽传》：莽颁行布钱，"吏民出入，持布钱以副符传。不持者，厨、传勿舍，关津苛留。"师古注曰："厨，行道饮食处。传，置驿之舍也。"又《后汉书·刘盆子传》：赤眉十余万众降光武于宜阳，"帝令县厨赐食，众积困馁，十余万人皆得饱饫。"是宜阳县有县厨。《秦汉地方行政制度》考证县属吏，不列厨官。然其考《洪范五行传》以干支所配之诸官，为西汉中叶以后之县属吏，其中有："未为厨官，百味悉具。"③裘锡圭引西汉前期"荥厨"、"厨"等半通印，封泥有"厨啬夫印"及西汉铜器铭文中有不少厨名，其中部分为县厨，因推论秦及西汉县置厨啬夫。④ 则汉县属吏有厨官，似可确定。

县厨官之职掌，史无明言。据《汉书·百官公卿表》：京兆尹辖下有长安厨令、丞，右扶风辖下有雍厨长、丞。长安厨、雍厨之职掌为供给国家官府祠祀之祭品，请见相关资料如下：

《汉书·霍光传》：昌邑王贺（时为皇帝）"发长安厨三太牢具祠阁室中"。

《汉书·郊祀志》：成帝时，丞相、御史大夫条奏"长安厨官县官给祠，郡国候神，方士使者所祠，凡六百八十三所"。

《汉书·王嘉传》：丞相王嘉谏哀帝宠幸董贤太过。"贤母病，长安厨给祠，道中过者皆饮食。"师古注曰："长安有厨官，主为官食。"如淳曰："祷于道中，故行人皆得饮食。"

《汉书·百官公卿表》："雍厨长、丞。"注如淳曰："五畤在雍，故有厨。"又《汉书·地理志》：右扶风雍县。本注曰："有五畤，太昊、黄帝以下祠三百三所。"⑤则雍即是雍。

长安为首都，雍有五畤及神祠二百余所，国家重大祭祀之所在，故其地厨官秩位特高，为令、长。一般县之厨官，为县属吏，其职掌当类似长安厨、雍厨，主官府祠祀祭品之供给。前引《王莽传》，师古释厨为"行道饮食处"，盖县厨亦供给往来官员之饮食。官吏往来人数有限，故兼卖饮食以方便往来客商。

---

① 《太平御览》，台北，大化书局，1980年。
② 前引《秦汉地方行政制度》，第230—231页。
③ 《中国地方行政制度上编卷上：秦汉地方行政制度》第五章附录：《萧吉〈五行大义〉第二十二〈论诸官〉条节钞》，其中有《洪范五行传》，因考《洪范五行传》为刘向所作，以干支配官，"所载可视为西汉中叶以后之制度……其所言以县吏为主。"
④ 前引《啬夫初探》，第262页。
⑤ 《汉书补注》先谦曰：《郊祀志》：雍有百有余庙，又云旧祠二百三所。此三百，疑二百之误。

次言县吏之塞尉、城尉。前引《秩律》曰："县有塞、城尉者,秩各减其郡尉百石。道尉秩二百石。"按此所言"郡尉",非谓郡都尉,应指属郡之塞尉、城尉。塞尉、城尉,有属郡,为郡吏;有属县,为县吏。属县之塞尉、城尉,其秩各减属郡之塞尉、城尉百石。县有蛮夷者曰道,属道之塞尉、城尉,秩位最低,仅二百石。城尉极少设置,史书不一见。《居延汉简》有"张掖肩水城尉",①陈梦家详细考证汉边郡之城尉,谓城尉乃都尉辖下屯兵系统之官员,为一城之长。②

至于塞尉,陈梦家考居延汉简所见之边塞防卫组织,谓候、塞尉、候长等为都尉所辖之候望系统官员,③其文曰:

> "每一候官统辖一个(段)塞,其长为候(或称障候、塞候),而塞尉为其属官,副为候丞与塞丞;候与塞尉一同统辖几个部,其长为候长,其副或属吏为候史,而士吏是塞尉属吏遣驻于部的。""塞尉秩二百石,月奉二千钱;障候秩比六百石,月奉三千钱。""士吏、候长都是月奉一千二百钱。"④

候秩比六百石,其阶级略等于县令长,塞尉秩二百石,略等于县尉。候与塞尉之关系,类似县令长与县尉之关系。《二年律令》释文【注释】曰:"《汉书·匈奴传》注引汉律:'近塞郡皆置尉,百里一人,士吏⑤、尉史各二人'。"《后汉书·续百官志》曰:"边县有障塞尉,本注曰:掌禁备羌夷犯塞。"一曰郡置塞尉,一曰边县有障塞尉,盖候及塞尉得比县令长与县尉,而统于郡都尉。

前考述为汉北边之塞尉、城尉。然《张家山汉墓竹简·二年律令·秩律》谓"县有塞、城尉者……"云云,似非仅指边塞县而言。内郡之县,若县治之外尚有城,或亦置城尉。而县内有险要隘口,遣兵屯守者,或亦置塞尉。《秩律》之文意,或是指此而言,然传世文献无征,不敢多言。

---

① 谢桂华、李均明、朱国炤合校:《居延汉简释文合校》,文物出版社,1987年。
② 陈梦家:《汉简所见居延边塞与防御组织》,《汉简缀述》,中华书局,1980年,第45—46、69页。
③ 前引陈梦家:《汉简缀述》,第69页。
④ 前引陈梦家:《汉简缀述》,第52、51、53页。
⑤ 《汉书·匈奴传》作"士史",误。《二年律令释文》【注释】照引。按当作"士吏","士吏"于汉简中多见。陈梦家谓"据《汉律》,塞尉下置士吏、尉史各二人"。不言出处,亦不辨《匈奴传》注所引汉律之误,盖以其误不必辨。见前引陈梦家:《汉简缀述》,第51—53页。又《二年律令释文》【注释】引《匈奴传》注之汉律:"近塞郡皆置尉",漏引"皆"字。今引文据以补正。

《汉书·百官公卿表》与《张家山汉墓竹简·二年律令·秩律》所载县吏秩级比较表

《汉书·百官公卿表》及《秦汉地方行政制度》所考		《张家山汉墓竹简·二年律令·秩律》	
秩级	官名	秩级	官名
千石至六百石①	县令	千石、八百石、六百石	县令
五百石至三百石②	县长	五百石、三百石	县长
四百石至二百石	县丞、县尉	四百石、三百石、二百石	县丞、县尉
百石	尉曹(掾) 狱司空	二百五十石、二百石、百六十石	司空
百石 斗食	乡有秩 乡啬夫	二百石、百六十石 百廿石	乡部(有乘车者) 乡部(毋乘车者)
百石	田曹(掾)	二百石	田部
佐史	亭长	百六十石、百廿石 百廿石	校长 亭吏
斗食	传舍啬夫	有乘车者百六十石,毋乘车者百廿石	传吏 马吏
	门候史		候吏
斗食	厩令史、厩啬夫		厩吏
百石	仓曹掾	百廿石	仓吏
斗食	库啬夫	百廿石	库吏
百石	少府	百廿石	少内
		百廿石	擊长
		百廿石	发弩
百石	金曹掾、市掾	百廿石	市吏
		百廿石	厨吏
			塞尉、城尉

---

① 《汉书·百官公卿表》曰:"成帝阳朔二年除八百石……秩。"
② 《汉书·百官公卿表》曰:"成帝阳朔二年除……五百石秩。"

三、汉初之郡长吏

（一）汉初郡长吏多于中叶以后

郡府长吏，即朝廷任命之官吏人数，据《尹湾汉墓简牍·集簿》所载，西汉末东海郡有太守一人，太守丞一人，都尉一人，都尉丞一人，凡四人。①《东海郡吏员簿》载东海郡太守秩释文留白，以简文漫漶；都尉则秩"真二千石"，太守丞与都尉丞秩皆六百石。② 此盖郡府朝廷命官最基本之员额。据《汉书·百官公卿表》："边郡又有长史，掌兵马，秩皆六百石"。按据严耕望《秦汉地方行政制度》，西汉边郡太守丞与长史并置。东汉边郡罢太守丞，以长史领丞职，然有兵事过剧之边郡，则长史之外，又置将兵长史。至于都尉，边郡及郡之特殊者或一郡有二或三乃至四都尉，亦各有丞。又或有属国都尉，或有因事而设之农都尉、骑都尉、关都尉等。③

《张家山汉墓竹简·二年律令·秩律》载郡长吏有：

> 郡守、尉……秩各二千石。（页192/简440—441）
> 二千石□丞六百石。（页193/简444）
> 郡司马、骑司马……备盗贼……（页202/简468）
> 郡发弩、司空、轻车，秩各八百石，有丞者三百石。卒长五百石。（页194/简445）
> 郡候、骑千人……秩各六百石，有丞者二百石。（页194/简446）
> 塞尉、城尉（秩各加县塞尉、城尉百石）（页202/简469）

郡守、郡尉、郡守丞、郡尉丞，即《汉书·百官公卿表》及《尹湾汉墓简牍》之郡太守、郡都尉、太守丞、都尉丞。④《张家山汉墓竹简·二年律令·秩律》所载郡长吏较《汉书·百官公卿表》记载之郡长吏多出甚多。列表比较如下：

《百官表》汉郡府长吏与《秩律》汉初郡府长吏表

《百官表》汉郡长吏		《秩律》汉初郡长吏	
郡太守	二千石	郡守	二千石
郡都尉	比二千石	郡尉	二千石

---

① 前引《尹湾汉墓简牍》释文，第77页。
② 前引《尹湾汉墓简牍》释文，第79页。
③ 前引《中国地方行政制度上编卷上：秦汉地方行政制度》，第73、102—108、147—187页。
④ 《汉书·百官公卿表》。前引《尹湾汉墓简牍·集簿》及《东海郡吏员簿》释文，第77、79页。

续表

《百官表》汉郡长吏		《秩律》汉初郡长吏	
太守丞、（边郡有）长史 都尉丞	六百石 六百石	郡守丞、郡尉丞	六百石
		郡发弩令、司空令、轻车令，八百石；丞，三百石。	
		郡司马、骑司马、备盗贼。	
		候、骑千人，六百石；丞，二百石。	
		卒长，五百石。	
		塞尉、城尉	

（二）郡司马、骑司马、备盗贼

上引《张家山汉墓竹简·二年律令·秩律》释文所列之其他郡长吏，传世文献或不明言其为郡吏，或语焉不详，今考之如下。

先言郡司马、郡骑司马、郡备盗贼。

《张家山汉墓竹简·二年律令·秩律》第468简释文曰：

中司马、郡司马、骑司马、中轻车司马、备盗贼、关中司马□□关司①

中司马与郡司马相对，中司马为中都官之属官，郡司马为郡太守之属官。郡司马后有骑司马，盖亦郡骑司马，以省文去郡字。按郡司马、郡骑司马当依郡兵之种类而定，郡兵为骑兵，则置郡骑司马。又疑备盗贼亦郡吏。

传世文献言司马为武官之官名。《汉书·百官公卿表》注引应劭曰："司马，主武也，诸武官亦以为号。"谓"诸武官"，则不止一；是也。司马为汉代军事编制之中级军官，将军之领兵者②、中都官之领兵者及出监护边疆民族之官员，其麾下之军队皆有司马为属官；③此外，部分郡之郡府亦有司马，称郡司马。

两汉史书皆可见郡司马。今先列西汉郡司马诸例如下：

---

① 此简之全部释文如下："田、乡部二百石，司空二百五十石。中司马、郡司马、骑司马、中轻车司马、备盗贼、关中司马□□关司"按此简当排列于444号简之后，详本文注12。
② 将军所领军分若干部，《后汉书·续百官志》："部校尉一人，比二千石；军司马一人，比千石……其不置校尉部，但军司马一人。又有军假司马……为副贰。其别营领军为别部司马。"
③ 中都官之领兵者，有卫尉、执金吾（中尉）、城门校尉、中垒校尉、屯骑校尉、步兵校尉、越骑校尉、长水校尉、胡骑校尉、射声校尉、虎贲校尉等皆领兵，其麾下有司马为属官。出监护边疆民族之官员，如西域都护、戊己校尉、使匈奴中郎将、护乌桓校尉、护羌校尉领兵，其麾下亦有司马为属官。详廖伯源：《汉"司马"考》，尚未发表。

《史记·东越列传》:武帝建元三年,"遣庄助以节发兵会稽。会稽太守欲距不为发兵,助乃斩一司马,谕意指,遂发兵浮海救东瓯。"又见《汉书·严助传》。

《汉书·酷吏传·田广明传》:"以郎为天水司马。"

《汉书·西域传》:武帝末,"搜粟都尉桑弘羊与丞相御史奏言:'臣愚以为可遣屯田卒诣故轮台以东,置校尉三人分护……张掖、酒泉遣骑假司马为斥候,属校尉,事有便宜,因骑置以闻……'"

《汉书·韩延寿传》:东郡太守韩延寿试骑士,"军假司马、千人持幢旁毂。"

《汉书·冯奉世传》:"奉世长子谭……功次补天水司马。"

《汉书·西南夷传》:"大将军(王)凤于是荐金城司马陈立为牂柯太守。"

次列东汉郡司马之例如下:

《后汉书·班勇传》:顺帝永建二年,西域长史班勇与敦煌太守张朗分二道击入侵车师之北匈奴,朗"遣司马将兵前战,首虏二千余人。"

《后汉书·南匈奴传》:顺帝永和五年,南匈奴左部反,秋,"杀上郡都尉及军司马。"

《后汉书·质帝纪》:永熹元年六月,"(九江都尉)滕抚遣司马王章击破之(庐江盗贼)。"

《三国志·吴书·孙破虏讨逆传》:"孙坚……吴郡富春人……会稽妖贼许昌(反)……众以万数。坚以郡司马募召精勇,得千余人,与州郡合讨破之。是岁,熹平元年也。"

上列有郡司马之诸郡,西汉为会稽、天水、张掖、酒泉、金城、东郡,东汉为敦煌、上郡、九江、吴郡。以边郡为多,但不限于边郡;盖郡有置郡兵之需要,则遣兵驻扎其地,其军官司马,领辖于郡太守、郡都尉。

《后汉书·续郡国志》曰:"安帝又命属国别领比郡者六。"属国比郡,属国都尉领兵,辖下亦置司马为军官。《后汉书·续郡国志》曰:张掖属国于"安帝时,别领五城",其中一城为"司马官"。盖张掖属国都尉下辖之司马领兵驻扎一地,筑城固守,其城为司马官署所在,故称"司马官",日久百姓附居其地,因置县,仍其旧名。属国之司马比郡司马。

综言之,汉初,承秦之旧,郡置郡兵,有司马为军官,若郡兵为骑兵,则郡司马称郡骑司马。郡司马领辖于郡太守、郡都尉。其后承平,久无兵事之郡罢郡兵或仅余少数之郡兵,其郡之郡司马亦不复置。然有兵事之郡仍置郡兵,亦仍置郡司马,尤以边郡为然,上列诸例可见,至汉末仍有其例。罢郡兵或仅余少数郡兵之郡,既不置郡司马,其兵事由郡太守自辟之兵曹掾史或兵马掾史任之。①

郡备盗贼仅见于《张家山汉墓竹简·二年律令·秩律》,为汉初之郡吏。其后省其官,郡太守自别置贼曹掾史以任其职事。②

(三)郡发弩、司空、轻车、卒长

次言"郡发弩、司空、轻车"。

《张家山汉墓竹简·二年律令·秩律》释文曰:

> 中发弩、枸〔勾〕指发弩、中司空、轻车、郡发弩、司空、轻车,秩各八百石,有丞者三百石。卒长五百石。

释文【注释】曰:"中发弩,中央政府所设主教放弩官。"又曰:"中司空,中央政府所设主罪人作役官。"上引文之"中发弩、勾指发弩、中司空、轻车"为中官,"郡发弩、司空、轻车"为郡吏,中与郡相分别。郡发弩之官号带郡字,为郡吏无疑;简文"司空、轻车"在郡发弩之后,盖郡司空、郡轻车,以省文去郡字。简文"中司空、轻车",此轻车为中轻车,盖亦省文去中字。上引文"中发弩…轻车"七官,"秩各八百石,有丞者三百石。"则此七官皆当为令:中发弩即中发弩令、中司空即中司空令、郡发弩即郡发弩令等等。

"郡发弩、司空、轻车"三官既为郡吏,其官称全名当连郡名,如南阳郡之郡发弩全名当作"南阳郡发弩令"。郡司空、郡轻车,其官称全名亦当连郡名。如南阳郡之郡司空全名当作"南阳郡司空令"、南阳郡之郡轻车当作"南阳郡轻车令"。郡发弩令、郡司空令、郡轻车令或有丞,其丞秩三百石。

先述郡发弩。《张家山汉墓竹简》释文【注释】曰:"郡发弩,《汉书·地理志》记南郡别置发弩官"。按《汉书·地理志》:南郡,本注曰:"有发弩官。"师古注曰:"主教放弩也。"发弩官之资料,所见仅此一条。《秩律》谓汉初郡有发弩官:郡发弩令,秩八百石。其时是否各郡皆置发弩官,抑屯重兵之郡乃置发弩官,无考。其后诸郡发弩官省,唯仍有省置不尽者,如南郡至西汉末仍有其官。

次述郡司空。按前考述汉初县长吏,已详司空之职掌:掌刑徒服役劳作事。③ 郡司空掌其郡刑徒之服刑劳役事。《秩律》谓汉初郡有郡司空令,秩八百石。传世文献不见有郡司空,当是其后省。《秦汉地方行政制度》考汉郡府掾属有尉曹掾、史;引

---

① 前引《中国地方行政制度上编卷上:秦汉地方行政制度》,第111、135页。
② 前引《中国地方行政制度上编卷上:秦汉地方行政制度》,第111、136页。
③ 见本文第二节。

《续百官志》曰："公府尉曹主徒卒转运事。"因谓"郡国（之尉曹职掌）盖同。"① 推测郡司空省后，其职务由尉曹掾史承担。

次述郡轻车。轻车为秦汉时期四军种之一。《后汉书·光武纪》注引《汉官仪》曰：

> 高祖命天下郡国选能引关蹶张，材力武猛者，以为轻车、骑士、材官、楼船，常以立秋后讲肄课试，各有员数。平地用车骑，山阻用材官，水泉用楼船。

轻车为战车部队，盖以其装备轻车为名。其轻车之型制，《后汉书·续舆服志》曰：

> "轻车，古之战车也。洞朱轮舆，不巾不盖，建矛戟幢麾，輶辒弩服。"注引胡广曰："置弩于轼上，驾两马也。"

轻车之兵卒，乘车以弓弩射敌，或持矛戟击敌。景帝时，张隆为"轻车武射"是也。② 轻车兵适于平地作战。朝错言克服匈奴之道曰："若夫平原易地，轻车突骑，则匈奴之众易挠乱也。"又曰："平地通道，则以轻车材官制之。"西汉轻车将军，武帝时有公孙贺、李蔡，王莽时有甄邯、孙建。③ 王莽时又有轻车校尉。④ 据上引《汉官仪》，天下郡国选卒，为"轻车、骑士、材官、楼船，常以立秋后讲肄课试，各有员数。""平地用车骑"，天下各郡国地处平原者，当有轻车。其例如《汉书·宣帝纪》：本始元年"秋，大发兴调关东轻车锐卒"。

《秩律》谓汉初郡有郡轻车，盖承秦制，地处平原之各郡置郡轻车令，统率训练该郡之轻车兵卒。然郡轻车不见于传世文献，盖其后省其官，其职则并于都尉及兵曹掾史、兵马掾史。⑤

次言卒长。上引《秩律》第445号简，于述"中发弩……轻车"七官后，有"卒长五百石"之符号与文字。释文【注释】曰："卒长，系上列军官之佐。"疑非为"佐"，当是上列军官所辖下级单位之主官。按传世文献不见秦汉有卒长之官职。春秋战国时期，似有卒长之官。《周礼·夏官司马》曰：

> 凡制军万有二千五百人为军…军将皆命卿。二千有五百人为师，师帅皆中

---

① 前引严耕望：《中国地方行政制度上编卷上：秦汉地方行政制度》，第135—136页。
② 见《史记·卫将军骠骑列传》。
③ 公孙贺、李蔡为轻车将军多见，如《史记·卫将军骠骑列传》。轻车将军孙建，见《汉书·翟义传》《王莽传》，甄邯见《王莽传》。
④ 《汉书·王莽传》：莽使人破坏高庙。"令轻车校尉居其中，又令中军北垒居高寝。"
⑤ 前引《中国地方行政制度上编卷上：秦汉地方行政制度》谓郡太守属吏兵曹、兵马掾，主兵事。

大夫。五百人为旅,旅帅皆下大夫。百人为卒,卒长皆上士。二十五人为两,两司马皆中士。五人为伍,伍皆有长。①

又《周礼·大司马》曰:

> 辨鼓铎镯铙之用……军将执晋鼓,师帅执提,旅帅执鼙,卒长执铙,两司马执铎……②

《周礼》书成于战国之世,其中所言军制或多少反映战国时事。则战国时,列国之军制,其中或有官名卒长之军吏。

《秩律》载"卒长五百石"。是汉初有卒长之官,汉承秦制,卒长之官当承秦制,秦制当上接战国之制。是自战国至汉初,似有卒长之官。《周礼》卒长领百人,汉初卒长秩五百石,皆下级军官。据传世文献所言汉代军队组织:将军领营,营有若干部,部以校尉为主官;部有若干曲,曲以军候为长,军候秩比六百石;曲有若干屯,其主官屯长秩比二百石。③ 秩五百石之卒长约相当于秩比六百石之军候。《秩律》又载汉初中都官有中候,郡吏有郡候,皆秩六百石。推测汉初之后,以军候及卒长之职掌类似,而秩相近,因省卒长,④职并于军候。汉初郡兵,似亦置卒长,其后亦省其官,职并于郡候或郡兵曹掾史。

(四) 郡候

次言郡候。《秩律》第446简释文曰:

> 中候、郡候、骑千人、卫将军候、卫尉候,秩各六百石,有丞者三百石。

释文【注释】释"中候",谓据《百官公卿表》,"中尉属官有候,中候即此官简称。"(页194)是谓此官之全名为"中尉候"。按此可作一说。疑凡中都官属下之候,皆得称中

---

① 台北,艺文印书馆影印嘉庆二十年江西南昌府学重刊宋本《周礼注疏》。
② 前引《周礼注疏》。
③ 参见廖伯源:《试论西汉将军之制度及其政治地位》,《历史与制度——汉代政治制度试释》,台北,台湾商务印书馆,1998年,第156—158页。香港版:香港教育图书公司,1997年。
④ 传世文献不见汉代有卒长之官职,近人据出土简牍重建汉代军制系统,亦无卒长。简牍文字中,疑可能是军吏卒长之简文有数条,今列如下:"卒长尽勿言官署甲渠候长郭谨白长史"(206.17)"各持下吏为羌人所杀者赐葬钱三万其印绂吏五万又上子一人名尚书卒长□ 奴婢二千赐伤者各半之皆以郡钱给长吏临致以安百姓也早取以见钱□"(267.19)(见谢桂华、李均明、朱国炤合校:《居延汉简释文合校》,文物出版社,1987年。)《青海大通县上孙家寨115号汉墓木简》:"犯令者一人拜爵一级其官吏卒长五百将当百以下及同"(273)(见李均明、何双全编:《散见简牍合辑》,文物出版社,1990年。)此三条简文,或有缺字,或文义不通,不敢以此证汉中叶以后尚有卒长之官。

候;简文之"卫将军候、卫尉候"亦是中候。① 中候与郡候相对,前者在京师,后者在郡。简文郡候之后有骑千人,盖郡骑千人,以省文去郡字。郡候、郡骑千人之全名亦当连郡名。如云中郡之郡候、郡骑千人之全名为云中郡候、云中郡骑千人。

先述郡候。

上引简文谓"中候、郡候……卫将军候、卫尉候,秩各六百石,有丞者三百石。"是无论京师官署或郡太守属下之候,皆秩六百石,有丞者其丞秩三百石。此汉初之制。

《秩律》不详中候所属与人数。今据《汉书·百官公卿表》,京师官署下辖之候如下:

> 卫尉之属官有"诸屯卫候"。
> 执金吾(中尉)属官有候、式道左候、式道右候、式道中候、候丞。
> 将作大匠(将作少府)之属官有左候、右候、中候。
> 典属国之属官有候。
> 城门校尉之属官有十二城门候,长安城十二门,门各一候。

朝廷派出护西域之军事长官下辖之候如下:

> 骑都尉谏大夫西域都护之属官有候二人。
> 戊己校尉之属官有候五人,秩比六百石。

将军领辖军队之军官亦有"候",或称为军候。前引《续百官志》谓将军营分若干部,部分若干曲,曲以军候为长官,军候又称曲候。上引《秩律》之"卫将军候",即卫将军领辖军队之曲候。

军候与上列《汉书·百官公卿表》所言诸候相同,俱是武官,又皆秩比六百石。

郡候不见于《汉书·百官公卿表》及《后汉书·续百官志》,然《后汉书·续百官志》注曰:

> 《汉官仪》曰:"边郡太守各将万骑,行障塞烽火追虏。置长史一人,丞一人,治兵民,当兵行长领。置部尉、千人、司马、候、农都尉,皆不治民,不给卫士。"

又《后汉书·续舆服志》注引《东观书》曰:

---

① 第446简:"中候"之后又有"卫将军候、卫尉候"。若谓中候是指中都官属下之候,则中候已包含卫将军候、卫尉候,简文不必书"卫将军候、卫尉候"。此说诚是。以此不敢谓"中候是指中都官属下之候"为定说。

郡国长史、丞、候、司马、千人秩皆六百石……以上皆铜印黑绶……秩六百石者,丞、尉秩三百石。

谓边郡太守属下有"候"官。两汉书传、志有边郡所辖候官之例,如《汉书·赵充国传》有"酒泉候奉世",《汉书·律历志》有"酒泉候宜君",《佞幸传》董贤父为云中候。① 陈梦家释曰:"凡此酒泉、云中皆郡名。"②又《汉书·孙宝传》:"尚书仆射唐林……左迁敦煌鱼泽障候。"乃敦煌郡鱼泽障候也。《后汉书·郑弘传》注引《谢承书》曰:郑弘之曾祖父之"少子举孝廉,理剧东部候也。"盖为某郡之东部候。是皆郡候之例。郡候于汉简尤常见。近人之研究,陈梦家之撰述最为系统清楚而有理据。今引录其《汉简所见居延边塞与防御组织》③所述郡候如下:

> 边郡之防御系统,其部分之统隶关系为"太守—都尉—候—部候长—隧长"。(《汉简缀述》页38)候之官署称候官,驻于边塞上障城之内,故候又称为障候、塞候。"候所直辖者为一段候宫塞(约百里)上的若干候长与各候长所率之若干隧长"(页48)谓候负责候望之边塞长约百里,分为若干部,各部有候长为主官,候长领辖若干隧,隧各有隧长,隧长下领若干兵卒。候及其领辖之官兵为边塞之候望系统。(页46—63)
> 候秩比六百石,有丞为副贰,属吏有掾、令史、尉史等。(页48)
> 候之下又有塞尉,又称障尉。"塞尉秩二百石,月奉二千钱;障候秩比六百石,月奉三千钱,塞尉乃候的属吏,位次在候长之上,故候官下行文书皆经塞尉达于士吏、候长。"(页51)塞尉有丞为佐官,其属吏有士吏、尉从史、尉史。(页52)

据陈梦家之研究及所陈列之简文,结合其他文献,今或可作进一步之推论:

上引《秩律》第446简释文谓"中候、郡候、骑千人……秩各六百石,有丞者三百石。"此为汉初之制。又前引《后汉书·续舆服志》注引《东观书》谓候、千人秩六百石,丞秩三百石。然《后汉书·续百官志》谓将军部曲,"曲有军候一人,比六百石。"又陈梦家据居延汉简,谓"障候秩比六百石,月奉三千钱",(页51)是候秩有"六百石"与"比六百石"两说。疑两者皆不误,或候秩前后有变化;或候秩高者六百石,低者比六百石。一如县令秩有千石,有六百石,县长秩有四百石,有三百石者然。

候虽不治民,乃郡太守辖下与县令长同级之长吏,候有丞、塞尉为佐官,与县

---

① 《汉书·佞幸传·董贤传》:贤"父为云中侯"。《汉书补注》本作"云中候"。"其实侯候一字。"参见前引《中国地方行政制度上编卷上:秦汉地方行政制度》,第174页。盖谓古人书写,常候、侯不分。
② 陈梦家:《汉简所见居延边塞与防御组织》,《汉简缀述》,中华书局,1980年,第48页。
③ 前引陈梦家:《汉简所见居延边塞与防御组织》,《汉简缀述》,第37—95页。

令长有丞、尉为佐官相同；塞尉与候之关系，同于县尉与县令长之关系。劳榦谓"候官自有尉，即障塞尉也"。① 按陈梦家述塞尉，其小结曰："塞尉介于候与候长之间，与候官同辖若干候长，为候之属官。"（页52）谓塞尉为候之属官，盖泛指隶属于候之官员，无误。按今人述汉县廷官吏组织，再分隶属于县令长之官吏为为佐官与属吏，佐官是朝廷任命之丞、尉；属吏是县令长自辟用之掾、史、属、书佐等少吏。《汉书·百官公卿表》谓县"丞、尉，秩四百石至二百石。"据《尹湾汉墓简牍·东海郡吏员簿》所载，②西汉晚期东海郡38县，县丞38人，③县尉43人，其中秩四百石之县丞4人，县尉8人；秩三百石之县丞3人，县尉6人；秩二百石之县丞31人，县尉29人。以东海郡例之，全国之县丞、尉秩二百石者所占人数最多。"塞尉秩二百石"，其秩级与多数县尉同。

《秩律》第469简曰：

> 县有塞、城尉者，秩各减其郡尉百石。

所谓"郡尉"，盖指直属于郡之塞尉、城尉，非谓郡守之佐官郡尉（郡都尉）。盖郡守之佐官郡尉秩二千石；县辖之塞尉、城尉之秩，仅减二千石郡尉秩百石，于理不通。且秦汉官秩亦无"千九百石"者。上引文盖谓塞尉、城尉有属县，有属郡；属县之塞尉、城尉，其秩减于属郡之塞尉、城尉秩百石。此为汉初之制。其后候官与塞尉不复领辖于县，而皆直辖于郡。

前文引《汉书·孙宝传》：哀帝时，"尚书仆射唐林……左迁敦煌鱼泽障候。"《汉书·地理志》敦煌郡效谷，师古注曰："本渔泽障也。桑钦说孝武元封六年，济南崔不意为鱼泽尉，教力田，以勤效得谷，因立为县名。"是鱼泽障有候，又有尉。鱼泽障尉盖鱼泽障候之佐官。武帝时，鱼泽障尉崔不意教力田勤效得谷，故置县，县名为效谷。《地理志》敦煌郡有效谷县，是西汉末平帝元始时尚见在。而哀帝时尚有鱼泽障候。是效谷县与鱼泽障候官同时见在，其地置县固不碍其地同时置候官。

候不治民，《后汉书·续百官志》注引《汉官仪》谓边郡"置部〔都〕尉、千人、司马、候、农都尉，皆不治民"。④ 然候官所在，又有置县为县治所，故有以候官之名为县名者。如《后汉书·续郡国志》上郡十城，所列最后一城为候官。《续郡国志》之体例，

---

① 劳榦：《从汉简所见之边郡制度》，《劳榦学术论文集甲编》，台北艺文印书馆，1976年，第183页。
② 前引《尹湾汉墓简牍·东海郡吏员簿》，第79—84页。
③ 前引《尹湾汉墓简牍·东海郡吏员簿》载郯县有"狱丞一人秩二百石"。此狱丞不计在内。
④ 此条原作"部尉"，当是"部都尉"之误。《汉书·冯奉世传》注引如淳："《汉〔仪〕注》：边郡置都尉及千人、司马，皆不治民也。"又《汉书·靳歙传》注引如淳曰："《汉仪注》边郡置部都尉、千人、司马、候也。"此三条所引出处或不同，实言同一事，可互相参照。

郡辖若干县,书作若干城;候官为上郡之一县。而会稽郡之一县名为东部候官。① 又张掖属国所领县,有一县名候官。② 《续郡国志》谓"凉州刺史部,郡国③十二,县、道、候官九十八"以"县、道、候官"并列,盖有候官置县。然候官数目甚多,仅少数候官置县。如陈梦家考证居延汉简所载,张掖郡之居延都尉与肩水都尉各领辖五候官,凡十候官。④ 候官负责候望之边塞长约百里,凉州十二郡国之候官数目至少数十,大多数候官不置县,《续郡国志》不载,仅少数置县之候官见录。所谓候官"置县""不置县",当作解释。按边郡之候官负责候望之边塞长约百里,其地皆在某县之地界内,属该县;而一县之地界内,或包含数候官候望之地及其他非候官候望之地。若某候官其后不自其所在县中析出,别置新县,此某候官为"候官不置县"。候官官署所在,皆筑城候望固守,其城即称某候官。沿边百姓为安全计,必有居于候官城之附近。其后,若某候官之附居百姓渐多,朝廷以该候官署之城为县城,新置一县,此为"候官置县"。若该县无新名,仍以该候官之名为县名,是为上述上郡、张掖属国所领县,皆有一县名候官之原因。若某候官别置一新县,又别有新名,如上文之敦煌郡鱼泽障候官之地自原所属县中析出,别立效谷县,即是其例。

传世文献及居延汉简所载之郡候,皆边郡之候;其与《秩律》所载之郡候,是否同一官,甚为难说。疑《秩律》之郡候,为汉初各郡俱有,故《秩律》仅言郡候,不言边郡。而汉初新定天下,恐各郡皆有屯驻军队以为镇压,郡兵之编制亦同将军所领军,有部曲,曲有候为长官。唯承平日久,天下无事,乃渐裁撤内郡之兵员,郡候亦见裁撤。仅边郡尚保留于边塞候望防御之候官。

(五)郡骑千人

次述郡骑千人。

上引《秩律》第446简释文谓"中候、郡候、骑千人……秩各六百石,有丞者三百石。"此汉初之制。候与骑千人之秩阶相同,又同是领兵之武官。骑千人为千人之一种,《汉书·靳歙传》注引如淳曰:"骑将率号为千人。"今考千人之名目,有千人、骑千

---

① 《后汉书集解·续郡国志》。又参见陈梦家《汉简缀述》,第42页。
② 《后汉书·续郡国志》张掖属国辖"候官、左骑千人、司马官、千人官。"点校本分"左骑千人"为"左骑"、"千人"盖本注谓张掖属国于"安帝时别领五城",乃据《集解》钱大昕之说分左骑千人为二,以凑足五城之数。见校勘记。钱大昕说见《集解》志。陈梦家释曰:"'候官、左骑千人〔官〕、司马官、千人官',则第五应为都尉府所在。"(《汉简缀述》页42)案以左骑千人为一官,是。左骑千人后加官字,盖谓左骑千人之官署所在,以其地置县。唯谓"第五应为都尉府所在",则泥于本注"安帝时别领五城"之说。案都尉治所若为县城,其县名自在郡所领辖诸县名中,若都尉府所在非县城,则其地自不得列入《地志》之诸县。如《汉书·地理志》敦煌郡敦煌,本注曰"中部都尉治步广候官。"步广候官虽中部都尉府所在,然步广候官不别置县,故步广候官不列入敦煌郡所辖之六县。再者,安帝时张掖属国别领五城,不碍《续志》作者所据图版仅有四城。然《续郡国志》后文谓"凉州刺史部,郡国十二,县、道、候官九十八。"今统计十二郡国之领县,仅有九十七,少一县,不知是否张掖属国漏书一县?
③ 点校本以括号加于国字,盖谓国字为衍文。案凉州十二郡国,为陇西等十郡及张掖属国、张掖居延属国,国字指属国,非衍文。
④ 前引陈梦家:《汉简所见居延边塞与防御组织》,《汉简缀述》,第71—74页。

人,左骑千人、左千人、折冲千人等。① 若"左"、"折冲"为所属营部之名称,②则千人有千人及骑千人二种。③

上引《秩律》释文"中候、郡候、骑千人",可作二解释:其一,郡候、骑千人二词相连,骑千人为郡骑千人之简称,以省文去郡字。其二,骑千人包含中骑千人④与郡千人,即中都官与郡吏皆有骑千人。按今考之传世史书,似以后一说为是。考述如下:

将军所领军吏,有骑千人。《史记·靳歙传》:靳歙击秦军,"斩骑千人将一人"。《汉书·靳歙传》同。此秦之骑千人,或为某将军之属官,或隶属某郡太守,为郡骑千人。《史记·魏其武安侯列传》:灌夫父灌孟,"吴楚反时,颍阴侯灌何为将军,属太尉,请灌孟为校尉.夫以千人与父俱。"《汉书·灌夫传》同。灌夫为千人,乃将军所领校尉之属官。《汉书·王莽传》:车骑将军千人扈云。师古注曰:"千人,官名也,属车骑将军。扈其姓,云其名。"《后汉书·续百官志》:注引《汉官仪》曰:"议者以为汉军有官候、千人、司马"。盖谓汉军制有千人官,乃将军所领之军吏。

郎中令与中尉为西汉之九卿,其属官有千人或骑千人。

《史记·高祖功臣侯者年表》:汾阳侯靳彊,"以郎中骑千人"从起。《汉书·高惠高后文功臣表》同。汉军之郎中骑千人,当是承秦制,郎中骑千人当是郎中令之属官。又《汉书·百官公卿表》曰:

中尉,秦官,掌徼循京师,有两丞、候、司马、千人。

郎中令与中尉之属官"骑千人"或"千人"是中都官。

西域都护与属国都尉之属官亦有千人。盖此二官皆领兵,亦置军吏千人。

---

① 左骑千人、左千人详后文。陈梦家引《十钟山房印举》,谓汉印有"折冲千人印",见前引陈梦家:《汉简所见居延边塞与防御组织》,《汉简缀述》,第43页。今查《十钟山房印举》,不见此印。又查王人聪著《新莽官印滙考》,有"破奸狠千人"、"折冲狠千人"、"建威狠千人"等印。(见王人聪、叶其峰著:《秦汉魏晋南北朝官印研究》,香港中文大学文物馆,1990年,第108—109、129页)则汉代应有"折冲千人"官。

② 以"折冲"为将军官号或营部之名者,最早见于王莽居摄时,拜翟方进为折冲将军。(《汉书·翟方进传》)至汉末灵帝时,袁术"为折冲校尉。(《三国志·魏书·袁术传》)董卓乱后,其例渐多,如曹操拜夏侯惇为"折冲校尉"、(《三国志·魏书·夏侯惇传》)乐进"为折冲将军"。(《三国志·魏书·乐进传》)袁"术表(孙)策为折冲校尉"。(《三国志·吴书·孙策传》)其后孙策拜太史慈为"折冲中郎将"。(《三国志·吴书·太史慈传》)孙权时,朱然"迁山阴令,加折冲校尉",(《三国志·吴书·朱然传》)甘宁拜"折冲将军"。(《三国志·吴书·甘宁传》)前引王人聪著〈新莽官印滙考〉,有"破奸狠千人"、"折冲狠千人"、"建威狠千人"等印。破奸、折冲、建威皆将军之名号,其麾下之千人冠其长官军营之号。

③ 陈梦家谓"千人有'千人'与'骑千人'二种。"见前引陈梦家:《汉简所见居延边塞与防御组织》,《汉简缀述》,第43页。

④ 吴式芬、陈介祺:《封泥考略》(严一萍编《封泥考略汇编》,台北艺文印书馆,1982年)有"中骑千人"封泥。(1册/第103页,1/45),此条先见于前引陈梦家:《汉简缀述》,第43页。

《汉书·百官公卿表》曰:"西域都护加官,宣帝地节二年初置,以骑都尉、谏大夫使护西域三十六国,有副校尉,秩比二千石,丞一人,司马、候、千人各二人。"又曰:"典属国,秦官,掌蛮夷降者。武帝元狩三年昆邪王降,复增属国,置都尉、丞、候、千人。"

属国都尉初属典属国,为中都官之属官。其后属郡,为郡太守之属官。东汉"属国都尉属国,分郡离远县置之,如郡差小,置本郡名。"①《续郡国志》东汉郡国凡105,为郡、王国与属国之和;属国"如郡差小",属国都尉领辖之千人官,后期可归类为郡吏。

郡吏有千人官,前引《史记·靳歙传》:靳歙击秦军,"斩骑千人将一人"。此秦之骑千人,或为某将军之属官,或隶属某郡守,为郡骑千人。尚不能确定此骑千人为郡吏。汉代边郡有千人官,两汉书注引汉官数言之。② 如《汉书·靳歙传》注引如淳曰:"骑将率号为千人。《汉仪注》边郡置部都尉、千人、司马、候也。"前述属国都尉领辖之千人官,后期可归类为郡吏。西北边塞汉简简文有"千人"者凡十二条,此十二千人,陈梦家考定其中三人属居延都尉,六人属肩水都尉,三人属玉门都尉。③ 是皆边郡之千人官。又汉封泥有"定襄千人",④盖为定襄郡之千人。王莽时官印有"文德左千人"印;陈梦家举此,并谓文德为王莽时敦煌郡之改名。⑤《东海郡下辖长吏名籍》有"渔阳□□左骑千人"⑥,此左骑千人盖渔阳郡之左骑千人。定襄、敦煌、渔阳亦边郡。《后汉书·续舆服志》注引《东观书》曰:"郡国长史、丞、候、司马、千人秩皆六百石……以上皆铜印黑绶…秩六百石者,丞、尉秩三百石"。此条郡国"千人",或不限于边郡。《汉书·韩延寿传》:宣帝时,延寿为东郡太守,试骑士,其属官有千人。东郡是内郡,此条可确定内郡之郡吏有千人官,惟可考者仅此一条。资料过少,难下论断。疑内郡一般不置千人,较为特殊者,屯兵多,需增加军吏,乃置千人。唯此仅推测之辞。

上文述候、千人秩"各六百石"。陈梦家据居延汉简,谓"障候秩比六百石,月奉三千钱"。又谓"千人官、司马官,均与候官并列而稍低。"是候、千人秩阶相当,俱秩比六百石至六百石,然候之官职稍高于千人。请见下列汉简释文:

---

① 《后汉书·续百官志》。
② 见《汉书·冯奉世传》注如淳引《汉〔仪〕注》,《后汉书·续百官志》注引《汉官仪》。此二条前引《秦汉地方行政制度》曾引用。
③ 前引陈梦家:《汉简所见居延边塞与防御组织》,《汉简缀述》,第43页。
④ 罗振玉《齐鲁封泥集存》,(收入《罗雪堂先生全集》七编,台湾大通书局,1册/39,72)。此条先见于前引陈梦家:《汉简缀述》,第43页。
⑤ 陈梦家引《十钟山房印举》。参见前引陈梦家:《汉简缀述》,第44页。《汉书·地理志》:敦煌郡。本注曰:莽曰敦德。按《十钟山房印举》之印非"文德左千人"印,当是错乱。又按前引王人聪:《新莽官印汇考》(第115—116、132页),有"文德左骑千人"印。
⑥ 《东海郡下辖长吏名籍》,《尹湾汉墓简牍》第9条,第85页。参见廖伯源,《〈东海郡下辖长吏名籍〉释证》,《简牍与制度——尹湾汉墓简牍官文书考证》(台北文津出版社,1998年),第133—134页。

居延汉简 454.24 号简：

　　□子○井守候骑千□。(《居延汉简释文合校》,页 567)
　　……○井守候骑千〔人〕……(陈梦家《汉简所见居延边塞与防御组织》,《汉简缀述》页 43)

215.5 号简：

　　"□候千人竟□"(《居延汉简释文合校》,页 345)
　　"……□□〔守〕候千人竟……"(陈梦家《汉简所见居延边塞与防御组织》,《汉简缀述》页,43)

以千人守候。"守"者,于汉代官制有两义,其一为试用之谓。《汉书音义》曰："试守一岁,乃为真,食其全俸。"①《秦汉地方行政制度》考谓"西汉三辅例试守称职,然后即真……三辅之县令亦皆先试守后真除也。"②《秦汉官吏法研究》谓"汉代,上至公卿,下至县令丞,均有关于试守的记载。"③此为对中央任命之长官为言。其二为郡国守相权宜任命之县长吏,使暂代理县长吏之职,亦称为"守"。守职者主要为郡府属吏,出守县令长；又有以县长吏守他县令长。此所谓守者,盖"暂摄以待真令"长。④ 则守者之资历,低于其所守官职之真除者。上引释文以千人守候,千人官职低于候明矣。

又居延汉简 564.6 号简释文："觻得骑士敬老里成功彭祖 属左部司马宣后曲千人尊"(《居延汉简释文合校》,页 662)称后曲千人。按汉军制将军营下有若干部,部下有若干曲,曲之长官为候。此简文谓骑士成功彭祖,"属左部司马宣后曲千人尊",盖郡都尉比将军,其下有左部及他部,左部之下有后曲及他曲。后曲千人尊,乃后曲之军官,其官衔为千人,其名为尊。是曲之长官,候之外,又有千人。⑤ 唯千人于传世文献极少见,于简牍文书亦不多见,候则甚为常见,居延汉简尤多。疑候为曲常置之长官,千人则不常置。

上文转引《后汉书·续百官志》注引《汉官仪》,谓千人不治民；然千人官所在,又有置县为县治所,故有以千人官之名为县名者。如《后汉书·续郡国志》：武威郡十四

---

① 《后汉书·马援传》注引《汉书音义》之文。严耕望《中国地方行政制度上编卷上：秦汉地方行政制度》考述已引用此文。
② 前引严耕望：《中国地方行政制度上编卷上：秦汉地方行政制度》,第 389 页。
③ 安作璋、陈乃华著：《秦汉官吏法研究》,齐鲁书社,1993 年,第 65—68 页。
④ 前引严耕望：《中国地方行政制度上编卷上：秦汉地方行政制度》,第 79—81 页。
⑤ 白建钢谓"曲之长官二人,称候、千人。"见其所撰《论西汉步、骑兵的兵种、编制和战术》,收入王子今、白建钢、彭卫主编《纪念林剑鸣教授史学论文集》,中国社会科学出版社,2002 年。

城,其中有"左骑千人官"。张掖属国所领县有"左骑千人〔官〕"及"千人官"。比照上文所述某地置县固不碍其地同时置候官,某地置县亦当不碍其地同时置千人官。此二左骑千人官及千人官,盖先为左骑千人与千人之城障,故名。其后百姓附居其地,人口渐多,朝廷乃于其地置县,仍用左骑千人官及千人官之名为新置县之县名。

四、推论

《张家山汉墓竹简·二年律令·秩律》所载朝廷任命之郡长吏,除《汉书·百官公卿表》及《后汉书·续百官志》所载之郡太守、郡都尉、太守丞、都尉丞外,尚有郡发弩令、司空令、轻车令、郡候、郡骑千人、郡司马、郡骑司马、备盗贼、卒长、塞尉、城尉等,又各有丞。是汉初朝廷任命之郡长吏,其官职与员额较之传统所知者,多出甚多;《秩律》所多出之郡长吏,全是武吏。推测为战国至秦时之建置,战国时武力争霸,各郡皆置郡兵,各有军吏若干。及秦统一,为镇压天下,且祚短,未遑改作。汉承秦制,《秩律》所载郡府之军官,盖战国秦制之遗迹。及文、景、武承平,渐裁省郡兵及军官,以后演变形成《百官表》及《续百官志》所述之郡府官制。

战国、秦及汉初之地方政府,郡府偏重军事,治民行政事务之重心,则在县不在郡。[①] 其后承平,郡府军事任务渐轻,转重治民行政,尤以内郡为然。汉初郡府治民行政之属吏尚少于县廷。郡府于行政是县廷之上级单位,郡太守掌一郡之人事权,民政各事项诸曹之掾属员额增加,郡府常多于县廷,故西汉后期及东汉,郡府属吏之人数大幅超越县廷属吏之人数。

《张家山汉墓竹简·二年律令·秩律》所载诸官吏,秩最低者百廿石。按吏秩百石以下,长吏得自辟除,不必上请。吏秩过百石者,长吏得上书朝廷,批准乃得任用。则秩百廿石以上吏,皆朝廷所任命,即所谓朝廷命官。《秩律》所载者为朝廷命官之秩,长吏自除之百石以下吏秩,不在其内。上文考《秩律》所载县属吏,即乡部、田部、司空、"传、马、候、厩",及"仓、库、少内、校长、髳长"等官,乃日后县廷诸曹掾史及乡亭吏,据传世文献,其秩最高百石;然《秩律》载其秩高者二百五十石,其次二百石、百六十石,最低者百廿石。则汉初县廷各分职部门之主管官吏,乃至乡、亭之主吏,皆朝廷所任命。

传统以为县属吏为郡县长吏自行辟除,[②]此实西汉中叶以后形成之制度。《张家山汉墓竹简·二年律令·秩律》显示汉朝初年之制度:县廷各分职部门之主管官吏,

---

① 秦及汉初地方行政之重心在县而不在郡,详前引廖伯源《汉代郡县属吏制度补考》,《简牍与制度——尹湾汉墓简牍官文书考证》,第75—81页。
② 县属吏多由县长吏辟除,唯县属吏中秩位最高之官有秩、乡有秩,则郡所署。《后汉书·续百官志》曰:"乡置有秩……本注曰:有秩,郡所署,秩百石,掌一乡人";其乡小者,县置啬夫一人。"参见前引廖伯源:《汉代郡县属吏制度补考》,《简牍与制度——尹湾汉墓简牍官文书考证》,第82—83页。

乃至乡、亭之主吏,皆由朝廷任命。推测此制自郡县初始,即已形成。盖初置郡县时,为春秋时代之后期,①诸侯国小,郡县少,国君任命郡县长官外,又任命郡县政府各分职部门之主管官吏,令其辅助郡县长吏治理地方;亦所以制肘郡县长吏,防备其权力过大,以免尾大不掉。至秦灭六国,此制已行之数百年。始皇统治天下,郡县多至千,任命及于县吏,其事极繁剧,始皇好权势,不以为苦,秦祚短促,其事不得改革。汉承秦制,故汉初仍行之不替。

推测此制初行,国君任命地方官吏,朝臣皆可推荐人才。及战国时期国家规模扩大,郡县渐多,任命之员额日多而事繁,至天下一统,更多更繁。国君、皇帝任命郡县吏之员额众多,任命必趋向依赖郡县长吏之推荐。其任命之程序,逐渐形成郡太守提名推荐,朝廷覆准,颁布任命之诏令。郡领县十余,多者数十,县各有若干乡,乡部、田部、司空、"传、马、候、厩",及"仓、库、少内、校长、髳长"等县吏人数太多,郡太守或请诸县令长初选,复覆之后,再呈上朝廷。后又以用人得经朝廷覆准同意,手续烦琐,渐不复上请,而迄以百石之秩任用,盖郡县长吏得自辟除百石以下属吏。郡太守自除郡属吏及诸县之有秩,放任县令长自除其余之县属吏。此所以史书所见郡县属吏秩最高不过百石。其发展一如公府掾属之任用:

> 《后汉书·续百官志》曰:"太尉……掾史属二十四人。"本注曰:《汉旧注》东西曹掾比四百石,余掾比三百石,故曰公府掾,比古元士三命者也。或曰:"汉初掾史辟,皆上言之,故有秩比命士。其所不言,则为百石属。其后皆自辟除,故通为百石云。"

公府掾属与郡县属吏之任用由长吏上请朝廷任命,转变为长吏自辟除,当同步发展;其始当在汉初黄老之治流行之时,朝廷以少事为尚,放任公卿郡县自为。又公卿府与郡县之属吏皆秩百石以下,节省吏员俸给之支出甚多,亦当为朝廷所乐见,故不限制长吏自辟属吏。然其转变必非短期完成,盖自然发展,渐成习惯,经数十百年之后,乃成制度。所以迟至西汉后期,仍有朝廷任命之郡属吏。如《汉书·循吏传·黄霸传》曰:

> 黄霸……后复入谷沈黎郡,补左冯翊二百石卒史,冯翊以霸入财为官,不署右职,使领郡钱谷计。

黄霸为左冯翊属吏,然其秩二百石,乃朝廷命官。是为前期郡县属吏秩高者由朝廷任

---

① 严耕望:《郡县制度渊源论略》,见前引《中国地方行政制度上编卷上:秦汉地方行政制度》,第1—7页。

命制度之遗迹。

汉初官吏,秩百石以下为少吏,百廿石以上为长吏。其后郡县属吏自辟除,皆百石以下,不复有秩百廿石及百六十石之官。长吏最低之秩乃定为比二百石。

此文初撰于2002年夏,以其中部分内容之考证难于解决,乃取县吏部分,名为《汉初县吏之秩阶及其任命》,发表于《中国中古史研究》第一期(台北兰台出版社,2002年9月)。郡吏部分于2007年9月28日初稿,后又数易其稿,发表于《汉学研究》第二十七卷第四期(台北汉学研究中心,2009年12月)。今以二部分内容牵涉,汇合修定为一文,作为定本。

(作者简介:廖伯源,台湾"中央研究院"历史语言研究所研究员、东吴大学历史系兼职教授)

论东汉门阀的形成[①]

周天游

关于门阀史的研究,解放以来取得了巨大的进展,许多问题在争鸣中有了新的突破。特别是门阀制度和国家土地所有制之间并没有必然的联系,而地主大土地所有制是门阀形成的经济基础的观点,已为广大史学工作者所接受。[②] 但是,尽管越来越多的人主张门阀形成于东汉,而门阀始于魏晋说至今仍然居于统治地位。这个传统若不能打破,门阀史的研究工作就有搁浅的危险。本文试图对东汉门阀的形成原因,作一次具体而深入的探讨,其中不当之处,恳请史学界的同志们批评指正。

一、东汉门阀形成的标志

门阀形成于魏晋的说法,主要依据于南朝人的见解,其中沈约和裴子野的评论更为历来史学家所重视。沈约主张"汉代本无士庶之别"[③]。他还说:"周汉之道,以智役愚,台隶参差,用成等级。魏晋以来,以贵役贱,士庶之科,较然有辨"[④]。不管他的对比是何等的荒唐可笑,否定汉代有士庶之别是十分明确的。而裴子野的看法却不然,他指出:"迄于两汉,尊儒重道,朝廷州里,学行是先。虽名公子孙,还齐布衣之伍,

---

[①] 本文系据作者硕士论文删改而成。当初因篇幅过大,所以分三次发表。《论东汉门阀形成的标志》,《西北大学学报》1989年第3期。《论东汉门阀形成的经济因素》,《史林》1989年增刊(总第16期)。《东汉门阀形成的上层建筑诸因素》,《学术界》1989年第5期。因很难收全,1989年底合并收入浙江教育出版社编《中国人文社会科学博士硕士文库》(历史学卷)。

[②] 唐长孺先生一向主张土地国有制是门阀制度的经济基础,这一主张在60年代以前的门阀史研究工作中曾发生了较大的影响。详见《论门阀的形成及其衰落》,《武汉大学人文科学学报》1959年第8期。但是经过长期反复的研讨,唐先生在1962年到吉林讲学时毅然放弃上述观点,指出门阀制度和国家土地所有制之间并没有必然的联系,门阀制度的经济基础是"都曲佃客生产制"(见乌廷玉:《唐长孺对门阀制度的新看法》,《历史研究》1962年第6期)。

[③] 《通典·选举杂论》。

[④] 《宋书·恩幸传序》。

士庶虽分,本无华素之隔。自晋以来,其流稍改,草泽之士,犹显清涂。降及季年,专限阀阅"①。看来,他认为汉代已有士庶的区分,只不过是没有达到"上品无寒门,下品无世族,高门华阀有世及之荣,庶姓寒人无寸进之路"②的程度罢了。我们知道,按照门第来区别士庶是门阀制度的重要特征,有无士庶之别是研究门阀形成与否的主要根据之一。同历史上出现的一切事物一样,门阀也有其产生、发展、衰亡的演变过程,作为门阀标志的士庶之别,也会有一个从不太严格到比较严格的渐进过程。裴子野并非自觉地为我们扼要叙述了门阀的演变过程,这是他比沈约高明的地方。可惜的是,他把门阀的巅峰期当作开端来肯定,无形中将整部门阀史拦腰截断了。因此,我们不仅不能从沈、裴两人的见解中得出士庶分隔始于魏晋的结论,反而感到有搞清汉代是否存在士庶之别的必要了。

春秋战国之际,西周时确立的世卿世禄制度开始崩溃,伴随着新兴地主阶级的崛起,"君不君,臣不臣",上下陵替,使许多布衣之人一跃而为卿相,利用历史给他们提供的舞台大显身手。西汉初年的布衣将相之局,正是这一时代的产儿。在刘邦的基本队伍中,除张良出身于韩国的贵族外,有像萧何、曹参之类的中小官吏,有像陆贾、郦食其之类的布衣诸生,甚至还有狗屠樊哙、吹鼓手周勃、布贩灌婴、车夫娄敬之类的下层人。毫无疑义,在旧的等级观念刚刚被打破,新的等级秩序刚刚在建立的西汉初期,士庶区别是没有可能的。

到了汉武帝时期,为了加强中央集权,而提倡儒学,推行察举,号称得人最盛。如"儒雅则公孙弘、董仲舒、倪宽,笃行则石建、石庆,质直则汲黯、卜式,推贤则韩安国、郑当时,定令则赵禹、张汤,文章则司马迁、相如。滑稽则东方朔、枚皋,应对则严助、朱买臣,历数则唐都、洛下闳,协律则李延年,运筹则桑弘羊,奉使则张骞、苏武,将率则卫青、霍去病,受遗则霍光、金日䃅,其余不可胜纪……"③。这批人或拔于刍牧,或擢于贾竖。或奋于奴仆,或出于降虏,大多数出自寒素之家。汉武帝就是这样,以"不次之选"为自己建立了一个以皇权为中心的官僚集团。西汉后期,公卿中仍不乏家世微贱者,如匡衡、翟方进等。后汉章帝所说"每寻前世举人贡士,或起畎亩,不系阀阅"④,正是指西汉上述情况而言。

然而,在西汉中后期,世官世禄之家已屡见不鲜。如韦贤、韦玄成再世为相,韦赏哀帝时又列为三公,"宗族至吏二千石十余人"⑤。再如张汤,"起于文墨小吏","致位

---

① 《通典·选举杂论》。
② 《廿二史札记》卷18。
③ 《汉书·公孙弘传赞》。
④ 《后汉书·章帝纪》。
⑤ 《汉书·韦贤传》。

三公"①,而后"自昭帝封安世,至吉,传国八世"②,不仅在西汉权势赫赫,到了东汉,依然爵位尊显。虽然当时总的来说是"先王公卿之胄,才则用,不才弃之,不辨士与庶族"③,但是这种新兴世家大族的出现,使门第观念从此深入人心,门阀制度的幼芽开始萌发。

进入东汉,情况发生了显著的变化。刘秀之所以能取王莽而代之,主要是仰赖于豪族的支持,尤其是以南阳、颍川两郡豪族为核心的关东豪族的支持。这个贵族、官僚、豪族三位一体的新政权与西汉初期的布衣将相之局形成鲜明的对比。面对豪族的强大压力,刘秀不得不在经济上、政治上作出让步,以换取豪族对中央政权的拥护。于是,西周等级森严的世卿世禄制度经过改造以后,在新的形势下得到了复活。

首先从功臣转化为外戚的豪族中涌现出一批世家大族,如:

邓氏自中兴后,累世宠贵,凡侯者二十九人,公二人,大将军以下十三人,中二千石十四人,列校二十二人,州牧、郡守四十八人,其余侍中、将、大夫、郎、谒者不可胜数,东京莫与为此。④

耿氏自中兴已后迄建安之末,大将军二人,将军九人,卿十三人,尚公主三人,列侯十九人,中郎将、护羌校尉及刺史、二千石数十百人、遂与汉兴衰云。⑤

由于刘秀推崇与谶纬相结合的今文经学,以巩固中央集权,所以一批以经学起家的官僚士族也从东汉初年起陆续出现。如沛郡龙亢的桓氏,"自荣至典,世宗其道,父子兄弟代作帝师"⑥,桓氏父子的门人杨震、朱宠、黄琼等均能列位三公,世传其学,成为一代显阀。

此外,诸如皇族子孙、名宦之后、律令世家,以及以武功致显的关陇豪族等等,纷纷加入到世家大族的行列之中。

"公侯子孙,必复其始,贤者之后,宜宰城邑。"⑦在皇权的承认下,东汉各级政权的大门向世家大族敞开了。不仅在东汉初年就出现了选士不以"才行为先",而"纯以阀阅"的情况⑧,到了中期以后,"选士而论族姓阀阅"⑨,更习以为俗。

《后汉书·霍谞传》就记载了这样一件事。有人诬告霍谞的舅舅宋光妄刊章文,大将军梁商一怒之下,将宋光打入洛阳诏狱之中。霍谞当时年仅15岁,就上书梁商,为其舅申冤。他的理由很简单:"光衣冠子孙,径路平易,位极州郡,日望征辟,亦无瑕

---

① 《汉书·杜周传》。
② 《后汉书·张纯传》。
③ 《新唐书·柳冲传》。
④ 《后汉书·邓禹传》。
⑤ 《后汉书·耿弇传》。
⑥ 《后汉书·桓荣传》。
⑦ 《后汉书·杜林传》。
⑧ 《后汉书·韦彪传》。
⑨ 马总:《意林》卷5引《昌言》。

秽纤介之累,无故刊定诏书,欲以何名?"梁商阅罢,竟奏免了宋光的罪过,而霍谞也因此扬名于世。这些"世臣、门子、执御之族",无论在地方还是中央,都是"抱膺从容,爵位自从,摄须理髯,余官委贵。其进取也,顺倾转园,不足以喻其便,逡巡放屣,不足以况其易"①。甚至小小年纪就可以身居地方要职,或跻身于宫廷之中。如黄琬即以"公孙拜童子郎"②。朱穆年仅二十,就担任了郡督邮。新太守到任时,一见朱穆就直截了当地问道:"君年少为督邮,因族势?为有令德?"③可见因族势而出仕已是十分普遍的现象了。"以族举德,以位命贤"④,其结果必然是造成"不复为官择人,反为人择官"的情况⑤。高门世族把持仕途,已成为理所当然的事。

所谓高门世族,是与寒门庶族相比较而言的。地主阶级内部等级界限的日益明确,势必造成士庶的区分与对立。"法禁屈挠于势族,恩泽不逮于单门"⑥。东汉的士庶之别就是势族与单门的划分,门第的高下,决定了势族与单门在经济、政治、文化上地位的悬殊差别。

王充出身于"细族孤门"。他的祖先曾以"从军有功,封会稽阳亭"。但不料想"仓卒国绝",家道从此衰败。由于他的父兄逞勇任气,所在为怨,不为当地豪门所容,所以多次迁徙,最后定居于上虞。在王充年少的时候,其父不幸去世,因此更为乡里所不齿。虽然他师事班彪,博通众流百家之言,并多次出任地方显职,然而毕竟门第卑下,遭同僚排挤,只得弃职而去。王充满腹经纶,却始终不能得志,关键就在于"宗祖无淑懿之基,文墨无篇籍之遗"。难怪王充自鸣不平地疾呼:"鸟无世,凤凰;兽无种,麒麟;人无祖,圣贤;物无常,嘉珍。……祖浊裔清,不妨奇人。"⑦

王符的处境与王充十分相似。他"少好学,有志操",并与窦章、马融、张衡、崔瑗等名士相友善。但是"安定俗鄙庶孽,而符无外家,为乡人所贱"⑧。王符不甘俗流,因此仕宦无路,只得隐居乡间,著书立说,以明其志。他在《潜夫论·论荣》中写道:"仁重而势轻,位蔑而义荣。今之论者多此之反,而又以九族,或以所来,则亦远于获真贤矣。"在他看来,"人之善恶,不必世族;性之贤鄙,不必世俗"。王符的思想与王充可谓不谋而合,同样的遭遇使他们对当时的门阀观念勇敢地提出了挑战。

从以上可知,势族与单门的区别至迟自章帝时起就已经产生了,并一直延续到汉魏之交。

《三国志·魏书·裴潜传》注引《魏略·严干李义传》曰:"冯翊东县旧无冠族,故

---

① 《后汉书·蔡邕传》。
② 《后汉书·黄琬传》。
③ 《后汉书·朱穆传》注引谢承《后汉书》。
④ 《潜夫论·论荣》。
⑤ 萧统:《文选·干宝晋纪总论》李善注引谢承《后汉书·吕强传》。
⑥ 《后汉书·文苑传》。
⑦ 《论衡·自纪》。
⑧ 《后汉书·王符传》。

二人并单家,其器性皆重厚。当中平末,同年二十余,干好击剑,义好办护丧事。冯翊甲族田、吉、郭及故侍中郑文信等,颇以其各有器实,共纪识之。……逮建安初,关中始开。诏分冯翊西数县为左内史郡,治高陵;以东数县为本郡,治临晋。义于县分当西属,义谓干曰:'西县儿曹,不可与争坐席。今当共作方床耳。'遂相附结,皆仕东郡为右职。"严干、李义虽受冯翊甲族的赏识,但终因门第卑微,其势不足与冠族抗衡,于是利用分郡之机,避入尚无冠族的东县,以求出人头地。

东汉的士庶之分在婚姻问题上也有反映,尤其在帝室婚姻上表现得更为突出。

西汉时士庶未分,所以婚姻不重门第,多有起于卑微而身为皇后者。如汉景帝立王皇后,汉武帝立卫皇后、李夫人,汉宣帝立许皇后,汉成帝立赵皇后等等,不一而足。

到了东汉,门阀观念已经形成。邓、窦、梁、马诸功臣"婚姻帝室,世为名族"[①],东汉的历代皇后大部分出于这个集团:汉桓帝在废弃邓皇后之后,曾想诏立田贵人,不想竟遭到群臣的强烈反对。应奉以为"田氏微贱,不宜超登后位",并以汉帝立赵飞燕为后,以至"胤嗣泯绝"[②]为例,上书极谏。陈蕃也以"田氏卑微,窦族良家,争之甚固"[③]。汉桓帝迫不得已,只好立窦妙为后。

饶有兴味的是,按照传统的说法来看,门阀制度尚未形成的东汉,皇后几乎世世出于名门世族;而在所谓门阀制度刚刚形成的曹魏,却是三世立贱。曹操之妻卞氏出自倡家,曹丕所立的郭后原来是铜鞮侯家的女奴,明帝之妻毛氏的父亲本典虞车工,这种情况在世族中间引起"公愤"。其间栈潜曾上书劝导曹丕曰:"往昔帝王之治天下,不惟外辅,亦有内助,治乱所由,盛衰从之。……是以圣哲慎立元妃,必取先代世族之家,择其令淑以统六宫,虔奉宗庙,阴教聿修。……今后宫嬖宠,常亚乘舆。若因爱登后,使贱人暴贵,臣恐后世下陵上替,开张非度,乱自上起也。"[④]明帝妃虞氏更当着太后卞氏的面,抱怨说:"曹氏自好立贱,未有能以义举者也。"[⑤]这种反常现象,与曹氏出身于"刑余之丑"的宦官之门有关。在门阀制度实际上早已确立的时代,出身卑微的曹氏父子对门阀世族不能不有所顾忌。"三世立贱"同"唯才是举"一样,都是为了削弱门阀世族在政治上的特权,以巩固曹氏的统治地位。既妥协,又斗争,曹氏宗族与门阀世族的复杂关系贯穿于魏王朝的始终。当出身名门的司马氏建立晋朝以后,东汉时已趋于固定化的世家大族在帝室婚姻中的垄断地位,才重新得到了恢复。如果门阀在东汉时期并未形成的话,上述变化又将如何解释呢?

在东汉世族中,名门间互为姻戚也是约定俗成的事。但是,同样是名门之后,如果其母微贱,地位也会迥然不同。如裴潜自感"所生微贱,无舅氏,又为父所不礼",因

---

① 蔡邕:《蔡中郎集·司徒袁公夫人马氏碑》。
② 《后汉书·应奉传》。
③ 《后汉书·陈蕃传》。
④ 《三国志·魏书·后妃传》。
⑤ 《三国志·魏书·后妃传》。

此"折节仕进,虽多所更历,清省恪然。每之官,不将妻子,妻子贫乏,织藜蕫以自供"①。

公孙瓒也是"家世二千石",但因其母出身低贱,于是只能"为郡小吏"②。所以当他称雄幽冀的时候,对"州里善士名在其右者,必以法害之"③。他认为"衣冠皆自以职分富贵,不谢人惠"④,因此他所重用的人,大多是商贩庸儿。公孙瓒的这种作为,与其说是对名门的嫉妒,不如说是对门阀习俗的反抗和报复。

士庶区别不仅表示了势族与单门在政治地位上的高下之分,并且还成为划分德才优劣的标准。对门阀世族来说,凡是出身高门的,必定有经天纬地之才,否则则相反,遇有例外,就深表不解,惊诧不已。张芝在《与李幼才书》中就无限感慨地说道:"弭仲叔高德美名,命世之才,非弭氏小族所当有,新丰瘠土所当出也"⑤。

延熹二年,汉桓帝曾叫陈蕃品评徐稚、袁闳、韦著的高下次第。陈蕃对答道:"闳生出公族,闻道渐训。著长于三辅礼义之俗,所谓不扶自直,不镂自雕。至于稚者,爰自江南卑薄之域,而角立杰出,宜当为先。"⑥寒人居然超越名门而列居首位,乍一看来,令人深感意外。但细一回味,陈蕃之所以赏识徐稚,是因为在陈番看来,名门子孙天生聪慧,超众绝俗,所谓"不扶自直,不镂自雕",毫不足奇,而徐稚竟能具备只有名门才能具有的才德,实属罕见,于是给予了特殊的待遇。这种提拔单家的事例,在东汉屡有发生,甚至有一些东汉单门因此而成为门阀。然而,这毕竟只是少数的偶发的现象,它不可能改变士庶区分日益严格的总趋势,更重要的是,提拔寒士是门阀与皇权斗争的需要,不仅门阀这样做,皇权势力也这样做。然而当门阀的地位十分巩固的时候,他们提携寒士的情况也随之鲜见。说到底,寒人不过是门阀的陪衬,

事实证明,裴子野所说汉代已有士庶之分是可信的。士庶区别萌芽于西汉后期,发展于东汉早期,中期以后日趋成熟。因此门阀形成于东汉应是毋庸置疑的。

二、东汉门阀形成的经济因素

从战国到东汉,由于各地区的经济发展并不平衡。在政治上所起的作用也不尽相同,所以很自然地形成了具备各自特点的地区性地主集团。在门阀形成的过程中,必然有一些地区性的地主集团起着决定性的作用。在该集团发展的每一个阶段中,都集中反映了社会上的各种矛盾斗争,它的发展变化改造了当时封建社会经济、政

---

① 《三国志·魏书·裴潜传》。
② 《后汉书·公孙瓒传》。
③ 《后汉书·公孙瓒传》。
④ 《后汉书·公孙瓒传》。
⑤ 赵歧:《三辅决录》,引自严可均《全后汉文》。
⑥ 《后汉书·徐稚传》。

治、意识形态诸方面的结构。对这种地区性地主集团进行具体的剖析,无疑对我们搞清门阀制度的来龙去脉大有裨益。而秦汉的关东豪族就是这样一个关键性的地方集团,它是我们揭开门阀之谜的钥匙。

所谓关东,按秦汉时的习惯看法,是指函谷关以东,包括现今的河南、河北、山东、山西以及湖北北部、安徽北部、江苏北部在内的广大地区。换句话说,就是战国时期东方六国的主要统治区。所谓关东豪族,就是指自战国以来活跃在关东大地上的以六国强宗为先导的豪族地主集团。

关东豪族在自身曲折的发展过程中,形成了4个特点:

第一,关东豪族是地主大土地所有制的产物,反过来又推动了地主大土地所有制的发展,不仅使关东成为地主大土地所有制最为发达的地区,并且不同程度地影响了关中、巴蜀、北部边境以及江南等地区的地主大土地所有制的发展,所以关东豪族是秦汉地主阶级中最重要的一个分支。

第二,关东豪族保留了氏族血缘关系的传统,往往聚族而居,甚至数世同室共财,这对巩固和加强关东豪族在经济上和政治上的实力,发挥了重要的影响。

第三,关东豪族具有高度的封建文化修养,对封建社会初期地主阶级各派思想学说的创立和融合,尤其是对儒家学说的改造,起到了重要的促进作用。经学是关东豪族转化为门阀的晋身阶梯。

第四,关东豪族的核心人物不少是六国的贵族强宗或西汉新兴权贵的后裔,都有较高的社会地位和广泛的社会联系,其势力根深蒂固,所在称雄。

关东豪族就是凭借上述优势,在当时的封建政权中逐步取得支配地位,其主要宗族集团并转化为门阀。

恩格斯在《反杜林论》中指出:"一切社会:变迁和政治变革的终极原因,不应当在人们的头脑中,在人们对永恒的真理和正义的日益增进的认识中去寻找,而应当在生产方式和交换方式的变更中去寻找。"因此,要想搞清东汉门阀形成的原因,就要从分析产生门阀的那个时代的"生产方式和交换方式的变更"入手。必须对以关东豪族为代表的地主大土地所有制及其在封建土地诸占有形态中的地位和作用,作一番研究。

"大地产是中世纪封建社会的真正基础"①,封建地主大土地所有制是我国封建社会的真正基础。然而在东汉以前,地主大土地所有制并没有取得迅猛的发展。封建的国家土地所有制,亦即国王土地所有制,是这一时期封建土地私有制的主要形态。战国时期七国的变法,不管其彻底程度如何,基本上都以封建土地国有制为依据,通过奖励军功的办法来分配土地。军功愈大,赏赐的田宅就愈多,其身份地位也

---

① 马克思:《对民主主义者莱茵区域委员会的审判》,《马克思恩格斯全集》第6卷,第290页。

愈高；反之，则被剥夺爵位和田宅，像甘茂出奔，田宅俱失；甘罗立功，秦始皇"复以始甘茂田宅赐之"①之类的事不胜枚举。国家土地所有制是强化中央集权的必要条件，而强化中央集权又是进行兼并战争的需要。《荀子·议兵篇》说："秦人其生民也狭厄，其使民也酷烈，劫之以势，隐之以厄，忸之以庆赏，遒之以刑罚，使天下之民所以要利于上者，非斗无由也；厄而用之，得而后功之，功赏相长也；五甲首而隶五家，是最为众强长久，多地以正，故四世有胜，非幸也，数也。"秦国以土地国有制为后盾，以赏功为手段，在强大的集权政府统一指挥下，战胜了东方六国。秦始皇在统一中国后，声称"六合之内，皇帝之土"②，虽不免有些言过其实，但它确实反映了皇权的神圣不可侵犯和封建土地国有制是封建社会初期占有支配地位的土地所有制形态。

然而，封建土地国有制的支配地位受到了一个强大对手，即封建地主大土地所有制的挑战。地主大土地所有制是在封建政权的承认和保护下巩固发展起来的，它对封建政权有一股向心力；但随着地主大土地所有制对小农经济的吞噬，经济实力进一步膨胀，反映在政治上，则出现"上威非不存也而下不听从，官非无法也而治不当名"③的情况，其结果势必威胁到中央政权的巩固，所以它对封建政权又有一股离心力。封建大土地所有制愈是发展，这种离心力则愈强，因此封建君权与大土地所有者之间的矛盾也变得尖锐起来。

决定着这一矛盾发展变化的根本因素是秦汉时期大土地所有制本身所具有的三大特点。这三大特点在关东豪族的封建经营上表现得最为典型。下面分别予以阐述。

第一，土地买卖和随之而来的土地兼并是地主大土地所有制的主要特征。

当新兴地主阶级呱呱坠地的时候，土地买卖也随之应运而生。尽管变国有土地为私有土地是新兴地主阶级早期掠取土地的主要手段，从封建主那里取得赏田又成为扩大私田的重要补充形式，然而土地买卖一经出现，就迅速成为大土地所有制发展的基本途径。之所以如此，是因为我国的封建变革是以土地私有为其开端的。自耕农对自己的土地虽拥有所有权，但是自耕农小土地所有制从来没有能够真正成为决定自己命运的独立的土地占有形态。它不是作为封建国家土地所有制的附庸，就是作为地主大土地所有制的附庸而存在。

战国时期，各国大土地所有制的发展并不平衡，关于土地买卖和土地兼并的发展状况，关中与关东就存在着明显的差异。尽管董仲舒宣称秦"用商鞅之法，除井田，民得买卖"④，然而我们从文献中却找不到一条可以直接证明的材料。由于秦国宗族观

---

① 《史记·甘茂列传》。
② 《史记·秦始皇本纪》。
③ 《韩非子·诡使》。
④ 《汉书·食货志》。

念薄弱,尤其是商鞅变法后,"秦人家富子壮则出分。家贫子壮则出赘"①,以及秦政权中因大批任用客卿而带来的官僚阶层的流动性和非土著性,使秦国难以形成实质性的大土地所有制。关东则不然,土地买卖早在春秋末期已经出现,到了战国时期,土地买卖之风更为盛行。据《史记·廉颇蔺相如列传》记载,赵括为将后,就以赵王所赐金帛,"日视便利田宅可买者买之"。不仅如此,关尔豪族往往聚族而居,甚至数世同室共财。如齐之孟尝君及其他田氏诸族,赵之平原君、魏之信陵君、楚之春申君及昭、屈、景诸族等等都在所在国经济上、政治上拥有相当的势力。血缘关系的强固、政治地位的相对稳定,是关东豪族大土地所有制得到巩固和发展的有力保证,从而成为与土地国有制分庭抗礼的强大经济力量。

但是,在战国后期,兼并战争和各国内部的政治斗争,使得大土地所有制的发展受到了严重的阻碍。尤其在秦始皇统一中国后,他没有也不可能把关东豪族当作自己阶级阵营的力量来看待。在秦朝统治者眼里,关东豪族比六国农民更危险,更需要予以严格的控制和打击。以关东豪族为代表的地主大土地所有制的发展从此转入低潮。

西汉初年,刘邦为了巩固已经取得的地位,重施了秦始皇"迁徙豪富"的故技,一次就把关东豪族上万余口迁到长安附近,置于中央政府的直接监督之下。但是,鉴于秦始皇失败的教训,刘邦对关东豪族不是一味打击,而是打中有拉,软硬兼施。在迁徙关东豪族的同时,又下令要"与利田宅",还为楚、魏、齐、赵诸王及信陵君无忌等设守冢者,四时祭祀,以安抚六国遗烈。并寻访名族之后,予以封赏,将他们吸引到汉政权中来,为汉王朝效忠。汉初轻徭薄赋、与民休息的政策,不仅扶植了一批军功地主,也在一定程度上维护了旧有豪族的经济利益,并且造就了人数庞大的自耕农,出现了"未有兼并之害"的局面。然而从经济繁荣中真正得到好处的并不是农民,在所谓"文景之治"的太平盛世。就已经出现农民"卖田宅鬻子孙"②的现象。荀悦更尖锐地指出:当时"豪强富人占田逾侈,输其赋太半,官收百一之税,民输太半之赋,官家之惠优于三代,豪强之暴酷于亡秦,上惠不通,威福分于豪强也。"③于是,一直未能得到充分发展的地主大土地所有制,终于遇到了良机,迅速蔓延开来。如灌夫"家累数千万,食客日数十百人。波池田园,宗族宾客为权利,横颍川。"④又如张禹"内殖货财,家以田为业。及富贵,多买田至四百顷,皆泾、渭灌溉,极膏腴上贾。"⑤在政府和大土地所有者的两面挤压下,破产的自耕农一部分被豪族吸收为佃客或依附农,不少却成为流民,被抛向社会。政府虽以假民公田的办法来进行补救,但这一权宜措施不过是杯水

---

① 《汉书·贾谊传》。
② 《汉书·食货志》。
③ 《汉纪·文帝纪》。
④ 《汉书·灌夫传》。
⑤ 《汉书·张禹传》。

车薪，根本无济于事。作为中央集权国家支柱的自耕农阶层的动摇瓦解，尤其是流民暴动的蜂起和豪强势力的纵横地方，迫使汉政府把土地兼并的问题作为严重的社会问题提到议事日程上来。

董仲舒为了调和中央政府与豪族地主的矛盾，抛出了"限民名田"的折中方案。董仲舒向汉武帝建议道："古井田法虽难卒行，宜少近古，限民名田，以澹不足，塞并兼之路"①。然而汉武帝并未接受这一建议，而是听从了主父偃的建议，三次大规模迁徙郡国吏民豪杰，并令"强宗大族不得族居"②，以达到"内实京师，外销奸猾"③的目的。不仅如此，他还派遣刺史周行郡国，以六条问事。其中第一条就是"强宗豪右，田宅逾制，以强凌弱，以众暴寡"④。其他诸条的矛头大多也指向豪族。汉武帝假手酷吏。从经济上横扫豪富势力，使中央政府没收"财产以亿计，奴婢以千万数，田大县数百顷，小县百余顷，宅亦如之"⑤，地主大土地所有制遭到了一次大浩劫。但豪强的反抗有增无已，鉴于关东反叛的形势，武帝最后竟不得不下诏自责，表示悔过，并诛灭酷吏。政治、经济的主动权从此转到代表地主大土地所有制的豪族手中；

西汉中央政权企图挽回颓势，董仲舒"限民名田"的方案又一次受到重视。在师丹的建议下，汉哀帝同意孔光等人拟定的限田、限奴婢的办法，规定"诸王、列侯得名田园中，列侯在长安及公主名田县道，关内侯、吏民名田，皆无得过三十顷；诸侯王奴婢二百人，列侯、公主百人，关内侯、吏民三十人……贾人皆不得名田为吏，犯者如律论，诸名田畜奴婢过品，皆没入县官"⑥。这一规定不仅遭到广泛的反对，而且哀帝本人就破坏了这一规定，他一次赏给宠臣董贤土地竟达2000顷之多。王莽改制后，"更名天下田曰'王田'，奴婢曰'私属'，皆不得买卖"⑦。此举称得上是王权的背水一战。然而结局也是众所周知的，"田为王田，买卖不得。规锢山泽，夺民本业"⑧的政策，成为豪族起兵推翻王莽政权的根本原因。

恩格斯曾说过："一切政府，甚至最专制的政府，归根到底都只不过是本国状况所产生的经济必然性的执行者。它们可以通过各种方法——好的、坏的或不好不坏的——来执行；它们可以加速或延缓经济发展及其政治和法律的结果，可是最终它们还是要遵循这种发展。"⑨从上述大土地所有制的发展历程中不难看出，土地买卖和土地兼并是屡经挫折的地主大土地所有制由弱变强的力量源泉。在汉武帝时已夺取

---

① 《汉书·食货志》。
② 《后汉书·郑弘传》注引谢承《后汉书》。
③ 《汉书·主父偃传》。
④ 《汉书·百官公卿表》颜师古注引《汉官典职仪》。
⑤ 《汉书·食货志》。
⑥ 《汉书·哀帝纪》。
⑦ 《汉书·王莽传》。
⑧ 《后汉书·隗嚣传》。
⑨ 恩格斯：《致尼·弗·丹尼尔逊》，《马克思恩格斯选集》第1卷，第195页。

了主动权的地主大土地所有制,到东汉就完全巩固了它的支配地位,并进入了以庄园经济为主导的新阶段。

第二,地主经济的自给自足性以及由较为单一的经营向多种经营的庄园经济的过渡,是秦汉时期地主大土地所有制的又一重要特征。

秦汉时期,自给自足的自然经济占主要地位,地主从农民那里剥削来的地租,主要用于自己享受,而不是用于交换。这种自然经济较之奴隶制的生产方式,有着明显的优越性。尤其是长期处于封建政府排挤和打击之下的关东豪族,为了保住自己和家族的财产和社会地位,他们比宗室地主和军功地主更加注意对土地的控制和管理,更加精通农业以及与农业相关的畜牧业、手工业乃至商业的知识。随着地主大土地所有制的发展,他们的管理经验不断完善和系统化,出现了自给自足的庄园经济。

汉光武帝刘秀的基本队伍以南阳和颍川郡的豪族为骨干,南阳自秦灭韩后迁徙来大批豪富,故"其俗夸奢,上气力,好商贾渔猎,藏匿难制御"①,颍川也是"多豪强,难治,国家常为选良二千石"②。最早的庄园就产生于这样的环境之中。西汉末年,樊氏庄园诞生了。樊重的先祖"爰自宅阳,徙居南阳"③,可知是秦时所徙韩国的所谓"不轨之民"。樊重"世善农稼,好货殖","三世共财,子孙朝夕礼敬,常若公家",其"管理产业,物无所弃,课役童隶,各得其宜,故能上下协力,财利岁倍"④。他所经营的庄园"俗谓之凡亭陂","陂东西十里,南北五里"⑤,有田"至二百顷,广起庐舍,高楼连阁,陂池灌注,竹木成林,六畜放牧,鱼蠃黎果,檀棘桑麻,闭门成市,兵弩器械,资至百万"⑥。他还经营高利贷,"素所假贷人间数百万"⑦。樊重的庄园具有以下特点:第一,庄园以大土地所有制为基础,占地300顷的樊氏陂是庄园形成的先决条件。第二,庄园中以农业为主,兼营畜牧、园艺、手工业,形成"有求必给","闭门成市"的自给自足经济体系。第三,劳动者主要是由奴隶逐渐转化为农奴的"童隶",具有较强的人身依附关系。第四,兼营高利贷和少量的商业活动,并为巩固和进一步扩大庄园经济服务。第五,宗族聚居,"三世共财",以确保财产不至分析散失。第六,打造"兵弩器械",具有自卫能力。所以在王莽末年,樊宏能与"宗家亲属作营堑自守,老弱归之者千余家"⑧。东汉庄园经济的一切特征在樊重的庄园中已大体具备。

东汉后期,崔寔在《四民月令》中所描述的封建庄园,则更为典型。韩连琪先生在

---

① 《汉书·地理志》。
② 《汉书·韩延寿传》。
③ 《水经·比水注》。
④ 《后汉书·樊重传》。
⑤ 《水经·清水注》。
⑥ 《水经·比水注》。
⑦ 《后汉书·樊重传》。
⑧ 《后汉书·樊宏传》。

《东汉大土地所有制的发展和庄园制的兴起》①一文中,对《四民月令》所反映出的庄园经营有一个概括的叙述:"在农业方面的经营,豆类有大豆、小豆、胡豆、豌豆,麦类有大麦、小麦、春麦,稻类有粳稻,以及禾、黍、稷、胡麻等;在牧畜方面,特别注重了养马、养鸡、养耕牛等;在园艺方面,有瓜、瓠、葵、韭、芥、葱、蒜、苜蓿、蓼芋、生姜、芜菁、葶苈,有竹、漆、桐、梓、松、柏、杂木和果树;在手工业方面,有织布、织缣帛、染彩色,擘丝治絮,析麻缉,绩布缕,作帛履,还有葺墙屋,涂园仓,修窦窖,筑围墙,以及作曲,酿酒,作肉酱、清酱、鱼酱,作酢、醋、饴糖、脯腊、枣糒、菜菹,并能制成丸散法药;在商业方面,有粜粟、黍、大小豆、麻子、糠、麦、絮,有籴大麦,买布,粜种麦、粜黍、卖缣帛、敝絮,籴粟、豆、麻子等等",这一切经济活动都在庄园主的精心安排下,按农时节气有计划地进行着。其内容范围之广,项目之繁,策划之精,是樊氏庄园所不能及的。

从《四民月令》中还可以看出,庄园内是聚族而居的。庄园主本身就是大族长,每当逢年过节或祭祀祖先的时候,"室家尊卑,无大无小",都要毕恭毕敬地向族长举杯祝寿,以示服从。平时族人在各自的土地上从事生产劳动,家长的统一指导起着相当重要的作用。每到青黄不接的时候,为了维系庄园内部的"团结",族长往往主持族人"度入为出",摊派粮钱,以"振赡穷乏,务施九族,自亲者始",力图用温情脉脉的宗族关系来掩盖宗族内人剥削人的严酷现实。秦汉时期,宗族关系在关东表现得尤为突出。大凡被迁徙的关东豪族都在定居地继续维持着宗族联系,武帝所作"不得族居"的禁令成效甚微。所以当王莽末年豪族起兵时,往往是举族而动。如阴识"率子弟、宗族、宾客千余人往诣伯升"②,耿纯"与从昆弟䜣、宿、植共率宗族宾客二千余人"③。投奔刘秀;此类事例,多不胜举。

赵翼《陔余丛考》卷 39 说:"《后汉书》樊重三世共财。缪肜兄弟四人皆同财业……蔡邕与叔父、从弟同居,三世不分财。乡党高其义。又陶渊明诫子书云:'颍川韩元长,汉末名士,八十而终,兄弟同居,至于没齿。济北汜幼春,七世同财,家人无怨色,是此风盖起于汉末。"数世同财现象的出现,应上推得更早些,而东汉时此风转盛,则是土地兼并盛行所造成的。但是,正如吕思勉先生所指出的那样,"仅三世同居,兄弟同居,而亦为人所称道,则分异之风之甚可知矣"④。这同样是土地兼并盛行的结果。像樊氏那样三世共财的庄园当然是少数,不过财产虽然分了,宗族聚居依然如故。统治者的族诛并没能削弱这种血缘的结合,反而促使他们为了经济和政治斗争的需要,更加强化宗族联系。强宗大族生则聚居,死则合葬,形成风气。河北无极甄氏墓葬群、华阴潼亭杨氏墓葬群以及山东武梁祠武氏墓葬群等都是证明。东汉末年,

---

① 《山东大学文科论文集刊》,1979 年第 1 期。
② 《后汉书·阴识传》。
③ 《后汉书·耿纯传》。
④ 吕思勉:《秦汉史》,下册,上海古籍出版社 1983 年版,第 485 页。

许褚能"聚少年及宗族数千家,共坚壁以御寇"①;韩融能"将宗亲千余家,避乱密西山中"②;李典能"徙部曲宗族万三千余口居邺"③,正是基于宗族关系之上的。《四民月令》讲的就是财产分析而举族聚居的族长负责制的封建庄园,宗族血缘关系是维系庄园的有力工具。

庄园不仅管理生产,设立学堂,培养宗族子弟,而且还插手政治、垄断文化。其中一个突出表现,就是出现了家兵和部曲。

庄园中大都设有武装和锻冶、制造兵器的作坊。山东滕县出土的一块东汉画像石上就有工匠制造兵器的形象,墙上还悬挂着已经打就的刀剑。《四民月令》中也载有庄园主每年二月就命人"顺阳习射,以备不虞";三月"利沟渎,葺治墙屋,修门户暂设守备,以御春饥草窃之寇";九月份"缮五兵,习战射,以备寒冻穷厄之寇"等武备事。这种地主武装称为"家兵"。《后汉书·朱隽传》载,"光和元年,即拜隽交趾刺史,令过本郡简募家兵及所调合五千人,分从两道而入。"注:"家兵,僮仆之属。调谓调发之。""家兵"与政府调拨的官军相对而言,明显表现出私兵的性质。而且根据《后汉纪》卷28所载,"家兵"人数竟达"二千人"之众,豪族力量之雄厚的确惊人。此外,从河南、山东、陕西、四川、广东、内蒙古等地出土的大批陶制坞壁、望楼、私兵俑和壁画都证实了庄园私兵的存在。私兵到了东汉末年更发展为常设的部曲。

庄园经济是以关东豪族为代表的地主大土地所有制冲破一切阻力,在封建经济中取得支配地位后的产物。东汉庄园不仅是一个自给自足的经济实体,也是一个相对独立的政治实体,它成为东汉门阀的可靠物质基础。

秦汉时期地主大土地所有制的第三个特征,是确立了牢固的人身依附关系。

从东汉的文献和考古资料中,我们了解到受豪族地主役使的有"宾客""田户""徒附""童隶""奴""部曲"以及诸如此类称呼的人。总的来说,可以分成依附农和奴婢两大类。

依附农是东汉庄园中的主要生产者。随着土地兼并的盛行,破产的自耕农、自由佃农、无业游民、贫困的宗族成员等等逐渐转化为依附农。

东汉的宾客已不是当年的"食客"和"佣客",他们与主人的关系也不是互为利用的临时的结合。这种变化在西汉末年已初露端倪。据《后汉书·马援传》载,西汉末,马援亡命北地,遇赦后,"因留牧畜,宾客多归附者,遂役属数百家"。宾客而受"役属",依附性的加强是明显的。宁成所役使的农户,仍然是自由的佃户,只是因为租佃了宁成的陂田,才与宁成保持一定的依赖关系。而"马援请与田户中分,以自给也"④

---

① 《三国志·魏书·许褚传》。
② 《后汉书·荀彧传》。
③ 《三国志·魏书·李典传》。
④ 《水经·河水注》。

的田户,已经是隶属于马援的依附农。他们不管被称作"宾客",还是被称作"田户",都要携家带口随主人迁徙。马援归洛阳时,就以"所将宾客猥多"为由,上书求"屯田上林苑中"①。他们的组成成分再也不是游说之士、豪族子弟,来尽出谋划策、投死效命的义务。而主要是来自破产的自耕农,"避公税,依强豪作佃家"②,"输太半之赋"则是剥削的通常量。崔寔《政论》评论道:"下户崎岖,无所峙足,乃父子低首,奴事富人,躬率妻子,为之服役。"他们"生有终身之勤,死有暴骨之忧"。但是,这些依附农既不向国家缴纳赋税,也不为政府承担徭役,完全受主人的驱使。在政府和豪族地主两者之间,破产的农民宁可选择后者,因为从后者那里可以得到最低限度的维护生存的生活资料,较之前者更有保证。越是在天灾频仍或兵荒马乱的年月,这种归从越普遍。东汉初年,一个庄园主不过拥有依附农数百家;到了东汉末年,大庄园主甚至能控制上千家。如荆州旧贵族豪家刘节就有"宾客千余家"。③

此外,庄园中还拥有不少奴婢,像窦融、马防家里奴婢都在千人以上,一般的豪族地主也是数百人不等,如折国就有"家童八百人"④。豪强在分家时,也要分奴婢。奴婢与田地、马牛同列,其社会地位之低可想而知。尽管奴婢作为奴隶制的残余在秦汉时期大量保留下来,但是由于生产的发展,奴婢已成为庄园中依附农的生产助手,而纳入封建经济轨道。奴婢的地位虽较依附农低下,但比起奴隶又有本质的不同。奴婢不能与奴隶画等号。东汉时的奴婢已不是奴隶制的残余,而是封建社会的有机组成部分。

同逐渐失去经济意义而主要成为无上权力象征的国家土地所有制,以及和排斥社会劳动力的发展,排斥先进生产技术的广泛运用,排斥农业、畜牧业与手工业密切结合协调发展的自耕农小土地所有制相比较,庄园经济无论在先进农业技术的运用和推广上,在多种经营的统筹发展上,还是在生产经验的总结和提高上,都反映出它的优越性,它为克服天灾人祸,促进东汉生产力水平在西汉基础上进一步提高,发挥了重要的作用。东汉自耕农阶层的瓦解,似乎表明了历史正在倒退,实际上这一现象说明了东汉社会已进入到历史螺旋式进程的更高一环。

更应该引起我们注意的是,农民阶级并不反对封建土地私有制,尽管地主大土地所有制的发展,使他们遭受了数不清的磨难,但是在怨天尤人、哀叹时运不济之余,他们又总是希望有朝一日自己也拥有土地,生活日益丰裕。因此,土地买卖既是小农经济动摇瓦解的催化剂,又是小农编织未来美景的迷魂汤。于是由大土地所有制带来的一切丑恶的社会现象,似乎都变得合情合理起来。其结果对土地兼并发出抗议的

---

① 《后汉书·马援传》。
② 《通典·食货典七》。
③ 《三国志·魏书·司马芝传》。
④ 《后汉书·方术传》。

主要来自统治阶级自身,如董仲舒、师丹、王莽、仲长统、荀悦等等所谓"有识之士",而农民阶级不仅在秦汉时期未能在斗争中提出土地要求,而且在之后相当长的时间里,依然如此,直到"这种生产方式已经走向没落或已经腐朽的时候","人们才开始把这已过时的事实诉诸正义"①。

秦汉大土地所有制的三大特点在东汉的庄园经济中得到了集中的体现,它是秦汉地主大土地所有制发展的结晶。我们知道,一切政治权力总是以某种经济的、社会的职能为基础,而在具有一定的经济的、社会的职能之后,随之而来的又总是表现为对政治权力的攫取。东汉豪族就是在庄园经济的基础上,以土地私有对抗土地国有,以大量荫庇徒附来对抗政府强化对编户的控制,以相对独立来对抗中央集权,其势力逐步由"武断乡曲"而发展到左右朝政,为门阀制度的形成创造了条件,开辟了通途。

三、东汉门阀形成的上层建筑诸因素

庄园经济是门阀产生的决定性因素,但不是唯一的因素。对历史发展的进程发生影响,并且在许多情况下是主要决定着这一发展进程的,还有上层建筑的各种因素。因此,在经济条件成熟之后,必然有某些上层建筑的因素对东汉门阀的产生发挥了直接的影响。现试作如下剖析。

对中央以及地方政治的有效控制是门阀产生的政治基础。

与地主大土地所有制发展到庄园经济新阶段的变化相适应,豪族地主在政治上的发展也达到了高潮。

两汉地方守相由朝廷任命,而曹掾属吏由守相自置,基本上从本郡士人中选拔,鲜有例外。《史记·萧相国世家》"索隐"中,如淳引《汉律》曰:"郡卒史书佐各十人。"以《汉官》所载郡属员掾史、书佐、循行、干、小史等按比例推算,西汉初郡国属吏人数不过百余人。但是到了东汉,郡国属吏的人数成倍增长。据《后汉书·独行传》载,因会稽郡守尹兴与楚王谋反一事有牵连,郡功曹、主簿以下属吏"五百余人诣洛阳诏狱就考"。一个并不太重要的江南小郡,郡吏竟是汉初的5倍,大郡就可想而知了。

东汉太守一到任,往往聘请当地名族大姓担任地方显职,甚至完全委政于他们。汝南太守宗资和南阳太守成瑨分别委政于功曹范滂和功曹岑晊,于是社会上竟流传起"汝南太守范孟博,南阳宗资主画诺。南阳太守岑公孝,弘农成瑨但坐啸"的歌谣②。守相如果得罪了地方名族,其官职多半难以维持。《隶释·竹邑侯相张寿碑》载:"功曹周怜,前将放滥,君徽澄清,怜顾愆悔过。督邮周绥,承会表问,君常怀色,斯舍无宿储,遂用高逝"。张寿不但未能惩办周怜之罪,反遭周绥的刁难,落了个自动去

---

① 恩格斯:《反杜林论》,《马克思恩格斯选集》第3卷,第189页。
② 《后汉书·党锢传序》。

职的下场。桓帝建和元年（147年）夏四月曾下诏州郡，严令地方"不得迫胁驱逐长吏"。然而一纸诏书是无法改变豪族专权地方的现状的。无怪乎当时会出现"州郡记，如霹雳，得诏书，但挂壁"①的歌谣了。

但是，东汉的地方官大多也出身于名门大族，除了上述情况外，更多的则是地方官与豪族互相利用，结为党援。郡府县衙宛如一个个小朝廷，属吏与长吏如同君臣。《后汉书·王龚传》载，功曹袁阆劝太守王龚不要除陈蕃时说："闻之传曰'人臣不见察于君，不敢立于朝'。蕃既以贤见引，不宜退以非礼"。公然把长吏与属吏的关系比作君臣。据《三国志·魏书·刘表传》注引《傅子》载，刘表派韩嵩到许昌刺探曹操虚实，韩嵩对刘表说："嵩使京师，天子假嵩一官，则天子之臣，而将军之故吏耳。在君为君，则嵩守天子之命，义不得复为将军死也。"可见地方属吏对长吏来说如同私臣。甚至不惜一死，以报知遇之恩，连父子之情也必须服从这种依附关系。东汉地方上出现了前所未有的相对独立的倾向。

除建武十年平定隗嚣之后，徙周宗、赵恢及诸隗于京师以东之外，东汉不仅没有迁徙豪族之举，而且也很少有以诛灭豪强为己任的地方大员，有的话主要也是诛杀飞扬跋扈的外戚或阉宦的党羽。"恳恳用刑，不知行恩；孳孳求奸，未若礼贤"②。对待豪族采取宽容的态度，正说明豪族在地方上拥有不可动摇的权力。

《白虎通》卷上曰："大夫不世位何？股肱之臣，任事者也，为其专权擅势，倾复国家。"刘秀"愠数世之失权，忿强臣之窃命"③为了达到"朝无威福之臣，邑无豪杰之侠"④的目的，他一方面吸取王莽篡权的教训，不准外戚干预政事；一方面继承汉武帝的办法，进一步削弱三公的权力，扩大尚书的权限。明帝忠实地"遵奉建武制度，无敢违者"。⑤ 马援虽然功勋卓著，因身为外戚而不得图画云台，列位二十八将。外戚不仅"不得封侯与政"，并且违法必究，不稍加宽待。明帝与刘秀一样，常以吏事苛察大臣，光是被他们诛杀的三公就达5人之多，占东汉全部被诛三公的三分之一。然而班固曾隐讳地指出：其时"未能称意比隆于古者，以其疾未尽除，而刑本不正"⑥。其实何尝是"疾未尽除"，而是病入膏肓，得了不治之症。因为东汉政府是在豪族的支持下建立的，离开了豪族的支持，连一天也是难以维持的。刘秀、明帝在申明法制的同时，已不得不大施其"柔道"，以安抚豪强，到了章帝以后，更是每况愈下，不仅是邑多豪杰之侠，而且是朝满威福之臣了。

东汉中期多为幼帝继位，太后临朝，这给外戚专权造成大好时机。他们往往任大

---

① 马总：《意林》引《政论》。
② 《后汉书·王畅传》。
③ 《昌言·法诫》。
④ 《汉书·刑法志》。
⑤ 《后汉书·明帝纪》。
⑥ 《汉书·刑法志》。

将军之职,"亲其党类,用其私人,内充京师,外布列郡,颠倒贤愚,贸易选举"①,为所欲为,简直不把皇帝放在眼里。梁冀当政时,百官迁召,都要先到梁冀府第"版檄谢恩",然后才到尚书那里办理手续。质帝不满他的专横跋扈,竟被他下令毒死。为了巩固已有的权势,外戚极力罗致人才,重用名士,安插在幕府之中。

据《后汉书》所载,光是被梁商、梁冀辟用的豪门名士就有朱穆、周景、应奉、崔瑗、杨赐、王畅、张奂、孔昱等。梁氏败亡后,"所连及公卿列校刺史二千石死者数十人,故吏宾客免黜者三百余人"②,朝廷几乎为之一空。虽然从此外戚的势力大为削弱,但是迄于东汉之末,外戚仍然是政权中举足轻重的力量。

东汉三公虽说位尊权轻,遇到天象变异还要充当替罪羊,却仍是众望所归,所以往往能左右政局。尤其在章帝继位时,以赵熹为太傅,牟融为太尉,并隶尚书事。此例一开,以后三公秉政常常掌兼机密,统领尚书之权。而且东汉的尚书令、尚书仆射和诸尚书基本上由豪门世族或其亲信担任,在可知的34位尚书令中,除曹节以中常侍的资格兼领此职外,均由世族担任。其中只有廉忠一人是死心塌地为宦官尽力的。可见豪门世族已把中央的实权控制在手中,而皇帝可以依靠的力量就只有宦官了。在皇权与豪门的斗争中,尚书令一职显得格外重要。廉忠、曹节的出仕,正是斗争进入高潮时的反映。窦武、陈蕃谋诛宦官遭到失败,使宦官势力暂时控制了尚书台,但是到了东汉末年,豪门世族的最后一击,终于使宦官集团彻底覆亡。从此尚书台的权力便是篡祚移鼎者觊觎的首要目标,迄于南北朝,"录公"一职一直是门阀专权的象征。

总之,豪族地主对中央以及地方政权的有效控制,促使其中的佼佼者脱颖而出,扶摇直上,成为门阀。

以经学起家是门阀形成的重要途径。

由于刘秀的提倡,东汉一代的官私教育较之西汉更为发达。上有太学及四姓小侯之学,下有郡县官学、名师精庐、学童书馆和庄园宗族学堂。正如班固所说的那样,"四海之内,学校如林,庠序盈门"③"郡举孝廉州博士,少不努力老乃悔"④。东汉之初,伏湛、桓荣、孔僖、鲁恭、贾逵等一批以齐、鲁、韩学为业的经学世家,在朝廷中显露头角,其中沛郡龙亢的桓氏尤其引人注目。《后汉书·桓荣传》曰:"中兴而桓氏尤盛,自荣至典,世宗其道,父子兄弟代作帝师,受其业者皆至卿相,显乎当世。"现据《后汉书》中所确言的师承关系,列简表于下:

---

① 《昌言·法诫》。
② 《后汉书·梁统传》。
③ 《后汉书·班固传》。
④ 《全后汉文·许氏铜镜铭文拓本》。

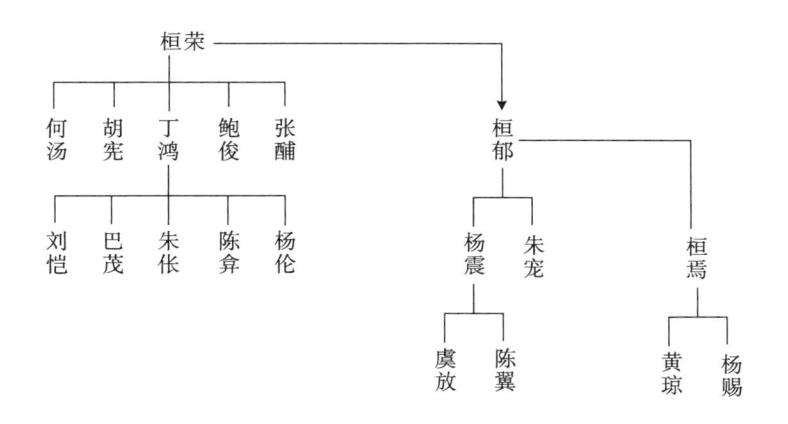

```
                    桓荣
    ┌──┬──┬──┬──┤              │
    何  胡  丁  鲍  张           ▼
    汤  宪  鸿  俊  酺          桓郁
        ┌──┬──┬──┬──┐      ┌──┴──┐
        刘  巴  朱  陈  杨    杨  朱       桓焉
        恺  茂  伥  弇  伦    震  宠     ┌──┴──┐
                            ┌─┴─┐      黄    杨
                            虞  陈     琼    赐
                            放  翼
```

结合诸列传分析上表,我们可以看出以下4点,

第一,桓氏传授的是属于今文经学系统的欧阳尚书,他的子孙和门人基本上都能世传其学,守而勿失。

第二,经学是入仕门径。尤其今文经是受到刘秀等东汉统治者肯定的经学,所以桓氏父子及其门人和再传弟子都能身居显位。其中丁鸿、张酺、刘恺、杨震、朱宠、朱伥、桓焉、黄琼、虞放、杨赐等都先后致位三公。特别值得注意的是,在桓氏门人中,刘恺与其子刘茂再世三公,张酺的曾孙张济、张喜也于汉末相继为三公,黄琼之孙黄琬也致位三公,杨震一族更是四世三公。世代经学向世代簪缨的转变,是门阀形成的标志。

第三,桓荣任太子少傅后,曾大会诸生,陈其车马、印绶说:"今日所蒙,稽古之力也,可不勉哉!"①桓荣所说的"稽古之力"。则是指借今文经之力。倘若今文经没得到刘秀的赏识,他的学识再好,也是无济于事的。因此最早由经学世家转化为门阀的士族,基本上都是以传授今文经为业,他们和皇权保持有密切的联系。对维护东汉王朝的存在起了重要作用。

第四,这批门阀士族大多出身于关东豪族,或出于祖先曾是关东豪族的关中豪族。

今文经学在东汉的很长一段时间内,据于合法的统治地位。《连丛子》载:"长彦随时为今学,季彦壹其家业。孔大夫昱谓季彦曰:'今朝廷以下,四海之内,皆为章句内学,而君独治古义,治古义则不能不非章句,非章句内学则危身之道也。"可见古文经学重在于"通训诂","举大义",不为章句,尤其反对谶纬,所以难以得到统治者的欢心,甚至会危及性命。因此古文学家不得不兼治今文经,方才能在政府中争得立足之地。但是今文经过于繁琐,使人难以卒读,谶纬之说迎合时务,多主观臆说,因此破绽百出,更为通儒所不齿。所以今文经学的没落是势在难免的。随着统治阶级内部

---

① 《后汉书·桓荣传》。

矛盾斗争的尖锐化,古文经与今文经走向融合。不仅古文学家兼治今文,今文学家也逐渐兼治古文,如出身于专攻欧阳尚书世家的杨秉,上疏言事时也屡称"左氏"。尤其当代表皇权的宦官集团严重威胁到门阀世族的利益的时候,今古文学派迅速联合起来,共同对敌。东汉后期,经学不再是维护皇权的工具,而成为门阀打击皇权的舆论武器。这也是汉灵帝撇开太学而另设以治诗赋书法为主的鸿都门学的原因。在今古文合流的过程中,以治古文经为主的郑、卢、荀、陈、崔、应诸族乘时崛起,代为名阀。

除经学外,还有以法学起家的豪门世族。《后汉书·郭躬传》曰:"郭躬字仲孙,颍川阳翟人也。家世衣冠。父弘,习小杜律。……躬少传父业,讲授徒众常数百人。……郭氏自弘后,数世皆传法律,子孙至公者一人,廷尉七人,侯者三人,刺史、二千石、侍中、中郎将者二十余人,侍御史、正、监、平者甚众。"除郭氏外,还有沛国的陈宠、陈忠父子,也是律令世家。颍川的钟皓"为郡著姓,世善刑律",曾"以诗律教授门徒千余人"①。此类世家并不多见,主要就此3例,而且都是关东豪族。

但是不是所有的经学世家都能成为门阀,其中籍贯之所在起着决定性的影响。自西汉文翁为蜀守,兴办学校以后,巴蜀成为我国古代文化发达的地区之一。进入东汉,更是"文化弥纯,道德弥臻",虽"鲁之咏洙泗,齐之礼稷下,未足尚也"②。这里"三迁台衡"者有之,"相继元辅"者也有之,州郡牧守,更是"冠盖相继"③。尽管如此,巴蜀豪族的门阀地位在东汉亦未能引起重视。

之所以如此,是因为东汉王朝建立以后,政治中心移到了关东。关东从战国以来一直是全国的经济中心。关中在西汉时期虽有较大的发展,毕竟由于自然条件的限制,不足与关东抗衡。关中的粮食供应在很大程度上要仰赖于关东漕运的接济。同时,关东又是全国的文化中心,是学人辈出的地方。所以《盐铁论·国疾篇》曰:"夫山东天下之腹心,贤士之战场也。"因此,关东成为政治中心也是必然的。终西汉之世,关东关西视若敌国,这给关东豪族在心理上造成很大的压力。东汉建武十八年,刘秀巡行秦陇时,山东居然会"翕然狐疑,意圣朝之西都,惧关门之反拒"④,几乎酿成轩然大波。不过以关东豪族为骨干的东汉政权。绝无反顾之心。旧有的历史已不会重演。门阀的确立主要取决于政治地位的尊显和稳固。随着政治中心的东移所带来的优越的政治地位,是关东豪族成为东汉门阀之中坚的先决条件。

由此可见,世代经学必须做到世代簪缨,才能跃升为门阀;而世代簪缨中,又必须是出身于关东豪族或与关东豪族有渊源关系的关中豪族的世家大族,门阀的地位才能真正得到确立。远离政治中心的地方豪族是难以享受门阀的待遇的。

---

① 《后汉书·钟皓传》。
② 《华阳国志·蜀志》。
③ 《华阳国志·蜀志》,又《汉中志》。
④ 《后汉书·文苑传》。

西汉的察举只造成少数世禄之家,东汉的察举却造成了一批门阀世族。之所以如此,是因为西汉时"举人贡士。或起甽亩。不系阀阅",主要是培养效忠于皇权的官僚;而东汉选士则是"论族姓阀阅",由于主要是皇权向豪族地主妥协了,因此察举实际上落入名姓大族手中。东汉的选举制度于是成为门阀产生的催化剂。

东汉入仕的主要途径有两条:一是公府辟召,一是郡国荐举;此外曹掾员吏凭功劳和资历逐渐提升,也有致位通显的,但毕竟是少数。曹掾员吏的高升主要还是靠前两个途径,他们是辟召荐举的基本对象,布衣之人是难得应选的。尽管东汉的官僚机构更加庞大,辟举的名目也较西汉大有增加,然而还是僧多粥少。所以无论是握有察举权的人也好,或是能被察举的人也好,大都出不了少数得势豪族的圈子,或者至少是依附于豪族的人,或是对豪族大为有用的人。

据孔玉芳《西汉诏举考》①和《东汉诏举制度考》②的统计,仅就"贵族"出身的应诏举者而论,西汉时仅占总人数的21.5%,而东汉时则扩大到49.5%。不难看出,东汉的诏举尽管再三强调要以"岩穴为先",事实上却主要控制在世家大族之手,他们利用已经到手的权利,使自己的子孙可以轻而易举地谋取利禄。

诏举尚且如此,岁举的情况就更为严重。《风俗通义·过誉篇》载:南阳五世公转任南阳太守,"与东莱太守蔡伯起同岁,欲举其子。伯起自乞子瓒尚弱,而弟琰幸以成人。是岁举琰,明年复举瓒。瓒年十四未可见众,常称病,遣诣生交,到十八,乃始出治剧平春长。上书:'甫弱冠,未任宰御,乞留宿屯。'尚书劾奏'增年受选,减年避剧',请免瓒官。诏书左迁武当左尉。"五世公选举舞弊,非但不受罚,被误举者蔡瓒也是降职使用而已。对这一选举丑闻,应劭虽认为有些过分,然而却以为"何有同岁相临而可拱默者哉"。这说明宦门间互相荐举,营私舞弊。已是寻常之事。

东汉后期,豪族地主互相吹捧,自我标榜,风谣题目盛行一时。什么"乡里之号","时人之语","学中之语","天下之称",形成一种统治阶级的"公论"。公论的好坏决定了被品评者的前途,于是主持"公论"的豪门世族拥有极大的权威。如汝南书佐朱零宁可得罪太守宗资,也不愿得罪名士功曹范滂,他说"范滂清裁,犹以利刃齿腐朽。今日宁可受笞死,而滂不可违"③是这个缘故。同郡的豪族许劭、许靖"好共核论乡党人物,每月辄更其品题,故汝南俗有'月旦评'焉"④,"位成乎私门,名定乎横巷"⑤。所谓品评人物,实际上是世家大族按经济与政治实力,参据人品才干,将他们划分成不同的等级,依次分享做官的权利。因此在曹魏九品中正制之前,以地方世族间的"公论",按品出仕,已成惯例。鲁肃所说的"还付乡党,品其名位,犹不失下曹从事,

---

① 见《中国文化研究汇刊》第2卷。
② 见《中国文化研究汇刊》第3卷。
③ 《后汉书·党锢传》。
④ 《后汉书·许劭传》。
⑤ 《意林》引《典论》。

乘犊车,从吏卒,交游士林,累官故不失州郡也"①,恰恰反映出东汉末察举中所表现出来的门第等级以品划分的状况。

所以在东汉中后期,一方面是"冠族子弟,结党权门,交援求售,竞相尚爵号"②;一方面是寒人虽然"其智如源,其德如山",但"力不能自举,须人举之"而"人莫之举",只好"窜之间巷,无由达矣"③。

西汉时,平当、平晏父子,韦贤、韦玄成父子,再世为相,实属罕见。如将御史大夫一职也计算在内,也不过增加王骏、王崇父子和于定国、于永父子。而东汉累世公卿则十分普遍,除汝南袁氏四世五公和弘农杨氏四世三公外,许敬、许训、许相祖孙三世三公;伏湛、伏恭父子,张纯、张奋父子,刘恺、刘茂父子,李郃、李固父子,王龚、王畅父子,种暠、种拂父子,周景、周忠父子皆再世为三公;冯鲂与其孙冯石、韩棱与其孙韩演、赵戒与其孙赵温和赵谦、黄琼与其孙黄琬都致位三公;尹睦与其侄尹颂、刘光与其侄刘矩、张酺与其曾孙张济和张喜、虞延与其曾孙虞放也全出任过三公,共计18家,44人。《后汉纪》卷23所云"此时公辅者,或树私恩为子孙计,其后累致公卿",确非虚言。这种巨大的变化表明,由于东汉豪族地主控制了诏举、岁举等所有仕宦之路,所以权力相对集中到少数的世家大族手中,从而产生了统治阶级中的特殊阶层——门阀。

刘秀推崇章句内学,敦励名节,以封建的道德规范为武器,谋求豪族地主的安分守己和效忠皇室。这一措施对巩固统一的确起到了一定的作用。然而最大和最终的获利者不是皇权,而是豪门大族,这一点是刘秀所始料不及的。

东汉的官僚基本上出自士人,任职之后也多所在教授。东汉初年,欧阳歙任汝南太守,"在郡教授数百人"④;牟长"自为博士及在河南,诸生讲学者常有千余人"⑤。依附名师往往是入仕的捷径,桓荣卒,"都讲生八人补二百石,其余门徒多至公卿"⑥。贾逵所选的子弟及门生,也都被拜为千乘王国郎,于是"学者皆欣欣羡慕焉"⑦。结果是"有策名于朝,而称门生于富贵之家者,比屋有之",甚至"为之师而无以教,子弟亦不受业"⑧,出现了大批只挂名而不就学的"著录弟子",多的竟达数千以至万人。顾炎武曾指出:"愚谓汉人以受学者为弟子,其依附名势者为门生"⑨。这一论断切中要害,十分精当。为了"规图仕进",这些依附名势的门生,无不"怀丈夫之容而袭婢妾

---

① 《三国志·兵书·鲁肃传》。
② 《中论·序》。
③ 《意林》引《论衡》。
④ 《后汉书·儒林传》。
⑤ 《后汉书·儒林传》。
⑥ 《后汉书·桓荣传》。
⑦ 《后汉书·贾逵传》。
⑧ 《中论·遣交》。
⑨ 《日知录·门生》。

之态,或奉货而行赂,以自固结"①。其结果连骄横无知的外戚窦宪和狡诈阴险的宦官王甫都有人卖身投靠,自认门生。

除门生之外,凡经三府、州郡辟用者,即为故吏。后来三公所召,虽未就职,也称为故吏。主吏与故吏的隶属关系一但形成。故吏就应具有"资父事君之志",一生效忠。第五伦任会稽太守时,曾署郑弘为郡督邮,之后又举弘为孝廉。元和元年(84),郑弘代邓彪为太尉,而第五伦任司空,位在郑弘之下。但每次朝见,郑弘在第五伦面前,"曲躬而自卑"。当章帝问明缘由后,"听置云母屏风,分隔其间"②,以维护其"君臣"名节。这种风气的形成,固然与统治者的提倡有关,但是主吏与故吏经常周旋于生死患难之间,关键还在于察举。在中央,"三府掾属,位卑职重,及其取官,又多超卓,或期月而长州郡,或数年而至公卿"③;在地方。"明府所以尊宠人者,极于功曹;所以荣禄人者,已于孝廉"④。故吏只有依附于三公、郡将,才有远大的前途,所以往往能竭诚相报,虽死不辞。这样既能邀名于世上,又能取利于举主,为门阀所倚重。

比如服丧一事,举主或座师去世,对于门生故吏来说如丧考妣。像王朗因其师太尉杨赐病逝,立即弃官行服;大将军掾宣度为其师太常张文明制杖等事例,于文献中比比皆是。据《隶释·北海相景君碑》碑阴所载,为景君服丧3年的故吏竟达87人之多。《风俗通义·愆礼》曰:"凡今杖者,皆在权戚之门。至有家遭齐衰同生之痛,俯伏坟墓而不归来,真不爱其亲而爱他人者也? 无他也,庶福报耳。"一个"皆在权戚之门",一个"庶福报耳",揭穿了门生故吏报丧过礼的真相。

豪门所拥有的门生故吏的数量是十分惊人的。《隶续》中载有刘宽的门生故吏所立碑各一块。门生碑的后半部虽多残缺;估计所列门生总人数在400人左右。其中已任守、相、台、郎、令、长的有97人,籍贯分属司隶部的河南尹、河内郡、左冯翊、右扶风、河东郡,幽州的渔阳郡、涿郡、辽西郡、广阳郡;冀州的魏郡、钜鹿郡、河间国、清河国、渤海郡、安平国;豫州的颍川郡、汝南郡、沛国、陈国、鲁国;兖州的陈留郡、东郡、济阴郡、山阳郡;徐州的琅琊郡、彰城国、下邳国;青州的济南国、东莱郡;荆州的南阳郡、南郡;扬州的豫章郡;益州的广汉属国、蜀郡、犍为属国;凉州的张掖郡、酒泉郡、北地郡;并州的太原郡、上郡、西河郡;交州的郁林郡,包括了大半个中国。故吏碑较之门生碑则更加残破不全,所列故吏人数估计在百人左右。其中著名人物有汝南应劭。当然两碑不可能包括刘宽所有的门生故吏,但仅就碑文所载的情况,已经颇为可观。然而比起汝南的袁氏来。那实在是小巫见大巫了。

伍琼曾对董卓说过:"袁氏树恩四世,门生故吏遍于天下,若收豪杰以聚众,英雄

---

① 《中论·遣交》。
② 《后汉书·郑弘传》。
③ 《全后汉文》引《政论》。
④ 《太平御览》引《高士传》。

因之而起,则山东非公之有也。"①黄琼卒后。归葬江夏,"四方名豪会帐下者六七千人"②。但是袁绍仅是丧母。归葬汝南时,会葬者就达3万人之多,其势力之雄厚,于此可知。难怪东汉末年,袁氏自以为"天下之人,非家吏则门生也,孰不从我? 四方之人,非吾匹则吾役也,谁敢违我?"③乘汉室衰微之机,做起皇帝梦来。

东汉门阀势力的不断巩固和壮大,中央集权制的相对削弱和腐败,使东汉末年出现"名豪大侠,富室强族,飘扬云会,万里相赴","山东大者连郡国,中者婴城邑,小者聚阡陌,以还相吞灭"④的封建割据局面。

在门阀的形成过程中,意识形态领域也发生了相应的变化。家谱、碑刻、私谥以及耆旧传、家传等的出现,主要是适应门阀的政治需要,为巩固门阀的特殊地位服务的。

东汉,由于"世重高门,人轻寒族,竞以姓望所出,邑里相矜"⑤。比如"仲远之寻郑玄,先云汝南应劭;文举之对曹操,自谓鲁国孔融"⑥。郡望与家谱相结合,成为门阀自诩门第高峻的重要手段。当时不仅出现王符的《志氏姓》、应劭的《氏族篇》等专论姓氏源流的篇章,更出现大批的家谱。虽然这些家谱都未能保存下来,但是《三国志》裴松之注、《世说新语》刘孝标注,以及《隋书·经籍志》所载的谱牒之书,不少都是在东汉门阀世族家谱的基础上补充和发展而来的。为了显示自家的阀阅,《邓氏官谱》就是东汉膏粱华腴表章的典范。《通志》所载的颍川太守聊氏的《万姓谱》,很可能是当时诸家谱牒的汇集之作。这些氏姓之书为门阀把持选举,辨别姓氏源流、士庶分野提供了依据。正因为谱牒对门阀是如此至关重要,所以当汉末丧乱之际,"世人多妄变氏族"的时候,管宁就急忙要"著氏姓论以原本世系"⑦,以维护世家大族的既得利益。

明人胡应麟曾指出:"凡谱系之学,昉于汉,衍于晋,盛于齐,极于梁,唐稍左矣,其学故不乏也。……此门阀之变,亦古今兴废一大端也。"⑧东汉家谱的兴起是东汉门阀产生的有力证明。

马衡在《中国金石学概要》一文中指出:碑刻"始于东汉之初,而盛于桓灵之际"。我们从现存的东汉碑文中不难看出,碑刻的盛行的确与门阀有着不解之缘。碑刻既是门阀自我炫耀的工具,也是门生故吏效忠尽节和维护该集团势力的工具。《隶释·山阳太守祝睦后碑》文曰:"故吏王堂等窃闻下有述上之功,臣有述君之德。"可见门

---

① 《后汉书·袁绍传》。
② 《后汉书·申屠蟠传》。
③ 《三国志·吴书·孙破虏讨逆传》注引《吴录》。
④ 《三国志·魏书·文帝纪》注引《典论自叙》。
⑤ 《史通·邑里篇》。
⑥ 《史通·邑里篇》。
⑦ 《三国志·魏书·管宁传》注引《傅子》。
⑧ 《少室山房笔丛·华阳博议》。

阀与门生故吏之间"私恩结而公义衰",门生故吏只认其主,不认国君。他们在碑文中隐恶扬善,极力美化主人,即使墓主生前"无清惠之政,而有饕餮之害",也要"刊石纪功,称述勋德,高邈伊周,下凌管晏,远追豹产,近踰黄邵","欺曜当时,疑误后世"①。

"荣死以诔谥",在正统儒家看来应是人主的权柄。《白虎通》论谥法时,引用孔子的话申明:"幼不诔长,贱不诔贵,诸侯相诔非礼也,臣当受谥于君也。"但是门生故吏在立碑过程中,常私相议谥,出现"私称与王命争流,臣下与君上俱用"②的情况。固然春秋之时,宋有正考父,鲁有尼父等谥号,但私谥的真正风行则是在东汉。如《蔡中郎集》所载《陈寔碑》文曰:"大将军吊祠,锡以嘉谥……曰文范先生。"又《范丹碑》载:"中平二年四月卒。太尉张公、兖州刘君、陈留太守淳于君、外黄令刘君佥有休命,使诸儒参案典礼,作诔著谥,曰贞节先生。"他如夏恭谥宣明,张霸谥宪文,朱穆谥文忠,荀靖谥玄行,不一而足。东汉碑刻私谥的盛行,正是"党成乎下,君孤于上"③的门阀专权政治局面的反映。

由刘秀提倡而撰写的《南阳风俗传》,开着旧传、家传、别传、先贤传的先河。本来此举的目的是记述帝乡的风土人情,宣扬皇族的英名盛德,其结果却为门阀世族提供了一个自我标榜,矜夸地方士风的好形式。据《隋书·经籍志》引《旧唐书·经籍志》《新唐书·艺文志》所载,东汉时可知的撰述之作有沛、三辅的耆旧节士之序,鲁、庐江的名德先贤之赞,赵歧的《三辅决录》、郎𫖯的《陈留耆旧传》、仲长统的《兖州山阳先贤赞》(或称《山阳先贤传》)等等。它们既是一座座门阀的"记功碑",也是一篇篇门阀的自供状,使我们能从这些断简残篇中,寻出门阀演变的蛛丝马迹,以揭示其历史的本来面目。

综上所述,东汉门阀的形成绝不是偶然的。新兴的地主阶级夺取政权,并不意味着封建变革的最终完成,而地主阶级统治地位的巩固和发展,还有待于经济关系的进一步改善。由于我国以一家一户为生产单位的自给自足的小农经济十分发达,这就为地主大土地所有制的发展提供了良田沃土。大土地所有制从它诞生以后不久,即与土地买卖和土地兼并结下了不解之缘。于是我国封建社会的发展,犹如文字创造走上与世界其他各民族迥然不同的发展道路一样,也踏上了以土地私有为基础,以土地买卖为主要特征的发展道路。无论是封建土地国有制也好,还是自耕农小土地所有制也好,在封建大土地所有制面前,全部黯然失色,相形见绌。封建大土地所有制不可避免地成为居于支配地位的土地占有形态,为东汉庄园经济的产生创造了条件;而相对稳定的庄园经济的出现,又为门阀制度的产生奠定了牢固的物质基础。

在经济领域里发生重大变革的同时,秦汉豪族的政治地位也发生了相应的变化。

---

① 魏征:《群书治要》引《政要论》。
② 魏征:《群书治要》引《政要论》。
③ 《意林》引《政论》。

东汉时期,豪族不仅控制了地方政权,并且也控制了中央政权;凭借着封建文化方面的优势,经学致仕又成为豪族转化为门阀世族的主要途径;而在地主阶级内部等级界限日益明确的情况下,东汉的察举制度恰恰起到了门阀产生的催化剂的作用。门阀在政治上是家族与皇权妥协的产物,但主要是皇权向豪族妥协了,以换取豪族对中央国家名义上的服从,所以尽管中央集权的形式更加强化,而实质上却进入到相对衰弱的新阶段。

在门阀产生的过程中,关东豪族无疑发挥了十分重要的作用。关东豪族的四大特点不仅确保其在东汉时期完成了向门阀的逆转,成为东汉门阀的中坚,并且也确保过江侨姓、山东郡姓在魏晋南北朝时期一直处于统治地位,而始终保持旧有传统的山东郡姓,其势力和影响竟能延续到唐末。所以可以这样说,不搞清关东豪族就不可能真正搞清门阀。关东豪族与东汉门阀之间有着不可分割的承继关系。

秦汉时期,在同封建土地国有制对抗的过程中,以关东豪族为代表的豪族地主与农民阶级在维护封建土地私有制这一点上利害一致,所以封建皇权与豪族地主的矛盾,同封建社会的主要矛盾即地主阶级与农民阶级的矛盾交织在一起,显示出其独特的时代特点。由于农民阶级的阶级局限性所致,他们往往"不能代表自己,一定要别人来代表他们"[1],虽然他们以自己的英勇献身精神推翻了一个又一个封建王朝,却只能成为秦汉豪族实现其经济和政治目的的工具。农民阶级为秦汉豪族完成向东汉门阀的转化作出了巨大的牺牲,然而得到的报偿却是更加沉重的封建枷锁,因此东汉门阀的形成之日,也是农民阶级与地主阶级的全面对抗之时。

门阀的出现,标志着中国封建社会草创时期的结束,门阀专政新阶段的开始。东汉王朝应当作为门阀时代的开端而载入史册。

(作者简介:周天游,陕西历史博物馆原馆长,中国秦汉史研究会原会长,现任西安曲江艺术博物馆馆长)

---

[1] 马克思:《路易·波拿巴的雾月十八日》。

论东魏北齐王爵的封授及元氏诸王的"准例降爵"

张鹤泉

东魏北齐时期，王爵为一品高爵，因而，受封王爵就具有了显赫的身份地位，并能获得丰厚的经济利益。正因如此，东魏北齐国家很重视王爵的封授。并且，由于当时能够受封王爵的对象不同，所以国家封授王爵的方式也有差别。可以说，东魏北齐国家是以多种方式保证实现王爵的封授。而且，东魏北齐国家为了加重受封王爵者的地位，还实行了别封。在北齐禅代东魏后，又对当时拥有王爵者的爵位进行了调整，主要采取降低元氏诸王的爵位的措施。实际上，当时国家的这些做法涉及东魏北齐拥有王爵的阶层的形成及其变动，因此，这就是不能忽略的很有必要考察的问题，可是，前人却没有就此做深入的研究。所以，本文拟对这些问题做一些探讨，以就教于方家。

一、王爵的直接封授及其进封与追封

东魏北齐时期，国家将王爵的封授作为重要的事务，因而，要保证实现王爵封授，就需要实行相应的授爵方式。然而，确定王爵封授的方式，却是与受封王爵的对象联系在一起的。从当时受封王爵的对象来看，东魏与北齐有很大的不同。因为东魏国家承袭北魏后期的做法，使能够受封王爵者，只能为北魏道武帝的后裔，也就是与东魏孝静帝有亲缘关系的元氏亲属。至于高欢、高澄被封授王爵，却是因为他是东魏国家的实际控制者，所以，他们能够以异姓身份受封王爵，当然，这只是特殊的情况。可是，北齐禅代东魏后，齐文宣帝对东魏元氏诸王实行"准例降爵"[1]的措施，并且，使高

---

[1] 李百药:《北齐书》卷28《元斌传》，中华书局，1972年，第384页。

欢、高澄以及高氏皇帝的子弟都能够受封王爵。并且,还将王爵封授范围扩大,使皇帝的姻亲外戚以及与皇帝血缘关系疏远的宗室也可以受封王爵。更值得注意的是,北齐国家又开始封授异姓王。这些受封的异姓王,大部分是国家的任职官员。很显然,从东魏至北齐,不仅封授的对象有变化,并且,封授的范围也不完全相同。尽管如此,东魏和北齐在封授王爵的具体做法上,却多有相同之处。因为从东魏北齐的受封王爵者情况来看,主要存在受封王爵前,拥有爵位与没有爵位的区分以及是在世受封,还是不在世受封的差别。由于受封王爵者具有这些不同的情况,因此,也就使东魏北齐国家在封授王爵上,主要采取了直接封授、进封与追封的不同方式。

（一）王爵的直接封授。这种封授方式的特点,就是由国家授予没有爵位者王爵。东魏时期,以这种方式封授王爵的对象,主要是东魏皇帝的直系亲和旁系亲。《魏书·孝静帝纪》:"(兴和二年)封皇子景植为宜阳王,皇弟威为清河王,谦为颍川王。"在孝静帝封授的这些王爵者中,皇子为直系亲,皇弟则为旁系亲。然而,孝静帝封授的旁系亲,并不只限于皇弟。《魏书·孝静帝纪》:"(武定元年)封彭城王韶弟袭为武安王。"《魏书·孝静帝纪》:"(武定元年)封前员外散骑侍郎元长春为南郡王。"这些记载提到的元袭、元长春都是以元氏支子的身份受封王爵的,因此,他们是与孝静帝血缘联系比较疏远的旁系亲。尽管这些受封王爵的直系与旁系亲在与东魏皇帝的血缘联系上有差别,但他们却有相同之处,就是他们在受封王爵前,都没有获得任何种类和等级的爵位。这说明,东魏国家可以使与皇帝有亲缘关系的直系和旁系亲,都能够直接受封王爵,从而由无爵者直接成为拥有最高等级爵位的权贵。东魏孝静帝实行的这种封授王爵的做法,实际是从北魏承袭来的,其特点就在于,可以无条件地使皇帝的直系和旁系亲获得王爵的封授,进而体现这些皇亲在受封王爵上具有受到皇权特殊庇护的特权。

北齐建立后,开始将封授王爵的范围扩大。但是,北齐皇亲依然还是受封王爵的重要对象。对这些皇亲来说,他们受封王爵,主要是采取直接封授的方式实现的。据《北齐书·高祖十一王传》和《北齐书·文襄六王传》载:高欢之子高湝、高湜、高凝、高润、高洽以及高澄之子高孝珩、高孝琬、高长瑾、高延宗、高绍信,都被直接封授了王爵。文宣帝、孝昭帝和武成帝诸子的王爵,也同样是由直接封授实现的。① 可见,北齐国家依然将高欢、高澄和北齐皇帝的直系亲作为直接受封王爵的对象。对于皇帝的旁系亲,也同样如此。例如,高思宗"神武从子也。性宽和,颇有武干。天保初,封上洛郡王。"② 与东魏不同的是,北齐国家还使一些宗室也能直接受封王爵。如高显

---

① 《北齐书》卷12《文宣四王传》,中华书局,1972年,第156页;《北齐书》卷12《孝昭六王传》,中华书局,1972年,第158页;《北齐书》卷12《武成十二王传》,中华书局,1972年,第159页。
② 《北齐书》卷14《上洛王思宗传》,中华书局,1972年,第182页。

国"神武从祖弟也。无才伎,直以宗室谨厚,天保元年,封襄乐王。"①这说明,北齐国家对一些无爵的宗室,也能够无条件地直接封授王爵。也就是说,他们受封王爵,实际获得了很大的优待。除此之外,北齐国家还将皇帝的姻亲外戚,也包括在直接封授王爵的范围内。例如,胡长仁"武成皇后之兄。……世祖崩,预参朝政,封陇东王。"②李祖勋"显祖受禅,除秘书丞。及女为济南王妃,除侍中,封丹阳王。"③这些外戚,在受封王爵前,都没有爵位,因而,他们受封王爵也是因国家的优待而实现的。

由上述可见,东魏国家明确将直接封授王爵的对象,限制在皇帝的直系和旁系亲的范围之内。而北齐则与东魏不同,直接封授王爵的对象,既有皇帝的直系和旁系亲,还有皇帝的宗室和姻亲。显然,北齐国家扩大了直接受封王爵的亲缘圈,因此,也就使更多的皇亲可以获得受封王爵特权。换言之,北齐国家不仅以皇帝为中心而划定的亲缘圈作为确定受封王爵的对象,而且,这种在皇权控制下的亲缘圈也能牢固地庇护这种特权,并使之难以动摇。

北齐时期,国家开始将一些官员纳入到受封王爵的范围内。由于北齐国家内部矛盾尖锐,派系斗争激烈,因此,国家统治者为了安抚和笼络一些任职官员,也采取直接封授他们王爵的做法。《北齐书·斛律羌举传》:"(斛律少卿)频历显职。武平末,侍中、开府仪同三司,封义宁王,知内省事,典外兵、骑兵机密。"又《北齐书·叱列平传》:"(叱列长叉)武平末,侍中、开府仪同三司,封新宁王。"斛律少卿、叱列长叉在受封王爵前都没有爵位,可是,北齐国家却使他们直接受封王爵。北齐国家实行的这种做法,显然要表达对这些官员的旌宠,从而实现汲引和安抚他们的目的。这就是说,北齐国家直接封授官员王爵,并不顾及这些官员所建树的功劳,而是以符合皇帝的政治需要为标准的。因此,对官员的这种封授,实际完全是由国家施政的目的决定的。正因如此,北齐后期,由于国家政治极为腐败,因而,也就将官员受封王爵,与他们能够忠实地迎合皇帝统治意志的行为更为紧密地结合在一起。因此,北齐国家对一些恩悻官员,一般都实行直接封授王爵的做法。例如,高阿那肱"后主即位,累迁并省尚书左仆射,封淮阴王。"④韩凤"后主即位,累迁侍中、领军,总知内省机密。……封昌黎郡王。"⑤北齐皇帝还使他们宠幸的宦官,也以这种方式受封王爵。正如《北齐书·恩悻·韩宝业传》称:"唯长颢武平中任参宰相,干预朝权。后宝业、勒义、齐绍、子徵并封王,不过侵暴。于后主之朝,有陈德信等数十人,并肆其奸佞,败政虐人,古今未有。……又皆封王、开府。"由于北齐后期的政治统治具有腐朽的皇权与低能的恩悻官员相结合的特点,因而,就使这些恩悻官员,实际成为可以左右朝政的政治力量。

---

① 《北齐书》卷14《襄乐王显国传》,中华书局,1972年,第182页。
② 《北齐书》卷48《外戚·胡长仁传》,中华书局,1972年,第668页。
③ 《北齐书》卷48《外戚·李祖昇传》,中华书局,1972年,第667页。
④ 《北齐书》卷50《恩幸·高阿那肱传》,中华书局,1972年,第690页。
⑤ 《北齐书》卷50《恩幸·韩凤传》,中华书局,1972年,第692页。

在这种政治环境中，北齐国家赋予恩悻官员具有直接受封王爵的特权，因而，也就更突显了这些官员是受皇帝宠幸的特殊身份的权贵，进而使他们能够凭借这种身份极大地破坏了国家正常的统治秩序。实际上，这正是在北齐后期的腐败政治影响下，对恩悻官员的王爵实行这种封授，所带来的不能忽视的极为消极的政治后果。

　　（二）王爵的进封。这是对在受封王爵前拥有爵位者所采取的一种封授王爵的做法。实际上，这种封授王爵的方式，在北魏时期就已经实行。如孝昌二年，北魏孝明帝便"进封广川县开国公元邵为常山王。"① 东魏北齐国家，则继续沿袭北魏的做法。尤其北齐时期，当时国家更多地采取这种进封王爵的做法。如潘乐"拜司空。齐受禅，乐进玺绶。进封河东郡王，迁司徒。"② 高岳"留镇邺。天保初，进封清河郡王。"③ 这种进封王爵的方式，在文献记载中，也可以称为进爵。例如，慕容俨"除赵州刺史，进伯为公。……（天统）五年四月，进爵为义安王。"④ 由此可见，所谓进封王爵，就是通过提高爵位等级的方式，使原来有爵位者能够实现受封王爵，因此，实行这种方式，是要有比较明确的限定范围的。

　　从当时进封王爵的范围来看，应该说北齐要广于东魏。因为北齐国家扩大了封授王爵的对象。其实，在这些由进爵而获得王爵者中，一些北齐皇帝的直系、旁系亲都包括其中。《北齐书·高祖十一王·平阳靖翼王淹传》："（高淹）神武第四子也。元象中，封平阳郡公，累迁尚书左仆射。天保初，进爵为王。"又《北齐书·文襄六王·河南康舒王孝瑜传》："（高孝瑜）文襄长子也。初封河南郡公，齐受禅，进爵为王。"这就是说，高欢、高澄之子可以通过进封的方式实现受封王爵。北齐国家对高欢的一些旁系亲，也采取了这种进封的做法。如高琛"高祖之弟也。……魏兴和中，袭爵南赵郡公。……显祖受禅，进封爵为南赵郡王，邑一千二百户。"⑤ 至于与北齐皇帝血缘联系疏远的宗室，也在进封王爵的范围内。《北齐书·平秦王归彦传》："（高归彦）神武族弟也。……天保元年，封平秦王。……以讨侯景功，别封长乐郡公。"可见宗室高归彦就是在拥有开国郡公之后，以进封的方式获得王爵的。

　　北齐国家所以要对这些与皇帝有亲缘关系者以进封的方式实现受封王爵，这与东魏北齐的政治形势有密切联系。就东魏的情况而言，尽管高欢、高澄控制东魏的朝政，他们是东魏的实际统治者，但是，他们毕竟没有称帝，所以，在爵位的封授上，就不能做特殊的规定，而只能受到当时规定的封爵制度的制约，因而，他们的儿子受封爵位的最高等级也就是开国郡公。但北齐禅代东魏后，北齐国家赋予皇亲有受封王爵的特权，所以，也就需要使一些在东魏时期获得爵位的皇亲通过进封获得王爵。因

---

① 魏收：《魏书》卷9《孝明帝纪》，中华书局，1974年，第244页。
② 《北齐书》卷15《潘乐传》，中华书局，1972年，第201页。
③ 李延寿：《北史》卷51《清河王岳传》，中华书局，1974年，第1848页。
④ 《北齐书》卷20《慕容俨传》，中华书局，1972年，第282页。
⑤ 《北齐书》卷13《赵郡王琛传》，中华书局，1972年，第169页。

此,北齐国家使皇亲进封王爵,也就成为他们在爵位封授上所具有特权的一种体现。

北齐时期,国家还将一些官员作为受封王爵的对象。这些国家官员,在受封王爵之前,大部分都拥有爵位,所以,他们受封王爵,主要是以进封的方式实现的。例如,韩轨"频以军功,进封安德郡公。……齐受禅,封安德郡王。"①又如杨愔"改封华山郡公。九年,徙尚书令,又拜特进、骠骑大将军。十年,封开封王。"②赵彦深"河清元年,进爵安乐公,累迁尚书左仆射、齐州大中正、监国史,迁尚书令,为特进,封宜阳王。"③既然这些国家官员受封王爵前,多数人拥有爵位,因而,就要说明这些官员能够进封王爵,与他们原来拥有的爵位等级的关系。为阐释这一点,则要依据《北齐书》《北史》中的相关记载,分别统计这些人受封王爵前拥有爵位的情况。统计情况表明:受封王爵前,他们拥有的爵位是:开国郡公、开国县公、开国县伯、开国县子和散爵男。其中高浟、高涣、高浠、高叡、高孝瑜、高岳、段昭、娄叡、库狄干、韩轨、斛律金、高隆之、潘乐、侯莫陈相、慕容俨、杨愔、綦连猛、赵彦深、皮景和,共19人拥有开国郡公;麹珍、可朱浑元、阳休之,共3人拥有开国县公;张保洛、斛律羡,共2人拥有开国县伯;库狄回洛、鲜于世荣、元景安,共3人拥有开国县子。还有库狄伏连拥有散爵男。这说明,北齐国家进封王爵,主要在原爵位为实封的开国爵范围内进行。可以说,这是北齐国家进封王爵,对原有爵位者拥有爵位性质的一种限制。

北齐国家所以要进行这种限制,是由当时爵位等级序列的特点决定的。应该说,北齐国家承袭北魏后期的做法,将实封爵与虚封爵整合为统一的爵位等级序列。《隋书·百官志中》记北齐爵位等级:王一品;开国郡公从一品;散郡公、开国县公二品;散县公、开国县侯从二品;散县侯、开国县伯三品;开国县子四品;散县子四品;开国县男五品;开国乡男、散县男从第五品。可是,这一实封爵与虚封爵统一的等级序列,只起到爵位品级与职官品级比照的作用。而实际爵位等级的晋升和贬降,却是将实封爵与虚封爵严格分开的,二者并不能混淆。也就是说,实封爵的晋升和贬降,只能在实封爵的范围内进行。例如,斛律光"武定五年,封永乐县子。……进爵为伯。……皇建元年,进爵巨鹿郡公。"④由于北齐的封爵等级的这种特点所决定,就使进封实封的王爵,只能限制在实封爵的等级范围内。这正是北齐国家只能使原来拥有开国爵者才能进封王爵的原因。

然而,需要指出的是,这些因晋爵而获得王爵者,他们原有开国爵的爵位等级是高低不同的。但是,原来拥有开国郡公者人数最多,而原有爵位为开国县公、县伯、县子者则远远低于开国郡公的数量。这种情况说明,北齐国家使原来拥有开国爵者进

---

① 《北齐书》卷15《韩轨传》,中华书局,1972年,第200页。
② 《北齐书》卷34《杨愔传》,中华书局,1972年,第456页。
③ 《北齐书》卷38《赵彦深传》,中华书局,1972年,第506页。
④ 《北齐书》卷17《斛律金传》,中华书局,1972年,第222页。

封王爵,在爵位等级上的限制是不严格的。但是,国家还是将原来拥有开国郡公者作为进封王爵的主要对象。也就是说,北齐国家确定进封王爵对象的标准是,既要把握原来拥有爵位为开国爵的最高等级的原则,同时,也对原来拥有开国爵的等级不做严格的限定,因而,也就为按照皇帝的意志来确定受封王爵者留有很大的余地。

至于北齐国家使原有虚封散爵者进封王爵,则属于特殊的情况。关于这一情况,《北齐书·慕容俨传附厍狄伏连传》:"(厍狄伏连)后从高祖建义,赐爵蛇丘男。世宗辅政,迁武卫将军。……天保初,仪同三司。四年,除郑州刺史,寻加开府。武平中,封宜都郡王。"从厍狄伏连受封王爵来看,似乎与他原有的散爵蛇丘男有关。但厍狄伏连能受封王爵,却并不是因为他原来拥有散爵的缘故。如前所述,由于北齐国家是将实封爵与虚封爵的进升与贬降严格分为两个序列,因而,进升实封的王爵,只能在实封的开国爵范围内进行,是不可能与虚封的散爵有关联的。实际上,对厍狄伏连进封王爵有影响的是,他受爵前,曾担任郑州刺史,并加官开府。按北齐的职官品级规定,至少在四品以上。而北齐国家规定受封王爵的职官品级下限为从五品。① 这就是说,他的这种职官品级正在可以受封王爵的规定范围内。因此,可以确定,厍狄伏连能够进封王爵,并不是由他原来拥有的散县男为前提条件的。

由上述可见,北齐国家实行进封王爵的做法,是以原来拥有开国爵者作为封授对象的。由于这种方式的实行,就使原来拥有开国爵的皇亲,仍然可以进封王爵,进而使他们在受封爵位上的特权也由此体现出来。而且,因为北齐国家可以封授异姓的国家官员王爵,所以对这些官员来说,进封王爵的方式就尤为重要。因为这些官员在受封王爵前,大部分都拥有开国爵,所以,这就成为他们获得王爵的主要方式。因此,可以说,进封王爵的做法,不过是在实封爵范围内的爵位等级调整,但这种爵位等级调整与北齐国家的王爵封授结合在一起,因而,也就更加突出了这种方式在封授王爵上,实际起到的不能忽视的特殊作用。

(三)王爵的追封。这种王爵的封授方式,实际是一种特殊的做法。因为受封王爵的对象,只是一些亡故的官员。对亡故的官员,实行追封王爵的做法,在北魏时期就已经出现。尤其在北魏后期,多有追封王爵的记载。如元义兴"永安中,追封义兴燕郡王,邑五百户。"②又如元湛"追封渔阳王,食邑五百户。"③可以说,北魏国家的这种封授王爵的做法,对后世有较大的影响。实际上,北齐国家对亡故官员追封王爵,正是从北魏沿袭而来。事实上,北齐国家在王爵的封授上,很重视对亡故官员的追封,并且,在具体实行追封王爵的做法上,也有很明显的特点。《北齐书·娄昭传》:"(娄昭)武明皇后之母弟也。……从破尔朱兆于广阿,封安喜县伯,改济北公,又徙

---

① 张鹤泉:《关于东魏北齐王爵封授的影响因素问题》(待刊)。
② 《魏书》卷19下《景穆十二王下·南安王桢传》,中华书局,1974年,第508页。
③ 《魏书》卷19下《景穆十二王下·章武王太洛传》,中华书局,1974年,第515页。

濮阳公,受领军将军。……薨于州。齐受禅,诏祭告其墓。封太原王。"据此可见,北齐国家追封王爵,受封爵者应该有特殊的身份,而且,他们生前要拥有开国爵。应该说,亡故官员的特殊身份和拥有开国爵,是他们被追封王爵的重要条件。不过,需要注意的是,即便一些亡故官员满足这些条件,也并不是轻而易举地就能实现王爵的追封。例如,尉景为军功勋贵,但文宣帝开始并没有使他获得王爵的追封,只是由于其子尉粲的一再争取,"文宣亲诣其宅慰之,方复朝请。寻追封景长乐王。"① 这说明,北齐国家对追封亡故官员,控制的是比较严格的。其中很重要的原因就在于,追封王爵能够使亡故官员受到很高的尊崇,而且,追封的王爵不同于赠爵,还可以为后世继承。这些亡故官员爵位的继承者,也能由此获得显赫的地位和丰厚的利益。

尽管北齐国家对追封王爵有所限制,但是出于笼络官员的目的,仍然实行这种做法。甚至为了实现对一些亡故官员王爵的追封,还采取了变通的方式。《北齐书·广平公盛传》:"广平公盛,神武从叔祖也。……神武起兵于信都,以盛为中军大都督,封广平郡公。……天平三年,薨于位。……无子,以兄子子瑗嗣。天保初,改封平昌王。"又《北齐书·阳州公永乐传》:"阳州公永乐,神武从祖兄子也。太昌初,封阳州县伯,进爵为公。……永乐卒于州。……无子,从兄恩以第二人孝绪为后,袭爵。天保初,改封修城郡王。"这些记载说明,北齐国家允许宗室的过继子可以继承开国爵,并以此基础,以改封王爵方式,实现对亡故官员的追封。显然,这种追封是以变通的方式实现的,因此,也就使皇帝对亡故宗室的优待得到更为明显的体现。

当然,北齐国家以变通的方式追封王爵,并不只限于宗室。《北齐书·高乾传附高昂传》:"(高昂)元象元年,进封京兆郡公,邑一千户。……战于邙阴,昂所部失利,左右分散,单马东出,欲趣河梁南城,门闭不得入,遂为西军所害,时年四十八。……子突骑嗣。早卒。世宗复召昂诸子,亲简其第三子道豁嗣。皇建初,追封昂永昌王。"高昂被北齐国家以特殊方式追封王爵,当然与他有很高的地位有关。因为他在东魏曾任司徒,官职很高,并且,很重要的是,他属于军功显贵。也就是说,北齐国家为了表示对一些军功显贵的恩宠,也可以采取特殊的做法实现王爵的追封。尽管北齐国家为亡故官员追封的方式不尽相同,但都是要明确体现对受追封王爵的官员的优待和恩宠。由于追封王爵包含皇帝对亡故官员尊崇的意义,所以,终北齐一朝,被追封的亡故官员,也就并不多见。

此外,还要指出的是,北齐后期,由于国家政治极为腐败,因此,一些只会迎合皇帝意志的恩倖官员也能够受封王爵。这种王爵的封授是以实现皇帝对恩倖官员的笼络为目的的。在这种封授王爵氛围的影响下,北魏国家甚至实行了追封恩倖官员的亡故亲属的做法。《北齐书·高市贵传》:

---

① 《北齐书》卷15《尉景传》,中华书局,1972年,第195页。

纥豆陵步藩之侵乱并州也,高祖破之,(高)市贵亦从行有功,除骠骑大将军、仪同三司,封常山郡公,邑一千五百户。除骠骑大将军、仪同三司,封常山郡公,邑一千五百户。……重除晋州刺史、西道军司,率众击怀州逆贼潘集。未至,遇疾道卒。……子阿那肱贵宠,封成皋王。

很显然,亡故的高市贵被追封王爵,并不是北齐后主要对他曾经所立军功的奖赏。实际上,北齐后主是要以这种追封,进一步表示对他的儿子高阿那肱的宠幸。因为高阿那肱是深受齐后主信任和依赖的恩悻宠臣。因此,在北齐后期,由于皇帝需要依靠恩悻官员牢固控制朝政,因而,就使王爵的追封,也被当时的腐败政治所浸染,因而,也就明显削弱了尊崇亡故官员的意义。

二、王爵的本封与别封

东魏北齐时期,国家对一些受封王爵者,还实行了别封。《北齐书·高祖十一王·任城王湝传》:"任城王湝,神武第十子也。少明慧。天保初封。……天统三年,拜太保、并州刺史,别封平正郡公。"可见,东魏北齐国家实行这种别封,显然与原来受封的王爵是不同的。所谓别封,就是在受封者本封、本爵之外的加封、重封。① 因此,东魏北齐为受封王爵者实行的别封,实际是为他们附加的爵位。正因如此,在《魏书》《北齐书》《北史》中,一般将有爵者最早受封的爵位称为本爵,也称为本封。这正是相对别封而言的。当然,对受封王爵者来说,自然也是如此。

实际上,东魏北齐实行的这种别封是有规定的范围的。《北齐书·薛孤延传》:"(薛孤延)从破周文帝于邙山,进爵为县公,邑一千户。……入为左卫将军,改封平泰郡公。为左厢大都督,与诸军将讨颍州。……后兼领军将军,出为沧州刺史,别封温县男,邑三百户。"《北齐书·斛律金传附斛律光传》:"(斛律光)武定五年,封永乐县子。……寻兼左卫将军,进爵为伯。……齐受禅,加开府仪同三司,别封西安县子。"很明显,薛孤延是以开国郡公的身份获得别封;而斛律羡则是以开国县子的身份受到别封。这说明,东魏北齐国家在受封开国爵者的范围内,都能实行的别封,并不只限于受封王爵者。换言之,实际受封实封爵者,都有获得别封的机会。

从东魏北齐对有开国爵者实行别封的情况来看,一般对本封与别封的爵位等级并没有明确的限制。当时国家可以使一些受封开国爵者的本封的爵位等级低于别封的等级。如斛律羡"迁征虏将军、中散大夫,加安西将军,进封大夏县子,除通州刺史。显祖受禅,进号征西,别封显亲县伯。"②也能够使本封的爵位等级与别封的等级

---

① 高敏:《西魏、北周与东魏、北齐封爵制度探讨》,载《魏晋南北朝史发微》,中华书局,2005年,第234页。
② 《北齐书》卷17《斛律金传附斛律羡传》,中华书局,1972年,第227页。

相同。如慕容俨"除赵州刺史,进伯为公。……皇建初,别封成阳郡公。"①但是,大多数有开国爵者的本封等级都高于别封等级。如司马子如"进爵阳平郡公,邑一千七百户。……别封野王县男,邑二百户。齐受禅,以有翼赞之功,别封须昌县公。"②又如叱列平"加仪同三司,镇河阳,进爵为侯,天保初,授兖州刺史,寻加开府,别封临洮县子。"③这些事例说明,东魏北齐国家,一般使有开国爵者的本封与别封的等级要有一些差别,可是,实际规定别封的等级,却具有较大的随意性。这就是说,东魏北齐国家确定别封的等级,并不受本封等级的影响,实际是依照国家的意志来决定的。

然而,就王爵的本封与别封的情况而言,则与开国爵不同。由于东魏北齐的王爵是最高等级的实封爵,所以,对受封王爵者的本封与别封,则实行了特殊的做法。当时国家确定受封王爵者的别封等级,要比照本封的爵位等级,一般使别封的等级要低于本封等级。《北齐书·平秦王归彦传》:"(高归彦)天保元年,封平秦王。……以讨侯景功,别封长乐郡公。"又《北齐书·侯莫陈相传》:"(侯莫陈相)天保初,除太师,转司空公,进爵为白水王,邑一千一百户。累授太傅,进食建州干,别封义宁郡公。"据此可知,这些受封王爵者的别封的爵位,都是开国郡公。这说明,受封王爵者的别封等级,不仅要低于本封的等级,而且,一般对别封的等级,也有比较固定的规定。也就是说,在一般情况下,别封开国爵的等级只能比本封低一级。

至北齐时期,国家统治者为了使受封王爵者获得更多的利益,因而,对他们别封爵位的数目,也不加限制。例如,北齐国家使平原郡王段韶获得别封的爵位有:怀州武德郡公、灵武县公、永昌郡公、广平郡公、乐陵郡公。④ 共有五个别封爵位。斛律光袭爵咸阳王后,别封的爵位有:武德郡公、中山郡公、长乐郡公、清河郡公。⑤ 则有四个别封爵位。可见,他们受别封爵位的数目超过本封的4—5倍。北齐国家实行这种做法,当然,是要对受封王爵者,进一步表示对他们的恩宠和优待,并且,也充分体现受封王爵者在经济上所具有的特权。正因如此,可以发现,受封王爵者别封爵位的最多数目与受封开国爵者别封的最多数目之间,存在很明显的差别。统计《北齐书》《北史》中的记载,北齐国家对受封开国爵者实行别封的有:段韶、斛律光、斛律羡、斛律羡、斛律平、司马子如、薛孤延、慕容绍宗、侯莫陈相、薛修义、叱列平、慕容俨、陈元康、张亮、金祚、杨愔、皮景和、綦连猛、元景安、阳休之等人。可是,在这些受别封者中,由别封而获得开国爵,最多只有二个爵位。如侯莫陈相受封白水郡公后,"别封安次县男,又别封始平县公。"⑥又如慕容俨"除赵州刺史,进伯为公……皇建初,别封成

---

① 《北齐书》卷20《慕容俨传》,中华书局,1972年,第282页。
② 《北齐书》卷18《司马子如传》,中华书局,1972年,第240页。
③ 《北齐书》卷20《叱列平传》,中华书局,1972年,第278页。
④ 《北齐书》卷16《段荣传附段韶传》,中华书局,1972年,第213页。
⑤ 《北齐书》卷17《斛律金传附斛律光传》,中华书局,1972年,第225页。
⑥ 《北齐书》卷19《侯莫陈相传》,中华书局,1972年,第229页。

阳郡公。……(皇建)四年十月,又别封猗氏县公。"①北魏国家所以使王爵别封的最多数目多于开国爵的别封的最多数目的,其主要目的在于,要体现受封王爵者是处于特殊的地位,因此,受封王爵者能够别封的爵位数目,也就远远多于受封开国爵者可以获得别封爵位的数目。

不过,还需要明确的是,尽管北齐国家使受封王爵者获得最多别封爵位的数目,可是,对他们的别封也不是不加限制的。《北齐书·綦连猛传》:"(綦连猛)赏邙山之功,封广兴开国君。……(天统)四年,转领军将军,别封义宁县开国君。五年,除并省尚书左仆射,余如故。除并省尚书令、领军大将军,封山阳王。"就是说,綦连猛在受封王爵前,北齐国家已经使他获得别封,因而,在受封王爵后,就不再别封他爵位。与綦连猛情况相同的还有:侯莫陈相、慕容俨、杨愔、皮景和等人。很显然,北齐国家对受封王爵前,已经获得别封的诸王,一般采取不再实行别封的措施。北齐国家做这样的规定,自然与限制受封王爵者获得更多的经济利益有很大的关系。

综上可见,东魏北齐国家对受封王爵者,还要实行别封,因此,在王爵的封授上,也就有了本封和别封的区别。王爵的本封可以体现受封者的最高身份地位,并可以带来丰厚的经济利益。与受封王爵者的本封不同,由于别封在爵位等级上,要低于本封,所以,也就不能表现受封者的最高身份。诚如高敏先生所言,别封并不能给受封者带来政治地位的提高,而只是本爵之外的加封以示旌宠之意。② 固然,当时国家需要通过别封表现对受封王爵者的旌宠。但对受封王爵者而言,国家实行别封的人数很少,并且,一般别封的等级都为开国郡公,因此,国家为受封王爵者实行别封,自然还具有更加重他们在经济上所处的优越地位的目的。

三、元氏诸王的"准例降爵"

如前所述,东魏北齐时期,国家通过不同的方式实现王爵的封授,因而,这些拥有王爵者不仅地位显赫,也成为重要的支持国家统治的政治力量。不过,北齐的情况还有与东魏不同之处。在北齐禅代东魏的过程中,不同的统治势力表现出政治态度并不相同。其中很重要的是,元氏诸王成为反对北齐取代东魏的政治集团。因为他们的利益只有依赖东魏政权的存在才能保证。可以说,在社会中,这些元氏诸王是具有比较强的实力的。统计《魏书》、《北齐书》和《北史》的记载,这些诸王可以封为三类,即直系传承至东魏的藩王、北魏后期封授的支子王,或承袭支子王爵者、东魏孝静帝封授的亲王。其中直系传承至东魏的藩王有:河南王元荟、济阴王元晖业、江阳王元亮、淮阳王元绍有、济南王元献、任城王度世、彭城王元韶、南安王元叔仁、城阳王元

---

① 《北齐书》卷20《慕容俨传》,中华书局,1972年,第282页。
② 高敏:《魏晋南北朝史发微》,《西魏、北周与东魏、北齐封爵制度探讨》,中华书局,2005年,第237页。

延、章武王元景哲、乐陵王元霸、北平王元孝景、咸阳王元坦、平昌王元置、赵郡王元炜、高阳王元斌、北海王元娑罗、东海王元衍、京兆王宝月。北魏后期封授的支子王,或承袭支子王爵者有:东平王元景式、武邑王元述、鲁郡王元道与、襄城郡王元旭、安平王元黄头、东安王元彦友、渔阳王元俊、太原王元善慧、高密王元永业。东魏孝静帝封授的亲王有:宜阳王元景植、清河王元威、颍川王元谦、陈郡王元曜、南郡王元长春、武安王元世绍。总共人数有34人。很显然,这些元氏诸王具有的实力,应该说是不容忽视的。因此,他们可以凭借其实力,能够对当时政局产生较大的影响。正因如此,北齐建立后,齐文宣帝自然要对元氏诸王进行控制。所以,天保元年,文宣帝下诏:"降魏朝封爵各有差。信都从义及宣力霸朝者,及西来人并武定六年以来南来投化者,不在降限。"①也就是说,按照诏令的规定,除了追随高欢以及限定的特殊身份的有爵者,都要降低原来爵位的等级。可以说,文宣帝实行的降爵措施,一是要表明北齐皇帝已经占据国家正统的位置,并且,可以掌控爵位的封授;二是要通过降爵压抑自北魏以来的一些因受封爵位而成为权贵者的地位,其中自然就包括元氏诸王。由此来看,北齐国家降低元氏诸王的爵位等级,应该与北齐国家施政的方略有很密切的关系。

从北齐国家对元氏诸王降爵的情况来看,应该说做了有目的的规划。在《北齐书》中,将降低元氏诸王的爵位称为"准例降爵"。② 在《魏书》中,则记为"齐受禅,爵例降。"③所谓"准例降爵",就是按照北齐国家的规定,降低全部元氏诸王的爵位等级。《北齐书·元坦传》:"(元坦)永安初,复本封咸阳郡王,累迁侍中。……齐天保初,准例降爵,封新丰县公。"又《北齐书·元孝友传》:"(元孝友)齐天保初,准例降爵,封临淮县公。"这些记载说明,北齐国家下降元氏诸王爵位是在实封爵的范围内实行的,并且,下降爵位等级的下限为开国县公。也就是说,在当时实封爵的等级序列中,实际降低两级爵位。这应该是北齐国家对元氏诸王实行"例降爵"的等级标准。

北齐国家这样规定降低元氏诸王的爵位等级,不仅涉及他们的爵位等级,而且,也与改变他们的封地有很大的关系。就北齐国家确定的实封爵的封地而言,实际上,是与国家的行政郡、县、乡结合在一起的。可以说,王、开国郡公的封地为郡;开国县公、县侯、县伯、县男的封地为县;开国乡男的封地为乡。由此可见,北齐国家将元氏诸王的爵位等级下降至县公,表明他们的封地就由原来的郡降至新封的县。北齐国家的这种做法,不仅明确地突显了他们封地的变化,而且,也表明了他们封地的缩小。当然,北齐国家封授给实封爵者的封地,只是获取租税的地方,他们并没有可以控制封地权力。然而,在当时的理念中,却将他们的封地视为"国"。正如《隋书·礼仪志

---

① 《北齐书》卷4《宣帝纪》,中华书局,1972年,第51页。
② 《北齐书》卷28《元坦传》,中华书局,1972年,第384页。
③ 《魏书》卷18《太武五王·临淮王谭传》,中华书局,1974年,第424页。

四》称:"(齐)诸王、五等开国及乡男恭拜,以其封国所在,方取社坛方面土,包以白茅,内青箱中。函方五寸,以青涂饰,封授之,以为社。"因此,受封爵位者封地的大小与他们的身份的高低就有很大的关系。由此来看,北齐国家将元氏诸王封地由原来的郡缩小为县,也就能够使他们地位的下降得到更明确的表现。

北齐国家通过降爵改变元氏诸王的封地,还具有另外的目的。为说明问题,将《北齐书》中元氏诸王封地改变的情况移录如下:

元坦原为咸阳王,其封地咸阳郡,在北魏属雍州。① 他例降为新丰县公。新丰县,在北魏属雍州京兆郡。②《北齐书·綦连猛传》:"天保元年,除都督、东秦州刺史,别封雍州京兆郡覆城县开国男。"说明北齐也设置京兆郡。

元斌原为高阳王,其封地高阳郡,在北魏属瀛州。③ 他例降为高阳县公。高阳县,在北魏属高阳郡。④《北齐书·皮景和传》:"(皮景和)除领军大将军,封文城郡王,转食高阳郡干。"显然,北齐设置高阳郡。高阳县当沿袭北魏,为高阳郡所辖。⑤

元孝友为临淮王,其封地临淮郡,在北魏属南兖州。⑥ 他例降为临淮县公。临淮县,在北魏属南兖州下蔡郡。⑦《隋书·地理志下》:"后齐置谷阳郡,开皇初郡废,又有已吾、义城二县,后齐并以为临淮县,大业初并入焉。"则临淮县,在北齐当属谷阳郡。

元晖业为济阴王,其封地淮阴郡,在北魏属淮州。⑧ 他例降为美阳县公。美阳县在北魏属雍州扶风郡。⑨ 北齐既有京兆郡,似也应有扶风郡的设置。

在这四例有降爵后的具体封地的记载中,只有元斌的封地高阳县,还在他原来的封地高阳郡中。而其他三人的封地,都不在原封地所属郡中。也就是说,北齐国家不仅将他们的封地由郡下降至县,而且,还将新封地与原来的郡完全分离。

尽管《北齐书》相关的记载,只有这有限的几例,但由此还能够看出,北齐国家将降爵后的元氏诸王的封地,一般实行与原来的封地郡分隔的做法。北齐国家的这种做法,一方面是承袭北魏的措施,在爵位等级变动后,除特殊情况之外,都要改变原封地。如张祐"进爵新平王……祐养子显明……袭爵,降为陇东公,又降为侯。"⑩又如梁越"太宗即祚,以师傅之恩,赐爵祝阿侯。……(梁)恭,袭,降为云中子。"⑪北魏国家采取这种做法,是要表明有爵者的封地是与爵位等级联系在一起的,同时,也要通

---

① 《魏书》卷106下《地形下》,中华书局,1974年,第2607页。
② 《魏书》卷106下《地形志下》,中华书局,1974年,第2607页。
③ 《魏书》卷106上《地形志上》,中华书局,1974年,第2472页。
④ 《魏书》卷106上《地形志上》,中华书局,1974年,第2469页。
⑤ 施和金:《北齐地理志(上)》,中华书局,2008年,第69页。
⑥ 《魏书》卷106上《地形志上》,中华书局,1974年,第2541页。
⑦ 《魏书》卷106上《地形志上》,中华书局,1974年,第2542页。
⑧ 《魏书》卷106中《地形志中》,中华书局,1974年,第2583页。
⑨ 《魏书》卷106上《地形志下》,中华书局,1974年,第2608页。
⑩ 《魏书》卷94《阉官·张祐传》,中华书局,1974年,第2021页。
⑪ 《魏书》卷84《儒林·梁越传》,中华书局,1974年,第1843页。

过封地的改变来象征降爵后的爵位等级需要与新封地相结合,进而表明降爵还含有重新封授的意义。当然,北齐国家承袭北魏做法,将元氏诸王的新封地与原来的封地完全分隔,实际是要更明确地体现他们的爵位是重新封授的,实际与原来封爵的联系已经被切断。

就另一方面而言,北齐国家改变降爵的元氏诸王的封地还有与政治相关的目的。齐文宣帝登上皇帝位后,将孝静帝降为中山王,以中山郡作为他的封地,并规定"于中山国立魏宗庙。"[①]可是,中山郡曾经是高澄的封地。正如《北齐书·文宣帝纪》载:"(高澄)封冀州之渤海长乐安德武邑、瀛州之河间高阳章武、定州之中山常山博陵十郡,邑二十万户,加九锡,殊礼,齐王如故。"因此,齐文宣帝将高澄的封地封授给退位的孝静帝,显然是贱视东魏皇帝的一种政治显示。由此来看,北齐统治者在例降元氏诸王爵位等级的同时,将他们的新封地与原来的封地完全分隔,显然是以贬低他们现有身份为目的的,因此,也就使元氏诸王的"准例降爵",包含很浓厚的政治歧视的意味。

另外,还要提及的是,北齐建国后,在爵位封授上,很少给降爵的元氏诸王及诸王的后裔有提升爵位等级的机会。如果要提升他们的爵位等级,是必须附加前提条件,也就是也就是需要改变原来的姓氏。《北齐书·元文遥传》:"(元文遥)魏昭成皇帝六世孙也。五世祖常山王遵。……及践祚,除中书侍郎,封永乐县伯。……天统二年。诏特赐姓高氏,籍属宗正,第依例岁时入朝。再迁尚书左仆射,进封宁都郡公。"又《北齐书·元文遥传》:"(元景安)魏昭成五世孙也。高祖虔,魏陈留王。……天保初,加征西将军,别封兴势县开国伯,带定襄县令,赐姓高氏。……武平三年,进授行台尚书令,刺史如故,封历阳郡王。"很显然,北齐国家使北魏元氏宗室能够提升爵位等级,是以受赐高氏皇帝的姓氏为条件的。可是,对存续的北魏元氏宗室来说,这种赐姓在表面上是一种优待,实际却是对他们的歧视。因此,这种情况从反面证明,北齐国家对元氏诸王的"准例降爵",实际是将他们置于受歧视的地位。由此可见,北齐国家降低元氏诸王的爵位等级,也就不仅是朝代更迭后的爵位调整,实际上,更多地包含贬视前朝权贵的身份地位的意义。

四、余论

东魏北齐国家以直接封授、进封和追封方式封授王爵,并且,还可以使受封王爵者获得别封。这是当时国家封授王爵的重要特点。由这种特点所决定,也就保证具备受封王爵条件者,能够以不同途径实现王爵的封授,而且,还使一些受封王爵者能

---

① 《魏书》卷12《孝静帝纪》,中华书局,1974年,第313页。

够以别封的方式受封开国爵。因此,东魏北齐国家采取的这些封授王爵的做法,无疑带来很大的社会影响。

从东魏的封授王爵的情况来看,由于当时国家还继续沿袭北魏后期的做法,因而,就使北魏后期的藩王以及北魏后期封授的支子王都能够继续保留下来,并且,东魏孝静帝还继续封授直系亲和旁系亲王爵。统计《魏书》、《北齐书》和《北史》中的记载,这些不同类别的元氏诸王,共有34人。实际上,这些元氏诸王是享有特权的地位显赫的权贵,而且,还具有一些不能低估的政治能量。北齐禅代东魏后,国家在王爵封授对象上,做了一些改变。除了将高氏皇帝的直系、旁系亲作为重要的封授对象之外,还使与皇帝血缘联系疏远的宗室和异姓的姻亲都能够受封王爵。更重要的是,北齐国家开始封授异姓王,使一些国家官员可以受封王爵。依据清人万斯同《北齐诸王世表统计》的统计,①受封的同姓王有50人。万斯同又在《北齐异姓诸王世表》中统计,②北齐国家封授的异姓王则有51人。可是,由于北齐后期国家政治腐败,因此,国家不能控制受封王爵者的数量,以致出现极其混乱的局面。正如《北齐书·幼主纪》称:"庶姓封王者百数,不复可纪。"尽管如此,对北齐受封王爵者而言,他们都是拥有皇帝赐予特权的新贵,并且,还受到北齐皇权的庇佑。尽管东魏与北齐受封王爵的对象存在差异,但相同之处就是,他们都是因为获得王爵的封授而成为一批具有优越地位的显贵。由于这些显贵在人数上占有相当数量,因此,他们凭借皇权对他们的庇护,便具有可以左右社会上层的能量。

可以说,这些受封王爵者在政治上,是具有极高的地位的。就东魏情况而言,在爵位和职官的品级规定上,还沿用北魏的后《职员令》。后《职员令》是将职官品级与爵位品级合而为一的品级序列。在这一品级序列中,爵位的品级可以与职官的品级相比照。据后《职员令》规定,王爵和开国郡公的品级都为一品,与太师、太傅、太保、大司马、大将军、太尉、司徒、司空八公的品级相同。③北齐建国后,依然沿用东魏官制。但在爵位规定上,做了一些调整,只将王爵规定为一品,可以与八公的品级相比照。④显然北齐国家将王爵置于爵位等级的最高位置。为了表现受封王爵者的这种政治地位,北齐国家为诸王规定了严格的册命礼仪,"尚书读册讫,以授王,又授章绶。……就第,则鸿胪卿持节,吏部尚书授册,侍御史授节。"⑤因此,可以说,尽管当时国家没有授予受封王爵者实际的政治权力,但国家可以比照他们的王爵等级,依然能够授予他们重要的官职,因而,他们在中央和地方都能够施加他们的影响,所以,对他们所具有的政治实力,显然是不能忽视的。

---

① 万斯同:《北齐诸王世表统计》,《二十五史补编(四)》,中华书局,1955年,第4669—4670页。
② 万斯同:《北齐异姓诸王世表》,《二十五史补编(四)》,中华书局,1955年,第4671—4673页。
③ 《魏书》卷113《官氏志》,中华书局,1974年,第2993—2994页。
④ 《隋书》卷27《百官志中》,中华书局,1974年,1973年,第765页。
⑤ 《隋书》卷9《礼仪四》,中华书局,1974年,1973年,第175页。

东魏北齐国家为受封王爵者带来更多的利益是,他们可以获得国家授予的食邑。东魏国家确定诸王的食邑标准应该是,按照北魏孝文帝爵位改革后确定的"亲疏世减之法"。① 也就是,亲王为二千户;一蕃王为一千户;二蕃王为五百户;三蕃王为三百户。然而,北齐建立后,废除了东魏的规定诸王的食邑标准。北齐国家确定诸王的食邑数量是按皇帝的意志行事,因此,也就具有很大的随意性。如高叡"显祖受禅,进封爵为南赵郡王,邑一千二百户。"②可是,徐之才"武平元年,除尚书左仆射。二年,迁尚书令,封西阳郡王,食邑二千户。"③正因如此,北齐国家出于笼络受封王爵者的需要,也就不会降低封授他们食邑的数量。况且,东魏北齐国家还能够别封一些受封王爵者的食邑。因此,也就不能低估他们获得的食邑数量。不过,还需要注意的是,受封王爵者可以获得食邑租税的比例是最高的。"王位列大司马上,非亲王则在三公下,封内之调,尽以入台,三分食一,公以下四分食一。"④由此可见,北齐国家对受封王爵者在经济上也给予很大的优待。这说明,这些受封王爵者在经济上,也处于特殊的地位,实际他们的经济实力是很雄厚的。可以说,他们正是受皇权庇护的最大的既得利益获得者。因此,为了维护他们的既得利益,这些权贵自然要顺从皇帝的意志,不敢轻易做出忤逆皇权的举动。

然而,东魏北齐时期,统治者内部政治斗争极其复杂。这就使地位显赫的受封王爵者很难摆脱复杂的政治斗争。当时影响最大的斗争,就是北齐禅代东魏。在这种以和平方式实现王朝更迭的过程中,受影响最大的便是元氏诸王,因而,他们是重要的反对北齐取代东魏的势力。因此,齐文宣帝登基后,就立刻对元氏诸王实行"准例降爵"的措施。这种做法的目的,就是贬低他们原来的显赫地位,并使他们受到很大程度的压抑和贱视,从而造成元氏权贵显赫的地位无可挽回的局面。

北齐建立后,统治者内部也不稳定。当时政治集团众多,而且,矛盾十分尖锐,因此,国家封授王爵也就成为笼络不同政治势力的手段。对受封王爵者来说,则成为施政皇帝必须要拉拢和依靠的力量。因此,在北齐统治者权力争夺的斗争中,都有很多受封王爵者深陷其中。然而,他们只是皇帝利用的对象,并不能改变复杂的政治形势。

特别是,北齐后期,由于国家政治极其腐败,因而,出现了昏庸的皇帝与低能的恩悻官员结合在一起的政治统治格局。皇帝为了利用这些恩悻官员,就一定要使他们获得的利益最大化。这种最大化利益实现的最好方式就是为他们封授王爵。反之,这些受封王爵的恩悻官员则继续要利用王爵攫取更多的利益。因此,王爵的封授予

---

① 《魏书》卷78《张普惠传》,中华书局,1974年,第1742页。
② 《北齐书》卷13《赵郡王琛传》,中华书局,1972年,第170—171页。
③ 赵超:《汉魏南北朝墓志汇编》,天津古籍出版社,2008年,第457—458页。
④ 杜佑:《通典》卷31《职官十三》,中华书局,1984年,第181页。

这种畸形的腐败政治的结合,并没有使国家统治秩序得到稳定,而是愈来愈混乱。因此,可以明确,这正是北齐国家不加控制地滥封王爵所产生的必然的消极后果,进而也就成为促使北齐国家灭亡的重要因素。尽管造成北齐国家灭亡的原因是多方面的,然而,对这种消极后果所产生的影响,显然是不能低估的。

附记:黄先生是我尊敬的前辈学者,值先生八十大寿之际,以此文为先生颂寿。原刊于《人文杂志》2016年第6期

(作者简介:张鹤泉,吉林大学古籍研究所教授、博士生导师)

安危在出令 存亡在所任
——秦汉"治安"三策（乙格式）

龚留柱

一、说"治安"

任何一个时代，政局稳定都是经济发展、民心信向的前提，故为社会之上下所共同期盼。但回顾历史，我们总是看到人类社会危机频发的景象。所谓社会危机，主要指因社会矛盾激化引起的社会失序，给社会治理和人民生活带来严重冲击，如果无法进行有效的化解或规避，则很容易演变成政治危机。社会治理往往与一个社会的文化传统和价值体系相联系，其有效和成功，不外乎是对于作为整体的"人"的价值和利益的满足。在路径上，也与"政府－社会"能否良性互动有关。政府应该在信任的基础上，提高社会的自组织能力，创造和谐的社会氛围，由国家力量与社会力量相结合，共同治理社会。

在中国历史上，秦汉所开创的帝国时代，延续了两千多年。它所形成的社会危机治理模式，往往对后代具有示范效应，堪称是一种典型形态，值得我们深入研究。其"治安"一词也与今天单纯指城乡社会秩序的良好不同，而是在更广义上指国家的政治清明和社会安定，或者说是"治理百姓使之安定"的语义压缩。如"古者殷、周有国，治安皆千余岁"；又如贾谊总结秦朝速亡的教训，"因陈治安之策"，即谋求如何使国家长治久安。

相应，汉人也有"土崩"与"瓦解"之说。汉武帝时人徐乐提出"天下之患在于土崩不在于瓦解"。所谓"土崩"，就是由于"政不修"造成"民困"、"下怨"、"俗已乱"，并且进一步导致下层民众的造反，如秦末农民战争。所谓"瓦解"，就是统治集团内部的反叛,如景帝时的"吴楚七国之乱"①。为什么首先要避免前者？秦汉开辟了专制主义中央集权的政治体制,以区别于王国时代的贵族等级制,其性质是皇权官僚制社会。由于政治大一统而在社会层面上缺少了作为中间环节的宗法组织,这种社会的基本矛盾就是以皇帝为首的官僚统治集团与社会大众之间的矛盾。因为国家的财源、兵源皆来自于普通的编户民,为其生命线之所系,所以一旦统治者"赋敛无度"、"暴虐异常",激化了官民上下的矛盾,"土崩"就意味着王朝末日的到来。相反,如果知道"安危之明要",让老百姓"安土乐俗",即使出现"瓦解"之势,只要民众不为所动,人心不附,王朝就仍可安如磐石。我们注意这样的事实,中国秦以后的大一统王朝,十之八九都是被全国性的农民战争推翻的,而单纯的宫廷政变只能得逞于分裂时代的小朝廷身上。

但安者非一日而安也,危者亦非一日而危者,皆以积渐然。明智者防患于未然,而次者禁于已然之后,更次者标本皆失,眼睁睁看着覆巢破卵,"一夫作难而七庙隳"。故秦汉"治安"有上、中、下三策之分。

二、上策:轨道修正 防患未然

人类社会的政治经验是可以继承的,但对统治者来说,"学而知之"不如"困而知之"印象深刻,汉朝崛起的原因主要是善于吸取秦朝灭亡的教训。

徐复观把秦朝称为"典型专制政治",阎步克视其为纯粹文吏政治,即自觉以法家思想为指导而建立起的政治形态,因而统治方法有很大的局限性。具体而说,一是崇尚暴力,不但"以暴虐为天下始",而且不懂得打天下与守天下的不同,政策一味"暴急",繁刑严诛,吏治刻深;二是好大喜功,不但同时进行南、北两场战争,而且大兴土木,穷奢极欲,造成民众不堪忍受的赋税徭役负担,只好"逃亡山林,转为盗贼";三是多方树敌,在王朝立基未稳时,对东方六国不能以怀柔加强亲和力,反而一味地恐吓镇压,导致东方旧贵族的复国运动火借风势,与农民战争结合在一起;四是抛弃忠信道德,以神秘之"术"驾驭臣下,特别是以"焚书坑儒"钳制舆论,不但使统治集团四分五裂,而且使最高统治者闭目塞听,"孤立"而败。总之,秦由于经历简单,经验不足,既看不到人民的力量,用暴政激化官民之间的矛盾,导致"土崩";又不能审时度势,消弭中央与地方集团之间的矛盾,导致"瓦解"。最终"土崩"与"瓦解"互为促进,使之"极武而亡"。这是它政治上不成熟的表现。汉朝能够吸取教训,认识到"为君之道必须先存百姓"②,思考问题就更切合实际。

汉承秦制,二者的政治体制上是一样的,但为什么一个仅仅十五年就匆匆谢幕,

---

① 《汉书·徐乐传》,中华书局,1962年。
② 《贞观政要·君道第一》,影印文渊阁《四库全书》本。

一个却绵延四百余年并成为影响深远的强大帝国？原因就在于汉初六十年，新的统治者不仅吸取秦朝失败的教训，而且借助于儒家、道家等所传承的先秦贵族体制的政治经验，利用传统的文化价值体系对秦进行社会治理的轨道修正，因而成功地化解了多种社会危机，为其江山永固奠定了雄厚坚实的民心基础。

历来有"汉兴四诏"的说法，即汉高祖十一年的《求贤诏》、汉文帝后元元年的《议佐百姓诏》、汉景帝后元二年的《令二千石修职诏》和汉武帝元封五年的《求茂才异等诏》。其实早在灭秦时，刘邦已经有一些重要举措，开始对秦政进行轨道修正。

首先是刘邦破关灭秦，随即召集关中地方豪杰，宣布"父老苦秦苛法久矣"，现在"与父老约，法三章耳：杀人者死，伤人及盗抵罪。余悉除去秦法"①。刘邦废除了民众最难以忍受的秦之繁苛之法，反秦之弊，禁网疏阔，凡事简易，可谓深得人心。于是"秦民大喜"，"唯恐沛公不为秦王"②。

其次在楚汉战争最艰难的时刻，刘邦下令："举民年五十以上，有修行，能帅众为善，置以为三老，乡一人。择乡三老一人为县三老，与县令丞尉以事相教，复勿徭戍。以十月赐酒肉。"③建立"三老"制度，即强化社会自组织能力，这是一项具有前瞻性的战略举措，意义深远。自从商鞅变法，秦政在上强化中央集权，在下推行小家庭制度，而打击一切中间的宗族长、大家长等社会势力。秦始皇开创的所谓"赐民爵"之举，按日本学者西嶋定生的说法，其实质意义是实现由皇帝直接对庶民单个人身的统治。现在刘邦推置的"三老"，其身份不全是政府官员，而是地方名流。汉政权就是要依靠其在民众中的广泛影响，成为民意上达和政令下达的沟通渠道，并与县令丞尉进行经常性的政治协商。这种国家力量和社会力量相结合进行治理的方法，不仅节约了执政成本，凝聚了民心，而且提高了当局的政治合法性，无疑将在克服社会危机方面发挥巨大作用。

复次刘邦还颁布《求贤诏》，即所谓的"汉兴"第一诏。

《求贤诏》"布告天下"，要求各级官员给皇帝推举"贤士大夫"，然后他要"尊显"重用之，以使汉家天下"长久"无绝。古代的士大夫阶层，是社会文化的精英。其作用不仅在王者"定有天下"时贡献谋略，制造师出有名的舆论，"明其为贼，敌乃可破"；而且往往掌握着"道"，是传统文化和价值体系的保存者、传承者和解释者。这样他们一可以充任帝王的辅佐顾问，利用舆论工具确认政权的合法性；二可以对民众进行教化，提高整个社会的道德水准；三可以对统治者的不当政策劝谏纠偏，以防止社稷倾覆。而后者尤其重要。秦始皇好谀、暴虐，通过残酷手段钳制舆论，疏离和得罪了整个知识阶层，结果在全民中政治信用破产，道德形象败坏。"千夫所指，不病自亡"，教

---

① 《汉书·高帝纪》。
② 《汉书·高帝纪》。
③ 《汉书·高帝纪》。

训深刻。汉朝认识到"岂有文章倾社稷,从来奸佞覆乾坤"的道理,所以屡有"举贤良方正能直言极谏者以匡朕之不逮"的诏令。王充《论衡·非韩》云:"治国之道,所养有二:一曰养德,二曰养力。养德者,养名高之人,以示能敬贤;养力者,养气力之士,以明能用兵。此所谓文武张设,德力具足也。"发布《求贤诏》是统治集团政治上成熟的表现,也成为奠定强盛汉帝国的首块基石。

"汉兴"第二诏,是汉文帝的《议佐百姓诏》。

汉文帝是历史上有名的仁君,他的执政方针充分体现了民本主义的价值理念。一是轻简法律,如除收孥相坐律,除盗铸钱令,废肉刑,免诽谤妖言祝诅皇帝之罪等。二是减免农民租税,由十五税一两次降到三十税一,甚至在前元十三年全部免除天下田租。三是移风易俗,褒奖孝悌、力田、三老并设置为常员。颁布尊老养老之令:对八十岁以上的老人,官府每月发放米一石、肉二十斤,酒五斗;对九十岁以上的老人再加上每人帛二匹,絮三斤;而且这些物品都要求县吏亲手送到家。四是为了"全天下元元之民",与匈奴实行和亲,以减少"结难连兵"给百姓和社会经济造成的伤害。

汉文帝是从观念上自觉践行民本思想的。他说,"天生民,为之置君以养治之。人主不德,布政不均,则天示之灾以戒不治"。所以"天下治乱",责任"在予一人"。他看到"间者数年"农业歉收,"又有水旱疾疫之灾",造成"民食之寡乏",就认为是自己"政有所失而行有过"所致,说自己"不德大焉"。他要求臣下"悉思朕之过失",立即"启告朕";他还从民间"举贤良方正能直言极谏者"匡正自己。他还要求祭祀上帝、宗庙的"祠官",在祝愿时不能让自己"独美其福"而"不为百姓",这样是"重吾不德","朕甚愧之"①。作为一个国君,不能让百姓生活美满富足,就是失职。这种"民本"观念,从此深入人心,至少在理论上成为古代治国的不二法则,成为臣民对主国者的一种软约束。汉初所谓"拨乱反正",即让混乱的社会恢复到圣贤正道,汉文帝此诏庶几近之。故有人说,"汉兴,至文帝而天下大定"②,所依赖者正在民心。

汉兴第三诏,是汉景帝的《令二千石修职诏》。

秦汉后的帝国时代,政治权力像金字塔一样层层集中,最后完全由皇帝来掌握。但仅靠"孤家寡人"是无法治理偌大之天下的,故有明主"治吏而不治民"的说法。西汉中兴之主汉宣帝曾要求"自丞相已下各奉职而进",说:"庶民所以安其田里而亡叹息愁恨之心者,政平讼理也。与我共此者,其唯良二千石乎!"③秦汉二千石,主要指的是郡一级的地方大员,是连接中央和县乡的一级行政架构,皇帝要依靠他们来监临地方长吏。皇帝靠官员来治民,官僚又是一个有自己特殊利益的社会阶层,其素养就包括能力和品德两个方面。到景帝时,追随刘邦打天下的元老功臣所剩无几,依靠父

---

① 《汉书·文帝纪》。
② 王夫之:《读通鉴论》卷2《文帝》,中华书局,1975年。
③ 《汉书·循吏传》。

荫担任重要官职的"官二代"不仅能力不足,而且做官发财的观念也日渐膨胀。汉文帝对此遏制不力,如"群臣张武等受赂遗金钱,觉,上乃发御府金钱赐之,以愧其心,弗下吏"①。对贪腐仅仅以德化之而不惩治,无异于以羊饲狼。

汉景帝提出问题说,"今岁或不登,民食颇寡,其咎安在?"然后自己回答原因在于"或诈伪为吏,吏以货赂为市,渔夺百姓,侵牟万民。县丞,长吏也,奸法与盗盗"。奸诈者为吏,大搞权钱交易,掠夺百姓。特别是县丞,借法律而作奸,勾结盗者共谋不义之财。因此,他要求郡一级的二千石官员负起责任,"各修其职";如有不作为或制造混乱影响治理者,丞相要汇报皇帝并"请其罪"②。对于官吏贪赃,汉景帝在前元元年诏书中就曾规定,凡官员接受下级官属给予的好处,如"买故贱,卖故贵,皆坐赃为盗",没收全部非法所得,并免职;若"受财物",不但免职,而且剥夺爵位;"有能捕告,畀其所受赃"③。以奖赏赃物的方法,鼓励其他人举报和抓捕贪赃官员。

汉朝重视"吏治",对贪墨者的惩治尤其严厉。按照张家山汉简《二年律令》,"受赇以枉法,及行赇者,皆坐其赃为盗";赇,贿赂。而比照《盗律》,"盗赃值过六百六十钱,黥为城旦舂"④。偷盗或行贿、受贿超过 660 钱者,惩处都是肉刑加上五年徒刑;即使贪赃 1 钱,也要罚金一两,不可谓不重。一个人犯了赃罪,还要连累其当初的保举者。据《置吏律》:"有任人以为吏。其所任不廉、不胜任以免,亦免任者。"⑤任,保举也;这种罪名在文献中叫做"选举故不以实"。到汉武帝建元年间,又有郡守坐赃"禁锢二世"的规定,即其子孙将被禁止出仕为官。对此,有人以"恶恶止其身"的《春秋》义来鸣不平,王夫之反驳说:这些人"身为王臣,已离饥寒之苦",为什么"斥田庐,藏珠玉,饰第宅,侈婚嫁,润子孙"而贪墨无厌,连后日之"系项伏锧"、"身受欧刀"也在所不惜呢?非其性然,主要原因在于其家属。不但"姻娅族党艳称弗绝,则相尚以迷";而且"妻妾子女环向以相索,始于献笑,中于垂泣,终则怨谪交加而无一日得安于其室"。所以为求家中旦夕清静,则"一行为吏,身为子孙之仆吏";"贪墨者,其人也;所以贪墨者,其子孙也"。现在为了"拔本塞源",对贪官的子孙施以"禁锢之罚",又有什么不可以呢?⑥

汉兴第四诏,是汉武帝的《求茂才异等诏》。

此诏的背景是当年卫青病逝,使武帝有一种"名臣文武欲尽"的危机感。他下诏令说:"盖有非常之功,必待非常之人,故马或奔踶而致千里,士或有负俗之累而立功名。夫泛(泛)驾之马,跅弛之士,亦在御之而已。其令州郡察吏民有茂才异等,可为

---

① 《史记·孝文本纪》,中华书局,1982 年。
② 《汉书·景帝纪》。
③ 《汉书·景帝纪》。
④ 《二年律令·盗律》,《张家山汉墓竹简》,文物出版社,2006 年,第 16 页。
⑤ 《二年律令·置吏律》,第 36 页。
⑥ 《读通鉴论》卷 7《安帝》。

将相及使绝国者。"①调皮之马可以日行千里,品行有亏之人或许能建功立业,因此要求各地不拘一格选拔能作为文臣武将和出使异域的人才。

汉武帝执政55年,文治武功辉耀千载,重要原因是"汉之得人,于兹为盛……儒雅则公孙弘、董仲舒、兒宽,笃行则石建、石庆,质直则汲黯、卜式,推贤则韩安国、郑当时,定令则赵禹、张汤,文章则司马迁、相如,滑稽则东方朔、枚皋,应对则严助、朱买臣,历数则唐都、洛下闳,协律则李延年,运筹则桑弘羊,奉使则张骞、苏武,将率则卫青、霍去病,受遗则霍光、金日磾,其余不可胜纪。是以兴造功业,制度遗文,后世莫及。"②

第一,由于先天和后天条件的不同,人的禀赋是有差异的;第二,不同的领域需要不同的人才,没有全知全能的圣人,所以选人要不拘一格;第三,"江山代有才人出",任何时代都有丰富的人才资源;第四,在人治的格局之下,治国理政需要的人才,或不被发现,或弃而不用,关键在选举制度是否合宜。

在先秦贵族制下,社会阶层之间几乎没有流动,诸侯世国,大夫世官,"士之子恒为士,农之子恒为农"。但是,不仅贵族世国、世官的基因衰减、其执政能力一代不如一代,而且"天之生才也无择,则士有顽而农有秀;秀不能终屈于顽,而相乘以兴,又势所必激也"。于是战国变法,"封建毁而选举行,守令席诸侯之权,刺史牧督司方伯之任,虽有元德显功,而无所庇其不令之子孙"③。

官僚制代替世袭制,是一个历史的进步,但选官制度的完善,则需要一个不断调整的过程。秦国以军功选官,战场激励效果明显,但也存在一个韩非所批评的问题,即善战杀敌者没有文化,让他去作行政管理,就好比让木匠去做医生一样,岂不荒唐?和平时期没有军功可立,秦就实行"赀选制",即家产达到十万钱者才有资格做官,"以谓其家足而可无贪"。但是,"富而可为吏,吏而益富,富而可贻其吏于子孙",徒然造成"毁廉耻,奔货赂"的社会风气④。

汉承秦制,除继续实行"赀选"(汉景帝将标准降为4万钱)外,还实行"任子制",即二千石以上的官僚任职3年后,可"荫"(保举)其子弟一人为吏。这是变相的世官制,难于选拔出真正的人才。汉武帝为了厚实帝国的统治基础,也为了提高执政能力,推行了新的选官制度。这是一套"组合拳":一是察举。由董仲舒建议,"使诸列侯、郡守二千石各择吏民之贤者,岁贡士二人",举民为孝者,举吏为廉吏,合称孝廉。到京师再通过对策筛选,是推荐与选拔相结合。二是征辟。是自上而下地征召有特殊才能之人,皇帝有征召,公卿守相有辟召,性质是礼请,可以应聘,也可以不就。三

---

① 《汉书·武帝纪》。
② 《汉书·公孙弘卜式兒宽传》。
③ 《读通鉴论》卷1《秦始皇》。
④ 《读通鉴论》卷3《景帝》。

是公车上书。天下臣民凡是有好的见解,可随时到公车司马令那里上书言事。是自荐,被赏识者"高者请丞相御史、次者中二千石试事,满岁以状闻"①。四是博士弟子。太学设五经博士,置博士弟子50名,由太常选送各地18岁以上的青年受业读经。再定期考试,学而优则仕。

汉代的选官制度,是历史的一大进步,为帝国强盛夯实了人才基础。尤其在慧眼如炬的汉武、汉宣之时,其人选皆能为历史名臣,传扬久远。但这种顶层设计,选拔程序还不严密,主观随意性也较大,尚不成熟。如王夫之就批评说,"郡国之远者,去京师数千里。郡守之治郡,三载而迁。地远,则贿赂行而无所惮;数迁,则虽贤者亦仅采流俗之论,识晋谒之士,而孤幽卓越者不能遽进于其前"。这样所推举者或为"矫伪之士",或者"容身畏尾,庸驽竞乘";或者与举主"交托营护","大奸营窟",使"背公死党之害成"②。察举制的弊端到了东汉就越发严重,以致经过魏晋短暂的"九品官人法"之后,隋唐时终于产生了更为公平周密的科举制。

在时代的转折关头,往往更需要能正确把握历史趋势的领袖人物。通过对"汉兴四诏"的分析,我们知道汉初之帝王,确能在总结秦朝教训的基础上,虚心纳谏,以"水能载舟亦能覆舟"的民本思想作为执政理念,推出了一系列如轻法、重农、尊老、和亲等政策措施,顺利完成了对秦政的轨道修正,避免了严重社会危机的发生或滋蔓,保证了汉帝国的稳定和发展。司马迁引《周书》说:"安危在出令,存亡在所任。"即今人所说的"政治路线确定之后,干部就是决定的因素"。王船山也说:"严者,治吏之经也;宽者,养民之纬也;并行不悖。"③为什么?"赇吏兴,上下蔽,天子大臣弗能廉察,激民之重怨","盗之所以死此而又兴彼也"④。

三、中策:缓而不迫 文武兼用

一个王朝的制度设计越是具有前瞻性,越是可以防患于未然,其社会的稳定时间就越是长久。但随着社会矛盾的产生和积累,丰凶不能必之于天,贪廉不能必之于吏。天之风云变之,人心之怨毒乘之,不同程度的社会危机是迟早要发生的。特别是遇到"群盗"勃兴,野火燎原,天下方乱,作为王朝的统治者,以什么手段来消弭之,其成本最小、善后最好呢? 是"釜底抽薪"还是"扬汤止沸"?

我们以案例法来分析之。

一是汉武帝晚年,由于多年的兴师暴众和赋役滥增,农民大量破产流亡,社会矛

---

① 《汉书·萧望之传》。
② 《读通鉴论》卷3《武帝》。
③ 《读通鉴论》卷8《桓帝》。
④ 《读通鉴论》卷7《安帝》。

盾尖锐，许多地方发生武装暴乱："南阳有梅免、百政，楚有段中、杜少，齐有徐勃，燕赵之间有坚卢、范主之属。大群至数千人，擅自号，攻城邑，取库兵，释死罪，缚辱郡守都尉，杀二千石，为檄告县趣具食。小群以百数，掠卤乡里者不可称数。"面对如此严峻的局面，汉武帝先是派出御史到各地督促镇压，"犹弗能禁"。于是镇压升级，又派出大臣担任直指绣衣御史，手持代表皇帝授权的"节杖"和"虎符"，调集大军以优势兵力围剿，"斩首大部或至万余级"。但是，造反的农民散亡之后，"复聚党阻山川，往往而群，无可奈何"。汉武帝又制定"沉命法"，规定"群盗起不发觉，发觉而弗捕满品者，二千石以下至小吏主者皆死"。郡守以下至率军的小吏，如不能及时发现并镇压叛乱者，等于藏匿盗贼，也要被处死。地方官员既然不能将层出不穷的反叛镇压下去，干脆互相勾结，对上隐瞒不报，局面渐失控，"盗贼寖多，上下相为匿"①。

汉武帝这才清醒，立即对镇压来个急刹车。他果断地于征和四年（前89）发布"罪己诏"，下令停止在轮台（今属新疆）的屯田远戍，并"深陈既往之悔"，宣布"当今务在禁苛暴，止擅赋，力本农"，从此"息兵罢役"②，停止对外战争。同时封丞相田千秋为富民侯，任命推行代田法的赵过为搜粟都尉，以鼓励人民尽力农业生产。此后，朝廷"与民休息"，天下形势转危为安。司马光说汉武帝"有亡秦之失而免亡秦之祸"③，就在于他能及时把握动乱之源，并采取"釜底抽薪"的消弭措施。

后来的汉光武帝刘秀就吸取了这一经验。据《后汉书·光武帝纪》，建武十六年，因"度田"，"郡国大姓及兵长、群盗处处并起，攻劫在所，害杀长吏"。一开始由地方郡县追讨，但群盗"到则解散，去复屯结，青、徐、幽、冀尤甚"。刘秀马上改变办法，一是允许叛者立功赎罪，如群盗自相揭发，"五人共斩一人者除其罪"；二是官吏如有畏敌不前（逗留回避）、有意放纵、放弃城守等，皆不追究，只看最后"获贼多少"定赏罚，也只有藏匿叛者的行为才有罪。于是官吏无后顾之忧，"更相追捕，贼并解散"。然后，再对百姓"赋田受廪，使安生业，自是牛马放牧，邑门不闭"④，一场社会危机终获解决。王船山说，"治盗之法，莫善于缓；急者，未有不终之于缓者也"。如果"惟求之已急也，迫之以拒，骇之以匿"，抓捕难度增大，于是"吏畏不获而被罪，而不敢发觉"。这样"展转浸淫而大盗以起，民以之死而国因以亡"⑤，后果更严重。

二是西汉循吏龚遂平定渤海郡（治今河北沧州）农民暴乱事。汉宣帝时，渤海及周围郡县因年岁饥荒，盗贼并起，原来的郡守无能为力，皇帝要选"能治者"。丞相和御史大夫推举了正待罪的故昌邑国郎中令龚遂，于是龚遂成为新任的渤海太守，此时他已经七十多岁。宣帝召见问："渤海废乱，君欲何以息其盗贼，以称朕意？"龚遂轻描

---

① 《汉书·酷吏咸宣传》。
② 《汉书·西域传》。
③ 《资治通鉴·汉纪十四》"臣光曰"，中华书局，1956年。
④ 《后汉书·光武帝纪》，中华书局，1965年。
⑤ 《读通鉴论》卷6《光武》。

淡写地回答:"其民困于饥寒而吏不恤,故使陛下赤子盗弄陛下之兵于潢池中耳。今欲使臣胜之邪,将安之也?"龚遂很清醒地认识到是官逼民反,这些民众如有一线生路,绝不会反叛朝廷。颜师古注:"胜谓以威力克而杀之也,安谓以德化抚而安之也。"宣帝回答说:"选用贤良,固欲安之也。"龚遂说:"臣闻治乱民犹治乱绳,不可急也。唯缓之,然后可治。臣愿丞相御史且无拘臣以文法,得一切便宜从事。"①他要求在法律之外给自己一定的机动处理权,来缓和官民矛盾,而不是迫之过急。汉宣帝答应了。

龚遂进入渤海郡界,郡吏为了新太守的安全,发兵迎接。龚遂将所有士兵都打发走,又发布公文给属县,要求"悉罢逐捕盗贼吏"。不但撤回官兵,又宣布凡是手持锄镰等农具参加反叛的皆为良民,官吏不能抓捕,只有手持兵器的才是盗贼。然后龚遂独自乘车来到太守府,郡界中马上恢复安定。原来的盗贼听到新太守的教令,"即时解散",纷纷丢弃兵弩而改持农具。正因为龚遂采取了"缓而不急"的策略,给民众以自新之路,"盗贼于是悉平,民安土乐业"。龚遂进一步采取治本之策,"乃开仓廪假贫民,选用良吏,慰安牧养焉"②。所谓循吏,正是主张以"民本"思想来进行社会危机治理的,龚遂所为正是一个典型例证。

三是赵充国平羌乱事。汉宣帝神爵元年(前61),先零羌与诸羌结盟,又向匈奴借兵,企图反汉。汉派使者义渠安国巡视羌中,安国鲁莽地诱杀诸羌豪酋三十余人,又纵兵屠杀羌民千余人,激起诸降羌及归义羌侯杨玉等反叛。义渠安国镇压失败,报告朝廷。汉宣帝派七十多岁的老将赵充国率一万骑兵进至金城,再渡河至落都西部都尉府。此为当年六月。

赵充国富于经验,认为对方之特点是"夷狄而初起,其锋铦利,谋胜而不忧其败。谋胜而不忧其败,则致死而不可婴。败之不忧,则不足以持久而易溃"③。因此他选择"持重"之战法,"虏数挑战",令军不击,说"吾士马新倦,不可驱驰,此皆骁骑难制,又恐其为诱兵也。击虏以殄灭为期,小利不足贪"。他一方面"日飨军士,士皆欲为用";一方面分化叛羌说:"犯法者能自捕斩,除罪。斩大豪有罪者一人,赐钱四十万,中豪十五万,下豪二万,大男三千,女子及老小千钱,又以其所捕妻子财物尽与之。"其方略是,以威信招降先零以外的其他羌人,拆散其联盟,等到叛羌"徼极乃击之"颜注:"徼极,要其倦极者也。"④

但是汉宣帝及其朝臣却不是这样有耐心。他们马上加派6万人马,准备在七月上旬分兵合击羌敌。赵充国立即上书陈说利害,以为"虏即据前险,守后阨,以绝粮

---

① 《汉书·循吏龚遂传》。
② 《汉书·循吏龚遂传》。
③ 《读通鉴论》卷4《宣帝》。
④ 《汉书·赵充国传》。

道,必有伤危之忧"。皇帝不听,一面任命了新的强弩将军和破羌将军,一面下敕书责问赵充国,甚至说出这样的狠话:"将军不念中国之费,欲以岁数而胜微,将军谁不乐此者!"颜注:"久历年岁,乃胜小敌也。"赵充国不为所动,以为"将任兵在外,便宜有守,以安国家",继续上书"陈兵利害"。由于赵充国的公忠之心和有理有据的透彻分析,皇帝只得改变主意,"玺书报从充国计焉"①。

赵充国采取驱赶、隔离、围困、分化等措施,以待叛羌之"敝",并不急于正面进攻。他逼迫先零渡湟水西撤,又收降亲汉之罕羌。为解决军粮,他给宣帝上书,要求汉军罢兵,仅留万人屯田戍守。直到次年五月,战期不过一年,赵充国报告,羌族叛军本五万人,被斩首七千六百,饥饿和渡河溺死五六千人,投降三万一千二百人,余逃脱奔亡仅四千人,"请罢屯兵"。于是"充国振旅而还"②。

"善战者胜于无形"。这场战争并不激烈,敌军绝大多数是被迫投降的。有识者以为,在赵充国缓战方略之下,"虏势穷困,兵虽不出,必自服矣"。本来攻和守、速和缓,都是常见的战法,一切以具体条件而定,并没有优劣之分。这次平定羌叛,赵充国的做法无疑是值得肯定的:一是双方伤亡都较少,人的生命是最珍贵的;二是善后较好。在汉军班师后的秋天,羌人主动杀其首领杨玉、犹非,原逃脱奔亡的四千人转向汉朝投降。汉设立金城属国,以安置投降的羌人。

王船山评论说:"充国持重以临之,使狡夷贫寡之情形,灼然于吾吏士之心目,彼且求一战而不可得,地促而粮日竭,兵连而势日衰,党与疑而心日离。能用是谋而坚持之,不十年而如坚冰之自解于春日矣……一人谋之已定,而继之者难也……故羌祸不绝于汉世。然非充国也,庸主陋臣惮数岁之劳,遽期事之速效,一蹶不振,数十年兵连祸结而不可解,国果虚,民果困,盗贼从中起,而遂至于亡。"③此说不虚矣。

四、下策:以暴易暴 两败俱伤

每当严重的社会危机发生,统治者担心江山不保,就会出自本能地把强力镇压当作首选,而且表现得极其残忍专横。最典型的就是秦朝,"乐以刑杀为威",不容许任何异己力量对自己的冒犯。如秦始皇三十六年,天坠陨石于东郡,有人刻石上"始皇帝死而地分"几个字。始皇派御史去追查作案者,无果,就将陨石周围的居民悉数诛杀。秦二世时,关东大乱,"群盗并起,秦发兵诛击,所杀亡甚众,然犹不止";"盗贼益多"④。朝臣李斯等人请求减少民众的赋税徭役以缓和矛盾,反而被二世以不忠的罪

---

① 《汉书·赵充国传》。
② 《汉书·赵充国传》。
③ 《读通鉴论》卷4《宣帝》。
④ 《史记·秦始皇本纪》。

名处死,然后继续对东方武力镇压。

对付暴君的必然是暴民,"山东郡县少年苦秦吏,皆杀其守尉令丞"①。他们无路可走,只能抱着必死的信念来反抗,所谓"发如韭,剪复生;头如鸡,割复鸣;吏不必可畏,小民从来不可轻"②。从某种意义上说,暴君暴民二者对社会都只能破坏而不能建设,最后在旧王朝的废墟上同归于尽。

在中国古代,这种冤冤相报、以暴易暴的行事方式,特别突出地体现在中原王朝与四边的民族战争中。其根源在于传统的"夷夏之辨",认为"非我族类,其心必异",必须刑以伐之,外用甲兵。钱钟书说:"兵与刑乃一事之内外异用,其为暴力则同。"③吕思勉也说:"刑之始,盖所以待异族也。"④到汉代,对蛮夷尤其是对羌族的主剿与主抚两派的争论一直不断。

汉宣帝时,由于赵充国坚持"抚循和辑、保胜安边"的方针,顺利平定了先零羌的大规模反叛,并利用屯戍的方法,争得了羌族的内附。故终西汉一代,羌人宾服,无大的变故发生。东汉由于羌人大量内迁,又受到汉族官吏和地方豪强的欺凌剥削,"或侄侥于豪右之手,或屈折于奴仆之勤"⑤,终于引发了3次大规模的武装暴动。

一是汉安帝永初元年,由于强迫羌人出征西域,羌人奔散,官军堵截,西羌先零、钟羌诸部暴动,切断关中通往陇右的道路。朝廷派车骑将军邓骘率军进剿,反被打败。一直到元初二年,东汉调集南匈奴、南蛮20万骑兵围剿,才扭转了局面。而最终平息这次暴动则到元初五年,总共12年,"并、凉二州为之虚耗"。

二是汉顺帝永和四年,"天性虐刻"的来机、刘秉分别为并州和凉州刺史,激起当地羌人反抗,并很快波及金城、武都、陇西和关中,威胁到都城洛阳。朝廷派征西将军马贤进剿,被羌击败,马贤父子战死。直到汉冲帝永憙元年,左冯翊梁并采用招抚手段,羌人5万多户归附,陇右才得以平定。共历时6年。

三是汉桓帝延熹二年,酷吏段颎为护羌校尉,对羌实行强硬政策,导致东、西羌数十万人攻打并、凉二州和关中三辅,局面失控,朝廷改派皇甫规为中郎将持节监关西兵。皇甫规与张奂都坚持招抚手段,但有些部落在接受招抚后,又发起新一轮的暴动,西部还是难得安宁。朝廷重新启用段颎。段颎认为羌人生性顽劣,坚持围剿方略。直到汉灵帝建宁二年,他先后斩杀1.9万余羌人,才把这次羌乱最终镇压下去,共历经12年。

三次羌乱前后延续60余年,消耗军费400亿之巨。沉重的财政负担使东汉的经济体系趋于崩溃,激化了社会矛盾,黄巾起义于是发生,"汉祚亦衰矣"。同时,在羌乱

---

① 《史记·秦始皇本纪》。
② 《太平御览》卷976《菜部一·韭》,影印文渊阁《四库全书》本。
③ 钱钟书:《管锥编》第一册,中华书局,1978年,第285页。
④ 吕思勉:《先秦史》,上海古籍出版社,1982年,第425页。
⑤ 《后汉书·西羌列传》。

过程中,各族民众大量死徙,造成严重的生命财产损失。《明史·西域传》说:"昔赵充国不战而服羌,段颎杀羌百万而内地虚耗",教训何其深刻!

引起羌乱的根本原因是汉族豪强的剥削和官吏的贪暴。王船山分析说:"中国之智,以小慧制戎狄;戎狄之智,以大险覆中国。中国之得势而骄,则巧以渔其财力;戎狄之得势而逞,则狠以恣其杀掠。此小胜而大不胜之固然也。役其力,听役矣;侵其财,听侵矣。债帅、墨吏、猾胥、豪民,施施自得,而不知腰领妻孥之早已在其锋刃羁络间矣。"①没有战略眼光的主剿派所追求的,正是小胜而大不胜,但由此带来的严重后果却不是这些"屠夫"所能预料的。西晋末的"五胡乱华",石虎仇杀汉人,死者数万;汉人冉闵掌权,又鼓动汉人滥杀胡人20多万,民族仇杀种族灭绝行径的直接根源还在武将的"贪功嗜杀"上。

马援为东汉名将,平陇下蜀、北御匈奴、南定交趾,屡立战功,但却在人生最后一刻"身死名辱",家世几为不保。

武陵蛮是分布在今湘西、鄂西南的南蛮的一支。汉于其地置武陵郡,因名。其在沅水上游五溪的,又称五溪蛮,与今天的土家、苗、瑶、侗族有渊源关系。建武二十三年,其酋豪相单程反汉,刘秀派武威将军刘尚帅兵万余击之。刘尚轻敌入险,又不知路径,食尽而退。结果被据险而守的蛮人截击,汉军覆没无余。次年七月,刘秀又派李嵩、马成击之,仍不能克。这时62岁的马援请求出征,刘秀"悯其老",不许,马援就在帝前据鞍上马,顾眄自雄,"以示可用"②。

再次年春,马援帅十二郡军士四万余人远征五溪。进至临乡,"遇贼迎击,破之,斩获二千余人"。汉军追至下隽,有两条路径可选。一从充走,路远而平坦;二从壶头走,路近而险。耿舒等将士皆愿走充道,而主帅马援认为费日费粮,不如入险进壶头扼敌咽喉。结果在壶头,"贼乘高守隘,水疾,船不得上。会暑甚,士卒多疫死,(马)援亦中病,遂困"③。不久马援病死,军士也死亡大半。为避免全军覆没,作为监军的宗均自愿承担一切责任,"矫制调伏波司马吕种守沅陵长"。然后让这个代理的沅陵县长"奉诏书入虏营,告以恩信",要求蛮人投降,而宗均勒兵随其后。结果蛮人"共斩其大帅而降",宗均"于是入贼营,散其众,遣归本郡,为置长吏而还"④。数年间你死我活的拼斗竟如此轻易地解决了,刘秀不但未治其矫制之罪,还嘉其功,赐以金帛;但对已死的马援则"大怒,追收援新息侯印绶"⑤。

王船山对此有深刻分析:"及乎(马)援已死,兵已疲,战不可,退不能,若有旦夕歼溃之势;而宗均以邑长折简而收之,群蛮帖服,振旅以还,何其易也! 其易也岂待今

---

① 《读通鉴论》卷7《安帝》。
② 《后汉书·马援列传》。
③ 《后汉书·马援列传》。
④ 《后汉书·【宗】(宋)均列传》。
⑤ 《后汉书·马援列传》。

日而始易哉？当刘尚、马援之日早已无难慑服,而贪功嗜杀者不知耳。"所以马援非不能招抚蛮人也,是不愿也。至于刘秀对马援的态度,也大可玩味:"光武之于功臣,恩至渥也","而独于马援寡恩焉,抑援自取之乎！""武溪之乱,帝悯其老而不听其请往,援固请而行。天下已定,功名已著,全体肤以报亲,安禄位以戴君,奚必马革裹尸而后为愉快哉！""不自贵者,明主之所厌也";"役人之甲兵以逞其志,诚足厌也"①。马援诚一武将,非文臣更非政治家,考虑问题的角度自有不同,对其评价也非必苛求。但既然治国理政非其长项,对战略全局的把握也很难到位,军事也仅是社会的一个子系统,故从古至今,对军人干政都主张要尽量避免。

原刊于《史学月刊》2015 年第 12 期

（作者简介：龚留柱，河南大学历史文化学院教授、博士生导师）

---

① 《读通鉴论》卷 6《光武》。

渠县东汉冯氏墓域石刻文字的史料价值

吕宗力

据李如森对汉代家族墓地和茔域上设施的研究,东汉各地区有大家族墓地之兴起,有些大家族墓地长期延续使用,甚至绵延百年或数百年,历经几个朝代,一家数世,父子兄弟并葬。死在异乡的人,也必须归葬于故乡的家族墓地。如陕西潼关吊桥的弘农杨氏墓地,在七座墓中分别埋葬着杨震、杨牧、杨让、杨统、杨著、杨馥和杨彪,祖孙四代,前后相继,墓地沿用达百年之久。墓域上的设施,主要有坟丘(即封土)、墓碑、祠堂、墓阙、人物动物立体雕像和种植树木。① 著名的全国重点保护文物四川渠县冯焕阙,应该就是东汉时期宕渠地区重要的大家族墓地冯氏墓域的遗存。

一、文献记载中的宕渠冯氏

宕渠县,西汉始置,治所在今四川渠县东北,属巴郡。东汉兴平三年(194),刘璋分巴郡为三,于是改属巴西郡。东汉建安二十三年(218),刘备分巴西郡置宕渠郡,以宕渠县为郡治。东汉时期的宕渠地灵人杰。《华阳国志·巴志·宕渠郡》称"先汉以来,士女贤贞。县民、车骑将军冯绲、大司农玄贺、大鸿胪庞雄、桂阳太守李温等,皆建功立事,有补于世。"②这里提到的冯绲(?—168),就是东汉宕渠冯氏家族的重要成员。

冯绲的父亲冯焕(?—122),史籍无传,其事迹散见于《后汉书》之《安帝纪》《东夷高句骊传》《冯绲传》和《三国志·魏书·公孙度传》裴松之注引《魏书》以及《资治

---

① 李如森:《汉代家族墓地与茔域上设施的兴起》,《史学集刊》1996年第1期。
② 常璩撰,任乃强校注:《华阳国志校补图注》,上海古籍出版社,1987年,第49页。

通鉴·汉纪》等。据相关记载,冯焕,巴郡宕渠人,东汉安帝时任幽州刺史。① 西汉元帝时,高句丽人在高句骊县(治今辽宁新宾西)自立王国,但由"高句丽(县)令主其名籍",隶属玄菟郡,上隶于幽州。西汉末以后高句丽王国逐渐扩张,东汉时经常侵扰辽东、玄菟二郡,因而爆发武装冲突。安帝永初五年(111),高句丽太祖大王"遣使如汉,贡献方物,求属玄菟。"但安帝元初五年(118),高句丽又联合秽貊袭击玄菟郡,攻华丽城。② 建光元年(121)初,时任幽州刺史的冯焕会同玄菟太守姚光、辽东太守蔡讽等,"将兵出塞击之,捕斩濊貊渠帅,获兵马财物。(高句丽王)宫乃遣嗣子遂成将二千余人逆光等,遣使诈降;光等信之,遂成因据险厄以遮大军,而潜遣三千人攻玄菟、辽东,焚城郭,杀伤二千余人。于是发广阳、渔阳、右北平、涿郡属国三千余骑同救之"。③ 夫馀王子尉仇台也领兵二万支援。最后击败高句丽军。其后东汉与高句丽之间战火不绝,辽东太守蔡讽不久战殁。而冯焕"疾忌奸恶,数致其罪。时玄菟太守姚光亦失人和。建光元年,怨者乃诈作玺书谴责焕、光,赐以欧刀。又下辽东都尉庞奋使速行刑,奋即斩光收焕。焕欲自杀,绲疑诏文有异,止焕曰:'大人在州,志欲去恶,实无它故,必是凶人妄诈,规肆奸毒。愿以事自上,甘罪无晚。'焕从其言,上书自讼,果诈者所为,征奋抵罪。会焕病死狱中,帝愍之,赐焕、光钱各十万,以子为郎中。绲由是知名。"④

冯焕有两个儿子,长子冯绲,次子冯允。冯允,字公信,"清白有孝行,能理《尚书》,善推步之术。拜降虏校尉,终于家。"⑤冯允有子,名遵,字文衡,官尚书郎。⑥

冯绲,字鸿卿,东汉名将,历事顺、冲、质、桓四朝,谢承《后汉书》、范晔《后汉书》有传。少学《春秋》、《司马兵法》。⑦ 冯焕病死狱中后,因父职任为郎中。"初举孝廉,七迁为广汉属国都尉,征拜御史中丞。顺帝末,以绲持节督扬州诸郡军事,与中郎将滕抚击破群贼,迁陇西太守。后鲜卑寇边,以绲为辽东太守,晓喻降集,虏皆弭散。征拜京兆尹,转司隶校尉,所在立威刑。迁廷尉、太常。"至桓帝延熹五年(162),"武陵蛮夷悉反,寇掠江陵间,荆州刺史刘度、南郡太守李肃并奔走荆南,皆没。于是拜绲为

---

① 东汉治蓟县(今北京市西南),辖代、上谷、涿、广阳、渔阳、右北平、辽西、辽东、辽东属国、玄菟、乐浪等十一郡(属国),相当于今北京市、河北北部、山西小部、辽宁大部、天津市海河以北及朝鲜大同江流域。不同于西汉,东汉刺史有固定治所,于监察权之外又有选举、劾奏权,经常干预地方行政及领兵,实际上已成为郡守的上级领导。
② 徐德源:《高句丽历史与疆域归属问题补议》,《社会科学战线》2001年第5期。
③ 《后汉书》卷85《东夷·高句骊传》,中华书局,1965年,第2814—2815页。
④ 《后汉书》卷38《冯绲传》,第1280—1281页。《后汉书》卷5《安帝纪》系此事于建光元年(121)四月甲戌,《冯绲传》也系此事于建光元年。但《通鉴考异》以为《纪》《传》有误,改系延光元年(122)。(《资治通鉴》卷50,中华书局,1956年,第1620页)
⑤ 《后汉书》卷38《冯绲传附冯允传》。《华阳国志校补图注》附《益梁宁三州先汉以来士女目录》作"降虏都尉冯元,字公信"。任乃强指出,"字公信,与允义相协,与元字不应。当以《范史》为正。后汉校尉为京师官,都尉为州郡官,秩皆比二千石。降虏宜是都尉,非校尉。此则当从《常志》"。
⑥ 《华阳国志校补图注》附《益梁宁三州先汉以来士女目录》,第679页。
⑦ 《后汉书》卷38《冯绲传》李贤注引谢承《后汉书》:"绲学《公羊春秋》。"

车骑将军,将兵十余万讨之。"斩首四千余级,受降十余万人,平定荆州。诏书赐钱一亿,固让不受。"绲性烈直,不行贿赂",遭宦官诬陷去职。不久,又拜将作大匠,转河南尹、廷尉。① 当时外戚、宦官交替擅权,官僚士人结党抗争,引致党锢之祸。冯绲与党人领袖李膺、刘佑等"共同心志,纠罚奸幸"。② 时山阳太守单迁以罪系狱。单迁是已故大宦官五常侍之一单超的弟弟,而冯绲将其拷问致死。"中官相党,遂共诽章诬绲,坐与司隶校尉李膺、大司农刘佑俱输左校"。冯绲旧部应奉"上疏理绲等,得免。后拜屯骑校尉,复为廷尉,卒于官。"③

冯绲有子,名鸾,举孝廉,后任郎中。④

冯绲兼擅文武,威名素著,职高位重,政绩斐然,民间当时就流传着一些关于他的传奇事迹。例如其旧部应奉之子、东汉著名学者应劭所著《风俗通义》,就记载了一则传奇故事:

> 谨按:车骑将军巴郡冯绲鸿卿为议郎,发绶笥,有二赤蛇,可长三尺,分南北走,大用忧怖。许季山孙曼字宁方,得其先人秘要,绲请使卜,云:"君后三岁,当为边将,东北四五千里,官以东为名,复五年,为大将军,南征,此吉祥也。"鸿卿意解,实应且惑。居无几,拜尚书、辽东太守、廷尉、太常。会武陵蛮夷黄高,攻烧南郡,鸿卿以威名素著,选登亚将,统六师之任,奋虣虎之势,后为屯骑校尉、将作大匠、河南尹,复再临理,官纪数方面,如宁方之言。《春秋》:"外蛇与内蛇斗。"文帝时亦复有此,传、志著其云为,而鸿卿独以终吉,岂所谓"或得神以昌"乎?⑤

许曼是东汉有名的术士,《后汉书·方术传》中有传。这则传奇故事还见于《许曼传》,也见于东晋干宝的名著《搜神记》。

又据《华阳国志·巴志·宕渠郡》,"(冯)绲、(李)温各葬所在(任)。常以三月,二子之灵还乡里,水暴涨。郡县吏民,莫不于水上祭之。"⑥《水经注·潜水》:"(宕渠)县有车骑将军冯绲、桂阳太守李温冢。二子之灵常以三月还乡,汉水暴长,郡县吏民莫不于水上祭之,今所谓冯李也。"⑦任乃强认为,冯绲在廷尉任上卒于官,"葬所在(任)"者,其遗体应该葬在洛阳,宕渠的冯绲墓,"当是衣冠墓,其弟允为之立碑也"。⑧

---

① 《后汉书》卷38《冯绲传》,第1281—1284页。
② 《后汉书》卷67《党锢·李膺传》,第2192页。
③ 《后汉书》卷38《冯绲传》,第1284页。
④ 《后汉书》卷38《冯绲传》李贤注引谢承《后汉书》,第1284页。
⑤ 应劭撰,王利器校注:《风俗通义校注》卷9《怪神世间多有蛇作怪者》,中华书局,1981年,第438页。
⑥ 《华阳国志校补图注》,第49页。
⑦ 郦道元注,杨守敬、熊会贞疏,段熙仲、陈桥驿整理:《水经注疏》卷29《潜水》,江苏古籍出版社,1989年,第2461页。
⑧ 《华阳国志校补图注》,第685—686页。此说非定论,见后文讨论。

有学者研究认为,巴蜀古族认为人死之后在水中转生,变为鱼鳖等水中精灵。进入文明社会以后,水中转生观念作为巴蜀古族的一种历史积淀,依然在当地反复出现。冯绲、李温都是东汉时期出自巴地的先贤,巴地居民到水上去祭祀客死于外任的本土先贤,认为他们的灵魂寄寓在水中,随流水还乡,继承了巴蜀古族原始的水中转生观念。①

清代至民国,四川各地的移民会馆,如黄州会馆、陕西会馆,为了向四川土著靠拢,奉祀本地人信仰的三圣,即川主李冰、土主冯绲、药王孙思邈。②

二、石刻史料中的冯焕和冯绲

文献记载中的冯氏,经学传家,祖孙三代官宦,而"家富好施,赈赴穷急,为州里所归爱",③无疑是东汉时期宕渠地区的大家豪族,完全具备了兴建大家族墓地的政治、社会和经济实力。冯氏墓域中,也应该建有数代墓冢,以及相应的墓园、墓碑、祠堂、墓阙等配套设施。历经近两千年的时光冲刷,墓冢、祠堂、墓碑等地面设施荡然无存。目前仍矗立在宕渠县的冯焕神道阙,是硕果仅存的冯氏墓域遗物,其瑰伟雄姿、精美雕饰默默诉说着当年冯氏墓域的壮观、豪奢和威严。

(一)与冯焕有关的石刻史料

《冯焕阙》

神道阙一般成对立于墓域门外,既用于表示墓主的威仪等第,也可以视为汉代神仙信仰中仙界天门的象征符号和人仙交通的媒介。④ 南宋金石学家赵明诚《金石录》著录《汉冯使君墓阙铭》:"铭云'故尚书侍郎河南京令豫州幽州刺史冯使君神道'","此字在宕渠(冯)绲墓前双石阙上,知其为(冯)焕阙也"。⑤ 可知今存于宕渠市的冯焕阙,即当年立于冯氏墓域门外的双阙之东阙。阙铭"故尚书侍郎河南京令豫州幽州刺史冯使君神道"二十字,保存完好,是与冯焕有关的重要石刻史料。冯焕在东汉安帝时任幽州刺史,地位显赫。但传世文献只能告诉我们冯焕任职幽州刺史以后的若干史事及其晚年的不幸遭遇,其生平的其他经历则付诸阙如。通过冯焕阙铭文,我们才了解到冯焕在任职幽州刺史之前的部分仕宦履历:尚书侍郎,河南京令,豫州刺史。⑥

---

① 李炳海:《巴蜀古族水中转生观念及伴生的宗教事象》,《世界宗教研究》1995 年第 1 期。
② 参见王东杰:《"乡神"的建构与重构:方志所见清代四川地区移民会馆崇祀中的地域认同》,《历史研究》2008 年第 2 期;李映发:《四川客家人的信仰与习俗》,《寻根》2009 年第 2 期。
③ 《后汉书》卷 38《冯绲传》,第 1281 页。
④ 姜生:《汉阙考》,《中山大学学报》1997 年第 1 期。
⑤ 金文明:《金石录校证》卷 18,上海书画出版社,1984 年,第 338 页。
⑥ 东阙铭文所记,尚非冯焕完整的仕宦履历。赵明诚、洪适时似乎双阙仍存,却未见有西阙铭文之著录。

尚书,西汉初为少府属官,宫廷的秘书机构,为皇帝收发文书、传达记录诏书章奏,其长官尚书署令秩仅六百石。西汉武帝以后,为了削弱相权,逐渐将之提升为宫廷重要政治机构,参与国家机密和议政,掌管上情下达、下情上传的信息传递渠道。侍郎、郎中等比四百石、比三百石的宫廷侍从官,被派遣到尚书署各曹(部门),掌收发文书等庶务。东汉改设为尚书台,名义上仍属少府,实际上直隶皇帝,成为皇帝的决策幕僚机构。尚书台在正副长官尚书令、尚书仆射、六曹尚书(号称八座)之下,置尚书郎、尚书侍郎三十余人,负责查阅百官章奏,择要向皇帝当面汇报,提供意见。皇帝作出决策后,经由八座传达,由尚书郎代拟诏令下达。尚书郎一般由三署郎中选取五十岁以下的孝廉,[①]经过五选一的考试选拔。初任者称守尚书郎(或说守尚书郎中),任满三年称尚书侍郎。秩仅四百石,但职显权重,升迁特别快。如果外放,可任县长,乃至千石县令,甚至直升二千石的刺史。[②] 冯焕得以任职尚书郎,应该也经历了举孝廉、选三署郎、选尚书郎的过程。他从尚书台外放为河南郡京县令。东汉都洛阳,河南郡为京畿重地,其长官号尹,主京都,特奉朝请。京县(治今河南荥阳市东南)属河南郡,政治、经济地位重要,很可能是千石县令。冯焕再由京县令升任豫州刺史。东汉的刺史位高权重,已见前述。豫州辖颍川、汝南、梁国、沛国、陈国、鲁国六郡国,相当于今河南东部、安徽北部、江苏西北小部。

《冯焕残碑》

东汉墓域门外立双阙,墓前则立墓碑。墓碑一般由死者的子孙、宗族所立,也有一部分为死者的弟子、门生、故吏、故民所建。树碑有立传之意。墓碑碑阳(碑正面)一般刻有死者的姓名、籍贯、生平经历、死亡日期、家族背景、本人履历,以及对死者的颂辞。碑阴(碑之背面即朝坟丘的一面)和碑侧常常刻有弟子、门生、故吏的姓名,有的也刻死者的家族世系和建造石碑所资助的钱款数额等等。[③] 冯焕墓前自然也曾立碑,但至南宋已仅存残碑,今天则残碑也荡然无存。

南宋另一位金石学家洪适的《隶释》,著录有《冯焕残碑》:

君讳焕字平侯(下缺)廉除郎中尚书侍(下缺)迁豫州刺史(下缺)陛别(下缺)以北鲜卑畔逆(下缺)史策书嘉叹赐钱(下缺)守以永宁二年四(下缺)。

其跋尾云:

---

① 东汉罢车、户、骑三郎将,所以中郎、侍郎、郎中等郎官皆分属五官、左、右三中郎将署,为光禄勋属官。东汉的郎官是官吏的储备人才,选自郡国举荐的孝廉,五十岁以上的属五官署,其他的分属左、右署。
② 参见吕宗力主编:《中国历代官制大辞典》,北京出版社,1994年,第483—485页。
③ 李如森:《汉代家族墓地与茔域上设施的兴起》,第21页。

右冯焕残碑三十九字。① 其云北鲜卑叛逆,则(安帝)元初六年(119)诏除幽州时事也。其云策书嘉叹赐钱者,《冯绲传》载焕死于狱中,帝愍之,赐钱十万,当是此事也。末有"永宁二年四"字,盖其卒之年月也。

建光之元,即永宁二年。是岁七月改元,焕以四月终,故碑尚用旧年也。②

墓碑铭文,主要功能是为墓主立传。此碑残缺太甚,但仍能为我们补充若干冯焕生平的信息。如冯焕的字是平侯。又如前文笔者曾推测,冯焕在任职尚书侍郎之前,应该经历了举孝廉、选三署郎、选尚书郎的过程。残碑称冯焕"(上缺)廉除郎中尚书侍(下缺)",如补齐阙文,当作"举孝廉除郎中尚书侍郎",完全符合东汉的选官程序。

《冯焕残碑阴》:

(上缺)曹史(缺六字)衡贼曹令史汝南(缺)表德官兵曹令史河内樊晏世宁兵曹令史汉中祝飏孔达士曹令史颍川阚扬武节集曹令史北海孙登元叙(缺三字)下(缺六字)汉(缺)户曹史汝南(缺三字)台客曹史汝南过嗛子让外兵曹史陈国丁武妙生帐下司马陈国陈景伯载武刚司马汝南程旻季刘。③

从碑阴的残存文字推测,参与立碑的不少是冯焕任职刺史时的故吏旧属。洪适认为,"诸曹史及帐下司马、武刚司马十余人,其间有贯颍川、汝南、陈国者,皆豫州旧部也。"④清初金石学家叶奕苞则有不同看法:"两汉太守皆得自置僚佐,缘事增止。而边郡所置尤滥,即官名亦不必出于官制之所有也。如武刚司马、武猛吏之类,是也。"⑤豫州并非边郡,叶氏显然认为《冯焕碑阴》所列,应为冯焕任职幽州时的故吏。汉代官吏任职有籍贯限制,地方行政系统中,秩二百石以上长吏(包括州、郡、县长官及丞、长史、尉等佐官)由中央任命,不用本籍;秩二百石以下属吏,由州、郡、县长官自行辟除,必用本籍。⑥ 诸曹史及司马都是属吏,显然应该是冯焕任职豫州时的旧部。当以洪说为是。东汉中后期兵事频繁,地方政府即使不属边郡,也可能设置一些非常设的武职。

《赐豫州刺史冯焕诏碑》

《隶释》又著录有安帝元初六年(119)十二月《赐豫州刺史冯焕诏碑》:

---

① 实为四十字。
② 《隶释》卷13,中华书局,1985年,第145—146页。
③ 《隶释》卷13,第146页。
④ 《隶释》卷13,第146页。
⑤ 《金石录补》卷2,《续修四库全书·史部》901,上海古籍出版社,2002年,第139页。
⑥ 参见廖伯源:《汉代地方官吏之籍贯限制补证》,载《简牍与制度:尹湾汉墓简牍官文书考证》(增订版),广西师范大学出版社,2005年,第98页。

> 告豫州刺史冯焕今（下缺）常为效用边将统御（下缺）内以威恩抚喻杜（下缺）去年鲜卑连犯障塞（下缺）过掩卒捣击无距捍（下缺）率摄太守以下进退（下缺）曾不表罪诛多拥（下缺）丽王宫驃轻狡猾（下缺）纤（下缺）绝宫不自效楚（下缺）化顷属乐浪久矣（下缺）当所譖设讹不定决（下缺）月左右欲来犯法（下缺）北顾伤心（下缺）焕有（下缺）冀焕能竭心尽虑有（下缺）上如不从化督录部（下缺）惟前后诏书以前人（下缺）侍御史便宜数上（下缺）元初六年十二月。①

《隶释》虽然著录此碑，但并未说明碑立于何处，以情理度之，应该也立于冯氏墓域。就洪适所见，碑石已从中断裂，"惟存上八字，文意不能详考"。洪氏之后，少见著录，原石久佚。洪适跋尾指出《赐豫州刺史冯焕诏碑》有如下史料价值：

一、"首云'告豫州刺史冯焕'者，汉诏之式如此。"《后汉书》卷一上《光武帝纪上》建武元年李贤注引胡广《汉制度》：

> 帝之下书有四：一曰策书，二曰制书，三曰诏书，四曰诫敕。策书者，编简也，其制长二尺，短者半之，篆书，起年月日，称皇帝，以命诸侯王。三公以罪免亦赐策，而以隶书，用尺一木，两行，唯此为异也。制书者，帝者制度之命，其文曰制诏三公，皆玺封，尚书令印重封，露布州郡也。诏书者，诏，告也，其文曰告某官云〔云〕，如故事。诫敕者，谓敕刺史、太守，其文曰有诏敕某官。它皆仿此。②

《赐豫州刺史冯焕诏碑》为我们提供了汉代"诏书"格式的实例。

二、《后汉书·鲜卑传》：

> （安帝元初）五年秋，代郡鲜卑万余骑遂穿塞入寇，分攻城邑，烧官寺，杀长吏而去。乃发缘边甲卒、黎阳营兵，屯上谷以备之。冬，鲜卑入上谷，攻居庸关，复发缘边诸郡、黎阳营兵、积射士步骑二万人，屯列冲要。六年秋，鲜卑入马城塞，杀长吏，度辽将军邓遵发积射士三千人，及中郎将马续率南单于，与辽西、右北平兵马会，出塞追击鲜卑，大破之，获生口及牛羊财物甚众。又发积射士三千人，马三千匹，诣度辽营屯守。③

元初末，豫州的环境相对安定，幽州却边乱频繁，代郡上谷有鲜卑"连犯障塞"，乐浪则高丽王宫"驃轻狡猾"，不时挑衅，令朝廷"北顾伤心"，颇感焦虑。在这样的历史

---

① 《隶释》卷15，第157—158页。
② 《后汉书》卷1上《光武帝纪上》，第24页。
③ 《后汉书》卷90《鲜卑传》，第2987页。

时刻,冯焕临危受命,转任幽州刺史,可见他的管治和领军能力深获当时朝廷认可。《赐豫州刺史冯焕诏》不见于史籍记载,这通碑文为这一时期东汉朝廷与北部、东北边郡及周边政权的关系补充了重要的史料。

(二)与冯绲有关的石刻史料

《冯绲碑》

《冯绲碑》立于渠县冯氏墓域,原石久毁。《金石录》有著录,《隶释》录有《汉故车骑将军冯公之碑》全文,但未说明出处来源:

> 君讳绲,字皇卿,幽州君之元子也。少耽学问,习父业,治《春秋》严、《韩诗》、仓氏,兼律大杜。弱冠诏除郎。还更仕郡,历诸曹史、督邮、主簿、五官掾、功曹。举孝廉,除右郎中、蜀郡广都长。遭直荒乱,以德绥抚,政化流行。到官四载,功称显著,郡察廉吏,州举尤异。迁楗为武阳令,诛疾强豪,以公去官。部广汉别驾、治中从事,辟司空府、侍御史、御史中丞,督使徐扬二州,讨贼范容、朱生、徐凤、马勉、张婴等,坐迫州郡进兵正法。复辟司徒府、廷尉左监正、治书侍御史、广汉属国都尉、陇西太守,坐问吏辜旬不分去官。以羌骇动,为四府所表,复家拜陇西太守,上病,辟同产弟。徵议郎,复治书侍御史、尚书、辽东太守、廷尉、太常、车骑将军,南征五溪蛮夷黄加少、高相法氏、赵伯、潘鸿等,斩首万级,没溺以千数,降者十万人,收逋賨布卅万匹,不费官财,振旅还师。临当受封。以谣言奏河内太守中常侍左悺弟,坐逊位。拜将作大匠、河南尹,复拜廷尉,表荆州刺史李隗、南阳太守成晋、太原太守刘瓒,不宜以重论,坐正法,作左校。后诏书特贳,拜屯骑校尉,复廷尉。奏中臣子弟不宜典牧州郡,获过左右,逊位。永康元年十二月薨,一要金紫、十二银艾、七墨绶。
>
> 将军体清守约,既来归葬,遗令坟茔取藏形而已,不造祠堂,可谓履真者矣。恐后人不能纪知官所更历,故刊石表绩,以愆来世。孝桓皇帝以命将军讨此夷强,有桓桓烈(缺)之姿,因谥为桓。①

《金石录》跋尾以《冯绲碑》与《后汉书·冯绲传》相比对,发现有多处可以碑正史或补史:②

一、本传记冯绲"字鸿卿",《碑》作"皇卿"。

二、本传云冯绲"初举孝廉,七迁至广汉属国都尉、拜御史中丞。顺帝末,持节扬州诸军事,与中郎将滕抚击破群贼";《碑》则称冯绲自举孝廉至为广汉属国都尉凡十一迁,而为中丞与督使徐扬二州讨贼,皆在为都尉前。

---

① 《隶释》卷7,第86页。
② 以下《金石录》引文见金文明:《金石录校证》卷16,第290—291页。

三、本传云"顺帝末,以绲持节督扬州诸郡军事,与中郎将滕抚击破群贼,迁陇西太守",似乎在平乱后冯绲因战功而升迁;《碑》则指出冯绲因"坐追州郡进兵正法"。①

四、本传省略了"为陇西太守,坐问吏辜旬不分去官,以羌骇动,为四府所表,复家拜陇西太守"(《碑》)的历史细节。

五、本传云"为辽东太守,征拜京兆尹,转司隶校尉,迁廷尉,太常、车骑将军";据《碑》文,"绲为辽东太守以前,尝复为治书侍御史,迁尚书,遂为廷尉,未尝拜京兆尹及司隶也"。

六、本传云:"振旅还京师,监军使者张敞承宦者旨奏绲,会长沙贼复起,攻桂阳、武陵,绲以军还盗贼复发,策免";《碑》则补充了冯绲战功卓著、凯旋班师之际,获罪宦官而遭黜退的政治背景:"临当受封,以谣言奏河内太守中常侍左悺弟,坐逊位"。②

七、本传云:"复拜廷尉。时山阳太守单迁以罪系狱,绲考致其死——迁,故车骑将军超之弟——中官相党,遂共诽章诬绲,坐输左校";《碑》文则表述为"表荆州刺史李隗、南阳太守成晋(瑨)、太原太守刘瓆不宜以重论,坐正法,作左校"。差异颇大。

八、本传云:"为河南尹时,上言'旧典,中官子弟不得为牧人职',帝不纳。拜屯骑校尉,复为廷尉,卒于官。"而《碑》云:"复廷尉,奏中官子弟不宜典牧州郡,获过左右,逊位,永康元年薨。"赵明诚认为当以《碑》为正。③

九、本传未载冯绲谥号,而《碑》有"因谥为桓"之语。赵明诚认为,"石刻当时所书,其名字、官爵不应差误,可信无疑"。

《隶释》跋尾并不认同冯绲"谥为桓"。洪适认为,"作文者以(桓)帝谥书左方,赵氏以为绲有此谥而史不载,误也。"洪适又指出,冯绲的最后职位是廷尉,其碑却以将军为题,是因为冯绲获授金紫之荣耀。又,《后汉书·顺帝纪·建康元年》载"杨、徐盗贼范容、周生等寇掠城邑,遣御史中丞冯赦督州郡兵讨之。""以绲为赦,《纪》之误也。"④

叶奕苞对赵明诚的跋尾有所质疑。他认为赵氏"割裂传文,不察立碑隐讳之义"。

---

① 何如月《汉车骑将军冯绲碑志考释》指出,绲之被正法,当与"督扬州刺史尹耀、九江太守邓显讨贼,军败,耀、显为贼所殁"有关。据《滕抚传》,冯绲的主帅之职已经在永嘉元年五月被中途撤换,由滕抚接替。之后冯绲"复辟司徒府、廷尉左监正、治书侍御史、广汉属国都尉"。冯绲平乱前任御史中丞,为秩千石官,平乱后职任廷尉左监正、治书侍御史,均为六百石,官职下降,可见冯绲仕途曾受到影响。本传载冯绲平乱后由战前官俸千石的御史中丞直接升任两千石的陇西太守的说法,显然有误。(《考古与文物》2006年第1期)

② 《冯绲碑》提供的这则史料不仅有助于更准确地了解冯绲的生平,也是对东汉"举谣言"制度的重要补充。何如月《汉车骑将军冯绲碑志考释》指出,据本传的说法,冯绲主要是因为大军还师后盗贼复发而被免职,当然也有宦官的暗中陷害。《碑》文则直接言明,冯绲立功不赏、却被弹劾罢官的真正原因,是他得罪了宦官左悺,故而才遭到监军使者张敞的承宦劾奏,"盗贼复发"仅是借口。

③ 前文提过,任乃强根据本传记载,认为冯绲既是在廷尉任上卒于官,"葬所在(任)"者,其遗体应该葬在洛阳,所以宕渠的冯绲墓,应当是衣冠墓。但《碑》文,冯绲因"获过左右"而被罢官,不可能卒于廷尉任上,后文又提到"既来归葬"。如果碑文无误,则宕渠的冯绲墓未必是衣冠墓。

④ 《隶释》卷7,第86—87页。

如六、七两条《传》《碑》叙事之差异,赵氏认为史失其实,并归因于撰史者之谬误。其实本传所叙重要情事而碑文阙载的也不在少数。本传叙监军使者张敞承宦者旨奏绲,弹劾冯绲带两个奴婢穿戎服随军出征,又常在江陵刻石纪功,"矜夸猥亵,有累盛德",而碑文失记。立碑者不是门生故吏,就是冯氏子孙,"为亲者讳,理所宜然"。《后汉书》修于南朝宋,修撰者"无所忌讳,自当直书"。倒是冯绲"因谥为桓",赵说可以成立,洪说则牵强了些。①

《后汉书·冯绲传》提到冯绲的学术背景:"少学《春秋》、《司马兵法》。"李贤注引谢承《后汉书》:"绲学《公羊春秋》"。②《冯绲碑》云:"少耽学问,习父业,治《春秋》严、《韩诗》、仓氏,兼律大杜"。这是两则研究东汉经学史、律学史、军事学史的重要史料,可以互补,而以《碑》文提供的资讯更详细。只是《碑》文提到的"仓氏",究竟属于何种学术学派,待考。

《重刊汉车骑将军冯绲碑》

北宋徽宗崇宁三年(1104),"宋人得旧拓本重刊,碑后有崇宁三年三月初五日历下张稟后序并刊碑人衔名。"③洪颐煊说,崇宁重刊《冯绲碑》,"诸家俱未见。阮赐卿公子以所藏拓本示余,④始得录之。"⑤崇宁重刊本文字与洪适《隶释》所著录略有出入。如《隶释》本"遭直荒乱",崇宁重刊本作"逼直荒乱";《隶释》本"作左校",崇宁重刊本作"任左校";《隶释》本"既既归葬",崇宁重刊本作"既来迁葬";《隶释》本"有桓桓烈(缺)之姿",崇宁重刊本作"有桓桓烈烈之姿";《隶释》本"治《春秋》严、《韩诗》、仓氏",崇宁重刊本作"治《春秋》严、《韩诗》、食氏"。(《汉书》卷88《儒林传》:"赵子,河内人也。事燕韩生,授同郡蔡谊。谊至丞相,自有传。谊授同郡食子公与王吉。吉为昌邑〔王〕中尉,自有传。食生为博士,授泰山栗丰。吉授淄川长孙顺。顺为博士,丰部刺史。由是韩诗有王、食、长孙之学。""今本《隶释》改作仓氏者,误也。")⑥由此看来,《隶释》本与崇宁重刊本很可能属于不同拓本系统,亦即不属于宋代的重刊本。

陆增祥《八琼室金石补正》也录有《重刊汉车骑将军冯绲碑》全文,其文字与《平津读碑记再续》所录完全相同,另附有《冯将军旧碑后序》。据《后序》可知,冯绲神祠信仰,北宋末年在宕渠仍然盛行,但其墓碑久已不知所在。时任知渠州军州兼管内劝农事的张稟,"下车之始,躬率僚佐敬谒神祠,凡有祷祈,无不立应"。适逢当地文士李权、赵甫在史君乡南阳村发现埋于土中的冯绲碑,"字书点画虽漫灭残缺,然犹仿佛可

---

① 《金石录补·续跋》卷3,第286页。
② 《后汉书》卷38《冯绲传》,第1280页。
③ 洪颐煊:《平津读碑记再续》,《续修四库全书·史部》905,第117页。
④ 阮赐卿,即阮福,阮元第三子。赐卿是他的字。
⑤ 北宋崇宁重刊碑今亦不知去向。
⑥ 洪颐煊:《平津读碑记再续》,《续修四库全书·史部》905,第117页。

辨"。张禀于是与知流江县事蒲希尹共襄盛举,依照旧碑重刻。①

陆增祥对崇宁重刊本的看法,不同于洪颐煊。他认为重刊本谬误甚多,其与《隶释》本相异之字,如"仓"与"食","遭"与"逼","瓆"与"项","作"与"任","归"与"迁"等,皆当以《隶释》本为正,重刊本为误,"其余点画舛错者不悉举"。陆增祥也认为冯绲本传与《冯绲碑》在取材、详略上各有偏重,尚难如赵明诚之断言,必定是史误碑正。②

笔者以为,由于编撰者身份、编撰背景、书写目的和资讯来源不尽相同,史传和碑铭之取材和叙事策略各有偏好或侧重,是可以理解的。一般来说,碑铭的内容往往是比较原始的资料,尤其是所载墓主的生平行历、迁官次第、氏族世系等,比史传可能要翔实可靠,提供了丰富的史料,既可正史之误,又可补史之阙。③ 但立碑者一般与墓主关系密切,"为亲者讳"和"谀墓之词"的情形,在所难免。即以冯绲本传和《冯绲碑》的比对看,两者应该有互正互补之效,在研究冯绲时不宜偏废偏袒。

(作者简介:吕宗力,香港科技大学人文学部、哈尔滨工业大学深圳研究生院教授)

---

① 《八琼室金石补正》卷109,第10页下,吴兴刘氏希古楼刊本。
② 《八琼室金石补正》卷109,第16—18页。
③ 何如月:《汉车骑将军冯绲碑志考释》,第93—94页。

河西"之蜀"草原通道：
丝路别支考[*]

王子今

考古学资料所见石棺葬等现象南北长距离的空间分布，反映甘青至川西北草原道路的早期开通，是值得重视的历史存在。"鲜水"地名在不同地方共同出现，应理解为移民运动的文化遗存。这一移民现象的主题可能与羌文化的分布有关。河西汉简所见"蜀校士"身份以及"驱驴士""之蜀"等劳作内容的简文记录，体现汉代丝绸之路交通又一重要路径的历史作用。蜀地出土汉代画像资料所表现的胡人与骆驼等形象，或许也可以看作这条古代交通线路历史意义的文物证明。通过有关青海湖"鲜水"与黑河"鲜水"的历史记忆的军事地理与民族地理分析，理解"南羌"的活动以及汉军河西四郡军事建设"鬲绝胡羌"的意义，也是丝绸之路研究应当重视的主题。

一、严耕望论"西北河湟青海地区南通长江流域"之"要道"

在古代交通史研究者的视野中，草原地貌作为可以为交通提供便利的自然条件应当受到关注。

严耕望著《唐代交通图考》是20世纪中国交通史研究的最突出成果，也是这一领域最值得称羡的学术成就，就对于以后中国交通史研究的影响而言，也成为学者公认

---

[*] 基金项目：中国人民大学科学研究基金（中央高校基本科研业务费专项资金资助）项目"中国古代交通史研究"成果（项目编号：10XNL001）。

的典范。① 严耕望总结其研究所获超出事先所能想象者,列举10例。其中首先说到的第1例和第2例,与本文讨论的主题相关:

  1. 如松潘高原,向视为荒芜绝境,人迹罕到;乃其实,自汉末至南北朝以来,岷岭、松潘草原即为西北河湟青海地区南通长江流域之一要道。
  2. 唐蕃兵争之核心在河湟青海地区,盖地形所限,两国交通惟此为坦途也。故唐人于此极力经营,州军镇戍星罗弈布,前人皆曚然莫辨。经此详考,当时唐蕃兵争之形势,使臣商贸之进出,皆得按图指证。②

  其实,我们关注汉代"松潘草原"及"河湟青海地区"草原的交通作用,也可以获得重要的交通史迹的发现。
  有历史迹象可以说明,这一草原地区交通作用的早期实现,也许并不迟至"汉末"。

二、汤因比论草原是"交通的天然媒介"

  汤因比在他的名著《历史研究》中曾经专门就"海洋和草原是传播语言的工具"有所论说。他写道,"在我们开始讨论游牧生活的时候,我们曾注意到草原象'未经耕种的海洋'一样,它虽然不能为定居的人类提供居住条件,但是却比开垦了的土地为旅行和运输提供更大的方便。"汤因比指出,"海洋和草原的这种相似之处可以从它们作为传播语言的工具的职能来说明。大家都知道航海的人民很容易把他们的语言传播到他们所居住的海洋周围的四岸上去。古代的希腊航海家们曾经一度把希腊语变成地中海全部沿岸地区的流行语言。马来亚的勇敢的航海家们把他们的马来语传播到西至马达加斯加东至菲律宾的广大地方。在太平洋上,从斐济群岛到复活节岛,从新西兰到夏威夷,几乎到处都使用一样的波利尼西亚语言,虽然自从波利尼西亚人的独木舟在隔离这些岛屿的广大洋面上定期航行的时候到现在已经过去了许多世代了。此外,由于'英国人统治了海洋',在近年来英语也就变成世界流行的语言了。"汤因比指出,"在草原的周围,也有散布着同样语言的现象。由于草原上游牧民族的

---

  ① 诚如有的学者所说,"文中详考道路之里程、沿途地理形势、物产、所经过之城市、乡村、关隘、桥梁、驿站、寺庙等,甚至某处路旁有一奇特之大树,亦根据资料描述。并附论与该道路有关之历史事件。"廖伯源:《严耕望传》,《国史拟传》第7辑,国史馆,1998年。对于这部前后历时半个世纪的大规模研究的最终成果,学界以其工作条件和工作质量的对比,称作"一个难以相像的奇迹",以其丰厚的学术内涵,誉为"传之久远的大著作"。余英时:《中国史学界的朴实楷模——敬悼严耕望学长》,《充实而有光辉——严耕望纪念集》,稻禾出版社,1997年。
  ② 《唐代交通图考》第1册,"中央研究院"历史语言研究所专刊之83,1985年5月版,第3—5页。

传布,在今天还有四种这类的语言:柏伯尔语、阿拉伯语、土耳其语和印欧语。"就便利交通的作用而言,草原和海洋有同样的意义。草原为交通提供了极大的方便。草原这种"大片无水的海洋"成了不同民族"彼此之间交通的天然媒介"。①

回顾中国古史,确实可以看到北边的草原和东方的海域共同为交通提供了便利条件。孕育于黄河、长江两大流域的文明通过这两个方面实现了与其他文化体系的外际交流,形成了大致呈"┐"形的文化交汇带。② 草原便利交通的作用,可以看作"无水的海洋","未经耕犁的海洋","未经耕种的海洋","未曾开垦的海洋"③。我们回顾草原文化交流道路畅通的历史作用,当然不能忽视游牧民族的功绩。④

中国历史文献中"草原"一语使用较晚。但是"大漠"、"瀚海"之说⑤,似乎也暗示人们于"草原"与"海洋"之间的联想。《说文·水部》对"海"与"漠"的解说相邻:"海,天池也,以纳百川者。从水,每声。漠,北方流沙也。一曰清也。从水,莫声。"⑥元代学者刘郁《西使记》写道:"今之所谓'瀚海'者,即古金山也。"⑦岑仲勉《自汉至唐漠北几个地名之考定》赞同刘郁之说,认为"瀚海"是"杭海"、"杭爱"的译音。柴剑虹进一步发现维吾尔语汇中突厥语的遗存,"确定'瀚海'一词的本义与来历",以为"两千多年前,居住在蒙古高原上的突厥民族称高山峻岭中的险隘深谷为'杭海'","后又将这一带山脉统称为'杭海山'、'杭爱山',泛称变成了专有名词。"不过,亦如

---

① 〔英〕汤因比:《历史研究》上册,曹未风等译,上海人民出版社,1964 年,第 234 页至第 235 页。1972 年版《历史研究》缩略本对于草原和海洋对于交通的作用是这样表述的:"草原的表面与海洋的表面有一个共同点,就是人类只能以朝圣者或暂居者的身份才能接近它们。除了海岛和绿洲,它们那广袤的空间未能赋予人类任何可供其歇息、落脚和定居的场所。二者都为旅行和运输明显提供了更多的便利条件,这是地球上那些有利于人类社会永久居住的地区所不及的。""在草原上逐水草为生的牧民和在海洋里搜寻鱼群的船民之间,确实存在着相似之处。在去大洋彼岸交换产品的商船队和到草原那一边交换产品的骆驼商队之间也具有类似这之点。"《历史研究》(修订插图本),刘北成、郭小凌译,上海人民出版社,2000 年,第 113 页。

② 王子今:《中国古代交通文化》,三环出版社,1990 年,第 45—49 页。

③ 〔英〕阿诺德·汤因比著,〔英〕D·C·萨默维尔编,郭小凌、王皖强、杜庭广、吕厚量、梁洁译:《历史研究》,第 163 页。

④ 王子今:《草原民族对丝绸之路交通的贡献》,《山西大学学报》2016 年 1 期。

⑤ 《史记》卷 111《卫将军骠骑列传》:"封狼居胥山,禅于姑衍,登临翰海。"裴骃《集解》:"张晏曰:'登海边山以望海也。'"司马贞《索隐》:"崔浩云:'北海名,群鸟之所解羽,故云翰海。《广异志》云:'在沙漠北。'"第 2936 页至第 2938 页。《汉书》卷 55《卫传》:"封狼居胥山,禅于姑衍,登临翰海。"颜师古注:"张晏曰:'登海边山以望海也。有大功,故增山而广地也。'如淳曰:'翰海,北海名也。'"第 2487 页。《四库全书》齐召南《前汉书卷五五考证》:"按'翰海'《北史》作'瀚海',即大漠之别名。沙碛四际无涯,故谓之'海'。张晏、如淳直以大海、北海解之,非也。本文明云'去病出代、右北平二千余里',则其地正在大漠,安能及绝远之北海哉?且塞外遇巨泽大湖,通称为'海',如苏武牧羊北海上,窦宪追至私渠北鞮海,皆巨泽大湖,如后世称'阔滦海'之类,非大海也。"文渊阁《四库全书》本。

⑥ 〔汉〕许慎撰,〔清〕段玉裁注:《说文解字注》,上海古籍出版社据经韵楼藏版 1981 年 10 月影印版,第 545 页。对于草原民族的机动性,汉代史家有"其见敌则逐利,如鸟之集;其困败,则瓦解云散矣"的说法。《史记》卷 110《匈奴列传》,第 2892 页。就其交通运行节奏,则有"至如森风,去如收电"的表述。《汉书》卷 52《韩安国传》,第 2401 页。

⑦ 又见〔元〕王恽《玉堂嘉话》卷 2 及《秋涧集》卷 94,文渊阁《四库全书》本。

柴剑虹所说,"诚然,唐人许多作品中'瀚海'确实是指戈壁沙漠"①,我们看到的明确的例证有李世民《饮马长城窟行》:"塞外悲风切,交河冰已结。瀚海百重波,阴山千里雪。"②王维:《燕支行》:"书戟雕戈白日寒,连旗大旆黄尘没。叠鼓遥翻瀚海波,鸣笳乱动天山月。"③李白《塞上曲》:"转战渡黄河,休兵乐事多。萧条清万里,瀚海寂无波。"④钱起《送王使君赴太原行营》:"惊蓬连雁起,牧马入云多。不卖卢龙塞,能消瀚海波。"⑤

三、康巴草原民族考古的收获

四川省文物考古研究院和故宫博物院组织的2005年康巴地区民族考古调查,就民族史和区域文化史而言,取得了丰富的收获。从古代民族活动的区域和路径来认识相关信息,也获得了交通史的新知。考察者认识到,康巴草原在古代中国西北地区和西南地区的文化交往过程中发挥过重要的作用。

司马迁在《史记》卷一一六《西南夷列传》中写道:"及元狩元年,博望侯张骞使大夏来,言居大夏时见蜀布、邛竹、杖,使问所从来,曰'从东南身毒国,可数千里,得蜀贾人市'。或闻邛西可二千里有身毒国。骞因盛言大夏在汉西南,慕中国,患匈奴隔其道,诚通蜀,身毒国道便近,有利无害。于是天子乃令王然于、柏始昌、吕越人等,使间出西夷西,指求身毒国。至滇,滇王尝羌乃留,为求道西十余辈。岁余,皆闭昆明,莫能通身毒国。"⑥《史记》卷一二三《大宛列传》又记载:

> 骞曰:"臣在大夏时,见邛竹杖、蜀布。问曰:'安得此?'大夏国人曰:'吾贾人往市之身毒。身毒在大夏东南可数千里。其俗土著,大与大夏同,而卑湿暑热云。其人民乘象以战。其国临大水焉。'以骞度之,大夏去汉万二千里,居汉西南。今身毒国又居大夏东南数千里,有蜀物,此其去蜀不远矣。今使大夏,从羌中,险,羌人恶之;少北,则为匈奴所得;从蜀宜径,又无寇。"……天子欣然,以骞言为然,乃令骞因蜀犍为发间使,四道并出:出駹,出冄,出徙,出邛、僰,皆各行一二千里。其北方闭氐、筰,南方闭巂、昆明。⑦

---

① 对于"唐人许多作品中'瀚海'确实是指戈壁沙漠",论者写道:"但是,难道就没有别的含义的用法吗?"柴剑虹:《"瀚海"辨》,《学林漫录》二集,中华书局,1981年。
② 〔宋〕郭茂倩:《乐府诗集》卷38,中华书局,1979年,第559页。
③ 〔宋〕郭茂倩:《乐府诗集》卷90,第1168—1169页。
④ 〔宋〕郭茂倩:《乐府诗集》卷92,第1168—1289页。
⑤ 《全唐诗》,中华书局,1960年,第2658页。
⑥ 《史记》,中华书局,1959年,第2995—2996页。
⑦ 《史记》,第3166页。

所谓"出西夷西",所谓"其北方闭氐、筰",都说明汉武帝时代曾经试图经过康巴及其邻近地区打通前往身毒国的国际通路。我们现在尚不能确定汉武帝派使节"间出西夷西,指求身毒国",以及"乃令骞因蜀犍为发间使,四道并出:出駹,出冉,出徙,出邛、僰,皆各行一二千里"其出使的具体方向和路径,但是重视这些历史记录,在今后这一地区的民族考古工作中注意相关信息的采集和分析,显然是必要的。①

如果从交通考察的视角分析考古学调查和民族史研究获得的相关资料,或许也有益于揭示这样的历史疑案的谜底。事实上,通过此次考察而得到学界重视的炉霍石棺墓出土的海螺②,已经可以说明川西北草原的古代居民,很早就与滨海地区实现了交通往来。海螺经过加工,可能被作为巫术的法器使用。其出产地与出土地点有遥远的空间距离,可以看作反映当时交通活动的重要资料。

2005年康巴民族考古的重要收获之一,是对大渡河中游地区和雅砻江中游地区石棺葬墓地考察所获得的新资料。就丹巴中路罕额依和炉霍卡莎湖石棺葬墓地进行的考察以及丹巴折龙村、炉霍城中、炉霍城西、德格莱格石棺葬墓地的发现,都对石棺葬在四川地区的分布提供了新的认识。甘孜地区各地所发现数量颇多的古石棺墓,其方向、规格、形制以及随葬品组合,都说明其文化共性。这些遗迹的共同点,与草原交通条件的历史作用有关。由西北斜向西南的草原山地文化交汇带,正是以这一埋葬习俗,形成了历史标志。以《2005年度康巴地区考古调查简报》未作具体记述的德格莱格石棺葬墓群为例,其规模相当可观。新版《德格县志》称之为"古石板墓群"。据记载,"1988年,在金沙江东岸的龚垭乡喇格村境内发现一古石板墓群,石板墓数量近千座,公布面积约1平方公里。经州、县文物部门初步考察,发现有古陶器(单耳陶罐)随葬品,有关人士初步推断,古石板墓距今已有2200~3000年历史。"③新版《道孚县志》也记载,"石棺葬亦称石板墓,在道夫县境鲜水河两岸瓦日乡孟拖、朱倭、布日窝、易日、勒瓦、根基等村,麻孜乡沟尔普、菜子坡两村,格西乡足湾村都有发现。"④研究者认为,"关于这批石棺葬的族属,这批石棺葬出土的装饰有羊头的陶器,而'羊'与'羌'有着直接的关系,说明这批石棺葬的墓主人可能与羌族有着直接的关系。"⑤这一判断,提出了值得重视的意见。

正如汤因比曾经指出的,"一般而论,流动的氏族部落及其畜群,遗留下来的那些可供现代考古工作者挖掘并重见天日的持久痕迹,即有关居住和旅行路途的痕迹,在史前社会是为数最少的。"⑥与草原交通有密切关系的这种古代墓葬资料,因此有更

---

① 王子今:《汉武帝"西夷西"道路与向家坝汉文化遗存》,《四川文物》2014年5期。
② 故宫博物院、四川省文物考古研究院:《2005年度康巴地区考古调查简报》,《四川文物》2005年6期。
③ 四川省德格县志编纂委员会编纂:《德格县志》,四川人民出版社,1995年,第418页。
④ 四川省道孚县志编纂委员会编纂:《道孚县志》,四川人民出版社,1998年,第452页。
⑤ 故宫博物院、四川省文物考古研究院:《2005年度康巴地区考古调查简报》,《四川文物》2005年6期。
⑥ 〔英〕《历史研究》(修订插图本),刘北成、郭小凌译,上海人民出版社,2000年,第114页。

值得珍视的意义。

已经有研究者指出:"炉霍石棺墓出土的羊、虎、熊、马等形象与鄂尔多斯文化系统同类形象相似。""炉霍石棺墓出土的铜牌,也是北方草原民族特有的文化样式,尤其是虎背驴铜牌与宁夏固原出土虎背驴铜牌几乎一模一样。"炉霍县石棺葬的主人"可能来自北方草原,而且与鄂尔多斯文化系统联系十分紧密"。① 炉霍石棺墓出土带有典型北方草原风格特征的青铜动物纹饰牌,构成了这种文物在西北西南地区分布的中间链环。学者在分析这种鄂尔多斯式青铜器与周围诸文化的关系时,多注意到与中原文化之关系,与东北地区文化之关系,与西伯利亚文化之关系②,而康巴草原的相关发现,应当可以充实和更新以往的认识。③

四、"鲜水":移民运动的历史纪念

《汉书》卷二八上《地理志上》"蜀郡旄牛"条下说到"鲜水":"旄牛,鲜水出徼外,南入若水。若水亦出徼外,南至大莋入绳,过郡二,行千六百里。"④《续汉书·郡国志五》"益州·蜀郡属国"条下刘昭《注补》引《华阳国志》也说到"鲜水":"旄,地也,在邛崃山表。邛人自蜀入,度此山甚险难,南人毒之,故名邛崃。有鲜水、若水,一名洲江。"⑤谭其骧主编《中国历史地图集》标定的"鲜水",在今四川康定西。⑥ 即今称"立启河"者。然而于雅江南美哲和亚德间汇入主流的"雅砻江"支流,今天依然称"鲜水河"。今"鲜水河"上游为"泥曲"和"达曲",自炉霍合流,即称"鲜水河"。今"鲜水河"流经炉霍、道孚、雅江。道孚县政府所在地即"鲜水镇",显然因"鲜水河"得名。讨论古来蜀郡旄牛"鲜水",应当注意这一事实。

前说蜀郡旄牛"鲜水"。又有西海"鲜水"。《汉书》卷一二《平帝纪》记载,汉平帝元始四年(4),"置西海郡,徙天下犯禁者处之。"⑦清代学者齐召南《前汉书卷一二考证》关于"置西海郡"事写道:"按莽所置西海郡在金城郡临羌县塞外西北。《地理志》可证。西海曰仙海,亦曰鲜水海,即今青海也。"⑧王莽诱塞外羌献鲜水海事,见于《汉书》卷九九上《王莽传》有关元始五年(5)史事的记载。王莽出于"致太平"的虚荣,

---

① 《中国西部石棺文化之乡——炉霍》,炉霍县政府 2005 年 7 月版。
② 田广金、郭素新:《鄂尔多斯式青铜器》,文物出版社,1986 年,第 189—191 页。〔日〕小田木治太郎:《オルドス青銅器——遊牧民の動物意匠》,天理大学出版部,1993 年,第 1—2 页。
③ 王子今:《康巴民族考古与交通史的新认识》,《中国文物报》2005 年 10 月 5 日,《康巴地区民族考古综合考察》,天地出版社 2008 年 1 月版;王子今、王遂川:《康巴草原通路的考古学调查与民族史探索》,《四川文物》2006 年 3 期,《康巴地区民族考古综合考察》,天地出版社,2008 年。
④ 《汉书》,中华书局,1962 年,第 1598 页。
⑤ 《后汉书》,中华书局,1965 年,第 3514 页。
⑥ 谭其骧主编:《中国历史地图集》第 2 册,地图出版社,1982 年,第 29—30 页。
⑦ 《汉书》,第 357 页。
⑧ 文渊阁《四库全书》本。

"遣中郎将平宪等多持金币诱塞外羌,使献地,愿内属。宪等奏言:'羌豪良愿等种,人口可万二千人,愿为内臣,献鲜水海、允谷盐池,平地美草皆予汉民,自居险阻处为藩蔽。……'"事下王莽,王莽复奏:"今谨案已有东海、南海、北海郡,未有西海郡,请受良愿等所献地为西海郡。"于是,"奏可。又增法五十条,犯者徙之西海。"① 稍早有关西海"鲜水"的著名的历史记录,见于赵充国事迹。《汉书》卷六九《赵充国传》记载:"分兵并出张掖、酒泉合击罕、开在鲜水上者。"汉宣帝在指示赵充国进军的诏书中说到"北方兵"进击羌人"入鲜水北句廉上"。赵充国后来又上屯田奏,计划"冰解漕下,缮乡亭,浚沟渠,治湟陿以西道桥七十所,令可至鲜水左右"。② 扬雄为未央宫功臣画像作颂,其中文句有"请奋其旅,于罕之羌,天子命我,从之鲜阳"。所谓"鲜阳",颜师古注引应劭曰,以为"鲜水之阳"。③《汉书》卷六九《赵充国传》中四次说到的"鲜水"④,多是指今天的青海湖。谭其骧主编《中国历史地图集》标示作"西海(仙海)(鲜水海)"。⑤《水经注·河水二》说到浩亹河"东南迳西平之鲜谷塞尉古城南"。⑥《嘉庆重修一统志》卷二〇七《西宁府二·古迹》:"鲜谷塞故城,在大通县西北,临甘州府界。《水经注》:'合门水径西平之鲜谷塞。'即此。"⑦所谓"鲜谷塞尉古城"、"鲜谷塞故城",也应当与"鲜水"有关。此言"鲜谷",应当并非指"鲜水海",或与"鲜水左右"之"鲜水"相关。

又有张掖"鲜水"。《史记》卷一一〇《匈奴列传》记载,贰师将军等出击匈奴,"匈奴闻,悉远其累重于余吾水北。"司马贞《索隐》引《山海经》:"北鲜之山,鲜水出焉,北流注余吾。"⑧说到"北鲜之山"所出"鲜水"。《史记》卷二《夏本纪》:"道九川:弱水至于合黎,余波入于流沙。"张守节《正义》引《括地志》:"合黎,一名羌谷水,一名鲜水,一名覆表水,今名副投河,亦名张掖河,南自吐谷浑界流入甘州张掖县。"⑨《后汉书》卷六五《段颎传》在汉羌战争记录中说到张掖"令鲜水"。李贤注:"令鲜,水名,在今甘州张掖县界。一名合黎水,一名羌谷水也。"⑩所谓"鲜水"与"令鲜水"名称差异,或许体现出译名特征。谭其骧主编《中国历史地图集》标示"羌谷水"由祁连山宛转而下,进入河西走廊,经张掖郡治折而西北,入酒泉郡,最终东北汇入"居延泽"。⑪

思考"鲜水"水名在不同地方共同使用的原因,不能不注意到民族迁徙的因素。

---

① 《汉书》,第 4077 页。
② 《汉书》,第 2986 页。
③ 《汉书》卷 69《赵充国传》,第 2995 页。
④ 《汉书》,第 2977 页、第 2980 页、第 2986 页、第 2988 页。
⑤ 谭其骧主编:《中国历史地图集》,第 2 册,第 33—34 页。
⑥ 〔北魏〕郦道元著,陈桥驿校证:《水经注校证》,中华书局,2007 年,第 50 页。
⑦ 《嘉庆重修一统志》,中华书局,1986 年,第 13290 页。
⑧ 《史记》,第 2918 页。
⑨ 《史记》,第 70 页。
⑩ 《后汉书》,第 2150 页。
⑪ 谭其骧主编:《中国历史地图集》第 2 册,第 33—34 页。

古地名的移用,往往和移民有关。因移民而形成的地名移用这种历史文化地理现象,综合体现了人们对原居地的忆念和对新居地的感情,富含重要的社会文化史的信息。① 有学者称类似情形为"(地名)从甲地移植于乙地"的现象,"地名搬家"现象,或称之为"移民地名",因"迁徙"而出现的地名②,并确定为地名形成的渊源之一。

这种迁徙之人"皆取旧壤之名"命名地方的现象③,更早又见于有关少数民族迁徙的历史记录中。如《汉书》卷二八上《地理志》"京兆尹下邽"④、"弘农郡陆浑"⑤,又如《汉书》卷二八下《地理志下》"上郡龟兹"⑥等,都体现了类似的情形。

"鲜水"地名在不同地方的重复出现,从许多迹象看来,与古代羌族的活动有密切关系。张掖"鲜水"时亦名"羌谷水",也透露出羌人活动的痕迹。在羌人迁徙的历史过程中,是可以看到相应的地名移用的痕迹的。有学者指出,"酒泉太守辛武贤要求出兵'合击罕、开在鲜水上者',是罕、开分布在青海湖。赵充国云:'又亡惊动河南大开、小开'。河南系今黄河在青海河曲至河关一段及到甘肃永靖一段以南地区,即贵德、循化、尖扎、临夏等地。阚骃《十三州志》载:'广大阪在枹罕西北,罕、开在焉。'枹罕故城在临夏县境。又《读史方舆纪要》说,'罕开谷在河州西'。河州即临夏。""罕、开羌后来多徙居于陕西关中各地,至今这些地方尚有以'罕开'命名的村落。"⑦以同样的思路分析在羌人活动地域数见"鲜水"的事实,或许可以推进相关地区的民族考古研究。

羌族在古代中国的西部地区曾经有非常活跃的历史表演。其移动的机动性和涉及区域的广阔,是十分惊人的。⑧

两汉时期,西海"鲜水"地区曾经是羌文化的重心地域。而有学者指出,羌人中的"唐牦"部族"向西南进入西藏",而"牦可能是牦牛羌的一些部落"。⑨ 有的学者认

---

① 如《汉书》卷1下《高帝纪下》说到"太上皇思欲归丰,高祖乃更筑城寺市里如丰县,号曰'新丰',徙丰民以充实之"的故事。类似地名,还有所谓"新秦中"。"新蔡""新郑"也属于同样的情形。
② 华林甫:《中国地名学源流》,湖南人民出版社,1999年,第215、124、106、131、159、177、247、291页。
③ 《隋书》卷24《食货志》:"晋自中原丧乱,元帝寓居江左,百姓之自拔南奔者,并谓之侨人。皆取旧壤之名,侨立郡县。"第873页。
④ 《汉书》卷28上《地理志上》"京兆尹下邽"条,颜师古注:"应劭曰:'秦武公伐邽戎,置有上邽,故加下。'师古曰:'邽音圭,取邽戎之人而来为此县。'"第1544页。"下邽"地名,是因"邽戎"迁徙而确定。
⑤ 《汉书》卷28上《地理志上》"弘农郡陆浑"条写道:"陆浑,春秋迁陆浑戎于此。"第1549页。"陆浑戎"族之原本或已有地名含义。其迁徙之后的新居地以"陆浑"为名,或许也可以作为对故地的纪念。
⑥ 《汉书》卷28下《地理志下》"上郡龟兹"条写道:"龟兹,属国都尉治。有盐官。"颜师古注:"龟兹国人来降附者,处之于此,故以名云。"在研究少数民族活跃的西部和北边的历史地理时,人们常常会注意到类似的情形。参看陈守忠、陈秀实:《两河西、两云中、双龟兹——历史地理考证》,《西北史研究》第1辑上册,兰州大学出版社,1997年。
⑦ 冉光荣、李绍明、周锡银:《羌族史》,四川民族出版社,1985年,第59—60页。
⑧ 参看马长寿:《氐与羌》,上海人民出版社,1984年;冉光荣、李绍明、周锡银:《羌族史》,四川民族出版社,1985年。
⑨ 李吉和:《先秦至隋唐时期西北少数民族迁徙研究》,民族出版社,2003年,第60页。

为,青海高原上的羌族部落,有的后来迁移到川西北地方。① 有的学者则说,"迁徙到西藏的羌人还有唐牦。牦很可能是牦牛羌的一些部落。牦牛羌在汉代还有一部分聚居于今四川甘孜、凉山地区,吐蕃也有牦牛王的传说,两者间也许有关系;但要说西藏的牦牛种即是四川牦牛羌迁移而去的尚难于肯定。就地理环境而言,川藏间横断山脉,重重亘阻;古代民族迁移路线多沿河谷地带而行,翻越崇山峻岭是十分困难的。因此,极大可能是羌人中的牦牛部从他们的河湟根据地出发,一支向西南进入西藏,另一支向南进入四川,还有的则继续南下至川南凉山一带。"② 也有学者指出,早在秦献公时代,"湟中羌"即"向南发展","其后一部由今甘南进入川滇"。③ 现在看来,虽然年代难以明确判定,然而蜀郡旄牛"鲜水"很可能与羌族南迁的史实有关,是大致可信的。

有的学者从交通作用出发,赋予康巴区域以"藏彝走廊"④或"民族文化走廊"⑤之称谓。对于相关定名的学术合理性,还可以继续讨论。然而进行康巴地区的民族考古,确实不能不重视交通的文化因素。

五、河西出土"蜀校士"简文

陈直《居延汉简释文校订》写道,"居延简食校士者,有蜀、楗为、昌邑等郡国名"。⑥ 其中"蜀校士"、"昌邑校士"多有学者重视。"校士",以往曾释"材士"、"牧士"。或从"牧"之字义予以解说,理解为"在汉代边境屯田的工作中""专门养牛的人材",或说边地专职饲养屯田所用"官牛"的人。现在看来,"校士"释文是正确的。"校士"身份的分析,应关注强调"蜀"和"昌邑"等"郡国名"的意义。我们看到出现"蜀校士"简文者有如下简例:

(1)合出糜大石三石六斗 始元二年六月庚午朔以食蜀校士二人尽己亥卅日积六十人人六升(275.12)

(2)合出糜大石三石四斗八升 始元二年九月己亥以食蜀校士二人尽丁卯廿九日积五十八人人六升(275.18)

(3)合始元二年八月己巳朔以食蜀校士二人尽戊戌卅日积(534.4)

---

① 闻宥:《论所谓南语》,《民族语文》1981年1期。
② 冉光荣、李绍明、周锡银:《羌族史》,四川民族出版社,1985年,第92—93页。
③ 李文实:《西陲古地与羌藏文化》,青海人民出版社,2001年,第444—445页。
④ 参看石硕主编:《藏彝走廊:历史与文化》,四川人民出版社,2005年。
⑤ 泽波、格勒主编:《横断山民族文化走廊》,中国藏学出版社,2004年。
⑥ 陈直:《居延汉简释文校订》,《居延汉简研究》,天津古籍出版社,1986年,第641页。

我们注意到，"校"的实施，多由上级派员负责。由于工作特殊程序要求，有可能已经出现了专职负责"校"的工作者。"校士"或许就是这样的主持"校"的专业人员。"二人"或"三人"、"四人"的组合①，比较适应职任要求。对于等级较高和性质较为特殊的部门，也许需要考虑地区回避因素。这或许就是"蜀校士"、"昌邑校士"②在居延汉简中出现的原因。如果这样的推想成立，则后世易地派遣通常二人一组的监察审计人员的方式，可以在汉代行政制度中发现先声。③

我们更为关注的，是"蜀校士"自蜀郡抵达居延地区的交通路线问题。现在未可排除"蜀校士"经由严耕望所说"松潘草原"及"河湟青海地区"草原通路前往河西地方执行任务的可能。

六、"驱驴士""之蜀"

敦煌汉简多有反映汉代河西军事控制、行政管理和社会生活的内容。其中可见出现"驱驴士""之蜀"字样的简文：

> 官属数十人持校尉印绂三十驴五百匹驱驴士五十人之蜀名曰劳庸部校以下城中莫敢道外事次孙不知将（981）④

张德芳著《敦煌马圈湾汉简集释》因照相技术利用红外线辨识简牍字迹，提供了更清晰更精确的可能，而照排出版能力的提高，也有革命性的进步⑤，这条简文的释读却并没有变更。⑥ 原释文的准确性当无疑义。现在看来，简文内容尚未能全面理解。但是涉及"驴"的文字，大致反映了这种西来畜种应用于交通运输，相关劳作方式已形成一定规模的情形。

汉武帝轮台诏有"朕发酒泉驴橐驼负食，出玉门迎军"文句⑦，可知河西地方较早役使"驴"以为运输动力。⑧ 东汉时期，驴用于交通运输的情形非常普遍。武都"运道

---

① 居延简文又可见"昌邑校士三人"（308.3）及"昌邑校士四人"（275.16）等例。
② 据陈直说，还有"棁为校士"。
③ 王子今：《居延汉简"校士"身份及"拘校"制度推考》，《国际简牍学会会刊》第7号（2013），兰台出版社，2013年。
④ 吴礽骧、李永良、马建华释校：《敦煌汉简释文》，甘肃人民出版社，1991年，第100页。
⑤ 王子今：《简牍学新裁——评张德芳〈敦煌马圈湾汉简集释〉》，《光明日报》2014年4月15日16版。
⑥ 张德芳：《敦煌马圈湾汉简集释》，甘肃文化出版社，2012年，彩色图版第147页，红外线图版第327页。张德芳《集解》："印绂，即印绶。绂为印之组贝。"《敦煌马圈湾汉简集释》，集释第622页。
⑦ 《汉书》卷69下《西域传下》，第3913页。
⑧ 《后汉书》卷1上《光武帝纪》记载，王莽时代，刘秀曾在长安求学，"王莽天凤中，乃之长安，受《尚书》，略通大义。"李贤注引《东观记》曰："受《尚书》于中大夫庐江许子威。资用乏，与同舍生韩子合钱买驴，令从者僦，以给诸公费。"第1页。可知两汉之际长安地方以"驴""僦"运已经成为一种营生手段。

艰险,舟车不通",曾经役使"驴马负载"。运输成本据说"僦五致一"。① 可知专门以"驴""僦"载的民间运输业经营,拥有相当可观的运力。这一则交通史料也与蜀地交通有关。关于用驴"负载",《说文·木部》所谓"极,驴上负也"正可以为证。段玉裁解释说:"当云'驴上所以负也',浅人删之耳。《广韵》云'驴上负版',盖若今驮鞍。"②东汉时北边"建屯田","发委输"供给军士,并赐边民,又曾经以"驴车转运"。③汉明帝永平年间(58—75),曾计划从都虑至羊肠仓通漕,"太原吏人苦役,连年无成,转运所经三百八十九隘,前后没溺死者不可胜算"。于是汉章帝建初三年(78)"遂罢其役,更用驴辇"。以驴为牵引动力的"驴辇"成功地承担起转运任务,"岁省费亿万计,全活徒士数千人"。④ 这一史例说明"驴"曾经成为大规模运输的主力。汉灵帝中平元年(184),北地先零羌及枹罕河关人起义,夜有流星光照营中,"驴马尽鸣"⑤,说明"驴"还与"马"同样,被用作主要军运动力。

巴蜀地区亦有用"驴"挽车情形,据《后汉书》记载,成都人张楷"家贫无以为业,常乘驴车至县卖药"。⑥《艺文类聚》卷三五引汉王褒《僮约》有"食马牛驴"字样。⑦顾炎武《日知录》卷二九"驴骡"条:"王褒《僮约》:'调治马驴,兼落三重。'其名始见于文。黄汝成《集释》:"案:如《僮约》,则驴亦人家所长畜矣。"⑧《初学记》卷一九《奴婢》引王褒《僮约》"调治马驴"⑨,指出蜀中庄园中主要劳作内容包括"驴"的饲养驯用。⑩

汉代"驴"在蜀地社会经济生活中相当普遍的作用殆无疑义。人们自然会思考这样的问题,经由河西引入的"驴",是通过怎样的路径进入蜀地的?

敦煌马圈湾简文"官属数十人持校尉印绂三十驴五百匹驱驴士五十人之蜀名曰劳庸部校以下城中莫敢道外事次孙不知将"(981),提示我们有大队的"驴"由"驱驴士"役使,直接以"之蜀"为交通运输的目标。

---

① 《后汉书》卷58《虞诩传》,第1869页。李贤注:"僦五致一,谓用五石赁而致一石也。"
② 段玉裁还写道:"或云'负笈'字当用此,非也。《风土记》曰:'笈,谓学士所以负书箱,如冠箱而卑者也。'谢承《后汉书》曰:'负笈随师'。然则笈者书箱,人负所以徒步者,不得合为一也。"〔汉〕许慎撰,〔清〕段玉裁注:《说文解字注》,第266页。
③ 《后汉书》卷22《杜茂传》,第777页。
④ 《后汉书》卷16《邓禹传》,第608页。
⑤ 《后汉书》卷72《董卓传》,第2320页。
⑥ 《后汉书》卷36《张楷传》。1243页。
⑦ 文渊阁《四库全书》本。又文渊阁《四库全书》本《太平御览》卷500引汉王褒《僮约》作"饮食马牛"。中华书局1960年2月用上海涵芬楼影印宋本复制重印本《太平御览》作"饮马食牛"。第2289页。
⑧ 〔清〕顾炎武著,〔清〕黄汝成集释,秦克诚点校:《日知录集释》,第1009页。
⑨ 〔唐〕徐坚等著:《初学记》,中华书局,1962年,第467页。
⑩ 〔宋〕章樵《古文苑》卷17引王褒《僮约》同,《四部丛刊》景宋本。文渊阁《四库全书》本《太平御览》卷598引王褒《僮约》则作"调治马户"。《全汉文》卷42王褒《僮约》谓据《初学记》十九,又见《古文苑》",则作"调治马户"。〔清〕严可均校辑《全上古三代秦汉六朝文》,中华书局,1958年,第359页。董治安主编《两汉全书》亦作"调治马户"。山东大学出版社,2009年,第4114页。中华书局1960年2月用上海涵芬楼影印宋本复制重印本《太平御览》作"调治马胪",第2693页。今按:"马户""马胪"均是"马驴"之误。

交通史研究者或当特别关注"蜀校士"的由来以及"驴五百匹驱驴士五十人之蜀"的交通线路。循通常思路，人们会考虑经由陇西再通过蜀道南下的"之蜀"道路。但是还有另一种可能，即由今青海地方南行"之蜀"。通过"鲜水"地名数处移用现象的考察，可知自青海湖左近至川西草原，曾经有便利的交通通道。① 西汉时青海湖称"鲜水海"②，说明汉代这条道路即已通行。

承张德芳教授提示，肩水金关简还有一则涉及"驴"的重要的简文，或可反映相关交通条件：

西海轻骑张海　马三匹驴一匹　〕（73EJF3：149）③

"西海轻骑张海"的事迹，丰富了我们对当时"西海郡"形势的认识。而"马三匹驴一匹"简文，可以看作反映"驴"应用于"西海"地方交通运输的文物实证。或许我们讨论的敦煌马圈湾简文"驴五百匹驱驴士五十人之蜀"有可能经汉代"西海"草原通路南下"之蜀"的推想，也可以因此得到侧面的补证。④

七、汉代画像所见蜀地"胡人""橐驼"

四川省博物馆藏1985年四川什邡收集的一件汉画像砖，《中国画像砖全集》定名为"骑吏画像砖"。图版说明："画面二骑，彩头结尾。骑上二吏，头戴武冠，腰系箭箙，左手执幢麾，迎风招展，右手握缰绳，夹马奔驰。骑吏皆深鼻高目，胡须蓬张，似为'胡人'。当为千石以下官吏出行仪仗。"⑤有研究者则称此为"1959年四川成都市新都区出土'二骑吏'画像砖"。据介绍："马上的骑行者身材魁梧，头戴武冠，高鼻深目，显然是西域胡人。"（图一）⑥这些"胡人"的来路，不能排除经历甘青至川西草原通路的可能。

另一件四川省博物馆藏1978年成都新都区马家乡出土的所谓《骆驼画像砖》，也值得注意。图版说明："画面上骆驼昂首张口，缓步前行。驼背佩鞍，两峰之间竖一建

---

① 王子今、高大伦：《说"鲜水"：康巴草原民族交通考古札记》，《中华文化论坛》2006年4期，《康巴地区民族考古综合考察》，天地出版社，2008年，《巴蜀文化研究集刊》第4卷，巴蜀书社，2008年。
② 《汉书》卷99上《王莽传上》："宪等奏言：'羌豪良愿等种，人口可万二千人，愿为内臣，献鲜水海、允谷盐池，平地美草皆予汉民，自居险阻处为藩蔽。……'"第4077页。
③ 甘肃简牍博物馆、甘肃省文物考古研究所、甘肃省博物馆、中国文化遗产研究院古文献研究室、中国社会科学院简帛研究中心编：《肩水金关汉简（伍）》，中西书局即将出版。
④ 王子今：《说敦煌马圈湾简文"驱驴士"之"蜀"》，《简帛》待刊。
⑤ 《中国画像砖全集》编辑委员会编：《中国画像砖全集·四川汉画像砖》，四川美术出版社，2006年，第39页图五四，图版说明第22页。
⑥ 王微、陈至学：《四川汉代车马出行画像砖试析》，《文物天地》2016年4期。

鼓,鼓上饰羽葆。前峰跪坐一人,曳长袖击鼓(图之左面击鼓人残损,同墓出土的残砖上,可知有一击鼓人与之对称)。当为官吏出行时的仪仗鼓吹乐队之一。"①对于这件汉画像砖,研究者描述:"这一幅非常有特点画像砖中仅仅绘制了一人鼓吹的图像。画面中一头骆驼正缓步前行,在驼峰之间有一建鼓,鼓上树有羽葆前后分开。有一人反向坐在前面的驼峰上击鼓。一般我们见到的骑吹图都是以马作为骑吹者的坐骑,以骆驼为坐骑的非常少见。骆驼本是北方沙漠地区的交通工具,却出现在了四川的画像砖中,可见当时南方与北方、汉王朝与其他民族、国家已经有密切的经济文化往来。北方沙漠之地的骆驼被运送到了西南四川,作为官员出行的仪仗前导。"(图二)②《史记》卷一一〇《匈奴列传》称"橐驼、驴、骡、駃騠、騊駼、驒騱"为匈奴"奇畜"。③ 其中"橐驼"位列第一。《盐铁论·力耕》载大夫言说到"异物内流"情形:"汝汉之金,纤微之贡,所以诱外国而钓羌胡之宝也。夫中国一端之缦,得匈奴累金之物,而损敌国之用。是以骡驴馲驼,衔尾入塞,驒騱騵马,尽为我畜。鼲貂狐貉,采旃文罽,充于内府。而璧玉珊瑚瑠璃,咸为国之宝。是则外国之物内流,而利不外泄也。异物内流则国用饶,利不外泄则民用给矣。《诗》曰:'百室盈止,妇子宁止。'"④所谓"骡驴馲驼,衔尾入塞,驒騱騵马,尽为我畜",指出了草原畜产传入,为中原人利用以为生产动力和交通动力的情形。⑤

"胡人"和"骆驼"进入蜀地的路径自有多种可能。但是河西汉简"驱驴士""之蜀",即很可能经由"西海"草原的路线的捷近和方便,自然是交通史研究者不会忽略的。

八、"南羌"的草原民族定位与交通能力评说

汉王朝针对匈奴的军事和外交战略,特别关注制止这一草原政治实体与羌的联合。汉代文献中,于是有"鬲绝胡羌"的明确表述。

《史记》卷一一〇《匈奴列传》:"西置酒泉郡,以鬲绝胡与羌通之路。"⑥《汉书》卷九四上《匈奴传上》:"西置酒泉郡,以隔绝胡与羌通之路。"⑦《汉书》卷二八下《地理志下》凡四次说到"南羌":

---

① 《中国画像砖全集》编辑委员会编:《中国画像砖全集·四川汉画像砖》,第341页图五六,图版说明第23页。
② 王微、陈至学:《四川汉代车马出行画像砖试析》,《文物天地》2016年4期。
③ 《史记》,第2879页。
④ 王利器校注:《盐铁论校注》(定本),中华书局,1992年,第28页。
⑤ 王子今:《骡驴馲驼,衔尾入塞——汉代动物考古和丝路史研究的一个课题》,《国学学刊》2013年4期。
⑥ 《史记》,第2913页。
⑦ 《汉书》,第3773页。

> 酒泉郡，……县九：禄福，呼蚕水出南羌中，东北至会水入羌谷，莽曰显德。……
>
> 敦煌郡，……县六：……冥安，南籍端水出南羌中，西北入其泽，溉民田。……龙勒。有阳关、玉门关，皆都尉治。氐置水出南羌中，东北入泽，溉民田。①
>
> 自武威以西，本匈奴昆邪王、休屠王地，武帝时攘之，初置四郡，以通西域，鬲绝南羌、匈奴。②

《汉书》卷九六下《西域传下》也说到河西四郡设置对于"隔绝""南羌"与其他草原部族之联系的意义：

> 赞曰：孝武之世，图制匈奴，患其兼从西国，结党南羌，乃表河西，列四郡，开玉门，通西域，以断匈奴右臂，隔绝南羌、月氏。单于失援，由是远遁，而幕南无王庭。③

河西四郡的设置，有向西开拓西域通路的作用，也有"鬲绝南羌、匈奴"的作用。"南羌"称谓的出现，应有以河西汉地作为基准的方位观的基础。

匈奴"结党南羌"，导致对汉帝国的战略优势。而汉军"断匈奴右臂，隔绝南羌、月氏"之后，在"幕南"的强势地位终于形成。《后汉书》卷八八《西域传》记载："延光二年，敦煌太守张珰上书陈三策"，建议对"北虏呼衍王"积极进击，在回顾了汉武帝时代"隔绝南羌"取得的历史性成功之后，面对当时形势，再一次提出对"北虏"与"南羌"联合的忧虑：

> （孝武）遂开河西四郡，以隔绝南羌，收三十六国，断匈奴右臂。是以单于孤特，鼠窜远藏。……西域内附日久，区区东望扣关者数矣，此其不乐匈奴慕汉之效也。今北虏已破车师，执必南攻鄯善，弃而不救，则诸国从矣。若然，则虏财贿益增，胆势益殖，威临南羌，与之交连。如此，河西四郡危矣。④

对匈奴"结党南羌"，以及"威临南羌，与之交连"的担忧，因由不仅在与这两部分与汉文化多有隔阂的部族联盟自身军事的强势，还在于双方在交通能力方面的优越。《汉书》卷五二《韩安国传》对于匈奴的交通运行节奏有"至如猋风，去如收电"之

---

① 《汉书》，第1614页。
② 颜师古注："鬲与隔同。"《汉书》，第1644页。
③ 《汉书》，第2928页。
④ 《后汉书》，第2912页。

说[1],而羌人同样作为草原民族,交通能力是相近的。还应该看到,在汉王朝努力实现了"鬲绝南羌、匈奴"战略任务的河西地方,其实"本匈奴昆邪王、休屠王地",从"鲜水"、"羌谷水"等地名遗存,可以知道羌人在此纵横往来,有长久的历史。这也是"鬲绝"任务十分艰难的原因之一。

就甘青"之蜀"交通地理条件的早期开拓和利用而言,羌人有重要的历史功绩。而他们优越的交通能力,使得在与中原政权实行军事对抗的时代,形成了对汉王朝的严重威胁。

"鬲绝南羌、匈奴",其实只是河西军事建设战略意义的一个方面。《后汉书》卷三一《孔奋传》记载:"遭王莽乱,奋与老母幼弟避兵河西。建武五年,河西大将军窦融请奋署议曹掾,守姑臧长。八年,赐爵关内侯。时天下扰乱,唯河西独安,而姑臧称为富邑,通货羌胡,市日四合,每居县者,不盈数月辄致丰积。奋在职四年,财产无所增。"[2]河西又有"通货羌胡"的经济作用。这也是我们考察丝绸之路交通史时应当注意的。

(作者简介:王子今,中国人民大学国学院、出土文献与中国古代文明研究协同创新中心教授、博士生导师,中国秦汉史研究会原会长)

---

[1] 《汉书》,第2401页。
[2] 《后汉书》,第1098页。

关于汉代循吏问题的再研究

刘 敏

汉代吏治为后世称美,应该说与汉代循吏这一官僚群体密切相关,他们"所居民富,所去见思,生有荣号,死见奉祠"。① 对于这一官僚群体,学术界曾经给予了较多的关注,本文拟在以往研究基础上,对汉代循吏群体性产生的原因及其社会影响等问题作进一步探讨,以助于对汉代吏治的全面认识和借鉴。

一、汉代循吏群体性产生的制度平台

汉代循吏之所以在历史上影响巨大,与其在一定的历史时期内非个别而是群体性的出现有密切关系,这种现象的原因何在? 值得重视和研究。

汉代循吏虽然不乏曾任小至啬夫、亭长、郎官、属吏,大到公卿、宰相者,但其主体应是为朝廷治守一方的郡、国、县、道行政长官,即守、相、令、长,特别是二千石地方长官,他们是国家权力在地方的代表。社会学家费孝通《乡土重建》一书认为:国家自上而下的政治权力的"单轨",事实上仅仅"筑到县衙门就停了"。② 这一说法是否也符合汉代地方的实际,是个可以讨论的问题。不过有一点应该指明,汉代虽然承继秦朝实行君主专制的中央集权制,但这种制度尚处在发展的前期阶段,加之汉朝去三代不远,周天子直接辖治王畿,畿外诸侯建国专封的制度,对其颇有影响。如汉朝廷中负责各方面事务的诸卿,具有浓重的天子家臣的属性,其职责绝大部分只涉及皇帝、皇族和京师,与地方郡县乡里没有关系,中央对地方各个方面的控制,主要不是靠朝廷垂直的行政指令,而是通过任命守、相、令、长等地方长官实行集权统治,因此中央赋予他们,特别是其中的二千石以很大的职权,这恰好是汉代循吏施展才华的平台。

---

① 《汉书·循吏传》。
② 费孝通:《乡土重建》,上海观察社,1948 年。

汉代郡守权大职重,所谓"太守专郡",①"太守专州典郡",②甚至说"郡守重于古诸侯"。③ 在郡守的权力中,最应引起重视的是:自辟属吏权、自立条令权、自专刑戮权和便宜行事权,郡守掌握了一个地方的用人权、立法权、司法权,特别是灵活执行朝廷诏令的权力。另外,据《尹湾汉墓简牍》,④郡太守还有专门的小府,设小府啬夫,这与《汉书·循吏传》所记蜀郡太守文翁的少府相互印证,说明太守有私人支配的财务机构。汉代地方长官权力大,同样职责也重。《汉书·百官公卿表》载:"郡守,秦官,掌治其郡,秩二千石。有丞,边郡又有长史,掌兵马,秩皆六百石。景帝中二年更名太守。""县令、长,皆秦官,掌治其县。万户以上为令,秩千石至六百石。减万户为长,秩五百石至三百石。皆有丞、尉,秩四百石至二百石,是为长吏。"人们有理由埋怨班固对守令职责的记载过于简略,但这种记载也透露了如下信息:一是汉朝廷对地方的管理只是负责任命守、令及其佐助的丞、尉,并规定守、令及其佐官的秩禄标准,其他不管;二是掌治其郡、其县就是包括了郡县中所有事务,无所不管。《汉官解诂》就明确地表述了"掌治其郡"的具体含义:"太守专郡,信理庶绩",至于哪些是长官亲临哪些是佐官属吏分司,基本也由守令决定。如《后汉书·马援传》载,马援任陇西太守时,"务开宽信,恩以待下,任吏以职,但总大体而已。宾客故人,日满其门。诸曹时白外事,援辄曰:'此丞、掾之任,何足相烦。颇哀老子,使得遨游。若大姓侵小民,黠羌欲旅距,此乃太守耳。"《汉官解诂》还将"信理庶绩"具体化为:"劝农赈贫,决讼断辟,兴利除害,检察郡奸,举善黜恶,诛讨暴残。"⑤其中"兴利"应该是包括了丰富的内容,但最主要应是劝课农桑、兴修水利、兴办地方教育等。

在循吏问题的研究中,余英时《汉代循吏与文化传播》一文,以史料充分、研究细腻、视角独特极具影响力。由于余文凸显循吏的思想文化功能,将其社会角色首先定位为"师",甚至认为"循吏在发挥'师'的功能时,他事实上已离开了'吏'的岗位",⑥将循吏的"吏"与"师"两种身份、政治功能和文化功能割裂甚至对立起来。⑦ 又依据朱博"太守汉吏,奉三尺律令以从事耳"⑧和薛宣"吏道以法令为师"⑨这种特定人物特定场合下的一句话,断言"汉代太守的正式职务便是奉行这些'律令',以维持政治秩序","汉代循吏致力于文化秩序的建立完全出于自作主张",⑩从上文可见这种说

---

① 孙星衍辑,周天游点校:《汉官解诂》,载《汉官六种》,中华书局,1990 年。
② 《后汉书·马援列传》。
③ 《汉书·王嘉传》。
④ 连云港市博物馆等编:《尹湾汉墓简牍》,中华书局,1997 年。
⑤ 《太平御览》引作"诛杀残暴"。
⑥ 余英时:《士与中国文化》,上海人民出版社,1987 年。
⑦ 对此以及相关的系列问题,林甘泉在《中国古代知识阶层的原型及其早期历史行程》(《中国史研究》2003 年第 3 期)一文中提出异议,笔者也有同识。
⑧ 《汉书·朱博传》。
⑨ 《汉书·薛宣传》。
⑩ 余英时:《汉代循吏与文化传播》,载《士与中国文化》,上海人民出版社,1987 年。

法并非恰当合理。汉朝自武帝推广文翁的经验和正式实行察举制度以来,地方办教育和发现、选拔、推荐孝廉等人才,是地方长官法定的职责,如武帝元朔元年,"令二千石举孝廉,所以化元元,移风易俗也。不举孝,不奉诏,当以不敬论;不察廉,不胜任也,当免。"①这些无疑是文化秩序的重要组成部分,加上汉代循吏的恤民富民、教民化俗等,都应是制度规定的地方长官的职责,不应看成是"自作主张"。当然,制度规定的职责,不是所有守令均可做到,有人做到了,且做得很好,他们成为循吏、良吏,否则,即便不是奸吏,也是俗吏。汉代循吏在实践汉家制度所要求的赋役执法、恤民富民、教民化俗等多方面职责时,他们一身兼有吏、亲、师三重角色,三者相辅相成,而绝非割裂对立。

《诗》曰:"恺悌君子,民之父母。"②后人甚至说:"长吏之职,号曰亲人。"③汉代守、相、令、长这些地方长吏,是朝廷派往地方的亲民官,汉家制度本身就要求其为民亲,不仅仅是百姓给循吏、良吏的赞誉。如王尊"以高弟擢为安定太守。到官,出教告属县曰:'令长丞尉奉法守城,为民父母,抑强扶弱,宣恩广泽,甚劳苦矣。'"④但一些地方官,甚至大多数地方官很难做到为民父母,就如同酷吏严延年的老母亲所数责的:"幸得备郡守,专治千里,不闻仁爱教化,有以全安愚民,顾乘刑罚多刑杀人,欲以立威,岂为民父母意哉!"⑤而真正做到"视民如子,百姓怀之",⑥亲的角色被老百姓认可的主要是循吏、良吏,其中最有代表性的人物莫过于西汉的召信臣和东汉的杜诗,他们都曾为南阳太守,因"其治视民如子,所居见称述",⑦"性节俭而政治清平",被百姓明确尊称为"召父"、"杜母"。⑧

汉家制度规定,地方长吏不但有"亲"的职责,同时要充当"师"的角色,发挥教化功能。笔者认为,就汉代地方教化而言,它包括两个主要层面,一是专职的学校:官学或者私学,这种可称为师徒型教育,这是小范围的学校教育;再一种就是行政型教育,由地方长官负责,通过法令、条教、设置三老、孝悌、力田、奖善罚恶、亲身表率等推行教化(当然也包括创办和支持官学和私学的发展),这是大范围的社会性教育。董仲舒说:"今之郡守、县令,民之师帅,所使承流而宣化也。"⑨地方行政长官这种师帅角色,宣化功能,既是遵汉家制度,也是承古代传统。三代学在官府,以吏为师,春秋以来的社会变革,使学术下民间,私人办教育,士人非贵族化和非官吏化,出现了非吏之

---

① 《汉书·武帝纪》。
② 《史记·孝文本纪》。
③ 《南史·循吏传》。
④ 《汉书·王尊传》。
⑤ 《汉书·严延年传》。
⑥ 《后汉孝明皇帝记》上卷第九。
⑦ 《汉书·召信臣传》。
⑧ 《后汉书·杜诗传》。
⑨ 《汉书·董仲舒传》。

师,但与此同时,吏师也依然存在。到秦王政时,韩非说:"故明主之国,无书简之文,以法为教;无先王之语,以吏为师。"①李斯说:"史官非秦记皆烧之。非博士官所职,天下敢有藏《诗》、《书》、百家语者,悉诣守、尉杂烧之……若欲有学法令,以吏为师。"②韩非、李斯的错误主要不在"以法为教",而在于烧百家之言,独用法术;不在于"以吏为师",而在于强令取缔非吏之师,无视历史的发展。汉代应该说是比秦朝更合理地恢复了以吏为师的传统,制度要求地方长吏发挥师的功能,同时尊重非吏之师的存在。故汉代循吏所显示出的师的功能,不但与吏的身份不矛盾,而且是吏的职责所要求的。

关于循吏教化的内容,许多学者将其理所当然地说成是儒教,即用儒家思想、礼仪教民化俗,这是片面的,不要说以行政型为主导的社会化教育不是纯用儒教,就是师徒型的学校式教育也不仅仅是儒学教育。文翁是最早在蜀郡创办地方学校的,史书记载说:"景、武间,文翁为蜀守,教民读书法令,""又修起学官于成都市中,招下县子弟以为学官弟子,为除更繇,高者以补郡县吏,次为孝弟力田。"③学官弟子的培养目标是郡县属吏和乡里的孝弟力田,这就决定了教育的内容不仅是儒经礼乐,还要学习演练文法律令。循吏在治民方面是有不少儒家的思想特色,但他们绝非仅仅是儒生。儒家思想有其与生俱来的缺陷,司马谈曾批评说:"儒者博而寡要,劳而少功,是以其事难尽从。"④汉代地方教育的重点在于发展经济,移风易俗,而不在"劳而少功"的儒经礼乐。

汉代循吏的教化行为,许多都是按照皇帝的诏令、朝廷的政令行事的。在两《汉书》中有大量皇帝赏赐地方乡里三老、孝弟、力田的记载,如汉惠帝诏令:"举民孝弟力田者复其身"⑤,汉高后下令:"置孝弟力田二千石者一人",⑥汉武帝下令:"赐县三老、孝者帛,人五匹;乡三老、弟者、力田帛,人三匹"。⑦ 为什么经常进行这种赏赐,汉文帝解释说:"孝悌,天下之大顺也。力田,为生之本也。三老,众民之师也。"⑧颜师古解释说:"特置孝弟力田官而尊其秩,欲以劝厉天下,令各敦行务本。"⑨可见这是一种由皇帝下令由地方长官操办的劝导乡里、助成风化的教化行为。

虽然,汉代循吏为民亲,做民师,但治民之吏仍是他们的首要角色,不管是在依法治民,还是矫诏振民、化俗教民的情况下,他们的身份都首先是吏。按照汉家制度所

---

① 《韩非子·五蠹》。
② 《史记·秦始皇本纪》。
③ 《汉书·循吏传》。
④ 《史记·太史公自序》。
⑤ 《汉书·惠帝纪》。
⑥ 《汉书·高后纪》。
⑦ 《汉书·武帝纪》。
⑧ 《汉书·文帝纪》。
⑨ 《汉书·高后纪》注。

规定的职权，汉代循吏以吏、亲、师合一的身份，将国家权力与乡里社会较好地连接起来。

二、文化背景与治政需要促成汉代循吏群体性产生

每当说到循吏，几乎必然要想到酷吏，反之也是一样。在传统认识中，循吏、酷吏是差异较大的两类官吏，但他们却往往孪生在我们的思想里。这种孪生虽然不等同于生物学的，但与传统认识相比，仍显得无稽，不过这是事实，有存在的道理。简单说二者之间不但有异，也有同，在相比较而存在中各自才更有意义。脱离特定的历史背景和具体人物，笼统谈论循吏、酷吏的优劣是不可取的。无论是司马迁还是班固都未曾简单认定循吏优于酷吏，而是通过具体人物的传做具体评论，如说酷吏"其廉者足以为仪表，其污者足以为戒，方略教导，禁奸止邪，一切亦皆彬彬质有其文武焉。虽惨酷，斯称其位矣。"①

一些学者主张循吏出于儒生，酷吏出于文吏，其实并非尽然。汉代循吏许多人有儒学背景，儒家的民本、忠孝、仁义等思想对他们治民有影响，但不是绝对的，也有循吏有法、道或多种不同的文化背景，早年读过儒经，后任文法吏，或反过来先任文法吏，后又学儒读经者均有，文翁、黄霸、公孙弘、王涣等都有儒法双重背景。西汉初年被誉为"治平为天下第一"②的循吏河南守吴公，就是法家代表人物李斯的学生，而汲黯、郑当时的思想倾向，众所周知，基本是黄老道家。仅就两《汉书》《酷吏传》和《循吏传》所记，既有通经、廉洁、条教、劝耕的酷吏，也有出身文吏、学律严法、欺世盗名的循吏。前者如西汉酷吏郅都，"为人勇有气，公廉，不发私书，问遗无所受，请寄无所听。常称曰：'已背亲而出身，固当奉职死节官下，终不顾妻子矣。'"一身凛然正气。居《后汉书·酷吏列传》之首的董宣，被皇帝"赐钱三十万，宣悉以班诸吏"，任洛阳令五年，"年七十四，卒于官。诏遣使者临视，唯见布被覆尸，妻子对哭，有大麦数斛，敝车一乘。帝伤之，曰：'董宣廉洁，死乃知之！'"又如东汉酷吏黄昌"本出孤微。居近学官，数见诸生修庠序之礼，因好之，遂就经学。"具有儒学的文化背景。后者如西汉循吏王成，"为胶东相，治甚有声。流民自占八万余口……爵关内侯，秩中二千石。未及征用，会病卒官。后诏使丞相御史问郡国上计长吏守丞以政令得失，或对言前胶东相成伪自增加，以蒙显赏，是后俗吏多为虚名云。"东汉著名循吏王涣，"少好侠，尚气力，数通剽轻少年。晚而改节，敦儒学，习《尚书》，读律令，略举大义。为太守陈宠功曹，当职割断，不避豪右……州举茂才，除温令，县多奸猾，积为人患。涣以方略讨击，悉诛之。境内清夷，商人露宿于道。"如果不是范晔将王涣写入《循吏传》中，凭其事

---

① 《史记·酷吏列传》。
② 《汉书·贾谊传》。

迹,我们一时甚至很难断定其是循吏还是酷吏。所以说,政治家与思想家是不同的,就连李斯这样大的法家人物,在追随秦始皇东巡的刻石中多有近儒的思想主张,就更不要说治理下层社会的地方官对儒法等诸家思想可兼而用之,即便是董仲舒、公孙弘、倪宽这样著名的大儒,在治理地方郡国时,主要靠的也不是儒术,而是"明习文法",经术不过是"润饰吏事"。① 特别应指出须待另文再讨论的是,道家思想对汉代循吏也有较大影响。

　　循吏和酷吏,都是国家权力的代表,严酷执法也好,富民教化也好,其主要目的应是一致的,就是将他们所治守的地区稳固纳入汉朝的一统格局。而二者差异的关键,不在于儒法的文化背景,而在于如何执法,即他们代表国家行使执法权力时主导的思想理念,这涉及循吏的概念。司马迁创造了"循吏"一词,同时创造了正史中循吏合传的传记类型,关于循吏的含义,其自释曰:"奉法循理之吏,不伐功矜能,百姓无称,亦无过行",②明显带有道家无为的色彩。唐人司马贞曰:"本法循理之吏",③文稍异而义无殊。唐人颜师古曰:"上顺公法,下顺人情",④做了简单的训诂,言殊而义同。很多学者都注意到了《史记》中的循吏和《汉书》中的循吏不太一样,司马迁笔下循吏的主要特点是"奉法循理",而班固在强调"政平讼理"的同时,非常重视官吏的富民安民、德让教化。笔者认为,这种差异是由武帝和宣帝两个时期不同的政治状况及其作者分别对这两个时代的认识决定的。

　　汉武帝一手高举独尊儒术大旗,一手提拔重用酷吏,带有政治上的狡诈,如汲黯所揭:"内多欲而外施仁义",⑤好大喜功,东西南北中,方方面面均要有所作为。对此司马迁是不满的,他为自己生活的时代塑造了一个个生动的酷吏形象,但他的《循吏传》中却没有一个汉朝的官吏,都是先秦的历史人物。当然,西汉酷吏多出在武帝朝,循吏主要出在宣帝朝,司马迁生前没有见过宣帝时期的循吏,但班固笔下有两名循吏吴公和文翁,却是文景时期人,尤其是文翁,是西汉历史上很重要的一名循吏,司马迁为何不把他写入《循吏列传》? 笔者以为,司马迁写《史记》,不为稿费不为工作量,为了"成一家之言",⑥他是公认的大手笔,寓褒贬于史料的取舍和史实的叙述中,《史记》是通史,作为一种类型人物的合传,他写《循吏传》不录汉吏,写《酷吏传》无先秦三代,是有其深刻用心的,可以说不论是他的《酷吏传》还是《循吏传》,都是对当时酷吏政治的批判,对好大喜功的不满。至于说到文翁,班固对他的记载是:"为蜀郡守,仁爱好教化",为了改变蜀地僻陋的蛮夷风俗,绞尽脑汁,不惜送礼走后门,送郡县小

---

① 《汉书·循吏传》。
② 《史记·太史公自序》。
③ 《史记·循吏列传》注。
④ 《汉书·循吏传》注。
⑤ 《汉书·汲黯传》。
⑥ 《汉书·司马迁传》。

吏去京师学习，或学儒经，或学律令，后来又在蜀郡首创地方官学，死后，"吏民为立祠堂，岁时祭祀不绝"。① 如果把这样一个大有作为的文翁写入《循吏传》，不但与司马迁"不伐功矜能，百姓无称，亦无过行"②的无为的循吏标准不合，更重要的是会干扰其对武帝过分有为政治的质疑。

武帝晚年，"海内虚耗，户口减半"，③终于改变政策，轮台罪己。昭、宣特别是宣帝时期，休养生息，"励精为治"，④把廉洁吏治提升到国家能否长治久安的高度，提出了"吏不廉平则治道衰"的吏治理念，⑤追求吏治的民心效果，"政平讼理"，富民化俗，这样的一种治政需要，也就产生了一大批优秀而又与《史记》中的循吏有别的地方官，史家称颂说："汉世良吏，于是为盛，称中兴焉。"宣帝自己也感叹道："庶民所以安其田里而亡叹息愁恨之心者，政平讼理也。与我共此者，其唯良二千石乎！"⑥值得注意的是，汉宣帝时期的良二千石，《循吏传》依次提到了赵广汉、韩延寿、尹翁归、严延年、张敞、王成、黄霸、朱邑、龚遂、郑弘、召信臣，这其中不但有循吏，也有酷吏，有些难归循、酷，其中的酷吏与循吏一样，也有让老百姓怀念者。如赵广汉就被"长老传以为自汉兴治京兆者莫能及"，"百姓追思，歌之至今。"⑦被民爱戴与循吏无异。这也反映了酷吏与循吏同质性的一面。现在再回到循吏含义问题，尽管司马迁和班固笔下的循吏特点，有些许的发展演变，但循吏的本质特点，依然应是司马迁的自定义，即"奉法循理"，颜师古解释得也很到位，奉法是"上顺公法"，即遵守朝廷的法令制度，循理是"下顺人情"，这里需要说明，人情不应理解为托人情、走后门，而应是合乎自然及伦理道德的人道主义情理。如《史记·循吏传》所记的循吏石奢，为"楚昭王相也。坚直廉正，无所阿避。行县，道有杀人者，相追之，乃其父也。纵其父而还自系焉。使人言之王曰：'杀人者，臣之父也。夫以父立政，不孝也；废法纵罪，非忠也；臣罪当死。'王曰：'追而不及，不当伏罪，子其治事矣。'石奢曰：'不私其父，非孝子也；不奉主法，非忠臣也。王赦其罪，上惠也；伏诛而死，臣职也。'遂不受令，自刎而死。"这恐怕是对奉法循理的实例注解，不过该例子有些极端，且毕竟还是违法了，但却合乎情理。又一例较好：钟离意"迁堂邑令。[县]人防广为父报仇，系狱，其母病死，广哭泣不食。意怜伤之，乃听广归家，使得殡敛。丞掾皆争，意曰：'罪自我归，义不累下。'遂遣之。广敛母讫，果还入狱。意密以状闻，广竟得以减死论。"⑧钟离意的做法是对"奉法循理"的绝佳注释，也得到了最高统治者的认可。

---

① 《汉书·文翁传》。
② 《史记·太史公自序》。
③ 《汉书·昭帝纪》。
④ 《汉书·魏相传》。
⑤ 《汉书·宣帝纪》。
⑥ 《汉书·循吏传》。
⑦ 《汉书·赵广汉传》。
⑧ 《后汉书·锺离意列传》。

循吏和酷吏,特别是同样被称为良吏者,有许多相同或相近的品质或治绩,如忠君、为公、廉洁、无私、法平、劝农、富民、道不拾遗等,但一般来说酷吏执法严急,为尽快达到预定目标、震惊效果,常常会越出合理的法律轨道,搞扩大化,甚至血流成河;循吏则宽缓,合理执法,赋予人道色彩,但也绝非是不达时务的俗儒,而是兼通儒法治民之道的行政官僚。这在《史记》和两《汉书》中比比可见。所以,能否合乎人道情理地执行朝廷法令,应该是汉代循吏与酷吏区别的关键。正如后人在《全元散曲·徐再思·送沙宰》中所唱道:"男子志周流四方,循吏心恪守三章。"三章法自然无以为治,但歌颂的是人道执法的精神,反映的是循吏的本质特点。

武帝朝多酷吏,宣帝时期循吏多,这一现象似乎主要不在于儒学的推广程度,而是与当时国家与社会的矛盾相关,与统治者面临的主要社会问题有关,虽说也与循吏酷吏的个人素质有关,但更主要的还是客观需要。西汉循吏龚遂和酷吏尹赏的故事颇能说明这一点。"宣帝即位,久之,渤海左右郡岁饥,盗贼并起,二千石不能禽制。上选能治者,丞相御史举遂可用,上以为渤海太守……谓遂曰:'渤海废乱,朕甚忧之。君欲何以息其盗贼,以称朕意?'遂对曰:'海濒遐远,不沾圣化,其民困于饥寒而吏不恤,故使陛下赤子盗弄陛下之兵于潢池中耳。今欲使臣胜之邪,将安之也?'上闻遂对,甚说,答曰:'选用贤良,固欲安之也。'……"①皇帝需要"安之",龚遂成了循吏,如果皇帝需要"胜之",龚遂也许会成为酷吏。又据《汉书·薛宣传》记载,薛宣为左冯翊时,所辖"频阳县北当上郡、西河,为数郡凑,多盗贼。其令平陵薛恭本县孝者,功次稍迁,未尝治民,职不办。而粟邑县小,辟在山中,民谨朴易治。令巨鹿尹赏久郡用事吏,为楼烦长,举茂材,迁在粟。宣即以令奏赏与恭换县。二人视事数月,而两县皆治。"尹赏和薛恭两个县令,换县而治,结果两县皆治,如果不换,一是频阳县不治,二是尹赏难以发挥其"能治剧"的特长,对频阳县来说,满足了它客观上需要"能治剧"县令的迫切需求。所以为了适应治政用人的需要,汉代察举选官专有"能治剧"科。据《汉官旧仪(上)》载:"刺史举民有茂材,移名丞相,丞相考召,取明经一科,明律令一科,能治剧一科,各一人。诏选谏大夫、议郎、博士、诸侯王傅、仆射、郎中令,取明经。选廷尉正、监、平,案章取明律令。选能治剧长安、三辅令,取治剧。"汉武帝要加强中央集权,打击地方上气焰薰天的豪强时必用酷吏,看中的是酷吏不惧权势,敢于严法"治剧",对豪强甚至少数族有震慑作用。如两汉京师地区聚集了皇亲国戚、贵族官僚、豪强游侠,历来是难于治理的地区,作为汉代循吏代表的黄霸,"以治行第一入守京兆尹,霸视事数月,不称,罢归颍川。"②正因如此,两汉京师多用酷吏:郅都为中尉,宁成为内史,义纵为长安令,王温舒为中尉、右内史,尹齐为中尉,咸宣为左内史,田广明为左冯翊,尹赏守长安令,董宣为洛阳令,周纡为洛阳令,阳球为司隶校尉等

---

① 《汉书·循吏传》。
② 《汉书·张敞传》。

等。而汉宣帝时期面临的主要问题是休养生息,要使老百姓安其田里而无怨恨之心必用循吏,看中的是循吏能够安民,平和地处理与地方势力的关系,如黄霸、龚遂、韩延寿、王涣等人都注意搞好和郡县属吏、乡里三老等的关系,发挥其积极方面的作用影响。个别酷吏的毛病在诛杀过滥,其中有个人问题,性残忍少恩(如王吉、周纡),也有矫枉过正的问题,不如是震慑不了不法豪强;而个别循吏的缺点在文弱,难以治剧,所以才有两县换令的故事,才有黄霸不能久守京兆的遗憾。

有一种错觉应该纠正,由于许多酷吏善于治剧,就认为治剧者一定是酷吏,其实循吏也有能治剧者,比如像东汉的袁安。袁安出身于经学世家,举孝廉为地方长吏。楚王英谋反案发后,"连及狱系者数千人,天子盛怒,吏治之急,自诬死者甚众。于是有司举能治剧者。以袁安为楚郡太守,安之郡,不入府舍,遥至狱所,案验无实者,条上出之。府丞、掾吏皆叩头争之,曰:'不可!'安曰:'如有不合,太守当坐之,不以相及也。'遂别具奏。会帝感悟,即报许,得出四百余家。顷之,徵入为河南尹。召入见,上问以考楚事,名簿甚备,安具奏对,无所遗失,上以为能也。……安为河南尹十年,号为严明,然未尝加罪鞫人。常称曰:'凡士学问,上欲望宰相,下则牧守,锢人於圣代,尹所不为也。'其下闻之,皆自激厉",①"京师肃然,名重朝廷"。② 有头脑、有胆识、有同情心和怜悯心,严而不酷,奉法循理,可以说袁安是未入《循吏传》的循吏,而且是能治剧的循吏。

三、汉代循吏与地方社会势力

自汉朝建立以来,六国贵族后裔、豪杰游侠、大姓豪强等地方势力一直是朝廷的心病,在两汉史料中充满了大量的如下记载:"大姓犯法";③"豪强大姓,蚕食亡厌";④"宗族横恣,宾客犯为盗贼";"豪桀大姓相与为婚姻,吏俗朋党";⑤"大姓侵小民";⑥"郡之大姓,其子弟宾客为人暴害";⑦"起坞壁,缮甲兵,为在所害";⑧"宁负二千石,无负豪大家",⑨等等,所以豪强问题是汉代,特别是西汉王朝经常要面对的大问题,地方守令身处第一线,所以对循吏酷吏的研究,不能离开国家政权与地方豪强势力矛盾斗争的大平台。

---

① 《后汉孝明皇帝纪》下卷第十。
② 《后汉书·袁安传》。
③ 《汉书·杨敞传》。
④ 《汉书·鲍宣传》。
⑤ 《汉书·赵广汉传》。
⑥ 《后汉书·马援传》。
⑦ 《后汉书·任延传》。
⑧ 《后汉书·李章传》。
⑨ 《汉书·严延年传》。

有学者认为,酷吏所以被重用,是由于他们唯君命是从,此话无误,但不显深刻,关键还是他们能够满足皇帝治剧、打击豪强的需要,在这一方面他们似乎比循吏更为突出,尽管他们常常是法外行酷、越律恣权,甚至影响国家权力的正常行使,不利于顺利地处理国家与社会的矛盾。汉代酷吏的"治绩",主要是杀大姓(如郅都、董宣、樊晔、李章)、除豪贼(如周紆),其中许多人不为私利,廉洁无资财,皇帝因大姓用酷吏、罢酷吏、罢后再用,甚至也因大姓杀酷吏,他们成为皇帝缓和与社会势力矛盾的牺牲品。如东汉酷吏李章"经明教授,历州郡吏。光武为大司马,平定河北,召章置东曹属,数从征伐。光武即位,拜阳平令。时赵、魏豪右往往屯聚,清河大姓赵纲遂于县界起坞壁,缮甲兵,为在所害。章到,乃设飨会,而延谒纲。纲带文剑,被羽衣,从士百余人来到。章与对宴饮,有顷,手剑斩纲,伏兵亦悉杀其从者,因驰诣坞壁,掩击破之,吏人遂安。迁千乘太守,坐诛斩盗贼过滥,征下狱免。岁中拜侍御史,出为琅琊太守。"①免二千石下狱,旋即又拜二千石,显然都是出于政治的需要,与其本人的行为无关。又如西汉酷吏赵广汉,"初为颍川太守,诛大姓首恶,郡中震栗,一切治理威名,流闻匈奴。"②"为京兆尹廉明,威制豪强,小民得职。""初,大将军霍光秉政,广汉事光。及光薨,后广汉心知微指,发长安吏自将,与俱至光子博陆侯禹弟,直突入其门,廋索私屠酤,椎破卢罂,斧斩其门关而去。时光女为皇后,闻之,对帝涕泣。帝心善之,以召问广汉。广汉由是侵犯贵戚大臣……终以此败。"③接受皇帝的暗示而抄贵戚大臣之家,同样因冒犯贵戚大臣而被皇帝杀掉。

汉代国家政权,特别是西汉朝廷对地方豪强豪族的政策,一方面具有诛杀的轻滥性,简单说如果仅仅是杀掉那些违法作乱的豪强分子,是应该的,但许多时候却是为了达到震慑作用,往往是无理地殃及无辜,走向了法治的反面;另一方面又表现出对豪强抑制的个别性和表面性,没有深层次的打击抑制,如从制度上说汉朝没有对豪强任官为吏的限制,他们凭借强大的社会势力,通过察举、征辟、纳资等多种渠道,比一般编户民优先进入并掌握乡里政权,进而为郡县佐官属吏,左右影响地方郡县,最终自己就变成了二千石以上的高官,完成了由与国家权力对峙的社会势力到本身就是国家权力一部分的转化,并建立了主要代表其利益的东汉政权。另外就个别性而言,从汉武帝开始就是用豪强打豪强,如同用商人抑商人一样。结果,"法律贱商人,商人已富贵矣",④酷吏打豪强,豪强已二千石矣。著名豪侠郭解,武帝时被族杀,仅到西汉末,其曾孙就已经是二千石的蜀郡太守,而且世为二千石。⑤从孙郭伋甚至正史有传。有关例证比比皆是。至于东汉时期豪强在政治上的地位更非西汉可比,就不止

---

① 《后汉书·李章传》。
② 《前汉孝宣皇帝纪》卷十八。
③ 《汉书·赵广汉传》。
④ 《汉书·食货志》。
⑤ 《后汉书·郭伋传》。

是二千石的问题了。考察汉代国家权力和地方豪强的矛盾发展及其结局,在一定意义上可以说,汉代打击豪强的政策是失败的,但从另外的视角去看,这种政策迫使地方豪强势力转向,通过拜官、为吏、读经等途径,进而官僚化和士族化,融入并影响了中古时期重大的历史发展演变。在这一转变过程中,循吏和酷吏又做了什么?

宋朝以来商品经济的发展,侵蚀着几千年来的专制独裁观念,明清时期终于在思想领域出现了对它的明确批判,辛亥革命从政治上否定了君主专制,五四运动从更广阔的文化领域批判君主独裁,高扬民主大旗,遗憾的是时至今日,我们的历史研究依然不自觉地以君主专制的中央集权为本位,裁定是非总是看是否有利于中央集权,对对立于君主及中央集权的社会势力和权力都难于给以合理的肯定。汉代的国家政权是以君主专制为核心的中央集权,一元化的权利是其在制度和思想上的追求,但在实践中是不可能的。由于国家权力之外的社会权力客观存在,但却又被国家权力所否认,所以才会出现对豪强势力诛杀过滥和抑制过于表面化的矛盾及其失败的结局。一些酷吏对民间的社会权利一味蔑视,用过于偏激甚至没有情理的办法处理国家与社会的矛盾;循吏则比较注意协调各种关系,追求合乎情理地处理问题,他们主观上或许并无意识,但客观上对合理的地方势力和社会权力给予了肯定。

顾炎武说:"王官之于国君,属吏之于府主,其称臣如故"。① 汉代诸侯王与王国中的官员,郡守与手下的属吏,存在君臣关系。按照汉朝的制度,一般来说长吏不用本郡人,②守、相、令、长由朝廷任命外郡人士充当,而属吏一般则由长吏辟用本地人。郡县属吏以及更基层的啬夫、游徼等乡吏,还有三老等民间代表,主要出自民间有经济实力和政治势力者,尤其是大家豪族。汉代郡县乡里的社会权利,基本操纵在他们手中,而国家权力与社会势力之间依存矛盾的二重关系,在一定程度上是通过守令和属吏之间关系体现出来的。于是在汉代地方长吏与属吏及乡官之间出现多种不同的关系类型,有的和谐共事,有的挟制掌控,有的将长吏架空,有的自愿授权属吏,有的权钱交易勾结违法,形形色色。一般说酷吏善于挟制奸吏,循吏善于搞好同属吏的关系,当然循吏中也有酷烈者。

黄霸是循吏中理性而平和处理与属吏矛盾的典型,《汉书》本传对其驾驭属吏的作法有精彩的描写。当时宣帝"垂意于治,数下恩泽诏书",但颍川奸吏"不奉宣",不让老百姓知道皇帝的诏书。黄霸被任命为颍川太守,立即"选择良吏,分部宣布诏令,令民咸知上意。"发挥邮亭乡官的作用,"畜鸡豚,以赡鳏寡贫穷者。然后为条教,置父老、师帅、伍长,班行之于民间,劝以为善防奸之意,及务耕桑,节用殖财,种树畜养,去食谷马。米盐靡密,初若烦碎,然霸精力能推行之。吏民见者,语次寻绎,问它阴伏,

---

① 《日知录》卷二十四"对人称臣"。
② 也有特例,如《后汉书·蔡邕列传》载:"昔韩安国起自徒中,朱买臣出于幽贱,并以才宜,还守本邦。"韩安国,梁人,拜为梁内史;朱买臣吴人,拜会稽太守。

以相参考。尝欲有所司察,择长年廉吏遣行,属令周密。吏出,不敢舍邮亭,食于道旁,乌攫其肉。民有欲诣府口言事者适见之,霸与语道此。后日吏还谒霸,霸见迎劳之,曰:'甚苦!食于道旁乃为乌所盗肉。'吏大惊,以霸具知其起居,所问豪氂不敢有所隐。鳏寡孤独有死无以葬者,乡部书言,霸具为区处,某所大木可以为棺,某亭猪子可以祭,吏往皆如言。其识事聪明如此,吏民不知所出,咸称神明。奸人去入它郡,盗贼日少。"黄霸很注意"成就全安长吏。许丞老,病聋,督邮白欲逐之,霸曰:'许丞廉吏,虽老,尚能拜起送迎,正颇重听,何伤?且善助之,毋失贤者意。或问其故,霸曰:数易长吏,送故迎新之费及奸吏缘绝簿书盗财物,公私费耗甚多,皆当出于民,所易新吏又未必贤,或不如其故,徒相益为乱。凡治道,去其泰甚者耳。"从这段记载,可以看出黄霸用属吏的几个特点:一是用吏有选择性,去奸吏,用良吏,根据差事特点选择适合的差吏;二是通过各种办法掌握充分信息,使吏不敢欺满;三是尽量作到佐官属吏队伍的稳定,以防止奸吏乘机作弊偷盗;四最重要的是尊重和发挥乡里邮亭、乡官、父老、师帅、伍长的积极作用和影响,使皇帝的诏令、郡县的教令深入乡里民户,而不是停在"县衙门"。①

最能以仁爱礼德争取属吏、乡官、长老之心的,当属韩延寿。韩延寿徙为颍川太守,"颍川多豪强,难治,国家常为选良二千石。先是,赵广汉为太守,患其俗朋党,故构会吏民,令相告讦,一切以为聪明,颍川由是以为俗,民多怨仇。延寿欲改更之,教以礼让,恐百姓不从,乃历召郡中长老为乡里所信向者数十人,设酒具食,亲与相对,接以礼意,人人问以谣俗,民所疾苦,为陈和睦亲爱销除怨咎之路。长老皆以为便,可施行,因与议定嫁娶丧祭仪品,略依古礼,不得过法。""又置正、五长,相率以孝弟,不得舍奸人。闾里千佰有非常,吏辄闻知,奸人莫敢入界。其始若烦,后吏无追捕之苦,民无箠楚之忧,皆便安之。接待下吏,恩施甚厚而约誓明。或欺负之者,延寿痛自刻责:'岂其负之,何以至此?'吏闻者自伤悔,其县尉至自刺死。及门下掾自刭,人救不殊,因喑不能言。延寿闻之,对掾史涕泣,遣医治视,厚复其家。"②韩延寿能够深入乡里,承认民间势力的社会权力,尊重并发挥地方长老的影响,利用他们的威信,推行自己的治民措施,收到极好的治民效果,在研究国家权力与社会的关系时,循吏的这些做法非常值得注意。

而酷吏处理与属吏,特别是那些不执行皇帝诏令、朝廷政令、郡县教令的属吏的关系就激烈得多了。严延年被任命为涿郡太守,"时郡比得不能太守,涿人毕野白等由是废乱。大姓西高氏、东高氏,自郡吏以下皆畏避之,莫敢与忤,咸曰:'宁负二千石,无负豪大家。'宾客放为盗贼,发,辄入高氏,吏不敢追。浸浸日多,道路张弓拔刃,

---

① 此话源自费孝通的《乡土重建》一书,即认为:国家自上而下的政治权力的"单轨",事实上仅仅"筑到县衙门就停了"。(上海观察社,1948年)
② 《汉书·韩延寿传》。

然后敢行,其乱如此。延年至,遣掾蠡吾赵绣案高氏得其死罪。绣见延年新将,心内惧,为两劾,欲先白其轻者观延年意,怒,乃出其重劾。延年已知其如此矣。赵掾至,白其轻者,延年索怀中,得重劾,即收送狱。夜入,晨将至市论杀之,先所按者死,吏皆股弁。更遣吏分考两高,穷竟其奸,诛杀各数十人。郡中震恐,道不拾遗。"严延年对"吏忠尽节者,厚遇之如骨肉,皆亲乡之,出身不顾,以是治下无隐情。然疾恶泰甚,中伤者多,尤巧为狱文,善史书,所欲诛杀,奏成于手,中主簿亲近史不得闻知。奏可论死,奄忽如神。冬月,传属县囚,会论府上,流血数里,河南号曰'屠伯'。令行禁止,郡中正清。""丞义年老颇悖,素畏延年,恐见中伤。延年本尝与义俱为丞相史,实亲厚之,无意毁伤也,馈遗之甚厚。义愈益恐,自筮得死卦,忽忽不乐,取告至长安,上书言延年罪名十事。已拜奏,因饮药自杀,以明不欺。事下御史丞按验,有此数事,以结延年,坐怨望非谤政治不道弃市。"①郡掾赵绣不老老实实办案,又畏惧严延年,为轻重两劾,以探长吏之意,虽属奸猾,但不至于死,严延年杀赵绣,明显是下马威,杀一儆百,使吏不再敢欺。虽然有效果,但由于过于酷烈,不能真正得属吏之心,甚至如丞义这种受其恩遇者,反致其于死地。

汉代地方守令基本是外郡人,对所治郡县并不熟悉了解,而属吏则是本地人,不但了解情况,而且还是某些民间势力的代言人,社会权力的代表,故汉代有许多郡县的政事实际掌握在功曹、主簿等属吏手中。这其中又可分为三种情况:第一种情况是属吏才德出众,深得长吏信任,守令自愿委以政事。"汝南太守范孟博,南阳宗资主画诺。南阳太守岑公孝,弘农成瑨但坐啸。"这几句谣谚颇能反映这种情况。汝南太守宗资任功曹范滂,"委任政事,推功于滂,不伐其美。任善之名,闻于海内"。南阳太守成瑨亦委功曹岑晊,南阳郡"旧多豪强,中官黄门磐牙境界。瑨下车,振威严以掊摄之。是时桓帝乳母、中宫贵人外亲张子禁,怙恃贵势,不畏法纲,功曹岑晊劝使捕子禁付宛狱,笞杀之。桓帝征瑨,下狱死。"②又如,陈宠"转广汉太守。西州豪右并兼,吏多奸贪,诉讼日百数。宠到,显用良吏王涣、镡显等,以为腹心,讼者日减,郡中清肃。"③"宠风声大行,入为大司农。和帝问曰:'在郡何以为理?'宠顿首谢曰:'臣任功曹王涣以简贤选能,主簿镡显拾遗补阙,臣奉宣诏书而已'。帝大悦。"④陈宠重用属吏,也宣传推荐属吏,王涣也由此而显名,成为汉代著名循吏。又如爰延是陈留郡外黄县人,"清苦好学,能通经教授。性质悫,少言辞。县令陇西牛述好士知人,乃礼请延为廷掾,范丹为功曹,濮阳潜为主簿,常共言谈而已。后令史昭以为乡啬夫,仁化大行,人但闻啬夫,不知郡县。"⑤

---

① 《汉书・严延年传》。
② 《后汉书・党锢列传》及注引《谢承书》。
③ 《后汉书・陈宠传》。
④ 《后汉书・王涣传》。
⑤ 《后汉书・爰延传》。

第二种情况是长吏势单,加之能力不强,身体又弱,结果被有着强大社会势力背景的属吏架空。如东汉司空韩棱,为人"渊深有谋","世为乡里著姓","棱四岁而孤,养母弟以孝友称。及壮,推先父余财数百万与从昆弟,乡里益高之。初为郡功曹,太守葛兴中风,病不能听政,棱阴代兴视事,出入二年,令无违者。兴子尝发教欲署吏,棱拒执不从,因令怨者章之。事下案验,吏以棱掩蔽兴病,专典郡职,遂致禁锢……"①韩棱依靠强大的宗族势力和个人名望,竟然敢无视汉朝法令,隐瞒郡守生病不能听政的事实,擅自专典郡职。

第三种情况是长吏受贿,被地方势力收买,辟豪强为属吏,相互勾结,甚至不执行朝廷政令,听命于社会权力驱使,以至于汉代流传这样的里语:"州郡记,如霹雳;得诏书,但挂壁。"②在这种情况下,皇帝的诏令、朝廷的政令,不要说是到达乡里,就连郡府的大门都达不到。如,严诩为颍川太守,"诩本以孝行为官,谓掾史为师友,有过辄闭阁自责,终不大言。郡中乱……是时颍川钟元为尚书令,领廷尉,用事有权。弟威为郡掾,臧千金……阳翟轻侠赵季、李款多畜宾客,以气力渔食闾里,至奸人妇女,持吏长短,从横郡中"。"王莽遣使征诩,官属数百人为设祖道,诩据地哭,掾史曰:'明府吉征,不宜若此。'曰:'吾哀颍川士,身岂有忧哉! 我以柔弱征,必选刚猛代。代到,将有僵仆者,故相吊耳。'"③严诩表面看是"柔弱"的腐儒,实质是个将国家权力出让(也许是出卖)给贪官污吏和流氓无赖的奸吏,估计他当初受过尚书令兼廷尉钟元的请托或属下郡掾锺威的行贿,因为他被征后,循吏何并"徙颍川太守,过辞钟廷尉,廷尉免冠为弟请一等之罪",但被何并拒绝,并曰:"罪在弟身与君律,不在于太守。"何并到颍川后立即下令抓捕并杀死了锺威等人,"以谢百姓"。他在给属下的命令中有这样一句话:"三人非负太守,乃负王法,不得不治。"④太守首先代表的是朝廷和王法,这是一个准确的定位。

汉宣帝说:"汉家自有制度,本以霸王道杂之",⑤好的地方长吏应该是德刑兼顾,行德要合宜,施法要合理,一味滥杀的严延年和自责不言的严诩同样不可取。汉代循吏所以为百姓爱戴,为君主满意,为后世称美,不是纯用德教,而是王霸杂用,奉法循理也。

四、汉代循吏的人格魅力

总的看来,循吏还是比酷吏获得了更好的名声,特别是《汉书·循吏传》中的几句

---

① 《后汉书·韩棱传》。
② 《潜夫论笺校正》卷四。
③ 《后汉书·何并传》。
④ 《后汉书·何并传》。
⑤ 《汉书·元帝纪》。

经典之语:"王成、黄霸、朱邑、龚遂、召信臣等,所居民富,所去民思,生有荣号,死见奉祠,廪廪庶几德让君子之遗风。"更显现出汉代循吏的人格魅力。这种魅力源自哪里?笔者以为,主要还不在于"奉法循理",也不在于向吏民布道传教,而在于循吏的安民和正我。董仲舒曾深刻指明为官治民之道:"春秋之所治,人与我也。所以治人与我者,仁与义也。以仁安人,以义正我。"①

"以仁安人",是用仁爱之心安抚和治理百姓,这是汉代循吏给人最深刻的印象。他们治民成绩卓著,主要不在方法,而是情感到位。汉宣帝时,渤海一带饥荒,民为盗贼,久不能擒制,宣帝任命龚遂为太守息盗贼,龚遂说:"今欲使臣胜之邪,将安之也?""胜之"就是将盗贼作为敌人镇压,"安之"则是作为亲人抚慰,龚遂从仁爱的立场出发,能够体谅民为盗贼的原因是"困于饥寒而吏不恤",无奈之下才为乱,所以仍将他们视为"陛下赤子","慰安"之、"廪假"之、"牧养"之,"盗贼于是悉平"。② 汉代循吏对"乱民"尚能仁爱有加,对顺民百姓更可想而知。作为亲民的地方长官,他们"视民如子",因之民亦视他们为父母,如前所述,南阳百姓中流传着"前有召父,后有杜母"③的亲切颂言。

在以仁爱安抚百姓思想主导下,汉代循吏为官一任,造福一方,尽量为民解难兴利,不是虚浮而是实实在在解决困扰百姓的具体问题,显示出利民不扰民的为官作风。朱邑从年轻为乡啬夫时起,就"以爱利为行",即把爱民利民作为治事的原则,"存问耆老孤寡,遇之有恩",不但受到"吏民爱敬",且"天子器之,朝廷敬焉"。④ 东汉时合浦郡不产粮食,出珠宝,可以"贸籴粮食",但由于地方官贪贿敲诈,致使产贸皆废,民无生计,"贫者饿死于道",孟尝被任命为太守,到官伊始,"求民病利",去病兴利,不到一年,生产发展,商贸繁荣,百姓"称为神明"。⑤ 会稽郡山民质朴,甚至有"白首不入市井者",但却遭到地方官吏的骚扰,甚者征发索求"至夜不绝,或狗吠竟夕,民不得安",刘宠任太守后,果断地"简除繁苛,禁察非法",山村重现了"狗不夜吠,民不见吏"的清静安逸,山民称颂刘宠"圣明"。⑥

孔子对弟子谈治民之道时说:要先"富之",而后"教之"。⑦ 荀子进一步阐释说:"不富无以养民情,不教无以理民性。故家五亩宅,百亩田,务其业而勿夺其时,所以富之也。立大学,设庠序,修六礼,明十教,所以道之也。诗曰:'饮之食之,教之诲之。'王事具矣。"⑧先富之而后加教,是古代许多思想家主张的重要的治民思想,汉代

---

① 《春秋繁露·仁义法》。
② 《汉书·循吏传》。
③ 《后汉书·杜诗传》。
④ 《汉书·朱邑传》。
⑤ 《后汉书·孟尝传》。
⑥ 《后汉书·刘宠传》。
⑦ 《论语·子路》。
⑧ 《荀子·大略》。

循吏将之付诸实践,并构成其治民的特色。黄霸是汉代循吏的代表,所谓"自汉兴,言治民吏,以霸为首。"黄霸为颍川守,富民的办法是既开源又截流,即"务耕桑,节用殖财,种树畜养,去食谷马",甚至"使邮亭乡官皆畜鸡豚,以赡鳏寡贫穷者",①从点滴之处增收节用,减少民户负担。诸多柴米油盐等琐碎之事,许多二千石不屑,但黄霸却竭精尽力去做。相类者还有龚遂,为渤海郡守,带头节俭,"劝民务农桑",令每人种一棵榆树、一百株薤头、五十棵葱、一垄韭菜,每家养两头母猪、五只鸡,春夏必须到田里干活,秋冬督促收获储藏,又让百姓尽量多蓄植物果实、菱角、芡实等可食之物,结果家家都有积蓄,官吏百姓"皆富实",甚至因此而"狱讼止息"。②

孔子说:"贫而无怨难,富而无骄易。"③但晏子却说:"富而不骄者,未尝闻之。"④不管二子谁更接近真理,孔子主张富而教之是必要的,因不教则骄。董仲舒说:"大富则骄,大贫则忧,忧则为盗,骄则为暴,此众人之情也。"⑤如前所说,汉代循吏是治民之吏,也是教民之师,通过教化移风易俗,使民知荣知辱,从而达到较高层次的安民治民。文翁"仁爱好教化",开郡国兴办学校发展教育的先河,民风渐化,蜀郡大治。黄霸也是"力行教化而后诛罚",把治民的立足点首先放在用德教感化之,如不从,不得以才用刑罚,颇得颍川吏民之心,创造了"治为天下第一"的政绩。⑥ 及至东汉,循吏守郡治民,普遍重视教育感化,"造立校官","修庠序之教","以礼训人,不任刑罚"。⑦ 刘矩任雍丘令,用礼让教化百姓,使"无孝义者,皆感悟自革",使争讼者,"感之,辄各罢去"。⑧ 而许荆任桂阳太守,针对当地"风俗脆薄"而大兴礼义教化,致使争财的兄弟息讼,"不养父母,兄弟分析,因此皆还供养者千有余人"。⑨ 更有令人感叹者,仇览仅为县中一亭长,亦能以礼化民,使"凶恶不孝"的逆子通过诵读《孝经》,成为孝子佳士。⑩ 在汉代循吏掌治的郡县中,由于注重教化,屡见"牢狱连年无囚,比县流人归化","其有路得遗者,皆推寻其主"的大治景象。⑪

"以义正我",是用礼法道义约束自己。董仲舒在前文中阐释说:"义之法在正我,不在正人;我不自正,虽能正人,弗予为义。"正己是仁爱治民的前提。司马迁《循吏列传》虽然记的都是先秦人物,但却清楚显示出循吏治民先正己的特点。其中给人深刻印象的有:因部下错杀人而自己承担责任,并自杀以示认错抵罪的李离;有廉洁

---

① 《汉书·黄霸传》。
② 《汉书·龚遂传》。
③ 《论语·宪问》。
④ 《晏子春秋》卷6《内篇杂下》。
⑤ 《春秋繁露·度制》。
⑥ 《汉书·黄霸传》。
⑦ 《后汉书·循吏列传》。
⑧ 《后汉书·刘矩传》。
⑨ 《后汉书·许荆传》。
⑩ 《后汉书·仇览传》。
⑪ 《后汉书·循吏列传》。

自律、嗜鱼而决不受人鱼的公仪休;特别是通过公仪休食家茹美而拔葵弃园,见家布好而出妇燔机的故事,表述了为官食禄者不与民争利的重要思想主张。① 两《汉书》所传汉代循吏的正己,突出为公、廉二字,具体为三个特点。

一是勤俭为民。百姓尊为"召父"的召信臣,治郡不辞辛劳,身为二千石高官,躬耕以劝勉百姓致力于农业生产,总是出入田间地头,就连歇息都不去乡署亭舍,为官很少有在府中安心休息的时候。黄霸居官为民,不计较升降,曾因修驰道未先报告等过失,从二千石的京兆尹降为八百石外放,不但毫无怨言,且"居治如其前,前后八年,郡中愈治"。②

二是清廉奉公。汉代循吏不但不贪赃不受贿,反而把自己的官禄赏赐用以赈济。朱邑为官"廉平""公正",交往中不徇私情,"身为列卿,居处俭节,禄赐以共九族乡党,家亡余财",天子赞扬他说:"亡强外之交,束修之馈,可谓淑人君子"。③ 任延任会稽都尉,手下掾吏有贫穷者,"辄分俸禄以赈给之",后为九真太守,在越地易乱交之俗行嫁娶之礼的过程中,对那些"贫无礼聘"者,则率领长吏们"各省俸禄以赈助之",至此"产子者,始知种姓",百姓感激道:"使我有是子者,任君也。"④ 孟尝为合浦太守,南海多珍宝,价比黄金,极易积累资财,但孟尝离任时却是两袖清风,只身归耕。⑤ 而刘宠历宰豫章、会稽二郡,又累登司徒、太尉等卿相之位,却"清约省素,家无货积"。⑥

三是无私无畏。表现在一些循吏为民做主不怕丢官,为民除害不顾个人危险。镡显于汉安帝时任豫州刺史,时天下饥荒,民竟为盗贼,地方官收捕了一万多人,镡显怜悯百姓因"困穷,自陷刑辟",不怕被责被免,擅自将他们赦免,然后自我弹劾请罪。⑦ 第五访为张掖太守时,当地发生严重饥荒,他果断决定开仓赈救,但官吏们怕担责任,劝其上奏待准,第五访认为待准就是"弃民",说:"太守乐以一身救百姓",即不惜用乌纱和性命来保全一郡百姓。⑧ 任延任武威太守前已经治绩卓著,九真郡吏民"生为立祠",拜武威太守时皇上戒之曰:"善事上官,无失名誉",即提醒他好好侍奉上级长官,保住已有的名誉地位。但任延不以为然,回答说:"臣闻忠臣不私,私臣不忠。履正奉公,臣子之节。上下雷同,非陛下之福。善事上官,臣不敢奉诏。"明确表示自己决不会为保个人名利地位,而不顾国家和百姓利益,违心地苟同上司、附和上司、取悦上司,就更不要说贿赂上司了。武威郡中长期田氏豪强称霸,其子弟宾客"暴害",任延上任后,坚决为民除害,杀田氏父子宾客五六人,田氏遂聚数百人攻打郡

---

① 《史记·循吏列传》。
② 《汉书·循吏传》。
③ 《汉书·朱邑传》。
④ 《后汉书·任延传》。
⑤ 《后汉书·孟尝传》。
⑥ 《后汉书·刘宠传》。
⑦ 《后汉书·镡显传》。
⑧ 《后汉书·第五坊传》。

府,任延毫不畏惧,果断"发兵破之"。① 以太守的无私无畏,换得郡中百姓的安居。

古人云:"吏不畏吾严,而畏吾廉;民不服吾能,而服吾公。公则民不敢慢,廉则吏不敢欺。"②又云:"为官长,当清、当慎、当勤,修此三者,何患不治乎!"③这些恐怕才真正是汉代循吏"所居民富,所去见思,生有荣号,死见奉祀"的主要原因。

附记:本文中部分内容曾在《湖湘论坛》2014年2期和《秦汉研究》创刊号发表

（作者简介:刘敏,南开大学历史学院教授、博士生导师）

---

① 《后汉书·任延传》。
② （明）曹端《曹月川集·年谱》。
③ （元）郝经《续后汉书》卷35

汉代儒学的经学化进程[①]

李振宏

一、问题的提出

经学形成于何时,近代以来的学术界大致有两种看法。一种认为形成于先秦时代:最早写经学史的晚清人皮锡瑞,对经学的叙述就径直从先秦时代或曰从孔子开始[②]。20 世纪 30 年代出版的马宗霍的《中国经学史》,表达了经学自孔子始的观点,该书第三篇的标题即是"孔门之经学"[③]。80 年代初,徐复观也发表了经学完成于先秦时代的观点:"从经学的思想、精神方面说,是始于周公,奠基于孔子。从经学的组成、形式方面说,则一直到秦始得完成。"[④]另一种看法,认为经学形成于西汉,以汉武帝时期的独尊儒术、立"五经"博士为标志。如朱维铮说:"经学是中世纪中国的统治学说。""公元前二世纪晚期,西汉帝国宣布'独尊儒术',设置'五经博士'……那以后相传由孔子撰定的五类著作——《诗》《书》《礼》《易》《春秋》的若干传本……便由早先诸子学派都可用来比喻某种纲领性的学说或文献的统称,变成了唯指儒家学派尊崇的所谓孔子亲授的五类或六类('六经'即五经加《乐》)著作的专称。"[⑤]张立文认

[①] 本文所谈儒学的经学化,严格地说应该是"六艺之学"的经学化。钱穆先生曾经详细地论辩过在汉武帝之前,儒学与六艺之学的分野,这完全是两个内涵不同的概念。(参见钱穆:《两汉经学今古文平议》,商务印书馆,2001 年,第 200—201 页)只是在汉武帝"置《五经》博士"之后,随着"六艺"经学地位的确立,"六艺之学"逐渐经学化,儒学之士也日益将"六艺"作为单一的研习对象,"六艺之学"也就日益与儒学合为一体。本文讲儒学的经学化,实际上是在讲"六艺之学"的经学化,所以这样命题,只是选择了一个更为习惯的说法。

[②] 见皮锡瑞:《经学历史》第一章《经学开辟时代》,周予同注释,中华书局,2004 年。

[③] 马宗霍:《中国经学史》,上海书店 1984 年影印本。

[④] 徐复观:《徐复观论经学史二种》,上海世纪出版集团,2006 年,第 52 页。

[⑤] 朱维铮:《中国经学史十讲》,复旦大学出版社,2002 年,第 2 页。

为,狭义的作为官学的经学是从汉武帝"独尊儒术"开始。① 姜广辉说,建元五年(公元前136年)汉武帝立五经博士是经学正式确立的标志。② 近年熊铁基先生提出的经学垄断地位的形成是一个发展过程的思想:"经学垄断地位的形成是一个发展的过程,这个过程中有一些标志性的事件,如武帝时的'罢黜百家'、表彰六经,虽然要具体分析,不应夸大董仲舒的作用等等,但是毕竟有一些实际的措施,如罢申、韩、张等言之贤良,置五经博士及弟子员,兴太学并成为制度等等,都是标志性的。其次又有讲论经义、有石渠阁会议、白虎观会议等等,都在经学垄断地位的形成中起重大作用。"③当然,熊铁基先生这里主要谈的是汉代经学垄断地位的形成而非单纯的经学形成问题。

总括前贤诸说,似嫌不足之处尚存,即都没有对自己的观点进行学理性的论证。如果从表面现象上看,董仲舒"天人三策"提出"臣愚以为诸不在六艺之科孔子之术者,皆绝其道,勿使并进",并被武帝接受,即传统所说实行"罢黜百家,独尊儒术",是可以作为儒学进入经学阶段的标志的。然而,不论是设立五经博士,还是"罢黜百家,独尊儒术",都只是儒学经学化进程中最初阶段或者说是开始向经学转化的标志性事件,都还不足以说明儒学已经完成了经学化,并不能标志经学的正式确立。儒学何时真正地变成为经学,需要有一个明确的判断标准,需要有一个学理性的解决。④

解决经学何以为"经学"的问题,需要从"经"与"经学"的字词本义谈起。

《说文》:"经,织也。""经"字本义是织物的纵线,与"纬"相对,这是没有疑问的。但早在先秦时期"经"字就延伸出许多社会性含义。如"经"有初始之义。《尔雅·释言》中没有释"经",但却以"经"来训释"基"、"典"二字。以"经"释"基"曰:"基,经也。"释曰:"基,墙下土也。又诂为始做事,谋始必经纶也。"⑤于是,"经"也被赋予了初始之义。

"经"有传世文献的含义。《尔雅·释言》以"经"释"典"曰:"典,经也。"⑥这里的"经"即是前代传承下来的典籍文献,或曰即是《尚书·多士》篇所谓"惟殷先人,有册有典"之典。

"经"又有常言、常法、常理之义。《左传·昭公十五年》:叔向曰:"礼,王之大经

---

① 张立文主编,周桂钿、李祥俊著:《中国学术通史》第二卷,人民出版社,2004年,第92页。
② 姜广辉主编:《中国经学思想史》第二卷,中国社会科学出版社,2003年,第7页。
③ 熊铁基:《汉代经学垄断地位的确立及影响》,《秦汉研究》(第一辑),三秦出版社,2007年,第14页。
④ 在关于经学判断的学理性方面,朱维铮先生对经学概念有过一个说明。他说:经学"特指中国中世纪的统治学说。具体地说,它特指西汉以后,作为中世纪诸王朝的理论基础和行为准则的学说。因而,倘称经学,必须满足三个条件:一、它曾经支配中国中世纪的思想文化领域;二、它以当时政府所承认并颁行标准解说的'五经'或其它经典,作为理论依据;三、它具有国定宗教的特征,即在实践领域中,只许信仰,不许怀疑。"(朱维铮:《中国经学史十讲》,复旦大学出版社,2002年,第9—10页)尽管朱维铮先生没有说明自己如此判断经学的理由,没有在问题讨论的学理性上着笔墨,但这几点看法,还是对我们有很大启发。
⑤ 郭璞注,邢昺疏:《尔雅注疏》,十三经注疏整理本,北京大学出版社,2000年,第75页。
⑥ 郭璞注,邢昺疏:《尔雅注疏》,十三经注疏整理本,第101页。

也。一动而失二礼,无大经矣。言以考典,典以志经,忘经而多言举典,将焉用之?"服虔曰:"经,常也,常所当行也。"①《荀子·成相》曰:"治之经,礼与刑,君子以修百姓宁。""典以志经","经"就是"常",是包含在文献典籍中的常理、常法。像荀子所言,"礼与刑"是君子治理百姓的经常性工具,所以也就是为治之"经"。就此而言,所谓"经",即常言、常法、常理之谓。

综合考虑,先秦时代的"经",指的就是那些初始的基本的包含着事物之常理的先世文献,亦即《文心雕龙》所谓的"圣哲彝训"②。所以,我们可以看到,在先秦文献中,"经"字多用来特指孔子研读和修订编纂的"六艺"之书,即在孔子之前就传承下来的典范性著作:《诗》《书》《礼》《乐》《易》《春秋》。人们称这些文献为"经书",并有"六经"之说。譬如《庄子·天运》载,孔子谓老聃曰:"丘治《诗》、《书》、《礼》、《乐》、《易》、《春秋》、《六经》,自以为久矣,孰知其故矣。"③但先秦时期却没有出现"经学"一词,"经学"概念见之于汉代:

《汉书·宣帝纪》:(本始四年夏四月诏)"丞相、御史其与列侯、中二千石博问经学之士,有以应变,辅朕之不逮,毋有所讳。"④
《汉书·儒林传》:"于是诸儒始得修其经学,讲习大射乡饮之礼。"
《汉书·兒宽传》:"见上,语经学,上说之,从问《尚书》一篇。"

《汉书》中说的这个"经学",是指称以儒家经典为诵习和传承对象的学问,或曰经学即解经之学,并不具有近代以来人们所理解的学术概念之意义,也不具有后世所赋予它的神圣性。

从近代科学的立场出发,学术的本质应该是批判性思维,强调对传统认识的批判与质疑;而中国传统社会的"经学",作为官方意识形态,却恰恰异于是,其属性正在于它的权威性、神圣性、非批判性。因此,"经学"不是一般的学术,不具有学术的批判性质,而是一门特殊性的学问。从现代的学术定义出发,经学获得的是一种非学术性的属性。而从先秦至汉武帝以前的"六艺之学",还不具有这样的属性;"六艺之学"的权威性、神圣性和非批判性,是在汉武帝确立"罢黜百家,独尊儒术"之后逐渐形成的,并经历了一个长达二百多年的形成过程才得以完成。本文要讨论的经学化进程,就是要弄清由先秦继承下来的"六艺之学",如何并在何时最终完成了这样一个成为非批判性学问的转变。

---

① 吴静安撰:《春秋左氏传旧注疏证续》,东北师范大学出版社,2005年,第1228页。
② 《文心雕龙·论说》篇:"圣哲彝训曰经,述经叙理曰论。"周振甫注本,人民文学出版社,1983年,第200页。
③ 陈鼓应:《庄子今注今译》,中华书局,1983年,第389页。
④ 《汉书》,中华书局,1962年。

先秦"六经",从一般意义上的典籍文献发展到不可质疑与批判的具有思想权威性质的神圣经典,不是一朝一夕完成的,是有一个可以探寻和描述的历史过程。大体说,由"经书"到"经学"的演变,沿着三条并行不悖的路径:一是由民间学术演化为国家意识形态;二是由诸家普世之学变成一家独断之学;三是由初始典籍变为皇权钦定之权威典籍。当其完成这些转变的时候,它就具备了三个最顽强的特征:

  与皇权政治结合,由民间学术发展为国家意识形态
  从诸子百家之学变成儒家专修的一家独断之学
  经义解释、治学方法的固定化及其严格的非批判性

这三个特征,也正好可以拿来作为判断经学最后完成的标准。本文即以此为据来考察儒学经学化的历史进程。

二、先秦"六经"非"经学"辨

我们先来辨明先秦"六经"非为"经学"的问题。徐复观在宣告先秦经学之完成时,最重要的论据是《礼记·经解》篇的一段话:

  孔子曰:"入其国,其教可知也。其为人也温柔敦厚,《诗》教也。疏通知远,《书》教也。广博易良,《乐》教也。洁静精微,《易》教也。恭俭庄敬,《礼》教也。属辞比事,《春秋》教也。故《诗》之失愚,《书》之失诬,《乐》之失奢,《易》之失贼,《礼》之失烦,《春秋》之失乱。其为人也温柔敦厚而不愚,则深于《诗》者也。疏通知远而不诬,则深于《书》者也。广博易良而不奢,则深于《乐》者也。洁静精微而不贼,则深于《易》者也。恭俭庄敬而不烦,则深于《礼》者也。属辞比事而不乱,则深于《春秋》者也。"①

他说:"《经解》虽未称《诗》、《书》等为经,而由'经解'之名,实已称之为经。他继荀子之后,正式把《易》组入在一起,于是六经之名与数及经学的形式,至是而完成。"②可见,徐复观重视的是经学所以为"经学"的形式问题,是它如何发展到后来人

---

① 《礼记正义》,十三经注疏整理本,北京大学出版社,1999年,第1597页。
② 徐复观:《徐复观论经学史二种》,上海世纪出版集团,2006年,第50页。徐复观在《先汉经学之形成》中,关于经学的形成过程,主要讲了"周公及周室之史——经学的发端"、"春秋时代经学的发展"、"孔子及孔门——经学基础的奠定"、"孟子与经学"、"荀子——经学形式的发展"、"六经、六纬的完成"等几个阶段,而其思维的逻辑,就偏重在六经的内在组合方面;而这个问题,的确是在《经解》篇完成的。参见《徐复观论经学史二种》,第6—53页。

们所熟知的"六经"概念以及"六经"内部的逻辑联系;而不是从经学所以为"经学"的学理意义上、从学术本身的意义上来探讨问题。如果从学术的角度,从学术的特性从而"经学"的学术特殊性,亦即我们所提出的三条判断标准出发,先秦时期是无所谓经学的,所谓"六经",也就是人们所熟知的六种文献典籍,它并没有发展到权威的神圣的不可质疑与批判的地步,也没有成为像后世经学为儒家一家所独霸的独断之学。以下简略论之。

首先,在先秦时代,"六经"为百家诸子之通学,而非儒家的独断之学。《庄子·天下》篇曰:

> 其在于《诗》、《书》、《礼》、《乐》者,邹鲁之士搢绅先生多能明之。《诗》以道志,《书》以道事,《礼》以道行,《乐》以道和,《易》以道阴阳,《春秋》以道名分。其数散于天下而设于中国者,百家之学时或称而道之。①

《天下》篇这段话,明确指出了《诗》《书》《礼》《乐》《易》《春秋》之"六经"是当时天下百家的共同学术,所谓"百家之学时或称而道之",就是说它不是哪一家的学问,各个学派都以之为依循,是天下学术共同称引或论说的对象。以下我们就对天下百家对"六经"的征引、利用或依循做简单考察。

庄子学派 上引《天下》篇中对于"《诗》以道志,《书》以道事,《礼》以道行,《乐》以道和,《易》以道阴阳,《春秋》以道名分""六经"精神内涵的揭示,已经说明庄子学派对"六经"之学的深刻理解。如此精辟的总结,如果没有对"六经"的深入研读,恐怕是达不到的。此外,《庄子》书中对"六经"还有不少征引,如:

> 《庄子·齐物论》:《春秋》经世先王之志,圣人议而不辩。
> 《庄子·徐无鬼》:徐无鬼出,女商曰:"先生独何以说吾君乎? 吾所以说吾君者,横说之则以《诗》、《书》、《礼》、《乐》,从说之以《金板》、《六弢》,奉事而大有功者不可为数……"

《庄子·渔父》篇塑造了一个隐逸型的有道者渔父的形象,利用渔父来批评孔子粉饰礼乐、"苦心劳形以危其真"的做法。文中渔父与子贡的对话相当精彩,并使人感到庄子对儒家的主张、对"六经"的精神实质理解得也相当到位。该篇写道:"子贡对曰:'孔氏者,性服忠信,身行仁义,饰礼乐,选人伦,上以忠于世主,下以化于齐民,将以利天下。此孔氏之所治也。'"

---

① 陈鼓应:《庄子今注今译》,第855页。

以上《庄子》对"六经"的称引,以及它对儒家思想的阐释,再联系到《天下》篇对《诗》《书》《礼》《乐》《易》《春秋》之"六经"要旨的阐释,都说明作为儒家思想对立面的庄子,对"六经"本身也下过不少工夫。他虽然批评儒家思想,而对"六经"中的一些资料,还是做了正面的引用,将其看作"先王之志"。

法家学派 马宗霍的《中国经学史》中,曾谈到《管子》对"六经"的征引情况。他说:

> 诸子书之所称引者,复所在而有。其前于孔子者,如《管子·法禁》篇称"纣有臣亿万亦有亿万之心,武王有臣三千而一心",与《书》之《泰誓》同。《小匡》篇言"蒐狩之礼",《八观》篇言"国有蓄积",与《周官》《戴礼》同。此外同于《左氏传》者尤多。①

《管子》可为法家之一例②,不多赘述;下边主要来谈《韩非子》对于"六经"的征引和利用。关于《书》的征引:

> 《韩非子·难势》:夫势者,便治而利乱者也。故《周书》曰:"毋为虎傅翼,将飞入邑,择人而食之。"
> 《韩非子·说林下》:以千里之马时一有,其利缓;驽马日售,其利急。此《周书》所谓"下言而上用者,惑也。"
> 《韩非子·有度》:先王之法曰:"臣毋或作威,毋或作利,从王之指;毋或作恶,从王之路。"古者世治之民,奉公法,废私术,专意一行,具以待任。

这几段话中对《周书》的征引,都是正面引用,用作自己论说的根据,所谓引经据典是也。《有度》篇所说的"先王之法",出自《尚书·洪范》。《洪范》篇中的"无偏无陂,遵王之义;无有作好,遵王之道;无有作恶,尊王之路"可与对照。法家是与儒家站在极端对立的思想立场上的,然对儒家所极端推崇的"六经"也没有表现出任何排斥,而是正面的征引与运用。这足以说明,所谓"六经"并非为儒家所专,而是带有天下公器之性质的典籍文献。

墨家学派 《淮南子·主术训》曾曰:"孔丘、墨翟,修先圣之术,通六经之论。"是谓墨家鼻祖之墨翟也是"通六经之论",或者说,墨翟创立墨家学派,和孔子创立儒家学

---

① 马宗霍:《中国经学史》,上海书店1984年影印本,第5页。
② 《管子》一书内容驳杂,不宜确切归入某一学派。《汉书·艺文志》将其归入道家,近世出版的《百子全书》将其归入法家。对该书思想属性的辨析应针对具体的篇目去分析,不能笼统论之。不过,辨析此书的思想性质并非本文之旨,此处作法家看待,是取其一说而已。

派一样,也是以夏商周以来的文化遗产为依托,以"先圣之术"、"六经之论"为基础的。所不同的是,墨子所依托的"六经之论",可能并不是经由孔子整理之后的"六经",而是更多地依靠未经孔子整理的更原始的"六经"典籍。马宗霍的《中国经学史》中说:"余杭章先生有言,墨子称《诗》、《书》、《春秋》,多太史中秘书,盖谓此也。他若孟、荀、韩、吕诸家,所引经文虽繁,已在孔子删订'六经'之后,大抵以孔子删订之本为主。"①章太炎和马宗霍所论,也得到了当代墨子研究的证实。

郑杰文的《中国墨学通论》中,关于《墨子》对《诗》《书》的征引情况,有着详尽的考察,他的一个重要结论是,墨家对于《尚书》有自己的选本:

《墨子》引《书》共计40节,其文字可与今文《尚书》比对者5节;其篇目可与汉代新出之"百两《尚书》"之篇目比对者、其文可与新出《泰誓》文比对者,计11节;可用于东晋梅赜古文《尚书》比对者5节;共21节。而《墨子》所引不可与今传所有《尚书》系统比对者19节,几乎占一半。这是否可以说,墨家所传先王之《书》,自有独自的选本系统。先王之《书》是春秋战国时期广为流传的记载先王言论兼及少量行事的上古典籍,孔子及其弟子曾予整理,成为战国时流传最广的选本;同时,也有此种选本之外的本子或散篇在流传。墨家所传先王之《书》,便是儒家选本之外的墨家选编本。②

这个研究结果,一方面证明了墨家学派与"六经"的关系,另一方面,也进一步证实了章太炎和马宗霍的看法,即墨家所依托之"六经",非孔子所整理之"六经",而是有着更质朴之貌的"六经"典籍,或者说墨家有他们自己整理的"六经"选本系统。

前贤对诸子征引、利用"六经"文献阐发自家学说的考证说明,在先秦时代,"六经"乃天下之公器,是夏商周三代所存留下来的具有普世价值的典籍文献。它是春秋战国时期百家争鸣的文化基础,是诸子百家的思想源头,并不为哪一家所独专,和汉武帝以后儒学定为一尊、儒家将"六经"之学据为己有的情况完全不同。可以说,此时"六艺之学"的独断性特征尚未出现,"六经"尚未迈开走向"经学"的步伐。

其次,春秋战国时期的"六经",虽然具有"先圣之术"的权威性和普适性,但由于它只是表现在思想文化领域,并没有与政治权威相结合,因而也没有谁赋予其不可质疑与挑战的神圣性和非批判性。其时之"六经",除了儒家将其作为教材使用、而在该学派的传承中具有"训世之学"的性质之外,在其他学派那里,大抵是作为历史书看待的。它的基本性质是"古典文献",而非是需要人们遵循而不能违逆的"圣典"或"经

---

① 马宗霍:《中国经学史》,第6页。
② 郑杰文:《中国墨学通论》上,人民出版社,2006年,第108—109页。该书关于此问题的详细考证,参见其第92—108页。

典"。

法家对"六经"的称引,在不少地方就是作为历史资料来对待的。《韩非子》的下边两段话可以为证:

《奸劫弑臣》篇:人主无法术以御其臣,虽长年而美材,大臣犹将得势擅事主断,而各为其私急。而恐父兄豪杰之士,借人主之力,以禁诛于己出,故弑贤长而立幼弱,废正的而立不义。故《春秋》记之曰:"楚王子围将聘于郑,未出境,闻王病而反,因入问病,以其冠缨绞王而杀之,遂自立也。齐崔杼,其妻美,而庄公通之,数如崔氏之室。及公往,崔子之徒贾举率崔子之徒而攻公。公入室,请与之分国,崔子不许,公请自刃于庙,崔又不听,公乃走,逾于北墙,贾举射公,中其股,公坠,崔子之徒以戈斫公而死之,而立其弟景公。"①

《备内》篇:上古之传言,《春秋》所记,犯法为逆以成大奸者,未尝不从尊贵之臣也。而法令之所以备,刑罚之所以诛,常于卑贱,是以其民绝望,无所告愬。大臣比周,蔽上为一,阴相善而阳相恶,以示无私,相为耳目,以候主隙。人主掩蔽,无道得闻,有主名而无实,臣专法而行之,周天子是也。偏借其权势则上下易位矣,此言人臣之不可借权势。②

第一段话中,韩非为了说明"人主无法术以御其臣"所可能带来的严重后果,引述了《春秋》中所记楚王子围借父王疾病而杀父自立以及齐国权臣崔氏之徒诛杀齐庄公而立齐景公的史事,这两则弑君自立和拥立的故事,为韩非阐述自己的政治观点做了有力佐证。第二段话中,韩非用《春秋》故事说明历史上那些"犯法为逆以成大奸者",都出自尊贵之臣,要国君防止权臣"借其权势"而导致"上下易位"的事情发生。这两段话中所引的"《春秋》所记",都是作者为了阐述自己的观点而拿来的历史例证。"六经"之一的《春秋》,是被韩非作为史书来利用的。

"六经"在墨家这里,也不是作为必须遵循的训世经典,而是作为承载历史的文献,是作为史书来看待的。郑杰文的《中国墨学通论》就认为《墨子》引诗所表现的是一种"以《诗》为史"的《诗》学观念,墨家是将《诗》作为历史来读的。③ 这一点,在郑杰文的书中论之甚详,兹不赘述。

正是此时的"六经"尚不具有不可置疑的非批判性,所以,人们对之怀疑或质疑就是非常正常的,甚至在自觉传承它的儒家学派内部,人们也可以对之持怀疑或分析的态度。《尚书·武成》篇中陈述武王伐纣的情景时说:"甲子昧爽,受率其旅若林,会

---

① 陈奇猷校注:《韩非子集释》,上海人民出版社,1974 年,第 251 页。
② 陈奇猷校注:《韩非子集释》,第 290—291 页。
③ 参见郑杰文:《中国墨学通论》上,第 80—86 页。

于牧野。罔有敌于我师,前途倒戈,攻于后以北,血流漂杵。"①对于《武成》篇的这段文字,孟子就提出了怀疑与批评。他说:"尽信《书》,则不如无《书》。吾于《武成》,取二三策而已矣。仁人无敌于天下,以至仁伐至不仁,而何其血之流杵也?"②虽然孟子此处的怀疑有待于商榷,但却不能不说,《书》不可尽信是一个科学的态度,没有任何的盲从和迷信。可见,《尚书》在虔诚的儒家"六经"传承者孟子这里,也还不具有不可质疑的非批判性。

"尽信《书》,则不如无《书》",反映了在那个经学思维还没有形成的时代,人们对待古典文献、圣人权威的一种思想态度。正是不囿于古典文献或圣人权威的思想束缚,才可能在孔子之后,儒学发展出以孟子、荀子为代表的重要发展阶段。在孟子、荀子那里,都表现出了不囿于"六经"束缚的强大的思想创造力量。

最后,先秦时代的"经"名非"六经"之专称。

前文述及,朱维铮关于"经学"成立之判断涉及"经"的专称问题。他说,从西汉武帝宣布"独尊儒术"之后,原属纺织工艺的古老概念的"经",便由早先诸子学派都可用来比喻某种纲领性的学说或文献的统称,变成了唯指儒家学派尊崇的所谓孔子亲授的五类或六类著作的专称。专称,就具有了神圣性;非专称,就只有世俗性,是广被使用的普通称谓,这一点对于说明先秦"六经"非经学也是重要佐证。

先秦时期,凡是阐述一般性道理的文献,都可以谓之"经"。《老子》称《道德经》,李悝著《法经》,地理志书有《山海经》,《墨子》中有《经说》篇,《韩非子》中有《八经》篇等等。从常言、常法、常理的角度讲,最具训世意义的,则是夏商周以来的先王之典籍。而先王之典籍颇丰,"六经"只是其中之一部分。"六经"是经,其他先王典籍也是经。所以,"六经"和其他先王典籍,具有同等的意义,并无特殊性可言。

老子曰:"夫《六经》,先王之陈迹也。"③而先王之陈迹,亦非仅孔子整理的"六经",先王陈迹应该是非常丰富的。皮锡瑞说:"墨子之引《书传》,每异孔门;吕氏之著《春秋》,本殊周制。其时九流竞胜,诸子争鸣;虽有古籍留遗,并非尼山手订。引《书》间出百篇之外,引《诗》或在三千之中。"④在春秋战国时代,非孔子整理之"六经"的《书》百篇、《诗》三百之外的古籍留遗,都具有"经"之意义,墨子所引,吕氏所征,大抵此类。

在先秦时代,"六经"为百家之学而非儒家独断之学;"六经"在诸如法家、墨家那里只是作为普通的历史书来看待,即使在极尊崇"六经"的孟子那里,它也不可尽信,

---

① 《尚书正义》,十三经注疏整理本,北京大学出版社,2000年,第347页。《武成》篇出于古文《尚书》,传统认为是"伪书",但就下文所引孟子对其的批评说,先秦时期应该是有《武成》篇的,不然孟子的批评也无从谈起了。
② 杨伯峻:《孟子译注》,中华书局,2005年,第325页。
③ 《庄子·天运》。
④ 皮锡瑞:《经学历史》第二章《经学流传时代》。

没有后世人们所赋予它的神圣性和权威性,不具备不可质疑之非批判性;"经"字之含义也不同于后世,并未获得表示权威理论之专称。从这一切情况来看,先秦时代之"六经",虽有"经"之名,而无"经学"之实,尚不具备权威理论的思想属性。"六经"或如董仲舒所说的"六艺之科"的这种非权威性,一直延续到西汉前期都不曾改变,只是到了汉武帝"置《五经》博士"之后,才开启了它走向"经学"的道路。

三、汉代儒学与皇权政治的结合之路
——基于皇权方面的考察

儒学与皇权政治的结合,首先是政治方面的需要。在经过了汉初几十年的休养生息、积蓄了一定的力量之后,政治家不再甘心于清静无为的状态,希望大有作为,抛弃主张无为而治的黄老思想而选择儒家思想作为理论依托,是个必然的结果。于是,我们看到,从汉武帝即位开始,儒学之士所研习的传统典籍,即《诗》《书》《礼》《易》《春秋》等"六艺"(此时《乐》已失传,"六艺"是个象征性的说法),即开始了一个日益被推崇的上升之路,并最终获得被皇权所钦定的不可质疑与批判、作为治国理民之根本大法的经典地位。"六艺"地位的上升之路,从皇权方面考察,主要是通过以下三个方面而展开的:

(一)皇权强力推高儒学的政治地位——设立经学博士

武帝建元五年"置《五经》博士"

汉初政治制度多承接于秦,博士官的设立也是如此。从《汉书·叔孙通传》可知,汉王尚未立足于天下之时,就已封叔孙通为博士。然而,汉初政治思想尚黄老之术,制度建设相对疏阔,博士官制度也不健全,传世文献中所能看到的汉初博士非常稀少。但是,到了文帝时期,似乎就已经恢复到了秦时的七十博士的状况了。

卫宏《汉旧仪补遗》说:"孝文皇帝时,博士七十余人,朝服玄端,章甫冠。"[①]

《汉书·楚元王传附刘歆传》载刘歆移让太常博士书说:"至孝文皇帝……天下众书往往颇出,皆诸子传说,犹广立于学官,为置博士。"

赵岐《孟子题辞》中说:"孝文皇帝欲广游学之路,《论语》、《孝经》、《孟子》、《尔雅》,皆置博士。"[②]

这些说法难得确论,但其中可以透露出来的确切信息是,文帝时期博士官的设立已经恢复到了秦时的规模或建制,而且所立非"六艺"之属,大体上沿袭了秦时的思想

---

① 孙星衍等辑,周天游点校:《汉官六种》,中华书局,1990年,第89页。
② 赵岐:《孟子题辞》,《全上古三代秦汉三国六朝文》第1册,中华书局,1958年,第815页。皮锡瑞:《经学历史》第三章《经学昌明时代》中对赵岐的说法提出异议:"其言有可疑者,《史记》、《汉书·儒林传》皆云:'文帝好刑名,博士具官未有进者。'既云具官,岂复增置;五经未备,何及传记。汉人皆无此说,惟刘歆《移博士书》有孝文时诸子传说立于学官之语,赵氏此说当即本于刘歆,恐非实录。"

路线,诸子传说都可以立为博士,以适应此职官的政治功能。虽然由于汉初博士记载较少,设立情况难以确知,但却可以从关于博士官职掌和功能的记载中分析出来。

  博士,秦官。博者,通于古今;[士者]辩于然否。①
  武帝初置博士,取学通修行,博学多艺,晓古文《尔雅》,能属文章者为高第。②
  博士,秦官,掌通古今。③

博士官要发挥的是"通古今"、"辩然否"的作用,实际上就是政府的顾问官。要发挥这样的作用,博士的设立自然不能单一,需要有各种知识或技艺的人才共同组成,不可能是只设立"六艺"博士。这种状况,到武帝时期发生了根本性的改变,这就是人们所熟知的武帝"置《五经》博士"④。同类的记载另见:

  孝武初立,卓然罢黜百家,表章《六经》。⑤
  自武帝立《五经》博士,开弟子员,设科射策,劝以官禄,讫于元始,百有余年……初,《书》唯有欧阳,《礼》后,《易》杨,《春秋》公羊而已。⑥

从此,在汉代博士官的设立上,诸子百家传记博士全部废除,变成了儒家经典一家独断的局面。这是中国历史上博士官制度的重要变革,儒家经典通过皇权的强力推举,独占了国家意识形态的中心地位。

宣帝末年设"十二博士"

《五经》在传播的过程中,形成不同的学派早已是不争的事实。

在宣帝召开石渠阁会议以整齐《五经》异同之前,关于《尚书》就已经形成了大小夏侯两家,《汉书·夏侯胜传》载:"胜从父子建字长卿,自师事胜及欧阳高,左右采获,又从《五经》诸儒问与《尚书》相出入者,牵引以次章句,具文饰说。胜非之曰:'建所谓章句小儒,破碎大道。'建亦非胜为学疏略,难以应敌。建卒自颛门名经,为议郎博士,至太子少傅。"小夏侯建与夏侯胜同治《尚书》而别立门户。

由于经说不同而长期分别流传的,最属《春秋》经。传《春秋》者在战国时期就开始分成了《公羊》《穀梁》与《左氏》三个支脉。仅就在汉代的传承来说,《公羊》、《穀

---

① 孙星衍等辑,周天游点校:《汉官六种》,第89页。
② 孙星衍等辑,周天游点校:《汉官六种》,第89页。
③ 《汉书·百官公卿表》。
④ 《汉书·武帝纪》。
⑤ 《汉书·武帝纪》。
⑥ 《汉书·儒林传》。文帝时已立有《诗经》博士,武帝又增设四经博士。

梁》两家就有过几次大的较量。《汉书·儒林传》详载其事：

> 瑕丘江公受《穀梁春秋》及《诗》于鲁申公，传子至孙为博士。武帝时，江公与董仲舒并。仲舒通《五经》，能持论，善属文。江公呐于口，上使与仲舒议，不如仲舒。而丞相公孙弘本为《公羊》学，比辑其议，卒用董生。于是上因尊《公羊》家，诏太子受《公羊春秋》，由是《公羊》大兴……宣帝即位，闻卫太子好《穀梁春秋》，以问丞相韦贤、长信少府夏侯胜及侍中乐陵侯史高，皆鲁人也，言穀梁子本鲁学，公羊氏乃齐学也，宜兴《穀梁》。时千秋为郎，召见，与《公羊》家并说，上善《穀梁》说，擢千秋为谏大夫给事中……汝南尹更始翁君本自事千秋，能说矣，会千秋病死，征江公孙为博士。刘向以故谏大夫通达待诏，受《穀梁》，欲令助之。江博士复死，乃征周庆、丁姓待诏保宫，使卒授十人。自元康中始讲，至甘露元年，积十余岁，皆明习。乃召《五经》名儒太子太傅萧望之等大议殿中，平《公羊》、《穀梁》同异，各以经处是非。时《公羊》博士严彭祖、侍郎申輓、伊推、宋显，《穀梁》议郎尹更始、待诏刘向、周庆、丁姓并论。《公羊》家多不见从，愿请内侍郎许广，使者亦并内《穀梁》家中郎王亥，各五人，议三十余事。望之等十一人各以经谊对，多从《穀梁》。由是《穀梁》之学大盛。庆、姓皆为博士。

这段文字讲述了从武帝初年到宣帝末年九十年间《公羊传》与《穀梁传》的三次重大较量，而第三次说的就是石渠阁会议。第一次较量，以丞相公孙弘和博士董仲舒为代表的《公羊传》占了上风，由此大兴；第二次较量，由于宣帝明显的倾向性而《穀梁传》胜，并得以与《公羊传》并立为博士；第三次较量，是宣帝有计划地做了十年准备，培养了人才，才向《公羊传》发起攻击，造成了影响深远的石渠阁会议。关于石渠阁会议，还有其他一些记载：

《汉书·宣帝纪》：宣帝甘露三年，"诏诸儒讲《五经》同异，太子太傅萧望之等平奏其议，上亲称制临决焉。乃立梁丘《易》、大小夏侯《尚书》、穀梁《春秋》博士"。

《汉书·儒林传》："至孝宣世，复立大小夏侯《尚书》，大小戴《礼》，《施》、《孟》、梁丘《易》，《穀梁春秋》。"

《汉书·百官公卿表》："武帝建元五年初置《五经》博士，宣帝黄龙元年稍增员十二人。"

这些记载多有矛盾，《宣帝纪》说是"甘露三年"，《儒林传》说在"甘露元年"，《百官公卿表》说是"黄龙元年"；关于此次会议之后所增立博士的情况，也不太一致。于此，王国维的《汉魏博士考》中有详细考述，他没有纠缠会议的时间问题，而对博士增员情况做出了结论：

今参伍考之,则宣帝末所有博士,《易》则施、孟、梁邱,《书》则欧阳、大小夏侯,《诗》则齐、鲁、韩,《礼》则后氏,《春秋》公羊、穀梁,适得十二人。①

宣帝召开石渠阁会议,本意在讲论《五经》异同,统一经说,而其结果则是承认了经说的分歧,增立了博士,致使一经分为数家。汉宣帝的石渠阁会议,在坚持独尊儒术、表彰《六经》思想路线的同时,于博士制度建设上有所变革。

建武初设十四博士以成永制

宣帝之后,元帝时曾立京氏《易》博士,但旋又废黜②。平帝时增立《古文尚书》《毛诗》《逸礼》《左氏春秋》四博士;王莽时又立《周官》博士,然这些都是因王莽的原因,待至光武中兴,旋即罢黜。根据《后汉书·儒林传》和《百官志》的记载,光武初设置十四博士,最后确立终东汉而不变的博士制度。

> 《后汉书·儒林传》:及光武中兴,爱好经术……于是立《五经》博士,各以家法教授,《易》有施、孟、梁丘、京氏,《尚书》欧阳、大小夏侯,《诗》齐、鲁、韩,《礼》大小戴,《春秋》严、颜,凡十四博士,太常差次总领焉。

> 《后汉书·百官志二》:博士十四人,比六百石。本注曰:《易》四,施、孟、梁丘、京氏。《尚书》三,欧阳、大小夏侯氏。《诗》三,鲁、齐、韩氏。《礼》二,大小戴氏。《春秋》二,《公羊》严、颜氏。

此两处记载完全一致,十四博士说殆无疑义。所谓永制,在于强调此后关于博士官的设立,虽有争议并几经反复,但十四博士制终未能改。东汉光武朝,尚书令韩歆上书欲为《费氏易》《左氏春秋》立博士,遭到博士范升的反对,光武帝将范升的奏议交给臣下复议③,结果光武心有所动,增设了《左氏》博士;但没过多久,还是由于诸儒的反对而旋即废黜。《后汉书·陈元传》载其事曰:

> 建武初,元与桓谭、杜林、郑兴俱为学者所宗。时议欲立《左氏传》博士,范升奏以为《左氏》浅末,不宜立。元闻之,乃诣阙上疏……书奏,下其议,范升复与元相辩难,凡十余上。帝卒立《左氏》学,太常选博士四人,元为第一。帝以元新忿争,乃用其次司隶从事李封,于是诸儒以《左氏》之立,论议欢哗,自公卿以下,数廷争之。会封病卒,《左氏》复废。

---

① 《王国维遗书》一,上海书店出版社,1983年,第198页。
② 《汉书·儒林传》:"京房受《易》梁人焦延寿……房授东海殷嘉、河东姚平、河南乘弘,皆为郎、博士。由是《易》有京氏之学。"《后汉书·范升传》:"先帝前世,有疑于此,故《京氏》虽立,辄复见废。"(中华书局,1965年)。
③ 《后汉书·范升传》。

光武帝这次立古文经博士,前后经过了范升与韩歆、陈元与范升多次辩论,仅陈元与范升的相互辩难,就有十几个回合;而最终《左氏》博士还是立而又废,十四博士制度没有动摇。后到章帝时,由于章帝好古文,古文大师贾逵提出设《左氏春秋》为博士的要求,并且理由还是相当充分(本文后边还会谈及此事),然章帝还是顾虑打破先帝旧制而未敢增设,十四博士制度此后就再也没有遇到挑战,成为东汉永制。

自从汉武帝"罢黜百家,表章《六经》",改变秦以来的博士制度之后,虽然有后来的十二博士、十四博士的变化,但博士官所立唯儒家"六艺之科"则是明确的,此后的文献中,确已不再见有其他博士官的记载,由儒家掌控的"六艺之学"在国家政治层面上获得了毫无争议的垄断性地位。

(二)皇权所确立的仕进之路——以儒术为选仕标准

比设立经学博士影响更为深入和广泛的,是从汉武帝开始,直接改变了国家官僚队伍的学术文化背景,以攻读"六艺之科孔子之术者"作为选仕的标准。武帝初即位,丞相卫绾就提出了禁举治百家之学的人为贤良方正的建议,并得到武帝的批准。《汉书·武帝纪》载:

> 建元元年(前140年)冬十月,诏丞相、御史、列侯、中二千石、二千石、诸侯相举贤良方正直言极谏之士。丞相绾奏:"所举贤良,或治申、商、韩非、苏秦、张仪之言,乱国政,请皆罢。"奏可。

紧接着就是董仲舒的"天人三策",主张"诸不在六艺之科孔子之术者,皆绝其道,勿使并进"[1],以杜绝非修六艺者的仕进之路,唯以儒学为选仕之标准。武帝即位之初,好黄老之学的窦太后仍有着强大的影响力,"罢黜百家"唯用儒士的政策未必能真正贯彻到底。但是,在几年之后,随着窦太后病重及建元六年(前135年)驾崩,这些唯用儒学之士的政策,则真正落到了实处。史书曰:

> 及窦太后崩,武安君田蚡为丞相,黜黄老、刑名百家之言,延文学儒者以百数,而公孙弘以治《春秋》为丞相,封侯,天下学士靡然乡风矣。[2]

建元五年(前136年)"置《五经》博士",元朔五年(前124年)公孙弘又议设博士弟子,得到武帝的批准,并且在此后的昭宣元成诸朝,博士弟子员数也代有增加。关

---

[1] 《汉书·董仲舒传》。据钱穆先生考证,董仲舒贤良对策是在建元元年,见氏著:《两汉经学今古文平议》,第195—196页。

[2] 《汉书·儒林传》。

于这些情况,《汉书·儒林传》有详细记载:

> 弘为学官,悼道之郁滞,乃请曰:"……为博士官置弟子五十人,复其身。太常择民年十八以上仪状端正者,补博士弟子。郡国县官有好文学,敬长上,肃政教,顺乡里,出入不悖,所闻,令、相、长、丞上属所二千石。二千石谨察可者,常与计偕,诣太常,得受业如弟子。一岁皆辄课,能通一艺以上,补文学掌故缺;其高第可以为郎中,太常籍奏。即有秀才异等,辄以名闻。其不事学若下材,及不能通一艺,辄罢之,而请诸能称者……选择其秩比二百石以上及吏百石通一艺以上补左右内史、大行卒史,比百石以下补郡太守卒史,皆各二人,边郡一人。先用诵多者,不足,择掌故以补中二千石属,文学掌故补郡属,备员。请著功令。它如律令。"
>
> 制曰:"可。"自此以来,公卿大夫士吏彬彬多文学之士矣。
>
> 昭帝时举贤良文学,增博士弟子员满百人,宣帝末增倍之。元帝好儒,能通一经者皆复。数年,以用度不足,更为设员千人,郡国置《五经》百石卒史。成帝末,或言孔子布衣养徒三千人,今天子太学弟子少,于是增弟子员三千人。岁余,复如故。平帝时王莽秉政,增元士之子得受业如弟子,勿以为员,岁课甲科四十人为郎中,乙科二十人为太子舍人,丙科四十人补文学掌故云。

从武帝朝增设博士弟子员开始,博士弟子便成为仕途的正式出身,大批儒生获得做官升迁之途,确实是出现了"公卿大夫士吏彬彬多文学之士矣"的局面。皮锡瑞《经学历史》第四章《经学极盛时代》中说:"汉初不任儒者,武帝始以公孙弘为丞相,封侯,天下学士靡然乡风。元帝尤好儒生,韦、匡、贡、薛,并致辅相。自后公卿之位,未有不从经术进者……宰相须用读书人,由汉武开其端,元、成及光武、明、章继其轨。"

金春峰在《汉代思想史》中认为,宣帝朝"在大臣官吏的任用上,和武昭时期不同,经学之士开始占据重要地位",他列举的宣帝朝所任用的儒学背景的三公九卿太子太傅等官吏有疏广、疏受、于定国、于永、薛广德、平当、王吉、贡禹、韦玄成、夏侯胜、夏侯建、萧望之、韦贤、魏相、丙吉等。[①] 其实,班固就已经注意到了这个问题,他的《汉书·匡张孔马传赞》曰:"自孝武兴学,公孙弘以儒相,其后蔡义、韦贤、玄成、匡衡、张禹、翟方进、孔光、平当、马宫及当子晏咸以儒宗居宰相位。"用现在的话说,宣帝时期确立儒家经典在国家政治生活中的主导地位,已经在组织路线上做文章了。

唯用儒士的政策,造成了宣帝以后中央和地方政府官吏队伍结构的重大变化。

---

① 参见金春峰:《汉代思想史》,中国社会科学出版社,2006年,第270—272页。

有人统计,元帝时期的官吏情况说,《汉书·百官公卿表》列出元帝时期中央政府的官员50人,出身和事迹可考的31人中,有17人出身经学之士或与经学密切相关,经学之士占54%以上,超过了半数。西汉从高祖到景帝,地方长吏主要以军功、事功、长者、治吏、中央官外调、酷吏充任,很少见有儒生任职的记载。汉武帝时期地方长吏开始任用儒生,但以积功而担任地方长吏的仍占多数,酷吏在汉武帝时期就极为活跃。昭、宣时期政治上是"霸王道杂之",文法吏在地方长吏的选任上表现得还是比较突出。而到了元帝时期,经学之士已在地方长吏中占据绝对优势,成为地方官吏的主体。元帝时期地方官吏儒生化的完成,标志着西汉中后期政治进一步儒学化、经学化,也标志着儒学与皇权政治的结合达到了一个新的高度。① 但就整个汉代官吏的儒生化来说,元帝时期绝不是高峰,而仅是一个初步的发展时期,待到东汉章帝时期经学化进程基本结束的时候,官吏的儒生化则是完全形成了,研习"六艺"几乎成了官吏来源的唯一通道。

(三)皇权直接介入对儒学经典的是非判断——学术解释渗入国家立场

立《五经》博士及选用儒学之士的结果,就必然带来皇权对儒学本身的控制;因为只有将对儒家典籍的解释权控制在自己手中,才能使之真正成为为皇权政治服务的国家意识形态。于是,我们看到了汉代儒学发展史上的两个异乎寻常的重大事件,即皇帝亲自出席、"称制临决"的石渠阁会议和白虎观会议。两次会议的目的完全一致,即评定《五经》异同,使关于《五经》的解释"整齐归于一是",并"永为后世则",以皇权认同的《五经》作为经国治民的根本大法。

石渠阁会议"诏诸儒讲《五经》同异",宣帝"亲称制临决"

前已论及,宣帝末年的石渠阁会议原为平息《春秋》穀梁、公羊两家之争,并有推崇《穀梁》之意。对此,钱穆先生评议曰:"使大臣平奏其异同,而汉帝称制临决,此即整齐归于一是,永不欲再有异说之意也。"② 由皇权之权威来统一思想的倾向十分明显。

据《汉书·儒林传》载,参加石渠之议的人有:

> 《易》博士施雠,"甘露中与《五经》诸儒杂论同异于石渠阁"。
>
> 黄门郎梁丘临,"甘露中,奉使问诸儒于石渠"。
>
> 《书》博士欧阳地余,"论石渠"。
>
> 《书》博士林尊,"论石渠"。
>
> 译官令周堪,"论于石渠"。
>
> 《书》博士张山拊,"论石渠"。

---

① 参见黄留珠主编:《中国思想学说史》(秦汉卷),广西师范大学出版社,2007年,第330页。
② 钱穆:《两汉经学今古文平议》,第228页。

谒者假仓,"论石渠"。

淮阳中尉韦玄成,"论石渠"。

博士张生,"论石渠"。

薛广德,"以博士论石渠"。

《礼》博士小戴,"以博士论石渠"。

通汉,"以太子舍人论石渠"。

"太子太傅萧望之等大议殿中……《公羊》博士严彭祖、侍郎申輓、伊推、宋显,《穀梁》议郎尹更始、待诏刘向、周庆、丁姓并论。《公羊》家多不见从,愿请内侍郎许广,使者亦并内《穀梁》家中郎王亥,各五人。"

以上所见,参与石渠阁会议的《五经》博士,有《书》《易》《礼》《春秋》各家,以《春秋公羊传》、《春秋穀梁梁传》二家各五人为盛,共计22人。此亦说明,此次会议的目的之一的确有宣帝抬高《春秋穀梁传》的意图。《公羊》与《穀梁》的优劣比较,本应该是个学术问题,为什么皇权对之如此感兴趣呢?钱穆的《两汉博士家法考》似乎看穿了这个问题。他写道:

《穀梁》自瑕丘江公以下,迄于甘露石渠之议,为时亦数十年,其所以勉自赴于致用之途以上邀天子之欢心者,其事亦略可推。故至于石渠一会而终亦得立博士,与《公羊》并峙。今观其书于周天子特致尊崇。如隐七年:"冬,天王使凡伯来聘,戎伐凡伯于楚丘以归。"《左氏》、《公羊》皆以"戎"为戎狄,而《穀梁》独以"戎"为卫国,谓卫讨天子之使,故贬称"戎"。隐九年:"春,天王使南季来聘",《左氏》、《公羊》皆无传,《穀梁》独谓聘诸侯非正。此《穀梁》特以创说尊王,盖亦以媚汉帝而取显。则《公》、《穀》异同之争,仍是汉儒通经致用风气。而《穀梁》之为学,变复与《鲁诗》专谨于训诂者异矣。①

当然,钱穆是从《穀梁》学家谄媚皇权的角度立论的。反之,如果从皇权的角度来理解,那则是《穀梁》的若干解释更符合尊王之意,更能为塑造皇权的政治权威服务,更适合当今皇上的口味。皇权直接介入或干预《五经》的阐释问题,其目的也就在这里:将经说纳入塑造专制皇权绝对权威的意识形态体系,使其更好地为皇权服务。

白虎观会议讲论《五经》同异,章帝"亲称制临决"

大概是由于石渠阁会议的影响,东汉章帝建初四年,也召开了一次讲论《五经》异同的会议。奇怪的是,这次会议的缘由,竟然纯粹的是由于《五经》章句繁多、不宜研

---

① 钱穆:《两汉经学今古文平议》,第223页。

修的问题。从有限的几则史料来看,此次会议是由校书郎杨终的奏议所引起。《后汉书·杨终传》曰:

> 终又言:"宣帝博征群儒,论定《五经》于石渠阁。方今天下少事,学者得成其业,而章句之徒,破坏大体。宜如石渠故事,永为后世则。"于是诏诸儒于白虎观论考同异焉。

杨终奏议后边紧接着的"于是"二字,表明了会议的直接缘由。关于召集此次会议的诏书载于《后汉书·章帝纪》:

> (建初四年)十一月壬戌,诏曰:"盖三代导人,教学为本。汉承暴秦,褒显儒术,建立《五经》,为置博士。其后学者精进,虽曰承师,亦别名家。孝宣皇帝以为去圣久远,学不厌博,故遂立《大、小夏侯尚书》,后又立《京氏易》。至建武中,复置《颜氏、严氏春秋》,《大、小戴礼》博士。此皆所以扶进微学,尊广道艺也。中元元年诏书,《五经》章句烦多,议欲减省。至永平元年,长水校尉儵奏言,先帝大业,当以时施行。欲使诸儒共正经义,颇令学者得以自助……"于是下太常,将、大夫、博士、议郎、郎官及诸生、诸儒会白虎观,讲议《五经》同异,使五官中郎将魏应承制问,侍中淳于恭奏,帝亲称制临决,如孝宣甘露石渠故事,作《白虎议奏》。

从章帝的诏书中可知,中元元年,光武帝就曾下诏解决《五经》章句烦多的问题;中间隔了一年,明帝永平元年,长水校尉樊儵又上奏提出此事。然而,这个问题一直没有解决,直到校书郎杨终重提此事,引出章帝的这道诏书。为什么作为国家最高政治权威的皇权,要一而再再而三地来关注一个学术性的问题呢?政治权威对学术问题的高度关切,其原初动力来自哪里?难道中国的皇权对学术问题也负有什么责任吗?应该说,任何政治对于纯粹的学术问题都不会抱有兴趣;皇权所以关切学术性的问题,那就是这种学术已经不再是学术,而是已经纳入政治的范畴了。皇权对儒学的强力介入,就是要把它改造为政治的组成部分,或者说使之成为政治的附庸——国家意识形态。白虎观会议的最后成果充分证明了这一点。反映会议成果的《白虎通义》开篇的两段文字如下:

> 天子者,爵称也。爵所以称天子者何?王者父天母地,为天之子也。故《援神契》曰:"天覆地载,谓之天子,上法斗极。"《钩命决》曰:"天子,爵称也。"帝王之德有优劣,所以俱称天子者何?以其俱命于天,而王治五千里内也。《尚书》曰:天子作民父母,以为天下王。"何以知帝亦称天子也,以法天下也。《中候》

曰:"天子臣放勋。"《书·逸篇》曰:"厥兆天子爵。何以言皇"亦称天子也?以其言天覆地载,俱王天下也。故《易》曰:"伏羲氏之王天下也。"①

　　帝王者何?号也。号者,功之表也。所以表功明德,号令臣下者也。德合天地者称帝,仁义合者称王,别优劣也。《礼记·谥法》曰:"德象天地称帝,仁义所在称王。"帝者天号,王者五行之称也。皇者,何谓也?亦号也。皇,君也,美也,大也。天人之总,美大之称也,时质。故总称之也……号之为皇者,煌煌人莫违也。②

这即是白虎观会议的真正成果,也是皇权介入儒学解释要实现的真正目的。所谓《尚书》《易》《礼》等经书及其附会经书之图谶,都是为着说明天子帝王至尊至贵、统治天下的合法性存在。被纳入皇权范围的经书,完全沦为了诠释皇权专制的工具,儒家经典已经被彻底政治化了。

从石渠阁会议到白虎观会议,皇权对于儒学的强力干预,唯一的目的就是将其政治化。而儒学一旦完全地政治化,也就丧失了学术的属性,不再是可以自由讨论或任意发挥的自由思想,而成为一种附着于政治权威并赋予政治权威以解释特权的非思想的"思想",并由此具有了一种和政治权威一样的神圣性、权威性,一种不可质疑与批判的非学术性,正是这种独特的思想属性,使之获得了"经学"的专用名称。

以上,我们以皇权为主体,从设立经学博士、以儒术为选仕标准以及直接介入儒学经典的是非判断这三条线索,考察了儒学与皇权政治的结合之路。这三条线索大体都起于武帝时期而止于东汉章帝,基本上可以说,从经学所以为"经学"的外部标准来判断,两汉经学的形成,完成于东汉章帝时期。

四、汉代儒学与皇权政治的结合之路
——基于儒学自身的考察

在儒学与皇权政治结合的道路上,皇权始终起着主导作用;但儒学并不是完全被动的,无论从儒学的思想属性上看,还是从儒士的仕进愿望上说,儒学及其儒士本身,都表现出了明显的主动性。

(一)儒学的思想属性暗合皇权政治之需要

汉武帝所以会选择"罢黜百家,表章《六经》"的思想路线,实际上是政治需要与儒学思想属性暗合的结果,与儒家经典"六经"自身的学术特性有着紧密的关系。汉武帝开始执政的时代,是西汉社会在经历了60余年的休养生息之后呈现繁盛局面的

---

　　① 陈立撰,吴则虞点校:《白虎通疏证》卷1《爵》,中华书局,1994年。
　　② 陈立撰,吴则虞点校:《白虎通疏证》卷1《号》。

时代。但在这个"繁盛"的背后,却隐伏着严重的社会危机。时人司马迁就指出了这一危机:"当是之时,网疏而民富,役财骄溢,或至兼并豪党之徒,以武断于乡曲。宗室有土公卿大夫以下,争于奢侈,室庐舆服僣于上,无限度。物盛而衰,固其变也。"①加上"四夷侵凌中国",汉王朝的专制主义中央集权统治面临着内外交困的深刻危机。如果说在经过了秦的暴政及楚汉之际的连年战争之后,社会确实需要贯彻休养生息的与民休息政策,疲惫不堪的汉初帝王也还能安忍于无为而治的话,那么,专制帝王在蛰伏几十年、有了强大的财力物力可做凭借之后,也就不可能再安忍于无为而治,黄老之术已经不能满足当下的时代,它必须在指导思想上有新的选择。另一方面,从帝王的意志出发,当秦汉时期强大而统一的政治局面形成之后,为了大一统社会的稳定,就必须在广土众民的形势下开展社会教育,统一思想,牢笼人心,将人们的所思所想、精神世界甚至情感世界,也都纳入自己可控的范围,这需要有一种能够进行社会教化的思想武器;而在这一方面,传统的黄老之术已明显地不能负起这样的责任。于是,儒学的思想价值凸显了出来。

儒家学说是一种积极的入世哲学,主张大有作为。孔子知其不可而为之的进取精神,曾子"士不可以不弘毅,任重而道远"的历史担当,《礼记》阐发的修身齐家治国平天下的大学之道,孟、荀分别阐发的内圣外王之学,都无例外地张扬了儒家学说意气风发、积极进取的思想属性。此为学界共识,兹不赘述。

需要说明的是,到汉武之时,儒家研习的先王经典"六经",经过多少代人的思想阐发,已经清晰地展示出它在社会教化方面的积极功能。这一点我们稍作铺展。

首先,先秦以来的各家学派,都认可由孔子整理、儒士重点研习的"六经"是先王之典籍,代表了夏商周以来的优秀遗产。除了儒家自身及其与儒家一样"修先圣之术,通六经之论"的墨家的论述之外,即使与之有明显对立的庄子学派,事实上也承认这一点。《庄子·天运》篇记曰:

> 孔子谓老聃曰:"丘治《诗》、《书》、《礼》、《乐》、《易》、《春秋》《六经》,自以为久矣,孰知其故矣;以奸者七十二君,论先王之道而明周、召之迹,一君无所钩用。甚矣夫! 人之难说也,道之难明邪?"
>
> 老子曰:"幸矣子之不遇治世之君也! 夫《六经》,先王之陈迹也,岂其所以迹哉! 今子之所言,犹迹也……"

孔子明言"六经"是"周、召之迹",老子虽然批评孔子没有通晓"六经"之道,仅仅把"六经"看作是"先王之陈迹",没有去深究先王所以会有如此之"陈迹"的根源,但

---

① 《史记·平准书》,中华书局,1959年。

老子并没有否定"六经"为"先王之陈迹"这样一个事实。虽然这段孔、老对话是庄子学派的虚构，但也说明庄子学派对"六经"为"先王之陈迹"的事实是不存有异议的。既然"六经"是先王先圣之术，是三代以来留存下来的经典文献，选择"六经"为治国之术自然就有了历史的依据。

其次，自先秦以来，已经有不少思想家对"六经"的思想属性有过揭示，这些论述很好地说明了"六经"的社会教化价值，最适宜于天下一统时代用作社会教化的经典范本。先秦典籍《礼记·经解》篇、《荀子·劝学》篇，都有对"六经"教化价值的揭示。入汉以来，这方面的论述，亦有如下数端：

> 贾谊《新书·六术》：先王为天下设教，因人所有，以之为训；道人之情，以之为真。是故内法六法，外体六行，以兴《诗》、《书》、《易》、《春秋》、《礼》、《乐》六者之术以为大义，谓之六艺。令人缘之以自修，修成则得六行矣。
>
> 《淮南子·泰族训》：五行异气而皆适调，六艺异科而皆同道。温惠柔良者，《诗》之风也；淳庞敦厚者，书之教也；清明条达者，易之义也；恭俭尊让者，礼之为也；宽裕简易者，乐之化也；刺几辩义者，《春秋》之靡也……六者，圣人兼用而财制之。

正是这些关于"六经"思想内涵的清晰揭示，使汉人形成了关于"六经"的共识性认识，即《汉书·儒林传》所言："《六艺》者，王教之典籍，先圣所以明天道，正人伦，致至治之成法也。"这一认识，为汉武帝时期选择"罢黜百家，表彰《六经》"的文化政策，做了思想舆论准备。

（二）汉代儒士地位下降的冷酷现实

汉武帝以前的儒家，一直有一种很深的王师情结。饱读"六经"的儒学之士，一方面希望借助于最高政治权威实现自己的政治抱负；另一方面，也的确自视甚高，以为只要有国君或帝王肯予任用，他们就可以凭借所掌握的儒术，平定天下，建功立业。其先师孔子就很有一种"舍我其谁也"的自信。孔子曾自命不凡地认为，文王之后，天下的真理就掌握在他的手里，所谓"文王既没，文不在兹乎"①，就是他发出的感慨。他还曾言"苟有用我者，期月而已可也，三年有成"②，辅政诲君之心自信且急切。孔子之后，研习儒学经典者，大都有这种辅佐帝王、为君之师的抱负和情结。

孟子明确提出为"为王者师"的思想："人伦明于上，小民亲于下。有王者起，必来取法，是为王者师也。"③他自信只要达到了"明人伦"的境界，就会有王者来取法，

---

① 《论语注疏》卷九《子罕》，十三经注疏整理本，北京大学出版社，1999年。
② 《论语注疏》卷十三《子路》。
③ 杨伯峻：《孟子译注》，第118页。

即可"为王者师"。《孟子》中有一段孟子和弟子万章的对话,把"为王者师"的思想反映得淋漓尽致:

> 万章曰:"敢问不见诸侯,何义也?"……曰:"往役,义也;往见,不义也。且君之欲见之也,何为也哉?"曰:"为其多闻也,为其贤也。"曰:"为其多闻也,则天子不召师,而况诸侯乎?为其贤也,则吾未闻欲见贤而召之也。缪公亟见于子思,曰:'古千乘之国以友士,何如?'子思不悦,曰:'古之人有言曰:事之云乎,岂曰友之云乎?'子思之不悦也,岂不曰,'以位,则子,君也;我,臣也;何敢与君友也?以德,则子事我者也,奚可以与我友?'千乘之君求与之友而不可得也,而况可召与?"①

万章问士不去谒见诸侯的道理,孟子说,这要看国君为什么原因要见士人。如果是召唤士人去服役,那当然应该去的;如果是为了要见闻广博,要从士人那里获得知识提升自己的品德,那就不去。因为,对于后者而言,是国君要以士人为师,向士人学习的问题,而对于师者或贤人是不能随便召唤的。孟子还举出子思回答鲁穆公与士人交朋友的例子。在子思看来,士人对于国君来说,要么是臣下,要么是老师。作为老师,士人是国君学习的对象,国君不能以一般的朋友关系来对待士人。看来,孟子的王师情结,还是从子思那里传承下来,其来有自。

这种王师情结,到了汉初大一统政治形成之后,已经没有了生长的土壤,专制皇帝是不可能给予士人"师"的待遇的。然而,就士人自身来说,仍对这种政治待遇难以忘怀。《史记》所记陆贾与汉高祖那段关于天下由"居马上得之,宁可以马上治之乎"的著名对话,说明汉初刘邦还没有坐稳天下的时候,士人是可以多少挥洒一点"王者师"气质的:

> 陆生时时前说称诗书。高帝骂之曰:"乃公居马上而得之,安事诗书!"陆生曰:"居马上得之,宁可以马上治之乎?且汤武逆取而以顺守之,文武并用,长久之术也。昔者吴王夫差、智伯极武而亡;秦任刑法不变,卒灭赵氏。乡使秦已并天下,行仁义,法先圣,陛下安得而有之?"高帝不怿有惭色……②

陆贾面对刘邦时的说话语气,那种教训人的姿态,是有几分"师"的尊严和傲骨的,是有一点"王者师"之做派的,而且刘邦也的确被教训得面有"惭色"。但在经历了秦之焚书坑儒,在强大的专制主义皇权政治确立之后,一般士人是不可能有这种体

---

① 杨伯峻:《孟子译注》,第247—248页。
② 《史记·郦生陆贾列传》。

验"王者师"的机缘的,"王者师"的身份待遇已经成为遥远的历史回响,士人们也只有在心中去向往了。即便是陆贾也不常有为"王者师"的体验,故而才有怀才不遇之感,发出"今有马而无王良之御,有剑而无砥砺之功,有女而无芳泽之饰,有士而不遭文王,道术蓄积而不舒,美玉韫椟而深藏"①的感慨。对这个时代之士人不被执政者欣赏的状况心怀惆怅。他应该感到,这已经是一个想做王师而不能的时代。秦汉以后的士人,再也不可能有孟子"士不见诸侯"的心态了。但是,毕竟孟子的时代刚刚过去不久,士人们难免不因回忆而向往。因此,在贾谊设计的君主专制体制中,还是把士人安排到王者之师友的位置:

> 王者官人有六等:一曰师,二曰友……知足以为源泉,行足以为表仪;问焉则应,求焉则得;入人之家足以重人之家,入人之国足以重人之国者,谓之师。知足以为砥砺,行足以为辅助,仁足以访议;明于进贤,敢于退不肖;内相匡正,外相扬美者,谓之友……故与师为国者帝,与友为国者王。②

贾谊设计,帝王之下官人有六等,最高的两个等级是师与友,诸侯要想称王称帝于天下,就必须"与师为国"、"与友为国",和师、友共治天下。而且在贾谊的理想设计中,师、友在人格和地位上都高居于人君之上,在该篇上边这段话之后他接着讲:"取师之礼,黜位而朝之。取友之礼,以身先焉。"拜师之礼,要求国君要离开朝廷而亲身前往朝拜;择"友"之礼虽非如拜师之礼隆重,也要求国君亲身迎接。已经是文帝时期了,贾谊还在幻想着帝王之师的尊贵身份,企图重新获得先秦时代儒士与国君分庭抗礼的地位。和贾谊同时代的贾山,也是竭力为儒士争取令帝王尊崇的地位。他的《至言》中说:

> 古之贤君于其臣也,尊其爵禄而亲之;疾则临视之亡数,死则往吊哭之,临其小敛大敛,已棺涂而后为之服锡衰麻绖,而三临其丧;未敛不饮酒食肉,未葬不举乐,当宗庙之祭而死,为之废乐。故古之君人者于其臣也,可谓尽礼矣;服法服,端容貌,正颜色,然后见之。③

贾山希望国君对于士能够极尽其礼,但历史就是那样地不照顾人们的情感,专制皇权的至高无上,是不允许有超越于他之上的力量的存在的。从秦始皇开始,"士人"这个称号,在帝王面前就永远地失去了昔日的荣光。"无可奈何花落去",不管儒士的

---

① 陆贾:《新语·术事》,《百子全书》一,岳麓书社,1993年,第290页。
② 贾谊:《新书·官人》,《百子全书》一,第369页。
③ 《汉书·贾山传》。

希冀是多么强烈,皇权对他们已不再眷顾,这就是秦汉之际士人一腔热血拥君报国所面对的严酷现实。已经取得大一统天下的帝王,已非昔日的诸侯国君,"秦王扫六合,虎视何雄哉",普天下之各色人等都必须匍匐在皇权的脚下。在至上至尊的皇权面前,昔时可以和国君分庭抗礼的士人必须低下高贵的头颅。当然,皇权控制天下不可能无所依傍,士人也是他们需要利用的,但这种利用似乎不凸显儒士的价值,反倒是皇权对儒士的恩宠。秦汉帝王所能够给予他们的最高礼遇,也就是封个博士官以"掌承问对",做个顾问而已;不景气的时候,也就是"具官待问"①,完全的无足轻重了。毫无疑问,秦汉以后,士人地位非先秦时代可比了。而士人,毕竟是头脑清醒、有思想见解的人,在冷酷的现实面前,他们知道已经今非昔比了,要实现其政治抱负,并要争得尽可能高的社会地位,就必须放下身段,无条件地向皇权靠拢,尽管仅仅是"掌承问对"、"具官待问"也不能放弃,也不能不识时务地与皇权分庭抗礼。于是,汉武之后,士人群体开始了大规模涌向皇权的运动。

(三)儒士群体对皇权的谄媚与邀宠

儒士是一个有着深厚恋政情结的群体。当秦末陈涉起事、天下大乱之时,就有鲁地诸儒投奔陈涉,《史记·儒林列传》记曰:

> 陈涉之王也,而鲁诸儒持孔氏之礼器往归陈王。于是孔甲为陈涉博士,卒与涉俱死。陈涉起匹夫,驱瓦合適戍,旬月以王楚,不满半岁竟灭亡,其事至微浅,然而缙绅先生之徒负孔子礼器往委质为臣者,何也?以秦焚其业,积怨而发愤于陈王也。②

对于孔甲等儒士这种很草率的政治选择,司马迁解释为"以秦焚其业,积怨而发愤于陈王也",即是一种简单的复仇行为。而实际上,恐怕解释为儒士急于参与政治而慌不择路更好一些。这种行为和孔子欲应叛臣公山弗扰之召③是同样的性质。汉初大儒叔孙通,也是在天下大乱之时就急匆匆投奔政治,先事项王,后降汉王,拜为博士。叔孙通的向皇权靠拢,可谓积极主动之至,并且有自己的一套理论。史载:

> 汉王已并天下,诸侯共尊为皇帝于定陶……群臣饮争功,醉或妄呼,拔剑击柱,上患之。通知上亦厌之,说上曰:"夫儒者难与进取,可与守成。臣愿征鲁诸生,与臣弟子共起朝仪。"……于是通使征鲁诸生三十余人。鲁有两生不肯行,

---

① 《汉书·儒林传》:"及至孝景,不任儒,窦太后又好黄、老术,故诸博士具官待问,未有进者。"
② 《史记·儒林列传》。
③ 《论语·阳货》篇载:"公山弗扰以费畔,召,子欲往。子路不说,曰:'末之也已,何必公山氏之之也?'子曰:'夫召我者而岂徒哉?如有用我者,吾其为东周乎!'"

曰:"公所事者且十主,皆面谀亲贵。今天下初定,死者未葬,伤者未起,又欲起礼乐。礼乐所由起,百年积德而后可兴也。吾不忍为公所为。公所为不合古,吾不行。公往矣,毋污我!"通笑曰:"若真鄙儒,不知时变。"遂与所征三十人西,及上左右为学者与其弟子百余人为绵蕞野外。习之月余①。

叔孙通最终为汉王朝建立了一套规范朝政秩序、凸显皇权威势的礼仪制度,使刘邦得享帝王之尊,由衷地发出"吾乃今日知为皇帝之贵也"的慨叹。叔孙通也由此得到皇权的奖赏。那位教训刘邦天下可以马上得之而不可以马上治之的陆贾,在得到刘邦"试为我著秦所以失天下,吾所以得之者,及古成败之国"的指令后,也兴奋不已,立即行动起来,"凡著十二篇。每奏一篇,高帝未尝不称善,左右呼万岁"②,以其赤诚忠心赢得了皇权的赞赏。从孔甲、叔孙通到陆贾,秦汉之际的儒士群体,一刻也没有放弃对王朝政治的迎合与追随。武帝之前儒士们某种程度的被冷落,只是当时需要休养生息的社会环境,而黄老之术更适合执政者的现实需要,儒士的思想主张暂时还派不上用场罢了。

其实,儒士被皇权冷落也只是相对的,因为那些西汉早期历史上的名儒,也都在汉王朝的学官中有自己的一席之地。刚刚提到的叔孙通是刘邦最早封的博士之一,其后贾谊在文帝时"召以为博士"③;申公为《诗》最精,文帝时以为博士④;晁错也在文帝时受太常遣从伏生受《尚书》,"诏以为太子舍人,门大夫,迁博士"⑤;董仲舒"孝景时为博士"⑥。这些都是儒学背景而任博士官之职,很少见到有儒士被黄老学者排斥的例子。

相比之下,儒士则更显心胸狭窄。一旦机会来临,皇权垂青于儒士的时候,这些饱读诗书的贤良文学,不仅立刻激起从政的热情,而且表现得极度贪婪和张狂——一再表示出要独占皇权恩宠的强烈愿望。先是武帝即位之初,诏丞相、御史、列侯、中二千石、二千石、诸侯相举贤良方正直言极谏之士,丞相绾奏"所举贤良,或治申、商、韩非、苏秦、张仪之言,乱国政,请皆罢"⑦;几年后,雅好儒术的田蚡为相,又"黜黄老、刑名百家之言,延文学儒者以百数"⑧;最后,董仲舒的"天人三策"又提出"诸不在六艺之科孔子之术者,皆绝其道,勿使并进"。当儒士获得话语权的时候,就一再提出禁绝百家之学、由儒术一家独大的主张,并最终促使皇权确立"罢黜百家,表章《六经》"之

---

① 《汉书·叔孙通传》。
② 《汉书·陆贾传》。
③ 《汉书·贾谊传》。
④ 《汉书·楚元王传》。
⑤ 《汉书·晁错传》。
⑥ 《汉书·董仲舒传》。
⑦ 《汉书·武帝纪》。
⑧ 《汉书·儒林传》。

国策。

汉武帝"罢黜百家,表章《六经》"政策确立之后,儒士向皇权的靠拢,更是形成了一个强大的趋势。社会上一般士人选择了读经做官之路,既为皇权服务,也在皇权体制中获得爵禄之荣;而在一些高层士人来说,则是通过对"六经"的研读和诠释来向皇权谄媚和邀宠,并争得或巩固自己释经解经的独断性和权威性。这个向皇权谄媚和邀宠的过程,通过西汉晚期到东汉前期的经今古文之争[1]表现出来。

经今古文同出于一源,虽有差异,二者还是有融通互补的作用。二者的矛盾,即是各自都想独享帝王的恩宠。汉代直到宣帝时期,社会上流行的还都是今文经,所以无论是武帝设立五经博士,还是宣帝置十二经博士,所立自然都是今文经。古文经跃出水面,并与今文经形成竞争态势,争立官学地位,是从哀帝时期开始的。此后经今古文之争经历了几个阶段,以下约略述之,以展示汉代儒士卖身皇权的过程。

第一阶段是哀帝时期,刘歆为古文经争立博士官而遭失败。

《汉书·楚元王传附刘歆传》记曰:"及歆亲近,欲建立《左氏春秋》及《毛诗》、《逸礼》、《古文尚书》皆列于学官。哀帝令歆与《五经》博士讲论其义,诸博士或不肯置对,歆因移书太常博士,责让之。"刘歆的移让博士书,在强调《古文尚书》、《逸礼》、《左氏春秋》等古文经立博士官的正当性之外,对现有的博士官所职提出了尖锐批评:"往者缀学之士不思废绝之阙,苟因陋就寡,分文析字,烦言碎辞,学者罢老且不能究其一艺。信口说而背传记,是末师而非往古,至于国家将有大事,若立辟雍、封禅、巡狩之仪,则幽冥而莫知其原。犹欲保残守缺,挟恐见破之私意,而无从善服义之公心,或怀妒嫉,不考情实,雷同相从,随声是非,抑此三学,以《尚书》为备,谓左氏为不传《春秋》,岂不哀哉!"刘歆的批评,主要是三个方面,一是博士官所职,章句之学把经义搞得支离破碎,烦琐之至,以至达到学者终老不能究其一艺的地步;二是各家章句的发展,多"信口说而背传记,是末师而非往古",离开经典本义越来越远;三是这些章句解说不能回答现实的实际问题,对于辟雍、封禅、巡狩等重大国家礼仪,不能说明其来源,找不到历史根据,而这些根据保存在古文诸经之中。实际上,刘歆所强调的重点,或者说最能打动皇权的地方,还在于第三个理由,即古文诸经,最能够为皇权的重大国家活动找到历史性或曰合法性根据。刘歆强调的即是古文经的御用功能。但由于今文经的势力过于强大,"歆由是忤执政大臣,为众儒所讪"而未能如愿,并遭贬官。

---

[1] 经今、古文最初的分野只是书写形式的不同,没有思想属性方面的根本不同。经过秦始皇的焚书坑儒和项羽焚毁秦之图籍,儒家典籍焚毁殆尽,汉初恢复学术,经书的传播只有用当时通行的隶书凭记忆书写出来,由此书写的经书就称谓"今文经"。武帝时期几次发现了保存下来的战国时期的经书,这些经书自然是战国文字的原貌,相对于今文经来说,就是古文经。今文经是靠记忆书写的,已经打上了书写者的现代印记,加之又要为当今社会所用,所以治今文经自然就倾向于对经义的解读,重视阐发微言大义和"通经致用";古文经后出,文字上与今文经面貌不同,治古文经自然就首先要从文字的隶定、经文原貌的复原着手,由此形成古文经家重章句训诂,讲求古义,带有一种以经为史的倾向。如果说经今古文确有不同的话,最初的差异也就仅止于此。后世经学家总结出经今古文的众多不同,都是在形成经今古文之争之后,逐渐发展出来的,或者是被人为地造成的学术壁垒。

第二阶段是平帝和王莽新政时期,这是王莽的时代,古文经配合王莽复古变革的政治需要而被正式列入学官。

《汉书·儒林传》:"自武帝立《五经》博士……平帝时,又立《左氏春秋》、《毛诗》、逸《礼》、古文《尚书》,所以罔罗遗失,兼而存之,是在其中矣。"

《汉书·艺文志》:"《周官经》六篇。王莽时刘歆置博士。"

第三个阶段是东汉光武帝时期。这一时期经今古文激烈交锋,古文经经历了废立反复、荣辱交替的艰难历程。

光武帝新立,王莽新朝的一切建树都自然摧毁,古文博士也随之罢黜,这是政治变革的自然成果,也是古文经学家无奈的悲剧。但是,几乎在这同时,即有人再提立古文经《左氏传》博士的问题。《后汉书·陈元传》载其事,前文已经谈及。这次立《左氏传》博士的问题,前后经过了范升与韩歆、陈元与范升多次辩论,经陈元与范升的相互辩难,终于说服了光武帝,立《左氏》博士于学官。但时隔不久,待《左氏》博士李封病死,其《左氏》博士官也随之废黜。而这个代表古文经的《左氏》博士为什么不能立于学官,直到章帝时贾逵的再次提出立古文经博士,才最终揭开了谜底。我们也留待下文分析。

第四个阶段是章帝时期,贾逵秉承章帝授意再提立《左氏》博士;最终《左氏》未正式立于官学,但却得到了皇权的提倡,并促成了今古文合流之势。

章帝雅好儒术,特好《古文尚书》、《左氏传》。建初元年,章帝特诏古文经大师贾逵入讲北宫白虎观、南宫云台。根据章帝的授意,贾逵上疏阐发"《左氏传》大义长于二传(指已经立于学官的《公羊》和《穀梁》)"的道理。贾逵的上疏中说:

臣谨擿出《左氏》三十七事尤著明者,斯皆君臣之正义,父子之纪纲……《左氏》义深于君父,《公羊》多任于权变,其相殊绝,固以甚远,而冤抑积久,莫肯分明。

臣以永平中上言《左氏》与图谶合者,先帝不遗刍荛,省纳臣言,写其传诂,藏之秘书……光武皇帝,奋独见之明,兴立《左氏》、《穀梁》,会二家先师不晓图谶,故令中道而废。凡所以存先王之道者,要在安上理民也。今《左氏》崇君父,卑臣子,强干弱枝,劝善戒善,至明至切,至直至顺……又《五经》家皆无以证图谶明刘氏为尧后者,而《左氏》独有明文。《五经》家皆言颛顼代黄帝,而尧不得为火德。《左氏》以为少昊代黄帝,即图谶所谓帝宣也。如令尧不得为火,则汉不得为赤。

其所发明，补益实多。①

贾逵上疏，首先强调《左氏》所讲，"皆君臣之正义，父子之纪纲"，若与《公羊》相较，"《左氏》义深于君父，《公羊》多任于权变"。贾逵认为，《左氏》的思想特质在于"崇君父，卑臣子，强干弱枝，劝善戒善"，最适合皇权专制的需要。其次，贾逵分析先帝光武时期，为什么《左氏》已经立于学官而又被废置，其原因仅在于当时所选的博士官李封等人"不晓图谶，不能适应皇权的需要，而并不是《左氏》本身不讲图谶。最后，贾逵强调，正是《左氏》所讲的图谶，才真正能为刘汉王朝找到合法性根据，即"《五经》家皆无以证图谶明刘氏为尧后者，而《左氏》独有明文"；"《左氏》以为少昊代黄帝，即图谶所谓帝宣也"。贾逵真是个聪明人，他清醒地知道皇帝需要什么，每一条都讲到了要害之处。

对于刘汉皇朝来说，贾逵所说句句在理，也深得章帝赞许，但《左氏》还是没有能正式立于学官。这大概是章帝不能违逆先帝光武的缘故。贾逵上疏立《左氏》未竟，是古文经为立博士事的最后一次政治博弈。

贾逵的上疏，透露出一个信息，那就是从光武到章帝，古文经立于学官的道路如此坎坷，关键在于它与当朝政治倡导图谶之学相违逆。光武帝喜好图谶，而古文经不讲图谶，无法博得皇权的青睐，这是一个致命的死穴。东汉初期几个经学大家，都治古文经，并都对图谶之学极其反感，并因此被光武斥责或疏远。后汉史上有相关记载：

> 兴好古学，尤明《左氏》、《周官》。帝尝问兴郊祀事，曰："吾欲以谶断之，何如？"兴对曰："臣不为谶。"帝怒曰："卿之不为谶，非之邪？"兴惶恐曰："臣于书有所未学，而无所非也。"帝意乃解。兴数言政事，依经守义，文章温雅，然以不善谶故不能任。②

> 帝方信谶，多以决定嫌疑……有诏会议灵台所处，帝谓谭曰："吾欲以谶决之，何如？"谭默然良久，曰："臣不读谶。"帝问其故，谭复极言谶之非经。帝大怒曰："桓谭非圣无法，将下斩之！"谭叩头流血，良久乃得解。③

郑兴"以不善谶故不能任"，桓谭以"臣不读谶""非圣无法"贬官外任而死于途中。经今古文都是"经"，都是儒家崇尚之典籍，为何古文经终不能战胜今文，或者不

---

① 《后汉书·贾逵传》，中华书局，1965年。关于光武朝立《左氏》博士，而又旋即废之事，见《后汉书·陈元传》，本文前边有引述。贾逵把此次《左氏》博士的废置，归结为当时的《左氏》博士李封等不晓图谶因而无法为当朝政治服务所致。

② 《后汉书·郑兴传》。

③ 《后汉书·桓谭传》。

能争得一席之地呢？为什么皇权一味地喜欢今文呢？光武对待郑兴和桓谭的态度说明了问题，说到底，还是古文经的学术属性，决定了他不能被皇权所吸纳的命运。钱穆在《两汉博士家法考》中说："今学务趋时，古学贵守真……在昔前汉，齐学通时达变，鲁学笃信善道，东京今古之分，乃亦犹之。其时光武尚图谶，今学经师几乎无勿言图谶者。图谶之于后汉，抑犹阴阳灾变之于先汉也。惟古学家则不言谶。"①今文善趋时，光武尚图谶，今文经就无不言图谶；而古文经笃信善道，不言图谶，自然不可能获得皇权的青睐。这些情况贾逵看得明白，如果要想借经术获得皇权的信任，必须使自己所治之经，也披上谶纬的外衣，直接为皇权服务。于是，贾逵就不惜曲意经书，皈依图谶。贾逵作为古文经大师，在对待图谶的态度上本来和郑兴、桓谭是完全一致的，现在为了古文经的命运，为了跻身皇家殿堂，他就汲取郑兴和桓谭的教训，而向皇权卖身了。

贾逵的这次卖身很有效果，终使古文经被皇权所接纳。虽然章帝不敢违逆先帝而立古文经《左氏》，但对贾逵所论甚为满意，在博士官职之外给古文经开辟了发展的空间。史载："书奏，帝嘉之，赐布五百匹，衣一袭，令逵自选《公羊》严、颜诸生高才者二十人，教以《左氏》，与简纸经传各一通。""诏诸儒各选高才生，受《左氏》、《穀梁春秋》、《古文尚书》、《毛诗》，由是四经遂行于世。"②

经今古文之争的历史说明，在中国这个特殊的国度里，皇权这个政治权威，终究也要做思想的权威，学术的权威，它始终主导着学术发展的线索和命运。因为我们看到，经今古文之争的过程，始终是学术向皇权献媚的过程，两派都在不遗余力地展示自己对于皇权的价值，以便被其接纳和利用。单就学术本身说，经今、古文并没有原则的差异，并能互补或融通，这一点先贤已经看得非常明白。马宗霍的《中国经学史》中说：

"自其末流观之，古今学固若不相入矣。而当古文未出之先，汉初故老，其传授虽以今文，其诵习多在秦火之前，虑无不同古文者。""古文既出之后，虽不立学，而今文诸师杂采古文，则往往而有。""可见西京今文虽盛，而与古文未尝不可通。讫乎东汉，争论既起，其界始严，然争论自争论，而古今学兼治者，则较西京为尤多。""荀悦《申鉴》有言，仲尼作经本一而已，古今文不同，而皆自谓真本经，古今先师义一而已。异家别说不同，而皆自谓古今。仲尼邈而靡质，昔先师没而无闻，将谁使折之者？明乎此，则知古今本出一源，立言惟求其当，比而论之，必有可参。"③

---

① 钱穆：《两汉经学今古文平议》，第247页。
② 《后汉书·贾逵传》。
③ 马宗霍：《中国经学史》，第44—46页。

马氏注意到从汉初以至元成，治今文者亦多通古文，并引用古文；东汉以后，治古文者也多通今文，兼通古今文的大家越来越多。而为什么从西汉晚期到东汉早期的经今古文之争，同是儒家学派又相互视若寇仇、势同水火呢？其实很简单，就是争宠；争政治之宠，争皇权之宠。就在这一争宠的过程中，今文和古文两派都最终将自己紧紧地捆绑到皇权专制的机体上，完成了儒学国家意识形态化的过程，实现了与皇权的完全结合。

今文立于学官，为皇权所表彰；古文得到皇帝的首肯而并行发展，两者成了国家思想的羽翼。章帝时期的白虎观会议，就是经今古文融为一体、共商国是的一个代表性事件。当章帝效法宣帝整齐诸经异同召开白虎观会议的时候，今文、古文学家就都参与其中了，并且古文大家班固还成了皇权钦定的《白虎通义》的执笔人①。这是一次很有意思的会议，其本意是讨论整齐诸经异同，而会议的进行或最后结果却完全不是对着经文而来，而是用经义来解释国家政治生活和社会伦理范畴的重大问题，会议成果《白虎通义》则成了一部用儒家思想规范国家政治伦理生活的法典，以至于使得有些学者怀疑《白虎通义》的经学性质②，因为它的确不是一部类同于"五经"的经书文献。在《白虎通义》中，经书文献为皇权专制的各项国家制度、法律制度、伦理规范做出了完美的论证，提供了历史的和理论的证明。值此之时，经今古文双剑合璧，共同证明了它们对于皇权的价值，它们已经完全地为皇权所献身了。然而，恰恰是这样，儒家长期所研习的经典文献，才最终获得了国家意识形态的尊贵属性，变成了超然于一切学术之上、被政治权威所尊奉的国家思想。此时的儒学和儒家经典，已经完全具备了非学术性的"经学"所专有的权威性、神圣性和不可质疑的非批判性。白虎观会议及其成果，从一个方面表明了儒学与皇权的完全结合，表明儒学完成了向经学转化的最后进程。

---

① 关于《白虎通义》的撰稿人，说法不一，认为出自班固之手的根据是《后汉书·儒林传》载："建初中，大会诸儒于白虎观，考详同异，连月乃罢。肃宗亲临称制，如石渠故事，顾命史臣，著为通义。"《后汉书·班彪传附班固传》："天子会诸儒讲论《五经》，作《白虎通德论》，令固撰集其事。"

② 例如，许四达就曾发表《是"经学"、"法典"还是"礼典"？——关于〈白虎通义〉性质的辨析》一文，提出《白虎通义》非经学说。他说："许多研究《白虎通义》的学者都是把它放在两汉经学派别斗争的背景中来考察的，并普遍认为统治者是为了统一经义和重建统治思想，而召开了白虎观会议……但是若就现存的《白虎通义》的内容来看，它根本不涉及对《五经》章句的减省，因为它并没有针对各经重新进行简约的注疏，而只是零散地引用经文对国家礼制的有关问题进行斟酌、讨论，并由皇帝作出裁决性的解释。虽然不能说它与经学无关，但经文的引用与其说是为'正经义'不如说是为'正礼义'服务的，这与石渠阁会议曾分别作出《书议奏》、《礼议奏》、《春秋议奏》、《论语议奏》、《五经杂议》等是明显不同的。当然，白虎观会议也曾作出《白虎议奏》，但由于该《议奏》早已不存，其内容是否曾对《五经》分别'正经义'已无从得知，而从《后汉书》中也看不出有这样的蛛丝马迹。"文载《孔子研究》2001年第6期。

五、儒学独尊后的传承之路

以上所论是从经学形成的外部因素做出的考察,而回到经学形成的内部因素来说,我们会惊奇地发现,内部因素发展的过程,几乎和其外部因素的发展保持着惊人的一致性,或者说它们之间本来就有着密切的内在联系。

(一)师法家法与章句之学的形成

学术的发展之路在于质疑、批判,讨论、争鸣,开放、无禁,而经学则异于是。汉代儒学的发展,在立于学官、逐渐意识形态化的过程中,其学术自身也随之出现了问题,即在治学方法和学术途径上,形成了一种封闭、固化的僵死模式,名之曰师法家法,或曰章句之学。

传统以为,儒学传承中的重师法家法,是汉代固有的传统。比如皮锡瑞的《经学历史》中说:

> 汉人最重师法。师之所传,弟之所受,一字毋敢出入;背师说即不用。师法之严如此。而考其分立博士,则有不可解者。汉初,《书》唯有欧阳,《礼》后,《易》杨,《春秋》公羊,独守遗经,不参异说,法至善也。《书》传于伏生,伏生传欧阳,立欧阳已足矣。二夏侯出张生,而同原伏生;使其学同,不必别立;其学不同,是背师说,尤不应别立也……《史记》云:"言《易》者本于杨何。"立《易》,杨已足矣;施、孟、梁丘师田王孙,三人学同,何分颛门;学如不同,必有背师说者。乃明知孟喜改师法,不用,后又为立博士,此何说也。京房受《易》焦延寿而托之孟氏,孟氏弟子不肯,皆以为非,而亦为立博士,又何说也……二戴、严、颜不当分立,亦可以此推之。

从汉人重师法的角度出发,皮锡瑞举出大量例证来说明一个矛盾的事实:同师异说并立为博士,都得到皇权的承认,这与汉人重师法相悖逆,他难以理解。其实,问题很简单,在宣帝立十二博士时,所谓的师法家法并没有形成。

揆之于历史,在汉宣帝之前,是没有师法家法之说的。从宣帝以前的文献看,"师法"这个词,仅见之于《荀子》,其他先秦典籍、甚至到司马迁的《史记》中,都没有出现过。而《荀子》中的"师法"概念,也还是可以讨论的。该书"师法"一词出现三次,分见于《修身》《儒效》《性恶》篇。这三篇文献中的"师法",都不是在讲一个学术传承的问题;而且也都可以析分为教师和礼法两个概念,可以看作教师和礼法的合称。联系到其他典籍中没有师法出现的情况,《荀子》中的"师法"并不具有后世经学传统中的"师法"之意义。儒学传统中的师法家法说是和其走上经学道路相联系的。然而,即使在武帝设《五经》博士之后，师法家法也没有立刻形成。钱穆先生曾经指出，五经博士，初不限于一家一人；而其为博士者，初亦不限于专治一经。① 此论确有大量文献可征：

> 《汉书·董仲舒传》：董仲舒，广川人也。少治《春秋》，孝景时为博士；《汉书·儒林传》：仲舒通《五经》，能持论，善属文。
>
> 《汉书·韦贤传》：贤为人质朴少欲，笃志于学，兼通《礼》、《尚书》，以《诗》教授，号称邹鲁大儒。征为博士，给事中，进授昭帝《诗》，稍迁光禄大夫、詹事，至大鸿胪。
>
> 《汉书·夏侯始昌传》：夏侯始昌，鲁人也。通《五经》，以《齐诗》、《尚书》教授。
>
> 《汉书·夏侯胜传》：胜少孤，好学，从始昌受《尚书》及《洪范五行传》，说灾异。后事蕳卿，又从欧阳氏问。为学精孰，所问非一师也。善说礼服。征为博士、光禄大夫。
>
> 《汉书·儒林传》：后苍字近君，东海郯人也。事夏侯始昌。始昌通《五经》，苍亦通《诗》、《礼》，为博士。

这些都是武帝及其以后的例子。董仲舒以公羊《春秋》见长而通《五经》；韦贤兼通《礼》和《尚书》，而以《诗》教授；夏侯始昌通《五经》，而讲授《齐诗》和《尚书》；夏侯胜治《尚书》而学非一师，不固守一家之言；后苍兼通《诗》《礼》。此五人，除夏侯始昌外，都有担任博士官的记载。而他们都既不专于一经，也不独守一家。可以说，在宣帝之前，还是一个经学不分家的时代，经师兼通五经或数经的情况是比较普遍的。在这样的情况下，就不可能出现像后世那样严守师说的师法家法。经学之师法家法，应是随着同一经而立不同博士并置博士弟子员开始的，由于教授弟子的原因而演化出来。

宣帝立十二博士，出现了同一经而有数家博士并立的情况。于是，同经各家要相互区别，就有了对同一经的不同的解说，不同的章句；弟子们要记住自家老师的章句，就又演化出章句之学。严守自家师说，固守家师的章句，是师法的要害或本质。所谓师法家法，也就是章句之学的产物。钱穆先生关于章句之学在《两汉博士家法考》一文中有详细解说，他认为所会产生严格的师法家法、章句之学，盖由于"意欲求说经之密"或为"应敌"之资。② 其实，有"说经之密"这一条也就够了。博士分家，又为置众多的弟子员，教学之需，理由就十分正当了。有了章句，就有了师法，再进一步的发展

---

① 参见钱穆：《两汉经学今古文平议》，第207—208页。
② 参见钱穆：《两汉经学今古文平议》，第223—225页。

也就有了家法。所谓师法家法或章句之学,即是根源于宣帝设十二博士。但是,有章句,是否就要求必须得严守章句,师法家法有没有严格的约束意义,这则是在宣帝到西汉末年也没有完全形成的。

可以看到的情况是,从宣帝时期开始,已经有要求遵守师法或章句的例子。《汉书·儒林传》载:

> 蜀人赵宾好小数书,后为《易》,饰《易》文,以为"箕子明夷,阴阳气亡箕子;箕子者,万物方荄兹也。"宾持论巧慧,《易》家不能难,皆曰"非古法也"。云受孟喜,喜为名之。后宾死,莫能持其说。喜因不肯仞,以此不见信。喜举孝廉为郎,曲台署长,病免,为丞相掾。博士缺,众人荐喜。上闻喜改师法,遂不用喜。

孟喜与梁丘贺、施雠一起师从田王孙,施雠和梁丘贺子临都是宣帝时博士,并参与石渠阁之议,孟喜也是宣帝时期人。他因"改师法"而不得为博士,应是宣帝或宣帝之后的事,说明此时已有了"师法"之观念。王莽新朝时,也发生有公孙禄以"毁师法"之名对国师嘉信公提出指控的事件,指责"国师嘉信公颠倒《五经》,毁师法,令学士疑惑"[①]。这些说明,在宣帝之后,在儒家经典的研习或传承中,人们已经开始看重师法家法,强调师法家法或章句之学的情况已经出现了。但是,从两汉之际到东汉章帝以前,都还可以看到不少名儒不守师法家法的例子,如:

> 《后汉书·逸民列传》:"梁鸿字伯鸾,扶风平陵人也……受业太学,家贫而尚节介,博览无不通,而不为章句。"
> 《后汉书·马援列传》:"马援字文渊……尝受《齐诗》,意不能守章句。"
> 《后汉书·桓谭传》:"桓谭字君山……博学多通,遍习《五经》,皆诂训大义,不为章句。"
> 《后汉书·王充传》:"王充字仲任……受业太学,师事扶风班彪。好博览而不守章句。"[②]
> 《后汉书·班固传》:"博贯载籍,九流百家之言,无不穷究。所学无常师,不为章句,举大义而已。"

---

① 《汉书·王莽传》。
② 关于《后汉书·王充传》中的这段记载,近人有所质疑和论辩。徐复观的《王充论考》一文中认为,王充不曾受业太学,也不曾师事班彪。(见徐复观:《两汉思想史》,华东师范大学出版社,1999年,第346—348页)对此,周桂钿在《王充评传》中进行了辩驳,见该书南京大学出版社1993年版。最近吴从祥提出对"受业太学,师事扶风班彪"一语应分为两件事来看的观点,并认为王充确曾受业于太学,而其师事班彪则是私授,非在太学。(吴从祥:《王充"师事班彪"考辨》,《荆楚理工学院学报》2011年第3期)这些讨论,由于材料的局限都很难是确论,结论多是推测而来。本文认为,既然范晔《后汉书》如此记载,并有谢承《后汉书》和袁山松《后汉书》等相关记载可以佐证,那么,在没有确凿材料可以推翻范晔《后汉书》记载真实性的情况下,便只能采信这段记载。

梁鸿和王充的例子,都是发生在太学中的,可见在两汉之际,官学中对墨守师法家法的问题还不是规定得十分严格,还允许或默认这种现象的存在。当然,从学术的发展来说,没有师法家法才是学术的正常道路,然而,儒学要变成经学,要变得更具有权威和尊严,就必然要去学术性,于是,严防思想的自由发展,严守师法家法的约束和钳制,就成为官学中必然要提出的一个问题。而这一点的是否完成,也就是从儒学自身出发判断其是否成为经学的一个重要标尺。

《后汉书·徐防传》载有徐防关于严守家法、章句的上疏,对我们判断严格的章句之学形成时间问题有所帮助。此事发生在东汉和帝永元十四年(102年),徐防疏曰:

> 伏见太学试博士弟子,皆以意说,不修家法,私相容隐,开生奸路。每有策试,辄兴诤讼,论议纷错,互相是非。孔子称"述而不作",又曰"吾犹及史之阙文",疾史有所不知而不肯阙也。今不依章句,妄生穿凿,以遵师为非义,意说为得理,轻侮道术,浸以成俗,诚非诏书实选本意。改薄从忠,三代常道,专精务本,儒学所先。臣以为博士及甲乙策试,宜从其家章句,开五十难以试之。解释多者为上第,引文明者为高说;若不依先师,义有相伐,皆正以为非。《五经》各取上第六人,《论语》不宜谢策。虽所失或久,差可矫革。
>
> 诏书下公卿,皆从防言。①

徐防既曰"太学试博士弟子,皆以意说,不修家法",也就说明到和帝时期,师法家法及其章句之学还并不十分严格,即使是博士弟子也可以臆说经典,不遵师说。在徐防的观察中,这是一个比较普遍的现象,甚至已经到了非常严重的地步,诸生说经不仅"不依章句,妄生穿凿",而且"以遵师为非义,意说为得理",对那些严守师说的还横加非议,并"浸以成俗",大有演变成一种趋势的危险。这种学术风气,使得徐防难以容忍,感觉到了非改变不可的地步。不知道徐防对这种不守师说的情况是否有所夸大,但判断这种现象的存在、甚至有一定程度的严重和普遍是没有疑问的。前引梁鸿和王充的例子也证明了这一点。而且,如果徐防之说没有现实的针对性,和帝也不可能赞成其议,"诏书下公卿,皆从防言"。

徐防提出的加强师法家法,严守师说、章句的措施,带有解决问题的彻底性。他要求"博士及甲乙策试,宜从其家章句,开五十难以试之。解释多者为上第,引文明者为高说;若不依先师,义有相伐,皆正以为非",并因为得到皇权的认同而要求贯彻执行。既然策试都以各家章句为据,违背师说、章句便不能通过策试,进而堵塞进阶之路,后果十分严重。这样一来,师说、家法、章句的神圣性,便得到了根本的保障。

---

① 《后汉书·徐防传》。

皮锡瑞在《经学历史》中谈到东汉时期的家法之严格,举到了几个例子:

> 《宦者蔡伦传》云:"帝以经传之文,多不正定,乃选通儒谒者刘珍及博士良史诣东观,各校雠家法。"是博士各守家法也。《质帝纪》云:"令郡国举明经,年五十以上,七十以下,诣太学。自大将军至六百石,皆遣子受业……四姓小侯先能通经者,各令随家法。"是明经必守家法也。《左雄传》云:雄上言郡国所举孝廉,请皆诣公府,诸生试家法。注曰:"儒有一家之学,故称家法。"是孝廉必守家法也……汉时不修家法之戒,盖极严矣。①

这段文字中,蔡伦提出"各校雠家法"在安帝元初四年(117年),《质帝纪》中强调的"各令随家法"在本初元年(146年),左雄提出"诸生试家法"是顺帝永建三年(128年),都是和帝之后的事例。这些例子也恰好证明,严格按照师法家法研习、传承《五经》的章句之学,在和帝永元十四年徐防上书之后最终确立起来,并在后世不断得到强调和巩固。

综上,宣帝立十二博士是师法家法、章句之学开始并逐渐形成趋势的契机,而严格的师法家法传承模式,则最后定型于东汉和帝时期。如果从经义解释、治学方法的固定化及其严格的非批判性的标准去判断,儒学经学化的进程也就结束于这一时期。

(二)儒学解释中的非批判性

严守章句之学,师说只能遵循而不能违背与发展,所有解释,都只能顺着师说的原意去发挥,于是,思想的框框就自然形成了,也自然培养了儒学解释中的非批判性。儒学也就是在这种非批判性的演说中,窒息了自己的生命。

在最规范和最严格的章句之学没有最后形成之前,章句师说对经义解释的尊严就已经开始逐渐培养起来。前引光武帝对桓谭的呵斥,斥之为"非圣无法",实际上就是针对桓谭对今文经章句的批判而来的。光武欲以图谶解决灵台问题,征求桓谭的意见,桓谭对曰:"臣不读谶。"光武问其故,桓谭"极言谶之非经",这才导致了光武斥责桓谭"非圣无法","将下斩之"。所谓"谶之非经",就是针对经书的那些章句解释说的。在此之前,桓谭曾上书光武帝,极言今文经章句大讲图谶的荒诞不经。疏曰:

> 凡人情忽于见事而贵于异闻,观先王之所记述,咸以仁义正道为本,非有奇怪虚诞之事。盖天道性命,圣人所难言也。自子贡以下,不得而闻,况后世浅儒,能通之乎!今诸巧慧小才伎数之人,增益图书,矫称谶记,以欺惑贪邪,诖误人主,焉可不抑远之哉!臣谭伏闻陛下穷折方士黄白之术,甚为明矣;而乃欲听纳

---

① 皮锡瑞:《经学历史》第四章《经学极盛时代》。

谶记,又何误也! 其事虽有时合,譬犹卜数只偶之类。陛下宜垂明听,发圣意,屏群小之曲说,述《五经》之正义,略雷同之俗语,详通人之雅谋。①

桓谭认为,仁义乃《五经》之正义,决不谈奇怪荒诞之事。关于天道性命之学,圣人都很少去说,子贡以下不得而闻,后世那些浅儒更不可能通晓。而那些以图谶解说《五经》的章句师说,实际上是"增益图书,矫称谶记",诖误人主,不可采信。很显然,桓谭被光武斥之为"非圣无法"的那些言论,实际上就是针对今文经学家的那些章句而言的。而针对这些章句的批评,就获得了"非圣无法"的罪名,官学中的那些章句是不能批判的。

东汉时期,儒学经典的权威性已经逐渐确立起来,成为主流意识形态,无论是经书文献本身还是其章句师说,都成为不能批判或非议的东西。治学不遵守家法章句,论说不合经典,就不能在社会上得到承认,儒学传承的非批判性逐渐凸显出来。王充的例子就特别典型。前已论及,王充受业太学,也曾师事班彪,但他治经不守章句,并且不主张独守一经,倡导博览百家之言。如他在《论衡》中多次强调:

> 章句之生,不览古今,论事不实。或以说一经为是,何须博览? 夫孔子之门,讲习"五经"。"五经"皆习,庶几之才也。颜渊曰:"博我以文。"才智高者,能为博矣。颜渊之曰博者,岂徒一经哉? 我不能博"五经",又不能博众事,守信一学,不好广观,无温故知新之明,而有守愚不览之暗。②
>
> 夫总问儒生以古今之义,儒生不能知,别各以其经事问之,又不能晓,斯则坐守信师法,不颇博览之咎也。③
>
> 夫儒生不览古今,所知不过守信经文,滑习章句,解剥互错,分明乖异。④

王充主张博览百家之言,批判守信师法,"以为俗儒守文,多失其真",在当时的经学氛围中可谓空谷足音,既不能见容于官学,也不能见容于社会。《后汉书》本传说他"仕郡为功曹,以数谏争不合去",很难与社会主流思想合拍,只好选择"闭门潜思,绝庆吊之礼",逃避现实而走著述之路。

(三)汉代儒学的最后困境

师说不能违背,先师之章句已经设置了一切解释的最后边界,而讲学授徒之需,博士弟子的求学之渴,又不断地要求经学教授解释疑难而有所发挥;于是,关于经学

---

① 《后汉书·桓谭传》。
② 黄晖:《论衡校释·别通》,中华书局,1990 年。
③ 黄晖:《论衡校释·谢短》。
④ 黄晖:《论衡校释·谢短》。

的演说,就在一些无关紧要的问题上横生枝节,解经之繁、经说之滥,就不可避免了。

章句之繁,王莽前就已经很严重了。《汉书·艺文志》云:"六艺之文:古之学者耕且养,三年而通一艺,存其大体,玩经文而已,是故用日少而畜德多,三十而五经立也。后世经传既已乖离,博学者又不思多闻阙疑之义,而务碎义逃难,便辞巧说,破坏形体;说五字之文,至于二三万言。后进弥以驰逐,故幼童而守一艺,白首而后能言;安其所习,毁所不见,终以自蔽。此学者之大患也。"

《汉书·儒林传》载:"信都秦恭延君……增师法至百万言。"

皮锡瑞论之曰:

> 案两汉经学盛衰之故,孟坚数语尽之。凡学有用则盛,无用则衰。存大体,玩经文,则有用;碎义逃难,便辞巧说,则无用,有用则为人崇尚,而学盛;无用则为人诟病,而学衰。汉初申公《诗》训,疑者弗传;丁将军《易》说,仅举大谊;正所谓存大体、玩经文者。甫及百年,而蔓衍支离,渐成无用之学,岂不惜哉!一经说至百余万言,说五字至二三万言,皆指秦恭言之。①

章句之繁延至后汉益甚。《后汉书·贾逵传》说:"汉兴,诸儒颇修艺文;及东京,学者亦各名家。而守文之徒,滞固所禀,异端纷纭,互相诡激,遂令经有数家,家有数说,章句多者或乃百余万言,学徒劳而少功,后生疑而莫正。"此类现象见于文献记载的还有很多,《后汉书》的《儒林传》《伏恭传》《景鸾传》《桓荣传》《郑玄传》《袁安传》《张奂传》等篇章中都有反映,兹不赘举。两字解说十余万字,一经师说百余万言,这样的演绎途径还能发展下去吗?儒学从一般性的学术,发展到无上神圣、权威的经学,实际上是走入了一个死胡同,窒息了自己鲜活的生命。

六、汉代儒学经学化的历史启示

在将要结束本文的时候,我们可以做一个大致的总结。

从儒学与皇权政治结合之路的角度判断,儒学经学化的完成以白虎观会议为标志是在章帝建初四年(89年);以章句之学的最终形成作为儒学经学化的学术性标准,从"经义解释、治学方法的固定化及其严格的非批判性"的角度去判断,儒学经学化的完成可以定在以徐防上疏为标志性事件的和帝永元十四年(102年)。从不同的路径做出的判断,前后相较也仅仅差了13年,对于一个长达二百余年的历史进程来说,这算不上什么差距或误差,大体说是处于同一个时代。而且也完全符合学术或思

---

① 皮锡瑞:《经学历史》第四章《经学极盛时代》。

想发展的规律,因为被政治所牵引的学术或思想的进程,自然会稍稍滞后于政治的发展。总括全文,从各项指标出发,儒学经学化的完成,都指向了章和之间这一个时期。如果要有一个更明确的说法,从皇权政治的主动性出发,大体可以把儒学经学化进程的完成定于章帝时期,白虎观会议是其最明确最具实质性意义的标志性事件。

研究这一问题,可以获得不少有益的历史启示。汉代儒学经学化的进程,是和汉代社会政治上的大一统以及皇权主义意识形态的最终确立相适应的;经学的产生,是汉代社会历史的产物,是社会政治影响学术发展的反映。由儒学发展到经学,儒学获得了繁荣和发展,获得了独尊的地位;而同时,这种国家意识形态的特殊身份,它所发展出来的"章句之学"的治学方法和严守师法家法的传承模式以及它在政治上的不容挑战,也最终使它走向自己的反面,窒息了任何发展的可能性。由儒学经学化的历史进程,我们可以获得丰富的历史启迪,要而言之,以下几点值得重视:

其一,从儒学经学化的道路可以知道,学术一旦被政治所利用,其结局并不是学术之幸。虽然与政治的结合可以获得独尊或独断,但也正是这种独尊和独断,则会反过来窒息学术的生命。究其实,学术和政治是两种截然不同的社会现象。学术的本质是求真,究事物之本源,探事理之奥秘,它所凭借的是学者的独立思考;而政治则是某种利益的集中体现,有着明确的价值目的。学术与政治的结合,往往是单方面的被控制、利用或改造,政治将学术纳入自己的利益之中,学术的一切发展都要围绕政治的目的去展开,学术的本质就不再是探讨事物的本源和奥秘,而成了确定的利益目标的附属物,除了为政治摇旗呐喊再无他途,完全丧失其独立性品格。任何学术与政治结合的最终结果,都是学术性的丧失,而仅仅变成被玩弄的工具。东汉时期,当儒学彻底谶纬化变成皇家之学的时候,就获得了一个"内学"的专称。《后汉书·方术传》云:"王莽矫用符命,及光武尤信谶言,士之赴趣时宜者,皆骋驰穿凿,争谈之也。故王梁、孙咸名应图箓,越登槐鼎之任,郑兴、贾逵以附同称显,恒(桓)谭、尹敏以乖忤沦败,自是习为内学,尚奇文,贵异数,不乏于时矣。"先秦之"六艺"绝非符命图箓之簿,而被皇家收编之后,不仅今文经大讲图谶,而且古文经大师郑兴、贾逵也以图谶附会,使孔孟先师深蒙其羞!

其二,儒学从子学到经学、由繁盛到僵死的发展路径,警示了学术超越性地位的自身有害性。先秦诸子时期,是儒学的繁荣期,因为它有诸子百家的对立面向它质疑和发难,推动它不断去答疑解惑,探索新的问题。从孔子、孟子到荀子,甚至西汉早期的陆贾、贾谊到武帝时期的董仲舒,一再达到新的高度,就是由于它居于百家之一的庶民地位。而当武帝将其立为官学、独尊之后,一方面一家独放、失去了对立面力量的推动,另一方面,也由于获得了神圣性而不许质疑,对经文的一切解释、师说和章句,都只能在经文既定的范围内打转转,甚至是为完成皇权的使命而曲意解说,这就失去发展任何新思想的契机。没有新思想的充溢,只能是陈词滥调的重复,学术的生命、生气和生机，就从根本上断送了。当它最后发展到一经章句百余万言、两字之说烦琐到十余万字的时候，所谓经学的章句，就不仅仅是陈词滥调，而简直就是庸俗和无聊了。儒学在东汉晚期渐趋衰微，至魏晋被玄学取而代之，就其自身说也是一个必然的结局。

其三，儒学变成经学和官学后思想界的状况也启示我们，政治当局人为地设立官学体系，对思想的发展蛮横干预，其结果必将造成原创性思想的缺失。汉代从董仲舒之后，基本上就没有了原创性的思想家。思想领域，除了附会经学之外，就是对经学或社会的批判。附会经学不可能进行思想的创造，社会批判则因明确的针对性而被局限，不能充分展开思维的翅膀。因为，在设立了官学的时代，必将造成思想创造已经完成的假象，再加上政治权威的行政引导和利禄诱导，使得思想聚焦到一个统一的指向。所以，在东汉思想史上所可以看到的经学体系之外的几个思想家，桓谭、王充、王符等，都是做了社会批判的工作，而没有进行独立的思想创造，先秦时代的百家争鸣成了历史的绝响。汉代帝王对学术的过分热心，设置官学并具体介入学术本身的是非之争，是值得汲取的历史教训。

其四，汉代儒学经学化进程的历史说明，儒学经学化是专制主义中央集权体制下的一个必然的历史进程。这一进程不仅是汉代政治生活和精神文化生活中的一件具有里程碑意义的重大事件，也对其后两千年历史的社会发展模式产生了重大影响，或者说正是这一进程，奠定了后世两千年中国社会政治权力和意识形态高度一体化的社会运行模式。在这一社会模式中，政治权力以征服人心为切入点，通过对人的思想控制而实现对社会的掌控，让社会的稳定和发展以牺牲人的思想自由为代价。中国历史的这一运行模式，至近代也未曾改观。

同时，专制主义国家集权所造就的儒学经学化，也反映着中国历史自秦汉以后所表现出来的一个顽强特征。儒学的经学化，一方面是专制主义集权政治逐步向学术渗透并最终控制学术的过程，另一方面也是儒学向专制政治靠拢的过程，这两个方面的共同支点是专制主义的政治需要。专制主义作为一种强大的国家政治因素，支配了其后中国历史发展的各个方面，使两千多年的中古历史显示出政治权力决定一切的顽强特征。理解和认识中国古代历史上的专制主义问题，是认识中国秦以后社会历史的一把钥匙。从这个意义上说，本文的研究，实际上也只是提供了认识中国古代专制主义历史特点的一个典型案例。

原刊于《中国史研究》2013年第1期

（作者简介：李振宏，河南大学历史文化学院教授、博士生导师）

汉代居延地区的信息传递与通行凭证

周国林

两汉时期,居延是中国西北地区的军事要地。为了守卫北部边境,沟通东西交往,汉朝政府在此派驻重兵,并移民实边,使居延的地位日益重要。毫无疑问,对于该地域内的信息传递和道路交通,政府的管理十分严格。以往的正史记载,这方面的资料极为匮乏,幸亏地下的简牍发掘,弥补了这方面的缺憾。1930 年,前西北科学考察团在今内蒙古自治区的额济纳河(弱水)流域作过一次考古调查,在弱水两岸,北起宗间阿玛,南至毛目约 250 公里之间,另外在布肯托尼与博罗松治约 60 公里之间,发掘了汉代的塞墙和障堡亭隧,并在若干遗址中采获了 10000—10200 枚汉简。20 世纪 70 年代以来,该地域又有几次科学发掘,其获简数量与内容价值,不下于首次发掘。下面,以汇聚首次发掘的《居延汉简甲乙编》为中心,考察一下汉代居延地区的信息传递与道路通行中的管理情况。

一、朝廷文件的下达与居延地区机构间的信息传递

(一)诏令法规在居延地区的传递

居延出土的汉简中,有一些简文的源头是从京城长安发出的,如皇帝的诏书和丞相、御史大夫等官府文件。这对了解汉代诏令的颁行,都极具参考价值。如以下两条简文:

几成风,绍休圣绪。传不云乎,十室之邑,必有忠信。(126.30)[1]

---

[1] 《居延汉简甲乙编》下册,中华书局,1980 年,第 80 页。以下凡引自《居延汉简甲乙编》的简文皆仅括注编号。

子雍于上闻也,二千石长官纲纪人伦。(332.16)

检《汉书·武帝纪》,元朔元年十一月下过一道举孝廉的诏书:"公卿大夫,所使总方略,壹统类,广教化,美风俗也……兴廉举孝,庶几成风,绍休圣绪。夫十室之邑,必有忠信,三人并行,厥有我师。今或至阖郡而不荐一人,是化不下究,而积行之君子雍于上闻也。二千石长官纪纲人伦,将何以佐朕烛幽隐,劝元元,厉蒸庶,崇乡党之训哉?"两条简文,显然出自这道诏书,只是都残缺了。又如《甲乙编》267.19简文云:"各持下吏为羌人所杀者,赐葬钱三万,其印绶吏五万……奴婢二千,赐伤者各半之,皆以见钱给。长吏临致,以安百姓也。"这也是一道诏书,是为边郡优抚受羌人侵扰的吏民而发。这表明了皇帝的诏令在居延地区至高无上的地位。现在需要了解的,是皇帝的诏令是如何下达到居延的。一组写在觚上的简文可以为我们提供细节资料:

得仓丞吉兼行丞事敢告部都尉卒人,诏书清塞下,谨候望,备烽火,虏即入,料度可备,中毋远追,为虏所诈。书已前下,檄到,卒人遣尉丞司马数循严……(12.1A)

禁止行者便战斗具驱逐,田牧畜产,毋令居部界中,警备毋为所虏所诳利,且课毋状不忧者,劾尉丞以下。毋忽如法律令,敢告卒人。掾延年书佐光给事(12.1B)

都尉事司马丞登行丞事肩谓水候官,传移檄到如太守府檄书律令。卒史安世属乐世书佐延年。(12.1C)

□行曹谓……毋忽如律令。(12.10)

四段简文,B面"敢告卒人"以上皆为诏文。这段诏文虽不完整,但可看出主要内容是"虏"即匈奴有侵扰的迹象,因此命令各边郡预备警戒事宜,做到坚壁清野,以免"为虏所诳利"。B面最后有"掾延年"等人签字,这是因为诏书首先发到张掖太守府,再由太守府转抄给下属机构,延年等人是经办人。本觚的A面内容详明,是太守府督责都尉府执行诏令的公文。D面残缺较多,但从内容看,是都尉下发给居延县令的文书。C面则是居延令转发给都尉下各候官、燧长的文书。这四段简文,可以简要地反映诏书传递到地方后,各级基层机构传达诏令、付诸实施的状况。

另一组同出一地的简文则反映了从朝廷向郡一级机构传递诏书法令的情况:

御史大夫吉昧死言,丞相相上大常昌书言大史丞定言,元康五年五月二日壬子日夏至宜寝兵,大官抒……以闻布当用者。(10.27)

二月丁卯,丞相下车骑将军、中二千石、二千石、郡太守诸侯相承书从事,下

当用者如诏书。(10.33)

元康五年二月癸丑朔癸亥,御史大夫吉下丞相承书从事,下当用者如诏书。(10.30)

元康五年二月癸丑朔癸亥,御史大夫吉下丞相承书从事,下当用者如诏书。(10.33)

四条简文中,有三条是经由御史大夫吉奏言皇帝,再将有关事项"以闻布当用者"、"下当用者",另一条是经由丞相传布到车骑将军、中二千石等"当用者"。虽不是以诏书名义颁布,但其重要程度及其执行力度"如诏书",是不可稍有怠懈的。故在同处所出汉简,也有逐级转发的地方文书:"闰月丁已,张掖肩水城尉谊以近次兼行都尉事,下候城尉承书从事,下当用者如诏书。"(10.29)"闰月庚申,肩水士吏横以私印行候事,下尉候长承书从事,下当用者如诏书。"(10.31)对于来自朝廷的各项政令,居延各基层机构的态度十分严谨。

(二)居延各机构之间的信息传递

在居延地区,政府机构同内地一样,郡为太守,县为县令(长),太守下有都尉(如肩水都尉、张掖都尉、居延都尉),专司武备。县下有乡,乡下有里。因为驻兵多,有相当于县令一个级别的候官;候官之下为候长,相当于乡;候长之下有燧长,相当于内地的亭长,每一燧下有若干烽火台,每台距离五至十里,有戍卒三至三十人,因此称为烽燧。这是边塞的行政、军事系统,传达诏书和下达、上呈文件都是按这个系统传递的。汉简中这类资料相当丰富,现仅对各级机构的信息传递略加列举,以见当日信息传递之频繁与有序。

1. 郡太守下发文书。如:

二月戊寅,张掖太守福、库丞承熹兼行丞事敢告张掖农都尉、护田校尉府,卒入,谓县律曰臧官物,非录者以十月平贾计案,戍田卒受官袍衣物,贪利贵贾,贳予贫困民,吏不禁止,湿益多,又不以时验问。(4.1)

十一月丁卯,张掖太守奉世、守郡司马行长史事,库令行丞事下居延都尉。(505.3)

2. 都尉所发文书。如:

五年正月癸未,守张掖都尉旷、行丞事骑司马敏告兼劝农掾、兵马掾……书到,宜考察有毋四时言,如守府治所书律令。(16.10)

五月甲戌,居延都尉德、库丞登兼行丞事下库城仓……用者。书到,令长、

丞、候、尉明白大扁书乡市、里、门亭显见。(139.13)

3. 县令所发文书。如：

　　九月乙亥，觻得令延年、丞置敢言之，肩水都尉府移肩水候官告尉谓东西南北……义等补肩水尉史、隧长、亭长、关佐各如牒，遣自致。赵候王步光成敢石胥成皆……书牒署从事如律令，敢言之。(97.10)

　　元延二年七月乙酉，居延令尚、丞忠移过所县道河津关，遣亭长王丰以诏书买骑马酒泉、敦煌、张掖郡中，当舍传舍，从者如律令。(170.3A)

4. 候官所发文书。如：

　　甲渠候汉强敢言之，府移书曰戍卒。(3.12A)

　　地节二年六月辛卯朔丁巳，肩水候房谓候长光，官以姑臧所移卒被兵本籍为行边兵，丞相史王卿治卒被兵，以校阅亭隧卒被兵，长为买钱不相应，或易处不如本籍，今写所治亭别被兵籍，并编移书到光，以籍阅具卒兵，兵即不应籍，更实定非籍。隧兵所在亭各实弩力石射步数。今可知赍事诣官，会月二十八日夕，须以集，为丞相史王卿治事课后。不如会日者返官，□毋忽如律令。(7.7A)

5. 候长所发文书。如：

　　永光五年三月甲辰朔辛酉，第二十三部候长定敢言之，谨移吏……名籍一编敢言。(157.2)

　　五凤五年二月丁酉朔乙丑，甲渠候长福敢言之，谨移日迹籍簿一编敢言之。(267.15A)

6. 隧长所发文书。如：

　　五月丙戌，殄北隧长宣以私印兼行候事，移甲渠写移，书到如律令。(206.9)

　　元康四年三月戊子朔甲辰，望泉隧长忠敢言之，候官谨、写移南书、北书一编敢言之。(255.40)

其他以郡丞、县丞、守县尉、尉史、令史、士吏、啬夫等各类职务名称所发文书，也随处可见，兹不一一列举。

二、支撑信息传递的邮传制度

早在先秦时期,典籍中就有邮传制度的记载。《孟子·公孙丑上》言:"德之流行,速于置邮而传命",可见邮传之设在战国已相当普及。不过,具体设置情况却语焉不详。汉简的出土,给后人了解秦汉时期邮传制度的施行情况,提供了大量的实证材料。

从这些材料中,可以清晰地展现以下制度层面的内容:

(一) 管理系统与邮传设置

据高敏先生考证,西汉时的大鸿胪下,设有驿官令丞,是中央机构中主管邮传事务的官员。而到东汉时,则由太尉府下的法曹主管邮传事务。[①] 地方职官有"五部督邮"一职,也与邮传事务有关联。中央一级的邮传官员,在汉简还未得到确证。但地方上,却有相当多官员,参与到邮传事务中,不仅仅是专门性官员。如下列简文称:

> 十二月三日北书七封。
> 其二封皆张掖太守章,诏书一封,书一封,皆十一月丙午起,诏书一封十一月甲辰起,一封十一月戊戌起,皆诣居延都尉府。二封河东太守章,皆诣居延都尉府,一封十月甲子起,一封十月丁卯起。一封府君章,诣肩水。十二月乙卯日入时卒宪受不今卒恭,夜昏时沙头卒忠付驿北卒护。(502.9A)

可见凡来自朝廷的文件,地方上的主要官员即太守是得亲自过问,并加上自己的印章才能下发的。以往研究者只讲专职的邮传官员,是不全面的。

除了主管官员,邮传线路上有专门的驿站和车马等设施。这样的驿站称为邮,也称为置、驿。由于这个地点有供行人使用的住宿设备,因而又称为亭。《汉旧仪》中有"五里一邮"、"十里一亭"的叙述,可见邮、亭相当多,便于信息传递。在汉简中,常有"以邮行"、"以亭行"的记载。如:

> 肩水候官以邮行。(53.18)
> 居延都尉府以邮行。(81.8B)
> 甲渠候官以邮行。(137.9)
> 甲渠障候以亭行。(33.28)
> 甲渠候官以亭行。(279.11)

---

① 高敏:《秦汉邮传制度考略》,《历史研究》1985 年第 3 期。

"以邮行"是指交邮传送普通文书,"以亭行"是指依亭传递通告性文书。汉简中还有"以次行"的传递方式,以次行又叫燧次行,一般是指候官通告所属燧的文书,应依次传递。如:

　　广田以次传行,至望远止。(278.7A)
　　肩水□隧次行。(288.32)
　　三十井候官隧次行。(458.1B)

在外地与居延的信息传递中,通常是用传车,而紧急文书的传递则用驿马。日本学者森鹿三先生认为:"西汉时期既采用继承前代的传车制度,又采用了逐渐盛行的驿骑制度。"①这在汉简中就有大量反映。如:

　　肩水侯官吏马驰行。(20.1)
　　属吏……写移三辅、大常、郡太守……郡国书取二千石部□史乘驿……(255.30)
　　河平四年十月庚辰朔丁酉,肩水候月敢言之,谨移传驿马名籍□□敢言之。(284.2A)

由此可见,各地的传舍、驿站设施,国家是相当重视,花大气力建设的。

(二) 文书的封缄与签收

汉代对文书的传递,寄发与签收十分严格。凡是向下属传达政令,或向上级请示有关事项,都采用文书形式,以便有所依据。这正如云梦秦简《内史杂》所言:"有事请也,必以书,毋口请,毋羁请。"②凡发文者,必须严格检署,即由发文者将文书加以封缄、盖印,并题写所送地区与接收人。封缄多用木板,以绳捆束,并在结绳处施以拓有文书签署或其衙署印文的封泥。封泥既可防止泄密和作伪,又是文书真实性和权威性的凭证。简文有云:

　　扁常谨案部见吏二人,一人王美休谨输书绳二十丈,封传诏。(456.5A)
　　十二月十二日,二封张掖太守章,一封诏书,十二月乙卯起。一封十二月丁巳起。四封皆府君章,其三封……(495.2)

---

①　森鹿三:《论居延汉简所见的马》,中国社会科学院历史研究所《简牍研究译丛》第一辑,中国社会科学出版社,1983年,第77页。
②　睡虎地秦墓竹简整理小组:《睡虎地秦墓竹简》,文物出版社,1978年,第105页。

简文中提到"书绳"、"封传诏"、"太守章",皆可见重要文书的发送,是太守的一项重要工作,也有很多基层人员专门保障书绳的供给。而收件人在接到有关文书后,也得在函件正面签名,表示已经签收了这份文件,以作凭证。如:

> 书三封,其一封吕宪印,一封王建国,一封李胜。十月癸巳令史弘发。(180.39)
> 书二封,檄三,其一封居延三十井候,一封王宪。十月丁巳尉史浦发。(214.51)

(三)对责任人的记载及其时限规定

汉简中,时常见到使用传车的记载,如:

> 敦煌效谷宜王里琼阳年二十八,轺车一乘用马一匹,闰月丙午南入。(505.12)
> 居延计掾卫丰,子男居延平里卫良年十三,轺车一乘马一匹,十二月戊子北出。(505.13)

在传递文书的过程中,传送者重任在肩,不敢稍加怠慢,因此,在函件封面,常常会记录传送者的姓名,以便追查责任。如:

> 一封诣广地……十二月丁卯夜半尽时,卒宪受不今卒恭,鸡前鸣时沙头卒忠付驿北卒护。(503.1)
> 南书一辈一封张掖肩候。六月二十四日辛酉,日蚤食时,沙头亭长受驿北卒音,日食时二分沙头卒宣付驿北卒同。(505.2)

这两条简文中不仅有责任人,还有具体时间。除了两条简文提到的"夜半尽时"、"鸡前鸣时"、"蚤食时"、"日食时"外,还有"日出"(502.1A)、"昏时四分"(502.3)、"日入时"(502.9A)、"人定时"(505.19)等若干具体时间记载。事实上,当时对传送文书的时间规定非常严格,只有在规定时间里送到,才叫"中程"。如:

> 北书三封……界中九十五里,定行八时三分,实行七时二分。(157.14)
> 出亡人赤表函一,此……函行三时,中程。(502.3)

这两条简文中的文书传递,是符合时限规定的,前者还提前送到。对于没有按时

间送到者,则要记录在案,甚至追查原因。如:

十一月邮书留迟,不中程,各如牒。晏等知邮书数留迟,为府发不事拘校所……(55.11)

任小吏忘为中程,甚毋状,方议罚。檄到各相与邸校,定吏当坐者,言须行法。(55.13)

临木卒戒……界中八十里,书定行九时,留迟一时,解何?(133.23)

过半通府……定行五时,留迟三时四分,解何?(181.1A)

在文书传递过程中,总会遇到一些特殊情况,如天气条件恶劣致使道路难行,或"马不任驿"(266.17),发生"不中程"现象可以谅解。但如像55.13简中的玩忽职守造成延时状况,则是要追究责任,采取处罚措施的。

三、道路通行中的符传

在文书传递这种空间移动过程中,是少不了通行凭证的。这在汉代居延地区,多为木质的符和传,当然,符、传的使用不限于文书传递活动,当地的经济军事活动皆少不了通行凭证。这在当时道路的管制上是必不可少的重要措施,故应引起我们重视。

先看两条较为完整的简文:

永始五年闰月己巳朔丙子,北乡啬夫忠敢言之,义成里崔自当自言为家私市居延,谨案自当毋官狱征事,当得取传,谒移肩水金关、居延县索关敢言之。闰月丙子,鱳得丞彭移肩水金关、居延县索关,书到如律令。掾晏令史建。(15.19)

永光五年五月戊子,鱳得守左尉奉移过所县亭□取□候往为候之鱳得,取麦三百石还家,家取□官官丞徐……戍赴肩水候官,移到毋留止如律令。(562.3A)

这是两道准予通行的文书,起首是具体时间,由某位主事官吏申报,其属下某人因何事外出,该外出者循规蹈矩,"毋官狱征事",可以取得"传"通过一些关口。上级机关发"传"后再通知有关关口,请予以放行,"毋留止"。行文中用"谒移"、"谨案"者通常为基层官吏,用"移"者通常为较高一级的官吏,如以下二例:

建平五年十二月辛卯朔丙寅,东乡啬夫护敢言之,嘉平……一乘,忠等毋官狱征事,谨移过所县邑一序河津关,所欲□敢言之。十二月辛卯,禄福狱丞博行

丞事,移过所如律令。掾海齐、令史众。(495.12)

　　元康二年正月辛未朔癸酉,都乡啬夫……当以令取传,谒移过所县道……正月癸酉,居延令胜之、丞延年……(213.28A)

当然,亦有不经过基层而由较高一层的官吏直接发放的通行文书的,如:

　　……年七月丁巳朔庚申,阳翟长狱守丞就兼行丞事,移函里男子李立第临自言取传之居延,过所县邑候官勿苛留如律令。候自发。(140.1A)

从所发通行文书看,凡是因公事外出者,各地传舍不仅要放行,还要负责其食宿等事项。如:

　　永始三年三月辛亥,居延城司马□以秩行都尉事……当舍传舍,从事如律令。(140.2)
　　元延二年七月乙酉,居延令尚、丞忠移过所县道河津关,遣亭长以诏书买骑马。酒泉、敦煌、张掖郡中当舍传舍,从者如律令。守令史翊、佐襃。七月丁亥出。(170.3A)
　　元凤三年十月戊子朔戊子,酒泉库令安国以近次兼行太守事,丞步迁谓过所县河津请遣……取丞从事,金城、张掖、酒泉、敦煌郡乘家所占畜马二匹当传舍,从者如律令。掾胜胡、卒史广。(303.12A)

官府批准通行的文书,是刻在官府发放的有数目登记的符券上。这在汉简中有不少记载:

　　始元七年闰月甲辰,居延与金关为出入六寸符券,齿百,从第一至千,左居官,右移金关,符合以从事。第八。(65.7)
　　始元七年闰月甲辰,居延与金关为出入六寸符券,齿百,从第一至千,左居……合以从事。第十八。(65.9)
　　居延与金关为出入六寸符券,齿百,从第一至千,左居……符合以从事。第十九。(274.11)

东汉人许慎《说文解字》云:"符,信也。汉制以竹长六寸分而相合,从竹付声。"六寸之符,这是依照秦符、法冠皆六寸之规定。居延地经济军事活动频繁,故木质符有编号,一次制作就多达一千。这一千支符券,上各有一百道齿痕,左半边放在居延官府,右半边放在金关。每一个编号的符券,只有纹丝合缝,才能"符合以从事"。

以上,我们通过汉简中的记载,从政府机构的信息传递和道路关卡上的符传管理,了解到西汉政府在"空间移动"上的管理是令行禁止,效率非常高的。其中,信息传递是动态的管理,道路通行是接近静态的管理,这在当时的中国,有一定代表性。

汉代政府在空间移动管理上的成功,原因是多方面的,而其根本点是国家法令的权威性,受到了高度的尊重。它的权威性使人们不敢冒犯,生怕越雷池一步。比如,皇帝的诏令,不仅要不折不扣地执行,传达过程中也不能漏掉一个字,不能增添一个字。汉简中,曾有记载显示皇帝某月某日诏书多少字的统计。如"前三年十二月辛巳下凡九十一字"(126.29)、"十一月壬寅下凡三十八字"(117.43)、"符令制可孝文皇帝三年十月庚辰下凡六十六字"(332.9)。这样细致的统计,是为了避免传递和传达过程中走样。即使是地方政府的文书,传递中也时常见到"毋忽如律令"的字样,如一道命令搜捕逃亡者的命令之末,明确规定"毋留如诏书律令"(179.9)、又如某一地方文书由隧长送给执行者,"受报如律令"(336.42)。正是对中央以至地方上各类文书的高度重视,使它们具有"律令"的性质,传递者有敬畏之心,保证了传递过程中的效率和准确性。其次是严格的责任制度和处罚措施,将信息传递过程中的事故,降低到了最低限度。每份文书,其签发者为谁、传递者为谁、接受者为谁,都有明确的记录,且有具体时间,各自的职责分明,是管理的一个基本要素。而在这种职掌分明的情况下出差错,是要追究责任,受到不同程度的惩处的。上文提到的信息传递不及时,就是这方面的例证。其三,是信息传递中对驿站、传舍之类的硬件设置注重建设,通过符传等凭信,将人与物加以高效率的管理,使道路中验证凭证这种可能影响办事效率的关卡设置,因为足够的物质储备,成为加强各地联络,提高通信速度的中转站。十分难得的是,这种高效率的信息传递发生在中国几千多年以前,这是既值得骄傲,又需要认真总结的。

"京杭大运河与传统中国的社会经济结构"国际学术研讨会论文

(作者简介:周国林,华中师范大学历史文献研究所教授、博士生导师)

地富阶层与农村经济社会发展及历史怪圈
——毛泽东《寻乌调查》解读的启示

温 锐 陈 涛

毛泽东在《寻乌调查》"个人地主"一节记述：地主"是由农民力作致富升上来的，或由小商业致富来的……吝啬是他们的特性，发财是他们的中心思想，终日劳动是他们的工作"。① 然而，近百年来有关于这种历史上曾是广大农民"追求目标或榜样"②的"地富阶层"③之社会评价，却在黑白两个极端跌宕，且至今仍是学术界与社会最极端的纷争：一方面，地富阶层在苏区革命、土改乃至集体化运动中，被整体认定为是中国经济社会发展的最大阻碍和敌人，并被塑造成刘文彩、周扒皮、南霸天和黄世仁等丑恶形象而钉在了历史的耻辱柱上；另一方面，随着中国改革开放的深入发展，对于地富阶层的社会评价则又出现了迥然相异的结论：地富阶层是传统农村经济社会发展的"中流砥柱"④，是经济社会发展的"功臣"⑤。如是两端跌宕的定位与评价，从认识主体所处的不同历史时代看，当然并不奇怪；但历经一长串的历史风雨之后，关于地富阶层的社会评价仍是两个极端、难觅共识，则导致改革的理论混乱与严重的社会

---

① 《毛泽东农村调查文集》，人民出版社，1982年，第129页。
② 毛泽东认为：农民"发财观念极重，对赵公元帅礼拜最勤……看见那些受人尊敬的小财东，往往垂着一尺长的涎水"；发财是农民的"中心思想"；追求发家致富和私有财产是农民的"天性"。参见毛泽东：《中国社会各阶级的分析》、《寻乌调查》、《富农问题决议》和《关于农业合作化问题》。
③ 毛泽东在《在湖南农民运动考察报告》中指出，地富阶层占到农村人口10%；在《寻乌调查》中，毛泽东强调：在地主中，100亩以上的中地主很少，主要都是50亩以下的小地主；而地主与富农，尤其是众多的小地主与富农，往往因其基本形态趋同而难以区别；所以，毛泽东在调查中又将农村"新发户子"（毛泽东称其小地主或半地主性的富农）这样力作致富的自耕农和"有余钱剩米"的中农也作为地富剥削阶级，列入地富阶层一并打倒。在这里，地富阶层实际上就包括了整个农村的相对"富裕阶层"。见《毛泽东选集》（人民出版社，第1卷，1991年）；《毛泽东农村调查文集》（人民出版社，1982年）。
④ 信力建：《地主：被打垮的农村精英》，http://blog.ifeng.com/article/24523351.html．
⑤ 颜昌海：《昔日的农村地主，其实是中国功臣》，http://wucsh.blogchina.com/1246394.html．

分歧而有些难以理解,且严重影响和谐社会的构建。本文从解读毛泽东1930年在江西寻乌所作的著名《寻乌调查》等相关史料入手,以地处省际边陲而至清末民初仍保留着鲜明的传统农业经济特征的寻乌农村(当年寻乌城不过2700余人,还不如当时该县农村的墟镇吉潭)为典型个案,从当年革命领袖毛泽东的调研视野,透视传统农村经济社会发展中真实的地富阶层。众多史料的梳理与研究表明:地富阶层是传统农村劳动致富及经济发展的领头雁、公共公益事业建设的主力军;同时又因聚集众多社会财富且还有的为富不仁而成阶级矛盾与社会动荡的聚焦群,并在苏维埃"共产革命"①中整体成为首当其冲的革命对象;"打倒地富阶层"的共产党人,并非忽视或否定其经济社会发展的贡献,也非有的学者所指的"政治谋略"②或地富的"为富不仁"那般简单,而是因为地富阶层私有财富的追求及聚集与传统共产共富理想的严重对立。重温毛泽东80多年前的著名《寻乌调查》,重新认识地富阶层在经济社会发展中的地位,澄清其命运多舛的迷雾和当下的理论混乱,对正迈步在特色社会主义道路上的中国,走出经济社会发展历史怪圈,建设富裕、美丽、和谐中国,具有重要的理论价值与现实意义。

一、地富:劳动致富及经济发展的领头雁

梳理著名的《寻乌调查》及相关史料,可以把寻乌农村社会阶层划分为地主、富农、中农、贫农和雇农等主要群体。定格于某一时段,且以单一体力劳动而论,以中、贫农及雇农为主的广大下层民众始终不辞辛劳奔忙于田野商道间,无疑是农村经济发展的主要劳动者,也是农村社会财富创造的最大群体;但是,从社会发展的长时段来看,地富阶层的财富并非天上掉馅饼而来,而主要是经济社会发展及其竞争的产物,其主要也是中下层农民的上升群。回到毛泽东作"寻乌调查"所定格的清末民初寻乌农村,作为区别于一般民众的地富阶层,所拥有的土地等生产要素优势自然非一般民众所能企及,从而也奠定了它在中国农村经济社会发展中的优势地位和领头雁特点。

(一)依托农耕产业致富的先富者

清末民初的寻乌农村,尽管力农致富已不完全是地富阶层生产发展与财富增殖

---

① 在当年中共的各种宣传文件中,多称苏维埃革命为"共产革命"。
② 陈永发认为,毛泽东发动的土地革命由始至终"基本上都是利用贫富差距,搞两极分化,以便动员农民,大量汲取农村资源",从而搞乱原有社会,捞取政治利益,是一种"政治谋略"。参见《内战、毛泽东和土地革命:错误判断还是政治谋略?》(《大陆杂志》1986年第3期)。大陆学者则更倾向于"打倒地富"乃动员农民参战的"策略应用"。参见张鸣:《动员结构与运动模式——华北地区土地改革运动的政治运作(1946—1949)》,(《二十一世纪》2003年6月号;李里峰:《土改与参军:理性选择视角的历史考察》(《福建论坛·人文社会科学版》2007年第11期);王瑞芳:《土地改革与农民政治意识的觉醒——以建国初期的苏南地区为中心的考察》(《北京科技大学学报》2006年第3期);罗平汉:《专家正本清源说土改:地主富农是什么样的人》(《人民日报》,2011年10月28日,海外版)。

的聚焦点,但其生产发展实践却仍然普遍呈现"以农致富"的传统特点,从而也使其成了依托农耕产业多元致富的先富者。

第一,大中地主聚焦工商业发财却不失"以农致富"传统。清末民初寻乌农村的大中地主,随着自身财富的增殖累积及生产要素多样性的发展,尽管力农致富已不再是他们财富增殖的兴奋点,而主要向传统工商业转型,且普遍将自有土地的绝大多数出租给无地少地农民耕种,但是他们原本发家致富由土地力农致富的传统并没有丢掉:以当年寻乌八个"头等大地主"论,地租收入"都在千石以上"[①];即便是老年地主,虽表面因年纪已大而"不亲自劳动"于农田,甚至于对农业生产"完全坐视不理",但他们仍然不放过农业领域的其他任何财富增殖机会:一方面,家里还要带耕"十多二十石谷(田)",且以肥沃田地为主,以使家中"人畜粪草"不致浪费和不使家中所雇长工"闲翾"无事;[②]另一方面,除出租土地收取地租外,他们还把家中富余的犁耙等农具及牛力等生产资源在农忙之际租借给缺乏这些生产要素的贫民从事农耕,使家中生产要素点滴不致闲置。[③] 这都可谓是做到了家中生产要素配置利用的极致,从而实现了经济资源与生产结构的全面优化利用,也抓住了更多以农致富与财富增殖的机会。

第二,"小地主""富农"作为地富阶层中人数最多的群体,则主要立足于农耕基础发家致富。当年寻乌农村的小地主与富农,尽管也已经"商业化程度日深",[④]但却同样呈现"以农致富"的鲜明特点:他们一方面合理控制农地经营规模,另一方面则将多余的土地出租,还兼做些小生意,或从事小商业活动。这样,他们在追逐小规模工商业收入的同时,更主要是农耕求富,既有家庭劳动力资源与适量土地资源优化组合后勤力农耕的收入,又有能部分出租土地的地租收益,农耕生产也成了他们的基础性致富产业。毛泽东在调研中所认定的"新发户子"小地主或富农们即是这方面致富的典型。

第三,地富阶层多率先运用与推广农业新技术创富。财富创造与增殖的激励,使得地富阶层在因地制宜优化生产要素配置与不放过农耕致富的同时,还积极致力于农业生产新技术的运用和推广(如表1所示),从而既增加了自身财富创造的技术含量,也带动了其他阶层民众借助农业科技实现以农创富。

---

① 《毛泽东农村调查文集》,人民出版社,1982年,第113页。
② 《毛泽东农村调查文集》,人民出版社,1982年,第124页。
③ 《毛泽东农村调查文集》,人民出版社,1982年,第133页。
④ 《毛泽东农村调查文集》,人民出版社,1982年,第127页。

表 1 地富阶层运用、推广农业新技术概况

类别	主要内容
改良土壤	晒冬、浸冬交替
更新耕作制度	复种；水旱轮作
推广良种	项山油糯、川糯、长须禾等
改进生产工具	高效铁农具（铁犁、铁耙）
保护作物	病虫防治；兽害鸟害防治；杂草防除
兴修水利	修建灌溉水(山)塘、水陂、水圳

资料来源：寻乌县志编纂委员会：《寻乌县志》，新华出版社，1996 年，第 81—88 页。

表 1 展示了当年寻乌农业生产运用、推广新技术的主要内容。据我们的实地调研，尽管当年寻乌农村农科技术应用极为有限，水平也比较低，但是，相关良种和农业生产技术的运用，多由当地相对富裕的地富阶层率先进行。因此，地富阶层由于自身经济实力、文化素质较高及与外界接触更多，率先试种良种和运用农业科学技术，对于当时寻乌农业生产的发展及其财富创造的影响与引领作用，仍是不能无视的。例如，晒冬与浸冬两种新式耕作方式的轮换调节地力，使土壤得到了改良；川糯、长须禾谷、青皮豆、红皮薯、直丝花生等良种的引进试种和项山油糯（本地品种）等谷种的培育，使得农田的复种指数、品质和产量普遍提升，其中，川糯的耐水淹特性和长须禾谷有长芒能抗拒鸟兽危害等特点，更使产量显著增加。[①] 再如，偏好与潜心种养事业的地主潘明徵，不仅家中鸡、鸭、猪、牛成群，而且亲自选种栽培的山茶油树可年产茶油两千斤以上，并为村民树立了种养业运用新技术致富的榜样。[②]

（二）逐利工商经济的"弄潮儿"

众所周知，至迟在秦汉时期，中国就总结出了"求富，农不如工，工不如商，刺绣文不如倚市门"[③]的经济现象。到 19 世纪 50 年代，近邻寻乌的广东潮汕地区开埠，使得作为沿海经济腹地及重要商贸孔道的寻乌较早开启了经济近代化的转型进程。在此过程中，商品经济也因其丰厚回报吸引着寻乌各阶层民众竞相逐利，地富阶层则因相对丰裕的农业积累，财富增殖的兴奋点便由以农耕为主向工商产业拓展，展示出率先逐利工商经济"弄潮儿"的特点。

首先，当时头号大地主潘明徵及其家族是积极逐利工商经济创富的标杆。早在

---

① 寻乌县志编纂委员会：《寻乌县志》，新华出版社，1996 年，第 81—82 页。
② 潘作体：《一个文盲农民创业发富誉扬三省边区的传奇》，未刊稿电子版，1999 年。
③ （汉）司马迁著，田戈编：《史记·货殖列传》，新疆人民出版社，2003 年，第 611 页。

民国成立之初,他就在吉潭圩开设有药店和杂货店①;后来又抓住有利机遇,在县城及附近乡镇大量收买商店,从事店铺出租和扩展生意。随着其商业经营规模和范围的不断拓展,其家族生意不仅遍布寻乌境域各大圩市,就连省外的(广东)梅州、(福建)武平也有其商店或商号。

其次,大中地主是逐利工商业的主力军。如大地主王菊圆,尽管年收地租千石以上,但其在澄江圩同时开设有三个店铺,经营着杂货、水货和鸦片烟贩卖等生意,从而进一步拓展了财富并最终富甲寻乌北部。再如大地主陈万保,虽然年地租收入已多达600余石,但其主要是靠做贩卖毛猪、做烟土贩和开杂货店实现对传统发家致富的超越。② 至于当年寻乌地主兼营工商业的,更是人数众多。例如,骆松盛,在寻乌城内开设杂货店"骆晋丰";潘明瑞,在吉潭圩开设两间杂货水货店;古有余,开纸行,又卖烟土,还开花会、纵赌;廖洪贵,则在枫山圩开了个水货杂货糕饼店。③

再次,小地主与富农是为当时逐利工商业最广大的创业群。他们或将自己生产的农产品加工(将稻谷加工成大米)亲自挑到市场发卖以获取差额利润;或是养猪仔或肉猪售卖获取更高的利润;或是在价廉之际囤积农产物,等到青黄不接或物价高时再行出售,获得不同时段的市场高利;有的当然也将"余钱剩米"借贷给贫民,以获取一定的利息收入。④

总之,在当年的寻乌农村,无论是田租收入丰裕的大中地主,还是"吝啬"到只是时刻想着"发财"的小地主和富农,都不同程度参与到了商品经济的浪潮中(如表2所示)。

表2　20世纪30年代初期寻乌地主、富农商业化状况

类型	大地主	中地主	小地主	富农
总人数	20	113	约3000	约4000
参与工商业数	3	23	约300	不详
所占比例(%)	15	约20	约10	不详

资料来源:毛泽东:《寻乌调查》,《毛泽东农村调查文集》,第105、113—131、160页。

尽管表2展示的还只是地富阶层逐利工商业经济的部分,数据也并不完备,但由此并不难看到当年地富阶层参与商品经济活动已经达到一定的广度和深度。值得注意的是,前述当年寻乌农村地富阶层所拥有的基础性农业收入及相应资本积累,站在工商业经营角度而言,即为其充当逐利工商财富的"弄潮儿"夯实了基础。

---

① 《毛泽东农村调查文集》,人民出版社,1982年,第113页。
② 《毛泽东农村调查文集》,人民出版社,1982年,第114—115页。
③ 《毛泽东农村调查文集》,人民出版社,1982年,第116—117、119—120页。
④ 《毛泽东农村调查文集》,人民出版社,1982年,第129—131、145—146页。

(三)地富——吃苦耐劳与勤俭治家的榜样

综观地富阶层上述两个层面创富的实践表现,毛泽东在调研中特别关注的另一个问题是,地富阶层何以成功致富?将其加以概括,秘诀则是发扬中国农民世代相传的吃苦耐劳与勤俭治家的优良传统。它既促成了地富阶层财富的不断创造与增殖,也在寻乌农村财富创造中不断为广大农民树立了独特的致富榜样。

首先,地富阶层的财富创造和增殖与其吃苦耐劳和勤俭治家密不可分。人所共知,传统中国农业生产力水平低下,有限的土地能创造的财富并非无限,因而无论是资财雄厚的大中地主,还是一般的小地主或富农,其财富也都不是天上掉的馅饼,而是长期勤苦劳作和节俭治家积累而来;而待到成为富裕殷实之家时,则更懂得财富创造的艰苦及其来之不易,也深知致富难守业更难,故而越发珍惜勤劳致富和勤俭治家。例如,当年寻乌最大地主潘明徵,他由发家之初仅从祖上继承了区区80余石谷田及屈指可数的其他生产资料,到累积巨额资财、富甲一方的蜕变,主要就是缘于其持之以恒的吃苦耐劳、勤力农耕和积极展拓,并始终秉承勤俭治家的传统。寻乌乡贤谢竹铭赞颂其曰:"翁工心计,善居积……先鸦蹄而起,后虫吟而息。事无巨细,弥不躬亲。必使土无旷隙,事无寸废,日无暇晷而后快。又得贤配谢孺人为内助。同心黾勉,矢俭矢勤"①;另据其后来担任寻乌中学校长的孙子潘作体回忆,即便后来坐拥万贯家财,潘明徵仍对子孙后代有着严格的勤俭节约要求,哪怕是子孙偶丢饭粒,他都会怒目责斥。

其次,地富阶层的吃苦耐劳与勤俭治家绝非个案。例如,中地主钟周瑞,尽管经营着寻乌城最大的潮盐行,拥有资本3000多银元,同时还能年收地租220余石,但他仍没有雇佣店员帮忙,而是亲自指挥自己的儿子和媳妇终日劳作。② 再如,小地主荣春祥,他自幼贫困,家里仅有的几十石谷田,主要是靠帮土豪管账,日积月累,买点了田地起家而来;到他已在县城开设了水货店,且拥有资本七八百银元,收支状况也已经是全县"第一家好的"水货店,但他仍"不请先生",一直亲自操持家业,并不断将租谷积蓄起来投入新的工商业经营。③ 另外,在毛泽东的调查中,有许多关于当地民众对地富阶层吝啬、爱财如命等批评的记述,实际上也可从另一个角度折射出他们勤俭节约的一面。比如刘佛荣,收租二三百石,"水浸牛皮——很吝";罗成添,收租四百石,是个守财奴,"买半毫子黄烟都要同人讲价钱";古光禄,收租四百石,但很喜欢买便宜货、用便宜的东西,"买小菜都要讲价"。④

再次,地富阶层能发财致富,主要原因是他们能承袭并发扬吃苦耐劳和勤俭治家

---

① 寻乌县潘氏谱局:《江西寻乌潘氏族谱》(六修谱·卷一),1995年,第160—161页。
② 《毛泽东农村调查文集》,人民出版社,1982年,第58—59页。
③ 《毛泽东农村调查文集》,人民出版社,1982年,第75、102页。
④ 《毛泽东农村调查文集》,人民出版社,1982年,第101、116、118—119页。

的传统。中国农民长期遵循"勤为致富本,俭为治家根"的古训,家长也反复教育子孙:有勤有俭,家业兴盛而不败。若以上述标准追溯和比照当年寻乌地富阶层的发家致富史,则可谓人人是案例、个个有故事。翻阅当年寻乌潘氏、古氏等大姓族谱,各姓宗族向来注重子孙后代吃苦耐劳、勤俭治家品德的教育和培养。也正是这些优良传统的发扬与承袭,地富阶层才能在不断拓展与增殖财富的奋斗中"开源"与"节流"并举,从而实现家族资源充分利用与致富的可持续发展,也使地富阶层多数能够不断拓展财富,并成为广大农民发家致富的榜样。

综上,在传统寻乌农村经济社会发展进程中,地富阶层因地制宜优化配置各项生产要素,架构了多元拓展与聚集财富的基本路径,成为依托农耕产业创富的先富者、逐利工商经济的"弄潮儿"和吃苦耐劳与勤俭治家的榜样,展示并凸显了其农村财富创造及经济发展方面独特而又重要的地位。

二、地富:公共公益事业建设的主力军

清末民初寻乌农村的地富阶层,作为农村财富的创造者和经济发展的先富者,在凸显与发挥其经济发展领头雁作用的同时,还借助其较强的经济基础与实力对农村公共公益事业建设积极捐资、献物和出力,发挥了主力军作用。

(一)农村教育振兴的主要投入者

振兴乡村教育事业,提供基本教育产品,是地富阶层参与公共公益事业建设的主要领域,也是其造福乡村社众的重要体现。梳理《寻乌调查》等史料,当年寻乌地富阶层对农村教育的积极投入大致可分为三类。

第一类,捐集"公田"助学。作为当年寻乌农村教育事业发展的基础性保障,地富阶层捐集而来的学租田、宾兴田等"公田",发挥了重要的助学兴教作用:一是该类"公田"收入最主要用途就是充当"栽培子弟求学"的经费。其中,学租田因多由各姓地主捐集,而多用于支持本姓子弟求学或支持当地学校的建设;二是"公田"收入有效支撑了各类学校的创建。如当年寻乌县城创办的简易师范学校和高等小学,其经费便主要来自宾兴祠的田产收入。[①] 再如,当年寻乌县城考棚和学宫的修建及其维修经费,均来自地富捐献余款所购置的田产及其年复一年收租、放债的增殖收入,同样也是地富阶层捐集"公田"等公产助学兴教的重要体现。

第二类,斥资兴办学校。投资兴办各类学校,既是地富阶层投资教育事业的主要方式,也为寻乌农村教育振兴奠定了必要基础。例如,潘明徵早在1912年就投资银元数百元、田租300石及私宅一幢,创办了"私立知耻学校",后又进一步加大投入、扩

---

① 《毛泽东农村调查文集》,人民出版社,1982年,第111页。

充田产兴办了"知耻初级中学",并对兼三中学、吉潭小学的创办给予了资金支持;①再如,寻乌双桥区的地主们共同捐资出力,联合在垱坊创办了"尚志中学"。更为普遍的是,当地各姓乡村社区的私塾、村学,多由地富阶层的投入或捐赠支持维持。剑溪刘氏族谱便记载,"翰元公:捐谷十石建吉项中心学校";"隆汉公:乐施建校修路,热心教育事业,忠厚不妬"。②

第三类,捐赠多元奖学。对品学兼优或考取功名者施以奖励,既激发青年学子奋发求学的热情,也体现了地富阶层对于乡村教育事业的慷慨投入及贡献。例如,前述地富阶层捐集的"公田"收入的另一重要用途,便是奖励考取功名者:宾兴田收入多用作全县子弟"中了举人、进士"的"花红";学租田收入则奖励本姓考取功名的子弟。③再如,无论是地主古有尧曾捐出了100石田租设立"尊育堂"、奖励全县读书之人,还是"知耻学校"首任校长潘谐初(潘明徵长子)所制订的奖学助学规定——品学兼优而家贫者减免学费④,都是地富阶层多元奖学的重要组成部分,也反映了他们在寻乌乡村教育上的慷慨投入。

值得注意的是,地富阶层的上述热心奉献教育之举为当年寻乌农村教育发展振兴提供了多元的保障,也有力地助推了寻乌教育事业向教育近代化的转型,从而也体现出地富阶层在农村教育振兴方面主要投入者的历史定位。

(二)基础设施建设的主要承担者

解读《寻乌调查》及相关史料,地富阶层在寻乌乡村社区桥、路、凉亭等公共设施建设及"公山"等公产的经营管理中起到了重要作用,并成为相关经费的主要承担者。

第一方面,地富阶层在公共设施建设经费筹措方面承担了重任。《寻乌调查》及相关史料表明,当年寻乌农村公共事业建设的主要经费来源,首先是地富阶层捐集的专项"公田"收入,其次为地富阶层的直接捐赠。⑤例如,地富阶层捐集的桥会田、路会田以及"茶亭"田,为当年寻乌乡村桥梁、道路及相应公共设施的建设和维修提供了基本的经费保障,从而保证社区民众正常生产生活的开展,也为寻乌境内外的物资交流及其商旅挑夫歇息避雨等提供了重要保障,凸显了地富阶层对于寻乌传统农村公共事业建设的重要贡献。

第二方面,地富阶层积极承担公共事业具体建设。除在传统寻乌农村基础设施建设经费筹措方面承担重任外,地富阶层还积极承担了相应公共事业的具体建设。

---

① 寻乌县志编纂委员会:《寻乌县志》,新华出版社,1996年,第464—465页。
② 寻乌县剑溪乡刘氏谱局:《彭城堂—剑溪刘氏族谱(二修谱)》,1995年,第22页。
③ 《毛泽东农村调查文集》,人民出版社,1982年,第111页。
④ 寻乌县志编纂委员会:《寻乌县志》,新华出版社,1996年,第464页。
⑤ 地富阶层捐款修路广见于各宗族族谱。参见《江西寻乌潘氏族谱》1995年10月六修谱、《海堂东—寻乌吉潭徐氏重修族谱》1996年(丙子)修谱、寻乌剑溪刘氏谱局《彭城堂—剑溪刘氏族谱》1995年仲春月二修谱、寻乌古氏三修族谱理事会《古氏三修族谱》1998年6月修谱等。

例如,在同治十一年(1872年)至光绪二年(1876年)间,寻乌县文峰乡范龙贵、刘三福、陈德球、潘懋修等主要地富,先是在知县倡议下"争相解囊",后来又"募匠役、购木石",并亲自主持修建了留存至今的老鸦桥(乐丰桥)以及供行旅食宿休息的茶亭、宿店。①(卷四《山川志·下》)再如,在前述桥会田、路会田所提供的经费支持下,地富阶层还借助于成立桥会、路会的方式,来组织和带领乡村社区民众从事关乎民众出行、生产生活所需的桥梁、道路的修建与日常的维护等事宜。当年的寻乌各姓乡村,"大小桥梁都有桥会,路会的数量就在15个上下",也折射出地富阶层在此类公共设施建设方面的重要贡献。

第三方面,"公山"等公产的经营管理与开发。在调查中,毛泽东仔细分析了当年寻乌的山林管理制度后指出,以茶叶山、竹山、香菇山等为代表的"生产品能变卖"的"公山",由于需要"有资本才能开发",因而其经营管理与开发重任多由地富阶层承担。而上述山林资源的开发权属,大地主占一半,小地主及富农占另一半,则共同体现了地富阶层在此类公共事业中的重要担当作用。另外,在当年寻乌山林资源管理上,为禁止民众私自砍伐破坏生态和实现山林资源的可持续发展,地富阶层还具体承担了相应管理职责——担任"禁长"、管理山林、领衔制定禁山规矩,这都体现了地富阶层的重要作用。②

由上可见地富阶层在当年寻乌乡村基础设施建设经费来源、具体建设和公产经营管理方面的重要担当,凸显了其在乡村公共事业的建设及造福社区民众方面的重要贡献。

(三)贫弱孤苦社众的主要施救者

以"济贫救苦"为线索,梳理《寻乌调查》及相关史料,清末民初寻乌乡村社区的济贫救苦重任,实际也多由经济境况相对优越的地富阶层承担,并主要从三方面展示了地富阶层对于贫弱孤苦社众的重要施救者定位。

第一类,地富阶层设立"公田",借以周济贫苦。《寻乌调查》清晰记载,当年寻乌乡村社区"公田"众多,占到了全部农村耕地的40%。在这些庞大的"公田"中,有一部分田地便是当时农村比较富有的大小地主家族,祖上或父辈在世和拆分家产之时,从自己田产中设立济贫专项而来。③ 其初衷在于给自己的贫苦子孙"留出后路",并明确约定"永不变卖",以便该家庭或祖宗的贫困子孙在遭遇生活变故或困境时能够得到相应周济;还有一部分则是在某些地富家族祖宗去世后,其富裕后代从各自田产中抽出一定田地,用"凑份子"的方法以"田地立公",设立家族"公田",同样也是贫弱

---

① (清)王衍曾、古有辉:《长宁县志》活字本(电子版),1907年。
② 《毛泽东农村调查文集》,人民出版社,1982年,第135页。
③ 《毛泽东农村调查文集》,人民出版社,1982年,第107页。

孤苦获得救济的重要依托。①

第二类，捐资献物充实乡村（厢堡）社仓济苦救贫。与设立"公田"救济孤苦有着异曲同工之妙的是地富阶层捐资献物充实各厢堡社仓，支持政府赈济灾民。据当地县志记载，寻乌各乡村社区地富阶层多响应政府号召捐钱献谷充实各厢堡社仓。仅在同治十二年（1873 年）与光绪三年（1877 年），地富阶层所捐献的谷物就分别达到了 3024 石 5 斗和 2359 石 5 斗。②（卷八《田赋志》）各厢堡社仓的充实，对于贫弱孤苦者应对生活挑战和生存困境也起到了非常重要的保障作用。

第三类，地富阶层直接赈济贫困孤苦。《寻乌调查》中特别列举了地富阶层直接赈济贫困孤苦的几种主要情形：1. 借贷救助。地富阶层对于贫困者或者处于困境者的相应借贷，如借款、借谷、借油、借牛力等，都为贫弱孤苦者应对生产生活困境提供了最为直接的救助。调查时，毛泽东还注意到，在当年，贫苦者如能获得地富阶层的钱物借贷，都是"好大的人情"③，因而就这个角度讲，地富阶层对贫苦者施予借贷，更能体现其对贫弱孤苦的救助。2. 灾荒之际减免佃农地租负担。尽管"铁租制"原本约定"半荒无减"，但农业生产遇大灾或歉收之际，地富阶层还是多数能允许双方"精冇照分"，即不论好坏多少，租佃双方照实分成。④ 这实际上是减轻佃户的原定地租负担，实为地富赈济贫民的重要方式。3. 减轻贫困族众受教育负担。毛泽东在调查中特别提及的当时寻乌"唯一现存举人"——古鹿苹（古廷松）的学业，便是同姓地主古少庚"使之免费就学"才得以顺利完成的。⑤

（四）乡村社区稳定的主要支持者

《寻乌调查》及相关史料显示，寻乌地处三省商贸要冲，土匪流寇的劫掠、战乱的冲击等，给当年寻乌商道和乡村社区带来了灾难性破坏。如太平天国战争的长期滋扰严重威胁寻乌民众生产生活；1916 年前后的南北战乱，使杂货店"郭怡和"因遭光复派和官军的劫掠而损失钱物达六千九百余元；⑥1929 年，潮盐行"周裕昌"因遭到土匪劫掠而失去本钱多达九百余元。⑦ 针对如是情形，也鉴于传统政府职能发挥的缺位和地富阶层自身利益保障计，地富阶层便成为保障民众生命财产和维护乡村安宁的主要支持者。

第一，当年寻乌的各姓乡村社区，大都在地富阶层的财力支持及其带动下由民众共同出工出力，修建了各式各样的乡村"碉堡"。这些乡村"碉堡"遍布当年的寻乌主

---

① 《毛泽东农村调查文集》，人民出版社，1982 年，第 106 页。
② （清）王衍曾、古有辉：《长宁县志》，活字本（电子版），1907 年。
③ 《毛泽东农村调查文集》，人民出版社，1982 年，第 203 页。
④ 《毛泽东农村调查文集》，人民出版社，1982 年，第 142 页。
⑤ 寻乌县古氏三修族谱理事会：江西寻乌古氏三修族谱，1998 年，第 80 页。
⑥ 《毛泽东农村调查文集》，人民出版社，1982 年，第 64 页。
⑦ 《毛泽东农村调查文集》，人民出版社，1982 年，第 58 页。

要城乡,按照战乱防御需要设计和建造,并长期备有食物、水以及武器,遇有战乱或土匪袭扰,则全族(村)人均可进入堡垒中躲避或依此据守。① 它们至今仍矗立于寻乌河畔的两岸乡村,诉说着当年维护或拱卫传统乡村社区安宁及民众生命财产的历史。

第二,地富阶层捐资献物,助力于保障地方民众的正常生产生活和社会发展。如在何子贞、谢嘉猷等地富领衔及其物资支持下,寻乌县在民国十七年(1928 年)先后成立了县公安局(9 月成立,11 月改组为"警察大队",下辖 3 个小队)、县保安大队(12 月成立,潘满山任大队长)等地方武装;民国十八年起,又陆续在全县各区乡增设团防队(1929 年 10 月,谢嘉猷任队长)、靖卫团等机构;②再比如,地富阶层的私人武装在 1928 年前后成功帮助寻乌水源乡崠背村村民应对土匪的多次滋扰。③ 这都在不同层次和程度上维护了乡村社区的安宁,也是对城乡商铺和过往商旅的有效保护。

第三,地富阶层在调解社区矛盾与纷争中的特殊作用。如何调解传统农村社区民众间不可避免的矛盾与纷争,既是地富阶层参与社区管理展示其社会地位的重要空间,也是其服务于乡村社区稳定的重要体现。毛泽东在寻乌调查中也有特别的关注。例如,寻乌双桥区的刘作瑞与刘俊福,两人最初由于争买田地产生纷争,尔后又因一起奸情案加剧矛盾对立;后来则由于刘作瑞家人参与"三·二五暴动",刘俊福不仅诬告他,还勾结叶子崒的土匪将他家烧毁。双方矛盾与对立加剧,但最终在地主刘作瑞哥哥的主持下得到有效调解;④再如,地主汪子渊在任职寻乌县保卫团总之际,曾利用职权之便私吞了军队偿还给篁乡一带借款户的公债借款 1000 余元,使得篁乡借款户蒙受经济损失而与其对簿公堂,也是在当地地富的调解中得到较为公正的处理。⑤

概括上述几方面内容,热心支持寻乌传统农村社区诸多公共公益事业的建设与管理,尤其是在农村教育振兴,桥、路等基础设施捐赠和贫弱孤苦的救助等方面,地富阶层成为主要的投入者、承担者、施救者与支持者。与其他阶层相比,他们因占用了更多的社会资源与财富,有能力也应该承担更多的社会责任,但同时也凸显了地富阶层所具有的不容置疑的主力军地位。

三、地富阶层在社会财富、矛盾与动荡中的流变

如前所述,在清末民初寻乌农村经济社会的发展中,地富阶层既是社会财富创造与经济发展的领头雁,又是农村公共公益事业建设的主力军;与此同时,他们也在自身经济、社会状况的升降流变中,分别成为农村发家致富及聚集社会财富的先富群、

---

① 政协寻乌县委员会文史资料研究委员会:《寻乌文史资料(第六辑)》,1999 年,第 8—24 页。
② 寻乌县志编纂委员会:《寻乌县志》,新华出版社,1996 年,第 320—321 页。
③ 寻乌县水源乡乡志编写小组:《水源乡志》,手抄本,1986 年,第 278 页。
④ 《毛泽东农村调查文集》,人民出版社,1982 年,第 120 页。
⑤ 《毛泽东农村调查文集》,人民出版社,1982 年,第 118、159 页。

社会贫富或阶级矛盾的聚焦点和社会动荡首当其冲的牺牲品。

(一) 社会财富的聚集群

所谓地富阶层成为农村发家致富的"先富群",即是指其占有或主要掌控了架构当年寻乌农村社会财富主体的农业资源、工商资本及相应的经济要素和经营收益,从而成为社会财富的聚集群。具体来看,主要体现在农村土地、山林占有及其经营收入、工商店铺及其工商经营收入、相对豪华庭院住宅和子女普遍能享受教育或优质教育而构成家中人力财富优势等四大方面。

其一,农村土地、山林财富的占有及其经营收入。《寻乌调查》显示:一方面,地富阶层占有当时农村30%的巨大土地财富,这也为其通过亲自耕种、出租经营、售卖典当等方式聚集相应农业财富奠定了前提。当年寻乌的大中地主,仅每年的地租收入一项,普遍可聚集200石以上的谷物财富;最大的地主潘明徵,更可通过地租收入,年获得稻谷10000石以上;另一方面,地富阶层也掌控了占当时全部土地40%"公田"以及"公山"的多数管理权,也可以获得这些公共土地及资源管理方面的收入。同时,就所谓的"公山"而言,它原本是些"生产品能变卖"的茶子山、茶叶山、香菇山、杉山和竹山等,因为需要"有资本开发",也渐次落入资本等要素比较充足的地富阶层之手,其开发权被大地主与小地主、富农各占去一半,也逐渐成为地富阶层聚集相应财富的增量。

其二,工商店铺开设及其工商经营收入。作为当年寻乌农村积极逐利工商经济的"弄潮儿",地富阶层中的不少人在寻乌城乡及省境内外经营着数量不等的店铺或商号,并可获得丰厚的工商业经营收入。例如,地主骆松盛在寻乌城内拥有杂货店,聚集资本六七千银元;地主钟周瑞开设寻乌城第一家潮盐行,资本达三千多银元;小地主荣春祥开设的水货店,也有资本七八百银元;而潘明徵的店铺、商号不仅遍布县内各墟市,而且开到省际相交的梅州与武平。

其三,拥有相对豪华庭院住宅。例如,中地主严锦绣,民间称其"锦绣官",为了展示自家的富有和荣耀,耗费万贯家财,在寻乌篁乡区高头村腊杵下溪上建造了一所当时公认的豪华大屋。对此,毛泽东在《寻乌调查》中也特别提及,说他是"做屋做穷了"的地主。[①] 再如,当年寻乌最大的地主潘明徵,同样也缘于拥有雄厚的财富基础,修建了项山堡山村中相对豪华的庭院与住宅。这座庭院,在当年传教与行医于此的传教士鲍斯菲尔德夫妇的著作中,就被描述成山村豪华别墅(Luxury Villa)。[②] 此外,潘明徵及其家族在庭院附近还兴建了新式校舍,也是拥有众多社会财富的重要体现。

其四,地富阶层子女普遍能享受教育或优质教育,为日后进一步发财致富奠定了人力资本的优势。毛泽东的寻乌调研记述,大中地主对于子女教育"颇热心",大学生多数出于大中地主阶层,各类学校毕业生多出自小地主阶层,出国留学六人(潘作琴、

[①] 《毛泽东农村调查文集》,人民出版社,1982年,第119页。
[②] Lillie Snowden Bousfield. *Sun-Wu Stories*. Shanghai Kelly and Walsh Limited,1932:107-108.

丘凌云、邱伟伍、古子平、曾有澜、邝摩汉)中五人出身地富家庭,仅有邝摩汉出身贫民,但他留学日本也是得到了他人资助的。① 在这一项中,就是那些毛泽东在调查中特别鄙视的地主"破落户"阶层,尽管经济财富已经"今非昔比"了,但为重振家风,仍然倾其所有积极派遣子弟进入各类学堂:其子弟100%进过初等小学,进高等小学的比例也达到了80%—100%,进入中学深造的比例在30%上下。② 地富阶层普遍重视和不吝啬投资子女的各种教育,目的就是聚集更有竞争力的人力资本财富,而这又是一般农民无法望其项背的。

(二)阶级矛盾的聚焦点

与上述地富阶层成长为传统寻乌农村社会财富聚集群相伴随,广大下层民众尽管也同样是夜以继日地勤劳苦干,但其所获得的财富非但很少,甚至于不足以应对基本生存所需。因而,社会财富向地富阶层的聚集,相应的就是各阶层间经济差距的扩大和贫富矛盾的凸显,地富阶层也就成为当年寻乌农村贫富矛盾与阶级矛盾的聚焦点。

表现之一,社会生产经营主体间市场竞争与经济博弈的矛盾。在当年寻乌农村土地租佃、借贷、产品价格交换等主要生产经营活动中,生产经营主体遭遇收入差距与不同处境,本是市场博弈的优胜劣汰及其"竞争无情"使然,而非某一社会阶层单独所能左右;但由于租佃(或借贷)双方经济社会地位上的并不(也不可能)完全对等,加上少数"十分刁"的恶地主缺乏同情宽容之心,不顾天灾人祸,催租逼债,甚至利上加利,伺机吞并借贷者抵押品等。③ 人们便将建立在双方协议基础之上的地租率和借贷利息斥为"不仁不义"的"残酷剥削",从而使得地富阶层与下层民众之间本不激烈的矛盾对立被凸显和放大。

表现之二,地富阶层在执掌公共权力有失公允或以权谋私等任何社会阶层都可能具有的负面性加剧了矛盾对立。如前述汪子渊贪污军队公债还款一事,就曾导致地富阶层与下层民众的矛盾激化甚至尖锐对立;再如,当年寻乌主要税捐基本是由少数地富阶层负责承包征收;尽管如是财富拓展路径是为任何阶层或民众在条件许可时都可能做出的选择,也符合通行的经济社会发展客观规律,但它在为其带来相应财富增殖的同时,也招致商民对于承包地富"恨得要死",也在一定程度上加剧了当时地富阶层与下层民众的矛盾对立。

表现之三,少数地主品行低劣且有横行乡里之举,直接激化地富阶层与下层民众的矛盾与对立。如大地主王菊圆以吸食鸦片不要钱的手段笼络地痞流氓,从而横行乡里、为非作歹;再如"轮收"管理公堂谷、肉等公共资源的"管头",他们的多数是地

---

① 《毛泽东农村调查文集》,人民出版社,1982年,第125、130、161—162页。
② 《毛泽东农村调查文集》,人民出版社,1982年,第127、130页。
③ 《毛泽东农村调查文集》,人民出版社,1982年,第140、146页。

富阶层,其中有少数品行低劣者,利用轮流"替祖宗收租"的便利中饱私囊,也激化了地富阶层与下层民众间的矛盾。

应该说,地富阶层作为一个整体,存在上述多种负面性影响,既是正常的,也是难以避免的;但当这些负面影响与他们所聚集的社会财富和下层民众艰难生存形成的贫富矛盾共同发酵时,贫富矛盾便可能转化为阶级矛盾与对立,地富阶层也就自然要成为阶级矛盾与阶级斗争的聚焦点。

(三)社会动荡的牺牲品

综观人类社会发展史,社会财富更多向富裕者聚集和贫富阶级矛盾向地富聚焦,这本是一般社会的常态。然而,20世纪初期的寻乌社会处于传统帝制与现代民国社会的转型时期。那时,不仅军阀横征暴敛,搜刮民脂民膏,而且地方民团与土匪横行乡里、拦路打劫、威胁三省商旅,寻乌农民谋生出路大受影响。这既是毛泽东所指"世界不好"[①]的局面;也是民谣:"食也毛好食,着(穿)也毛好着,年年项起做(继续做),总住烂屋壳"[②]所反映的真实民情;同时还是清末民初寻乌经济社会发展和一般民众生活陷入困苦的现实写照。更值得关注的是,苏俄十月社会主义革命一声炮响,将人类新一轮探索社会发展与社会公平的"共产革命"实践带到中国以至沿海腹地寻乌山乡,并通过古柏等共产主义知识青年与毛泽东率领转战赣南闽西的红军相结合,寻乌农村社会矛盾与阶级斗争便以苏维埃"共产革命"的形式在寻乌兴起,地富阶层便成为首当其冲的阶级革命斗争对象。

毛泽东的调研及其《寻乌调查》文本客观揭示了地富阶层在苏维埃革命斗争中整体遭遇的革命"洗礼":首先,尽管地富阶层本身形态难以严格区分,但他们(尤其是大中地主)被普遍认定为"不劳而获",通过地租、借贷利息,甚至参与商业等活动"剥削与勒抑农民"[③],因而必须被打倒;其次,尽管老地主自身"生活很节制",特别注重子女的文化教育,但他们是守旧的"完全帝制派"[④],应当视为"最落后"者予以打倒;再次,被称为"新发户子"的富农,尽管创业力作致富,但由于他们也出租少量土地"收取租谷",或放些小债利(被视为"高利贷"),且对"钱看得特别重",是农村中最恶劣的阶级敌人,因而"没有什么理由不把他打倒";[⑤]第四,即便中农,终日亲自参与农业劳作,且不在农业生产领域剥削他人,但他们"有余钱剩米"并将其出卖、出贷,就是同样的"高利盘剥者"或商业剥削者,他们要被打倒"也是没有疑义的"[⑥];五是革命中

---

① 《毛泽东农村调查文集》,人民出版社,1982年,第64页。
② 《毛泽东农村调查文集》,人民出版社,1982年,第138页。
③ 《毛泽东选集(第1卷)》,人民出版社,1991年,第41页。
④ 《毛泽东农村调查文集》,人民出版社,1982年,第125—126页。
⑤ 《毛泽东农村调查文集》,人民出版社,1982年,第129—131页。
⑥ 《毛泽东农村调查文集》,人民出版社,1982年,第131页。

所没收与平分的土地"归苏维埃政府公有,平分给农民耕种,不得买卖和转让"。① 因此,只要苏维埃红旗一打起,就是没收的宣告,一个"平"字,就包括了"没收"与"平分"两种意义;②有胆敢抗争者,生命受到威胁甚至由此丧命。这既是"共产革命"在中国农村的早期实践,也是中国早期"共产风"的初步表现。在这里,地富及其富裕阶层首次整体成为被打倒的对象。

对于苏维埃革命中地富及其富裕阶层整体的这一遭遇,并非是作为领导者的共产党人否定其经济社会发展的贡献或地位,这在前述毛泽东《寻乌调查》中已有了充分的梳理与概括,就不再赘述。但有的学者将这一整体消灭地富阶层行为简单视为共产党出于搞乱整个农村社会或支持反国民党战争,从而伺机夺权的"政治谋略";有的则认为是地富及其富裕阶层有"为富不仁"的行为所至。这显然都是过于简单化的考量。因为,如就所谓"政治谋略"而言,首先,苏维埃革命实践中,从处置农村财产一个"平"字所包括的"两种意义"及土地全部公有共产来看,它与革命公开宣告的"共产理想"追求完全吻合而非所谓的谋略变换;其次,如果真谈"政治谋略",那历史上的社会变革或政治斗争,最终哪有不都是"谋略"服从"目标"追求?如果打倒地富阶层是所谓"谋略"的话,那它不正好也是服从于革命当年共产党人所追求的"共产理想"?而非颠倒过来,丢开"共产理想"的追求,去追究或指责所谓的"政治谋略"或政治阴谋。如就地富阶层有"为富不仁"行为而导致如此遭遇论,那应当是就事论事,即追究"为富不仁"的具体地主、富农个体。这就如社会各个阶层都可能有为非作歹与不仁不义之人一样,社会既有"为富不仁"者,也有"为贫作恶"者;地富阶层中无疑确有某些"为富不仁"者,但就如包括贫苦农民在内的下层农民中也有"为贫作恶"者一样,尽管地富阶层中因恃财为恶横行者可能多些,但不应成为整体打击或消灭地富及其富裕阶层堂而皇之的理由。所以,地富的上述遭遇,尽管是整个社会发展中各种矛盾与特殊社会背景叠加的产物,但作为地富的具体整体而言,则是因其发家致富聚集的"私有财富"与苏维埃"共产革命"的对立而成革命对象,这应当也是没有疑义的。

四、余论:走出社会发展与地富命运多舛轮回的怪圈

概括前述内容可以得出,地富阶层不仅是农村经济社会发展的领头雁和公共事业建设的"主力军",而且是最重要的社会财富创造群、先富群;然而,随着社会财富、

---

① 毛泽东在1931年就认识到,农民的"天性"就是私有土地,苏维埃政府公有得不到农民的支持,于是提出分定的土地归农民所有,但同时明确,如果以后土地再出现"不平",则可以重新分配,实际并没有承认土地的农民所有,并为后来的历史所证实。参见温锐:《土地革命战争时期中共地权政策转变的再探讨》(《南开学报》1992年第4期)、《对毛泽东关于农地所有制变革实践的再探讨》(《历史教学》1998年第9期)和《苏维埃时期农民土地权益保障的再认识》(《中共党史研究》2010年第5期)。
② 《毛泽东农村调查文集》,人民出版社,1982年,第173页。

矛盾与动荡的升降流变,他们又因是较多社会财富拥有者而成为社会矛盾的聚焦点,进而又成为寻乌当年社会动荡与阶级斗争矛头的所向者或牺牲品。这一发展过程正好涵盖了地富阶层与传统农村经济社会发展关系的正负两极,既说明了非黑即白两个认识极端的错谬,同时也揭示了历史发展进程中,人类在探索解决社会发展与公平问题的道路上,就准确认识"财富创造"中的市场竞争与"剥削所得"关系问题,陷入发展与公平及其地富命运多舛的迷雾。这也是如今学界与社会对地富阶层认识评价两个极端、难以解结的重要原因。

其实,上溯历史,社会发展与社会公平中的贫富问题是人类发展至今一个经久不衰的话题。众所周知,人类社会随着家庭、私有制与国家的起源和士、农、工、商三次大分工的发展,既完成了人类从野蛮到文明时代的转型,同时也逐渐构成了个人在经济社会领域的社会角色定位,并形成了角色主体间财富创造与私有的生存竞争格局,从而建构了推动经济社会多层次、多元化发展的不竭动力。然而,因为经济社会发展中具体个人在资质、潜能和秉赋等方面的差异,创造与拥有财富的生存竞争就必然因个体的不同而导致贫富差别或分化,进而还可能伴随社会发展与财富的增长而形成"富者愈富、贫者愈贫"的"马太效应"。尤其是近代以来的西方国家,伴随着工业革命的率先崛起和资本主义世界的贫富分化日渐悬殊,以致在最早经工业革命洗礼后的英国,曾被讥笑为"只有两个民族——穷人和富人"。[①] 人类发展历史上这种巨大的贫富鸿沟,曾演绎过众多的人间悲剧,有违人类脱离"丛林"进入文明社会对公平正义的追求,从而导致众多周期性的社会动乱和文明的劫难。为防止人类社会在阶级利益的互斗中陷入"同归于尽"[②],对社会发展与社会公平之平衡点的拿捏与解决,自然不是某一阶级的责任或可能为之的事,而只有国家及其政府才有能力担当,而且还是其存在的价值和必须承担的职责。因此,当人类历史进入民族国家文明时代之后,协调社会不同阶级的利益诉求,兼顾发展与公平,预防贫富差别过大的问题,便自然也成为各民族国家及其政府所面对的基本职能。就古代中国看,历朝"重农抑商"政策中的抑制土地兼并、官营和专卖制度以及相应的公共产品和社会救助制度的实施,均应是政府协调发展与保障公平的努力;而体制外民众的呐喊,从孔圣人忧国忧民的"不患寡而患不均",到"均贫富、等贵贱"和"有田同耕,有饭同食,有衣同穿,有钱同使",则都浸润着民众对于生存公平的抗争与呼唤。历史的不幸是,一方面,中国专制政府抑制贫富分化的政策实际往往南辕北辙而走向反面;另一方面,官逼民反的民众暴力抗争所演绎的社会动荡又成"鱼死网破"或是"玉石俱焚"。在发展与公平拿捏与实践的长期探索中,传统中国在不断的周期性社会动乱中前行,地富阶层的命运也陷入多舛轮回的历史怪圈。

---

① Hampden Jackson. *England since the Industrial Revolution*(1815 – 1948). London,1975:76.
② 马克思、恩格斯著,中共中央编译局译:《共产党宣言》,中央编译出版社,2005 年,第 26 页。

毫无疑问,开始于20世纪的世界与中国关于共产主义理想社会的追求与实践,既是近代世界资本主义社会早期贫富差别恶性发展延伸下的产物,也是所谓半封建半殖民地中国内外社会矛盾斗争激化与社会转型的结果。具体到寻乌城乡苏维埃共产革命的兴起与前述整体打倒地富及其富裕阶层的运动,就是一次立足解决社会发展与公平及其贫富差别的实践。与中国历史上传统政府调节贫富矛盾结果的南辕北辙和众多所谓的"农民起义"即行走向异化所不同的是,当年的苏维埃革命者可谓信仰坚定,雷厉风行,无私无畏,一往无前。他们以明确的共产主义理想目标为追求,不仅仅要消除当前社会各阶层财富的不平均,而且还立足于消除将来社会发展中还可能出现的财富不平均;不仅当前要打倒农村地富阶层,将来还要"革"资产阶级乃至整个小资产阶级的"命",彻底消除发展差异和贫富差别,从而建立一个生产资料公有制下的人人平等、没有差别的无产阶级社会,一劳永逸地解决贫富问题。尽管他们在协调社会发展与社会公平这架天平上,突显了幼年解决社会贫富问题的认识水平与早期中国"共产风"特色,但它作为中国历史上探求解决贫富差别的一次空前而彻底的实践,仍然不会失去其应有的实践价值。

回望近百年的中国历史,中国共产党人从新民主主义革命到社会主义革命,从传统社会主义到中国特色社会主义,既经历了战时平均主义的凯歌,又经历了从社会平均主义严重影响经济发展和改革开放经济快速发展与贫富差距急剧拉大的反复实践。总结"共产风"到改革开放的经验教训,吸取世界各国缩小贫富差别的经验,共产党人形成了中国特色社会主义的新"共富观":社会发展要允许一部分人合法地带头先富起来,并保护其私有财产权,进而推动整个社会的发展;共同富裕不是没有差别或分化的平均或同步、同等富裕,而是有分化但差别不能过大的富裕。具体说来,政府正努力实现管理职能的转型,转向由市场决定资源配置和调节经济发展;同时要强化社会公平与贫富差别不能过大的宏观调控:一是深化国土资源产权和农村土地确权改革,构建产权清晰的中国特色社会主义财产权制度,保障全体公民的私有财产权和国有资源及其财产的保值增值,防止假借国有资产流失和剥夺公民财产导致少数人暴富;二是借助货币、税收、转移支付等调控手段,调控区域、行业的协调发展;三是在搞好传统社会救助、福利、优抚的同时,特别应完善养老、失业、医疗、工伤、生育五大基本社会保障并提升相应水平。

阳光总在风雨后。中国历史上社会发展与富裕阶层命运多舛轮回的怪圈,将在中国特色社会主义的新"共富观"中峰回路转。

(作者简介:温锐,江西财经大学传统·生态与现代中国研究中心主任、中国民主同盟江西省委会副主委、中国近现代史专业首席教授、政治经济学专业博士生导师)

《史》《汉》所记
刘邦在汉中开汉业史事比较
——以《高祖本纪》和《高帝纪》为中心的考察

王文涛

  汉代人即将汉中视为汉王朝的发祥地。《史记·六国年表》云:"汉之兴自蜀汉。"《论衡·正说篇》说:"汉兴于汉中。"汉桓帝建和二年(148年)十一月,汉中太守王升为顺帝时司隶校尉杨孟文所撰《石门颂》有言:"高祖受命,兴于汉中。道由子午,出散入秦。建定帝位,以汉氐焉。"①《三国志·蜀书二·先主传》:"夫汉者,高祖本所起定天下之国号也。大王袭先帝轨迹,亦兴于汉中也。"汉元年(前206年)二月,项羽更封刘邦为汉王。四月,刘邦到达汉中,筑坛拜将,厉兵秣马。八月,明修栈道,暗度陈仓,进入关中,击败项羽分封的三秦王,奠定了建立西汉王朝的基础。

  《史记·高祖本纪》和《汉书·高帝纪》记载高祖刘邦在汉中创立汉朝基业的文字,有若干不同之处。收罗先贤之解,爬梳辨析,参以拙见,以求其真。行文次序,先《史记》,后《汉书》,之后是比照辨析,重要的不同文字用黑体字标出。比较文字均采自中华书局标点本,《史记》1959年版,《汉书》1962年版。

  《史记》卷八《高祖本纪》(以下只称篇名《高祖本纪》)记载刘邦在汉中开创汉朝基业的文字共有638字,事件发生在汉元年正月至八月。这些史料中华书局标点本分为四个自然段,从第365页至368页。

  《汉书》卷一上《高帝纪上》(以下只称篇名《高帝纪》)记载刘邦在汉中开创汉朝基业的文字共有841字,比《高祖本纪》多了203个字,增加了31.8%。中华书局标点

---

① 清严可均《全后汉文》卷98。《石门颂》全称《汉司隶校尉犍为杨君颂》,又称《杨孟文颂》。"道由子午",指子午道。《汉书·王莽传》:"子午道从杜陵直绝南山径汉中。"师古注曰:"子,北方也,午,南方也。言通南北道相当,故谓之子午耳。""出散入秦",散,指散关,出散关,即可进入秦地。"氐",通氏。大意是说,昔日汉高祖刘邦接受项羽之封,由汉中起家,经过子午道,出散关进入秦地,建立和奠定了称帝的基础。汉朝的名称,也由此确定下来。

本的该部分内容在第 28 页至 32 页,所记事件发生的时间为汉元年二月至二年十月。《高祖本纪》和《高帝纪》存在如此之大的差别,比较分析其异同,从中可见马班异同之一斑,这显然是一件必要而有意义的工作。为了方便讨论分析,下面以中华书局标点本《高祖本纪》划分的自然段依次进行比较。重要的不同文字用黑体字加着重号标出。《高帝纪》对《高祖本纪》第一段和第二段的改动相对较少,采用逐段比较法。第三段和第四段改动很大,逐段对比叙述不便,改用列表对比。

《高祖本纪》第一段(第 365 页)

(汉元年)**正月**,项羽自立为西楚霸王,王梁、楚地九郡①,都彭城。**负**约,更立沛公为汉王,王巴、蜀、汉中,都南郑。三分关中,立秦三将:章邯为雍王,都废丘;司马欣为塞王,都栎阳;董翳为翟王,都高奴。楚将瑕丘申阳为河南王,都洛阳。赵将司马卬为殷王,都朝歌。**赵王歇徙王代。**赵相张耳为常山王,都襄国。当阳君**黥**布为九江王,都六。怀王柱国共敖为临江王,都江陵。番君吴芮为衡山王,都邾。燕将臧荼为燕王,都蓟。故燕王韩广徙王辽东。**广不听,臧荼攻杀之无终。封成安君陈余河间三县,居南皮。封梅鋗十万户。**

《高帝纪》:"**二月**,羽自立为西楚霸王,王梁、楚地九郡,都彭城。**背**约,更立沛公为汉王,王巴、蜀、汉中**四十一县**,都南郑。三分关中,立秦三将:章邯为雍王,都废丘。司马欣为塞王,都栎阳;董翳为翟王,都高奴。楚将瑕丘申阳为河南王,都洛阳。赵将司马卬为殷王,都朝歌。当阳君**英**布为九江王,都六。怀王柱国共敖为临江王,都江陵。番君吴芮为衡山王,都邾。**故齐王建孙田安为济北王。徙魏王豹为西魏王,都平阳。**徙燕王韩广**为**辽东王。燕将臧荼为燕王,都蓟。**徙齐王田市为胶东王。齐将田都为齐王,都临菑。徙赵王歇为代王。**赵相张耳为常山王。**汉王怨羽之背约,欲攻之,丞相萧何谏,乃止。**"(第 28 页)

以上两段文字,《高祖本纪》192 字,《高帝纪》222 字,增加了 30 字。有四个问题可以讨论。

(1)《高帝纪》将项羽自立为西楚霸王的时间从"正月"改为"二月"。

《史记》卷一六《秦楚之际月表》记载:"正月,分关中为汉;二月,汉王始,故沛公;三月,都南郑。"据此可推知,司马迁在《高祖本纪》中没有分别列出汉元年一至三月所发生事件的不同时间,而是总系于"正月"之下,这是司马迁的记事风格,并非其误。又据同书《张耳陈馀列传》:"汉元年二月,项羽立诸侯王,……乃分赵立张耳为常山王。"刘邦被封为汉王,时在二月无疑。所以,《高帝纪》的修改是正确的。

《史记·秦楚之际月表》[索隐]曰:高祖及十八诸侯受封之月,《汉书·异姓王表》云一月,应劭云:"诸侯王始受封之月,十八王同时称一月。以非元正,故云一月。

---

① 九郡:众说不一。清人刘文淇《楚汉诸侯疆域志》考定为:会稽、郯、东阳、泗水、鄣、薛、砀、颍川、东郡。《汉书补注》考定为:楚、泗水、薛、东海、黔中、会稽、南阳、砀、东郡。

高祖十月至霸上改元,至此月汉四月也。"

《索隐》引应劭云:"请王始都国之月,十三王同时称二月。"①《资治通鉴》卷九《汉纪一》从《汉书》,"二月,羽分天下王诸将。"

(2)《高祖本纪》和《高帝纪》均将项羽自立为西楚霸王置于分封刘邦等十八诸侯王之前。

据《史记·项羽本纪》,项羽以诸侯上将军身份分封十八诸侯王在前,自立为西楚霸王在后。项羽在钜鹿大败王离军,声威大振,"为诸侯上将军,诸侯皆属焉"。鸿门宴后,"项王欲自王,先王诸将相。……乃分天下,立诸将为侯王。项王、范增疑沛公之有天下,业已讲解,又恶负约,恐诸侯叛之,乃阴谋曰:'巴、蜀道险,秦之迁人皆居蜀。'乃曰:'巴、蜀亦关中地也。'故立沛公为汉王,王巴、蜀、汉中,都南郑。……项王自立为西楚霸王,王九郡,都彭城"。《汉书·项籍传》与《项羽本纪》同。

拙见以为,应以《史记·项羽本纪》叙事次序为是。就是说,项羽以诸侯上将军的身份分封天下,分封的顺序是先封十八诸侯王,然后自立为西楚霸王。而不是先自立为西楚霸王,以西楚霸王的身份分封十八诸侯王。项羽之所以这样做,是不想背上负约的恶名,"恐诸侯叛之"。

(3)《高帝纪》说汉王"王巴、蜀、汉中四十一县",而《集解》引徐广曰:"三十二县。"

两说不同。施之勉《汉书集释·高帝纪》引张文虎曰:"旧刻作四十二县,……《汉纪》同。"据《汉书·地理志上》,汉中郡辖十二县,蜀郡十五县,巴郡十一县,三郡合计三十八县。《汉志》的郡县数是西汉成帝绥和改制以后的行政区划,《高帝纪》所言四十一县当不是汉初之数。秦亡之时,人口锐减,约当西汉末年全国总人口5900多万的四分之一。如果将下表中每县的人口数除以四,则县数与人口数实不相称。

《汉书·地理志》所载巴、蜀、汉中三郡人口表

郡名	户数	口数	县数	每县人口数	面积(平方公里)	户均口数	人口密度②
汉中郡	101570	300614	12	25051	70488	2.96	4.26
蜀 郡	268270	1245929	15	83062	67266	4.64	18.52
巴 郡	158643	708148	11	64377	125694	4.46	5.63

(4)《高祖本纪》中所言故燕王韩广不听项羽徙王辽东之命,"臧荼攻杀之无终"。《高帝纪》将其后移,因为事情发生在八月。"燕王韩广亦不肯徙辽东。秋八月,臧荼杀韩广,并其地。"《汉书》卷一三《异姓诸侯王表》,"臧荼击杀广,属燕。"《月表》将

---

① 《史记》卷16《秦楚之际月表》,第777页。
② 葛剑雄:《西汉人口地理》,人民出版社,1986年,第96—98页。

韩王成被杀列在七月。

（5）《高帝纪》补入"汉王怨羽之背约，欲攻之，丞相萧何谏，乃止"。系此事于二月。《汉书·萧何传》有详细记载：

> 故立沛公为汉王，而三分关中地，王秦降将以距汉王。汉王怒，欲谋攻项羽。……何谏之曰："虽王汉中之恶，不犹愈于死乎？"汉王曰："何为乃死也？"何曰："今众弗如，百战百败，不死何为？周书曰'天予不取，反受其咎'。语曰'天汉'，其称甚美。夫能诎于一人之下，而信于万乘之上者，汤武是也。臣愿大王王汉中，养其民以致贤人，收用巴蜀，还定三秦，天下可图也。"汉王曰："善。"乃遂就国，以何为丞相。

《史记》之《高祖本纪》和《萧相国世家》均无此语。《汉书》所补当有所据。

《高祖本纪》第二段（第367页），分两层比较

第二段（1）：《高祖本纪》："四月，兵罢戏下，诸侯各就国。汉王之国，项王使卒三万人从，楚与诸侯之慕从者数万人，从杜南入蚀中。去辄烧绝栈道，以备诸侯盗兵袭之，亦示项羽无东意。"

《高帝纪》："夏四月，诸侯罢戏下，各就国。羽使卒三万人从汉王，楚子、诸侯人之慕从者数万人，从杜南入蚀中。张良辞归韩，汉王送至褒中，因说汉王烧绝栈道，以备诸侯盗兵，亦视项羽无东意。"（第29页）

《高祖本纪》61字，《高帝纪》70字。二者之不同，有以下几点值得一说。

（1）《高帝纪》增补张良向刘邦建议"烧绝栈道"的内容，据《史记·留侯世家》补出。

《留侯世家》："汉元年正月，沛公为汉王，王巴蜀。汉王赐良金百镒，珠二斗，良具以献项伯。汉王亦因令良厚遗项伯，使请汉中地。项王乃许之，遂得汉中地。汉王之国，良送至褒中，遣良归韩。良因说汉王曰：'王何不烧绝所过栈道，示天下无还心，以固项王意。'乃使良还。行，烧绝栈道。"《汉书·张良传》与此同。

（2）从《留侯世家》可知，在项羽初封刘邦为汉王的计划中，仅有巴、蜀二郡，并无汉中。汉王令张良以厚礼贿赂项伯，才得到汉中。在得到汉中以后，刘邦怨气稍解。《高帝纪》所言"汉王怨羽之背约，欲攻之"，当在刘邦得知项羽三分关中地、王秦三降将来防范他之时。刘邦认为：自己浴血奋战首克关中，项羽不遵怀王与天下诸侯之约，不封关中于己，却将其王秦三降将，实在太不公平了，盛怒之下，才欲谋攻项羽。

（3）《史记·留侯世家》将汉王请汉中地系于汉元年正月，前文第一段之（4）《汉书·高帝纪》将萧何谏汉王攻项羽系于二月。而《通鉴》卷九将上述二事均系于二月，且将萧何谏汉王攻项羽置于张良厚遗项伯请汉中地之前。

  汉王怒,欲攻项羽;周勃、灌婴、樊哙皆劝之。萧何谏曰:"虽王汉中之恶,不犹愈于死乎?"汉王曰:"何为乃死也?"何曰:"今众弗如,百战百败,不死何为!夫能诎于一人之下而信于万乘之上者,汤、武是也。臣愿大王王汉中,养其民以致贤人,收用巴、蜀,还定三秦,天下可图也。"汉王曰:"善!"乃遂就国;以何为丞相。

  汉王赐张良金百镒。珠二斗;良具以献项伯。汉王亦因令良厚遗项伯,使尽请汉中地,项王许之。

  按照事情发展的逻辑顺序,汉王命张良厚遗项伯请汉中地,应当是在项羽向天下正式宣布分封十八诸侯王之前,不应晚于二月。当以《史记·留侯世家》所记正月为是。汉元年正月,项羽欲封沛公为汉王,王巴、蜀之地。刘邦闻讯,立即派张良去见项伯转圜。项伯在鸿门宴前已与刘邦结为儿女亲家,自然极力维护刘邦的利益,劝说项羽增加刘邦的封地。项羽明知改封刘邦为汉王是负约,心中有愧,于是送给项伯一个人情,准其所请,加封汉中给刘邦。二月,项羽分天下王。刘邦之怒是因项羽封秦三降将王于关中。《通鉴》将此二事的顺序颠倒,因萧何之谏中已有"虽王汉中之恶"和"臣愿大王王汉中"之语,为了使情理可通,不惜将《留侯世家》中的"使请汉中地"改为"使尽请汉中地"。如果项羽此前将部分汉中地封给汉王,此时"使尽请汉中地"才通。否则,于理不合。而事实是,此前项羽仅打算将巴、蜀二郡给汉王,原本没有给汉中的计划。所以,拙见以为,《通鉴》叙事的时序不妥,应以《史》、《汉》为是。

  荀悦《前汉纪·高祖纪》卷二将萧何谏汉王攻项羽系于四月,与《汉书》不同。"夏四月,诸侯皆就国。汉王欲叛楚。萧何谏曰:'虽王汉中之恶。不犹愈于死乎。且语称天汉。其称甚美。夫能屈于一人之下。则伸于万人之上。汤、武是也。愿大王王汉。抚其民以致贤人,收用巴、蜀,还定三秦,天下可图也。'乃就国。此说,恐与史实相乖忤。四月,"汉王之国,项王使卒三万人从"。鸿门宴前,附从刘邦者有十万之众,此时项羽只许刘邦带三万人赴汉中,虽然还有"从者数万人",总数当仍少于十万。况且,此时刘邦已经接受项羽所封汉王,求其增封汉中郡,认可项羽安排的政治格局。如果此时再叛楚,师出无名。所以,萧何谏汉王攻项羽事系于二月更合情理。

《高祖本纪》第二段(2)(第367页)

  《高祖本纪》92字。"至南郑,诸将及士卒多道亡归,士卒皆歌思东归。韩信说汉王(《集解》徐广曰:韩王信,非淮阴侯信也。)曰:项羽王诸将之有功者,而王独居南郑,是迁也。军吏士卒皆山东之人也,日夜跂而望归,及其锋而用之,可以有大功。天下已定,人皆自宁,不可复用。不如决策东乡,争权天下。"

  《高帝纪》175字,比《高祖本纪》多83字。"汉王既至南郑,诸将及士卒皆歌讴思东归,多道亡还者。韩信为治粟都尉,亦亡去,萧何追还之,因荐于汉王,曰:'必欲争天下,非信无可与计事者。'于是汉王齐戒设坛场①,拜信为大将军,问以计策。信对曰:'项羽背约而王君王于南郑,是迁也。吏卒皆山东之人,日夜企而望归,及其锋而用之,可以有大功。天下已定,民皆自宁,不可复用。不如决策东向。'因陈羽可图、三秦易并之计。三秦易并之计汉王大说,遂听信策,部署诸将。留萧何收巴蜀租,给军粮食。"

《史》、《汉》不同之处有二:

(1)《高帝纪》所增汉王拜韩信为治粟都尉和萧何追韩信事,《史记》记于《淮阴侯列传》。

王云度《秦汉史编年》第225页云:"汉王拜韩信为大将,《通鉴》载于七月。据韩信对汉王曰:'诸侯……亦皆归逐其主而自王善地。'则此事应在五、六月田荣、彭越、陈余反楚之后。"

(2)从《高帝纪》可知,班固以为此韩信即淮阴侯。而《集解》引徐广曰:"韩王信,非淮阴侯信也。"

《集解》之说的根据见于《史记》卷九三《韩信卢绾列传》。"沛公立为汉王,韩信从入汉中,乃说汉王曰:'项王王诸将近地,而王独远居此,此左迁也。士卒皆山东人,跂而望归,及其锋东乡,可以争天下。'汉王还定三秦,乃许信为韩王。"(第2632页)

《汉书·韩王信传》中的文字基本与《史记》同。"沛公为汉王,信从入汉中,乃说汉王曰:'项王王诸将,王独居此,迁也。士卒皆山东人,竦而望归,及其蜂东乡,可以争天下。'汉王还定三秦,乃许王信。"(第1852页)

对于《史》、《汉》的自相矛盾,从古到今有四种解读:韩王信和淮阴侯见解相同说、韩王信说、淮阴侯说和文字窜误说。择要列举如下:

颜师古曰:"《高纪》及《韩彭英卢传》皆称斯说是楚王韩信之辞,而此传复云韩王信之语,岂史家谬错乎?将二人所劝大指实同也?"宋人倪思对这段说辞给予了很高的评价:"天下已定数语,此最识时知势之论,虽萧何辈,亦不曾念到此。"②

王先谦《汉书补注·高帝纪上》引齐召南曰:"此段语,《史记》但曰韩信,与《韩王信传》一字不易,其上亦无拜大将军明文,似此策本出于韩王信也。《汉书·韩王信传》直用《史记》,而《高纪》以为淮阴语,自相矛盾矣。"

中井积德曰:"韩王信骁将也,谋略非其所长,《韩王信传》以此为韩王语,史迁偶误耳,《汉书》亦沿之。"

崔适以为,"后人窜此数语入《韩王信传》。"③郭嵩焘称:"必史公撤拾旧闻,误属

---

① 师古曰:"齐读曰斋。筑土而高曰坛,除地为场。"
② 倪思:《班马异同》,文渊阁《四库全书》电子版,上海人民出版社,1999年。
③ 崔适:《史记探源》,中华书局,1986年,第61页。

之两人。"①

在没有新资料作为强证的情况下,很难统一以上诸说,至班固时即为难以刊定之论,故《汉书》沿袭司马迁之说。

第三段和第四段列表比较(第368页)

三、四两段《高帝纪》叙事顺序与《高祖本纪》有很大不同,修改很多。为了便于比较,将二者的叙事顺序依次标出,以便列表对照。

《高祖本纪》第三段174字。《高帝纪》281字,比《高祖本纪》增加107字。

《高祖本纪》第四段116字。《高帝纪》147字,比《高祖本纪》多31字。

《高祖本纪》三、四段所记之事可归纳为13件,其顺序为:1. 徙义帝。2. 杀义帝。3. 田荣反楚。4. 彭越反楚。5. 彭越败萧公角。6. 陈余反楚,击张耳。7. 张耳归汉。8. 陈余为代王。9. 项羽北击齐。以上诸事的时间系于四月之后。10. 八月,汉王暗度陈仓,败章邯,定雍地。11. 汉王遣将略地。12. 汉王欲迎太公、吕后,楚发兵距之。13. 郑昌为韩王距汉。

《高帝纪》在大致相同的时间内所记之事可归纳为十七件:1. 五月,汉王出陈仓,败章邯,定雍地。2. 汉王遣将略地。3. 六月,田荣击走齐王田都,杀田市,自立。4. 彭越反楚。5. 田荣并三齐。6. 八月,臧荼杀燕王韩广。7. 塞王欣、翟王翳皆降汉。8. 补叙项羽杀韩王成。9. 以郑昌为韩王距汉。10. 彭越败萧公角。11. 补项羽因得张良书而不向西进兵。12. 项羽北击齐。13. 汉王欲迎太公、吕后,楚发兵距之。14. 二年冬十月,项羽杀义帝。15. 陈余反楚。16. 张耳降汉。17. 陈余为代王。

《高祖本纪》与《高帝纪》第三段和第四段史实对照表

序号	高祖本纪 内容	事项	高帝纪 内容	事项
1	(四月)项羽出关,使人徙义帝。曰:"古之帝者地方千里,必居上游。"乃使使徙义帝长沙郴县,趣义帝行。	徙义帝	五月,汉王引兵从故道出,袭雍。雍王邯迎击汉陈仓,雍兵败,还走;战好畤,又大败,走废丘。汉王遂定雍地。	汉王出陈仓,败章邯,定雍地
2	群臣稍倍叛之,乃阴令衡山王、临江王击之,杀义帝江南。	杀义帝	东如咸阳,引兵围雍王废丘,而遣诸将略地。	汉王遣将略地

---

① 郭嵩焘:《史记札记》,商务印书馆,1957年,第65页。

续表

序号	高祖本纪 内容	事项	高帝纪 内容	事项
3	项羽怨田荣,立齐将田都为齐王。田荣怒,因自立为齐王,杀田都而反楚。	田荣反楚自立	田荣闻羽徙齐王市于胶东,而立田都为齐王,大怒,以齐兵迎击田都。都走,降楚。六月,田荣杀田市,自立为齐王。	田荣反楚自立
4	予彭越将军印,令反梁地。	彭越反楚	时彭越在巨野,众万余人,无所属。荣与越将军印,因令反梁地。	彭越反楚
5	楚令萧公角击彭越,彭越大破之。	彭越败萧公角	越击杀济北王安,荣遂并三齐之地。	田荣并三齐
6	陈余怨项羽之弗王己也,令夏说说田荣,请兵击张耳。齐予陈余兵,击破常山王张耳	陈余反楚,击张耳	燕王韩广亦不肯徙辽东。秋八月,臧荼杀韩广,并其地。	臧荼杀燕王韩广
7	张耳亡归汉。	张耳归汉	塞王欣、翟王翳皆降汉。	塞王欣、翟王翳降汉
8	迎赵王歇于代,复立为赵王。赵王因立陈余为代王。	陈余为代王	初,项梁立韩后公子成为韩王,张良为韩司徒。羽以良从汉王,韩王成又无功,故不遣就国,与俱至彭城,杀之。	补叙项羽杀韩王成
9	项羽大怒,北击齐。	项羽北击齐	及闻汉王并关中,而齐、梁畔之,羽大怒,乃以故吴令郑昌为韩王,距汉	以郑昌为韩王距汉
10	八月,汉王用韩信之计,从故道还,袭雍王章邯。邯迎击汉陈仓,雍兵败,还走;止战好畤,又复败,走废丘。汉王遂定雍地。	汉王暗度陈仓,败章邯,定雍地	令萧公角击彭越。越败角兵。	彭越败萧公角

续表

序号	高祖本纪 内容	高祖本纪 事项	高帝纪 内容	高帝纪 事项
11	东至咸阳,引兵围雍王废丘,而遣诸将略定陇西、北地、上郡。	汉王遣将略地	时张良徇韩地,遗羽书曰:"汉欲得关中,如约即止,不敢复东。"	因得张良书项羽不向西
12	令将军薛欧、王吸出武关,因王陵兵南阳,以迎太公、吕后于沛。楚闻之,发兵距之阳夏,不得前。	楚发兵距汉迎太公、吕后	羽以故无西意,而北击齐。	项羽北击齐
13	令故吴令郑昌为韩王,距汉兵。	郑昌为韩王距汉	九月,汉王遣将军薛欧、王吸出武关,因王陵兵,从南阳迎太公、吕后于沛。羽闻之,发兵距之阳夏,不得前。	楚发兵距汉迎太公、吕后
14			二年冬十月,项羽使九江王布杀义帝于郴。	项羽杀义帝
15			陈余亦怨羽独不王己,从田荣藉助兵,以击常山王张耳。	陈余反楚
16			耳败走降汉,汉王厚遇之。	张耳降汉
17			陈余迎代王歇还,赵歇立余为代王。	陈余为代王

《高祖本纪》所记十三件事,系于四月之下的有九项,其余四项系于八月。第一项徙义帝,《汉书》移至《项籍传》:"羽乃阳尊怀王为义帝,曰:'古之王者,地方千里,必居上游。'徙之长沙,都郴。"《通鉴》卷九系此事于"正月,春,正月,羽阳尊怀王为义帝,曰:'古之帝者,地方千里,必居上游。'乃徙义帝于江南,都郴。"

《史记》卷九一《黥布列传》:"汉元年四月,诸侯皆罢戏下,各就国。项氏立怀王为义帝,徙都长沙,乃阴令九江王布等行击之。"

第十三项,项羽以郑昌为韩王距汉。《史》《汉》时间相同。

其余十一件事,《汉书高帝纪》在事情发生的时序上均做了修改。

第二项杀义帝事,《汉书高帝纪》系于二年冬十月。《史记》卷九一《黥布列传》:

"其八月,布使将击义帝,追杀之郴县。"《史记》卷七《项羽本纪》与《高祖本纪》基本相同,杀义帝的人,增加了一个。"乃阴令衡山、临江王击杀之江中"。

按:义帝徙都与被杀之事,《史记》、《汉书》各篇说法不一。义帝徙都,《月表》列于二月。义帝被杀,《史记·黥布列传》云:四月,"阴令九江王布等行击之。其八月,布使将击义帝,追杀之郴县"。《月表》云:"十月,项羽灭义帝。"《高帝纪》云:"二年冬十月,项羽使九江王布杀义帝于郴。"《史记志疑》云:"义帝以元年四月自临淮盱台徙桂阳之郴,使人趣其行,不及一月可到,英布等追而杀之,则甫及郴即被弑矣,疑'四月'为是。"(王云度:《秦汉史编年》上册第223页)

第三项,田荣反楚自立。《史》、《汉》文字亦有不同。

《高祖本纪》:"项羽怨田荣,立齐将田都为齐王。田荣怒,因自立为齐王,杀田都而反楚。"据《月表》,五月,田荣击齐王田都,都降楚。六月,田荣击杀田市。

《高帝纪》:"田荣闻羽徙齐王市于胶东,而立田都为齐王,大怒,以齐兵迎击田都。都走,降楚。六月,田荣杀田市,自立为齐王。"

《通鉴》从《汉书》,"田荣闻项羽徙齐王市于胶东,而以田都为齐王,大怒。五月,荣发兵距击田都,都亡走楚。荣留齐王市,不令之胶东。市畏项羽,窃亡之国。荣怒,六月,追击杀市于即墨,自立为齐王。"

第四项,彭越反楚。《高帝纪》系于六月,增加"时彭越在巨野,众万余人,无所属"。

第五项,彭越败楚将萧公角。《高帝纪》系于八月。

第六项,陈余反楚,进击张耳。第七项,张耳归汉。第八项,陈余为代王。这三件事,《高祖本纪》均置于八月之前。而《高帝纪》系于汉二年十月。陈余"令夏说说田荣,请兵击张耳"。《史记·张耳陈余列传》云:"十月……陈余亦怨羽独不王己,从田荣藉助兵,以击常山王张耳。耳败走降汉,汉王厚遇之。陈余迎代王歇还赵,歇立余为代王。"按:陈余为代王,《月表》列于二年十二月。

第九项,项羽北击齐。《高帝纪》系于九月。

第十项,汉王暗度陈仓,败章邯,定雍地。第十一项,汉王遣将略地。《高祖本纪》均系于八月。《月表》亦将汉王袭章邯列于八月。而《高帝纪》记为五月。

第十二项,楚发兵距汉迎太公、吕后。《高祖本纪》系于八月。而《高帝纪》记为九月。

臧荼杀燕王韩广事,《高祖本纪》系于正月,见第一段;《高帝纪》移系于八月,见上表。

《高帝纪》所增四件事为:1. 田荣并三齐。2. 塞王欣、翟王翳皆降汉。3. 项羽杀韩王成。4. 项羽因得张良书而不向西进兵。

1. 田荣并三齐。《高帝纪》云:六月,"(彭)越击杀济北王安,(田)荣遂并三齐之地。"所据当为《史记》卷九四《田儋列传》。"市惧,迺亡就国。田荣怒,追击杀齐王市于即墨,还攻杀济北王安。于是田荣迺自立为齐王,尽并三齐之地。"田荣击杀安,《月表》列于七月。《通鉴》系此事于七月,"七月,越击杀济北王安。荣遂并王三齐之地,又使越击楚。项王命萧公角将兵击越,越大破楚军"。

  王鸣盛对田荣并三齐之举颇有微词:"田儋定齐自立,与其从弟荣、荣弟横俱起,为章邯破杀。荣收余兵走东阿,邯追围之,赖项梁救之,击邯,邯走而西,荣乃得免。齐人因田儋死,国无主,乃立故齐王建之弟假,未为大谬也。而荣甫脱大厄,旋击逐假,假亡走楚乃立田儋子市为王,荣相之,亦可已矣。及项梁以东阿之役追章邯,而邯兵益盛,乞兵于荣,荣乃邀之,使杀田假乃出兵。楚以义不忍杀,则遂坐视章邯败杀项梁而不救其后,项羽灭秦,分立诸侯王,乃徙田市王即墨,更封田都于临淄、田安于济北,而以田荣负项梁,不肯出兵助楚,不得王。羽之主约,人皆称其不平,而此事则未可非。荣逐田都,杀田安,且击杀田市于即墨,而并有三齐以自王,何其戾也。夫儋与荣、横三人为从昆弟,实齐之疏族,而假为故齐王建之弟,假之当立甚于儋,其立也又非取之儋手,荣必欲杀之,……又并儋子市而杀之,何哉?"[①]

  2. 塞王欣、翟王翳皆降汉。《高帝纪》系于元年八月,《高祖本纪》记为"二年,汉王东略地,塞王欣、翟王翳、河南王申阳皆降"。《月表》则列于元年八月。《高帝纪》从《月表》。

  3. 项羽杀韩王成。《项羽本纪》记此事于杀义帝之后。"韩王成无军功,项王不使之国,与俱至彭城,废以为侯,已又杀之"。

  4. 项羽因得张良书而不向西进兵。《史记》记在《项羽本纪》中:"汉使张良徇韩,乃遗项王书曰:'汉王失职,欲得关中,如约即止,不敢东。'"《汉书·项籍传》中的文字与此大致相同。

  (作者简介:王文涛,河北师范大学历史文化学院教授、博士生导师)

[①] 王鸣盛:《十七史商榷》,上海书店出版社,2005年,第30页。

从新朝到东汉：
伦理政治演进的历史考察

王　健

　　两汉时期是中国历史上封建政治初步发展时期，作为中古政治内在形态的伦理政治形成于该时期，对历史进程发挥了极为重要的作用。新时期史学对两汉政治的研究，专注于以儒、道、法为代表的统治思想、以皇权为主体的专制主义政治体制、以文人官僚为主体的士大夫政治等领域，涌现出一批卓越的学术成果，推进了对中古政治史的认知。[①] 但对于同样形成于该时期、构成汉代政治内在形态的伦理政治却重视不足，所见成果有限。有鉴于此，本文拟在既往研讨的基础上，解析新朝兴亡与伦理政治的复杂关系，考察东汉时期重建伦理政治的进程，追踪伦理政治基本机制的运行轨迹以及东汉晚期伦理冲突的意义，力求揭示中古伦理政治的实质及其演嬗规律。

一

　　伦理政治的得失，与新朝倏忽兴亡有着密切的内在关联。
　　借助于道德政治的旗帜收揽人心，是王莽代汉的重要手段之一。西汉哀、平年代，皇朝步入夕阳之境，延续百余年的伦理政治已经徒具躯壳，命运危浅，当时的朝廷主荒政谬，道德沦丧，皇帝昏庸纵恣，公卿守相"贪残成化"[②]，社会矛盾和危机日益深重。精通儒术的外戚王莽，深谙伦理文化的社会影响力，他不仅克己矫情，修身进德，

[①] 这方面代表性成果，有侯外庐著《中国思想通史》（人民出版社，1957年），对儒道法三家政治思想进程提出了富有影响的卓见；刘泽华著《士人与社会》（天津人民出版社，2004年）、《中国的王权主义》（上海人民出版社，2000年），对秦汉以来专制主义政治的基本形态有深入评析和批判；阎步克著《士大夫政治演生史稿》（北京大学出版社，1996年），对秦汉时代士大夫政治的渊源、形态及演化作透辟的考察。上述成果开辟了对秦汉政治的深度研究，无疑具有导夫先路之功，是新世纪以来拓展秦汉政治反思的学术起点。
[②] 《汉书》卷72《鲍宣传》，中华书局，1962年，第3088页。

"折节力行",而且在辅政时"礼贤好士",多有善举仁政,于是"虚誉日洽"①,遂暴得大名,受到社会各个阶层尤其是儒士的拥戴,"天下之士,莫不竞褒德称美"②。以这种巨大声誉为政治资本,再加上其高超的权术手段,凭借王氏外戚在朝廷上数十年经营的实力背景,王莽的权势扶摇直上,由权臣到宰辅然后摄政,进而采用和平的禅让方式篡权称帝。不难看出,伦理缘饰无疑是王莽上台最得力的工具。

另一方面,沉迷于自欺欺人、食古不化的道德政治理想,又成为王莽改制的失败导因。

王莽掌权称帝后,从儒家传统乃至古文经学理论中炮制出一系列复古方案,并且不遗余力地付诸实施。史载:"莽志方盛,……专念稽古之事","意以为制定则天下自平,故锐思于地里,制礼作乐,讲合六经之说。"③从史料中可以看出,王莽施政、改制措施的内在精神,无不是以儒家政治伦理为归宿。其一,追求"王道",如捐资免租救济灾民、推广井田根治兼并、征招士人广设庠序以尊崇文化等;其中尤其是王田制度的设计尽管流于空想,但的确带有较强的针对性,也与孟子以来儒家仁政理想有密切的联系。其二,"复礼"之举,诸如明堂、正朔、服色、历谱、宗庙、郊祀、官制、货币等繁琐多端的新政。这两方面的设施,都有践形伦理价值的意义。正如学者所论:"这是以三代礼治为法,不仅包含了儒家所阐发的三代政治精神,也特别意味着要直接地取法于其所传承的古籍和古礼"。④ 当时著名的思想家扬雄对王莽复礼运动的伦理用意,给予热情的阐发:"夫改定神祇,上仪也。钦修百祀,咸秩也。明堂雍台,壮观也。九庙长寿,极孝也。制成六经,洪业也。北怀单于,广德也。若复五爵,度三壤,经井田,免人役,方《甫刑》,匡《马法》,恢崇祇庸烁德懿和之风,广彼缙绅讲习言谏箴诵之涂,……帝典阙者已补,王纲弛者已张,炳炳麟麟,岂不懿哉!"⑤字里行间,俨然将新朝政治视为伦理恢张的盛大节日。正是在此意义上,当今学人使用"道德理想主义"的提法来揭示王莽变法措施的内蕴。⑥

然而,一个深刻的悖论预示着新朝法古改制必然失败的宿命。这就是古人业已指明的"师古而不适用"的问题。⑦ 目睹新朝成败的桓谭对此作过公允之论:"王翁嘉慕前圣之治,而简薄汉家法令,故多所变更,欲事事效古,美先圣制度,而不知己之不

---

① 《汉纪》卷3《成帝纪》,中华书局,2002年,第454页。
② 《后汉书》卷28上《桓谭列传》,中华书局,1965年,第956页。
③ 《汉书》卷99中《王莽传》,中华书局,1962年,第4140页。
④ 阎步克:《士大夫政治演生史稿》,北京大学出版社,1996年,第375页。
⑤ 萧统编:《文选》卷四十八《杨子云剧秦美新》,上海古籍出版社,1986年,第2155页。
⑥ 陈启云认为:"王莽王朝的建立,因而标志着汉代儒家理想主义的顶峰。"见崔瑞德等编:《剑桥中国秦汉史》,杨启泉等译,中国社会科学出版社,1992年,第830页。
⑦ 沈约:《宋书》卷十四《志》第四《礼一》:"夫有国有家者礼仪之用尚矣。然而历代损益,每有不同,非务相反,随时之宜故也……由此言之,任己而不师古,秦氏以之亡;师古而不适用,王莽所以身灭。"中华书局,1974年,第327页。

能行其事,释近趋远,所尚非务,故以高义,退致废乱。此不知大体者也。"①可见复古改制的致命问题,就是脱离现实,不切实际。就王莽的制礼作乐而论,礼乐制度曾经是西周伦理政治的根本制度和外化形式,但由于时代发展和制度的分化,到了汉代,礼乐已经降低为一种文化象征,不能再视为实质性的制度建构。② 因此,王莽建立的种种古礼制度如礼乐、服色、宗庙、郊祀等,只是在做伦理政治的表面文章而已。至于具有较强现实性的一系列经济改制措施,或者流于空想,如王田制就是典型,新朝大臣区博言:"虽圣王法,其废久矣。周道既衰,而民不从。"秦推行新田制以来,"迄今海内未厌其敝。今欲违民心,追复千载绝迹,虽尧舜复起,而无百年之渐,弗能行也"③;或者则流于刻剥民众、垄断财利的虐政,如五均六莞制度。

按照儒家的精思和汉代实践所昭示,伦理政治的精髓在于针对皇权的君道制衡、对官僚阶层的臣道约束以及对民众的忠孝纲常控制。前两者是净化政治的关键所在,后者则是社会稳定的前提。西汉末世伦理政治异化的最大问题,是儒家伦理在现实生活中对昏庸纵恣的皇权丧失了制衡的理论权威,以及伴随节操政德的沦丧带来官僚集团整体性的道德危机。不难看出,面对前朝政治所遗留下来的这些弊端,政治规范的重建才是新朝改制的当务之急。然而,纵观王莽改制的全过程,根本看不到他重视和接受君道伦理制衡的迹象。相反,却把专制独断、师心自用发挥到了极致,他"尤备大臣,抑夺下权,朝臣有言其过失者,辄拔擢"④;"莽自见前颛权以得汉政,故务自揽众事,有司受成苟免。诸宝物名、帑藏、钱谷官,皆宦者领之;吏民上封事书,宦官左右开发,尚书不得知。其畏备臣下如此"⑤。这些做法,无不与儒家君道伦理背道而驰。至于对臣民进言,只是喜听谀词而已,对正直大臣有所规谏的议政意见则全无诚意接纳。除了诉诸赏罚和法律惩治外,对臣民的纲常控制也未见更切实的办法。

由于举措本身悖逆人心,行政手段又多采取专制急迫的办法,新朝改制遭遇到极大的阻力。面对民众强烈的抵制情绪,新朝统治者不惜采用暴政这种最不道德的手段,去推行根本无法实现的"慕古法圣"的道德乌托邦。比如,为推行理想的货币制度,打击民间盗铸钱,制订"伍人相坐,没入为官奴婢"的重法,以至触法者"其男子槛车,儿女子步。以铁锁锒当其颈,传诣钟官,以十万数……愁苦死者什六七"⑥。这些倒行逆施,将全社会拖入了巨大的动乱与灾难之中。

轮回不爽,新朝终因乱政败德而被民众所唾弃,迅速走向末日。新朝十五年间的

---

① 严可均辑:《全后汉文》卷13《桓子新论》,商务印书馆,第120页。
② 礼乐制度从西周至秦汉时代在意义和功能上的变动,参见阎步克《士大夫政治演生史稿》,第八章。华友根认为,西汉是我国历史上真正实行以礼治国的开始,这似乎过高估计了汉代制礼作乐的政治意义。见氏著《西汉礼学新论》,上海社会科学院出版社,1998年,第402页。
③ 《汉书》卷99中《王莽传》中,第4130页。
④ 《汉书》卷99中《王莽传》中,第4135页。
⑤ 《汉书》卷99中《王莽传》中,第4140页。
⑥ 《汉书》卷99下《王莽传》下,第4167页。

倏忽成败,可谓兴于伦理,也亡于伦理。新朝与伦理政治之间的这种复杂关系,在古史上实属罕见。

二

东汉代新而起,开国者刘秀及其功臣集团的出身、韬略和抱负,颇与当年刘邦君臣不同,被史家誉为皆有一种"儒者气象"①。他充分利用人心思汉的形势和汉政的"遗恩余烈",对下属推心置腹,为民众拨乱除暴,树立起自己的政治道德威望。复汉事业的成功,很大程度上与他对儒家政治伦理的借重是分不开的。

"前事之败,后事之师"。西汉末世和新朝在伦理政治上留下的教训,对东汉政治文化的建设取向,有着直接的影响。东汉皇帝不遗余力提倡儒学,儒家政治伦理在朝政中享有意识形态的崇高地位。东汉皇帝不仅倡导并且还身体力行地研习经学,阐发儒家伦理精义。光武帝"每临朝日,辄延群臣,讲论圣道",甚至"夜分乃寐",曰"我自乐此,不为疲也"②。东汉皇帝参与学术的这种活动,达到了较高水准,史称"光武乃躬自讲经,肃宗以后,时或祖效,尊重儒术"。汉明帝时行辟雍明堂之礼时,"帝正坐自讲,诸儒执经问难与前,冠带缙绅之人,环桥门而观听者盖亿万计"③。明帝还致力于儒学研讨,撰《五家要说章句》,这些均反映了儒家伦理与皇朝政治结合的密切程度和君主理论行为所达到的参与境界,开启了后世帝王干预学术的特殊形式,也推动了东汉伦理政治运作的深化。④

在广义的伦理制衡方面,集中体现在东汉治道和施政政策的调整上。光武帝针对天下残破、百姓虚耗的现实,提出"以柔道理天下"的原则,主张统治百姓采用安抚、怀柔的宽仁德政,史载:"光武长与民间,颇达情伪,……至天下已定,务用安静。解王莽之繁密,还汉世之轻法。"⑤他援引《黄石公记》来解说"柔道"云:"逸政多忠臣,劳政多乱人。……残灭之政,虽成必败。"⑥显然,这是糅合了道家的为政原则,颇近于西汉初年的黄老道家思想。可见,道家政治伦理对新皇朝拨乱反正的治理具有普适性。

治道的另一个重大转变,就是从迂阔高远的理想主义倾向转向现世主义的务实态度。⑦ 学者很早注意到这个变化线索,认为"东京之学不为放言高论,谨固之风起

---

① 赵翼撰,王树民校正:《廿二史札记校正》卷4《东汉功臣多近儒》,中华书局,1984年,第90页。
② 《后汉书》卷1下《光武帝纪》下,第85页。
③ 《后汉书》卷79上《儒林列传》,第2546页。
④ 参拙文《汉代帝王研习儒学传统的形成》,《中国史研究》1996年第3期。
⑤ 《后汉书》卷76《循吏列传》,第2457页。
⑥ 《后汉书》卷18《臧宫列传》,第696页。
⑦ 参阅阎步克:《士大夫政治演生史稿》,第424页。

而恢宏之致衰,士趋于笃行而减于精思理想"①,陈启云将这种变动视为"理想主义"与"实用主义"之间的变化。这些说法主要着眼于士人的立场来立论,其实也鲜明地反映在帝王政治取向上。例如,儒臣杜林上疏光武帝参议郊祀制度,主张"当今政卑易行,礼简易从"②,又主张"因时宜,省繁苛,取实事,不苟贪高亢之论"③。学人或将之归之于法家务实的"霸道",④但实际上可能更近于道家的理性行政态度。西汉初年汉文帝曾说过"卑之,毋甚高论,令今可施行也"⑤,"省繁苛"也是典型的道家话语。如此说来,务实态度与柔道的统治哲学,殊途同归,都来自于道家政治伦理。

上述治道原则具体落实在政策上,就是史书中的诸如减税赈贫、息役养民、宽简刑法、释放奴婢等举措。光武帝在有关保护奴婢的诏书中,还引用《孝经》的"天地之性人为贵"为说,体现了儒家人道主义精神。随后的明、章、和帝数朝,都能重用循吏,兴业富民,平徭简赋,假田赈贫。另外,西汉诸帝遇灾异下诏书求言征士的传统也被延续下来。上述具有伦理政治特色的施政措施,取得与民休息、发展经济的实效。史称:"自中兴以后,逮于永元,虽颇有弛张,而俱存不扰,是以齐民岁增,辟土世广。"⑥

在狭义的伦理制衡方面,儒臣对东汉前期诸帝的决策和施政,也时时依据儒家尺度加以约束和引导,起到了一定的调节作用。光武帝有鉴于西汉末皇权不振之失,转而"总揽权纲","以严猛为政",故史家有"颇伤严急"之讥。但他经常召见大臣,"延问得失",还要求百僚"并上封事,无有隐讳"⑦,尚能够接受大臣的批评。如郑兴上书循帝王从众之德,力谏光武帝欲以官职授功臣和滥用专制权力,而规劝其"宜留思柔克之政,垂意洪范之法,博采广谋,纳群下之策","以成屈己从众之德,以济群臣让善之功"⑧。书奏,多有所纳。再如郅恽因光武帝出猎而拒关,光武帝不仅没有治罪反而加以赏赐。⑨ 汉明帝为政苛切,大臣钟离意"独敢谏争,数封还诏书,臣下过失辄救解之",他借批评吏治婉转地谏议皇帝不要苛刻为术,慎人命,缓刑法。汉明帝车驾数幸广成苑,钟离意以为"从禽废政","常当车陈谏盘乐游田之事,天子即时还宫"⑩。

与光武帝、明帝相比,汉章帝算得上东汉力行君道的儒学皇帝。他为政宽厚,主

---

① 蒙文通:《论经学三篇》,《中国文化》,三联书店,1991 年第 4 期,第页。陈启云将新朝到东汉时的这种转变,归结为从理想主义向实用主义的转折,见崔瑞德编:《剑桥中国秦汉史》,杨品泉等译,中国社会科学出版社,1992 年,第十五章,《后汉的儒家、法家和道家》。
② 《后汉书》卷 27《杜林列传》,注引《东观纪》,第 937 页。
③ 《续汉书》《祭祀志》,注引《东观纪》,第 3160 页,
④ 在前人议论的基础上,阎步克全面地分析过这种现象,注意到上述史料中所体现为政之道的变化。但将此归因于取法于法家的霸道,似不尽然。见前揭《士大夫政治演生史稿》,第 424 页。
⑤ 《史记》卷 120《张释之列传》,第 2751 页。
⑥ 《后汉书》卷 4《和帝纪》,第 195 页。
⑦ 《后汉书》卷 1 下《光武帝纪》下,第 50 页。
⑧ 《后汉书》卷 36《郑兴列传》,第 1221 页。
⑨ 《后汉书》卷 29《郅恽列传》,第 1023 页。
⑩ 《后汉书》卷 41《钟离意列传》,第 1408 页。

动接受来自大臣的伦理批评,以纳谏而闻名于汉史。校书郎杨终上疏,援引"孝元罢珠崖之郡,光武绝西域之国"之鉴,又引用《春秋》"襄公作三军,昭公舍之,君子大其复古,以为不舍则有害于民也"的说法为理由,认为"伊吾之役,楼兰之屯兵久而未还,非天意也。"建议停戍楼兰,章帝从之。① 再如章帝"欲为原陵、显节陵起县邑",东海王刘苍上疏谏,认为这样"上违先帝圣心,下造无益之功,虚费国用,动摇百姓,非所以致和气、祈丰年也。"于是,"帝乃止。自是朝廷每有疑政,辄驿使谘问,苍悉心以对,皆见纳用"②。尚书陈宠上疏谏议章帝改革明帝约束群臣的苛政,"宜隆先王之道,荡涤烦苛之法,轻薄捶楚,以济群生,全广至德,以奉天心",章帝"敬纳宠言,每事务于宽厚"③。第五伦上疏,建议章帝改良察举制,进仁贤、重身教,"上善之"。④ 东汉前期,除了明帝时大臣锺离意的封驳事件外,章帝时还有朱晖不肯署议之事。⑤ 大臣敢于采用封驳或不署议的做法,来抵制皇权旨意,这在两汉议政史上都是难得见到的。西汉丞相王嘉因封驳诏书,有违于哀帝成命,后来竟然被无端陷害致死。⑥ 相比之下,看得出东汉前期言路较为顺畅,伦理制衡还是颇见成效的。

三

在中古时期,东汉一代素来以朝廷表彰政德、倡导名节,士风高亢劲拔而彪炳史册,这构成了该时期伦理控制的鲜明特征。

拨乱中兴后,前期光、明、章诸帝深鉴于汉新鼎革之际士人"大义未明",甚至助纣为虐的教训,将重建儒家政治伦理、倡导名节作为成为重要的施政方针,尤为重视士大夫阶层的道德精神建设和伦理控制。光武帝开国伊始,就注重表彰节义,显拔幽隐。一方面,对新朝时弃官不仕的名人逸士,加以笼络委以重任,礼遇备至。如下诏表彰在新朝时辞职隐退的名士卓茂:"前密令卓茂,束身自修,执节淳固,诚能为人所不能为"⑦,擢拔卓茂出任官职显赫的太子太傅。对前代节义名臣,则表彰其事迹,重用其子孙。如汉哀帝时的何并,"为官不畏权贵,有高节",光武帝"以并孙为郎"⑧。

---

① 《后汉书》卷48《杨终列传》,第1598页。
② 《后汉书》卷42《光武十王列传》,第1433页。
③ 《后汉书》卷46《陈宠列传》,第1549页。
④ 第五伦曰:"光武承王莽之余,其以严猛为政,后代因之,遂成风化;郡国所举,类多辨职俗吏,殊未有宽博之选以应上求者也。"又谏章帝"务进仁贤以任时政"。《后汉书》卷41《第五伦列传》,第1400页。
⑤ 史载,尚书仆射朱晖反对朝臣关于推行官营盐业和均输的建议,被章帝发怒切责,朱晖自系狱,后被诏书放出,但他仍旧"称病笃,不肯复署议"。后章帝自悟所失,乃主动收回成见,并诏遣使者问候朱晖起居,视疾赐食,厚加赏赐,显示了明君风范。见《后汉书》卷43《朱晖列传》,第1460页。
⑥ 《汉书》卷86《王嘉传》,第3502页。
⑦ 《后汉书》卷25《卓茂列传》,第871页。
⑧ 《汉书》卷77《何并传》,第3268页。

王闳规劝哀帝,冒死切谏,为人又能"修善谨敕",光武帝乃下诏"以闳子补吏"①。对坚守节操而横遭迫害的士人,光武帝尽力加以抚恤。如广汉李业,耻于接受公孙述的公侯之位,凛然饮毒而死。光武帝乃下诏"表其闾,《益部纪》载其高节,图画形象"②。对新朝末年动乱中的行谊高尚之士,如拼死救护太守的周嘉、抚养主人遗孤的李元等,均赐予官职,予以重用。另一方面,对那些立志隐逸的名士,虽然百般隆礼延请,甚至不以君威为重而屈尊臣下,但又不强人所难,成全其隐逸之志以示尊重,典型如严子陵、王霸之事。严光死后,光武帝还下诏赐赙钱物,传为佳话。③ 司马光认为,"光武即位之初,群雄竞逐,四海鼎沸,彼摧坚陷敌之士,权略诡辩之士,方见重于世,而独能取忠厚之臣,旌循良之吏……盖由知所先务而得其本原故也。"④

东汉将伦理建设的重心,落实在伦理控制上。汉章帝还专门召开了著名的白虎观会议,这成为儒家伦理建设的一个里程碑。会议所总结的《白虎通义》,被赋予法典、国宪的权威。《白虎通义》对君臣、父子、夫妇纲常的理论诠释,可上溯到先秦儒法两家的伦理传统以及董仲舒的纲常学说,标志着汉代政治文化的发展和完善,对中古时代维系人伦道德、规范皇朝秩序起到了巨大的作用。该书被后世誉为"儒林之渊源,策府之秘奥"⑤,"旷世一见之典"⑥。通常认为,西汉中叶朝廷大力倡导儒学,随着儒家社会化的进程,儒家纲常伦理真正深入人心,要到东汉时期。东汉皇朝高度重视意识形态,这种贴近于学术发展而又富于建设性的政治干预范式,受到后世史家的高度评价。

教育作为伦理控制的制度基础,在东汉时期更形发达。京师太学在汉质帝本初年间"游学增盛",太学生达到三万人之众。地方的儒家教育也日趋发达,如汝南太守寇恂"修乡校,教生徒"⑦,丹阳太守李忠"起学校,习礼容,春秋乡饮,选用明经,郡中向慕之"⑧,桂阳太守卫飒"修庠序之教,设婚姻之礼。期年间,邦俗从化"⑨。在官学之外,东汉私学规模也有发展,如郭太"闭门讲授,弟子以千数"⑩,夏恭"讲授门徒常千余人"⑪;汉代还有民间的蒙学教育,如王充"八岁出入书馆"⑫。东汉教化方式更为深入,史书所记孝子烈女,数量远多于西汉,展现出儒家伦理信仰广泛社会化的显

---

① 《后汉书》卷93《佞幸传》,第3741页。
② 《后汉书》卷81《独行列传》,第2670页。
③ 以上史事,均见于《后汉书》卷81《独行列传》。
④ 《资治通鉴》卷40,中华书局,1956年,第1285页。
⑤ 庄述祖:《白虎通义目录序》,《珍执宦遗书》,嘉庆道光间庄氏刻本。
⑥ 皮锡瑞:《经学历史》,中华书局,1959年,第117页。
⑦ 《后汉书》卷16《寇恂列传》,第624页。
⑧ 《后汉书》卷21《李忠列传》,第756页。
⑨ 《后汉书》卷76《循吏列传》,第2459页。
⑩ 《后汉书》卷68《郭太列传》,第2226页。
⑪ 《后汉书》卷80《文苑列传》,第2610页。
⑫ 王充:《论衡》卷30《自纪》,上海人民出版社,1974年,第447页。

著成效。

东汉伦理政治的建设,在伦理制度化层面也有新发展。以复仇伦理的法律化为例,自西汉以来,复仇之风在社会上盛行长久不衰。东汉伊始,朝廷对复仇行为的惩治就较为松弛,汉章帝建初年间,有人因父亲被侮辱而复仇杀人,章帝免其死刑从轻发落,自此作为断案比附的典型案例。后来据此制订《轻侮法》,明确规定从宽处理为父报仇者,这条律令的法律效力延续到永元九年(95年)①。和帝废止该法后,但仍有据皇帝的特赦而免于死刑的案例,如顺帝时女子缑玉为父报仇而杀人后,县令感其节义,上奏朝廷,缑玉"得减死论"②。东汉后期又有赵娥为父弑仇人,州郡官员奏请朝廷赦免,还刊石立碑,表其门闾,太常张奂束帛赠礼,故黄门侍郎梁宽为其立传。③ 可见,当孝道伦理与既有法律冲突时,通常是法律对复仇伦理的妥协和默认,这些案例足以展现东汉时代伦理法律化的特色。

朝廷加强对官吏的伦理控制,继续推行选官制度上的察廉制,臣道规范与纲常伦理进一步约束行政过程,由此造就的循吏现象史不绝书。东汉初年从光武到明帝时期,循吏有杜诗、第五伦等寥寥数人,但"自章、和以后,其有善绩者,往往不绝"④。他们奉行朝廷治国方针,运用经学与道德的力量实施教化举措,在地方上推行"富教并举"的民本政治。《后汉书》中的循吏人数超过了西汉时期,而且县令层次的循吏初见于史册,儒家政治理念渗透到郡县乡里各级官吏的日常行政实践之中。⑤

伦理控制的效应,体现在士大夫阶层自身的精神风貌上,这就是忠君、名节观念比西汉进一步强化。东汉一代的士大夫砥砺修身,廉吏典范不胜枚举,著名的人物如"一钱太守"刘崇、"悬鱼太守"羊续、"四知太守"杨震等,皆脍炙人口,传为佳话。对此,司马光将其归功于东汉的政教举措,认为由于光武注重文德,继以孝明、孝章的追述先志,"是以教立于上,俗成于下。其忠厚清修之士,岂惟取重于缙绅,亦见慕于众庶;愚鄙污秽之人,岂惟不容于朝廷,亦见弃于乡里。自三代既亡,风化之美,未有若东汉之盛者也。"汉和帝以后,政治衰败,戚宦专权,但政权"犹绵绵不至于亡者,上则有公卿大夫袁安、杨震、李固、杜乔、陈藩、李膺之徒面引廷争,用公义以扶其危;下则有布衣之士符融、郭泰、范滂、许邵之流,立私论以救其败,是以政治虽浊而风俗不衰"⑥。这种渊源有自的传统,凝聚为党锢风波中政治精英所昭示的"忠义奋发"、"视死如归"的道德精神。范晔充满激情地颂扬道:"李膺振拔污险之中,蕴义生风,以鼓动流俗,激素行以耻威权,立廉尚以振贵势,使天下之士奋迅感慨,波荡而从之,幽深

---

① 《后汉书》卷44《张敏列传》,第1503页。
② 《后汉书》卷53《申屠蟠列传》,第1751页。
③ 《三国志》《魏书》卷18《庞淯传》,注引皇甫谧《列女传》,第549页。
④ 《后汉书》卷76《循吏传》,第2457页。
⑤ 参见余英时:《士与中国文化》,上海人民出版社,1987年,第193页。
⑥ 《资治通鉴》卷68《汉纪》六十,第2173页。

牢破室族而不顾,至于子伏其死而母欢其义,壮矣哉!"①

不过,就东汉士人群体的忠义行为和"以天下自任"的强烈使命感而言,仅仅将其归之于朝廷的倡导和培养,归结为伦理控制所塑造的结果,则可能失之于片面。东汉士人的宗旨和做法有些并非皇权所乐见的,如在名节观念也包括了士人对人身自由的追求和对现实权力束缚的超越旨趣,如当时盛行的隐逸之风便是显例。《后汉书·逸民列传》中隐逸人士的大量资料,便可窥见其精神取向与当权者政治期望的矛盾。所以东汉政权的倡导取向与士人们的主体选择、行动取向,具有明显的歧异之处;再就他们对皇权政治激烈批评的依据和制衡动机看,这来自原始儒家民主性的君臣伦理观,而决非皇权所期待的那种愚忠驯顺的专制伦理。"党人"群体奋起制衡黑暗政治,彰显出他们高华气节和牺牲精神的伦理文化底蕴。

东汉的伦理与政治冲突,集中体现在清流士大夫维护儒家德治传统,与践踏伦理精神的昏庸皇权、戚宦恶势力之间的斗争。如果说,东汉前期对皇权的伦理制衡,大致是以廷议、上书、进谏等较为平和的形式来实现的,而且制衡的确不乏成功的记录;那么,随着东汉后期伦理政治格局的颓坏乃至恶化,伦理制衡则转化为剧烈的伦理冲突。通过廷议辩驳、诣阙请愿、民间清议等形式,来抑制和抗争昏庸皇权和戚宦专政,尤其是体现在党人集团的"横议"和全力抗争上。他们所高倡的伦理依据,就是儒家君道的根本原则,期望藉此来约束皇权,澄清浊政,打击宦官势力,追求道德政治的理想。只有从儒家道统亦即原始儒家民主伦理的高度上,才能把握党人集团的深层精神世界,才能有效解释他们与皇权之间的疏离与抗议态度。换言之,清议精神与专制伦理之间并非天然和谐,而是具有既相辅相成又判然两立的复杂意味。

伦理控制对东汉政治的支撑作用,在末世的动乱年代显露出来。范晔曾提出东汉政权的延祚问题,认为在很大程度上得益于儒家纲常伦理的深入人心:"自桓灵之间,君道秕僻,朝纲日陵,国隙屡启,自中智以下,靡不审其崩离;而权强之臣,息其窥盗之谋,豪俊之夫,屈于鄙生之议者,人诵先王之言也,下畏逆顺势也。……迹衰敝之所由致,而能多历年所者,斯岂非学之效乎?"②,这里侧重强调的是儒学传播之力对东汉衰败进程的阻遏作用。司马光进一步指出,东汉末世,"乘舆播越,宗庙丘墟,王室荡覆","然州郡拥兵专地者,虽互相吞噬,犹未尝不以尊汉为辞"。以曹操的实力和功勋论,"其蓄无君之心久矣,乃至没身不敢废汉而自立,岂其志之不欲哉?犹畏名义而自抑也。由是观之,教化安可慢,风俗安可忽哉!"③这里注重的是以忠君为核心

---

① 《后汉书》卷67《党锢列传》,第2208页。赵翼曾以"东汉尚名节"专条概括该风俗,将其析为郡吏忠诚于太守,乃至周旋于生死患难之间;贵族人物有以让爵为高者;士人有轻生报仇者等三种类型。所论不足之处,是对此次党锢事件中所透露的名节行迹和意义缺少关注。见赵翼撰,王树民校:《廿二史札记校正》卷五《东汉尚名节》,中华书局,1984年,第102页。
② 《后汉书》卷79下《儒林列传》,第2590页。
③ 《资治通鉴》卷68《汉纪》,第2174页。

的道德舆论力量及其对割据者的心理威慑。明清之际的顾炎武亦深有感触,但他则概括为"党锢之流、独行之辈,依仁蹈义,舍命不渝,风雨如晦,鸡鸣不已,三代以下风俗之美,无尚于东京者……所以倾而未颠,决而未溃,皆仁人君子心力之为"[1],更倾情于仁人志士足以改写历史的那种主体意志。

由于他们各自所处的历史语境所决定,对东汉延祚因果的主观解读有所不同,但合观起来,庶几立体地揭示了东汉政治文化的运作机制,那就是——以朝廷尊儒和施行教化的伦理控制策略为政治基础,以政策导向所造就的道德氛围为文化背景,通过士人精英之主体道德外化为依仁蹈义的抗争活动,从而影响乃至改写了东汉历史。东汉末世伦理与政治冲突的进程,足以凸显出以忠君、践道为核心的儒家政治伦理对维护、矫正和支撑皇朝政治良性运作的特殊作用。

(作者简介:王健,江苏师范大学历史文化与旅游学院院长、教授)

---

[1] 顾炎武撰,黄汝成集释:《日知录集释》卷13《两汉风俗》,浙江古籍出版社,2013年,第763页。

从西汉抑商政策看官僚地主的经商

晋 文

汉代官僚地主的经商是一个很值得研究的问题。这从晋人江统的话中可略见一斑:"秦汉以来,风俗转薄,公侯之尊,莫不殖园圃之田,而收市井之利。渐冉相放,莫以为耻,乘以古道,诚可愧也。"[1]本文试结合西汉抑商政策,从经商的矛盾运动,对这一问题作初步探讨。

一

根据现有资料,汉代官僚地主的经商乃是从西汉前期开始的。有的学者认为,是从汉武帝时开始,恐怕不确[2]。《汉书·景帝纪》载,前元元年(前156年),景帝刚即位,便就当时官吏"受财物,贱买贵卖,论轻",下诏命廷尉与丞相更议重令。说明最晚到这一年,有不少官僚地主已经从事于经商。以后,这种现象更为普遍,以至到汉武帝时,无论是王侯公卿,还是下级小吏,几乎都有经商的。例如:赵王彭祖"使使即县为贾人榷会,入多于国经租税"[3]。劳光侯刘殷兼"贷子钱"[4]。灌夫"宗族宾客为权利,横于颍川"[5]。桑弘羊"奉禄赏赐,一二筹策之,积浸以致富成业"[6]。张汤"始为小吏,乾没,与长安富贾田甲、鱼翁叔之属交私"[7]。所以,董仲舒《贤良对策》便对此大为不满说:

---

[1] 《晋书·江统传》。
[2] 例如:"西汉自武帝时起以讫哀、平,皇帝的许多近臣,自诸曹侍中以上,无不利用政治的地位,人人私营商业,与民争利。"见翦伯赞《秦汉史》,北京大学出版社,1983年,第222页。
[3] 《史记·五宗世家》。
[4] 《汉书·王子侯表》。
[5] 《史记·魏其武安侯列传》。
[6] 《盐铁论·贫富》。
[7] 《汉书·张汤传》。

> 古之所予禄者,不食于力,不动于末,是亦受大者不得取小,与天同意者。夫已受大,又取小,天不能足,而况人乎!……身宠而载高位,家温而食厚禄,因乘富贵之资力,以与民争利于下,民安能如之哉!①

不言而喻,这种现象的产生是由于受到工商业巨大利润的吸引。而这又与西汉前期的抑商政策有着直接关系。因为在西汉前期,随着统治者的政策调整,汉王期的抑商政策已经发生变化②。与秦朝相比,汉王朝只是在政治上歧视商贾,经济上则完全是放任自流。史称"汉兴,海内为一,开关梁,驰山泽之禁,是以富商大贾周流天下,交易之物莫不通,得其所欲"③,便足以证明。这种放任自流的政策为商贾的发展提供了良好时机,因而社会上很快滋生出大批富商巨贾。诸如:"蜀卓氏……即铁山鼓铸,运筹策,倾滇蜀之民,富至僮千人。""鲁人俗俭啬,而曹邴氏尤甚,……俛有拾,仰有取,贳贷行贾遍郡国。""齐俗贱奴虏,而刀间……使之逐渔盐商贾之利,……起富数千万。""周人既纤,而师史尤甚。转毂以百数,贾郡国,无所不至。……致七千万。"④这样一来,人们对工商业的巨大利润也有了充分认识。司马迁就曾感慨总结说:"夫用贫求富,农不如工,工不如商,刺绣文不如倚市门。"⑤这对于官僚地主无疑会有强烈的吸引力。特别是,由于"宗室有土。公卿大夫以下,争于奢侈,室庐舆服僭于上,无限度"⑥,仅以一些租税和俸禄,也远不能满足他们的高额消费。例如王侯,《史记·五宗世家》即称:"高祖时诸侯皆赋,……自吴楚反后,……诸侯独得食租税,夺之权。其后诸侯贫者或乘牛车也。"而百官公卿,亦有所谓"列卿大夫或乘牛车"⑦的记载。因此,迫于拮据,一些官僚地主除了巧取豪夺、向商贾告贷外,也试图在这种经济放纵的政策下通过经商来改变困境。这就更使工商业的巨大利润对他们具有吸引力了。

然而,正如董氏所云"予禄者"之"不动于末",官僚地主的经商当时还有很多阻力。

首先,封建国家为了清廉吏治,以有效发挥统治机构的效能,对官僚地主经商采取了禁止、限制的政策。如前引汉景帝的那个诏令,最后便导致了一个关于官吏贱买贵卖的严厉规定:"吏及诸有秩受其官属所监、所治、所行、所将,其与饮食计偿费,勿

---

① 《汉书·董仲舒传》。
② 参看拙文《从商鞅变法到西汉前期抑商政策的转变》,载《光明日报》1985 年 2 月 13 日《史学》。
③ 《史记·货殖列传》。
④ 《史记·货殖列传》。
⑤ 《史记·货殖列传》。
⑥ 《史记·平准书》。
⑦ 《盐铁论·未通》。

论。它物,若买故贱,卖故贵,皆坐臧为盗,没入臧县官。……"①此后,到前元三年,景帝又再次下诏曰:"黄金珠玉,饥不可食,寒不可衣,以为币用,不识其终始。……吏发民若取庸采黄金珠玉者,坐臧为盗。二千石听者,与同罪。"②并且,国家对高利贷亦严加管理:不仅出贷子钱须律合收租,同时还为之更规定了利率。如旁光侯刘殷,即"坐贷子钱不占租,取息过律"而被免侯。这样一来,官僚地主的经商,无论是经营范围,还是劳动力的使用,都受到了很大限制,也就阻碍了他们的经商。

其次,正在蓬勃发展的商贾势力也给官僚地主的经营带来了很大阻力。他们为了垄断工商业,不但从舆论上反对官僚地主经商,而且在经营中与官僚地主也展开激烈竞争。所谓"与民争利于下",就从反面说明了这个问题。当然,官僚地主在经营中,可以利用其政治特权截取国家的经济情报,有针对性地囤居抢购和转运贩卖;也可以强占一些自然资源,低价或无偿使用劳动力;还可以偷税、漏税乃至免税等。但在具体经营上,他们却既非商贾精明,又不如商贾尽力,后者"椎埋去就,与时俯仰"③的经营手法与"贾郡国,无所不至"的唯利是图,都使官僚地主难以效颦。加之,封建国家还要对他们的经商施加压力。因此,官僚地主在竞争中往往是处于下风。这自然也给他们的经商带来了阻力。

总而言之,在西汉前期,官僚地主的经商不仅要受到封建国家的抑制,而且要受到来自商贾的竞争。这种经济上的利害关系,决定了他们既与封建国家存在着对立,又与商贾有着严重冲突。结果,随着这些矛盾的进一步激化,最终就在汉武帝的抑商中爆发了公开斗争。

二

在汉武帝的抑商政策中,上述矛盾首先爆发的是官僚地主所与商贾的斗争。这种斗争的首先爆发,固然是由于武帝为从商贾手中夺回工商业,要对后者严酷打击,官僚地主借机发难;但更重要的,却是由于他们与商贾的矛盾已经激化到了顶点。这主要表现在其原有矛盾中又产生了新的更大的矛盾:

第一,官僚地主在政治上本来拥有特权,地位尊贵,而这时却受到法律所卑贱的商贾的挑战,后者以其财富猛烈冲击原有的等级制度。他们"因其富厚,交通王侯,力过吏势"④,迫使官僚地主不得不承认其实际地位。这一点,《史记·货殖列传》即明确指出:"(商贾)为权利以成富,大者倾郡,中者倾县,下者倾乡里者,不可胜数。"又

---

① 《汉书·景帝纪》。
② 《汉书·景帝纪》。
③ 《史记·货殖列传》。
④ 《汉书·食货志》。

《汉书·食货志》也记载说:"富商贾或蹛财役贫,转毂百数,废居居邑,封君皆氐首仰给焉。"所以,司马迁给他们起了一个恰如其分的名称——"素封"。然而官僚地主是绝不会就这样甘于"氐首"的。他们表面上尽管也不得不尔,其实内心深处却充满嫉恨,必欲摧之而后快。第二,也更是官僚地主所愤怒的,许多商贾在致富后,居然"以末致财,用本守之"①,又向他们视为独占领域的土地问津。这种现象之普遍,仅从汉武帝的告缗没收商贾土地"大县田数百顷,小县百余顷",即可想见其一斑。无怪乎,那些公卿百官要竭力主张抑"摧浮淫并兼之徒"②了。可见,为了维护其政治地位和既得利益,同时也为了经商,官僚地主本身就强烈要求抑商。

那么,官僚地主是以何种手段来打击商贾的呢?主要是落井下石,利用抑商达到自己的目的。其集中体现,就是由所谓"公卿言"而制订的《算缗》《告缗令》。《史记·平准书》:

> 商贾以币之变,多积货逐利。于是公卿言:"郡国颇被灾害,……异时算轺车贾人缗钱皆有差,请算如故。诸贾人末作贳贷卖买,居邑稽诸物,及商以取利者,虽无市籍,各以其物自占,率缗钱二千而一算。诸作有租及铸,率缗钱四千而一算。非吏比者三老、北边骑士,轺车以一算;商贾人轺车二算;船五丈以上一算。匿不自占,占不悉,戍边一岁,没入缗钱。有能告者,以其半畀之。贾人有市籍者,及其家属,皆无得籍名田,以便农。敢犯令,没入田僮。"

我们先看《算缗令》。此令明确规定,商贾无论缗钱、轺车均须倍算,即说明其打击对象主要是商贾,其余只是陪衬而已。这一点,只要考察一下"诸作有租及铸"的身份,就可以明白。《汉书·食货志》载大农盐铁丞上言云:"愿募民自给费,因官器作煮盐,官与牢盆。"又该《志》称:"孔仅使天下铸作器,三年中至大司农。"据此可知,所谓"诸作有租及铸",亦即"自给费,因官器作煮盐,官与牢盆"及"铸作器"者,他们实际大多是被称为"权家"的官僚地主。例如在盐铁会议,桑弘羊提出:"大农盐铁丞咸阳、孔仅等上请:'愿募民自给费,因县官器煮盐予用,以杜浮伪之路。'由是观之:令意所禁微,有司之虑亦远矣。"文学当即反驳说:"有司之虑远,而权家之利近。"③可见,其《算缗令》不仅是封建国家与官僚地主对商贾的联合打击,也是官僚地主对于自身利益的巧妙维护。正如陈直先生所指出的那样:"豪强既握有盐铁之利,算收缗钱,反为四千而一算,此为统治阶级互相维持本阶级之利益所设之法令。"④

---

① 《史记·货殖列传》。
② 《史记·平准书》。
③ 《盐铁论·刺权》。
④ 《史记新证》,天津人民出版社,1979年,第76页。

再看《告缗令》。这一法令更为明显地反映了官僚地主对商贾的打击和对自身利益的维护。因为就官僚地主而言，其所谓"匿不自占，占不悉"，实际就是要对商贾能有欲加之罪的口辞；所谓"有能告者，以其半畀之"，是要使他们能从商贾手中夺回土地并占有其财富；而所谓"贾人有市籍者，……皆无得籍名田"，则是要既能禁止商贾占田，又可以染指工商业。

对官僚地主的这些意图，汉武帝是十分清楚的。但他没有表示反对。因为其目的虽然不同，但打击商贾却完全一致，并且这对封建国家也不无益处。所以，汉武帝不但满足了他们的要求，将算缗、告缗付诸实施，乃至还专门委派杨可来主持告缗。《汉书·食货志》称：

> 杨可告缗遍天下，中家以上大氐皆遇告。杜周治之，狱少反者。乃分遣御史廷尉正监分曹往，即治郡国缗钱，得民财物以亿计，奴婢以千万数，田大县数百顷，小县百余顷，宅亦如之。于是商贾中家以上大氐破。

这就达到了官僚地主的预期目的。因为从文中说"商贾中家以上大氐破"，再考虑到农民人微言轻，官府不会简单地听其所告，我们即可断定：当时的"告"者既非商贾之辈，亦非农民之属，只有亲手制订《告缗令》的官僚地主才最有可能[①]。于是，根据"有能告者，以其半畀之"的规定，他们也同样得到了"财物以亿计，奴婢以千万数，田大县数百顷，小县百余顷，宅亦如之"的巨大利益。由此便不难理解：为什么在盐铁会议上贤良、文学对盐铁等政策极尽攻击之能事，而对告缗等却语焉不详。这固然是由于告缗在武帝时就已停止，但更重要的，他们正是这一措施的既得利益者。同样，我们也不难理解，为什么"在某种程度上仍旧保留着封建割据的状态"[②]的国家里，告缗能被这样雷厉风行地推行。这固然是与汉武帝的大力推行有很大关系[③]，但主要原因显然还在于此。

然而，历史乃"是一幅由种种联系和相互作用无穷无尽地交织起来的画面，其中没有任何东西是不动的和不变的，而是一切都在运动、变化，产生和消灭"[④]。官僚地主所与封建国家关于抑商的态度也是如此。他们尽管在打击商贾上与封建国家保持一致。但由于武帝的工商官营同样也排斥了他们的经商，对此又并不满意。这一问

---

① 关于告缗者，一般认为是商贾之间互相纠告，这种说法不确：一者不合逻辑，因为如果商贾是互相纠告，那么根据"以其半畀之"，他们便不可能"中家以上大氐破"。二者商贾工于心计，不会如此简单地入彀，特别是在他们全都面临灾难的情况下。所以，除极个别目光短浅的商贾外，他们绝大多数是不可能干这种害人、害己的蠢事的。
② 毛泽东：《中国革命和中国共产党》，《毛泽东选集》合订本，人民出版社，1964年，第587页。
③ 例如，对可能是受到商贾贿赂而阻挠告缗的右内史义纵，武帝即以"废格"论，将其处死，见《汉书·酷吏传》。
④ 恩格斯：《社会主义从空想到科学的发展》，《马克思恩格斯选集》第3卷，第417页。

题,早在盐铁专卖之初便已暴露出来。例如卜式,任为御史大夫后,便向武帝要求"郡国不便盐铁而船有算,可罢"①。再如博士徐偃,奉旨行郡国,竟"矫制,使胶东、鲁国鼓铸盐铁"②。还有赵王也曾向武帝"数讼铁官事"③,等等。但最后都遭到武帝的严酷压制。卜式被贬为太子太傅,徐偃以罪处死,赵王则受排败诉。不过,为了共同打击商贾,同时由于盐铁官营当时还不十分完备,官僚地主尽管感到"不便",亦可利用其职权从中渔利,这一矛盾并没有激化。

但是,汉武帝的抑商并没有到此为止。因为其目的就是要从商贾手中夺回工商业,借以加强中央集权和彻底击败匈奴。所以,他于元封元年(前110年)又推行了更为彻底的抑商政策,即以桑弘羊为治粟都尉、领大农,整顿盐铁官营并推行"均输"、"平准"——

> 元封元年……(桑弘羊)请置大农部丞数十人,分部主郡国,各往往置均输盐铁官,令远方各以其物如异时商贾所转贩者为赋,而相灌输。置平准于京师,都受天下委输。召工官治车诸器,皆仰给大农。大农诸官尽笼天下之货物,贵则卖之,贱则买之。如此,富商大贾亡所牟大利,则反本,而万物不得腾跃。故抑天下之物,名曰"平准"。天子以为然而许之。④

这样一来,不仅商贾被彻底逐出工商业,同时也将官僚地主逐出了工商业。因此,在关于经商的问题上,后者所与封建国家的矛盾便急剧激化,由次要矛盾上升为主要矛盾。他们转而强烈反对抑商。当时已贬为太子太傅的卜式,便又公开反对说:"县官当食租衣税而已,今弘羊令吏坐市列,贩物求利。"⑤而且,他们还对抑商直接抵制和破坏。史载"武帝元封五年,初置部刺史",掌以"六条"察州⑥。其"二条,二千石不奉诏书遵承典制,倍公向私,旁诏守利";"六条,二千[石]违公下比,阿附豪强,通行货赂,割损正令",就足以说明当时存在着二千石对抑商等各种诏令的"不奉"和"割损"。这也从侧面透露出汉武帝为什么要在这时设置十三部州的原因和目的。

对于官僚地主的抵制与破坏,汉武帝进行了严厉镇压。继设置州刺史、打击官僚地主后,他于太初三年(前102年)、天汉四年(前97年)又两次征发了"七科谪"。这种"七科谪",首"科"即犯罪官吏。如《史记·大宛列传》注引张晏曰:"吏有罪一,亡命二,赘婿三,贾人四,故有市籍五,父母有市籍六,大父母有[市]籍七:凡七科。"可

---

① 《汉书·卜式传》。
② 《汉书·终军传》。
③ 《汉书·张汤传》。
④ 《汉书·食货志》。
⑤ 《汉书·食货志》。
⑥ 参看《汉书·百官公卿表》及注。

见,这是对于官僚地主(商贾)的又一沉重打击。当然,那些罪吏并不都是反对抑商,但联系到官僚地主由于经商而与封建国家的矛盾,其人肯定也有不少。因此,他们只好偃旗息鼓,暂时忍耐,这就为日后的抑商之争留下了隐患。

三

公元前 87 年,汉武帝去世,少子弗陵继位,是为昭帝。由于昭帝年仅八岁,朝政乃由大司马、大将军领尚书事霍光主持。霍光继续推行了武帝的既往国策:"孝昭幼冲,霍光秉政,承奢侈师旅之后,海内虚耗,光因循守职,无所更改。"①这就使得企望经商的官僚地主再也按捺不住,群起而攻之。同时,商贾也在强烈抵制抑商,与他们遥相呼应,形成了一股强大压力。终于在昭帝始元六年(前 81 年),导致了一场与封建国家的公开论战。这就是西汉著名的盐铁会议。

仅就盐铁会议的目的而言,实际它是霍光要打击桑弘羊等政敌,这已为学术界所公认②。但是,从民间来的名为贤良、文学实为官僚地主和商贾的代表,却借机在这次会议上对汉武帝的抑商进行了全面否定:"昭帝即位六年,诏郡国举贤良文学之士,问以民所疾苦,教化之要。皆对愿罢盐铁、酒榷、均输官,毋与天下争利。视以俭节,然后教化可兴。"③诚然,从《盐铁论》的具体记载看,他们对于抑商的否定也不无道理,但问题是,他们并不是真正地为民请命,而是另有所图。即以罢酒榷来说,这是贤良、文学要求"毋与天下争利"的主要成果:"六年……秋七月,罢榷酤官。"④可是在此后,霍光的家中便经常经营起酒酤。如《汉书·赵广汉传》载,"(广汉)发长安吏自将,与俱至光子博陆侯(霍)禹第,直突入其门,搜索私屠酤,锥破庐罂,斧斩其门关而去。"(其实,赵广汉本人也经营酒酤。如前引《赵广汉传》记载:"广汉客私酤酒长安市。")足见其所谓"毋与天下争利",实际也就是不要与他们这些官僚地主和商贾争利。所以,郭沫若先生曾深刻指出:贤良文学之所以反对抑商,不过是由于这些"政策对于国家事业是有利的,但从民间的商人和地主阶级的立场看来,他们感觉着很不利。因此,从民间来的代表'贤良'与'文学'便极端反对这种国策"⑤。

在这股强大压力下,霍光代表中央王朝做出了一些让步。他在罢除酒榷的同时,为使官僚地主能有一定的机会经商,对工商业官营也不再怎么严格实施。这表现在当时的大官僚可以无所顾忌地经商。富平侯张安世就是一个显例。《汉书·张安世传》称:"安世尊为公侯,食邑万户,然身衣弋绨,夫人自纺绩,家童七百人,皆有手技作

---

① 《汉书·循吏传》。
② 参看安作璋《桑弘羊·盐铁会议上的斗争》,中华书局,1983 年。
③ 《汉书·食货志》。
④ 《汉书·昭帝纪》。
⑤ 《盐铁论读本·序》。

事,内治产业,累积纤微,是以能殖其货,富于大将军光。"因此,官僚地主所与封建国家关于工商业的权益之争,便以中央王朝的多少妥协而暂时平息了。

但是,这一斗争到宣帝五凤四年(前54年),由于"常平仓"的设置,却又再度爆发。据《西汉会要·食货五》简述:

> 宣帝即位,谷至石五钱,农人少利。时大司农中丞耿寿昌奏言:"故事,岁漕关东谷四百万斛以给京师,用卒六万人。宜籴三辅、弘农、河东、上党、太原郡谷足供京师,可以省关东漕卒过半。"萧望之奏:"寿昌未足任。"上不听,事果便,寿昌遂白令边郡皆筑仓,以谷贱时增其价而籴,以利农,贵时减其价而粜,名曰"常平仓"。民便之。

问题是,常年仓的设置为什么会引起这一斗争的再度爆发? 这是因为它将由国家来垄断关中及边郡地区的粮食贸易,而当时盐铁等工商业依然由国家专营,官僚地主经商的一个主要方面就是粮食贸易。例如曾位列九卿的杨恽,罢官后,即从事这一贸易:"恽幸有余禄,方籴贱贩贵,逐什一之利。"①所以,尽管常平仓的设置将于国于民有益,但它还是遭到本身就经营"卖买"的萧望之②的反对。

此外,又使官僚地主大为不满的是,宣帝不但降低盐价,以使盐的专实能够有效推行③,乃至还更扩大了盐铁官营的地区。例如:"盐,民之食,而贾咸贵,众庶重困,其减天下盐贾。"④"宣帝……时又穿临邛、蒲江盐井二十所,增置盐铁官。"⑤这就使得官僚地主同封建国家关于工商业权益的矛盾更加尖锐,遭到了他们更强烈的反对。终于,到元帝初元五年(前44年),由于元帝重儒,官僚地主以儒家反对"与民争利"为名,要求罢除工商官营,这些措施都被废止。"元帝即位,天下大水,关东郡十一尤甚。……在位诸儒多言盐铁官及北假田官、常平仓可罢,毋与民争利,上从其议,皆罢之。"⑥诚然,盐铁官营不久便又恢复,"三年而复之"⑦,但此后,除了成帝曾一度"增益盐铁"⑧,其实施都已是比较松弛。这可从两个方面得到证明:一是封建国家本身所对经营的开禁,如元、成间,平当"使行流民幽州。……言勃海盐池可且勿禁,以救

---

① 《汉书·杨恽传》。
② 《汉书·萧望之传》载,望之使"少史冠法冠,为妻先引,又使卖买"。颜师古注曰:"使其史为望之家有所卖买。"
③ 宣帝这一措施虽主要是减轻剥削,但盐价降低后,又自然会有利于盐的专卖。因此,它也当含有这一方面的意图。
④ 《汉书·宣帝纪》。
⑤ 《华阳国志·蜀志》。
⑥ 《汉书·食货志》。
⑦ 《汉书·食货志》。
⑧ 见《汉书·萧望之传》。

民急。所过见称"①。二是富商大贾依仗势家,擅取其利,如成、哀间,"成都罗裒赀至……千余万,裒举其半赂遗曲阳、定陵侯,依其权力,……擅盐井之利,期年所得自倍"②。可见,盐铁官营虽又恢复,它的实施也已相当松弛了。

汉元帝废除盐铁等政策是汉代经济史上的一次重大转折:它不仅表明自武帝所开始厉行的抑商政策已经破产,而且标志着封建国家对于私营工商业的开放,基本结束了官僚地主由于经商与封建国家的斗争。因此,在如愿以偿的情况下,很多官僚地主都纷纷经商,被大量记载在史籍上。诸如,《汉书·贡禹传》:"(元帝时,贡禹)代为御史大夫,……欲令近臣自诸曹侍中以上,家亡得私贩卖,与民争利。"《汉书·翟方进传》:"是时(指成帝时)起昌陵,营作陵邑,贵戚近臣子弟宾客多辜榷为奸利。"《汉书·王子侯表》:"陵乡侯䜣,梁敬王子。……建始二年,坐使人伤家丞,又贷谷息过律,免。"《汉书·谷永传》:"建始、河平之际,许、班之贵,倾动前朝,……至为人起责,分利受谢。"同时,商贾的势力也在逐渐地恢复。他们在遭受汉武帝与官僚地主的联合打击后,已认识到:只有和官僚地主调整关系,才能够求得继续生存和发展。因而,他们在与官僚地主共同反对抑商的基础上竭力缓和矛盾。他们不惜以巨贽贿赂、讨好权门,甚至还与之连营分享利润。前引罗裒就是其显例。所谓"为人起责,分利受谢",也是如此。师古便注解说:"言富贾有钱,假托其名,代之为主,放与它人,以取利息而共分之,或受报谢,别取财物。"这样一来,当私营工商业被开放以后,商贾的势力又逐渐发展起来。如《汉书·货殖传》云:"前富者既衰,自元、成讫王莽,京师富人杜陵樊嘉,茂陵挚网,平陵如氏、苴氏,长安王君房,豉樊少翁、王孙大卿,为天下高訾。樊嘉五千万,其余皆巨万矣。"

于是,在当时的社会上便出现了一种由官僚地主把持工商业、商贾成为其附庸的局面。而官僚地主也因此发生变化,成为所谓集官僚、地主、商人于一体的豪强地主。这种豪强地主当时除了经商和兼并土地,还通过各种手段疯狂地攫取财富。结果,随着汉王朝的愈趋腐败,便造成了西汉后期的严重社会危机,使得地主阶级的一些有识之士也都为此而忧虑。所以,他们在提出重农、限田、限奴、禁奢侈等等措施的同时,又试图通过抑商来解救危机。史载哀帝便接受师丹等人建议又再次规定:"贾人皆不得名田、为吏,犯者以律论。"③但这只能是一厢情愿。在大多数官僚地主的反对下,它实际成了一纸空文,根本无法去解救危机。这也就决定了西汉王朝必定要走向它的末日。

综上所述,在两汉抑商政策的作用下,官僚地主从西汉前期开始经商,到西汉中期遭受挫折,再到西汉后期兴盛,曾经历了一个曲折发展过程。而这一过程,又始终

---

① 《汉书·平当传》。
② 《汉书·货殖传》。
③ 《汉书·哀帝纪》。

交织着官僚地主由于工商业权益或与封建国家、或与商贾之间的相互斗争和联合。它不仅对于抑商政策产生了巨大影响,而且对于官僚地主的自身演变,对于商贾势力的消长,对于西汉的经济生活与政治制度,对于西汉末年的社会危机等,也产生了深刻影响。乃至可以说,它与西汉时期的重大事件都有着直接或者间接的关系。因此,要研究西汉历史,对官僚地主的经商问题即必须特别注意。

原刊于《中国史研究》1991年第4期,中国人民大学复印报刊资料《先秦、秦汉史》、《经济史》2002年第1期分别转载

(作者简介:晋文,南京师范大学历史系教授、博士生导师)

汉初货币制度变革与经济结构的变动
——兼谈张家山汉简《钱律》问题

臧知非

西汉前期货币制度的变动经历了三个阶段：刘邦称帝之初，沿用秦朝货币，旋因"秦钱重难用，更令民铸荚钱"；①吕后二年，"行八铢钱"，六年"行五分钱"②。到汉文帝五年，"为钱益多而轻，乃更铸四铢钱，其文为半两。除盗铸钱令，使民放铸"。③ 景帝中元六年，"定铸钱伪黄金弃市律"，根据应劭的解释，这是关于铸造假钱和假黄金的惩处规定只是对汉文帝货币质量法律规定的重申，没有涉及钱币铸造权问题④。汉武帝时代将铸币权收归国家，直到由上林三官统一铸造发行五铢钱，汉代货币制度才稳定下来。关于汉武帝时代货币制度的变革，人们论述甚多，本文略而不论。本文只讨论刘邦到文帝时期的币制变动问题。

关于西汉前期币制的变动，因为资料的限制，在目前所有论著中只是简单地一语带过，没有任何深入的分析。2001 年，张家山汉简《二年律令·钱律》及相关法律公布以后，立即引起学者极大的关注，对其内容做了相应的探讨⑤。但是，就目前发表

---

① 《汉书》卷 24 下《食货志下》，第 1152 页。
② 《汉书》卷 3《高后纪》，第 97 页,99 页。
③ 《汉书》卷 24 下《食货志下》，第 1153 页。
④ 《汉书》卷 4《景帝纪》，第 148 页。应劭注释云："文帝五年,听民放铸,律尚未除。先时多作伪金,伪金终不可成,而徒损费,转相诳耀,穷则起为盗贼,故定其律也。"按应劭注释，"定铸钱伪黄金弃市律"是因为制止造假黄金不能成功，导致"转相诳耀,穷则起为盗贼"。此解是不能成立的。因为既然黄金无法假冒，就不存在"转相诳耀"的问题，拿着假的东西和技术向谁炫耀？人人都知道这"黄金"是假的，还有谁会要？所以，正确的理解应该是社会上造假黄金的太多，而黄金是法定的上币，以假充真，有暴利可图，人人起而仿效，导致市场流通混乱，这才"定铸钱伪黄金弃市律"，即加重对铸造伪金者的惩处，一律弃市。从行文看，造伪钱币者可能要处以弃市刑。汉文帝除盗铸钱令以后规定铸造假钱者处以黥刑(详下文)，景帝加重了铸造假钱和伪金的量刑。
⑤ 对张家山汉简《二年律令·钱律》的论述，主要有李均明《张家山汉简与汉初货币》(《中国钱币》2003 年第 2 期)、闫晓君《试论张家山汉简钱律》(《法律科学》2004 年第 1 期)。

的成果来看,学者们对汉初货币制度的研究只是局限于对《二年律令》的解释的层面,对其变革的原因和作用缺乏基本的分析,也没有指出其时效性;更没有将西汉前期货币制度与当时政治、经济结构变动联系分析,故为此文,以补充前贤时哲的不足。

一

在讨论汉初货币制度变动之前,首先要对秦朝统一货币制度与经济结构变动的关系做一个必要的说明。

《史记·平准书》谓"及至秦,中一国之币为二等:黄金以溢为名,为上币;铜钱识曰半两,重如其文,为下币。而珠玉龟贝银锡之属为器饰宝藏,不为币,然各随时而轻重无常"。即统一以后,币分二等,黄金为上币,以溢为单位(二十两为溢);以铜钱为下币,重为半两,文、重一致;货币的铸造和发行有国家垄断。原来形、质各异的战国货币至此而退出流通领域。这些众所周知,无须多说。关于秦朝统一币制的历史意义,现代史家都给予了充分的肯定,认为货币统一以后,改变了战国时期各国货币形制、质量、重量、单位各不相同的状况,简化了商品流通过程中货币换算的等环节,避免了货币换算的困难,有利于商品经济的发展,也便于赋税的征收。[①] 这固然正确,但并不全面。且不说秦朝统一币制的实践结果如何——即是否促进了商品经济的发展和全国经济交流,就以理论上的逻辑分析而论,统一币制和商品经济发展之间也不一定有必然联系。这一方面取决于制度设计的主观目的,另一方面取决于经济结构的特点。从制度施行的主观目的来说,如果秦始皇是为了便于全国商业贸易而统一货币,我们自然可以得出促进商品经济发展的结论;但,如果是为了加强对经济发展的控制,打击各地工商业主的牟利行为,把货币统一作为加强中央集权措施的组成部分,是国家控制经济资源的手段,那么,统一货币则未必会促进商品经济的发展。秦朝统一货币的目的是后者而非前者,其目的是要用秦国的经济模式统一六国的经济发展,无论在理论还是实践效果上,都沉重地打击了私营工商业。

六国和秦国经济结构的最大不同是私营工商业发达,无论是贵族还是地方豪强都几乎都占有相当的土地和山川林泽等经济资源,在长途贩运、贱买贵卖的同时,经营矿冶、煮盐、畜牧和经济作物种植业等商品生产。而秦国从商鞅变法以来,一直抑

[①] 翦伯赞先生认为秦朝统一货币、度量衡等是"为了适应商业交换全面发展的要求",在经济制度统一的条件下,"中国的商业交换,便开始以全国为规模而活动的历史阶段"。见氏著《秦汉史》,北京大学出版社,1983年,第35—39页。翦老的观点是以秦朝政权代表商人地主利益为基础的。现代学者对秦朝政权的阶级属性的认识虽然不同于翦老,但对统一货币制度对经济交流的促进作用都予以充分肯定。代表性意见如林剑鸣先生认为"币制统一以后,克服了过去使用、换算上的困难,便利了各地商品交换和经济交流"。见氏著《秦史稿》,上海人民出版社,1981年,第374页。这是学界普遍观点,不一一备举。关于秦朝统一货币在经济学上的理论意义,以傅筑夫先生分析的最为全面深刻,文长不引,详情请见氏著《中国经济史论丛》(下),生活·读书·新知三联书店,1980年,第513—515页。

制私营工商业,私营工商业在国民经济中比重远远小于六国,《史记·货殖列传》所列举的战国以前的商人、手工业者没有一例是秦人就是明显的例证。其原因,除了秦国厉行抑制私营工商业的政策以外,主要的还在于国家严格控制山川林泽等自然资源,吏民均没有使用山川林泽的自由,无法像六国那样便利地从事诸如煮盐、矿冶、畜牧和经济作物种植业,进行商品生产。①统一以后,以前无古人、后无来者自居的秦始皇,视秦制为圣制、秦法为圣法,自然地将秦国的法律制度推行全国,统一货币自然是情理中事,那些贵族和工商业主的货币、珠宝被迫退出流通领域,更不能像以往那样凭借其技术和资源私铸钱币以牟利,大大地削弱了其聚敛财富的能力,其正常的商业经营也因此而中断或者受到限制。此外,授田制度的统一对东方私营工商业更产生根本性的影响。

众所周知,授田是战国通制,其基本标准都是每夫百亩,区别在于秦和六国对山川林泽的处理方式以及军功赐田制有所不同。秦为一民于农战,国家严格控制山川林泽,授予农民的大都是可垦地,官府设置禁苑、牧苑等开发山川林泽,农民只有在规定的时间内按照规定的条件使用山川林泽。在这种体制之下,农民即使想弃农经商,也因为经济资源的限制而难以进行。而六国则不同,对山川林泽的管理模式有异于秦,不是由官府垄断山川林泽统一经营,而是将其中的一部分折合成良田授给农民。这起码在齐国是如此,如银雀山汉墓竹书《田法》在叙述"地均"之法时云"邑之名山林可以为田器及可以为国之大器者,县不得之制也。恒山林□□□者,县得制之。……大才之用焉,五而当一。山有木,五大才,然后斤斧得入焉,九而当一。秃……□□镰繻得入焉,十而当一。秃尺(斥)津□……网得入焉,七而当一。小溪浴(谷)古(罟)不得入焉,百而当一。美沉泽蒲苇……□□石,百而当一……百而当一。"②所谓"地均"之法就是在授田过程中用授田数量调节土地质量差别,以使农民的收入和赋役负担相一致,防止农民因为土地质量差别而苦乐不均。《管子·乘马》也有相同的记载,也称之为"地均"之法,内容更加详细。简文虽然没有明确说明这"五而当一"、"十而当一……"的具体内容,但从《田法》和《管子·乘马》的总体内容来看,这里的"五而当一"、"十而当一"的"一"就是一个授田单位,就是一顷。因为这些山林沼泽土质瘠薄,所以增加授予数量,或五倍,或十倍,以至于百倍地授给农民,以调节其质量的差异。齐国有重渔盐桑麻的历史传统,姜尚在立国的时候,就因地制宜地发展渔盐桑麻之利。田氏代姜以后,这一经济传统没有改变。在生产力不够发达的条件下,这些山林沼泽的经济价值不大,但在生产力发展到一定程度以后,这些山林川泽的经济价值就远非普通农田可比了。山川林泽不适宜农耕,但适宜矿冶、煮

---

① 关于战国时期秦与六国经济结构的差别,参见田昌五、臧知非:《周秦社会结构研究》,西北大学出版社,1996年,第141—144、352—365页。
② 银雀山汉墓竹简整理小组:《银雀山汉墓竹简(一)》,文物出版社,1985年,第146页。

盐、种植、畜牧业,齐国的私营工商业因此而迅速发展起来。

上举"地均"之法,并不是齐国特有的制度,而是六国通制,《周礼》所说的土地制度,无论是"九夫为井"还是"十夫为沟",其基本原则都是用授田数量调节其质量的差异,只是在所谓的井田制之下,所授土地限于可耕地而没有涉及山川林泽而已。当然,银雀山竹书《田法》和《管子·乘马》一样,并不是政府的颁布的法律,而是学者的自我设计,并不能视为国家法令。但是,其时之学者制度设计的目的是供执政者采择的,设计内容不能脱离现实太远,否则就失去了现实意义。所以,齐国的山川林泽和良田的折合比例或许和《田法》《管子》有出入,但其基本精神不会有本质的不同。如楚国,早在春秋时期就采取了齐国相似的制度。《左传》襄公二十五年云:"楚为掩为司马,子木使治赋,数甲兵。甲午,为掩书土田:度山林,鸠薮泽,辨京陵,表淳卤,数疆潦,规偃,町原防,牧隰皋,井衍沃,量入修赋,赋车籍马,赋车兵、徒兵、甲盾之数。既成,以授子木。"司马是主兵之官,"治赋"即整顿土地人口、确立军赋数量。所谓"书土田"即登记土地。为掩根据土地质量,把土地分为九类,最后确定"赋车籍马,赋车兵、徒兵、甲盾之数"。至于如何登记、如何计算,注家是见仁见智,其中以杜预和贾逵最有代表性,而以贾逵注解更接近与事实。贾逵认为,为掩治赋的方式就是将九种土地按照一定比例折合成井田,按井征收军赋。九夫为井,井九百亩,而山林、薮泽、京陵、淳卤……之地,土质瘠薄,自然不能和良田等同,就增加土地面积,如"山林之地,九夫为度,九度而当一井也;渊泽之地,九夫为鸠,八鸠而当一井也;京陵之地,九夫为辨,七辨而当一井也;淳卤之地,九夫为表,六表而当一纪念馆也;疆潦之地,九夫为数,五数而当一井也;偃之地,九夫为规四规而当一井也;原防之地,九夫为町,三町而当一井也;隰皋之地,九夫为牧,二牧而当一井也。衍沃之地,百亩为夫,九夫为井"。这里,贾逵把度、鸠、辨、表、数、规、町、井都解释为名词,是不同土地的面积单位名称,不知其训诂依据何在,这里不去追究。把九夫为井作为基本标准,把各种土地都按照质量好坏折合成井田而后确定军赋,尽管折合比例不一定如贾逵所说的那样,其思路无疑是正确的,和《管子·乘马》、银雀山竹书《田法》的基本精神正相一致。[①] 降至战国,每夫百亩的授田制普遍化以后,当这些山林川泽逻辑地折合成良田授给农民以后,工商业自然发展起来。

所以,我们有理由说,六国的工商业主有相当一部分是凭借其在授田过程中获得的山川林泽而发展起来的。若从土地占有方式上看,这些工商业主的资源是通过授田的合法途径得来的;若从占田数量上看,这些工商业的实际占田数量远远超过了他们应该占有的数量标准。秦朝统一授田制度,这些工商业主没有尺寸之功,没有任何爵位,只能按照每夫百亩的标准占有土地,多出的部分要收归国有,必然地丧失其原

[①] 关于楚国为掩治赋的分析,参见田昌五、臧知非:《周秦社会结构研究》,西北大学出版社,1996年,第114—118页。

来的生产条件,其商品生产因此而中断。

六国工商业主按照政治地位可以分为身份性和非身份性两类。上述工商业主是非身份性的,而各国宗室贵族也兼营工商业,并因为其政治特权广占土地和山川林泽而富甲一方,他们则是身份性工商业主。在统一之后,他们地位沦落为庶人,也没有资格占有其原来的土地,而被收归国有,其原来的商品生产也中止了。所以,仅从土地制度的层面分析,无论是身份性工商业主还是非身份性工商业主,在统一以后都无法继续其原来的经济活动。

六国的工商业主以及豪强大姓,因为新的土地制度的推行而丧失其商品生产条件的同时,又因为新货币制度的推行,其手中的钱币、珠宝不能流通,想通过贱买贵卖以牟利也不可能,原来的商业贸易因此萎缩。因此之故,抛开六国宗师贵族亡国之恨不谈,就从经济利益的角度看,这些贵族也必然地和普通工商业主、豪强大姓们结成反秦联盟,抵制秦朝法律制度的实行。所以,秦始皇才大规模地迁徙豪强,把他们统统迁离原籍,最后把商人或者曾经是商人,父母、祖父母曾是商人的也统统迁离原籍,发配岭南①。所以,无论在理论还是实践上,秦朝统一并非必然地促进全国的经济交流,其统一货币更没有促进商品经济的发展。因为秦朝实行的各项经济措施的客观结果是将六国的经济结构统一到秦国的模式中来,即使秦始皇在主观上没有改变六国经济结构的企图、并非一味地"上农除末",不采取迁徙豪强、谪发商人这样的极端手段消除地方不安定因素,六国的工商业发展也因为新授田制的推行、生产条件的丧失而难以为继,而统一货币制度,则进一步萎缩了六国地区的经济贸易。所以,不能由理论到理论、想当然地认为秦朝统一货币制度就一定促进经济交流和商品经济的发展,商品经济是否发展、发展程度如何,并不取决于货币制度本身,而取决于经济结构和经济政策。

二

明白了秦朝统一货币的历史真相和功能以后,我们对西汉前期的经济结构和货币制度的变迁就好理解了。

随着秦朝的灭亡,由国家控制的货币的铸造和发行处于真空状态,重返故里的工商业主包括部分六国贵族在内,自然地运用其传统资源和技术,铸造货币以牟利,同时也适应市场交换的需要。布衣出身的刘邦集团,了解民间疾苦,知道民心向背,明白如果继续秦朝的货币制度,打击民间铸币行为,可能引发新的矛盾,既不利于新生政权的稳定,国家也没有足够的财力铸造和发行货币以满足恢复经济的迫切需求。

---

① 《汉书》卷49《晁错传》云:"先发吏有谪及赘婿、贾人,后以尝有市籍者,又后以大父母、父母尝有市籍者,后入闾,取其左。"

故而,建国伊始,刘邦即将私人铸币合法化。《史记·平准书》云:

> 汉兴……齐民无藏盖。于是为秦钱重难用,更令民铸钱。

《汉书·食货志》则明确记载刘邦令民所铸之钱为"荚钱",云:

> 汉兴,以为秦钱重难用,更令民铸荚钱。

金属货币是称量货币,其铸造质量和和发行数量受到金属拥有量的制约,其购买能力也由货币的重量和质量所决定。秦朝统一货币的目的是强化国家对经济控制,以其强大政治力量和对资源的垄断,发行的半两钱,实重和文重一致,质量和重量都有保证。但是,货币在流通过程中,其购买力又是按照钱文显示的重量计算的,在交换过程中,实重小于文重的钱币可以获取更多的利益,私铸轻钱就成为牟利最快捷的途径,所以,盗铸的钱币实重自然小于半两,至于私铸钱币的实际重量必然五花八门,又不利于经济交换的正常进行。国家既然没有足够的财力发行新货币,禁止私铸有不仅不利于经济恢复,还会引起新的动乱,不如统一货币重量、承认私铸为合法,故"更令民铸荚钱"。荚钱重量是三铢,只有秦半两钱的四分之一,而文重仍然是半两,因为其形如榆荚而名荚钱。① 深入认识这一举措的意义,还要从汉初的政治形势说起。

刘邦称帝之初,欲定都洛阳,娄敬认为不能定都洛阳,因为洛阳虽然曾经是西周的都城,有交通上的便利,但时代不同,不能效法西周,因为周成王、康王是在其列祖列宗多年经营的基础之上,在已经赢得人心的前提下才定都洛阳的,而刘邦取天下的方式不同于周,也就不能效法古人。娄敬对刘邦说:

> 陛下起丰沛,收卒三千人,以之径往,卷蜀汉,定三秦,与项籍战荥阳,大战七十,小战四十,使天下之民肝脑涂地,父子暴骸中野不可胜数,哭泣之声不绝,伤痍者未起,而欲比隆成康之时,臣窃以为不可矣。且夫秦地被山带河,四塞以为固,卒然一样急,百万之众可具。因秦之故,资甚美膏腴之地,此所谓天府。陛下入关而都之,山东岁乱,秦故地可全而有也。②

这实际上是委婉说你刘邦的天下不是从秦人手中夺来的,而是夺了六国宗室的胜利成果。秦朝灭亡固然与陈胜、吴广起义点起的燎原大火,但秦朝并非亡于农民起

---

① 《史记》卷30《平准书·索隐》,第1418页。
② 《汉书》卷43《娄敬传》,第2119—2120页。

义,而是六国的复国运动,项羽就是这场复国运动的代表。刘邦和项羽的正面之争,韩信从侧面出兵燕赵、攻灭田齐,都是刘邦和六国贵族在争夺天下。那些失去胜利果实、复国梦想破裂的六国宗室之后固然对出身卑微的刘邦集团心生怨恨,就是那些阵亡士卒的家属们,对新建立的汉家政权也心存不满,一句话,刘邦缺少建都洛阳的社会基础。而关中,不仅有地势之利,更有深厚的人心基础。早在刘邦入关,和关中父老"约法三章"并令关中吏民"皆按堵如故"时,已经赢得了关中人心,关中吏民都盼望着刘邦做关中王;及项羽入关,纵火焚烧咸阳以报亡国之恨时,关中吏民更是怀念刘邦,在以后的楚汉战争中,关中吏民坚定不移地支持刘邦。刘邦才能屡败屡战、取得最后胜利。所以,娄敬这番话,虽然只说了关中有地理优势,但和上文对照,已经暗示刘邦,建都关中有人心基础。人和与地利合一,当然有利于巩固对天下的控制。这也提出了另一个问题,就是巩固天下的核心问题是如何防止六国宗室之后的复国问题。刘邦采用两项措施,一是分封宗室子弟为王,授予这些王以治民全权以紧急应付可能出现的动乱。二是迁移六国宗室和豪强大姓于关中,防止他们相互勾结,为害汉家江山。分封同姓王是效法西周,而迁移豪强和六国宗室则是效法秦始皇。但是,刘邦之迁移豪强和秦始皇的区别在于,秦始皇是在政治上打击六国豪强大姓势力的同时,在经济上也剥夺其财产。而刘邦则采用赎买的政策,这也是娄敬出的主意,娄敬劝刘邦"夫诸侯初起时,非齐诸田,楚昭、屈、景莫与。今陛下虽都关中,实少人。北近胡寇,东有六国强族,一日有变,陛下未得安枕而卧也。臣愿陛下徙齐诸田,楚昭、屈、景、燕、赵、韩、魏后,及豪杰名家,且实关中。无事,可以备胡,诸侯有变,亦足率以东伐。此强本弱末之术也"。① "备胡"是次要的,防止六国宗室与豪强联合起来像反对秦朝那样反对自己才是主要的。所以刘邦立即接受了娄敬的建议,于九年十一月"徙齐楚大族昭氏、屈氏、景氏、怀氏、田氏五姓关中,与利田宅"。② 这五姓只是代表,实际迁徙的远远不止这五姓,而包括了六国豪强工商业主在内,以及开国功臣二千石以上人家,司马迁谓"汉兴……徙豪杰诸侯强族于京师"③。刘邦在平定淮南王英布以后时曾表白自己论功行赏时曾说"吏二千石,徙之长安,受小第室"。④ 可见,刘邦移民的对象不止于六国宗室。

但是,刘邦将豪强大姓移往关中以后,不是像秦始皇那样把他们的财产剥夺之后流放到巴蜀和西北地区,⑤而是将他们安置在京师附近,"与利田宅"。按西汉和秦朝

---

① 《汉书》卷43《娄敬传》,第2123页。
② 《汉书》卷1下《高帝纪》,第66页。
③ 《史记》卷129《货殖列传》。
④ 《汉书》卷1下《高帝纪》,第78页。
⑤ 秦汉时代,广义的关中包括巴蜀地区在内,《史记》卷7《项羽本纪》云项羽、范增"疑沛公之有天下,……乃阴谋曰:'巴、蜀道险,秦之迁人皆居蜀'。乃曰:'巴、蜀亦关中地也'。故立沛公为汉王,王巴、蜀、汉中"。《汉书》卷28《地理志下》云"定襄、云中、五原,本戎、狄地,颇有赵、齐、卫、楚之徙。"这儿的"赵、齐、卫、楚之徙"是指秦朝迁移赵、齐、卫、楚等国的豪强大姓而言。

一样,实行授田制度,土地和住宅都有国家按照身份高低授予,普通平民每夫一顷土地、一区住宅;有军功爵位者再根据爵位高低增加授田,最低一级爵位公士授田一顷半、住宅一区半,最高一级列侯授田一〇五顷、宅一〇五区。这儿的一顷是国家认定的良田,对于劣质土地和那些山川林泽如何处理,汉初的法律未见规定,但从逻辑上分析,应是和战国一样,增加受田数量以调节质量,因为汉初的田税(当时租、税合一,也可以称为田租)和战国一样都是以顷为单位的定额税,无论耕种与否、收成如何,对于庶人而言,土地一经授予,必须如数交纳额定的田税。① 这些被迁徙的人,没有任何爵位,而且大部分曾经是刘邦争夺天下的对手,刘邦完全有理由把他们流放到边远地区,按照庶人的待遇授给他们田宅就很不错了。但是,刘邦吸取了亡秦的教训,不是把他们流放到边远地区,而是把他们置于帝輦之下且"与利田宅"。这儿的"与利田宅"不能简单地理解为按照授田制度规定标准授给他们优质土地和位置好的住宅,而是不局限于制度标准,多授予土地住宅,以示汉家对他们的优抚之意,让他们安心关中。立国伊始,面对满目疮痍的社会现实,刘邦把恢复经济放在首位,其重要措施就是放宽对私营工商业的控制,所谓"开关梁、弛山泽之禁,"云云,就是放松对山川林泽的控制,允许私人使用,出现了"富商大贾周流天下,交易之物莫不通"②的一片繁荣的商业景象。这些富商大贾的主力就是被迁移的工商业主、豪强大姓。这些豪强大姓本来有经商的传统和经验,在复国梦想已经破灭的时候,只有集中力量追求财富,自然地发挥其特长经营工商业。

工商业的发达,对货币的需求增加,民间盗铸行为必然泛滥,盗铸的主力就是那些有实力、有技术、有经验的工商业主,其中也包括那些被迁移关中的豪强大姓。上已指出,铜钱虽是称量货币,其价值决定于其自身的重量和质量,但作为一般等价物,在流通过程中,其价值和价格是分离的,人们是按照铜钱的面值计算价格的,因而盗铸的铜钱重量要小于文重才能使利益最大化,所以汉初民间铸币的重量轻于半两。站在国家的立场,私人铸币是对国家权力的破坏,以轻充重、以次充好更为国家所不许。但是,在汉初的历史条件下,刘邦如果禁止私人铸币,打击私人铸币行为,首当其冲的是那些被迁移关中的豪强大姓,显然在政治上不利于汉政权的稳定。他们已经失去了故国和家园,把他们迁往关中"与利田宅"的目的就是以怀柔的方式满足他们的经济需求以防止他们为乱地方。如果因为私铸钱币将他们绳之以法,显然是在政治上把他们推往汉王朝的对立面,制造新的不稳定因素,他们必然千方百计逃离关中,挣脱中央政府的控制。在当时的条件之下,这些豪强大姓若逃离关中虽然不至于像在秦朝那样发起复国运动,但仍然增加关东地区动乱的可能性,甚至会壮大诸侯王国的力量,威胁着中央政权的安全。

---

① 关于西汉授田制度,参阅拙作:《西汉授田制度与田税征收方式新论》,《江海学刊》2003年第3期。
② 《史记》卷129《货殖列传》。

上以指出，刘邦称帝以后，在剪灭异姓王的同时，又将关东大部分地区封给宗室子弟为王，授予他们治理王国的军政全权。全国四十余郡，中央直接控制的包括京师地区在内只有十五个。刘邦的初衷是希望他们拱卫中央，同心同德，保卫刘家江山千秋万代。但是，刘邦深知权力之争的残酷，对这些宗室子侄未来的动向充满着不安，担心自己死后发生内乱，刘邦对吴王刘濞的告诫反映了刘邦真实的心态。将六国豪强贵族置于帝辇之下，"与利田宅"，放松对工商业的限制，实际上也是对同姓王的防范，防止这些同姓王利用这些豪强大姓的财力和社会影响力对抗中央。娄敬说的"强本弱末"之"末"不完全是针对六国之后，而是包含了同姓王国在内的。

三

汉初的货币制度，到吕后二年发生改变，即禁止私铸。《汉书·高后纪》云："行八铢钱"。应劭注谓"本秦钱，质如周钱文曰半两，重如其文，即八铢也。汉以其太重，更铸荚钱，今民间名榆荚钱是也。民患其太轻，至此复行八铢钱"。按秦汉衡制，二十四铢一两，半两十二铢，[①]秦钱文重和实重相等，应劭谓吕后发行的八铢钱是恢复秦钱显然是错的。但是，吕后之"行八铢钱"在货币铸造和发行权方面确实恢复了秦制。张家山汉简《二年律令·钱律》关于货币种类、质量、铸造、流通有着详细的规定：

> 钱径十分寸八以上，虽缺铄，文章颇可智（知），而非殊折及铅钱也，皆为行钱。金不青赤者，为行金。敢择不取行钱、金者，罚金四两。
> 故毁销行钱以为铜、它物者，坐臧（赃）为盗。
> 为伪金者，黥为城旦舂。
> 盗铸钱及佐者，弃世。同居不告，赎耐。正典、田典、伍人不告，罚金四两。或颇告，皆相除。尉、尉史、乡部、官啬夫、士吏、部主者弗得，罚金四两。
> 智（知）人盗铸钱，为买铜炭及为行其新钱，若为通之，与同罪。
> 捕盗铸钱及佐者死罪一人，予爵一级。其欲以免除罪人者，许之。捕一人，免除死罪一人；若城旦舂、鬼薪白粲二人，隶臣妾、收人、司空三人以为庶人。其当刑未报者，勿刑。有（又）复告者一人身，毋有所与。诇告吏，吏捕得之，赏如律。
> 盗铸钱及佐者，智（知）人盗铸钱，为买铜、炭，及为行其新钱，若为通之，而能颇相捕，若先自告、告其与，吏捕，颇得之，除捕者罪。

[①] 《史记·平准书》"更令民铸钱"《索隐》顾氏按："《古今注》云'秦钱半两，径一寸二分，重十二铢'"。这是标准钱，直径和重量一致，直径一寸二分重十二铢，直径八分的标准钱币重量最多八铢，而不可能是半两即十二铢。

诸谋盗铸钱,颇有其器具未铸者,皆黥以为城旦舂。智(知)为买铸钱具者,与同罪。①

《钱律》即吕后在发行八分钱时颁布的货币管理法。根据整理者的注释,"十分寸八"即十分之八寸,也就是八分,"钱径十分寸八"就是吕后发行的八分钱。根据上举律文,吕后《钱律》的基本内容有如下几项:第一,规定铜钱和黄金的质量标准和法币地位,将铜钱的重量由刘邦时代的三铢改为八铢,再次明确二者都是主币,不得选择黄金而拒绝使用铜钱。第二,打击制造"伪金"和毁钱为器行为,保护黄金和铜钱的货币价值和功能。第三,由国家铸造货币,严厉打击盗铸行为。盗铸及其协助人员、使用盗铸钱币者一律弃市,家人知情不举赎耐,同伍以及基层相关小吏不检举者罚金四两;县、乡负责官吏没有及时抓捕者罚金四两。盗铸未遂者"皆黥以为城旦舂"。第四,对检举、追捕盗铸及其同谋的有功人员赐予爵位,若允许用所赐爵位免除罪人。抓到一个盗铸者及其同案犯一人,赐爵一级;可以用爵位赎免罪人,可以赎免死罪一人,城旦舂、鬼薪、白粲二人,隶臣妾三人;案件已经判决但还没有上报终审者不再上报;此外,终身免除举报人徭役义务。第五,盗铸或者协助盗铸人员自首或者协助抓捕其他案犯,免除自身责任。

云梦秦律《封诊式》有举报拘捕盗铸钱的案例,云"某里士伍甲、乙缚诣男子丙、丁及新钱百一十钱、容(镕)二合。告曰:'丙盗铸此钱,丁佐铸。甲、乙捕索其室而得此钱、容(镕),来诣之'。"②丙是主犯,丁是从犯,无论主从,一律送官究治。上举汉简《钱律》显然是秦律的发展,极大地丰富了我们对秦律的认识,同时也说明了吕后打击盗铸钱币的力度。

《史记·平准书》谓刘邦放铸榆荚钱以后,"不轨逐利之民,牧积余业以稽市物,米至石万钱,马一匹则百金"。一句话,是钱多轻滥,物价上涨,刺激了工商业主操纵市场的投机行为。吕后之颁布《钱律》,禁止私铸,就是针对这一形势的。显然,颁布《钱律》对当时的经济形势的影响是冲击性的。原来的荚钱在法律上成为非法,不能继续流通,工商业主手中的荚钱也就失去其货币功能,因为禁止私铸钱币,想铸轻为重也不可能。所以,吕后《钱律》必然受到工商业主的反对和抵制。同时,就当时的政治形势而言,其《钱律》的施行范围和效果都是有限的,这不仅是因为工商业主的抵制,更因为当时中央法律在诸侯王国效力有限。上已指出,汉初诸侯王拥有治理封国的全权,有相当大的的自主性,在经济上除了向中央象征性地交纳"献费"以外,所有收入都归王国所有,诸侯王受封以后也将封国作为自己的私产在经营,千方百计地壮大国力,如招徕人口、发展经济,那些不见容于中央政府的关东士人也都投靠在诸侯

---

① 张家山汉墓竹简整理小组:《张家山汉墓竹简(二四七号墓)》,文物出版社,2001年,第159—161页。
② 睡虎地秦墓竹简整理小组:《睡虎地秦墓竹简》,文物出版社,1978年,第252—253页。

王门下,施展自己抱负,为王国兴旺发达出谋划策。从张家山汉简《贼律》《津关令》等律文来看,起码在吕后时期中央政权和诸侯王国俨然是国与国的关系,中央严禁马匹、物资、人口私自出关,严禁诸侯王国人在关中购买马匹,在中央与诸侯王国边境上有城塞亭障等军事设施,并不时发生军事摩擦。[①] 所以,从理论上说,王国应该执行汉法,但在实际上,王国莫不自行其是,因地制宜地治理国家。《汉书·荆燕吴传》谓"会孝惠高后时天下初定,郡国诸侯各务自拊循其民。吴有豫章郡铜山,即招致天下亡命盗铸钱,东煮海水为盐,以故无赋,国用饶足"。"郡国诸侯各务自拊循其民"说明地方有较大的便宜处事权,王国就更加自专了。所以吴王刘濞能够"即招致天下亡命盗铸钱,东煮海水为盐,以故无赋,国用饶足"。容纳逃亡人员是违法行为,而刘濞是公开地"招致天下亡命"并且"盗铸钱"。这"盗铸钱"是司马迁站在中央立场上就吕后《钱律》规定而言的,就当时吴国来说,铸钱是公开的合法行为。其他王国可能没有吴国这样公开,但绝不排除自行铸钱的存在。在这个政治格局之下,中央禁止铸钱的施行范围不过局限于中央直辖郡县而已。那些在中央地区受到打击、无法铸钱以牟利或者因为铸钱而犯法者自然地逃往诸侯王国,其结果是为渊驱鱼,客观上壮大了诸侯王国的力量。

吕后发行的八分钱较刘邦荚钱重得多,铸造成本高,国家没有足够的铜,其发行量自然有限,市场流通的数量有限,钱重物轻,会产生物贱伤农的结果。所以吕后六年,"行五分钱"即改八分钱为五分钱。应劭说这五分钱即"所谓荚钱者"。显然,应劭的理解是错误的,班固说得很明白,荚钱是刘邦发行的三铢钱。按照上引《钱律》推算,八分钱重八铢,五分钱重量应是五铢,其文重仍然是半两。改八分钱为五分钱,仅仅是钱币重量的改变,并没有改变国家铸币的性质。到汉文帝时正式允许私人铸币。《汉书·文帝纪》云五年"四月,《除盗铸钱令》。更造四铢钱"。应劭注云"文帝以五分钱太轻小,更作四铢钱文亦曰半量,今民间半两钱最轻小者是也"。《食货志》记载稍详,云"孝文五年,为钱益多而轻,乃更铸四铢钱,其文为半两。《除盗铸钱令》,使民放铸"。按五分钱重量为五铢,重于新发行的四铢钱,所以应劭说的"文帝以五分钱太轻小""乃更铸四铢钱",于理不通。"为钱益多而轻"之钱并不是指吕后发行的五分钱。《史记·平准书》云"至孝文时,荚钱益多,轻,乃更铸四铢钱。其文为半两,令民纵得自铸钱"。"荚钱益多,轻"而"更铸四铢钱",说明荚钱小于四铢,这儿的荚钱只能是刘邦时代的三铢钱。其时距离吕后发行八分钱已经十一年,使用五分钱也有七年,而民间却越来越多地使用荚钱。显然,这些荚钱不是国家铸造发行的,而是民间私人铸造。面对这个形势,文帝有两种选择:一是严格执行盗铸钱令;一是因势利导,索性使私人铸币合法化。文帝选择了后者。这是有其深刻的政治、经济原因的。

[①] 参阅臧知非:《张家山汉简所见汉初中央与诸侯王国关系论略》,《陕西历史博物馆馆刊》第10期,三秦出版社,2003年。

文帝以外藩入继大统,执政的首要任务是稳定朝政、收揽人心。这除了重赏剪灭诸吕的功臣和优抚刘氏宗室以外,就是在深层次上消除秦朝留下的苛政,放手发展经济,矫治以往弊政。众所周知,打击私营工商业是秦朝经济政策的特点之一,垄断铸币、严惩盗铸是其重要手段,也是招致六国豪强宗室反对的重要原因。因此之故,刘邦才"令民铸钱",这既是恢复经济的需要,也是收揽人心的举措。吕后之收回铸币权,在一定程度上恢复秦朝制度,限制了工商业主的牟利途径,同时也影响了私营矿冶业的发展,必然引起工商业主的不满。所以文帝即位以后,力行节俭,顺从民望,"宫室苑宥车骑服御无所增益,有不便,辄弛以利民"。① 所谓"弛以利民"即放松对苑宥的控制,允许农民开发使用,不和民争利。这"弛以利民"之"民"是泛指,包括那些富商大贾在内。放松对苑宥的控制,获利最大的当然是那些才大势大的工商业主和大大小小的军功地主。文帝以重农自居,即位伊始就亲开籍田,以作为天下表率,但是现实则是"民或不务本而事末"。② 正说明文帝时私营工商业势头迅猛,私铸钱币必然普遍。按照《钱律》严格执行,私铸钱币者无论主从一律死刑,则犯法者众,显得法律残酷,同时会把那些不轨逐利之民推向诸侯王国,仍然起不到禁止私人铸币的作用。与其禁而不止,不便于民,不如《除盗铸钱令》,将私人铸币合法化,这样不仅符合减轻刑罚的仁义之道,那些工商业主也不会因为铸币的限制而逃亡诸侯王国,同时也有利于山林资源的开发使用。

文帝之《除盗铸钱令》,并非放弃国家对货币铸造和流通的监管责任,所除者是国家对铸造钱币的垄断,但钱币的质量则有着严格的规定,禁止掺杂使假。也就是说,国家虽然允许私人铸造货币,但必须严格按照国家规定的标准执行。贾谊在上文帝书中透露了这一历史信息:

> 法使天下公得雇租铸铜锡为钱,敢杂以铅铁为他巧者,其罪黥。然铸钱之情,非淆杂为巧,则不可得赢;而淆之甚微,为利甚厚。夫事有招祸而法有起奸。今令细民人操造币之势,各隐屏而铸作,因欲禁止其厚利微奸,虽黥罪日报,其势不止。乃者,民人抵罪,多者一县百数,及吏之所疑,榜笞奔走者甚众。夫悬法以诱民,使入陷阱,孰积于此!囊者铸钱,死罪积下;今公铸钱,黥罪积下。为法若此,上何赖焉?③

按吕后《钱律》,"为伪金者,黥为城旦舂"。"伪金"是指假黄金。黄金和铜钱都是法定货币,制作假黄金者"黥为城旦舂",则铸造劣质钱币者应该与"为伪金者"同

---

① 《汉书》卷4《文帝纪》,第134页。
② 《汉书》卷4《文帝纪》,第118页。
③ 《汉书》卷24下《食货志下》,第1153—1154页。

罪。贾谊说的"敢杂以铅铁为他巧者,其罪黥"即本于此。说明文帝虽废除《钱律》的内容,但犯法违禁者并没有因为《除盗铸钱令》而有减少,只是量刑不同,由原来的死刑变为黥刑而已。"曩者铸钱,死罪积下;今公铸钱,黥罪积下",以前是冒死罪盗铸钱,现在虽然可以公开铸钱,但因为所铸钱币质量问题被处以黥刑者更多。因为铸钱合法而非法者更多,等于"悬法以诱民"。这正说明文帝时对货币质量要求严格。当然,其效力仅局限于朝廷直属郡县,各王国的货币铸造情况中央是无法过问的。

法律规定和实际执行总是有一定距离的。文帝颁行四铢钱以后,原来的荚钱、五分钱、八分钱以及秦的半两钱并没有退出流通领域,都在继续使用。贾谊指出:

> 又民用钱,郡县不同:或用轻钱,百加若干;或用重钱,平称不受。法钱不立,吏急而一之乎,则大为繁苛,而力不能胜;纵而弗呵乎,则市肆异用,钱文大乱。苟非其术,何向而可哉![1]

贾谊是站在法令统一、令行禁止的立场上分析文帝《除盗铸钱令》的利弊的,认为允许私铸的目的是解决钱文混乱问题,要用四铢钱取代其他货币,结果导致郡县用钱轻重不同,即使严格执法,也难以实现统一货币的目的,相反导致新的混乱。

贾谊也明白,简单地像以往那样禁止私人铸钱既不能解决钱币的盗铸和掺杂使假问题,也不能解决货币紊乱问题,因为只要民间有铜,铸造钱币的基础存在,就不可能杜绝盗铸现象。因而贾谊提出把所有铜都收归国家,禁止私人采铜,民间无铜可用,私人铸钱自然根除,国家统一铸币,钱币轻重成色数量都由国家掌握,物价轻重也就好控制了,同时那些离开土地以采铜为业的人也不得不回到土地上去;此外,铜是贵金属,国家用来赏赐臣下,区别贵贱,同时铸造兵器,增强国力,提高反击匈奴的力量。从理论上说,贾谊的建议有其一定的合理性和可行性,后来汉武帝统一由上林三官铸造、发行五铢钱和贾谊的主张有一定的相通之处。但在当时来说,贾谊的建议无疑是书生之论,不具备实现的基础。首先,文帝治国在经济上是农商并重,而采铜、冶铁、煮盐同为生财之道,国家垄断采铜,其他矿冶业何以处之?怎能确定无法采铜的农民就一定回到土地上而不是转而采金挖银,或者炼铁煮盐?其次,在当时的政治格局下,中央号令在诸侯王国最多是有限实行,无伤于王国实际利益者,诸侯王们或许执行,否则,则自行其是。若中央禁止私人采铜,诸侯王国则放任私铸,那些工商业主、弃农经商者必然逃亡诸侯王国,这是汉文帝所最不愿意的。所以,贾谊的建议,只能停留在书面上,"上不听"。

---

[1] 《汉书》卷24下《食货志下》,第1154页。

四

文帝治国以重农见称,躬耕籍田、劝民农耕、减免田税、减轻徭役等一系列措施,目的都是减轻农民负担。但是,若比较而言,文帝时期更是私营工商业的黄金时期。众所周知,西汉立国以后,力矫秦朝之弊,曾放宽对私营工商业的限制,"开山泽之禁,弛商贾之律"。但这是笼统而言的,从刘邦立国到文帝时期,西汉的工商业政策还是有变化的,刘邦立国伊始曾采取放任的工商业政策,后来又有所限制,惠帝、吕后时又有所放松,即"复弛商贾之律"。这一个"复"字说明了以往曾经弛而复紧。这"复弛商贾之律"的内容不详,但有一点是可以更定的,就是国家开放山川林泽。张家山汉简《二年律令·金布律》云:

> 诸私为卤盐、煮济、汉,及有私盐井煮者,税之,县官取一,主取五。采银租之,县官给橐,□十三斗为一石,□石县官税□□三斤。其□也,牢橐,石三钱。租其出金,税二钱。租卖穴者,十钱税一。采铁者五税一;其鼓销以为成器,有(又)五税一。采铅者十税一。采金者租之,人日十五分铢二。民私采丹者租之,男子月六斤九两,女子四斤六两。①

这是吕后二年以前颁布的对私营煮盐、采银、冶铁、采铅、采金等矿冶业的税收规定,因为简文漫漶和简略,个别词句的含义尚不清楚,但主要内容是明白的。据律文,不同行业、不同经营方式的征税方式和征税额不同。按上举内容,分类言之:一是对盐业的税收规定,无论是煮海水为盐,还是井盐或者以其他方式煮盐,税收都是"县官取一,主取五"。这儿的"县官"是国家的代称,"主取五"之"主"当是盐田或盐井的所有权人。盐田或盐井的拥有者不直接经营煮盐业,将其租给他人经营,官府明令经营者将产值的五分之一交给国家、十分之五交给矿主。这是一种承包经营方式,至于那些直接经营者纳税多少,因简文不全,不得而知。二是对采银业主的税收,分三种情况:使用官府提供的橐和自备橐者,分别按产值交纳不同比例的税收,用官橐者比例大,自备橐者比例小(尽管因为简文残缺,不知道具体的税收数量,但其含义还是能够推知的);若将银矿出租或者出卖则"十钱税一"。律文的"租其出金,税二钱"所指不明,详情待考。三是对冶铁采铅业的规定。只从事冶铁不从事铁器加工者收五分之一的税,若冶铁兼营铁器制造业,再征收五分之一的累进税;向采铅业主收十分之一

---

① 张家山汉墓竹简整理小组:《张家山汉墓竹简(二四七号墓)》,第 192 页。关于律文的解释,参阅拙作:《张家山汉简所见西汉矿业税收制度试析——兼谈西汉前期"弛山泽之禁"及商人兼并农民问题》,《史学月刊》2003 年第 3 期。

的税收。四是对采金和采丹业的规定,因为黄金和丹砂系贵重矿产,故采用按人征收定额税制:采金者按人按天计算,每天每人收黄金"十五分铢二"即十五铢二分;采丹则按人按月收取,男子每月六斤九两,女子每月四斤六两。

　　无论税收方式如何和税收数量多少,都表明一个事实,即在吕后时代,国家山川林泽是向私人开放的。只要按章纳税,就可以开采。因此之故,铸造钱币禁而难止,贾谊才提出国家要从源头杜绝盗铸钱币的可能性,收回矿山的开采权,并把所有的铜都控制在国家手中。而文帝《除盗铸钱令》的时候,山川林泽自然继续向私人开放,而私人铸币合法化,工商业主直接铸造钱币,既可以通过流通领域牟利如购买田宅,也可以贮藏的方式积聚财富,国家的徭役赋税都可以用钱币交纳,从而获得更多的人身自由,使国家对自身的控制弱化①。一句话,有了钱就有了一切。在这个现实面前,必然导致拜金主义的风行。而当时田税征缴是实物和货币并举,货币的比重要大于实物,一心务农者必须出卖实物以完税,结果是一年四季,受尽辛苦,收获很少,还要受到商人的剥削,农民自然是想方设法地"弃本逐末",加入到矿冶采铜的大军之中,贾谊说的"今农事捐而采铜者日蕃,释其耒耨,熔冶炭炊,奸钱日多,五谷不为多"②并不是文学性的夸张,而是普遍性的社会存在。不过,贾谊所说的"熔冶炭炊"仅是农民"释其耒耨"的目的之一,远非全部。铸造钱币并非人人可为,更要受到资源的限制,当全社会都铸造钱币时,钱币数量激增,其购买力下降,自然会贬值,这是市场规律使然。所以,农民离开土地以后,并不一定都像贾谊说的那样"熔冶炭炊",而是有着更多的选择。《史记·货殖列传》曾概括地叙述了西汉前期各地的畜牧、种植、矿冶的发展盛况以及那些名都大邑之中富商巨贾的财富状况,形象地说明了当时的经济结构的多样性,如谓:"陆地牧马二百蹄,牛蹄角千,千足羊,泽中千足彘,水居千石鱼陂,山居千章之材。安邑千树枣,燕秦千树栗;蜀、汉千树橘;淮北、常山已南,河济之间千树荻;陈、夏千亩漆,齐、鲁千亩桑麻,渭川千亩竹;及名国万家之城,带郭千亩亩钟之田,若千亩茜,千畦姜韭:此其人皆与千户侯等。"③这儿的"千"是泛指其多,所谓的"千足羊"、"千足彘"、"千树荻"、"千亩桑麻"等等并非就是一千亩。这些畜牧、种植业主起码有相当一部分是由农民转化而来,从身份上说,他们也是农民的一部分,区别在于他们生产的主要目的不是为了自身的消费,而是为了出卖,其生产的是商品,他们是商品生产者,已经和一般意义上的农民不同了。

　　经营种植业、畜牧业是要有资源的,这"千石鱼陂"、"千亩漆"、"千亩桑麻"、"千亩竹"等大片的山林川泽是要永久性的固定在私人名下才能成为私产,才能使这些人

---

　　① 西汉前期田税制度和国家对居民的控制,参阅拙作:《西汉授田制度与田税征收方式新论》,《江海学刊》2003年第3期;《秦汉里制与基层社会结构》,《东岳论丛》2005年第6期。
　　② 《汉书》卷24下《食货志下》,第1155页。
　　③ 《史记》卷129《货殖列传》,第3272页。

成为和"千户侯等"的豪富,这些山川林泽从何而来？国家"弛山泽禁"是否意味着个人可以无偿使用山川林泽？答案是否定的。从张家山汉简《二年律令》以及其他文献和简牍资料来看,西汉的人口管理和基层行政制度十分严格,和秦朝没有差别,所有人口都被编制于户籍之上、固定于相应的里内,按照身份,分区居住,出入行止,相互监督,同伍连坐,里民们起码在制度规定上是没有行动自由的。如果"弛山泽之禁",农民可以自由使用山川林泽,其居住和生活形态相应改变,无法监视其出入,也不存在统一时间开、关里门的问题,则意味着对基层行政管理系统的否定,这在逻辑和事实上都不可能①。所以,对这些山川林泽的来源还要从授田制度上找根源。上已指出,早在战国时代,授田制度的基本是原则"相地而衰征",即用土地数量的多少调节质量的差异,良田按标准授予,每夫百亩,质量差的土地则加倍、再倍,直至五倍、十倍以上。西汉授田制由战国、秦朝发展而来,仍然要沿用"相地而衰征"的办法调节土地质量差异问题。法律所规定的庶人授田一顷,有军功者依次增加授田数量,最低一级公士授田一顷半,最高一级关内侯授田一〇五顷,都是指良田而言,那些居住在盐碱瘠薄之地、山林池沼地区的农民自然要因地制宜,增加其实际授田面积。在"弛山泽之禁"的条件下,国家放松对山林的控制,将山林折合成良田授予农民,顺理成章。张家山汉简《二年律令·田律》规定:"田不可田者勿行,当受田者欲受,许之"。"田不可垦而欲归,毋受偿者,许之"。②"田不可田者,勿行"是针对负责授田的官吏说的,防止地方官吏在授田过程中强行以次充好、欺压百姓。但是,如果农民自愿要那些"不可田"之地,是允许的。农民接受那些不能耕种的土地以后,如果退还,也是允许的,但是不得再要求授予新的土地。有此规定,说明现实中确实有农民主动要求那些"不可田"的土地。这些"不可田"的土地不会毫无用处,不能耕种,一定有别的经济价值,否则,不会有人主动要求。在授田过程中,这些"不可田"的土地当然不会按照每夫一顷的标准授予,而是增加其数量。授田的目的是收税(租),无论耕种与否,只要将土地记入名之下,就要按顷交纳田税(租),换句话说,那些国有荒地、山川林泽,只有授予农民以后,官府才能实现其经济价值,否则是无从征税的。所以,当农民主动要求这些"不可田"的土地时候,官府自然会满足其要求的。人们要求这些"不可田"的土地做什么？唯一合理的解释是从事非农业生产,能渔则渔,能牧则牧,上述各种畜牧、种植诸业迅速发展起来了。当然,也不排除这些种植、畜牧、养殖业主也会通过其他方式从官府获得山川林泽的使用权,如像上举矿冶业主之有偿使用矿山、盐田那样,由于产业性质的差异,主要的可能还是通过授田的方式获得。因为在授田制之下,土地一经授予就归个人所有,国家是不再收回的,只有通过授田的途径才能将这些资源变成个人永久的私产。所以,我们有理由说,西汉前期工商业的兴盛,和当时

---

① 参见拙作:《秦汉里制与基层社会结构》,《东岳论丛》2005年第6期。
② 张家山汉墓竹简整理小组:《张家山汉墓竹简(二四七号)》,文物出版社,2001年,第165、166页。

的土地制度是有内在关联的。在"用贫求富,农不如工,工不如商,刺绣纹不如依市门"已经成为社会共识的条件下,国家既允许私人铸币,又放松对山林川泽的控制,人人可以各尽所能追逐富厚,有条件的农民自然地通过授田或者其他方式,获得新的经济资源,从事商品生产,弃农经商成为时代的必然。这些已经超出了本文主题,这里不予多说,只要明白文帝之《除盗铸钱令》的意义不仅仅是使私人铸币合法化,同时也意味着进一步"弛山泽之禁",导致经济结构的迅速变化就行了。

文帝《除盗铸钱令》对经济结构的另一个影响是加速了工商业者对普通受田民的兼并进程。尽管人人都明白"用贫求富,农不如工,工不如商,刺绣纹不如依市门"这个道理,但在农业社会里,"以末致富,以本守之"更是保持其财富的最佳手段。当然,这里的"以本守之"并不是说经营农业,而是指用经营工商业赚来的钱购买土地,从而使财富增殖。所以达官显贵也好,工商业主也好,无不以兼并土地为能事。对此,贾谊和晁错都有深刻的论述,笔者也曾有过分析,这里就不再重复了。

原刊于《苏州大学学报》2006年第3期

(作者简介:臧知非,苏州大学社会学院教授、博士生导师)

秦汉帝陵及其影响*

徐卫民

古代人信仰灵魂不灭,统治者更是有过之而无不及,实行"事死如事生",于是将地上社会搬到了地下。因此帝陵是当时社会政治、经济、文化、军事的集中反映。秦汉的帝陵更深刻地反映了当时的社会现象,在中国陵墓制度史上产生了十分重要的影响。虽然经过两千多年的自然和人为的破坏,现在已看不到当时地面上的恢宏景观和威严气势。但其地下的地宫、陪葬坑、陪葬墓等遗址经过考古工作者的勘探与发掘,使人们得以窥探当时社会的方方面面。

一、中国陵墓史上的里程碑

秦汉时期是中国制度史上的创立时期,在陵墓制度史上也是如此,具有里程碑的作用。秦始皇陵和汉代帝陵犹如金字塔一样至今仍然屹立于三秦大地之上,是研究秦汉社会的第一手资料。

《吕氏春秋·安死篇》云:"世之为丘垄也,其高大若山,其树之若林,其设阙庭,为宫室,造宾阼也,若都邑。"[1]曾经主持过秦始皇帝陵园规划建设的丞相吕不韦,自然而然地在陵园建设中体现了"若都邑"的理念。正如蔡邕在《独断》中指出:"宗庙之制,古学以为人君之居,前有朝,后有寝,终则前制,庙以象朝,后制寝,以象寝,庙以藏主,列昭穆,寝有衣冠、几杖、象生之具,总谓之宫。古不墓祭,至秦始皇出寝,起之于墓侧,汉因而不改,故今陵上称寝殿,有起居、衣冠、象生之备,皆古寝之意也。"[2]

秦始皇陵的规划与建造,是对秦国几百年王公陵的继承与发展。考古工作者目

---

* 本文是国家社科基金项目阶段性成果:秦汉帝陵制度研究,11XZS006。
[1] 陈奇猷校释:《吕氏春秋校释》,学林出版社,1984年,第535—536页。
[2] 蔡邕:《独断》(卷下),上海古籍出版社,1990年,第14页。

前在甘肃礼县，陕西平阳、雍城、咸阳、芷阳发现的秦时王公的陵墓，规模也都比较大。在雍城附近，发现了秦公14个陵园遗址，共探出44座大墓，有"中"字形、"目"字形、"甲"字形、"凸"字形、刀把形、"国"字形等。有"中"字形大墓22座，其中的秦公1号大墓经过10年的清理发掘，搞清了墓葬的形制，它是迄今我国已经发掘的先秦时期墓葬中规模最大的一座，墓长达300米，深达24米，据研究应为秦景公的大墓。随着秦国力的不断增强，从秦惠文王开始，陵墓已经从"中"字形变成"亞"字形大墓了。

秦始皇陵园是我国历史上第一个皇帝陵园，也是中国古代帝王陵墓中规模大、埋藏丰富的帝王陵园之一，不仅因为其壮观的规模、巍峨的建筑、丰富的埋藏品称著于世，更因其蕴含着巨大的历史、科学、文化等价值而备受社会各界的关注。从目前的考古勘探情况来看，秦始皇陵有呈"回"字形的两重城垣，其门却为三出阙，城垣的四角有角楼，在陵园内有寝殿、便殿，有饮官遗址。其地宫深及三泉，为了解决地下水的问题，便"下锢三泉"，修建了阻排水道。

目前已经在陵园中发现了六百多个陪葬坑和陪葬墓，内涵极为丰富。其中有184座大小、内容、形制皆不相同的陪葬坑，包括陵园内有77座，陵园外有107座，而且这些还不能说是秦始皇帝陵园陪葬坑的全部内容。这些陪葬坑广泛分布在封土之下、内城之内、内外城之间和外城之外。从陪葬坑的面积上看，既有面积广达14000多平方米的石铠甲陪葬坑（武库），也有面积仅二三平方米的陪葬坑。至于各类陪葬坑的形制，则更是变化万千，诸如长方形、近方形、几何形等等不一而足。从陪葬坑的埋藏内容看，既有代表军事性质的原大各种军吏陶俑，也有反映帝国文官体系的原大陶俑，还有反映皇宫娱乐活动的百戏陶俑，以及在皇宫和官府中看护、饲养各类动物的原大跽坐俑和仿真制作的青铜质水禽；既有真实的木车木马，也有按原大二分之一比例缩小精心制作的铜车马；既有各类实战用的长短冷兵器，也有仿真的石质铠甲和头盔；随葬中既有活马，也有陶马。其中兵马俑一号坑长230米，宽62米，是一规模巨大的地下坑道建筑，而且全部有铺地砖。段清波先生认为："秦始皇帝陵园内外发现的众多陪葬坑为文献中所记'百官'在地下的再现，通过这种陪葬坑的形式将秦帝国的中央政权组织机构、皇宫管理机构以陪葬坑的形式埋藏于地下，真实再现'事死如事生'的理念，从而确保秦始皇帝在死后亦能有一套完备的官僚机构侍奉其在灵魂世界里得到安稳。"[1]

秦始皇陵的封土位于陵园内城的南半部，占陵园内城南部约三分之二的面积，为整座陵园的核心，封土高大巍峨。在内城垣以内，封土以下及东、南、西三侧分布密集的陪葬坑，封土以北西侧为建筑遗址区，东侧东北小城内为陪葬墓区和一些建筑遗址，东、南、西内外城垣之间靠近封土的区域也分布较为密集的陪葬坑和建筑遗存。

---

[1] 段清波：《秦始皇陵考古研究》，北京大学出版社，2011年，第173页。

陵园外城垣东侧分布兵马俑坑和上焦村马厩坑，在南侧发现了为阻挡南部骊山山洪侵袭而夯筑的防洪大坝，外城垣西侧为陪葬墓区和修陵人墓地等，西北侧为石料加工厂遗址，在北侧发现了动物坑和含青铜水禽的陪葬坑。

秦代时，古代陵墓的外藏系统已经发展到登峰造极的程度，并由此进入了一个快速的发展期。如果将"外藏撑"这一概念的提出作为古代陵墓外藏制度最终发展成熟的主要标志之一，较之于汉代外藏系统而言，秦代的外藏系统更多地表现出了一种"前制度时代"的特征，那就是其外藏系统空间设置和埋藏内容的不拘一格、内容丰富、形制多样等，也正是在这种"前制度时代"的文化背景之下，规范化制度并未成为秦代外藏系统设置的阻碍和束缚。①

笔者认为，秦始皇陵的陪葬坑、陪葬墓之所以布局不如西汉帝陵那样整齐，是与秦都咸阳的发散式布局有关系，而汉长安城的布局相对要整齐有序。

秦始皇帝陵对汉代帝陵产生了十分重要的影响，汉承秦制在帝王陵制度上表现得淋漓尽致。西汉时期的十一个帝陵的规划与建设大多是继承并发展了秦的制度，以都城长安作为规划的范本。刘庆柱、李毓芳先生认为："西汉帝陵陵园系模仿都城长安而筑"，"帝陵陵墓的封土，似皇帝的'正殿'，即所谓'象生制度为殿屋'"，"帝陵陵墓四条墓道，犹如帝王为'开四聪，延直言之路，下不讳之诏，立敢扑之旗'而开辟的'四门'"。"帝陵封土四周的墙垣，犹如皇宫'宫墙'。陵园墙垣四面中央各辟一门，此犹皇宫四门"。"帝陵陵园象征未央宫，皇后陵陵园象征长乐宫"。分布在陵东、陵北的陪葬墓和陵邑，是受"汉长安城居民贵宣平之地"、"视未央宫北阙附近为'甲第'"观念的影响，"这是他们京城生活的反映"。② 赵化成先生认为："西汉帝陵陵园是大体模仿宫城即未央宫而设计的"。③ 焦南峰先生认为："对考古资料和文献的综合分析，可以推论出以下几点认识。（1）阳陵的帝陵、后陵、'罗经石'遗址、外城分别是长安城的未央宫、长乐宫、礼制建筑、城垣在陵区的地下再现。（2）阳陵不同的陪葬坑代表和象征'宫观及百官位次'，代表不同的政府机构及设施（包括军队在内）。（3）阳陵诸侯王的墓园代表其管辖的王国，诸侯的墓园象征的是侯国，公主和郡太守的墓园是其管理的邑和郡的地下微缩。都城、宫殿、礼制建筑、政府机构、军队、王国、侯国、邑、郡，一个王朝的中央政权和地方建制应有尽有，无一或缺。至此，我们的推论是，西汉王朝是汉阳陵的建设模本，汉阳陵是模仿现实中的西汉帝国建设而成的。推而广之，早于阳陵的长陵、安陵、霸陵，晚于阳陵的茂陵、平陵、杜陵、延陵、渭陵、义陵诸陵，大致都采用了'阳陵模式'。"④

---

① 段清波、张颖岚：《秦始皇帝陵的外藏系统》，《考古》2003 年第 11 期。
② 刘庆柱、李毓芳：《关于西汉帝陵形制诸问题探讨》，《考古与文物》1985 年第 5 期。
③ 赵化成：《秦始皇陵园布局结构的再认识》，见《远望集》，陕西人民美术出版社，1998 年，第 507 页。
④ 焦南峰：《试论西汉帝陵的建设理念》，《考古》2007 年第 11 期。

西汉诸陵的陪葬墓大多都在帝陵之东,长陵陪葬墓规模最大。曹龙先生认为:西汉帝陵除康陵外,其余诸陵均有陪葬墓,或见于文献,或见于地面调查。从目前保存封土的陪葬墓来看,它们大多数分布在帝陵以东,有的也在帝陵以北。分布在帝陵以东的陪葬墓,位于东司马道南北两侧,其中尤以南侧的陪葬墓数量较多。①

西汉帝陵陪葬墓区的设置是继承秦制的基础上有所发展。其陪葬墓区的设置在规划整个陵园时已预先设计并规划。陪葬墓距离帝陵陵园及东司马道的远近,显示出陪葬者身份的高低。西汉开国丞相萧何(今徐家寨双冢)即葬于长陵陪葬区内最显要的位置——长陵东司马门道北边,西邻长陵。长陵陪葬墓区西起长陵,东至泾河南岸的原上,东西绵延约15里,20世纪80年代统计有63座带封土。② 长陵陪葬墓——杨家湾汉墓曾出土3000余件陶俑,皆为塑衣式,该墓主人学界一般认为是西汉名臣周勃或周亚夫。③ 阳陵陪葬墓的发掘提供了较为完整的信息,已发掘的墓园位于东司马道两侧,规模比较大,应为皇帝重臣、近臣。从已发掘的资料看,墓葬形制多为"甲"字形长斜坡墓道土圹墓及洞室墓,其中前者数量少,体量大,如M797、M740等;后者数量较多,体量较小如M760、M130等;在墓葬规模、随葬品种类数量上亦存在区别,如M797、M740皆有其自己的陪葬坑,坑内出土着衣式裸体陶俑以及彩绘动物俑,与阳陵帝陵外藏坑出土的同类陶俑形制相差无几。这类陶俑是专门为皇室随葬的等级较高的随葬品,一般的贵族大臣在未经皇帝特赐的情况下不得使用此类陶俑,只能陪葬塑衣式彩绘陶俑。这些帝陵加上皇亲国戚、权臣列侯的陪葬墓自东而西绵延百里。④ 茂陵113座(组)陪葬墓中现有14座保留封土,可确认身份的有卫青墓、霍去病墓、金日磾墓、霍光墓、上官桀墓等。⑤ 茂陵陪葬墓中带封土的墓葬基本分布于东司马道两侧,其中卫青墓、霍去病墓位于陵园与陵邑之间,是陪葬墓中距离帝陵最近的墓葬,霍光墓与上官桀墓虽然仍位于东司马道附近,但是距离稍远,位于陵邑的东侧。墓主人等级越高,墓园及墓葬规模越大。西汉陪葬墓封土的规模,在当时法律中上至列侯、关内侯,下至庶人都有明文规定。目前所见的陪葬墓之封土,亦显示了墓葬本身大小体量的差异。

西汉帝陵陪葬制度自长陵陪葬墓的这种格局一经确立后,其后的诸陵均以此为制,或有细微的改变,但不关乎整体格局。西汉帝陵陪葬制度的形成及发展大致经过了三个阶段,高祖长陵创立陪葬制度,经惠帝安陵到景帝阳陵时基本确立,此为陪葬制度的形成期;武帝茂陵、昭帝平陵、宣帝杜陵为陪葬制度的发展期;自元帝渭陵罢

---

① 曹龙:《西汉帝陵陪葬制度初探》,《考古与文物》2012年第5期。
② 刘庆柱、李毓芳:《西汉十一陵》,陕西人民出版社,1987年,第175—176页。
③ 陕西省文管会、咸阳市博物馆、杨家湾汉墓发掘小组:《咸阳杨家湾汉墓发掘简报》,《文物》1977年第10期。
④ 曹龙:《西汉帝陵陪葬制度初探》,《考古与文物》2012年第5期。
⑤ 陕西省考古研究院:《汉武帝茂陵考古调查、勘探简报》,《考古与文物》2011年第2期。

设陵庙及陵邑以来,至成帝延陵、哀帝义陵、平帝康陵为陪葬制度的萎缩或衰退期。武帝时期由于武帝本人的文治武功、开疆拓土,涌现出一大批良将贤臣陪葬茂陵;到西汉晚期,元帝罢设陵邑及陵庙,对于整个西汉帝陵制度是一次大的改动,这也影响到了陪葬制度,后四陵(延、康、渭、义陵)的陪葬墓数量和规模都明显减少、变小。① 西汉帝陵陪葬制度的确立及演变对后世帝陵陪葬制度有着深远的影响,作为古代的礼仪制度而言,其中很大一部分是一种不成文的制度,亦可称之为习俗,尤其是在丧葬制度方面,这种习俗式的表现尤为明显。因此,虽然后来东汉、隋唐乃至明清时期帝王陵墓的陪葬形式发生了一些大的变化,但从其陪葬墓区的设置、陪葬墓的形制、陪葬者的身份等等来看,都是受到西汉帝陵陪葬制度的影响。可以说西汉帝陵陪葬制度奠定了中国古代帝陵陪葬制度的基础。②

秦汉时期的帝陵普遍设立了陵邑。陵邑的设置,始于秦始皇陵设置丽邑。汉承秦制,自汉初至汉元帝下诏罢置陵邑止,其间各陵都设陵邑。其作用从秦到汉稍有改变,一是供奉陵园,二是迁徙关东大族、达官巨富,以便起到强本抑末、巩固中央集权统治的目的,三是繁荣关中经济。陵邑大多数分布在帝陵以北、以东地区。据文献记载,各陵邑的人口大约为3万—5万户,茂陵邑的人口达到27万。其中许多户属豪强大族,因此成为当时人口最稠密的地区。陵邑的人口成分构成也比较复杂,达官显宦、学者文人、俳优世家、市井子弟、"五方杂厝",与汉长安城的关系极为密切,相当于汉长安城的卫星城,形成了别具特色的社会生活,在中国古代的行政建制史上也属奇葩。

二、事死如事生——秦汉帝陵是秦汉社会的缩影

秦汉帝陵是秦汉社会的缩影,是地上世界在地下的形象反映,其发展演变与秦汉时期的政治、经济、文化发展有着不可分割的关系。

(一)秦汉帝陵是专制制度的高度反映

春秋以前,先民死后都埋藏在地下,"不树不封"。至春秋战国时代,富豪大族为祭祀先祖便于识别,才堆土成丘,由"陵"发展成"山"。后来封土的大小就成为显示权威富贵的标志了。而且诸侯大臣竞相隆起高坟,而天子之坟更是巍峨耸立,状若山陵。

从文献和考古资料可以看出,秦汉时期的帝陵都与当时的都城有密切关系,其位置都在都城的附近,这是出于管理与祭祀便利的需要。且其陵园内的各种建制也是

---

① 曹龙:《西汉帝陵陪葬制度初探》,《考古与文物》2012 年第 5 期。
② 曹龙:《西汉帝陵陪葬制度初探》,《考古与文物》2012 年第 5 期。

"设阙庭、为宫室、造宾阼也若都邑。"①秦的帝王陵随着都城的迁徙而迁徙,由雍城、栎阳到咸阳周边。西汉帝陵位于长安城的北部和东南部,而且其陵园的建筑布局也受到都城建制的影响。大多数陵墓在陵区的南部,帝陵在西,后陵在东,这种布局和长安城内皇帝所居的未央宫在西南部、皇太后所居的长乐宫在东南部非常近似。陵墓居陵园中央,陵园四面各辟一门,正门在东,其形式和未央宫的主体建筑——前殿在宫城中央、四面各辟一宫门、东门为正门的布局也是非常相似的。

秦始皇陵是中国第一个皇帝陵园,也是中国古代规模最大的陵园之一,其封土堆竟如一座小山,地下宫殿更是豪华壮观。高大的封土和豪华的地下宫殿,正是秦中央集权的需要和体现,是皇权至上的产物。统治者不惜国家的财力、人力、物力,进行大规模的陵墓建筑,以表现其威力,与统一后秦始皇建立的高度的中央集权制有很大的关系。

《史记·秦始皇本纪》载:"始皇初即位,穿治郦山,及并天下,天下徒送诣七十余万人,穿三泉,下铜而致椁,宫观百官奇器珍怪徙臧满之。"②其中"宫观百官"的"官",有学者认为它指的是离宫别馆的"馆"。笔者认为,这里的"百官"不当作"百馆"理解,而是特指维持秦中央政权运作的官僚机构。是秦王朝官僚体制在地下的真实反映,是秦人墓葬"事死如事生"实践的必然结果,尤其是秦始皇本人来世思想观念的反映。段清波先生认为:"为亡灵模拟一套现实存在的王朝体制是秦始皇帝前无古人的创举,因为他相信灵魂需要一套与现实相一致的机构和人员的服务才能得到无微不至的关顾。秦始皇帝对他创设并为之信任不已的集权官僚体制情有独钟,忠实于帝国皇帝的各级官僚和他们所统属的机构,是维系皇帝死后能继续享有至高无上权利的保证,离开上传下达的权利运作机构,而希望维护其既得利益则是不可想象的。"③

汉景帝阳陵的考古资料显示,阳陵的建制和布局已非常成熟。阳陵整个陵区坐西面东,设有两重陵园,帝、后同茔异穴合葬,并各起一座陵园,帝陵居于整个陵区的中部偏西;后陵、南区外藏坑、北区外藏坑、陵庙(罗经石遗址)、陵寝(3号建筑遗址)分布帝陵四周。以上建筑均位于外园墙之内。高级贵族(或为嫔妃)陪葬墓区位于陵区以北;大臣陪葬墓园棋盘状分布于陵区以东的司马道两侧;阳陵邑则设置在陵区的最东端。整个陵区以帝陵为中心,四角拱卫,南北对称,东西相连,布局规整,结构严谨,显示了唯我独尊的皇家意识和严格的等级观念。

阳陵陵园之内部分陪葬坑发掘成果告诉人们,帝陵陵园之内陪葬坑的性质为皇宫管理结构,这些机构的作用是为皇帝个人提供直接的服务,包括管理皇族事务的宗正以及少府中为皇帝提供直接服务职能的衙署。在帝陵陵园之内封土周围呈放射状

---

① 陈奇猷校释:《吕氏春秋校释》,学林出版社,1984年,第535—536页。
② 《史记》卷6《秦始皇本纪》,中华书局,1959年,第265页。
③ 段清波:《秦始皇陵考古研究》,北京大学出版社,2011年,第176页。

分布着81座大型陪葬坑,东侧21座,南侧19座,西侧20座,北侧21座,分别表现出不同的功能。四侧陪葬坑均为东西或南北的条状坑形,绝大多数距现封土的距离在10米左右,从地层上看当年这些陪葬坑都被压在封土之下。各侧陪葬坑靠近封土的顶端与地宫的边圹形成平行线,各坑的间距最窄的2米左右,最宽的为7米;绝大多数坑体的宽度在3.5米左右,最长的超过100米,最短的只有4米。帝陵东侧的陪葬坑分布在东墓道的南北两侧,第13号坑长92米,期间以夯土隔梁为界分为东西两部分,而且以木板为架上下两层搁置,东部主要放置羊、狗、猪等动物陶俑群,各类家畜整齐地分区分类摆放在坑内;西部放置两辆原大的木车马及大量的彩绘漆箱大陶仓。第11号陪葬坑内出土了骑兵俑及战车等物。12号坑出土龟钮银印"宗正之印"和鼻钮铜印"大泽律印"各一枚;13号坑出土"太官丞印"封泥;14号坑出土"太官令印";15号坑出土"仓印"、"甘泉仓印"、"别藏官印"以及"导官令印"封泥6枚;16号坑出土"大官之印"、"府印"、"内官丞印"、"左府之印"、"右府"5枚铜印;17号坑不仅出土了宦官俑,还出土鼻钮铜印"长乐宫车"、"宦者丞印";18号坑出土鼻钮"永巷丞印"、"永巷厨印"、"府印"、"西府"铜印4枚;19号坑出土鼻钮铜印"徒府";21号坑出土鼻钮铜印"山府"、"东织寝官"及"东织令印"封泥。[①] 从阳陵帝陵周围陪葬坑出土的印章、封泥可以看出,这些陪葬坑是管理汉王朝的政府机构再现,是其生前皇帝管理的机构在地下世界重现。秦、汉时期中央政府中最重要的管理机构三公九卿,以及与皇室事务有关的管理机构有奉常、郎中令、卫尉、宗正、太仆、少府等官僚机构,在阳陵的部分陪葬坑已得到确认。

(二)秦汉帝陵是经济发展的产物

要建造诸如秦始皇陵、汉代帝陵等大规模的国家重点工程,没有强大的经济作后盾是不可能的,可以说经济的发展与建筑的发展基本上是同步的。因为建筑所必需的经济支柱、技术力量、建筑材料与建造工具都与经济的发展有密不可分的,是由经济基础所决定的。因此,秦始皇陵的大规模的营建在统一后进行的,直至秦亡还未完成。汉代的帝陵可以看出,文景之制以后,汉的经济实力大增,帝王陵的营建得以扩大,在汉初经济实力不济的情况下,陵墓的规模受到了一定的限制,文景时期的节俭政策在陵墓上也体现出来了。汉武帝的茂陵封土是西汉帝陵中最高大的,陵园的规模也是最大的,地宫中的陪葬品也是最好的。《汉旧仪》记载:"天子即位,明年,将作大匠营陵地,用地七顷,方中用地一顷,深十三丈,堂坛高三丈,坟高十二丈。武帝坟高二十丈,明中高一丈七尺,四周二丈"。[②] 到元、成、哀、平时期由于经济萧条,其帝陵的规模和设施便每况愈下。

[①] 焦南峰:《汉阳陵从葬坑初探》,《文物》2006年第7期。
[②] 孙星衍等辑,周天游点校:《汉官六种》,中华书局,1990年,第106页。

(三)是当时科技实力的再现

由于帝陵工程是国家的重大工程,所以在修建过程中,当时的高科技都得到了应用。秦始皇陵修建过程中就有不少的科技成果采用。秦始皇陵兵马俑坑中的青铜兵器的制作本身就是高科技的产物,各种金属的配比达到了《周礼·考工记》的要求。特别是出土的青铜兵器尽管在地下埋藏了两千多年,但出土时仍然寒光闪闪。而且出土的剑、矛、戈等青铜兵器上为了防锈,采用了氧化铬技术。经激光显微光谱、质子X光荧光、电子探针和光谱分析检测,原来它们表面是一层呈青灰色的氧化膜。据研究,这些兵器表面确是经过人工处理的,其法可能是在铬酸钾溶盐或溶液中浸煮的结果。在古代铬酸盐或重铬酸盐是用铬矿石和火硝焙烧后浸出制备,焙烧温度只需800—1000度。①类似的例子非常多,据《史记·秦始皇本纪》记载:"令匠作机弩矢,有所穿近者辄射之。以水银为百川江河大海,机相灌输,上具天文,下具地理。以人鱼膏为烛,度不灭者久之。"②其地宫中的设置无不反映出当时的高科技水平。

随着科学技术的发展,汉代帝陵中的高科技更是如此,尽管汉代帝陵的地宫还没有打开,其中的高科技目前还无法看到,但是从目前在帝陵陪葬坑中的出土文物也可以略见一斑,鎏金铜马、鎏金鎏银竹节熏炉、精美的陶俑等正是高科技在汉代帝陵中的展示。

(四)祭祀制度

"古之大事,惟祀与戎",祭祀乃秦汉帝王陵的大事。因此,帝王死了以后还要像生前一样,每天、每月、每年度要按活人一样侍奉祭祀,因而在陵墓旁就必须有相应的建筑。东汉蔡邕《独断》记载:"古不墓祭,至秦始皇出寝,起之于墓侧,汉因而不改。"③后来的应劭也有相同的说法。从目前的考古资料来看,这种观点是错误的,实质上在秦始皇的祖父东陵墓侧就发现了陵侧设置寝殿。只是秦始皇陵的寝殿规模更大,其寝殿在坟丘西北50余米处。基址平面近方形,面积约3500平方米,中间为高台基,周围有回廊。在寝殿西北,南北长670米、东西宽250米的范围内发现由南向北成组排列的建筑基址,之间有石子路相通。已发掘的一组包括东西横列的四座建筑基址,踏步与室内地面均用青石砌筑。以其规模和形制推测当属"便殿"。2010年,考古工作者在秦始皇帝陵园内城垣以内西北部勘探发现了由九条通道分割的东西对称的十进式建筑群,南北长610、东西宽250米,面积约15万平方米。这一建筑遗址的突出特点是保存状况较好、布局结构严谨、建筑结构复杂、规模宏大,在中国古代帝陵建筑遗存中不多见,是研究秦始皇帝陵园及中国古代帝王陵墓陵寝制度极为

---

① 王学理:《秦俑坑青铜兵器的科技成就管窥》,《考古与文物》1980年第3期。
② 《史记》卷6《秦始皇本纪》,中华书局,1959年,第265页。
③ 蔡邕:《独断》卷上,上海古籍出版社,1990年,第14页。

重要的新材料。① 西汉帝陵的陵园旁边多建立寝园。园内以寝殿为中心，配以便殿等构成一组建筑群。寝殿陈设皇帝的衣冠、几仗、象生之具，由宫人像生前一样侍奉。《后汉书·祭祀志》记载："古不墓祭，汉诸陵皆有园寝，承秦所为也。"②当时还有"日祭于寝"的礼仪制度，说明秦汉时代的"寝"应是先秦墓上建"堂"的发展，已有用于祭祀的功能。

便殿则是存放帝王生前衣物、葬仪用具，以及参与陵事活动和管理的官员办公、休息、宴饮的场所。西汉初帝陵寝殿大多建在陵园里，高祖和吕后陵的寝殿就在陵墓的一侧。约从景帝阳陵开始，寝殿移到陵园以外，一般在帝陵东南，独立成园。目前尚存建筑遗迹的有景帝阳陵和武帝茂陵，均在陵园外东南方。而经过钻探和发掘的宣帝杜陵和王皇后的寝园均在陵园南侧。

杜陵寝园四周筑墙垣，北墙利用陵园南墙的一段。平面呈长方形，东、西、南三面有门，内有寝殿和便殿两组建筑。寝殿在西部，为大型宫殿建筑，通宽13间，进深五间。壁柱下部置基石并箍以八角形鎏金铜锁，墙壁内抹糠泥，外涂白垩，复施粉红色。殿堂四周建回廊，回廊外为卵石铺砌的散水。整座建筑显得庄重典雅，富丽堂皇。便殿在寝殿以东，是一组多功能的建筑群，由殿堂、院落和成套的房间组成，每套房屋间数不一，面积不等，布局结构各异，表明其作用不同。后陵寝园布局与帝陵相似，但规模较小。据《汉书·贡禹传》记载：武、昭、宣三帝陵园中奉陵宫人竟达数百人之多。这样的规模，绝不仅是一座殿堂所能容纳的。寝园南部有大面积建筑基址，大概是守陵宫女或从事陵事活动人员的住地。

汉代帝陵旁建有陵庙，供奉皇帝"神主"。"京师自高祖下至宣帝，与太上皇、悼皇考各自居陵旁立庙。"③庙的规模很大，周围筑有墙垣。内有正殿、殿门和阙等建筑。陵庙的位置并不一致，一般都不在陵园内，也不一定与陵园建在一起。如武帝的龙渊庙、昭帝的徘徊庙均在陵东，元帝庙在陵西北，宣帝庙在陵东北。陵庙与陵墓的距离远近不一，远者几里，近者几百米。庙寝之间修建"衣冠道"。宣帝庙中央现存一座夯土台基，东西长73米，南北宽70米，厚5米。东西两边各有一条道路通往陵墓。当时祭庙活动非常频繁，除月祭外，各主要节气庆典都要举行仪式，将衣冠由寝殿迎入庙内，接受祭祀。文武大臣遇到重要事情，也要参谒陵庙。

三、秦汉帝陵对当时社会的影响

秦的强大是和统一战争同步的，不断的对外征战又使国家经济实力或被破坏，或

---

① 陕西省考古研究院：《秦始皇帝陵园2010年度礼制建筑遗址考古勘探简报》，《考古与文物》2011年第2期。
② 《后汉书·祭祀志》，中华书局，1964年，第3199页。
③ 《汉书》卷73《韦贤传》，中华书局，1962年，第3115页。

被耗尽。因此,作为统一后的秦王朝,必须与民休息,以发展经济为中心,增加积累,增强国力。《商君书·徕民》中,商鞅后学就确立了所谓"先王制土分民之律",[1]即一定量的自然资源田地与一定量的农夫之适度的比例关系。然而以秦始皇为首的秦国军功地主阶级恰恰违背了这个"先王制土分民之律"。他们不断地把增长有限的经济力量用在了无限度的大兴土木上,修建了众多的、规模庞大的、与经济无关的奢侈性建筑工程,据《史记》载,修秦始皇陵最多时就使用劳动力达70余万人。据袁仲一先生研究,"秦王朝大约有二千万人口,如以五口之家计,全国不过有青壮劳力四百万,仅就土方工程一项计算,则每个劳力平均将负担修陵的徭役四十余天,如果把整个工程计算在内,则每个劳力服役的天数将会增至二、三倍或数倍"。[2] 王子今先生撰文:"秦始皇陵复土工程用工人数超过七十万的记载是基本可信的"。[3] 秦始皇陵建筑工程,不仅使数以十万计的劳动力投入进去,严重影响了农业生产力的发展,而且耗费了国家大量的财力和物力。从而在秦时出现了"男子疾耕不足于粮饷,女子纺绩不足于帷幕,百姓靡敝,孤寡老弱不能相养,道死者相望,盖天下始叛也"[4]的危机。导致秦时徭役繁重,"丁男被甲,丁女转输,苦不聊生,自经于道树,死者相望。"[5]劳役者中有很多是刑徒,为了有足够的劳动力从事建筑,秦便实行轻罪重罚的严酷刑律,从而出现了"赭衣塞路,囹圄成市"的局面。目前在秦汉时期的帝王陵旁都发现了修陵人的墓地,秦始皇陵修陵人墓地中发现的瓦文证明,当时修陵的人来自全国各地。汉武帝茂陵修陵人墓地据估计有两万人埋葬在此,规模很大,而且在修陵人墓地还发现了刑具。

秦建筑之盛,规模之大,在我国建筑史上独树一帜。而秦始皇陵、阿房宫等建筑更是空前绝后。但这些却让人民付出了惨痛的代价,随之而来的繁重徭役给百姓带来了沉重的负担。在统一后短短的十余年间,秦人北筑长城役用四十万人,南戍五岭五十万人,修建始皇陵和阿房宫七十余万人,加上其他劳役,役使的人数总计二百多万,约点全国总人数的百分之十以上,而这时全国二千万左右的人中有劳力也不过四百万,劳役人数竟占去一半,其徭役量的繁重,可想而知。广大劳苦大众忍受着长期饥饿和繁重的徭役,挣扎在死亡线上,引起了可怕的社会动荡,终于导致了公元前209年中国历史上第一次大规模的农民起义,摧毁了秦王朝的残酷统治。

秦汉时期是我国历史上厚葬盛行的时期,其帝王陵更是有过之而无不及。尽管

---

[1] 蒋礼鸿撰:《商君书锥指》卷4《徕民》,中华书局,1986年,第87页。
[2] 袁仲一:《从秦始皇陵的考古资料看秦王朝的徭役》,《秦俑学研究》,陕西人民教育出版社,1996年,第1191页。
[3] 王子今:《秦始皇陵复土工程用工人数论证》,《秦俑学研究》,陕西人民教育出版社,1996年,第1206页。
[4] 《汉书》卷64《严朱吾丘主父徐严终王贾列传》,第2800页。
[5] 《汉书》卷64《严朱吾丘主父徐严终王贾列传》,第2812页。

其地宫内的陪葬品我们只能从简单的记载中看到一斑,暂时无法了解其真相,但我们从外藏坑的陪葬品就可以推测其最核心的地宫情况。因为地宫之内才是其陵墓最重要的部分。秦始皇陵出土的铜车马已经是够豪华了,但不是秦始皇乘坐的车子,最多也只是属车而已,秦始皇乘坐的豪华车子应该在地宫之内。"及秦惠文、武、昭、严襄五王,皆大作丘陇(垄),多其瘗臧(藏),咸尽发掘暴露,甚足悲也。秦始皇帝葬于骊山之阿,下锢三泉,上崇山坟,其高五十余丈,周回五里有余;石椁为游棺,人膏为灯烛,水银为江海,黄金为凫雁。珍宝之藏,机械之变,棺椁之丽,宫馆之盛,不可胜原。又多杀宫人,生埋工匠,计以万数。……自古至今,葬未有盛如始皇者也。"①

汉代帝陵的豪华情况据《晋书·索靖列传》载:"汉天子即位一年而为陵,天下贡献三分之,一供宗庙、一供宾客、一充山陵。"②可见其当时的状况。《汉书·贡禹传》载武帝死时"及(武帝)弃天下,昭帝幼弱,霍光专事,不知礼正,妄多臧金钱财物,鸟兽鱼鳖牛马虎豹生禽,凡百九十物,尽瘗臧之,又皆以后宫女置于园陵,大失礼,逆天心,又未必称武帝意也。昭帝晏驾,光复行之。至孝宣皇帝时,陛下恶有所言,群臣亦随故事,甚可痛也!"③帝后陵的随葬品自然更为珍奇华美、数量巨大。其他各陵也应大体近似。关于汉代厚葬之风甚盛,从当时的诸侯王墓的发掘情况也可以看出,刘胜夫妇墓随葬品达 4200 多件,出土了金缕玉衣、长信宫灯等大量的高级陪葬品,还有诸侯王墓已经发现不少的"黄肠题凑"结构墓葬,因此作为秦汉时期的皇帝陵肯定是有过之而无不及。这种厚葬制度既是对社会财富的挥霍浪费,浪费了大量的国家财力、人力和物力,同时又会带来盗墓盛行。

营建帝陵动用的劳动力是很惊人的,不说数年乃至数十年的兴建,光埋葬时用于穿土下棺与填复坟土的人就有数万人。秦始皇陵动用的劳动力最多时达到七十余万人。以节俭著称的汉文帝生前要求:"治霸陵皆以瓦器,不得以金、银、铜、锡为饰,不治坟,欲为省,毋烦民。"但实际上因山为陵的工程十分浩大,于是"令中尉亚夫为车骑将军、蜀国悍为将屯将军、郎中令张武为复土将军,发近县卒万六千人,发内史卒万五千人,臧郭穿复土属将军武。"④实行节俭、与民休息的汉文帝霸陵尚动用三万余人,其他汉代皇帝的滥用民力便可想而知了。

汉昭帝暴亡后,由大司农田延年负责抢修陵墓,仅为运河沙就征用了长安附近的牛车三万辆。汉成帝为了修建陵邑,于鸿嘉元年(前 20 年)借口地势不利,将已营建16 年之久的延陵作废,决定在长安东新丰县境内重建新陵,名昌陵。然而由于昌陵附近地势较低,积土为陵的工程十分浩大。"昌陵因卑为高,积土为山,度便房犹在平地

---

① 《汉书》卷 36《楚元王传》,第 1954 页。
② 《晋书》卷 60《索靖列传》,中华书局,2000 年,第 1094 页。
③ 《汉书》卷 72《王贡两龚传》,第 3070—3071 页。
④ 《史记》卷 10《孝文本纪》,第 434 页。

上,客土之中不保幽冥之灵,浅外不固,卒徒工庸以钜万数,至燃脂火夜作,取土东山,且与谷同贾(价)。作治数年,天下遍被其劳,国家罢敝,府臧空虚,下至众庶,熬熬苦之。"①刘向也指出:"营起昌陵,数年不成,复还归延陵,制度太奢。"②结果是数万名徒卒日夜劳作、经营五年仍未完工,只得停止,继续在咸阳原上修建延陵。

为了守冢与保证日常祭祀活动的进行,秦汉各帝陵还设有庙郎、寝郎、园郎、校郎、食官令等官员各司管理之职。秦始皇陵和汉代帝陵均发现了寝、便殿遗址和园寺吏舍遗址,帝陵中的陵庙、寝殿、便殿之设置需要大量的管理人员。除官员外,承办陵园寝殿杂务的人数极众。光侍妾宫女便有数百乃至数千人之多。《汉书·韦贤传》记载:"一岁祠,上食二万四千四百五十五,用卫士四万五千一百二十九人,祝宰乐人万二千一百四十九人,养牺牲卒不在数中。"③

秦汉时期的帝王厚葬制度是建立在对老百姓的搜刮之上的,因而导致老百姓怨气十足。于是"天下苦其役而反之,骊山之作未成,而周章百万之师至其下矣。项籍燔其宫室营宇,往者咸见发掘。"④"及徙昌陵,增埤为高,积土为山,发民坟墓,积以万数,营起邑居,期日迫卒,功费大万百余。死者恨于下,生者愁于上,怨气感动阴阳,因之以饥馑,物故流离以十万数。"⑤可以看出,秦汉帝陵是当时社会的缩影和再现,其发展变迁与秦汉社会政治、经济、文化、科学技术的发展有着不可分割的关系。秦汉时期的帝王陵在秦统一全国后出现了一个飞跃,规模巨大、豪华无比,这是皇权至上的产物,也是统治者好大喜功价值观的具体表现。同时是以雄厚的经济力量和科学技术作为支撑的。汉代帝陵对秦始皇陵既有继承,又有创新。由于秦汉统治者把增长有限的经济力量用在了无限度的陵墓修建上,耗费了大量民脂民膏,结果激化了社会矛盾和阶级矛盾,加速了秦汉王朝的衰亡。

(作者简介:徐卫民,西北大学文化遗产学院教授、博士生导师)

---

① 《汉书》卷70《傅常郑甘陈段传》,第3024页。
② 《汉书》卷36《楚元王传》,第1950页。
③ 《汉书》卷73《韦贤传》,第3116页。
④ 《汉书》卷36《楚元王传》,第1954页。
⑤ 《汉书》卷36《楚元王传》,第1956页。

秦汉时期徭戍制度研究述评

王彦辉

徭戍是中国帝制社会早期适龄男子的两种基本义务，其中的"戍"亦即兵役，东汉以后逐渐被募兵制和世兵制取代。"徭"、"戍"或"徭戍"，是秦汉时期法律文献中的固有概念，总体上体现了国家无偿役使民力的两大种类，因此，在表述徭役和兵役的广义内涵时，使用"徭戍"这一概念或许更为稳妥。

一、滨口重国的相关研究

现代学者对秦汉时期徭戍制度的研究发端于20世纪30年代，日本汉学界起步相对较早，滨口重国先生是其中的重要代表。滨口氏自1931年连续在《東洋學報》等刊物发表了《踐更と過更——如淳說の批判》《踐更と過更——如淳說の批判（補遺）》《秦漢時代の徭役勞働に關する一問題》等论文（后收入氏著《秦漢隋唐史の研究》，東京大學出版會1966年），系统阐释了他对秦汉徭戍制度的基本认识。其中《踐更と過更——如淳說の批判》一文的中译本刊于刘俊文主编的《日本学者研究中国史论著选译》（第三卷）（中华书局1993年版），依据的是滨口氏发表于《東洋學報》1931年第19卷第3号的版本，中译名为《践更和过更》。其主要观点是：1. 中国兵役及力役的变迁以中唐为分水岭，汉代可称为力役和兵役不完全分离的时代。2. 在《秦漢時代の徭役勞働に關する一問題》一文中，把《汉书·食货志》载董仲舒上疏所列举的各种赋役名目的议论，即"又加月为更卒已复为正一岁屯戍一岁力役三十倍于古"一句，采用标注日文假名的书写法读为"又加月为更卒、已复为正一岁、屯戍一岁、力役三十倍于古"。3. 所谓践更，即指有更卒义务者，在当番之际亲自承担服役之义务，换言之，指服更卒的当番；所谓过更，是指出钱免更卒的当番。更卒的就番方式，最初定于每隔数年践更五个月，其后改为每年一个月。4. 过更的"代偿金"为月三百钱,而过更钱"月二千"之说纯属如淳的"杜撰"。5. 质疑如淳的"戍边三日"说,认为如淳的说法是以他自身的误解为基础而导致的错误结论。

滨口重国的论著可以说是有关秦汉徭戍制度研究的奠基之作,其代表性作品早在40年代就已译介到中国,梁希杰先生在《西汉时代的三品更与更赋》(《读书通讯》1947年第146期)中就提到了滨口氏的前二篇论文,并指出"又有《秦汉之徭役》论文,收入商务《中国历代社会研究》一书内",此即《秦漢時代の徭役勞働に關する一問題》。滨口氏关于中国兵役及力役变迁的认识大体符合历史实际,对践更、过更、过更钱等概念的解释也基本为大陆学界所接受,对董仲舒语的读法成为与中国古籍出版物不同的第二种句读法,所引发的讨论绵延至今,对如淳"戍边三日"说的质疑也与中国学者此伏彼起的讨论声浪遥相辉映。我们之所以不厌其烦地列举滨口氏的研究结论,无外乎是想说明,不论中国学者是有意回避还是视阈限制,时至今日有关讨论的话题基本都是由滨口氏提出的;围绕秦汉徭戍制度及相关概念所得出的结论许多是在重复滨口氏的结论,研究者所引证的传世文献资料也没有超出滨口氏的视野。当然,由于资料的限制,滨口氏的一些看法已经受到挑战,比如认定就更方式最初定于每隔数年践更五个月,出自如淳注引的《律说》,如今已被证伪;或需要重新认识,比如过更钱的属性问题等。

二、中国大陆学界的早期研究

中国学者对该问题的研究,大体经历了三个阶段。

第一阶段(1940—1979):这一阶段的研究主要是在日本学者研究成果的基础上,利用传世文献和居延汉简展开的,其中梁希杰的《西汉时代的三品更与更赋》首开其端,而以韩连琪的《汉代的田租口赋和徭役》(《文史哲》1956年第7期)为代表。

第二阶段(1980—2000):这一阶段由于睡虎地秦墓竹简、居延新简、江陵凤凰山汉简等简牍资料的陆续公布,使学者看到了解决秦汉徭戍制度与更赋问题的曙光,更由于史学研究话语的转变,学者对这一重大历史问题的研究开始从宏观描述向概念的解析转变,因此取得的成果也更具有科学性。

第三阶段(2000—2013):这一阶段由张家山汉简、里耶秦简、肩水金关汉简以及湖北荆州纪南松柏汉墓简牍等的发现,学界又掀起新一轮研究高潮,在内容上不仅使原有的课题研究更为细化和深入,而且在视角上由原来的概念体系拓展到对"更数"问题的讨论,进而开始重新审视秦汉时期的徭役兵役体系等问题。

在秦汉徭戍制度研究的第一阶段,我们将重点介绍韩连琪先生的成果,一般通史著作或教材大多给出结论或引录而无论证,故不拟作为一种观点予以列举。第三阶段尽管在服役方式上提出了"更数"问题,但依然属于前两个阶段研究的继续和深化,所以对 80 年代以后的研究采用专题方式加以评述。

韩连琪先生对秦汉徭役兵役制度研究的主要贡献在于：一是对《论衡·谢短篇》提到的"居更"做出了合理的解说，即"居更"即"践更"；二是结合《汉旧仪》的记载，指出屯戍应包括京师的卫士和边境的屯戍；三是对始傅年龄的分析没有沿着旧学传统迷信"民年二十三为正"的说法，而是以发展的眼光推断昭帝以前应当是二十始傅（《汉代的田租口赋和徭役》）。当然，随着简牍资料的公布，关于始傅年龄的问题有了新的认识，但韩先生的思路无疑具有指导价值。

韩文存在的疑问或被证明不确的方面包括：一是认为成年男女都要在本郡服役一个月，目前看来没有直接的材料予以支持；二是为了解释"外徭"，把徭役和兵役统称之为"徭役"，这在概念的使用上已经混淆了两者的应有界限；三是以为"过更"的"雇更钱"既可以是月三百，也可以是月二千，两者的差别不过是常制和特殊性的问题，而没有怀疑"戍边三日"说的真实性，这对法律所应具有的稳定性是一种曲解。

三、《汉书·食货志》"已复为正"一句的读法

众所周知，如淳的"更有三品"是为了注解"更赋"而写的一段文字，其文一说"古者正卒无常人，皆当迭为之，一月一更，是谓卒更也。贫者欲得顾更钱者，次直者出钱顾之，月二千，是谓践更也"；一说"天下人皆直戍边三日，亦名为更，律所谓徭戍也。……诸不行者，出钱三百入官，官以给戍者，是为过更也"（《汉书·昭帝纪》注引如淳曰）。如淳乃三国人，他对"践更"与"过更"的错误解读已由滨口氏纠正。涉及的徭役与兵役问题与董仲舒的说辞有很多出入，而董仲舒生当景武时期，其对秦汉徭戍制度的议论应当更具权威性，所以对董仲舒"已复为正"一句的断句与解说，就成为拨云见日或驳议立说的关键所在，而要厘清董子议论的宏旨就需要从《汉书》的版本说起。

关于《汉书》的版本问题，目前所见最早的句读本①当属商务印书馆 1941 年初版的王先谦《汉书补注》，句读如下：

又加月为更卒．已复为正．一岁屯戍．一岁力役．三十倍于古．

中华书局 1962 年版标点本第一次印刷至 1975 年第三次印刷，当以此为据。1982 年《文史》第十三辑刊登了王毓铨先生的一篇短文《〈汉书·食货志〉"一岁力役"为句非是》，指出按旧读则"三十倍于古"之主词不明，且秦汉两朝均无更卒复除

---

① 最近，国学网公开了一部明代句读本《汉书》，惜网上晒出的照片只有《高帝纪》《武帝纪》的片段，无法据此了解明人对董仲舒上言的解读。

之后始为正之制，也都没有"一岁力役"之法，旧读非是，正读当作：

> 又加月为更卒，已，复为正一岁，屯戍一岁，力役三十倍于古。

中华书局标点本《汉书》1983 年第四次印刷即采用这一句读法。王毓铨将"复"理解为"复除"显然有误，因此新的句读与滨口氏的断法在意思上并无不同。这样断句虽曾有学者提出质疑，但中华书局 2011 年版顾颉刚点校《汉书》本，仍然采用这一标点。与此相反，2012 年上海古籍出版社出版的王先谦《汉书补注》标点本，采用的则是中华书局 1975 年以前印刷的《汉书》标点。看来，对这段话的句读到目前为止在古籍整理领域也没有统一的意见。

在历史研究领域，自滨口氏的读法引入后，在一个相当长的时期内为国内学者所接受，如高敏在《秦汉徭役制度辨析(上)》(《郑州大学学报》1985 年第 3 期)、黄今言在《秦汉兵徭服役期限问题商兑》(《江西师范大学学报》1987 年第 2 期)等论著中大都直接引述或表示同意这种断法。与滨口氏不同的是，高文释"已复"为"已傅"之讹，"傅"即颜师古所谓"傅，著也，言著名籍，给公家徭役也"；黄文则释"已复"为"又复"、"复加"或"再又"，句意为"又加月为更卒，又复(或再又)为正一岁……"

进入新世纪以后，围绕董仲舒借秦讽汉的宏论又引发争议。张金光在《论秦徭役制中的几个法定概念》(《山东大学学报》2004 年第 3 期)中，指出滨口重国的读法"若从制度而论，其句读却是错误的"。所谓"已复为正"的"已"者，"已经"也，表达的不过是"更"与"正"二大系列徭役在起始年龄点上有一个先后的时间差，即已于每年内服"更"役，又始服"正"役。杨振红在《徭、戍为秦汉正卒基本义务说》(《中华文史论丛》2010 年第 1 期，总第 97 期)也认为徭、戍(役)是傅籍者即正卒的两项基本义务，"徭"对应的是董仲舒所说的"一岁力役"，"戍"对应的是董仲舒所说的"一岁屯戍"和《汉旧仪》所说的"一岁而以为卫士"，因此，董仲舒的上言只能断为"又加月为更卒，已复为正，一岁屯戍，一岁力役，三十倍于古。"陈伟在参加第一届中日学者中国古代史论坛时提交的《也谈董仲舒上言"又加"句的解读问题》(《第一届中日学者中国古代史论坛文集》，中国社会科学出版社 2010 年版)一文中，引荀悦《汉纪》所载"又加月为更卒征卫屯戍一岁力役三十倍于古"，以及《太平御览》卷 821 引《汉书》"一岁屯卒万计力役三十倍于古"等，进一步补正了滨口重国的读法。

总之，由于这段话直接关涉到对秦汉徭戍体系的认识，如何疏解"已复为正"之"正"的含义，甚至引发出秦汉时期适龄男子一生所服兵役的年限问题，因此才在学界长期争议不决。坚持商务印书馆 1941 年版《汉书补注》以来句读的意见，一般释"正"为正卒兵役，即正役，一岁屯戍，一岁力役。由此带来的困惑在于，一则"三十倍于古"一句"主词不明"(王毓铨、黄今言)；二则"力役"含义不清。为此，一些中日学者是把"一岁力役"解释为在本郡县服役之材官骑士等,杨振红则释之为国家正式承认的转输传送之类的"徭"。需要指出的是,在汉世文献中,"力役"一般用作泛指,既包括兵役,也包括徭役。"徭"或泛指或具指,将"力役"释为"材官"或"徭",都难脱为证己说之嫌。主张滨口氏读法的学者,或就句读而论句读,而对徭戍制度不置一词(陈伟);或在字面上疏解通畅,却无法据此对卫宏《汉旧仪》的记载做出合理的解说,即"民年二十三为正一岁为卫士一岁为材官骑士习射御骑驰战阵",黄今言先生为满足二年兵役的常制,又要解决"卫士一岁"与"为材官"的冲突,标点为"民年二十三,为正一岁,为卫士一岁。"(《秦汉兵徭服役期限问题商兑》)如此与滨口氏读董仲舒语在意思上是连贯的,但这样断句,"民年二十三"成了一个残句,而且与"为材官"无法衔接。此外,把"为正一岁"的"正"释为"正卒"始于三国时期的如淳,但目前不见秦汉人的这种用法,这也需要我们做出合理的推演。

四、"戍边三日"和"外徭"

对秦汉兵役制度的记载,除了《汉书》《汉旧仪》及历代注家由于句读问题而产生的似是而非的说法外,宋代钱文子的《补汉兵制》,南宋陈傅良的《历代兵制》都明确指出民年二十三岁以后要服二年兵役,区别在于钱文子认为"正卒"含为卫士一岁,为材官骑士一岁;陈傅良取颜师古注认为"正卒"谓给中都一岁,屯边一岁谓"戍卒"。即是说,三国至唐宋时期的注家和学者,唯如淳注《汉书》时提到"天下人皆直戍边三日"的问题。

针对如淳的"戍边三日"说,滨口重国最早提出质疑,认为不过是"以他自身的误解为基础而导致的结论,是难以置信的"。于豪亮先生在《西汉适龄男子戍边三日说质疑》(《考古》1982年第7期)一文中,利用居延汉简所见"庸钱名籍"简,指出"如淳、苏林等人认为西汉时期每个适龄男子戍边期为三日,是不正确的"。王毓铨在前揭文中也认为"三日之说不是杜撰,便是'古者役民不过三日'之说的附会,不是事实"。孙言诚在《秦汉的戍卒》(《文史哲》1988年第5期)一文认为,认为所有的汉世文献"都明确记载戍卒役期为一年",秦简中"罚戍的期限,或为一岁,或为两岁",可证戍卒是以一岁为单位的。

与前人的质疑相左,崔曙庭先生在《汉代更赋析辨》(《中国历史文献研究集刊》第2集,湖南人民出版社1981年版)一文中,以东汉以后注家的时代性试图证明如淳说的出处可能是隋志所见之应劭的《汉书集解音义》二十四卷;服虔的《汉书音训》一卷,两人乃东汉人,所注《汉书》早于三国时的如淳,如淳注《汉书》可能还吸收了他们的成果,因此不能轻易否定"戍边三日"的真实性。对此,臧知非在《汉代更赋辨误——兼谈"戍边三日"问题》(《徐州师范学院学报》1987年第5期)中已经予以辩驳,他援引颜师古在《汉书叙例》中的考述,指出隋志所载之《汉书集解音义》乃晋初人臣瓒所集诸家音义而成,故李贤所引之《汉书集解音义》成书远晚于如淳注汉书。所谓"戍边三日"一说来自于《礼记·王制》,指的都是周代制度。

综合前人的论述,"戍边三日"在秦汉疆域辽阔的时代是没有存在理由的,国家制度的制定者也不会愚蠢到不切实际的地步。如果说在希腊城邦时期每个城邦的领土面积从国家中心步行至国境只需一天的条件下,"戍边三日"还有实行的可能,但即使在商周分封之际,王室"王畿千里",三日戍边也是行不通的。所谓"使民岁不过三日"云云,不过是儒者为反对战国以后徭役负担沉重而编造的借口而已。至于把"戍边三日"解释为政府征收"更赋"的一个计算标准,而不是言"边兵"的役期,故"如淳之说非谬"的意见(黄今言:《秦汉兵徭服役期限问题商兑》),恐怕是以己之思强加于古人吧!因为"更赋"作为一种常税之名首见于汉昭帝元凤四年春正月诏,而"戍边"之制却行之有年,那么,征收"更赋"以前的"戍边"时限为一年还是"三日"?

"外徭"的情况比较复杂,这一概念在《汉书》正文中凡5见,在不同的语境下既可"减外徭",也可"赐外徭",还可"著外徭"。按"徭"本身可指称徭役,也可指称兵役,三国人苏林、孟康在注《汉书》时,皆曰:"外徭,戍边也",这就使"外徭"与秦汉兵役联系起来,成为学者研究徭戍制度绕不过去的一个问题。

韩连琪认为汉代兵役中的"戍卒"和"卫士",两者"都是在自己郡县以外服徭役,所以同称为'外徭'。"(《汉代的田租口赋和徭役》)崔曙庭赞同此说,认为"就各郡的士卒来说,离开本郡到外地去服兵役的,去京师也好,去边疆也好,都可称为外徭。"(《汉代更赋析辨》)张金光也认为"外徭"系指卫士与戍卒的屯戍之役而言。与此不同,高敏先生认为"外徭"非戍边,而是"更役"的另一种表现形式,即远离本郡县服役,或超过"更役"一月之役的徭役(《秦汉徭役制度辨析(上)》)。臧知非认为"外徭"是泛指室外徭役,不是戍边之役的代称(《汉代更赋辨误——兼谈"戍边三日"问题》)。

以上学者的意见可大体归为两大类:一是"外徭"指兵役,以韩连琪的意见为最早,崔曙庭、张金光踪其说;二是"外徭"非兵役,即非在本郡县所服之材官骑士之类,也非屯戍的戍卒,高敏以其为"更役"的另一种形式,臧知非以为泛指室外徭役。就历代注家的解释来说,他们对"外徭"本身的解释是相同的,苏林、孟康都认为"外徭"指的是"戍边"。分歧在于对"赐外徭若干人"和"著外徭若干月"的不同理解。对于前者,苏林以为是赐给若干"过更钱",或在徭役之外复除若干人;对于后者,如淳引《律说》释为"复留若干月",孟康解为"不复戍边"。对此,颜师古的理解是一以贯之的,即不论是"赐外徭若干人",还是"著外徭若干月",基本前提在于"外徭"乃"戍边也",因此,不论是"赐"还是"著",都是"抵消"的意思,前者是抵消若干人的"外徭",后者是抵消"外徭"若干月。其实,张金光先生已经注意到汉元帝永光三年诏"复盐铁官"

时讲的理由,即"民多复除,无以给中外徭役"。这个"中"与"外"的分野,不会如臧知非所解说的以"室"来划分,而应当是以服役者所在郡县来划分,如此,似以"屯戍"释"外徭"为妥。

五、徭戍的服役方式及"更数"

董仲舒在《限民名田疏》中列举的赋役名目几乎囊括了西汉中期以前的一般赋税与力役,其中提到的"月为更卒",即适龄男子每年在本郡县所服一月的更徭;无论对"已复为正"如何做解,适龄男子一生服兵役二年,一年在地方为材官骑士,一年或在京师屯戍称"卫士",或在边疆戍守称"戍卒",这是以往学界达成的共识,也是依据传世文献所能达到的认知高度。简牍资料的发现提供了更多新的知识,使今人在旧有话题的基础上,开始把研究视野延伸到徭戍的服役方式问题。

关于更徭的应役方式,睡虎地秦墓竹简公布后,高敏先生就有所发微,指出所谓"更有三品",即"卒更"、"践更"与"过更",是服更役的三种方式,并非更役的三种类型。同时,高先生还结合睡虎地秦律《厩苑律》的规定,认为在每年的大考核中获得优等的,饲牛者免除"一更"的徭役,"一更"是一个固定的时间概念。

与此相关的另一组概念是"冗"与"更"的对应关系问题。睡虎地秦简中出现很多与"冗"组合的概念,诸如"冗皂"、"冗隶妾"、"冗吏"、"史冗"、"冗边"、"冗居公"、"总冗"、"冗募"等。竹简整理小组一般是在"散"的意义上解释冗,取"多"、"众"、"群"的意思。杨振红在《秦汉简中的"冗"、"更"与供役方式——从〈二年律令·史律〉谈起》(《简帛研究二○○六》,广西师范大学出版社 2008 年版)一文中,结合张家山汉简《史律》所见"冗祝"、"冗之"等语,并借鉴了日本学者山田胜芳、广濑熏雄的部分见解,认为"更"指更役,取轮番、更替的意思,"冗"就应当指不更代、长期居官府供役的意思。这一解释很重要,依据"冗"的不更代之意,不仅可以贯通简牍中与"冗"组合的概念,比如杨文指出的"总冗"即在一定时间内汇集到官府居作,"冗募"即长期应募者,"冗吏"指长期为吏的人,"冗祝"应理解为长期在官府供事的祝等,而且有助于理解《史律》中的"更数"问题。

张家山汉简公布后,围绕《史律》中的"六更"、"五更"、"八更"、"十二更"等"更数"问题,曹旅宁在《秦律新探》(中国社会科学出版社 2002 年版)认为律文中的"践更"一词,在这里是"擢升"之意,所谓"六更"、"五更"等"也非传统的服役者一月一换的意思,而应是指卜、祝的等级。"对这个说法,日本学者广濑熏雄在《张家山汉简所谓〈史律〉中有关践更之规定的探讨》(《人文论丛》,武汉大学出版社 2005 年版)一文指出:"曹先生的说法是因为不知道有关践更的服虔说,以及滨口先生的研究而得出的错误结论。"

臧知非为解释《史律》所见的"更",在《从张家山汉简看"月为更卒"的理解问题》(《苏州大学学报》2004 年第 6 期)一文,重新诠释了"月为更卒",即按月轮换为卒,为卒的期限可以是一个月,也可以是几天,每月都要为卒,按月轮换。一年之中,可能服役一个月,也可能不止一个月。总之,"更"是劳役的计量单位,"不能得出每年只在郡县服役一月的结论。"基于这种认识,他解释张家山汉简《徭律》所谓"其非从军战痍也,作县官四更,不可事,毋事"一句的"四更",即四次更役。至于《史律》中的"六更"、"五更"、"八更"、"十二更"等都是指更役次数而言。进而把律中的"若干更"释为"免除其更役次数",如"八更"即每年只服四次更役,"十二更",即不服更役。

广濑熏雄对《史律》中的"六更"、"五更"、"八更"、"十二更"等做出了新的解释,指出原注注"六更"为"践更六次"不确。因为从《史律》的规定看,年龄越高更数越多,假如更数是践更的次数,那么年龄最高践更次数也就越多,这与重视养老的汉代社会的实际是不相符的。因此,"增加更数应该是给予某些特权的行为"。进而推测"更数"可能就是表示轮到践更的比例,"意为践更几个月轮到一次。就是说,六更是六个月轮到一次践更,八更是八个月一次,十二更是十二月一次。"此外,他还引张家山汉简《奏谳书》99—123 简的秦王政元年盗牛疑案,认为其中所提到的"践十一月更外乐"只能释为"在外乐服十一月的更",这就证明当时践更的就更期限只有一个月。董仲舒所谓"月为更卒"说明汉朝依然继承了秦的制度,还是一次一个月(《人文论丛》,武汉大学出版社 2005 年版)。

2004 年在湖北荆州纪南镇松柏村挖掘的西汉墓 M1 中出土了 63 块木牍,2009年,彭浩在简帛网和《简帛》第 4 辑发表了《读松柏出土的西汉木牍(四)》,公布了被暂定名为"南郡卒更籍"的 47 号木牍的释文。对南郡所属各县统计的 3、4、5、6、7、9 的"更数",广濑熏雄在《论松柏 1 号墓出土的记更数的木牍》("出土文献与传世典籍——纪念谭朴森先生逝世两周年学术研讨会"论文)中坚持"更次"说,即"践更几个月轮到一次"。47 号木牍中的"若干更"就是"若干人"轮番的意思,比如"秭归县的卒共有 1052 人。'九更'是 9 人轮番的意思。因为每更(每月)116 人服役,如果有 116×9 = 1044 人,就能实施九更制"。

广濑氏的意见得到陈伟的赞同,在《简牍资料所见西汉前期的"卒更"》(《中国史研究》2010 年第 3 期)中认为"践更"就是几个月轮到一次,这样解释可以讲通松柏木牍的材料。据此,他倾向于认为,"在南郡 17 县中有 10 县采用、轮替最频繁的三更,乃是当时卒更的基本制度。如果从更卒个人的角度说,即每间隔两月轮更一月,一年就更四次。"

47 号木牍在记录南郡所辖各县侯国的总卒数、更数、每更人数、余出数、助或受助人数之后,最后有"？凡万四七十人。月用卒二千一百七十九人"的统计数字。学者考虑各种因素计算实际用卒数均与南郡"凡万四七十人"不合,为解决这种矛盾现象,张金光在《说秦汉徭役制度中的"更"——汉牍〈南郡卒编更簿〉小记》(《鲁东大学学报》2011年第2期)中,认为木牍中的每月实出卒数,是南郡十七县按常规编役行徭,月可得最高实有卒数,其与《南郡卒编更簿》"月用卒"2179人,并非同类数据。此"月用卒"数据(2179人),当是某月预征方案之实数,故其数据高于南郡按照常规编制所可提供的月更卒之总计之数,这样的簿籍编制带有预算性。"更"可引申为"更"次之"更",木牍中的"若干更"即编更、编次,故此木牍的内容可初步定名为《南郡卒编更簿》。而杨振红在《松柏西汉墓簿籍牍考释》(《南都学坛》2010年第5期)一文,则认为"南郡卒更簿"中的数字并非真实的数字,而存在人为造假因素。

总之,由于松柏出土的西汉木牍公布不久,许多问题还在讨论之中,对其中的"更数"究竟如何理解短时期内恐怕难以达成共识。但解决这一问题的意义却十分重要,因为它涉及秦汉时期更徭制度是否存在定制的问题。如果按臧知非对《史律》"若干更"的理解,即"更"为更役次数,每月都要轮更,每年可能服役一个月,也可能不止一个月,只能得出秦汉时期更徭无定制的结论。按广濑薰雄、陈伟等对松柏木牍的解释,木牍中的"若干更"就是"若干人"轮番的意思,那么,轮替最频繁的"3更",就意味着对更卒个体而言每年要轮更4次,即服更徭4个月,也与每年一月更徭的基本制度背道而驰。如果考虑到每县卒数有别,因此更次不同,对全国适龄男子而言也太不公平,这是任何时期国家都不可能出台的政策。因此,仅就松柏木牍的内容而言,还有待做出更为合理的解说。

回顾将近一个世纪的秦汉徭戍制度研究,取得的成绩是显而易见的,对秦汉时期徭戍制度的基本内容的认识和相关概念的解释,在学界大体达成了共识,尽管有学者对二年兵役的问题提出新说,但其立论的根据还有待商榷。同时也应当看到,自滨口重国、韩连琪、于豪亮、高敏、黄今言等前辈学者取得的研究成果之后,虽然发表的论著不计其数,但能够对相关问题的研究有所推进、补正的作品寥寥无几,大多是在重复前人的研究,甚至是一种变相的因袭。这其中既有中青年学者学术视野的限制,也有目前学术评价体系的诉求等因由。徭戍制度的研究现状如此不堪回首,其他领域的研究或许也概莫能外。建国以来在社会科学领域从事的团队研究,改革开放以来的学术大跃进已经走到了尽头,真切希望社会科学研究能够早日回归学术。

(作者简介:王彦辉,东北师范大学历史文化学院教授、博士生导师)

秦汉"乡举里选"考辨

卜宪群

根据《周礼》《礼记》《管子》等典籍的记载,先秦时期的乡有为国家选拔人才的职能,称之为"献贤能"、"乡兴贤能"等,不选者称之为"蔽贤"。关于先秦的乡举里选,学者多有论之,①但选举的范围是限于国人还是包括了野人、庶人,以及究竟在多大程度和范围上实施过,我们还无法判定,学界看法也不一致。大多数人的观点是,这种选举即便实行,也只是限定在府、史、胥、徒等下级小吏,大夫以上则不在选举。无论乡举里选制度是否存在于先秦,但乡里基层组织需要承担人才选拔职责的这种思想至少在当时是存在的。因此,如果说乡举里选体现了早期乡里基层组织政治职能一个方面的话,那么在乡里制度日益完善的秦汉时期,乡里的这种人才选拔职能是否存在,如果存在其形态又是如何,是我们研究秦汉乡里行政组织政治职能的一个重要方面,本文要讨论的就是这个问题。

一、历代对"乡举里选"的看法

据相关材料记载,秦汉及其以后的人将秦汉的选举制度归纳为"乡举里选",如《后汉书·章帝纪》建初元年三月诏云:

> 夫乡举里选,必累功劳。今刺史、守相不明真伪,茂才、孝廉岁以百数,既非能显,而当授之政事,甚无谓也。每寻前世举人贡士,或起畎亩,不系阀阅。敷奏以言,则文章可采;明试以功,则政有异迹。文质彬彬,朕甚嘉之。其令太傅、三公、中二千石、二千石、郡国守相举贤良方正、能直言极谏之士各一人。

---

① 参见汪征鲁:《魏晋南北朝选官体制研究》上编《绪论》,福建人民出版社,1995年;王宇信、杨升南:《中国政治制度通史》第二卷第四章第八节,人民出版社,1992年。

按照章帝的看法,由于各级举主不了解情况,这些乡举里选出来的茂才和孝廉只是按照"阀阅"取人,被取者既无功劳也无政绩,故只能颁诏再选。章帝此诏是针对当时选举不实而颁,但他以"乡举里选"来概括当时的选举制度却值得注意。此后,以"乡举里选"概括秦汉选举者颇多,《晋书·卫瓘传》云:

> 瓘以魏立九品,是权时之制,非经通之道,宜复古乡举里选。与太尉亮等上疏曰:"昔圣王崇贤,举善而教,用使朝廷德让,野无邪行。诚以闾伍之政,足以相检,询事考言,必得其善,人知名不可虚求,故还修其身。是以崇贤而俗益穆,黜恶而行弥笃。斯则乡举里选者,先王之令典也。自兹以降,此法陵迟。魏氏承颠覆之运,起丧乱之后,人士流移,考详无地,故立九品之制,粗且为一时选用之本耳。其始造也,乡邑清议,不拘爵位,褒贬所加,足为劝励,犹有乡论余风。中间渐染,遂计资定品,使天下观望,唯以居位为贵,人弃德而忽道业,争多少于锥刀之末,伤损风俗,其弊不细。今九域同规,大化方始,臣等以为宜皆荡除末法,一拟古制,以土断,定自公卿以下,皆以所居为正,无复悬客远属异土者。如此,则同乡邻伍,皆为邑里,郡县之宰,即以居长,尽除中正九品之制,使举善进才,各由乡论。然则下敬其上,人安其教,俗与政俱清,化与法并济。人知善否之教,不在交游,即华竞自息,各求于己矣。今除九品,则宜准古制,使朝臣共相举任,于出才之路既博,且可以厉进贤之公心,核在位之明暗,诚令典也。"

细究其辞,卫瓘等虽云"圣王"、"复古",但他主张恢复乡举里选"古制"中所包含的闾伍、邑里、郡县、乡论等概念,实即恢复秦汉的选举制度而非先秦古制无疑。按照他们的看法,由于秦汉的"乡举里选"十分重视对被举者在乡里道德品性的考察,而不是以"居位为贵",故人们必须注重自己的品德修养。而解决这个问题的办法是用土断把流散的人群固定在郡县乡里,由"乡论"来决定其善恶与否,这样才不会"伤损风俗"而取得善才。又顾炎武《日知录·清议》条云:

> 古之哲王,所以正百辟者,既已制官刑儆于有位矣,而又为之立闾师,设乡校,存清议于州里,以佐刑罚之穷,移之郊遂,载在礼经,殊厥井疆,称于毕命,两汉以来,犹循此制,乡举里选,必先考其生平,一玷清议,终身不齿。

顾炎武认为乡举里选是"古之哲王"的制度,两汉亦循此制,乡举里选的关键在于"考其生平",如果一旦被"清议"所玷污,则终身不得选举。今人在乡举里选与秦汉仕进之关系上也有所论述,吕思勉云:"汉世用人,本重乡举"①,又云"古乡遂之官,即秦汉乡亭之吏也。……而乡亭之吏,本出于民间之自相推择者。"②黄留珠云秦代的"推择为吏","很可能即乡举里选制的变态或孑遗",汉代的察举"实际是由古之乡举里选演变而来的荐举制在汉代的新发展"。③ 阎步克云《管子》中的"三选",即乡长、官长、君主的三次选举考察,"与汉代秀孝察举确有相似之处。"④马新云:"汉代选举的基本单位是乡里,所以又称'乡举里选',实际上,在乡举里选中,乡起着主导作用。"⑤亦有学者将乡举里选仅限定在乡官里吏选举的层面上,仝晰纲云:"秦汉时期乡官里吏的选任,除少数由郡县派遣外,大多数由乡举里选决定"。⑥ 上述看法无疑给我们许多启示,如乡里在选举中的作用,乡举里选的范围,古之乡举里选与察举的关系等,都是我们在考察秦汉选举中过去未曾十分注意的问题。但有些则未深入展开,如"乡举里选"究竟是什么?怎么举?怎么选?乡在选举中为什么或怎样起主导作用的?都未作详细交代。有些观点从文献或新出材料来看则未必正确,如乡亭之吏或乡官里吏是由民间"自相推择"、乡举里选决定的等。以至我们对秦汉的乡举里选究竟存不存在,如果存在其真实形态如何都还不甚了解。我们认为,对乡举里选的看法实际牵涉到整个秦汉选举制度之基础的问题,也牵涉到秦汉乡里行政组织自身的性质与职能的问题。近年来关于秦汉国家权力与乡里社会的关系论述颇多,意见也不甚一致,因此辨析乡举里选的性质对我们正确认识这个问题也是有帮助的。我们固然不能根据上述古今诸家的看法认为汉代选举的权力控制在乡里或乡里民众,史料的记载和业已研究的成果都揭示:汉代察举诸科的举主至少是在县令以上,⑦与乡里行政组织领袖的确无涉,汉代选举的基本单位也很难说是乡里,如我们没有材料证明察举诸科所选人才是在乡里推举的基础上选拔出来的,但又不能据此认为秦汉选举与秦汉乡里行政组织、乡里民众毫无关系。因为秦汉的选举无论是察举诸科还是选任郡县乡亭小吏,都与乡里有着千丝万缕的联系。不仅大多数被选者出自乡里,其选任过程要受到乡里舆论的左右,而且选举中的许多具体问题也要由乡里组织来实施完成。这是人们用乡举里选来概括秦汉选举的重要原因。

---

① 《秦汉史》下册,上海古籍出版社,1983年,第662页。
② 《秦汉史》下册,上海古籍出版社,1983年,第644页。
③ 《秦汉仕进制度》,西北大学出版社,1985年,第14、81页。
④ 《察举制度变迁史稿》,辽宁大学出版社,1991年,第5页。
⑤ 《两汉乡村社会史》,齐鲁书社,1997年,第192页。
⑥ 《乡官里吏考》,《山东师范大学学报》1995年第6期。
⑦ 如"察廉"的举主即为县令,《汉书·文帝纪》文帝十二年诏:"廉吏,民之表也。朕甚嘉此二三大夫之行。今万家之县,云无应令,岂实人情?"这里明确了县令是"廉吏"的举主之一。《汉书·薛宣传》:"池阳令举廉吏狱掾王立。"按:后王立因妻受贿而自杀,郡以决曹掾追赠,可见廉吏举以"本秩直接迁补"(前揭阎著第37页),而且迁补职位似乎与原职职掌有关,如王立由狱掾补决曹掾,即对口迁补。此非本文主题,暂且不论。

二、"乡举里选"的内涵

秦汉的乡举里选与先秦的乡举里选性质已经有很大不同,秦汉的乡举里选是在社会经济、政治结构发生重大变化后乡里民众政治参与的一种形式。学者研究已经充分揭示,自春秋战国开始,基层社会结构的重大变化之一是民众社会身份的转变。脱离了宗法血缘关系束缚的乡里民众获得了较之前更多的权益,特别是国家编户民的权益。① 列国新兴统治阶层为满足国家政治、军事、经济急剧发展的需要,也大都通过制度化的途径规范起了国家与个体家庭、国家与个人之间的多层次关系,如户籍制下的编户民具有了大致平等的法律身份,以军功爵为特色的爵赏制度使"庶人之有爵禄"变为可能,以国家授田为特色的土地制度建立起了以家庭为单位的个体小农经济等等。从此,先秦贵族宗法血缘等级身份秩序基本瓦解,并在国家政治、经济利益的分配原则与标准上不再有普遍意义。这一系列制度尽管在秦汉不同时期有很大变化,如军功爵的衰落与普遍赐民爵制的推行,土地兼并的盛行与个体小农经济的破产以及由此引起的乡里民众客观身份的高下不一等等。但从法律意义上看,乡里民众所获得的基本政治权益并没有受到结构性的破坏,有学者将秦汉归纳为编户齐民的"政治社会结构"②,是有一定道理的。在"齐民"社会结构中,乡里民众享有的基本政治权益也包括了政治上的被选举权。如学者所云,我们即便不能以现代民主社会的选举标准来看待秦汉社会,但我们"仍可应用现代社会中的选举权和被选举权的概念来判别古代社会中某一阶级、阶层、个人所享有的政治权利。"秦代是"选贤与能掌握国家政治权力的新时代的确立",两汉的察举制"正是新的选举方式的制度化、法典化的结果。这种制度,使得不少的小农都具有了被选举权,而选举权则掌握在官僚和地方豪强手中。"③在这样的社会结构中,至少入仕资格"原则上扩大到整个自由民阶层"④。

这些观点我们从史料中大都不难得到印证。例如史籍记载了不少乡里民众通过各种途径获得仕进的实例:第一,担任乡里小吏。如朱邑"少时为舒桐乡啬夫。"⑤鲍宣"好学明经,为县乡啬夫。"⑥郑弘、郑玄、第五伦、爰延、任光也都出任过乡啬夫。⑦

---

① 参见拙文:《春秋战国乡里社会的变化与国家基层权力的建立》,《清华大学学报》2007 年第 2 期。
② 杜正胜:《编户齐民》,第 47 页。
③ 于琨奇:《秦汉小农与小农经济》第六章第一节,黄山书社,1991 年。
④ 汪征鲁:《魏晋南北朝选官体制研究》,福建人民出版社,1995 年,第 39 页。
⑤ 《汉书·朱邑传》。
⑥ 《汉书·鲍宣传》。
⑦ 参见《后汉书》本传。

张宗"王莽时,为县阳泉乡佐。"①路温舒之父曾"为里监门"②。刘邦"及壮,试为吏,为泗水亭长。"③仇览"少为书生淳默,乡里无知者。年四十,县召补吏,选为蒲亭长。"④第二,担任郡县吏。《汉书·路温舒传》:"(温舒)求为狱小吏。"《后汉书·朱隽列传》:"少孤,母尝贩缯为业。隽以孝养致名,为县门下书佐,好义轻财,乡间敬之。"《后汉书·任光列传》:"(任光)初为乡啬夫,郡县吏。"《后汉书·韩棱列传》:"(棱)世为乡里著姓。……及壮,推先父余财数百万与从昆弟,乡里益高之。初为郡功曹。"《后汉书·党锢列传》:"(杜密)行春到高密县,见郑玄为乡佐,知其异器,即召署郡职。"第三,由察举、考试、功次、请托而入仕。《汉书·儿宽传》云宽:"贫无资用,尝为弟子都养。时行赁作,带经而鉏,休息辄读诵,其精如此。以射策为掌故,功次补廷尉文学卒史。"《汉书·张敞传》:"敞本以乡有秩补太守卒史。"《汉书·匡衡传》:"父世农夫,至衡好学,家贫,庸作以供资用,……衡射策甲科。"《汉书·陈汤传》:"(汤)不为州里所称。西至长安求官,得太官献食丞。"《后汉书·党锢列传》:"(蔡衍)少明经讲授,以礼让化乡里,……举孝廉。"《后汉书·独行列传》:"(刘茂)家贫,以筋力致养,孝行著于乡里。及长,能习《礼经》,教授常数百人。哀帝时察举孝廉。"《后汉书·循吏列传》:"(许荆)乡人皆称弟克让而鄙武贪婪,晏等以此并得选举。"第四,国家还有某些特别针对乡里的选举政策。《汉书·宣帝纪》地节三年诏:"其令郡国举孝弟、有行义闻于乡里者各一人。"《汉书·儒林传》诏:"太常择民年十八以上仪状端正者,补博士弟子。郡国县官有好文学,敬长上,肃正教,顺乡里,出入不悖,所闻,令相长丞上属所二千石,二千石谨察可者,常与计偕,诣太常,得受业如弟子。"《后汉书·安帝纪》永初二年诏:"居乡里有廉清孝顺之称,才任理人者,国相岁移名,与计偕上尚书,公府通调,令得外补。"乡里民众实际入仕途径可能还不止这些,如因功获爵而入仕等等,我们不必一一例举,只是说明在这样的社会结构中,具备了某种素质或满足国家要求的乡里编户民,理论上都有自由入仕的机会,并无法律的特别歧视。

当然,自由入仕并不是没有限制。秦汉国家针对包括乡里民众在内的社会各阶层的仕进途径都有细密的规定。例如对入仕者的道德水准和为政能力等素质有一定要求。《史记·淮阴侯列传》载韩信在秦代"贫无行,不得推择为吏。"《集解》引李奇曰:"无善行可推举选择。"可见"行"是对入仕者的道德要求。东汉左雄改制提出"……乡部亲民之吏,皆用儒生清白任从政者"⑤,是对乡吏的素质要求。秦汉各类仕进途径不能说都对道德水准有那么严格的要求,如官爵合一体制下入仕者首要的条

---

① 《后汉书·张宗列传》。
② 《汉书·路温舒传》。
③ 《史记·高祖本纪》。
④ 《后汉书·循吏列传》。
⑤ 《后汉书·左雄列传》。

件应是功劳爵次,一些带有职役性的小吏职位对道德的要求也可能并不十分严格,如"好酒及色"的刘邦当上了泗水亭长。王温舒"少时椎埋为奸。已而试县亭长,数废。数为吏,以治狱至廷尉史。"① 但以察举为主体的选举诸科,"德行"标准依然被放在重要的位置。入仕者亦需有相应的为政能力,以"试以能"② 为特点的"试吏"、"试守"制,以及文献简牍中所见的对"不便习官事"、"能不宜其官"、"贫急软弱不任职"者的罢免,对"能书会计治官民颇知律令"者的任用等等,均是对为政者能力要求的制度化管理。③ 其次,对入仕者年龄、爵位的限制。秦汉国家在不同时期对入仕者有不同的年龄限制,云梦秦简《内史杂》有"除佐必当壮以上"的记录,释者指出任"佐"者需年三十以上。④《史记·高祖本纪》云高祖:"及壮,试为吏,为泗水亭长。"可见秦代实行此制。但"壮"的标准在汉初以后可能有变化,即担任这些佐史之秩的小吏很难说必须坚持年龄三十的标准,以下诸例可以说明一些问题:

《汉书·王尊传》:"王尊字子赣,涿郡高阳人也。少孤,归诸父,使牧羊泽中。尊窃学问,能史书。年十三,求为狱小吏。数岁,给事太守府,问诏书行事,尊无不对。守奇之,除补书佐。"

《汉书·朱博传》:"少时给事县为亭长。"

《汉书·王温舒传》:"少时椎埋为奸。已而试县亭长,数废。"

《后汉书·桓帝纪》:"长沙太守抗徐"条注引《谢承书》:"抗徐字伯徐,丹阳人。少为郡佐史。"

《后汉书·陈寔列传》:"(陈寔)少作县吏,常给事厮役,后为都亭佐。"

《后汉书·独行列传》:"少为县小吏,年十八,奉檄迎督邮,(范)冉耻之,乃遁去。"

《后汉书·儒林列传》:"(周防)少孤微,常修逆旅,以供过客,而不受其报。防年十六,仕郡小吏。世祖巡狩汝南,召掾史试经,防尤能诵读,拜为守丞。防以未冠,谒去。"注云:"礼男子二十而冠。自以年未成人,故请去。谒,请也。"

《后汉书·虞延列传》:"少为户牖亭长。"

《三国志·魏书·张既》:"年十六,为郡小吏。"

根据文献推测,王尊、朱博、王温舒、虞延、陈寔、抗徐等为佐史的年龄应当不到三十,史书标明一些人"少"为佐史,与秦代"壮"的年龄概念显然不同。而周防、张既、

---

① 《汉书·王温舒传》。
② 卫宏:《汉旧仪》。
③ 参见安作璋、陈乃华:《秦汉官吏法研究》第二章《官吏任用法》。
④ 《睡虎地秦墓竹简》,文物出版社,1978年,第106页。

范冉等史书明确记载年未到二十。故年三十为佐"秦汉时期一直通行"①的观点也值得推敲。② 对入仕者年龄的限制还有多种,如阳嘉新制后的孝廉选举限在四十以上,汉代博士则限在五十以上,博士弟子限在十八以上等等,还有"不拘年齿"的变通措施等。③ 根据《内史杂》"除佐必当壮以上,毋除士五(伍)新傅"的规定,秦汉为吏者还有爵的限制。但在官爵合一走向官爵分离后,此制的作用已经不大。第三,财产限制。大家熟知的韩信"贫无行,不得推择为吏",被视为秦代任吏有财产限制的案例。这样的案例在文献中还有,如《后汉书·度尚列传》云尚:"家贫,不修学行,不为乡里所推举。"而针对为宦须具备一定财产的法律规定则有景帝后元二年诏,④我曾经认为景帝二年诏中关于"訾算十"或"訾算四得宦"的规定是针对官而不是吏,⑤亦有学者不同意拙说,⑥并举于振波《居延汉简中的遂长与候长》一文中的观点反驳,但我近来认真思考后认为,后元二年诏的规定还值得进一步考虑,我原来的看法还需进一步修正:即除了个别时期外,秦汉不仅为吏,甚至为官都很难说有财产的硬性限制。其一,从史籍记载的实例来看,家贫仕进者甚多:

《史记·郦生陆贾列传》:"郦生食其者,陈留高阳人也。好读书,家贫落魄,无以为衣食业,为里监门吏。然县中贤豪不敢役。"

《史记·田叔列传》:"任安,荥阳人也。少孤贫,为人将车之长安,留,求事为小吏,未有因缘也,因占著名数。……代人为求盗亭父。"

《汉书·朱买臣传》:"(买臣)家贫,好读书,不治产业,……拜买臣为中大夫。"

《汉书·儿宽传》:"(宽)贫无资用,尝为弟子都养。……以射策为掌故,功次补廷尉文学卒史。"

《后汉书·文苑列传》:"(黄香)年九岁,失母,思慕憔悴,殆不免丧,乡人称其至孝。年十二,太守刘护闻而召之。……香家贫。"

《后汉书·第五伦列传》:"迁蜀郡太守。蜀地肥饶,人吏富实,掾史家赀多至千万,皆鲜车怒马,以财货自达。伦悉简其丰赡者遣还之,更选孤贫志行之人以处曹任,于是争赇抑绝,文职修理。"

《后汉书·陈寔列传》:"家贫,复为郡西门亭长。"

---

① 参见孙鸿燕:《秦汉时期郡县属吏辟除问题研究》,载《秦汉研究》第一辑,三秦出版社,2007年。
② "壮"是否能够仅以《礼记·曲礼上》解释为"三十"还值得考虑。如《史记·韩信卢绾列传》云:"高祖、卢绾同日生,里中持羊酒贺两家。及高祖、卢绾壮,俱学书,又相爱也。"这里的"壮"只能释为"大也"(《说文》),而不宜释为三十。
③ 参见安作璋、陈乃华:《秦汉官吏法研究》第二章《官吏任用法》中的相关论述。
④ 《汉书·景帝纪》。
⑤ 参见拙著:《秦汉官僚制度》,第288页。
⑥ 参见前揭孙鸿燕文。

《后汉书·徐稺列传》:"家贫,常自耕稼,非其力不食。恭俭义让,所居服其德。屡辟公府,不起。"

《后汉书·张楷传》:"……(张楷)家贫无以为业……司隶举茂才。"

《后汉书·江革传》革:"穷贫裸跣,行佣以供母,便身之物,莫不必给。建武末年,与母归乡里。……太守尝备礼召,革以母老不应。"

《后汉书·循吏列传》:"(许荆)少为郡吏",同传注引《谢承书》云:"荆字子张,家贫为吏,无有船车,休假常单步荷担上下。"

《后汉书·循吏列传》:"(第五访)少孤贫,常佣耕以养兄嫂。有闲暇,则以学文。仕郡为功曹,察孝廉,补新都令。"

《后汉书·党锢列传》:"(檀敷)少为诸生,家贫而志清,不受乡里施惠。举孝廉,连辟公府,皆不就。"

《后汉书·独行列传》:"(范冉)所止单陋,有时粮粒尽,穷居自若,言貌无改,闾里歌之曰:'甑中生尘范史云,釜中生鱼范莱芜。'及党禁解,为三府所辟,乃应司空命。"

《后汉书·独行列传》:"(刘茂)少孤,独侍母居。家贫,以筋力致养,孝行著于乡里。及长,能习《礼经》,教授常数百人。哀帝时察孝廉。"

《三国志·吴书·阚泽传》:"(阚泽)居贫无资,……察孝廉。"

上述诸例从里监门、乡亭郡县吏、公府辟召到上书、射策、孝廉、茂才等类型各异,基本都属于"家贫"范围,说明家贫不是个案,但并没有影响到其入仕,除非本人不愿意,如江革、檀敷、徐稺等,这与"贫"不能为吏是矛盾的;其二,我认为合理的解释是财产不构成仕宦的必然条件。①秦汉仕进虽然考虑到入仕者的经济状况,但实际操作中更看重的是道德才能。如韩信与度尚除了"贫"以外,还特别注明了他们"无行"、"不修学行",恐怕这才是他们不能入仕的真正原因。②故《集解》引李奇曰:"(韩信)无善行可推举选择",而不及其"贫",是抓住了问题的本质。武帝及其后儒家思想在选官制度中占主导,选举重品行道德的特点日益突出,这在某种程度上与财产的限制存在对立③。很显然,如果某人没有"訾算四"的财产而又有良好的声誉,选举将会陷入被动的境地,在"乡论"对选举影响逐渐加大,国家力倡孝廉的情况下,很难将财产作

---

① 当然还有一种解释:即上述诸人虽然家贫也拥有"訾算四"以上的财产,但这种解释显然更不合情理。
② 还有学者指出《后汉书·贾复列传》载:"旧内郡徙人在边者,率多贫弱,为居人所仆役,不得为吏"证明东汉也有贫弱不得为吏的规定。(参见前揭于琨奇著第118页)我们认为这个观点值得商榷。这些人不得为吏的原因是"为居人所仆役"的结果,而不是贫弱。后来太守贾宗"擢ृ其任职者与边吏参选",所打破的不是资产限制而是人身限制。而作者所举的《汉侍廷里父老僤买田约束石券》中的父老不属于国家正式吏员,不能作为证明。
③ 《汉书·黄霸传》云霸"入财为官,不署右职。"师古曰:"轻其为人也。"

为硬性规定而抛弃主流意识形态所倡导的道德品格,故景帝二年诏是否能够严格执行于整个两汉时期颇值得疑问。有学者认为"从汉武帝开始,关于这方面(指关于财产的规定——引者注)的规定实际上已没有多大意义了"①,这一看法是有道理的;其三,从另一个角度说,秦汉还存在官与吏之分,②很多基层小吏如里监门、亭长、乡啬夫等斗食、佐史之秩者本身不是官而是带有职役性质的吏,人们不乐为之。如郑玄"少为乡啬夫,得休归,常诣学官,不乐为吏。……遂造太学受业。"③符融"少为都官,耻之,委去。"④李充"家贫,兄弟六人同食递衣。……太守鲁平请署功曹,不就。平怒,乃援充以捐沟中,因谪署县都亭长。不得已,起亲职役。"⑤逢萌"家贫,给事县为亭长。时尉行过亭,萌候迎拜谒,既而掷楯叹曰:'大丈夫安能为人役哉!'遂去之长安学。"⑥第五伦"后为乡啬夫,平徭赋,理怨结,得人欢心。自以为久宦不达,遂将家属客河东,变名姓,自称王伯齐,载盐往来太原、上党。"⑦南阳出土的桓帝延熹二年《张景造土牛碑》云张景"乞不为县吏、列长、伍长。"⑧如果再限以财产,恐怕更没有什么人愿意干了。居延简中燧长被罢免的事例也不能推翻我的看法,于文本身也认为"燧长的选用并不受家赀满四万这一条件的限制",究竟受资产多少限制,于文也没有回答,尽管他认为"这不等于说对他们没有赀产资格的要求",但燧长要自备"衣服和武器装备"与财产限制毕竟不属于同一概念。入仕的限制还有其他种种,由于与本文主题无直接关系暂不论,但这些限制是封建国家官僚制度管理的需要,与贵族政治下的身份控制已经不同。因此,秦汉乡里社会民众入仕的途径是较为广泛的。乡里民众入仕途径的存在是历代把秦汉选举视为乡举里选的一个重要原因,也是构成乡举里选的一个重要内涵。

乡举里选的另一个内涵是指乡里社会的舆论评价对国家选举有着重要影响。史料记载众多乡里人物因获得社会声誉而入仕的实例。

其一,因孝顺等入仕。

《后汉书·陈蕃列传》:"(赵宣)乡邑称孝,州郡数礼请之。"

《后汉书·章帝八王传》:"(宋杨)以恭孝称于乡间,不应州郡之命。"

《后汉书·张霸列传》:"(霸)年数岁而知孝让,虽出入饮食,自然合体,乡人号为'张曾子'。……举孝廉光禄主事。"

---

① 参见前揭安作璋、陈乃华著,第39页。
② 参见拙著:《秦汉官僚制度》第七章第二节。
③ 《后汉书·郑玄列传》。
④ 《后汉书·符融列传》。
⑤ 《后汉书·独行列传》。
⑥ 《后汉书·逸民列传》。
⑦ 《后汉书·第五伦列传》。
⑧ 《文物》1963年第1期。

《后汉书·江革列传》:"由是乡里称之曰'江巨孝'。太守尝备礼召,革以母老不应。……永平初,举孝廉为郎。"

《后汉书·铫期列传》:"父猛,为桂阳太守,卒,期服丧三年,乡里称之。光武略地颍川,闻期志义,召署贼曹掾。"

《后汉书·班彪列传》:"京兆督邮郭基,孝行著于州里。"

《后汉书·王充列传》:"充少孤,乡里称孝。"

《后汉书·文苑列传》:"(黄香)年九岁,失母,思慕憔悴,殆不免丧,乡人称其至孝。年十二,太守刘護闻而召之。"

《后汉书·独行列传》:"(刘茂)家贫,以筋力致养,孝行著于乡里。及长能习《礼经》,教授常数百人。哀帝时察举孝廉。"

《后汉书·朱儁列传》:"少孤,母尝贩缯为业。儁以孝养致名,为县门下书佐,好义轻财,乡间敬之。……稍历郡职。"

其二,因勇敢、正直、智慧、忠厚、礼让等入仕。

《后汉书·度尚列传》:"(抗)徐字伯徐,丹阳人,乡邦称其胆智。初试守宣城长。"

《后汉书·袁安列传》:"安少传良学。为人严重有威,见敬于州里。初为县功曹。"

《后汉书·韩棱列传》:"世为乡里著姓。……及壮,推先父余财数百万与从昆弟,乡里益高之。初为郡功曹。"

《后汉书·蔡邕列传》:"邕性笃孝,……与叔父从弟同居,三世不分财,乡党高其义。"

《后汉书·任光列传》:"(任光)少忠厚,为乡里所爱。初为乡啬夫,郡县吏。"

《后汉书·魏霸列传》:"霸少丧亲,兄弟同居,州里慕其雍和。建初中,举孝廉。"

《后汉书·赵孝列传》:"琳自缚,请先季死。贼矜而放遣,由是显名乡邑。后辟司徒府。"

《后汉书·循吏列传》:"(许荆)乡人皆称弟克让而鄙武贪婪,晏等以此并得选举。"

其三,因不谋私利、乐善好施、和睦共处、解人忧患入仕。

《后汉书·郑弘列传》:"弘少为乡啬夫,太守第五伦行春,见而深奇之,召署督邮,举孝廉。"注引《谢承书》曰:"为灵文乡啬夫,爱人如子。"

《后汉书·乐恢传列传》:"归,复为功曹,选举不阿,请托无所容。同郡杨政数众毁恢,后举政子为孝廉,由是乡里归之。辟司空牟融府。"

《后汉书·冯绲列传》:"家富好施,赈赴穷急,为州里所归爱。初举孝廉。"

《三国志·吴书·鲁肃传》:"肃不治家事,大散财货,标卖田地,以赈穷弊结士为务,甚得乡邑欢心。……袁术闻其名,就署东城长。"

其四,因学问与德行入仕。

《后汉书·牟融列传》:"(融)少博学,以《大夏侯尚书》教授,门徒数百人,名称州里。以司徒茂才为丰令,视事三年,县无狱讼,为州郡最。"

《后汉书·党锢列传》:"(范滂)少厉清节,为州里所服,举孝廉、光禄四行。"

《后汉书·党锢列传》引《谢承书》:"成缙少修仁义,笃学,以清名见。举孝廉。"

《后汉书·儒林列传》:"(召驯)少习《韩诗》,博通书传,以志义闻,乡里号之曰'德行恂恂召伯春。'累仕州郡,辟司徒府。"

《后汉书·独行列传》:"(范冉)所止单陋,有时粮粒尽,穷居自若,言貌无改,闾里歌之曰:'甑中生尘范史云,釜中生鱼范莱芜。'及党禁解,为三府所辟,乃应司空命。"

史书记载这些人的入仕途径时特别提到了他们在乡里的声誉不是偶然的,应当说这种声誉与他们的入仕有很密切的关系。乡里的声誉影响了取仕者的视野,促进了乡里人物的仕进,这也是人们把秦汉选举视为乡举里选的一个重要原因。

三、乡里行政组织与"乡举里选"

但是,"乡举里选"不是指乡里民众有自主选举官吏的权力,目前的材料既不能够证明乡里民众在乡亭等属吏的任用上有"自相推择"的制度化的政治权力,也不能证明乡里民众对察举诸环节有制度化的影响。乡举里选除了说明乡里民众有被选举的政治权益、乡里舆论能够对选举产生一定的影响之外,更重要的是在秦汉选举过程中,乡里组织有一定的管理和组织职能,乡举里选与乡里行政组织有密切关系,关于乡举里选的这个层面,以往研究较少关注。我们试作如下分析。

（一）乡里行政组织在基层属吏任用上拥有推举权

新公布的里耶秦简 T1⑧157 正面载：

> 卅二年正月戊寅朔甲午，启陵乡夫敢言之：成里典、启陵邮人缺，除士五（伍）成里匄成，（成）为典，匄为邮人。谒令、尉以从事，敢言之。

T1⑧157 背面：

> 正月戊寅朔丁酉，迁陵丞昌郄之启陵，廿七户已有一典，今有（又）除成为典，何律令？應（?）尉已除成、匄为启陵邮人，其以律令。

考之云梦秦简《秦吏十八种·置吏律》："县、都官、十二郡免除吏及佐、群官属，以十二月朔日免除，尽三月而止之。其有死亡及故有夬（缺）者，为补之，毋需时。"根据此律，正常的任免吏员时间应当在十二月至三月间，但如果死亡及特殊缘故导致缺的，可以随时补充，不受时间限制。启陵乡补吏文书在《置吏律》规定的月份（即十二月至三月）之内，但根据迁陵丞"已有一典"的说法，启陵乡的里典并不属于"缺"的范围。故迁陵丞对启陵乡设里典的要求不予认可。值得注意的是文中显示，启陵乡所缺的里典、邮人是由启陵乡啬夫提出人选。这条材料证明，秦代基层吏员中的一部分人是由乡吏自身从乡民中遴选出来的，这极大地弥补了文献的不足。我们目前从文献史料上虽然很难找到像里耶简中所反映的乡选属吏的直接资料，但仍可寻见一些蛛丝马迹。《史记·淮阴侯列传》载："（韩信）始为布衣时，贫无行，不得推择为吏。"《集解》引李奇曰："无善行可推举选择。"此"推举选择"当是乡里的推举，而乡里的推举与乡里行政组织是有关系的。从里耶秦简的情况来看，这种推举是由乡啬夫提名，由乡里行政组织形成正式公文上报县批准，按照既定的官吏编制规定处理，而不是乡民自主的选举。反映汉初制度的《二年律令》记载，汉初乡啬夫、有秩的秩次从百廿石至二百石不等，而没有低于百石者，则汉初乡啬夫、有秩完全可能是由中央任命[①]，而与"自相推择"没有关系。中央任命乡里吏的制度还不能说是秦汉一直施行的制度，西汉中期以后应当有变化。但即便乡里吏不再由中央任命，改为郡县任命或自辟，也与乡里民众的自主选举没有关系。

（二）乡里组织掌握着乡民基本状况

史籍记载秦汉选举时乡里有推举的权力，如《后汉书·鲁恭列传》云："恭再在公位，选辟高第，至列卿郡守者数十人。而其耆旧大姓，或不蒙荐举，至有怨望者。恭闻

[①] 廖伯源先生根据张家山简认为"汉初县廷各分职部门之主管官吏，乃至乡、亭之主吏，皆由朝廷任命，推测此制自郡县初始，即已形成。"（《秦汉史论丛》第九辑，三秦出版社，2004年，第180页。）

之,曰:'学之不讲,是吾忧也。诸生不有乡举者乎?'终无所言。"注云:"言人患学之不习耳,若能究习,自有乡里之举,岂要待三公之辟乎?"《后汉书·申屠刚列传》:"(申屠刚说隗嚣)将军以布衣为乡里所推。"《后汉书·度尚列传》:"家贫,不修学行,不为乡里所推举。"乡里"推举"可能不限于属吏,还应当包括察举等其他科目人选的推举;"推举"也不可能仅指乡里舆论,即所谓"乡论"评品的高下,也应包括乡里行政组织的考核以及在具体推举程序上的操作。如鲁恭所云的"乡举"显然是与乡里组织有关的。这个问题还可以从制度史的层面得到解释。首先,秦汉"户籍藏乡"①,副本藏县,②故里耶秦简中都乡守嘉要求启陵乡而不是县廷把从该乡迁徙到都乡的十七户人的年籍,即记载年龄的籍移至都乡,这都证明乡里民众的户籍正本藏在乡,乡是户籍管理的单位。简牍反映,乡民的一些事务,如外出、诉讼等需要乡作初步的处理,提出意见,也与户籍在乡不无关系。秦汉各类选举大都牵涉到年龄问题,也必然需要乡里组织提供被举者的年龄等相关资料。其次,秦汉入仕有籍贯、名数限制,如吏例用本地人,无名数者不得入仕,故如何准确掌握、了解被举者的籍贯,严防无名数者,乡里组织是有责任的。任安的入仕提供了信息,《史记·田叔列传》载:

> 任安,荥阳人也。少孤贫,为人将车之长安,留,求事为小吏,未有因缘也,因占著名数。……代人为求盗、亭父。后为亭长。邑中人民俱出猎,任安常为人分麋鹿雉兔,部署老小当壮剧易处,众人皆喜,曰:"无伤也,任少卿分别平,有智略。"明日复合会,会者数百人。任少卿曰:"某子甲何为不来乎?"诸人皆怪其见之疾也。其后除为三老,举为亲民,出为三百石长,治民。

任安从荥阳到长安当属无名数者,汉代鼓励流民入籍,自汉初即如此,其后对无名数者也允许在所在地入籍,如《汉书·成帝纪》鸿嘉四年诏云:"流民欲入关,辄籍内。"任安亦属异地而入籍的。需要注意的是,任安在"占著名数"前求为小吏都很困难,后任求盗、亭父、亭长、三老并升迁为县长,是因为"占著名数",获得本地籍贯之后的缘故。像这样对被举者的籍贯、名籍的控制,应是乡里组织的基本任务。居延简戍卒名籍中详细的籍贯记录亦证明汉政府对每个人的籍贯资料都有记载。

(三)乡里组织对被举者的人品与能力有考核的责任

顾炎武曾云"乡举里选,必先考其生平。""生平"如何考,"考"什么,谁来考,史籍亦透露出与乡里组织的部分关系。首先,乡里组织对乡民的道德品质有考察的职能。《续汉书·百官志》云:"乡置有秩、三老、游徼。……皆主知民善恶,为役先后,知民贫富,为赋多少,平其差品。三老掌教化。凡有孝子顺孙,贞女义妇,让财救患,及学

---

① 《居延汉简释文合校》81·10。
② 《二年律令·户律》:"?恒以八月令乡部啬夫、吏、令史相襍案户籍,副臧(藏)其廷。"

士为民法式者,皆扁表其门,以兴善行。"据此对乡民道德水准的考察与掌握主要是三老承担,但其他吏员也有责任,特别是有秩和啬夫,所谓"皆主知民善恶"即如此。掌握民之"善恶"的目的是教化的需要,但也与选举有关。《汉书·儒林传》云:"太常择民年十八以上仪状端正者,补博士弟子。郡国县官有好文学,敬长上,肃正教,顺乡里,出入不悖,所闻,令相长丞上属所二千石,二千石谨察可者,常与计偕。诣太常,得受业如弟子。"《后汉书·安帝纪》云:"居乡里有廉清孝顺之称,才任理人者,国相岁移名,与计偕上尚书,公府通调,令得外补。"哪些人"顺乡里,出入不悖"、哪些人"居乡里有廉清孝顺之称",显然只有乡里吏员最清楚并能出具证明的。史书记载众多在乡里获得良好声誉而入仕的乡民,尽管其事迹开始可能是由一般乡里舆论传播,并符合大众的价值观念,但对这些事迹的鉴定不能归之于一般的乡里舆论,而与乡里组织肯定是有关系的。其次,乡里组织有考察被举者为政能力的责任。东汉有三帝在求贤诏书里都谈到乡里选举要重视能力的考察,《后汉书·章帝纪》建初元年三月诏云:"夫乡举里选,必累功劳。"章帝此诏中的"功劳"实与"阀阅"相对,意指选举不可以门第,而应当"务取实才"①。《后汉书·和帝纪》永元五年诏云:"选举良才,为政之本。科别行能,必由乡曲。"和帝此诏是重申选举中要遵循光武建初以来"校试以职"、"试之以职"的规定,即选举前要有实际工作经验的锻炼考察。但和帝增加了"行能"即品行与能力的考察"必由乡曲"一条。李贤等引《周礼》"乡大夫掌其乡之政教,考其德行,察其道艺,三年而举贤能者于王"来注此条,是以周代乡之职能与汉代乡之职能进行比较,甚确。上引安帝永初二年诏云"居乡里有廉清孝顺之称,才任理人者",也是从德和能两个方面对被举者的素质要求。

汉代特别是东汉强调乡里对被举者的品德与能力考察不能视为乡里拥有选举的权力,我们在前面已经论及汉代正式察举的最低一级举主也在县级,目前也未见中央政府要求乡一级承担察举举主的文书,但是在整个察举环节上,乡里行政组织是要承担责任的,这个责任不仅仅是对被举者一般的道德评价,也要根据察举的要求提供被举者的基本资料。另一方面,察举之外的由属吏入仕,通过积功劳升迁也是秦汉一条重要的仕进途径,在这个途径上乡里组织则可能担任着直接推举的职能,所谓"乡举里选"应作这样两个方面的理解。

原刊于《社会科学战线》2008年第5期

(作者简介:卜宪群,中国社会科学院研究员、中国秦汉史研究会会长)

---

① 《后汉书·章帝纪》李贤等注。

中国孙子学的整体辨析

赵国华

20世纪80年代以来,伴随中国社会经济和文化的发展,中国传统文化日益受到重视,对一些学术经典的研究逐渐形成一批专门性的学问。犹如《老子》《墨子》《管子》《孟子》《庄子》《荀子》研究被称为老学、墨学、管学、孟学、庄学和荀学,《孙子兵法》研究被称为孙子学。也如每一门学问都有其特定的内涵,孙子学包括七项内容:《孙子兵法》的作者、《孙子兵法》的成书、《孙子兵法》的文本、《孙子兵法》的本义、《孙子兵法》的延伸、《孙子兵法》的传播、《孙子兵法》的价值。从这七个方面入手,对中国孙子学做一番整体性的辨析,是建构中国孙子学史的前提条件,有助于孙子学向纵深发展。

一、《孙子兵法》的作者

《孙子兵法》的作者,是春秋后期人孙武。孙武出生于齐国,成名于吴国,被人们尊称为孙子,可谓不争的事实。但考察孙子的一生,有哪些突出的作为?因为缺乏历史资料,还处于较模糊的状态。

有关孙子的生平事迹,最早见于银雀山汉简《吴问》《见吴王》。这是两篇残缺的简文,记述了孙子进见吴王阖闾、与阖闾谈话及吴宫教战的事迹。司马迁编撰《史记》,也许就是依据这类资料,写成了孙子的传记。这篇传记有406个字,除吴宫教战之外,只谈到"西破强楚入郢,北威齐晋,孙子与有力焉"[1],看起来十分简略。继司马迁之后,赵晔编修《吴越春秋》,对孙子在吴国的活动也有一些零散的记述,但囿于该书的文学属性,这些记述备受学者质疑。所以,单凭现存的历史资料,说不清孙子的

---

[1] 《史记》卷65《孙子吴起列传》。

人生,即便是孙子的故里、吴宫教战的事迹、孙子的结局等问题,迄今仍无法达成共识。

根据欧阳修的记述,孙子的祖父担任"齐大夫,伐莒有功,景公赐姓孙氏,食采于乐安"①,孙子故里应在乐安。但乐安今属何地?一说在滨州惠民,二说在淄博广饶。还有学者认为封邑不等于籍贯,孙子故里应在临淄。这种争论既出自认识方法的差异,更主要是历史资料的问题。所以,在获得新的史料之前,有关孙子故里的争论,就显得没多大必要。

吴宫教战的事迹,是不是一场儿戏呢?历来学者认识不一。大抵确认孙子有其人,就说这是历史实际;否认孙子有其人,就说这是虚构故事。重视《史记》的客观性,就说这是历史实际;强调《史记》的主观性,就说这是虚构故事。这样究竟孰是孰非?似乎难以作出事实判断。不过,银雀山汉简的发现可以证明:这一事迹不是司马迁杜撰。以司马迁修史的严谨态度,不会随意杜撰历史。若说是战国时人编造,根本找不出相关的证据,也只能属于主观臆断。

吴王阖闾九年(前506年),吴国大举进攻楚国,孙子参与指挥战争,一度攻占楚都郢城,使吴国声势大振。但经过这场战争之后,孙子悄然地退出政坛,不知做过什么事情。有一种合理的推测,认为孙子以具体的战争实践证实所著兵法的可行性,于是再度归隐山林,专心研究军事理论,直到他生命的尽头,被埋葬在吴都城外②。

值得注意的是,自从南宋初期以来,总有学者找出某种理由,断言历史上没有孙子其人。如陈振孙认为"孙武事吴阖闾,而不见于《左氏传》,未知其果何时人也"③;叶适断言"凡谓穰苴、孙武者,皆辩士妄相标指,非事实;其言阖闾试以妇人,尤为奇险不足信。"④这一论点出自臆断,缺乏历史资料的支撑,并未得到广泛的认同。

二、《孙子兵法》的成书

《孙子兵法》为孙子所著,原本没有什么问题,但自北宋后期以来,受着疑古风气的影响,遭到一些学者质疑。梅尧臣首倡"战国相倾之说"⑤,认为《孙子兵法》是战国时期的作品;叶适更明确地说《孙子兵法》是"春秋末战国初山林处士所为"⑥;姚鼐认为"吴容有孙武者,而十三篇非所著,战国言兵者为之,托于武焉尔"⑦;梁启超则说

---

① 《新唐书》卷63下《宰相世系表三下》。
② 《越绝书·吴地传》:"巫门外大冢,吴王客、齐孙武冢也,去县十里。"巫门即吴都城北门。据此孙子逝世以后,被葬于吴都城北门外。
③ 陈振孙:《直斋书录解题》卷12《兵家类》。
④ 叶适:《习学记言序目》卷46《孙子》,中华书局,2014年。
⑤ 欧阳修:《欧阳修全集》卷42《孙子后序》,中华书局,2001年。
⑥ 叶适:《习学记言序目》卷46《孙子》,中华书局,2014年。
⑦ 姚鼐:《惜抱轩全集·文集》卷5《读〈孙子〉》,四部备要本。

"此书若指为孙武作,则可决其伪,若指为孙膑作,亦可谓之真"[1];钱穆认为"《孙子》十三篇泂非春秋时书,其人则自齐之孙膑而误"[2]。这些论断虽然不尽相同,但有一个共同点,即否认《孙子兵法》为孙子所作。

这种质疑看似有理,但与否认孙子其人一样,缺乏必要的证据支撑,难以令人信服。宋代以后的主流观点并未发生根本性的变化,绝大多数学者依然承认孙子著《孙子兵法》。如何去非作为武学博士,曾经反复地指出:"昔之以兵为书者,无若孙武,武之所可以教人者,备矣。"[3]"言兵无若孙武,用兵无若韩信、曹公。"[4]宋濂考论《孙子兵法》,不赞同叶适的观点,认为春秋时期,"大国若秦楚,小国若越燕,其行事不见与经传者有矣,何独武哉?"[5]清代四库馆臣以《史记》为依据,认为《孙子兵法》"确为武所自著,非后人嫁名于武也"[6]。孙星衍整理《孙子兵法》,断言十三篇"是孙子手定,见于吴王,故历代传之勿失也。"[7]直到1972年4月,银雀山汉墓竹简《孙子兵法》《孙膑兵法》的发现,证明《孙子兵法》和《孙膑兵法》不是一部书,西汉前期就有两部《孙子》:《孙子兵法》称《吴孙子》,《孙膑兵法》称《齐孙子》,孙武和孙膑各有其人。所以,现在讨论《孙子兵法》的成书,不能因为通行本的个别字句不符合春秋时期的战争状况,《左传》没有记述孙子的事迹,或者拘泥于"春秋无私人著述"说,就否认孙子著《孙子兵法》的事实。

当然,《孙子兵法》的成书,也有其特殊的历史根源、社会背景和学术基础。传说黄帝懂得兵法,战胜其他部落联盟,被尊称为"天下之主"。孙子在论述山地、河流、斥泽、平原地带作战方法时,认为"凡此四军之利,黄帝之所以胜四帝也"[8],把黄帝当作兵家始祖。夏商周三代有过两次王朝更迭,前一次是商汤灭夏,后一次是武王伐商。"汤武革命"昭示着一条战争法则:战争不是单纯的杀戮,而是禁暴除乱的手段,是替天行道的方式。孙子站在军事战略的高度,洞悉"上智为间"的重要性,认为"殷之兴也,伊挚在夏;周之兴也,吕牙在殷"[9],把伊挚、吕牙视为"汤武革命"的关键人物。特别是吕牙,作为一位著名的军事谋略家,辅佐周文王削弱商朝,协助周武王讨伐商纣,而后开创和治理齐国,发挥出卓越的军事才能。"后世之言兵及周之阴权,皆宗太公为本谋。"[10]齐国作为孙子的祖国,不仅在齐桓公时期通过政治和军事改革,构建军政

---

[1] 梁启超:《中国历史研究法》,上海古籍出版社,1987年,第95页。
[2] 钱穆:《先秦诸子系年》卷1《孙武辨》,中华书局,1985年。
[3] 何去非:《何博士备论·霍去病论》,《中国兵书集成》第6册,解放军出版社、辽沈书社,1994年。
[4] 何去非:《何博士备论·魏论下》,《中国兵书集成》第6册,解放军出版社、辽沈书社,1994年。
[5] 宋濂:《诸子辨·孙子》,朴社1926年。
[6] 纪昀等:《钦定四库全书总目》卷99《子部九》,中华书局,1997年。
[7] 孙星衍:《孙子十家注·孙子兵法序》,《孙子集成》第18册,齐鲁书社,1993年。
[8] 《孙子兵法·行军》。
[9] 《孙子兵法·用间》。
[10] 《史记》卷32《齐太公世家》。

合一、兵农合一的军事体制,使军事力量迅速增强,"九合诸侯,一匡天下"①,率先创立春秋霸业,而且在齐景公时期培育出名将司马穰苴,"文能附众,武能威敌。"②或许受司马穰苴的影响,孙子熟悉古司马法。"司马法所从来尚矣,太公、孙、吴、王子能绍而明之,切近世,极人变。"③这一军事学术传统,连同孙氏累世在齐国为将,具有丰富的战争经验,都影响着《孙子兵法》的成书。

《孙子兵法》产生的社会背景,在于春秋时期的军事变革。春秋时期"国之大事,在祀与戎"④,各国统治者无不重视军队建设,积极投入对外战争,致使军队数量不断增加,战争规模不断扩大。战争指导原则随之发生重大转变:从仁义之师转向诡诈之道,涌现出一系列军事谋略。如齐鲁长勺之战,鲁大夫曹刿提出"夫战,勇气也,一鼓作气,再而衰,三而竭"⑤;宋楚泓水之战,宋司马子鱼主张"未既济"而击之,"未成列"而击之;晋楚城濮之战,晋大夫子犯提出"师直为壮,曲为老"⑥,"战阵之间,不厌诈伪"⑦;齐宋新里之战,齐大夫乌枝鸣强调"用少莫如齐致死,齐致死莫如去备"⑧。这类军事谋略的发明和运用,为孙子研究战争指导问题,提供了鲜活的军事素材。

春秋时期,有一些军事著作流传于世,被人们引用于战争指导。如晋楚城濮之战,楚令尹子玉援引《军志》说:"允当则归","有德不可敌。"⑨晋楚邲之战,晋大夫士会援引《军志》说:"见可而进,知难而退。"⑩宋吴鸿口之战,宋大夫濮援引《军志》说:"先人有夺人之心,后人有待其衰。"⑪孙子论述战争指导问题,也援引《军政》说:"言不相闻,故为金鼓;视不相见,故为旌旗。"⑫这说明《孙子兵法》的成书,得益于以往的学术成就。

三、《孙子兵法》的文本

根据司马迁的记述,《孙子兵法》十三篇的完稿在孙子进见吴王阖闾之前,即阖闾三年(前512年)之前。这十三篇单独成册,一直流传到西汉前期。所谓"世俗所称师

---

① 《史记》卷62《管晏列传》。
② 《史记》卷64《司马穰苴列传》。
③ 《史记》卷130《太史公自序》。
④ 《左传》成公十三年。
⑤ 《左传》庄公十年。
⑥ 《左传》僖公二十八年。
⑦ 《韩非子·难一》。
⑧ 《左传》昭公二十一年
⑨ 《左传》僖公二十八年。
⑩ 《左传》宣公十二年。
⑪ 《左传》昭公二十一年。
⑫ 《孙子兵法·军争》。

旅,皆道《孙子》十三篇"①,说的就是十三篇本。

西汉后期,刘向、刘歆父子总领文献整理活动,任宏负责整理《孙子兵法》,除十三篇本之外,又收集到一些兵法论著,其中包括孙子后学之作,总计八十二篇、图九卷,汇辑成一种新的文本,可称为八十二篇本。这个文本包含十三篇本,一直保存到东汉末期,而十三篇本仍旧单传,还留下了不同的抄本。曹操撰写《孙子略解》,采用十三篇本为底本,对校过不同的抄本,来说明字句的差异。如《九变》称"九变之术",注谓"九变,一云五变";《行军》称"兵非益多也",注谓又作"兵非贵益多";《九地》称"禁祥去疑,至死无所之",注谓一本作"至死无所灾"。这说明曹操注解《孙子兵法》,曾经读到不同的抄本。东汉末年遭董卓之乱,皇室藏书荡然无存,八十二篇本随之散失,《孙子兵法》靠私家收藏流传下来,却只剩下这十三篇本。

《孙子兵法》现存的文本,主要有汉简本、宋刊本。汉简本出土于山东临沂银雀山汉墓,是现存最早的一个文本,包括与宋刊本相应的十三篇内容,只是各篇都残缺不全。宋刊本出现在北宋后期,是以曹操注《孙子兵法》为底本,汇辑诸家注释而成的一个文本,最初由宋神宗颁行全国。这两个文本产生于不同的时代,在篇次、内容上有较大的差异。如汉简本的篇次是《计》《作战》《势》《形》《谋攻》《行军》《军争》《实虚》《九变》《地形》《九地》《用间》《火攻》②,宋刊本则确定为《计》《作战》《谋攻》《形》《势》《虚实》《军争》《九变》《行军》《地形》《九地》《火攻》《用间》。宋刊本《形》称"守则不足,攻则有余",汉简本作"守则有余,攻则不足";宋刊本《九地》称"犯之以害,勿告以利",汉简本作"犯之以利,勿告以害";汉简本《用间》"周之兴也,吕牙在殷"之后,又有"□□□□,卫师比在陉;燕之兴也,苏秦在齐"。这两个文本相比较,汉简本传世时间较早,或许更接近《孙子兵法》的原貌,但也存在一些问题。宋刊本经任宏、曹操整理,采摘诸抄本的精粹,也会有一定的长处。

《孙子兵法》的宋刊本,有武经七书本、十一家注本。武经七书本是最早印行的一种文本,成书于宋神宗时期,是北宋以后通行的一个文本;十一家注本成书于南宋初期,由吉天保编辑曹操、孟氏等十一家注而成书,本来不如武经七书本流行,清代中期经过孙星衍的整理,成为影响最大的一个文本。这两个文本形成于同一时代,在篇次、内容上没有多大差异。全书的篇次完全相同,只有第一、四、五篇的篇名,十一家注本作《计》《形》《势》,武经七书本作《始计》《兵形》《军势》。后者之所以增添一字,显然是为了篇名整齐。每一篇的内容基本相同,只有个别文字不同。如十一家注本《地形》称"凡此六者,非天之灾";"知天知地,胜乃不穷",武经七书本分别作"凡此六者,非天地之灾","知天知地,胜乃可全"。经过宋代以后的流传,这两个文本衍生出

---

① 《史记》卷65《孙子吴起列传》。
② 参见李零:《〈孙子〉篇题木牍初论》,《文史》第17辑,中华书局,1983年。

许多版本，逐渐形成两种文本系统①。现今人们研读《孙子兵法》，主要靠这两个宋刊本，而参考残缺的汉简本。

四、《孙子兵法》的本义

《孙子兵法》本义的探求，是孙子学的核心内容。这包括两个方面：一是《孙子兵法》的文字训诂，一是孙子思想的阐释。照理说来，对十三篇的原文进行文字的训诂，进而阐释孙子思想，求得《孙子兵法》的本义，好像还比较容易。但实际上，因为不同的指导思想、不同文本的差异和古文字的多义性，要准确地掌握《孙子兵法》的本义，又让人感到困难。

在《孙子兵法》十三篇中，有不少字句的本义，至今都未得到准确的解读。其中较大的问题，如所谓"九变"，作为战时应变的基本方法，一说指《九变》"圮地无舍，衢地合交，围地则谋，死地则战，途有所不由，军有所不击，城有所不攻，地有所不争"；一说指《军争》"高陵勿向，背丘勿逆，佯北勿从，锐卒勿攻，饵兵勿食，归师勿遏，围师遗阙，穷寇勿迫"加上"绝地勿留"；更有学者认为"九变"当作"五变"，指"途有所不由，军有所不击，城有所不攻，地有所不争，君命有所不受"。究竟哪一种说法合乎本义呢？实在难以下结论。还有较小的问题，如《作战》称"贫于师者远输"，一作"远于师者远输"；《谋攻》称"倍则分之，敌则能战之"，一说当作"倍则战之，敌则能分之"；《虚实》称"出其所不趋"，一作"出其所必趋"；《军争》称"擒三将军"，一说当作"擒三军将"；《行军篇》称"粟马肉食"，一作"杀马肉食"；《九地篇》称"四五者"，一说当作"此三者"；《用间篇》称"因间"，一作"乡间"。仅就这类问题而言，即使继续讨论下去，也很难求得共识，不如各说并存为是。

但有一些问题，必须加以深入的讨论。如孙子论述的战争，究竟是有两种形式：进攻与防御？还是有三种形式：野战、攻城与守城？孙子有关战争指导方法的论述，能否分出三个层次：战略、战役法和战术？孙子思想的本质特征，是制止战争、倡导防御的人道精神？还是打赢战争、注重进攻的军事谋略？孙子思想的文化属性，究竟是齐文化的标志成果，还是吴文化的重要表征，还是齐文化和吴文化两者的结晶？对于这类问题，只有依据孙子的本义，参照现代军事理论，才能做出准确的解释；仅凭现代军事理论作指导，一味地从现实需要出发来阐释，就会造成曲解或误解。

孙子思想有没有体系呢？从历代孙子学研究来看，答案应该是肯定的。历代学者研究《孙子兵法》，习惯利用题解的方式，说明孙子的著述旨意，系统地阐释孙子思想。如张预注《孙子兵法》前七篇说："用兵之道，以计为首。""计算已定，然后完车

---

① 参见杨炳安、陈彭：《孙子兵学源流述略》，《文史》第 27 辑，中华书局，1986 年。

马,利器械,运粮草,约费用,以作战备,故次《计》。""计议已定,战具已集,然后可以智谋攻,故次《作战》。""形因攻守而显,故次《谋攻》。""兵势已成,然后任势以取胜,故次《形》。""《形篇》言攻守,《势篇》说奇正。善用兵者,先知攻守两齐之法,然后知奇正;先知奇正相变之术,然后知虚实。盖奇正自攻守而用,虚实由奇正而见。故次《势》。""以军争为名者,谓两军相对而争利也。先知彼我之虚实,然后能与人争胜,故次《虚实》。"①透过这一系列题解,可以看出一个认识逻辑,那就是缜密的孙子思想体系。

20世纪以降,许多学者运用近代军事理论来阐释孙子思想体系,提出了不少新的认识。如蒋方震、刘邦骥解说《孙子兵法》,非常重视全书的结构,认为《计篇》总论军政,《作战》至《虚实》论战略,《军争》至《用间》论战术,"十三篇结构缜密,次序井然,固有不能增减一字,不能颠倒一篇者。"②郭化若论述孙子思想,认为在哲学方面既有朴素的唯物论观点,又有丰富的辩证法思想;在战争观方面对战争抱慎重的态度,把"道"视为决定战争胜败的首要因素;在战争指导方面把"知彼知己"看作正确指导战争的先决条件,主张进攻速胜,注重野外机动作战,强调"致人而不致于人";在军队建设方面重视将帅的地位和作用,坚持文武兼施、刑赏并重的治军原则③。近期相关论述不断增多,但基于理论阐释的无限性,对孙子思想体系的探究仍将继续进行下去。

总结前贤论述可知,《孙子兵法》主要运用理论思维方式,论述战争、战争指导和军队建设诸问题,构筑起一个较完整的思想体系。这一思想体系包括倡导全胜的战争理念,注重先知、庙算、速决、胜战、权变、地利等战争指导原则和以将帅为核心的军队建设思想,反映出军事谋略的本质特征。

五、《孙子兵法》的延伸

在中国军事学史上,孙子学研究从来不限于《孙子兵法》,总是朝着两个方向延伸:一是学科内的延伸,一是学科外的延伸。这使得孙子学丰富多彩,生动活泼,具有更大的学术价值。

《孙子兵法》在学科内的延伸,是一种纵向的学术联系。《孙子兵法》作为武经之冠冕,犹如一条长长的红线,贯穿于整个中国军事学史。每一个时期军事学的发展都与《孙子兵法》密切相关,而有关《孙子兵法》的研究成为中国军事学史的核心内容。正如茅元仪所说:"先秦之言兵者六家,前孙子者,孙子不遗;后孙子者,不能遗孙子,

---

① 孙武、曹操等:《十一家注孙子》,上海古籍出版社,1978年。
② 蒋方震、刘邦骥:《孙子浅说·绪言》,房西民抄本,1915年。
③ 详见郭化若:《孙子译注·前言》,上海古籍出版社,1984年。

谓五家为孙子注疏可也。"①《孙子兵法》不但影响着《吴子》《尉缭子》《六韬》《三略》的成书,还影响到后世许多军事学家的成长。曹操、李筌、杜牧、陈暤、梅尧臣、朱服、张预、施子美、刘寅、王阳明、赵本学、李贽、王世贞、朱墉、孙星衍等人因为注解《孙子兵法》,在中国孙子学史上都赢得了一席之地,而诸葛亮、李靖、许洞、曾公亮、何去非、戚继光、何良臣、茅元仪、徐光启、王余佑、顾祖禹等人受孙子思想的启迪,撰写出一大批军事著作,为中国军事学做出了重大贡献。从这个意义上说,没有中国孙子学的成就,就没有中国军事学的发展。

《孙子兵法》在学科外的延伸,是一种横向的社会联系。战国时期以来,人们对待孙子思想,已经跳出战争的窠臼,把它引入非军事领域。如白圭经商成名之后,给人总结经验时说:"吾治生产,犹伊尹、吕尚之谋,孙吴用兵,商鞅行法是也。"②这是把《孙子兵法》用于商业活动的范例。作为纵横家的经典著作,《鬼谷子》论述游说方法,强调"事贵制人,而不贵制于人"③,这是把《孙子兵法》引入外交活动的例证。特别是中国传统医学与《孙子兵法》,在相近的理论基础上,结下了不解之缘。清代医学家徐大椿从《孙子兵法》看医学,阐述了"用药如用兵论",认为"兵之设也以除暴,不得已而后兴;药之设也以攻疾,亦不得已而后用,其道同也","孙武子十三篇,治病之法尽之矣。"④而兵学家邓廷罗从医学看《孙子兵法》,又提出了"用兵犹用药论",认为"救乱如救病,用兵犹用药。善医者因症立方,善兵者因敌设法。《孙子》十三篇,治病之方也。"⑤这是把《孙子兵法》与医学沟通的范例。由此可知,孙子学得到发展之后,必然超越军事的界限,走进其他社会活动领域。

就学术取向而论,中国孙子学研究包括两个方面:理论研究和应用研究。前者作为孙子学的中心环节,主要从战争观、战争指导和军队建设诸层面,探讨孙子思想体系;后者作为孙子学的延伸部分,主要着眼于现实社会问题,从孙子思想中获得借鉴,找到解决问题的方法。理论研究是应用研究的基础,应用研究是理论研究的延伸。在学术研究与社会实践中,这两者可说是相辅相成,共同推动孙子学向前发展。

20世纪80年代以来,伴随着"孙子热"的兴起,《孙子兵法》的应用研究备受人们的关注,取得了丰硕的成果。如有人围绕现代企业管理的主要目标,联系经营决策、生产管理、产品销售诸环节,抓住企业领导者的基本修养,论述孙子思想的现实意义;有人追踪国际政治、经济、军事的最新动态,针对高技术局部战争的特点,结合中国国防建设的实际情况,论述孙子思想的指导意义;更有人从战略战术、国家安全、企业管理、商业竞争、股市投资、政治哲学、人才择用、信息情报、外交谈判、交际处世、思维科

---

① 茅元仪:《武备志》卷1《兵诀评》,《中国兵书集成》第27册,解放军出版社、辽沈书社,1994年。
② 《史记》卷129《货殖列传》。
③ 《鬼谷子·谋篇》。
④ 徐大椿:《医学源流论》卷上《用药如用兵论》,人民卫生出版社,2007年。
⑤ 邓廷罗:《孙子集注·凡例》,《孙子集成》第18册,齐鲁书社,1993年。

学、教育科技、体育竞技、医学诊治等方面，论述孙子思想的应用技巧。这些论述对解决某些现实问题，具有一定的积极作用。但是，其中也有一些不足之处，如在军事应用研究方面，存在着引古铸今、据今论古的缺陷；在非军事应用研究方面，存在着生搬硬套、随意比附的弊端。这种过分功利化、庸俗化的倾向，应当切实加以克服。

六、《孙子兵法》的传播

《孙子兵法》问世之后，主要通过传抄方式，起初流传于吴国，而后流传到各地。战国末年，韩非说"境内皆言兵，藏孙吴之书者，家有之"①，足见《孙子兵法》流传之广。西汉时期，从东海郡到金城郡，汉朝各地都有人研读《孙子兵法》。除十三篇本之外，另有其他一些篇章，如《吴问》《黄帝伐赤帝》《见吴王》等，与十三篇本一同传世。刘向、刘歆主持文献整理活动，任宏负责校定兵书，把传世兵书区分为"权谋"、"形势"、"阴阳"、"技巧"四大类。《孙子兵法》被列在"权谋"之首，即列在"兵书略"之首，获得崇高的学术地位。从此以后，《孙子兵法》广为人们研读，时常被运用于军事活动。

魏晋南北朝时期，传统军事学陷入低谷，但在频繁的战争年代，每一个王朝的统治者为了打赢战争，都很注重研读《孙子兵法》，从中汲取军事谋略。如曹操、诸葛亮、孙权、吕蒙、满宠、邓艾、萧衍、萧绎、崔浩等人无不熟悉《孙子兵法》，并且借鉴孙子思想，制定各种军事方略。许多少数民族领袖出于战争指导的需要，也很重视学习《孙子兵法》。如匈奴族首领刘渊"尤好《春秋左氏传》《孙吴兵法》，略皆诵之"②；其子刘聪"年十四，究通经史，兼综百家之言，《孙吴兵法》靡不诵之"③；其侄刘曜"尤好兵书，略皆谙诵"④，藉此懂得军事谋略，利用混乱的政治局势，各自打出了一片天地。直到北宋时期，西夏统治者重视《孙子兵法》，利用西夏文进行翻译，作成《孙子兵法》最早的少数民族文本。

特别重要的是，宋神宗任用王安石变法，为了强化军事教育，培养更多军事人才，诏令枢密院校定《孙子兵法》，连同《吴子》《司马法》《尉缭子》《六韬》《三略》《唐李问对》编辑为《武经七书》，正式刊行于全国。《武经七书》刊行之后，被一些武学博士搬上课堂，直接运用于武学教育。《孙子兵法》作为武学教育、武举考试的基本教材，得到更广泛的传播。因此，中国孙子学得到长足进步，历代孙子学者利用"讲义""直解""集注""汇解""合参""句解""开宗""醒宗""指南""指归"等体裁，撰写出数以

---

① 《韩非子·五蠹》。
② 《晋书》卷101《刘元海载记》。
③ 《晋书》卷102《刘聪载记》。
④ 《晋书》卷103《刘曜载记》。

百计的孙子学著作。其中,以施子美的《七书讲义》为最早,刘寅的《武经七书直解》为最佳,朱墉的《武经七书汇解》收录资料最全,还有赵本学的《孙子书校解引类》、李贽的《孙子参同》、邓廷罗的《兵镜》、孙星衍的《孙子十家注》,都是孙子学的重要成果。在这种学术背景下,孙子思想渗透到社会各个角落,仅就文化传播而言,孙子学迈入了一个新阶段。

晚清以降,中国传统军事学逐渐被近代军事学所替代,但基于学术的超越性,《孙子兵法》依然备受瞩目。许多学者改变学术模式,总结以往孙子学的成就,或者借鉴西方军事理论,援引近代战争史例,重新阐释孙子思想,或者利用翻译形式,介绍国外孙子学的成果,撰写出一大批学术著作。其中,顾福棠的《孙子集解》、蒋方震和刘邦骥的《孙子浅说》、支伟成的《孙子兵法史证》、李浴日的《孙子兵法新研究》、杨杰的《孙武子》、钱基博的《孙子章句训义》,都以较高的学术价值,促进了《孙子兵法》的传播。特别是近30多年来,伴随改革开放的时代步伐,中国军事学蓬勃发展,孙子学研究喜获丰收。在孙子传记写作、《孙子兵法》文献整理、孙子思想阐释、《孙子兵法》应用研究及国际学术交流等方面,都取得了巨大的成就①。我们完全有理由说,孙子学作为一门显学,在中国已经遍地开花。

不仅如此,《孙子兵法》作为世界文化的经典著作,在世界各国得到广泛的传播。至迟在唐朝前期,《孙子兵法》已经传入朝鲜半岛,继而通过百济人传入日本②。唐玄宗开元二十三年(735年),日本遣唐使吉备真备携带《孙子兵法》《六韬》等一些军事著作返回日本,进入太宰府传授军事知识。明朝中期以后,《孙子兵法》在日本上层社会备受推崇,并展开深入的研究,涌现出武田玄信、德川家康、林罗山、北条氏长、山鹿素行、新井白石、吉田松阴等著名学者,推动了日本孙子学的发展。也就在这时候,西方传教士来中国进行宗教活动,把中西文化交流从物质层面引入知识层面,进而关注到中国传统军事学。清乾隆三十七年(1772年),法国传教士约瑟夫·阿米奥使用法语翻译出版《孙子兵法》,开辟了孙子思想在西方传播的道路。从此以后,《孙子兵法》相继被翻译成俄、英、德、意、捷克、罗马尼亚、希腊、丹麦、西班牙、希伯来等语言文本,并连同阿拉伯、印地、泰米尔、印尼、朝鲜、越南、缅甸、泰国、马来语等语言文本,在世界各国得到广泛的传播。

世界军事学的发展迄今经历了三个时期:从公元前6世纪到18世纪末是古代军事学时期,从19世纪初到20世纪中期是近代军事学时期,第二次世界大战以后是现代军事学时期。《孙子兵法》被公认为古代军事学的代表作,克劳塞维茨的《战争论》则是近代军事学的代表作。在世界军事学史上,中国军事学在古代处于领先地位,西方军事学在近代处于领先地位。中国军事学家凭借富有特色的理论建树,为世界军

---

① 详见拙作:《中国孙子学的历史考察》,《南都学坛》2008年第1期。
② 参见佐藤坚司著,高殿芳等译:《孙子研究在日本》,军事科学出版社,1993年,第2页。

事学做出了重大贡献。

七、《孙子兵法》的价值

《孙子兵法》的价值,主要反映在思想文化层面,也体现在社会实践层面。孙子思想与孔子、老子学说一样,以它特有的原创性,对中国传统文化、战争指导和现实社会诸方面,都有着深远的影响。

在先秦诸子中间,与儒家、墨家、道家相比较,兵家、法家、纵横家较重视谋略的研究和实践,而基于不同的价值观念,这三家对谋略的研究和实践,也各有不同的侧重点。法家侧重于政治问题,兵家侧重于军事问题,纵横家侧重于外交问题,因而形成了三个谋略流派:兵家谋略由孙子开先河,以《孙子兵法》为代表作;法家谋略由韩非集大成,以《韩非子》为代表作;纵横家谋略为苏秦、张仪所高扬,以《鬼谷子》为代表作。这三个谋略流派的产生和发展,构成中国传统文化的重要脉络,无疑会受到人们的关注。

汉代以降,许多政治家、军事家和学者以比较的方法论述孙子思想,给予它高度的评价。如曹操喜读军事著作,面对《孙子兵法》十三篇,独有感慨地说:"吾观兵书战策多矣,孙武所著深矣!"[1]唐太宗身经百战,颇具军事理论素养,曾经告诉李靖说:"朕观诸兵书,无出《孙武》。《孙武》十三篇,无出虚实。夫用兵识虚实之势,则无不胜焉。"[2]五代时期,张昭编撰《制旨兵法》,特别褒扬《孙子兵法》说:"战国诸子言攻战之术,其间以权谋而辅仁义,先智诈而后和平,唯《孙武》十三篇而已。"[3]苏洵作为一代文豪,赞誉《孙子兵法》为"言兵之雄","论奇权密机,出入神鬼,自古以兵著书者罕所及。"[4]南宋时期,郑厚以《孙子兵法》与《论语》《易传》相比,认为《孙子》"词约而缛,易而深,畅而可用。《论语》《易大传》之流,孟、荀、杨著书皆不及也。"[5]郑友贤把《孙子兵法》与《易经》并称,认为"《易》之为言也,兼三才,备万物,以阴阳不测为神,是以仁者见之谓之仁,智者见之谓之智,百姓日用而不知;武之为法也,包四种,笼百家,以奇正相生为变,是以谋者见之谓之谋,巧者见之谓之巧,三军由之而莫能知之。"[6]清朝中期,孙星衍整理《孙子兵法》,认为"其书通三才、五行,本之仁义,佐以权谋,其说甚正。古之名将用之则胜,违之则败,称为兵经,比于六艺,良不愧也。"[7]魏

---

[1] 曹操:《曹操集》卷3《孙子序》,中华书局,1974年。
[2] 《李卫公问对》卷中。
[3] 施子美:《施氏七书讲义》卷1《孙子》,《中国兵书集成》第8册,解放军出版社、辽沈书社,1992年。
[4] 苏洵著,曾枣庄、金成礼笺注:《嘉祐集笺注》卷3《权书·孙武》,上海古籍出版社,1993年。
[5] 郑厚:《艺圃折衷》,载于《性理大全书》卷59《孙子》,明嘉靖十年刻本。
[6] 郑友贤:《孙子遗说》,附于《宋本十一家注孙子》,中华书局,1961年。
[7] 孙星衍:《孙子十家注·孙子兵法序》,《孙子集成》第18册,齐鲁书社,1993年。

源以《孙子兵法》同《易经》《老子》相提并论:"夫经之《易》也,子之《老》也,兵家之《孙》也,其道皆冒万有,其心皆照宇宙,其术皆合天人、综常变者也。"①这些有代表性的评论,揭示了《孙子兵法》的学术特点和独特魅力,并充分地说明在诸子百家中间,《孙子兵法》堪称一个佼佼者。

在战争指导方面,孙子思想对人们参与军事活动,夺取战争胜利,具有重要的指导作用。楚汉之际,韩信能够"拔魏赵,定燕齐,使汉三分天下有其二,以灭项籍"②,其中一个重要因素,就是他精通《孙子兵法》,能够灵活运用孙子思想。西汉后期,赵充国"为人沉勇有大略,少好将帅之节而学兵法,通知四夷事"③,因而应对羌族暴动,能够以较小的代价获得巨大的成功。东汉末年,曹操"自统御海内,芟夷群丑,其行军用师,大较依孙吴之法,而因事设奇,谲敌制胜,变化如神"④,显然深受《孙子兵法》的教益。唐朝中期,郭子仪熟悉《孙子兵法》,得中武举高第,参与平息安史之乱,收复长安和洛阳,智退吐蕃和回纥,系天下安危于一身。南宋初期,岳飞出身贫寒,深沉好学,特别爱读《左传》《孙子兵法》,后来指挥抗金战争,擅长于以少击众,取得了辉煌的战绩。明朝后期,戚继光戎马一生,强调"习武者必宗孙吴,是习孙吴者皆孙吴之徒也"⑤,他的军事理论既来源于《孙子兵法》,又适应军事变革的需求不断地创新,为孙子学作出了重大贡献。

近代以来,伴随中国近代化的进程,传统军事学逐步过渡到近代军事学,一些政治家、军事家非常重视《孙子兵法》,把孙子思想引入军事实践。如曾国藩、胡林翼等人筹建湘军,镇压太平天国运动,就充分发扬儒家文化传统,吸收《孙子兵法》的观点,形成了一整套军事思想。孙中山作为革命先行者,在从事革命实践过程中,曾经多次研读《孙子兵法》,高度评价《孙子兵法》的学术地位,认为"那十三篇兵书,便是解释当时的战理;由于那十三篇兵书,便成立中国的军事哲学。"⑥毛泽东领导中国革命,从抗日战争到解放战争,都能运用近代军事理论,继承和发展孙子思想,反复强调"孙子的规律,'知彼知己,百战不殆',仍是科学的真理"⑦,更是充分肯定了《孙子兵法》的价值。

历史上,任何一种有价值的思想都会超越时空的局限,直接影响到现实社会。在一些非军事领域里,孙子思想经过创造性的转化,仍可以发挥它的作用。军事原则可以转化为管理原则,军事谋略可以转化为经营谋略。企业经营决策可以参考战争决

---

① 魏源:《古微堂集·外集》卷3《孙子集注序》,清光绪四年刊本。
② 《史记》卷130《太史公自序》。
③ 《汉书》卷69《赵充国传》。
④ 《三国志》卷1《武帝纪》注引王沈《魏书》。
⑤ 戚继光:《纪效新书》卷14《练将》,《中国兵书集成》第18册,解放军出版社、辽沈书社,1992年。
⑥ 孙中山:《孙中山选集》,人民出版社,1956年,第672页。
⑦ 毛泽东:《毛泽东选集》第二卷,人民出版社,1991年,第490页。

策,人力资源开发和管理可以参考军队编制和管理。外交活动是一种国际关系手段,服务于一定的政治、经济和军事目的,可以从《孙子兵法》汲取营养。体育竞技作为一种争取优胜的活动,无论个人较量或群体对抗,都与军事较量相一致,可以借鉴孙子思想。高等教育的目的在于传授理论知识,培养各种实际能力,倘若能重视孙子思想,也有助于提高教育质量,造就合格的实用人才。

俯瞰人类文明的历史,伴随农业社会、工业社会和信息社会的进程,人类已经经历了两次军事变革:传统军事变革和近代军事变革,现今正在进行一场新的军事变革。农业社会的战争是以冷兵器为工具的群体格斗,工业社会的战争是以火器为手段的大规模毁灭,信息社会的战争是以高新技术为基础的全方位对抗。《孙子兵法》作为人类的共同财富,以其深邃辩证的军事思想,博大缜密的理论体系,对促进人类文明进步仍将发挥重要的作用。

附记:原载于《南都学坛》2009年第3期,时值黄今言先生八十大寿,2016年8月重新修改稿,以此文贺寿

(作者简介:赵国华,华中师范大学历史文化学院教授)

历史大视野下的霍光及刘贺被废事件
——兼论君主专制制度中的虚君治理

万义广

一、刘贺被废事件记载的文献学考察

（一）某些学者对《汉书》记载的质疑及海昏侯墓发掘可能引发的冲击

南昌西汉海昏侯墓的发掘及其大量随葬品的出土举世瞩目，引发了学术界的热烈关注，关注的焦点之一就是对做了二十七天皇帝的刘贺的真实面目及其被废原因那段历史的重新审视。众所周知，《汉书》中记载的刘贺，因荒淫而被废黜皇位。《汉书》对废贺事件的主导者霍光的定位是"匡国家，安社稷"的忠臣，同时也指出了他"不学无术，暗于大理"①，在一些方面存在严重缺陷。这个评价，在此后很长时间几乎没有什么异议。宋代苏轼一方面肯定"霍光之能忘身一心以辅幼主"②，又以其敏锐的洞察力，从《汉书》的记载中觉察出霍光诛杀昌邑王从官二百余人，原因是"从官必有谋光者，光知之，故立废贺，非专以淫乱故也。"③后世的史家顺着这个思路放大废贺事件中的权力斗争的因素，逐渐演绎出颠覆《汉书》对霍光评价的论点。早在二十世纪七十年代，廖伯源先生就撰文，论证刘贺被废不是因为"行淫乱"，而是因为霍光维护自己既得权势而发动的政变。④ 如果说，廖文是一扎实的考证文章，后来就有学者走得更远，论述的范围不限于昌邑王被废事件，而是围绕着事件的核心人物霍光

---

① 班固：《汉书》，中华书局，1962年，第2967页。
② 张志烈等编：《苏轼全集校注》第10册，河北人民出版社，2012年，第370页。
③ 文渊阁《四库全书》，上海古籍出版社影印，第1108册，第487页。
④ 廖伯源：《秦汉史论丛》（《昌邑王废黜考》），中华书局，2008年。

的权力斗争展开,以至于怀疑《汉书》的作者造假。《汉书》在叙述这些关联事件时,为了弥缝其间之罅漏,却捉襟见肘,更启人之疑窦。"由于两代昌邑王均关联着霍光之阴谋,若一旦真相大白于天下,会令武帝身后之汉刘政权十分难堪,一部前汉书不知道如何书写,所以修《汉书》者故意避讳,掩盖历史,亦令当事人昌邑王的面目显得含糊不清,甚至遭到歪曲。"①"可以看出,班固是有意识地在为这个事件作某些讳饰,或他所据的官方文书即是如此。"②根据某些研究者的"考证",霍光是一个弄权者、阴谋家,如果按照如此推论,那被他废黜的刘贺就是一个无辜的被害者了。海昏侯墓中孔子屏风等数量可观的与文化生活相关文物的出土,致使一些人认为刘贺是个文化人,与史书记载的荒淫形象不相符合,这有可能加剧全盘否定霍光的思潮。

(二)历史上的学者、史家对霍光的评论

治文献学者皆知版本学的一个原则:除非后世有汇集众多版本的精校本,否则,越古的版本越近似于祖本。这个原则也适合于历史研究,除非后世有更新的材料出现,否则,越接近事件发生时段的观点就越值得重视。考察古史的真相,历史上史家的态度是一个不可忽视的参照。如上所述,班固对霍光忠臣的定位很长时间几乎没有什么异议,西汉扬雄、东汉荀悦、杰出的大历史学家司马光、大学者洪迈、大思想家王夫之等人的观点具有代表性。

扬雄生活的时代稍晚于霍光,其论霍,属当代人论当代事。其所撰《法言》《渊骞篇》曰:"或问'近世社稷之臣'。曰:'若张子房之智,陈平之悟,绛侯之果,霍将军之勇,终之以礼乐,则可谓社稷之臣矣。'"③《重黎篇》曰:"始元之初,拥少帝之微,摧燕、上官之锋,处废兴之分,堂堂乎忠,难矣哉!至显,不终矣。"④在扬雄看来,霍光是与张良、陈平、周勃一样安定汉朝江山的社稷之臣,霍光拥立少帝、废贺立宣是"堂堂乎忠"的行为。同时扬雄也指出了霍光包庇其妻霍显,没有做到善终。这是今天能看到的最早、也是离霍光生活年代最近的评价。

东汉末荀悦在其所著《汉纪》中评论刘贺被废事件,首先说了一句不痛不痒的"昌邑之废,岂不哀哉!"然后笔锋一转,论述六主六臣:王主、治主、存主、哀主、危主、亡主,王臣、良臣、直臣、具臣、嬖臣、佞臣。根据史载刘贺的表现,无疑近似于"亲用逸邪,放逐忠贤,纵情遂欲,不顾礼度,出入游放,不拘仪禁,赏赐行私以越公用,忿怒施罚以逾法制,遂非文过,知而不改,忠信拥塞,直谏诛戮"的亡主,"亡主必亡而已矣。"刘贺被废是咎由自取。而被诛杀的二百昌邑王臣,也庶几乎嬖臣,属咎由自取。⑤ 荀

---

① 汪春泓:《前汉昌邑王考》,《长江学术》2015 年第 3 期。
② 方诗铭:《西汉武帝晚期的"巫蛊之祸"及其前后——兼论玉门汉简〈汉武帝遗诏〉》,《上海博物馆集刊》杂志编辑部,《上海博物馆集刊》1987 年第 4 期。
③ 汪荣宝:《法言义疏》,中华书局,1987 年,第 471 页。
④ 汪荣宝:《法言义疏》,中华书局,1987 年,第 382 页。
⑤ (东汉)荀悦:《汉纪》,中华书局,2002 年,第 288 页。

悦的用意无非是希望后来的君臣引刘贺君臣以为戒。

司马光论曰："霍光之辅汉室,可谓忠矣,然卒不能庇其宗,何也？夫威福者,人君之器也,人臣执之,久而不归,鲜不及矣。以孝昭之明,十四而知上官桀之诈,固可以归政矣。况孝宣十九即位,聪明刚毅,知民疾苦,而光久专大柄,不知避去,多置私党,充塞朝廷,事人主蓄愤于上,吏民积怨于下,切齿侧目,待时而发,其得免于身幸矣,况子孙以骄侈趣之哉！虽然,向使孝宣专以禄秩赏赐富其子孙,使之食大县,奉朝请,亦足以报盛德矣！乃复任之以政,授之以兵,及事丛衅积,更加裁夺,遂至怨惧以生邪谋,岂徒霍氏之自祸哉？亦孝宣酝酿以成之也。昔斗椒作乱于楚,庄王灭其族而赦箴尹克黄,以为子文无后,何以劝善？夫以显、禹、云、山之罪,虽应夷灭,而光之忠勋不可不祀。遂使家无噍类,孝宣亦少恩哉！"①司马光一方面指出霍氏之灭,是由于霍光贪恋权势,培植私党,久专大柄,招致上下积怨而造成,另一方面指出汉宣帝对霍氏之灭负有"酝酿以成之"的责任。对霍光"忠勋"而"家无噍类"感到惋惜,并敢于指责汉宣帝的寡恩,持论相当公允,显示了一代史学大家的卓见。

宋人洪迈曾比较汉昭、顺二帝,论及"霍光忠于国,而为子禹覆其忠；梁商忠于国,而为子冀覆其忠。"②也没有怀疑霍光是忠臣。

对霍光给予了更多关注的是明末清初的思想家王夫之,他不但探讨了霍氏之灭的深层原因,也对攻讦霍氏最力的严延年、魏相给予了尖锐的谴责。认为严延年劾奏霍光是沽名钓誉："严延年劾奏霍光擅废立无人臣礼,其言甚危,其义甚正,若有敢死之气而不畏强御。或曰：'光行权,而延年守天下之大经,为万世防。'延年安得此不虞之誉哉！其后霍氏鸩皇后,谋大逆,以视光所行为何如,延年何以禁不复鸣邪？光之必有所顾忌而不怨延年,宣帝有畏于霍氏,必心利延年之说而不责延年,延年皆虑之熟矣。犯天下之至险而固非险也,则乘之以沽直作威,而庸人遂敬惮之。既熟虑诛戮之不加,而抑为庸人之所敬惮,延年之计得矣。前乎上官桀之乱,后乎霍禹之逆,使延年一讦其奸,而刀锯且加乎身,固延年所弗敢问也。矫诡之士,每翘君与大臣危疑不自信之过,言之无讳以立名,而早计不逢其祸,此所谓'言辟而辨,行伪而坚'者也。"③

认为魏相是败坏风气的元凶："霍光死而魏相兴,此后大臣兴废,而国政变更、人才进退之始也。霍光非尽不可与言者也,严延年廷劾之而勿罪,田延年所兴共废立者而不阿,悍妻行弑,欲自举发,特茌苒而不能自胜耳。上书者以副封先达领尚书者而后奏,光亦惩昌邑之失而正少主之视听,特未深知宣帝之明而持之太过耳。相当光之时,奏记于光,俾去副封可也；昌言于廷,俾宣帝敕去之可也。为人臣者,言苟当于纪纲之大,难有所不避,况光之犹可与言而无挟以不相听从者乎！待光之死而后言之,

---

① （宋）司马光：《资治通鉴》,中华书局,1956年,第821页。
② （宋）洪迈：《容斋随笔》,上海古籍出版社,1978年,第37页。
③ （清）王夫之：《读通鉴论》,中华书局,1975年,第88页。

相之心不纯乎忠。而后世翘故相而树新党者,相实为之倡。"①在王夫之看来,恰恰攻击霍光的严延年、魏相等人才是阴谋家、伪君子。对严、魏的评论或许有些刻薄,但也反映了他对霍光的同情。

上述人物都是学界翘楚,如果霍光真是阴谋家,怎么能够逃过一千年多年的法眼? 上述学者、史家并没有像某些近人那样对拥立少帝、废贺立宣等记载产生怀疑,并且认为霍光是忠臣。其实,近人对这段历史靠谱的考证,与古人的认识也无本质的差别,诸如对霍光专权的认识,古人也认为"光久专大柄"。至于废贺事件是一场政变,《汉书》的记载也并无隐晦。只是对这场政变的合法性,"只缘身在此山中"、把君臣之大防看得重于一切的古人倒是比我们现代的人还开通。至于史书记载的昌邑王的种种罪状,可能有所夸张,但加以全盘否定,也没有充分的证据。即使此次发掘的刘贺墓,使人们认为他像是个"文化人",也与《汉书》的记载仍然不矛盾,从《昌邑王传》可见,他也读了不少书,"大王诵诗三百篇"②可见一端。至于一个饱读诗书的人而为荒淫之行,也不是什么奇怪的事,口吐尧舜之言,身为桀纣之行的事例并不难找。王莽不是饱学儒术的知识人吗? 其篡汉之行难道是孔孟所教? 后汉襄楷上书桓帝曰:"又闻宫中立黄老、浮屠之祠。此道清虚,贵尚无为,好生恶杀,省欲去奢。今陛下嗜欲不去,杀罚过理,既乖其道,岂获其祚哉! 或言老子入夷狄为浮屠。浮屠不三宿桑下,不欲久生恩爱,精之至也。天神遗以好女,浮屠曰:'此但革囊盛血。'遂不眄之。其守一如此,乃能成道。今陛下淫女艳妇,极天下之丽,甘肥饮美,单天下之味,奈何欲如黄老乎?"③可见,学行不一致,也是常见之事,因此,我们不要因为刘贺的荒淫之行而否定他可能是个"文化人",也不要因为他可能是个"文化人"而怀疑他会有荒淫之行。要之,只要不作过度解读,迄今为止,《汉书》的记载还是可信的,古人对霍光"忠臣"的评价,并没有什么新出的铁证可以颠覆。

(三)《汉书》记载的文献学考察

顾炎武说,"史家之文,多据原本。"④清人赵翼说,"(司马)迁喜叙事,至于经术之文,干济之策,多不收入,故其文简。(班)固则于文字之有关于学问,有系于政务者,必一一载之,此其所以卷帙多也。"⑤《汉书》叙事,皆有所本,而且与《史记》比较而言多用原文。赵翼还有一段更精彩的论述:"一代修史,必备众家记载,兼考互订,而后笔之于书,观各史艺文志所载各朝文士著述,有关史事者何啻数十百种,当修史时,自必尽取之,彼此校核,然后审定去取。其所不取者,必其事本不确实,故弃之。而其书或间有流传,好奇之士往往转据以驳正史,此妄人之见也。即如班固作《汉书》,距司

---

① (清)王夫之:《读通鉴论》,中华书局,1975 年,第 91 页。
② 班固:《汉书》,中华书局,1962 年,第 2766 页。
③ 范晔:《后汉书》,中华书局,1965 年,第 1082 页。
④ 陈垣:《日知录校注》,安徽大学出版社,2007 年,第 1437 页。
⑤ 王树民:《廿二史札记校证》,中华书局,1984 年,第 30 页。

马迁不过百年,其时著述家岂无别有记载?倘迁有错误,固自当据以改正。乃今以《汉书》比对,武帝以前,如《高祖纪》及诸王侯年表、诸臣列传,多与《史记》同,并有全用史记文,一字不改者。然后知正史之未可轻议也。"① 同理,荀悦距班固也仅一百十余年,其所撰《汉纪》,抄《汉书》而成,"其间或与班书亦有小小立异者,在悦似当各有所据。"② 若班书有大误,荀当据以改正。而仅有小小立异者,说明至荀悦时其所见史料,亦可以证班史之无误。

治史者皆知,修后汉书或续汉书者有十数家,修晋书者,亦有十数家,如果班固撰写《汉书》的态度如某些研究者所说,为了汉朝的脸面歪曲掩盖历史真相,班书的质量一定会大打折扣,如果班固辨别材料的能力拙劣,班书也不可能成为一部优秀的史学著作,这样就必有后来重修者。可以说,后来人刘知几所发明的史学三才,班固都是具备的,惟其如此,《汉书》才成其为经得起历史检验的《汉书》。对班固攻击不遗余力,用词刻薄的莫过于南宋大学问家郑樵:"班固者,浮华之士也,全无学术,专事剽窃。""固于当时,已有定价,如此人材,将何著述?""迁之于固,如龙之于猪。"但郑樵也没有说班固写《汉书》弄虚作假,而是说他剽窃,"自高祖至武帝,凡六世之前,尽窃迁书,不以为惭。自昭帝至平帝,凡六世,资于贾逵,刘歆,复不以为耻。况又有曹大家终篇,则固之自为书也几希。往往出固之胸中者,《古今人表》耳,他人无此谬也。"③ 对《汉书》作者如此近乎歇斯底里的攻击,却对《汉书》不置一词,可见这位熟稔文献的大学者对《汉书》的质量也是无可置喙。

不是说《汉书》叙事绝对的天衣无缝,一些年代的叙述前后略有出入,与其说这是精心策划的掩盖真相的手笔,我们宁愿相信这是驾驭大量材料而至于精力不济的疏忽。《汉书》中有些叙事隐隐约约,这也不是什么曲笔,有些事情不但百年后的修史者不能说得太清楚,即便是当时的人,除了当事人自己外,其他人也未免了解真相。原本材料就是如此,疑以传疑,即是实录。

在此,笔者想对于历史研究中钩沉索隐式的考究提出一点浅见。胡适在给陈垣的校勘学名著《元典章校补释例》的序言指出:"用善本对校是校勘学的唯一途径"④ "校勘之学无处不靠善本,必须有善本互校,方才可知谬误;必须依据善本,方才可以改正谬误;必须有古本的依据,方才可以证实所改的是非。凡没有古本的依据,而仅仅推测某字与某字'形似而误',某字'涉上下文而误'的,都不是科学的校勘。"⑤ 历史研究也应该有这样的审慎,没有确凿的证据,最好少作捕风捉影的推论,尤其是满篇

---

① 王树民:《廿二史札记校证》,中华书局,1984年,第14页。
② (清)王鸣盛:《十七史商榷》,上海书店出版社,2005年,第199页。
③ (宋)郑樵:《通志二十略》,中华书局,1995年,第2—3页。
④ 胡适:《元典章校补释例序》,陈垣《校勘学释例》,中华书局,2004年,第11页。
⑤ 胡适:《元典章校补释例序》,陈垣《校勘学释例》,中华书局,2004年,第6页。

推论,把"壮月""木刊"误读为"牡丹""水利"之类的谬误就在所难免。①

当代训诂学大家陆宗达曾指出:"宋代理学家常常用解经来为自己的观点服务,因此常犯'辗转为训'的毛病,凭空推测,失其客观。如:《礼记·大学篇》:'致知在格物。'朱熹注:'格,至也。穷至事物之理,欲其穷极,无不到也。'这是一个典型的辗转为训的例子。按朱熹的意思,'格'训'来','来'与'至'同义,'至'又与'极'意义相近,'极'又可训释为'穷极'。最后,'格'就有了'穷至'、'穷极'即'彻底研究'的意思了。"②历史研究也是如此。就对历史人物霍光的研究而言,霍光是"忠臣",《汉书》是这么记载的,古代的学者也几乎都认可这个定位。历史上不乏权倾朝野的权臣,如何判断他们的忠奸? 白居易那首著名的诗是一个很好的参照:"周公恐惧流言日,王莽谦恭未篡时,向使当初身便死,一生真伪复谁知?"判定忠、奸的标准就是看他最终是否篡夺政权,霍光固然权倾一时,但他寿终正寝后,汉宣帝还是顺利地接管了政权。如果霍光真是一个如某些治史者发掘出来的不但制造了一个又一个阴谋夺权的事件,甚至伪造诏书,篡改历史的阴谋家,宣帝是不可能顺利的接管政权的。真正的篡权者赵高、王莽、曹氏、司马氏,没有一个会主动把权力拱手交出来。从这个角度来看,想用某些推论或者不够全面的出土"证据"颠覆《汉书》记载的刘贺被废事件总体上的真实性,是难以令人信服的。

当然,严格地说,历史一旦变成文字,就不是真真切切发生的那段历史了,对政治史来说,尤其如此。治史者对某段历史反复的讨论,也是史学工作者的职责。但是,如果没有可以作为铁证的新材料出来之前,这种争论永远不会有结果。具体而言,对刘贺被废事件,与其纠缠于其中的是是非非,还不如跳出站在刘氏政权、甚至是某个君主立场上思维的惯性,把它放在大历史的背景中考察其对苍生、对历史本身的意味。

二、昭霍共治:一种政权结构模式

(一)论昭帝

更全面的认识刘贺被废事件,有必要考察霍光辅佐昭帝的历史。有些学者把昭帝定位为"傀儡",何谓"傀儡"?《辞源》的解释是:"用土木制成的偶像。后用以比喻被人利用而不能自主者。"昭帝是不是傀儡,要看他有没有自主。武帝女盖长公主、燕王刘旦、上官桀、桑弘羊合谋政变,由燕王旦上疏昭帝,"是时昭帝年十四,觉其有诈,遂亲信霍光,而疏上官桀等。"③而且随着时间的推移,他对霍光的信任更加坚定:"后

---

① 张舜徽:《中国文献学》,中州书画社,1982年,第100页。
② 陆宗达:《训诂简论》,北京出版社,2002年,第19页。
③ 班固:《汉书》,中华书局,1962年,第2756页。

桀党与有谮光者,上辄怒曰:'大将军忠臣,先帝属以辅朕身,敢有毁者坐之。'"①说明昭帝是个早慧的年轻人,在霍光与上官桀的争斗中,他是经过自己的观察、思考,主动选择了霍光。其实,从亲疏关系来看,他与上官家族的关系更亲,上官桀之子上官安是昭帝皇后的亲生父亲,这也是上官家族与霍光产生矛盾的原因之一:"自先帝时,桀已为九卿,位在光右。及父子并为将军,有椒房中宫之重,皇后亲安女,光乃其外祖,而顾专制朝事,由是与光争权。"②如果昭帝是庸暗之君,极有可能按照亲疏关系选择站在上官家族一边,除掉霍光,然后由后父或后祖执政,这样,在东汉上演的外戚专权的闹剧可能就要提前到西汉昭帝时要上演了。中国历史上也就要缺少一个"昭宣之治"。昭帝的英明不仅在其小小年纪就能辨别忠奸,更可贵的是一旦看准了,就能任人以事。英明的君主有两种类型,一种是智力、精力过人,凡事都要亲力亲为者,衡石量书的秦始皇属于这一类;另一种是知人善任,肝胆相照,始皇之祖孝公属于这一类。汉昭帝也属于这一类。"昭帝既冠,遂委任光,讫十三年,百姓充实,四夷宾服。"③事实证明,昭帝放手让霍光主政,百姓受福,汉朝受福。假如昭帝是一个心胸尖刻、贪恋权势的人,假如他感到在受霍光的摆布,以其聪慧,难道就不能生出一点事来?昏暗如桓帝,势大如梁冀,不也就在顷刻之间吗?

班固的评论是非常中肯的:"昔周成以孺子继统,而有管、蔡四国流言之变。孝昭幼年即位,亦有燕、盖、上官逆乱之谋。成王不疑周公,孝昭委任霍光,各因其时以成名,大矣哉!承孝武奢侈余敝师旅之后,海内虚耗,户口减半。光知时务之要,轻徭薄赋,与民休息。至始元、元凤之间,匈奴和亲,百姓充实。举贤良文学,问民疾苦,议盐铁而罢榷酤,尊号曰'昭',不亦宜乎!"④这一巨大成就的取得,是霍光之功,更是孝昭之明。

就心胸境界而言,昭帝高于稍后的一代英主宣帝。与昭帝放手霍光施政不同,宣帝即位之始,就对霍光内心忌惮。究其原因有二。其一,宣帝个性中有比较刻薄的一面。他儿子元帝就劝说过他"陛下持刑太深,宜用儒生。"⑤司马光认为"孝宣亦少恩哉!"王夫之也说"宣帝以刻核称。"⑥他这种个性,可能与他早年的经历有关。他才出生,家庭就遭受毁灭之灾,几不保性命,后在民间长大,孤苦无依,这使他深知民间疾苦,对他以后的政治生涯当然是一段很宝贵的经历。但苦难给予人的不完全是惠赐。苦难可能会使某些人的心理产生扭曲,所谓"暴君不过是一个从内向外翻转过来的奴隶。""解放了的奴隶在残酷与压迫方面超过一切其他(奴隶的)主人"就是描述这样

---

① 班固:《汉书》,中华书局,1962年,第2936页。
② 班固:《汉书》,中华书局,1962年,第2934页。
③ 班固:《汉书》,中华书局,1962年,第2936页。
④ 班固:《汉书》,中华书局,1962年,第233页。
⑤ 班固:《汉书》,中华书局,1962年,第277页。
⑥ (清)王夫之:《读通鉴论》,中华书局,1975年,第95页。

一种现象。其二,宣帝对霍氏的不满可能在少年时的心理就积聚了。"宣帝自在民间闻知霍氏尊盛日久,内不能善。"①他在民间听到了什么?除了霍氏尊盛的实事,难免还有受到霍光压抑的人、或曰霍光的政敌放出的流言和谣言。霍山在家庭谋事时提到:"又闻民间欢言霍氏毒杀许皇后,宁有是邪?"②此事尚未着手调查,霍氏家族自己都蒙在鼓里,而已在民间传开了。由此可想见宣帝在民间听到了什么。史称"霍氏之祸,萌于骖乘。"③实际上,霍氏之祸早于骖乘就种下了。从立皇后和太子等事例可见,早年形成的心理对宣帝一生的影响太大了。

昭帝在宫廷长大,与霍光相处日久,在心理上又"亲信霍光",如果不是早夭,参照宣帝顺利接班的事实,霍光死后,昭帝亲政也应该没有问题,而霍氏家族或许不至于遭受灭顶之灾,霍光本人也可免受两千多年以后人们的猜疑。昭帝的短寿,不仅是他自己的不幸,也是霍光的不幸!对汉朝来说,也是一种不幸,因为,如果昭帝健在,按照他的风格,或许选拔另一位能干的忠臣委以政事,或许可以延续一种更有弹性的权力结构模式,而越有弹性的政权,越能长治久安。

(二)无为而治:一种虚君模式的治理理想

与其把昭帝描述为一个"傀儡",霍光描述为一个权臣,我们宁愿相信这是当时思想领域已存在的某种虚君治理的理想在现实中的某种形式上不自觉的实现。关于无为而治思想与虚君制问题,近年来已有时贤作过探讨。④ 虚君制是欧洲历史上发展出来的一种政治制度,以英国最为典型。其产生的条件是英国的君主专制制度中本来就存在着各种分权的因素,首先宗教就扮演了重要的角色,尤其还有历史悠久的强大的议会。这一切,汉代的政治制度中都不具备,所以在这样的社会绝无萌生虚君制的可能。但在汉代人的思想中,确乎存在某种虚君治理的理想,不过,当时的人们并无"虚君治理"概念的自觉,他们把实际上的虚君理想称为无为而治。无为而治的思想由来已久,学界也多有论及,本文仅就与本论题有关的方面略作论述。

汉代对无为而治思想阐述最为透彻的莫过于《淮南子》一书。其书涉及政治制度的论述,与其说是政治理论,毋宁说是理想抒情,总体上说得有些玄乎,但它对君无为、臣有为的主张,脉络还是很清楚的。具体而言,有这样几层含义:1. 君主应该如象征神主的"尸",玄默不言,而实际事务应该让"祝"去操办:"君人之道,其犹零星之尸也,俨然玄默,而吉祥受福。"⑤"处尊位者如尸,守官者如祝宰。"⑥"人主之术,处无为

---

① 班固:《汉书》,中华书局,1962年,第2951页。
② 班固:《汉书》,中华书局,1962年,第2954页。
③ 班固:《汉书》,中华书局,1962年,第2958页。
④ 这方面的论文主要有:尹振环《虚君制与无为论》(《博览群书》2007年7月)和林飞飞、高旭《论〈淮南子〉的君道思想》(《安徽理工大学学报》2013年第6期)等。
⑤ 刘文典:《淮南鸿烈集解》,中华书局,1989年,第281页。
⑥ 刘文典:《淮南鸿烈集解》,中华书局,1989年,第482页。

之事,而行不言之教,清静而不动,一度(动)而不摇"①2. 君主不是摆设,他的作用是圆通如神。《易传》曰:"蓍之德圆而神,卦之德方以智。"《主术训》的作者主张君道主圆,臣道主方:"主道圆者,运转而无端,化育如神,虚无因循,常后而不先也。臣道方者,论是而处当,为事先倡,守职分明,以立成功也。是故君臣异道则治,同道则乱。"②3. 这种神妙的作用,说具体一些,就是两点,一是选拔人才,二是督促臣下,也就是"因循而任下,责成而不劳。"③:"是故人主之一举也,不可不慎也。所任者得人,则国家治,上下和,群臣亲,百姓附。所任非其人,则国家危,上下乖,群臣怨,百姓乱。故一举而不当终身伤。得失之道,权要在主。"④"其立君也,所以剬有司,使无专行也。"⑤4. 君主在发挥他的作用时不是以有为之行,而是依无为之势,具体而言,就是"法":"无为者,非谓其凝滞而不动也,以其言莫从己出也。"⑥"法生于义,义生于众适,众适合于人心,此治之要也。""法者非天堕,非地生,发于人间而反以自正。"⑦法不是治者的制作,而是根据人们的需要而生成的,亦含有自然之意味。有意思的是,这种法,不仅用来约束臣下,君主本人也要受到约束:"法籍礼义者,所以禁君,使无擅断也。人莫得自恣则道胜。道胜则理达矣,故反于无为。"⑧5. 这种治理模式的好处是君主不犯错误,可以长治久安,君臣无猜:"是故虑无失策,谋无过事,言为文章,行为仪表于天下,进退应时,动静循理,不为丑美好憎,不为赏罚喜怒,名各自名,类各自类,事犹自然,莫出于己。"⑨"上操约省之分,下效易为之功,是以君臣弥久而不相厌。"⑩

　　上述无为而治思想,或曰虚君理想,与欧洲产生的虚君制,有某些相似之处。无为就是因其自然,就是依照"众适合于人心"而生成的"法"而治,这就如同虚君制下的法治。其根本的不同是,西方的虚君制是由其所在环境中的各种因素"逼"出来的现实制度,而汉代人的无为理想则只是停留在想象中,完全靠君臣的道德自律来实现,而这种道德自律没有任何外在的保证可以督促其实现。虽然,古代中国社会不存在产生虚君制的现实土壤,但放眼中外历史,君主专制制度的君位继承规则和权力运行模式,决定了这种制度不可能保证权力总是在君主的手中,必须时常以虚君的权力运行方式维持其政权的运行。早在商周时代,就有伊尹、周公这样的臣子,主政一时,

---

① 刘文典:《淮南鸿烈集解》,中华书局,1989年,第269页。
② 刘文典:《淮南鸿烈集解》,中华书局,1989年,第284页。
③ 刘文典:《淮南鸿烈集解》,中华书局,1989年,第269页。
④ 刘文典:《淮南鸿烈集解》,中华书局,1989年,第286页。
⑤ 刘文典:《淮南鸿烈集解》,中华书局,1989年,第295页。
⑥ 刘文典:《淮南鸿烈集解》,中华书局,1989年,第295页。
⑦ 刘文典:《淮南鸿烈集解》,中华书局,1989年,第296页。
⑧ 刘文典:《淮南鸿烈集解》,中华书局,1989年,第295页。
⑨ 刘文典:《淮南鸿烈集解》,中华书局,1989年,第269—270页。
⑩ 刘文典:《淮南鸿烈集解》,中华书局,1989年,第281页。

留下一段令后人称道的佳话。东汉的皇帝除了第一、二代皇帝,寿命最长的也只有36岁,很多皇帝继位时都是幼儿,东晋的皇帝也大多二三十岁就夭亡,这两个朝代中央权力运行模式大部分时间是虚君治理。欧洲的新君主制国家时期也是如此,比如,法王路易十三继位时只有10岁,路易十四继位时只有5岁。西汉皇帝继位时大都成年,即位之初都能亲自理政,霍光辅政是西汉历史上最早的虚君治理。

众所周知,虚君制度的建立,是欧洲历史上花费代价最小、成本最低的由传统君主专制向现代宪政制度的转换,并且克服了君主专制伴随产生的许多弊端。虚君制与虚君治理有本质差别,虚君制是宪政制度,而虚君治理是臣行君事,并不改变专制制度的本质。然而,在网罗社会精英治理国家方面虚君治理仍然有一定的优势,可以弥补按血统继承选拔君主选择范围太窄的弊端,前提是君主未成年,或君主有虚己纳贤的胸怀,而且那个行君事的臣子确实是有操守的贤人。从君主的角度而言,我们姑且把前者称为被动的虚君模式,后者称为主动的虚君模式。中国历史上著名的商鞅、王安石、张居正,就是代其君主导一时政务的典范事例。法国历史上那个"把法国从混乱和危机中解救出来的、法国有史以来最伟大的政治天才"①黎塞留,也是在法王路易十三的支持下施展他的政治才华。汉昭帝前期属于被动虚君时期,而后期则与秦孝公、宋神宗、路易十三一样,属于主动虚君治理。然而,虚君治理不能克服君主专制制度的弊端,在东汉长达100多年的历史上,大部分时间是虚君治理,我们看到的是外戚与宦官专权的黑暗。

故而,我国的古人不但没有虚君概念的自觉,对东汉这样的虚君治理也没有好感。虽然古人津津乐道伊尹、周公,但他们不是赞美这种治理模式,而是赞美他们最终归政于君。由此可见他们对虚君治理的评价,首先是看辅臣是否忠于这个王朝,忠于其君,其次才看他们对历史的贡献。以我们现在的眼光视之,古人的"忠"的标准,确实有其合理性,但这个"忠"应该是忠于王朝,而不是对某个具体君主的忠。一个权臣,只有忠于王朝,才能维护虚君治理的良性运行,如果辅政的权臣心中无"忠",要么就如同王莽一样篡夺君位,破坏虚君治理模式;要么就像东汉的外戚宦党一样使虚君模式变成噩梦。不过,仅仅有忠,而没有对天下生民的责任,也可能造成东汉一样的黑暗。伊尹、周公的传说太过渺远,而有清晰记载的霍光,在中国古代的历史长河中,确实是难得的忠于王朝、也对生民疾苦有所解救的权臣,人们赞美"昭宣之治",但却无视他的执政实际上就是历史上为数不多的良性虚君治理以及"昭宣之治"就是其操其行最好的注脚。

虚君治理境况的好坏,与选拔辅政者的那个"主"有密切关系,也就是《主术训》说的"得失之道,权要在主"。东汉顺帝本来也可以做一代英主,可惜他看走了眼,把

---

① Richard Lodge M. A: *Richelieu*. Macmillan and co., Limited. London. First Edition1896, Reprinted 1908,第6页。

政事托付给梁冀这样一个恶棍。而留下英名的周公、诸葛亮则印证了周武王、刘备过人的洞察能力。霍光是一代英主汉武帝选中的、受到英明的青年皇帝昭帝信任的辅政者。① 他不像黎塞留那样幸运地被后人视为民族救星,但是,正如黎塞留把法国从危难中解救出来,霍光的辅政,也把西汉皇朝从危难中解救出来。

(三)霍光辅政对汉朝的意义

众所周知,秦皇汉武是中国历史上少有的雄主,这两个人不仅在精力旺盛,敢作敢为、喜作喜为方面极为相似,而且在身后留下个烂摊子给人收拾也极为相似。所不同的是汉武帝比秦始皇更有知人之明,苏轼曾论曰:"古之人唯武帝号知人。"②因此,秦朝不幸选中了李斯,汉朝幸运选上了霍光。西汉元、成之际的学者扬雄在其自问自答体的著作《法言》中,颇有深意的把霍光和李斯放在一起作了比较:

> 或问:"李斯尽忠,胡亥极刑。忠乎?"曰:"斯以留客至作相,用狂人之言,从浮大海,立赵高之邪说,废沙丘之正,阿意督责,焉用忠?""霍?"曰:"始元之初,拥少帝之微,摧燕、上官之锋,处废兴之分,堂堂乎忠,难矣哉! 至显,不终矣。"③

汉武帝末年,对他先前的折腾有后悔之意,"武帝末年,悔征伐之事。"④秦始皇临终前,亦有悔意。其长子扶苏以"数直谏上"被秦始皇发配到边郡监兵。始皇临终前下令赐书扶苏,"与丧会咸阳而葬",⑤表明他有意交班给扶苏。如果李斯能够守正,不听赵高邪谋,赵高也难得逞。扶苏继位,李斯辅佐扶苏改变秦始皇无休无止兴师动众的政策,与民休息,秦朝也能够转危为安,百姓能免荼毒之苦。由此看来,李斯不仅是秦的罪人,更是大秦苍生的罪人。又设若霍光真如某些学人推论的那样,是一个弄权的阴谋家,他完全可以向赵高学习,指鹿为马,这样必定引起很多汉朝忠臣的不满,或许还会引发像秦末一样的社会大动乱。从这个角度来看,霍光不啻是汉朝的忠臣,可谓解救汉朝于危难之中。古人认定霍光是汉的忠臣,予以充分的肯定,这个历史的结论,下得是很审慎的。

霍光执政取得的成就,就连认定他是阴谋家的当代学人也是认可的:"由于霍光主政的昭帝时期,扭转武帝穷兵黩武、盐铁专卖等酷政,轻徭薄赋,与民休息,令天下经济得以有所恢复。"⑥而这句轻轻拈来的"天下经济得以有所恢复",对嗷嗷待抚的

---

① 论者有谓霍光是外戚者,霍光地位的取得,不是通过外戚之路。霍去病可以说是外戚,霍光不是。昭后上官氏只是他的外孙女,而且也是在霍光取得辅政地位后,才做了皇后。而他自己的女儿做皇后,是在他生命的最后时刻,基本上与他的权力之路无关。
② 张志烈等编:《苏轼全集校注》第10册,河北人民出版社2012年版,第369页。
③ 汪荣宝:《法言义疏》,中华书局,1987年,第382页。
④ 班固:《汉书》,中华书局,1962年,第1138页。
⑤ 司马迁:《史记》,中华书局,1982年,第2547—2548页。
⑥ 汪春泓:《前汉昌邑王考》,《长江艺术》2015年第3期。

百姓,对筋疲力尽的汉朝是多么的重要啊!

要之,我们本着对优秀历史巨著《汉书》的敬畏态度,从同情历史人物霍光的角度出发,认定霍光不仅是汉朝的忠臣,也是历史的功臣,并认为只有公允的评价历史上真实的霍光,才能准确的认识刘贺被废事件。

三、西汉政治形态的宿命:历史大视野中的刘贺被废宫廷政变

(一)秦及西汉时期(包括新朝)的宫廷政变

中国古代高度集权的中央集权制度是一种强大、高效的政治制度,同时也是一种脆弱的制度,说其脆弱,是因为这种制度下的政治秩序,往往要靠一个强势的君主来维持,一个强人溘逝后,原来掩盖的利益冲突和各种矛盾就会爆发,宫廷政变是其中的一种释放方式。仅秦及西汉时期,已发生或未遂的政变就有:

1. 秦始皇死,李斯用赵高邪谋,违背秦始皇遗嘱,矫诏杀害皇位继承人扶苏,扶持胡亥上台,然后大肆诛杀秦宗室和反对者,可谓一次成功的政变。

2. 赵高伙同其婿及弟,在望夷宫杀秦二世。赵高旋又被子婴所杀。

3. 吕后死,周勃、陈平等发动政变,尽杀诸吕,扶持代王刘恒即皇帝位。

4. 上官桀父子、盖长公主、燕王旦谋划诛杀霍光,废昭帝,立燕王,事泄被灭。这是一次未遂政变。

5. 霍光与群臣废黜刚即皇帝位的刘贺,立宣帝。

6. 董忠、王涉、刘歆等谋废王莽,也是一次未遂政变。

站在大历史的角度来看,政变对历史发展的趋势无所谓好坏,要俟具体情况具体而论。赵高、李斯矫杀嗣子扶苏,使秦朝失去了改过自新的机会,导致天下大乱,对当时的人民是巨大的灾难。赵高杀秦二世,是奸臣杀昏君,其影响仅对当事人有意义。周勃、陈平等诛吕安刘,不仅对刘氏江山是功臣,也避免可能发生的大动乱,因为,根据当时的情势,吕氏集团即使摆平了中央,要搞定强大的刘姓诸侯也不是容易的事,很有可能引发混战。因此,周、陈发动的政变对当时的人民来说,也应该是一件幸事。地皇年间,王莽政权已风雨飘摇,废黜王莽的政变即使成功,也只不过是早点结束这个政权而已,无关人民疾苦与历史大局。对以上四次政变(或未遂政变)的定位,学界不会有大的争议,争议最大的,是与霍光有关的两次政变,一次是别人试图推翻他,而另一次是以他为首,废黜一个刚即位的皇帝。尤其是后者,可以说是功霍光者以此,罪霍光者亦以此。

(二)论刘贺被废事件

要考察霍光废贺的是非功过,先假设霍光如果不废贺汉朝政局将会有何种走向。如一些学者所论,这是霍光和刘贺之间的一场权力斗争,那么,霍光不废贺,则霍必将

被从权力中心驱逐,甚而可能被杀。新天子刘贺的素质对汉朝的政局将会有决定性的作用。刘贺何许人？在对《汉书》记载的质疑类文章中,廖伯源先生的《昌邑王废黜考》是同类文章中写得比较早且最扎实的一篇。该文主要考证了"行淫乱"是强加给刘贺的罪名,文章虽然用材料说话,说理合乎逻辑,但"淫乱"一类的事不是全凭逻辑可以说尽的,如果凡事都可以逻辑推,就不会有鬼使神差这样一个成语。退一步说,即使刘贺绝无"行淫乱"之事,也不保证他能成为好皇帝,其实,"淫乱"对一个皇帝来说,不是什么了不起的事,并不影响他成为一个有作为的皇帝,汉武帝是好色出了名的。如果《汉书》的记载不是全不可信,则可以从中窥见刘贺之一斑：

"王好游猎,驱驰国中,动作亡节。(王)吉上疏谏曰：……今者大王幸方与,曾不半日而驰二百里,百姓颇废耕桑,治道牵马,臣愚以为民不可数变也。"①

"王贺虽不遵道,然犹知敬礼吉,乃下令曰：'寡人造行不能无惰,中尉甚忠,数辅吾过。使谒者千秋赐中尉牛肉五百斤,酒五石,脯五束。'其后复放纵自若。"②

"贺动作多不正,(龚)遂为人忠厚,刚毅有大节,内谏争于王,外责傅相,引经义,陈祸福,至于涕泣,蹇蹇亡已。面刺王过,王至于掩耳起走,曰'郎中令善愧人'。及国中皆畏惮焉。王尝久与驺奴宰人游戏饮食,赏赐亡度……(遂曰)：'今大王亲近群小,渐渍邪恶所习……臣请选郎中通经术有行义者与王起居,坐则诵《诗》《书》,立则习礼容,宜有益。'王许之。遂乃选郎中张安等十人侍王。居数日,王皆逐去安等。……遂见安乐,流涕谓曰：'王立为天子,日益骄溢,谏之不复听。'"③

由此可见,刘贺是个喜好游乐、我行我素的人,如果他仅是一个百姓或者王侯,也无大碍,但如果这样的人成为一国之主,必定会损害昭帝之治开创的良好局面。昭帝也是年轻人,但"于宫馆囿池弋猎之乐未有所幸"④。尤其恶劣的是,刘贺对百姓没有体恤之心,亲近小人,渐渍邪恶所习,虽有王吉、龚遂这样守正坚韧的大臣辅弼,但对他没有多大作用,被立为天子后,还有变本加厉的倾向。如果真像廖文说的那样"急于夺权"⑤,那说明他不会顾忌"大将军抱持幼君襁褓之中,布政施教,海内晏然"⑥的局面可能由此遭到破坏,祸及百姓。对照荀悦所说的"亲用谗邪,放逐忠贤,纵情遂

---

① 班固：《汉书》,中华书局,1962年,第3058页。
② 班固：《汉书》,中华书局,1962年,第3061页。
③ 班固：《汉书》,中华书局,1962年,第3637页。
④ 班固：《汉书》,中华书局,1962年,第3061页。
⑤ 廖伯源：《昌邑王废黜考》,《秦汉史论丛》,中华书局,2008年。
⑥ 班固：《汉书》,中华书局,1962年,第3061页。

欲,不顾礼度,出入游放,不拘仪禁,赏赐行私以越公用,忿怒施罚以逾法制,遂非文过,知而不改,忠信拥塞,直谏诛戮"的亡主,刘贺何其相似乃尔!如此看来,霍光废贺,即使有维持自己手中大权的因素,废黜这样一个人,对汉朝社稷也不是坏事吧!不全是"纯为权力斗争"①吧?

其实,霍光真如论者所说的那样,一切都是为了自己的权力,他完全有更好的选择,不必"冒灭族之险"。② 废贺,不仅冒灭族之险,而且还要冒下一位人选的未知数之险,事实上,他正是选中了颇有权谋又刻薄的刘病已,才为自己家族的覆灭埋下了祸根。有论者说,霍光选拔宣帝是"仓促间再选流落民间的卫太子孙,也就是后来的汉宣帝,正是此人,令霍光家族遭遇灭顶之灾"。③"仓促"与霍光"小心谨慎,未尝有过"④的个性不合,倒是论者的结论有些"仓促",但"正是此人,令霍光家族遭遇灭顶之灾"却是铁的事实。

从刘贺的行事来看,他不是一位很有心计的人,霍光不可能没有觉察,如果他心里没有汉朝,只有他自己的权力,他完全可以效法控制秦二世的赵高,尽杀刘贺的亲信和同情者,把他变成一个真正的傀儡。唯一的风险是刘贺自杀,但废贺本身就冒了他自杀的风险,即使他被废以后自杀,舆论对霍光也是极为不利的。当年汉文帝的弟弟刘长自杀,文帝谈不上有什么过错,但民间舆论还是没有放过。刘贺被废时说"闻天子有争臣七人,虽无道不失天下"⑤,流露出他对皇位的留恋,还想作最后的努力挽回,作傀儡皇帝比被废黜的命运要好,如果霍光是其人,真要把他玩弄于股掌之中,胜算的几率是很大的。由此可见,霍光冒着灭族之险,汉朝才是最大的赢家,无怪乎杨雄把霍光与张良、周勃等人并提,称赞"霍将军之勇"!

有的论者强调昭帝之后,众人本想立年长的广陵王刘胥,而霍光反对,由此认定霍光这样也是为了专权。人之贤与不肖,与年龄没有必然的联系,秦王政除掉吕不韦多大年龄,霍光不会不知;康熙除掉鳌拜才多大年龄,当代学人也不可能不知。又有论者说上官皇后是霍光的外甥女,而且年龄只有十四五岁,因而是霍光的傀儡。霍光是上官皇后的外祖父,但也是她的杀父仇人,礼曰"杀父之仇不与共戴天",而且,刀光剑影里长大的人物早熟也是常理,十四五岁的女子怎么就不可能有成人的思维呢?为什么不可以说她和霍光一起废贺是深明大义呢?论者又谓"而随之来到长安的昌邑群臣二百多人竟然未能为之筹划,全部被霍光处死,亦属惨绝人寰之事也!"⑥言外

---

① 廖伯源:《昌邑王废黜考》,《秦汉史论丛》,中华书局,2008年。
② 廖伯源:《昌邑王废黜考》,《秦汉史论丛》,中华书局,2008年。
③ 汪春泓:《前汉昌邑王考》,《长江学术》2015年第3期。
④ 班固:《汉书》,中华书局,1962年,第2931页。
⑤ 班固:《汉书》,中华书局,1962年,第2946页。
⑥ 汪春泓:《前汉昌邑王考》,《长江学术》2015年第3期。

之意,霍光残忍,这与视宣帝灭霍氏"与霍氏相连坐诛灭者数千家"①如何? 况且这二百人之诛,是因为"坐在国时不举奏王罪过,令汉朝不闻知,又不能辅道,陷王大恶",②属于欺骗中央,且不能对其主尽忠,以道辅之,致使朝廷误选刘贺,也是罪有应得。

由上述可知,霍光废贺,即使如论者所说,是为了维护自己的权力,但客观上使汉朝避免了一位盘于游乐、拒谏饰非的"亡主",使业已开创的昭帝之治得以延续,实乃百姓之福、汉朝之福。如此说来,霍光废贺以"昌邑王行昏乱,恐危社稷"③为借口也不是空穴来风吧! 而我们从与人为善的立场出发,宁愿相信霍光废贺,出发点是为汉朝社稷着想。

霍光是一个执政者,不可能做道德完人。意大利政治理论家马基雅维里说过:"人们如何行事与他们(按照道德)应该如何行事是如此的不同。一个统治者如果不按常规行事,而追求(按道德)应该做的事,那他的权力与其说会得到维持毋宁说会失去。如果一个被一群不审慎的人围绕的统治者总是想'体面的'行事,他的陵夷衰败就不可避免。"④如果霍光要做一个善人,放过上官桀等人,不行废贺之举,可以肯定,不但他自己可能死无葬身之地,也无从履行他的恩主汉武帝的嘱托。那就真的要如田延年所言:"将军虽死,何面目见先帝于地下乎?"⑤

至此,我们可以给废贺事件、或曰宫廷政变下一个定论:它以最低的代价,避免了西汉王朝在武帝消耗之后的中兴之路毁于"亡主""嬖臣"之手,霍光等人用心挑选的宣帝,虽然,"颇修武帝故事,宫室车服盛于昭帝",⑥但基本上能继续昭霍开创之政,给中国历史留下一段号称"昭宣之治"的辉煌遗产。而主导这次事件的霍光被贴上一个阴谋家的标签,显然有失公道。

(三) 刘贺被废事件及霍氏的覆灭是西汉政治的宿命也是中国文化的宿命

刘贺被废事件,是西汉政治、经济情势发展的必然。汉代固然存在着以无为而治为旗号的虚君思想,但汉代的主流政治思想是以儒家思想为主导,或者如宣帝所说"汉家自有制度,本以霸王道杂之"。⑦ 儒家、法家都不倡导虚君政治,因而,君主英明与否,决定着一个政权的兴衰。刘贺被废事件的主谋虽然是霍光,但事件的发生与否的主动权却在于刘贺。除非他能循规蹈礼,给人一种将成为一个谨慎守礼的君主的信心,否则,在西汉的现实背景之下,他被废的命运也就注定了。自霍光而言,他如果

---

① 班固:《汉书》,中华书局,1962 年,第 2956 页。
② 班固:《汉书》,中华书局,1962 年,第 3062 页。
③ 班固:《汉书》,中华书局,1962 年,第 2937 页。
④ Machiavelli. *The Prince*. Cambridge University Press 1988. 中国政法大学出版社 2003 年影印,第 54 页。
⑤ 班固:《汉书》,中华书局,1962 年,第 2938 页。
⑥ 班固:《汉书》,中华书局,1962 年,第 3062 页。
⑦ 班固:《汉书》,中华书局,1962 年,第 277 页。

要做忠臣,必须要为汉朝选拔一位以社稷为重的英明的皇帝,刘贺显然不能当此任,废贺势在必行。或者,如某些论者说的,霍光仅是一个权臣,那他也必须发动一次政变,废贺;或者作更优的选择,杀贺臣,将贺变成一个傀儡。只有当虚君模式变成一种共识,变成一种常态,霍光才不至于去计较刘贺贤能与否。

刘贺被废事件,固然与霍光的政治影响力有直接关系,"自昭帝时,光子禹及兄孙云皆中郎将,云弟山奉车都尉侍中,领胡越兵。光两女婿为东西宫卫尉,昆弟诸婿外孙皆奉朝请,为曹大夫,骑都尉,给事中。党亲连体,根据于朝廷。"① 这可能是霍光被诟病及霍氏家族覆灭的主要原因。但这种情况也是汉代政治经济环境下的必然。不像东晋的大家族是经过若干代的发展而逐渐形成的,有深厚的经济和文化背景,西汉的大家族往往与政治关系紧密,其兴其灭,都与政治势力密切相关,如西汉的吕氏家族,卫氏家族,王氏家族都可谓是政治家族。这一方面是西汉的政治制度提供了这些家族肇兴肇灭的方便,另一方面,一个握有实权的人物,大量提拔他的血亲,也是巩固其政治力量的必要手段,这一点,汉朝的霍光与十七世纪法国的执政者黎塞留、马萨林等有天壤之别,根本原因是两者社会、经济、文化背景的迥异造成的。要之,在汉代,或大言之,古代中国的文化背景下,援用血亲作为政治外援势在必然,霍光的政治对手上官桀就是父子皆据显位,留下英名的诸葛亮,其子、侄等不也是官居显位吗?霍光的过错就是子、孙过于兴旺。霍光与霍去病的关系,与其说是兄弟之情深,不如说是恩主之谊重,出于对这位没有共同生活基础的异母兄弟的感激,霍去病的子孙(姑不论"去病子实从霍光过继"之说)与霍光的子孙及其姻亲形成了一个庞大家族。随着霍光之死,这个政治家族的覆灭也就成为一种宿命。

刘贺被废,更深层的原因在于小农经济还是当时主导的经济模式,虽然地主阶层在不断的强大起来,但还没有强大到东晋那样形成一群强大的士族,因而西汉也不能像东晋那样形成比较稳定的大族专权的实际上的虚君政治。这里,我们还可以和我们的近邻,长期以来在中华文化圈范围之内的日本做一个比较,日本的天皇制度在大部分的时间是虚君模式,其之所以久远,恰恰在于它的社会经济结构与我们区别较大,反而与欧洲比较相似。正如西方的一本教科书所说:"对西方学生而言,具有特殊趣味的是,日本和西北欧发展道路的极为相似。两者都有若干世纪的封建主义:隶属于大地产和庄园的个体农民,城堡和为主人而战斗的骑士,对英勇和精湛武艺的赞颂与根源于宗教的美德交会在一起的文化,商业行会与分散的政治、经济体。"② 可见,正常的虚君模式赖以存在的社会文化与经济基础在西汉不存在,所以,事件的双方都会很在乎这个君位,废贺事件可谓西汉政治的宿命。

---

① 班固:《汉书》,中华书局,1962年,第2948页。
② Albert M. Craig [et al]. *The Heritage of World Civilizations*. Combined 5th ed. 2000 by Prentice-Hall. New Jersey. p274.

围绕废贺事件,也可见中国文化的宿命。历史上对霍光的忠臣评价与现代学者的"重新发现"及其呼之欲出的那个"奸"字,都是以道德为中心来评判的,而不是从大历史、大社会和千万生民的视角来评判。当然,也有一些人(尤其是宋、明以来的少数学者)也谈霍光对历史的影响,其中比较突出的就是指责他开启了王莽、董卓、曹氏废立的恶例,姑且不论这些指责有多少道理,这种不管是非,视一家一姓的君主为终极目的的犬儒立场,完全是站在道德立场上来评判的,而且仅仅是剥去了爱民内容的尊君道德。

本文结束之际,姑引西方学者对"光荣革命",这场划时代的宫廷政变的评价,对我们中国的研究者或许会有一些启发:

> 推翻詹姆士二世和新的议会对英王权力限制法规的制定常常被描绘为英格兰宪法自治发展的顶点。事件发生后不久,像约翰·洛克这样的政治作家助长了这样一些观点的流行。这种观点确实有一些正当的理由,但晚近一些作家已经开始反对美化(deglorified)1688年的革命。他们指出这仅是一场由土地所有者促进和维持的阶级运动。议会大胆地宣称反对国王,但同时对广大的人民群众关上了门。中世纪的下议院议员通常要领取薪水,这个惯例在十七世纪消失了,以至于只有独立收入的人才有资格进入。1688年的议会胜利使这种趋势变成为法律问题。1710的一个法案规定要取得下议院议员的资格必须拥有其水准仅数千人能够达到的私人收入。这种收入只有来自土地所得。英格兰从1688年到1832年是现代贵族社会最典型的范例,这就是,作为一个国家,土地贵族不仅享有各种特权,还控制着政府。然而,拥有土地的利益阶层那时是仅有的一个有足够的财富、人数、教育和自觉自立的阶级,"英格兰绅士"的统治,是一个有着严格社会限制的政治自由政体。①

(作者简介:万义广,江西师范大学历史文化与旅游学院副教授)

---

① R. R. Palmer [et al]. *A History of the Modern World*. 2008 by the McGraw-Hill Companies, Inc. 北京大学出版社2009年影印,第169页。

地缘战略与吴魏辽东之争

陈金凤

汉末三国时期,公孙家族割据辽东,从公孙度于中平六年(189)据辽东开始,中经其子公孙康、公孙恭,至其孙公孙渊于景初二年(238)被曹魏灭亡,共传三世四主,历时五十年。其间,统治中原的曹魏与鼎足江南的孙吴为了各自的战略利益,围绕着辽东政权展开了激烈的政治、军事斗争,一定程度上影响到三国军政的格局。对于这一历史事实,学界已有所关注[①]。本文在前辈时贤研究的基础上,主要从地缘政治的角度,进一步探讨汉末三国时期辽东问题形成的原因,魏吴争夺辽东的根源、战略及其后果。

一

东汉末年,军阀混战、割据之际,公孙度势力崛起辽东。公孙度,辽东襄平人,原是玄菟郡小吏,因能力突出,经时为董卓中郎将的同乡徐荣的推荐,受辽东太守,治辽东郡及所属玄菟、乐浪、带方三郡。然因出身低微,素为辽东地方大族所轻视。《三国志·公孙度传》载,公孙度为立权威,"笞杀(襄平令公孙昭)于襄平市,郡中名豪大姓田韶等宿遇无恩,皆以法诛,所夷灭百余家,郡中震慄"。然后,"东伐高句丽、西击乌桓,威行海外"。随着力量的上升,公孙度遂野心勃勃。初平元年(190),公孙度知中国扰乱,语所亲吏曰:"汉祚将绝,当与诸卿图王耳。"分辽东郡为辽西、中辽郡,置太守。越海收东莱诸县,置营州刺史。随后,又自立为辽东侯、平州牧,追封其父公孙延为建义侯,假称皇命在襄平城南设立汉二祖庙和公孙家族宗庙,郊祀天地。"籍田治

[①] 代表性的研究有:黎虎《孙权对辽东的经略》(《北京师范大学学报》1994年第5期);王永平《孙权"报聘辽东"及其与朝臣之冲突考论》(《徐州师范大学学报》2004年第6期)。不过,已有的研究基本上只是从孙吴政权角度出发的。

兵,乘鸾路九旒,旄头羽骑",俨然皇帝矣。他对手下亲信柳毅、阳仪说:"谶书云:'孙登当为天子。'太守姓公孙,字升济,升即登也。"①当时,控制东汉朝廷的曹操,有意笼络公孙度,遥拜为武威将军、永宁乡侯。然公孙度大为不满,曰:"我王辽东,何永宁也!"把印绶扔在武库②。

曹操征伐四方,黄河之北力量空虚。公孙度面对如此良机,心有所动。《三国志·凉茂传》载:"(公孙)度谓(凉)茂及诸将曰:'闻曹公远征,邺无守备,今吾欲以步卒三万,骑万匹,直指邺,谁能御之?'诸将皆曰:'然。'又顾谓茂曰:'于君意何如?'茂答曰:'比者海内大乱,社稷将倾,将军拥十万之众,安坐而观成败,夫为人臣者,固若是耶! 曹公忧国家之危败,愍百姓之苦毒,率义兵为天下诛残贼,功高而德广,可谓无二矣。以海内初定,民始安集,故未责将军之罪耳! 而将军乃欲称兵西向,则存亡之效,不崇朝而决。将军其勉之!'诸将闻茂言,皆震动。良久,度曰:'凉君言是也。'"凉茂以天下大义、朝廷安危、曹操德义劝谏公孙度。野心勃勃的公孙度肯定不会被一顿道德说教所说服,他之所以认同凉茂,应是综合考虑实力对比、时机变化做出的选择。公孙度虽有意进取中原、争霸天下,但鉴于内外实情,终究按捺住野心,专心经营辽东,以观天下之情势。公孙度也正是认识到曹操集团的强大,因此,比较依附于曹操,拒绝了江东孙吴政权的联合请求(见后)。

建安九年(204),公孙度死,其子康嗣位。公孙康上台后,致力于保障辽东安全的势力扩张。《三国志·高句丽传》载:建安年间,公孙康出军击败高句丽,"破其国,焚烧邑落",其王伊夷模被迫"更作新国",迁于丸都城(今吉林集安)。同时,公孙康也与曹魏保持政治关系。建安十二年(207),曹操北征三郡、乌丸(乌桓),袁绍之子袁尚等逃奔辽东,公孙康权衡利弊后,斩袁尚等人,把首级送给曹操,遂得封襄平侯和拜左将军。不久,公孙康去世。其子晃、渊年纪均小,康弟恭被部下拥立为辽东太守,依然维持着对曹魏的政治依附关系。魏文帝曹丕践阼,遣使拜公孙恭为车骑将军、假节,封平郭侯,追赠公孙康大司马。然公孙恭"病阴消为阉人,劣弱不能治国"③。魏明帝太和二年(228)公孙渊发动政变,篡得辽东大位,遣使至魏阙表状,得魏明帝拜为扬烈将军、辽东太守。此时,公孙渊以东方的三韩和北方少数民族与辽东达成了均势,"国际大格局"中,曹魏与蜀、吴联盟形成了南北对峙,辽东已是力量天平中的关键少数角色。因此,公孙渊雄心勃勃,"凭险恃固"④,企图摆脱曹魏的控制,达到称雄一方、割地为王的目的,遂极其重视借助外在力量。一是注意利用周边少数民族的力量。《三国志·东夷传》曰:"公孙渊仍父祖三世有辽东,天子为其绝域,委以海外之

---

① 《三国志》卷8《魏书·公孙度传》,中华书局,1959年,第252页。
② 《三国志》卷8《魏书·公孙度传》,第253页。
③ 《三国志》卷8《魏书·公孙度传》,第253页。
④ 《三国志》卷58《吴书·陆逊传》,第1350页。

事,遂隔断东夷,不得通于诸夏。"自立为燕王后,"遣使者持节鲜卑单于玺,封拜边民。诱呼鲜卑,侵扰北方"。二是努力争取孙吴的援助。公孙渊即位第二年(魏太和三年、吴黄龙元年),就与孙吴形成了较为密切的外交关系,得授孙吴印绶、九锡、燕王之号以及大量财物(详后)。据《三国志·公孙度传》注引《魏名臣奏》公孙渊"既恃险阻,又怙孙权,故敢跋扈,恣睢海外","敢违王命,废绝贡计",公然与曹魏政权对抗。

然而,辽东居于吴魏争夺的一个战略支点,地缘政治上与曹魏的关系更加密切,公孙渊为了自己的生存,最终破坏了与孙吴的关系。公孙渊因害怕自己结交孙吴之事被曹魏觉察,于己不利,故诱杀孙吴使臣张弥、许晏等人,把他们的首级和孙权授予的印绶、符策、九锡,送呈魏朝廷,并进表魏明帝以明心志:"(臣)甘言厚礼,以诱吴贼。幸赖天道福助大魏;使此贼暗然迷惑,违戾群下,不从众谏,承信臣言,远遣船使,多将士卒,来至封拜。臣之所执,得如本志……"①魏明帝即拜其为大司马,封乐浪公,持节领郡如故。公孙渊虽然重新归附于曹魏,仍然首施两端,与曹魏关系亦日趋紧张恶化。当魏明帝派遣的使者至辽东,公孙渊戎装盛甲,摆出军阵以炫耀武力,并对使者数出恶言。景初元年(237),魏明帝遣幽州刺史毋丘俭等赍玺书征公孙渊。公孙渊遂自立为燕王,置百官有司,并改元绍汉,公开与曹魏敌对。同时,又遣使通吴以求重结同盟。《三国志·公孙度传》注引《汉晋春秋》载:景初二年(238)春,曹魏派太尉司马懿率大军征讨公孙渊,公孙渊"闻魏人将讨,复称臣于吴,乞兵北伐以自救"。尽管依然得到孙吴的支持,但终究为时已晚。

辽东政权的建立与维持,是汉末三国时期军事、政治的产物。公孙家族一直企图保守一方,坐观天下成败。然当三国形势已定,曹魏确立北方统治后,辽东欲图谋独立已是不可能。尽管主政辽东的公孙渊仍企图曹魏与孙吴两大势力的缝隙间纵横捭阖,谋取更多的政治、经济利益,以维持更长久的生存,然辽东在吴魏关系中的特殊性,事实上不可能维持独立,且从地缘上必然归于曹魏。因此谋求独立的公孙渊只能在政治外交上首施两端、进退失据,一方面破坏了与孙吴联合的形势,另一方面又不能专心事魏,使自己处于孤独的状态。其身死家灭自在情理之中。

二

据《三国志·公孙度传》注引《魏略》,公孙渊在给魏明帝的上表中曾说:"臣父康,昔杀(孙)权使,结为仇隙"。这表明早在公孙康时期,孙权就对辽东进行了外交试探,虽然没有成功。此后,孙吴对辽东的外交努力却一直没有放松。公孙渊上台后,孙吴与辽东的交往趋于活跃。《三国志·孙权传》载,黄龙元年(229)四月,孙权

---

① 《三国志》卷8《魏书·公孙度传》,第256页。

称帝。五月,即"使校尉张刚、管笃之辽东",联系公孙渊。黄龙二年春(230)正月,孙权下诏表扬公孙渊说:"今使持节督幽州领青州牧辽东太守燕王,久胁贼虏,隔在一方,虽乃心于国,其路靡缘。今因天命,远遣二使,款诚显露,章表殷勤,朕之得此,何喜如之!虽汤遇伊尹,周获吕望,世祖未定而得河右,方之今日,岂复是过?普天一统,于是定矣。"嘉禾元年(232)三月,"遣将军周贺、校尉裴潜乘海之辽东"。同年冬十月,公孙渊"遣校尉宿舒、郎中令孙综称藩于权,并献貂马,"作为对周贺、裴潜来使的回报。孙权"大悦,加渊爵位","大赦天下"。《魏志·公孙度传》注引《魏书》载,公孙渊僚属曾说:孙权"不远万里,连年遣使,欲自结援,虽见绝杀,不念旧怨,纤纤往来,求成恩好"。

《三国志·孙权传》载,嘉禾二年(233)三月,辽东使者宿舒、孙综返命之时,孙权派太常张弥、执金吾许晏、将军贺达等人"将兵万人,金宝珍货,九锡备物,乘海授渊"。对此,孙吴"举朝大臣,自丞相顾雍已下皆谏,以为渊未可信,而宠待大厚,但可遣吏兵数百护送舒、综"。在谏阻孙权的举朝大臣中,以顾命老臣张昭之谏最为激烈。《三国志·张昭传》载,张昭谏曰:"(公孙)渊背魏惧讨,远来求援,非本志也。若渊改图,欲自明于魏,两使不反,不亦取笑于天下乎?"但孙权不听,与张昭"相反覆"。结果是张弥、许晏使团到达辽东后,几乎被公孙渊一网打尽。《三国志·孙权传》注引《江表传》载:当孙权得知公孙渊斩杀使团成员时,大怒曰:"朕年六十,世事难易,靡所不尝,近为鼠子所前却,令人气涌如山。不自载鼠子头以掷于海,无颜复临万国。就令颠沛,不以为恨。"并欲亲自征讨公孙渊,经上大将军陆逊、尚书仆射薛综、选曹尚书陆瑁等人切谏,才得罢休。裴松之在《三国志·孙权传》注中强烈批评了这个孙权在与辽东通使问题上"愎谏违众"的错误,称说"此役也,非惟暗塞,实为无道"。后世学者多赞成此议。然正如黎虎先生在《孙权对辽东的经略》中所指出的,孙权前后不断努力地交结辽东,仅用孙权个人"刚愎自用"来加以解释似不能真正揭示这一历史现象的实质,孙权结交辽东的原因主要在:孙权频繁通使辽东,是当时魏、蜀、吴三国关系发展变化的必然结果,是在战略上牵制曹魏的一个重要步骤,是其统一天下的愿望的反映,是其海上开拓事业的一个组成部分,是为了开辟获取马匹的新途径①。笔者赞同黎先生的见解,并在其研究的基础上从地缘政治的角度略作申论。

据《三国志·鲁肃传》载,早在建安五年(200),孙权统事之初,就已与鲁肃议定了建国方略:"鼎足江东,以观天下之衅"、"竟长江所极,据而有之,然后建帝王之号,以图天下"。此后,孙权一直以"鼎足江东"、"以图天下"为己任。值得注意的是,孙吴鼎足江东的重要方略之一,就是所谓"割有淮南,以规许、洛"的江淮战略②。孙吴一旦占据了淮南,不仅可以将其长江防线推进到淮北,减轻曹魏对江东的直接压力,

---

① 黎虎:《孙权对辽东的经略》,《北京师范大学学报》1994 年第 5 期。
② 《三国志》卷 56《吴书·朱桓传》,第 1313 页。

而且可以直指中原,威胁曹魏统治的腹心,从而促进霸业的实现。然而,孙吴自从建安十三年(208)赤壁之战后争夺淮南伊始,年年攻伐,几乎都不能取得什么实质性的进展,只能维持与曹魏对峙淮南的形势。不仅不能由此问鼎中原,而且一直受着曹魏的巨大压力。为破解这一僵局,孙权希望开辟第二战场,建立新的战略支撑点,以对曹魏实行军事打击,至少使其不能全力用兵江淮。孙权自然把目光投向了割据辽东的公孙氏政权。东吴与辽东,地理形势上一在中原政权的东南,一在东北,遥相呼应,一旦形势合势,曹魏将在很大程度上首尾难两顾,势必造成孙吴实现江淮战略的有利形势。因此,孙权通辽东,从小而言是辅助实现江淮战略,从大而言,是为了图霸天下。《三国志·公孙度传》注引《魏略》载,公孙渊说:"(孙)权之求郡,积有年岁"。可见,孙权通辽东不是一时糊涂和冲动,而是有深远目的的行动与重要的战略目标。而公孙渊企图脱离曹魏而独立,正给孙权一个利用的机会。《三国志·孙权传》注引《江表传》:孙权在九锡文中以汉光武帝自喻,而把公孙渊比作窦融,称赞公孙渊归附吴国是"规万年之计,建不世之略,绝僭逆之虏,顺天人之肃,济成洪业,功无与比。"这正反映出孙权期望通过赐九锡来笼络公孙渊,以夹击曹魏,图霸天下。应该说,孙权在联系公孙渊威胁曹魏以行江淮战略的问题上,还是取得了一定成效的。譬如,公孙渊曾因接受了孙权封号,公开反叛曹魏,招致了曹魏的兴军征讨。《魏志·田豫传》载,魏明帝"使(田)豫以本官督青州诸军,假节,往讨之"。这次曹魏调动军事规模不小,以青州、幽州之军合攻公孙渊,但魏军"往皆无功,诏令罢军"①。同年,孙吴大将陆逊攻击曹魏庐江一线。又《三国志》之《刘劭传》及《满宠传》《吴琮传》载,吴嘉禾二年(233),派张弥、许晏封公孙渊为燕王,曹魏"时闻公孙渊受孙权燕王之号",欲遣兵讨伐。是年,孙权又于南线出兵,"欲围新城",同时派全琮"督步骑五万征六安"。而当曹魏于景初二年(238)派司马懿率四万兵征讨公孙渊时,曹魏方面所担心的就是孙权是否出兵援助。《三国志·蒋济传》注引《汉晋春秋》载,魏明帝问蒋济:"孙权其救辽东乎?"蒋济答道:"若大军相持,事不速决,则(孙)权之浅规,或能轻兵掩袭,未可测也"。结果孙吴派大军救援辽东,造成了曹魏相当程度的损失。

一般认为,孙吴与公孙渊的联盟之所以断结,是公孙渊迫于宗主国曹魏的压力,也因公孙渊"恐(孙)权远不可恃,且贪货物"。笔者认为,公孙渊的作为,诚能有这些原因,但根本原因当是孙权过于急躁地欲与辽东达成联盟,而辽东对孙吴缺乏信任、害怕被其所吞噬所致。孙权派将兵万人至辽东,显然不只是保卫使者的安全,也不会只是买马。推测其意,大致不过三,一是向公孙氏炫耀武力,使其更坚定地投向东吴;二是取道辽东,并借助公孙氏的力量在东部向曹魏发动进攻;三是伺机占领辽东,建立辽东基地;在这三者之中,笔者认为最有可能是一、二。因为孙吴尽管欲占领辽东,

---

① (宋)司马光:《资治通鉴》卷72《魏纪·明帝纪》,中华书局,1956年,第2277页。

但此时力量显然不足,所以不可能对辽东发动军事进攻,否则也不会被辽东打得措手不及。然站在辽东方面考虑,辽东见如此庞大的使团,则不免忧虑自己被孙吴所吞并。众所周知,三国鼎立形势形成以后,由于政治、军事、地理形势的影响与作用,魏蜀吴各自都制定了开疆拓土以壮大国力的战略方针。其中,孙吴把沿海区域作为其扩张的重点,海南、夷州、北方都是其军事占领的目标。特别是孙权称帝与蜀汉重建联盟之后,其发展方向就是在东部,处于重要战略支撑点的辽东正是其划分的势力范围。正因为此,孙权遣军万人的行为,即引起了公孙氏的疑惑,从而导致了双方战争的结果。孙权派数百使者即安全,而遣万人即遭受打击,说明公孙渊强烈维持自己的独立性,不容许外来势力的染指。另外,公孙渊与孙权交往,本为挟两端之计,并不想由此与曹魏公开决裂,而孙吴以庞大的使团至辽东,就是公开了公孙渊与孙吴的关系,迫使辽东不得不在孙吴与曹魏之间作出抉择。

正是基于辽东对孙吴的重要性,孙权联络公孙渊不成,遂欲以武力夺取,但国力不足,地缘不利,不得不放弃,当然孙权对辽东依然耿耿于怀。《吴志·孙权传》载,魏景初二年,曹魏出兵伐辽东,公孙渊遣使者求与吴重结"与国",以得支援。当辽东使者到孙吴以后,"吴人欲戮其使,羊衜曰:'不可,是肆匹夫之怒而捐霸王之计也。不如因而厚之,遣奇兵潜往以要其成。若魏伐渊不克,而我军远赴,是恩结遐夷,义盖万里;若兵连不解,首尾离隔,则我虏其傍郡,驱略而归,亦足以致天之罚,报雪曩事矣'。孙权曰'善'。乃勒兵大出"。但是,孙权迟至第二年(赤乌二年,239)春三月才发兵,"遣使者羊衜、郑胄、将军孙怡之辽东"。而公孙渊已于去年八月被司马懿灭亡,辽东一带已为曹魏所有。于是羊衜等人到达辽东后,击溃了魏守将张持、高虑所部,俘虏了一批人口而还。

总之,从地缘政治而论,孙权经略辽东是实施江淮战略的需要。其经略之所以难成,根源于在于对辽东的政治军事形势不了解,特别是对公孙渊的政治投机性缺乏准确的判断。为何孙权与辽东不能像与蜀汉一样结成稳定的战略伙伴关系?原因很多,仅从地缘政治而言,辽东与孙吴两者之间地理上又距离较远,没有地理上联系的形势,而与北方的曹魏联系紧密;两者间没有唇亡齿寒的关系,虽然希望相互利用,却又相互提防。此外,孙权的力量较曹魏弱小,不足与保护辽东的利益。辽东政权本是一个投机政权,与曹魏的关键藕断丝连,长期与曹魏保持关系,没有如蜀汉那般与曹魏生死对立,自然不会倾心与孙吴相交。当然,还有一个重要原因是,曹魏对孙吴、辽东外交关系的政治破坏与军事打击(见后)。

三

辽东政权得以长期维持及最后覆灭,是与曹魏武帝、文帝、明帝基于地缘政治实施的政策方针密切相关。当汉末天下纷争、北方混乱时,曹操自身力量有所不足,因此希望把辽东作为自己的同盟。官渡之战后,在河北取得了较大优势的曹操不乘势进攻辽东,正是基于这样的考虑:辽东不足以进犯曹魏,当时中原内部的争斗方兴未艾,曹魏若进攻辽东,没有绝对取胜的优势,辽东极有可能与反曹的残余力量结合,使曹军陷于困境而不得出,也可能失去中原战场的时机。所以,曹操不加兵于辽东,而利用辽东与袁氏的矛盾关系,使其自相歼灭,实为英明之着。就曹操统一北方而言,辽东政权是有贡献的。

魏文帝时,三国鼎峙的天下形势已成,以曹魏强大的力量,用军事手段平定辽东不是没有可能,但曹魏主要敌手是吴、蜀,魏文帝希望借助政治手段实现中国统一,试图不战而屈人之兵,因此对吴、蜀展开了政治攻势,自然对于辽东也是一以贯之。如果先把辽东政权消灭,无疑会使其政治诱降政策破产。诚如曹植《谏伐辽东表》所云:"东有待衅之吴,西有伺隙之蜀,吴起东南,则荆、扬骚动;蜀应西境,则雍、凉三分。"因此魏文帝对公孙渊极尽政治羁縻之能事,加公孙恭车骑将军一事就是典型的说明。据《后汉书·百官志一》记载,"将军,不常置。本注曰:掌征伐背叛。比公者四:第一大将军,次骠骑将军,次车骑将军,次卫将军。又有前、后、左、右将军。"可见汉时车骑将军地位是很高的,魏初情况应与东汉接近。魏文帝曹丕加公孙恭车骑将军,除了因为其父公孙康在曹操北伐乌桓时,曾斩袁尚立功外,更重要的是曹魏要笼络辽东势力。因为此时辽东虽臣属于魏,但其比较独立地处于东北边疆,曹魏统治一时鞭长莫及,难以进行实际的统治与控制。魏文帝尽管没有彻底解决辽东问题,但其羁縻政策大致也能稳定辽东局势。

魏明帝时,吴、蜀联手抗魏的形势已成,曹魏的武力征讨也完全代替了原先的政治引诱。曹魏要解决西南部的蜀汉、东南部的孙吴,自然应首先解决卧榻之侧的辽东。因此,魏明帝利用地缘优势遂进一步强化了对辽东的战略:其一,继续行行羁縻、安抚之策。这从魏明帝封赐公孙氏渊可以略窥一二。《三国志·刘晔传》载:辽东太守公孙渊夺叔父位,擅自立,遣使表状。魏大臣刘晔以为:"公孙氏汉时所用,遂世官相承,水则由海,陆则阻山,故胡夷绝远难制;而世权日久,今若不诛,后必生患。若怀贰阻兵,然后致诛,于事为难。不如因其新立,有党有仇,先其不意,以兵临之,开设赏募,可不劳师而定也。"然魏明帝却拜公孙渊扬烈将军、辽东太守。随后,魏明帝在以大将军曹真为大司马、骠骑将军司马懿为大将军时,以公孙渊为车骑将军,地位极为崇高。当公孙渊斩送孙权使者张弥、许晏等首时,魏明帝即"拜(公孙)渊大司马,封乐浪公,持节、领郡如故"①。《三国志·刘劭传》载:"时闻公孙渊受孙权燕王之号,议者欲留渊计吏,遣兵讨之,劭以为'昔袁尚兄弟归渊父康,康斩送其首,是渊先世之效

---

① 《三国志》卷8《魏书·公孙度传》,第253页。

忠也。'"总之,魏明帝允许公孙渊自主掌握辽东地方政权,且对其"忠诚"行为不断加以政治激励,即使公孙渊有脱离、反叛的事实,还是在一定程度上予以宽容。魏明帝羁縻辽东,不仅在于稳定辽东,而且在于利用辽东牵制其周边的少数民族,稳定东北局势,以集中力量对付吴、蜀政权的攻势。其二,孤立辽东,瓦解辽东的外援力量。曹魏除了在辽东周边布置了相关的军事力量予以监视、威胁外,也尽力结好东北少数民族,稳定乌桓、高句丽等势力,并利用他们牵制辽东。同时,对与辽东有联系的海上倭国展开外交,进一步孤立辽东。特别是,曹魏对辽东与孙吴的结交十分警惕,对此积极防范,并予以破坏。如《三国志·蒋济传》注引《战略》:魏太和六年(吴嘉禾元年),得知孙吴周贺、裴潜等人往通公孙渊,明帝即不听蒋济谏言,遣平州刺史田豫乘海渡,幽州刺史王雄陆道,并攻辽东,最终大败吴军,斩吴将周贺等于成山。曹魏的这一行动取得了不小的效果。一方面,破坏了孙权经略辽东的政治、军事意图,另一方面也极大地孤立了辽东,为最终解决辽东问题奠定了基础。其三,武力解决辽东问题。魏明帝统治时期,北方稳定,与周边少数民族也形成了良好的关系,唯有辽东对魏叛服不常。事实上,不彻底解决辽东,曹魏北方的统一就不是真正的统一。曹魏与孙吴、蜀汉即将全面开战之际,自然必须把辽东问题解决,以免腹背受敌。另外,如果不把辽东牢牢地控制在中央政府的手中,进而统治辽东所属各郡的广大土地、水域,那么,魏国不仅将失去东部屏障与相关的政治、经济、军事利益,而且那一带的小国和部落也有可能落入孙权之手,给魏国的左翼造成严重的威胁。曹魏对吴水军的作战能力是异常清楚的:"吴虽在远,水道便利,举帆便至,无所隔限。"对其扩充和发展水军实力的意图也是明了的:"此年已来,复远遣船,越度大海,多持货物,诱讶边民。"①魏国还了解到,孙吴不仅与公孙渊有联系,而且还企图联络高句丽以牵制曹魏。自吴嘉禾二年(233)始,孙权便不屈不挠地数次遣使至高句丽,欲予以结交。如果曹魏覆灭了辽东,自然也就粉碎了孙吴与高句丽联系的梦想。因此,尽管征伐辽东,"得其民不足益国,得其财不足为富"②,但从战略和全局来看,切实控制辽东乃是非常必要的③。

据《三国志·公孙渊传》及注引《汉晋春秋》,魏景初元年(237),公孙渊"自立为燕王,置百官有司","称绍汉元年","遣使者持节,假鲜卑单于玺,封拜边民,诱呼鲜卑,侵扰北方"。鉴于公孙渊的野心、孙吴对辽东的企图、辽东的地缘因素,曹魏最终下决心从公孙家族中夺取辽东。魏景初二年(238),魏遣大尉司马懿率大军征伐公孙渊。公孙渊远非司马氏的对手,数月内,魏军数次大败公孙渊军,攻破襄平城,"斩相国以下首级以千数,传渊首洛阳,辽东、带方、乐浪、玄菟悉平"。曹魏之所以能迅速地覆灭公孙渊,主要原因如下:一是曹魏国力远超于辽东。二是魏军统领司马懿的军事

---

① 《三国志》卷8《魏书·公孙度传》,第255页。
② 《三国志》卷14《魏书·蒋济传》,第453页。
③ 尹韵公:《亲魏倭王及其他——三国时代中日关系初探》,《尹韵公纵论三国》,山西人民出版社,2001年。

才能远高于辽东公孙渊。三是在曹魏的破坏下,辽东与孙吴之间有较深的矛盾,已难以结成有力的联盟。四是东北少数族的支持与策应。《三国志·明帝纪》载:"(明帝)遣幽州刺史毌丘俭率诸军及鲜卑、乌丸屯辽东南界,玺书征公孙渊。"《魏书·徒何慕容廆传》载:"曾祖莫护跋,魏初率诸部落入居辽西,从司马宣王讨平公孙渊,拜率义王,始建国于棘城之北。"《三国志·高句丽传》亦载:"景初二年,太尉司马宣王率众讨公孙渊,宫遣主簿大加将数千人助军。"数月之间,公孙氏辽东即迅速被平定,表明其割据的力量并不充足。其之所以长期存在,在于特殊的政治地理位置,曹魏没有下决心铲除它。魏明帝解决了辽东,北方的形势由此又一大变,由北方统一中国的形势更加的明显。

汉末三国的天下形势与地缘政治,使辽东公孙氏政权能够较长期地偏安一隅,形成了魏、吴积极争取辽东的局面。政治手段是魏、吴双方争取辽东政权的基本措施,双方都在尽可能的政治范围内,予以公孙氏以最大的名号:曹魏加公孙氏以重要将军名号;孙权为了达到笼络公孙渊的目的,加公孙渊近于皇帝的九锡。公孙渊的身死家灭,与其不自量力、错误地估计形势相关,更与天下趋于一统的形势相关。曹魏在这场政治、军事的较量中,取得了最后的胜利,这一胜利不仅获得了辽东所属各郡的控制权,保证了魏国东部的安全和稳定,而且彻底打破了孙吴开辟第二战场的构想。正因为此,吴、魏围绕辽东展开的政治、军事斗争,可以鲜明地反映出三国历史的特色。

附记:1999年年底,黄今言先生不辞辛劳亲自至我学习的武汉大学,诚心将我引进江西师范大学历史系工作。嗣后十多年间,无论在学习上还是生活上,黄先生一直对我关怀备至,扶助有加,其恩情让我终生永念。

黄先生为教的数十年间,在江西师范大学历史系发扬光大了谷霁光先生军事史研究的传统,成为海内外中国古代军事史研究的知名专家。本小文以"军事"为视角敷衍而成,不只说明黄老先生恩泽流长,实有意提醒本系同仁,不忘初心,再臻辉煌。

恭祝黄先生健康长寿,一切安好!

(作者简介:陈金凤,江西师范大学历史文化与旅游学院教授)

博弈与平衡：秦汉乡里社会中的民间秩序与国家权力

沈 刚

在秦汉文献中，"乡里"有两层含义：一是指县级以下行政组织，是国家设置在基层社会的机构；另一层含义是在此基础上的泛称，和政府相对称的民间社会，比如《盐铁论·结和篇》："当此之时，上求寡而易赡，民安乐而无事，耕田而食，桑麻而衣，家有数年之蓄，县官余货财，闾里耆老，咸及其泽。"本文讨论的就是在这种广泛意义上的乡里社会。它以地缘和血缘为基础，具有自身的运转规则与特点。秦汉帝国作为中国历史上首次出现的中央集权国家，为了最大限度地对地方社会进行控制，必然将其统治触及社会的每一个角落，将先秦时期的封君封地变成国家直接控制之下的领土，使其源源不断地提供人力和财力等资源，为此必然对基层社会进行干预。它和民间乡里自发形成的秩序合力塑造了秦汉基层社会的运转模式。目前所见对汉代基层社会秩序的研究主要集中在何种模式或哪种力量支配了乡里社会，大致可以分为这样几类：一是王权支配说，西嶋定生认为由赐爵而规定了庶民的身份，并以里为场地而形成身份性秩序；[1]崔向东认为西汉中期以前，乡里秩序本质上是王权秩序，王权以乡三老、里三老为中介，最终实现了对乡里的支配，之后豪族与王权密切结合，由国家的对立面转化为国家权力体系的一部分，成为王权在乡里社会支配的中介；[2]邹水杰认为在汉代乡里秩序中，三老系统和国家行政系统经历了对立的二元格局到三老系统虚化变成行政系统的一元格局的过程；[3]王爱清认为在秦汉乡里秩序构造过程中，乡土文化充其量只是为以"大共同体本位"为特征的国家所改造、利用，并不是以对行

---

* 本文为国家社科基金重点项目"秦简所见地方行政制度研究"（16AZS06）阶段性成果。
[1] 西嶋定生著，武尚清译：《中国古代帝国的形成与结构——二十等爵制研究》，中华书局，2004年。
[2] 崔向东：《汉代豪族研究》，崇文书局，2003年，第238—246页。
[3] 邹水杰、李斯、陈克标：《国家与社会视角下的秦汉乡里秩序》第四章《三老、游侠与汉代乡里秩序》，湖南师范大学出版社，2014年。

政和法律排斥为前提的"自治"……西汉中期以后,国家对社会一元化支配的原理没有变化,社会运转的内在机制则在不断变化……由此开启了历史上王权与民间结社组织间复杂的互动格局。① 二是特殊社会阶层支配说,如东晋次认为东汉的乡里社会,由豪族与父老秩序的并存和角逐而豪族置父老秩序于自己的支配之下的方向变化发展;②王彦辉也持这种观点;③守屋美都雄认为父老是汉代国家控制乡村社会的依靠力量;④马新认为强宗大姓是乡村社会的支配力量;⑤黎明钊认为"乡里共同体社会内的豪族地主、大小宗族,实际上是汉代地方社会的操控者";⑥马彪认为"素封"代表的民间力量与政府代表的国家力量在对立中互相磨合,共同创造了秦汉帝国的繁荣。这是秦汉豪族社会的重要特色之一;⑦谷川道雄认为宗族关系、乡党关系构成的自律世界和以帝国为形式的政治世界在相互对立的同时,又形成互补关系。从时间的推移来说,这两个世界相互干涉、又相互渗透而再度浑然一体化的过程,正是秦汉帝国的基本动向。⑧ 因为史籍记载的指向性以及对史料理解的角度不同,造成每种说法各执一端。本文无意纠结于民间秩序的支配力量为何,观察点在自发的民间秩序和有组织的国家权力在乡里社会的发生作用的模式、他们各自关注的重心,二者的交集和分野等方面。

一、民间秩序的连接纽带

秦汉时期的民间秩序是指以自发的人际结合关系、风俗习惯、精神信仰等维持的,与国家法律秩序不同的社会秩序。作为自发形成的民间秩序依靠情感等精神因素和彼此互助等现实考量将其成员联系到一起,具有强大的向心力。具体说来,这些连接纽带主要包括:

首先是对生长于兹乡里的情感。这种情感一方面表现为安土重迁,故土难离。《后汉书·荀彧传》:

> 董卓之乱,弃官归乡里……(荀)彧谓父老曰:"颍川,四战之地也。天下有变,常为兵冲。密虽小固,不足以扞大难,宜亟避之。"乡人多怀土不能去。会冀州牧同郡韩馥遣骑迎之,彧乃独将宗族从馥,留者后多为董卓将李傕所杀略焉。

---

① 王爱清:《秦汉乡里控制研究》,山东大学出版社,2010年,第233—234页。
② 东晋次:《东汉的乡里社会及政治的变迁》,《南都学坛》1989年第2期。
③ 王彦辉:《汉代豪民研究》,东北师范大学出版社,2001年,第221页。
④ 守屋美都雄:《父老》,载刘俊文主编《日本学者研究中国史论著选译》(第三卷),中华书局,1993年。
⑤ 马新:《论两汉乡村社会中的宗族》,《文史哲》2000年第4期。
⑥ 黎明钊:《辐辏与秩序:汉帝国地方社会研究》,香港中文大学出版社,2013年,第18页。
⑦ 马彪:《秦汉豪族社会研究》之《民间编:"素封"社会势力与秦汉帝国共兴盛》,中国书店,2002年。
⑧ 谷川道雄著,马彪译:《中国中世社会与共同体》(增订本),上海古籍出版社,2013年,第57—58页。

在战乱已经威胁到生存的时候,仍然不离故土,足见其留恋故乡的感情。对故土的留恋还表现在回归乡里,将乡里作为其归宿。一是归葬,《后汉书·郑弘传》:"临殁悉还赐物,敕妻子褐巾布衣素棺殡殓,以还乡里。"这种归葬乡里是顽强的社会意识使然。《后汉书·承宫传》:"建初元年,卒,肃宗褒叹,赐以冢地。妻上书乞归葬乡里,复赐钱三十万。"面对皇帝给予的厚葬褒奖,承宫妻子亦请求归葬,说明即使强大的皇权也难战胜对乡里的怀恋。在当时条件下,归葬乡里也存在着困难,《后汉书·申屠蟠传》:"始与济阴王子居同在太学,子居临殁,以身托蟠,蟠乃躬推辇车,送丧归乡里。"归葬乡里是十分郑重的事情,所以要托付给信任的人。而申屠蟠从京师躬推辇车从洛阳送至济阴,也十分辛苦。所以后汉时代各种依附关系发达,门生、故吏对业师、府主送丧还乡也是显示二者紧密关系的表征之一,如《后汉书·李恂传》:"太守颍川李鸿请署功曹,未及到,而州辟为从事。会鸿卒,恂不应州命,而送鸿丧还乡里。既葬,留起冢坟,持丧三年。"又如《后汉书·郑弘传》:"诸生故人惧相连及,皆改变名姓,以逃其祸,弘独髡头负鈇锧,诣阙上章,为贶讼罪。显宗觉悟,即赦其家属。弘躬送贶丧及妻子还乡里,由是显名。"送葬还乡是很重要的人生大事,门生故吏因此会被称颂。二是弃官或免官归乡里。《后汉书·周磐传》:"后思母,弃官还乡里。"《后汉书·桥玄传》:"时梁不疑为河南尹,玄以公事当诣府受对,耻为所辱,弃官还乡里。"除此主动弃官还乡里,被免官后的出路亦为回归乡里。《后汉书·杨震传》:"延熹三年,白马令李云以谏受罪,秉争之不能得,坐免官,归田里。"《后汉书·李法传》:"坐失旨,下有司,免为庶人。还乡里,杜门自守。"罢官归乡里除了情感因素使然外,也还有托庇乡里社会能够得到保护的考虑。如《后汉书·李固传》:"初,固既策罢,知不免祸,乃遣三子归乡里。"李固为避免其子受到威胁,将其遣归乡里。反映了乡里既是归宿,也是最后的庇护之所。三是游学归乡里。《后汉书·儒林杜抚传》:"杜抚字叔和,犍为武阳人也。少有高才。受业于薛汉,定《韩诗章句》。后归乡里教授。"四是免罪归乡里。《后汉书·郅恽传》:"书奏,寿得减死,论徙合浦。未行,自杀,家属得归乡里。"五是逃亡归乡里。《后汉书·胡广传》:"值王莽居摄,刚解其衣冠,悬府门而去,遂亡命交阯,隐于屠肆之间。后莽败,乃归乡里。"

另一方面,乡里情感包括对乡里故人的情谊。特别是离开乡里,在另外的场域显现的更为明显。《后汉书·彭宠传》:"(彭)宠少为郡吏,地皇中,为大司空士,从王邑东拒汉军。到洛阳,闻同产弟在汉兵中,惧诛,即与乡人吴汉亡至渔阳,抵父时吏……鸿至蓟,以宠、汉并乡闾故人,相见欢甚,即拜宠偏将军,行渔阳太守事,汉安乐令。"《后汉书·马援传》:"是时公孙述称帝于蜀,嚣使援往观之。援素与述同里闬,相善,以为既至当握手欢如平生。"两汉之际,群雄并起,各股势力的去就组合,同乡情感在其中起着重要作用。即使在承平时期,同乡之间依然保持着这样的情感,《后汉书·

杜林传》引《东观汉记》：

> 与马援同乡里，素相亲厚。援从南方还，时林马适死，援令子持马一匹遗林，曰："朋友有车马之馈，可具以备乏。"

正是因为同乡里的关系，他们之间交谊深厚，在乡土以外的场合依然发生作用，可见民间秩序中乡里情感纽带之牢固。培养这种情感最直接的方式是因为相同地缘，通过聚饮等形式构筑紧密的人际关系。众所周知的例子是刘邦和卢绾：

> 卢绾，丰人也，与高祖同里。绾亲与高祖太上皇相爱，及生男，高祖、绾同日生，里中持羊酒贺两家。及高祖、绾壮，学书，又相爱也。里中嘉两家亲相爱，生子同日，壮又相爱，复贺羊酒。高祖为布衣时，有吏事避宅，绾常随上下。及高祖初起沛，绾以客从。入汉为将军，常侍中。①

因为卢绾和刘邦"同日生"、"两家亲相爱"等，里中人以此为由头祝贺。而刘邦、卢绾也因为同乡这层地缘关系所造成的深厚情感，使他们反秦起事之后，也成为可以信赖的依靠。这种聚饮还不是个案，《汉书·疏广传》："广既归乡里，日令家共具设酒食，请族人故旧宾客，与相娱乐。"如果不在特定的时间与邻里聚会，甚至被视之为不合时宜，《汉书·薛宣传》："贼曹掾张扶独不肯休，坐曹治事。宣出教曰：'盖礼贵和，人道尚通。日至，吏以令休，所繇来久。曹虽有公职事，家亦望私恩意。掾宜从众，归对妻子，设酒肴，请邻里，壹相乐，斯亦可矣！'扶惭愧。官属善之。"在汉代的日常行政中，尽管公而忘私为美德，但在公事与人道之间，还是要以后者为重，"设酒肴，请邻里"也是礼的一种表现形式。聚饮的风尚在当时很流行，《盐铁论·散不足》："今闾巷县佰阡伯屠沽，无故烹杀，相聚野外。"这是贤良文学抨击世风的一段话，但也足以说明这是当时普遍存在的一种现象。

与此相近的培养情感手段是乡里馈赠。东汉卓茂有一段话："凡人所以贵于禽兽者，以有仁爱，知相敬事也。今邻里长老尚致馈遗，此乃人道所以相亲，况吏与民乎？……凡人之生，群居杂处，故有经纪礼义以相交接。"②这段话道出了邻里馈赠的意义在于它是增进亲情的一种方式，也是在地缘关系中相交接的礼仪规则。

共同的祭祀活动也是连接乡里关系的纽带。这种祭祀活动以地缘性强烈的社祭最为典型。秦汉时期除了官方的社祭活动以外，民间的社也一直存在着。③《汉书·

---

① 《汉书》卷34《卢绾传》。
② 《后汉书》卷25《卓茂传》。
③ 宁可：《汉代的社》，收入其著《宁可史学论集》，中国社会科学出版社，1999年。

陈平传》："里中社，平为宰，分肉甚均。里父老曰：'善，陈孺子之为宰！'"里中的社祭活动必然有里中民众参与，里中的秩序通过祭祀活动联系起来。除了这种普遍存在的社祭以外，一些临时性信仰活动，也同样会起到类似的作用。《汉书·五行志下之上》："其夏，京师郡国民聚会里巷仟伯，设张博具，歌舞祠西王母。"西王母信仰是西汉后期兴起的一种新的信仰形式，里巷仟伯通过祠祀过程中的歌舞活动，增加了接触沟通感情的机会。

能够将乡里凝聚到一起的除了情感、信仰这些精神层面的力量外，实际的利益关系也是乡里社会中民间秩序发生作用的基础。这其中最重要的就是民间自发的赈济活动。汉代国家在发生灾荒时，常通过移民、假借公田、贷种食等形式帮助民众。但是具体到汉代社会末梢的基层乡里社会，未必会达到预期的效果，因此就留下了乡里自发救助的空间。乡里社会的救助一种是发生在灾荒时节。《后汉书·循吏童恢传》："童恢……父仲玉，遭世凶荒，倾家赈恤，九族乡里赖全者以百数。"这类民间救助和国家救助相比，国家救助更注重宏观调节，而乡里救助则更具体，效率更高，因而其效果更佳。除了救灾外，对乡邑中贫困者的日常救助也是自发救助的一个重要方面，《后汉书·种暠传》："种暠……父卒，暠悉以赈恤宗族及邑里之贫者。"这种救贫应该是不拘于时限、施恩者。《后汉书·党锢檀敷传》："檀敷……少为诸生，家贫而志清，不受乡里施惠。"这条材料固然是说檀敷贫而志清的气节，"不受乡里施惠"，但反过来看，通常乡里对贫者是施恩惠的，并且施予者不限于特定某人或某户。汉代乡里多由富有的豪族或著姓来救济，《后汉书·樊宏传》："樊宏……为乡里著姓。……赀至巨万，而赈赡宗族，恩加乡闾。"不过，也有普通民户发起的救助，《后汉书·朱俊传》："朱俊……母尝贩缯为业。俊以孝养致名，为县门下书佐，好义轻财，乡闾敬之。"朱俊出身卑微，东汉时期门下书佐为属吏，地位不高，所以并非强宗豪右，但也能够做到"轻财"。之所以如此，是因为在当时看来救助乡里是一种美德，为乡里所尊敬。《后汉书·冯绲传》："家富好施，赈赴穷急，为州里所归爱。"

赈济对维系乡里社会秩序的情感效果也十分显见。《后汉书·朱晖传》："（朱晖）自去临淮，屏居野泽，布衣蔬食，不与邑里通，乡党讥其介。建初中，南阳大饥，米石千余，晖尽散其家资，以分宗里故旧之贫羸者，乡族皆归焉。"朱晖在饥荒时分财扶助宗里故旧中的贫羸者，却达到了宗族和乡里归心的效果。而作为赈济者本身也有这样的主观愿望，《汉书·卜式传》记载卜式自言："臣生与人亡所争，邑人贫者贷之，不善者教之，所居，人皆从式，式何故见冤！"卜式能够教育"不善者"，与他救助邑中"贫者"所积累起来的声望有着密切关系。救济活动能够凝聚乡里情感还在于当时的赈济乡里活动，通常血缘和地缘不加区分有关，将地缘关系置于血缘关系的同等地位，共同构成与国家权力体系相对应的力量。

除了经济方面的扶助外，政治汲引也是乡里关系中比较直接的连接方式。这是依托于当时的仕进制度而进行的。《汉书·朱买臣传》:"会邑子严助贵幸,荐买臣。召见,说《春秋》,言《楚词》,帝甚说之,拜买臣为中大夫,与严助俱侍中。"朱买臣在同邑严助的引荐才被武帝召见,成为中朝官。根据同传记载,此事与筑朔方郡时间相仿,约在元朔二年,此时虽然已有察举制度,但并没有认真地执行,因为在前一年武帝还曾强化行察举,"不举孝,不奉诏,当以不敬论。不察廉,不胜任也,当免"。① 所以,恰逢在武帝急需要人才之际,朱买臣才被举荐成为备皇帝顾问的中朝官。《汉书·尹翁归传》:"征拜东海太守,过辞廷尉于定国。定国家在东海,欲属托邑子两人,令坐后堂待见。定国与翁归语终日,不敢见其邑子。既去,定国乃谓邑子曰:'此贤将,汝不任事也,又不可干以私。'"按照严耕望先生总结汉代地方官吏选官原则,武帝以后,郡县长吏来自外地,属吏出自本地,于定国向尹翁归请托邑子两人,当是让其作为太守属吏。这正是利用汉代选官制度来帮助同乡里之人。

乡里社会中民间秩序自发形成的连接关系,十分牢固,特别在国家权力无力介入时表现得尤为明显,《后汉书·第五伦传》:"伦少介然有义行。王莽末,盗贼起,宗族闾里争往附之。伦乃依险固筑营壁,有贼,辄奋厉其众,引强持满以拒之,铜马、赤眉之属前后数十辈,皆不能下。"战乱时期,完全是靠闾里豪杰带领下团结自保。

二、民间秩序的维护手段

乡里民间秩序是靠情感、经济扶助、政治吸引紧密地联系到一起,因此这种乡里秩序的维持也要依赖不同于国家法律的一些方式。

乡里楷模的表率作用具有教化乡里的功能。史书中常有"邑里化之"这样的描述,如淳于恭"又见偷刈禾者,恭念其愧,因伏草中,盗去乃起,里落化之";②"琅邪王望、楚国刘旷、东莱王扶,皆年七十,执性恬淡,所居之处,邑里化之"。③ 他们之所以能够使"邑里化之",是因为其道德行为对乡里产生的影响。《御览》卷四〇三引《东观汉记》:"张湛,……以笃行纯淑,乡里归德。"即张湛的优良品行,使乡里感化。《后汉书·第五伦传》李贤注引《东观汉记》:"时米石万钱,人相食,伦独收养孤兄子、外孙,分粮共食,死生相守,乡里以此贤之。"第五伦是因为在灾荒时期收族而被乡里所激赏。《后汉书·韩棱传》:"棱四岁而孤,养母弟以孝友称。及壮,推先父余财数百万与从昆弟,乡里益高之。"韩棱因为孝友的行为而被乡里敬重。乡里楷模的影响很大,为全社会所认可。《后汉书·徐稚传》:"汉末寇贼从横,皆敬胤礼行,转相约敕,不犯其闾。"这是个极端的例子,但也说明表率作用影响之深远。不仅如此,当时表彰

---

① 《汉书》卷6《武帝纪》。
② 《后汉书》卷39《淳于恭传》。
③ 《后汉书》卷39《刘平传》。

楷模表率作用甚至都有固定的语词,如《后汉书·周荣传》:"臣窃见光禄郎周兴,孝友之行,著于闺门;清厉之志,闻于州里。"这种表述在碑刻也很较为常见,如《郑固碑》:"(郑固)含中和之淑质,履上仁之清操。孝友著乎闺门,至行立乎乡党。"①《神汉桂阳太守周府君功勋之纪铭》:"体性敦仁,天资笃厚,行兴闺门,名□州里。"②在这种表述方式中,将"闺门"所代表的血缘亲属关系和"州里""乡党"所代表的地缘关系并列,说明碑主的影响力在地缘和血缘方面同等重要,并且碑刻的书写通常有固定的模式,这也说明道德楷模对乡里的影响已经固化成了一种思维定式。当然乡举里选的仕进制度也强化了这种影响力,《后汉书·循吏许荆传》:

> 于是共割财产以为三分,武自取肥田广宅奴婢强者,二弟所得并悉劣少。乡人皆称弟克让而鄙武贪婪,晏等以此并得选举。武乃会宗亲,泣曰:"吾为兄不肖,盗声窃位,二弟年长,未豫荣禄,所以求得分财,自取大讥。今理产所增,三倍于前,悉以推二弟,一无所留。"于是郡中翕然,远近称之。

许荆祖父许武在兄弟分财过程中的行为是为了给其弟和自己博取名声,最终目的是能够以此取得仕进的机会。另一个例子则更直接说明了这一点,《御览》卷四二七引《东观汉记》:"吴良……以清白方正称于乡里。为郡议曹掾。"吴良的清白方正的声誉是其成为郡属吏的条件。

道德表率可以教化乡里,反过来,乡里舆论也会强化这种道德价值。乡里舆论作为规范社会秩序的功能在东汉时期表现明显。《后汉书·冯衍传》:"(冯豹)年十二,母为父所出。后母恶之,尝因豹夜寐,欲行毒害,豹逃走得免。敬事愈谨,而母疾之益深,时人称其孝。长好儒学,以《诗》《春秋》教丽山下。乡里为之语曰:'道德彬彬冯仲文。'"相反,如果不遵守当时人所认同的礼节,也会受到非议。《后汉书·虞延传》:"(虞延)性敦朴,不拘小节,又无乡曲之誉。"《后汉书·文苑杜笃传》:"杜笃字季雅,……笃少博学,不修小节,不为乡人所礼。"这种舆论有时甚至会以庙祭的形态表现出来,如延笃"永康元年,卒于家。乡里图其形于屈原之庙",其原因或如李贤注所说:"屈原,楚大夫,抱忠贞而死。笃有志行文彩,故图其像而偶之焉。"③所以时人十分重视乡里舆论,马援曾描述其从弟少游的理想生活模式就是"士生一世,但取衣食裁足,乘下泽车,御款段马,为郡掾史,守坟墓,乡里称善人,斯可矣"。④ 乡里对其言行的正面评价成为和富足生活一样,都是追求的重要目标。还应当注意到,这种舆论

---

① 毛远明:《汉魏六朝碑刻校注》(第一册),线装书局,2008年,第211页。
② 叶程义:《汉魏石刻文学考释》,台湾新文丰公司,1997年,第1229页。
③ 《后汉书》卷64《延笃传》。
④ 《后汉书》卷24《马援传》。

对维护乡里秩序的作用主要发生在东汉时期,是与此时察举制度重视乡议关系颇大,清誉有利于仕进,并且这也致使舆论导向偏重于此。比如楼望,"少习《严氏春秋》。操节清白,有称乡闾"。① 习《春秋》,操节清白,这两点和东汉时代推崇的"经明行修"正相吻合。

三、国家权力的介入方式

乡里社会是秦汉帝国统治的基础。为了保证国家对社会的有效控制,秦汉国家采取各种措施将其置于掌控之下,将乡里社会塑造成符合其统治要求的形态。

依靠法律和制度来规范与控制乡里秩序是最基本的手段,在汉初的张家山汉简中已经有比较清晰的反映。它所要管理的范围主要包括控制人口,管理商业秩序,对农业生产等公共事务的组织与管理,其调控手段主要有户籍制度、推行爵制、连坐制度等,同时对代表国家意志的乡官里吏也严格管理。② 即使后来形势发生转化,具体的措施可能达不到当初制订时的效果,但是这种基层治理手段不会发生根本改变。

除了这种利用法律强制力来规划乡里社会生态外,在制订政策导向方面也注意到这一方面。东汉文献中有不止一次游学之后归乡里的记载,如王充"后到京师,受业太学……后归乡里,屏居教授。仕郡为功曹,以数谏争不合去"。③ 仇览"览学毕归乡里,州郡并请,皆以疾辞"。④ 学者归乡里,一方面是因为对乡里的依恋之情,但也有国家察举的因素。察举制度是以地域划分,以乡里为单位,这样将经学教化推广到乡里,从而达到利用经学所提供的价值取向来改造乡里的愿望。

国家一方面通过法律规定了乡里社会的基本秩序,同时也将自己的权力介入民间事务中。在秦代法律中就有酒禁,《睡虎地秦墓竹简·秦律十八种·田律》:"百姓居田舍者毋敢酤(酤)酉(酒),田啬夫、部佐谨禁御之,有不从令者有辠(罪)。"到了汉代,皇帝在赐爵的场合常伴有"赐女子百户牛酒"的规定。对此西嶋定生先生认为,"这些都是与闾里的酒食之礼有关,与宣帝纪中所说的'乡党之礼'相结合"。⑤ 也就是说对于乡里饮酒这种形式也有制度礼仪化的规定,说明国家意志已经渗透到日常生活当中。在汉代,家族析分财产时也能够看到国家力量的存在,扬州胥浦101号汉墓竹简:

---

① 《后汉书》卷79下《儒林传·楼望》。
② 沈刚:《〈张家山汉简·二年律令〉所见汉初国家对基层社会的控制》,《学术月刊》2004年第4期。
③ 《后汉书》卷49《王充传》。
④ 《后汉书》卷76《循吏传·仇览》。
⑤ 西嶋定生著,武尚清译:《中国古代帝国的形成与结构——二十等爵制研究》,中华书局,2004年,第410页。

元始五年九月壬辰朔辛丑,□高都里朱凌凌庐居新安里,甚疾,其死,故请县乡三老、都乡有秩、佐、里师田谭等为先令券书。……时任知者,里师伍人谭等,及亲属孔聚田、文满真、先令券书明白,可以从事。①

这段文书中省略的部分是讲如何分割遗产。从我们截取出来的这一段看,前半部分参与制订遗嘱的有"县乡三老、都乡有秩、佐、里师田谭",他们都是国家吏员,这显示了遗嘱只有政府的参与才能合法有效,据张家山汉简《二年律令·田律》,这固然有授田制度下,国家对田地分配有干预的需要,然而家族中也认可这种干预,说明政府权威已经进入到了人民的日常生活中。后一段作为见证人,即"任知者"有里师和亲属两种,里师虽然不明其身份和职掌,但是这种身份很可能是官方身份。《汉书·循吏黄霸传》:"使邮亭乡官皆畜鸡豚,以赡鳏寡贫穷者。然后为条教,置父老师帅伍长,班行之于民间,劝以为善防奸之意。"里面提到的"师帅"和三老伍长并列,从职能看,相差不远,主要负责基层秩序的管理,也是最基层的吏员。里师和师帅或者功能相同,甚至事同而名异。由家族成员和国家共同参与,和前代相比,这是一个重要的变化。在《岳麓书院藏秦简》【叁】案例〇七《识劫娬案》也提到一个通过改变家庭成员身份进而分割财产的问题,其中见证人只有宗人和里人。两相比较,里人由里师、伍人取代。当然这是一种渐进的变化,国家通过给伍人加上里师的头衔,显示出国家意志的存在。

法律和制度规定能够看出国家对乡里社会控制的目的,但其效果如何与执行的官吏关系颇大。特别是两汉时期官吏行使职权时自由裁量的空间很大,因此官吏个人素质对乡里社会的影响更大。《北堂书钞》卷七九引《东观汉记》:"第五伦为乡啬夫,平徭役,理怨滞,得民之欢心。"乡啬夫是汉代行政架构中最基层官吏,他如果恪尽职守、履行职责,会得到基层社会的认可。若是级别更高的官吏,其影响也会更深远。官吏本人也很重视其个人能力、品格因素对民众的影响。《汉故郎中王君之铭》:"守防东长,威爱双行,帅下以俭,决讼明□,民无□□,淫佚革弭,闾里□□,风化宣流。"②王君清明行政,勒石纪念,说明官吏行政对乡里风气的影响,是其一生中重要的行状,要写在碑文中。

官吏的这种影响,具体说来是通过以下途径达到的。一是官吏个人不同的行政手段,它对乡里社会秩序会产生截然不同的影响。根据两汉正史中的《循吏传》和《酷吏传》的对比就能体现出来。《汉书·循吏文翁传》:"又修起学官于成都市中,招下县子弟以为学官弟子,为除更繇,高者以补郡县吏,次为孝弟力田。常选学官僮子,使在便坐受事。每出行县,益从学官诸生明经饬行者与俱,使传教令,出入闺阁。县

---

① 李均明、何双全:《散见简牍合辑》,文物出版社,1990 年,第 105 页。标点为后加。
② 叶程义:《汉魏石刻文学考释》,台湾新文丰公司,1997 年,第 934 页。

邑吏民见而荣之。"文翁重教化、兴文学,并采取了种种举措,使其辖境内的吏民"繇是大化,蜀地学于京师者比齐鲁焉",改变了当地的文化生态。牟发松先生甚至认为,两汉循吏以礼乐仁爱移风易俗,上顺公法,下顺民情,在法律和乡俗的张力中取得平衡,从而以较低的统治成本,在一定程度上实现了地方社会的稳定与和谐。① 与循吏教化的治理办法不同,酷吏通常是通过残酷的杀戮来使境内清平,《汉书·酷吏郅都传》:"济南瞷氏宗人三百余家,豪猾,二千石莫能制,于是景帝拜都为济南守。至则诛瞷氏首恶,余皆股栗。居岁余,郡中不拾遗。"酷吏通过严刑峻法,诛灭地方豪强,起到改善当地社会治安的效果。二是官吏的行政方式对施政效果也有影响,《后汉书·吴祐传》:"(吴)祐政唯仁简,以身率物。民有争诉者,辄闭阁自责,然后断其讼,以道譬之。或身到闾里,重相和解。自是之后,争隙省息,吏人怀而不欺。"吴祐时为胶东侯相,他通过自己的教化、勤政,净化了当地的民风。三是官吏制订必要的管理规则,《汉书·韩延寿传》,韩延寿历颍川、东郡太守,他治理地方时,"又置正、五长,相率以孝弟,不得舍奸人。闾里仟佰有非常,吏辄闻知,奸人莫敢入界"。师古曰:"正若今之乡正、里正也。五长,同伍之中置一人为长也。"正、五长这些最基层的胥吏在秦和汉初的文献中出现过,但从行文看,久已不行,韩延寿作为地方官吏,重拾这种制度,达到了闾里清净效果。尹翁归同样也使用类似的办法,《汉书·尹翁归传》:"治如在东海故迹,奸邪罪名亦县县有名籍。盗贼发其比伍中,翁归辄召其县长吏,晓告以奸黠主名,教使用类推迹盗贼所过抵,类常如翁归言,无有遗脱。"文中特别提到在下辖各县均立奸邪罪名籍,这也是特殊的制度创新。

以上所言都是国家通过法律或行政手段来对乡里社会实施统治。与此相对,国家也有以表彰其所认同的价值观来加强塑造乡里社会的现象。其中最主要的手段"表闾"。所谓"表闾",《汉书·张良传》"武王入殷,表商容闾"颜师古注:"商容,殷贤人也。里门曰闾。表,谓显异之。"此典出《尚书大传》,说明通过这种形式来彰显国家的价值观念。这种风气兴起较晚,《汉书·龚胜传》:"胜居彭城廉里,后世刻石表其里门。"龚胜卒于新莽时期,后世刻石当发生在东汉时。后汉史料中则有多条记述了国家刻石表闾的事例。《后汉书·袁安传》:"黄巾起,(袁)祕从太守赵谦击之,军败,祕与功曹封观等七人以身扞刃,皆死于陈,谦以得免。诏祕等门闾号曰'七贤'。"这件事虽然发生在汉末,但国家以诏书的形式命名其闾,至少从礼仪程序上表达了对袁祕等人忠于长吏的肯定。除了皇帝直接下诏,地方官员也可以行使这种权力,刘长卿妻因贞顺闻于乡里,"沛相王吉上奏高行,显其门闾,号曰'行义桓厘',县邑有祀必膰焉"。② 但这种行为需要中央知晓。《后汉书·列女传》还有一条记载:

---

① 牟发松:《从"移风易俗"看秦汉对地方社会的控制》,载上海社会科学院《传统中国研究集刊》编委会《社会·历史·文献——传统中国研究国际学术讨论会论文集》,上海人民出版社,2006年。
② 《后汉书》卷84《列女传》。

（赵娥为父复仇后），因诣县自首。曰："父仇已报，请就刑戮。"禄福长尹嘉义之，解印绶欲与俱亡。娥不肯去。曰："怨塞身死，妾之明分；结罪理狱，君之常理。何敢苟生，以枉公法！"后遇赦得免。州郡表其闾。

复仇虽然对国家统治而言，是一种影响社会稳定的因素，但为民间俗尚所推崇。在条件允许的情况下，如文中的"遇赦得免"，地方政府即"表其闾"，在法律和道义之间，选择了后者。这样做的目的就是因势利导，维持这种道义行为，以此来取得本地民众的支持。当然这也与东汉后期中央权力衰微，对地方控制松弛有关。

四、国家权力与民间秩序的平衡

在对地方乡里社会的影响方面，公权力和民间秩序因其发生的特点和维系手段各不相同，也有其无法达到的盲区，冰冷的法律制度无法代替情感的交融，同样，乡里情感、舆论等也不具备法律制度的强制力和可操作性。因而二者对乡里社会的影响有各自不同的范围。

国家权力具有强制力，因此它在组织和社会动员能力等方面有着民间秩序不可比拟的优势。民间秩序在这方面很难发挥效力。秦青川木牍：

> 二年十一月己酉朔朔日，王命丞相戌、内史匽：民愿更修为田律：田广一步、袤八，则为畛。亩二畛，一百（陌）道，百亩为顷，一千（阡）道。道广三步，封高四尺，大称其高，捋（埒）高尺，下厚二尺。以秋八月修封捋（埒），正强（疆）畔，及发阡陌之大草，九月大除道及阪险，十月，为桥，修波（陂）堤，利津梁，鲜草离，非除道之时，而有陷败不可行，辄为之。①

修葺农田水利设施，属农村公共事业，且颇费农功，因此由国家出面，以法律的形式做出要求，才能组织起足够的劳动力，高效率的完成任务，以此来保障农业生产。汉代法律中也有这样的条文：

> 田广一步，袤二百卌步，为畛，亩二畛，一佰（陌）道；百亩为顷，十顷一千（阡）道，道广二丈。恒以秋七月除千（阡）佰（陌）之大草；九月大除道口阪险；十月为桥，修波（陂）堤，利津梁。虽非除道之时而有陷败不可行，辄为之。乡部主

---

① 释文采用于豪亮：《释秦青川木牍》，收入其著《于豪亮学术文存》，中华书局，1985年。

邑中道，田主田道。道有陷败不可行者，罚其啬夫、吏主者黄金各二两。□□□□□及□土，罚金二两。①

国家权力和民间秩序在乡里社会中的分野，还在于其发生的场域不同。民间秩序能够利用的设施主要是祠堂等。如《汉忠文公益州太守朱穆墓碑》："封坟三板，不起栋宇，乃作祠堂于邑中南白阳里，备器铸鼎，铭功载德。"②在重视血缘伦理的汉代社会，祠堂是民间秩序发生作用的标志性地点。而政府则是利用其规划的公共设施来展示自己的威权。《后汉书·宗室四王三侯传》："王莽素闻其名，大震惧，购伯升邑五万户，黄金十万斤，位上公。使长安中官署及天下乡亭皆画伯升像于塾，旦起射之。"李贤注：《萧该音义》亦作"塾"，引《字林》"塾，门侧堂也"。这是国家在规划居民居住区时所设置的附属设施。因此这种公共设施也就变成国家施展权力的场合。此外，在汉代简牍文书中，常要求将诏书、律令、檄文、各种条规，以扁书的形式向基层进行公布。公布地点为人群聚集或流动的乡亭、市里、官所、驿站和亭隧等，位于"高显处"。③ 这些处所亦皆为官府所掌握的公共设施。

在乡里社会中，国家权力和民间秩序不是非此即彼的关系，二者也有交集。甚至又有互相融合之处。我们以汉代文献中常见的孝悌为例来观察。汉代国家重视孝弟，在乡里设置孝弟力田作为榜样来激励乡间发扬这种风气，在普遍赏赐的场合，也多有赐"孝弟力田"等，这些皆史不绝书。不仅如此，汉代国家还将其用之于劝勉朝臣。《汉书·王商传》："（王商）推财以分异母诸弟，身无所受，居丧哀戚。于是大臣荐商行可以厉群臣，义足以厚风俗，宜备近臣。"大臣推荐王商担任近臣，他"分异母诸弟"、"居丧哀戚"的孝弟之行是一个重要的由头，说明国家至少重视这方面的影响，将其作为考察朝臣的一个重要标准。同样在乡里社会中，孝行也是受到称誉的行为。如《后汉书·文苑黄香传》："黄香……年九岁，失母，思慕憔悴，殆不免丧，乡人称其至孝。"同书《独行刘茂传》："刘茂……少孤，独侍母居。家贫，以筋力致养，孝行著于乡里。"守丧、尽心赡养父母都会受到乡里称颂。

孝悌行为是符合国家和民间社会双方的利益，因此，国家会利用制度来加以鼓励，除了赏赐孝弟力田之外，在选官标准方面也向这方面倾斜。比如察举制度最主要的一个科目即为孝廉。除了察举制度之外，在东汉时期，辟举等其他仕进途径也会考虑到孝弟因素。如"（王琳）弟季，出遇赤眉，将为所啗，琳自缚，请先季死，贼矜而放遣，由是显名乡邑。后辟司徒府，荐士而退"。④ 即王琳是因为他孝弟的行为显名乡

---

① 张家山二四七号汉墓竹简整理小组编著：《张家山汉墓竹简·二年律令·田律》（释文修订本），文物出版社，2006年，第42页。
② 叶程义：《汉魏石刻文学考释》，台湾新文丰公司，1997年，第560页。
③ 马怡：《扁书试探》，载孙家洲主编：《额济纳汉简释文校本》，文物出版社，2007年。
④ 《后汉书》卷39《赵孝传》。

里,被三公府所辟举。这种措施也收到了预期的效果,《汉故堂邑令费君之碑》:"君体履柔和,温其如玉,修孝友乎闺阃,执忠謇乎王室。"[1]"闺阃"、"王室"连称,分别代表着公私两方面,也就意味着当时人认为由孝弟入仕途是一种当然的路径。《后汉书·陈蕃传》记载了因孝弟的声名而入仕发展到极端的例子:"民有赵宣葬亲而不闭埏隧,因居其中,行服二十余年,乡邑称孝,州郡数礼请之。郡内以荐蕃,蕃与相见,问及妻子,而宣五子皆服中所生。"这条材料虽然主旨是说赵宣矫饰伪行,但也能看出汉代的仕进制度导向对民间孝弟的刺激作用。

在这种风气之下,循吏行政也重视孝道,《后汉书·循吏仇览传》:"(陈元)母诣览告元不孝……览乃亲到元家,与其母子饮,因为陈人伦孝行,譬以祸福之言。元卒成孝子。乡邑为之谚曰:'父母何在在我庭,化我鸤枭哺所生。'"仇览时为亭长,他以自己的行为强化了乡里社会中的这种风尚。

当然国家权力和民间秩序之间也会有直接冲突的地方,最明显的是争夺乡里社会的控制权。国家权力固然可以通过设置基层行政机构及其吏员来将统治的触角伸向地方社会,也可以利用国家机器来完成赋役资源的敛取,但若能真正让基层民众从心理上接受其统治,单纯依靠政府本身是无法完成的。因而它对民间秩序也有其妥协的一面,乡里中的三老就是显著的例子,三老的身份,如牟发松先生所言,是"非吏而得与吏比"的地方社会领袖。[2] 虽然形式上为国家的基层吏员之一,但其所代表的是乡里社会之民意。国家政策在基层的推行有时也需要依靠他们才会更有效率。比如武帝时赵过行代田法,"二千石遣令长、三老、力田及里父老善田者受田器,学耕种养苗状"。[3] 即在郡级单位,除了县令长等长吏外,他所依靠的就是三老、力田和里父老这些民间秩序的领袖来贯彻执行,而非游徼、啬夫这些完全由国家任命的职官。

秦汉时期乡里社会存在形态是由多种复杂因素交错而成,但在中国帝制形成初期,国家权力试图直接进入到基层社会,与固有的民间秩序发生碰撞和融合,在宏观上这两种力量经过博弈与调适,共同塑造了这一时期乡里社会的运行模式。

(作者简介:沈刚,吉林大学古籍研究所教授)

---

[1] 叶程义:《汉魏石刻文学考释》,台湾新文丰公司,1997年,第1170页。
[2] 牟发松:《汉唐历史变迁中的社会与国家》,上海人民出版社,2011年,第219页。
[3] 《汉书》卷24上《食货志上》。

秦汉间的政治转折与相权问题探微

王　刚

一、问题的提出

"大变局"下的宰相及相权问题

清人赵翼在《廿二史劄记》中,将"秦汉之间"视为"天地一大变局",他指出:

> 盖秦、汉之间为天地一大变局。……(至秦)开布衣将相之例,而兼并之力尚在有国者,……高祖以匹夫起事,角群雄而定一尊。其君既起自布衣,其臣亦自多亡命无赖之徒,立功以取将相,此气运为之也。天之变局,至是始定。……于是三代世族、世卿之遗法始荡然净尽,而成后世征辟、选举、科目、杂流之天下矣。①

细读此段文字,再结合秦汉间②的历史,可以获得如下认识:

秦汉之间巨变的起点,在秦灭六国、行帝制;而汉则是此一趋势的最终完成。由此言之,秦汉间就成为联结三代世袭社会与后世帝制时代的一个枢纽。也就是说,讨论早期帝国的政治及制度架构,不能仅着眼于秦,更要看到秦汉间的变化。虽说"百代都行秦政法",其实"行"的,乃是继承与发展了秦的"汉政法"。它们在具体的政治

---

① 赵翼著、王树民校订:《廿二史劄记校正》(订补本),中华书局,1984年,第36—37页。
② 所谓秦汉之间,在时间上固然以秦统一后至高祖时代为核心。但由于历史的延续性,笔者在论证中,一般来说,上限主要延至与秦始皇时代前后延续的秦王政时代,下限则主要至相权极盛的西汉高后、惠、文时代,即汉初时段。

实践中,以"大变局"为历史契机,通过"汉承秦制"与"惩秦之败"①的两面,相反相成地推动着历史的转化。从一定意义上来说,"大变局"成为早期帝国的制度生发与整合点,帝制政治由此确定,早期帝国的制度建设初步实现。

就本论题而言,在这一进程中,倘要对"布衣将相"及"大变局"有更深入的理解,则宰相及相权的作用特别值得注意。具体说来,主要体现在以下几个方面:

一、宰相机构的成立与发展,是刘邦集团得以壮大的基础。

揆之于史,这一进程的具体时间点在灭秦之后。史载,刘邦入关后,不满足于做"富家翁",而"欲有天下",遂"还军霸上"。② 开始了"由承楚制向袭秦制的转化过程。"③从此,刘邦沿用秦的职官制度来治理秦地,由王关中、据汉地为起点,"不期而然地居于当年秦始皇灭六国的地位,……步秦始皇的后尘,再造帝业。"④事实上,此点也为时人所看穿,据《史记·项羽本纪》,范增忧心于刘邦的"天子气",劝项羽"急击勿失";而背叛刘邦阵营的曹无伤则向项羽检举:"沛公欲王关中,使子婴为相。"以上言论,虽都不乏揣测,但值得注意的是:1. 刘邦欲有帝业,已为时人所体认。2. 帝业以关中,即秦故地为据点。3. 作出这样的选择,就必然会出现"承秦"的局面,并与楚制渐行渐远。4. 要用"秦制",就必须依赖原来的那套以宰相为核心的官僚系统,而不能抛弃或打散它们。

总之,从制度层面来看,刘邦得天下,首先就在于对秦制的承接与整合,在于沿用和改造秦职官系统,而这其中,沿袭于秦的宰相制度显得至关重要。

二、从事实层面来看,在汉初,"汉承秦制"的发生与实现,极大地得益于宰相及其机构,这里面的关键性人物是汉初第一相——萧何。而这样的历史走向,无疑加重了汉初宰相的政治分量。先来看《萧相国世家》中的一段叙述:

> 及高祖起为沛公,何常为丞督事。沛公至咸阳,诸将皆争走金帛财物之府分之。何独先入收秦丞相、御史律令图书藏之,沛公为汉王,以何为丞相。……汉王所以具知天下阨塞,户口多少,强弱之处,民所疾苦者,以何具得秦图书也。

从一定意义上来说,萧何"收秦丞相、御史律令图书",乃是承接秦以来的宰相资料。正是因为他"具得秦图书",才有了"汉王所以具知天下阨塞,户口多少,强弱之处,民所疾苦者"。这不仅为楚汉战争的最后胜利提供了坚强的政治保证和行政支持,更重要的是,自此,"汉承秦制"才算有了载体和基础,真正迈开了汉王朝制度建设

---

① "汉承秦制"已为学界常识,而关于"惩秦之败",《汉书》中也多有相关论述,如《刑法志》:"惩恶亡秦之政";《艺文志》:"汉兴,改秦之败。"《梅福传》:"循高祖之规,杜亡秦之路。"
② 《史记》卷55《留侯世家》,中华书局,1959年,第2037、2038页。
③ 卜宪群:《秦汉官僚制度》,社会科学文献出版社,2002年,第75页。
④ 田余庆:《说张楚》,氏著:《秦汉魏晋史探微》(重订本),中华书局,2004年,第27页。

的步子。

习史者皆知,秦的政治管理模式,乃是依凭着严密的制度加以展开,而这些制度的载体则是政府文书,即所谓"以文书御天下"。基于此,所谓的文法吏、文吏政治等得以生成,成为秦帝国颇具特色的政治样式,而这些又被汉加以承接与改造。从这个角度来看,"汉承秦制"主要在于承接文书管理,并以之为载体,对社会进行制度及政治控制。故而,《论衡·别通》感慨道:"萧何入秦,收拾文书,汉所以能制九州者,文书之力也,以文书御天下。"阎步克指出:"在汉承秦制上,这批文书有承前启后之功。……经战国而秦汉,无文书则不足以御天下了。"①总之,由宰相所主持的承秦制工作,既为汉家天下奠定了行政基础,也使得宰相及相权成为汉初政治中举足轻重的一部分,与整个汉王朝的建立、发展及行政运作密不可分,融成一体。

三、就"大变局"的底定,以及"汉家天下"的最终实现来说,在"布衣将相"中,"相"是主导,"将"则是辅从。首先,从面上来看,"将"在前线冲杀,似乎是他们杀出了一片天下,然而,就质而言,在王朝方向性的把控上,则明显是"相"高于"将",因为相揽全局;将在局部。关于这一点,刘邦有着清醒的认识。据《史记·萧相国世家》,当天下已定,诸将争功之时,高祖认为萧何"功最盛",结果激起了武将们的反诘:"今萧何未尝有汗马之劳,徒持文墨论议,不战,顾反居臣等上,何也?"刘邦以"功狗"、"功人"来加以解释,他认为,诸将们的贡献如同猎狗,其功劳在于"追杀兽兔";而丞相萧何的贡献如同猎人,以"发踪指示"为特点,二者之高下不言而喻。也正因为如此,高祖在给功臣定位次时,诸将中"身被七十创",被公认"功最多"的曹参列在萧何之后,形成"萧何第一、曹参次之"的排序。刘邦的倾向性不是针对个人而发,其实质是对宰相贡献的肯定。不仅如此,据《史记·曹相国世家》,曹参本与萧何相善,"及为将、相,有郤。"本来将、相矛盾使得二人愈行愈远,然而,当曹参接续萧何为相后,不仅"萧规曹随",处处遵行萧何所定的规矩,且坦承不如前任,认定是"高帝与萧何定天下。"作为由将入相的曹参,他的改变,实质上是对"大变局"中宰相地位及价值的体认,在他看来,在"定天下"方面,"文墨论议"已超乎"汗马之劳"。

其次,高祖一朝几乎都处于战争环境中,但无论是"楚汉之争"还是其后的平叛战役,战场皆在关东,根据地则在关中。当时的基本格局是,刘邦主要在关东一带指挥作战,关中之事无暇顾及,②主要由宰相萧何全权掌控,《史记·萧相国世家》载:"专属任何关中事","摇足则关以西非陛下(刘邦)所有"。我们可以看到,在与项羽战事正酣的时候,刘邦屡败屡战,但此地的一次次补给使其重整旗鼓,赢得了最后的胜利,

---

① 阎步克:《波峰与波谷:秦汉魏晋南北朝的政治文明》,北京大学出版社,2009 年,第 62 页。
② 据陈苏镇的考证,在入都关中前,刘邦在此地"停留的时间加在一起也不过两个月左右",而此后至其去世的七年间,亦有"两年七个月以上不在关中。"见氏著:《〈春秋〉与"汉道":两汉政治与政治文化研究》,中华书局,2011 年,第 58、59 页。

所谓"萧何常全关中以待陛下,此万世之功。"诚如有学者所指出的:"汉初功臣,萧何居首,就因为他成功地治理了巴蜀关中地区。"①从这个意义上来说,关中乃是孕育汉王朝的所在,赢得天下从这里起步。而此地的组织制度及社会基础,由宰相萧何及其所辖机构建立,所以,所谓"万世之功",乃是宰相之功,在此地得以建立及展开的宰相与相权,关系全局。

要之,从制度层面来看,汉家基业的开创,乃是从宰相及宰相制度开始,进而逐次展开。可以说,在"大变局"下,汉初脱胎于秦,又被加以改造了的宰相及宰相制度,既是"大变局"的重要后果,又是此局得以实现的基本力量。故而,要对此一变局有深入了解,宰相及相权问题就不可不察。长期以来,学界对于宰相问题的研究,多集中于西汉之后,近年来,秦相问题虽有论及,但对秦汉间相权的变化与演进作动态考察的专题研究,尚有不足。有鉴于此,笔者不揣浅陋,对此问题作一初步的分析,以就正于同道。

二、秦汉间宰相地位升降与事权伸缩

由前已知,秦汉政治与制度之间,呈现出既有延续性,又有差异性的特点。这种特点表现在相权问题上,使得宰相地位的升降与事权的伸缩,具有鲜明的时代性。

习史者皆知,在中国官制史上,宰相一名只是一种惯称。在汉代,以西汉成帝绥和元年为界,此前的宰相,其官称为丞相、相国;"绥和改制"后,则为"三公"。与"三公"时代分割相权不同,汉初属于独任宰相,此种制度直接移用于秦,《汉书·百官公卿表》载:"相国、丞相,皆秦官,金印紫绶,掌丞天子助理万机。"

然而,秦汉之间虽都是独任丞相,它们的差异又是巨大的,在相权最盛的西汉前期,遵循的是:"汉典旧事,丞相所请,靡有不听。"②而秦则是:"丞相诸大臣皆受成事,倚辨于上。……天下之事无小大皆决于上。"③也即是说,在宰相独任制下,秦相与汉相在地位及事权方面很不一样,变化的总趋势是,汉相的地位与事权大大超越了秦,为此有学者将其称之为"丞相集权"。④ 那么,这种状况具体表现在哪些方面?其原因何在?影响如何呢?下面,具体论之。

由地位来看,在相权"最高峰"的汉初,相位之尊崇,主要体现在两大方面:一是君王的礼遇;二是拥有实际权益。而秦则反之。

所谓尊崇,表现在面上的,就是礼遇与尊重。汉初的宰相们,或许是帝制时代中

---

① 罗新:《从萧曹为相看所谓"汉承秦制"》,《北京大学学报》(哲社版)1996年第5期,第81页。
② 《后汉书》卷46《陈忠传》,中华书局,1965年,第1565页。
③ 《史记》卷6《秦始皇本纪》,第258页。
④ 周道济:《汉代宰相机关》,《大陆杂志》社印行:《秦汉史及中古史前期研究论集》,1960年,第21页。

最得君王礼遇的群体。需指出的是,此种现象的出现,并非因君臣私人关系而临时发生,而是有着严格规范的制度保证。《汉旧仪》载:皇帝见丞相时,要为之起立行礼,而且"丞相有病,皇帝法驾至亲问病,从西门入。即薨,移居第中,车驾往吊。赐棺、敛具、赠钱、葬地。葬日,公卿以下会送。"① 而秦相不仅没有以上待遇,甚至难得善终。

当然,地位的高下,最终还需落实到实际权益上去。而在帝制时代,这种权益的获得,实质上乃是皇权让渡部分权力和利益的问题。因为从法理上来说,权力的最终来源在于君王。因为天下本就是皇帝的,倘以今日的经济学理念来加以比拟,将国家看作一个大的公司,皇帝接近于产业所有人的角色,而且是唯一法人,具有独占性,不可僭越。换言之,天下为皇帝所独有,他人不可染指。但此外,还有管理权与收益权的问题。它主要关联着帝制时代那支庞大的管理团队——官僚队伍。由于整支团队担负着重要权责,为了使得工作及效益更为有效、持久,在管理过程中,所有的权力未必都要操弄于君王之手,在成果的享有方面,也不一定不可以广纳众人。也即是说,在必要情况下,皇帝需要让渡部分权益,以实现与群臣的共治、共享,如此,江山社稷才能拥有更为牢固、宽广的支撑。而就宰相来说,作为群臣之首,君权首辅,皇帝如果是"董事长"的话,他就相当于"总经理",是整个管理团队中最应该授权与受益者,为了"公司"的长久发展,他的权力和地位,应该具有稳定的保障。

所以,比之于秦之皇权强大、功臣势弱;汉初则是皇权威势相对弱化,群臣力量增强。虽也有矛盾存在,但君臣之间的合作共存却是主要的。职是故,朱东润提出了"高帝与功臣共天下之局"② 的概念。从本质上来看,所谓"共天下之局",实为秦汉间"大变局"的成果,或者说就是它的一部分。其典型表现,浓缩为汉初以来君臣之间所达成的"非私之"与"共安利之"的观念。③ 在这种权益的输出与让渡中,君臣之间的交流呈现出双向性,而在这期间,宰相是最重要的联结点。

按照这样的思路,再来比较秦汉之间的政治,就可以发现,秦、汉皆为帝制时代,在皇权独有天下这一点上毫无二致,所不同的只是,与汉初的"有限皇权"相比,秦代是皇权高度集中的时代,甚至扩张至无所不包,毫无限度。④ 从特定视角来看,秦收权于上,最大限度地扩张着皇帝的独治、独享,在这一政治形态下,所有权与管理权不分,臣下的收益权没有稳定的保障。而汉初则是共治、共享,以宰相为首的官僚队伍,有着古代世界中极为充分的裁量权。也即是说,皇权掌控所有权,官僚队伍拥有稳定的管理权及收益权,在权责上存在着较为良好的界定与分离。就汉与秦的差别来看,它不仅是承认现实,水到渠成的后果,更有汉反思秦政,进行纠偏的考量。它在使得

---

① 孙星衍等辑、周天游点校:《汉官六种》,中华书局,1990年,第66、71页。
② 朱东润:《史记考索(外二种)》,华东师范大学出版社,1996年,第57页。
③ 关于此点,可参看《汉书·高帝纪下》所载的高祖五年的诸侯劝进书及十一年二月、十二年三月的诏书。
④ 关于汉初的"有限皇权"及秦的"绝对专制皇权",可参看李开元:《汉帝国的建立与刘邦集团:军功受益阶层之研究》,生活·读书·新知三联书店,2000年,第249—250页。

汉政治生命力超过秦的同时,也带来了汉初相权之盛。周道济指出:"天子对于丞相敬信有加,可说将处理国家庶政的大权完全付于丞相。"并呈现出"曲君伸臣"的政治态势。①

秦则不然。由前已知,在秦政下,"天下之事无小大皆决于上",以宰相为首的群臣集团,几乎毫无实权可言,他们的利益,乃至生命,皆可随时剥夺。质言之,由于君权或皇权的过分强大,秦相权力有限且地位不稳。或许有人会说,吕不韦、赵高等作为秦相,不也一度权势冲天吗？但前已论及,所谓秦汉间,主要指的是,秦统一前后至汉初这一过渡时段。所以,一则吕不韦所拥有的权力,不仅在帝制确立,甚至在秦始皇亲政之前,那时相权尚有空间。但以始皇亲政乃至确立皇帝制度为分水岭,相权及官僚权力呈现的状态却是"屈臣伸君",即君权越来越大,相权日益萎缩,直至在制度安排上,发兵五十人都需经过君王。② 二则从一定意义上来看,吕不韦和赵高的权势,更多的是非制度性的安排所致,并非由相位所带来。要之,秦的总趋势是,君王日益集众权于一身,而少有分权之事。在强大的君权面前,秦相之位极为脆弱。尤其是伴随着秦始皇统一中国的完成,秦代专制政治进入了高峰,在秦帝制下,官僚机构的运行完全是围着皇帝一人而来,属下几乎没有主动权。所以,李斯虽自诩:"人臣之位无居臣上者",③但他一则事事仰赖于上,揣测上意;二则作为百官之长,往往要代皇帝受过,做替罪羊,④但即便如此,最终还是逃不过一死。总之,在皇权的独治、独享下,秦相难有礼遇之事,其地位与汉初宰相有着极为鲜明的反差。

地位的高下,也决定了秦相与汉相在事权方面的表现很不一样,具体说来:

第一,事权的性质不同。

简言之,秦、汉宰相之事权虽都来自皇权,但前者是皇帝归总一切的宰相代办制;后者则是皇帝领导下的宰相负责制。

众所周知,宰相是帝制时代的"大管家",大量的军国大事需经他们之手得以具体的处理,但放多大的权,给他们什么类型的处置权力,则由皇权决定。所以,"丞相诸大臣皆受成事,倚辨于上。"也所以,秦相的基本面就是做一名重要办事员,即天下最大的吏,或者说,最大的监工而已,其间并无多少自主权。而汉自建基以来,宰相在处理政务中就有很大的自主性,从"专属任(萧)何关中事"开始,一直到景武时代,皆是如此。与后世限制相权不同,总的来说,刘邦虽也有所猜忌、防范,但自楚汉相争以来,专注于军事的刘邦,在具体的政务及组织系统内,不得不依靠宰相,也不得不使得

---

① 周道济:《西汉君权与相权之关系》,《大陆杂志》社印行:《秦汉史及中古史前期研究论集》,第12页。
② 关于这点,可参看陈直:《秦兵甲之符考》,《西北大学学报》(哲社版)1979年第1期。
③ 《史记》卷87《李斯列传》,第2547页。
④ 《史记·萧相国世家》载:"李斯相秦皇帝,有善归主,有恶自与。"按:此种作为非个体表现,而是法家理论的基本要求。《韩非子·主道》曰:"有功则君有其贤,有过则臣任其罪。"《八经》则说:"事成则君收其功,有过则臣任其罪。"

相权得以扩张。而高后、惠、文沿袭着高祖时代的传统,放手让宰相处理各项事务,它由此成为一种政治习惯,乃至汉制的一部分。

基于秦汉的这种不同,有学者评述道:"如果说由于秦始皇极端独裁专制,躬自理政,秦之丞相往往被至于皇帝幕僚长的地位,那么西汉前期的丞相就有所不同了,西汉皇帝之下大体是实行丞相负责制的。"① 笔者以为,西汉作为皇帝领导下的宰相负责制那是毫无疑问的,而将秦相比之为幕僚长,却未必道尽了全部内容,或者核心所在,因为幕僚多有"务虚"性质,实际政务相对涉及较浅。而宰相则在"掌丞天子处理万机"中,必须面对大量繁杂的事务,有时往往要深入一线,而不能仅仅坐而论道。加之秦代权收之于上的特殊性,秦相以"办事"为主,与其说他是幕僚长,不如说更像执行官,或者也可以说,秦相之权责,近似于后世的内阁与军机处的职能叠加,而且还更为倾向后者。② 从这个角度来看,笔者以为,在事权类型方面,秦应为代办制,即替皇帝办事而已。与责任制相较,治权极不充分。

第二,在事权广度上,秦不如汉。

"西汉宰相的职权,无所不统,无所不包,受君主之命,统领百官,实拥有统治国家的完整权力。"③ 而秦相不仅不存在"无所不包,无所不统"的事权,而且时时被提防猜忌,他们的权限完全取决于上意,及君臣间的政治博弈。

据《史记·秦始皇本纪》,始皇晚年时,"莫知行之所在,听事,群臣受决事,悉于咸阳宫。"在群臣见不到皇帝的情况下,宰相与其他臣子一样不过是"受决事",皇帝给什么事,就做什么,治事的范围,完全取决于皇帝一人之心。至秦二世时,则不与公卿议,"常居禁中,与(赵)高决诸事。"宰相李斯等完全被闲置,事权被剥夺。不仅如此,即便在宰相用事,事权完备的时段,秦相也时时被提防。如李斯车骑过多,始皇震怒,当李斯闻知后折损车骑,始皇则追查泄密者,并为此杀尽身旁随从。在这样的政治状态下,宰相治事的范围只能呈压缩之势。总之,秦相的事权范围遭皇权挤压,汉初宰相则事权扩张,范围极广。

第三,在事权的力度上,秦汉之间不可同日而语。

倘将事权进行细化,或许可分为议事、治事、监事三大部分。就议事权来说,一般应由百官之长的宰相领衔主持,这一点在汉初早已成为制度。而且,宰相不仅领衔议事,他们还可不请而治事,反之,宰相不"请事",皇帝竟不能主动"治事",④ 治事权之

---

① 李治安、杜家骥:《中国古代官僚政治》,书目文献出版社,1993年,第27页。此外,李俊也认为:"宰相之官,其性质,如从其史的发展上观之,乃系君主之幕僚长,完全对君主负其责任。"氏著:《中国宰相制度》,商务印书馆,1947年,第1页。
② 据《史记·李斯列传》,李斯下狱后向朝廷上书,以所谓"七罪",来历数自己的宰相之功,虽不乏夸大其词,但七点都是讨论执行具体事务,而没有涉及或点明与幕僚最为相关的参谋筹策。
③ 周道济:《西汉君权与相权之关系》,《大陆杂志》社印行:《秦汉史及中古史前期研究论集》,第11页。
④ 祝总斌:《两汉魏晋南北朝宰相制度研究》,中国社会科学出版社,1998年,第28页。

大令后世瞠目。秦是否也是如此呢？当然不是，由前已知，他们往往"受决事"，根本没有参与讨论大政的余地，由此一点，则秦相是否有充分的议事权，都是一个疑问。即便是议事，秦相也不能与汉相并论。《史记·秦始皇本纪》载，在议帝号时，丞相具名在前，有学者遂认为，其与西汉一样，可领衔议事。① 然而，在《秦始皇本纪》所载的琅琊刻石中，丞相不仅排在通侯、伦侯之后，而且明言道："从，与议于海上。"则在秦朝政治中，领衔议事者，不一定非宰相不可。而在监事权上，秦相大致只限于对"成事"的监督而已，所遵循的所谓"督责"之法，只对下不对上，对于参与其事的皇帝，则毫无权力加以诤谏，所谓"臣不敢不竭能以徇其主矣。"②加之皇权意志事事掣肘，则其监事权之逼仄，可想而知了。而汉初宰相不仅监临百官，对于皇帝成命亦可行使封驳权，③在具体政务中，可谓全面监临，毫无滞碍。

总之，虽都是丞相独任制，但秦、汉之相权，轻重不同，前者地位不稳，毫无礼遇，不过是高度皇权下的一个监工而已，或者说，秦相只是代办制下的首吏。而后者则地位尊崇，礼遇备至，在宰相责任制下深入政务的每一层面。因而，在事权方面，比之于秦，汉初宰相拥有完备的治权，无论在广度和深度方面都不可同日而语。这些差异，与秦君主独享、独治；而汉君臣共享、共治的理念深有关联，并由秦汉之间的政治斗争所拉动，深刻地影响了当时的历史走向及后世的政治精神。

三、从"主事"到"主臣"：由秦汉之际的政治看汉相性格的形成

在前面，我们已经对秦汉间的宰相事权作了初步的分析。但必须指出的是，倘以政务或具体事务来讨论全部相权问题，则容易流于事务主义的考察。笔者以为，一项制度必须要有其精神归宿或文化积淀，才能具有活泼的生命力与内在动能，否则，这一制度就是徒具形式的躯壳。职是故，笔者特别关注秦汉之间宰相精神或政治性格的重构，因为它才是制度递嬗的发动机。而且因这一自觉意识的产生，宰相权力在帝制时代的合理性才能得以确立，它既来源于当时的政治实践，又反过来驱动着政治的走向。而这其中最为重要的，就是由"主事"向"主臣"的意识转换。史载：

> （汉文帝与丞相周勃、陈平朝会），问右丞相勃曰："天下一岁决狱几何？"平谢曰："不知。"问："天下一岁钱谷出入几何？"勃又谢不知，汗出沾背，愧不能对。于是上亦问左丞相平。平曰："有主者。"上曰："主者谓谁？"平曰："陛下即问决狱，责廷尉；问钱谷，责治粟内史。"上曰："苟各有主者，而君所主者何事也？"平

---

① 安作璋、熊铁基：《秦汉官制史稿》（上册），齐鲁书社，1984年，第33页。
② 《史记》卷87《李斯列传》，第2554页。
③ 关于此点，可参看安作璋、熊铁基：《秦汉官制史稿》（上册），第33—34页。

谢曰:"主臣! 陛下不知其驽下,使待罪宰相。宰相者,上佐天子理阴阳,顺四时,下育万物之宜,外镇抚四夷诸侯,内亲附百姓,使卿大夫各得任其职焉。"孝文帝乃称善。右丞相大惭,出而让陈平曰:"君独不素教我对?"陈平笑曰:"君居其位,不知其任邪? 且陛下即问长安中盗贼数,君欲强对邪?"①

所谓"臣"有广狭二义,广义包括天下所有的臣民百姓,狭义则是官僚队伍,当然在具体执行中,以后者为核心。那么"主臣",就是对官僚队伍的掌控,并由此推至管理和服务百姓。笔者以为,这段著名的宰相故事,与其说反映的是对职守的体认,莫若说体现了汉初之人对宰相精神或政治性格的追问。可注意的是,当文帝提出"君所主者何事"的时候,他的观念还停留于事务主义之中,说白了,还拖着秦意识的尾巴,单纯以"事"为核心来考核宰相工作。而陈平的着眼点与此不同,由"知其事"转为"知其任",也即是说,对宰相的职任、责任进行定位。这种认识不是陈平一人一时之见,乃是在长期的实践中逐步形成的理念,并与由秦入汉的政治走向密切相关。

事实上,当宰相制度确立以来,其职掌的范围及具体内容就难以指标化。宰相具体管什么,在《汉书·百官公卿表》中,被很笼统地概述为"掌丞天子助理万机"。对于这种没有明确权力界定的状况,西方汉学家评述道:"除了一些笼统的词汇,丞相的真正职责如何,毫无交代。"②然而问题是,一旦陷入具体事务中,宰相就不再是"无所不统"的君王首辅了。因为就具体政务的处理来说,如果不能有所放弃,"无所不统",必至于"无所统",或者只能转而为事实上的治"决狱"之廷尉,管"钱谷"之治粟内史,或这些职能之叠加。更何况,事物繁杂之下,任何细事都要过问,如"长安中盗贼数"等问题,宰相怎能一一顾及过来呢? 有鉴于此,汉人遂逐渐形成了这样的认识:宰相不应限于政务细节之中,应更加务虚,所谓"宰相器"者,应"知大体",有宽仁的"长者之风"。③

这种认识与陈平"主臣"的路子一脉相承,是惩戒"秦政之失"的必然。从一定意义上来说,作为对"主事"的纠偏,"主臣"主义乃是对秦制中法家意识的消解,对制度进行精神重构的直接后果。尤为重要的是,由"事"的完成,移向对"人"的关注,遂使得政治中的人文主义得以抬升。

由前已知,在秦政中,宰相就是最大的主事者,或者也可以说,秦政的一大特色就

---

① 《史记》卷56《陈丞相世家》。第2061—2062页。对于"主臣"的解释,《集解》引孟康曰:"主臣,主群臣也,若今言人主也。"韦昭曰:"言主臣道,不敢欺也。"按:"主臣"乃承接上句"君所主何事也"而来,应该说意义本是十分明确的。但或许由于"主臣"有着拟于人主的威势,故后世常常难以接受。所以《集解》又引张晏曰:"若今人谢曰'惶恐'也。"然而,与后世不同的是,汉初宰相权力威重,君主礼遇备至,在宰相负责制下,对于其他朝臣具有极大的裁量权,所以,"主臣"应以前者之意为是。

② Hans Bielenstein, *The Bureaucracy of Han times* (New York: Cambridge University Press, 1980), pp. 7–8.

③ 参见《汉书·丙吉传》《后汉书·寇恂传》。

是事务主义,宰相处于诸种事务的中心。从本质上来看,它反映的乃是法家精神。《韩非子·忠孝》说:"尽力守法,专心于事者为忠臣。"在法家看来,"忠臣"就是做事的,做什么事呢?君主所交代的政务。怎么做?或者做好的标准是什么呢?以法衡之。故而《韩非子·定法》说:"贤者之为人臣,无有二心。朝廷不敢辞贱,军旅不敢辞难,顺上所为,从主之法,虚心以待令,而无是非。"要之,法家政治下的标准臣子,乃是置道义于一旁,每日忙碌于人主分派,法令来衡定之的所谓事务即可。秦相作为最大的吏,就只不过在金字塔的顶端直承上意,层层督责而已。毫无疑问,在秦政之下,秦相并不好当,诸般事务皆在其问责范围内,一事不济,皆可为过。如李斯为相时,"使者覆案三川相属,诮让斯居三公位,如何令盗如此。"①这与陈平所讥讽的:"即问长安中盗贼数,君欲强对邪?"直五十步与百步之别耳,在精神上是完全相通的。

毫无疑问,这种事务主义有着理性与可操作性的一面,但其事、其法走入极端,则往往走向异化,甚至反面。这种异化至少带来两大负面效应:1. 为政苛细,对于国家及政治的大势认识不清。所谓:"俗吏之所务,在于刀笔筐箧,而不知大体。"②这种状况如不加以改进,就会在具体政务中刻剥百姓,徒具形式,形成"税民深者为明吏"、"杀人众者为忠臣"的局面。③ 汉初,秦的前车之鉴犹在,时人对于秦政的苛细感触极深,所以,不计较细事,"知大体"遂成为官吏,尤其是"宰相器"的重要元素。2. 在秦政下,埋头于事务主义之中的秦吏们多是一些技术型官僚,《盐铁论·刑德》评价韩非"不通大道而小辩",移之于秦吏亦恰如其分。在这样的目标取向下,汉人已经注意到,秦政下的官僚们执着于"事",而"道"则缺失严重。在"独尊儒术"后,汉人往往喜欢将重"事"的吏与重"道"的儒生加以比较,如《论衡·程材》说:"儒生所学者,道也;文吏所学者,事也。"汉初,儒术虽尚未全面占据政坛,但"寻道"之路却已开始展开。就宰相制度而言,人们在反思事务主义的进程中,"知大体"、"体大道"已日益成为趋势。

固然,"政事"就是要办"事"的,世上哪有不办"事"的政治呢?从这个角度来看,"事务主义"之弊,其本质不在"事"之上,而是"事"的苛细对人本、人文的扭曲,以及由此产生的文牍主义、徒具形式、寡恩少义。它最终造成了为政之道的失坠与异化,也遮蔽了宰相之道,汉人非得更张不可。因而,陈平所谓:"宰相者,上佐天子理阴阳,顺四时,下育万物之宜,外镇抚四夷诸侯,内亲附百姓,使卿大夫各得任其职焉。"本质上就是对法家事务主义的抛弃,是宰相之道的新阐扬。

那么,如联系秦汉间的政治,这种宰相之道或者汉相性格,应主要落实在哪些层面?与"主臣"理念有何密切的关联呢?

---

① 《史记》卷87《李斯列传》,第2554页。
② 《汉书》卷48《贾谊传》,中华书局,1962年,第2245页。
③ 《史记》卷87《李斯列传》,第2557页。

首先,陈平之言的核心在于:由宰相工作,造就出"天人和合"的局面,这就与秦相的"主于事"划开了界限。由前已知,陈氏以上、下、外、内四大方面来概论宰相职任,而其中所谓的"下",并没有实际内容,即便有,也可由"上"发之,即天地阴阳是也;所谓的"外",固然是实际政务之所系,但如比较秦政治,可以发现,秦、汉在这点上毫无二致。也就是说,对于秦,它并无创新与推进。真正不同于秦,又有实际意义的,乃是"上佐天子理阴阳,顺四时","内亲附百姓,使卿大夫各得任其职焉。"二者的良性结合,即是"天人和合"。

或许有人会说,此套说辞已类"天人灾异",该理论不是董仲舒之后流行起来的吗？然而,理论成果归根结底来自于实践,且都有其内在的历史连续性。董氏的理论,乃是"在尚力的政治需求遭遇普遍反思"[1]的背景下累积而来,所以,其灾异说并非个人心血来潮的发明创造,倘追其直接的缘起,汉初的政治积累及反思为重要基点,董氏的贡献主要在于:理论化、系统化、儒家化。具体说来,汉初之人普遍相信天命的意义及对人事的指导,在政治上战战兢兢,奉天行事,如汉文帝诏令中就曾有:"人主不德,布政不均,则天示之灾以戒不治。"[2]这实质上已为后世的"天人灾异"说导夫先路。为此,赵翼在《廿二史劄记》中提出"汉诏多惧词"的见解。要之,惧怕天谴,成为汉初以来乃至整个汉代政治的一大特色。

毫无疑问,这种特色深刻地影响了汉代及后世政治,与此同时,它又是秦政的反动,及对断裂传统的接续与阐扬。

习文史者皆知,"天命论"在三代以来即已流行,并成为统治者的至高戒律。至战国时代,在诸子的渲染之下,"五帝三王"成为尊崇天命的最大代表。然而,崇尚法家的秦统治者,不仅对此理论嗤之以鼻,而且讥讽道:"古之五帝三王,知教不同,法度不明,假威鬼神,以欺远方,实不称名,故不久长。"他们认为,只要"法令由一统",就可以天下大治,"上古以来所未有,五帝所不及。"[3]要之,现实中的威势才是力量之源,只要"久处尊位,长执重势"[4],就可以拥有一切。所以,虽秦统治者也迷信鬼神,但从基本政治理念来看,在秦政中,现实的力量就是政治之"道",而非其他。因而,天命、鬼神等,被认作蹈空之论,"五帝三王"被嘲讽,鬼神无所畏,天下只有唯我独尊的"秦圣"。

然而,强秦轰然倒塌,"布衣将相之局"横空出世,不仅改写了历史,也让时人再一次感受到了天命的无常与震撼。刘邦自陈:"吾以布衣提三尺剑取天下,此非天命乎？命乃在天!"太史公则感叹:"岂非天哉？非大圣孰能当此受命而帝者乎？"[5]秦汉之

---

[1] 黄晓军:《董仲舒天人架构王道政治哲学新解》,《人文杂志》2014年第3期,第23页。
[2] 《汉书》卷4《文帝纪》,第116页。
[3] 《史记》卷6《秦始皇本纪》,第246—247、236页。
[4] 《史记》卷87《李斯列传》,第2556页。
[5] 《史记》卷8《高祖本纪》,第391页;卷16《秦楚之际月表》,第760页。

际,曾被秦王朝抛弃的"天命论"不仅回潮,而且深刻影响着政治。所以,汉虽在制度上用秦,在法统上,却是"继五帝三王之业,通理中国。"①既如此,"天命"就必须凌驾于秦制之上,或者也可以说,"秦制"的技术性层面保留,但其灵魂或精神必须祛除,而代之于"五帝三王"以来的"大道"。于是,在"宰相之道"中,首先关注的就不再是具体事务或文法,而是天道或阴阳。所有的"尽人事",都只为达到"天人和合"。也即所谓的"上佐天子理阴阳,顺四时","内亲附百姓,使卿大夫各得任其职焉。"

其次,在所谓的"天人"之间,"天"——"阴阳"、"四时"等,并不能主动展现自己,广义的"臣",也即"人"——百姓与卿大夫,尤其是百姓,才是最后的决定性要素。所以,虽说"安民之道,本繇阴阳。"②但实质上"天"的感受归根结底就是民众的感受,所谓:"天视自我民视,天听自我民听。"③换言之,"亲附百姓"才是"道"之基石。汉人非常明白这一道理,《盐铁论·刑德》说:"人主之所贵,莫重于人。故天之生万物以奉人,主爱人以顺天也。"也正因为如此,汉政一直强调:"仁惠抚百姓,恩泽加海内。""盛德上隆,和泽下洽,近者亲附,远者怀德。"④质言之,施恩义,得民心,不仅是政治所必需,亦是和顺阴阳的基础。这就使得汉政治与"事皆决于法,刻削毋仁恩和义"⑤的秦政,在精神或性格上划清了界限。

就论题所及,在"人"的因素中,"亲附百姓"的意义固然可以理解,那么,"使卿大夫各得任其职焉"又有何作用呢?答案是:对民众有效管理的需要。虽说在当时的意识形态中,"承天理民"主要是帝王之任,⑥但"理民"的具体实施者却是各级官吏,从一定意义上来说,吏治清平,则天下安定。尤其秦因"税民深者为明吏"、"杀人众者为忠臣",最终二世而亡,这就使得汉初统治者深引为戒。在《汉书·惠帝纪》所载诏令中,曾这样说道:"吏所以治民也,能尽其治则民赖之。故重其禄,所以为民也。"从此诏可以看出,在汉初统治者看来,为了安民,必须重吏。再进一步言之,官吏乃是国家政体的重要组成部分,要做到安民,就必须由君王与官僚群体共同努力,才能达其目标。《新书·大政上》曰:"闻之为政也,民无不为本也。国以为本,君以为本,吏以为本。"总之,政治上的以民为本,如果只有国家及君王层面的重视,而不及于官吏,那就不完整,政治目标也必将无法达成。

所以考察两汉"惧词之诏",可以发现一个基本事实,当阴阳不调,灾异显现之时,汉帝在自责中,往往要反省吏治是否得当,或戒饬有司谨守职任。这一政治性格在汉初已经奠定,如《汉书·惠帝纪》所载诏令中就有:"各敕以职任,务省繇费以便民。"

---

① 《史记》卷97《郦生陆贾列传》,第2698页。
② 《汉书》卷9《元帝纪》,第284页。
③ 《孟子·万章上》引《太誓》语。
④ 分见《史记·律书》《汉书·严助传》。
⑤ 《史记》卷6《秦始皇本纪》,第238页。
⑥ 《后汉书》卷5《安帝纪》,第210页。

要之,要做到"亲附百姓",就必须在狭义的"主臣"上下功夫,或者也可以说,"使卿大夫各得任其职焉",乃是"亲附百姓"的重要制度基础与政治保证。

再次,从特定视角来看,汉初宰相精神的建构,就是从事务主义或文法主义走向"百姓亲附"之路的进程。

由前已知,汉代相制建立的关键性人物是萧何,同时,他也是汉承秦制的核心人物。比较后世的汉相,萧何对于秦制承接性的一面显然更为居多,故而有学者认为:"在统治精神上,汉也继承了秦,标志性的人物就是萧何。我们说萧何身上有着鲜明的法治倾向,也就意味着,汉初的统治精神就是法治。"① 毋庸讳言,在萧何承接秦制之时,秦的法家精神被或多或少地被带入了汉,但如若因其用秦法,而推出"有着鲜明的法治倾向,也就意味着,汉初的统治精神就是法治"这样的结论,则稍有欠妥。理由在于,此处的所谓"法治",倘将其认定为法家之精神,则汉初无论如何也不能与之对接,否则,那不是接续亡秦,自寻死路吗? 倘以文法的使用为"法治",则古今中外,这样的"法治"又何曾断过? 简言之,秦汉之间皆以法理政,但其不同,却也十分明显,那就是精神或性格上的异趣。秦是"事皆决于法,刻削毋仁恩和义";而汉则要求"亲附百姓"。所以,汉初用秦之法制是一回事,政治精神上则又是另一回事。

所以,萧何固然有搬用秦法的一面,但改造精神一开始就与之共存。其中最明显就是克服法家的刻薄寡恩,将"亲附百姓"摆到了核心位置。② 《史记·萧相国世家》载:"得百姓心,十余年矣,皆附君(萧何),常复孳孳得民和。"为了做到这些,在"主臣"方面,萧何力图改变过往的观念和方式方法,对于百姓不再以法家式盘剥为主调,而代之以"仁恩和义"。与此同时,就制度设计而言,开始在乡中设置三老,"与县丞、尉以事相教。""三老"原本是民间社会中的自治力量,在乡村中以其年望获得威权,秦奉行"国家主义",对于这种民间力量大为打压。张金光指出:

> (三老)这类人物受到秦政权的排挤。因而,在秦末反秦战争中便首先成为秦政权的异己力量。……重视利用"三老"者流传统势力,采取地方老人政治,与秦基层用人传统不同。被秦抛弃的东西,又被汉捡起来。③

---

① 罗新:《从萧曹为相看所谓"汉承秦制"》,《北京大学学报》(哲社版),1996年第5期,第82页。
② 当然,秦法家政府并非毫无恤民之举,汉代"过秦"中所给出的秦面貌,也很可能有意地遮蔽了这些方面的存在,关于这一点,可参看赵凯、孙九龙:《试析秦代的恤民惠政——简论汉代"过秦"思潮中"秦无养老之义"之说》(中国秦汉史研究会第十四届年会暨国际学术研讨会论文集)。但是,从主流思潮及具体后果来看,在秦政治运作中,所谓"恩义"是次要的,它可能主要存于"俗"中,且必须让位于"法"。在制度精神的层面,按照法家理念,与其笼络人心,莫若直接采用暴力,所以《韩非子·用人》鼓吹道:"释法术而心治,尧不能正一国。"也所以,不可否定的事实在于,秦之亡,重要原因在于过于迷信"法",对百姓用之过甚,在摇手触禁间毫不顾及百姓的内心感受。故而,在《史记·陈涉世家》中才会有"天下苦秦久矣"的呼号,如果说这只是代表了关东百姓的心理;则由《史记·高祖本纪》中的"父老苦秦苛法久矣",可以了解,作为秦大本营的关中,老百姓也一样承受着严苛的酷法,为此而痛苦不堪。
③ 张金光:《秦制研究》,上海古籍出版社,2004年,第577页。

就论题所及,这一举措至少有两大意义:1、承认民间自治力量,对于细事不再依靠国家力量实施渗透,此与去"主事",主张"主臣",在立场上血脉相通。2、它改变了秦吏的民间结构,更改变了秦"以吏为师"的政风,为汉世的"条教"之风导夫先路。沿着这一理路,据《史记·曹相国世家》,曹参为相时,"吏之言文刻深,欲务声名者,辄去之。"从表面上看,它似乎只是"无为而治"的需要,但就本论题而言,它所反映的则是,汉相对秦以来"主事"作风的消解,因为"萧规曹随",曹参既然对萧何之规"守而勿失",则其"不事事",实在是对萧何以来"宰相之道"的演进与发展,而非反之。

总之,斑斑可见的事实足以说明,从萧何开始,从"主事"走向"主臣"已然暗潮涌动,历经实践的摸索,汉相性格日渐清晰,那就是,去细事;"知大体";"理阴阳",通过"主臣",达到"百姓亲附",它既是对秦政的反动,更成为"汉家之道"的重要组成部分。

四、"功臣政治"下的汉相身份与相权

汉高祖五年(公元前202年),刘邦统一天下,汉帝国宣告成立。作为"大变局"的推动者与受益者,"布衣将相"们开始分享与争夺胜利的果实。毫无疑问,每当王朝初建之时,开国功臣们总是要占据各种权益,在政治博弈中形成各具特色的"功臣政治"。在这一问题上,汉不仅不例外,而且表现得更为显著,汉初特色鲜明的"共天下之局"就是最好的例证。

就论题所及,汉相在"功臣政治"中所拥有的地位最为关键,从特定视角来看,正是它特殊的政治角色及作为,成为汉模式得以建立与展开的关键。那么,具体说来,汉初宰相角色有哪些呢?最核心的当然就是辅佐君王统领庶政,此点在前面已反复论证,作为共性问题,无须再论。此处要重点考察的,乃是汉初宰相的个性角色,值得注意的有如下几点:1. 在皇权与臣权的制衡中,相是君臣之间的连接点,它既是群臣代表,又是皇权的有机部分。2. 在将、相的分化与整合中,与将"主爵"不同,相偏于"主秩",领导着"吏系统"全力维护皇权。3. 与王国臣相较,汉相乃是汉廷臣的最大代表,对于中央集权的发展,有着不可替代的意义。下面,就具体论之。

先看第一点。

如果将汉初的君臣架构及政治互动,与秦进行相较,可以发现,它们外在系统一致,但内在秩序却很不一样,其中最重要的表现,就是宰相总领群臣,与皇帝构成各种政务交流。具体说来,秦属于君主与公卿的一一对应,为直线平行管理,所谓"丞相诸大臣皆受成事,倚辨于上。"也即是,各位公卿大臣都可单独与皇帝发生联系,相互之间完全可以不交集;而汉初因为奉行宰相负责制,宰相负有对卿乃至整个官僚队伍的统管权,以一公领众卿,它们之间存在着明确的节制统属关系。[①] 质言之,公卿为一

---

① 参看李治安、杜家骥:《中国古代官僚政治》,第27页。

整体,宰相为团队首领,一般来说,君臣之间的传达与交流都须通过这一中轴。由此,在"共天下之局"中,宰相就成为臣权的当然代表,从一定意义上来说,只要皇权对群臣进行权益让渡,相权就首先应该得以保障与扩展。

然而,相权的重要性又不仅仅在于其臣之属性。习文史者皆知,中国古代的政治以"家国同构"为特点,由此,在政治实践中,不仅代表国家层面的"社稷"备受重视,表现祖宗意义的"宗庙"亦占据着不可或缺的另一翼,对于君主来说,其政治底线不是政权的实际拥有,而是宗庙祭祀权,所谓"祭则寡人"。① 只要宗庙祭祀权犹在,就意味着祖宗之业还在相传不坠。

要之,社稷与宗庙乃是中国古代政治中一体两面的符号。在汉王朝,对于这一政治符号亦极为重视,但前者作为公共物,可与臣民共之;后者则为私家之物,唯有天子可承之。或者也可以简单概述为,前者乃公共领域的汉家之事,后者则为刘氏私家之事。作为臣子,除了宗室因特殊身份可参与其间,一般都是不能参与到刘氏家事中去的。然而,西汉宰相却有此特权,有研究者指出,西汉丞相"有管理宗庙的权限和职责。"② 这一职任是意味深长的。《汉书·孔光传》所载汉帝诏书中,曾这样说道:"丞相者,朕之股肱,所与共承宗庙,统理海内,辅朕之不逮,以治天下也。"所谓"与共承宗庙",本是宗室才有的权力,可是为了君相之间的谐和,完成"统理海内"的目标,汉相不仅被赋予了与他人不一样的权力与责任,更意味着他有了与皇室中人同等的身份。这与秦及后世宰相家族与公主通婚,取得"拟似血缘关系"③完全不同。由此,汉初宰相因此身份,可横跨皇室与臣僚两大系统,化为君臣的粘合剂与交集点,对于当时的政治发挥着积极的作用。

下面,再看第二点。

在"汉初布衣将相之局"中,"将"、"相"无疑是不可或缺的两大组成部分。汉人评说道:"天下安,注意相;天下危,注意将。"④ 前已论之,在刘邦集团中,将、相之间常存矛盾,但刘邦却坚定地站在相一边。需特别提出的是,刘邦的作为,绝非个人情感因素所致,而是有着长远的政治考量,这不仅是对相的贡献及作用的肯定,更是政治架构调整的需要,相权提升,关系着帝国的长治久安。

这一结论得以成立,至少有如下理由:

第一,在将、相之间,将的数量众多,势力极大,且不守礼数,对于皇权多有要求。因封侯之事,他们中的一部分还几乎走上了谋反之路。⑤ 抛开这种极端例子不说,即

---

① 如《左传》襄公二十六年:"政由宁氏,祭则寡人。"《三国志·蜀书·后主传》注引《魏略》:"政由葛氏,祭则寡人。"
② 焦南峰、马永嬴:《西汉宗庙再议》,《考古与文物》2000年第5期,第52页。
③ 森谷一树:《战国秦的相邦について》,《东洋史研究》第60卷第1号(2001年),第26页。
④ 《史记》卷97《郦生陆贾列传》,第2700页。
⑤ 《史记》卷55《留侯世家》,第2043页。

便对于皇帝无有二心者,也多桀骜不驯,史载:"饮酒争功,醉或妄呼,拔剑击柱,高帝患之。"①从中央集权角度来说,皇权必须对他们加以打压,而对其施压所依赖的力量,就是他们的对立面——相。

第二,从传统上来说,"将"所属的武官系统,其地位高于"相"所领导的文官系统,汉初犹沿袭这一积习,难以遽改。《史记·刘敬叔孙通列传》载,汉初朝会时,"功臣列侯诸将军军吏以次陈西方,东乡;文官丞相以下陈东方,西乡。"习文史者皆知,东向为尊,西向位卑,仅此一点,就可以知道当时文官的劣势地位,而皇权对于文官首领丞相加其权重,方可制衡其间。

第三,在西汉时代,宰相为职官,属于"吏"或者"秩"系统,与"爵"分属两大系统。具体言之,"秩"为官阶,显示行政方面的意义,它直接隶属于皇权,是非终身制的;而"爵"不仅终身拥有,且可世袭,或者也可以说,前者是郡县制的产物;后者则是贵族封建的残留。阎步克认为,周代是"爵本位"体制,魏晋以后形成"官本位"体制,秦汉的品位结构居于中间,为"爵——秩体制"。他还进一步指出:

> "爵本位"下的等级秩序,是凝固的、封闭的、贵族性的;"官本位"下的等级秩序,则是流动的、功绩制的、行政化的。②

那么,在由爵本位向官本位逐渐演进的过程中,尤其是汉初,消除"爵"的影响力,加大"秩"的力度,就为中央集权所必需。而在这种"爵"降"秩"升的趋势中,将多属于"爵"系统,相则主持"秩"系统,要压制有爵者,必扶植相权,使其高居"爵"首,也就顺理成章了。

第四,虽然"秩"或者"官"的身份日益上升,但在汉初,"爵"还是地位的标尺。阎步克指出:"汉帝国的品位体制,用'爵'安排身份,用'秩'保障行政。"③从这一角度出发,可以看到,"相"作为行政系统的首官,萧何封不封侯,是否位次第一,并不影响其继续为相。但是,唯有其获得相应的"爵"地位,才可能使得行政系统拥有话语权和支配地位,此后,汉相皆以列侯身份方可入相,武帝时,公孙弘因入相而封侯,其实质并非是看重"爵",而是宰相地位的需要,或者说,官秩需对"爵"形成优势。

第五,抬升宰相之地位,更在于其背后的一套"吏系统"为维护皇权的骨干。由前可知,高祖集团以诸将为主,他们主导着"爵系统",而相则依靠文吏,以文法为主,操控着官僚行政系统。一般来说,前者因其世袭贵族身份,久而久之,易成为抗衡皇权的力量;后者以职为生,本质上是皇权下的派生。增渊龙夫指出,高祖集团具有任侠

---

① 《史记》卷99《刘敬叔孙通列传》,第2722页。
② 阎步克:《中国古代官阶制度引论》,北京大学出版社,2010年,第18页。
③ 阎步克:《从爵本位到官本位:秦汉官僚品位结构研究》,生活·读书·新知三联书店,2009年,第33页。

风气,依靠集团内的感情加以结合,而随着时间的推移,他们与"吏"出身者产生了矛盾,于是遂有了"汉初官僚的任侠习俗与酷吏间的对立"。① 而所谓"任侠",主要体现在诸将身上,此种性格以及与高祖的结合,是一种民间社会的方式,于在野期间,可形成凝固力;而天下鼎定后,则需要通过政府手段,以文法加以管束,相所主持者,正是这一系统。在矛盾冲突中,皇权无疑更倾向于后者。

总之,在汉初"爵——秩体制"中,相所代表的秩系统,其背后是以文法为依凭的行政管理班子。作为皇权的派生物,对于诸将主导的贵族性的爵系统形成了制衡,在将、相的权力博弈中,因皇权的支持,逐次赢得优势。

最后,来看第三点。

习汉史者皆知,刘邦建汉前后有人数不等的异姓王存在,从广义上来说,他们属于汉臣,但由于高度的自治性,几乎可与汉廷分庭抗礼,所以,由狭义上看,又皆在"不臣"之列。哪怕是名义上,在高祖早期,诸侯王们也例不称臣。

据《汉书·高帝纪下》,高祖五年,诸臣奏请刘邦即皇帝位,奏疏由各异姓诸侯王领衔,其中说道:"楚王韩信、韩王信、淮南王英布、梁王彭越、故衡山王吴芮、赵王张敖、燕王臧荼昧死再拜言。"颜注引张晏曰:"秦以为人臣上书当言昧犯死罪而言,汉遂遵之。"由此看来,他们可归入汉臣系列。然而,他们又的确是一种特殊的汉臣。当他们与汉朝廷的诸臣相提并论时,其奏文为:"诸侯王及太尉、长安侯臣绾等三百人"云云,其中绾即卢绾,其列于汉廷诸臣之前,列其名而无姓,并称"臣",以示谦恭。根据秦汉政治惯例,称臣有着特殊的含义,最重要的是,诸臣上疏皆用"臣某"样式,以示依附关系。② 而此处诸侯王姓名皆全,实为特例。简言之,他们虽为臣下,但与汉廷隐隐分庭抗礼,非严格的汉臣系列。这样就使得汉家基业初创时,官僚阶层分成了两大部分:异姓诸侯与群臣,前者不冠于臣号;后者则是狭义上的臣,亦称"汉廷臣"。③

那么,这种差异有何意义呢?

前已言之,汉初有"高帝与功臣共天下之局"。何为"共天下"? 有学者说:"即共同所有,共同分割天下之义。"④然而,此论失之于粗。从法理上来说,汉王朝乃是中央集权的帝制国家,皇帝"产权独有",是不允许分割天下的。只有特殊情形下,才存此特例。而这一特殊情形,就是汉初的诸侯王格局。由此,虽同为功臣,诸侯王与汉廷臣就有着不同的政治定位,简单说起来,前者可分割天下,甚至可以"不臣";但后者

---

① 参见增渊龙夫:《中国古代の社会と国家》(新版),(东京:岩波书店,1996年),第一篇第一章第三部分、第二编第二章第三部分。
② 关于此点,可参看尾形勇:《中国古代的"家"与国家》第二章第一节。
③ 如《史记·韩信卢绾列传》:"吕后妇人,专欲以事诛异姓王者及大功臣。"《史记·魏豹彭越列传》载:"汉王慢而侮人,骂詈诸侯、群臣辱骂奴耳。""汉廷臣"的称谓可参看:《史记·田叔列传》《吴王濞列传》和《汉书·高帝纪下》。
④ 李开元:《汉帝国的建立与刘邦集团:军功受益阶层之研究》,第141页。

则与汉帝为一整体,作为"汉廷臣",他们也"共天下",但属于共享、共治,而不是共同拥有,君臣间有着明确的依附及归属关系。

就论题所及,从严格意义上来说,臣本为私属性质,相则为群臣之首,它来源于春秋战国的家臣制度,杨宽指出:"到战国时代,这种官僚性质的家臣制,就逐渐发展成为中央集权政体的官僚制度。"①至秦汉之间,臣的私属性犹在,遂出现了学者们所指出的,西汉丞相与九卿及御史大夫一样,都是"皇室私臣耳",丞相"得治及王室内廷。"在职能上,具有"皇帝家政机构"的一面。② 也正因为如此,当汉初官僚阶层一分为二之时,诸侯王们根本不与汉廷臣并计功劳。《史记·淮阴侯列传》载,韩信废王为侯后,"羞与绛、灌等列",对执礼甚恭的樊哙,其反应亦是:"生乃与哙等为伍。"从本质上来说,韩信的不满乃在于,自己由可分庭抗礼,共有天下者,转为私属性质之臣,二者的差异由此可以想见。③

毫无疑义,诸侯王的这种政治生态与中央集权有着不可调和的矛盾,随着帝业的稳固,铲除"不臣者"势在必行。至高祖晚年,异姓王基本被除,代之以刘氏同姓王。从法理上来说,同姓王为刘氏天下的一部分,他们与汉廷臣一样,所谓的"共天下",不再是分割天下,而是共享、共治。然而,由于其权势之大,加之传统的留存,它们还是逐渐成为一种分离力量,越来越像当年的异姓王,与中央处于抗衡状态。对此,汉朝廷采取了若干限制措施。其中之一,就是通过相对王国进行控制。一般来说,在异姓王时代,官吏由国王自置,转为同姓王之后,人事权依然很大,但"汉独为置丞相。"④王国丞相在职能上一如汉相,"主臣"为其基本工作,《汉书·百官公卿表》载:"(王国)丞相统众官。"这样,中央只要控制住诸侯相,就可以控制住地方王国。而王国相的归口管理者,应该就是汉宰相,所以针对高祖诏中的"御史大夫昌下相国,相国酇侯(萧何)下诸侯王,御史中执法下郡守。"大庭脩指出:"这与后面所述的制度相比有显著的不同,应该引起注意。"⑤

要之,在对地方王国的管理中,汉初中央政府主要通过"相系统"加以操控。汉相固然是廷臣之首,但从一定意义上来说,王国相亦归属于汉廷,具有双重属性。这样,在"主臣"的进程中,汉宰相控制王国相,国相统王国之众官。通过宰相系统管理、统辖各级干部这一手法,王国从此不再可以与中央分庭抗礼,所谓"共天下"之局,成为

---

① 杨宽:《战国史》(增订本),上海人民出版社,1998年,第214页。
② 钱穆:《秦汉史》,生活·读书·新知三联书店,2004年,第286页;大庭脩著、林剑鸣等译:《秦汉法制史研究》,上海人民出版社,1991年,第27页。
③ 有学者在研究中没有注意到二者的区分,这是不准确的。如阿部幸信在讨论汉初"共天下"之局时,认为:"汉皇帝对外不过是诸侯王的盟主。在同样的意义上,对内也不过只是高祖功臣的盟主。"并认为二者"所依据的权威来源也是同质的。"氏著、徐冲译:《"统治系统论"的射程》,《早期中国史研究》第三卷第一期(2011年7月),第140、141页。
④ 《汉书》卷38《高五王传》,第2020页。
⑤ 大庭脩:《秦汉法制史研究》,第21页。

严密管控在中央政府之下的共享天下之格局,而非早期的分割天下。这样,从法理上来说,所有官僚队伍本质上都应归属于汉臣系列,王国臣不应例外。

总之,在汉初的"功臣政治"中,汉相是皇权最为仰赖的力量。相权的发展,对于帝制的稳固,中央集权的加强,有着重要的作用。从一定意义上来说,正是因为汉初宰相角色的发挥,才使得汉家政治模式日渐清晰成熟,权力分享与制衡得以实现,在汉初政治博弈中居于举足轻重的地位。

五、结 论

秦汉间的大变局,确定了后世二千年来中华帝国的政治性格和基本走向。在这一进程中,汉初脱胎于秦,又被加以改造了的宰相及宰相制度,既是"大变局"的重要后果,又是此局得以实现的基本力量。为此,笔者力图把握住秦汉间"大变局"的脉络,通过探究汉初宰相与相权的缘起、生成及相关问题,尤其是相权在秦汉之间的嬗变、递进,及背后的诸种元素,为早期帝国的政治架构及官僚性格的历史演进,提供一个有意义的研究视角。通过以上的初步探讨,笔者以为:

1. 宰相及相权问题是联结秦、汉之间制度,及政治发展的一个枢纽。在由秦入汉的帝国制度建设中,宰相及宰相制度不仅拥有举足轻重的地位,而且围绕着它,汉家基业才得以逐次展开。当"汉承秦制"之时,宰相制度作为秦制中最关键性的部分,被有效地加以承接与发展,成为刘邦集团政治发展的一个入口与转折点。与此同时,因"惩秦之败",比之于秦,汉相的地位及事权得以空前提高,由秦的"宰相代办制"转为了汉的"宰相负责制",相权由此发生了重大变化,也带动了整个政治架构的重建。

2. 伴随秦汉间政治的展开,汉初宰相性格开始从"主事"走向"主臣",汉相日渐讲求"去细事"、"知大体"、"理阴阳",在抛弃事务主义及文牍主义的过程中,通过"主臣",建设健全的官僚团队,达到"百姓亲附"。从而日渐疏离秦政精神,逐步建立起汉相的政治性格,它既是对秦政的反动,更成为"汉家之道"的重要组成部分。

3. 在汉初"功臣政治"中,汉相以其独特的政治角色,在皇权与臣权的制衡中,成为君臣之间的连接点,使得"共天下"之局得以良性展开。其中,既有对臣权的争取,及对皇权的制衡,更在将、相的分化与整合中,与将"主爵"不同,通过"主秩",领导着"吏系统"全力维护皇权。与此同时,作为汉廷臣的最大代表,掌控王国之臣,使得中央集权得以发展,汉家政治模式逐次展开。

本文初稿完成于 2013 年 12 月,提交于"中国秦汉史研究会第十四届年会暨国际学术讨论会"(2014 年 8 月 15 日至 19 日),刊于《人文杂志》2015 年第 2 期

(作者简介:王刚,江西师范大学历史文化与旅游学院副教授)

地方县志的族谱化：
以明清瑞金县志为考察中心[①]

李晓方

    约占现存古籍 1/10 的地方志，是历史研究的重要史料基础。对于地方志的素材，通过一番去伪存真的事实判断，然后将之运用于不同预设主题的"实体性"研究，这已成为历史学界的普遍操作模式。正是在这个层面上，历史学家们给予了地方志较之族谱更大的信任和荣誉。这是有其道理和原因的：地方志是在中央王朝的诏令下按照一定的框架结构所做的一种公共历史记述，其中容纳了较之族谱更为丰富、更具公信力的实在性地方资料；相比之下，族谱多被视为"人自为书，家自为说"[②]的私家历史记述。然而，如果我们将研究的目光投向地方志的形成过程，充分关注方志编纂主体与记述对象之间的关系，却不难发现，地方志尤其是最贴近基层社会的地方县志，其与族谱的边界其实也并非泾渭分明。在某种意义上，它们可能是地方宗族彰显实力和提高声望的一个平台。本文将以明清瑞金县志为例，试图通过还原县志编纂者的宗族背景，考察他们以何种方式、在何种程度上将其宗族历史导入地方县志，将私家历史转化为公共历史的一部分，使得地方县志呈现出族谱化的特点，进而探讨地方县志族谱化的成因。希望本文的研究，对学界进一步探寻方志书写背后隐含的意义将有所启益。

一、宗亲与姻亲：县志编纂者的宗族背景及相互关系

    瑞金县因其在 1930 年代中国红色革命中的特殊历史地位，早已为世人熟知。它

---

  ① 本文曾提交中国社会学会 2011 年学术年会并获年会优秀论文一等奖；经修改正式发表于《史林》2013 年第 5 期。
  ② 章学诚著，仓修良编纂：《文史通义新编纂》外篇三《与冯秋山论修谱书》，浙江古籍出版社，2005 年，第 749 页。

建县于五代南唐保大十一年(953)。宋元时期属赣州路;明代属赣州府,清代因之;清乾隆十九年(1754),赣州府属宁都县升格为宁都直隶州,瑞金与石城二县隶之,直至清末未变。① 瑞金毗邻福建与广东,素称"闽粤之奥区"②。因特殊的地理区位和自然环境,自古闽粤"盗贼常为出入"③,"山宼峒酋极易窃发"④,动乱频繁,在赣南诸县中尚称"小邑"和"僻邑"⑤,经济文化相对落后。

明清时期,瑞金县修志凡10次,修撰时间分别在明嘉靖壬寅年(1543,以下简称《嘉靖壬寅志》)、隆庆壬申年(1572,简称《隆庆壬申志》)、万历癸卯年(1603,简称《万历癸卯志》)、万历乙卯年(1615,简称《万历乙卯志》)、万历戊午年(1618,简称《万历戊午志》),清康熙癸亥年(1683,简称《康熙癸亥志》)、康熙己丑年(1709,简称《康熙己丑志》)、乾隆癸酉年(1753,简称《乾隆癸酉志》)、道光壬午年(1822,简称《道光壬午志》)和光绪乙亥年(1875,简称《光绪乙亥志》)。除《隆庆壬申志》和《万历乙卯志》、《万历戊午志》亡佚外,其余7部县志均有版本留传至今。据《光绪乙亥志》卷首"纂修姓氏"及"旧志纂修姓氏"统计,参加明清瑞金县志编纂的邑人共计85名,涵盖16个姓氏,约占明清时期瑞金县120个姓氏的13%。⑥ 县志编纂姓氏的分布情况,详见下表:

明清瑞金县志编纂姓氏分布表

县志＼姓氏	杨	谢	朱	钟	胡	刘	危	陈	赖	许	汤	李	廖	邓	曾	邹	合计
嘉靖壬寅志			1		1												2
隆庆壬申志	1		1						1	1							4
万历癸卯志	3	1		1*			1*	1									7
万历乙卯志																	0
万历戊午志	6*	1			1				1								10
康熙癸亥志	6*	2	3*		3			1									15
康熙己丑志	1*	3*	2*	1	1												8
乾隆癸酉志	7*	1	1		1	1			3		1	1	1	1			18
道光壬午志	3			2											1		10
光绪乙亥志	3*	1		1*		2		1	2*							1	11
合计	30	9	7	6	6	5	4	4	4	3	1	1	1	1	1	1	85

说明:1. 上表据《光绪乙亥志》卷首"纂修姓氏"及"旧志纂修姓氏"制作而成;
2. 表中的数字表示参加县志编修的姓氏人数;带*号的数字,则表示该姓氏担任了县志主纂。

---

① 民国《瑞金县志稿》第一章《沿革》,第1页。
② 刘坤一:《刊修江西舆图序》,《江西省舆图》卷首,第1页。
③ 李汝华:《地舆图说》,康熙《瑞金县志》卷2《地舆志》,第21页。
④ 康熙《瑞金县志》卷3《建设志》,第42页。
⑤ 朱维高:《瑞金县志序》,载康熙《瑞金县志·序》,第1—4页。
⑥ 民国《江西通志稿》第34册《江西省各县氏族略说明》。

明清瑞金县志编纂姓氏构成,有两个明显的特点:第一,不同姓氏参加修志的人数很不均衡。最多的是杨姓,多达30人次,他们分布在除了《嘉靖壬寅志》与《万历乙卯志》之外的其他8部县志中。最少的是李、廖、邓、曾、邹等5姓,仅1人次。第二,县志主纂共计11人次,涵盖了杨、谢、朱、钟、赖、陈等6个姓氏,其中杨姓5人次,朱、钟两姓各2人次,谢、陈、赖三姓各1人次。第三,杨姓是明清瑞金县志编纂史上的主导姓氏。因为无论参与县志编纂,还是担任县志主纂的人数,杨姓均以绝对优势位列各姓之首。

瑞金县的姓氏族系相当复杂,同一姓氏来自十几个甚至几十个不同开基祖的并不罕见。据《瑞金刘氏首次联修总族谱》介绍,瑞金刘姓共有39个支派。① 这些有着不同开基祖的相同姓氏,大多修有各自的族谱和宗祠。值得注意的是,参加明清瑞金县志编纂人数最多的杨、谢、朱三姓人员,绝大多数却集中在同一宗族甚至同一房支。

先看杨姓。自宋元至明清,相继迁入瑞金县的杨姓共计18支,其中影响最大的四支,素分"东杨"、"南杨"、"西杨"和"北杨"。② 但是,据《瑞金西门杨氏七修族谱》③可以确知,在上述参加县志编纂的杨姓30人次中,至少有25人次来自西门氏杨(即"西杨"),5位杨姓主纂则全部来自西门杨氏。据说西门杨氏于南宋由邻邑兴国县迁入,开基祖是杨朝奉。这25人次,分布在西门杨氏第15世至第23世的每个世代,以及第25和34、36世。具体为第15世1人:杨可依;第16世3人:杨永昌、杨永安、杨长世(《康熙癸亥志》主纂);第17世6人次:杨以杰(2次,《万历戊午志》主纂)、杨以任、杨以位、杨以兼(2次,《康熙癸亥志》主纂);第18世2人:杨兆凤、杨兆言冃;第19世1人:杨枝高;第20世1人:杨方英;第21世4人:杨于位(《乾隆癸酉志》主纂)、杨于渊、杨于庄、杨于节;第22世1人:杨其濂;第23世1人:杨元植;第25世1人:杨家寿;第34世2人:杨本初(《光绪乙亥志》主纂)、杨国芸;第36世1人:杨道仑。这些西门子弟,大多是九世祖杨存义的后裔。其中,杨长世与杨以兼是父子关系,他们同修《康熙癸亥》志并分别是《康熙癸亥志》与《康熙己丑志》的主纂;杨以杰与杨以位是兄弟关系,他们一起参编了《万历戊午志》,其中杨以杰是主纂。因此,更准确地说,是瑞金西门杨氏主导了明清瑞金县志的编纂。

再看谢姓。瑞金谢姓的族系也相当复杂,影响较大的有"北关谢氏"、"谢坊谢氏"、"叶坪谢氏"等。但据清道光《瑞金叶坪谢氏六修族谱》和民国《瑞金叶坪谢氏八修族谱》④可以确知,在参修县志的9人中,至少有7人来自叶坪谢氏。叶坪谢氏奉南宋迁入瑞金的谢宣郎为开基祖。参修县志的7位叶坪谢氏子弟分别是:第17世的谢

---

① 《瑞金刘氏首次联修总族谱》,1996年修。
② 瑞金西杨氏史记编撰小组编:《瑞金西杨氏史记》,第17—18页,2004年印。
③ 《瑞金西门杨氏七修族谱》"瑞金西门杨氏族谱世系图",第1—64页,民国三十七年(1948)铅印本。
④ 《瑞金叶坪谢氏六修族谱》"敏太位下禄公乾略房",道光二十九年(1849)木活字本,《瑞金叶坪谢氏八修谱》(不分卷),民国十一年(1922)木活字本。

元赏,第18世的谢长达,第20世的谢聘,第21世的谢重拔(《康熙己丑志》主纂)、谢重扬、谢重挥,第24世的谢柏峤。其中,谢重拔、谢重挥、谢重扬是兄弟关系,他们一起参加了《康熙己丑志》的编纂;谢聘是他们的父亲,是《康熙癸亥志》的"较阅";谢柏峤是谢聘的玄孙,是乾隆癸酉志"校阅"。

又看朱姓。瑞金朱姓,族系同样复杂。仅叶坪乡朱坊一村,就有两支拥有不同开基祖的朱姓,即"朱坊朱氏"和"贯下朱姓"。至1980年代,他们分别建居35代和30代,人口均在千人以上。① 然而,参加明清瑞金县志编纂的朱姓人员,既非"朱坊朱氏",也非"贯下朱氏",而是"壬田朱氏"。据清修《瑞金壬田朱氏六修族谱》②可以确知,在参修明清瑞金县志的7人次中,至少有5人次是来自壬田朱姓。壬田朱姓于明初由赣州迁入,奉朱必高为开基祖。参修县志的4位壬田朱氏子弟,分别是第9世的朱康侯(《康熙癸亥志》主纂)和朱世官,以及第10世的朱云映(《康熙己丑志》主纂)和朱大仁。朱康侯与朱云映,朱世官与朱大仁分别是父子关系,朱康侯与朱世官则是同高祖堂兄弟。其中朱大仁先后参加过《康熙癸亥志》和《康熙己丑志》的编纂。

可见,明清瑞金县志同姓修志人员之间几乎都是宗亲关系。同样值得注意的是,异姓修志人员之间大多则有姻亲关系。共同掌控着《康熙癸亥志》和《康熙己丑志》编纂的西门杨氏、叶坪谢氏和壬田朱氏均属姻亲。《康熙癸亥志》的两位主纂杨长世和朱康侯,后者是前者的侄外甥。参修《康熙癸亥志》的另外两名朱姓人员,朱世官是西门杨氏的女婿,朱大仁是西门杨氏的外甥。参修《康熙癸亥志》的谢聘,也是西门杨氏的女婿。在《康熙己丑志》中,杨以兼、朱云映、谢重拔三人同任县志主纂。参修《康熙己丑志》的朱氏2人:朱云映,朱大仁;谢氏3人:谢重拔、谢重挥、谢重扬;其中,朱云映是杨以兼的侄女婿,谢重拔三兄弟则是西门杨氏的外甥。易言之,所有参修《康熙癸亥志》与《康熙己丑志》的叶坪谢氏与壬田朱氏子弟,无一不是西门杨氏的女婿或外甥。

上述三个异姓修志人员之间的姻亲关系,可以追溯得更远。《万历癸卯志》的"纂集"谢元赏的哥哥谢元贺,他自己和一子两孙均娶妻于西门杨氏。元贺长孙启彦,是《万历戊午志》主纂杨以杰的女婿,次孙启章是《万历癸卯志》"纂集"杨正文的女婿。③ 参修《万历戊午志》的谢长达及其子启瀛、孙邦寀,连续三代娶妻西门杨氏。《康熙癸亥志》"较阅"谢聘及其子重捷、孙松暄也是连续三代娶妻西门杨氏。④《康熙癸亥志》主纂朱康侯的母亲来自西门杨氏,他的一个姑姑则嫁给了《康熙癸亥志》的另外一位主纂杨长世的堂兄弟杨永任,一个堂妹嫁给了杨长世的侄子杨以经,他的三

---

① 瑞金县人民政府地名办公室编印:《江西省瑞金县地名志》(内部资料),1985年,第206页。
② 《瑞金壬田朱氏六修族谱》(不分卷),修于清代,具体时间不详,木活字本,上海图书馆藏。
③ 《瑞金叶坪谢氏九修族谱》(1995年修)第一册《艺文纪》,第45—46页。
④ 《瑞金叶坪谢氏九修族谱》(1995年修)第二册《乾道太世系》,第128—129页。

个同胞姐妹全都嫁给了西门杨氏子弟。① 壬田朱氏与叶坪谢氏之间也是姻亲关系。朱康侯是谢长达的女婿,他又将长女嫁给了叶坪谢氏子弟谢道珍;朱世官的继母,来自叶坪谢氏;《康熙己丑志》主纂朱云映的儿子,则娶了《康熙己丑志》另一位主纂谢重拔的侄女。② 可见,西门杨氏和叶坪谢氏、壬田朱氏,在共同掌握县志书写权的明清之际,形成了以西门杨氏为核心的婚姻集团,沾亲带故,盘根错节。

明清瑞金县志编纂人员之间的宗亲和姻亲关系,不只限于上述三个姓氏之间。又如胡姓,参修明清瑞金县志的人数共计6人次,分别是胡来章、胡来贺、胡朝极、胡裕昆(2次)、胡文绣。据民国《瑞金县孔胡氏族谱》③,他们都是元末移居瑞金的开基祖胡从周的后裔。其中,胡来章与胡来贺是兄弟关系,他们分别参加了《万历戊午志》与《康熙癸亥志》的编纂。参修《康熙癸亥志》的胡朝极,他的堂姐是《康熙癸亥志》主纂杨长世的儿媳,④孙女则嫁给了谢聘的孙子。⑤ 先后参加《康熙癸亥志》和《康熙己丑志》编纂的胡裕昆,其曾孙女嫁给了《康熙己丑志》主纂谢重拔的侄孙。⑥

通过以上考察可知,首先,明清瑞金县志书写权掌握在少数姓氏宗族手中,绝大多数姓氏宗族(约占87%)无缘直接参与县志编纂。其次,尽管瑞金县的姓氏族系相当复杂,参加县志编纂的同姓人员之间大多却是同宗关系。再次,异姓修志人员之间,大多存在姻亲关系。最后,明清瑞金县志的编纂权实际上是由西门杨氏、叶坪谢氏、壬田朱氏等宗族以及由他们结成的姻亲集团所控制。当然,西门杨氏在明清瑞金县志编纂史上的主导地位,大概得益他们在科名宦业上的成功。西门杨氏是明清时代瑞金县域科名宦业最为成功的家族,明代瑞金出文举人9位,西门杨氏占其3;文进士2位,西门杨氏占其1。清代瑞金出文举人33人,西门杨氏占其9;文进士3人,西门杨氏占其2。登载于县志的明清时期由科举成功入仕的西门杨氏子弟多达40余人,位列瑞金各姓氏之首。其中,杨以杰由举人在明万历年间官至贵州都匀知府;杨方立则由进士于清乾隆年间官至鸿胪寺正卿,他们分别是县志所载明清两代瑞金县域品级最高的官员。叶坪谢氏与壬田朱氏在《康熙癸亥志》和《康熙己丑志》编纂中的地位举足轻重,与之相对应,明清之际也是这两个家族在科举宦业上最为成功的历史阶段。叶坪谢氏所出的3位举人,壬田朱氏所出的2位举人,都是集中在明末清初。⑦ 因此,是否有人参加县志编纂,是否拥有县志主纂之职,或者何时参加以及何时拥有县志主纂之职,从一个侧面反映了以科名宦业为核心的宗族实力及其升降态势。

---

① 《瑞金壬田朱氏六修族谱》(清修)"瑞太房",第42—46页。
② 《瑞金叶坪谢氏八修族谱》第四册《艺文纪》,第134—136页。
③ 《瑞金县孔胡氏族谱》,民国十八年(1929),木活字本。
④ 杨长世:《明经胡公虎文墓志》,载《瑞金县孔胡氏族谱》(民国修),第74—75页。
⑤ 《瑞金叶坪谢氏九修族谱》(1995年修)第二册《艺文纪》,第67页。
⑥ 《瑞金叶坪谢氏八修族谱》第四册《艺文纪》,第134—136页。
⑦ 光绪《瑞金县志》卷6《选举志》,第157—161页。

二、化私为公：明清瑞金县志的族谱化

少部分地方宗族对县志编纂过程的控制，为他们将宗族历史导入地方县志，将私家历史转换为公共历史创造了有利条件。掌握着明清瑞金县志编纂权的姓氏宗族，他们在人物志中为宗族成员立传，在艺文志中收录宗族成员的诗文，在其他各个卷类门目中设法安插有利彰显宗族地位的资料，使得明清瑞金县志披上了浓郁的私家族谱的色彩，呈现出地方县志族谱化的特征。

首先，县志编纂者努力为宗族成员在人物志中作记立传。只要对人物志新增传记稍加留意就不难发现，县志编纂者无不在人物志中为其直系祖先或宗族成员谋得了一席之地。在《康熙己丑志》中，8位县志编纂人员的父亲，无一例外被写入了县志。此外，至少还可以确定的是，其中谢重拔为自己的一个亲弟弟、杨以兼为两个堂兄弟和两个族侄，朱大仁为自己的堂叔，分别在县志人物志中安排了传记。[1] 在《康熙癸亥志》中，县志主纂朱康侯的父亲、祖父、曾祖、高祖，或被入传"乡贤"，或被入传"义行"。县志"较阅"朱世官的父亲、祖父、曾祖、高祖，或被入传"乡贤"，或被入传"义行"。县志"较阅"谢聘的父亲、祖父，分别被入传"孝友"和"义烈"；县志"参订"胡来贺的两位哥哥，分别被入传"文学"和"隐逸"，胡来贺本人则被入传"义行"；县志"参订"胡朝极的父亲、祖父，一并被入传"义行"；县志"参订"谢惟璧的父亲，也被入传"义行"。[2] 在《乾隆癸酉志》中，县志主纂杨于位的父亲、伯父、叔父三人均被入传"孝友"，县志"董修"刘份、赖定俸的父亲也一并被入传"孝友"。有的县志甚至出现了县志编纂者儿子的传记。如《康熙癸亥志》主纂杨长世的亡子被入传"文学"；[3]《康熙己丑志》朱大仁的亡子则被入传"孝友"。[4]

以上是仅凭人物志的信息就能确认的传主与县志编纂者之间存在亲属关系的例子。事实上，在新增人物传记中，与县志编纂者存在亲属关系的传主人数当会更多。可以说，拥有了参加县志编纂的机会，也意味着拥有了将其直系祖先或宗族成员入传县志的机会。于此最夸张的事例，大概是上述参修《康熙癸亥志》的朱康侯与朱世官两位堂兄弟，他们一次性地将其自父亲至高祖的所有父系直系先辈全部入传县志。万历癸卯志新增的"孝友"杨存义[5]，"生于明洪武癸丑，殁于天顺辛巳"。[6] 然而，其孝友事迹没有被载入离其去世最近的82年后所编纂的《嘉靖壬寅志》，却被载入了离

---

[1] 康熙《续修瑞金县志》卷10《人物志》，第274—288页。
[2] 康熙《瑞金县志》卷8《乡贤志》，第121页。
[3] 康熙《瑞金县志》卷8《乡贤志》，第115页。
[4] 康熙《续修瑞金县志》卷10《人物志》，第284页。
[5] 万历《瑞金县志》卷9《人物志》，第337页。
[6]《瑞金西门杨氏七修族谱》（民国年间修）"应景仕存时"，第5页。

其去世更远得多的142年后所编纂的《万历癸卯志》。究其原因,是因为《万历癸卯志》有其直系后裔杨以杰等人参加编纂,而《嘉靖壬寅志》却没有。《康熙己丑志》的"较阅"钟定曦,也是一个典型的例子。他通过"补遗"的方式,将逝于清顺治年间却未被《康熙癸亥志》入传的父亲钟吕入传"文学"。① 在瑞金县处于政权真空状态的明清鼎革之际,在一场无所谓公平正义的主佃混战中被杀死的谢长震,由于其直系后裔谢聘、谢重拔、谢柏峤等人参与县志编纂,在《康熙癸亥志》中被塑造成忠于明朝的"义烈"之士,尔后又在《乾隆癸酉志》中被改塑成忠于清朝的"忠烈"之士。②

事实上,每修县志的新增人物传记,绝大多数都来自县志编纂人员所在的宗族。如《万历癸卯志》新增人物传记32位,其中来自编纂人员所在的宗族23人,约占新增人物传记总数的72%;《康熙己丑志》新增人物传记68人,其中来自编纂人员所在的宗族43人,约占新增人物传记总数的63%。在县志新增人物传记中,还有相当一部分是县志编纂人员的亲戚。《康熙癸亥志》新增"义行"胡炳,是县志主纂杨长世的亲家。③《康熙己丑志》新增"义行"王万祥,是县志主纂朱云映的姐夫;④新增"义行"李茂阳,则是另外一位主纂谢重拔的岳父。⑤

在县志中安插宗族成员的"潜规则",为那些长期控制着县志编纂权的宗族在人物志的编排中努力体现宗族世系的部分特征创造了条件。迨至清《乾隆癸酉志》,西门杨氏和叶坪谢氏、壬田朱氏已经构建起了长长的宗族父系传记链。西门杨氏构建的父系传记链最长,从第七世至第二十二世的每个世代都有宗族成员入传县志,他们大多是担任过县志主纂的杨以杰、杨长世等人的直系九世祖杨存义的后裔。类似的情形复见于叶坪谢氏和壬田朱氏。从大量入传县志的叶坪谢氏宗族成员中,可以梳理出叶坪谢氏自第十六世至第二十二世的完整父系传记链;其中绝大多数宗族成员,又都是担任过县志主纂的谢重拔的直系十六世祖谢乾道的后裔。从大量入传县志的壬田朱氏宗族成员中,可以梳理出壬田朱氏自第四世至第十一世的完整父系传记链,入传县志的宗族成员,无一例外是担任过县志主纂的朱康侯、朱云映的直系四世祖朱荣盛的后裔。

县志编纂者不仅努力将宗族父系传记导入人物志,而且设法在唯一向妇女开放的贞、孝、节、烈中安排其宗族妇女。《隆庆壬申志》的参修人员许宗庆,将其亡妻刘氏入传"贞节";《万历癸卯志》的参修人员谢元贺,将其直系十三世祖谢惟节之妻刘氏

---

① 康熙《续修瑞金县志》卷10《人物志》,第283页。
② 参见笔者博士学位论文:《县志编纂与地方社会:明清〈瑞金县志〉研究》,第三章第四节"人物、宗族与国家认同:以谢长震"忠烈"形象的建构为例",第116—133页,华东师范大学2011届博士学位论文。
③ 康熙《瑞金县志》卷8《乡贤志》,第123页。
④ 康熙《续修瑞金县志》卷10《人物志》,第285页。
⑤ 康熙《续修瑞金县志》卷10《人物志》,第286页。

入传"贞节";①《康熙癸亥志》的主纂朱康侯,将其四位族祖的妻子入传"贞节";②《康熙己丑志》的主纂谢重拔,将其叔母入传"节妇";③《乾隆癸酉志》"校阅"谢柏峤将其祖母入传"节孝";《乾隆癸酉志》的"董修"赖定俸,在"节孝"中安插的宗族妇女,更是多达十人。④ 事实上,县志中的绝大多数节烈妇女,正是来自编纂人员所在的宗族。以清《乾隆癸酉志》为例,该志新增节孝妇女117人,其中86人来自县志编纂人员所在的宗族,约占新增节妇总数的74%。主导着《乾隆癸酉志》编纂的西门杨氏更是一姓独大,在人物志中安插了32位宗族妇女的传记,约占新增节孝妇女总数的27%。

必须指出的是,在明清中央王朝颁布的修志凡例中,对入传方志的人物往往会有一个指导意见。省、府檄修方志,一般也会下发类似的指导意见。这类指导意见,对人物传记有一个类别化的要求,旨在统一方志体例,而对人物立传的条件却并没有明确规定。各县编纂地方志时,大体上会在参照这类指导意见的基础上,结合当地实际拟订人物类别与立传原则。这些原则一般反映在县志的"凡例"或人物志引言中。然而,这些立传原则却往往缺乏可操作性。例如,《明万历癸卯志》在人物志中,对立传原则作了如下说明:

> 有以丰采著,有以循良著,亦或庶几焉。他如孝孚于家,德行于里,与慕义而勉修一节者,亦各有所长,以自为不朽,故核实而并载之。至于贞女节妇,嗜苦如饴,尤风化所自出,特胪列于后,以备当时镜藻之林云,作人物志。⑤

这一立传原则清《康熙癸亥志》全盘因袭,《乾隆癸酉志》也只是对人物志中的类别、排序稍微进行了调整,并增加了若干类别,其余并无新论,而是一因故事,"以此类推"。⑥ 至于何谓"以丰采著"、"以循良著"、"孝孚于家"、"德行于里",这里并没有明确的尺度标准,不具有可操作性。这就为县志编纂者们滥立传记留下了极大的运作空间。《道光壬午志》主修知县蒋芳增也注意到这点,他因此批评"旧志于文苑、义行二册,审择未当,荃艾杂收。"⑦事实上,"荃艾杂收"的现象自不会仅限于"文苑"与"义行",只是在这两种人物类型中表现得尤其突出而已。

县志编纂者不仅在人物志中为自己的直系祖先和宗族成员立传,努力体现宗族世系的部分特征;而且在其他各卷目中也安插了大量有利于彰显宗族社会地位的记

---

① 万历《瑞金县志》卷9《人物志》,第351、352页。
② 康熙《瑞金县志》卷8《人物志》,第128页。
③ 康熙《续修瑞金县志》卷10《人物志》,第290页。
④ 乾隆《瑞金县志》卷7《人物志》,第324—331页。
⑤ 万历《瑞金县志》卷9《人物志》,第321、322页。
⑥ 乾隆《瑞金县志》卷首《凡例》,第160、161页。
⑦ 道光《瑞金县志》卷首《凡例》,第7页。

录:有关宗族成员的诗文、第宅、坟墓、义举、人际关系、正面传闻等。

艺文志是县志编纂者安插宗族资料的重要门类。他们将自己和宗族成员的诗文大量登载其中,如《康熙己丑志》收录诗文68篇,其中有28篇的作者是县志编纂者自己;有24篇的作者是县志编纂者的宗族成员;另外16篇的作者是地方官员和县志编纂者的亲戚朋友。① 在《康熙己丑志》中,登载诗文最多的是县志主纂朱云映,共计10篇,约占整个新增诗文篇数的15%。从新增诗文的内容来看,有相当一部分是以县志编纂者或其宗族成员为记录对象的作品,或描写其居处园囿,或彰显其社交关系,或寄托对县志编纂者宗族成员的悼念哀思。《康熙己丑志》收录了以县志主纂杨以兼的居所"适园"为题材的诗作11首;《康熙癸亥志》收录了反映主纂杨长世方外之交的诗作4首以及悼念其族侄杨以任的诗作14首。在这里,艺文志被县志编纂者异化成了展示自身文学才情和建构宗族文化形象的平台。

在舆地志、食货志、营建志、祀典志、杂志等其他各种卷类门目中,也同样插入了各种表征县志编纂者及其宗族社会地位的记述:为民请命的先祖、县域公共工程的首事、地方兵防的领导、族人的坊表坟墓、精美的园囿、吉祥的预兆,等等。《康熙己丑志》就有数十处关于县志主纂杨以兼及其族人修学宫、寺庙、桥梁、台塔等善举义行的记录。此外,县志编纂者还设法在相应门目中建构其先祖曾为地方社会舍身谋福祉的公义形象。例如,《万历癸卯志》"里甲"目下就插入了如下内容:

> 洪武年间,本县膏腴田业被军占为七十二屯而不载粮,以致虚粮重累。浮乡一里民杨景华,因充粮长经解,奋然漆头奏闻,命未下而归卒于采石。其子仕隆、仕忠复题结正。钦差官临县踏勘,遂将虚粮派入军屯,以纳子粒,因并图分作五乡八里,民始得苏。②

关于瑞金乡里的古今演变,《嘉靖壬寅志》早有论述,称古有四乡十九里,今为五乡八里,至于里甲数量大减的原因,其中只言"俱久废",并未提及杨景华父子的故事。③ 将这则故事安插进来的,显然是参加这次县志编纂的杨景华的裔孙杨以杰、杨可依等人。生活在距离《万历癸卯志》的编纂两百多年前的杨景华,其父子三人为乡民奏减浮粮的故事是否真实可信,瑞金乡里数量的演变与他们是否真有关联?囿于史料,我们均已经无从考证。毫无疑问的是,西门杨氏自此却多了一项自我标榜与夸耀的话语资本。如《康熙癸亥志》"杨以称"传曰:"其祖景华自漆其头,为一邑奏免虚

---

① 康熙《续修瑞金县志》卷8《纪言志》,第233—258页;卷9《诗》,第259—273页。
② 万历《瑞金县志》卷3《食货志》,第93页。
③ 嘉靖《瑞金县志》卷1《地舆志》,第9页。

粮,今称复为一邑革除里役,可谓世德相承,利及百世云。"① 又如《乾隆癸酉志》对"杨存义"的传记修改补充曰:"杨存义,父仕忠,即继伯父景华为邑人吁免虚粮者。"②

县志编纂者还在"杂志"门中,安插了大量有关其族人的传说故事。例如,《乾隆癸酉志》插入了县志主纂杨于位的族人杨长世、杨以兼、杨以杰、杨枝远、杨尔宽等多人的传说故事。③ 这些传说故事或言传主诚信无欺人格高尚,或言传主富贵官阶早有命定,或惋惜传主才学非凡却英年早逝。与"杂志"中其他负面人物故事不同,只要关涉县志编纂者族人的故事无一不是正面形象的类型。

更有意思的是,有的县志卷首之图也成了县志编纂者及其宗族成员展示绘画技艺和文学素养的文化长廊。如《康熙癸亥志》卷首 12 幅图,其中 8 幅(《绵江八境》)有题诗落款,作者均是县志编纂者自己或其宗族成员。《乾隆癸酉志》一度将题诗落款一一抹去,这在客观上有利于彰显地方县志乃"天下公器"的性质。然而,在《清道光壬午志》和《光绪乙亥志》的卷首之图中,作者的署名再次重现,并由风景图扩展到了包括县境图在内的所有卷首之图。

综上所述,县志编纂者几乎垄断了每一次县志编纂的新增内容,他们在各卷目中安插了体现宗族地位和声望的文献资料,尤其是在人物志的编排中努力体现宗族世系的部分特征。他们之所以能做到这一点,一方面是以其宗族的实力、能力和权力,具备更多为方志记录的客观前提;另一方面,也得益于他们对县志编纂过程的直接操控。

三、内在理路与外力交织:明清地方县志族谱化的原因

地方县志的族谱化,并非明清瑞金县志的孤立现象。章学诚对方志"原属天下公器,非一家墓志寿文"④的批评,反映出这种现象的普遍性。(美)戴思哲对万历《新昌县志》、刘永华对道光《平和县志》的个案研究,也支持了章氏的批评。⑤ 笔者认为,明清时期地方县志的族谱化,是方志发展的内在理路与明清时期宗族观念的强化、地方官绅之间的互利合作关系等多种因素复杂交织的结果。

第一,明清方志记事范围的拓展,为地方县志的族谱化创造了条件。地方志自东汉迄于北宋,千余年间,曾以地记、地志、图经等名称和形式长期流行。迨至南宋,发

---

① 康熙《瑞金县志》卷8《乡贤志》,第108页。
② 乾隆《瑞金县志》卷6《人物志》,第283页。
③ 乾隆《瑞金县志》卷8《艺文志》,第417、418页。
④ 章学诚著,仓修良编纂:《文史通义新编纂》外篇四《答甄秀才论修志第一书》,浙江古籍出版社,2005年,第841页。
⑤ (美)戴思哲:《谈明万历〈新昌县志〉编纂者的私人目的》,载王鹤鸣主编:《中华族谱研究》,上海科学技术文献出版社,2000年,第156—162页。刘永华、朱忠飞:《道光〈平和县志〉介评》,载国家图书馆古籍馆编:《第二届地方文献国际学术研究讨论会论文集》,国家图书馆出版社,2009年。

展成为定型方志。与之相应的是,方志的记事范围,也有一个演进的过程。在隋唐之前,方志是专记地理沿革的地理书。北宋以降,方志记事拓展至人文历史。乐史编纂的地理总志《太平寰宇记》被视为后世方志记录人物、艺文之滥觞,"后来方志必列人物、艺文者,其体例皆始于史。"流风所及,迨至元、明以降,既往方志重地理轻人文的现象发生了根本逆转,正如四库馆臣所指出的,"体例相沿,列传侔乎家牒,艺文溢于总集,末大于本,而舆图反若附录。其间假借夸饰以侈风土者,抑又甚焉。"①

清乾嘉年间,以戴震为代表的"地理派"和以章学诚为代表的"历史派"的论争,反映了学者们对此前方志发展历程的反思和理想目标的不同主张。章学诚"志属史体"、"方志如古国史,非地理专门"、"方志乃一方之全史"等观点,相对戴震"志以考地理,但悉心于地理沿革,则志事已竟"的观点②,显然是对隋唐以降方志发展脉络与趋势更切实际的反映。明清时期的地方志,无论在中央王朝的理想设计中,还是在具体的编纂实践中,都远远超越了地理沿革的范围。明永乐十六年颁发布《纂修志书凡例》,其对人物、艺文的收录,已经相当宽泛。明清瑞金县志的编纂,虽则没有经历图经、地志等发展形式,而是直接对接了明代中后期的方志体例;但就记述内容的变化来看,它还是经历了一个人文历史日渐受得重视的过程。明清瑞金县志的编纂趋势是门目越编越多,篇幅越编越大,而新增门目与篇幅,又无不以人物、艺文为主。从《嘉靖壬寅志》到《光绪乙亥志》,人物志与艺文志的篇幅从36%增至72%。因此,元、明以降方志记事对地理范围的突破,不仅为地方官绅"假借夸饰以侈风土"搭建了平台,也为方志编纂者实现私人目的提供了方便。

第二,明清时期宗族建设运动的活跃,为地方县志的族谱化增添了动力。在方志编纂经常化的明清时代,修志活动作为一种文化理念,已经溶于地方社会,成为构建地方文化形象和文化秩序的重要载体。与此相伴的是,以尊祖敬宗收族相标榜,以置办族产、编纂族谱、建立祠堂为主要内容的宗族建设运动也逐渐铺展开来。据林晓平的调查,赣闽粤边区的客家祠堂80%建立于明清时期。③ 梁洪生就公藏近千部族谱留下的印象是,清代康乾以后,赣南等移民区是江西谱牒比较有生气的地方。④ 饶伟新研究认为,赣南乡村宗族的发展大致经历明中后期的初步发展,清前期的普遍成熟,清中叶以来的同姓联宗新趋势等三个历史阶段。⑤ 瑞金县的宗族建设运动尽管可以上溯至宋代,但其普遍展开也要晚至明清时期。以族谱编纂为例,且不论明清时

---

① 《四库全书总目》卷68《史部·地理类》,中华书局,1965年,第594、596页。
② 章学诚著,仓修良编纂:《文史通义新编纂》外篇四《记与戴东原论修志》,浙江古籍出版社,2005年,第884页。
③ 林晓平:《客家祠堂与文化》,黑龙江人民出版社,2006年,第32页。
④ 梁洪生:《江西谱牒与地方社会文化变迁——〈江西公藏谱牒目录提要〉自叙》,载王鹤鸣主编:《中华族谱研究》,上海科学技术文献出版社,2000年,第43—51页。
⑤ 饶伟新:《明清以来赣南乡村宗族的发展进程与历史特征》,载《"赣州与客家"国际学术研讨会论文集》,人民出版社,2004年,第291—298页。

代来自赣中或闽、粤的大量移民,就是宋代移居瑞金的世家大族,其初修族谱的时间大多只可追溯到明代,族谱的大量编修是在清康乾之后。如南宋年间由兴国迁入的西门杨氏和叶坪谢氏即是显证。西门杨氏始修族谱于明天启年间,此后续修于康熙、雍正、乾隆、道光、光绪年间。① 再看叶坪谢氏,其始修族谱于明弘治年间,此后续修于明万历、清康熙、乾隆、嘉庆九年、道光、光绪年间。② 又如清代理学家罗有高所在的密溪罗氏,也堪称瑞金望族,南宋由兴国迁入,初修族谱于明末崇祯年间,此后续修于清康熙、乾隆、嘉庆、道光、光绪年间(1908)。③ 再如作为赣南著姓,也是瑞金著姓自称是唐代钟绍京的后裔的东关钟氏,南宋由兴国迁入,始修族谱于明成化年间,此后续修于明天启,清雍正、乾隆、嘉庆、道光、光绪年间。④ 瑞金蓼溪赖氏,据说早在南宋就修有"家谱",但此后宗族建设运动一度中断;进入明朝,蓼溪赖氏首次启动"族谱"编纂,则要晚至天启年间。此后续修于清康熙、乾隆、道光、同治年间。⑤

可见,瑞金县宗族建设运动的普遍展开是在明朝末年,清康、乾以降趋于活跃。随着族谱编纂的兴盛,宗族观念的增强,加之县志编纂溶为地方社会的一种文化理念,以宗族成员入传县志为荣,将宗族成员的生平业绩推向地方县志以光耀宗族的思想,逐渐成为地方士绅的价值追求。县志中有关宗族成员的记载,常常成为族谱编纂者们乐于称引的话语。诸多瑞金族谱的人物志中,在入传县志的族人传记后面无不标明"事载邑志"的字样。有的族谱编纂者为族人作记立传预设的目标,就是希望传主事迹能被县志采录。《瑞金九堡瀰溪钟氏七修族谱》的编纂者就宣称:"援笔葫芦,撰次梗概,以待采择焉","且采实迹,编入邑乘,待征史馆以为宗族光。"⑥

族谱中的人物传记能否被县志取材,一方面取决于该人物事迹是否有利于彰显地方县志倡导的价值理念,另一方面也取决于该人物事迹能否进入县志编纂者的视野,或者说传主的后裔及其宗族是否有将之推向地方县志的能力。在诸多族谱传记中,最可能被县志采择而不致遗漏的,毫无疑问是那些主导着县志编纂权的宗族。参加县志编纂的地方士绅,往往也是其宗族族谱的主要编纂者。如万历癸卯志的主纂杨以杰,是西门杨氏初修族谱的发起人;《康熙己丑志》的主纂杨以兼,是西门杨氏二修族谱的发起人;《乾隆癸酉志》的主纂杨于位,是西门杨氏三修族谱的主要组织者。⑦《康熙己丑志》的主纂谢重拔以及同与修志的兄弟谢重扬、谢重挥等人,则是叶坪谢氏三修族谱的重要成员。⑧ 他们撰写了诸如谱序、祠记、墓志、传记、寿文等大量

---

① 杨绳武:《西杨七修族谱序》,载《瑞金西门杨氏七修族谱》(民国年间修)"序",第4—5页。
② 《瑞金叶坪谢氏八修族谱》(民国年间修)"前修族谱序"。
③ 罗静山:《密溪罗氏六修族谱序》,《瑞金密溪六修族谱》,光绪三十四年(1908)木活字本。
④ 陈衍新:《瑞金东关钟氏重修族谱序》,《瑞金东关钟氏族谱》,民国三十五年(1946)铅印本。
⑤ 同治《瑞金蓼溪赖氏五修族谱·谱序》。
⑥ 《瑞金九堡瀰溪钟氏七修族谱》,清代修,具体编修年份不详,上海图书馆藏。
⑦ 瑞金西杨氏史记编撰小组编:《瑞金西杨氏史记》,第97—101页,2004年印。
⑧ 谢重拔:《三修族谱序》,载《瑞金叶坪谢氏八修族谱·前修族谱序》。

宗族文献。这些集县志与族谱编纂于一身的地方士绅,不仅有着强烈的宗族观念,而且也熟知自己宗族的历史。作为县志编纂者,他们最清楚可以将宗族中的哪些先辈以何种身份、何种方式将之安排在县志中的何类卷目之中,在为构建地方历史文化形象服务的同时,又为确定其宗族的现实地位做出贡献。

第三,明清时期地方官绅之间的互利合作,为地方县志的族谱化敞开了绿灯。人们不禁会问,地方县志毕竟是官修性质的公共历史记录,与县志编纂者没有任何宗亲关系的主修知县及县学教谕、训导等地方官员,何以能容忍县志编纂者私人目的的肆意扩张?要回答这个问题,就不能不明了明清时期地方士绅的地位及其与地方官员之间微妙的互利合作关系。

众所周知,中国士绅是在经济、法律、礼仪等方面享有各种特权的社会集团。迨至明清时代,地方士绅是沟通官与民的中介,是地方事务的实际领袖。作为最接近百姓生活的行政官员,他们深谙"为政不得罪于巨室,交以道,接以礼"①的道理,毕竟"地方利弊,可以采访。政事得失,可以咨询。岁时伏腊,讲射读法之余,可以亲正人而闻正言。上之有裨于吏治,次之有益于身心。"②地方士绅不仅是备地方知县"采访"、"咨询"的顾问,也是地方知县为政一方的主要依靠力量。《清康熙癸亥志》的"较阅"朱世官,据说"邑长有疑难事,辄就其家谋之。"③参加县志编纂的地方士绅,也往往是其时县域诸如修桥筑路、兴修水利、创建台塔祠庙、修缮官署城垣等公共工程建设的积极倡导者、募资者和领导者。在动乱时期,这些头面士绅往往也是地方防务的组织者。《万历戊午志》的主纂杨以杰,在天启年间防范闽粤流寇时发挥了重要作用。《康熙癸亥志》的"较阅"谢聘,则在"三藩之乱"时的地方防务中做出了重要贡献。④ 在经济文化落后,民风强悍,动乱频繁的明清瑞金县域,知县对地方士绅的依赖程度或许比其他县域还要更强。

知县交好士绅,也因为后者形成的舆论将影响到前者的考绩和仕途。地方知县的官阶不高,在参加县志编纂的人员中,有时会有与其官阶相当甚至更高的地方士绅。如参加编纂《万历戊午志》的地方士绅,就有1位知府和2位知县。即便是一般的儒学生员,他们形成的舆论在很大程度上也决定着地方知县官声的好坏,即所谓"绅士为一方领袖,官之毁誉多以若辈为转移。"⑤儒学生员的评论,一方面直接关系到知县去任后能否入祀名宦,地方名宦的推举多由学校生员共同商榷。明人海瑞曾说:"有未举者,诸生商榷举之;举之未正者,商榷请废之。"⑥另一方面,儒学生员的评

---

① (清)徐栋辑:《牧令书》卷16《教化》。
② 田文镜:《钦颁州县事宜》,载《官海指南五种》,咸丰九年(1859)刻本,第29—30页。
③ 乾隆《瑞金县志》卷6《人物志》,第296页。
④ 乾隆《瑞金县志》卷6《人物志》,第292页。
⑤ (清)徐栋辑:《牧令书》卷16《教化》。
⑥ 海瑞:《海瑞集》上编《教约》,中华书局,1981年,第18页。

论又将部分左右地方官员的考课和升黜。谈迁曾记曰:"布、按二司暨巡按御史考课,多偏信里老生员之言为去留,不知其假公济私,是非颠倒,乞敕抚按毋徇其私。"①可见,一些地方知县为了获得好的考课成绩,不仅惮于开罪生员,甚至还曲意讨好生员。更何况,地方知县也难免有借修县志之机实现私人目的的动机。他们一般不会放过这一实现立德、立功、立言的难得契机,将自己在任期间的营建兴创、诗赋文章载入县志以传不朽。明清瑞金县志的主修知县无一不在营建志中写下自己的兴建创造,也无一不在艺文志中留下自己的诗赋文章。《道光壬午志》与《光绪乙亥志》的主修知县蒋芳增与张国英,更是将"阳湖蒋芳增纂修"、"武进张国英重修"这一表明自己籍贯、姓名与职掌的信息,刊刻在县志的每卷首左。入载县志对于知县的吸引力,更夸张地体现在这样的事实中:《乾隆癸酉志》刊刻于乾隆十八年,后一年到任的知县刘太年将其籍贯姓名"兴平县刘太年"六字,毫不客气地补刻在卷首修志姓氏的"总裁"目下,与前任知县实际之"总裁"郭灿并列。②《光绪乙亥志》刊刻于光绪元年,光绪二年到任的知县曹承志,亦对县志原版稍作修改,将自己的姓名籍贯与到任时间补刻在《秩官志》之中。③

可见,县志编修为历任主修知县提供了自书政绩和载入史册的难得契机,历届瑞金主修知县也确实毫不掩饰地将自己当政期间的政绩一一载入了县志。在某种意义上,他们将地方县志编纂成了主修知县的政绩簿。由此可见,县志编修可以让地方官员与地方士绅实现利益共享,各得其所。对于地方官员而言,在充分满足地方士绅私人目的的同时,也通过自书政绩为其身后之名的精心设计做好铺垫。明清瑞金县志的10位主修知县,有7位在下一届的县志编纂中被评为了"名宦"。主修知县被评为名宦的概率(70%),远远高出了明清时期瑞金知县被评为名宦的平均概率(22%)。④他们被评为名宦的理由,又恰恰是其主修的县志所记录下来的他们在任时的政绩。

四、结语

明清瑞金县志的书写权掌握在少数姓氏宗族手中,科名宦业最成功的西门杨氏,无论参加县志编纂的人数,还是拥有县志主纂的职位,相对其他姓氏宗族都处于绝对的主导地位。叶坪谢氏、壬田朱氏等一度在科名上较为成功的宗族,也在相应历史时期的县志编纂中,出任过主纂之职,扮演过重要角色。参加同一部县志的编纂者,同姓人员之间往往是宗亲关系,父子兄弟同修一部县志的情形,在瑞金县志编纂史上并

---

① 谈迁:《国榷》卷二十二,"宣宗宣德七年八月壬子条",中华书局,1958年,第1439页。
② 乾隆《瑞金县志》卷首《姓氏》,第162页。
③ 光绪《瑞金县志》卷5《秩官志》,台湾傅斯年图书馆收藏影印本。
④ 光绪《瑞金县志》卷5《秩官志》,第149—156页。

不少见；而异姓修志人员之间，又往往存在姻亲关系。可以说，明清时期尤其是明万历以降，瑞金县志的编纂权实际上长期被以西门杨氏为核心的姻亲集团所控制。

明清瑞金县志的编纂者与县志新增内容之间的内在逻辑表明，大多县志编纂者都设法将其私家历史导入地方县志而转换为公共历史的一部分。他们在人物志中为宗族成员立传，在艺文志中收录宗族成员的诗文，在其他各个卷类门目中安插有利彰显宗族地位的资料。不同的姓氏宗族，因着在县志编纂史上的不同地位，层累地建构起了长度不一的宗族父系传记链和导入了广度不一的家族资料，努力体现宗族世系的部分特征。明清地方县志的族谱化，既是唐宋以降方志文类的记事范围由地理拓展至人文这一内在理路的必然结果，又与明中后期以降地方宗族建设运动的兴起和宗族观念的强化密切关联；而地方官绅之间互利合作的微妙关系，则为县志编纂人员私人目的的实现和地方县志的族谱化开了绿灯。

明清地方县志的族谱化提示我们，地方县志中大凡关涉邑内人物的记载尤其是人物传记，可能并非像想象中的那样，是由第三者作出的"纯客观"事实的记录。相反，它在县志编纂史上的编写与再编写、解释与再解释，很可能是经由传主的某个直系后裔或宗族成员基于当下考虑而直接操控的结果。这个时候的"历史学家"，实际上就是作为县志编纂者的某个宗族精英。在这层意义上，试图把地方县志中的这类素材，作为重建区域社会历史过程的实在性地方资料的历史研究者，只不过是继承了他们的事业。

（作者简介：李晓方，赣南师范大学研究生院副院长、王阳明与地域文化研究中心主任，教授）

试论西汉求贤诏

叶秋菊

"选举良才,为政之本"①,中国古代选官和用人是否得当,直接关系到社会治乱与王朝兴衰,所以历代统治者非常重视人才的选拔。西汉初年,人才选拔尚未形成制度,朝廷通过颁布求贤诏在全国公开选贤,求贤诏酝酿和促成了察举制度。察举制度确立以后,朝廷要选拔孝廉以外的特殊人才,仍然通过颁布求贤诏实行,下诏求贤成为岁举孝廉的人才选拔制度的重要补充。西汉的求贤诏问题,学术界已经有一些研究成果②,但是仍有深入研究的空间余地。本文尝试探讨汉代求贤诏的发展演变、主要内容及特点,旨在揭示求贤诏对于西汉社会的功能和影响。

一、西汉求贤诏的发展演变

以诏令公开求贤的方式在汉代以前就存在。战国初期,秦孝公为了招纳有才能的人为秦国的发展献计献策,于公元前 361 年颁布《求贤令》:"宾客群臣有能出奇计强秦者,吾且尊官,与之分土。"③商鞅就是看到了《求贤令》才决定入秦,受到秦孝公的重用,在秦国主持变法。汉代帝王继承了重视贤士、公开求贤的传统,并进一步发展。西汉的求贤诏不再是个别君主的行为,几乎每个帝王都颁布过,其中有具体内容的求贤诏就有 19 条(见附表)。这些求贤诏从出现、定型、完善到流于形式,经过了一个历史发展过程,大致可以分为四个阶段:

---

① 《后汉书》卷 4《和帝纪》,中华书局,1965 年,第 176 页。
② 涉及汉代求贤诏书的论文有:秦振芳:《浅谈西汉君主求贤诏对社会发展的功用》,《文教资料》2013 年第 29 期;沈悦:《浅论西汉前期的"求贤诏"》,《文教资料》2013 年第 32 期;刘庆鑫:《汉武帝求贤诏研究》,硕士学位论文,哈尔滨师范大学 2013 年 6 月;鲍淑严:《浅析汉初求贤诏的演变》,《文教资料》2014 年第 30 期。
③ 《史记》卷 5《秦本纪》,中华书局,1982 年,第 202 页。

(一)汉高祖时期,求贤诏出现

西汉第一条求贤诏是汉高祖刘邦发布的。刘邦早年担任"泗水亭长",是一个基层小吏,追随他打天下的文臣武将,大部分都是秦代的中下层人物。西汉政权建立后,这些文臣武将相继被封侯,他们占据中央和地方政府的各个主要职位,形成"布衣将相"①之局。据统计,汉初军功出身者在三公九卿、王国相和郡太守总人数中所占的比例,分别高达96%和81%②。汉初选官的标准主要是军功。但是随着天下安定,刘邦逐渐意识到"马上得天下,但不能马上治之",要想维护刘姓皇朝的长治久安,就得更广泛地选拔各类人才。高祖十一年(公元前196年)是新王朝建立之初不平静的一年,诸侯王叛乱不断。投靠匈奴的韩王信引诱代相陈豨谋反,刘邦亲自率兵平定叛乱。韩王信又带兵攻汉,刘邦派大将柴武杀韩王信。同时还有"淮阴侯韩信谋反长安,夷三族"③。面对紧张的局势,汉朝廷迫切需要各类人才,帮助朝廷巩固天下,因此刘邦发布《求贤诏》,要求各地举荐"贤士大夫"。诏书中说:"盖闻王者莫高于周文,伯者莫高于齐桓,皆待贤人而成名。今天下贤者智能岂特古之人乎?患在人主不交故也,士奚由进!今吾以天之灵,贤士大夫定有天下,以为一家,欲其长久,世世奉宗庙亡绝也。贤人已与我共平之矣,而不与吾共安利之,可乎?"④这表明刘邦要学习周文王、齐桓公"待贤"而成功的先例,依仗贤人的帮助已经平定天下的情况下,还要与贤人共同治理天下。对于贤才的科目,诏书中未作规定,只是笼统地说"署行、义、年",说明选贤的标准是品行、仪表和年龄。"年老癃病,勿遣",不选年老体弱者。"御史中执法下郡守,其有意称明德者,必身劝,为之驾,遣诣相国府"则是选贤程序,让郡守察访贤士,亲自对贤士进行劝勉,并准备车驾把被举的贤士送到相国府进行登记。高祖的求贤诏书虽没有规定具体的求贤科目,但是具有重要意义。"布告天下,使明知朕意",刘邦这种公开普选贤能的方式与三代的世官制、秦代的纳粟和军功选贤法不同,是人才选拔方式的一个重大转变。选贤的标准与世官制下的血缘、秦代的纳粟、军功不同,偏重德行。让郡国自下而上举荐人才的方法,与以后的察举制度相似,这份求贤诏书或可视为察举制度的渊源。

(二)惠帝、文帝时期,求贤诏初步定型

汉惠帝时,曾下诏要求郡国举荐"孝悌力田"。孝惠四年(公元前191年)春正月,"举民孝弟力田者复其身"⑤,不过对选出来的"孝弟力田"只是免除其徭役,让他们为百姓做表率,还不是让他们做官。

---

① (清)赵翼著,王树民校正:《廿二史劄记校证》,中华书局,1984年,第36页。
② 李开元:《汉帝国的建立与刘邦集团——军功受益阶层研究》,生活·读书·新知三联书店,2000年,第219页。
③ 《汉书》卷1下《高帝纪下》,中华书局,1982年(以下版本相同),第70页。
④ 《汉书》卷1下《高帝纪下》,第71页。
⑤ 《汉书》卷2《惠帝纪》,第90页。

文帝二年(公元前178年)因发生日食,颁布求贤诏书(诏书见附表)。诏书开篇指明求贤的原因,"朕闻之,天生民,为之置君以养治之。人主不德,布政不均,则天示之灾以戒不治。乃十一月晦,日有食之,适见于天,灾孰大焉!"日食是上天对人君"不德"的警示,为了应对上天的警示,要选举贤才"以匡朕之不逮"。接着指出求贤的科目,"举贤良方正能直言极谏者"①。这是历史上第一次选举"贤良方正",以后"贤良方正"成为求贤诏重要的选贤科目之一。文帝时大臣贾山曾说"今方正之士皆在朝廷矣,又选其贤者使为常侍诸吏"②,这说明选出的"贤良方正"得到任用,有些还成为文帝的近臣。

文帝在十五年(公元前165年)再次下诏求贤(诏书见附表)。诏书中说求贤的原因是"朕既不德,又不敏,明弗能烛,而智不能治",求贤的科目是"贤良及能直言极谏者"。这份诏书第一次明确规定举荐者,从"二三执政"具体为"有司、诸侯王、三公、九卿及主郡吏"③,而且扩大到郡守一级。对于被举荐的贤士,"上亲策之,傅纳以言"④,皇帝提出问题由被举荐的人书面回答。"对策者百余人,唯错为高第,由是迁中大夫"⑤,晁错就在这次策试中脱颖而出。文帝这次诏令在求贤诏的内容和程序上都为以后打下了基础。以后的求贤诏基本上都是包括求贤的原因、举荐者和举荐科目这三部分内容,求贤诏颁布后,也基本上分为举荐者按照要求举荐贤才、皇帝对被举者进行策问、根据对策的优劣授官这几个步骤。

从惠帝到文帝时期,是求贤诏初步定型的时期。

(三)武、昭、宣时期,求贤诏进一步发展完善

武帝到昭宣时期,求贤诏的数量有所增加,求贤诏的科目也有所增加。

汉武帝即位时,汉初一直支配朝廷的军功集团已经衰落⑥,各级官位需要大量人才来填补,武帝即位开始就下诏求贤。建元元年(公元前140年),下诏要求"丞相、御史、列侯、中二千石、二千石、诸侯相举贤良方正直言极谏之士"⑦,还亲自对被察举者进行策问,董仲舒在对策文中提出"天人感应"理论⑧,引起了他的重视,"天子览其对

---

① 《汉书》卷4《文帝纪》,第116页。
② 《汉书》卷51《贾山传》,第2335页。
③ 《汉书》卷49《晁错传》,第2290页。
④ 《汉书》卷4《文帝纪》,第127页。
⑤ 《汉书》卷49《晁错传》,第2299页。
⑥ 李开元:《汉帝国的建立与刘邦集团——军功受益阶层研究》,生活·读书·新知三联书店,2000年,第219页:"汉初军功阶层全面支配着汉帝国政治之各个部分,其出身者在三公九卿、王国相及郡太守总和中所占的比例,分别高达96%和81%,至文帝时,下降至50%……至景帝时,则下降至30%。"
⑦ 《汉书》卷6《武帝纪》,第155、156页。
⑧ 关于董仲舒被武帝策诏的时间,史学界说法不一,至今没有定论。目前大致有四种说法:一是建元元年说(前140年),二是元光元年说(前134年),三是元光元年(前134年)二月说,四是建元五年(前136年)说。笔者认为建元元年说根据比较充分。因为《汉书·董仲舒传》中记载"武帝即位,举贤良文学之士前后百数,而仲舒以贤良对策焉",说明董仲舒对策是在武帝刚即位之时。

而异焉,乃复册之"①,接连对董仲舒进行了三次策问。董仲舒在对策中强调了选贤的重要性,"得天下之贤人,则三王之盛易为,而尧舜之名可及也"②。还对凭借出身选官的任子制度提出批评,"夫长吏多出于郎中、中郎,吏二千石子弟选郎吏,又以富訾,未必贤也"③,建议改革选举制度,以州郡举荐贤才,"使诸列侯、郡守、二千石各择其吏民之贤者,岁贡各二人以给宿卫"④。董仲舒提出的选贤方法实际上就是郡守自下而上举荐人才的察举制度。

元光元年(公元前134年),武帝下诏"初令郡国举孝廉各一人"⑤,这显然是将董仲舒的建议付诸实施。此诏意义重大,从中可以看出:"初令"是针对以后而言的,这样求贤就形成定制;对求贤的标准有明确的规定,就是有"孝"或"廉"的事迹,唐人颜师古在"郡国举孝廉"之下注曰"孝谓善事父母者,廉谓清洁有廉隅者"⑥;被荐举的人数有限定,每郡推荐一人⑦。武帝颁布的这个求贤诏标志着一种新的选贤方法——察举制度正式确立。郡国每年自下而上举荐人才的选贤方式成为朝廷选贤的定制,一直到东汉都采用这种选贤方式。这种普选贤能的方式相对于世卿世禄的世官制和军功爵制来说,扩大了贤才的选择范围,有利于各个阶层的优秀人才入仕,是一种巨大的进步。这种新的选贤方法,对当时官吏人才的选拔、任用以及对社会的安定,均产生重要作用。因此劳榦称这一年"是中国学术史和政治史上最可纪念的一年"⑧。

武帝时另一次重要的选贤是元光五年(公元前130年)下诏选举贤良。"时对者百余人,太常奏弘第居下。策奏,天子擢弘对为第一……拜为博士,待诏金马门。"⑨,公孙弘出身布衣,官至丞相,为汉代太学的创办和经学的发展,做成了突出的贡献。

其后的十多年中,汉武帝开边、兴利、改制、用法、专擅,导致"海内虚耗,户口减半"⑩。元封四年(公元前107年),又出现了二百万流民,政局动荡。次年(公元前106年),大司马大将军卫青死,将军苏建死,大儒董仲舒死,"名臣文武欲尽"⑪,出现人才短缺的现象。武帝再次颁布求贤诏招揽贤才,"其令州郡察吏民有茂材异等可为

---

① 《汉书》卷56《董仲舒传》,第2506页。
② 《汉书》卷56《董仲舒传》,第2513页。
③ 《汉书》卷56《董仲舒传》,第2512页。
④ 《汉书》卷56《董仲舒传》,第2513页。
⑤ 《汉书》卷6《武帝纪》,第160页。
⑥ 《汉书》卷6《武帝纪》,第160页。
⑦ 研究者对于这句话的理解各不相同。黄留珠认为,并非郡国举一"孝"一"廉"共二人,而是各郡国仅举一人,或者是"孝"或者是"廉",见黄留珠《秦汉仕进制度》,西北大学出版社1985年版,第90—97、173—176页。阎步克认为郡守察廉与举孝廉在两汉时一直是互不相涉的两种察举,郡守察廉指举荐廉吏,是长官报请上级迁补属吏优异者之科目,而孝廉则是郡国向中央"贡士"之科目。见阎步克《察举制度变迁史稿》,辽宁大学出版社1991年版,第31—40页。笔者认为阎步克的说法更加准确。
⑧ 劳榦:《汉代察举制度考》,《汉代政治论文集》,艺文印书馆,1977年,第633页。
⑨ 《汉书》卷58《公孙弘传》,第2617页。
⑩ 《汉书》卷7《昭帝纪》,第233页。
⑪ 《汉书》卷6《武帝纪》,第197页。

将相及使绝国者。"①这次的求贤诏要求举荐"茂才"、"异等"之士,突破了以前"贤良方正"的局限,增加了选贤的科目。举主是"州郡",所谓州是这年初在全国设立的负有监察责任的十三州,汉武帝规定州举茂才,所以茂才察举档次高、人数少,任用较重。到了东汉,州举茂才和郡举孝廉一样成为常举。

昭帝始元五年(公元前82年)颁布求贤诏,"令三辅、太常举贤良各二人,郡国文学高第各一人"②。次年,又"诏有司问郡国所举贤良文学民所疾苦。议罢盐铁榷酤"③。宣帝时有三份求贤诏书见于史籍记载:本始三年(公元前70年),因"郡国四十九地震,或山崩水出",宣帝下诏"令三辅、太常、内郡国举贤良方正各一人"④。地节三年(公元前67年),在"令内郡国举贤良方正可亲民者"后,下诏要求"郡国举孝、弟有行义闻于乡里者各一人"⑤。元康元年(公元前65年),因为"阴阳风雨未时",宣帝下诏要求"博举吏民,厥身修正,通文学,明于先王之术,宣究其意者,各二人,中二千石各一人"⑥。

武、昭、宣时期多次下诏求贤,广开士人从政的门路,求贤的科目也有所增加,是求贤诏进一步发展完善的阶段。

(四)元、成、哀、平时期,求贤诏流于形式

从元帝时起,因为灾异求贤的诏书越来越多。元帝时有四份诏书跟灾异有关:初元二年(公元前47年)因"地震于陇西郡,毁落太上皇庙殿壁木饰,坏败豲道县城郭官寺及民室屋,压杀人众。山崩地裂,水泉涌出"⑦而颁诏求贤;初元三年(公元前46年),因"阴阳错谬,风雨不时"⑧而求贤;永光二年(公元前42年),因"日有蚀之,天见大异"⑨而求贤;建昭四年(公元前35年),因"阴阳不调,五行失序,百姓饥馑"⑩而求贤;成帝建始三年(公元前30年),因"日有蚀之……地震未央宫殿中"⑪而求贤;元延元年(公元前12年),因"日蚀、星陨,谪见于天,大异重仍。在位默然,罕有忠言。今孛星见于东井"⑫而求贤;哀帝元寿元年(公元前2年),因"日有蚀之"而求贤。这个时期,西汉王朝国势衰微,自然灾害不断发生,社会上下人心涣散。儒家思想经过武帝时的确立和昭宣时期的发展,这时已经成为社会的主要统治思想,以皇帝为首的统

---

① 《汉书》卷6《武帝纪》,第197页。
② 《汉书》卷7《昭帝纪》,第234页。
③ 《汉书》卷7《昭帝纪》,第234页。
④ 《汉书》卷8《宣帝纪》,第245页。
⑤ 《汉书》卷8《宣帝纪》,第250页。
⑥ 《汉书》卷8《宣帝纪》,第255页。
⑦ 《汉书》卷9《元帝纪》,第281页。
⑧ 《汉书》卷9《元帝纪》,第284页。
⑨ 《汉书》卷9《元帝纪》,第289页。
⑩ 《汉书》卷9《元帝纪》,第295页。
⑪ 《汉书》卷10《成帝纪》,第307页。
⑫ 《汉书》卷10《成帝纪》,第326页。

治阶级已经普遍接受了"天人感应"观念,所以求贤多因灾害而发。统治者不是真心实意地求贤才,求贤诏书逐渐流于形式。

因此可以说,西汉求贤诏的发展是西汉王朝政治演进的缩影,随着国家从繁荣鼎盛到衰落末世,求贤诏也由作用突出发展到流于形式。

二、西汉求贤诏的主要内容

西汉求贤诏主要包括三部分内容:求贤的原因;贤才的科目;举主。从表面上看,各个帝王颁布求贤诏的具体原因不同,有的是为了实现自己的抱负,有的是因为发生灾异,而求贤的根本原因是通过搜罗贤才,稳固统治。求贤诏书中规定的贤才科目以贤良方正居多,另外也有一些不同科目,根据朝廷当时的需要而临时设立,似无规律可循。不同时期的求贤诏中规定的举主范围也有所不同。

西汉帝王颁布求贤诏的原因如下:

帝王们刚即位时颁布求贤诏,希望选拔贤才,以达到笼络人心、稳定统治的目的。例如文帝二年颁布的求贤诏,表面原因是发生日食,其实与当时的形势有关,文帝本是诸侯王,被军功集团拥立为皇帝,皇位根基不稳,对军功集团发动政变、废立皇帝怀有猜忌之心,怕他们再次发动政变,所以企图通过求贤引进人才以逐步扩大自己的力量,压制军功集团。又如汉武帝临政的第一政务就是求贤,建元元年(公元前140年)冬十月下诏求贤,希望能搜罗人才为自己服务,班固说"武帝初即位,征天下举方正贤良文学材力之士,待以不次方位"[①]。

帝王谋求发展时希望通过求贤诏搜罗贤才,出谋划策。例如前文所引高祖十一年(公元前196年),西汉虽已建立,但是尚未完全安定,且新上台的统治者以往的主要任务为"打天下",现在要转为"治天下",要解决这些问题,就需要贤才的帮助,因此刘邦颁布求贤诏称愿与贤士共安天下。再如汉武帝即位前期的尊儒活动受到窦太后的阻挠而中断,窦太后死后,汉武帝开始大展拳脚,实现自己的政治抱负,首要的事也是颁诏求贤,即在元光元年颁布求贤诏招揽人才,班固说"时上方兴功业,屡举贤良"[②]。

在社会矛盾日趋激化的王朝后期,皇帝感到自己的统治不那么巩固的时候,颁布诏令求贤,希望找到怀有奇才异术的人,通过他们把王朝支撑下去。例如西汉末年,哀帝时下诏求贤。

发生灾异后,西汉帝王也下诏求贤。最早因为灾异颁布求贤诏的是文帝,文帝二年(公元前178年),因为发生日食,文帝颁布诏书"乃十一月晦,日有食之,适见于天,

---

[①] 《汉书》卷65《东方朔传》,第2841页。
[②] 《汉书》卷58《公孙弘传》,第2621页。

灾孰大焉……及举贤良方正能直言极谏者,以匡朕之不逮"①。从宣帝开始,因灾异而下诏求贤的诏书逐渐增多,本始四年(公元前70年)因发生地震,宣帝下诏求贤。元帝时的四份求贤诏书全部都是在灾异发生后颁布的,元帝还明确要求举荐"明阴阳灾异者"。成帝的四份求贤诏书中有三份跟灾异有关。哀帝的三份求贤诏书中也有一份跟灾异有关。唐代杜佑评论说:"汉诸帝,凡日蚀、地震、山崩、川竭天地之变,皆诏天下郡国举贤良方正、直言极谏之士,率以为常。"②灾异之后颁布求贤诏,主要发生在西汉中后期以后,这与"天人感应论"逐渐被统治者所接受有关。他们相信"天之所违必先降以灾异,此神明之征应,自然之占验也"③。天人感应思想成为皇帝在灾后下诏自谴并诏举贤士的重要原因。

实际上,无论是帝王刚即位时还是谋求发展时,或者是发生灾异后,颁布求贤诏的根本目的都是为了稳固统治。诏书是皇帝的旨意,诏书拟定后要向全国颁布,中央和地方的各级行政机构依次向下传达,基层官吏要向百姓宣读,正如贾山所说:"臣闻山东吏布诏令,民虽老赢癃疾,扶杖而往听之。"④诏书是百姓了解朝廷政策的重要渠道之一。汉代统治者利用这个渠道,宣扬对于人才的重视,说明人才是为政之本。例如哀帝在建平元年(公元前6年)的求贤诏中说"圣王之治,以得贤为首"。求贤诏向百姓表明朝廷对人才的重视,有助于提高百姓尤其是有志之士对朝廷的依附感和归属感。

西汉求贤诏中列出的求贤科目,以贤良方正、直言极谏居多,19份诏书中,要求举荐贤良方正、直言极谏的多达9条。此外,还有茂才,文学异等,孝弟、有行义闻于乡里者,厥身修正、通文学、明于先王之术、宣究其意者,明阴阳灾异者,质朴敦厚逊让有行者,敦厚有行义、能直言者,勇猛知兵法者,明习兵法有大虑者,可充博士之位者,孝弟惇厚能直言通政事,延于侧陋可亲民者等。由此可见,汉代皇帝选贤的标准不是一成不变的,而是皇帝根据某些具体情况和需要确定的。汉武帝时着力于开通西域,需要勇敢机智的使节,求贤诏中就要求举荐"有茂才异等……使绝国者"。昭帝自幼接受儒学教育,"朕……诵《保傅传》《孝经》《论语》《尚书》",学习过程中遇到很多问题,"未云有明",因此在始元五年(公元前82年)六月,下诏要求"三辅、太常举贤良各二人,郡国文学高第各一人"⑤。所谓"文学高第"就是熟悉儒家经典者。元帝时,灾害频繁发生,元帝就要求举荐"明习阴阳灾异者"。成帝时,社会矛盾激化,农民起义此起彼伏,甚至波及京师附近。在这种情况下,成帝迫切需要会带兵的人才,因此他下诏称"盗贼众多",要求荐举"勇猛知兵法者""明习兵法有大虑者"。

---

① 《汉书》卷4《文帝纪》,第116页。
② (唐)杜佑撰,王文锦等点校:《通典》卷13《选举一·历代制上》,中华书局,1988年,第314页。
③ 《汉书》卷77《刘辅传》,第3252页。
④ 《汉书》卷51《贾山传》,第2336页。
⑤ 《汉书》卷7《昭帝纪》,第223页。

西汉求贤诏中规定的举主范围几乎都不相同。最早明确规定举主的是文帝十五年的求贤诏,称有权举荐的是"有司、诸侯王、三公、九卿及主郡吏"①。汉武帝时,举主扩大到"丞相、御史、列侯、中二千石、二千石、诸侯"②。昭宣时期,举主范围有所缩小,"三辅、太常、内郡国"③。成帝时的求贤诏中规定,举主为"丞相、御史与将军、列侯、中二千石及内郡国"④,增加了将军。这是因为成帝时王氏外戚以大将军身份把持朝政。举主范围的变化,跟汉代政治的变化有密切关系。虽然每个时期举主都有变化,但是举主的主体是郡守等地方长官,每个郡都有举荐贤才的机会,每个郡的优秀人才都有机会入仕,有利于稳定汉朝的统治基础,有利于汉朝的统一。

西汉的举主需要为自己举荐的贤才负连带责任。例如西汉元帝初元二年(公元前47年),下诏要求列侯举茂材,富平侯张勃举荐了陈汤,"汤待迁,父死不奔丧",陈汤贪恋权位不为父亲奔丧的行为被查证后,不仅自己被下狱,举主张勃也连带受罚,"勃选举故不以实,坐削二百户",不仅如此,张勃死后,被赐谥号"缪侯"⑤,意思是缪举人才。

三、西汉求贤诏的特点及影响

西汉的求贤诏具有突出的特点,首先表现为求贤诏选拔人才程序严格。诏举的人才在被举荐后,需要参加策试,分出等第,再根据等第授官。汉代的贤良方正科需要策试,这个已于前文叙述。实际上诏举的其他科也需策试。例如桓帝延熹九年(166年),"太常赵典举爽至孝,拜郎中。对策陈便宜"⑥。灵帝建宁二年(169年)下诏举荐有道之士,"谢弼、陈淳、公孙度俱对策,除郎中"。献帝建安五年(200年),下诏要求三公举至孝二人,九卿、校尉、郡国各一人,"皆上封事,靡有所讳"⑦。这些例子说明,汉代诏举的各科人才都需要对策。与诏举入仕的人才不同,孝廉则不需要进行对策,马端临认为这是因为"所谓贤良、文学者,取其忠言嘉谟,足以佐国,崇论宏议,足以康时,故非试之以对策,则无以尽其材。若孝廉,则取其履行,而非资其议论也"⑧,孝廉选举注重德行,德行在日常即可表现出来,不需要通过策试考察,而诏举的贤良、文学等人,主要是看他们能否提出治国理政的忠言嘉策,贤良等人通过策试充分表达其政治谋略,朝廷则通过策试一观人才的高下,"对策者,显问以政事经义,

---

① 《汉书》卷49《晁错传》,第2290页。
② 《汉书》卷6《武帝纪》,第155、156页。
③ 《汉书》卷8《宣帝纪》,第245页。
④ 《汉书》卷10《成帝纪》,第307页。
⑤ 《后汉书》卷70《陈汤传》,第3007页。
⑥ 《后汉书》卷62《荀爽传》,第2051页。
⑦ 《后汉书》卷9《献帝纪》,第382页。
⑧ (元)马端临撰:《文献通考》上册卷34《选举考七·孝廉》,中华书局,1999年,第320页。

令各对之,而观其文辞,定高下也"①。诏举的人才要参加策试,程序上更加严格,所以不易作弊。由下向上推举的孝廉、茂才不需要参加考试,极易作弊,所以至东汉后期出现了"举秀才,不知书;举孝廉,父别居"②的察举弊端。

其次西汉求贤诏内容灵活,成为察举制度的重要补充。求贤诏的颁布时机不是固定不变的,而是跟朝廷的需要有关。帝王需要搜罗人才,就会颁布求贤诏。求贤诏的内容也不是固定的,求贤的科目是根据朝廷需要的人才而定的,有资格的举荐者也不是固定的,时代不同,有资格举荐贤才的官职也不同。求贤诏之所以没有固定不变的定制,是因为察举制度确立后,每年由百余郡国各举一至两名孝廉,到和帝时期,又由郡国按其人口二十万分之一的比例向朝廷荐举。有人据西汉郡国人口数估计,从汉武帝元光元年始设孝廉科直至东汉灭亡,350 年察举孝廉的总数约为 74000 余人③。这样的规模在朝廷直接任免的官僚总数不超过万人的汉代,应当说是相当可观了。所以说,岁举孝廉(东汉时增加州举茂才)是汉代人才选拔的主要途径。孝廉选举的选贤标准偏重德行,岁举孝廉的选贤时间和程序相对固定,因此孝廉能够满足朝廷对人才的主要需要,却无法满足朝廷对人才的全部需要。求贤诏的灵活性正好补充岁举孝廉制度的不足,当朝廷需要孝廉以外的其他专门人才(如明阴阳灾异者、勇猛知兵法者)时,可以随时下诏公开求贤。可以说,诏举人才是对察举制度的一种恰到好处的补充。

再者求贤诏实施的效果跟西汉政治密切相关。西汉初年到文景时期,朝廷通过求贤诏选拔了晁错等影响汉代历史的人才。武、昭宣时期,多次下诏求贤,一大批优秀政治家、军事家、理财家、思想家、文学家和科学家通过诏举求贤被选拔入仕,可以说是求贤诏的效果最为明显的时期。如武帝亲自策问贤良,被董仲舒的对策吸引,于是连续进行策问,董仲舒在对策中提出了影响汉代及以后两千年历史的以"天人感应"和"大一统"为核心的新儒家思想。贤良公孙弘的对策被太常判为下第,汉武帝亲览后拔擢为第一,自此公孙弘仕途顺利,"自见为举首,起徒步,数年至宰相封侯"④。公孙弘曾上书汉武帝,提出兴学、置博士弟子员和任用儒生为官的建议,得到汉武帝认可。这样,儒生入仕就有了规范化的门径。武帝时通过求贤诏选出的贤才见于史籍的还有严助等人。严助的贤良对策受到武帝青睐,"武帝善助对,由是独擢助为中大夫"⑤,中大夫属于武帝身边近臣,当时朝廷多事,武帝"令助等与大臣辩论,中外相应以义理之文,大臣数诎"。闽越国攻打东瓯国,东瓯国向汉朝廷求救。太尉田蚡建议不救,严助辩驳,并奉命持节到会稽郡调兵。会稽郡守未见虎符,拒绝发兵,

---

① 《汉书》卷78《萧望之传》颜师古注,第3272页。
② (晋)葛洪著,杨明照校笺:《抱朴子外篇校笺》卷2《审举》,中华书局,2004年,第393页。
③ 黄留珠:《秦汉仕进制度》,西北大学出版社,1985年,第97—106页。
④ 《汉书》卷58《公孙弘卜式儿宽传》,第2621页。
⑤ 《汉书》卷64《严助传》,第2775页。

严助斩杀司马,迫使发兵。足见其胆识超群。昭帝时,诏举的贤良文学们在盐铁会议上与以桑弘羊为代表的主张继续实行盐铁官营、经营西域政策的官员进行辩论,朝廷最终"罢郡国榷酤、关内铁官"①,并以此为契机,停止武帝时期连年对外大规模用兵、对内大兴功作的弊政,将统治重心转向发展生产、与民休息。宣帝时通过求贤诏选中的贤才以黄霸、魏相为代表,黄霸是著名循吏,"自汉兴,言治民吏,以霸为首"②;魏相日后官至丞相。这个时代群星闪烁、人才辈出,班固曾盛赞这个时期"群士慕向,异人并出"③、"汉之得人,于兹为盛"④。人才的兴盛成为西汉王朝在汉武帝时进入鼎盛以及在昭帝、宣帝时出现昭宣中兴局面的重要原因之一。元成哀平时期,通过诏举被选入仕的人才逐渐减少。因此可以说,求贤诏的发展是西汉历史发展的缩影,国家繁荣鼎盛时,求贤诏的求贤效果突出,政治衰败时,则求贤诏流于形式,选贤效果不明显。

求贤诏跟西汉的政治密切相关,反过来,求贤诏对西汉社会及其以后王朝的政治发展具有重要的影响,主要体现在:

西汉的求贤诏促进了新的选举制度的形成。夏、商、周以血缘关系为基础的"世卿世禄"制度,长期以来显露出许多问题,乃至于难以维持下去。春秋战国时所谓"礼崩乐坏",显然是非变不可。秦国创建的军功爵制,起过一定作用,也是很不完善的。刘邦即皇帝位时,"群臣饮争功,醉或妄呼,拔剑击柱"⑤。臣下居功自傲,这是为君的大忌。况且"马上得天下"不能"马上治天下",必须有贤士大夫"与吾共安利之"(高祖诏)。沿着高祖的方针,以后的汉朝皇帝频频下求贤诏,通过一系列的诏书及其各种具体规定,早在文帝、武帝时,就在事实上形成了察举、征辟制度,到东汉时内容逐渐丰富,制度日益完善。汉代成为中国古代历史上选官制度的新阶段。

求贤诏满足了汉代统治集团人才选拔的需要。汉武帝之前,还未形成固定的选官制度。朝廷需要各类人才时,只能颁布求贤诏,公开征集贤士。武帝时,察举制度确立,郡国守国相每年向中央举荐孝廉,孝廉科的选举标准偏重德行。实际上,朝廷更多时候需要洞悉时势、有远见卓识的人才。孝廉无法满足朝廷的对人才的全部需要。这时,皇帝又通过颁布诏书公开求贤,被选中的"贤良方正"通过参加策试,提出自己对时势的见解。皇帝通过贤良对策发现需要的人才。所以求贤诏成为察举制度的重要补充和完善,满足了朝廷对人才的需求。

求贤诏在稳定西汉社会秩序方面起过重要作用。求贤诏颁布后,一部分贤士被选为各级官吏,一方面能够帮助统治阶层增加新鲜血液,另一方面帮助帝王向社会大

---

① (汉)桓宽撰,王利器校注:《盐铁论校注》卷7《取下》,中华书局,1996年,第463—464页。
② 《汉书》卷89《循吏传》,第3634页。
③ 《汉书》卷58《公孙弘卜式儿宽传》,第2633页。
④ 《汉书》卷58《公孙弘卜式儿宽传》,第2634页。
⑤ 《汉书》卷43《叔孙通传》,第2126页。

众摆出一副求贤的姿态,这都有利于社会秩序的稳定。为了表示对贤才的重视,汉代帝王除了在求贤诏的内容中一再宣称人才的重要性,还亲自对被荐举的贤士们进行策试。这个传统始于文帝,武帝时亲自策试,选中董仲舒、公孙弘和严助。以后的帝王大多能保持这个传统,元帝初元二年(公元前47年)的诏书中称"朕将亲览"[1],成帝建始三年(公元前30年)的求贤诏中称"朕将亲览"。帝王通过在求贤诏向社会大众表现出招贤纳士的姿态。仁人志士们从帝王的求贤诏中感受到自己有施展抱负的机会,从而对王朝产生归属感,有利于社会秩序的稳定。

西汉的求贤诏在古代求贤制度发展史上起到了承前启后的作用。汉代以前帝王颁布的求贤诏(令),是零星的、个别的,自西汉起,求贤诏开始成为帝王诏书中非常重要的一部分,几乎每个皇帝都颁布求贤诏。公开颁布诏书求贤,也成为人才选拔制度的重要内容。正是由于求贤诏对西汉政治和社会稳定具有突出的作用,后世王朝也沿袭西汉帝王的做法,颁布求贤诏。东汉建立后,沿袭西汉的人才选拔制度,以诏举人才作为岁举孝廉、茂才的补充。后来岁举中选举不实的现象越来越多,于是朝廷借鉴诏举人才中的考试方法,在岁举中也加入考试环节。东汉顺帝阳嘉元年(132年),下诏"初令郡国举孝廉……诸生通章句,文吏能笺奏,乃得应选"[2],要求孝廉要参加考试。东汉以后,统治者继续通过求贤诏选拔人才。如曹操曾三次颁布"求贤令",招纳人才。即使在科举制度实行以后,帝王也依然颁布求贤诏求贤,作为科举制度的补充。例如唐太宗李世民十分注重人才的选拔,认为只有选用大批具有真才实学的人,才能达到天下大治,曾多次颁布求贤诏。明太祖朱元璋也曾多次下求贤诏,访求天下贤才。洪武六年(1373年),朱元璋下诏称:"贤才,国之宝也。……人君之能致治者,为其有贤人而为之辅也。山林之士德行文艺可称者,有司采举,备礼遣送至京,朕将任用之,以图至治。"[3]要求举荐聪明正直、贤良方正、孝弟力田、儒士、孝廉、秀才、人才、耆民等贤士。与西汉一样,不同时期的求贤诏具有不同的效果,历代帝王有的是真心实意求贤若渴,有的则是借求贤之举,标榜自己的贤明,做形象工程而已。

原刊于《江汉论坛》2015年第12期

(作者简介:叶秋菊,华中师范大学历史文化学院讲师、博士)

---

[1] 《汉书》卷9《元帝纪》,第281页。
[2] 《后汉书》卷6《顺帝纪》,第261页。
[3] 《明史》卷71《选举志三·荐举》,中华书局,1974年,第1712页。

试论鄱阳湖传统渔业饮食习俗与地方社会建构
——以鄱阳县古渔村管驿前为例

程宇昌

鄱阳湖是中国第一大淡水湖,其传统渔业习俗历史悠久绵长,管驿前村矗立于鄱阳湖畔之鄱江之滨,村史千年,渔史百年,是典型的鄱阳湖古渔村。[①] 自20世纪90年代以来,民间信仰与习俗的研究,风生水起,成果丰硕。[②] 而对于中国第一大淡水湖鄱阳湖民俗的研究尚不多见,尤其渔业习俗的研究尤为少见。[③]

当前,社会发展日新月异,社会思潮泛滥,科技发展飞速,人们物质文化生活水平日益提高,而传统习俗面临历史困境,几乎濒临消失。时下,绿色、共享、创新是地方社会建构的新主张,是当前社会发展的时代最强音,因此,以鄱阳湖古渔村管驿前传统渔业饮食习俗为个案,以传统渔业饮食习俗的传承与发展为核心,梳理鄱阳湖古渔村管驿前传统渔业饮食习俗的主要概况,探析管驿前传统饮食习俗之主要特点与现实价值,努力探寻传统渔业习俗与地方构建的主要途径及其基本特征,试图建构地方社会发展新模式,具有较为重要的现实意义。

[①] 参见程宇昌:《鄱阳湖古渔村管驿前村史考》,《农业考古》2015年第6期。
[②] 近年来,民俗与民间信仰的研究主要有葛兆光、郑振满、陈春生、路遥、赵世瑜、林国平、刘志伟、郭于华、朱海滨等,民间信仰成为民俗研究的主要热点,内容涉及神灵、仪式、庙会以及区域民间信仰的研究等,他们多采取人类社会学的方法,重视田野社会调查与"日常生活式"的民间信仰研究,探讨民间信仰中国家与地方的互动关系,成果卓著。
[③] 关于鄱阳湖渔业习俗的研究,主要代表有:傅依凌认为,江西的"九姓鱼户"不是九姓,此"九"应是数目多的通称,他们聚族而居,打渔为生。朱海滨认为,九姓渔民是世代浮居于江河船上的一种社会人群,九姓渔民源于历史上的疍民。梁洪生提出,洪水期形成的俗称的"泖水",正是"湖区业权的季节性模糊期",此引发许多湖权问题。万振凡等提出,鄱阳湖地区历史上的惯性处理纠纷法,对当前处理类似纠纷仍有重要的参考价值。邱国珍对鄱阳湖古渔村管驿前进行实地调研,对渔民习俗进行了一定的梳理与研究。

一、古渔村管驿前传统渔业饮食习俗的主要概况

在古代,渔业是鄱阳湖水域周边社会人们最主要的经济来源之一,人们以渔为生,以渔为业,以鱼为食。鄱阳湖古渔村管驿前的渔人们也不例外,鱼是他们日常生活的主要食材,围绕渔与鱼,形成了独特的饮食习俗,这些习俗流转千年,有的随时代发展而变迁,有的已然消失,笔者就古渔村管驿前传统渔业饮食习俗的主要概况简要梳理如下。

1. 渔歌。渔歌是古代鄱阳湖渔民生产中不可或缺的文化生态符号,是鄱阳湖一道亮丽风景与名片。唱渔歌可调节生产活动气氛,可舒缓紧张生产的神经,可打破劳作的沉闷,可分享丰收的喜悦。[①] 渔歌晚唱是鄱阳湖传统渔业习俗的主要特点之一,也是鄱阳湖传统渔业饮食习俗的特点之一。夕阳西下,落日余晖,一叶扁舟,渔人船头把酒,兴致高雅时,哼上几句,怡然自得。清代文人龙文彬作《鄱阳湖棹歌》云:"大舟泛入碧琉璃,小艇摇摇夕照西。一曲渔歌秋色晚,赊将明月唱铜鞮。康山庙祀开平王,五志峰高太白堂。才子英雄浑不记,高低酒价问都昌。"[②]夕阳、渔舟、渔歌、康山庙、太白堂及酒等,绝妙一幅渔家风情图。又如清代蔡寿祺的诗句:"回风矶下晚风轻,小住蒲帆浪不惊。明月在天天在水,渔歌时杂棹歌声。"[③]由此可见,渔歌是渔人兴致使然,是渔家普遍风情,而渔歌唱晚,更是鄱阳湖的渔家风貌。

渔歌不仅是渔家生产时的低吟与晚唱,渔歌、酒、食鱼的组合更是鄱阳湖传统渔家习俗之一。清代佚名诗人云:"斜风细雨不归去,渔歌襖霭殊可听,海天万里生怒涛,一钓何当运六鳌,不如投竿故溪水,与君共食鲤鱼尾,渔儿渔女收鱼罾,明月满船吾醉矣。"[④]渔歌、酒、食鱼、明月、醉,将渔家的闲适生活描写的淋漓尽致。同时,也充分的表现出渔家食鱼时渔歌的嘹亮、饮酒的欢畅。

鄱阳湖古渔村管驿前的渔歌较多,有打渔歌、有划船歌、有饮酒歌,尤其是饮酒酣畅时的放声低吟或嘶唱,完全是自我陶醉、自我放松下的情景表现,而渔歌的主要特点:有节奏,有韵律,讲究声音清远,不求咬文嚼字的方正清雅。[⑤] 因渔歌本身就是渔人的劳动创作,表达了渔人丰收的喜悦、闲适的淡雅与怡然,唱渔歌成为鄱阳湖渔家传统饮食文化习俗的日常场景之一。

2. 土酒。酒是中国饮食文化的特色之一,是士大夫们的最爱,同样,酒也是渔家生活中必不可少的饮品,是渔家生活的特色标签之一,也是管驿前渔家原态生活重要

---

① 程宇昌:《明清时期鄱阳湖区渔民文化初探——以鄱阳县古渔村管驿前为例》,《农业考古》2015 年第 3 期。
② 丘良任、潘超、孙忠铨、丘进编:《中华竹枝诗全编》,北京出版社,2007 年,第 346 页。
③ 丘良任、潘超、孙忠铨、丘进编:《中华竹枝诗全编》,北京出版社,2007 年,第 339 页。
④ 李德龙、俞冰主编:《历代日记丛钞》(36 册),学苑出版社,2006 年,第 369 页。
⑤ 程宇昌:《明清时期鄱阳湖区渔民文化初探——以鄱阳县古渔村管驿前为例》,《农业考古》2015 年第 3 期。

的文化元素。对于常年生活在江河湖边的百姓来说,酒是非常好的物质饮品与精神饮料。酒能驱寒,酒能消磨时光,酒能排挤寂寞,酒也能麻醉神经。① 管驿前渔民人人能喝酒,家家酿土酒,户户能烧鱼。

土酒,是渔家用鱼兑换来的谷物请酿酒师上门酿造,人们习惯称之为"土酒",如今也有人称之为"土八路"。土酒的酒精纯度好,度数高,渔家喜欢喝自己酿造的土酒。清代吴嵩梁诗云:

> 江乡俊物推鲥鱼,尝新价欲高璠玗,邻船举网吾轩渠,烹以江水鲜且腴,
> 万钱下箸费踟蹰,无心得之味有余,庐陵老酒清映壶,少饮辄醉聊自娱,
> 仰天纵卧心太虚,飘然身世游华胥,浮云富贵何为乎。②

作者临经江湖,邻船渔家举网捕鱼,所得鲥鱼新鲜尚品,加之庐陵老酒,"少饮辄醉聊自娱",快意江湖。庐陵老酒,指庐陵自产的酒,亦即土酒。可见,乡间民众与渔家多酿土酒,自产自销,畅饮江湖。从吴嵩梁诗句也可知,在渔家的饮食习俗中,酒是必不可少的。

在古渔村管驿前,丁坊美酒和乐平土烧最受渔家追捧与推介。清代王其淦作《鄱阳湖棹歌》,诗云:"来其不托杂姜椒,鸭嘴湖船逐浪摇,行客莫愁囊易尽,丁坊美酒乐平烧。"③诗中丁坊美酒、乐平烧,是两种土酒。一是丁坊产,一是乐平产。此清代文人熊荣作诗云:"闻道鲥鱼新上市,青铜三百买丁坊。"④诗尾作者注:"鲥鱼,《本草》释名宁源,曰初夏时有,余月则无,故名;初上市,人争买之,价倍凡鱼。丁坊,南昌村名,出好酒,故城中酒之佳者名丁坊。"⑤可见,鲥鱼上市之初深受人们追捧,吃鲥鱼,喝丁坊,是文人也是渔家们的最爱。丁坊是南昌的一村地名,丁坊美酒在渔家中影响很大,深得渔家喜好,亦见,酒与传统渔业饮食习俗密不可分的,是传统渔业饮食习俗中重要的文化元素之一。

3. 全鱼宴。吃鱼是渔家的家常便饭,全鱼宴也是传统渔业饮食习俗中的家常。随时代发展与社会变迁,在管驿前村,全鱼宴成为渔民们及当地接待贵客的重要标准之一,深受远近客人的追捧与喜好。凡来鄱阳县城或管驿前村,吃上一顿全鱼宴,那是非常荣幸与超有口福的事。全鱼宴很有讲究,一是鱼类的种类较全,有鳜鱼、餐鱼、青鱼、鲶鱼、鳊鲅鱼、银鱼、鲫鱼、鲢鱼、黄丫头等十几种。二是鱼的烧制方法多样,有

---

① 程宇昌:《明清时期鄱阳湖区渔民文化初探——以鄱阳县古渔村管驿前为例》,《农业考古》2015年第3期。
② 李德龙、俞冰主编:《历代日记丛钞》(36册),学苑出版社,2006年,第382页。
③ (清)王其淦:《鄱阳湖棹歌》,咸丰间刊本,第17页。
④ 丘良任、潘超、孙忠铨、丘进编:《中华竹枝诗全编》,北京出版社,2007年,第327页。
⑤ 丘良任、潘超、孙忠铨、丘进编:《中华竹枝诗全编》,北京出版社,2007年,第327页。

鲫鱼汤、银鱼羹、香烹鲢鱼头、红烧黄丫头、水煮青鱼片、鲶鱼煮豆腐、红烧鳜鱼或清蒸鳜鱼、油炸餐鱼等。三是盛鱼的器皿有讲究，中间的是大份的带汤汁的鲢鱼头，容器最大，需要两个人抬上桌，汤盆的直径近一尺五有余，所有器皿是青花的，典雅古朴。在历史上，管驿前渔家全鱼宴虽没今天如此讲究，但几道地方名菜是必备的，如"湖水煮湖鱼、雪菜烧红丫头、银鱼蒸蛋"等，这些菜是渔家渔妇们的拿手好菜。全鱼宴是管驿前村传统渔业饮食习俗中的日常饮食之一。

4. 鱼加工。管驿前渔民世代打鱼，能捕鱼，能烧鱼，能鱼加工，尤其是，鱼加工是管驿前村渔民日常生产活动之一，也是渔民传统饮食习俗中日常饮食习惯之一。鱼加工，有一种化学原料非常重要，那就是盐，学名硝酸盐，盐与渔业有极其密切的关系，在古代有"渔盐之利"的说法，可见，渔和盐两者紧密联系，两者不仅赋税大，而且两者作用密切，因盐的作用，使鱼能防腐变质，保藏较久；又能腌制出各种可口的鱼产品，提升鱼的价值。盐的作用，使鱼体内水分排出，盐分越高，排水效果越好，保存时间越久，这就是人们常说的"脱水"，从而防止鱼体的腐烂和变质。盐的浓度越大，脱水效果越明显，鱼体越不易被细菌侵袭变质。李士豪、屈若搴的《中国渔业史》云："盐为盐藏成分中之主要原料，其效用在于其所含之化学成分能渗透入鱼体，使鱼肉纤维发生收敛作用，而紧缩压出其水分，此种作用称之为'脱水作用'，能使鱼体坚实，细菌难以侵入，而达到防腐及保藏之功效。"[1]

在解放前，鄱阳县管驿前村的水产品加工以咸鱼和淡干鱼为主，鱼类加工是古渔村的传统渔业生产项目之一，也是传统渔业饮食习俗之一。咸鱼干，就是用盐腌制并日晒。淡鱼干，就是将新鲜鱼在太阳下连日的暴晒（见图），晒具主要是纱网框，水通过纱网过滤，使鱼脱水充分，保持干燥，这样晒起来水流失快，鱼易干燥。管驿前村的鱼加工有："银鱼干"、"红卤鱼"、"盐鱼干"、"烟熏鱼"、"酒糟鱼"等，极具地方特色，深受群众喜爱，远近闻名。

渔民在晒小鱼干（左图，晒具是纱网框）；晒大鱼干，解剖对半晒（右图）（摄影：邱万喜）

---

[1] 李士豪、屈若搴：《国渔业史》，上海书店，1984年，第210页。

二、古渔村管驿前传统渔业饮食习俗的现实价值与主要特点

在鄱阳湖水域,传统渔业饮食习俗不仅是渔家生活的日常场景之一,而且是渔家生产、生活的特点之一。随着社会发展与时代变迁,管驿前传统渔业饮食习俗也逐渐演变成地方民俗特色,成为地方文化的一张名片,具有重要的现实价值与文化意义,同时,又具有较为鲜明的特点。

(一)现实价值

关于乡村的价值,朱启臻、梁栋认为:"在维系乡村价值系统中,习俗和节日仪式占据着重要位置。习俗和节日作为村民进行公共活动的媒介,同时作为建构公共空间的媒介,形成了村民们共同拥有的价值意义,对协调村民的行为、以引导的方式解决彼此之间的纷争具有重要作用。习俗和节日中体现着共同的价值观,在此价值观引导下的行为趋向于形成无争的秩序,且经常会得到周期性的强化,成为稳定且持续的乡村秩序的重要来源。"[1]可见,管驿前村传统渔业饮食习俗,成为一种公共的社会媒介,可建构公共的社会空间,形成具有文化展示与协调地方发展的社会符号,就价值而言,有如下主要作用:

一是社会价值作用。鄱阳湖渔业饮食习俗是传统民间习俗的一种,千百年来,鄱阳湖区域渔家传统渔业饮食习俗是古渔村管驿前渔民们共同的集体记忆,是社会和谐文化建构的重要内容之一。程宇昌认为:"这些习俗人们多自觉遵循,并在乡间流转与传播,成为渔业生产过程中的规范与约束,维系和促进生产,实现人、水、渔之间的和谐相处。"[2]民间习俗的继承与发展,可以维系地域社会的集体记忆空间,建构地方社会公共文化,维系乡间社会共同的价值观,稳定地方社会秩序。因此,鄱阳湖古渔村管驿前传统渔业饮食习俗具有重要的社会价值,可建构地方社会文化,重构地方社会公共记忆空间,维系村族感情,调适民间纠纷,和谐邻里关系。

二是经济价值作用。古渔村管驿前传统渔业饮食习俗属于传统民间习俗的范畴,近年来,"经济民俗"与"经济民俗学"的提出与发展,[3]民俗经济是指民俗活动相关的经济行为。[4] 而古渔村管驿前传统饮食习俗之渔歌、土酒、全鱼宴、鱼加工等本身具有重要的经济价值,将传统渔业饮食文化与社会市场因素相结合,形成良性互

---

[1] 朱启臻、梁栋:《村落教育价值与乡村治理秩序重构》,《人民论坛》2015年第5期。
[2] 程宇昌:《明清以来鄱阳湖区渔政制度初探——以鄱阳县为中心》,《南昌工程学院学报》2015年第5期。
[3] 何学威:《经济民俗学》,中国建材工业出版社,2000年,第13页。
[4] 田兆元:《探索认同性经济的轨迹——兼论非遗生产性保护的本质属性》,《华东师范大学学报》2014年第2期。

动,同时,民俗消费本质上是一种文化消费。[①] 建构民俗消费经济或民俗文化消费的模式,建构公共饮食文化消费空间,打造传统渔业饮食文化名片,建构地方社会经济发展新模式,促进地方社会的发展,因此,管驿前传统渔业饮食习俗具有重要的经济价值作用。

三是文化价值作用。管驿前传统渔业饮食习俗本身就属于民俗文化,本身具有一定的文化价值,具有传承与发展的重要意义。渔歌,是历史时期渔民们日常生活与劳作时的创作,承载着一代又一代渔人朴实的记忆,是一种朴实的渔家风情文化。土酒及其饮酒习俗,与国酒文化相呼应,是中国酒文化的一种,丰富了渔人们的业余文化生活,可以调适渔民心理,渔家闲时饮酒,忙时捕鱼。饮酒可以驱寒,可以排除寂寞,可以丰富渔民精神生活。此外,全鱼宴、鱼加工等,丰富渔民们的饮食结构,传承渔民饮食文化,同时,管驿前名菜"湖水煮湖鱼",将鱼、渔、人、水相统一,映射出天人合一的文化生态,反映出历史时期鄱阳湖渔家的水、人、渔、鱼的统一,因此,管驿前传统渔业饮食习俗具有较高的文化价值作用。

(二) 主要特点

在长期的历史发展过程中,鄱阳湖古渔村管驿前传统渔业生产与饮食习俗又形成如下主要特点。

1. 生态性。鄱阳湖古渔村管驿前传统渔业饮食习俗是渔民们在长期生产、生活过程中的历史形成。在历史时期与今天,鄱阳湖水质好,达到国家饮用水二级标准,湖水可直接饮用。长期生活在鄱阳湖上的渔家,吃湖鱼,喝湖水,"湖水煮湖鱼"是渔家们的日常生活的习惯;谷米土酒农家自己酿制,天然风味;全鱼宴、鱼加工等也是渔家的日常生活场景之一,腌制鱼,晒干鱼,自产自销;渔歌是渔人的随性吟唱,少有文人墨客的吟咏,多是渔家天然风情,无做作,无编曲,自然生态,可见,管驿前村传统渔业饮食习俗的生态性特点不言而喻。

2. 传统性。湖水煮湖鱼、酒糟鱼、干鱼等渔家饮食,是渔人们自古以来的生活习俗,尤其是湖水煮湖鱼,一代又一代渔人的相传。雪菜烧黄丫头,渔家的最爱。雪菜,是古渔村管驿前的地方特产之一,又称之为"春不老菜",是叶子菜,也是鄱阳湖畔鄱阳县农家的日常蔬菜之一,农家大量种植,晒干保藏。管驿前的渔民们常年外出打鱼,而干雪菜携带方便,不会坏,又能解决在江河湖面上吃蔬菜的问题,故渔家常年备有,也多用之烧黄丫头,雪菜的干香味与鱼鲜混合在一起,不仅是渔家的最爱,也是商旅差客们的喜好,笔者在管驿前田野社会调查时,老渔媪戴美霞如是介绍说。时至今日,雪菜的制作传统与渔家的古法烧鱼仍广为流传。此外,江湖水面风冷,渔家喝酒驱寒,喝酒解闷,可以热闹冷清的湖面渔家生活,亦可调节紧张的渔人劳作。喝酒、吃

[①] 何学威:《经济民俗学》,中国建材工业出版社,2000 年,第 13—14 页。

鱼、唱渔歌等是管驿前村渔家饮食文化的传统,自古以来有之,也是鄱阳湖渔业历史发展的必然,传统性特点自然显现。

3. 文化性。渔业习俗是鄱阳湖渔业历史发展的必然,是长期生活在湖区渔民们的日常生活情景。吃湖鱼、喝土酒、唱渔歌、鱼加工等是渔家日常生活,是渔民文化的现实表现。程宇昌认为:"渔歌是管驿前渔民文化之文化生态的重要符号,酒是管驿前渔民文化之文化生态的重要元素,渔歌与酒是管驿前村渔家们鄱阳湖上生产、生活的重要内容之一。"①渔歌、酒分别是管驿前村渔民文化之文化生态符号与文化元素。全鱼宴、鱼加工也是渔民文化的生动表现,是一代一代管驿前渔人生活与劳作的显现,是管驿前村族集体文化的发生、发展与演绎。管驿前传统渔业饮食习俗在共时的历史背景下,渔人们集体打鱼,吃湖鱼、喝土酒、唱渔歌、全鱼宴等,村族文化一代又一代相延,而"族群文化总是通过一系列的文化要素表现出来,族群认同是以文化认同为基础的,因此这些文化要素基本上等同于族群构成中的客观因素。"②因此,古渔村管驿前传统渔业饮食习俗构成了管驿前稳固的村族文化,并以之为基础,代代相继,家家相承,文化性是管驿前传统渔业饮食习俗的主要特点之一。

三、管驿前村传统渔业饮食习俗面临历史困境的主要因素

随人类社会的不断发展,渔业现代化的步伐不断推进,传统渔业习俗基本消失殆尽,古渔村管驿前亦不例外,其传统渔业饮食习俗也面临着诸多历史困境:一是传统渔业生产工具濒临绝迹,全村难以找出一件传统渔业生产工具;二是传统渔业习俗几乎少见;三是渔民们唱渔歌、酿土酒已成历史的印迹,人们少有吟唱,土酒亦少有酿制,人们多为超市购买;四是传统渔业加工方式与手段基本少见,多贮存在乡民的公共记忆空间;五是生态环境日益恶劣,湖水水体变化,如湖水煮湖鱼、古法烧鱼悄然无存。时日变迁,影响管驿前村传统渔业饮食习俗的主要因素是:

1. 重视不够。在科技发展日新月异的今天,人们在社会经济发展浪潮中,重视现实发展,重视经济指标,重视 GDP 增长等,忽视传统价值,忽视传统观念,忽视传统习俗,对传统重视不够。如中秋、端午传统佳节,随民众外出打工的热浪,人们多奔赴沿海城市,离乡背井,少有回家,留守儿童成为社会性问题,而传统节期亲戚间彼此的走动与问候,随着通讯的现代化、人们打工生活及价值观念的变迁等基本消融,人与人之间互动基本网络化、通讯化与现代化,对传统重视不够,是当代社会发展的一种共同的历史回响。管驿前村的传统渔业饮食习俗,其境况相当,渔歌已为少见,已是渔民文化的古董之一,人们唱的多是流行歌曲,听的多是港台音乐;全鱼宴、鱼加工等随

---

① 程宇昌:《明清以来鄱阳湖区渔政制度初探——以鄱阳县为中心》,《南昌工程学院学报》2015 年第 5 期。
② 孙九霞:《试论族群与族群认同》,《中山大学学报》1998 年第 2 期。

人们饮食快餐的节奏化发展与饮食的多样化、多元化的影响，也为不多。忽视传统，轻视过去，重视现实是时下社会发展的一种畸形形态与共同写实。

2. 保护不够。传统相对于现代而言，是老式的、灰色的、历史的，容易被人们遗忘在记忆的角落。中国具有五千多年的历史文化，泱泱大国，传统文化悠久绵长，对于传统的保护、继承与弘扬，还尚为不够。古渔村管驿前传统渔业饮食习俗是鄱阳湖渔业习俗的一部分，是传统渔业文化因子的注脚，其保护与传承尤为不够。时至今日，在古渔村管驿前已难找出一样传统的渔业生产工具，渔歌也为绝迹，现代流行音乐大行其道；鱼深加工也为不多，随老渔民的濒天老去，传统鱼加工也濒临失传。古法烧鱼、乡民自酿土酒等，更为少见，对传统习俗的保护意识不够，是时下管驿前村传统渔业习俗面临的历史困境主要因素之一。

3. 现代化的影响。随着改革发展的不断深入，人们的物质生活水平日益提高，渔家现代化进程也不断推进，渔业生产工具更新换代，传统渔业习俗随渔业生产现代化进程的发展基本弱化，甚至消失；同时，受现代化进程的影响，人们价值观念也发生了巨大变化，渔业生产功利化，渔业工具现代化，渔业发展日新月异，传统渔业习俗基本消失。如打鱼前的敬神、拜神与祭神，出船前的看鱼汛，禁湖期的严守等渐次消减或消失。在现代化的影响下，古渔村管驿前传统饮食习俗面临着历史困境，如现代食品的速食化、现代食品的多元化、渔业工具的现代化、饮食结构的多样化等制约着传统渔业饮食习俗。可见，现代化的影响，是传统渔业饮食习俗面临历史困境的重要因素之一。

四、管驿前村传统渔业饮食习俗与地方社会建构的主要途径与主要特征

建构绿色、共享、创新的新型地方社会经济与发展模式，是时下我国地方社会面临的重要问题之一，也是学界研究的重要问题域之一。当前，我国发展面临着巨大的挑战，房产经济与土地经济衰退，劳力市场成本居高不下，地方经济爬升缓慢，甚至停滞不前等，转型升级、绿色发展、全民创业、创新共享等是时下社会发展的重头戏与主旋律。古渔村管驿前传统渔业饮食习俗，历史悠久，生态性、传统性、文化性等是其主要特点，基于此，将古渔村管驿前传统渔业饮食习俗与地方社会发展相结合，建构管驿前地方社会发展新思路、新路径、新崛起，其主要途径是：

一是体验习俗与品享美食。古渔村管驿前传统渔业饮食习俗流转百年，是中国第一大淡水湖鄱阳湖传统渔业习俗，具有典型性与代表性，具有重要的研究价值与丰富的文化意蕴，传承与弘扬鄱阳湖传统渔业习俗，将传承与发展相结合，在传承中发展，在发展中相继与弘扬，两者相继相承，可见，体验习俗与品享美食相结合，是传统渔业饮食习俗与地方社会发展的最佳途径之一。体验传统渔业生产与饮食，划

船、饮酒、渔歌,感受渔家生产、生活的辛劳与丰收的喜悦,通过体验式的感受,吸引八方游客,建设传统渔业生产的体验区,建设新型的民俗文化经济。同时,建设传统渔业饮食品享区,通过游客对传统渔业美食的品享,打造管驿前传统"湖水煮湖鱼"、"雪菜烧黄丫头"、"银鱼蒸蛋"等地方名菜,打造管驿前村传统渔业饮食名片,力推全鱼宴、鱼深加工等,绿色饮食,生态饮食,使得来往商家、旅客、游人等感受传统渔业饮食文化,打造古渔村管驿前渔业饮食民俗旅游,以旅游为龙头,以旅游促消费,以消费促发展,以发展促旅游,形成良性互动,形成生态、绿色、共享、创新的产业经济链。

二是习俗文化的展示。将鄱阳湖古渔村管驿前传统渔业饮食习俗文化通过静或动态的方式展示出来,即建设文化展示区,立体呈现。如管驿前村饮食名菜,通过静态图片方式、动态影像资料方式及立体的真实品享美食的方式,此外,将鱼加工的制作流程、地方名菜的烹饪步骤、土酒乐平烧、丁坊美酒等,逐一展示,吸引游客。总之,建立饮食产品展示区、产品制作展示区、传统习俗文化立体展示馆等,建构传统渔业饮食习俗的旅游场域,以习俗文化展示为主要途径,形成静、动态的文化单元,传播传统饮食文化习俗的价值观念,建构立体式、全方位的传统渔业饮食文化。

三是习俗文化的传播。习俗文化是历史文化的积淀,是历史时期民众生活化的缩影,是历经时光隧道的时代标签与印迹,习俗文化的发展与承继即是习俗文化的传播,亦是一部习俗文化的传播史。古渔村管驿前传统渔业饮食习俗文化历史久远,是一代又一代渔民通过口口相传,人人吃鱼,户户烹制,在生产生活过程中渔民们特定时节所形成的风土民情。时至今日,生态、创新、共享成为时下社会发展新主张,而古渔村管驿前传统渔业饮食习俗的生态性不言而喻,生态性是传统渔业饮食习俗的标签符号,将传统渔业饮食习俗文化有效传播,通过饮食餐桌、口口相传、饮食文化制作工艺的展示、传统渔业饮食习俗风采节的举办、传统渔业生产习俗的立体展示等,形成渔业生产、渔业深加工、渔业饮食、渔业饮食习俗体验等生态链,形成传统渔业饮食文化的共享、创新与发展,有效扩大鄱阳湖古渔村管驿前传统渔业饮食习俗的传播范围与传播途径,利用互联网思维,使得古渔村管驿前传统渔业生产习俗及饮食习俗走向世界。2015年11月13日,中央电视台中文国际频道对管驿前村传统渔业习俗的全景报道,并摄制渔家饮食习俗的风采,引起了社会广泛关注。

可见,在打造古渔村管驿前传统渔业饮食习俗旅游中,应须着重建设传统渔业习俗旅游场域,形成规范化、模式化的旅游区域,形成传播源、辐射圈,具体而言,就渔业习俗旅游场域的打造与构建,主要应具如下两方面特征:

一是古渔村管驿前传统渔业饮食习俗的移植。原属于古渔村管驿前各个渔家的饮食习惯,通过文化展示区、饮食产品展示区、体验式的品享感受等予以集体式呈现,在一定范围内,即将原来单个家庭的传统饮食文化融入古渔村管驿前传统渔业饮食习俗的集体旅游场域。通过旅游场域的建构,将传统渔家的接待习俗、饮食习俗移植入旅游场域,形成独特的渔家风情文化,满足四方游客。王学基、孙九霞认为:"旅游域中的文化展示是将多元复杂的族群'自用'文化转化为系统直观的'他用'文化的过程"。① 同样,管驿前村的传统渔业文化,从"自用"转化为"他用",从"私家"转化为"公家"的集体经济形态,打造管驿前村的传统渔业饮食习俗旅游域,实现个体与集体、乡村与地方的共赢。

二是古渔村管驿前空间的重新建构与布局。打造古渔村管驿前传统渔业饮食习俗的旅游域,构建传统饮食习俗旅游的主要活动场域,在空间上势必对管驿前村的整体空间予以建构,即重新规划与布局,建构新的区域空间,使之更加符合民俗旅游的场域、路线、功能等,使得空间布局科学合理,功能划分清晰准确。在古渔村管驿前民俗旅游的场域建构中,注意民众生活域与民俗旅游域的布局,既相对独立,又相对统一。游客既可以进入单个渔家体验渔家乐文化,亲身感受渔民生活,与渔民合影,拍摄渔家风情;又可以在传统渔业饮食习俗的场域中,感受渔家生活的质朴、纯真、勤劳,品享渔家全鱼宴的丰盛,渔歌的原生态,土酒的纯正绵香,鱼加工产品的绿色、生态及其渔家文化。同时,旅游场域的建构与空间布局应为传承传统渔业习俗服务,而传统渔业饮食习俗的移植,又是为建设更好的旅游场域服务,使渔业民俗旅游的内容更加丰富,两者相辅相成,统一于民俗文化的传承与发展,统一于建构绿色、生态、共享、创新的地方社会新态势。

五、结语

鄱阳湖古渔村管驿前渔史悠久,渔民世代打鱼,其传统渔业习俗代代相继,渔人们临水而居,以渔为生,以鱼为食,形成自己独特的传统渔业饮食习俗文化,主要有渔歌、土酒、全鱼宴、鱼加工等。在管驿前渔民饮食习俗中,土酒,以乐平土烧、丁坊美酒最为有名,渔家多自己酿制,黄昏时分,夕阳西下,渔家结束一天的辛劳,渔妇烧上鱼,渔夫喝上土酒,低吟渔歌,一幅天然的渔家风情图。

从价值角度来看,管驿前传统渔业饮食习俗文化具有重要的现实价值。在社会价值方面,管驿前传统渔业饮食习俗,是渔民们的集体记忆,承载于几代渔民们的记忆空间,维系着共同的地方社会价值观,建构地方文化,调适村族纠纷,稳定地方秩序。在经济价值方面,传统渔业饮食习俗本身具有经济功能,民俗经济学与民俗经济的发展,建构地方生态经济价值空间,打造饮食文化名片,建构地方经济发展新模式。在文化价值方面,传统渔业饮食文化是民俗文化的一种,"湖水煮湖鱼"等地方名菜,表现出人、水、鱼、渔的天然和谐统一,折射出"天人合一"的饮食文化,建构地方生态

---

① 王学基、孙九霞:《民族旅游地的文化展示与"旅游域"建构——以三亚槟榔谷为例》,《旅游论坛》2015年第3期。

文化形态。基于此,鄱阳湖古渔村管驿前传统渔业饮食文化具有生态性、传统性、文化性等主要特点。

随社会现代化进程的不断推进,改革发展进入深水区,人们的物质生活水平日益提高,管驿前传统渔业饮食习俗随时代变迁而逐渐消退,甚至消失,传统渔业饮食习俗面临着消亡的历史困境,这其中主要因素是对传统的重视不够,保护不够,同时,渔业现代化进程的不断推进,在多重因素的综合影响下,传统渔业饮食习俗濒临消失的历史困境。

党的十八大以来,建构绿色、生态、共享、创新的地方社会发展新模式是时下我国经济社会发展转型升级的政治新主张,以传统渔业饮食习俗的传承与保护为中心,结合地方社会发展新态势,将两者有机结合,建构地方社会发展新模式。其中主要途径是体验渔业生产习俗,品享传统渔业美食,展示传统渔业饮食文化,传播传统渔业饮食习俗文化,建构民俗旅游的场域,促进传统渔业民俗旅游的发展。在建构的过程中,其主要特征:一是将传统渔业饮食习俗予以移植,从"个体"到"集体",从"自用"到"他用",形成特有的传统渔业饮食习俗文化;二是古渔村管驿前空间的重新建构与布局,建构渔业民俗旅游的场域与空间,科学规划,合理布局,建构地方社会发展空间新场景,将传统渔业饮食习俗保护为核心,积极响应时下绿色、生态、共享、创新的时代新主张,建构地方社会发展新态势。

附记:本文刊登于《农业考古》,值黄先生八十寿诞之际,撰此小文以示祝贺。先生德高望重,秦汉大家,道德文章,春秋楷模。在母校学习与工作期间,每每际遇先生,先生和蔼可亲,谆谆教诲,诲人不倦,绵绵真情,后辈敬仰,晚生典范。值此八十华诞,衷心祝愿先生福如东海,寿比南山!

(作者简介:程宇昌,南昌工程学院水文化研究中心副教授)

建国以来党和政府对传染病疫区的社会治理
——以余江县血防为中心

万 心 万振凡

血吸虫病是 20 世纪全球危害性最大、死亡率极高的传染病之一。1950 年代,全世界有一亿人得了血吸虫病,中国也约有一千万人患病。[①] 20 世纪 50 年代以来国内外血防模式大致经历了三个演变阶段:20 世纪 50 至 80 年代是以"灭螺为主"的血防阶段;1985 年至 2004 年是以"人、畜同步化疗为主"的血防阶段;2004 年以来是以"控制传染源为主的防治"阶段。三种血防模式的推行,使世界各地血防工作取得了巨大的成就,但血吸虫病在各国也曾多次出现大规模的反复,至今仍存在着流行的危险性。据有关资料,进入 21 世纪以来,我国新发现钉螺面积达 1151 万平方米,实际患慢性血吸虫病人数达 100 万以上。[②] 2009 年全球有 78 个国家和地区流行血吸虫病,患病人数 2.39 亿,近 8 亿人受感染威胁。[③] 值得注意是,同样曾是疫区的江西省余江县不仅在 1958 年就取得了在全国率先消灭血吸虫病的伟大胜利,树立了全国第一面血防红旗,而且至今保持从不反弹的历史记录,创造了血防工作的世界奇迹。在血吸虫病出现大规模反弹、各项防疫工作陷入困境的今天,余江血防的许多做法,或许值得我们高度重视和借鉴。

遗憾的是现有疾病史研究成果大多关注疾病流行对社会造成的负面影响,都忽视人类对传染病成功防治对地方社会变迁造成的正面影响,尤其缺乏对余江血防的

---

① 程崇圯:《世界医学史上光辉的一页》,《江西日报》1958 年 5 月 31 日。
② 孙秀艳:《血吸虫的现实及历史》,《人民日报》2003 年 11 月 26 日。
③ 王磊、谷俊朝:《被忽视的热带病在撒哈拉以南非洲的流行、分布及危害》,《中国热带医学》2010 年第 10 期。

关注。① 本文拟从社会治理的视角,把血防视为党和国家改造余江疾病地域社会的措施,对余江血防与余江地域社会变迁关系作一探讨,将重点考察党和国家是如何通过血防治理余江病疫社会并成功打造地域社会特色的,旨在为我国疾病史研究提供一种新的样式和个案。

一、建国初余江血吸虫病疫情及疫区社会

1951年初春,中南卫生部被一份报告震动了。据江西省水利局驻余江水利工程队反映,该县很多人得了大肚病,中南卫生部急电江西省卫生处和江西省防疫大队展开调查。是年3月,江西省卫生处派"江西省防疫大队"医师章祖宪、检验员齐绍武2人来余江县调查。② 但此时的调查工作,局限在较小范围。1953年4月,江西省血吸虫病防治所在余江邓埠镇成立,从此余江县开始了长达数年的大规模血吸虫病调查摸底工作。当时的调查摸底工作主要是围绕四个方面开展。

一是疫区调查。调查发现余江血吸虫病疫区集中分布在白塔河中游两岸平原地带,南起洪崖街,北止蔡家桥,东至龙岗岭,西界五里岗。白塔河及其支流青田港将疫区分隔成三片,河东片包括邓埠镇的马岗和平定乡的弓塘、蓝田、前山等村及省水稻原种场的河东部分;河西片包括邓埠乡的西畈、倪桂等村,邓埠镇以及省水稻原种场的河西部分;河南片包括马荃乡的马荃、杨柳、松山等村和县张公良种场。到1958年认定的疫区有4个乡,8个大队,1个农场,人口16678人,疫区耕地33781亩,③正型疫区和输入型疫区总面积约223平方公里,占全县总面积的23.67%。④

二是疫情调查。江西省血吸虫病防治所从1953年4月开始,采取涂片法、沉淀法在余江开展疫情调查。1953至1958年全疫区共查出病人4043人,历年平均患病率为21.4%。⑤ 调查数据表明,建国初头几年,余江血吸虫病疫情有逐年加重的趋势。

三是螺情调查。据余江县螺情监测资料:建国初余江不仅有螺面积分布广泛,密度高,而且钉螺阳性感染率也高。如马岗乡水沟钉螺密度每平方市尺最高264只,最

---

① 如曹树基:《鼠疫流行和华北社会变迁(1580—1644)》,《历史研究》1997年第1期;张剑光:《三千年疫情》,江西高校出版社,1998年;李玉尚:《环境与人:江南传染病史研究(1820—1953)》(博士学位论文),复旦大学历史地理研究所,2003年;余新忠:《瘟疫下的社会拯救——中国近世重大疫情与社会反应研究》,中国书店,2004年,等。
② 余江县血吸虫病地方病防治站:《余江县送瘟神纪实》,2011年6月编印,第32页。
③ 中共余江县委血防领导小组办公室:《余江县血防志》,1984年12月编印,第22页。
④ 中共余江县委血防领导小组办公室:《余江县血防志》,1984年12月编印,第22页。
⑤ 中共江西省委除七害灭六病总指挥部办公室编:《江西省防治血吸虫病资料汇编1952—1958》,1959年10月编印,第25页。

低2只,平均67只,钉螺尾蚴感染率为48.13%。①

调查结果表明,建国初余江血吸虫病疫情十分严重。受血吸虫病流行影响,余江地域社会变成一个典型的"疾病地域社会"。其"病症"表现得非常明显。

第一,大量人口死亡。据建国初调查资料,从1919年到1949年,整个余江先后有29000多人死于血吸虫病,42个村庄濒临毁灭。② 如上下黄村宗谱记载:"吾族盛时,西南有街有市,屠沽俱足,店货丰盛,东南有巷有门,巷门之外烟数十户,内二百余家。"到1953年,上下黄村只剩下151人,其中还有65人得上了血吸虫病。③ 荐头村在1900年前后有人口1300多人,到解放时只剩下47人。④

第二,缺乏生育能力。男女青少年正当青春期,一旦染上血吸虫病则生育能力受到影响,年至20多岁女的不行经,男的则阳痿。成年血吸虫病患者或因性功能阻碍而不能生育小孩,或怀孕后流产难产,致使许多地方出现"男的大肚不生崽,女的大肚不做娘,多年难闻婴儿声,十家九户绝后代"的现象。⑤ 如乌钦底村12户人家,解放前18年见不到小孩的尿布,听不到婴儿的啼哭声。⑥

第三,儿童青少年生长发育受阻。儿童感染血吸虫病后身体明显瘦弱,俗称"剥弱",患者面黄肌瘦,个子矮小,成为侏儒,俗称"小老人"。"身无三尺长,脸上干又黄,人在门槛里,肚子出了房"形容的就是大肚子病患者的惨状。⑦ 许多血吸虫病人腹胀如鼓,骨瘦如柴,四肢无力。

第四,过着生不如死的生活。尤其是晚期血吸虫病人,肝脾肿大、腹胀难忍,寸步难移,基本上是生不如死,许多病人产生了厌世情绪。余江县上黄村村民黄万明,腹胀难忍,自己用剪刀戳腹泄水,悲惨死去。⑧ 1944年邓家埠的何先,也是他自己用剪刀剖开肚皮,泄水而亡。⑨ 兰田乡张家滩村刘金元父亲47岁那年,血吸虫病已经到了晚期,肚子胀得无法忍受,用妇女纳鞋底用的锥子戳破肚皮,没几天便离开了人世。⑩

第五,经济上穷困潦倒,血吸虫病患者不仅失去了劳动能力,而且治病又要花钱,往往穷困潦倒,过着饥寒交迫的生活。血吸虫病流行造成青壮年劳动力和家畜的大量死亡,严重影响农业和畜牧业的发展,直接导致生产的衰退。据档案记载,到1949

---

① 艾冬云主编:《余江县血地防志(1953—2010)》,2011年4月编印,第25—28页。
② 余江县血吸虫病地方病防治站:《余江县血防技术资料汇编(1953—2011)》,2011年编印,第23页。
③ 中共江西省委防治血吸虫病五人小组办公室:《余江县是怎样根治血吸虫病的》,江西人民出版社,1958年,第17页。
④ 中共江西省委防治血吸虫病五人小组办公室:《余江县是怎样根治血吸虫病的》,江西人民出版社,1958年,第17页。
⑤ 江西省委党史研究室:《江西党史资料》第37辑,中央文献出版社,1996年,第2页。
⑥ 江西省政协文史资料研究会:《江西文史资料——送瘟神纪实》第43辑,1992年,第2页。
⑦ 中共余江县委宣传部编:《蓝田春秋》,江西人民出版社,1978年,第1页。
⑧ 中共余江县委血防领导小组办公室编:《余江县血防志》,1984年12月编印,第20页。
⑨ 江西省政协文史资料研究会:《江西文史资料——送瘟神纪实》第43辑,1992年,第90页。
⑩ 江西省政协文史资料研究会:《江西文史资料——送瘟神纪实》第43辑,1992年,第157页。

年余江疫区因血吸虫病荒田 16160 亩,有单身 768 人,孤儿 274 人,寡妇 950 人,讨饭 2465 人,借债 1596 户,打长工 1150 人。①

第六,人的神态麻木、精神萎靡。人们将得血吸虫病视为命中注定,从而产生了一种宿命论。在疫区人们认为得不得血吸虫病是"天意",是"命里注定"。② 许多病人明确表示知道自己"寿命不长",对自己的生命"也不抱希望",③只求在余下不多的时间里,多享受一些,"时短命苦难再活"的消极悲观情绪非常严重。④ 许多病人则抱着"活着就挨,死了就埋的想法"等待着死亡的到来。⑤

当时,余江正在铺开社会主义建设,县委书记李俊九说"我切身感到血吸虫病是社会主义建设的严重障碍"。⑥ 党和政府想培养一批土改干部,但"一根土改的苗子都找不出";想要发展生产,但疫区人民劳力弱。兰田乡有个互助组,8 个劳动力,没有一个能挑得起一担谷,8 个人在田畈上劳动,总有两个人轮流拉肚子。⑦ 尤其是到了 1956 年春,随着合作化高潮到来和《农业四十条》的公布,党中央提出限期消灭血吸虫病,余江县委县政府深感责任重大。面对血吸虫病的威胁,能否把凋敝的余江疫区病态社会建设成社会主义健康新社会,对余江县委县政府来说,是一场严峻的考验。

二、疫区社会治理措施:医治病人和医治社会同步进行

余江血防是在党和政府的主导下进行的,处于国家政治的强力支配之下。从中央、省、地区、县,到乡、镇、场、村各层级都建立了血防领导组织。这是一个专门为完成血防任务而设立的组织系统,最高领袖毛主席,在这个系统的最顶端发出"一定要消灭血吸虫病"指令,通过这个系统传导到基层社会的各个角落。每个层级的血防领导机构都由党委书记或政府主要领导担任组长,视血防为"一把手工程",要求党政密切合作,强力推进。余江在血防过程中,采取了医治病人和医治社会相结合的措施,在医治病人的同时,也在修复因"瘟神"破坏了的疫区社会。余江血防措施大致包括以下几个方面:

1. 动员各方面医疗力量,积极治疗病人、病畜。党和政府动员了一大批医生参与

---

① 余江县血吸虫病地方病防治站:《余江县送瘟神纪实》,2011 年 6 月编印,第 14 页。
② 中共江西省委除七害灭六病总指挥部办公室编:《江西省防治血吸虫病资料汇编 1952—1958》,1959 年 10 月编印,第 24 页。
③ 江西省政协文史资料研究会:《江西文史资料——送瘟神纪实》第 43 辑,1992 年,第 69 页。
④ 中共江西省委防治血吸虫病五人领导小组办公室:《余江县是怎样消灭血吸虫病的》,江西人民出版社,1958 年,第 19 页。
⑤ 江西省政协文史资料研究会:《江西文史资料——送瘟神纪实》第 43 辑,1992 年,第 72 页。
⑥ 余江县血吸虫病地方病防治站:《余江县送瘟神纪实》,2011 年 6 月编印,第 50 页。
⑦ 余江县血吸虫病地方病防治站:《余江县送瘟神纪实》,2011 年 6 月编印,第 50 页。

血防工作。广大医务工作者改变医疗作风,把病人当亲人,为穷困的血吸虫病患者送医送药上门。"过去医生下乡两人抬,现在医生穿着草鞋、背着药箱走上来",余江疫区出现了"千个药包送上门,千付药担下农村"的景象。① 据史料记载,从1953年9月至1958年,余江共治疗血吸虫病人5819人次,转阴率为93.5%,也就是说大多数病人已经治愈,恢复了健康,到1958年5月复检时未发现新的病人。② 1958年普查发现的60头病牛,全部给以锑剂治疗,采用三天疗法,按体重每公斤7毫克计算,每天上下午各一针,作臂部肌肉注射,全部治好,另有3头老牛因无治疗价值,予以宰杀。③ 也就是说到1958年,作为传染源的耕牛不复存在。

2. 运用开新填旧办法,大力消灭钉螺。钉螺是血吸虫唯一中间宿主,没有钉螺,就不会有血吸虫病危害人类。开新沟填旧沟,土埋灭螺,这是余江人民创造,也是余江县灭螺所采取的主要方法。具体做法是先清理沟岸塘畔的荆棘树木,铲下表层有螺的草泥,厚度在15厘米至20厘米左右,将这些草泥翻过来推入沟底,再从无螺区挖来干土搀上石灰,填入旧沟打实,新土至少要填一米厚,然后再在上面撒一层石灰。旧沟填满后要做上标记,三年之内土地不能翻动,更不能耕种。如果开新渠时,一定要与旧沟保持一定的距离。新旧沟渠有交叉时,要对旧沟进行彻底灭螺处理。④

3. 管好粪便和水源,切断病源传播渠道。管理粪便的目的是防止病人病畜粪便中的虫卵入水孵化。当时余江县大力推行"合厕分贮"和"三窖轮贮"粪管法。⑤ "合厕分贮"的方法是拆除分散的私厕粪窖,选择既方便又卫生的地址,统一"合厕",统一管理。"三窖轮贮"的方法是在每村建若干座容量200余担的大粪窖,轮流贮粪,定期密封,发酵杀卵,做到新粪不下田。管好水源的目的是避免人、畜与有螺水体接触。1949年以前,余江县疫区68%的村庄没有水井,居民生活用水,都是用村旁沟里或塘里的水,而这些沟塘大多数都有钉螺。⑥ 从1953年起,余江疫区逐步实行水源管理,填掉了村边的所有螺沟、塘,开挖了新的沟、塘,修砌了生活用水码头,实行分段、分塘用水;没有水井的村庄,挖掘了新的水井,并做到有井台、井圈,有公用吊桶,有排水沟。

4. 强化血防教育,提高人们防治血吸病的自觉性。余江县采取了多种办法进行血防教育。一是将血吸虫生活史和防治方法绘成图片、幻灯片,制成立体模型,编排成说唱等形式的文艺节目,举办规模较大的血防展览和街道文艺演出,在群众中造成

---

① 江西省档案馆:《鄱阳湖开发历史进程及生态建设》,中国档案出版社,2010年,第649页。
② 中共余江县委血防领导小组办公室:《余江县血防志》,1984年12月编印,第42页。
③ 中共余江县委血防领导小组办公室:《余江县血防志》,1984年12月编印,第42页。
④ 李俊九:《苦战二年人寿年丰——江西省余江县根除血吸虫病的经验》,《科学通报》1958年第3期,第462页。
⑤ 《鹰潭市志》编纂委员会编:《鹰潭市志》,方志出版社,2003年,第1637页。
⑥ 《鹰潭市志》编纂委员会编:《鹰潭市志》,方志出版社,2003年,第1637页。

声势。二是将捡来的钉螺和群众送来的粪便,当众作显微镜检查。许多人亲眼看见自己的粪便里有血吸虫虫卵,钉螺体里有尾蚴,受到了直观教育。三是邀请当地群众现身说法,讲述个人血防前后的巨大变化。① 通过形式多样血防教育,疫区广大群众提高了血防的自觉性,纷纷投入到血防运动中来。

5. 建立机构,加强领导,层层专人负责。除县委设立血防领导小组外,各乡、镇、农场和农业社,也都设立了由书记担任组长的"血防领导小组",层层落实血防责任,在血防工作中党政合力,迅速形成了从上到下坚强有力的血防工作的执行体系。县、乡、镇、农场党委每次召开会议布置工作时,血防工作都被列为重要内容之一,同生产和其他各项重大工作一起研究决策,布置执行。② 各级血防领导机构的设立及其极强的执行力,构成了一张严密的血吸虫病防控网络,为余江县根除血吸虫病和巩固血防成果,提供了强大的组织保障。

6. 密集出台巩固血防成果的政令。消灭血吸虫病以后,余江县长期以来出台了多个关于血防的指示、规定等地方性法规,这些地方性法规的出台,使余江县血防工作逐渐走向了制度化、法制化的轨道。据有关资料,1958 年消灭血吸虫病后到 2009 年,余江县颁布的有关血防的地方性法规共有 76 件之多。③ 如此密集颁布有关血防的地方性法规,这类地方性法规数量如此之多,在其他地方是不可想象的。通过"一把手工程"、"最大的政治任务"为推进动力,余江县有关血防的指示、规定等大都得到了很好的落实。

7. 建立群众性的血防队伍。防治血吸虫病是一个带技术性的群众工作,必须把防治知识和防治技术交给群众,使技术变为群众的力量,才能提高防治效率。余江县在血防中始终坚持领导、群众、专业人员三结合原则。从 1956 年开始,余江县就在疫区各村普遍建立起了"一医三员"即赤脚医生、粪管员、查螺员、卫生员队伍,专门负责血防工作。据统计到 1959 年,余江疫区有赤脚医生 35 名、粪管员 80 名、查螺员 94 名、卫生员 94 名。④ 通过群众性血防队伍,群众普遍地掌握了血防技术和要求,防治工作的质量有了保证。正是依靠群众开展大规模的灭螺运动,余江县才取得了在短期内消灭钉螺的伟大胜利。

8. 紧密结合生产,安排血防工作。余江县委县政府在工作方法上强调以领导生产的方法来领导血防,他们根据各个季节的特点,布置不同的防治任务。例如冬季兴修水利与大规模灭螺相结合;季节性的农业积肥与"三光"铲草灭螺相结合;春季造肥与粪管发酵杀卵相结合。在治疗上农闲时大量治劳动力,农忙时则主要治妇女儿童,

---

① 江西省政协文史资料研究委员会:《江西文史资料》第 43 辑,1992 年,第 133 页。
② 江西省档案:《余江县档案资料汇编》之二,全宗号 111,案卷号 343—13。
③ 中共余江县委血防领导小组办公室:《余江县血防志》,1984 年 12 月编印,第 144—149 页。
④ 江西省余江县县志编纂委员会编:《余江县志》,江西人民出版社,1993 年,第 584—585 页。

使血防与农时相适应,血防与生产相促进。

以上8项措施,前4项是医学措施,针对的是"治病"。众所周知,血吸虫病流行条件关键有四:病人病畜存在、病人病畜的粪便入水、存在钉螺、人畜接触疫水,从理论上讲,这4个条件只要消灭了1个,就可阻断血吸虫病传播。余江县在防治血吸虫病的过程中,做到"四管齐下",符合血吸虫病防治规律,从而大大地提高了血防效果。后4项是社会措施,针对的是"治国"。余江血防坚持以党和政府为主导,以血防政令的落实为抓手,以专业人员和群众相结合为基础,紧密结合生产安排血防工作,把血吸虫病防治与社会建设结合起来,从而构筑了一个严密的血吸虫病防控体系,在成功防治血吸虫病的同时,也从政治、经济、思想文化各方面塑造了余江社会。

三、血防对余江地域社会的塑造

1958年5月12日至22日,由全国知名的血防专家等组成的鉴定小组到余江县进行全面复查鉴定,证实余江县已经达到消灭血吸虫病的标准,给余江县颁发了《根除血吸虫病鉴定书》。1958年6月30日,《人民日报》登载了余江县根除血吸虫病的通讯。毛泽东同志看到这篇通讯后,高兴地写下了著名的《七律二首·送瘟神》,他在诗后题记中说:"余江县基本消灭了血吸虫,12省市灭疫大有希望,……就血吸虫所毁灭我们的生命而言,远强于过去打过我们的一个或者几个帝国主义。八国联军,抗日战争,就毁人这点来说,都不及血吸虫,除开历史上死掉的以外,现在1000万人患疫,1万万人受疫情威胁,是可忍,孰不可忍"[1]对余江血防成绩给予了高度的赞扬。时任卫生部血吸虫病研究委员会常务委员的程崇圮教授说:"余江县根除血吸虫病是世界医学史上空前未有的光辉贡献,是国际上的历史创举,值得我们大家欢欣鼓舞骄傲自豪。"[2]

余江血防的胜利是人类有史以来对于血吸虫病的一次彻底胜利,是世界血防史上的奇迹。这样一件历史事件在余江大地上发生,对余江地域社会变迁不能不产生重大影响,它使得余江地域社会带有深刻的"血防"烙印。

1. 血防与余江地域政治的"血防化"。余江县在全国第一个宣布"根除"血吸虫病,成了世界的"血防圣地",不仅国内各兄弟县市纷纷来人取经,一些国家发来贺电,甚至还派参观团到余江学习先进经验。第一面血防红旗是毛泽东亲自树立的,余江县必须巩固血防成果,有责任和义务捍卫这面红旗,保证第一面红旗不倒。由于血防担负了这样的政治使命,使得血防成为余江社会最大的政治任务。为了完成这一项严肃的政治任务,余江必须不断强化党对血防工作的领导,各级党委和政府必须全力

---

[1] 毛泽东:《七律二首·送瘟神》,《人民日报》1958年10月3日。
[2] 孙振中:《现实的启示,自我的体会》,《江西日报》1958年6月1日。

以赴,把血防工作作为重点工作抓实抓好。在巩固血防成果的过程中,血防也在形塑余江地域政治,它使得余江地域政治出现了明显的血防化特征。余江县自1958年消灭血吸虫病之后,长期保持血防领导机构,成为一个常规化的机构,一直是余江县县委和县政府的一个非常重要的领导机构,在余江地域政治中发挥了重要作用。2006年75岁的原余江县委书记桂长贵说:"余江每任县委书记都比其他县的书记多一本账,这就是巩固血防成果这本'政治账'。"①史料显示,余江县县委,每年都要召开四次会议专题研究血防工作。各公社、乡、镇党委一般也是一个季度召开一次专题会议研究血防工作。而且余江县每年的"1号文件"都是关于做好巩固血防成果工作的文件,余江县规定每年的4月30日为领导干部法定"查螺日"。② 这些充分说明血防在余江县政治生活中占有极其重要的地位。余江县长期以来出台了多个关于血防的指示、规定等地方性法令,据有关资料,从1958年宣布消灭血吸虫病到2009年,余江县颁布的有关血防的地方性法规共有76件之多。③ 这些地方性法规的出台,使余江县血防工作走向了制度化、法制化的轨道,它增添了余江地域政治的血防内涵。血防也为余江争得了多种政治资源,高层领导对余江的关注,许多国家领导人先后到余江考察、指导血防工作,余江被誉为"血防圣地",吸引许多国内外人士参观学习;血防改变了余江许多人的政治命运,通过血防余江县产生了一批劳模和一批政治明星。这一切都使余江地域政治带有鲜明的"血防"特色。

  2. 血防与余江经济的"血防烙印"。疾病防治与社会经济发展存在密切关系。一方面,疾病流行会给经济发展带来严重损害;另一方面,疾病防治成功对社会经济的发展具有至关重要的促进作用。血防胜利对余江地域经济发展产生了深远的影响,它使余江经济结构、功能、布局等发生重大变化。血防使大量病人得到治愈,增加了劳动力,原来荒废的田地重新种上农作物,提高了产量,增加了农民的经济收入,改善了人民群众的生活。诸多血防水利工程的建设,扩大农业灌溉面积,使农业、养殖业生产条件得到改善,直接推动了余江农业、养殖业的发展。昔日野兽出没、杂草丛生的蓝田坂,变成了高产稳产的国家商品粮基地,白塔渠灌区成为江西省重要的水产养殖基地。余江是全国第一面血防红旗兴起和取得世界血防奇迹的地方,是血防工作者的圣地,血防成为余江不可多得的优质旅游资源。几十年来,余江打造了一条以送瘟神纪念馆为中心的爱国主义教育旅游线路:送瘟神纪念馆—血防站—白塔东渠—张家村—狮子岩—蓝田畈—邓梅女家庭—邓埠镇五岭源生态村—洪五湖湿地公园—马荃狮子岩景区—韬奋故居—龙虎山,吸引许多国内外人士到余江来学习、参观、旅游。旅游业是一个综合性产业,通过增加区域内的人流、物流、资金流,可带动

---

① 江仲俞:《余江:"血防精神"谱新篇》,《江西日报》2006年5月22日。
② 余江县血吸虫病地方病防治站:《余江县送瘟神纪实》,2011年6月编印,第89页。
③ 艾冬云主编:《余江县血地防志(1953—2010)》,2011年4月编印,第144—149页。

多种产业发展。目前血防旅游已经成为余江重要的经济增长点。[1] 财政上血防为余江争得了许多财政拨款,余江财政收入增速连续多年在全江西省排名第一,2010 年高达 9.0018 亿元,[2]这使余江有足够的财力解决民生问题。余江依靠血防形成的工作机制抓产业经济,近年余江县成立四大产业建设指挥部,分别由一名县委常委担纲挂帅,并从各有关部门选调了一批精兵强将实行集中办公,县里明确了产业建设指挥部的工作职责,规定在各个指挥部所辖范围内全权代表县委、县政府,全面负责产业推进的各项工作,协调解决在产业发展中遇到的各种问题,使雕刻、眼镜、循环经济、微型元件成为余江在全国有一定规模和比较优势的特色产业。可见,血防与余江经济发展息息相关。

3. 血防与余江地域文化的血防色彩。社会存在决定社会意识,随着血防的胜利,原来余江那种病态的地方文化,逐渐向健康文化演变。余江血防奇迹的出现,引起了诸多的文化人对余江血防的关注,通过他们的努力产生了大量关于余江血防的文化产品,包括电影、新闻报道、血防期刊文章、血防文学和史学、血防纪念碑和纪念馆等等,从而催生了余江血防文化的繁荣。据统计,发表于各类报纸上的关于余江血防的新闻报道,其数量不下数百篇。仅 1959 到 1979 年,在省级以上报纸杂志上发表关于余江血防的文章有 54 篇,其中《人民日报》文章 8 篇,《光明日报》文章 5 篇,新华社文章 3 篇。[3] 尤其是 1958 年 7 月 1 日《人民日报》发表毛泽东《送瘟神二首》,使余江血防奇迹家喻户晓。关于余江县血防为主题的报告文学主要有《春满余江》《蓝田春秋》《蓝田坂的今昔》《跨越死亡地带》《共产党救了荐头村》等;电影主要有《在血防战线上》《春满余江》《余江的春天》《枯木逢春》等;戏剧主要有《送瘟神》《换了人间》《照天烧》《银锄记》等;史学主要作品有《蓝田村史》《余江血防志》《余江血地防志》《余江县送瘟神纪实》等。通过不断地被描述,余江血防文化的得以积淀,地域文化的血防特色得以凸显。余江人自豪地说"血防是余江的第一张名片",余江文化的血防特色,不仅得到了余江人民的认同,而且也得到全国人民的认同。

余江血防是在国家社会大变革的背景下进行的,当时我国正处在社会主义三大改造、完成所有制的大变革时期,血防引起的社会变迁体现了党和政府的意志,二者相互促进。一方面新的社会制度的确立,为在大片田地上顺利实施"开新埋旧"的灭螺工程、为组织大批劳力,进行大规模的灭螺运动、有计划地分期分批治疗血吸虫病人,奠定了坚实的基础。另一方面,血防所建立的从上到下的组织机构,形成的社会动员机制,广大农民被组织起来,又直接推动了社会主义政治秩序在余江的建立;经济上血防是保护人民健康,抢救劳动力,促进疫区经济发展的一项重要措施。血防解

---

[1] 彭中华:《解放思想,真抓实干,全力促进余江旅游业的更快发展》,《地方政府管理》1998 年第 6 期。
[2] 江西省委政研室调研组:《余江县实现财政收入增速第一的奥秘》,《鹰潭日报》2011 年 3 月 28 日。
[3] 中共余江县委血防领导小组办公室:《余江县血防志》,1984 年 12 月编印,第 145—153 页。

放了生产力,增加了生产,改善人民群众的生活,从而为社会主义建设奠定了经济基础,患者治愈后积极投身生产,成为社会主义建设的骨干;血防运动中农民的文化知识提高了,消除了封建迷信观念,对党和政府产生了高度的认同感和信任感,这为社会主义思想文化建设创造了有利条件。由此,一种新型的、符合党和政府意图的、带有明显"血防特色"的余江地域社会得以建立起来。

四、血防塑造余江地域社会的机理

现在,只要人们来到余江,都会惊奇地发现,余江地域社会无论是政治、经济、还是文化、都具有浓厚的血防色彩。显然,赋予余江地域社会"血防"特色的是血防这一历史事件。在各地纷纷强调"打造"地方文化特色的今天,我们从国家通过血防成功修治余江地方社会的历史中,可以得到以下几点结论。

1. 党和政府可以通过某一历史事件,作为塑造某一地域社会特色的手段。血防就是国家用来修治余江病态社会并塑造余江地域社会特色的重要手段。余江血防是由党和政府主导的,血吸虫病的防治处于国家政治的强力支配之下,成为建国后国家对地方社会的改造的手段。血防过程是一个自上而下、国家对地方社会全面渗透的过程,伴随血防措施的实施,国家对基层社会的构建意图,渗透地方社会各个角落和民众日常生活之中。在余江地域社会之上,从中央到省到县,构筑了一张完备、高效的血吸虫病防控网络。这张防控网络,以从上到下血防组织系统为基础,以各级党委书记为第一责任人,以血防为"最大的政治任务"作为推进动力,具有很强的传导力、执行力。通过这个传导、执行系统,最高领导人"一定要消灭血吸虫病"的指令连同国家对基层社会的构建意图,迅速、快捷传导到社会基层,并变成地方社会的实践。

2. 历史事件要成功塑造某一地域社会特色,事件本身必须具备能够塑造某一地域社会特色的现实条件。余江血防之所能成功修治余江病态社会并塑造余江社会特色,是由余江血防所具有的特点所决定的,这些特点包括:第一,余江"全国第一面血防红旗"是由高层领导人亲自树立的,具有"名人效应"。这不仅使得从中央到时地方的各方力量必须力保红旗不倒,而且也使余江血防声闻海内外,得到了国内外肯定,尤其是余江本地社会的高度认同。第二,余江血防具有重大影响。血吸虫病是对人类健康和生产危害极大的一种慢性寄生虫病,在世界上有着久远的历史,它不仅在我国有分布,在全世界许多国家和地区都有流行。别的国家花了大量的人力、物力、财力都没有做到消灭血吸虫病,余江做到了其他国家做不到的事。作为世界和中国医学史上重大事件,必然要对当地社会产生影响。第三,余江血防具有长期坚持的特点,也就是说血防对余江地域社会进行了持续的冲击,不断强化余江地域社会血防特征。第四、余江血防具有群众运动特点,全民参与,上下一心,血防渗透到地方社会的各个角落和民众日常生活之中,产生了广泛的影响。第五,余江血防之所以能够成功塑造余江地域社会,同卓有成效的血防文化宣传息息相关。通过这种宣传,血防成为地域文化特色,进而成为地域社会特色。第六,余江血防具有制度化特点,无论是血防机构的常规化,血防措施的地方法律化,还是血防工作的中心等,都有利于固化余江地域社会血防特征。以上动力机制连同具体的血防措施在一起,成为塑造余江地域社会的重要因素,最终将余江地域社会成功地打造成具有鲜明"血防"色彩的地域社会。

3. 国家通过历史事件塑造地域社会特色必须选择适当的介入机制。国家在通过血防介入余江地域社会过程中,主要采取了以下6条措施:一是制定规划。根据上级要求,1955年12月7日制定《中共余江县委关于防治消灭血吸虫病害计划方案》,提出"限期在1957年底完成血吸虫病的防治任务","各级党的组织和政府,应本此规划精神,在当前合作化高潮运动中,妥善的按排好血吸虫病的防治工作。"[①]二是建立从县到村各级党和政府的血吸虫病防治领导机构。至1957年2月余江县从县到乡、场、高级农业社、村的各级血防领导组织普遍建立起来。[②] 三是建立负责制,发挥了组织领导的作用。领导采取分乡分片包干工作机制,强调层级负责,如在分配治疗任务时,县分配到乡,乡分配到社,社分配到队,队分配到组,逐级保证任务完成,血防体制规定领导必须深入下层、进行督促检查,具体指导工作,解决困难问题。四是发动群众,依靠群众,把血防教育必须置于高度优先的地位。宣传人员将血吸虫生活史和防治方法绘成图片、幻灯片,制成立体模型,编排成说唱等形式的文艺节目,举办规模较大的血防展览和街道文艺演出,在群众中造成声势。使广大农民深受教育,从而激发了他们防治血吸虫病的积极性。五是先行试点,取得经验再全面铺开,例如在灭螺运动中,先集中主要力量在马岗乡试点,从试点中干部掌握了运动开展方法,然后再全面展开。六是在党委统一指导下,组织有关部门共同作战,形成全民参与,群策群力的防控局面。这六条措施构成了一个强有力的国家介入地方社会的机制。通过以上措施,国家成功地按照自己的意图塑造了余江地域社会。

4. 各地文化特色的打造必须依据当地的实际情况进行,余江血防模式并不是适应所有的地区。国外各种血防模式的成功经验主要是:高度依赖医学技术的发展和依靠大量的政府资金投入。与此相比照,余江血防模式的特点是:以党和政府为主导,以群众为基础,以艰苦奋斗为动力,综合血防、生态血防为支撑,上下联动、群防群治。它构成了一个严密的传染病防控网络,是一个对传染病具有巨大防御力量、见效快的血防模式。历史经验证明,余江血防模式是适合当时我国现实经济、医疗水平的、创造了世界血防奇迹的、值得借鉴的血防模式。如果条件允许,有充足的经费和

[①] 江西省血吸虫病防治委员会编:《江西省防治血吸虫病工作资料汇编》,1957年2月编印,第153—159页。
[②] 江西省血吸虫病防治委员会编:《江西省防治血吸虫病工作资料汇编》,1957年2月编印,第153—159页。

先进的医疗技术作支撑,余江血防模式将如虎添翼。但另一方面我们也应该看到余江血防模式是历史的产物,随着时代的发展,余江血防模式有些东西不一定适合现时代或其他地域。如群众运动的血防模式,在今天的条件下就难以开展;跃进式血防容易导致人们忽视血防工作的长期性和艰巨性;以"开新填旧"改变钉螺生存环境的血防措施,会造成环境破坏问题,在环境保护主义盛行的今天,也不一定适应。余江血防模式只适应丘型疫区,在湖沼型疫区其血防效果难以奏效等等。

(作者简介:万心,上海师范大学博士研究生;万振凡,江西师范大学历史文化与旅游学院院长、教授)

西夏文《六韬》译本的文献学价值

邵 鸿 张海涛

1909年沙俄科兹洛夫考察队在内蒙古额济纳旗黑水城所获文物中,有西夏文刻本《六韬》残本一种。今藏俄罗斯科学院东方文献研究所,编号为 инв. № 139、140、141、142、768、769、770,初次著录见戈尔巴乔娃、克恰诺夫于1963年合著的《西夏文写本和刊本》。① 1996年上海古籍出版社出版《俄藏黑水城文献》(第11册),公布了该刻本照片,为相关研究创造了条件。随后,聂鸿音、林英津、宋璐璐、贾常业等西夏学学者先后对西夏文《六韬》进行了译释和探讨。② 他们的工作,基本解决了西夏文字方面的问题,在此基础上对西夏文《六韬》的文献学价值也有所论述。笔者研究《六韬》有年,苦于不通西夏文字而不能直接研读西夏文译本《六韬》,最近认真拜读了上述学者的研究成果,深受教益,同时也有一些心得。爰成此文,以求教于方家。

一

我们知道,《六韬》成书于战国,中古时期仍广为流传,篇幅较大,内容庞杂。北宋元丰年间(1078—1086年),为适应当时的军事需要,神宗下诏校定《武经七书》,经何去非、朱服等人的整理,最终形成了6卷60篇,文字整齐简练的今本《六韬》并刊刻颁行。此后今本流行,而中古本《六韬》则逐渐埋灭。③ 西夏文译本是《六韬》迄今唯一已知的非汉语文本,时代亦早至南宋前期,其珍贵自不待言。

---

① 译文见中国社会科学院民族研究所历史资料室编译《民族史译文集》第3集,1978年。
② 聂鸿音:《〈六韬〉的西夏文译本》,《传统与现代化》1996年第5期;林英津《西夏语译〈六韬〉释文札记》,《辽夏金元史教研通讯》2002年第5期;宋璐璐:《〈六韬〉西夏译本研究》,中国社会科学院研究生院2004年硕士论文(打印本);宋璐璐:《西夏译本中的两篇〈六韬〉佚文》,《宁夏社会科学》2004年第1期;贾常业:《西夏文译本〈六韬〉解读》,《西夏研究》2011年第2期。
③ 徐勇、邵鸿:《〈六韬〉综论》,《济南大学学报》2001年第3期。

西夏文《六韬》为蝴蝶装刻本，版框 13.5×18.5 厘米，每半叶 7 行，行 16 字。版口题"六韬上"，或"六韬中"，下有刻工姓名及汉文页码。聂鸿音根据刻工题名，考定《六韬》是西夏乾祐年间（1180 年前后，是年为南宋孝宗淳熙七年）的一个官刻本。[①] 刻本严重残缺，惟存 26 叶，不计重复，仅得 18 个整叶和 4 个半叶，但叶面保存基本完好，字迹清晰。现存部分为"卷上文韬第一"的篇目及"文师""盈虚""国务""大礼""明传""六守""守土""守国"；"卷中龙韬第三"的"兵征""农器"；"卷中虎韬第四"篇目及"军用""军略""一战""临境"，以及存疑的"攻城"篇。所存各篇，有的有不同程度的残缺。

根据残存内容可知，该译本所据底本应是一个分为上中下 3 卷，文武龙虎豹犬六韬齐全的汉文《六韬》。各位研究者均认为，这个本子属于北宋以后流传的《六韬》，也就是我们所说的今本《六韬》，而与中古时期的《六韬》文本有显著区别。这个认识理据充分，笔者完全赞同，这里仅再举出一个极明显的证据：唐初《群书治要》卷 31 辑录《六韬》部分，相对而言是最能反映中古本《六韬》整体风貌的文本。与今本比较，全书首篇《文师》为书序，不属《文韬》；其收录篇目内容最多（占所辑《六韬》的三分之二，但也并不完整）的《文韬》，不仅内容上多出今本所无 6 篇，而且篇序、文字与今本差异亦较大。反观西夏译本，《文师》已归入《文韬》，《文韬》之篇目、顺序与今本全同，文字也几乎完全对应，其属今本系统可谓一目了然。

二

尽管西夏文《六韬》总体上说属于今本系统，但其与以《武经七书》本《六韬》（以下简称《七书》本）等宋明时期的主要版本仍存在着重要差异。

（一）卷数有异

西夏文《六韬》为上中下 3 卷本，而北宋校定后的今本《六韬》，无论是《宋史·艺文志》著录的《六韬》《朱服校定六韬》，还是传世的宋刻《七书》本、金刻《施氏七书讲义》本《六韬》（以下简称《施氏》本），全为 6 卷，其后明清主要刊本如明初《武经七书》刻本、刘寅《武经七书直解》本、孙星衍辑《平津馆丛书》本《六韬》等也多为 6 卷。不过，南宋郑樵《通志》著录有《太公六韬》5 卷和《改正六韬》4 卷。这说明，宋代《六韬》的官方定本虽为 6 卷，但同时也有卷数不同的版本流传于世。检刘申宁《中国兵书总目》，3 卷本《六韬》始见于清代，但西夏文本证明，早在宋代已有 3 卷本面世。这是夏译底本和已知诸宋刻本一个显著不同之处，以往研究者似乎均忽略了这一点。

（二）篇目有异

夏译《六韬》完整保留了《文韬》《虎韬》的篇目，前者共 12 篇，与今本完全相同；

---

① 聂鸿音：《〈六韬〉的西夏文译本》，《传统与现代化》1996 年第 5 期。以下凡引述聂鸿音的见解，均出此文。

后者则为 14 篇,较之今本顺序相同,但多出两篇,即在"军略"后多出"一战","略地"后多出"攻城"。"一战"内容完整,共计 289 字,"攻城"则有目无文。但夏译《六韬》另有残页半叶(由于页码缺损,《俄藏黑水城文献》将其编排在最后),存 122 字,不知归属,研究者多倾向属于"攻城"。林英津、宋璐璐已指出,"一战"和"攻城"的部分内容见于《通典》和《太平御览》所载《六韬》逸文;①但宋璐璐认为,后者除了"高城深堑"四字之外,似乎和攻城没有太多联系,其文字为《通典》卷 153"示怯"、《太平御览》卷 294"怯懦"所摘引,因此这段文字"残佚的篇题似乎应该是'示怯'或者'示弱'之类,而不像是《虎韬》目录中的'攻城'"②。如果宋说不错,该残页则应属于其他已佚失的某韬。

今按:所谓"攻城"的残文,聂鸿音先生汉语回译如下:

解……秉日月之道,明四季之常,执其左右首尾,则小大皆成,不至迷惑也。武王曰:"敌人先至以取我,彼先得地利,为之奈何?"太公曰:"若如此,则故作怯懦而佯北,敌人必追,追之急则行陈乱而自相失。吾发伏兵疾击其后,车骑左右近攻,必破之。敌人高城深堑……"

此段文字的主要内容,确实是谈如何示弱于敌,调动敌军从有利至于不利而击破之。不过,最后"敌人高城深堑"六字还是应加注意。因为上文至"必破之"所论已完,接下来应是另一层叙述。从语意上看,很可能是说敌人居于高城深堑中难以攻取时,亦可采取示弱方式调动敌军离开城池从而战胜之。因此,聂鸿音主张在没有发现其他材料的情况下,仍不妨把它算作是"攻城",并非不可接受。至于宋璐璐关于其篇名应为"示怯"或"示弱"的主张,似难成立。《通典》《太平御览》之类的政书和类书,依类辑集古书文字,如果将其类名视为所集古书篇目名称,则各书篇目均相同,这显然是说不通的。

西夏文《六韬》多出的这两篇,最引人关注。聂鸿音说它们"无疑是西夏译本《六韬》最有价值的部分",甚是。我们自然还可猜想,除此之外,夏译残损的武、龙、豹、犬四韬中极可能还会有少量今本不见的篇目,这的确意义重大。其不但足以证明,夏译底本应非北宋元丰官方校定颁行本,而是另外一个我们从不知晓的宋刻本,更为研究唐宋间《六韬》的演变过程提供了新的重要线索和启示。

(三)文字有异

西夏文《六韬》的文字和今本一致性极高,但并非完全一致。如林英津所说,"西

---

① 林英津:《西夏语译〈六韬〉释文札记》,《辽夏金元史教研通讯》2002 年第 5 期,以下凡引用林英津见解均见此文;宋璐璐:《西夏译本中的两篇〈六韬〉佚文》,《宁夏社会科学》2004 年第 1 期。
② 宋璐璐:《西夏译本中的两篇〈六韬〉佚文》,《宁夏社会科学》2004 年第 1 期。

夏译者是在相当精确地理解了上古书面汉语之后,做出的相当流畅的翻译",但作为翻译文本,夏译《六韬》在文字上与今本有所增减出入实属正常。然而,有些差异明显不是翻译所致,而与所据底本有关。这些差异对于文本校勘和分析具有重要意义,尤其值得关注。下面主要以贾常业回译为依据,①分三类分别举例叙述之。

1. 与今本文字不同可校正今本之误者。如:

(1)《文韬·文师》:"义之所在,天下归之。"

《七书》本、《施氏》本、《武经七书直解》本(以下简称《直解》本)"归"均作"赴"。按:此文前后谈及"仁之所在"、"德之所在"、"道之所在",其后均为"天下归之",惟"义之所在"下接"天下赴之",故以"归"为是。银雀山西汉竹简本(以下简称竹简本)、《群书治要》卷31(以下简称《治要》本)及《太平御览》卷421引文均作"归",西夏本正作"归"。

(2)《文韬·大礼》:"勿妄而许,无逆而拒。许之则失守,拒之则闭塞。"

《七书》本第一个"拒"字作"担",显误。敦煌藏经洞唐代写本(以下简称唐写本)、施氏本和《直解》本不误,西夏本又增一证。

(3)《文韬·守土》:"无借人利器,借人利器则为人所害,不终其世也。"

《七书》本末句作"不终其正也。"银雀山竹简本、唐写本、施氏本、《直解》本均同于西夏本,作"不终其世"。

(4)《龙韬·兵征》:"城之气出高而无所止,用日长久。"

"用日长久",据林英津回译。《七书》本作"用曰长久";《施氏》本、《直解》本作"用兵长久"。贾常业直译为"日期多留",但意译为"用兵长久",忽略了其间差异。林英津指出:"'曰'或系'日'之误。至少,西夏译者看到的汉文本应有作'日'者。"林说是。

(5)《虎韬·军用》:"昼则以绛缟,长六尺,广六尺;……夜则以白缟,长六尺,广六尺。"

二"广六尺",今本各本均作"广六寸"。这里说的是"飞凫"、"电影"两种军旗的尺寸,"广六寸"似乎太狭小,尤其是夜间难以起到指示作用。西夏本"广六尺",于义为长。

(6)《虎韬·军用》:"张黑铁蒺藜,芒四寸,广八寸,长六寸以上。"

"长六寸以上"今本均作"长六尺以上",然蒺藜显然不可能长至六尺,西夏本"六寸"更为合理。宋璐璐认为是西夏人误抄,非是。

按"军用"全篇叙述各种军器装备,大量涉及器物名称及其数量、规格,因此在各种中古文献的引文中常有出入,至今本出文字始最后定型,但也有不少于情理不合之处。夏译本篇与今本不同之处较多,特别是数字与今本颇有差别,有的可能有误,有的可以并存,有的则明显较今本为合理,上举二例即是。

---

① 贾常业:《西夏文译本〈六韬〉解读》,《西夏研究》2011年第2期。以下凡引述贾常业的见解,均出此文。

2. 与今本文字不同而可并存者。如:

(1)《文韬·守国》:"冬道藏,万物隐。"

《七书》本末句作"万物寻";唐写本、施氏本、《直解》本俱作"万物静"。银雀山汉墓竹简整理小组云:"'静'与(上文)'荣'、'成'、'盈'等字为韵,宋本作'寻'似误。"①房立中云:"'寻'字与'静'字右部形似,宋本似因字残而误。"②

按《七书》本"寻"字不通,"静"字是。贾常业认为,西夏本用"仓库"对应翻译其字,而"西夏文'仓库'有'隐藏'之意,故译为'隐'。"贾译为"隐",不一定确切,但可证明"寻"之非是。或许贾译是对的,因为字意可通,韵部亦协。而且从字形上看,"隐(隱)"字右部亦与"寻(尋)"字相近,故《七书》本也可能是由"隐"字致误。

(2)《文韬·盈虚》:"旌别淑德。"

同于《七书》本。但《施氏》本、《直解》本作"旌别淑慝。"施氏讲义释其为"旌别淑善邪慝之人"。"德"、"慝"音同可通假,而意正相反。文字上二者皆可通,但从前文数句均言表彰良善来看,《七书》本和西夏本"淑德"比"淑慝"似更切当。

(3)《文韬·六守》:"农、工、商,谓之三宝。"

此句今本各本均作"大农、大工、大商,谓之三宝。"唐写本同,唐宋类书中引用也不少。惟唐《意林》卷1引文没有三个"大"字,与西夏本一致。

(4)《龙韬·农器》:"天下安定,国家无争。"

"国家无争",从林英津译。贾常业直译为"国家争无时",意译为"国家无事",意译微失本意。《七书》本、《直解》本作"国家无事",林英津已注意到这一差别,认为可能底本如此。按《施氏》本同于夏译,证明林说是。

在此还应指出的是,夏译《六韬》中有一些异文因为缺乏书证,属于错讹的可能性更大一些,如《文韬·文师》"施及三王"夏译作"施及二王","亲和而事生之"作"亲和而言生","国可拔"作"国不可拔";《虎韬·军用》"电车"作"电军","车上立旗鼓"作"车上立旗矛",等等。但这些异文仍然是有价值的,因为如果它们不是误译所致,则必是底本如此,故亦可注意。

3. 相对今本有重要文字增损而有助于了解底本原貌。如:

(1)《文韬·文师》:"载与俱归,立为师,以勤问境中吉安。"

此为"文师"最后一句,古今包括大量引文在内的各种文本都是到"立为师"为止,只有西夏本多出"以勤问境中吉安"数字(相当于汉语"咨以国之所安"之类)。因此,其为夏译所增加的可能性很大。林英津推测,这句话有可能是西夏译者为了明确"立为师"的文意,并使事件的叙述完整,自行加入的一小段解释。不过,我们毕竟还不能百分之百地说夏译底本不如此作。

---

① 银雀山汉墓竹简整理小组:《银雀山汉墓竹简(壹)》,中华书局,1985年。
② 房立中:《姜太公全书》,学苑出版社,1996年,第30页。

(2)今本《武韬·军用》有"轴旋短冲矛戟扶胥,百二十具,黄帝所以败蚩尤氏。败步骑,要穷寇,遮走北。"黄帝以扶胥战车败蚩尤之记载,古籍中仅见于《军用》,西夏文本无此内容,很可注意。宋璐璐认为"盖西夏人所据汉文本已删此段",①似是。

三

根据以上所述,我们可以对西夏文《六韬》的文献学价值加以概括并做进一步的讨论。

首先,如前面已经指出的,虽然西夏文《六韬》总体上属于今本系统,但它与北宋以来以《七书》为代表的官方颁行本在分卷、篇目上有较显著差异,文字也有所不同,因此它的底本与后者显然不属于同一个版系。由此可以确定,元丰年间《武经七书》颁布后,虽然具有正统和支配地位,但并没有立即完全取代其他版本,直到南宋时期还有一些与官本不尽相同的《六韬》流传于世。

其次,可以判定,夏译本不是宋明以来主要《六韬》版本的祖本并且较早亡佚。从上面所举异文例证可知,西夏文《六韬》和宋明时期其他主要版本相较,既有文字相同而异于《七书》本的例子,也有同于《七书》本而与他本不同的情形。但鉴于卷数、篇目的不同,西夏译本所据底本在版本亲缘上,显然比《七书》本与已知宋明时期主要版本的关系要远。也就是说,现存宋明《六韬》的主要版本来源应是《七书》本而非其他版本,这和我们以往的认识是吻合的。当然,这一判断有其特定含义。我们今天所看到的宋本《武经七书》,实际上是南宋孝宗或光宗时期的刻本。《施氏》及明刊本应源自元丰刻本或其他较早续刻的《武经七书》而非孝、光刻本。这样才能解释有些《七书》本字误而《施氏》本及明刊本不误的原因,即因为该刻本错误,而元丰刻本未错。夏译本后继无踪,自然意味着夏译底本及他本宋时流传有限,而且很可能在南宋后期已经亡佚。这个结果,当然应是《七书》本的支配地位使然。这里还可以指出的是,聂鸿音、常璐璐已注意到,西夏人在翻译中原典籍时往往采用非官方、非经典著作为底本,②夏译《六韬》不以《七书》本为底本,乃是又一个例证。

第三,西夏文《六韬》还为探索唐宋时期今本的形成过程提供了新的线索和启发。宋代自元丰官本颁行后仍有数种《六韬》文本流传,西夏译本使我们得以看到其中一种的大致面貌,因而非常可贵,对我们进一步探索《六韬》在唐宋间的变迁有重要意义。以往笔者将何去非、朱服等人整理校定《武经七书》视为今本形成的唯一关键,认

---

① 宋璐璐:《〈六韬〉西夏译本研究》,中国社会科学院研究生院硕士论文(打印本),第20页。
② 宋璐璐说见所著《〈六韬〉西夏译本研究》,中国社会科学院研究生院2004年硕士论文(打印本),第3页。

为在这前后《六韬》发生了根本性的改变。① 现在看来,这种改变的程度和意义可能需要重新考虑。似乎存在着这样一种可能性,即在元丰官方定本形成以前,已经出现了类似或接近今本的某些版本,夏译底本或许即为其中之一。宋璐璐根据西夏文译本多出的两篇认为,西夏人所据的汉文本《六韬》底本似应早于《七书》本颁行,② 我们认为是有道理的。因为从逻辑上说,元丰官本改变为多出两篇以上的夏译底本的可能性很小,而夏译底本校改为元丰官本的可能性则更大。如此说来,何、朱等人就有可能是在包括夏译底本在内的多个版本基础上完成对《六韬》的整理校定的。换言之,元丰年间的整理改定,其实是在前人基础上进行的,其改变程度可能没有过去我们认为的那么大。这应是我们从西夏文《六韬》得到的最重要的认识。

第四,西夏文《六韬》在文字校勘乃至训诂方面也有其独特的价值和意义。校勘方面,上面讨论异文时已对其校正今本之误、保存异文和了解译文底本面貌的意义有所说明,这里再对其训诂价值略做申论。

由于西夏文本从汉文翻译而来,因此当汉文理解可能有歧义时,译文实际上就体现了译者的一种取舍和解释,因而也就具有了训诂学价值。典型的例子如:夏译《三家注孙子》将古代汉文兵书中常见的"卷甲"译为将士兵甲衣的下沿卷起,以提高步兵行军速度;将"衔枚"译为马匹而非士兵口衔木条,将"方马埋轮"译为"缚马埋轮"意为自置死地等等,都是迄今最为合理的解释。③ 西夏本《六韬》中,也有这样的例子:如《虎韬？军用》:"天浮铁螳螂,矩内圆外,径四尺以上",何为"铁螳螂",以往注释都不得其解,夏译为"浮舟铁锚",使人豁然明白。又如《文韬·盈虚》:"天下熙熙,一治一乱。""天下熙熙"历来注家有两种译法,有的译为天下兴盛安乐,更多的译为纷扰杂乱,夏译为"天下和合",为前者提供了支持。

总之,西夏文《六韬》有其独特的文献学价值,今后《六韬》的研究和校释者,当然不能不充分注意和利用这一重要文本。不仅是《六韬》,西夏译其他汉籍如《孟子》《论语》《孝经》《孙子》《三略》等,都是古籍研究的重要资料。在当前大批西夏文献多已获得公布和解读的情况下,夏译汉籍这个宝库,是古籍学者所不应忽略的。

本文承宁夏大学西夏研究院彭向前教授大力帮助,谨此致谢。原刊于 2015 年《文献》第 6 期

(作者简介:邵鸿,九三学社中央副主席、南开大学历史学院教授、博导;张海涛,南开大学历史学院博士研究生)

---

① 徐勇、邵鸿:《〈六韬〉综论》,《济南大学学报》2001 年第 3 期。
② 宋璐璐:《〈六韬〉西夏译本研究》,中国社会科学院研究生院 2004 年硕士论文(打印本),第 6 页。
③ 彭向前:《夏译〈三家注孙子〉研究》,未刊稿。

儒家素质教育观的历史反思
——兼论大学素质教育中儒家素质教育观的继承、转化和发展

赵 明

作为中国创造的教育理念和教育模式,已经有不少学者从中外教育史和教育理论的角度,对素质教育的内涵进行了论述。自上世纪末以来,有一些学者论述了素质教育的历史渊源,提出要继承和发扬儒家教育思想,甚至将"国学"等教育内容提到实施素质教育的重要层面。而许多大学的素质教育则着重参照欧美大学博雅教育、通识教育、全人教育、通才教育等理念,在教学体系和内容上进行探索性改革,开设了不少素质教育课程。这些理论研究和实践探索,对于深化大学生素质教育理念和模式的研究,进一步厘清素质教育的本质,都有十分重要的作用。在深化教育综合改革的今天,我们有必要对儒家教育思想进行系统地反思,对如何继承中国优秀传统文化,建立中国特色现代大学制度,落实大学素质教育进行深入的探讨。

一、儒家教育思想核心是"育人为本"的素质教育观

素质教育的概念是中国独有的、但并不是中国自古既有的概念。中国古代教育思想家包括儒家,从未系统提出过素质教育的主张。但是,这并不意味着历史上的优秀教育家和教育思想家在教育理论和实践探索中,没有过与今天素质教育相近或类似的理念、方法和内容。相反,当今中国素质教育的理论倡导和实践发展,有着深厚的中华优秀传统文化的基础,其中,儒家教育思想体现出的素质教育观念,深刻地影响着我们素质教育发展的轨迹。

关于大学素质教育的内涵,学术界有不同的认识。一般认为,它是指依据人的发展和社会发展的实际需要,以提高全体学生的生理心理素质、思想道德素质、专业文

化素质、实践能力素质为基本目的,按照"以生为本"的教育理念,注重开发人的潜能,实现学生全面发展与个性发展并重的教育。生理心理素质教育主要包括有效促进大学生的身心健康成长,充分调动学生大脑、神经系统和运动系统功能,形成良好认知结构和行为结构,并通过情感、兴趣和动机的激发,培养学生健康的个性、品质和协调适应能力;思想道德素质教育主要包括形成学生人生态度、理想信念、社会信仰、行为规范、文明习惯和高尚情操;专业文化素质教育是以传承和弘扬人类优秀文化为出发点,将学习兴趣和社会需求紧密结合,丰富和完善学生的知识结构,使之打下具有适应专业要求的文化基础;实践能力素质教育主要是培养大学生自我学习的实际能力,以及适应社会的交往和生存能力,即在亲身实践中得到锻炼和提高。

据此,今天素质教育的主要内容是立足于人的培养而不仅仅是知识的传授。而在以孔子为代表的先秦儒家学说中,这种素质教育的基本观念已初步形成。概括起来,主要有以下三个方面:

第一,在教育目标方面,教育普及化与培养德育化,彰显了朴素的素质教育理念和人才培养宗旨。

素质教育的一个重要目标是"提高全民族的文化素质"。孔子提出"有教无类",反映了普及性教育思想观念。这里的"类"无论是按照不分出身贵贱解释,还是按照不管品行善恶解释,都可以理解为教育是面向大众,把教育的最高目标定义为人性本善回归。尽管先秦儒家不可能代表社会所有阶级或阶层,但普及教育思想透过"有教无类"的表述开始萌芽。朱熹《论语集注》中将"有教无类"注为"人性皆善,而其类有善恶之殊者,气习之染也。故君子有教则人皆可以复于善,而不当复论其类之恶矣"[1]。儒家认为,"教之则善,本无类也"[2]。这与当今"教育要立足于提高全民族的文化素质"、强调"教育要面向全体学生"的意义基本是一致的。

然而,按照孔子所尊崇的社会理想,儒家的教育目标是培养具有政治抱负和品德高尚的"君子",对受教育者的政治品格和思想道德尤为关注。孔子的"为政以德"思想对教育影响深刻。"政教德育"也因此成为其素质教育的基础。素质教育首先是德育。孔子认为"道之以政,齐之以刑,民免而无耻;道之以德,齐之以礼,有耻且格。"[3] 通过"德"和"礼"的教育引导,提高人民的素质才是治国理政的根本。在教育中用"德"来引导和用"礼"来约束受教育者,都是儒家实施德育的范畴。德育成为其儒家素质教育观中的首要因素。儒家德育的内涵十分丰富,概言之,即以"仁"为核心,注重受教育者忠、孝、诚、信、智、勇、温、良、恭、俭、让、廉、和、宽、悯、惠,以及中庸、忠恕等思想道德和礼仪行为的培养。通过树立受教育者个人家国一体化的主体意识,启

---

[1] 〔宋〕朱熹:《四书章句集注》,中华书局,1983年,第83页。
[2] 〔南梁〕皇侃:《论语义疏》,中华书局,1986年,第190页。
[3] 《论语·为政》,参见杨伯峻:《论语译注》,中华书局,2006年。

发和引导受教育者在自我意识基础上产生积极进取心,不断进行自觉的思想转化和行为控制,把个体道德行为上升为社会道德行为,把个人内在的思想、情感、意志和对自我价值的判断,外化为对社会的理想、信念、志向和实现社会价值的抱负,从而构建起符合儒家社会理想和素质教育需要的德育体系。由此可见,"君子"的素质,不是靠教师"教"出来的,而是通过"德""育"出来的,即首先通过良好的教育环境和"身教重于言教"的表率作用,培育养成受教育者的道德素质。教师本身应该就是"谦谦君子"。只有思想端正、品德高尚的教师以身作则、为人师表,才能成为培养高素质人才的榜样,而口是心非,言行不一的教师是不可能获得素质教育的效果。所以,自古以来,社会对教师要求严,教师的形象地位高。这是儒家素质教育观所决定的。"其身正,不令而行;其身不正,虽令不从"①,也可说明,教师行不言之教,通过对理想信念的执着,对完美人格的追求,使学生于耳濡目染之际收到潜移默化的教育效果,是实施"政教德育"最有效的途径,是实现素质教育培养目标的起码条件。素质教育的关键在于教师有较高的思想道德素质,也是儒家素质教育观中的重要内容。

第二,在教育内容方面,则主要是通过"六经"和"六艺"的学习,注重思维和实践能力培养,体现对学生全面发展的素质教育要求。

一般认为,"六经"是孔子根据古代文献和资料修订整理而成,是他为自己教学需要而编撰的系统教科书。这些教材有的旨在培养学生的语言文学修养,提高学习思维能力,增长自然综合知识;有的作为政治历史教材,培养学生关注社会和治国从政的能力,有的用于开展修身养性、陶冶情操并提高审美能力的教育;有的是培养学生思想政治品质和行为规范的教材;还有阐述事物变化一般规律以及事物之间的辩证关系的哲学思维教育教研材料以及本国历史教科书。有人认为,《诗》《书》《礼》《乐》是孔门的必修课,而《易》和《春秋》大概是哲学和历史的高级选修课程,所以《史记·孔子世家》载:"孔子以诗、书、礼、乐教,弟子盖三千焉,身通'六艺'者七十有二人。"②"六艺"则记载为"礼、乐、射、御、书、数"6种当时知识分子应掌握的重要技能。"六艺"学习不仅仅是知识的传授,还有实践的训练,通过训练引导学生养成其善于自我提高的学习和应用能力。培养学习能力是素质教育的重要一环。实施素质教育就是要通过增益学习本领全面提高学生素质。"授人以鱼不如授人以渔。"教会学生学习知识、掌握知识的方法,训练学生运用学习方法获取更多的知识,解决更多的实际问题,就是培养提高学生的学习能力。颜渊称"夫子循循然善诱人,博我以文,约我以礼,欲罢不能。虽竭吾才,如有所立卓尔。虽欲从之,末由也已。"③孔子不仅引导学生从文献中获取知识,而且"礼失而求诸野",带领学生周游列国,广泛地向社会和实

---

① 《论语·子路》,参见杨伯峻:《论语译注》,中华书局,2006年。
② 《史记》卷47《孔子世家》,中华书局,1959年,第1938页。
③ 《论语·子罕》,参见杨伯峻:《论语译注》,中华书局,2006年。

践中寻求知识,在游学中,师生相互切磋,教学相长,学习能力在理论与实践的结合中提高。"六艺"实践能力锻炼与"六经"专业文化培养相辅相成,构成当时素质教育的重要内涵。

第三,在教育方法方面,提出了启发式教学,因材施教,学思结合,兴趣激发等探究式素质教育的基本要素。

一是"愤悱启发"较早提出了的启发式素质教育方法。启发式教学强调学生是学习的主体,教师要调动学生的学习积极性,通过教师的引导作用实现学生的自主学习作用。《论语·述而》:"不愤不启,不悱不发。举一隅而不以三隅反,则不复也"。"愤者,心求通而未得之意;悱者,口欲言而未能之貌。启,谓开其意;发,谓达其辞。"①就是强调教师要在学生有了强烈求知欲望的情况下,用具体的方法去加以点拨,让其能举一反三,使知识转化为智力,通过学习知识和思考问题紧密结合,"学而不思则罔,思而不学则殆。"再加上"夫子循循然善诱人",达到提高文化素质的目的。

二是"因材施教"体现了针对学生素质差异进行不同教育的理念。朱熹在注《论语》时指出,"夫子教人,各因其材"。孔子强调教育对象与教学内容和教学方法的关系,主张根据学生不同的素质和特点,分别进行不同的教育。"中人以上,可以语上也;中人以下,不可以语上也。"②他在教学实践中也十分注重观察了解学生,"听其言观其行",然后有针对地对学生予以施教,既发展个性特长,又使学生素质整体得到提高,教育教学的个性与共性在素质目标中得到统一。

三是"学问思辨行"揭示了学思结合、知行合一的素质教育过程。《中庸》总结出"博学之、审问之、慎思之、明辨之、笃行之"教育教学的五个阶段,这是从孔子的提倡的"学思习行"教学过程中提炼上升而来。孔子从"博学于文,不耻下问"、"学而不思则罔,思而不学则殆",到"学而时习之"、"温故而知新"、"纳于言而敏于行",就是强调知识巩固、理解和应用等学习能力培养过程,"学问思辨行"则是通过"问辨"将"学思习行"有效地构成教育有机整体,加强了教学过程的内在联系,学生在这个过程中学习能力得到锻炼,学术学问素质得到提高。

四是"好学乐学"指出了激发学习兴趣是实施素质教育的重要途径。"知之者不如好之者,好之者不如乐之者。"③学习的过程一般是艰苦的,但是学习之后取得收获是愉悦的,尤其是因兴趣而产生的学习冲动,更能使学生在艰苦的学习过程中体会收获的快乐,"发愤忘食,乐以忘忧,不知老之将至"。④ 学习兴趣的激发靠良好的师生关系培育,《学记》:"安其学而亲其师,乐其友而信其道"。学生的兴趣需要教师的正

---

① 〔宋〕朱熹:《四书章句集注》,中华书局,1983 年,第 83 页。
② 《论语·雍也》,参见杨伯峻:《论语译注》,中华书局,2006 年。
③ 《论语·雍也》,参见杨伯峻:《论语译注》,中华书局,2006 年。
④ 《论语·述而》,参见杨伯峻:《论语译注》,中华书局,2006 年。

面引导。据统计,《论语》关于孔子对学生的表扬记载有17处,而对学生的批评只有6处,更多是让学生"各言尔志",鼓励他们在好学乐学中提高素质。

总之,在以孔子为代表的先秦儒家教育思想中,有关素质教育的观点与当今素质教育的理念和方法要求基本相通。换言之,今天的大学素质教育在一定程度上和范围内是儒家素质教育观的继承和发展。因此,儒家教育思想中的素质教育观具有积极的历史意义,值得总结和借鉴。①

第一,儒家的素质教育观来源于原始人类共同体以来的教育实践,是教育发展必然规律的总结与概括。按照历史唯物主义观点,教育是人类社会所特有的一种社会现象。教育起源于生产劳动,服务于生产劳动,是与社会生活紧密相连的有目的的意识形态性社会活动。因此,最初的教育就开始于人的最基本的"素质教育"。在原始共同体中,人处在什么样的环境下过什么样的生活,便开始接受什么样的教育,这是名副其实的"生活教育"。当然,在氏族社会时期,教育还没有严密的计划性,但教育活动已经包括了生产劳动、生活习俗、信仰崇拜、艺术娱乐和体格锻炼等多方面,实际上就是对氏族成员的素质培养。这一教育传统一直延续到文字与学校出现之后,教育的侧重点有所不同,形成了具有不同社会性质的若干特点。例如,夏商的教育十分重视军事训练和宗教人伦。西周则在夏商的基础上形成了系统的"六艺"教育内容,成为西周教育的特征和标志。当时的"六艺"教育即包含诸多素质教育的因素,既重视思想道德教育,又重视礼仪规范约束;既重视文化知识传授,又重视实用技能训练;既重视内心情感修养,又重视武备军事教育,成为儒家素质教育观的基本依据。这与古希腊罗马时期强调的"自由教育"(又称"文雅教育"或"通才教育")精神是基本相通的。

第二,儒家素质教育观是建立在教育对人的发展有重要作用的认识基础上的,具有一定的科学性。孔子从教育的角度提出人的素质形成和发展"性相近,习相远"的命题,同时又强调"唯上知与下愚不移"。朱熹《章句集注》认为《论语·阳货》中这两句表达的意思,是说人的本性是相近的,由于环境的熏染和所受教育不同,便有知识、才智、品质的差异。"上知""下愚"之所以"不移",是因为"生而知之者上也;学而知之者次也;困而学之,又其次也;困而不学,民斯为下也。"②"生而知之者"是一般人可望而不可即的"上知","困而不学"则是不肯学习、自暴自弃的"下愚"。"上知"(古人心目中的"圣人")的素质最高,是不会改变的;身处困境(包括先天不足)仍不肯学习的人,其素质也不会改变,只有"学而知之"、"困而学之"才可能改变人的素质。这反映了当时的社会实际,也指出了普及教育、提高素质的重要性,更揭示了教育在提高人的素质中的认知过程。

---

① 杨柱:《孔子教育思想对当代素质教育的启示》,《孔子研究》2007年第1期。
② 《论语·季氏》,参见杨伯峻:《论语译注》,中华书局,2006年。

第三,儒家素质教育观的核心是"育人为本",是"立德树人"作为教育根本任务之滥觞。儒家要培养的是具有儒家理想的人——"君子"。前述儒家的教育目标、内容和方法,无不是围绕培养"君子人格"展开。尽管孔子的教育内容十分丰富,但最终却是"君子不器"①,也就是说,按照素质教育观培养人,多方面的知识技能都是必需的,但并不以培养专业技术人才为主要培养目标。《论语·子路》中"樊迟问稼"的例子,多被用来批评孔子轻视生产劳动,不过也可以理解为孔子的教育并不是培养生产技术人员,故樊迟问稼问错了地方,自然被孔子所轻视。曾子也说"笾豆之事,则有司存"②,这并非曾子鄙视礼之仪节,而只是说这样的专门技能有专门机构管理,君子所贵之"道"则不在此。"孔子以诗书礼乐教",并非教人成为懂得一技之长或求得一份职业谋生之人,而是按照"文行忠信"的要求使学生成就"君子之道",形成具有实现儒家理想的品德和人格,具有这样品德和人格的人才是君子。这些儒家这些观点与今天的素质教育包括通识教育、通才教育等主张是基本一致的。

二、儒家素质教育观的内在矛盾性及其与实践的背离

以孔子为代表的素质教育观朴素地总结了教育若干规律,揭示了素质教育在认识论层面的基本要素,指出了教育应以"育人为本","德育为先",等等,这些最具有历史意义的观点,是先秦儒家对古代教育思想的突出贡献。不过,同时也应看到,儒家教育思想是一定历史阶段的产物,也具有其不可克服的历史局限性。教育思想理念或教育观不仅仅是某种认识论和方法论对教育教学的指导,也是一定的社会生活在教育实践中的思想反映。儒家的素质教育观反映了儒家维护礼制的思想实际,在教育教学实践中自然要体现出儒家的社会理想和政治目的。

儒家思想是中华民族传统文化的重要内容。评价儒家教育思想应该采取历史唯物主义的科学态度,在承认儒家素质教育观对古代教育发展具有积极作用的同时,也应认真分析其历史局限性,更不能因循守旧、抱残守缺。在大学实施素质教育中,如何继承和发扬古代优秀传统文化,的确应当予以重视。然而,假"国学"之名而不加分析地将一些传统文化形式移植于现代校园,例如,要求学生诵读《弟子规》《孝经》等传统教材而不注重对其内容加以辩证地诠释;随意曲解附会"诗书礼乐"的内涵,夸大传统"礼仪"、"孝道"等形式在素质教育中的作用;把推广所谓"汉服""唐装"等古代服饰装饰作为校园社团文化活动,等等,就成为一种值得注意的倾向。

在大学校园里开展一些传统形式文化活动,是为了丰富校园文化生活。但是,作为世界观、人生观、价值观和道德观正在成型的大学生来说,他们对以儒家思想为主

---

① 《论语·为政》,参见杨伯峻:《论语译注》中华书局,2006年。
② 《论语·泰伯》,参见杨伯峻:《论语译注》,中华书局,2006年。

要内涵的传统文化认识并不全面。仅仅开展一些读经尊孔活动,或将传统文化的形式引入校园是远远不够的。大学及其研究机构应在做好普及传统文化知识的同时,更应该注重研究提高,按照邓小平"教育三个面向"的要求,教育学生用理性的态度对待传统文化,按照社会主义核心价值观的要求予以辩证性继承、创造性转化和创新性发展,而不应一味追求其表面辞藻和形式。否则,儒学的一些糟粕或历代统治者利用儒家观点实施的思想钳制和一些腐朽的道德意识,将会对大学生正确理解传统文化产生误导,或对大学生的核心价值观产生不良影响。在警惕"全盘西化"的今天,大力提倡和弘扬中华优秀传统文化十分必要,但不能"全盘古化"或"食古不化"。传统文化中"优秀"二字不能丢。只有优秀的传统文化,才是人类文化中共同的瑰宝,才是实施素质教育的应有之义。

20世纪90年代以来,有些学者十分推崇儒家素质教育观,认为其具有当代价值,孔子的教育理念与当代教育理念如出一辙[1];或认为目前基础教育中的应试教育和高等教育中重理轻文等种种弊端,就是因为没有按照孔子的教育思想落实素质教育。其实,素质教育是与时代的发展紧密联系的。不同时代有不同的素质教育要求,教育性质和内容都会发生很大的变化。儒家素质教育观是适应传统社会人才培养的一种教育思想观念,在揭示教育教学规律中有其一定的合理性和科学性,是十分重要的历史遗产,应该予以继承和借鉴。但是,历史遗产并不是解决当今教育问题的万良之策。相反,儒家"述而不作,信而好古"[2]的保守主义思想对现代大学制度的构建,对于启发青年人创新创造思维,存在着明显的历史局限性。

一是儒家的"忠孝"教育观对现代学校德育内涵发展起着固有的制约作用。毫无疑问,"忠孝"是以儒学为代表的传统文化中的主要内容,对维护社会秩序,增进中华民族的凝聚力有着积极的作用。"育人"作为教育之首义,无疑是实施素质教育的根本所在。作为一种文化理念,在"育人"中以"忠孝"教育作为传统社会中德育的主要内容也无可厚非。但是,儒家以伦理道德为教育本位,把"忠孝"作为德育的基本内容,并成为培养"君子人格"的重要标准。这种"育人"观与现代德育要求有着巨大反差。"忠孝"观念不仅仅是国家治理和家庭伦理的范畴,更反映了社会等级的现实。将社会等级、国家秩序、人伦道德三者紧密联系在一起并固化起来,即成为儒家所期盼的万世不变的"礼制"。"非礼勿视,非礼勿听,非礼勿言,非礼勿动"[3]。儒家的"忠孝"观念往往束缚人的思想,成为创新的桎梏。按照儒家的德育要求,人才培养目标是符合儒家理想信念具有传统社会思维结构的"君子",而这样的"君子"很难达到现代公民所具有的素质要求。换言之,即使将"忠孝"赋予现代内涵,使之符合当今需要

---

[1] 平飞:《论孔子教育思想对当代素质教育的意义》,《南昌航空大学学报(社会科学版)》2011年第1期。
[2] 《论语·述而》,参见杨伯峻:《论语译注》,中华书局,2006年。
[3] 《论语·颜渊》,参见杨伯峻:《论语译注》,中华书局,2006年。

的社会意义,但"忠孝"将既定的国家政治要求和特定的人伦道德准则捆绑在一起,使受教育者难逃思想束缚的窠臼。如果道德不是个人作为理性存在自觉遵守,而是社会中每个人都必须按照"圣贤"事先决定的"君子"义务行事,道德就不仅是一种公众的约定,而是一种凌驾于社会之上的强制。这样,本来是约定俗成的公共道德,却隐含着公共权力。"忠孝"道德观念实际超出了约定俗成的力量,而成为确立政治威权的工具。"忠孝"隐含的社会等级、公共权力和人伦道德等先天内涵,决定了个人在社会(国家、家庭)共同体中的法定屈从地位。政治活动被看成是践行道德的主要形式。如果仍将道德与政治合二为一的儒家"君子人格"作为现代素质教育的德育观,那么,人的思想就极易触碰到所谓的"政治",人的政治态度或政治倾向也就不仅是思想观念问题,更要受到"道德""人格"的拷问。钳制思想固然是中国传统社会的一大特点,也是中国现代化进程中逐步实现"人的解放"和"全面发展"的一大障碍。解决这一难题,要靠素质教育中德育的改革和发展,使德育真正成为现代国家公民教育的核心内容。在实施素质教育中,学校德育应按照法的精神,通过现代教育形式和手段,将公民教育内容作为主线,包括自觉忠于宪法和遵守法律,热爱祖国和人民,孝敬父母和尊重长辈等,但不应承袭传统的"忠孝"教育思维,实施所谓思想政治的道德"灌输"。

  二是儒家教育对权力和政治的依附成为实施素质教育的阻力。儒家学派自孔子创立后,逐步发展成为"内圣外王"、以"仁爱""礼义"为核心的思想体系,在华夏人类共同体社会化教育的基础上形成了一种传统价值观,代表了华夏族群的社会习惯、行为规范和思想意识等文化传承要素,并将其上升到系统的理论高度。孔子还打破了"学在官府"的局面,使传统文化教育普及整个民族,儒家思想具有坚实的民族心理基础,为传统社会所广泛接受,成为自汉以来在绝大多数历史时期的统治思想。儒家的"修身齐家治国平天下"注重以自身修养为起点,强调人与人之间的和谐,为实现"大一统"和"大同"的理想,要求统治者施"仁政",立"礼制",行"王道",处理好君臣关系、官民关系,等等。这些核心思想与儒家注重德育修身为重点的素质教育观有着密切的联系。如上所述,儒家德育的着眼点是政治生活,其"君子人格"中蕴含的价值倾向和实践目的是很明确的,即以既定的社会关系和社会秩序正当性作为理论的前提和归宿。一个凌驾于全社会之上的政治统治机器的存在,就成为落实孔子道德理想的必要条件。这样,无论人们赋予儒家素质教育观怎样的新意,也掩盖不了儒家教育维护现实政治经济利益地位保持不变的实质。针对"子奚不为政"的问题,孔子回答:"《书》云:'孝乎惟孝,友于兄弟,施于有政。'是亦为政,奚其为为政?"[1]说明孔子为政是以孝为本,只有孝父友兄才能从政。这是孔子"为政以德"的理论基础。从《论

---

[1] 《论语·为政》,参见杨伯峻:《论语译注》,中华书局,2006年。

语·为政》24章的内容可以看出,儒家"为政以德"的思想和从政为官的基本原则,与孝悌修养、学习思考等教育内容有着密切关系。在儒家而言,教育不单纯是教授学生,还要通过教学间接参与国家政治,这是孔子教育思想的实质。教育是其从政的另一种形式。虽然"六经""六艺"教育体现了学生"全面发展"的教育理念,但儒家的素质教育观并不是从"以人为本"和"人的全面发展"为出发点的,而是以政治的理想信念为最高教育宗旨。"六经""六艺"教育也是为其政治理想服务的。颜渊问仁。子曰:"克己复礼为仁。一日克己复礼,天下归仁焉。为仁由己,而由人乎哉?"①为了实现自己的政治理想,孔子又提出"仕而优则学,学而优则仕",足见其教育和政治是紧密相连的。无论学者将此处"优"作何诠释,儒家教育对权力和政治的依附性是无可讳言的。这也是为什么历代统治者都将孔子奉为文化教育至尊偶像的原因之一。教育依附于权力为政治服务固然有其历史合理性的一面,但是不可避免地也对人的素质培养产生严重的干扰。如果人的发展首先要以某种政治理想为目标,所有人都须达成统一的政治目的,只有这样培养的人才符合治国理政的要求,这难免使素质教育走向极端政治功利主义。于是,尽管儒家素质教育观要求"君子不器",但孔子也认为"三年学,不至于谷,不易得也"②。因为所学都是治国安邦的大道理,故学成之后即应从政。这与现代素质教育的出发点是完全是两回事。从儒家这一教育思想出发,"读书当官"论盛行了两千多年,至今还有相当的影响。一旦教育沦落为学子日后步入仕途并向上高攀的阶梯,也就背离了实施素质教育的初衷,与儒家素质教育观本身产生了不可调和的矛盾。儒家按照教育发展规律所总结出朴素的素质教育观念,虽然可供当今素质教育实践借鉴参考,但也只适合于传统社会政治人才的培养,并不代表现代大学素质教育发展的方向。在一定程度上,它还会成为提高全民族素质的阻力。

三是传统社会中儒学理论与实践相悖的历史影响是实施素质教育一大障碍。应该承认,先秦儒家思想的主流,包括其朴素的素质教育观念,是中华传统文化宝库中的瑰宝,应该站在历史唯物主义的立场上予以批判性继承。然而,自汉代以降,儒学定于一尊,并被神学化、玄学化、理学化(哲学化),由原来的人生道德修养和政治理想体系,逐渐转变成为历代皇朝维系社会统治的思想武器,僵化为禁锢人自由的思想枷锁。儒家的素质教育观在实践中与其理念本身也出现了严重的背离。由于儒家教育对权力和政治的依附,教育机构的官僚化,统治者教育考选治国理政人才,一般都按照儒学标准进行。从汉代设五经博士、察举制,到魏晋九品中正制和隋唐以后的国子监、科举制,无不是按照儒学观点实施教育和选拔人才。在实施之初或有一定效果,但是随着社会的演进,这些教育选拔人才的措施又多流于形式。东汉即出现了"辟秀

---

① 《论语·颜渊》,参见杨伯峻:《论语译注》,中华书局,2006年。
② 《论语·泰伯》,参见杨伯峻:《论语译注》,中华书局,2006年。

才,不知书"、"举孝廉,父别居"的怪事;魏晋品评人物则完全以世族门阀意志为转移;科举制的设计在当时可谓先进(以至于在 16 世纪还被作为文官考试制度引入英国),但在实际操作中渐渐变成了以诗赋取士、"八股"取士,于治国理政人才的素质要求相差甚远,最终被近代教育考试体制所取代。特别是一些儒学士大夫满口仁义道德,实际却男盗女娼,为人所不齿,这在古代就被揭露和批判。明代思想家李贽指斥那些所谓的道学家们"实多恶也,而专谈志仁无恶;实偏私所好也,而专谈泛爱博爱;实执定己见也,而专谈不可自是";"及乎开口谈学,便说尔为自己,我为他人;尔为自私,我欲利他",实际上都是"读书而求高第,居官而求尊显",全是为自己打算,"无一厘为人谋者"①,他们"口谈道德而心存高官,志在巨富"②,对当时程朱理学卫道士们作了一针见血的揭露。李贽十分正确地认为儒学应该回归其应有的历史地位,不能将孔孟语录当作教条奉为"万事至论"。可见,儒家素质教育观固然有其合理性、科学性的历史价值,但在两千年儒学占统治地位的教育实践中,由于其蜕化为统治者的思想理论工具,就不可能一以贯之地有效实施。从汉武帝以后,历代统治者多半是"外儒内法",表面上实施的是儒家的"德育""仁政",但从未放弃残暴的专制统治和对生命的蔑视。传统社会中的国家治理往往具有理论与实际的两面性。因此,在传统社会治国理政人才的培养上,也不可能完全按照儒家素质教育观落实到各级学校和考试机构之中。儒家素质教育观在后世的理论与实践相悖离,尤其是宋明理学中的一些假道学、伪君子心口不一、虚空邀约、欺世盗名的历史影响,在当今实施素质教育的过程中依旧存在。一些在传统社会教育理论与实践相悖离的普遍现象,则以新的形式不断出现,导致素质教育的"泛化"、"虚化"、"异化"或"西化"怪相迭出③,是当今实施大学素质教育的突出问题,成为落实素质教育的一大障碍。

三、大学素质教育中儒家素质教育观的继承、转化与发展

综上,儒家素质教育观的内在矛盾性说明传统文化在现代素质教育中只能起借鉴和参考作用。习近平在谈到对待中国传统文化的态度时指出,"要处理好继承和创造性发展的关系,重点做好创造性转化和创新性发展"。对待儒家教育思想也应这样。要辩证地继承儒家素质教育观,对"育人为本""立德树人"素质教育核心理念,知识与能力全面发展的素质教育基本原则,以及教学相长的探究式素质教育主要方法等精华,我们都应该继承和发扬。然而,对于其"忠孝"教育观、教育对权力和政治的依附等道德规范和价值理念,则应有鉴别地加以扬弃,推陈出新,即实现儒家素质

---

① 〔明〕李贽:《答耿司寇》,中华书局,1974 年。
② 〔明〕李贽:《又与焦弱侯》,中华书局,1974 年。
③ 张正江、马成:《论大学素质教育的异化与归真》,《东北大学学报(社会科学版)》2012 年第 2 期。

教育观的创造性转化,在此基础上,要按照邓小平"教育三个面向"的原则,以"人的全面发展"为目标,以学校德育体系改革为先导,以落实大学文化传承和创新为引领,依法自主办学,逐步建立具有中国特色的现代大学制度,在大学素质教育实践中创新性发展儒家素质教育观。

(一)以德育改革为先导,辩证性继承儒家素质教育观

在人才培养中,坚持"德育为先"是儒家素质教育观的基本原则,应该予以辩证地继承。德育仍然是现代教育的首要任务,但内涵与儒家德育有着本质的区别。德育的根本任务,除了应继承以儒家"仁爱"为核心的人伦道德共识之外,更要在凝练优秀传统文化和科学成果的基础上,对受教育者进行现代人格培养。实现社会的现代化,关键在于人的现代。没有现代化的人,仅有现代化的丰富物质,不是现代化社会的发展目标。因此,培养具有现代人格的人才,是实现社会现代化的根本保证。

人格所包含的内容十分丰富,大到个人的人生观价值观,中到个人的能力道德,小到个人的个性习惯,无所不包。而且无论哪一点无疑都对人的成长有着十分重要的影响,是人成才的基本属性。"人格"一词有多种含义。道德意义上指一个人的品德和操守;法律意义上指享有法律地位的人;文学意义上指人物心理的独特性和典型性。在心理学上,由于心理学家各自的研究取向不同,对人格的看法也有很大差异,一般指人的"个性"。《现代汉语词典》将"人格"一词的解释为"人的性格、气质、能力等特征的总和;人的道德品质,人作为权利义务主体的资格"。但无论哪一种解释,作为现代人才的人格,就是要在道德操守、法律意识和个性气质上具有科学精神和人文情怀。在全球化和信息化的时代,科学精神主要是反映实事求是,追求真理,不懈探索的创新精神;人文情怀主要体现在超越个体、种族、国家,而从人类的角度认识世界、改造世界的思想情感和价值观念。

因此,在大学德育体系的改革和发展中,应该具有广阔的视野,多角度的思维,注重大学生现代人格的培养,依照宪法和法律进行公民教育。教育工作者自身首先应具备"三个自信",按照社会主义核心价值观的要求自觉开展德育教学活动,而不是仍抱着儒家的"忠孝"教育观,"一日为师终身为父",师生"天生"就是不平等的上下关系,使学生处在"传道、授业、解惑"被动地位,照本宣科式地进行对其"灌输"政治观念或理想信仰。大学德育既不能像古代学校和科举考试那样"贴经""墨义",更不能在思想道德领域用权力或简单地以政治态度、政治倾向作为评判对错的标准。要提高德育的效果,提升德育层次,无论哪一个学科专业的教师都应从历史、哲学的角度,与学生共同探究自然规律、人类命运、社会规范、道德良知等起码的理论知识。学生正确的政治观念和理想信仰应在教师的正确引导下,随其学习的深入和社会实践阅历的增加,不断成形和稳固,并将对社会现象和未来发展逐步具备较强的判断能力。只有摒弃对学生实施"灌输"式的德育模式,真正赋予学生现代公民意识的人格教育,才可能落实从"以人为本"和"人的全面发展"出发的素质教育要求。由此可见,在素质教育中,德育是贯穿于整个学校教育过程之中的有机体系,各学科各专业都必须优先予以规划和设计。然而,无论是如何规划和设计学校德育体系,德育教学的主要责任,还是要通过全体教师(不仅仅是德育教师和思政课教师)的言传身教,潜移默化地运用先进的理论和方法,引导学生正确剖析现实,将德育融入人才培养全过程,从"因材施教"、"愤悱启发",到"学思习行"、"全面发展"培养学生的现代人格,培养符合现代化建设需要的各类公民。

(二)以文化传承与创新为坚守,创造性转化儒家素质教育观

儒家及儒学所处的时代是传统社会,教育性质、目的和手段与当今有本质的不同。儒家总结的一些教育规律性观点可供现代素质教育参考借鉴,但不可能取代现代大学制度的构建。在构建现代大学制度过程中,要充分认识包括儒家素质教育观在内的传统文化传承的重要作用,也要在落实大学职能的过程中,把握大学文化创新、引领社会的重要使命。

从考察大学职能发展的历史不难发现,大学职能是不断发展变化的。这种发展变化,实际上是大学主体在价值取向方面的动态反映。

现代意义上的大学是从柏林大学开始的。从中世纪以来直到柏林大学模式出现,教学是大学的基本职能。大学作为教育机构,离开了这一职能,大学将名存实亡。但到柏林大学出现后,大学被赋予了一项新职能,即师生共同从事科学研究、创新发展。特别是德国大学模式移植到美国后,直接引发了建立研究型大学的热潮。19世纪后半叶,在结束了南北战争之后,美国根据国家拓边和农工业发展的需要,以康奈尔计划和威斯康星精神为代表的美国大学开始打破大学与社会之间的边界,突出强调社会服务职能,并确认大学只有从事社会服务才能尽到一个现代大学的责任。人才培养贯穿于教学、科研和为社会服务之中,构成现代大学一个有机的整体,极大地扩展了大学的职能。这是大学素质教育价值取向的升华,而大学作为培养人才和对文化知识进行传承、探究、融合和创新的性质并没有改变。作为一种客观的组织存在,在师生们共同营造的教育环境和学术氛围中,大学逐步形成了自己的行为习惯、理想追求和价值取向基本趋同的社区体系,也构成一种具有特殊意义的、相对稳定的和具有内在结构的文化体系。无论是教学或科研或为社会服务,都贯穿了体现素质教育的文化传承和创新,并将引领社会文化的发展。在教学、科研和社会服务中,文化传承和创新本身就是大学的基本属性,也是大学培养人才的基本途径和一以贯之的教育形式。因此,"文化传承与创新"并不是跟"教学""科研""社会服务"平行的大学具体职能,而是大学育人的基本属性和内在使命。如果将"文化传承与创新"仅仅作为大学四个平行职能之一,就取消了"文化传承与创新"对"教学""科研"和"社会服务"职能的引领作用,割裂了大学职能之间的内在联系,模糊了大学素质教育的重

要价值取向。这使大学素质教育容易走向"专业+素质(通识)"的误区,在某种意义上说,又将陷入儒家素质教育观理论与实践相悖离的历史怪圈。

培养合格人才是衡量大学办学质量的基本标准,这与儒家素质教育观是殊途同归的。因此,大学文化的教育熏陶、习惯养成,通过教学、科研和社会服务等具体形式,在素质教育中起着至关重要的作用。在现代大学制度下,师生的教学、科研和社会服务活动,不再是传统的以教师为中心的"传道、授业、解惑"教育模式,而是师生共同参与,共同发展,共同进步的"文化传承与创新"过程,并应成为"以学为中心"的大学素质教育基本形式。"文化传承与创新"不能仅仅作为大学的素质教育中某一项独立的教学活动或学术活动,而要具体落实在大学三大职能之中,在开展教学、科研和社会服务中坚守大学"文化传承与创新"的基本属性,发挥大学引领社会的文化使命。这是对以追求治国理政为目标的儒家教育思想的发展,也可看作儒家素质教育观在现代教育实践中的创造性转化。

(三)以依法自主办学为目标,创新性发展儒家素质教育观

对优秀传统文化的继承、转化,目的是为了进一步促进传统文化的与时俱进,推进传统文化的创新性发展。中国的高等教育也面临着创新性发展的历史重任。就大学素质教育而言,需要在继承、转化的基础上,对儒家素质教育观进行创新性发展,认真吸收借鉴世界教育发展成果的精华,形成面向现代化、面向世界、面向未来的具有中国特色社会主义的大学教育理念,推动现代大学制度建设的实践。

儒家素质教育观之所以在其教育实践中难以落实,其中最主要的教训就是教育依附于权力与政治。教育活动主要是根据国家政治的需要来开展。西周以前"学在官府"。春秋战国私学兴起,但教育很快又被官方控制。秦实行"以吏为师",对教育严密控制。汉代独尊儒术,教育主要被各级官学把持。太学(国子监)既是国家最高学府,也是朝廷的文化学术机关,太学祭酒、博士等既是高级教员也是朝廷大员。由于学府将儒学奉为最高学术经典,对师生进行严密的思想控制,官学逐渐走向衰落。汉代以后私学虽然存在,但因教学仍以儒学思想为主要内容,虽有一定的学术自由和灵活的教学方式,仍摆脱不了对权力和政治的依附性。无论是开馆授徒、私塾家训,还是后来兴起的书院讲学,均受到官方思想的严格控制,甚至到清代,书院也几乎官学化,丧失了其仅有的一点灵活性和自主性。儒家素质教育观在严密的思想控制之下得不到有效的实施,传统教育逐渐走向末路就不足为怪。

由此可见,素质教育与学校教育体制机制密切相关,与教育指导思想和教学主体内容紧密相连。依法自主办学,构建现代大学制度,是落实大学素质教育的关键。1995年9月1日起施行的《中华人民共和国教育法》第一章第一条明确将"提高全民族的素质"作为教育立法的依据之一。1999年,在第三次全国教育工作会议上,党中央、国务院作出《关于深化教育改革全面推进素质教育的决定》,提出并强调教育要以提高国民素质为根本宗旨,以培养学生的创新精神和实践能力为重点,把全面推进素质教育作为我国现代化建设的一项紧迫任务。随着素质教育理念的不断深入,《国家中长期教育改革和发展规划纲要(2010—2020)》对素质教育作了如下阐述:"坚持以人为本、全面实施素质教育是教育改革发展的战略主题,是贯彻党的教育方针的时代要求,其核心是解决好培养什么人、怎样培养人的重大问题,重点是面向全体学生、促进学生全面发展,着力提高学生服务国家服务人民的社会责任感、勇于探索的创新精神和善于解决问题的实践能力。"党的十八大则将"全面实施素质教育"作为执政党领导教育领域综合改革的目标确定了下来。20 年来,人们对素质教育的认识越来越深刻,党和政府对全面实施素质教育的决心越来越大,政策、措施、手段越来越多。遗憾的是,在教育实践中,片面追求升学率、盲目追求就业率等功利主义导向反而越演越烈。

　　回顾历史的经验教训可见,教育应该保持其相对的独立性,学校应具有一定的自主性。大学要切实落实高教法第十一条规定,实行依法自主办学。1922 年,蔡元培曾发表《教育独立议》,提出教育要独立于政党、独立于宗教并保持独立的地位。这一主张是蔡元培通过实地考察德国教育之后得出的结论。上世纪初,德国的崛起主要依赖于教育的兴盛,尤其是大学教育。教育家洪堡认为:"大学是一种最高手段,通过它,普鲁士才能为自己赢得在德意志世界以及全世界的尊重,从而取得真正的启蒙和精神教育上的世界领先地位。"1810 年洪堡主持建立柏林大学,并提出大学三原则,即大学自治、学术自由、教学与科研相统一;还提出了科学五原则:一、科学是一种无形的东西,它取决于人类对真理和知识的永无止境的探求过程,取决于研究、创造性,以及自我行动原则的反思;二、科学是一个整体,每个专业都是对生活现实的反思,唯有通过研究、综合与反思,科学才能与苍白的手工业区别开来;三、科学对真理进行的自由探求,恰恰能导致可能是最重要的实用性知识,并能服务于社会;四、科学是与高等学校联系在一起的,唯有通过学术研究,科学交流以及对整个世界的反思,才能培养出最优秀的人才。大学生要学的不是材料本身,更重要的是对材料的理解。唯有这样,才能形成独立的判断力以及个性,达到自由、技艺、力量的境界;五、高校的生存条件是孤寂与自由,这就是"坐冷板凳"和学术自由。国家必须保护科学的自由,在科学界中永无权威可言。对此,腓特烈·威廉三世批示道:"大学是科学工作无所不包的广阔天地,科学无禁区,科学无权威,科学自由!"[①]由此,大学成了对世界进行新解释的中心。教授们不再像神学院时代那样,只能在一种思想体系中思考。数学、物理、化学、生物等自然科学也确立了真正的独立地位。柏林大学因此成为现代大学诞生的标志,竞相为其他大学所效仿。

---

① 李工真:《现代化大学的由来》,《国家教育行政学院学报》2013 年第 9 期。

然而,教育是一种意识形态性的社会活动,必然受政治经济制度和社会思潮的影响,在客观上不可能完全独立于政治经济生活之外。不过,教育也确有自身独特的发展规律和能动性,即教育与生产力和政治经济制度发展的不平衡性,决定了人才培养对政治经济制度和生产力具有能动作用。教育可以将人类积累的知识转化为受教育者的精神财富,并在转化过程中使受教育者的能力素质得到超越,形成其鲜明的人格,以促进政治经济制度的改善和生产力的进步。

学术界在讨论儒家文化对现代教育的负面作用时,往往强调儒家的道德伦理的本位教育抑制和排斥了人的个性成长,中庸之道的处世哲学不利于发展创新进取意识,"学而优则仕"的功利性价值观制约了学生独立个性,师道尊严的等级观压制了学生的主体意识,等等,这些固然是问题所在,但没有指出更为关键的问题:儒家对权力和政治强烈依附的教育思想和实践,在现代高等教育中会消解其以"育人为本""立德树人"为核心的素质教育观的现实理论意义。蔡元培的教育独立观点,不仅仅是要求摆脱军阀政府对教育的控制,摆脱列强的文化干预,也有资产阶级民主派反对封建专制教育的积极意义。尽管教育不可能脱离政治经济获得绝对独立的发展,但是,教育举办者承认教育的相对独立性,并通过法律的形式确立和保护高校办学自主权,是落实大学素质教育的重要保证。对于素质教育的办学理念、育人标准和培养模式都应在大学章程中予以体现,在实际教育教学活动中予以落实,这应成为大学素质教育中儒家素质教育观创新性发展的方向。

(作者简介:赵明,江西师范大学副校长、教授)

秦汉工商管理思想析论

刘承禄

长期以来,国内史界多以"重农抑商"作为秦汉时期的主基调经济政策进行多方面多层次的讨论和阐述,但对期间秦汉政府真实的工商管理思想以及实际所采取的政策,乃至当时人们对农、工、商各业的认识态度等方面,尚未作全面和深入的探讨。在这里,本文试图通过对相关文献资料的整理、分析和研究,拟就秦汉时期官方对工商业管理的基本思想及其发展脉络,作些尝试性的探讨。不当之处,敬请方家指正。

一、工商与农兼行思想

秦汉四百余年,工商政策有个变化发展的过程。以往史界普遍认为秦汉政权只重视农业,不发展商业;只"劝课农桑",而不重视商品货币。然而,从对现有史料的分析来看,这种观点似乎不够全面。我们认为,秦汉时代虽然有过"尚农除末"、"重农抑商"政策的出台,但至少在相当长的时间内是奉行以农业为主,工商业兼顾的。

大凡时代政策与管理思想都有前沿后袭的连续性。从史书记载所反映的情况看,早在春秋战国时代,就是"四业"并举的。史称:"士、农、工、商四民者,(同为)国之石(通'硕'字)民也"[1],知识分子、农民、手工业者和商人都是国家的重民,具有同等的地位,工商业和农业属于国家统筹兼顾的产业。于是,管理工商农各业的指导思路就倡导"务材训农,通商惠工"和"轻关易道,通商宽农"[2]的农工商各业并举发展。

比及秦汉时代,虽然封建政权针对不同时期的国情而相应调整过对工、商、农各业的管理政策,但统筹兼顾发展工商农各业的总体思路并没有根本改变。相反,当时

---

[1] 《管子·小匡》。
[2] 《左传·闵公二年》。

政策作相应调整是为了更好地促进发展。如在秦代,确立"农、商、官三者,国之常官也"①,商同农、官的社会地位齐等。秦政权在倡导重视农业,提出"上(尚)农"的同时,并未把工商业这个"末"业完全"除"去。相反,还公开把商人企业家乌氏倮"比封君,以时与列臣朝请",并为"以擅丹穴(矿冶)之利"的巴蜀寡妇清"而客之,为筑女怀清台"②,表示对从事工商业者的崇尚、肯定和支持。到了汉代,当朝执权重臣桑弘羊在议政中明确指出:"古之立国家者,开本(农)末(工商)之途,通有无之用,市朝以一其求;致士民,聚万货,农商工师,各得其所……"工、商、农各业兼顾发展,乃是当朝立国之本。如其不然,势必导致"工不出则农用乖,商不出则宝货绝,农用乏则谷不殖,宝货绝则财用匮",国家财政经济秩序必然走向混乱,百姓生活就会贫穷困乏。而要使"民不贫困",就应实行"本末并利"③。桑弘羊的这一表态,不失为远见卓识,代表了汉政权的经济政策思想。司马迁在《史记》中对这一思想进一步理论升华,他写道:农、工、商、虞各业相互依存,缺一不可,"农不出则乏其食,工不出则乏其事,商不出则三宝绝,虞不出则财匮少,财匮少而山泽不辟矣。此四者,民所衣食之原也。原大则饶,原小则鲜;上则富国,下则富家。贫富之道,莫之予夺!"

发展到东汉,进一步提倡工、商、农各业兼行发展。所谓"富民者以农桑为本,以游业为末;百工者以致用为本,以巧饰为末;商贾者以通货为本,以鬻奇为末"④,"本末"的内涵和外延均有改变,工、商、农之间不再以"本""末"地位相轻,而共同成为统筹兼顾的发展对象。社会发展到秦汉之后魏晋时代,仍然是讲求"农以丰其实,工以足其器,商贾以通其货"、"(工商)其业不可废"⑤的平衡协调发展,充分肯定工商业与农业兼顾发展的思想。

说到这里,我们有必要再考察一下秦朝"上农除末",汉初"重农抑商"和汉中期"算缗"、"告缗"举措的道理。"上农除末",这是喜好标榜的秦始皇在琅琊山记得石措辞,激昂偏颇,并不符合秦朝施政实际。可以理解为倡导"上农"之举,但不意示"除末"之实。正因此,秦代手工业仍然保持较高的发展水平,这是史之可稽的。至于"重农抑商",是因为汉室初立,需要针对秦末以来商贾势力恶性膨胀,"因其富厚,交通王侯,力过吏势,以利相倾"⑥,严重威胁到汉政权政治,所以,汉初既有"重农"的导向,也有"抑商"之实,此乃史界公认。说到"算缗"、"告缗",则是汉武帝对富商大贾发私家而忘国家,"不佐公家之急"的惩办。其意图,一在搜刮战争费用,扩大财源;二在控制发展过旺的私营工商业,打击不法商人;三在加强国家重工对要、商行业的直

---

① 《商君书·去强》。
② 《史记》卷129《货殖列传》。
③ 《盐铁论·轻重篇》。
④ 《潜夫论·务本》。
⑤ 《傅子·检商贾》。
⑥ 《汉书》卷24上《食货志》。

接经营管理。至于秦汉时期曾把商贾列入"七科谪"的对象,禁止商贾做官、乘车、佩剑和穿锦绣衣等,这都是有意贬低商人地位,避免"利之所在,人趋之若流水",减少过多的从事工商业的人员,避免影响以农为本,确保农业劳力。这说明,不是不发展工商这个行业,恰恰是为了使工商业与农业更好地协调发展而为之。

我们认为,农、工、商的出现,是社会生产大分工的结果,也是社会大进步的表现,由来已久。随着古代农业经济的发展,从战国初期开始,工商业已经出现新的生机。这说明,农工商之间虽有矛盾,但它们之间又是能够而且也需要在相互联系和协调中发展的。秦汉政府能够注意到农工商虞之间的相互经济联系和封建经济内部结构之间的平衡,按照统筹兼顾的思路施政举措,是有其现实的合理性和实践指导意义的。时至今日,在大力发展社会主义市场经济的同时,同样面临商业市场的开拓发展如何与工农业、畜牧养殖等业的开发协调并进发展问题。协调平衡国民经济行业之间的发展,既是尊重经济发展自身客观规律的需要,也是社会发展和提高人民生活水平的现实要求。

二、官宦不得经商思想

政府官员、权宦势人从事商业活动,牟取暴利的现象,几乎每个时代都有。官宦经商,可以利用权势从事更多地投机经营,富了私人,坑了国家,害了百姓。在商品经济初兴的先秦时代,官僚贵族涉足商界,而逐非常之利的现象时有出现。如西周太公望受封齐地后,而"劝其女功,极技巧,通鱼盐"①;春秋范蠡助越王雪会稽之耻后,即"乘扁舟浮于江湖","治产积居,与时逐而不责(通'债')于人"②。但在先秦,未闻禁止官宦经商的管理思想与措施。随着商品经济发展中社会影响与效应的进一步深入,出现"用贫求富,农不如工,工不如商,刺绣文不如倚市门"的古代类似"脑体倒挂"现象,继而"千金之子,不死于市"的"款爷"特殊社会现象深深地印入人们的脑海。于是到了秦汉,"天下熙熙,皆为利来;天下攘攘,皆为利往",只要是"利之所在,人趋之若流水"③。经商、金钱、特权、诱惑,影响着秦汉社会中的人们。官僚贵族,官俸不高,不能满足于仕宦利势,转而投商"下海"。这样就引出了,一方面,有些官宦"方籴贱贩贵,逐什一之利"④,忙于购买贩卖;有的则以"侩牛自隐"⑤,以权谋私,只顾自家发财。另一方面,有的贤达官僚在指责"秦汉以来,风俗转薄,公侯之尊,莫不

---

① 《史记》卷129《货殖列传》。
② 《史记》卷129《货殖列传》。
③ 《史记》卷129《货殖列传》。
④ 《汉书》卷66《杨恽传》。
⑤ 《后汉书》卷83《逸民传》。

殖园圃之田，而收市井之利，渐冉相放，莫以为耻"①，于是要求"方今公卿大夫子孙诚能……内无事乎市列（经商），外无事乎出泽（开矿、养殖），（那么）农夫有所施其功，女工有所饩其业"②，不影响工商农各业的健康发展。鉴于这种情况，有的官员开始运用权力见诸措施，"令近臣自诸曹侍中以上，家亡得私贩卖，与民争利"③，坚决禁止官宦人家去逐末争利。渐渐地，禁止官宦从商的管理思想形成了，相应的政府行为也就随之而来。为此，秦汉政权对擅自经商的官僚贵族进行坚决打击。其主要措施是：(1)免去官爵。如西汉梁期侯就因"坐卖马一匹贾钱十五万，免（去官爵）"④。(2)追回赃款，如西汉成帝时作昌陵，"贵戚近臣子弟宾客多辜榷为奸利者，（翟）方进部掾史覆案，发大奸赃数千万"⑤，全部没入国库。(3)下狱监禁。如西汉武帝时，丞相李蔡盗卖阳陵田地，非法牟利四十余万，按律"当下狱，（李）蔡畏罪自杀"⑥；又如东汉灵帝时，黄门令王甫私自经商，奸利七千余万，"（杨）彪发其奸，言之司隶"，结果王甫被捕下狱，光和二年"死（于）狱中"⑦。(4)斩首示众。如西汉湘成侯益昌，因"坐为九真太守盗使人出买犀、奴婢，脏百万以上，不道（违制），（而被）诛"⑧。从以上诸多措施可以看出，秦汉时代在工商管理指导思想和政策措施上是严厉禁止官僚贵族经商的。

我们认为，禁止官宦经商事末有其客观的合理性。如果放纵官僚贵族经商，起码有两点弊端：一是官僚家族介入商贾行列，就使得官僚和商人通过金钱媒介自然地勾结在一起，出于自身利益和共同利益，官僚政府就不便制定更多的限制"与下（工商业经营者）争利"⑨措施，也不敢制定更多地严格管理工商业的措施，这不利于工商业经济的发展。二是官宦之尊要是无忌"末业"而趋工商，与民争利，容易导致政府政权腐败，并引导社会尽求"市井之利"，形成不平衡、不健康的社会经济导向，最终将导致"农夫无所施其功，女工无所饩其业"，破坏社会经济秩序，工商农各业不能协调发展。显然，放纵官僚贵族经商事末，既不利于社会经济发展，也不利于当朝官员勤政廉守和务实理政。

---

① 《晋书》卷56《江统传》。
② 《盐铁论·救匮篇》。
③ 《汉书》卷72《贡禹传》。
④ 《汉书》卷17《景武昭宣元成功臣》。
⑤ 《汉书》卷84《翟方进传》。
⑥ 《汉书》卷54《李广传》。
⑦ 《后汉书》卷78《宦者传·曹节》。
⑧ 《汉书》卷17《景武昭宣元成功臣》。
⑨ 《后汉书》卷43《朱晖传》。

三、商贾管商业思想

自战国末年至西汉初之前,因为政府多是奉行重农抑商政策,商人社会地位受到很多消极影响。期间不仅限制商人从事更多的商业活动,而且规定商人不得为吏,不得参与国家经济管理活动等。然而在长期的社会经济管理实践中,封建统治者发现"通货财,相美恶,辩贵贱,君子不如贾人;设规矩,陈绳墨,便备用,君子不如工人"①,这也是一种事实。管理工商行业,如何去"设规矩"、"通财货",计划好生产和销售,久居衙内的官僚不如日常出入市场领域的商贾人物。正所谓"近山知鸟音,近水识鱼性",商贾人物识商情。因此,自西汉中期以来,封建政府就大胆地提拔工商界的人物来掌管国家工商财政。如汉武帝时所擢拔诸员,大司农桑弘羊是"洛阳贾人之子"(注:汉大司农掌管租税钱谷盐铁和国家财政),大农丞东郭咸阳为"齐之大鬻盐"(大盐商)(注:大农丞领盐铁事,主管盐铁专卖),孔仅也是大农丞,也出身"南阳大冶"(矿冶大贾),等等。这些大商人、矿业大家当政之后,又大量"除(任命)故盐铁家富者为吏,(因而)吏益多为贾人"②。这些商界人物共同协作,一起辅佐汉武帝经管全国盐铁酒各类国计民生主导行业,为汉中期封建政府财政实力的丰实作出了重大贡献。王莽建"新"代"汉"时期,也是沿袭汉代思路,且更进一步重视发挥商贾所长,进行"均输""平准"制度改革,并"皆用商贾"来搞"五均"和"六莞"事务,均输天下货物,调节市场交易;还让洛阳薛仲子、张子叔,临淄姓伟等大商人去"乘传求利,交错天下",经管全国工商业。这一系列实践活动的前后,都是贯穿着以工商业者治理工商业这一思想路线的。至于东汉以后,地主、商人、企业家、豪强连成一气,同掌政治,共理天下农工商各业大事,推行放任工商业的政策,保护着工矿商贾们利益的事实,则是工商业者管工商业思想的实践延续和发展。

利用商贾侪辈治理工商业的思想运用,是汉代工商管理实践的大胆尝试。尽管在这一过程中也出现了官商勾结的弊端,商贾们往往借此机会窜通官府,狼狈为奸,以至汉武帝都觉察到"吾所为贾人辄知,益居其物,是类(指在朝众官人)有以吾谋告之者"③,官僚向商人泄露政府行政机密。但是,如何管理工商业,对一个习惯农业经济管理的封建政权来说,毕竟是一个新的课题,难以做到完美控制和把握。但毕竟商贾最熟悉工商业行内人等的底细和打算,便于因势利导,制定更加切实可行的管理措施,利国居多。所以,以商治商的思想,不仅有其客观合理性,更有其实践指导意义。

---

① 《荀子·去强》。
② 《汉书》卷24下《食货志》。
③ 《汉书》卷59《张汤传》。

汉政权在对工商业的管理实践中，能够打破商贾之人"皆禁锢不得为吏"[①]的规矩，从实际出发，调动工商业者参政议政的主动性和积极性，就可以提高社会经济效益，服务于封建政权，造福于国家，也就推动着社会经济向前发展。

历史是面镜子。古人也是很重视以史资政的，这才有《资治通鉴》。研究历史，最终目的不是为研究而研究，而在为现实服务。在当今大力发展社会主义市场经济的时代，进一步探索管理工商和市场的新思路、新措施、新政策，很有现实意义，值得我们思考和研究。

（作者单位：江西省工商行政管理局、江西省工商行政管理学会）

[①] 吴慧：《中国古代商业史》，中国国际广播出版社，2010年。

汉代江南城市与商业问题述论

陈晓鸣

城市既是政治统治的中心,也是商业活动的重要场所。深入研究中国古代城市与商业问题,对于了解当时的政治统治、经济结构、社会生活等诸多方面有着重要的意义。笔者拟就汉代江南城市的建置、商业活动、商品经济发展的限度及其制约因素等相关问题作些初步探讨。

一、江南地域范围与城市建置若干特点

"江南"一词,在秦汉史籍中屡见记载。但"江南"者何?其空间范围有多大?古人对此解说殊异,各有所云。

考诸《史记》《汉书》,有时往往将"江南"指为某一特定而具体的地域。据《史记·秦本纪》:"取巫郡及江南为黔中郡";《越王勾践世家》:"江南、泗上不足以待越矣";《货殖列传》:"衡山、九江、江南、豫章、长沙,是南楚也,其俗大类西楚。"各家在对《史记》作注时,解释也各有歧义,如裴骃《集解》引徐广曰:"江南者,丹阳也,秦置为鄣郡,武帝改名丹阳。"而张守节《正义》则认为:江南者,"此言大江之南豫章、长沙二郡,南楚之地耳"。[①] 又《汉书·地理志》称:南郡"夷道县","莽曰江南"。这里,或将"巫郡"与"江南"、"江南"与"泗上"并列,或以"江南"与"衡山、九江"、"豫章"、"长沙"等并列,甚至将"江南"或释为"丹阳",或释为"豫章、长沙",或谓之曰"夷道县"。于此诸多事例说明,江南的地域范围,有时确乎仅指相对具体而特定之地域,乃至等同某一郡县,似无可疑。

但文献中,有时又将"江南"泛指为长江流域以南的广大地区,它往往是"大江之

---

① 《史记》卷129《货殖列传》。

南,五湖之间"①的统称。如《史记·黥布列传》:"黥布军败走,渡淮,数止战,不利,与百余人走江南。"《货殖列传》:"江南卑湿,丈夫早夭。"同书又云:"夫山西饶材、竹谷、纑、玉石。山东多鱼、盐、漆、丝、声色。江南出柟、梓、姜、桂、金、锡、连、丹沙、玳瑁、珠玑、齿革。龙门、碣石以北多马、牛、羊……"司马迁根据地理条件、物产分布等,把当时全国划分为山西、山东、江南、龙门碣石以北四大经济区,其中的"江南",包括了长江以南的许多郡国,当很显然。②

古人地理观念尚欠精审,加之文献记载的着眼点有别,所以有关"江南"的地域范围也就说法不一,各有所指。我们这里所说的"江南",泛指岭南以北,长江中下游以南的广大地区。它包括会稽、吴郡(东汉)、丹阳、豫章、南郡、江夏、长沙、桂阳、零陵、武陵等郡,也就是汉代荆、扬二州的大部分地区。

中国古代城市起源很早,有着悠久的历史。但受经济发展水平的限制"城虽大,无过三百丈,人虽众,无过三千家者"③至战国时期,由于兼并战争,列国出于政治、军事上的需要,在险要之地及交通要冲皆普遍设城。正所谓:"御外之道,莫若设险;制胜之方,莫若因形。重门蘩折,设险也;高屋建瓴,因形也。"④城市的数量和规模得到迅速发展。《战国策·赵策》云:"今千丈之城,万家之邑想望也。"就其地理分布范围来看,主要集中在黄河中下游及淮河上游地区。江南地区则寥若晨星,仅有吴城、郢都等几座较大的城市。

秦灭六国,建立起统一的多民族的封建专制主义中央集权国家。在地方推行郡县统治,江南已出现了会稽、闽中、南郡、长沙、黔中、九江等六个郡级行政区,可考的县治大约有38个左右。到西汉高祖六年:"令天下县邑城",师古注曰:"县之与邑,皆令筑城"。⑤且"以其(秦)郡太大,稍复开置,又立诸侯国。"⑥加强地方行政建置,使西汉城市建设得到飞速发展。在江南,先后增设了豫章、丹阳、江夏、武陵、零陵、桂阳等六个郡级行政区,加上秦原有的南郡、长沙和会稽等三个郡级行政区,共有九个郡国,县治140个。东汉时期,由于南方人口增多,土地垦辟,又在会稽北部分置吴郡,县城进一步增加至144座。⑦

秦汉时期,江南地区郡县级城市体系业已基本形成。由于江南的经济水平、人口因素、地理条件以及交通状况与黄淮流域不同,它的城市发展也与之有着不同的特点。归纳起来,主要体现如下几个方面。

---

① 《史记》卷60《三王世家》。
② 王子今:《秦汉气候变迁与江南经济文化的进步》,载《秦汉史论丛》第六辑,江西教育出版社,1994年。
③ 《战国策·赵策》。
④ 《玉海》卷174。
⑤ 《汉书》卷1《高帝纪》。
⑥ 《汉书》卷28《地理志》。
⑦ 详见《汉书·地理志》《续汉书·郡国志》以及谭其骧《中国历史地图集》。

第一,江南城市分布较为稀疏。为说明问题,我们把荆、扬二州长江以南地区的城市分布密度列表如下:

两汉江南城市分布密度表

州	郡 国	面 积（平方公里）	占全国之比例(%)	西汉县城数(座)	西汉平均密度（平方公里/县）	东汉县城数(座)	东汉平均密度（平方公里/县）
荆州	会稽北部	68,835	1.75	13	5,295	13	5,295
	会稽南部	158,568	4.02	13	12,198	14	11,326
	丹 阳	52,569	1.33	17	3,092	16	3,286
	豫 章	165,915	4.21	18	9,218	21	7,901
	小 计	445,887	11.31	61	7,310	64	6,967
扬州	江 夏	61,569	1.56	14	4,398	14	4,398
	桂 阳	53,069	1.35	11	4,825	11	4,825
	武 陵	122,456	3.11	13	9,420	12	10,205
	零 陵	45,050	1.14	10	4,505	13	3,465
	南 郡	63,919	1.62	18	3,551	17	3,760
	长 沙	80,544	2.04	13	6,196	13	6,196
	小 计	426,607	10.82	79	5,400	80	5,333
荆扬二州合计		872,494	22.13	140	6,355	144	6,150

说明:①会稽北部,东汉时设吴郡,下辖13县(《续汉书·郡国志》)。

②本表所列各郡土地面积是根据葛剑雄《中国人口发展史》第14章"人口的分布"相关资料而来,福建人民出版社1991年版。(下同)

从表中数据,我们可以看出,西汉扬州之会稽、丹阳、豫章三郡,总面积445887平方公里,占当时全国总面积的11.31%,县级城市61座,城市平均密度为7310平方公里一城;荆州之江夏、桂阳、武陵、零陵、南郡、长沙等六个郡国,面积426607平方公里,占当时全国总面积的10.82%,县级城市79座,平均密度为5400平方公里一城。按《汉书·地理志》记载:元始二年,西凡郡国103,县邑1314,道32,侯国241,合计县级城市1587座。而荆扬二州之江南城市,西汉140座,占全国城市的9%左右,远远低于全国平均水平。

同期的淮河流域及黄河中下游流域的情况又如何呢?为了便于比较,我们以州部为单位,列置各州部城市分布密度表如下:

西汉黄、淮及江南部分城市分布密度表

州部名称	总面积（平方公里）	占全国面积的比例(%)	郡国数	县级城市数	平均密度（平方公里/县）
司隶部	155,576	3.98	7	132	1,179
兖州	80,609	2.05	8	115	701
青州	51,880	1.31	9	120	647
冀州	64,584	1.64	10	129	501
豫州	70,940	1.80	4	102	696
徐州	89,296	2.25	7	138	647
扬州江南部	445,887	11.31	3	61	7,310
荆州江南部	426,607	10.82	6	79	5,400

综合上表各项数据，江淮间之豫州、徐州总面积160236平方公里，占当时全国总面积的4.05%，有县级城市240座，平均668平方公里一座；黄河中下游的司隶部、兖州、青州、冀州，总面积为352649平方公里，占当时全国总面积的8.98%，有县级城市496座，平均为711平方公里一座，平均密度远远高于长江以南的荆、扬二州。

城市分布密度，归根到底是由经济发展水平决定的。中国古代城市在政治上统治着农村，经济上却依赖农村。从政治统治的角度而言，要做到朝令夕至，一个县治的有效管理幅度最好保持在方圆数百里之内；在财政上主要依赖农业税的条件下，维持一个县级政权至少要控制几千户纳税农民。这样，在方圆数百里的地域内，至少要有数千户居民方可划为一县，建立一个县级城市。在地域与居民两个条件中，居民数对设县立治的意义无疑更为重要。如东汉光武帝刘秀，在践祚之初，面对户口耗减，不得不"省郡国十，县邑道侯国四百余所"①便是例证。在中原，由于地狭人众，县的辖境只有数百平方公里，县级城市分布密度很高。而江南"地旷人稀"，县的辖境自然较大，城市分布密度也就很低，一般在数千平方公里，甚至上万平方公里设一县。

第二，就江南内部而言，其城市发展也极不平衡。江南北部沿长江及太湖、鄱阳湖、洞庭湖流域的城市密度又比江南南部要高一些。如会稽南部，面积158568平方公里，有县城13座，平均密度为11326平方公里一座；而会稽北部，面积68835平方公里，有县城13座，平均密度为5295平方公里一座，其密度高出会稽南部一倍以上。同样，在豫章郡的18个城市中，有10座处于鄱阳湖之滨，其密度远远高出豫章之南部。城市发展不平衡与经济发展不平衡有着密切的关系。在江南地区，地貌构造多

---

① 《后汉书》卷1《光武帝纪》。

以丘陵为主,在当时生产条件下,开发极为不易。而地处长江沿岸的江汉平原、鄱阳湖、太湖冲积平原相对来说比较容易开发,经济发展相对较快,人口也相对较多,所以城市发展较快,密度相对要高。而江南南部,原多为越族所居。《汉书·朱买臣传》称:"越,非有城郭里邑,处溪谷之间,篁竹之中,习于水斗,便于用舟,地深昧而多险。"开发程度不高,城市密度也就很低。

第三,江南城市规模普遍较小。从考古发掘资料来看,江南城市除吴城等极少数城市有一定的规模外,大多数城市面积在一平方公里以下。如丹阳郡之春谷县城面积只有0.12平方公里,石城县城面积为0.39平方公里,芜湖县城面积为0.12平方公里;①豫章郡之枭阳县城,面积接近1平方公里,②昌邑古城面积为0.24平方公里;③福建崇安县城村汉城,平面近似长方形,南北长约860米,东西宽约550米,面积约0.48平方公里,据初步推测,城村汉城是汉灭闽越之后的冶县县治"冶城"。④

城市规模的大小,与人口密度有着密切的关系。从人口分布来看,据《汉书·地理志》记载:公元2年四万户以上的县有长安、成都、茂陵、鄢陵、宛、阳翟、彭城等。而广大的长江中下游以南地区,据东汉应劭《汉官仪》称:"荆扬之江南七郡,唯有临湘、南昌、吴三县令。"⑤按秦汉制度,万户以上的县设令,万户以下的县设长,荆扬之江南七郡仅临湘、南昌、吴三县超过万户,可见江南之县户口稀少,所以城市规模相对较小。

综上所述,江南城市分布稀疏、呈区域内不平衡发展,城市规模普遍较小,这些都是由江南经济发展及人口、地理环境等因素决定的。但就整个南方而言,从秦38座城市到西汉140座,东汉144座,增长了近3倍,其发展速度还是比较快的。这也和秦汉时期江南社会经济发展基本相适应。

二、以城市为中心的商业活动

毋庸讳言,秦汉时期的江南城市主要是作为行政统治中心和军事镇压基地,有着强烈的政治功能。但随着社会经济的发展,城市的经济功能也在逐渐增强,这突出表现在以城市为中心的商业活动日趋频繁。

(一)区域性商业都会出现

城市是商业活动集中的场所,因而也是商业发达的重要标志。在两汉时期,地理要冲城市业已成为区域性商业都会,如吴城和江陵。

---

① 张南等:《安徽汉代城市的分布与建设》,《学术界》1991年第6期。
② 《枭阳城址初步考察》,《考古》1983年第7期。
③ 柏权、红中:《江西新建县昌邑古城调查记》,《考古》1960年第7期。
④ 张其海:《崇安城村汉城探掘简报》,《文物》1985年第11期。
⑤ 《续汉书》卷25《百官志》注引。

吴城（今江苏苏州市），又名姑苏城，是春秋吴王阖闾根据伍子胥的建议所修建。作为当时的都城，其城区规模较大，周围23.5公里，开水陆门各8个，城中又有小城，周围6公里。至秦统一后，为会稽郡治，汉代因之，东汉为吴郡郡治，长期为吴越经济区的中心城市。由于地处肥沃的太湖流域，交通便捷，物产丰富。《史记·货殖列传》载："夫吴，自阖闾、春申、王濞三人招致天下之喜游子弟，东有海盐之饶，章山之铜，三江五湖之利，亦江东一都会也。"所谓"东有海盐之饶"，主要是指其煮盐业的发达；"章山之铜"，说明铜的冶炼和铸造业先进。吴王刘濞时"然其居国以铜盐故，百姓无赋"，"国用饶足"。①"三江五湖之利"说明其渔业资源十分丰富，同时交通便捷。《越绝书·吴地传》载："吴故水道，出平门，上郭池，入渎，出渑湖，上历地，过梅亭，入扬湖，出渔浦，入大江，奏广陵。"可知其有渠道北通长江，南通过江南河沟通钱塘江。《史记·河渠书》也云："于吴，则通渠三江五湖。"陆路，可北循陆道直抵无锡历山，西循九曲路达于太湖。由于便捷的交通，吴越之地的盐、铜、越布等产品通过这些商路输出。

江陵（今湖北沙市附近），楚国故郢都。自楚建都于郢后，经过几百年的开发，农业、手工业都有相当的基础。特别是商业更为发达。桓谭《新论》说："楚之郢都，车毂击，民肩摩，市路相排突，号为朝衣鲜而暮衣弊。"②《战国策·楚策》记："苏秦之楚三日乃得见乎王……曰：楚国之食贵于玉，薪贵于桂。"这里，楚国当指郢都，说明郢人口众多，所以尽管当地是出稻米之区，食、薪仍然昂贵。而行人车辆拥挤，正是人口密集、市场繁荣、贸易发达的具体表现。后来郢都虽被白起所焚坏，而据《汉书·地理志》记载：江陵仍然是全国重要都市之一，所谓："江陵亦一都会也。"《史记·货殖列传》亦云："江陵故郢都，西通巫、巴，东有云梦之饶。"说明江陵腹地资源丰富。据司马相如《子虚赋》载："云梦者，方九百里，其中有山焉，其山则盘纡岪郁，隆崇崒崔，岑岩参差，日月蔽云；交错纠纷，上干青天，其北则有阴林巨树、楩柟豫章、桂椒、朱兰、蘪离朱扬、槭栎樟栗、橘柚芬芳"；"西通巫巴"，证明其交通便利，溯江而上，和巴蜀经济区保持联系；同时北上陈、宛（今河南南阳市）和中原可以往来；东通江、淮，和吴越经济区交往。江南所产梓、梗柟、姜、桂、金、锡等物品通过江陵行销各地。而各地物产，亦通过江陵，散销江南腹地。

（二）商业形态多样

汉代江南商业就其性质而论有官营和私营；从形态上讲，又分贩运贸易和店铺零售等几种形式。

一是官营商业。

官营商业是指由政府直接控制商品买卖的一种商业形式，它是以官营手工业生

---

① 《汉书》卷35《荆燕吴传》。
② 《北堂书钞》卷29引。

产为基础的。汉代江南官营手工业分布较广,如下表:

汉代江南官营手工业分布表

州	郡	县	官营手工业名称	备 注
扬　州	会稽	海　盐	盐官	《汉书·地理志》
扬　州	丹阳		铜官	《汉书·地理志》
荆　州	南郡	编	云梦官	《汉书·地理志》
荆　州	南郡	巫	盐官	《汉书·地理志》
荆　州	江夏	西　陵	云梦官	《汉书·地理志》
荆　州	桂阳	耒　阳	铁官	《续汉书·郡国志》

从官营手工业生产范围来看,主要包括煮盐冶铁,生产铜、铁器,木器、漆器等生产、生活用品。这些官营手工业产品,大致可分为三类:一是供皇室和贵族们享受的奢侈品,如金银铜器等;其二是与人民生活有关的产品,如食盐、铁农具、舟车、日用漆器和铜器等;其三是一些特色产品,如木器、橘柚等。此三者除前者之外,其他产品大多投放市场,进入流通领域,形成官营商品。

官营商业主要通过两种途径得以实现。其一是盐铁专卖。在江南主要是通过分布于上述的盐、铁官实行统供调拨,控制经营。其二是均输平准。均输平准实行于桑弘羊受任为大司农的元封元年(公元前70年),这是汉武帝接受桑弘羊建议的一项商业国营措施。《盐铁论·本议篇》云:"往者郡国诸侯各以其物贡输,往来烦杂,物多苦恶,或不偿其费。故郡置输官以相给运,而便远方之贡,故曰均输。开委府于京,以笼货物,贱即买,贵则卖,是以县官不失实,商贾无所贸利,故曰平准。……故平准、均输平万物而便百姓。"可见,均输、平准把贡物商品化;同时,利用国家雄厚的财力,控制商品流通和物价,部分地取代商人贩运贸易的职能,使利润归于国家。正如《汉书·食货志》所云:"令远方各以其物,如异时商贾所转贩为赋,而相灌输。"

当然,官营商业虽然控制了国计民生的商品销售,但并不能完全控制全国的商品买卖,这也为其他商业形态存在提供了条件。

二是贩运贸易。

贩运贸易,亦称贩运商业。在秦汉简牍、文献中,有"行贾""中舨""商贩""贾贩""市贩""贩贾"及"私贩卖"等用语。它是商人将生产物从有余的地方运到缺乏的地方,利用物品的地区差价,通过长途贩运,贱买贵卖的不等价交易而牟取利润的一种商业行为。

江南地区贩运贸易起源甚早。春秋时期,越国大夫范蠡,"乘遍舟浮于江湖",从事贩运贸易,"十九年之中三致千金";①战国时楚国鄂君长途贩运,舟车路线达十几个城,范围遍及三楚地区②。可见贩运面之广,路途之远。

至汉代,在统一局面下,江南贩运贸易进一步发展。参与贩运的不仅有富商大贾,而且也有小股资金的合伙经营。江陵凤凰山汉简就有"中贩共侍约",其文如下:③

□□(年)辛卯中贩:(贩)长张伯石秦仲陈伯等十人相与为贩约人贩钱二百,约二·会钱备不备勿与同贩即贩直行共待于前罚·病不行者罚日卅毋人者庸(佣)贾器物不具物责十钱·共事以器物毁伤之及亡贩共负之于其物擅取之罚百钱·贩吏令会不会:(会)日罚五十会而计不具者罚比不会为贩吏臬(集)器物及人·贩吏秦仲。

从这份契约可以看出:民间合伙经营的资金很少,人均仅200钱。但其规定却比较细密,对因病不能参与买卖者,对器物不备或器物损坏者以及不参加聚会或虽去聚会,但财物账目不清者均要处罚;而且设有贩长、贩吏具体管理,制度比较严格。这足以证明,当时江陵一带民间商贩合伙经营形式比较普遍,发育得比较成熟。

三是店铺零售。

贩运贸易主要是调节地区间商品流通,要使商品直接进入消费者手中,还多依赖店铺零售。这在秦汉文献中称为"坐列贩卖"。如《汉书·食货志》云:"商贾大者积贮倍息,小者坐列贩卖,操其奇赢,日游都市"。师古注曰:"列者,若今(唐时)市中卖物行也"。在江陵凤凰山10号汉墓出土木牍中,有专门记载从事零售而得收入的账单。据有人考证:"(丁)组简所记人数至少有四、五十人,从张母称呼看,似非雇佣关系,应是合股经营商贩,由贩长统一安排,分派到市中'坐列贩卖'"。④

(三)区域商品交流频繁

汉代中央集权的大统一局面,为商业发展提供良好的活动条件。司马迁《史记·货殖列传》曰:"汉兴,海内为一,开关梁,驰山泽之禁,是以富商大贾周流天下,交易之物莫不通,得其所欲。"《汉书·伍被传》云:"重装富贾,周流天下,道无不通,故交易之道行。"又《盐铁论·力耕篇》载:"自京师东西南北,历山川,经郡国,诸殷富大都,无非街衢五通,商贾之所臻,万物之所殖……宛、周、齐、鲁,商遍天下。"江南,作为中央集权统治下的区域,亦介人其中。主要体现在如下几个方面:

---

① 《史记》卷61《货殖列传》。
② 黄盛璋:《关于鄂君启节地理考证与交通路线的复原问题》,载《历史地理论集》,人民出版社,1982年,第263—285页。
③ 黄盛璋:《江陵凤凰山汉墓简牍与历史地理研究》,载《历史地理论集》,人民出版社,1982年,第468页。
④ 黄盛璋:《江陵凤凰山汉墓简牍与历史地理研究》,载《历史地理论集》,人民出版社,1982年,第469页。

1. 荆、衡阳经济区与中原内腹地区商业交流。司马迁在论及荆、衡阳经济区与中原的关系时云:"夫自淮北沛、陈、汝南、南郡,此西楚也";"江陵故郢都,西通巫、巴,东有云梦之饶";"陈在楚、夏之交,通鱼盐之货,其民多贾";"南阳西通武关、郧关,东受江、汉、淮,宛亦一都会也"。把它们看成是俗同互惠的经济圈。从商品流通渠道看,江南之商品主要通过江陵,北上宛,再上洛阳而行销中原各地;中原之物则通过宛、江陵再散销江南。江陵凤凰山 10 号汉墓有一简就记载:"上官乙人圣二户贩马□部少一日。"① 这是江陵贩马之记事,马产于中原,其购销渠道主要是通过较北的宛而输入的。湖北之云梦睡虎地 12 座秦墓中出土了相当多烙有"咸"、"咸亭"、"咸里"、"咸亭上"、"咸上"等戳记的漆器,湖北江陵和湖南长沙马王堆汉墓亦出土了不少烙有成都工官所造漆器,如长沙马王堆一号汉墓出土的漆器制品,有相当部分烙有"成市""成市草""成市饱""成市素""市府""市府饱""市府草"等戳记。江陵凤凰山 8 号墓出土的漆器制品印有"北市"等戳记。据有人考证:"'成市'和'南乡'、'北市'戳记的性质既明,便能判断马王堆一号汉墓和凤凰山 8 号墓出土的漆器,基本上都是成都市府制造的"。② 其输入路线,据有人考证:"江陵等南方楚地通过南北交往间最大的商业城市宛市与长安沟通,成都官府所出漆器便通过这种渠道进入楚地"。③ 另据王符《潜夫论·浮侈篇》记载:京师贵戚死后制作棺椁"必欲江南檽梓、豫章梗楠";贵戚豪门甚至"其徒御仆妾皆服文组彩牒……犀象珠玉、琥珀瑇瑁"。江南之木材、犀象珠玉、琥珀瑇瑁行销京师洛阳,其北上路线估计是从江陵经陈至宛而行销洛阳。

2. 吴越经济区与淮河流域商业交往。司马迁《史记·货殖列传》云:"彭城以东,东海、吴、广陵,此东楚也。"基本上把吴楚经济区与淮河流域划为一体。当时东楚的重要商业都会吴城"有三江五湖之利",水路"入大江、奏广陵"和江北淮河流域联系起来。"衡山、九江、江南、豫章、长沙是南楚也。"南楚之地,通过江北之重要的商业市场寿春、合肥与淮河流域保持联系。"郢之后徙寿春,亦一都会也,而合肥受南北湖皮革、鲍、木输会也。"江南之铁器,多是通过这种渠道输入。例如江西修水出土汉代的制农具铲和锸,就有"淮一"的字铭,证明是从临淮郡输入的;④ 今广西贵县罗泊湾一号汉墓中出土一件陪葬农具登记单——"东阳田器志"中记载的铁锸、鉏(锄),也是从临淮郡输入的。⑤ 福建崇安城村的汉城遗址中也曾出土铁器 71 件,农具 18,其中铁犁一件,它的形制与北方的铁犁完全相同,估计也是通过淮河流域的郡县输入。

3. 江南与岭南商业联系。江南和岭南毗连,经济上有相互依存的关系。早在南

---

① 见黄盛璋:《历史地理论集》,人民出版社,1982 年,第 470 页。
② 黄盛璋:《关于鄂君启节地理考证与交通路线的复原问题》,载《历史地理论集》,人民出版社,1982 年,第 284 页。
③ 《关于凤凰山 168 号汉墓座谈纪要》,载《文物》1975 年第 9 期。
④ 《江西修水出土战国青铜车器和汉代铁器》,载《考古》1965 年第 6 期。
⑤ 蒋廷瑜:《广西汉代农业考古概述》,载《农业考古》1981 年第 2 期。

越时,就与长沙国有着密切的商业贸易活动。当时开发南越所需的先进工具铁器及牛、马、羊等,大多是通过长沙国输入的。吕后时"有司请禁关市铁器",南越王赵佗以为是长沙王从中作梗,因此发兵攻打长沙国,便是例证。至武帝灭南越,设郡县,统一于中央集权之下,岭南与江南贸易往来就更为频繁。《汉书·地理志》云:"中国往商贾者多取富焉。"其交易通道主要是秦朝修筑的大庾岭道和灵渠等。在海上,则是通过会稽的东冶上下往来。《后汉书·郑弘传》云:"交阯七郡,贡献转运,皆从东冶讯海而至。"在东汉,为了更好适应日渐频繁的商业往来,当时毗邻岭南的桂阳郡太守卫宏在含洭、浈阳、曲江三县"凿山通道五百余里,列亭传,置邮驿";①章帝时"开零陵、桂阳峤道,于是夷通";②桓帝时,桂阳太守周憬又开辟水路,繁盛商业:"桂阳有泷水,人患其险,太守下邳周憬,字君光,颓山凿石以通之";③"郡又与南海接比,商旅所臻,自瀑亭至乎曲江壹由此水……府君乃命良吏……顺导其经脉,由是小溪乃平直,大道允通利,抱布贸丝交易而至。"④这些道路的开辟,进一步加强了江南与岭南的联系。同时,岭南又是中国与东南海上各国的前哨,外国商品传到岭南以后,又能从江南传入中原内腹地区。从史书记载来看,岭南与江南及中原之交易,最迫切需要的是开发岭南所需的"金铁器马牛羊"等;而岭南输出的主要是土特产,如白璧、珠玑、玳瑁、犀牛角、翠鸟、珊瑚树、荔枝、岭南佳果等。

值得一提的是,江南还存在一定的海外贸易。据《三国志·吴志·孙权传》载:东冶海外有亶、夷二洲,秦时方士徐福入海求仙所率童男女数千人,即留居在那里,"世相承有数万家,其志土人民时有至会稽货布,会稽东冶县人海行亦有遭风流移至亶州者"。证明江南同东南海上贸易的存在。另据《汉书·张骞传》记载:张骞出使西域,曾在大夏国看到巴蜀物产邛杖、蜀布。而当地人说系由商人从身毒国(印度)贩运而来;东汉时为与掸国、天竺、大秦等进行铜铁、毛织物、象牙、犀角、珠金等贸易,而辟置永昌郡。"近年来,'南方丝绸之路'的考察和研究,均把两汉看作承上启下的重要时期。"⑤

三、商品经济发展的限度及制约性因素

如上所述,江南虽然存在较为频繁的商业活动,但同中原及关中地区相比,商品经济发展水平还是较低的。这主要表现在:

其一,江南自给自足性经济成分仍然很高。司马迁《史记·货殖列传》云:"楚越

---

① 《后汉书》卷76《循吏传》。
② 《后汉书》卷23《郑弘传》。
③ 洪适:《释棣》卷23
④ 洪适:《释棣》卷4
⑤ 徐难于:《论秦汉时期西南地区的开发格局》,中国秦汉史学会第七届年会暨国际学术讨论会论文。

之地,地广人稀,饭稻羹鱼,或火耕水耨,果隋蠃蛤,不待贾而足。"从城乡市场的联系来看,为广大人民普遍需要的大宗商品,主要是非家庭所能制作的盐铁两项。小农与市场的联系只是一种不得已的行为,并没有形成自觉的商品意识,故"千金之家"还是少数。

其二,专为商品交换而生产的手工业作坊较少。当时全国设在各地的工官有8处,而在江南没有一处;设铁官49处,而江南仅有耒阳1处,仅占2%;设盐官37处,而江南仅有巫、海盐等2处,占5%。我国考古工作者迄今为止已在全国各地发掘汉代冶铁遗址30余处,有的规模十分宏大,面积达十余万平方米,却没有在江南发现一处。同样,民间手工作坊亦相对较少,致使江南作为商品交换的多为方物特产。

其三,商业市场相对较少,且规模较小。据司马迁《史记·货殖列传》记载:当时全国著名的商业都会二十个,其大部分分布在中原地区,江南仅有江陵和吴二处,占10%左右。而且规模亦较小,像长安九市,临淄"市租千金"的商业市场,江南没有。江陵、吴城和成都仅是区域性的小市场。

由此可见,当时商业的发达,北方确实远远超过南方。经济重心在北方,商业中心亦在北方。造成这种局面的原因是多方面的,归纳起来主要有如下诸因素制约着江南商业的发展。

其一,自然资源丰富,人们不需要通过努力就可以满足基本的生活需要,使人们缺乏开拓精神。司马迁在《史记·货殖列传》中总结为:"地势饶食,无饥馑之患,以故呰窳偷生,无积聚而多贫。是故江、淮以南,无冻饿之人,也无千金之家"。

其二,地广人稀,农村剩余劳动力相对较少。江南地域面积占当时全国总面积的22.13%左右,而人口在西汉平帝元始二年时仅有3,444,947口,占当时全国总人口的5.97%左右,人口密度平均为3.95人/平方公里;到东汉,虽然有大量人口南迁,但至顺帝时也仅有7,307,675口,占当时全国总人口的15.26%左右,人口密度平均为8.38人/平方公里。人口密度低,开发程度不高,很难分离出富余人员去从事商业买卖。

其三,远离政治中心,开发程度不高。秦汉时期,黄河中下游既是政治统治的中心地带,同时也是国家重要的赋税来源之地。秦汉政府极为重视这一地区的开发。国家的农业、手工业投资亦多有偏重,使得其整体经济环境良好,市场机制活跃,为农副业及手工业产品提供了广阔的市场。而广大的江南地区,由于远离政治中心,且在国家赋税收入中所占的比重较小,政府尚无暇顾及这一的开发,使得这一地区的农业、手工业整体发展水平较低,农副产品和手工业产品商品化程度自然不会很高。

其四,城市分布稀疏,且规模较小。封建时期,作为商品交换的农业、手工业产品,其消费对象主体并不在农村,而是城市中非农业生产的人口。所以,封建商品经济发达与否,与其城市分布密度及城市中的消费人口的多寡休戚相关。江南地区,由于城市分布稀疏到数千平方公里甚至上万平方公里才有一座,这就大大地限制了农村与城市以及城市与城市之间的商业交流,也增加了运往市场的商品成本。再加上江南城市规模普遍较小,消费人口相对较少,扩大不了商品的需求量,商品经济很难繁荣。

原刊于《中国社会经济史研究》2005年第4期

(作者简介:陈晓鸣,江西师范大学历史文化与旅游学院副院长、教授)

汉代的出版业

陈昌文

汉代作为我国封建社会的一个发展高峰期,其出版业所取得的成就也蔚为壮观。笔者不揣谫陋,就有关史料对此作一勾勒,舛谬之处敬请方家指正。

一、编校学方面的贡献

汉继秦之后,广开献书之路,政权伊始,就开始了有计划有组织的图书编辑工作。武帝时,进行了第二次全国性图书整理,因"书缺简脱",命令"建藏书之策,置写书之官"[1],将流传的"诸子传说,皆充秘书"。第三次在成帝河平三年,刘向等人担起了整理图书的重任。经刘向、刘歆父子整理登记过的书籍即达"六略,38 种,596 家,13 269 卷"[2]。

东汉安帝永初四年(110 年),"诏谒者刘珍及《五经》博士校定东观《五经》诸子传记百家艺术,整齐脱误,是正文字"(《后汉书·安帝纪》)。顺帝永和元年(136 年),"诏侍中屯骑尉伏无忌与议郎黄景,校中书《五经》、诸子百家艺术"[3]。灵帝熹平四年(175 年)议郎蔡邕"与五官中郎将堂溪典……等,奏求正定《六经》文字"[4]。

汉代在多次的编校工作中,形成了一套在今天看来仍有一定意义的编辑方法。

确定版本,规范文字。秦以后,汉代许多传书皆因儒生口授所得,又因先秦文化的流传主要赖于讲学,故一书有较多的版本。同时,秦国祚短暂,文字的统一还未真正得以贯彻,导致汉代流传的文字种类较多,这些都不利于文化的传播。刘向、刘歆

---

[1] 《汉书》卷 30《艺文志》。
[2] 《汉书》卷 30《艺文志》。
[3] 《后汉书》卷 26《伏湛传》。
[4] 《后汉书》卷 60 下《蔡邕传》。

父子对各种版本进行了校勘和整理,考定源流,对其异同,为群书定出了一个较为可靠的版本。

东汉著名学者许慎《说文解字》一书,确定当时较常用的 9 353 个汉字,对这些汉字的出处、字义、结构等作了一次系统的总结,使汉字更为规范化。

灵帝时,议郎蔡邕奏求正定《六经》文字,由蔡邕等书石,把《周易》《尚书》《鲁传》《仪礼》《春秋公羊传》《论语》的经文,刻石立碑于太学门外,成为儒家经典的标准版本,后人称之为"熹平石经"。"熹平石经"以一定之文为主,而在后面备列诸家的异文,这对于纠正俗儒的穿凿附会,臆造别字,维护文字的统一,起到积极作用,也使汉代出版的文字更加规范化。

参诸内容,分门别类。刘歆继父刘向之后,对汉代"积如丘山"之书进行耙梳整理,根据其内容,把书分为六大类,有六艺、诸子、诗赋、兵书、术数、方技等。《汉书·艺文志》的术数中又包括天文、历谱、五行、蓍龟、杂占、形法六类,方技类中包括了医经、经方、房中、神仙四类,这种比较科学的分类及分类的细致化,对我国的图书目录学及出版的专业化都产生了不小的影响。

还应该特别指出的是,汉代对图书编校者的指定,不是任意所为,而是根据编辑者的专长确定所编之书。如汉初的编校活动,即"命萧何次律令,韩信申军法,张苍定章程,叔孙通定礼仪"①。在河平三年的编校中,"诏光禄大夫刘向校经传、诸子、诗赋;步兵校尉任宏校兵书;太史令尹咸校数术;侍臣李柱国校方技"②。这种把各类书籍分委专家,各尽其长的举措有利于人尽其能,同时也提高了图书的编校质量。

奠定校雠学形态。刘向在编校群书的过程中,首先收集公私所藏各种手抄版本,用来互相对勘,然后补其缺略,去其重复,发现脱简,补正讹字;再整齐篇章,定其目次;最后废弃异号,确定书名,并且对作者成书的年代及图书的性质与部类归属等皆加以确定。刘向的工作奠定了我国古代校雠学的基本形态,对今天的编校工作也有一定的参考价值。

二、图书出版工艺方面的贡献

文字载体的改进。我国文字载体由甲骨、青铜、石头发展到简牍,时至汉代,简牍仍较流行。王充《论衡·量知篇》记载了治简、治牍的过程:"夫竹生于山,生长于林,未知所入。截竹为简,破以为牒,加笔墨之迹,乃成文字。""断木为椠,析之为版,力加刮削,乃成简牍。"

汉代已熟练地掌握了竹简烘焙、防蛀的措施。刘向《别录》中载:"新竹有汁,善

---

① 《汉书》卷 1 下《高祖纪》。
② 《太平御览》606 卷引刘向《别录》。

柱蠹,凡作简者,皆于火上炙干之……以火炙简,令汗去其青,易书复不蠹,为之杀青,亦曰汗简。"这种方法在汉以前就已产生,《睡虎地秦墓竹简》的发现就证明了至少秦人已掌握了这一方法。没有这种防腐的措施,秦简也不可能得以保存如此之久。但发展较成熟,并且第一次用文献把此工艺记录下来的是在汉代。这使我们今天得以了解古代出版工艺的演进与源流。

纸的发明。纸在西汉便已出现,现今已发现了"灞桥纸"、"金关纸"、"中颜纸"。东汉出现了以植物纤维为原料的"蔡侯纸"。"蔡侯纸"的出现是我国出版史上的第一道曙光。它使笨重的简牍逐渐被淘汰,大大便利了书籍的出版。

文字加工方式的提高。在纸发明以前,对简牍这样的竹木之书,虽可用笔墨书写,但修改时,则只能用书刀将错处刮掉,古谓之"刊削"或"削"。而纸发明以后,则大大减少了这种耗时过多,也特别麻烦的方式,以致抄书的人越来越多,甚至出现了一种职业抄书人。《后汉书·班超传》载:班超"家贫,常为官佣书以供养"。又载:王溥"家贫不得仕,乃挟竹简插笔于洛阳市肆佣书"。汉代还出现了专门为人抄写经书的"经生"。书写工艺的改进是导致抄书人增多的一个重要因素,如此则大大增加了书籍的复制量。

三、出版量的增加

汉代书籍复制的盛行成就了许多爱书藏书的专家。河间献王刘德即"得书多,与汉朝等"[1]。东汉蔡邕有书"近万卷,曾载数车书与王粲"[2]。除私人藏书之外,都城之内,设有规模宏大的政府图书馆和皇家图书馆,见于记载的西汉长安藏书处就有"石渠阁"、"天禄阁"、"兰台"等。东汉光武迁洛阳,其经牒秘书,载之二千余辆。自此以后,三倍于前。有"辟雍、东观、兰台、石室、宣明、鸿都诸藏"。藏书的增多,反过来推动了书籍出版业的繁荣,使汉代书籍出版量大大增加。与汉前相比,呈现出前所未有的特色。

出版品种的增加。汉代出版的六艺之书即有"一百三家,三千一百二十三篇"。史书类明显增多,东汉纪传体史书之外,还有编年体史书、杂史、起居注、载记、史钞、史评、故事、职官、仪制、刑法、杂传记、地理、谱系、簿录等类别的史籍。文学书籍也极丰富,有"诗赋百六家,千三百一十八篇"。

科技书籍明显增多。在汉代书籍出版业中,科技书籍明显增多。马王堆三号汉墓出土的三篇医学方面的帛书,是迄今发现的我国最早的医学文献。甘肃武威旱滩坡汉墓出土的92枚汉代医方简牍,是留存至今西汉时期的一部最完整的医书。而流

---

[1] 《汉书》卷53《河间献王刘德传》。
[2] 《后汉书》卷60下《蔡邕传》。

传下来的《黄帝六经》《伤寒杂病论》更是我国医学瑰宝。《汉书·艺文志》著录的数学书有《九章算术》和《杜忠算书》。1984年在湖北江陵张家山汉墓发现的西汉早期《算数书》残卷，是我国迄今发现的最早的数学著作。汉代农学方面有《氾胜之书》，天文方面有《灵宪》《浑天仪图注》等。这些科技书籍在汉代出版史上占有重要地位，与汉前出版科技书籍数量极少形成了鲜明的对比。

佛经、道经的大量出版。汉末，佛教从印度传入东土之后，给中国的文化、生活、思想和艺术带来了巨大的影响。桓、灵二帝时，不少古印度和西域僧人来到汉地，以洛阳为中心，译出大量佛教典籍。《出三藏记集》载，东汉译经共54部74卷（不包括失译经），而《历代三宝记》卷四说汉代共译经359部427卷，《开元释教录》卷一说有292部395卷。数字不尽相同，但由此表明汉代确有相当数量的译经，而民间为祈福禳祸，成千上万的善男信女"手不释管"大抄佛经。这种手抄复制活动，使佛经成为复制量很多的著作物。

汉代道经也有一些，如《太平经》《太上三五正一盟威录》《赤松子章历》《列仙传》《老子变化经》《黄帝九鼎神丹经》《周易参同契》《三十六水法》等。

四、书籍发行的成就

开书籍贸易之先。先秦时期著书，无名无利，不过是作者想发表自己的思想，或立训垂教，济世救民；或胸怀抱负，托书言志；或者真知灼见，公之于世。所谓"各著书，言治乱之事，以干世主"。随着书籍的日益增多和人们对书籍传播知识重要性认识的加强，单单看书不能满足了，还想公之于众，传之于后；单单抄书不能满足了，还想买书藏书；单单个人复制不能满足了，更想依靠社会力量，于是产生了专门从事书籍复制的人和专门从事书籍货卖的行业，书籍开始进入市场，书籍贸易开始了。

书肆的出现。汉景帝时，河间献王刘德"从民得善书，必为好写之，留其意，加金帛赐以招之"，图书已具有较高的价值形态。汉武帝时在京师兴太学，不少知识分子追求官禄，刺激了官方和民间对书籍的需求量。官府和私家的手抄复制现象已经极为普遍，于是沟通抄书人和读书人之间的环节——"书肆"出现了。

学府近旁首先形成包括书籍在内的综合性贸易集市——"槐市"。史载："诸生朔望会此市，各持其郡所出货物及经书记笙磬乐器，相与买卖。"①集市每月一次，一方面进行学术思想交流，一方面买卖"经传书记"等物品。它受到西汉政府的直接影响与监督。

汉代民间书贩在市场上摆设的书摊已经出现。扬雄《法言·吾子》载："好书而

---

① 陈直：《三辅黄图校正》，陕西人民出版社，1980年。

不要仲尼,书肆也。"意思是说爱好书而不按孔子的教导去学,那就不是读书而是开书铺子,说明民间"书肆"也开始出现。

时至东汉,不仅官府学校生员大增,民间生徒人数也大增。为了适应需要,城市里的书肆已不是个别现象,文献记载生徒到书肆去看书和卖书的不少。如王充到"京师受业太学,师事班彪,好博览而不守章句。家贫无书,常游洛阳书肆"[1]。荀悦"家贫无书,每至市间阅篇牍,一见多能忆诵"[2]。刘梁"宗室子弟,而少孤贫,卖书于市以自资"[3]。

民间的"书肆"同政府组织的"槐市"不一样,主要由民间书贩组成,以谋取利润为目的。销售书籍的品种也较丰富,既卖儒家典籍,又卖诸子各家的书籍。而且经营方式灵活,敞开售书,允许自由阅览,客观上还起着当时不存在的公共图书馆的作用。

为了适应市场的需求,书贩们还携带着儒生的书籍,远出荒郊前往销售。《后汉书·张楷传》载:名儒张楷"门徒常百人,宾客慕之……辄徙避之……隐居弘农山中,学者随之,所居成市,后华阴山南遂有公超市"。

政府所设"书肆"及民间兴起的"书肆"是汉代书籍发行的重要途径,由于史料的原因,对肆内的具体运行情况我们无法得知,但它的出现对汉代书籍流通重要作用是毋庸置疑的。

汉代的出版业无论如何还处于出版的初始状态,出版流程中的每个环节的发育都极不成熟,而且有些还只是萌芽状态。我们不能用今天的标准去看待那时的出版业,那样,我们则看不清它在出版史长河中的应有位置。

原文名《汉代出版业的成就》,刊于《中国出版》1998 年第 1 期,《中国编辑研究》1999 年收录

(作者简介:陈昌文,现代教育出版社教育教材分社社长,编审)

---

[1] 《后汉书》卷49《王充传》。
[2] 《太平御览》卷6。
[3] 《后汉书》卷80下《文苑传·刘梁》。

水与汉代南方社会

王福昌

水是生态系统中的基本要素,也是生态系统中最为关键的变量之一。人类一刻也离不开水,它在人类历史的发展长河中起着非常重要的作用。过去,我们对这个问题重视不够。本文拟就汉代南方地区水环境的概况、水对汉代南方社会的影响、汉人对南方水环境的利用、改造及保护诸问题作一研究。

一、水乡泽国

秦汉时期,南方降水充沛,江河湖泊众多,沼泽遍及广大平原地带,在绵延起伏的丘陵山地之间也是云蒸雾绕,成为一片水的世界。

(一)天上之降水

秦汉时期,气候经过了一个从温暖到干冷的历史转变,即秦和前汉气候温和,东汉转而干冷,降水亦相对减少[①]。但我国幅员辽阔,南北所跨纬度大,各地的情况千差万别,正如有人指出的那样:低纬度地带的变幅小于高纬度地带[②]。另外笔者据两汉书统计,西汉荆扬二州发生水灾 4 次,东汉荆扬二州发生水灾 7 次,淫雨霖雨 10 次,并未发现东汉东南水灾相对减少的事实[③]。又汉代南方的森林十分广阔茂密,利于水气蒸腾。南方地区两汉之间降水的变化应该不是太大。

---

① 参见竺可桢:《中国近五千年来气候变迁的初步研究》,载《竺可桢文集》,中国科学出版社,1979 年,第 480—481 页;王子今:《秦汉气候变迁和江南经济文化的进步》,载《秦汉史论丛》第六辑,江西教育出版社,1994 年,第 23 页;中国科学院《中国自然地理》编辑委员会:《中国自然地理·历史自然地理》,科学出版社,1982 年,第 16 页。

② 中国科学院《中国自然地理》编辑委员会:《中国自然地理·历史自然地理》,科学出版社,1982 年,第 16 页。

③ 参见黄今言主编:《秦汉江南经济述略》,江西人民出版社,1999 年,第 58 页。

以上气候变迁所谓降水的多少是以今天气候的实情作为参照系的,既然秦和西汉南方的降水比现在多,东汉的变化又不是太大,那么当时南方的降水量也应比现在丰富,即长江、钱塘江以北和汉江流域的年降水量大于800—1600毫米,长江丘陵、岭南地区大于1600毫米。丰富的降水是汉代南方成为水乡泽国的基本原因。

(二)江河湖泊之水

南方地区河网稠密,湖泊众多。据《汉书》卷28《地理志》[1]记载,南方地区著名的河流有几十条,仅荆州、扬州的南郡、会稽、豫章就有24条。主要湖泊有:云梦泽、具区泽、彭蠡泽等。《汉书》卷28《地理志》记载的这些河流皆是南方江河水网的主干,汇入这些江河的又有众多大小支流,如长沙马王堆汉墓出土长沙国南部地形图所绘湘江上游潇水水系共有30多条支流,标有名称的支流有春水、冷水、墉水、罗水、垒水、营水等。驻军图中标有名称的有:潇水、资水、如水、湛水、延水、子水、大深水、智水、条水、满水、菌水、袍水、㽵水、蕃水等[2]。

汉代南方降水充沛,植被保持完好,有利于涵养水源,江河的水量往往亦甚大,而集聚在湖沼间的水资源也特别丰富。如云梦"方九百里"[3],其中有云梦泽,据考证是一个巨大的湖泊群,只是后来的围垦才使该地区的湖泊数量和面积不断减少[4]。

(三)平地积水和山林之水

长江中下游两岸、湘江两岸、赣江两岸、珠江三角洲等地区,地势平坦、低洼,排水条件不好,致使大量的降水和丘山之水无法排泄,有的地方有季节性积水,有的地方则常年积水,沼泽化程度颇为严重。《水经注·沔水注》说:"东南地卑,万流所凑,涛湖泛决,触地成川,枝津交渠"[5],概括地说明了南方地区的这一特征。秦汉史籍常常用"卑湿"一词来说明这种情况。如上述云梦泽、具区泽、彭蠡泽一带,秦汉时期被开发出来的农田不多,大多是湖泊和沼泽组成的湿地,元人王祯《农书》说围田是:"筑土作围,以绕田也。盖江淮之间,地多薮泽,或濒水,不时淹没,妨于耕种。其有力之家,度视地形,筑土作堤,环而不断,内容顷亩千百,皆为稼地"[6]。围田在江汉洞庭湖地区称为垸田。围田的大规模开发是唐宋以后的事,说明至元代江淮以南仍有大面积的沼泽地区,反观秦汉当更是如此。有地理学家研究指出长江中下游地区古代的沼泽面积很广大应符合历史实际的。

南方山地丘陵广布,这些丘陵山地在秦汉时期多为森林所覆盖,笔者曾推算江南地区森林面积当超过73%。许多地区生长着"数百年树",在当时还属原始森林区。

---

[1] 《汉书》卷28《地理志》,中华书局标点本,1962年,第1523—1674页。
[2] 高至喜:《兵器和驻军图》,载湖南省博物馆:《马王堆汉墓研究》,湖南人民出版社,1981年。
[3] 《史记》卷117《司马相如列传》,中华书局标点本,1959年,第3004页。
[4] 谭其骧:《云梦与云梦泽》,载《长水集》,人民出版社,1987年。
[5] 《水经注·沔水注》,岳麓书社,1995年,第439页。
[6] 见缪启愉:《东鲁王氏农书译注》,上海古籍出版社,1994年,第597页。

我们熟知,森林有利于水气蒸腾,涵养水源,平时我们在山林中也可看到林木之上云蒸雾绕的现象,而在山林之间小溪一般则是流水潺潺,对此东汉王充曾有较多仔细的观察,他在《感虚篇》说:"夫云雨出于丘山,降散则为雨矣。人见其从上而坠,则谓之天雨水也。夏日则雨水,冬日天寒则雨凝而为霜,皆由云气发于丘山,不从天上降集于地,明矣。"①在《艺增篇》也说:"天地之旱也,山林之间不枯,犹地之水,丘陵之上不湛也"。②

可见,水源的丰富是汉代南方地区生态环境的一大特色。

二、水对汉代南方社会的塑造

著名的生态哲学家余谋昌先生精辟地指出:自然界也参与人类历史的创造。水是生态环境中的基本因子,而汉代南方又是水的世界,它势必对汉代南方社会历史的发展产生深刻的影响,形塑汉代南方社会的方方面面。

(一)独具特色的区域农业

水对汉代南方独具特色的区域农业的塑造表现是多方面,这里想择其主要的两个方面来进行讨论。

其一,是促使南方水田-稻作农业区特色的加强。南方是我国稻作农业的发祥地。史前时期,南方就形成了与北方黄河流域旱作农业不同的水田-稻作农业区。先秦两汉时期,这一区域特色不但没有削弱,反而有所加强。《周礼·职方》说荆、扬、交三州"谷宜稻"③,《淮南子·地形训》说"江水肥仁而宜稻"④。考古发现也雄辩地证实了这一点,据统计在长江流域出土的汉代稻谷遗存10余处,其出土地点遍及各地。广东佛山、云南呈贡、贵州兴义、四川彭山等地又出土了水田模型⑤。当时南方的水田稻作农业技术成为独具特色的技术,北方人民对其很多方面都不甚了解。如"火耕水耨"的问题,经过学术界多年的争论,虽在细节方面还有不少分歧,但已达成了一个共识,那就是"火耕水耨"并非粗放落后的象征,而是一种适宜南方生态环境的水田-稻作农业技术。东汉时期还出现了南粮北调,据载:"(永初元年九月)调扬州五郡租米,赡给东郡、济阴、陈留、梁国、下邳、山阳","(永初七年九月)调零陵、桂阳、丹阳、豫章、会稽租米,赈南阳、广陵、下邳、彭城、山阳、庐江,九月饥民,又调滨水县谷输敖仓"⑥。汉代南方稻作农业的发展为魏晋以后经济重心的南移奠定了坚实的

---

① 见刘盼遂:《论衡集解》,古籍出版社,1957年,第113页。
② 见刘盼遂:《论衡集解》,古籍出版社,1957年,第177页。
③ 《十三经注疏》,中华书局,1980年,第862页。
④ 《淮南子·地形训》,岳麓书社,1989年,第44页。
⑤ 参见陈文华:《论农业考古》,江西教育出版社,1990年,第168—206页。
⑥ 《后汉书》卷5《安帝纪》,中华书局标点本,1965年,第208、220页。

基础。

其二,是促使南方渔业区特色的加强。南方水产资源异常丰富。为渔业的发展提供了条件,河姆渡文化遗址中就出土了大量的水产品。春秋战国时期,楚吴越三国人多以捕鱼为业,有所谓"江汉之渔鳖鼋鼍为天下富"之说①,越国还有专门养鱼的"目鱼池"②。秦汉时期,渔业在南方的分布很广,自沿海江汉到岭南之地都是主要的产鱼区,与北方相比特色极为明显。史称"楚越之地,地广人希,饭稻羹鱼"③,楚有"江汉川泽山林之饶……以渔猎山伐为业"④,"荆扬之民率依阻山泽,以渔采为业"⑤,"江湖之鱼……不可胜食"⑥,彭蠡之滨"以渔食犬豕"⑦。马王堆一号汉墓出土的食物标本中渔产品有鲤、鲫、刺鳊、银鲴、鳡、鳜6种⑧。可见,渔业在汉代南方的生产结构中占有颇大的比重。汉代统治者也很重视对南方地区渔业生产的管理,南郡设云梦官、九江设陂官、湖官⑨,1965年长沙出土1枚"上沅渔监章"⑩,而在北方无这一类机构。东汉时滨江湖州郡的人民率"资渔采以助口实",若片面强调粮食生产下令"禁民二业"使得"田者不得渔捕"就会严重影响到当地人民的生产生活⑪。这也从反面证实了渔业在南方经济结构中的重要地位。

(二) 与北方异趣的社会生活

众所周知,汉代南方人的社会生活,不管在衣食住行那个方面都和北方人的风格异趣。而这些风格的形成许多方面都与水有关。先说饮食。《史记》卷129《货殖列传》楚越之人"饭稻羹鱼"⑫,《汉书》卷28《地理志》说江南之人"食鱼稻"⑬,《论衡·宣汉篇》说南方是"饭稻之乡"⑭,《风俗通义·佚文》说"吴楚之人嗜鱼盐"⑮,《博物志》说"东南之人食水产……龟蛤螺蚌以为珍味,不觉其腥臊也"⑯。可见,南人饮食生活的最大特点就是喜食稻米和鱼。粟是汉代北方人的主粮,而南方人"不见稻谷,谓稷为非谷也"⑰。汉代南方人除了喜食稻和鱼外,在他们的食谱中还有众多的喜温

---

① 《墨子·公输》,见周才珠、齐瑞端:《墨子全译》,贵州人民出版社,1995年,第608页。
② 《越绝书》卷8《越绝外传记越地传》,万有文库本,第42页。
③ 《史记》卷129《货殖列传》,中华书局标点本,1959年,第3270页。
④ 《汉书》卷28《地理志》,中华书局标点本,1962年,第1666页。
⑤ 《汉书》卷99《王莽传》,中华书局标点本,1962年,第4151页。
⑥ 《盐铁论·通有》,王利器:《盐铁论校注》,古典文学出版社,1958年,第20页。
⑦ 《论衡·定贤》,古籍出版社,1957年,第543页。
⑧ 湖南省博物馆、中国科学院考古研究所:《长沙马王堆一号汉墓》上册,文物出版社,1973年,第35页。
⑨ 《汉书》卷28《地理志》,中华书局标点本,1962年,第1566、1569页。
⑩ 周世荣:《长沙出土西汉印章及其有关问题研究》,《考古》1978年第4期。
⑪ 《后汉书》卷39《刘般传》,中华书局标点本,1965年,第1305页。
⑫ 《史记》卷129《货殖列传》,中华书局标点本,1959年,第3270页。
⑬ 《汉书》卷28《地理志》,中华书局标点本,1962年,第1666页。
⑭ 《论衡·宣汉篇》,古籍出版社,1957年,第388页。
⑮ 赵泓:《风俗通义全译》,贵州人民出版社,1998年,第407页。
⑯ 祝鸿杰:《博物志全译》,贵州人民出版社,1992年,第30页。
⑰ 《论衡·宣汉篇》,古籍出版社,1957年,第388页。

喜水的种类,如柑橘、菱角、藕、荸荠、荔枝、龙眼、槟榔等等。这不仅为文献资料所证实,也为考古发现所证实,如在长沙马王堆一号汉墓出土藕、梅、杨梅①。

次说住。汉代南方低下潮湿,时人采用了诸多除湿防潮的办法,"干栏式"的采用就是最著名的一项。《后汉书》卷56《陈球传》载:"零陵下湿,编木为城"②。福建崇安胡坪宫殿遗址即在各柱位之间分置小础石,竖之矮柱网,再横架填木,铺设地板,建成干燥防潮的"干栏式"建筑③。这种把"干栏式"用于大型宫殿建筑的例子是罕见的。考古发掘中出土"干栏式"陶仓的现象屡见不鲜,如,湖南常德东汉墓发现陶仓3件,陶囷1件,由4根或3根立式柱子架起。其目的则是为防潮和通风。陶Ⅰ式屋3件,屋顶为悬山式,房子由4根柱子支撑起来④。另外,汉代南方比较广泛地采用了木炭除湿的办法。南方地区发掘的秦汉墓往往多有木炭的现象,如长沙马王堆一号汉墓发现木炭一万多斤,就是一个典型的例子⑤。

最后说行。南方处于大江大河之中,并向广阔浩瀚的太平洋敞开。水上交通是本地区人们行生活的一大特色。《史记》卷116《西南夷列传》:"今长沙、豫章往,水道绝,难行"⑥,《史记集解》引应劭曰:"时欲南越,非水不至"⑦。《汉书》卷27《五行志》载:"吴地以船为家,以鱼为食"⑧,同书卷64《严助传》载越人"处溪谷之间,篁竹之中,习于水斗,便于用舟"⑨。《吕氏春秋·慎大览》载:"如秦者立而至,有车也;适越者坐而至,有舟也"⑩。《淮南子·原道训》载九疑之南"陆事寡而水事众"⑪,同书《齐俗训》载:"胡人便于马,越人便于舟"⑫。《越绝书》卷8《越绝外传记越地传》说南方地区的人"水行而山处,以舟为车,以楫为马"⑬。以上史实皆说明了南方水上交通发达的事实,这与北方是迥异的。

---

① 湖南省博物馆、中国科学院考古研究所:《长沙马王堆一号汉墓》上册,文物出版社,1973年,第35页。
② 《后汉书》卷56《陈球传》,中华书局标点本,1965年,第1831页。
③ 文物编辑委员会:《文物考古工作十年》,文物出版社,1990年,第143页。
④ 湖南省博物馆:《湖南常德东汉墓》,载《考古学集刊》1981年第一辑。
⑤ 湖南省博物馆、中国科学院考古研究所:《长沙马王堆一号汉墓》上册,文物出版社,1973年,第5页。
⑥ 《史记》卷116《西南夷列传》,中华书局标点本,1959年,第2994页。
⑦ 《史记》卷113《南越列传》),中华书局标点本,1959年,第2974—2975页。
⑧ 《汉书》卷27《五行志》,中华书局标点本,1962年,第1376页。
⑨ 《汉书》卷64《严助传》,中华书局标点本,1962年,第2778页。
⑩ 《吕氏春秋·慎大览》,岳麓书社,1989年,第121页。
⑪ 《淮南子·原道训》,岳麓书社,1989年,第4页。
⑫ 《淮南子·齐俗训》,岳麓书社,1989年,第128页。
⑬ 《越绝书》卷8《越绝外传记越地传》,万有文库本,第39页。

(三)虚弱的身体和复杂的大众心态

两汉史书多言"南方卑湿"①,"江南卑湿"②,"长沙卑湿"③,而这种潮湿的环境确实对南方人民的身体素质产生过非常消极的影响。首先是恶性流行病、传染病的多发。其中一种是瘴疠,《后汉书》卷14《宗室四王三侯列传》:"(刘)仁以春陵(在零陵道)地势下湿,山林毒气,上书求城邑内徙"④。另一种是史书上经常提到的欧泄霍乱之病,淮南王安说:"夏月暑时,欧泄霍乱之病相随属也,曾未施兵接刃,死伤者必众矣",又说"南方暑湿,近夏瘴热,暴露水居,蝮蛇□生,疾疠多作"⑤。又一种是血吸虫病,据考古发现与研究,长沙马王堆出土的女尸、江陵凤凰山出土的古尸都曾患有血吸虫病。其次是男女比例失调,南方卑湿对男性的打击最大,史书多有"丈夫早夭"⑥,"泽气多女""早壮而夭"⑦的记载。史书对南方男女比例失调之事多有记载,《周礼·职方氏》中所载各州的男女比例是扬州2:5,荆州1:2,豫州2:3,青州2:2,兖州2:3,雍州3:2,幽州1:3,冀州5:3,并州2:3⑧。可见,九州中荆扬二州的男女比例是偏小的,秦汉时期的情况大致当是如此。

水对汉代南方大众心态也有种种复杂的影响。如南人喜水乐水,无论男女老少皆喜游泳,且毫无忌讳,北人不理解,视之为"淫风",据《汉书》卷27《五行志》载:"越地多妇人,男女同川,淫女为主,乱气所生,故圣人名之曰蜮"⑨。而南方出生的王充对此则习以为常了,他认为"南方至热,煎沙烂石,父子同川而浴",正像北方至寒父子同室而住一样自然,并非什么"淫风"⑩。再如南人多有与水有关的宗教信仰、祭祀礼俗,据云梦秦简《日书》记载南方有"行水,吉""可以穿井、行水"之类的占卜活动⑪。又,湖北江陵凤凰凰十号汉墓出土的商人合伙做生意订立的"中舨共侍约"中"贩"字从"舟",武夷山区流行船棺葬,南方墓葬出土的陶质明器灶有作船形现象。这些都说明汉代南方大众的信仰中已深深打上了水的烙印。

---

① 《史记》卷101《袁盎传》,中华书局标点本,1959年,第2741页;卷118《淮南衡山列传》,中华书局标点本,1959年,第3081—3082页。
② 《史记》卷129《货殖列传》,中华书局标点本,1959年,第3268页。
③ 《史记》卷59《五宗世家》,中华书局标点本,1959年,第2100页;卷84《屈原贾生列传》,中华书局标点本,1959年,第2492页。
④ 《后汉书》卷14《宗室四王三侯列传》,中华书局标点本,1965年,第560页。
⑤ 《汉书》卷64《严助传》,中华书局标点本,1962年,第2779、2781页。
⑥ 《史记》卷129《货殖列传》,中华书局标点本,1959年,第3268页。
⑦ 《淮南子·地形训》,岳麓书社,1989年,第42、44页。
⑧ 《十三经注疏》,中华书局,1980年,第862—863页。
⑨ 《汉书》卷27《五行志》,中华书局标点本,1962年,第1462—1463页。
⑩ 《论衡·变动》,古籍出版社,1957年,第307页。
⑪ 见吴小强:《秦简日书集释》,岳麓书社,2000年,第23、35页。

三、对水的利用、改造、保护

两汉时期，南方是水的世界，水对南方社会的发展起了十分重要的影响，是水塑造了南方社会。但是，南方人也不是被动地做水的奴隶，他们对水的利用、改造、保护一刻也没有停止过。

（一）兴修水利，发展农业

水太多或太少都不利于作物的生长发育，不利于耕作、收获等农事活动。因此，要发展农业生产就要兴修水利，对此古人早已有比较深刻的认识。《荀子·王制》云："修堤梁，通沟浍，行水潦，安水臧，以时决塞；岁多凶败水旱，使民有所耘艾"①，清楚地说明了兴修水利的必要性和重要性。秦汉时期，南方兴修了不少水利工程。《水经注·沔水注》载：南郡太守王宠凿木里沟，"故渠引鄢水也，灌田七百顷"②。《会稽记》载："汉顺帝永和五年，会稽太守马臻创立镜湖，在会稽、山阴两县界，筑塘蓄水高丈余。田又高海丈余，若水少，则泄湖灌田；如水多，则开湖泄田中水入海，所以无凶年。堤塘周回五百一十里，溉田九千余顷"③。马王堆汉墓出土的《驻军图》中，其军事指挥所的旁边有陂池④。以上所言多是大型水利工程，我们知道建筑一个大型的工程要经过周密的设计和施工，如果没有对水的深刻认识是难于胜任的。再者，南方水利工程与北方还有诸多不同之处，既要筑坝拦水，又需开沟引水，兼有蓄水、防洪、灌溉的多重功能。这些水利工程的兴修有力地保障了汉代南方地区农业生产的发展，也为魏晋以后农业的发展产生了深远的影响。

（二）利用江河湖泊发展水上交通

南方人利用水上交通的时间可上溯至原始社会，但早期的人类更多的是被动地受水环境的支配。秦汉时期，这一局面大有所改观，进行诸多发展水上交通的举措，最著名的是人工渠道的兴修。秦始皇26年（公元前221年）击南越，为了解决军粮的运输问题，"使监禄凿渠运粮"⑤，沟通湘水和离水。这一工程合理地选择了分水点，显示了很高的勘探和施工水平⑥，二千年来，历代加以不断的整修，成为历史上的一大奇迹。秦汉国家对交通工具的改进也高度的重视，在庐江专设"楼船官"，管理造船等事，造成规模庞大的楼船。所谓楼船，就是上施楼，可达五层，非常壮观。除了政府，一般老百姓也有意识地利用水道发展农田运输，如广东佛山出土的水田模型中，

---

① 见梁启雄：《荀子简释》，中华书局，1983年，第111页。
② 《水经注·沔水注》，岳麓书社，1995年，第429页。
③ 见刘纬毅：《汉唐方志辑佚》，北京图书馆出版社，1997年，第186页。
④ 周世荣：《从马王堆出土古文字看汉代农业科学》，《农业考古》1983年第1期。
⑤ 《史记》卷112《平津侯主父列传》，中华书局标点本，1959年，第2958页。
⑥ 参见唐兆民：《灵渠文献粹编》，中华书局，1982年。

在水田旁边就有农家船。

（三）综合利用水资源和防止水污染

秦汉时期南方的水资源十分丰富，人们注意防洪、灌溉、通航、渔业相结合，走综合利用水资源的开发道路。事实上，南方诸经济中心如江陵、合肥寿春、吴、番禺均靠综合利用水资源而发展起来的，下面试用赣江下游彭蠡泽区的例子来说明。汉代的彭蠡泽并不能完全等同于今之鄱阳湖，但与现鄱阳湖区一样都有丰富的水资源。赣江下游彭蠡泽区的人们依靠便利的水源，发展灌溉农业。考古工作者在南昌南郊汉墓发现的稻谷遗存，说明这一带的稻作农业比较发达。这一地区是进入东越和南越的边防前哨，汉代统治者往往也利用彭蠡泽区农业的发展，积聚军需，防范越人。《汉书》卷64《严助传》载："越人欲为变，必先田余干界中，积食粮，乃入伐材治船"①。彭蠡泽区与长江、赣江、抚河、信江声气相通，广阔的水域可供舟船驰骋，这里的水运业十分发达。余干、寻阳是当时重要的造船基地和港口。秦和汉初，南越、东越没有归顺中央王朝，中央王朝常常屯军于此。汉人严助曾说今闽越王"数举兵侵陵百越，并兼邻国，以为暴动；阴计奇策，入爝寻阳楼船"，颜师古注曰："汉有楼船贮在寻阳也"②。泽区的渔业也十分发达，渔产十分丰富，当时人们"食鱼稻"、"食水产"，甚至"以鱼食犬豕"③。《汉书》卷28《地理志》载西汉豫章郡有18县④，其中在泽周围的计有柴桑、历陵、海昏、南昌、余干、鄱阳、枭阳、彭蠡8县，占全郡的44.4%，而在其余广大地区只有10县。从行政区划上反映出来的经济发展水平是较高的。这里的人口密度也大大高于该郡的其他地区。仅南昌一县就有人口一万户，占全郡户数的15%。

水污染的防治。一是注重建井和保持井的清洁。从考古发掘来看，汉代南方地区的墓葬普遍以陶水井作为明器，这意味着水井是生活所必备设施。何谓井，刘熙《释名》曰："清也，泉之清洁者也"⑤，说明汉人是为了饮水的清洁而凿井的。汉人不但凿井取用清洁的水源，而且还特别注意对井的清理，《后汉书》志第5《礼仪志》云：夏至日"浚井改水"⑥，可证。二是在城市里面建立排污系统，以免污水横流，并且禁止乱排污水。如安徽南部的一些汉代城市就设有较系统的排水设施⑦。

（作者简介：王福昌，华南农业大学农史室教授，博士）

---

① 《汉书》卷64《严助传》，中华书局标点本，1962年，第2781页。
② 《汉书》卷64《严助传》，中华书局标点本，1962年，第2787—2788页。
③ 《论衡·宣汉篇》，古籍出版社，1957年，第543页。
④ 《汉书》卷28《地理志》，中华书局标点本，1962年，第1593页。
⑤ 《释名》，丛书集成初编本，第90页。
⑥ 《后汉书》志第5《礼仪志》，中华书局标点本，1965年，第3122页。
⑦ 参见张南、张宏明：《安徽汉代城市分布与建筑》，《学术界》1991年第6期。

论汉代的财政危机及其对策

周　琍

财政危机,指的是国家财政因收不抵支而发生的严重混乱和动荡。本文论述的财政危机,指的是汉代国家财政因收不抵支而造成的财政上的亏损和困缺。

两汉时期,从总体上看,其经济发展水平在世界范围内处于领先地位,因而当时的财政状况在大多数情况下,大致上是保持相对稳定、收支较有盈余的态势,但有时候,由于政治、经济形势的剧变,财政上也出现过它的困难时期。见以下史实:"汉兴,接秦之敝,诸侯并起,民失作业,而大饥馑。凡米石五千,人相食,死者过半"[1]。国民经济已经困难到极点。"及至孝武即位,外事四夷之功,内盛耳目之好,征发烦数,百姓贫耗。"[2]王莽即位后,由于军费浩繁,"边兵二十万人仰县官衣食,用度不足,数横征敛,民愈贫困,"[3]顺帝时,"诏贷王侯国租一岁。七月,诏假民有赀者,户钱一千"。[4] 汉安二年(公元143年)冬十月,"又贷王侯国租一岁",[5]靠借贷度日,财政出现困缺。当财政危机爆发时,对社会必然产生极其恶劣的后果。阶级矛盾异常尖锐,社会统治摇摇欲坠,统治阶级为了维护其统治,必然会花费心思,另辟蹊径,去缓和财政危机,弥补财政亏损。择其要者有以下几个方面:

一、调整工商业政策

西汉建立之初,经济凋敝,百废待兴。因此,西汉前期在扭转"百业萧条"的局面的过程中,对工商业采取了较为宽松、优惠的政策。史称:"汉兴,海内为一,开关梁,

---

[1] 《汉书》卷24上《食货志》。
[2] 《汉书》卷23《刑法志》。
[3] 《汉书》卷24上《食货志》。
[4] 《后汉书》卷6《顺帝纪》。
[5] 《后汉书》卷6《顺帝纪》。

驰山泽之禁,是以富商大贾周流天下,交易之物莫不通,得其所欲。"①

汉武帝即位后,一方面,"征伐四夷,国用不足",②但另一方面,则"商贾滋众",富商大贾的势力恶性膨胀,俨然成了一股与中央政权相抗衡的社会势力。因此,汉武帝为了从财政上支持专制主义中央集权的巩固与发展,增加财政收入,对当时的工商业部门,尤其是富商大贾采取了限制、打击政策。

1. 盐铁酒类专卖。过去对盐铁实行包商制,听任民间开发,实际上多为豪商大贾所经营。从武帝元狩四年开始,便调整政策,由私营改为官营。当时规定:"愿募民自给费,因官器作煮盐,官与牢盆","敢私铸铁器煮盐者,钛左趾,没入其器物",并"除故盐铁家富者为吏"。③ 在大司农下设盐铁官,由国家直接经办盐铁和产品的运销,以保证盐铁官营政策的贯彻执行。武帝天汉三年(前98年),又"初榷酒酤",④由政府实行酒类官酿、专卖。盐铁酒类实行专卖以后,西汉政府获利倍增,史称"盐铁之利,所以佐百姓之急,足军旅之费,务畜积以备乏绝,所给甚众"。⑤ 酒专卖的收入也起到了"赡边、给战士"⑥的作用,暂时缓和了汉武帝朝廷因战争而引起的经费困难,使"四方征暴乱,甲车之费,克获之赏"⑦有了较为充分的保证,从而基本上达到了既"排富商大贾",又收"盐铁之利"的目的。

2. 算缗,告缗。此为西汉前期所未有,武帝使时为解决财政危机,打击不法商人所采取的一项政策。所谓"算缗",实际上是对工商业主所征课的一种特殊性税收。武帝元狩四年(前119年)的算缗令规定"诸贾人末作贳贷买卖,居邑畜积诸物,及商以取利者,虽无市籍,各以其物自占,率缗钱二千而一算;诸作有租及铸,率缗钱四千一算",此外,商贾的轺车、船只得加倍出算。如果"匿不自占,占不悉,戍边一岁,没入缗钱。有能告者,以其半畀之"。⑧ 但这道算缗令下达后,大工商主和豪富们并未听令守法,他们"皆争匿财","终莫分财佐县官"。⑨ 对政府政策采取了公开对抗的态度。于是汉武帝在元狩六年(前117年),又颁布"告缗令",由杨可主持其事。史载"杨可告缗遍天下,中家以上大氏皆遇告"。"得民财物以亿计,奴婢以千万数,田大县数百顷,小县百余顷,宅也如之"。⑩ 中产以上商贾大都破产,而政府却充实了财政,"用益饶矣"。⑪

3. 均输平准。这两法分别于元鼎二年(前115年)和元封元年(前110年)实行。

---

① 《史记》卷129《货殖列传》。
② 《汉书》卷24 上《食货志》。
③ 《史记》卷30《平准书》。
④ 《汉书》卷6《武帝纪》。
⑤ 《盐铁论·非鞅篇》。
⑥ 《盐铁论·忧边篇》。
⑦ 《盐铁论·轻重篇》。
⑧ 《汉书》卷24 下《食货志》。
⑨ 《汉书》卷24 下《食货志》。
⑩ 《汉书》卷24 下《食货志》。
⑪ 《史记》卷30《平准书》。

"均输"的具体内容,史料记载颇为简略:"往者郡国诸侯各以其物贡输,往来烦杂,物多苦恶,或不尝其费。故郡置均输官以相给运,而便远方之贡,故曰均输"[1]据《史记集解》的解释,"均输"是谓诸当所输于官者,皆令输其土地所饶,平其所在时价,官更手它处卖之。"输者既便而官有利"。实行"均输",既把各地应贡物品按当地价格折算,交由均输官或运京师,或运向缺货价贵的外地销售,再贩他物进京。这样,政府不要任何本钱作买卖,便获取土特产辗转贸易的巨额利润,挹注了濒于绝境的财政经济。试办"均输"的元鼎年间,"汉连兵三岁,诛羌、灭南越",再通西南夷,其费用都由大农进行财政调拨,"民不益赋"而以"均输调盐铁助赋,故能赡之"。[2]

"平准"的大体方法是"置平准于京师,都受天下委输,召工官治车诸器,皆仰给大农,大农之诸官尽笼天下之货物,贵即卖之,贱则买之。如此,富商大贾无所牟大利,则反本,而万物不得腾跃,故抑天下物,名曰'平准'。[3] 在京师建立官方的平准机构,贯彻"贱取贵出"的原则,掌握调剂市场的主动权,大利多归政府。

均输平准政策,实际上是将政府所需和控制的物品,从社会流通过程中划分出来掌握在国家手中,使政府既可控制从中央到地方的物资和运输,又可随时调节和平抑市场物价,将工商业纳入国家经济的轨道。使"富商大贾亡所牟大利",[4]堵塞了他们从商品流通过程中牟取暴利的渠道。[5]

汉武帝时期的调整工商业政策,确实收到了显著的财政功效,增加了汉王朝的财政收入。司马迁说,从元鼎四年后,汉又连续三年,"诛羌,灭南越,番禺以西至蜀南者置初郡十七,且以其故俗治,毋赋税。南阳、汉中以往郡,各以地比给初郡吏卒奉食币物,传车马被具。而初郡时小反,杀吏,汉发南方吏卒往诛之,间岁万余人,费皆仰给大农。大农以均输调盐铁助赋,故能赡之"。[6] 又说"天子北至朔方,东至泰山,巡海上,并北边以归。所过赏赐,用帛百余万匹,钱金以巨万计,皆取足大农。"[7]

二、调整金融、货币政策

汉代政府采取的第二个有效措施就是调整金融市场,主要表现在武帝和王莽时期的币制改革政策。

(一)武帝时期的币制改革

从汉初至武帝初年,货币铸造权一直分散在郡国,以至"钱文大乱""奸贞并行",币制差、乱,严重影响了货币流通,成为西汉政府财政上长期遗留的棘手问题。

---

[1] 《盐铁论·本议篇》。
[2] 《盐铁论·本议篇》。
[3] 《史记》卷30《平准书》。
[4] 《汉书》卷24下《食货志》。
[5] 参见黄今言、黄素平:《两汉工商政策与商品经济述略》,《江西师范大学学报》1997年第2期。
[6] 《史记》卷30《平准书》。
[7] 《史记》卷30《平准书》。

为了筹措战时财政,也为打击富商、控制货币,武帝一再造行钱币。建元三年(前140年)行三铢钱,建元五年罢三铢钱,行半两钱和三分钱。元狩四年(前119年)更铸五铢钱;元鼎二年(前115年)京师铸官赤仄,一当五。货币的频繁改变,达到了汉武帝采取贩损通货和膨胀通货的方式进行搜刮,以弥补财政亏空的目的。但是,作为"一切权力的权力"和"财富的随时可用的绝对社会"的货币①,由于兴废无常,又给私钱的泛滥提供了方便,盗铸之风日炽,"郡国多奸铸钱,钱多轻",②导致国家财政经济极大的混乱,直接影响到战时财政的筹措。尽快统一币制,稳定币值,已成为解决财政问题的重要组成部分。

元鼎五年(前112年),汉武帝采取了强硬措施,"悉禁郡国毋铸,专令上林三官铸,钱既多,而令天下非三官钱不得铸"。这样,货币的铸造权便完全收归中央政府掌握,杜绝了汉初以来私铸钱及币制紊乱的现象,肯定了五铢钱的法律地位,有利于国家对工商业的垄断及对金融市场的有效控制,保证了战时财政支出的需求。

(二) 王莽时期的币制改革

由于财政陷入困境,以及在欲望的驱使下,王莽也希望通过调整货币政策来捞取一笔钱财,因而也多次改革币制。下面将王莽时期的币制改革列表加以说明:

时次	币名	规格	重量	面值	备注
第一次 (居摄二年)	五铢钱 大泉 契刀 金错刀	径寸二分 长二寸 身形如刀 形如契刀	5铢 12铢	1钱 50钱 500钱 5000钱	沿用两汉旧制
第二次(始建国元年)	小钱	径六分	1铢	1钱	废契刀、金错刀,留大泉、小钱
第三次(始建国二年)	幺钱 幼钱 中钱 壮钱 大钱	径七分 径八分 径九分 径一寸 径寸二分	3铢 5铢 7铢 9铢 12铢	10钱 20钱 30钱 40钱 50钱	
第四次(天凤元年)	货泉 货布	径一寸	5铢 25铢	1钱 25钱	废大小钱

---

① 《资本论》第一卷,人民出版社,1972年,第151、786页。
② 《史记》卷30《平准书》。

通过此表,可发现王莽的币制改革存在下述问题:其一,货币的面值与金属含量间混乱。其小钱重1铢值1钱,而幼钱是重5铢值20钱,每铢金属值4钱。中钱、壮钱、大钱每铢金属含量更值4铢强,面值与含量之间比例混乱。其二,以轻易重,以小换大,货币减重贬值。王莽时沿用西汉五铢钱,重五铢的幼钱值20钱,是西汉五铢钱面值的20倍,如建国二年铸的么钱、幼钱、中钱、壮钱、大钱每铢金属含量值三钱强至四钱强,也即它们的实际价值比小钱贬值了三、四倍。

货币减重,铸币的成本就低,获利也就越大。铸货币也就成为非常有利可图的事情。所以王莽虽严令禁止私铸,但"民犯铸钱,伍人相坐……传诣钟官,以十万数"①,屡禁不止。反之,我们也可以看到王莽的中央政府从铸造货币中捞取的巨额利润。

确实,王莽改变钱币的办法,掠夺了商贾和人民的很大一部分钱财,使自己的府库集中了相当大的财富。在王莽被起义人民诛杀前几个月,据《汉书·王莽传》记载:"时省中黄金万斤者为一匮,尚有六十匮,黄门、钩盾、臧府中尚方处处各有数匮。长乐御府、中御府及都内、平准、藏钱帛珠玉财物甚众,"②这即是王莽调整金融政策所取得的巨大的经济效益。

三、加强财政监督,完善管理体制

(一)完善财政管理体制

秦代初步建立的三公九卿政府体制可说是宫廷机构的扩大。九卿中除治粟内史、廷尉、大鸿胪专门管理国家政务外,其余少府等六卿都是宫廷服务部门,这说明当时的中央集权制度还不成熟,皇帝还要借助宫廷机构来控制朝政,作为强化皇权的重要手段。

西汉初期,财政管理机构沿袭了秦代的制度,到汉武帝时适应着当时社会经济的发展和强化中央财政的需要,进行了一系列重要的调整和改革。

皇室财政方面,武帝元鼎二年将少府卿所属的部分机构分出,增设水衡都尉,与少府卿共同掌管皇室财政。水衡都尉"掌上林苑"③,其主要职掌是负责对皇室地产的经营管理,同时还负有铸造货币的重要职责。可以看出,增设水衡都尉以后,皇室财政又分为两个部门来管理:水衡都尉偏重于负责收入,少府卿侧重于负责支出,这就使皇室财政机构的职权和管理机能得到大大加强。

国家财政方面,汉初仍由治粟内史掌管,景帝时更名大农令,武帝太初元年改名大司农。其"属官有太仓、均输、平准、都内、籍田五令丞、斡官、铁市两长丞。又郡国诸仓、农监、都水六十五官长丞皆属焉"④。其中太仓掌粮谷的储藏出纳,与秦代相

---

① 《汉书》卷99下《王莽传》。
② 《汉书》卷99下《王莽传》。
③ 《汉书》卷19上《百官公卿表》。
④ 《汉书》卷19上《百官公卿表》。

同;都内主管钱帛库藏出纳,相当于秦之大内;①籍田令负责籍田事务及籍田所产粮谷的储藏。至于均输、平准两令丞和盐官、铁市两长丞,则是汉武帝为推行均输、平准及盐铁官卖政策而新增设的机构。② 这些机构的设置反映着当时社会经济发展对财政管理提出的新要求,表现出十分鲜明的时代特征。

经过汉武帝的改革,两套财政机构都得到充实和加强,职掌有了更加明确的划分,收入和支出各有渠道,会计算也分别进行,这样可以大致做到专款专用,使皇室经费和国家经费都得到基本保证,而且两套机构互相制约,使皇帝可以更牢固地控制财权。当然,国家财政和皇室财政的划分并不是绝对的,它们都必须根据皇帝的旨意互相调拨使用。所以,汉武帝对财政机构的改革不仅更加有效地发挥了财政对经济进行调整和干预的职能,也是强化专制主义中央集权的一个重要措施。

(二) 会计制度管理的日益完善

据考古资料汉代对会计制度的管理已较完善。在江陵凤凰山 10 号汉墓简牍中既有官厅会计,又有经营会计,既有明细账,备查簿,又有流水簿和早期的总括核算资料;既有数量账、金额账,还有数量金额报表。许多简牍所体现的技术水平,都已达到相当高度。该墓主是一个普通的地主、商人兼基层收税人员,就有这么丰富的会计知识,足见当时我国的会计水平。③

再看汉代国家为便于对军费的管理而制定的军费会计账簿制度,也很系统而严格。这套制度包括以下内容:①军费会计账簿的编造和上报制度。首先,军费的收支须按军资的种类详细作账。在居延汉简中,这方面的账簿有"钱出入簿"、"谷出入簿"、"茭出入簿""财物出入簿"、"物故衣出入簿"、"食簿"、"被兵簿"、"官兵釜䃠四时簿"等。④"出""入"是会计作账时常用的一对符号。其次,账簿要定期上报,形成会计报告。如简82·6:"甲渠侯官甘露五年二月谷出入簿"。这是按月编造上报的"谷出入"账簿。简126·42B:"□元康三年十月尽四年九月吏已得奉一岁集赋。"这是按年编造上报的吏俸支出账簿。②军费收支审核制度。上级军事机关可以随时对下级单位索查账簿。如居延汉简简35·8A:"阳朔三年九月癸亥朔壬午,甲渠鄣守候塞尉顺敢言之,府书移赋钱出入簿,与计偕。谨移应书一编,敢言之。"又简169·18:"□胅部治所录曰'移财物出入簿'。谨移应书如牒,敢言之。"应书,即向上级回报相应的簿书。年终时,大司农要对军费收支账簿进行全盘核对。如居延汉简简82·18B:"□建昭元年十月尽二年九月大司农部丞簿录簿算及诸簿,十月旦见。"意谓:大司农的有关官员对该地建昭元年十月至二年九月的军费收支账簿进行了核对,并于二年十月公布了核对结果。当时,对军费收支账簿的审核工作是很严格的,如发现被审核

---

① 《汉书》卷59《张安世传》。
② 《史记》卷30《平准书》。
③ 李孝林:《从江陵凤凰山10号墓简牍研究西汉早期会计史》,《北京商学院学报》1996年第2期。
④ 参见居延汉简简214·40、33·9、35·8、37·18、56·40、142·8、275·4、126·42、286·28、403·2、128·1等。

者的账簿有差错或有不应当的支出,即要追究被审核者的法律责任。如居延汉简简394·4:"四时簿出付入受不相应或输出非法,各如牒书到。""牒书",即法令文书。此简的意思是:账簿的支出与收入不相符合或有不应当的支出,当事人就得按法令文书的有关规定论罪。

汉代会计制度管理的严格,也反映出当时财政管理制度的日益完善。它对堵塞财政漏洞,清除财政上的种种弊端,是起着积极作用的。

(三)严格预决算制度

汉代进行财政预算的具体方法是首先确定"会计年度"。九月末农田收获完毕,故以十月为"会计年度",决算一年收入,制定来年的预算,同时各郡设有"上计吏",在郡守之下专管财政记账,王侯封国也有上计吏,掌握各侯国的财政收入数字,并负责收集所属县的财政数字,设有专门的"上计簿",用以上京师呈报,据《汉官解诂记》载,郡县的财政收入的核实是极为重要的问题。"秋冬岁尽,各计县户口、垦田、钱谷出入,盗贼多少,上其集簿,(县)丞尉以下,岁诣郡,课较其功,功尤多为最者,于廷尉劳勉之,以劝其后,负尤多为殿者,于后曹别责,以纠怠慢也,诸对辞穷尤困,收主者撩吏关白太守,使取法。"呈报内容中的"钱谷出入"一语,很明显是就一地的财政收支而言的,由于这是每年年末的汇总,所指主要是一年为期的账目。汉代对这类账目极为重视,常有官吏、王侯因上计簿不实被查办者,如"众利侯郝贤,坐为上谷太守入戍卒财物,上计慢"。① 宣帝黄龙元年发现郡国多上计不实,斥责"上计簿,具文而已。务为欺瞒"②,下令重搞。地方的上计是中央财政收支预算的基础,地方上计制度的严格反映出中央对财政预算的高度重视。

总之,由于战争、灾荒、赏赐等原因使汉代历史上形成了几个财政困难时期。而在财政危机爆发时,汉代政府通过各种渠道来平衡财政收支,解决财政危机。汉代政府为解决财政危机而采取的措施和政策也是卓有成效:①它为汉政府实现国家职能,提供了财力保障。财政通过其分配职能,来筹集、分配财政基金,为国家机器运转提供了财源。②调节了社会经济活动,促进了经济发展。财政作为国民收入的重要手段,通过财政分配和财政调节经济功能,有力地促进了当时经济的发展。③通过财政监督,在一定程度上有助于打击经济违法现象,完善财政管理体制。而这成效的取得则为汉代财政、经济的稳定提供了有力的保证。

原刊于《西南民族大学学报》2004 年第 12 期

(作者简介:周琍,深圳大学学报编辑部教授)

---

① 《汉书》卷17《景武昭宣元成功臣表》。
② 《汉书》卷8《宣帝纪》。

论战国土地私有制

李恒全　宋澄宇

对井田制崩溃后的土地制度即春秋战国的土地制度，传统的观点认为是土地私有制。[1] 1978年睡虎地秦简公开发表后，春秋战国时期实行土地私有制的观点受到授田制观点的挑战。刘泽华先生是战国授田制观点的首倡者，他认为，战国时期，各诸侯国占有巨量土地，封建国家的土地用作赏赐的只是一部分，更多的土地是用来授予农民，以资进行剥削。封建国家把土地分给农民，当时叫作"授田"（"受田"）、"行田"、"分地"、"均地"、"辕田"等，可总称之为"授田"制。受田的农民叫"公民"。终战国之世，由封建国家控制的"公民"没有土地所有权，对所受的土地不能买卖。[2] 张金光先生力主战国授田制说，他说："我国于原始社会土地公有制破坏之后，并未出现土地私有制或土地国有制，而却逐渐形成了在虚构的'王土'之下的多级占有制，即同一块土地的所有权为许多人所分享。到春秋末，特别是战国时期，随着生产力与商品生产的迅速发展，再加上各国的改革，遂使土地所有权在各诸侯国开始向强有力的土地国有制升华……秦国家对全国土地拥有普遍的最高所有权，而个人对土地并没有超过占有权与使用权的水准而达到私有权的地步。别说达到像资本主义式的自由的土地私有权，就是如封建式的以土地买卖为标志的土地私有权亦尚未达到。"[3]

袁林、李瑞兰、罗镇岳、乌廷玉、余敏声、吴荣曾、张玉勤、李雪山、严宾、葛金芳、晁

---

[1] 参见郭沫若主编：《中国史稿》（第一册），人民出版社，1976年，第316—318页；范文澜：《中国通史》（第一册），人民出版社，1978年，第114页；韩国磐：《试论春秋战国时土地制度的变化》，《厦门大学学报》1959年第2期；黄子通、夏甄陶：《春秋战国时代的奴隶制》，《历史研究》1956年第6期。

[2] 刘泽华：《论战国时期"授田"制下的"公民"》，《南开大学学报》1978年第2期。

[3] 张金光：《试论秦自商鞅变法后的土地制度》，《中国史研究》1983年第2期。

福林等先生也都主张战国时期实行了普遍的国家授田制。① 所谓普遍授田制的观点，总结起来，主要包含两点基本主张：1. 授田来源于国有土地，授予后仍属国有，授田民对土地没有所有权，即授田是国有制性质。2. 授田制是战国时期普遍施行的土地制度，即舍此之外不存在土地私有制。②

战国授田制观点自 20 世纪 70 年代末、80 年代初提出以后，影响日益扩大，目前已成为不刊之论，正如有的学者所说："中国的大一统始于秦，而关于奠定了强秦之基的商鞅变法，过去史学界有个标准的论点，即商鞅坏井田、开阡陌而推行了'土地私有制'，如今史学界仍坚持此种说法的人怕已不多，因为 20 世纪 70 年代以来人们从睡虎地出土秦简与青川出土的秦牍中已明确知道秦朝实行的是严格的国家授地制而不

---

① 参见袁林：《战国授田制试论》，《社会科学》1983 年第 6 期；李瑞兰：《战国时代国家授田制的由来、特征及作用》，《天津师大学报》1985 年第 3 期；罗镇岳：《秦国授田制的几点辨析》，《求索》1985 年第 1 期；乌廷玉：《中国历代土地制度史纲》（上卷），吉林大学出版社，1987 年，第 51—56 页；余敏声：《春秋战国时期土地制度的演变》，《社会科学战线》1987 年第 2 期；吴荣曾：《战国授田制研究》，《思想战线》1989 年第 3 期；张玉勤：《论战国时期国家授田制》，《山西师大学报》1989 年第 4 期；李雪山：《〈周礼〉中的农民土地分配问题》，《殷都学刊》1994 年第 1 期；严宾：《商鞅授田制研究》，《复旦学报》1991 年第 5 期；葛金芳：《土地赋役志》，上海人民出版社，1998 年，第 56—61 页。晁福林：《战国授田制论》，《中国历史博物馆刊》1999 年第 1 期。

② 除普遍授田制观点外，还有学者认为，在国有性质的授田制外，还存在土地私有制。齐振翚先生认为，商周奴隶主贵族国家土地所有制崩溃后的封建土地所有制即战国时期的土地所有制主要形式不是封建土地私有制，而是封建土地国有制，但到战国后期，封建土地国有制衰落下去，地主土地所有制和农民小土地所有制发展起来，战国末期，地主土地所有制遂上升为支配地位的封建土地所有制形式，而封建土地国有制和农民小土地所有制则降为地主土地所有制的附属和补充形式。参见齐振翚：《试论战国封建土地所有制的主要形式》，《辽宁大学学报》1982 年第 4 期。杨生民先生认为，战国时，一方面国家实行授田制，这些耕种着国家土地的农民，是封建国家的依附农；另一方面土地占有的不平均和土地私有制也在发展，与其相适应的租佃、雇佣等封建依附关系也出现了。参见杨生民：《春秋战国个体农民广泛出现与战国的社会性质》，《北京师范学院学报》1991 年第 6 期。高敏先生认为，商鞅"废井田"之后，秦的土地制度确实是封建的国有土地制与地主土地私有制的并存，而且前者在开始还居于主导地位，只是由于后者在迅速发展之中，才相对地削弱了它的比重。参见高敏：《云梦秦简初探》，河南人民出版社，1981 年，第 151 页。林甘泉、童超先生认为，除了自耕农的小土地所有制和封建地主土地所有制之外，战国时代土地所有制的基本形式还有封建国家土地所有制。战国时代各国的授田制是在土地私有化的历史过程已接近完成和共同体组织已经瓦解的历史条件下推行的，因而它无论在实行的范围以及财产关系的性质等方面，都和春秋以前的授田制有明显的不同。这主要表现在：第一，由于家族公社和农村公社已经瓦解，国家授田的对象已不是作为共同体成员的公社农民，而是一家一户的无地或少地的个体农民。第二，国家分配给农民的土地，基本上是未垦的可耕地。第三，国家在向无地少地的农民授田时，不仅没有打乱原来的土地占有关系，而且这些无地少地的农民受田之后，也和那些已有份地的农民一样，可以把所受之田作为世业传之子孙后代。第四，由于土地私有制已逐渐取得支配地位，国家掌握的可耕地有限，并非所有无地少地的农民都可以从国家那里分配到土地，这就促使一些地狭人众的诸侯国的农民向土地有余的诸侯国迁徙。第五，春秋以前的授田农民要为奴隶制国家和各级贵族耕种公田；战国时代的授田农民则无此负担，可以自己支配劳动时间。作为授田农民，他们带有国家佃农的性质，但是他们所受封建国家赋税徭役的剥削，与一般自耕农并没有多大差别。战国时代的授田制是封建土地国有制向私有制转化的一种形式。参见林甘泉、童超：《中国封建土地制度史》（第一卷），中国社会科学出版社，1990 年，第 90—92 页；杨宽、朱绍侯、宁可、李埏等也持此类似的观点。参见杨宽：《战国史》，上海人民出版社 1980 年版，第 152—161 页；朱绍侯：《秦汉土地制度与阶级关系》，中州古籍出版社，1985 年，第 3—11 页；宁可：《中国经济发展史》（第一册），中国经济出版社 1999 年版，第 7—14 页；李埏、武建国：《中国古代土地国有史》，云南人民出版社，1997 年，第 52 页。

是什么'土地自由买卖'。"①

但我们经研究认为,战国授田制观点存在思维的误区及对史料的误读,因而是值得怀疑的,战国土地制度还是以私有制解释更为合理。

一、战国授田制观点的立论依据

战国授田制观点的立论依据主要有以下几个方面:

(一)认为战国时期各诸侯国普遍实行授田。这方面的史料有出土简牍和传世文献两类。

1. 出土简牍所反映的授田:

睡虎地秦简《魏户律》:"廿五年闰再十二月丙午朔辛亥,告相邦:民或弃邑居野,入人孤寡,徼人妇女,非邦之故也。自今以来,叚(假)门逆吕(旅)、赘婿后父,勿令为户,勿鼠(予)田宇。"②据整理小组考证,文中"廿五年"为魏安釐王二十五年(公元前252年)。此时距离魏亡的时间(公元前225年)还不到30年。

睡虎地秦简《田律》:"入顷刍稾,以其受田之数,无豤(垦)不豤(垦),顷入刍三石、稾两石。"③

银雀山汉简《田法》云:"州、乡以地次受(授)田于野。"④银雀山汉简系1972年在山东临沂银雀山发掘的两座汉墓中所得,墓中出土了《孙子兵法》《孙膑兵法》《尉缭子》《晏子》《六韬》《守法守令十三篇》以及汉武帝时的《元光元年历谱》等大批竹简和残片。《守法守令十三篇》的成文和流传不见典籍记载,大概都是战国时代的作品。⑤ 吴九龙先生认为:"周平王东迁以后,周天子地位衰落了,历法已不统一,列国各自有历法颁行于世。秦、晋用夏正,宋、卫用殷正,鲁用周正,可是《守法守令十三篇》内容多言齐国之事……从历法与简文内容分析,《守法守令十三篇》无疑产生于

---

① 秦晖:《大共同体本位与传统中国社会》,《传统十论——本土社会的制度、文化及其变革》,复旦大学出版社,2003年,第79页。
② 睡虎地秦墓竹简整理小组:《睡虎地秦墓竹简》,文物出版社,1978年,第292—293页。
③ 睡虎地秦墓竹简整理小组:《睡虎地秦墓竹简》,文物出版社,1978年,第24—25页。
④ 银雀山汉墓竹简整理小组:《银雀山竹书〈守法〉、〈守令〉等十三篇》,《文物》1985年第4期。又见银雀山汉墓竹简整理小组:《银雀山汉墓竹简》,文物出版社,1985年,第146页。
⑤ 吴九龙先生认为,《唐律疏议》云:"魏文侯师于李悝,集诸国刑典,造法经六篇,一盗法、二贼法、三囚法、四捕法、五杂法、六具法。商鞅传授,改法为律。汉相萧何,更加悝所造户兴廐三篇,谓九章之律。"李悝撰法经,皆称某法。《史记·商君列传》载,秦孝公"以卫鞅为左庶长,卒定变法之令"。公元前359年和350年商鞅先后两次变法,其"改法为律",即谓《法经》六篇为盗律、贼律、囚律、捕律、杂律、具律,皆称某律,而不称某法,汉初萧何更增户律、兴律、廐律三篇,合称为九章之律。可见商鞅变法之前称法,变法之后称律。《守法守令十三篇》篇题,无一称律者,除《要言》《王兵》《守令》《兵令》《上篇》《下篇》之外,皆称某法。由此可见,《守法守令十三篇》当是成书于商鞅变法之前。参见吴九龙:《银雀山汉简释文》,文物出版社,1985年,第17—18页。

齐国。"①因此,战国时期的齐国也是存在授田的。②

2. 传世文献所反映的授田:

《孟子·滕文公上》:"远方之人闻君行仁政,愿受一廛而为氓。"

《吕氏春秋·乐成》:"魏氏之行田也以百亩,邺独二百亩,是田恶也。"

《商君书·徕民》:"今利其田宅,而复之三世。"

《荀子·议兵》:"中试则复其户,利其田宅"。

《吕氏春秋·审分》:"今以众地者,公作则迟,有所匿其力也;分地则速,无所匿迟也。"

《尉缭子·原官》:"均井地,节赋敛,取与之度也。"③

《管子·乘马》:"均地分力,使民知时也。"

《荀子·王霸》:"农分田而耕,贾分货而贩"。

基于此,战国授田制论者认为:"封建国家把土地分给农民,当时叫做'授田'('受田')、'行田'、'分地'、'均地'、'辕田'等,我们可总称之为'授田'制。"④

(二)睡虎地秦简《封诊式·封守》:"乡某爰书:以某县丞某书,封有鞫者某里士五(伍)甲家室、妻、子、臣妾、衣器、畜产。甲室、人:一宇二内,各有户,内室皆瓦盖,木大具,门桑十木。妻曰某,亡,不会封。子大女子某,未有夫。子小男子某,高六尺五寸。臣某,妾小女子某。牡犬一。幾讯典某某、甲伍公士某某:'甲党(倘)有[它]当封守而某等脱弗占书,且有罪。'某等皆言曰:'甲封具此,毋(无)它当封者。'即以甲封付某等,与里人更守之,侍(待)令。"⑤在此条秦简中,士伍甲的财产全部被查封,经他人证明,无一遗漏,但在这个蓄臣妾者的财产查封清单中却并无田产。对此,持授田制观点的学者认为,这也说明当时实行的是授田制度,由于土地属于国家所有,受田者犯罪之后,土地由国家收回,因而不能作为他的财产而被查封。

(三)认为战国时期农民的土地死后要由国家收回。《韩非子·诡使》:"夫陈善田利宅所以厉战士也,而断头裂腹播骨乎平原野者,无宅容身,身死田夺。"根据此条材料,战国授田制论者认为,由于是国有制,故占用者无所有权,人死后受田由国家收回。

---

① 吴九龙:《银雀山汉简齐国法律考析》,《史学集刊》1984 年第 4 期。
② 吴荣曾先生认为,《田法》并非官府的法规或指令性文件,而是属于百家之言的作品,其内容不免带有一定的遐想成分,但大体上仍以当时实际情况为基干,所以对于恢复战国时局部历史真实面貌还是有用的。参见吴荣曾:《战国授田制研究》,《思想战线》1989 年第 3 期。沈长云先生认为,《守法守令十三篇》的性质虽然接近于子书,其中不乏近于理想的设计,但终究与战国其他子书的内容一样,反映了战国社会的基本情况。参见沈长云:《从银雀山竹书〈守法〉、〈守令〉等十三篇论及战国时期的爰田制》,《中国社会经济史研究》1991 年第 2 期。
③ 银雀山汉墓出土竹简《尉缭子》为"均地分,节傅(赋)敛,□……"参见银雀山汉墓竹简整理小组:《银雀山汉墓竹简》,文物出版社 1985 年版,第 85 页。
④ 刘泽华:《论战国时期"授田"制下的"公民"》,《南开大学学报》1978 年第 2 期。
⑤ 睡虎地秦墓竹简整理小组:《睡虎地秦墓竹简》,文物出版社 1978 年版,第 249 页。

(四)认为战国土地尚不能买卖。战国授田制论者认为,由于战国时期农民的土地属于国家所有,因此土地是不能买卖的。

二、战国授田制观点难以成立

战国授田制论在史料的解释和论证上存在诸多问题,如在授田的来源与性质的关系问题上,对关于战国土地买卖文献材料的一概否定,对于事实存在的土地兼并现象的忽略,对于赐田可以由子孙继承的否定,以及对于所谓归田的说法,都是难以令人信服的。

首先,授田是客观存在的,但授田的来源与性质之间并不存在因果关系。睡虎地秦简《魏户律》:"廿五年闰再十二月丙午朔辛亥,告相邦:民或弃邑居野,入人孤寡,徼人妇女,非邦之故也。自今以来,叚(假)门逆吕(旅)、赘婿后父,勿令为户,勿鼠(予)田宇。"睡虎地秦简《田律》:"入顷刍稾,以其受田之数,无垦(垦)不垦(垦),顷入刍三石、稾两石。"银雀山汉简《田法》云:"州、乡以地次受(授)田于野"。《孟子·滕文公上》:"远方之人闻君行仁政,愿受一廛而为氓。"《吕氏春秋·乐成》:"魏氏行田百亩,邺独二百,是田恶也。"《荀子·议兵》:"中试则复其户,利其田宅"。

这些简牍材料和传世文献记载表明,战国确实存在国家给农民授田的情况,但从这些材料并不能得出土地被授予后仍然属于国家所有的结论。

同时,授田制论者所列举的关于授田的文献材料,并不都是指授田。如《吕氏春秋·审分》:"今以众地者,公作则迟,有所匿其力也;分地则速,无所匿迟也。"《尉缭子·原官》:"均井地,节赋敛,取与之度也。"《荀子·王霸》:"农分田而耕,贾分货而贩"。《管子·乘马》:"均地分力,使民知时也。"这些说的是井田制崩溃之时,公社内部分配土地,而不是国家授田。

其次,对于睡虎地秦简《封诊式·封守》所载的某里士伍甲财产被查封一事,战国授田制论者认为,士伍甲被查封的财产清单中没有田产,是因为土地属于国家所有,故不能作为他的财产而查封。此论断似有草率之嫌。此简是秦律《封诊式》之一节。《封诊式》简文共分二十五节,每节第一只简之简首写有小标题。《治狱》和《讯狱》两节,根据出土的位置图,应当居于卷首,内容是对官吏审理案件的要求,其余各条都是对案件进行调查、检验、审讯等程序的文书程式。① 也就是说,此简所载的内容并不是真实的案例,只是供官吏在处理案件时参照执行的文书格式。以此条秦简来说明当时有关案件的文书程式是可以的,但拿来论证是否收回土地就不妥当了。退一步

---

① 睡虎地秦墓竹简整理小组:《睡虎地秦墓竹简》,文物出版社,1978年,第245页。

讲,即使该简内容反映的是真实案例,也不能以此证明土地属于国有,由国家收回的结论。该户被查封的除了女儿、儿子、奴婢外,财产有:堂屋一间、卧室二间、桑树十株、公狗一只。从道理上说,该户应该还有耕牛、农具、粮食、炊具、被褥、家具等,但在查封财产中都没有,难道说这些都是国有的,由国家收回了吗?答案显然是不可能的。因此,此条秦简不能证明土地属于国有,由国家收回的结论。

再次,归田说法不能成立。《韩非子·诡使》:"夫陈善田利宅所以厉战士也,而断头裂腹播骨乎平原野者,无宅容身,身死田夺。"所谓"身死田夺",实际说的是绝户田由国家收回,这是中国历代王朝的惯例,不能证明授田必须归还的结论。《商君书·徕民篇》:"意民之情,其所欲者田宅也。"如果民所欲的只是死后要归还的土地占有权,而不是所有权,恐不合情理。而《商君书·徕民》云:"今利其田宅,而复之三世。"这是为了招徕三晋人民,予之授田。所谓"复之三世",就是免除三代劳役,专一务农。从这句话推断,授田是不会"身死田夺"的,是永业,可以传之子孙的,否则所谓"复之三世"就没有意义了。

《史记·王翦传》:"王翦行,请美田宅园池甚众。始皇曰:'将军行矣,何忧贫乎?'王翦曰:'为大王将,有功终不得封侯,故及大王之向臣,臣亦及时以请园池为子孙业耳。'始皇大笑。王翦既至关,使使还请善田者五辈。或曰:'将军之乞贷,亦已甚矣。'王翦曰:'不然。夫秦王怛而不信人。今空秦国甲士而专委于我,我不多请田宅为子孙业以自坚,顾令秦王坐而疑我邪?'"王翦之"请园池为子孙业",说明土地是永业,可以传之子孙的。有论者认为,王翦"请的就是变赐田为永业,故秦王政婉言拒绝。王翦所为,正如萧何强贱买民田宅一样,都是以做出违例的事来表示只有立业的狭小心地,从而以舒君王猜忌之心的。王翦的话正反证出,赐田不可以为子孙业。"①这种说法不能令人信服。萧何强贱买民田宅以污己,以舒刘邦猜忌之心,是因为当时确实有强贱买民田宅之事,萧何才能采用此种方法,这种强贱买民田宅并不是萧何发明的。王翦请田宅为子孙业,以舒秦王猜忌之心,也是因为田宅为子孙业在当时是客观存在的情况,王翦才可能提出这种要求,如果当时不存在田宅为子孙业的情况,王翦是不可能做出这种发明的,事实上,王翦的做法已足够舒解秦王猜忌之心。对于王翦"请园池为子孙业",秦王说:"将军行矣,何忧贫乎?"可见,秦王并没有感到惊讶。从这一点也可以看出,所谓王翦"请的就是变赐田为永业"的说法,是不能成立的。这种把"变赐田为永业"作为一种发明加在王翦头上,也缺乏根据,我们从文中得不出这样的结论。

《史记·甘茂列传》云:"秦乃封甘罗以为上卿,复以始甘茂田宅赐之。"甘罗为甘

---

① 张金光:《试论秦自商鞅变法后的土地制度》,《中国史研究》1983年第2期。

茂之孙。有论者认为:"祖宗的田宅还须通过国家行政任命来'复赐',可见,祖宗所得赐授田宅,其子孙是不得继承为永业的,更无论转让与买卖了,其与夺之权仍握在君国之手。"①此说法似乎颇有道理,但如果细察甘家田宅的失得过程,就知其说不能成立。甘茂因罪逃亡齐国,言于苏代曰:"臣得罪于秦,惧而遁逃,无所容迹……茂之妻子在焉,愿君以余光振之。"②后在苏代的帮助下,"秦因复甘茂之家"③,释放了甘茂被籍没的家属,但家产没有归还。甘茂死后,其孙甘罗,"事秦相文信侯吕不韦。"④后甘罗出使赵国,为秦得五城,秦王"乃封甘罗以为上卿,复以始甘茂田宅赐之。"⑤为什么秦王以被籍没的甘茂田宅赐予甘罗,而不是另外赐之呢?甘茂在秦武王时因定蜀有功,被封为左丞相,其所积累及受赐之田宅数量应相当可观,绝非甘罗使赵受赐可以比拟,但最终得到祖上的原有田宅,正含物归原主之意,说明秦国田宅是可以传于子孙的。

睡虎地秦简《军爵律》云:"从军当以劳论及赐,未拜而死,有罪法耐迁其后;及法耐迁者,皆不得受其爵及赐。其已拜,赐未受而死及法耐迁者,鼠(予)赐。"耐,刑罚的一种,即剃去鬓髭,或作耏。《汉书·高帝纪》载汉高帝七年春,"令郎中有罪耐以上,请之。"应劭注曰:"轻罪不至于髡,完其耏鬓,故曰耏。"《礼记·礼运》正义:"古者犯罪以髡其须,谓之耐罪。"迁,流放迁居边境,《汉书·高帝纪》注引如淳云:"秦法,有罪迁,徙之于蜀汉。"后,即后子,《荀子·正论》杨倞注曰:"后子,嗣子。"⑥该条律令大意是,从军有功应授爵和赏赐的,如还没有拜爵本人已死,而其后嗣有罪依法应耐迁的,以及本人依法应耐迁的,都不能得到爵位和赏赐。如已经拜爵,但还没有得到赏赐,本人已死及依法应耐迁的,仍给予赏赐。"赐未受而死"者的赏赐,当然是由后子继承的。那么后子继承的是什么东西呢?《商君书·境内》:"能得甲首一者,赏爵一级,益田一顷,益宅九亩,一除庶子一人。"《文献通考》卷一《田赋一》引吴氏语云:"秦开阡陌,遂得卖买,又战得甲首者,益田宅,五甲首而隶役五家,兼并之患自此起。"显然,后子继承的是爵位和田宅。

其他诸侯国家也是如此。《史记·扁鹊列传》记载,晋国赵简子"赐扁鹊田四万亩。"《史记·赵世家》:"烈侯好音,谓相国公仲连曰:'寡人有爱,可以贵之乎?'公仲曰:'富之可,贵之则否。'烈侯曰:'然。夫郑歌者枪、石二人,吾赐之田,人万亩。'"吴起为魏的西河郡守,为了要攻克秦的小亭,曾悬赏"有能先登者,仕之国大夫,赐之上

---

① 张金光:《试论秦自商鞅变法后的土地制度》,《中国史研究》1983年第2期。
② 《史记》卷71《甘茂列传》,中华书局,1959年,第2316页。
③ 《史记》卷71《甘茂列传》,中华书局,1959年,第2317页。
④ 《史记》卷71《甘茂列传》,中华书局,1959年,第2319页。
⑤ 《史记》卷71《甘茂列传》,中华书局,1959年,第2321页。
⑥ (战国)荀况撰,(唐)杨倞注:《荀子》卷12《正论》,上海古籍出版社,1989年,第104页。

田宅。"①这些赏赐的田宅都是可以传之子孙的永业。

最后,土地买卖与土地的流转也是客观存在的。传世文献中有几条关于土地买卖的材料。《韩非子·外储说左上》:"中牟之人弃其田耘,卖宅圃而随文学者邑之半。"《史记·廉颇蔺相如列传》:"今括一旦为将,东向而朝,军吏无敢仰视之者,王所赐金帛,归藏于家,而日视便利田宅可买者买之。"《汉书·食货志》:"秦用商鞅之法,改帝王之制,除井田,民得卖买,富者田连阡陌,贫者亡立锥之地。"对这三条经常被提到的关于战国土地买卖的文献材料,战国授田制论者通常认为是不足为据,认为《韩非子》所说的"弃其田耘,卖宅圃",所卖的仅仅是宅圃,田地被放弃,恰好说明田地非私人所有,董仲舒说秦在商鞅变法后"除井田,民得卖买,富者田连阡陌,贫者亡立锥之地",实是以汉述秦,无据之谈。②但我们认为,对这三条土地买卖的材料简单地予以否定,是没有根据的。在《韩非子·外储说左上》中有"中牟之人弃其田耘,卖宅圃而随文学者邑之半。"同时还有"中牟之民弃田圃而随文学者邑之半"的一条记载。这说明此处"弃"和"卖"是一个意思,文中之所以这样写,不过是为了避免用词形式的单调。《史记·货殖列传》载白圭经商经验云:"故人弃我取,人取我与。夫岁孰取谷,予之丝漆;茧出取帛絮,予之食。"此处之"弃"显然是卖的意思,而且此处之"取"、"与"、"予"也都是买卖的意思。③对于《汉书·食货志》所引董仲舒语"秦用商鞅之法,改帝王之制,除井田,民得卖买,富者田连阡陌,贫者亡立锥之地"之记载,也不应该简单地认为是以汉述秦。董仲舒生于汉文帝前元元年(公元前179年),距离战国仅四十年时间,很多生活在战国时期的人在董仲舒时代仍然健在,因此,董仲舒有条件了解战国时期的真实情况,他所谓的土地"民得卖买",应该有其事实根据,对其简单化的否定,显然缺乏有力的证据,难以令人信服。

实际上,除了上述三条土地买卖的材料外,还有一些材料可以指证战国土地买卖的事实。《越绝书·计倪内经》载计倪曰:"阳且尽之岁,亟发粢,以收田宅牛马。"④

---

① (战国)韩非:《韩非子》卷5上《内储说上》,上海古籍出版社,1989年,第79页。
② 参见张金光:《试论秦自商鞅变法后的土地制度》,《中国史研究》1983年第2期。袁林:《战国授田制试论》,《社会科学》1983年第6期。
③ 杨作龙先生认为,《韩非子·外储说左上》的两条材料,言晋国赵襄子的家臣王登以赐田宅之举使中牟之人很多都去随文学之士学习。这些随文学者应该是能有条件读书的较为殷实之家,而随文学的目的又在于欲获得更多的田和更好的宅。如是,虽在土地允许买卖的条件下,他们不去出卖土地,这也是正常现象。参见杨作龙:《秦商鞅变法后田制问题商榷》,《中国史研究》1989年第1期。杨生民先生认为,《韩非子·外储说左上》载战国初,赵襄子任中牟二贤士中章、胥已为中大夫,遂"予之田宅"。此事在当地引起轰动,导致了"中牟之人,弃其田耘,卖宅圃而随文学者,邑之半"。现在,有的研究者认为"弃其田耘,卖宅圃"说明当时耕地不能买卖,只能"卖宅圃"。此论难以服人。因为"弃其田耘"一语,并不能说明土地不可以卖买。土地可以卖买,但不一定什么时候都可卖出去。由于当时中牟之人随文学者"邑之半",丢弃的耕地很多,人们无法耕种,自然不必去买。参见杨生民:《春秋战国个体农民广泛出现与战国的社会性质》,《北京师范学院学报》1991年第6期。这也是两种可能的解释。总之,根据"弃其田耘,卖宅圃"这句话,并不能得出土地不能买卖的结论。
④ (汉)袁康、吴平辑录:《越绝书》卷4《计倪内经》,上海古籍出版社,1985年,第32页。

《韩非子·说林下》:"有与悍者邻,欲卖宅而避之。人曰:'是其贯将满也,子姑待之。'答曰:'吾恐其以我满贯也。'遂去。"战国秦汉时"田宅"往往是连在一起的,此处虽言"卖宅",可推断田土亦可买卖。《战国策·赵策一》记载,秦要攻韩之上党,韩自感无力抵抗,准备把上党献给秦,但上党郡守冯亭私自献上党于赵。赵王派赵胜前往上党受地。"赵胜至曰:'敝邑之王使使者臣胜,太守有诏,使臣胜谓曰:请以三万户之都封太守,千户封县令,诸吏皆益爵三级,民能相集者,赐家六金。'冯亭垂涕而勉曰:'是吾处三不义也:为主守地而不能死,而以与人,不义一也;主内之秦,不顺主命,不义二也;卖主之地而食之,不义三也。'辞封而入韩,谓韩王曰:'赵闻韩不能守上党,今发兵已取之矣。'"《史记·赵世家》对此事的记载与《战国策》几乎相同,"乃令赵胜受地,告冯亭曰:'敝国使者臣胜,敝国君使胜致命,以万户都三封太守,千户都三封县令,皆世世为侯,吏民皆益爵三级,吏民能相安,皆赐之六金。'冯亭垂涕不见使者,曰:'吾处三不义也:为主守地,不能死固,不义一矣;人之秦,不听主令,不义二矣;卖主地而食之,不义三矣。'赵遂发兵取上党。"文中冯亭所说的"卖主之地而食之",虽然不是真正意义上的土地买卖,但如果当时不存在土地买卖的事实,冯亭断然不会有此比喻,因此这也反映了当时存在土地买卖的事实。

2001 年出版的张家山汉简《二年律令》之《户律》中有很多关于田宅买卖的法律条文,说明土地买卖在汉初是受国家法律保护的。[①] 张家山汉简《二年律令》之《户律》制定于汉高祖五年(公元前 202 年),[②] 此时距离秦统一的公元前 221 年是 19 年时间,而距离秦始皇颁布"使黔首自实田"令的公元前 216 年(即战国授田制论者承认的土地私有制确立的时间)仅 14 年。土地买卖首先是一种经济事实,然后才能上升为法律认可并保护的行为。在制定承认并保护土地买卖的《户律》的汉高祖五年前(不排除还有更早的承认并保护土地买卖的法律),必然有一段较长时间土地买卖行为的事实。因此,我们认为,在"使黔首自实田"令颁布之前,或者说在秦统一之前的战国时期,土地买卖应该已经存在相当长的时间了。

将上述关于土地买卖的传世文献和出土简牍结合起来看,我们不能不得出这样一个结论,即在战国时期,土地买卖是客观存在的,是一个无法否认的事实。

---

① 参见张家山二四七号汉墓竹简整理小组:《张家山汉墓竹简(二四七号墓)》,文物出版社 2001 年版。
② 高敏先生认为,张家山汉简《二年律令》之"二年"当指吕后二年,《二年律令》中所收诸律令是否制作于同一时期,还很难断定。从情理上说,汉初的法律不可能一开始就是凝固不变的,它至少经历了最初的"约法三章"阶段、汉高祖五年统一全国后的法律阶段、萧何制定汉律九章的阶段和惠帝、吕后时期的增补改易阶段。从《汉书·高帝纪》所载汉高祖五年诏有关赐爵和赐田宅的规定看,张家山汉简《二年律令》之《户律》《赐律》的制定年代应在汉高祖五年(公元前 202 年)。参见高敏:《〈张家山汉墓竹简·二年律令〉中诸律的制作年代试探》,《史学月刊》2003 年第 9 期。另外,张建国先生认为,汉王二年萧何曾经制定汉律,《二年律令》之"二年"当指汉高祖二年(公元前 205 年)。参见张建国:《试析汉初"约法三章"的法律效力——兼谈"二年律令"与萧何的关系》,《法商研究》1996 年第 1 期。

《管子·国蓄》:"分地若一,强者能守;分财若一,智者能收。"意思是分到的土地是一样的,但只有经营有方的人才能守得住。表明土地流转是确实存在的情况。《左传·哀公元年》:"吴之入楚也,使召陈怀公。怀公朝国人而问焉,曰:'欲与楚者右,欲与吴者左。陈人从田,无田从党。'"《史记·苏秦列传》载苏秦曰:"且使我有雒阳负郭田二顷,吾岂能佩六国相印乎?"有的有土地,有的已失去土地,这也反映土地流转的事实。《荀子·儒效》:"虽穷困冻馁,必不以邪道为贪;无置锥之地,而明于持社稷之大义。"《吕氏春秋·为欲》:"为置锥之地,至贫也。"睡虎地秦简《徭律》云:"其近田恐兽及马牛出食稼者,县啬夫材兴有田其旁者,无贵贱,以田少多出入,以垣缮之,不得为徭。"说明禁苑附近的田有的属"贵"者,有的属"贱"者,有的田多,有的田少。这些都反映土地兼并在当时已有一定程度的发展。

战国土地可以继承、转让和买卖的事实说明,战国土地所有制的基本形式是私有制,而不是国有制。①

三、从田制和税制的改革看战国农户土地的最初来源

为了更清楚地说明这个问题,下面对春秋战国时期田制和税制的改革略作探讨,以弄清战国农户土地的最初来源。

西周时期实行的井田制是一种古代公社所有制。在空间上,井田分为"公田"和"私田"两部分,"公田"由公社成员集体耕作,其收获物归属于统治者,即"藉田以力";"私田"作为份地分给公社成员使用,并定期轮换,即所谓换土易居,"私田"的收获物由各个家庭支配。公社是土地的实际拥有者,各个家庭对份地只有使用权。②井田之外是否还存在土地?答案是肯定的。井田之外的土地,属于无主土地,自然属于国家所有,这其中包括大量尚未开垦的荒地。到西周末期,井田制已经衰落。《国语·周语》:"宣王即位,不籍千亩"。"千亩"是"藉田",即"国"中的"公田"。③"不籍千亩",其意义不仅仅是"藉田礼"的废除,它反映"公田"上的集体劳动形式已难以维持,标志着井田制开始瓦解。到春秋中期以前,"公田不治"已经是一种普遍的现象。

"公田不治"使国家的财政收入减少,进行田制和税制的改革以增加财政收入就成为必要的选择。在春秋战国时期,首先取消"公田"和"私田"之分,废除"藉田以

---

① 从睡虎地秦简看,秦国还存在一定数量的利用官奴隶进行生产的国有土地。战国其他诸侯国家应该也存在这种情况。但与土地私有制相比,这种利用官奴隶从事生产活动的土地国有制居于从属地位。
② 李恒全:《战国秦汉经济问题考论》,江苏人民出版社,2012年,第1—21页。
③ 徐喜辰:《"藉田"即"国"中"公田"说》,《吉林师大学报》1964年第2期。

力",实行"履亩而税"的是齐国。①

齐桓公即位后,任用管仲为相,实行了"相地而衰征"。《国语·齐语》云:"桓公曰:'伍鄙若何?'管子对曰:'相地而衰征,则民不移。政不旅旧,则民不偷。山泽各致其时,则民不苟。陵阜陆墐,井田畴均,则民不憾。无夺民时,则百姓富。牺牲不略,则牛羊遂。'"《管子·小匡》有几乎相同的记载:"相地而衰其政,则民不移矣。正旅旧则民不惰。山泽各以其时至,则民不苟,陵陆丘井田畴均则民不惑,无夺民时,则百姓富。牺牲不劳,则牛马育。"对于"相地而衰征",韦昭注曰:"相,视也;衰,差也;视土地之美恶及所出,以差征赋之轻重也。"②这种按"土地之美恶及所出"的征税办法,就是"履亩而税"的制度,又叫"案田而税"。《管子·大匡》:"桓公践位十九年,弛关市之征,五十而税一。赋禄以粟,案田而税。二岁而税一,上年什取三,中年什取二,下年什取一,岁饥不税。"说明齐桓公即君位的第十九年(公元前667年),开始实行了"履亩而税"。③《管子·小匡》:"省刑罚,薄赋敛,则民富矣。"《管子·乘马》:"相壤定籍,则民不移。"实际说的都是"履亩而税"。

"相地而衰征"的前提是"均地分力"。《管子·乘马》:"正月,令农始作,服于公田农耕,及雪释,始耕焉……道曰:均地分力,使民知时也。民乃知时日之早晏,日月之不足,饥寒之至于身也。是故夜寝早起,父子兄弟不忘其功,为而不倦,民不惮劳苦。故不均之为恶也:地利不可尽,民力不可惮;不告之以时,而民不知;不道之以事,而民不为……审其分,则民尽力矣。是故不使,而父子兄弟不忘其功。"所谓"均地分力",就是将井田内的"公田"、"私田"界限取消,分配给各个家庭,使各个家庭对土地的短期占有变为长期所有,因此,管子说:"陵阜陆墐,井田畴均,则民不憾。"正是因为"均地分力",农民提高了生产积极性,才会"夜寝早起,父子兄弟不忘其功,为而不倦,民不惮劳苦",才"则民尽力矣"。

"均地分力"是为满足公社成员对土地的欲求,随着人口的增长,必然会有一些人

---

① 徐喜辰先生认为,从周宣王"不籍千亩"前后便改变了"公田"、"私田"之分,"履亩而税"了。这个变化,大体上是从西周末年开始的。《国语·周语下》载太子晋的谏语中说:"厉始革典"。《国语·鲁语下》记载季康子欲以田赋使冉有访问孔子,不对,而私下对冉有说的话中有:"若子季孙欲其法也,则有周公之籍矣!"几乎同样的内容在《左传》哀公十一年有:"且子季孙,若欲行而法,则周公之典在"。《鲁语》中的"周公之籍",在《左传》中写作"周公之典",可见,后者的"典"就是前者之"籍"。因此,可以断定《周语》中"厉始革典"的"典",就是这个"周公之典",所谓"革典"就是"变籍",也就是指的变革自古以来的只剥夺"公田"上的收获物而"私田"上的收获物归公社农民所有的传统习惯。参见徐喜辰:《井田制度研究》,吉林人民出版社1984年版,第176－177页。与此不同,李根蟠先生认为,把宣王"不藉千亩"作为废除劳役地租,这种估计过了头。《诗·大雅·韩奕》叙述韩建国时疆理土地,"实亩实藉"。说明周宣王时代的封国仍旧实行藉田制,周宣王又曾继续任命管理藉田的官。他只是废除了藉田礼,或者说抛弃了某块"亲耕"的藉田。但这确实标志着劳役地租制在宗周地区的衰落。参见李根蟠:《春秋赋税制度及其演变初探》,《中国史研究》1979年第3期。
② (吴)韦昭注:《国语》卷6《齐语》,中华书局,1985年,第82页。
③ 齐桓公即位后,任用管仲为相,管仲提出"相地而衰征",可以理解是一种建议,其实施应在齐桓公十九年。参见巫宝三:《管仲"相地而衰征"的历史意义与理论贡献》,《河南师范大学学报》1993年第3期。

没有土地,对于无地者,国家就利用手里控制的土地进行授田。《管子·问》:"问死事之孤,其未有田宅者有乎?"《管子·入国》:"取鳏寡而合和之,予田宅而家室之,三年然后事之,此之谓合独。"国家还对外来人口授田。《管子·问》:"外人之来从而未有田宅者几何家?"所授予的土地估计一般是荒地,目的是促进垦荒。《管子·问》:"人之开田而耕者几何矣?"《管子·问》:"所辟草莱有益于家邑者几何矣?"《管子·七法》:"地不辟,则六畜不育;六畜不育,则国贫而用不足"。《管子·治国》:"民事农则田垦,田垦则粟多,粟多则国富。"对于军人授予的则是良田,以奖励军功。《管子·侈靡》:"甲兵之本,必先于田宅。"《管子·八观》:"良田不在战士,三年而兵弱。"

  齐国实行"均地分力"和"相地而衰征"后的土地制度是土地私有制,这从当时土地可以转移得到证明。《管子·国蓄》:"分地若一,强者能守;分财若一,智者能收。"意思是分到的土地是一样的,但只有经营有方的人才能守得住。如果是土地国有制,当不会出现这种情况。

  继齐国之后,晋国在鲁僖公十五年"作爰田"。《左传·僖公十五年》载晋惠公被秦俘获后,秦"乃许晋平。晋侯使郤乞告瑕吕饴甥,且召之。子金教之言曰:'朝国人而以君命赏,且告之曰:孤虽归,辱社稷矣,其卜贰圉也。'众皆哭。晋于是乎作爰田。吕甥曰:'君亡之不恤,而群臣是忧,惠之至也。将若君何?'众曰:'何为而可?'对曰:'征缮以辅孺子,诸侯闻之,丧君有君,群臣辑睦,甲兵益多,好我者劝,恶我者惧,庶有益乎!'众说。晋于是乎作州兵。"对"作爰田",孔颖达疏曰:"《正义》曰服虔、孔晁皆云:'爰,易也。赏众以田,易其疆畔。'"

  《国语·晋语三》有几乎同样的记载:"公在秦三月,闻秦将成,乃使郤乞告吕甥。吕甥教之言,令国人于朝曰:'君使乞告二三子曰:秦将归寡人,寡人不足以辱社稷,二三子其改置以代圉也。'且赏以悦众,众皆哭焉,作辕田。吕甥致众而告之曰:'吾君惭焉,其亡之不恤,而群臣是忧,不亦惠乎!君犹在外,若何?'众曰:'何为而可?'吕甥曰:'以韩之病,兵甲尽矣。若征缮以辅孺子,以为君援,虽四邻之闻之也,丧君有君,群臣辑睦,兵甲益多,好我者劝,恶我者惧,庶有益乎?'众皆说焉,作州兵。"韦昭注引贾逵曰:"辕,易也,为易田之法,赏众以田。易疆界也。"

  从这两条记载可以看出,"爰田"即"辕田";"作爰田(辕田)",即易其疆畔,赏众以田,就是打破"公田"、"私田"的界限,使众人对土地的临时占有变为永久占有,也就是获得土地所有权。与田制改革相伴随的必然是赋税制度的改革。《左传·哀公二年》:"初,周人与范氏田,公孙龙税焉。赵氏得而献之,吏请杀之。"《韩非子·外储说右下》:"赵简主出税者,吏请轻重。简主曰:'勿轻勿重,重则利入于上,若轻则利归于民。'"银雀山汉简《孙子兵法·吴问》:"范、中行氏制田,以八十步为畹,以百六十步为畛,而伍税之。其□田狭,置士多,伍税之,公家富。公家富,置士多,主骄臣奢,冀功数战,故曰先(亡)……公家富,置士多,主骄臣奢,冀功数战,故为范、中行氏次。韩、魏制田,以百步为畹,以二百步为畛,而伍税之。其□田狭,其置士多,伍税之,公家富。公家富,置士多,主骄臣奢,冀功数战,故为智氏次。赵氏制田,以百二十步为畹,以二百四十步为畛,公无税焉。公家贫,其置士少,主俭臣收,以御富民,故曰固国。晋国归焉。"①说明春秋末晋国实行的是"履亩而税"。

鲁国在鲁宣公十五年实行"初税亩"。对于"初税亩",《谷梁传·宣公十五年》曰:"初者,始也。古者什一,藉而不税。初税亩,非正也。古者三百步为里,名曰井田。井田者,九百亩。公田居一。私田稼不善,则非吏。公田稼不善,则非民。初税亩者,非公之去公田而履亩十取一也。"可见,鲁国自宣公十五年也开始了"履亩而税"。

在鲁国之后,楚国在鲁襄公二十五年实行了"量入修赋"。《左传·襄公二十五年》:"楚蒍掩为司马,子木使庀赋,数甲兵。甲午,蒍掩书土田,度山林,鸠薮泽,辨京陵,表淳卤,数疆潦,规偃猪,町原防,牧隰皋,井衍沃,量入修赋,赋车籍马,赋车兵、徒卒、甲楯之数。既成,以授子木,礼也。"所谓"量入修赋",就是把楚国的土地分为平原、林地、低洼、高地、盐碱地、沼泽等不同类型,按不同的产量,征收不同标准的赋税和徭役。这样,井田制下的"公田藉而不税"②,就为"履亩而税"所代替。

"履亩而税",首先要打破井田原有的"公田"、"私田"界限,重新分配土地,使公社农民对土地的临时占有变为长期所有。

郑国在鲁襄公三十年推行"田有封洫"。《左传·襄公三十年》云:"子产使都鄙有章,上下有服,田有封洫,庐井有伍。"何休注曰:"封,疆也。洫,沟也。"《史记·商君列传》注引《正义》曰:"封,聚土也;疆,界也:谓界上封记也。"青川木牍《为田律》有:"封高四尺,大称其高。"③睡虎地秦简《法律答问》:"'盗徙封,赎耐。'何如为'封'?'封'即田阡陌。顷畔'封'也,且非是?而盗徙之,赎耐,何重也?是,不重。"④这些记载表明,封是顷亩之间的田界标志。因此,封洫就是井田间的经界沟洫。《左传·昭公六年》载叔向曰:"今吾子相郑国,作封洫、立谤政、制参辟、铸刑书,将以靖民,不亦难乎?"叔向将子产"田有封洫"称为"作封洫",并与"立谤政"、"制参辟"、"铸刑书"等事件并列起来,说明子产使"田有封洫"并非简单地整理土地的经界沟洫。《韩非子·显学》:"昔禹决江浚河而民聚瓦石,子产开亩树桑郑人谤訾。"韩非子把子产使"田有封洫"称为"开亩树桑",并将其与禹"决江浚河"相提并论,足见其

---

① 银雀山汉墓竹简整理小组:《银雀山汉墓竹简》,文物出版社,1985年,第30页。
② (汉)郑玄注,(唐)孔颖达疏:《礼记正义》卷12《王制》,上海古籍出版社,1990年,第245页。
③ 四川省博物馆等:《青川县出土秦更修田律木牍——四川青川县战国墓发掘简报》,《文物》1982年第1期。
④ 睡虎地秦墓竹简整理小组:《睡虎地秦墓竹简》,文物出版社,1978年,第178页。

改革意义重大。所谓"开亩"即打破旧井田的经界,实质是一场田制改革,当与商鞅"开阡陌封疆"①在性质上是一样的。

子产的这次田制改革,开始遭到了人民的反对,后来又对其大加赞扬。《左传·襄公三十年》记载:"从政一年,舆人诵之曰:'取我衣冠而褚之,取我田畴而伍之。孰杀子产,吾其与之。'及三年,又诵之曰:'我有子弟,子产诲之;我有田畴,子产殖之。子产而死,谁其嗣之'。"这里的"取我田畴而伍之",指的正是子产使"田有封洫"这件事。所谓"取我田畴而伍之",在《吕氏春秋·乐成》中记载为:"我有田畴,而子产赋之。"杨伯峻注曰:"此'伍'字亦'赋'之借字,纳田税也。"②银雀山汉简《孙子兵法·吴问》有:"范、中行氏制田,以八十步为畹,以百六十步为畛,而伍税之……韩、魏制田,以百步为畹,以二百步为畛,而伍税之……赵氏制田,以百二十步为畹,以二百四十步为畛,公无税焉。"③这也说明,"伍"就是按田亩征税。由此可知,子产的田制改革,也与赋税有关,说明郑国也已开始了"履亩而税"。

在各诸侯国中,秦国是社会经济发展较慢的一个,所以其田制和税制的改革也较晚。秦简公七年,实行"初租禾"④。通常认为,秦国"初租禾"也是废除"藉田以力",实行"履亩而税"的制度。⑤"藉田以力"废除后,"公田"就面临如何处理的问题,因此,"初租禾"的实施,必然牵涉到田制问题。此时秦国的做法大概是将"公田"直接分配给公社成员,而没有彻底打破"公田"、"私田"之间的经界,否则就不会有后来商鞅变法时的"开阡陌封疆"。这样,各个家庭的土地就包括"私田"和已分配的"公田"两个部分,而且土地应仍然定期轮换。

到商鞅变法时,彻底打破了"公田"、"私田"的界限。《史记·商君列传》:"而集小乡邑聚为县,置令、丞,凡三十一县。为田开阡陌封疆,而赋税平。"对"阡陌封疆",《正义》注曰:"南北曰阡,东西曰陌……封,聚土也;疆,界也;谓界上封记也。"开阡陌封疆,就是决裂田界,即打破旧井田中"公田"、"私田"的原有界限,⑥故《史记·范雎蔡泽列传》:"夫商君为孝公明法令……平权衡,正度量,调轻重,决裂阡陌,以静生民之业而一其俗。"这样,在"初租禾"实行后,每户所占有的两块土地即"私田"和已分配的"公田"就合二为一了。

---

① 《史记》卷68《商君列传》,中华书局,1959年,第2232页。
② 杨伯峻:《春秋左传注》,中华书局,1981年,第1182页。
③ 银雀山汉墓竹简整理小组:《银雀山汉墓竹简》,文物出版社,1985年,第30页。
④ 《史记》卷15《六国年表》,中华书局,1959年,第708页。
⑤ 参见杨宽:《战国史》,上海人民出版社,1980年,第132—134页。另有学者认为,秦国"初租禾"是在保留了"公田"的"藉"法的情况下,又对"私田"实行的"履亩而税"的政策。参见高文舍、赵光远:《关于秦国税制的几个问题》,《当代经济科学》1988年第6期。高士荣:《秦国农业改革探析》,《西安财经学院学报》2012年第5期。
⑥ 对商鞅"开阡陌"之含义,历来颇有争论,最有代表性的观点是"开裂阡陌"和"开置阡陌"两种。本文赞同前一种观点。

"开阡陌封疆"还取消了公社土地的定期轮换制,将"换土易居"变为"自爱其处",公社成员取得了土地的所有权。《汉书·地理志下》云:"(秦)襄公将兵救周有功,赐受岐、酆之地,列为诸侯。后八世,穆公称伯,以河为竟。十余世,孝公用商君,制辕田,开阡陌,东雄诸侯。"张晏注曰:"周制三年一易,以同美恶。商鞅始割裂田地,开立阡陌,令民各有常制。"孟康注曰:"三年爱土易居,古制也,末世浸废。商鞅相秦,复立爰田。上田不易,中田一易,下田再易。爰,自在其田,不复易居也。《食货志》曰:'自爰其处而已',是也。"段玉裁《说文解字注》卷四《走部》说:"孟康说古制易居为爰田,商鞅自在其田不复易居为辕田,名同实易。孟说是也。依孟则商鞅田分上中下而少多之。得上田者百亩,得中田者二百亩,得下田者三百亩。不令得田者,彼此相易。其得中田二百亩者,每年耕百亩,二年而徧。得下田三百亩者,亦每年耕百亩,三年而徧。故曰上田不易,中田一易,下田再易。爰,自在其田,不复易居。《周礼》之制得三等田者彼此相易,今年耕上田百亩,明年耕中田二百亩之百亩,又明年耕下田三百亩之百亩,又明年而仍耕上田百亩。如是乃得有休一岁二岁之法,故曰三岁更耕,自爰其处。"可见,在商鞅变法前,公社土地还定期"换土易居",而变法后,只按土地质量好坏分为上田、中田、下田,使各个家庭"自爰其处"了。

春秋战国时期,各国所实行的田制和税制变革,虽然时间跨度较大,前后延续了三百年时间,但基本的原则是相同的,即一方面取消井田内部"公田"和"私田"的界限,将土地分配给各个家庭,此可称之为"分田",这是战国农户土地最初来源的主要途径,另一方面国家将手里控制的土地授予特定人群和外来人口,此可称之为"授田",这是战国农户土地最初来源的又一途径,然后,在此基础上统一实行"履亩而税"。这样,土地的公社所有制就为私有制所代替了。

四、土地买卖稀少和国家对农业生产干预较多的原因

在井田制崩溃的春秋战国时期,有两个值得注意的现象:一是土地流转和买卖较为稀少;二是国家对于土地制度变革和农业生产过程的干预较多。这也是土地国有制论者一再强调的论据。但我们认为,应该历史地辩证地看待这个问题。

对于春秋战国时期,特别是战国中期以前土地流转和买卖的稀少,我们认为有这样几点原因:第一,春秋以前,土地买卖的观念尚未形成,因此土地私有制实施后,不可能立即出现土地买卖的现象。《礼记·王制》:"田里不鬻"。说明西周以前土地是不能买卖的,但同时也反观出春秋战国时期存在土地买卖的事实。由于公社是土地的实际拥有者,加之土地对于公社的重要意义,因此,土地买卖的观念很难产生。《左传·襄公四年》记载魏绛劝说晋悼公和戎说:"戎狄荐居,贵货易土,土可贾焉。"戎狄

逐水草而居,因此才轻视土地,土地可用货物换取。而对于中原诸国定居农耕的生活方式,土地的意义不可同日而语,失去土地,公社就不能生存。正因为土地买卖观念的缺乏,以及土地对于农耕生活的重要意义,决定了土地即使在分属各家所有后,仍要经过较长时间,才能形成土地买卖的事实。

第二,国家对人口流动的控制,人口不能随便迁徙,也不利于土地流转。西周以前,个体处于公社中,对共同体的依赖很大,"其心安焉,不见异物而迁焉"①。在这种情况下,一般极少有脱族和迁徙的情况。《孟子·滕文公上》说:"死徙无出乡"。《老子》说:"鸡犬之声相闻,而老死不相往来。"井田制崩溃后,公社土地由"换土易居"变为"自爱其处",各个家庭对份地的短期占有变为长期所有,对共同体的依赖性相对减弱了。这样,公社之间,公社与城邑之间有了交流,公社成员也开始迁徙,有少数人甚至从公社内部游离出来。《左传·昭公三年》:"公弃其民而归之于陈氏","其爱之如父母,而归之如流水。"《礼记·王制》:"将徙于诸侯,三月不从政;自诸侯来徙家,期不从政。"但是,这种迁徙游离出来的人口依然很少,而且国家对人口的迁徙严加控制。《周礼·地官·比长》:"徙于国中及郊,则从而授之;若徙于他,则为之旌节而行之。若无授无节,则唯圜土内之。"《管子·禁藏》:"伍无非其人,人无非其里,里无非其家。故奔亡者无所匿,迁徙者无所容。"《管子·治国》:"逃徙者刑"。这显然不利于土地市场的发育。

第三,春秋战国时期,国家还控制着大量土地,国家对于无土地的人群及外来人口可进行授田,买卖尚未成为获得土地的最重要方式。《战国策·赵策》:"城虽大,无过三百丈;人虽众,无过三千家者。"诸侯国国都的规模小,反映当时人口较少。《墨子·非攻中》:"今万乘之国,虚数于千,不胜而入;广衍数于万,不胜而辟。然则土地者,所有余也;王民者,所不足也。"即使号称"土狭而民众"的韩赵魏,也存在人口不足的情况。《孟子·梁惠王上》:"寡人之于国也,尽心焉耳矣。河内凶,则移其民于河东,移其粟于河内;河东凶亦然。察邻国之政,无如寡人之用心者。邻国之民不加少,寡人之民不加多,何也?"希望增加人口的心情昭然。人口不足,说明土地还有富余。那些无田宅的家庭和外来人口可以通过国家授田的方式,而不必通过买卖,获得土地,如《周礼·地官·旅师》:"凡新甿之治皆听之,使无征役,以地之美恶为之等。"郑玄注曰:"新甿,新徙来者也。"对于"新甿",接纳者一般都予之授田。"以地之美恶为之等"就是按外来者家庭人口的多少授给不同品级的土地。

第四,春秋战国时期,各国田制与税制的改革实施的时间是参差不一的,前后延续了三百年时间,这就形成有的国家已经实行了土地私有制,而有的国家仍然实行旧

---

① (吴)韦昭注:《国语》卷6《齐语》,中华书局,1985年,第79页。

的井田制度,这也是土地转移和买卖稀少的原因之一。但总体上说,实行田制改革和"履亩而税"较早的国家,其土地转移和买卖一般也较早,如《管子·国蓄》:"分地若一,强者能守;分财若一,智者能收。"《韩非子·外储说左上》:"中牟之人弃其田耘,卖宅圃而随文学者邑之半。"齐、晋两国是实行"均地分力"和"履亩而税"较早的国家,而较早的关于土地转移和买卖的记载恰好也出自这两国,应该不是偶然的。

在春秋战国土地制度变革和农业生产过程中,国家政治力量施加了很明显的干预和影响,这往往形成土地国有制的假象。第一,井田制是古代公社所有制,公社是土地的实际拥有者,但公社所有制变为私有制,却并不是仅靠公社本身能够完成的。就井田制分为"公田"和"私田"的形式来说,"公田"实行"藉而不税",其收入归统治者所有,这显然牵涉到国家的税收和税制问题,因此,井田制变革牵涉到个体家庭、公社、国家三者的利益,也必然由个体家庭、公社、国家共同参与。同时,在变革过程中,随着井田制的一步步瓦解,个体家庭的离心力越来越大,在这种情况下,公社领袖已丧失了原有的权威,这就决定了仅依靠公社本身是难以完成这种变革的,最起码是难以快速和顺利地完成这种变革,因此,依靠作为公共利益的代表者国家实施这种变革,就成为必然的选择。但国家对于井田分配的参与,是指导性的、规范性的,具体的土地分配,应仍然是由公社自己操作的,所谓"均地分力"当是就公社所拥有的井田来讲的,而不是指井田之外的国有土地。第二,对于井田之外的理所当然属于国有的土地,国家推行授田,这必然要由国家作为主导力量。但土地授予后,其所有权属于个体家庭。第三,国家对于农业生产过程的监督管理,是当时重视"耕战"的体现,并不说明土地是国有性质。银雀山汉简《田法》:"赋,余食不入于上,皆藏于民也,卒岁田入少入五十斗者,□之。卒岁少入百斗者,罚为公人一岁。卒岁少入二百斗者,罚为公人二岁。出之入岁[□□□□]□者,以为公人终身。卒岁少入三百斗者,黥刑以为公人。"[1]说明不勤恳耕作,少收入食粟者要受处罚。这种制度与商鞅所规定的"事末利及怠而贫者举以为收孥"[2]的性质是相同的。这些往往被拿来作为土地国有制的证据。但在我们看来,这只说明统治者重视农业生产,与土地所有权无关。春秋战国时期处于攻伐兼并的高潮,农业生产是战争胜利和诸侯国生存的基础,所以各国特别重视,其往往与战争处于同样重要的地位。《管子·治国》:"富国多粟生于农,故先王贵之。凡为国之急者,必先禁末作文巧,末作文巧禁,则民无所游食,民无所游食则必农。民事农则田垦,田垦则粟多,粟多则国富,国富者兵强,兵强者战胜,战胜者地广。""农事胜则入粟多,入粟多则国富,国富则安乡重家。"反之,"上不利农则粟少,粟少则人贫,人贫则轻家,轻家则易去,易去则上令不能必行,上令不能必行则禁不能

---

[1] 银雀山汉墓竹简整理小组:《银雀山汉墓竹简》,文物出版社,1985年,第146页。
[2] 《史记》卷68《商君列传》,中华书局,1959年,第2230页。

必止,禁不能必止则战不必胜,守不心因矣。"因此,"治国之道,必先富民,民富则易治也,民贫则难治也。"《商君书·慎法》:"境内之民,莫不先务耕战而后得其所乐。故地少粟多,民少兵强。能行二者于境内,则霸王之道毕矣。"《商君书·农战》:"国之所以兴者,农战也。""国待农战而安,主待农战而尊。""国不农,则与诸侯争权,不能自持也。"这是当时所具有的普遍性思想。

原刊于《社会科学》2014年第3期

(作者简介:李恒全,南京师范大学社会发展学院历史系教授;宋澄宇,上海财经大学学术期刊编辑部编辑)

王阳明行《南赣乡约》时间辨析

黄志繁

王阳明行《南赣乡约》之时间,学界一般认为是正德十三年(1518)十月。[①] 学者们对这个时间的认定,根据的是《王阳明年谱》。现今比较通行的《王阳明年谱》的本子应是收入明隆庆六年(1572)《王文成公全书》中的《年谱》。上海古籍出版社1992年出版的《王阳明全集》即以明隆庆六年《王文成公全书》为底本,参照其他各种版本而编成。《王阳明全集》堪称国内最好的王阳明的集子。该书卷33《年谱一》记载:"(正德十三年)十月,行乡约。"

然而,笔者翻阅嘉靖《虔台续志》和天启《重修虔台志》这两部海内外罕见的孤本时却发现两书均记载王阳明行《南赣乡约》时间为正德十二年(1517)八月。嘉靖《虔台续志》卷三《纪事三》记曰:"(正德十二年)八月,行乡约。"天启《重修虔台志》卷四《事纪一》记曰:"(正德十二年)八月,行乡约。"

笔者以为《虔台志》的记载比《王文成公全书》的记载更可靠,即王阳明行《南赣乡约》的时间应为正德十二年八月。其理由有二:

首先,就书的性质而言,《虔台志》的记载比《王文成公全书》的记载更可靠。《虔台志》是专门记录南赣巡抚的职官志书。"虔台",即指南赣巡抚。明代从弘治八年(1495)起,专设南赣巡抚以弹压赣、闽、粤、湘四省边界的地方动乱,其治所在赣州,而赣州古称"虔州",南赣巡抚也被雅称为"虔台"。《虔台志》屡有修撰,然存世只有嘉靖和天启两部,均存于日本内阁文库,台北汉学研究中心曾从日本影印保存于傅斯年

[①] 在许多学者的著述中,都可看到王阳明正德十三年十月行《南赣乡约》的叙述,例如大陆学者曹国庆的《明代乡约推行之特点》,《中国文化研究》,1997年春之卷(总第15期);香港学者马楚坚的《阳明先生重建社区的治安理想与实施》,载《地域社会与传统中国》,西北大学出版社,1995年,第164页;美国学者郝康迪(Kandice Hauf)的"The Community Covenant in Sixteen Century Ji'an Prefecture, Jiangxi," Late Imperial China, Volume17, Number2(1996.12), pp.1 – 50.

图书馆。①《王文成公全书》中的《年谱》则是王阳明的学生钱德洪等人根据其老师留下的文献编辑而成。作为专门记录南赣巡抚行事的《虔台志》之修撰，依据的应该是当时南赣巡抚中的官方档案文献。两者相较，显然后者更为可靠。

其次，《王文成公全书》中的相关记载具有比较明显的不合理之处，推测为编者错误所至。

不合理之一：检阅上引《王阳明全集》卷33《年谱一》的记载，发现其关于乡约的解释性文字，即"倾者顽卒倡乱……成淳厚之俗"这一段与同书卷17《别录九·公移二》所收录的《南赣乡约》几乎完全不同。这不免让人生疑，既然《年谱》作者不参考《南赣乡约》来解释乡约，那他们又凭什么资料来撰写呢？

不合理之二：《王阳明全集》卷33《年谱一》"（正德十三年）十月，行乡约。"后有一段解释性文字：

> 先生自大征后，以为民虽格面，未知格心，乃举乡约告谕父老子弟，使相警戒，辞有曰：倾者顽卒倡乱，震惊远迩。父老子弟，甚忧苦骚动……故今特为保甲之法，以相警戒……务和尔邻里，齐尔姻族，德义相劝，过失相规，敦礼让之风，成淳厚之俗。②

其中"故今特为保甲之法，以相警戒"之句。在解释行"乡约"的文字中出现一句"故今特为保甲之法"，让人感觉非常奇怪。尽管乡约和保甲都是王阳明巡抚南赣时所倚重的基层社会组织，但毫无疑问，乡约和保甲仍然有很大区别。而且，众所周知，乡约偏重于教化，保甲偏重于军事管制，所谓"以相警戒"之语，更多似乎是在为保甲作注释，而不是乡约。③ 同书卷17《别录九·公移二》所收录的《南赣乡约》文中则明确出现"故今特为乡约，以协和尔民"之句。④ 两相对照，我们有理由怀疑《年谱》编撰者在辑录文献过程中存在错误。

其实，仔细检读《王阳明全集》，笔者发现上引《年谱》关于行南赣乡约的解释性文字和同书卷16《别录八·告谕父老子弟》的内容基本一致。由此，我们可以断定，《年谱》的编撰者或许是将《告谕父老子弟》误编成《年谱》中"行乡约"的解释性文字。

不合理之三：《年谱》明确记载王阳明行《南赣乡约》的时间为正德十三年八月，但《南赣乡约》这篇文献却很意外地被编入《王阳明全集》卷17的《别录九·公移二》中，按本卷标题下的提示，《公移二》的文献应为"巡抚江西征宁藩"时期文献，则应为

---

① 关于《虔台志》的更详细情况，可参考唐立宗：《虔台志与华南研究》，（香港）《华南研究资料中心通讯》总第26期，2002年1月出版。
② 《王阳明全集》（下册）卷33，《年谱一》，上海古籍出版社，1992年，第1255—1256页。
③ 可参考黄志繁：《乡约与保甲：以明代赣南为中心的分析》，《中国社会经济史研究》2002年第2期。
④ 《王阳明全集》（下册），第600页。

正德十四年（1519）文献，明显与《年谱》所记矛盾。从王阳明的活动中也可看出，正德十四年六月起，王阳明集中精力在处理宁王宸濠叛乱及相关事宜，并为此弄得朝议纷纷，相当狼狈，估计很难有精力来大力推行《南赣乡约》。从这一点也可看出，《王文成公全书》众多编撰者（王阳明的学生们）对王阳明行南赣乡约的时间并不统一，《年谱》编撰者本身对推行乡约的时间认定也不够严谨。

由于上述三点不合理因素的存在，笔者认为，王阳明众学生在编撰《年谱》时，可能存在文献错位，即误将阳明先生《告谕父老子弟》之文作为《南赣乡约》的内容，并且，混淆了乡约和保甲的文献，从而导致认识错误，其可信度值得怀疑。

最后，要说明的是，虽然王阳明的乡约更为后人所推崇，但在实际中，《南赣乡约》所起的效果并不显著。在王阳明的对基层社会治理措施中，保甲法直接针对的是基层社会复杂流动、盗贼横行的局面而设，其实际功能大于乡约，因而王阳明更重视保甲法在基层社会中的执行情况。但是，由于乡约更多地为后世王阳明的弟子所仿效，因为编撰《王阳明年谱》的阳明弟子们，很容易把保甲当做乡约处理，而实际上，两者是很不相同的体系。保甲法更多的是延续王安石所开创的基层社会军事化处理，乡约则更多的是文人士大夫对地方社会的理想化治理。虽然就实际效果而言，王阳明的保甲法由于无法掌握地方社会真实人口而容易流于形式，乡约则由于仪式繁琐等原因而维持时间甚短，两者都没有收到理想中的效果，但也并没有完全流于形式，更重要的是，王阳明做法具有模式效应，后来的历任南赣巡抚基本都沿袭保甲加乡约的方法治理基层社会。就赣南地方社会而言，保甲和乡约不仅在基层社会中发挥了一定的作用，且深刻地影响了赣南的基层社会，成为地方社会制度的一部分，基层社会的各种势力也有和官方的保甲乡约相结合的可能。

综上所述，笔者认为，《王文成公全书》中的《年谱》中关于王阳明正德十三年十月行南赣乡约的时间记载是错误的，应采信《虔台志》的相关记载，即王阳明行《南赣乡约》的时间为正德十二年八月。

（作者简介：黄志繁，南昌大学人文学院院长、教授）

汉代农业经济管理法初探

黄顺春

经济立法是国家为协调经济运行而制定相应法律规范的总称。早在先秦之时，已有经济方面的立法，比如井田之制、贡彻之条。进入封建社会后，经济立法越来越多。陈汉生在评述汉代经济立法时说："我国封建社会虽然一向重刑轻民，但是，封建统治者从维护封建统治出发，仍然十分注意运用经济手段来管理社会经济，以促进经济的发展和国家的收入"。① 在出土的汉简中，常有"能书会计知律令"文字②。农业是汉代封建社会主要的经济部门，汉代治国以重农为一贯指导思想，经济立法中有专门法令对农业生产关系进行调整，这就是本文所说的汉代农业经济管理法。

汉代经济立法的形式多样。大致可分为律、令、科、比、故事等各类。渊源主要来自皇帝的诏令及中央政府各部门的立法。

"律"是汉代立法的主要形式，是经过一定的立法程序：皇帝首肯，部门制订，颁行全国。它比较稳定。汉律各篇都规定某一方面的社会政治、经济规范。汉代经济各面的律还有上计律、钱律、田律、徭律、关市律等。

"令"是汉代立法的又一主要形式。陈梦家先生对"令"解为皇帝用诏书颁布新制或新例，或补充旧律的就成为令，具有法律条文的约束力。③ 所谓"天子诏所增损，不在律上者为令。"④按日本学者大庭修的说法：汉代后世为了修改和补充已有的法律，通常采取皇帝命令的形式，其最后部分都有"著为令"、"具为令"等文句。⑤ 亦即

---

① 陈汉生：《从两汉税法看古代经济立法对社会经济的影响》，《上海法学》1984 年第 12 期。
② "肩水候官执胡隧长公大夫奚路人能书会计治官民颇知律令"类似法令共有五条，此类简反映汉代对基层官员通晓法律状况的重视。见《汉简所见居延边塞与防御组织》，陈梦家：《汉简缀述》，中华书局，1980 年。
③ 陈梦家：《两汉施行诏书目录》，见《汉简缀述》，中华书局，1980 年。
④ 《汉书》卷 8《宣帝纪》。
⑤ 大庭修：《秦汉法制史研究·序论》，上海人民出版社，1994 年。

杜周所言："前主所是著为律,后世所是疏为令。"① 另外,根据律或诏令由地方官发布的在局部地区生效的法律文告亦为令。因此,汉代的令,数目相当多,所以"集为《令甲》以下三百余篇"。② 所谓《令甲》,如淳曰："令有先后,故有令甲、令乙、令丙。"③ 令涉及的内容很广泛,与农业经济相关的令有《马复令》《缗钱令》《田令》《水令》等。

律、令之外,还有"科"、"比"。《后汉书·郭丹传》有"校定科比",师古注曰:科谓事条,比谓类例。④

"故事",汉代有特定的含义,一般指朝廷的典章制度。是法令、法制、制度的同义词⑤。农业经济方面的故事如：和帝永元十三年诏："其令天下半入今年田租、刍藁；有宜以实除者,如故事。"⑥

基于汉代农业经济管理法律形式复杂,单纯依靠文字史料难以梳理,前贤所述较少,本文拟结合汉简等实物史料就汉代农业经济管理法律中四个较清晰方面简述如下,不当之处敬请指正。

一、水法

水法是农业生产中与水利灌溉及其管理有关的法令。汉代有专门负责水的官吏。《汉书·百官公卿表》所述都水,都船之官甚多。注引如淳曰："律,都水治渠堤水门。"⑦《三辅黄图》云："三辅皆有都水。"⑧ 王先谦补注云："都,总也,谓总治水之工,故曰都水。"⑨ 宗正属官有"司空令丞",注引如淳曰："律,司空主水。"⑩《汉仪注》中也有"寺互都船狱令,治水官也"。⑪

相应的法令有《水令》。史载"宽表奏开六辅渠,定《水令》以广溉田。"⑫ 注引师古曰："为用水之次,具立法令,皆得其所也。"《补注》何焯曰："召信臣为民作均水约束。本之此也。"意即当时农业生产中,在利用水利时,互相多有争执,影响生产,因此有必要用法令加以协调,使"皆得其所",共同获利。

---

① 《汉书》卷60《杜周传》。
② 《晋书》卷30《刑法志》。
③ 《汉书》卷8《宣帝纪》。
④ 《后汉书》卷28上《桓谭传》。
⑤ 阎晓君：《两汉"故事"论考》,《中国史研究》2000年第1期。
⑥ 《后汉书》卷4《和帝纪》。
⑦ 《汉书》卷19上《百官公卿表》。
⑧ 陈直：《三辅黄图校证》,陕西人民出版社,1981年。
⑨ 王先谦：《汉书补注》,上海古籍出版社,2008年。
⑩ 《汉书》卷19上《百官公卿表》。
⑪ 《汉仪注》,另有关汉代水官情况参见陈梦家《西汉施行诏书目录》,载于《汉简缀述》,中华书局,1980年。
⑫ 《汉书》卷58《倪宽传》。

另外,《汉书·沟洫志》有"平繇行水,勿使失时"①。注引师古曰:平繇者,均齐渠堰之力役,谓俱得水利也。为了使大家都享受水利建设的好处,法令还规定了各人在水利建设方面的义务。要俱得利须均齐役。就水法中权利与义务的对应而言汉代经济立法的经验相当丰富,为后世所承继,如唐代的《水部式》。②

二、牲畜法

牲畜在汉代社会生活尤其是农业生产、军事活动中地位相当重要。牲畜法指用法律促进牲畜的饲养,进而保护农业生产力,发展社会经济的法令。

汉代有专门管理畜牧生产的官吏。史载"(宽)之北地视畜数年,还至府上畜薄。"③陈直按曰:养畜官吏称畜官,府称某畜府。善斋吉金录中有"畜官"印和"榆畜府"印。④

《后汉书·第五伦传》载有"伦到官……晓告百姓……妄屠牛者吏辄行罚"。伦曰:"《律》:不得屠杀少齿。"⑤意即汉代有专门法律对牛等牲畜加以保护。之所以这样做。《淮南子·说山训》说:"杀牛,必亡之数。"⑥高诱注:牛者,所以植谷者,民之命;是以王法禁杀牛。民犯禁杀之者,诛,故曰:"必亡之数。"因为牛等牲畜是农业生产的动力。所以立法禁杀。不但内郡如此,边地也不例外。居延汉简有:建武四年……府移使者,□所诏书曰:毋得屠杀马牛。有无?四时言,谨案:"部吏毋屠杀马牛者,敢言之。"⑦禁杀马牛的诏令传到边地,要求当地官吏执行。发现有屠杀者要报告。违反牲畜保护令者受罚不轻。汉《贼律》有:"杀伤人畜产条。"⑧其具体处罚标准大概以"盗马者死,盗牛者加"为准。⑨

汉代不但有保护牲畜、禁杀牲畜的法令,还有鼓励养殖牲畜的法令。武帝时颁布《马复令》。师古曰:"马复,因养马以免繇役也。"⑩溯其源,在文帝时,晁错上言:"今令民有车骑马一匹者,复卒三人,车骑者,天下武备也,故为复卒。"师古曰:当为卒者,

---

① 《汉书》卷29《沟洫志》。
② 参见韩国磐:《中国古代法制史研究》,人民出版社,1993年,另外笔者就此点请教过武汉大学朱雷先生。
③ 《汉书》卷58《倪宽传》。
④ 陈直:《汉书新证》,天津人民出版社,1979年。
⑤ 《后汉书》卷41《第五伦传》。
⑥ 《淮南子·说山训》。
⑦ 薛英群等:《居延汉简释粹》,兰州大学出版社,1988年。
⑧ 沈家本:《汉律摭遗》,中华书局,1985年。
⑨ 《盐铁论·刑德篇》。
⑩ 《汉书》卷96下《西域传》。

免其三人;不为卒者,复其钱耳。① 沈家本评曰:此所谓《马复令》,②此为行政措施奖励。汉代还有经济措施对畜牧养殖的鼓励。"令民得畜边县系。官假母马,三岁而归,及息什一。"注引孟康曰:令得畜牧于边县。李奇曰:边有官马。今令民能畜官母马者。满三岁归之,十母马还官一驹,此为息什一也③。此低息刺激。"天下马少,平牡马匹二十万。"如淳曰:贵平牡马贾,欲使人竞畜。④ 此为价格刺激,用经济利益刺激百姓养殖牲畜。综之汉代对牲畜的养殖是有法嘉奖的。

三、粮仓法

粮仓法是基于粮仓在社会生产中的重要,对其管理的立法。秦代有专门的《仓律》言粮粟出入保管及廪食事。汉代专门的《仓律》尚未发现。但汉有粮仓一类的法律应是无疑的。

汉有专门负责粮仓事务的官吏。武帝时"大司农属官有太仓令,丞,主管仓事,而且郡国诸仓农监皆属焉"⑤。《后汉书·百官志》也有"仓曹主仓谷事。"诸多实物史料可证当时确有"仓曹"一职⑥。这些管理粮仓的官吏有的时期比较稳定,以至"为吏者长子孙,居官者以为姓号"⑦。集解如淳曰:仓氏,庾氏是也。《汉书》也有"仓氏库氏,则仓库吏之后也"⑧。可见管理粮仓的官吏在社会中很有影响。

汉代粮仓法律没有现文,通过分析有关史料可得出概况。《居延新简释粹》记有东汉初年,一个都尉对城仓的训令。"吏当食者,先得三日食,调给。有书为调,如牒。书到,付受与校计,同月出入,毋令缪,如律令。"⑨按照汉代法律文书行文格式理解,汉代的粮仓法律规定了粮仓管理程序上的内容:验证文书,支付,核验,多人同时在场;以及实体上的内容:要如实记录,做好移交,不能有误,否则将受处罚。在汉简中有许多记载粮仓簿记移交的文书。如:"阳朔三年九月癸酉亥朔壬午。甲渠鄣守候塞

---

① 《汉书》卷24上《食货志》。
② 沈家本:《汉律摭遗》,中华书局,1985年。
③ 《汉书》卷24下《食货志》。
④ 《汉书》卷6《武帝纪》。
⑤ 《汉书》卷19上《百官公卿表》。
⑥ 陈梦家《汉简所见太守、都尉二府属吏》中引汉简所见仓曹,"出吞远土吏平四月奉,四月庚戌令史博付仓曹孙卿偿具丽卒陈……""八人输罪十二付仓曹丞时……""兼曹、塞曹史""……请仓曹"另东汉碑刻,仓曹多与户曹并列。
⑦ 《史记》卷30《平准书》。
⑧ 《汉书》卷86《王嘉传》。
⑨ 薛英群等:《居延汉简释粹》,兰州大学出版社,1988年。

尉顺敢言之,府书移赋钱出入簿与计偕。谨移应书一编,敢言之。"①简文告诉我们此类簿记不但要同实物收支相符,还要同上级的调书或府书相符。不但在职人员之间要移交,还要向上级移交。做得好者受称道,"(霸)领郡钱谷计簿书正,以廉称。"师古曰:计谓出入之数也。② 若有违反,即"四时簿,出付,入受不相应,或出输非法。各如牒,书到"③。意为事涉贪污,触犯刑律。向上移交构成粮仓上计制度,史载汉粮仓上计制度为"郡国四时上月旦见粮谷簿,其逋来毕,各具别之。边郡诸官请调度者,皆为报给,损多益寡,取相给足"④。通过上计中央加强了对各地粮仓的管理。

四、生态环境保护法

生态环境保护法是汉政府法律中与生态环境保护相关的一些法律规范。

汉代皇帝颁布过不少此类法令,文帝曰:"吾诏书数下,岁劝民种树。"⑤景帝诏曰:"其令郡国务劝农桑,益种树,可得衣食物。"⑥居延汉简有"言府书"五种,内引光武帝禁止屠杀马牛,砍伐树木等诏书。⑦ 可见汉代皇帝对种植树木,保护森林很重视,并将其与可得衣食物,即发展农业相联系。王莽用征税制裁环境破坏者,"以《周官》税民……城郭中宅不树艺者为不毛,出三夫之布"⑧。师古曰:树艺,谓种树果木及菜蔬。《汉律类纂》记载:"贼伐树木禾稼……准盗论。"⑨用刑罚方式制裁偷砍树木禾稼者。汉简有载:建武四年五月辛巳朔戊子,甲渠塞尉获行候事,敢言之。诏书曰:吏民毋得伐树木,有无,四时言,谨案:部吏毋得伐树木,敢言之。⑩ 表明政府对禁伐树木工作抓得紧。地方要将情况随时上报。

汉代的生态环境保护立法出现同防御自然灾害发生相联系的萌芽,《汉书·宣帝记》载:夏六月,诏曰:"前年夏,神爵集雍,今春,五色鸟以万数飞过属县,翱翔而舞,欲集未下。其令三辅毋得以春夏 巢探卵,弹射飞鸟,具为令。"又有元帝诏曰:"乃者已

---

① "谨移谷出入簿一""甲渠候官甘露五年二月谷出入簿""九月谷出入簿""吾远仓建昭三年二月当食案口谷出入簿""元寿六月受钱财物出入簿"以上见《居延汉简释文合校》(文物出版社,1978年);"阳朔三年九月癸亥朔壬午,甲渠鄣守候塞尉顺敢言之,府书移赋钱出入簿与计谐,谨移应书一编敢言之""部治所录曰:移财物出入簿,谨移应书如牒,敢言之。"以上见薛英群《汉简官文书考略》(载于《汉简研究文集》,甘肃人民出版社,1984年);"第五丞别田令史信,元凤五年四月钱器出入集簿。"见陈梦家《汉简考述》(载于《汉简缀述》,中华书局,1980年)。
② 《汉书》卷89《循吏传》。
③ 薛英群:《汉简官文书考略》,载于《汉简研究文集》,甘肃人民出版社,1984年。
④ 《后汉书》志第26《百官志》。
⑤ 《汉书》卷4《文帝纪》。
⑥ 《汉书》卷5《景帝纪》。
⑦ 《居延汉代遗址的发掘和新出土的简册文物》,载于《汉简研究文集》,甘肃人民出版社,1984年。
⑧ 《汉书》卷24下《食货志》。
⑨ 张鹏一:《汉律类纂》,中华书局,1979年。
⑩ 薛英群等:《居延汉简释粹》,兰州大学出版社,1988年。

丑地动,中冬雨水,大雾,盗贼并起,吏何不以时禁?"①师古曰:时禁谓月令所当禁断者也。而月令,李贤说:时令,月令也,四时各有令,若有乖舛,必致妖灾。② 对汉代时禁月令生态环境保护法方面情况的记载,《淮南子·时则训》有较多的反映。

月份	物候	时禁
孟春	蛰虫始振苏,鱼上负冰 獭祭鱼,雁北归。	毋覆巢杀胎夭,毋麛毋卵 毋聚众置城廓;掩骼埋。
仲春	桃李华,苍庚鸣、鹰化为鸠。	毋竭川泽,毋鹿陂池,毋焚山林, 毋作事以妨农功。
季春	桐始华,田鼠化为。萍始生。	田猎毕弋,罘罗网,喂毒之药,毋出九门。乃禁野虞毋伐桑拓。
孟夏	蝼蝈鸣,丘蚓出,王瓜生苦菜秀。	毋兴土功,毋伐大树。
仲夏	螳螂生,鸠姑鸣、反舌无声、鹿角解、蝉始鸣、半夏生、木堇荣。	禁民无刈蓝以染, 毋烧灰,毋暴布,门闾无闭,关市无索,禁民无发火。
季夏	蟋蟀居奥,鹰乃学习,腐草化为。	树木方盛,勿敢斩伐。

此外环境保护法还有对保护环境有功者实行奖励之内容:"郡国大旱,蝗……遣使者捕蝗,民捕蝗诣吏,以石斛受钱。"③

综合以上分析,汉代已将时禁与相应的物候相联系,并将环境破坏同自然灾害的发生相联系。在此基础上提出生态环境保护立法,这是汉代统治者对自然和社会关系规律认识的积极进步,值得今天面临环境威胁生存的我们借鉴。

附记:喜迎硕导黄今言先生八十华诞,师兄弟们嘱作文为纪,奈何自硕士毕业后,转而习事经济管理教学科研,荒疏秦汉经济史研究久矣。幸好师弟乐平日旧文亦可。于是翻检旧作,有2002年发表在《农业考古》杂志的《汉代农业经济管理法初探》一文。此文为本人硕士毕业论文《汉代经济立法的初步考察》的一部分,现在看来仍然有相当价值,故此,愿以此文表达对先生的致敬。

---

① 《汉书》卷9《元帝纪》。
② 《后汉书》卷2《明帝纪》。
③ 《汉书》卷12《平帝纪》。

今时今日,犹记硕士论文致谢所言:"导师黄今言先生把我从偏远的山区招收到他的身边,以他博大的胸怀,渊博的知识,严谨的学风给我传道、授业、解惑,引导我进入经济史研究领域。感激之情,无以言表,唯愿他日有成,以为回报。"

(作者简介:黄顺春,江西理工大学经管学院副院长、教授)

岳麓秦简所见"徭"制问题分析
——兼论"奴徭"和"吏徭"

朱德贵

秦汉"徭戍"制度是我国徭役制度的滥觞,它与专制主义国家政权的稳定、军事安全和经济建设密切相关。因此,学者们就秦汉"徭"制中的诸多问题展开了热烈的讨论,如韩连琪、钱剑夫、黄今言、高敏、杨际平、叶茂、张金光、杨振红、[日]西田太一郎、[日]滨口重国、[日]山田胜芳和[日]重近启树等先生分别就秦汉傅籍年龄、"徭"的范围和对象、"徭"的期限、正卒和屯卒的性质以及"徭"之复除等问题作了系统分析和探讨[1],这些研究为我们深入探讨秦"徭"制问题奠定了坚实的基础。近些年来,随着岳麓秦简和里耶秦简等出土资料的陆续刊布,学界对秦"徭"制问题的研究又掀起一股新的浪潮,如陈松长、陈伟、王彦辉和孙闻博等先生连续发文详细探讨了秦"徭"

---

[1] 有关秦汉徭役制度的探讨,可以参阅如下代表性研究成果,如韩连琪:《汉代的田租口赋和繇役》,《文史哲》1956 年第 7 期;钱剑夫:《秦汉赋役制度考略》,湖北人民出版社,1984 年,第 128—268 页;黄今言:《秦汉赋役制度研究》,江西教育出版社,1988 年,第 246—352 页;高敏:《秦汉的徭役制度》,收入所著《秦汉史探讨》,中州古籍出版社,1998 年,第 124—155 页;杨际平:《秦汉财政史》,湖南人民出版社,2015 年,第 557—597 页;张金光:《秦制研究》,上海古籍出版社,2004 年,第 205—270 页;叶茂:《秦汉的外徭与居延》,《中国经济史研究》1987年第 2 期;张金光:《论秦徭役制中的几个法定概念》,《山东大学学报》2004 年第 3 期;杨振红:《徭、戍为秦汉正卒基本义务说——更卒之役不是"徭"》,《中华文史论丛》2010 年第 1 期;孙言诚:《秦汉的戍卒》,《文史哲》1988年第 5 期;朱德贵:《秦简所见"更戍"和"屯戍"制度新解》,《兰州学刊》2013 年第 11 期;[日]西田太一郎:《漢の正卒に関する諸問題》,《東方学》第 10 輯,1955 年 4 月;胡大贵、冯一下:《试论秦代徭戍制度》,《四川师范大学学报》1987 年第 6 期;[日]滨口重國:《踐更と過更——如淳說の批判》,《秦漢隋唐史の研究》,東京:東京大学出版会,1966 年;[日]滨口重國:《秦漢時代の徭役勞働に關する一問題》,《秦漢隋唐史の研究》,東京:東京大学出版会,1966 年;[日]山田勝芳:《秦漢財政收入の研究》中的"第七章 秦漢代の復除",東京:汲古書院 1993年,第 585—650 頁;[日]重近啓樹:《秦漢の兵制について——地方軍を中心として》,《人文論集》(静岡大學人文學部社會學科・人文學科研究報告)36 号,1986 年,第 31—70 頁。

制的诸多问题①,并提出了很多新颖的观点。但有些学者据秦简所提出的"奴徭"和"吏徭"的问题,其疑点颇多,尚有待进一步商榷澄清。本文拟利用岳麓秦简、里耶秦简和云梦秦简等出土材料并结合传世文献对秦"徭"之内涵、"奴徭"和"吏徭"等问题作一重新探讨。如有不妥,敬请学界同仁不吝赐教。

一、学界对"徭"内涵的不同理解

长期以来,秦汉"徭戍"制度一直是学术界研究的热点问题,但由于史料阙如,学界对秦"徭戍"的内涵及界定问题的研究仍未取得一致的认识②。

上世纪八十年代,傅筑夫等从传世文献出发,详细考察了秦汉徭役制度,傅先生云:"(秦汉徭役是)政府对人力的需求,主要不外两途:一为屯戍——兵役;二为力役——各种生产和非生产的劳动,如营建宫室、建立城郭、开凿河渠、修筑道路等等。"③很显然,这种认识指出了秦汉"徭戍"制度的两个重要方面,但亦存在两个明显的问题:一是秦兵役的范围问题。里耶秦简显示,秦兵役不仅包含屯戍,而且还有更戍、屯戍和冗戍等兵役形式④;二是力役与劳役的理解问题。其实,力役与劳役实为两个不同之概念。对此,黄今言先生据文献材料的记载早已指出,秦汉时期的力役当"包括劳役与兵役"⑤。

高敏从广义和狭义上对徭役进行了详细的解释。高先生云:"秦汉的徭役有广义和狭义之分。广义的徭役包括兵役在内,狭义的徭役则是除兵役之外的无偿劳役而言。因此,从广义的角度着眼,秦汉的兵役、徭役是联系在一起的。因为秦汉都实行征兵制,凡符合年龄男子都有服兵役的义务,因而往往同徭役征发混在一起,它不像

---

① 请参看陈松长:《秦汉时期的繇与繇使》,《湖南大学学报》2014 年第 4 期;陈伟:《岳麓书院秦简〈徭律〉的几个问题》,《文物》2014 年第 9 期;陈伟:《简牍资料所见西汉前期的"卒更"》,《中国史研究》2010 年第 3 期;王彦辉:《秦汉徭戍制度补论——兼与杨振红、廣瀬熏雄商榷》,《史学月刊》2015 年第 10 期;孙闻博:《秦及汉初"徭"的内涵与组织管理——兼论"月为更卒"的性质》,《中国经济史研究》2015 年第 5 期。
② 秦"徭戍"究竟所指为何?愚以为,它应该包含两种含义:第一种含义指的是"徭(劳役)"和"戍(兵役)"两种不同的制度,合称"徭戍"。这是因为秦简中有《徭律》和《戍律》,且有着严格的区分(参见睡虎地秦墓竹简整理小组:《睡虎地秦墓竹简·徭律》简 115 至简 124,第 47 页;《睡虎地秦墓竹简·秦律杂钞》简 39,第 89 页)。再如《睡虎地秦墓竹简·司空》:"居赀赎责(债)者,或欲籍(藉)人与并居之,许之,毋除繇(徭)戍。(简 137)"此简中的"繇(徭)戍"若解释为"徭"和"戍"两种制度,在语义上并无不可。第二种含义是指以"徭"的方式戍边,其中"戍"是主词,"徭"为修辞性之词,如《睡虎地秦墓竹简·秦律杂钞》:"繇驾驺除四岁,不能驾御,赀教者一盾;免,赏(偿)四岁繇(徭)戍(简 3)。"不难看出,如果"驾驺"四年且不能胜任,"驾驺"者应当免职,并罚"徭戍"四年。试问,倘若为第一种含义,则此"驾驺"者岂不服八年之役?换言之,此人必须服四年之"徭"、服四年之"戍",可见,此种解释明显扞格不通矣。因此,针对秦"徭戍"概念的理解问题,愚以为应根据该词的不同语境来理解。本文为了区分"徭(劳役)"和"戍(兵役)"两种不同的制度,依据秦简中的《徭律》和《戍律》,采取了第一种解释,特此说明。
③ 傅筑夫:《中国封建社会经济史(上)》第二卷,人民出版社,1982 年,第 229 页。
④ 陈伟主编:《里耶秦简牍校释(第一卷)》简 8—149 和简 8—666,武汉大学出版社,2012 年。
⑤ 黄今言:《秦汉赋役制度研究》,江西教育出版社,1988 年,第 246 页。

募兵制下兵、徭的界限是比较清楚的。这是秦汉徭役的重大特征。"①在此,高先生正确指出了秦汉徭役的两个重要组成部分——"徭"和"戍"(亦即劳役和兵役)。

从秦汉什伍编制、"徭"的征发对象、服"徭"者的期限和服役范围等方面来看,黄今言先生则给予了全面而系统之分析②。其中,有关"徭"的征发对象和服役的方式等问题的研究结论还得到岳麓秦简《徭律》的进一步佐证。

但是,钱剑夫却在《秦汉赋役制度考略》一书中将秦汉时期的徭役分为三种形式,即"更卒、正卒和戍卒",也就是说,"更卒一月而更,戍卒则在边地,只有正卒即在内郡和京师……"③然而,愚以为"戍卒"和"正卒"乃为一种制度的两个方面,此制度为秦简《戍律》中的戍役之制。

至上个世纪九十年代,马怡等试图建立一种全新的秦徭役制度分析的架构,他们认为,秦汉所谓"力役之征"应分为四项,亦即"劳役、屯戍、兵役和罚作"。其中,"劳役,指更卒之役和其他杂役,承担土木工程、转输漕运、官手工业作坊的生产和地方官府的供奉差使等"。"罚作,指刑徒之役及谪戍、赀徭、居徭等惩罚性劳役"④。然而,"谪戍"能否归入"徭"?笔者以为,此问题的解决尚待更多出土材料之支持。

二十一世纪以来,随着秦汉简牍材料的陆续刊布,秦汉徭制的研究进入了新阶段。杨振红的论断尤为新颖,她提出了"更卒之役不是'徭'"的与以往学者不同之观点⑤。杨振红认为,"'徭'是国家承认的正式劳役",且"'更'役从本质上讲与'徭'无关"⑥。所谓"更卒",就是秦简中的"更戍卒",如《新见里耶秦简牍资料选校(二)》载:"更戍卒士五(伍)城父成里产,长七尺四寸,黑色,年卅一岁,族□ Ⅰ 卅四年六月甲午朔甲辰,尉探迁陵守丞衔前,令□。Ⅱ 9 - 757"⑦据此可知,"更卒"的全称应为"更戍卒",但还有两点必须注意:一是更卒显然是"戍役"中的一种形式;二是秦更卒除了履行军事职能外,还必须承担繁重的劳役⑧。

我们知道,"封建城邦时代,国人服兵役者只限一家一丁之正卒,其子若弟并无兵役义务",但是降至春秋战国时期,各诸侯国"逐步地扩大征兵,由国人而都邑,从国人

---

① 高敏:《秦汉的徭役制度》,收入所著《秦汉史探讨》,中州古籍出版社,1998年,第126页。
② 黄今言:《秦汉赋役制度研究》,第246—293页。
③ 钱剑夫:《秦汉赋役制度考略》,第128、179页。
④ 林甘泉主编:《中国经济通史·秦汉经济卷》第16章"徭律"(马怡撰),中国社会科学出版社,2007年,第458—594页。据此,屯戍与兵役又如何理解?难道兵役不包括屯戍?另外,秦汉时期的"刑徒"是服刑还是服徭役?这些都是亟待解决的问题。
⑤ 杨振红:《徭、戍为秦汉正卒基本义务说——更卒之役不是"徭"》,《中华文史论丛》2010年第1期。
⑥ 杨振红:《徭、戍为秦汉正卒基本义务说——更卒之役不是"徭"》,《中华文史论丛》2010年第1期。
⑦ 里耶秦简整理小组:《新见里耶秦简牍资料选校(二)》,武汉大学简帛研究中心:《简帛》(第十辑),上海古籍出版社,2015年,第197页。
⑧ 具体情况请参见朱德贵:《秦简所见兵役制度新证》待刊。毋庸置疑,秦"徭"是著籍"黔首"所服之劳役,而傅籍"更卒"也同样必须服繁重的劳役。之所以学界对"月为更卒"之制争论不休,主要原因就是"更卒"之役应归入"徭"还是"戍"的问题。

到野人,最后达到举国皆兵"①。战国时期,秦形成了较为完备的"兵农合一"之体制,"更戍卒"既是兵,更是务本之民。所以,秦傅籍之"黔首"既要服劳役(徭),也要服兵役(戍)。

尤其值得一提的是,王彦辉最近又在《秦汉徭戍制度补论——兼与杨振红、廣瀨熏雄商榷》一文中系统探讨了秦"徭"制问题。在文中,王彦辉主要围绕秦之徭与"一岁力役"的关系、徭与"委输传送"的关系和"繇使"与劳役的关系等问题展开了论述②。同时,孙闻博也在《秦及汉初"徭"的内涵与组织管理——兼论"月为更卒"的性质》一文中对秦"徭"制的诸多问题提出了不同的看法③。

王彦辉在文中很好地解决了秦汉"徭"制中的服役范围和"吏徭"问题。但他在分析"徭戍"概念时却说:"'徭戍'是秦汉时期法律文献中的固有概念,总体上体现了国家无偿役使民力的两大种类,其中,'徭'指徭役,'戍'指兵役。"④不可否认,王先生正确指出了秦汉国家无偿役使民力的两大种类。然其对"徭"概念之界定,笔者并不认同,因为前辈学者早已界定清晰的"徭役"其实包含两个关键性概念——"徭(劳役)"和"戍(兵役)"⑤,"徭"并不等于"徭役"。因此,论者将"徭"和"徭役"混同,似为不妥。

孙闻博在文中详细考证了秦及汉初之"徭",该文以马怡等的分析框架为基础,从秦汉徭役的广义和狭义两方面进行了分析。孙闻博最大贡献在于清晰地区分了秦县级机构下辖之"诸官"与"列曹",这使我们能准确地把握秦"徭"之类别、服役范围和管理方式等问题。然而,孙闻博却说,秦汉广义上之徭役就是指"劳役、屯戍、兵役和罚作",其中对应"徭戍"中"徭"为"劳役"和"罚作";"正役对应于狭义'徭戍',包括国家征发的一般性力役和屯戍一类常规性兵役"⑥。按照这样的理解,广义上之"徭戍"指的是"劳役、屯戍、兵役和罚作";而狭义上之"徭戍"则为"国家征发的一般性力役和屯戍一类常规性兵役"。不难看出,此两者皆包含"劳役"和"兵役",似无明显之区别。另一方面,不应将"力役"和"劳役"两个概念混同。在秦汉文献中,"力役"指的就是"徭戍",既包括劳役,又包括兵役⑦。愚以为,秦之"徭戍"(或"徭役")制度不

---

① 杜正胜:《编户齐民:传统政治社会结构之形成》,台北:联经出版事业股份有限公司,1990年,第50页。
② 王彦辉:《秦汉徭戍制度补论——兼与杨振红、广瀨熏雄商榷》,《史学月刊》2015年第10期。
③ 孙闻博:《秦及汉初"徭"的内涵与组织管理——兼论"月为更卒"的性质》,《中国经济史研究》2015年第5期。
④ 王彦辉:《秦汉徭戍制度补论——兼与杨振红、广瀨熏雄商榷》,《史学月刊》2015年第10期。
⑤ 还有一例可证"徭"与"戍"性质之不同,如《睡虎地秦墓竹简·工律》:"邦中之繇(徭)及公事官(馆)舍,其叚(假)公,叚(假)而有死亡者,亦令其徒、舍人任其叚(假),如从兴戍然。(简101)"可见,秦时徭徒在"邦中"劳作,可借用公器,若借者死亡,则"其徒、舍人任其叚(假)",此规定"如从兴戍然",亦即与戍律规定一样。
⑥ 孙闻博:《秦及汉初"徭"的内涵与组织管理——兼论"月为更卒"的性质》,《中国经济史研究》2015年第5期。
⑦ 关于"力役"的解释,前文已作了分析,具体情况请参见黄今言:《秦汉赋役制度研究》,江西教育出版社,1988年,第246页;马怡、唐宗瑜编:《秦汉赋役资料辑录》,山西人民出版社,1990年,第2页。

存在广义和狭义之分,它仅指两个方面的内容:一是"徭",二是"戍",亦即"劳役"和"兵役"①。

造成以上学者在秦"徭"制问题上长期聚讼不已的原因何在？笔者以为,在现有秦史资料的前提下,其主要原因是对秦"徭"的理解不同。

秦汉四百余年,"徭戍"之制不可能没有变化,我们不能仅依靠两汉的史料来推演秦制。正如陈松长所言,"䌛和役是单独使用的两个语义相近而又有区别的词语"②,我们绝不能将"徭役"和"徭"混同。那么,秦之"徭"有何特点？其内涵究竟如何？据许慎《说文解字》载:"䌛,随从也。从系䚻声。"③清代段玉裁在《说文解字注》中则详细解释说:"䌛,随从也。辵部曰:从、随行也。随,从也。䌛与随、从三篆为转注。从系者、谓引之而往也。尔雅释故曰:䌛、道也……道路及导引、古同作道,皆随从之义也。䌛之讹体作䌛,亦用为徭役字。徭役者、随从而为之者也。"④可见,许慎对"䌛"的内涵作了本质的解释,而段玉裁之解释则掺杂了许多汉及汉以后之人对"徭"解读的思想。据此,陈松长解释说:"䌛既然是'随从',那么多少也是与劳作有关的,故汉以后的文献中,多将'䌛役'作为一个双音节的词语来使用。"⑤显然,陈先生的这一论断是正确的,秦之"徭"指的就是"劳役"。所谓"劳役"者,《说文》曰:"劳,剧也。从力,荧省。荧,火烧冂,用力者劳。"⑥又,《淮南子·泰族训》云:"无隐士,无轶民,无劳役,无冤刑,四海之内,莫不仰上之德。"⑦可见,"徭"指的就是官府强制傅籍之"黔首"服劳役之制度。

总之,我们在探讨秦"徭"制问题之前,首先应该依据可靠史料和前辈学者的研究成果清晰界定"徭"之内涵,绝不能将"徭"与"徭役"、"力役"与"兵役"等概念混淆。近年来,随着秦简的陆续披露,出现了一些有关"奴徭"和"吏徭"的史料,有些学者据此认为,"奴徭"和"吏徭"也是"徭"。难道"奴徭"和"吏徭"果真是秦法律意义上之"徭"吗？可喜的是,岳麓秦简《徭律》为我们解决这一问题提供了新的证据。

---

① 张金光先生认为,秦之"徭戍"应该"分'徭(更)'役与'戍'役(兵役)两大类。秦律各分专篇以规定其事。睡虎地秦简即有《徭律》和《戍律》",亦即黄今言先生所言的"劳役和兵役"。参见张金光:《秦制研究》,上海古籍出版社,2004年,第224页。陈松长公布的一枚简文进一步印证了秦文献中"徭戍"一词连用的文书惯例,如"䌛戍自囗日以上尽券书及署于牒。"(岳麓秦简《徭律》简1305),参见陈松长:《睡虎地秦简中的"将阳"小考》,《湖南大学学报》2012年第5期。因此,老一辈学者有关秦汉徭役制度的研究成果不宜轻易否认,尤其是对秦汉"徭役"和"力役"等概念的界定方面。
② 陈松长:《秦汉时期的䌛与䌛使》,《湖南大学学报》2014年第4期。
③ [汉]许慎:《说文解字(附检字)》,中华书局,1963年,第270页。
④ [清]段玉裁:《说文解字注》,上海古籍出版社,1981年,第643页。
⑤ 陈松长:《秦汉时期的䌛与䌛使》,《湖南大学学报》2014年第4期。
⑥ [汉]许慎:《说文解字(附检字)》,北京:中华书局,1963年,第292页。
⑦ [汉]高诱注:《淮南子》,国学整理社:《诸子集成(七)》,北京:中华书局,1954年,第349页。

二、岳麓秦简《徭律》的内容和性质

秦《徭律》与徭制有着必然的联系,《徭律》是构成秦徭制的基础。首先,我们从秦简《徭律》入手,详细考察秦徭制的具体内容及其实质。迄今为止,我们可以看到两批有关秦《徭律》的简文,一是云梦秦简之《徭律》;二是新近披露的岳麓秦简之《徭律》。尤其是岳麓秦简所载之史料在某些方面填补了秦"徭"制史研究的史料空白,为我们重新审视秦的徭制提供了坚实的史料基础,请看如下岳麓秦简中《徭律》的如下简文:

1. 繇(徭)律曰:岁兴繇(徭)徒,人为三尺券一,书其厚焉。节(即)发繇(徭),乡啬夫必身与典以券行之。田时先行富(简244/1241)有贤人,以闲时行贫者,皆月券书其行月及所为日数,而署其都发及县请(情)。⌐其当行而病及不存,(简245/1242)署于券,后有繇(徭)而聂(躡)行之。节(即)券繇(徭),令典各操其里繇(徭)徒券来与券以聂繇(徭)徒,勿征赘,勿令费日。(简246/1363)其移徙者,辄移其行繇(徭)数徒所,尽岁而更为券,各取其当聂(躡)及有赢者日数,皆署新券以聂(躡)(简247/1386)①

2. 繇(徭)律曰:兴繇(徭)及车牛及兴繇(徭)而不当者,及擅傅(使)人属弟子、人复复子、小敖童、弩,乡啬夫吏主者,赀(简147/1232)各二甲,尉、尉史、士吏、丞、令、令史见及或告而弗劾,与同辠。弗见莫告,赀各一甲。给邑中事,传送委输,先(简148/1257)悉县官车牛及徒给之,其急不可留,乃兴繇(徭)如律;不先悉县官车牛徒,而兴黔首及其车牛以发(简149/1269)繇(徭),力足以均而弗均,论之。(简150/1408)②

3. 繇(徭)律曰:补缮邑院、除田道桥、穿汲〈波(陂)〉池、渐(堑)奴苑,皆县黔首利殹(也),自不更以下及都官及诸除有为(简151/1255)殹(也),及八更,其皖老而皆不直(值)更者,皆为之,冗宦及冗官者,勿与。除邮道、桥、駝〈驰〉道,行外者,令从户(简152/1371)□□徒为之,勿以为繇(徭)。(简153/1381)③

4. 繇(徭)律曰:毋敢傅(使)叚(假)典居旬于官府;毋令士五为吏养、养马;毋令典、老行书;令居赀责(债)、司寇、隶臣妾(简154/1374)。④

5. 繇(徭)律曰:发繇(徭),兴有爵以下到任弟子、复子,必先请属所执法,郡

---
① 陈松长:《岳麓书院藏秦简(肆)》,上海辞书出版社,2015年,第149—150页。
② 陈松长:《岳麓书院藏秦简(肆)》,第116—117页。
③ 陈松长:《岳麓书院藏秦简(肆)》,第118页。
④ 陈松长:《岳麓书院藏秦简(肆)》,第119页。

各请其守,皆言所为及用积(简156/1295)徒数,勿敢擅兴,及毋敢擅傅(使)敖童、私属、奴及不从车牛,凡免老及敖童为傅者,县勿敢傅(使),节(简157/1294)载粟,乃发敖童年十五岁以上,史子未傅先觉(学)觉(学)室,令与粟事,敖童当行粟而寡子独与老(简158/1236)父老母居,老如免老,若独与㾻(癃)病母居者,皆勿行。(简159/1231)①

6. 䌛(徭)律曰:委输传送,重车负日行六十里,空车八十里,徒行百里。其有□□□(简248/1394)□而傅于计,令徒善攻间车。食牛,牛觜(觜),将牛者不得券䌛(徭)。尽兴隶臣妾、司寇、居赀赎责(债),县官(简249/1393)□之□传送之,其急事,不可留殹(也)。乃为兴䌛(徭)。┕有赀赎责(债)拾日而身居,其居县官者,县节(即)有(简250/1429)䌛(徭)戍,其等当得出,令䌛(徭)戍,䌛(徭)戍已,辄复居。当䌛(徭)戍,病不能出及作盈卒岁以上,为除其病岁?(徭),(简251/1420)勿聂□□论毄(系),除毄(系)日䌛(徭)戍,以出日傅(使)之。(简252/1424)②

7. 䌛(徭)律曰:发䌛(徭),自不更以下䌛(徭)戍,自一日以上尽券书,及署于牒,将阳信(伸)事者亦署之,不从令及䌛(徭)不当(简253/1305)券书,券书之,赀乡啬夫、吏主者各一甲,丞、令、令史各一盾。䌛(徭)多员少员,颁(颁)计后年䌛(徭)戍数。发吏力足以均?(徭)曰,(简254/1355)尽岁弗均,乡啬夫、吏及令史、尉史主者赀各二甲,左罶(迁)。令、尉、丞䌛(徭)已盈员弗请而擅发者赀二甲,免。(简255/1313)吏(䌛)□䌛(徭)□均,伪为其券书以均者赀二甲,废。(简256/0913)③

以上所引是岳麓秦简《徭律》中的七条律文。这些律文绝大部分属首次刊布,这为我们深入探讨秦"徭"制问题提供了鲜活而真实的史料。兹逐一加以分析如下:

(一)秦"兴䌛(徭)"时必须建立严格的"徭徒"档案。例1中之"三尺券一(符)"指的就是"对文书形制上的规定"④,而非"叁辨券"之讹误⑤。"书其厚焉"中的"厚",确实是指"徭徒"家庭"财物多少"之情况⑥,如《汉书》卷四九《晁错传》:"塞下之民,禄利不厚,不可使久居危难之地。"⑦据此,愚以为秦"兴徭"文书的制作以年度

---

① 陈松长:《岳麓书院藏秦简(肆)》,第119—120页。
② 陈松长:《岳麓书院藏秦简(肆)》,第151—152页。
③ 陈松长:《岳麓书院藏秦简(肆)》,第152—153页。
④ 陈伟:《岳麓书院秦简〈徭律〉的几个问题》,《文物》2014年第9期。
⑤ 陈松长以为,此处之"三尺券"实为云梦秦简中的"参辨券"。参见陈松长:《岳麓秦简中的〈徭律〉例说》,《出土文献研究》第11辑,中西书局,2012年,第164页。为此,陈伟先生对此已作了解释,参见陈伟《岳麓书院秦简〈徭律〉的几个问题》,《文物》2014年第9期。
⑥ 陈松长:《岳麓秦简中的〈徭律〉例说》,《出土文献研究》第11辑,中西书局,2012年,第164页。
⑦ 《汉书》卷四九《晁错传》,第2286页。

为期,并将每位"繇徒"的家庭财产情况登记在"三尺券一(符)"上。我们还可进一步推测,此"兴䌛(繇)"文书还当包含"繇徒"的姓名、籍贯、身高(或年龄)等内容。

那么,秦《䌛(繇)律》何以要特别规定"繇徒"的家庭财产情况和官府的签署意见呢?这是因为,秦官府为了不误农时,其在《繇律》中特别规定了"田时先行富有贤人,以闲时行贫者,皆月券书其行月及所为日数,而署其都发及县请"。但接下来的问题是,我们该如何理解这句话呢?笔者以为,这句话其实应包含二层意思:

第一,依据《繇律》之规定,秦"兴繇"的对象为编户之人,亦即《繇律》中的"䌛(繇)徒"①。秦汉时期"有身便有赋,有丁则可役"②,繇役征发的对象"大都是贫苦的劳动者","地主不过数家"③。可见,黄今言先生在此正确指出,只有著籍"黔首"才是"行繇"的对象,但简文显示,秦时不论贫富,一律"行繇",且"田时先行富有贤人,以闲时行贫者"④。

当然,秦汉官府为某些特殊利益集团或群体制定了严格的"复除"制度,"给公家繇役"⑤者随着利益集团的强大而愈加稀少,如武帝时期"民多买复及五大夫,征发之士益鲜"⑥。黄今言将这种"复免繇役"之对象归为如下几类:一曰"宗室署籍及诸侯、功臣的后代";二曰"凡有官籍,俸给六百石至二千石官吏和都尉以上的军官";三曰"享有一定爵位者";四曰"博士弟子,甚至能通一经的儒生";五曰"民有车骑马以及入奴婢者、入粟者"⑦。因此,"复除"人数愈多,为政府"给役使"⑧者就越少。在此有必要特别指出的是,秦"复除"人员也有专门的登记文书,请看如下秦简之记载:

廿八年五月己亥朔甲寅,都乡守敬感言之:☐Ⅰ
得虎,当复者六人,人一牒,署复☐于☐Ⅱ
从事,敢言之。☐Ⅲ 8-170

五月甲寅旦,佐宣行廷。8-170 背⑨

---

① 岳麓秦简表明,在这些"䌛(繇)徒"中既包括富有之人,又包括"贫者"。有些学者在探讨秦汉繇役制度时,往往强调繇役对贫苦农民剥削之残酷性。见高敏:《秦汉的繇役制度》,收入所著《秦汉史探讨》,中州古籍出版社,1998年,第145—152页。但是,此则新史料则说明,农忙时政府首先征发的对象却为"富有贤人",而非"贫者"。
② 黄今言:《秦汉赋役制度研究》,第249页。
③ 黄今言:《秦汉赋役制度研究》,第250页。
④ 杜正胜亦云:"(编户民)法律、政治身份虽齐,但社会与经济力量却不齐。"参见杜正胜:《编户齐民:传统政治社会结构之形成》,台北:联经出版事业股份有限公司,1990年,第47页。
⑤ 《汉书》卷一《高帝纪》"……萧何发关中老弱未傅者悉诣军"条目下师古注曰,第37页。
⑥ [汉]司马迁:《史记》卷三〇《平准书》,中华书局,1959年,第1428页。
⑦ 黄今言:《秦汉赋役制度研究》,第250—254页。
⑧ 《汉书》卷一〇《成帝纪》"避水它郡国,在所冗食之"条目下注引文颖《汉书注》曰,第311页。
⑨ 陈伟:《里耶秦简牍校释(壹)》,武汉大学出版社,2012年,第103页。

由此可见,秦"复除"人员必须"人一牒",由官府详细记录在案,以备相关官吏查询"徭徒"服役的情况。至于上引简文中的"牒",《说文》曰:"牒,札也。"又,《左传·昭公二十五年》载:"右师不敢对,受牒而退。"①据此,卜宪群说:"牒书广泛用于验问、责问,用于名籍登录、官吏升迁任免,也可用作法律文书、财物管理公文等。牒书可用于下行文书,也可用于平行、上行文书。"②很显然,"牒书"除了卜先生所云之功能外,还可用于"复除"文书的制作,因此,上引湘西里耶秦简加深了我们对秦"牒书"内容的了解。除此以外,"逋事"及"乏繇(徭)"者也应记录在案,如云梦秦简载:

可(何)谓"逋事"及"乏繇(徭)"繇律所谓者,当繇(徭),吏、典已令之,即亡弗会,为"逋事";已阅及敦(屯)车食若行到繇(徭)所乃亡,皆为"乏繇(徭)"(简164)。(《法律答问》)③

覆敢告某县主:男子某辞曰:"士五(伍),居某县某里,去亡。"可定名事里,所坐论云可(何),可(何)罪赦,(简13)【或】覆问毋(无)有,几籍亡,亡及逋事各几可(何)日,遣识者当腾,腾皆为报,敢告主(简14)。(《封诊式》)④

根据《法律答问》简164可以看出,秦律对"逋事"和"乏繇(徭)"的适用范围作了详细之规定:"逋事"就是指官府在兴徭时,"徭徒"不服从命令,"亡弗会";而"乏繇(徭)"则是指"徭徒"已接受检阅并享用官府所廪之粮食,或已抵达服役地点,但"乃亡"者。毋庸置疑,官府为了了解这些"逋事"和"乏繇(徭)"者的情况,显然制作了专门登记"徭徒"服役情况的档案文书,否则官府如何知晓"徭徒"之"几籍亡,亡及逋事各几可(何)日"呢?上引《封诊式》简14还反映了各级官府对"徭徒"之"逋事"的上报制度,亦即"遣识者当腾,腾皆为报,敢告主",这一情况正好和例1中的"署其都发及县请"相一致⑤。

第二,"富有贤人"先行"徭","贫者"则次之。何谓"贤人"?《说文》曰:"贤,多才也。从贝臤声。"此处之"多才"显然为"多财"之意,正如清代段玉裁《说文解字注》所说:"贤,多财也。财各本作才。今正。贤本多财之偁。引伸之凡多皆曰贤。人称

---

① [晋]杜预注、[唐]孔颖达正义:《春秋左传正义》,载自[清]阮元校刻:《十三经注疏(附校勘记)》,中华书局,1980年,第2109页。
② 卜宪群:《秦汉公文文书与官僚行政管理》,《历史研究》1997年第4期。
③ 睡虎地秦墓竹简整理小组编:《睡虎地秦墓竹简·法律答问》,文物出版社,1990年,第132页。
④ 睡虎地秦墓竹简整理小组编:《睡虎地秦墓竹简·封诊式》,第150页。
⑤ 陈松长先生在《岳麓秦简中的〈徭律〉例说》一文中解释说:"(徭徒簿书)所记载的内容包括行徭的月数和天数,同时,其发徭的都官或县要有签署的情况。"在此基础上,陈伟在《岳麓书院秦简〈徭律〉的几个问题》一文中进一步分析了该句中的"县请"含义,他说:"'县请',大概是指在一些特别情形下,县在向上级请示之后而兴发的徭役。"

贤能,因习其引申之义而废其本义矣。"① 可见,岳麓秦简《徭律》对"行徭"作出了详细规定,农忙时节富人先行徭役,而农闲时则征发"贫者"服役。这是当时为政者推崇的"使民以时"思想的体现,如《汉书》卷二四《食货志》云:"此先王制土处民富而教之之大略也。故孔子曰:'道千乘之国,敬事而信,节用而爱人,使民以时。'"颜师古注曰:"……爱养其民,无夺农时。"②

第三,档案中还必须登记"徭徒"服役的月份和天数,并由各管理部门负责签署。例1中"皆月券书其行月及所为日数,而署其都发及县请"即可为证。所谓"月券书其行月及所为日数",指的就是秦"月为更卒"之"日数"。

(二)秦律对各类役使对象进行了严格的限制。例2显示,秦官府"行徭"时严格禁止役使"人属弟子、人复复子、小敖童、弩"。其中,"人属弟子"指的是"私人招收的弟子,与官府弟子相对应"③。秦对此类弟子一般设置有专门之版籍,如《秦律杂钞》曰:"除弟子律当除弟子籍不得,置任不审,皆耐为侯(候)。使其弟子赢律,及治(笞)之,赀一甲;决革,二甲。(简6)除弟子律"④由此可知,秦律禁止"使其弟子赢律",这与例2中的禁止"擅傅(使)人属弟子"恰好可以相互印证。"人复复子"指的是"免除徭役者之子"⑤。这类人显然不在兴徭范围内,如《史记》卷六《秦始皇本纪》:"(秦始皇二十八年,前219年)南登琅邪,大乐之,留三月。乃徙黔首三万户琅邪台下,复十二岁。"⑥第三种人就是"小敖童",这类人指的是"未达到傅籍年龄的男子"⑦,如秦简载:"可(何)谓'匿户'及'敖童弗傅' 辤匿户弗繇(徭)、使,弗令出户赋之谓殹(也)。"但"敖童年十五岁以上(简158/1236)"者可以"令与粟事"⑧,亦即委输粮食。第四类人就是"弩"。这类人指的是"弩箭射手,弩箭射手可以试射抵徭役"⑨。秦律规定,"发弩"可以免除徭戍四年(即"驾驺除四岁"),然而一旦其"不能驾御",则必须"赏(偿)四岁繇(徭)戍"⑩。

在"给邑中事,传送委输"时,秦律对役使之人的顺序进行了规定。首先役使的对象为"县官车牛及徒"。其中,"徒"指的是"乘城卒、隶臣妾、城旦舂、鬼薪白粲、居赀

---

① "贤人"除了具有富人的意思之外,还具有"贤能"之人的意思,如《易·系辞上》:"有亲则可久,有功则可大。可久则贤人之德,可大则贤人之业。"又,《史记》卷一三○《太史公自序》:"守法不失大理,言古贤人,增主之明。"(第3316页)可见,有"才德之人"乃"贤人"引申之意。
② 《汉书》卷二四《食货志》,第1123页。又见《论语·学而》载:"道千乘之国,敬事而信,节用而爱人,使民以时。"
③ 陈松长:《岳麓书院藏秦简(肆)》,第166页。
④ 睡虎地秦墓竹简整理小组编:《睡虎地秦墓竹简》,第80页。
⑤ 陈松长:《岳麓书院藏秦简(肆)》,第166页。
⑥ 《史记》卷六《秦始皇本纪》,第224页。
⑦ 陈松长:《岳麓书院藏秦简(肆)》,第166页。
⑧ 陈松长:《岳麓书院藏秦简(肆)》,第119—120页。
⑨ 陈松长:《岳麓书院藏秦简(肆)》,第166页。
⑩ 睡虎地秦墓竹简整理小组编:《睡虎地秦墓竹简》,第79页。

赎责（债）、司寇、隐官、践更县者"，且明文规定"田时殹（也），不欲兴黔首"。请看里耶秦简如下记载：

廿七年二月丙子朔庚寅，洞庭守礼谓县啬夫、卒史嘉、叚（假）卒史谷、属尉：令曰："传送委，必先悉行城旦舂、隶臣妾、居赀赎责（债），急事不可留，乃兴繇（徭）。"今洞庭兵输内史及巴、南郡苍梧，输甲兵当传者多，节传之，必先悉行乘城卒、隶臣妾、城旦舂、鬼薪白粲、居赀赎责（债）、司寇、隐官、践更县者。田时殹（也），不欲兴黔首。嘉、谷、尉各谨案所部县卒、徒隶、居赀赎责（债）、司寇、隐官、践更县者簿，有可令传甲兵，县弗令传之而兴黔首，［兴黔首］可省少弗省少而多兴者，辄劾移县，［县］亟以律令具论。当坐者言名夬泰守府，嘉、谷、尉在所县上书嘉、谷、尉，令人日夜端行。它如律令。（J1(16)6A 面）①

廿七年二月丙子朔庚寅，洞庭守礼谓县啬夫、卒史嘉、叚（假）卒史谷、属尉：令曰："传送委输，必先悉行城旦舂、隶臣妾、居赀赎责（债），急事不可留，乃兴繇（徭）。"今洞庭兵输内史及巴、南郡苍梧，输甲兵当传者多，节传之，必先悉行乘城卒、隶臣妾、城旦舂、鬼薪白粲、居赀赎责（债）、司寇、隐官、践更县者。田时殹（也），不欲兴黔首。嘉、谷、尉各谨案所部县卒、徒隶、居赀赎责（债）、司寇、隐官、践更县者簿，有可令传甲兵，县弗令传之而兴黔首，［兴黔首］可省少弗省少而多兴者，辄劾移县，［县］亟以律令具论。当坐者言名夬泰守府，嘉、谷、尉在所县上书嘉、谷、尉，令人日夜端行。它如律令。（J1(16)5A 面）②

可见，上引 2 则史料正好印证了岳麓秦简《繇律》所言不虚矣！当时各县廷皆编制了"县卒、徒隶、居赀赎责（债）、司寇、隐官、践更县"等人的详细簿籍，以备案验审核。一旦发现"有可令传甲兵，县弗令传之而兴黔首"，则"［县］亟以律令具论"。

因此，秦律对"给邑中事，传送委输"的役使顺序给予了严格之规定。凡违反此律者，皆"论之"，正如简文所言："不先悉县官车牛徒，而兴黔首及其车牛以发（简149/1269）繇（徭），力足以均而弗均，论之。"

（三）秦律对与农业相关工程之建设的规定。例3之律文分别针对"补缮邑院、除田道桥、穿汲〈波（陂）〉池、渐（堑）奴苑"和"除邮道、桥、鸵〈驰〉道"等工作给予了详细之规定。

那么，秦《繇律》中之"补缮邑院、除田道桥、穿汲〈波（陂）〉池、渐（堑）奴苑"等又

---

① 马怡：《里耶秦简选校》，中国社会科学院历史研究所学刊编委会编：《中国社会科学院历史研究所学刊》第 4 集，第 143 页。
② 马怡：《里耶秦简选校》，中国社会科学院历史研究所学刊编委会编：《中国社会科学院历史研究所学刊》第 4 集，第 149 页。

所指为何？具体而言，其主要包括如下几个方面：

一是"补缮邑院"。简文中之"邑"为城邑①，至于"院"，《广雅》释"室"云："院，垣也。"《玉篇》："院，周垣也。"又，《增韵》："有垣墙者曰院。"②因此，"补缮"城邑周垣围墙乃为秦"行徭"之范围。

二是"除田道桥"。有关"除田道桥"，秦汉《田律》对此均有解释，如青川木牍《更修为田律》云："九月，大除道及阪险。"③《二年律令·田律》："恒以秋七月除千（阡）佰（陌）之大草。（简246）"④又，《二年律令·田律》："九月大除（简246）道及阪险。（简247）"⑤以上简文中之"除"，意为"治"⑥。由此可见，整治和修缮田间小道和桥梁亦为"行徭"之范围。

三是"穿汲〈波（陂）〉池"。如青川木牍《更修为田律》云："十月，为桥，修（脩）波堤，利津（隧）鲜草。"⑦又，《二年律令·田律》记载："十月为桥，修波（陂）堤，利津梁。（简247）"⑧岳麓秦简中之"汲〈波（陂）〉池"，指的是"波池"。又"'波'乃'陂'之借字。陂池即池塘湖泊"⑨。所谓"穿"，《说文》曰："穿，通也。"⑩因此，秦《徭律》对按时疏通池塘及湖泊也进行了规定。

四是"渐（堑）奴苑"。秦之"苑"是皇家禁地，禁止百姓随便入内捕猎，如《龙岗秦简》："诸禁苑为哭（壖），去垣卅里，禁毋敢取哭（壖）中兽，取者□罪□盗禁中【兽】。□（简27）"⑪因此，"苑"之四周一般皆置壕沟等以防外人进入。岳麓秦简简文中之"渐"，意为"挖掘沟池、道路等。《史记·秦始皇本纪》曰：'斩山堙谷。'"⑫又，"奴"，其意为"水蓄积不流动"⑬。所以，"渐（堑）奴苑"指的就是挖掘沟池，疏通禁苑之积

---

① 睡虎地秦墓竹简整理小组编：《睡虎地秦墓竹简·徭律》，第48页。此种意思见其简116之解释。
② 此书又名曰《增修互注礼部韵略》，为南宋毛晃增注。参见［宋］毛晃增注、［宋］毛居正重增：《增修互注礼部韵略》，北京图书馆出版社，2005年。
③ 陈伟主编：《秦简牍合集（贰）·郝家坪秦墓木牍》，武汉大学出版社，2014年，第190页。
④ 彭浩、陈伟、［日］工藤元男：《二年律令与奏谳书》，上海古籍出版社，2007年，第189页。
⑤ 彭浩、陈伟、［日］工藤元男：《二年律令与奏谳书》，上海古籍出版社，2007年，第189页。
⑥ 陈伟主编：《秦简牍合集（贰）·郝家坪秦墓木牍》，第198页。
⑦ 参见陈伟主编：《秦简牍合集（贰）·郝家坪秦墓木牍》，武汉大学出版社，2014年，第190页。此简中"利"下缺一字，于豪亮、李学勤等皆释为"梁"。本文从陈伟主编《秦简牍合集（贰）》之说，亦释读为"隧"。参见陈伟主编《秦简牍合集（贰）·郝家坪秦墓木牍》，第198—199页。当然，《国语·周语中》也相关之记载："故《夏令》曰：'九月除道，十月成梁。'"韦昭在此注曰："夏令夏后氏之令，周所因也。"汪远孙亦注云："小正皆夏记时之书，夏令即夏正。"参见徐元诰《国语集解》（王树民、沈长云点校），中华书局，2002年，第63—65页。然而，《礼记·月令》又曰："（季春之月）修利堤防，道达沟渎，开通道路，毋有障塞。"此处所记为"季春之月（三月份）"。参见［汉］郑玄注、［唐］孔颖达疏：《礼记正义》，［清］阮元校刻：《十三经注疏（附校勘记）》（影印版），中华书局，1980年，第1363页。
⑧ 彭浩、陈伟、［日］工藤元男：《二年律令与奏谳书》，上海古籍出版社，2007年，第189页。
⑨ 陈松长：《岳麓书院藏秦简（肆）》，第166页。
⑩ ［汉］许慎：《说文解字（附检字）》，中华书局，1963年，第152页。
⑪ 陈伟主编：《秦简牍合集（贰）·龙岗秦墓简牍》，武汉大学出版社，2014年，第29页。
⑫ 陈松长：《岳麓书院藏秦简（肆）》，第167页。
⑬ 陈松长：《岳麓书院藏秦简（肆）》，第167页。

水。针对苑囿的修缮和保护问题,云梦秦简《徭律》曾规定:县级机构必须负责禁苑和苑囿的修缮工作,同时,对苑囿附近农田必须予以保护①。

以上四项工作"皆县黔首利殹(也)"。所以,"自不更以下""都官""诸除有为"以及"八更,其皖老而皆不直(值)更者"等皆为"行徭"之对象。但"冗宦及冗官者"不得"行徭"。

至于"除邮道、桥、鸵〈驰〉道",岳麓秦简《徭律》规定,"行徭"时,如果有"行外者(外出服徭戍者)",则"令从户(简152/1371)□□徒为之",不能算作"繇(徭)"。此句简文残缺,其意不明。

(四)秦律对"典"、"老"和"士五(伍)"的役使问题做了详细规定。例4说明,秦《徭律》对以上三类人的"行徭"问题规定如下:

一是"毋敢傳(使)叚(假)典居旬于官府"。简文中之"典",其实为"里典",如《二年律令·钱律》:"同居不告,赎耐。正、典、田典、伍人不告,罚金四两。或颇告,皆相除。尉、尉史、乡部官(简201)啬夫、士吏、部主者弗得,罚金四两。(简202)"《二年律令·户律》:"数在所正、典弗告,与同罪;乡部啬夫、吏主及案户者弗得,罚金(简329)各一两。(简330)"又,《二年律令·置后律》:"诸当爵后者,令典若正、伍里人毋下五人任占。(简390)"可见,秦及汉初在里一级设置的管理者包括里正、里典和田典等。"老"指的是"伍老,相当于后世的保甲长"②。"叚(假)"即代理之意,如《史记》卷七《项羽本纪》:"乃相与共立羽为假上将军。"注引《史记正义》曰:"未得怀王命也。假,摄也。"③又,《尹弯汉墓简牍》:"戚左尉,鲁国鲁史父庆,故假亭长,以捕格不道者除。"④此例中之"假亭长"就是代理亭长,乃为真除之前的称呼。因此,"叚(假)典"指的就是代理里典。"居"指的是"居作,罚服劳役。"⑤由此可知,秦《徭律》禁止役使代理里典"居旬于官府"。

二是"毋令士五(伍)为吏养、养马"。"吏养"中之"养",其意为厨师。秦律对从事这一职业者有严格的规定,请看如下简文:

1. ·仓律曰:毋以隶妾为吏仆、养、官【守】府∟,隶臣少,不足以给仆、养,以居赀责(债)给之;及且令以隶妾为吏仆、(简165/1370)养、官守府,有隶臣,辄伐〈代〉之∟,仓厨守府如故。(简166/1382)

2. 徒隶不足以给仆、养,以居赀责(债)者给之,令出(简262/1260)□,受钱毋过日八钱,过日八钱者,赀二甲,免。能入而弗令入,亦赀二甲,免。除居赀赎

---

① 睡虎地秦墓竹简整理小组编:《睡虎地秦墓竹简》,第47页。
② 睡虎地秦墓竹简整理小组编:《睡虎地秦墓竹简》整理者注曰,第87页。
③ 《史记》卷七《项羽本纪》,第305页。
④ 张显成、周群丽:《尹弯汉墓简牍校理》,天津古籍出版社,2011年,第21页。
⑤ 睡虎地秦墓竹简整理小组编:《睡虎地秦墓竹简》,第33页。

责(债)以为仆、养。令出仆入。(263/1264)

3. 司寇勿以为仆、养,守官府及除有为殹(也)。有上令除之,必复请之。」徒隶(简 271/残 5 + 1434)毄(系)城旦舂、居赀赎责(债)而敢为人仆、养、守官府及视史事若居隐除者,坐日六钱为(简 272/1430)盗。(简 273/1421)

4. 司寇勿以为仆、养、守官府及除有为殹(也)。有上令除之,必复请之。(《司空》简 150)

5. 隶臣有巧可以为工者,勿以为人仆、养。(《均工》简 113)

6. 卅一年四月癸未朔甲午,【仓是】□☑Ⅰ大隶臣廿六人☑Ⅱ其四人吏养:唯、冰、州、□☑Ⅲ8-736☑午旦,隶【妾】□☑8-736背①

7. 卅一年后九月庚辰朔甲□,……却之:诸徒隶当为Ⅰ吏仆养者皆属仓……仓及卒长彭所Ⅱ署仓,非弗智(知)殹,盖……可(何)故不腾书?近所官Ⅲ亘(恒)日上真书。状何……□□□□□□☑Ⅳ8-130+8-190+8-193 后九月甲申旦食时……尚手。8-130 背+8-190 背+8-193 背②

8. □□温与养隶臣获偕之蓬传,及告畜官遣之书季有□8-1558☑急封此。8-1558 背③

以上就是有关秦"养(厨师)"的 8 条典型材料。例 1、例 2、例 5 和例 8 表明,有资格充当为"养(厨师)"者只有"隶臣",但当"隶臣少,不足以给仆、养"时,则会考虑"居赀责(债)给之"。在此种情况下,官府必须以"日八钱"的工资支付给"居赀责(债)"者。可见,"隶臣"是法律规定的"养(厨师)",但"隶臣有巧可以为工者",则"勿以为人仆、养"。这仅是特例而已。

对于"隶妾",法律则明文禁止"以隶妾为吏仆、养、官【守】府"。在特殊情况下,官府可暂时"以隶妾为吏仆、养、官守府",但一旦有隶臣,则必须"伐〈代〉之"。

例 3 和例 4 则规定"司寇勿以为仆、养,守官府及除有为殹(也)"。如果官府有令以司寇"为仆、养",则执行者"必复请之"。有敢为者,"坐日六钱为盗"。

例 6 和例 7 则证明,隶臣归属于"仓",其工作由"仓"分配。例 1 正好印证了隶臣为"养"的制度乃《仓律》所定。另外,例 9 中之"诸徒隶当为吏仆、养者皆属仓"一语亦可为证。

三是"毋令典、老行书"。"行书"也是一项劳役,故秦将之纳入了《徭律》范畴。那么,法律对"行书"又有何种规定呢?秦律曰:

---

① 陈伟主编:《里耶秦简牍校释(第一卷)》,武汉大学出版社,2012 年,第 212 页。
② 陈伟主编:《里耶秦简牍校释(第一卷)》,武汉大学出版社,2012 年,第 68 页。
③ 陈伟主编:《里耶秦简牍校释(第一卷)》,武汉大学出版社,2012 年,第 358 页。

行命书及书署急者,辄行之;不急者,日觱(毕),勿敢留。留者以律论之。行书(《行书》简183)①

行传书、受书,必书其起及到日月凤莫(暮),以辄相报殹(也)。书有亡者,亟告官。隶臣妾老弱及不可诚仁者勿(简184)令。书廷辟有日报,宜到不来者,追之。行书(《行书》简185)②

· 行书律曰:传行书,署急辄行,不辄行,赀二甲。不急者,日觱(毕)。留三日,赀一盾;四日【以】上,赀一甲。二千石官书(简192/1250)不急者,毋以邮行。(简193/1368)

· 行书律曰:有令女子、小童行制书者,赀二甲。能捕犯令者,为除半岁繇(徭),其不当?(徭)者,得以除它(简194/1384)人繇(徭)。(简195/1388)

· 行书律曰:毋敢令年未盈十四岁者行县官恒书,不从令者,赀一甲。(简196/1377)

· 行书律曰:县请制,唯故徼外盗,以邮行之,其它毋敢擅令邮行书。(简197/1417)

从以上律文可知,秦对"行书"有严格之规定。其中,岳麓秦简所披露的《行书律》计有4则史料,这些新史料属首次公布。具体而言,这些简文反映了如下历史史实:

一是云梦秦简《行书》简183与岳麓秦简《行书律》简193/1368内容虽有重合之处,但明显不及岳麓秦简所记之详细。岳麓秦简《行书律》简193/1368特别规定了违反行书时间的处罚措施以及"邮行"的级别等问题。

二是禁止"女子、小童行制书"。此种之"女子",当指具有黔首身份之妇女。从云梦秦简《行书》简185可知,"隶妾"是允许行书,前提是其必须为"可诚仁者"。里耶秦简就有相关记载,如其简文曰:

☑【里】士五(伍)辟缮治,谒令尉定☑
☑□丞绎告尉主,听书从事,它 8-69
☑□日入,隶妾规行 8-69背③

可见,此份文书显然是位名叫"规"的"隶妾"发送的。然而,至于"制书"的传递,肯定"以邮行",如岳麓秦简《行书律》简197/1417明确规定:"故徼外盗,以邮行之,

---

① 睡虎地秦墓竹简整理小组编:《睡虎地秦墓竹简》,第61页。
② 睡虎地秦墓竹简整理小组编:《睡虎地秦墓竹简》,第61页。
③ 陈伟主编:《里耶秦简牍校释(第一卷)》(何祖友、鲁家亮和凡国栋撰),武汉大学出版社,2012年,第53页。

其它毋敢擅令邮行书"。由于皇帝"制书"有其固有之重要性①,当然必须"以邮行之"。因此,法律才规定:"女子""小童"或"隶臣妾"皆不得"行制书"。那么,哪些人可以"行书"呢?请看如下简文:

  ……二月壬寅水十一刻刻下二,邮人得行。圂手 8 - 154 背②
  卅二年正月戊寅朔甲午,启陵乡夫敢言之:成里典、启陵Ⅰ邮人缺。除士五成里匄、成,成为典,匄为邮人,谒令Ⅱ尉以从事。敢言之。8 - 157 正月戊寅朔丁酉,迁陵丞昌郄之:启陵廿七户已有一典,今有除成为典,何律令Ⅰ应(应)?尉已除成、匄为启陵邮人,其以律令。/氣手。/正月戊戌日中,守府快行。正月丁酉旦食时,隸妾冉以来。/欣發。壬手Ⅲ 8 - 157 背③
  ……九月庚申日中时,佐欣行Ⅱ 8 - 890 + 8 - 1583④
  户曹书四封,迁陵印,一咸阳、一高陵、一阴密、一竞陵。Ⅰ廿七年五月戊辰水下五刻,走莱以来。Ⅱ 8 - 1533⑤
  ……辛巳旦食时食时,隶臣殿行。武□。8 - 666 + 8 - 2006 背⑥

以上这类简文在已刊布之秦简中不胜枚举,此不一一备举。由里耶秦简 8 - 154 可知,传递文书者为专业之"邮人"。此类人是由县尉来"除"的,如简 8 - 157 中之"成为典,匄为邮人,谒令尉以从事"即可为证。但是,凡为官文书"不急者",则分派相关人员传送,如守府、佐以及"隶臣妾"等。若传递文书不远者,则徒步送达,如简 8 - 1533 中"走莱以来"等。

那么,秦《徭律》又为何严厉禁止"典、老行书"呢?愚以为,这是由秦"典、老"的工作性质决定的。

首先,让我们看看秦"典、老"是如何设置的,请看如下简文:

  ·尉卒律曰:里自卅户以上置典、老各一人,不盈卅户以下,便利,令与其旁里共典、老,其不便者,予之典(简142/1373)而勿予老。公大夫以上擅启门者附其旁里,旁里典、老坐之。置典、老,必里相谁(推),以其里公卒、士五年长而毋害(简143/1405)者为典、老,毋长者令它里年长者。为它里典、老,毋以公士及毋

---

 ① 李均明先生云:"制书是皇室处理涉及制度法规等向三公公布指令,包括赦令、赎令,又解决刺史、太守、王侯相诉讼案及任免九卿时使用的文书形式。"参见李均明《秦汉简牍文书分类辑解》,文物出版社,2009 年,第 24—25 页。
 ② 陈伟主编:《里耶秦简牍校释(第一卷)》,武汉大学出版社,2012 年,第 93 页。
 ③ 陈伟主编:《里耶秦简牍校释(第一卷)》,武汉大学出版社,2012 年,第 94 页。
 ④ 陈伟主编:《里耶秦简牍校释(第一卷)》,武汉大学出版社,2012 年,第 242 页。
 ⑤ 陈伟主编:《里耶秦简牍校释(第一卷)》,武汉大学出版社,2012 年,第 352 页。
 ⑥ 陈伟主编:《里耶秦简牍校释(第一卷)》,武汉大学出版社,2012 年,第 179 页。

敢以丁者,丁者为典、老,赀尉、尉史、士吏主(简144/1291)者各一甲,丞、令、令史各一盾。毋爵者不足,以公士、县毋命为典、老者,以不更以下,先以下爵。其或复,未当事(简145/1293)戍,不复而不能自给者,令不更以下无复不复,更为典、老。(简146/1235)①

可见,秦《尉卒律》规定,"卅户以上置典、老各一人",如果不足三十户,且"便利",则"令与其旁里共典、老";若为"不便者",则"予之典而勿予老";选举"典、老",必须"里相谁(推),以其里公卒、士五年长而毋害者为典、老";如果本里没有"长者",则"它里年长者"为之。法律还特别规定,"丁者(傅籍之成丁)"不得为"典、老"②,否则,"赀尉、尉史、士吏主者各一甲,丞、令、令史各一盾"。如果"毋爵者不足(亦即公卒和士伍不足)",则"以不更以下,先以下爵"任免之;如若"其或复,未当事戍,不复而不能自给者",则"不更以下"有免除徭役者充当"典、老"。

第二,秦"典、老"必须负责本里的各类簿籍的登记工作。如岳麓秦简《亡律》载:"……典、老占数小男子年未盈十八岁及(简011/2037)女子。县、道啬夫赀,乡部吏赀一盾,占者赀二甲,莫占吏数者,赀二甲。(简012/2090)"③又,岳麓秦简《尉卒律》载:"尉卒律曰:为计,乡啬夫及典、老月辟其乡里治如穀(穀)、从除及死亡者,谒于尉,尉月牒部之,到十月乃(简140/1397)比其牒,里相就殿以会计。(简141/1372)"可见,"典、老"不仅要登记本里的人口情况,而且还必须每月登记"穀(穀)""从除"以及"死亡者"的情况,并"谒于尉"。

除此以外,"典"还必须配合"乡啬夫"登记和管理徭徒簿籍,如岳麓秦简《䌛(徭)律》曰:岁兴䌛(徭)徒,人为三尺券一,书其厚焉。节(即)发䌛(徭),乡啬夫必身与典以券行之。(简244/1241)……节(即)券䌛(徭),令典各操其里䌛(徭)徒券来与券以界䌛(徭)徒,勿征赘,勿令费日。(简246/1363)④

第三,监督和巡查本里的治安情况。如岳麓秦简载:"郡及襄武、上雒、商、函谷关外人及䙴(迁)郡、襄武、上雒、商、函谷关外(简053/2106)男女去、阑亡、将阳,来入之中县、道,无少长,舍人室,室主舍者,智(知)其请(情),以律䙴(迁)之。典伍不告,赀典一甲,伍一盾。不智(知)其(简054/1990)请(情),主舍,赀二甲,典、伍不告,赀一盾。(简055/1940)"⑤可见,里典对"阑亡、将阳"等逃亡者不及时报告,则"赀典一甲,伍(伍老)一盾"。

---

① 陈松长:《岳麓书院藏秦简(肆)》,第115—116页。
② 整理者认为,"丁者"经常要外出服徭役,故不能担任"典、老"。参见陈松长《岳麓书院藏秦简(肆)》,第166页。愚以为,此种解释符合秦《戍律》之规定。
③ 陈松长:《岳麓书院藏秦简(肆)》,第42页。
④ 陈松长:《岳麓书院藏秦简(肆)》,第149页。
⑤ 陈松长:《岳麓书院藏秦简(肆)》,第57页。

第四,"典、老"还负责监管"户赋"的征收和督查商业行为的工作。岳麓秦简《金布律》曰"……十月户赋不入刍而入钱(简 119/1230)者,入十六钱。吏先为？印,敛,毋令典、老挟户赋钱。(简 120/1280)"①又,《金布律》云:"有贩殹(也),旬以上必于市,不者令续〈赎〉䙴(迁),没入其所贩及贾钱于县官。典、老、伍人见及或告之(简 125/1288)而弗告,赀二甲。(简 126/1233)"②

因此,由于"典、老"在配合县乡等行政机关处理日常事务中起着巨大的作用③,故秦《徭律》严禁"典、老""行书"。

(五)秦律对"擅兴"徭徒的规定。例 5 说明,秦《徭律》对以下几种"擅兴"徭徒的行为进行了详细规定:

一是"爵以下到任弟子、复子,必先请属所执法"之后,才能行徭。前文我们已分析过"弟子"及弟子籍问题,此处之"任弟子",指的是已上任在职的弟子。简文中之"复子"就是免除徭役人之子。而"必先请属所执法"中之"执法"指的是县廷中专门负责某事之人,如岳麓秦简载:"■丞相御史请:令到县,县各尽以见钱不禁者亟予之,不足,各请其属(309/0558)所执法,执法调均;不足,乃请御史,请以禁钱贷之,以所贷多少为偿,久易(易)期,有钱弗予,过一金。(310/0358)赀二甲。(简 311/0357)"④可见,县廷专门负责"禁钱"之"执法"掌握了大量朝廷的"禁钱"。其在请示"御史"后,可以贷出"禁钱"。上引岳麓秦简简文中之"执法"其实乃县廷专门负责"发䌛(徭)"的官吏。在得到郡太守的准允下,必须编制"行徭"簿籍,并言明使用徭徒的用途及"徒数"。只有如此,才可对"任弟子、复子"这两类人"发䌛(徭)"。

二是禁止"擅傅(使)敖童、私属、奴及不从车牛,凡免老及敖童未傅者"。在此,秦《徭律》对下列几类人及车牛之"行徭"进行了限制:

其一为"敖童"。前文已分析,此不赘述。

其二为"私属"。何为"私属"？岳麓秦简《亡律》载:"免奴为主私属而将阳阑亡者,以将阳阑亡律论之,复为主私属。(简 077/1945)"⑤可见,"私属"就是"吏士等私人所雇佣的随从,故而又常被称为'私从者'或'私从'。'从者'多以青少年为主,具有户籍,可拥有爵位,是国家的编户民"⑥。此类"私属(或曰私从者、从者)"在汉简中常见,如其简文曰:

始建国二年黍月尽三年二月,候舍私从者私属稟致(《敦煌汉简》358)

---

① 陈松长:《岳麓书院藏秦简(肆)》,第 107 页。
② 陈松长:《岳麓书院藏秦简(肆)》,第 109 页。
③ 秦"典、老"的作用还有很多,此不一一赘引。
④ 陈松长:《岳麓书院藏秦简(肆)》,第 119—120 页。
⑤ 陈松长:《岳麓书院藏秦简(肆)》,第 64 页。
⑥ 侯宗辉:《肩水金关汉简所见"从者"探析》,《敦煌研究》2014 年第 2 期。

私属大男吉,元年八月,食粟二斛少七斗。卩十二月己亥,自取。(《敦煌汉简》322)

私属吉,元年十一月食麦二斛七斗。十一月丁西付吉。(《敦煌汉简》329)

书吏胡丰私从者零县宜都里胡骏,年三十,长泰尺二寸。(《敦煌汉简》280)

五凤三年三月丁丑朔癸卯,士吏带敢言之候官:隧和吏妻子私从者三月稟名藉一编。敢言之。(《敦煌汉简》998)

从者居延市阳里张侯,年廿一岁。(《合校》62.54)

可见,岳麓秦简中之"私属(或曰私从者、从者)",指的是一种受雇于人并具有著籍"黔首"之身份者。上引三例汉简说明,"私属(或曰私从者、从者)"之称呼一直延续到了两汉时期而未更改。

其三为"奴"。在云梦秦简中,"奴"指的是私人之奴隶,如《法律答问》中简103"父母擅杀、刑、髡子及奴妾"、简141"或捕告人奴妾盗百一十钱"、简20"人奴妾"、简73"人奴擅杀子"以及简74"人奴妾治(笞)子"等皆可为证。根据上下文意,岳麓秦简简157/1294应为私人奴隶,亦可称之为"隶臣"。

其四为"车牛"。秦律规定,私人"车牛"及奴婢可以代人"居作",如《司空》曰"百姓有赀赎责(债)而有一臣若一妾,有一马若一牛,而欲居者,许。(简140)"①那么,依此律而言,私人"车牛"从事官府的相关劳役,当算"徭"期,故有此之规定。

其五为"免老及敖童未傅者"。"免老"指的是年龄达到免除徭役之人,如《汉旧仪》曰:"秦制二十爵,男子赐爵一级以上,有罪以减,年五十六免。无爵为士伍,年六十乃免老。"所谓"敖童未傅者"乃未达到傅籍年龄之男子。秦《徭律》对这两类人明文规定:"县勿敢傅(使)。"但"敖童年十五岁以上"和"史子未傅先觉(学)觉(学)室"者必须承担转输"粟事"的职责,亦即简文所言之"令与粟事"。

但如果存在以下特殊情况,则"勿行":一是"敖童当行粟而寡子独与老父老母居,老如免老"。换言之,"敖童"为独生子且又与"老父老母居",则"敖童"应尽赡养老人之义务而不必行"粟事"。二是"独与庳(癃)病母居者"。其中,"庳(癃)"指的是"罷癃,意为废疾"②。也就是说,因独子"敖童"必须照顾残疾或生病之母,则官府不得令其行"粟事"矣。

由此可见,秦《徭律》从稳定社会大局出发,对"行徭"的各类"黔首"进行了严格规定,这充分体现了秦律的人文关怀主义之精神。

(六)秦律对"委输传送"事宜以及"居赀赎责(债)"等人"行徭"的规定。例6显示,秦对"委输传送"事宜非常重视,因为这关系到国家政治、经济与军事的正常运行

---

① 睡虎地秦墓竹简整理小组编:《睡虎地秦墓竹简·徭律》,第51页。
② 睡虎地秦墓竹简整理小组编:《睡虎地秦墓竹简》,第87页。

问题。该《徭律》大致反映了如下情况：

一是对"委输传送"每日行程的规定。《繇（徭）律》规定，负重之车"日行六十里"，空车"八十里"，而徒步行走则"百里"。这个规定主要是针对"委输传送"的效率而制定的。因为在"委输传送"中，"乘城卒、隶臣妾、城旦舂、鬼薪白粲、居赀赎责（债）、司寇、隐官、践更县者"等转输者或为徒隶、或为"居赀赎责（债）"者、或为戍卒等①，这些人显然缺乏利益激励，故而存在磨洋工、偷懒等延误"委输传送"期限之情况。如果未能如期"委输传送"，则会对经济和军事活动产生严重的后果，故而秦《徭律》有此规定。

二是对转输工具的规定。由于简248/1394和简249/1393有残缺，具体是什么"傅于计"，不得而知。简文中之"令徒善攻间车"，在云梦秦简中也曾出现，如"不攻闲车（《司空》简126）"和"攻闲大车一辆（两）（《司空》简130）"等。可见，此处之"攻间"指的是"修缮"之意②。也就是说，徭徒在"委输传送"中，如车辆出现故障，必须妥善加以修缮和维护。"牛"作为转输之动力，也需要妥善喂养，如若"牛訾（胔）"，则"将牛者不得券繇（徭）"。换言之，在这种情况下，法律规定，负责官吏不得将"将牛者"服徭之情况登记于册③。

三是规定了"委输传送"的承担者及其役使之顺序。在上引里耶秦简（简J1（16）5A和J1（16）6A）中，曾有一则令文，其简文载："令曰：'传送委输，必先悉行城旦舂、隶臣妾、居赀赎责（债），急事不可留，乃兴繇（徭）。'"愚以为，此令文似来自于例6之《徭律》。因为此律中就有这方面的记载，如"尽兴隶臣妾、司寇、居赀赎责（债），县官（简249/1393）□之□传送之，其急事，不可留殹（也）。乃为兴繇（徭）。（简250/1429）"即可为证。只不过例6更为详细罢了。

那么，该律对"委输传送"的承担者又有何规定？从秦简来看，这些承担者主要包括"县卒"、"徒隶（亦即隶臣妾、城旦舂和鬼薪白粲）"、"居赀赎责（债）"、"司寇"、"隐官"和"践更县者"等，其中"徒隶"仅指"隶臣妾、城旦舂、鬼薪白粲"等④，如上引里耶秦简J1（16）5A和J1（16）6A载：

……今洞庭兵输内史及巴、南郡、苍梧，输甲兵当传者多，节传之，必先悉行

---

① 里耶秦简曰："令曰：'传送委，必先悉行城旦舂、隶臣妾、居赀赎责（债），急事不可留，乃兴（徭）。'……嘉、谷、尉各谨案所部县卒、徒隶、居赀赎责（债）、司寇、隐官、践更县者簿，有可令传甲兵，县弗令传之而兴黔首，[兴黔首]可省少弗省少而多兴者，辄劾移县，[县]亟以律令具论。"参见马怡：《里耶秦简选校》，中国社会科学院历史研究所学刊编委会编：《中国社会科学院历史研究所学刊》第4集，第143页。
② 睡虎地秦墓竹简整理小组编：《睡虎地秦墓竹简》，第49页。
③ 在云梦秦简中亦有"食牛，牛訾（胔）（《司空》简126）"之语，整理者解释为："不好好喂牛，使牛瘦瘠。"参见睡虎地秦墓竹简整理小组编：《睡虎地秦墓竹简》，第49页。
④ 在秦人之法律用语中，"徒"、"徒隶"是有区别的。"徒"指的是包括刑徒和隶臣妾等在内的一切人员，如秦律所言之"徭徒"；而"徒隶"仅指刑徒和隶臣妾而已。

乘城卒、隶臣妾、城旦舂、鬼薪白粲、居赀赎责（债）、司寇、隐官、践更县者。田时殹（也），不欲兴黔首。嘉、谷、尉各谨案所部县卒、徒隶、居赀赎责（债）、司寇、隐官、践更县者簿，有可令传甲兵，县弗令传之而兴黔首，[兴黔首]可省少弗省少而多兴者，辄劾移县，[县]亟以律令具论。①

据此可知，官府对这几类"委输传送"者皆分别登记造册，计有"县卒"簿、"徒隶（亦即隶臣妾、城旦舂和鬼薪白粲）"簿、"居赀赎责（债）"簿、"司寇"簿、"隐官"簿和"践更县者"簿等6类簿籍。这几类人是秦法定承担"委输传送"者。

但是，如果在"委输传送"时，"其急事，不可留殹（也）"，则"乃为兴䌛（徭）"。换言之，在不得已之情况下，官府才会征发"黔首"转输物资。究其原因，秦官府是为了保证"黔首"有足够的时间从事农业生产，如上引简文中之"田时殹（也），不欲兴黔首"即指此意。

四是对"居赀赎责（债）"者从事"委输传送"工作的规定。律文显示，当有"委输传送"等"？（徭）戍"任务时，官府应停止其"居作"而"令䌛（徭）戍"。但一旦"䌛（徭）戍已"，则令其"复居"。

在"䌛（徭）戍"期间，其因病不能承担"委输传送"，或居作满一年以上，官府应"除其病岁䌛（徭）"，亦即免除其生病期间之"徭"期。后面之简 252/1424 因残缺不全，其意不确。

（七）秦律对"兴徭"管理者的规定。例 7 显示，秦《徭律》对"发䌛（徭）""均䌛（徭）"等县廷主管及其下属机构制定了严格的法律。大略有如下几点：

一是对具体负责编制"发䌛（徭）"簿籍的"乡啬夫"和"吏主者"的规定。"发䌛（徭）"必须依各类簿籍（如户版、傅籍等）办理。而直接掌握和编制这些簿籍者就是乡级主管及其属吏，如《岳麓书院藏秦简（叁）》"识劫娩案"载："●卿（乡）唐、佐更曰：沛免娩为庶人，即书户籍曰免妾。"②整理者解释说："乡，乡啬夫；佐，乡佐。"③可见，秦乡啬夫及其乡佐主管一乡之户籍。本《徭律》则进一步证明，秦乡级主管还承担依册"发䌛（徭）"以及登记"行徭"的情况。

法律规定，"乡啬夫、吏主者"必须如实登记"自不更以下"行"䌛（徭）戍"者的日期，乃至"一日以上"也要"尽券书"。同时，将服徭戍情况及"将阳信（伸）事者"一并书于"牒"上。简文中之"牒"，云梦秦简已有之，如"到十月牒书数（《仓律》35）"，整理者为此解释说，"牒，薄小的简牍。"④"将阳"指的是"秦代逃亡的一种，即不经批准

---

① 马怡：《里耶秦简选校》，中国社会科学院历史研究所学刊编委会编：《中国社会科学院历史研究所学刊》第 4 集，第 149 页。
② 朱汉明、陈松长：《岳麓书院藏秦简（叁）》，第 159 页。
③ 朱汉明、陈松长：《岳麓书院藏秦简（叁）》，第 165 页。
④ 睡虎地秦墓竹简整理小组编：《睡虎地秦墓竹简》，第 28 页。

擅自出走、其逃亡时间在一年以内者。"①如果"乡啬夫、吏主者"不依律办事,或者"䌛（徭）不当券书,券书之",则直接主管者"乡啬夫、吏主者"赀罚一甲,而连带责任者"丞、令、令史各一盾"。

二是对"均䌛（徭）"的规定。依此律对相关责任者之排序来看,亦是由乡级主管及其属吏"乡啬夫、吏"直接负责,紧随其后之县级主管"令史、尉史主者"也承担同等责任。简文显示,秦"均䌛（徭）"主要考核两项内容：行徭人数及服徭日期。如果出现"䌛（徭）多员少员"的情况,则必须将之记录于下一个年度,以备合理调配；在分配本乡各里之徭戍日期时,应"足以均䌛（徭）日",到年底仍旧"弗均",则"乡啬夫、吏及令史、尉史主者赀各二甲",并对这些责任者予以降职处分。

可见,秦"徭律"对"发䌛（徭）"、"均䌛（徭）"的直接主管者及其连带责任者皆作了详细规定。从该简文推测,监察和考核县级及其下属机构"发䌛（徭）"和"均䌛（徭）"者,必为其上级之机关郡守及其相关属吏。

另外,补充说明一下岳麓秦简《徭律》与云梦秦简《徭律》的区别和联系。云梦秦简《徭律》主要针对各级徭役征发官吏的责任、工程保养、苑囿修缮、农田保护和工程估算等与"徭"有关内容之法律规定（简115-简124）②。具体来讲主要包括如下六个方面的内容：对官吏征发劳役期限的规定；对司空等官吏所承建工程担保的规定；对县级机构所负责的禁苑和苑囿修缮的规定；对苑囿附近农田的保护；对拆除、修缮和扩建官有房屋的规定；对工程量估算的规定③。前引岳麓秦简《徭律》对官府"兴䌛（徭）"作了如下规定：1.建立"徭徒"档案,"人为三尺券一（符）"；2.对富人和贫者"兴徭"及其日期的规定；3.对回家治丧者补回欠缺徭期的规定；4.规定了"徭徒"的管理机构。由此可以看出,岳麓秦简《徭律》或为秦《徭律》之一部分。云梦秦简《徭律》与岳麓秦简《徭律》也有必然的联系。一是这两部《徭律》都属于"劳役",而非"戍役"；二是这两部《徭律》都强调对服役日期的规定。如岳麓秦简中有"皆月券书其行月及所为日数,而署其都发及县请"的法律规定。云梦秦简则对负责官吏"兴徭"的日期、保养和修缮期限以及"徭徒"服役期限的减免等内容给予了详细的规定。

概而言之,根据岳麓秦简《徭律》、云梦秦简《徭律》和里耶秦简等史料所反映的历史真相及前辈学者的研究成果,愚以为,秦法律意义上之"徭"必须满足以下几个条件：第一,服"徭"者必须是著籍之"黔首"；第二,服"徭"者由各级县乡行政机构统一

---

① 如岳麓秦简《亡律》曰："郡及襄武、上雒、商、函谷关外人及譬（迁）郡、襄武、上雒、商、函谷关外（简053/2106）男女去,阑亡、将阳,来入之中县、道,无少长,舍人室,室主舍者,智（知）其请（情）,以律？（迁）之。典伍不告,赀典一甲,伍一盾。（简054/1990）"陈松长：《岳麓书院藏秦简（肆）》,第78页。

② 睡虎地秦墓竹简整理小组编：《睡虎地秦墓竹简·徭律》,第47页。

③ 不难看出,秦之"徭"与"劳役"密切相关,而与《戍律》中所记戍卒之劳作截然不同,它其实就是傅籍"黔首"所服之"徭"。傅籍"黔首"所服之"徭"必须满足三个条件：一是具备傅籍"黔首"的资格；二是由各级行政机构中的诸曹管理,其中"户曹"的管理职能尤为关键；三是傅籍之"黔首"所服之"徭"为劳役（或曰苦役）。

管理;第三,服"徭"者主要从事修筑河津道桥、委输漕运、修筑宫苑城池和修筑陵寝等劳役(或曰苦役)①。

三、"奴徭"和"吏徭"不是"徭"

秦简中出现的"奴徭"和"吏徭"能认定为秦法律意义上之"徭"吗？首先,让我们分析一下孙闻博的观点,孙先生云:"徭"包括"'奴徭'、'吏徭'等人身役使,特别对'小'年龄群体的役使,较后代突出。"为此,论者提出了如下几条关键性证据:

1. 仓课志:AⅠ
   畜彘雌狗产子课,AⅡ
   畜彘雌狗死亡课,AⅢ
   徒隶死亡课,AⅣ
   徒隶产子课,AⅤ
   作务产钱课,BⅠ
   徒隶行䌛(徭)课,BⅡ
   畜鴈死亡课,BⅢ
   畜鴈产子课。BⅣ
   ・凡☐C(8-495)②

2. ……
   ・小城旦九人:FⅠ
   其一人付少内。FⅡ
   六人付田官。FⅢ
   一人捕羽:强。FⅣ
   一人与吏上计。FⅤ
   ・小舂五人。FⅥ
   其三人付田官。FⅦ
   一人徒养:姊。Ⅷ
   一人病:☐。FⅨ
   ☐☐圂敢言之,写上,敢言之。ノ痤手。8-145背③

---

① 黄今言:《秦汉赋役制度研究》,江西教育出版社,1988年,第281—292页。
② 陈伟主编:《里耶秦简牍校释(第一卷)》,武汉大学出版社,2012年,第169页。
③ 陈伟主编:《里耶秦简牍校释(第一卷)》,武汉大学出版社,2012年,第85—86页。

3. 行䌛奴䌛＝役（简 1590）①

4. 城旦舂衣赤衣，冒赤巾幧（氎），拘櫝欙杕之。仗城旦勿将司；其名将司者，将司之。舂城旦出䌛（徭）者，毋敢之市及留舍阓外；当行市中者，（简 147）回，勿行（简 148）。②

例 1、例 3 和例 4 是有关徒隶行"䌛（徭）"的事例，而例 2 则是一份有关分配刑徒工作的簿书。很明显，例 1、例 3 和例 4 简文中虽然出现了"徒隶行䌛（徭）课"、"舂城旦出䌛（徭）者"和"行䌛奴䌛＝役"等记载，但我们不能仅凭简文中出现的"䌛（徭）"之字词，就断然认定其为"徭"。根据上文引述《说文》之解释，"䌛（徭）"的基本含义就是"随从"，然此"䌛（徭）"有三点必须注意：一是"䌛（徭）"者的身份；二是"䌛（徭）"者的上级主管部门；三是"䌛（徭）"者劳作的范围③。

第一，"徒隶"的身份不是著籍之编户民，其所服劳役不是法律意义上之"徭"，而是"服刑"。简文中的"行䌛（徭）"和"出䌛（徭）"等只不过是按秦《徭律》之规定来管理罪犯"徒隶"劳作的方式而已。再请看如下秦简：

廿七年（前 220）二月丙子朔庚寅，洞庭守礼谓县啬夫、卒史嘉、叚（假）卒史谷、属尉：令曰："传送委，必先悉行城旦舂、隶臣妾、居赀赎责（债），急事不可留，乃兴？（徭）。"今洞庭兵输内史及巴、南郡苍梧，输甲兵当传者多，节传之，必先悉行乘城卒、隶臣妾、城旦舂、鬼薪白粲、居赀赎责（债）、司寇、隐官、践更县者。田时殹（也），不欲兴黔首。嘉、谷、尉各谨案所部县卒、徒隶、居赀赎责（债）、司寇、隐官、践更县者簿，有可令传甲兵，县弗令传之而兴黔首，【兴黔首】可省少弗省少而多兴者，辄劾移县，【县】亟以律令具论。当坐者言名夬泰守府，嘉、谷、尉在所县上书嘉、谷、尉，令人日夜端行。它如律令。④

据此可知，对于"传送委"这种繁重的劳役工作，"必先悉行城旦舂、隶臣妾、居赀

---

① 朱汉民、陈松长：《岳麓书院藏秦简（壹）》，上海辞书出版社，2010 年，第 36、142、191 页。
② 睡虎地秦墓竹简整理小组编：《睡虎地秦墓竹简·司空》，第 53 页。
③ 学术界对秦"徒隶"问题有过详细之探讨，如李力：《论"徒隶"的身份——从新出土里耶秦简入手》，中国文物研究所编：《出土文献研究》（第八辑），上海古籍出版社，2007 年，第 33—42 页；高震寰：《从〈里耶秦简〉（壹）"作徒簿"管窥秦代刑徒制度》，中国文化遗产研究院编：《出土文献研究》（第十二辑），第 132—143 页；贾丽英：《里耶秦简所见徒隶身份及监管官署》，卜宪群、杨振红主编：《简帛研究》（二〇一三），广西师范大学出版社，2014 年，第 68—81 页；湖南省文物考古研究所：《龙山里耶秦简之徒簿》，中国文化遗产研究院编：《出土文献研究》（第十二辑），中西书局 2013 年，第 101—131 页；沈刚：《〈里耶秦简〉（壹）所见作徒管理问题探讨》，《史学月刊》2015 年第 2 期。
④ 马怡：《里耶秦简选校》，中国社会科学院历史研究所学刊编委会编：《中国社会科学院历史研究所学刊》（第 4 集），商务印书馆，2007 年，第 143 页。

赎责（债）"，而在农忙时节，为了保障农业生产，秦法还特别规定了"不欲兴黔首"。若有违反此令者，"辄劾移县，【县】亟以律令具论"。因此，兴"徒隶"与兴"黔首"是明显不同的。

秦简还显示，"徒隶"中的"隶臣妾"的户籍由各级"徒隶"管理部门掌控，待其服役期满后，户籍必须返回原籍，如秦律规定："隶臣欲以人丁粼者二人赎，许之。其老当免老、小高五尺以下及隶妾欲以丁粼者一人赎，许之。赎（简61）者皆以男子，以其赎为隶臣。女子操敃红及服者，不得赎。边县者，复数其县。（简62）"①此处虽只谈到了有关隶臣妾"赎"的问题，但最后一句"复数其县"至关重要，它是指"隶臣妾"的户籍由服役所在地管理，事后才能返回原籍。

另外，"徒隶"中的"隶臣妾"也必须依律"傅籍"，如"小隶臣妾以八月傅为大隶臣妾，以十月益食"②。但"隶臣妾"并非全是刑徒，只有当"隶臣妾"触犯了法律，且为法律"耐为隶臣"和"当刑隶臣"之时，才能称为"刑徒"③。研究表明，这种傅籍之"隶臣妾"显然不具备立户的可能性，也就是说秦"隶臣妾"并非编户民④。

第二，"徒隶"主要由县廷所辖之诸"官"管理，而著籍之编户民则由县廷之列曹负责。上引秦"仓课志"中记录了"徒隶"行徭、作务和牲畜等情况，其中"课"指的是考核，如许慎《说文解字》云："课，试也。"⑤又，《史记》卷一一〇《匈奴传》："……课校人畜计。"⑥据此，李均明在《里耶秦简"计录"与"课志"解》一文中解释说："'课'侧重主观认识，而'志'包含主观判断的字义相关，两相对应，颇显和谐。"⑦李先生的此种解释是很有见地的。那么，秦"仓"之下的"徒隶"事务又是如何管理的？秦简显示，"仓"属县廷诸"官"之一，"秦代地方徒隶主要由司空、仓管理。其中，司空主城旦舂、鬼薪白粲、居赀赎责（债），而仓主要管理徒隶中的隶臣妾"⑧。不可否认，秦县廷列曹和诸官是有严格区分的，当时"以长吏理事之县廷为中心，从内、外的角度来看，列曹处内，无印绶，多称'廷○曹'，与令、丞关系更密切；诸官在外，有印绶，未见称'廷○官'者，具有更多独立性"⑨。可见，"徒隶"主要由诸官中的司空、仓、船官、田官、厩、畜官、库等管理。而著籍之"黔首"则主要由列曹管理，请看湘西里耶秦简的如下

---

① 睡虎地秦墓竹简整理小组编：《睡虎地秦墓竹简·仓律》，第35页。
② 睡虎地秦墓竹简整理小组编：《睡虎地秦墓竹简·仓律》，第33页。
③ 朱德贵：《岳麓秦简所见"隶臣妾"问题新证》，《社会科学》2016年第1期。
④ 朱德贵、庄小霞：《香港中文大学文物馆藏简牍所见西汉"奴婢廪食出入簿"问题探讨》，《中国农史》2015年第5期。
⑤ [汉]许慎：《说文解字（附检字）》，中华书局，1963年，第52页。
⑥ [汉]司马迁：《史记》，中华书局，1959年，第2892页。
⑦ 李均明：《里耶秦简"计录"与"课志"解》，武汉大学简帛研究中心主编：《简帛》第八辑，上海古籍出版社，2013年，第157页。
⑧ 孙闻博：《秦及汉初"徭"的内涵与组织管理——兼论"月为更卒"的性质》，《中国经济史研究》2015年第5期。
⑨ 孙闻博：《秦县的列曹与诸官——从〈洪范五行传〉一则佚文说起》，简帛网2014-09-17。

记载：

> 卅五年九月丁亥朔乙卯，贰春乡守辨敢言Ⅰ之：上不更以下繇（徭）计二牒。敢言之。Ⅱ（8-1539）
> ……之入☐。五☐Ⅰ
> ☐☐☐☐千三百八十三日，繇（徭）二日，员三万☐Ⅱ
> ☐凡五万六千六百八十四日☐Ⅲ（8-1615）

上引材料就反映了秦县廷"户曹"对"繇（徭）计"的管理情况，正如王彦辉所说，简8-1539和简8-1615中的"繇（徭）计"属"户曹计录"中的"乡户计"①。同时，这也进一步说明，秦著籍之"黔首"的"繇（徭）计"是由基层行政单位"乡"负责制作和统计的。

第三，徒隶"行繇（徭）"或"出繇（徭）"，主要是按徒隶所属官府按工作的类别分配各种不同的劳役（或曰苦役）。那么，此"繇（徭）"者劳作的范围究竟如何？其实，我们只需了解一下秦县廷下辖之诸官中"徒隶"劳作的情况即可。

1. 从事田作等方面的工作，主要由"田官"负责。简文中有"田官徒薄（簿）"，如"廿九年尽Ⅰ岁田官徒薄（簿）Ⅱ廷。Ⅲ"（8-16）②此处的"田官徒薄（簿）"即是指田官管辖"徒隶"之劳作簿，如"（隶臣妾）廿四人付田官（8-145）"、"（小隶妾）六人付田官（8-444）"、"（小城旦）六人付田官（8-145）"、"（小舂）其三人付田官（8-145）"和"（小城旦）其八人付田官（8-162）"③。田官所辖"徒隶"劳作的情况主要以"计"簿的形式出现，如"田官计（8-481）"，其工作绩效的考课也有专门之簿籍，名曰"田官课志（8-479）"。

2. 从事畜牧业有关的劳作，主要由畜官负责。简文中常见"畜官作徒薄（簿）"，如"畜官、Ⅰ田官作徒薄（簿），☐及贰春Ⅲ廿八年Ⅳ（8-285）"④。有关"徒隶"从事畜牧业的劳作情况也有记载，如"（隶臣妾）其二人付畜官（8-145）"、"（☐寇）☐作园，☐畜官（8-162）"。畜官"作徒薄（簿）"对徒隶所饲养的牛、羊和马等牲畜皆记录在案，简文称之为"畜官牛计，BⅣ马计，CⅠ羊计CⅡ（8-481）"⑤。同时，在"畜官课志（8-490）"下特别设置了"徒隶牲畜死负、剥卖课（8-490）"和"徒隶牲畜畜死不请

---

① 王彦辉：《秦汉徭戍制度补论——兼与杨振红、广濑熏雄商榷》，《史学月刊》2015年第10期。尽管笔者也认同里耶秦简中简8—1539和简8—1615为"户曹计录"中的"乡户计"，但不知王先生所依何据？
② 陈伟主编：《里耶秦简牍校释（第一卷）》，武汉大学出版社，2012年，第31页。
③ 陈伟主编：《里耶秦简牍校释（第一卷）》，第99页。
④ 陈伟主编：《里耶秦简牍校释（第一卷）》，第128页。
⑤ 陈伟主编：《里耶秦简牍校释（第一卷）》，第164页。

课（8-490）"①两项考课内容。

3. 从事"仓"有关的工作，主要由诸官中的"仓"负责。如"二月辛未，都乡守舍徒薄（簿）▢Ⅰ受仓隶妾三人（8-142背）"、"受仓隶妾七人（8-145）"、"受仓隶妾二人▢（8-179）"、"受仓隶妾三人▢（8-688）"、"受仓隶妾一人▢（8-963）"、"受仓隶臣一人（8-973）"、"受仓隶▢（8-991）"、"受仓大隶妾三人（8-1278）"、"受仓小隶臣二人（8-1713）"、"受仓小隶臣二人（8-1713）"、"受仓大隶妾三人（8-1759）"。这些典型例子说明秦"仓"主要管理"隶臣妾"，并向其他机构派出"隶妾"或"隶臣"。令人奇怪的是，简文关于"仓"所管理"徒隶"的记载中均不见"耐隶臣妾"、"刑隶臣妾"、"系隶臣妾"、"城旦舂"和"鬼薪白粲"等因触犯法律而沦为刑徒（或曰罪犯）的情况。这种现象进一步说明，"隶臣妾"与"城旦舂"和"鬼薪白粲"等刑徒分属不同部门，其身份也定当有所不同②。毋庸置疑，诸官中之"仓"也有考课记录，亦即"仓课志"，其下设有："畜彘雌狗产子课"、"畜彘雌狗死亡课"、"徒隶死亡课"、"徒隶产子课"、"作务产钱课"、"徒隶行䚻（徭）课"、"畜鴈死亡课"和"畜鴈产子课"（8-495）。当然，诸官中还有"司空、船官、厩、库"等机构，由于篇幅所限，此处不拟进一步申论。

除了以上所论"徒隶"劳作之范围外，秦"徒隶"还从事宫苑陵墓建设和道桥修筑等艰苦的劳役工作。至于十五岁以上且未傅籍之"黔首"以及"皖老"的服役情况，学界已有研究③，此不赘述。

概而言之，秦"徒隶"尽管所服之役为劳役（或曰苦役），但其不具备著籍"黔首"之身份，因此秦"徒隶"所服之役不是"徭"，而是服刑。

接下来，我们再来简略分析一下秦"吏徭"的两个问题。一是秦"吏徭"能称之为"服役"吗？如孙闻博指出："秦及西汉，吏在基本职事之外，常被官府差使从事各种外出工作。这在当时也称'徭'"，'行徭'一称，或反映了'徭'多受差使而外出服役的特征。"④二是秦"吏徭"是否能指代"职役"或"厮役"？如王彦辉说："就吏员的本职

---

① 陈伟主编：《里耶秦简牍校释（第一卷）》，第168页。
② 马怡先生认为，"隶臣妾"是一种贱民身份的称呼。（马怡：《秦人傅籍标准试探》，《中国史研究》1995年第4期）笔者专门撰文探讨了秦"隶臣妾"问题，结果发现："秦'隶臣妾'应分为两种：第一种为依附于官府名下之'隶臣妾'，这种'隶臣妾'又分为具有行动自由且通过'从事公'或经营产业而获得经济收入之'隶臣妾'和因触犯法律而被处'以为隶臣妾'者；第二种为依附于私人名下之'隶臣妾'，他们只有获得户主放免后，才能拥有立户和财产支配权。"参见朱德贵：《岳麓秦简所见"隶臣妾"问题新证》，《社会科学》2016年第1期。沈刚先生也得出了大致相同的结论，沈先生认为："仓掌管的徒主要有隶臣、隶妾、大隶臣、大隶妾、小隶臣，也就是说隶臣妾都由仓来管理。司空掌握的刑徒主要有隶妾系舂、城旦、丈城旦、舂、司空居赀、居赀、赎责、鬼薪、白粲、小城旦、隶妾居赀、小舂。这里值得注意的是，隶妾本是归属仓管理的，但如果受到居赀的处罚，则要划归司空管理。"（沈刚：《〈里耶秦简〉（壹）所见作徒管理问题探讨》，《史学月刊》2015年第2期）因此，愚以为，秦"徒隶"应分为两种类型："刑徒（或曰罪犯）"和"隶臣妾"。只有如斯，我们才能更全面把握秦"徒隶"研究中的诸多问题。由此而言，马怡先生的分析是有一定道理的。
③ 杨振红：《徭，成为秦汉正卒基本义务说——更卒之役不是"徭"》，《中华文史论丛》2010年第1期。
④ 孙闻博：《秦及汉初"徭"的内涵与组织管理——兼论"月为更卒"的性质》，《中国经济史研究》2015年第5期。

与公差来说,低级吏员的本职就包括'徭使'在内,这个'徭'或许称之为'职役''厮役'更为恰当。"对此,我们不禁要问:秦时"吏徭"指代的究竟是"服役"、"职役"、"厮役",还是"履职"?先请看如下湘西里耶秦简之简文:

卅四年正月丁卯朔辛未,迁陵守丞巸敢言之:迁陵黔首☐Ⅰ
佐均史佐日有泰(大)抵已备归,居吏被使繇(徭)及☐Ⅱ
前后书,至今未得其代,居吏少,不足以给事☐Ⅲ
吏。谒报,署主吏发。敢言之。Ⅳ
二月丙申朔庚戌,迁陵守丞巸敢言之:写上☐Ⅴ
旦,令佐信行。☐(正)Ⅵ 8-197
报别臧。Ⅰ
正月辛未旦,居赀枳寿陵左行。☐Ⅱ 8-197 背①

很显然,这是"迁陵守丞巸"所发出的一份上行文书,其中有"居吏被使繇(徭)"的记载。孙闻博据此认为,这份文书"内容实际涉及吏徭","地方官府役使而外出服各种供奉、差使类杂役"②。但是,笔者认为,陈松长对秦"吏徭"的研究结论是正确的,陈先生云:"……(秦汉时期)官吏的'？使'也许就如现在各级行政管理人员出'公差',它并不是一种劳役或苦役,而只是一份差事而已。"③

不可否认,王彦辉在《秦汉徭戍制度补论——兼与杨振红、廣瀨熏雄商榷》一文中正确界定了"吏徭"的性质:"官吏的'徭'与百姓的'徭'"绝不能"混为一谈。"④然而,王先生却又将东汉之"职役"、"厮役"与秦之"吏徭"相混淆,这就略显不妥了。如王先生在文中列举了两条佐证材料:一为《后汉书·独行列传》中之"职役",此乃陈述东汉和帝时期之事儿⑤;二是《后汉纪·孝灵皇帝纪》中的"(陈寔)少为县吏,常给厮役"之史料⑥。

我们知道,"吏"的本意就是指"治人者也"⑦。在官僚制度初创之秦时,"吏"的工作就是治理百姓事务,而不是所谓的"职役"或"厮役"。但东汉中后期,尤其是汉末以后,由于基层"吏"逐渐卑微化,其工作也为世人所鄙视,故此时"充吏"可称之为

---

① 陈伟主编:《里耶秦简牍校释(第一卷)》,武汉大学出版社,2012年,第108—109页。
② 孙闻博:《秦及汉初"徭"的内涵与组织管理——兼论"月为更卒"的性质》,《中国经济史研究》2015年第5期。
③ 陈松长:《秦汉时期的繇与繇使》,《湖南大学学报》2014年第4期。
④ 王彦辉:《秦汉徭戍制度补论——兼与杨振红、广濑熏雄商榷》,《史学月刊》2015年第10期。
⑤ 《后汉书》卷八十一《独行列传》,第2685页。
⑥ [晋]袁弘:《后汉纪·孝灵皇帝纪》,北京:中华书局,2002年,第454页。
⑦ [汉]许慎:《说文解字(附检字)》,中华书局,1963年,第7页。

"吏役"、"职役"或"厮役"①。之所以有如此之说,著名史学家唐长孺先生给出了正确的解释:

> "吏的解释就是官,《说文》'吏,治人者也。'那怕最低层的吏,本来也都不是役。中央和地方机构中有吏,军中也有吏,我们在史籍中经常见到'吏士'或'吏兵'联称,通常即泛指将士。但是由于低层的吏常被长官驱使奔走,加以职务的繁重,某些劳役又加在他们头上,充吏就逐渐演变为一种吏役,有时还成为别于编户的特殊户口。这种情况大致始于汉末,成于魏晋,而南北朝时期最为显著。"②

事实就是如此,秦官吏之工作可以称之为"履职",但绝不能界定为"职役"、"厮役"或"吏役"。

总之,秦法律意义上之"徭"必须满足上文所提三个条件。试问"高祖常?咸阳",难道我们就能说高祖刘邦是去咸阳服苦役吗?此类例子在汉初张家山汉简中还有很多,如"相国、御史请关外人宦、为吏若䌛(徭)使、有事关中(简500)"③、"今廷史申䌛(徭)使而后来,非廷尉当(简190)"④等,这些事例无不说明,秦及汉初官吏"䌛(徭)使"只不过是一种履职的行为而已。

四、结论

综合以上分析可知,岳麓秦简《徭律》为我们正确理解秦"徭"制中的服役者身份、管理部门和服役范围等问题提供了新的依据。可以说,这些新史料填补了秦"徭"制研究的史料空白。

据岳麓秦简《徭律》和前辈研究之成果,秦"徭"制指的就是官府强制傅籍之"黔首"服劳役(或曰苦役)的制度。"徭"与"徭役"不同,这是因为秦"徭役"既包含"徭(劳役)",又具有"戍(兵役)"的意义。同时,"力役"与"兵役"两个概念也不容混淆,"力役"相当于"徭役"或"徭戍",它是劳役与兵役的合称。

岳麓秦简《徭律》等出土材料揭示,秦法律意义上之"徭"应具备三个要素:一是

---

① 这种吏的情况在长沙走马楼吴简中屡见,具体参见凌文超:《走马楼吴简采集簿书整理与研究》,广西师范大学出版社,2015年;杨振红:《吴简中的吏、吏民与汉魏时期官、吏的分野》,《史学月刊》2012年第1期;黎虎:《"吏户"献疑——从长沙走马楼吴简谈起》,《历史研究》2005年第3期。
② 唐长孺:《魏晋南北朝时期的吏役》,《江汉论坛》1988年第8期。
③ 彭浩、陈伟、(日)工藤元男:《二年律令与奏谳书(张家山二四七号汉墓出土法律文献释读)》,上海古籍出版社2007年,第313页。
④ 彭浩、陈伟、(日)工藤元男:《二年律令与奏谳书(张家山二四七号汉墓出土法律文献释读)》,第374页。

服"徭"者必须为傅籍之"黔首";二是此类服"徭"者由县廷及其下属机构管理;三是服"徭"者从事的官府分派的各种艰苦的劳役(或曰苦役)。我们知道,秦简中出现的"徒隶行猭(徭)课"、"春城旦出猭(徭)者"和"行？奴？=役"等记载,但这些材料只能说明,秦官府根据《徭律》的法律规定来管理"徒隶"劳作而已。因此,"奴徭"不应认定为秦法律意义上之"徭"。根据秦"徭"应具备的三个条件及前贤研究的成果,"吏徭"也不应归入秦法律意义上之"徭",因为官吏不是服苦役,而是"履职"。

补充说明:本文原载《江西师范大学学报(哲学社会科学版)》2016年第3期。此次对该文作了大幅修改和增补,其原因有二:一是由于本文过长,学报删除了其中很多重要的内容;二是原文仅使用了1则岳麓秦简《徭律》之史料。该史料为陈松长先生在《秦汉时期的猭与猭使》一文中首次披露。但《岳麓书院藏秦简(肆)》刊布发行后,我发现该书中共计有7则《徭律》新史料,这些史料为我们进一步深入探讨秦"徭"制问题又提供了新的证据。故而在此有必要一一补充完善之。

(作者简介:朱德贵,哈尔滨商业大学经济史研究所所长、教授)

"江东神"论考
——基于地方文献的分析

邹春生

一、引言

"江东神"是赣南的一个土神,由于它的庙宇建在贡水(一条位于赣南境内的赣江支流)的东面,所以被称为"江东神",[1]因为它曾被朝廷封赐过不同的庙号,[2]所以在地方志书和士人文集中,其庙宇又被称为"嘉济庙"、"圣济庙"、"昭灵王庙"等等,但这些不同称号的庙宇所信奉的主神,均是一个名字叫"石固"的神灵。"江东神"虽起源于赣南,但它曾经广泛流传到闽、粤、江浙、荆、湘地区,并且为官方所吸纳。唐宋以来,它从一个普通的地方神灵,逐渐变成一个享受官方祭祀的正神,与赣南地区的区域变迁密切相关。

近年来,由于"客家热"的兴起,学者对客家文化的研究也日益关注。然而,在以往的研究中,赣闽粤边区通常被看着是南迁的北方汉人和南方土著族群的交汇地,客家文化亦是中原文化与南方土著文化融合的结果。在这一思维模式下,学者往往关注的是中原文化在赣闽粤边区的传播情况,而较少关注赣闽粤边区本土文化对外传播的情况。而本文所探讨的"江东神",乃是在赣南这一客家大本营的核心地域所发展起来的民间信仰,后来它在闽、粤、江浙、荆、湘等地区的广泛传播,则是赣闽粤边区的本土文化向外传播的一个有力例证。本文以地方文献为主,拟对"江东神"的源流、

---

[1] 如乾隆《龙岩州志》卷8《古迹志·庙祠·嘉济庙》云:"嘉济庙,在州西官寨西。旧志云:神姓固,名石,秦时赣县人。庙在镇水之东,故俗呼为江东。"

[2] "当其始祀,曰昭灵大王,宋自嘉祐至绍兴,凡五易徽号,元自端平至至元,凡三易徽号,始定之曰圣济崇惠显庆昭烈忠祐王。"乾隆十八年《瑞金县志》卷7《艺文志》,引(清)徐友贞:《江东圣济庙灵异记》。

祀典化过程,作一粗糙的论述,旨在抛砖引玉,引起学者对这一历史事象的关注。

二、从自然神到人格神:"江东神"的源流考析

"江东庙",又称"石固庙"、"嘉济庙"、"昭灵王庙"等,是以专门祭祀"石固"这一神灵的庙宇。在文献材料中,多数认为石固神灵为"赣人"。因为"赣"的地理范围很大,包括整个江西地区,所以对于"石固"之神具体是江西哪里人,存在一些分歧。有人认为"石固"是南昌人,也有人认为秦朝时候从北方迁到赣南的"谪卒"。如:

"予访南昌游谔邂见汉大农令碑,乃唐开元中晋州红崖子张氲之所记也,记大农讳珠字怀汉,仕汉高祖为治粟内史,即大农职也,赋税宽平,国用优给,至惠帝时以直道不容出守九江,适灌侯有筑城之功,未毕,公偕妹婿石固继其功,民极趋之,劳而无怨,恪完城郭,即豫章城也。"①

"赣州城在秦时,尚为一三角洲地区,直至晋太守高琰才建土城,赣州府志有记载,赣州(时为赣县)晋时便在水东雷岗有座嘉济庙(后搬入城内健康路的江东庙),敬的便是最早生存在赣州城一带的先民——秦人石固,这石固无疑便是这批谪卒中一人。"②

不过,从地方文献的记载来看,我们认为该神灵应该是赣南地区的本土神。如:

《赣州府志》:"江东庙,即嘉济庙。旧在雷冈,当赣水东,故曰江东庙。其神曰石固,相传赣人,生于秦代,没而为神。"③

《石城县志》:"江东庙,城西老人仓背,神姓石名固,秦时赣县人,殁而为神。"④

《龙岩州志》:"嘉济庙,在州西官寨西。《旧志》云:'神姓固,名石,秦时赣县人。庙在镇水之东,故俗呼为江东。'"⑤

另外,从"石固神"的种种传说来看,该神灵也应该是赣南地区的本土神灵。关于

---

① 参见罗河胜主编:《中华罗氏通谱》,下册(文献篇),《祠记·大农祠记》,中华罗氏通谱编纂委员会2001年编印。
② 参见龚文瑞:《略论赣州客家古村(镇)的历史成因》,载于罗勇、林晓平主编:《赣州与客家世界国际学术研讨会论文集》,人民日报出版社,2004年,第139—140页。
③ 同治版《赣州府志》卷12《舆地志·祠庙·赣县》。
④ 乾隆四十六年《石城县志》卷3《经制志·祠庙》。
⑤ 乾隆《龙岩州志》卷8《古迹志·庙祠·嘉济庙》。

这一点,我们将在本文第二部分进行更加详细的阐述。

"石固神"信仰的出现时间,应当是在秦汉时期。除了上述史料,我们还可举出其他资料加以佐证。如成书于南宋时期的《临汀志》一书就认为,该神灵当在汉代末年时候就产生了。

> 助威盘瑞二王庙 在长汀县南驻扎寨。长老相传,汉末人以身御敌,死节城下,时有显应,众创庙宇,号"石固"。一日,庙前小涧涨溢,忽有神像乘流而至,自立于石固之左。众异之,号"石猛大王"。后以息火功封左王为"石猛助威",右王为"石固盘瑞"。宋朝元丰间创今庙。①

此外,明清时期的地方文献和文人笔记也多认为"石固"信仰是在秦汉时期出现的。如:

> "嘉济庙,在吴山,又名江东庙。《钱塘县志》:'祀秦赣人石固'。"②
> "吾苏江东神行祠,在教场之侧,以百签诗决休咎,甚著灵验。……尝读《祠记》云:'神,秦人,姓石名固。'"③

关于"石固神"的原型,争议较大。多数文献认为"石固"本是秦汉时期的人,后来成为一个神灵。至于"石固"何以能够由人转神,一些文献则有不同表述。上引《临汀志》的材料中,认为该神灵是汉代末年以后的一位"以身御敌"的人,死后屡有显应,故被人们祭祀,最后转为神灵而来的。

而元人笔记《申斋集》则认为"石固神"的原型不是战争英雄,而是一个巫师。

> 赣水东神有祠尚矣,庐陵邑故未有祠,按《郡志》,惟龙泉昭灵王庙在县东巫村滨江,宋治平所建。神,赣水东,名固,巫也。④

与"巫师说"相类似,当代文人龚映华女士亦认为,赣南寻乌县城"江东庙"里祭祀的神灵,是一个名叫刘江东的风水术士。

---

① (南宋)胡太初修,赵与沐纂:《临汀志》不分卷,《祠庙》,福建省地方志编纂委员会,福建人民出版社,1990年。
② (清)沈德潜等辑:《西湖志纂》卷9《吴山胜蹟》,四库全书本。
③ (明)陆粲:《庚巳编》卷7,"江东签",载于谭棣华、陈稼禾点校,元明史料笔记丛刊,中华书局,1987年,第81—82页。
④ (元)刘岳申:《申斋集》,卷5《记·龙泉江东庙记》。

刘江东和师父杨公一样，为老百姓做了很多好事，刘江东也是一位被人们神化了的人物。寻乌的老百姓为了纪念他，在老县城石溪堡北边的山坡上，建了一座江东庙纪念他。①

很显然，无论生前是英雄还是巫师，"石固神"这种"殁后为神"的故事，都说明它一开始就属于典型的人格神。尽管这种观点与古代民间神灵产生的主要路径相符合，但笔者还是不敢苟同。毕竟，这些文献和观点都是在宋代以后才出现，并且相互间也存在许多相抵触的地方，其可信度自然让人生疑。

我们认为，从赣闽粤边区方言遗存、信仰传统来看，"石固神"更有可能是从"巨石崇拜"这一自然信仰转化而来的。

首先，在赣闽粤边区的客家方言中，一般把"石头"读成"石古"（或"石牯"），"石固"应该是"石古"或"石牯"的误写。关于这一点，房学嘉先生在他的《客家民俗》一书中有一定的阐述："在客家地区有不少（石固大王）庙宇，石固大王又称石固公王或石古大王。"②很显然，房先生认为客家地区所崇奉的"石古大王"其实就是"石固大王"，两者并无差别。

其次，赣闽粤边区历来就有巨石崇拜的传统。巨石崇拜是我国古代十分流行的一种自然崇拜，日本学者渡边欣雄在谈到汉族民俗信仰时说，就提到了石头信仰："比这些神像（笔者注：此指佛、道两教的神灵）更为重要的，则是给人们的日常生活以强烈影响的地方神。地方神中包括田野、河流、道路乃至山岩、玉石、古木上所附的各种精灵。"③并且还有学者认为巨石崇拜的起源与古代生殖崇拜、祖先崇拜有关，是人们表达生存与繁衍观念的方式之一。④在赣闽粤地区，也十分盛行石头崇拜。如宋代《淳熙三山志》云：石头庙 严胜门之东北。旧记无诸王时，民转漕往浮仓，于此祈福。因有磐石，故名之。⑤民国年间所修的《上杭县志》，也把"石固庙"称为"石公庙"。⑥这种巨石信仰习俗，一直保留至今。根据人类学者的田野调查资料，在赣闽粤边区至今还有小孩子拜巨石等为契父，或者用石头象征伯公（土地神），或把巨石当作山神来崇拜的习俗：

有拜神为父的塔下小孩中，拜溪中或溪边石头为其子者甚多，拜古树也不

---

① 龚映华：《风水赣州》，中国文联出版社，2008年，第45页。
② 房学嘉：《客家民俗》，华南理工大学出版社，2006年，第130—133页。
③ （日）渡边欣雄著，周星译：《汉族的民俗宗教——社会人类学的研究》，天津人民出版社，1998年，第14—15页。
④ 鹿国治、邹婷：《巨石崇拜探源》，《理论学刊》2002年第4期。
⑤ 《淳熙三山志》卷8《公廨类二·祠庙》。
⑥ 民国二十七年《上杭县志》卷22《古迹志·石公庙》。

少,个别的拜太阳为其子。缺金拜石为子,缺木拜树为子,缺水只要取个带水旁的名字,缺火契太阳为子,缺土拜土地公为子。……每个村子至少有一个不到半米高的伯公庙(土地公),有的伯公居所只是一块岩石或一棵树,放个香炉或插上香就是。①

由此可见,无论从文献记载还是田野调查资料,都充分表明在赣闽粤边区一直存在十分浓厚的巨石崇拜习俗。"石固信仰"的产生也当与这一习俗有关。其中有一个十分重要的例证,那就是广东五华县乐洞村的石古大王崇拜。据卓尚基先生的调查,乐洞村的石古大王,位于白石嶂西端海拔 300 米高处,大王坛的四周基本上是自然裸露的石山,山顶上原有三棵大松树,松树下有一块"仙人石",刻有"石古大王"四字,当地百姓一直把它当作"山神"。② 从这段描述中,我们可以十分清楚地看出"石固神灵"中巨石崇拜的痕迹。

再次,在赣闽粤边区的民间信仰中,也不乏自然神向人格神转化的实例。例如,三山国王是粤东客家人中影响最大的神祇之一,随着明清时期大量粤东客家人迁往海外,三山国王信仰又广泛流行于台湾和东南亚。关于其起源,古人认为三山国王原是兄弟三人,后来"受命于天",成为分别镇守独山、明山、巾山等三座大山的神灵。但今天的一些学者则认为,三山国王实际上是潮州、惠州、梅州三州的界石之神,属于古代南方民族典型的巨石崇拜,大致在隋唐时期,三山国王就从原始的自然神逐渐转化为人格神。③ 如果三山国王的情况不谬的话,那么,我们也有理由相信,宋元以来关于"石固"的人格化叙述,其实乃是后来文人的添加之作。

从上述这些情况来看,笔者提出赣南地区的石固信仰来源于当地先民的巨石崇拜,这一观点应该是可以成立的。

三、从土神到正神:"江东神"的祀典化历程

作为巨石崇拜遗留的"江东神",原本是赣南地区的一个民间神灵,但到宋元以后,它屡次获得朝廷的封赐,使它从一个乡野杂神,逐渐进入官方祀典,成为一个被国家所认可的正神。这个祀典化的过程十分漫长,大体从秦汉时期开始,一直到宋元时期,并且这个祀典化过程还与赣闽粤边区的开发进程密切相关。

如前文所述,关于作为人格化的"石固神"产生的时间,文献记载出现秦代、汉初

---

① 郭志超:《闽客社区民俗宗教比较的调查报告》,载福建省客家学会主办《客家》杂志 1996 年 2 期。
② 卓尚基:《粤东五华县华城镇乐洞村的宗族与神明崇拜调查》,载于《梅州地区的庙会与宗族》国际客家学会、海外华人研究社、法国远东学院,1996 年联合出版,第 55 页。
③ 谢重光:《三山国王信仰考略》,《世界宗教研究》1996 年 2 期。

和汉末等不同的记述。但从整体上来看,以往文人在追述"石固神"的人文故事时,都是把秦汉时期作为该神灵的历史源头。为什么以往文献在追溯神灵历史的时候,往往会重点提及秦汉时期?笔者认为这应该与赣南地区的地域开发历史有关。

据有关史料记载,北方中央政权对赣南地区的拓展和开发,最早就是在秦汉时期。秦始皇统一六国之后,便开始了大规模的拓疆活动。赣南作为征伐南粤的桥头堡,秦军在赣南境内设立了"南野"、"横浦关"(位于今南康和大庾岭一带)等关隘,[1]并驻扎了大量军队进行防守。到汉高祖六年,中央政府已经在赣南地区设立赣、雩都、南埜三县,标志着该区域正式纳入了中央直辖体系之中。[2]

秦汉时期中原政权对赣闽粤边区的大规模拓疆活动,大大促进了该地区的经济开发和社会进步,因此也给当地人们留下了深刻的历史记忆。例如,在赣南地区,不仅存在汉初大将灌婴在赣南活动的遗迹,[3]而且灌婴本人还被当地人们建立庙宇进行专门祭祀。[4] 在"石固"信仰的传说中,"石固"显灵的故事也与灌婴平定赣南的历史相联系:

> 赣之雷冈有神祠曰江东嘉济庙者,相传其神姓石氏,讳固,自先秦时已血食兹土,汉颍阴侯婴过而祀之,神遂显名。[5]

> 圣济庙者,初兴于赣,渐流布于四方,所在郡县多有之。神盖姓石氏,名固,赣人也。生于秦代,既殁,能发祥焉。汉高帝六年,遣懿侯灌婴略定江南,至赣。赣时属豫章郡,与南粤接壤。尉陀寇边,婴将兵击之,神绛于绝顶峰,告以克捷之期。已而有功,馆神于崇福,里人称为石固王庙。[6]

尽管这一传说带有浓厚的神话色彩,但传说故事往往也是历史记忆的积淀。如果抛开其神话部分,我们就会发现,这则故事也在一定程度上折射了秦汉时期北方中央政权征略赣南的历史事实,同时也进一步说明"石固神"乃是赣南的本土神灵。

---

[1] 谭其骧主编:《中国历史地图集》第2册(秦、西汉、东汉),中国地图出版社,1982年,第11—12页。

[2] 关于赣南地区秦汉时期的考古资料,敬请参阅赣南地方历史文化研究室:《赣南文物考古五十年》,载于《南方文物》2001年第4期。

[3] 例如,在明清时期的赣南方志中,有不少地方都记载了"灌婴垒"的古迹:"灌婴垒,汉高祖六年定江南,因南越尉赵佗犯境,婴将兵击之,筑垒于雩山之阳四十里。"(同治十三年《雩都县志》卷七《古迹志》)尽管由于年代太过久远,古迹废废,人们已无法考证"灌婴垒"的具体位置,然而对灌婴筑垒的故事却似乎是深信不疑的:"灌婴旧垒在何许?或云汉代古田坪,或云唐时筑城处。灌侯故国成烟尘,灌侯子孙其谁人?呜呼!独遗旧垒芜荆榛。"(同治《赣州府志》卷18《舆地志·名迹·雩都县》,引清代黄浚《灌婴旧垒》)

[4] 关于赣南建立庙宇祭祀灌婴的情况,在宋代洪迈的《容斋随笔》中就有记载:"赣州雩都县故有灌婴庙,今不复存。相传左地尝为池,耕人往往于其中耕出古瓦,可斲为砚。予向来守郡日所得者,刓缺两角,犹重十斤,沈墨如发硎,其光沛然。"参见(宋)洪迈:《容斋随笔》,孔凡礼点校,唐宋史料笔记丛刊,《容斋续笔》卷12,"铜雀灌砚",中华书局,2005年,第370页。

[5] (元)傅若金:《傅与砺文集》卷3《记·江东神庙记》,四库全书本。

[6] 明嘉靖《赣州府志》卷11《艺文》明宋濂《江东庙记》。

到了唐代五代,关于"石固神"显灵的故事就更多了,并且还有开始建庙的确切时间:

> 唐大中元年,里民周谅,被酒,为魅所惑,坠于崖下,符爽,行贾长汀,舟几覆,诚有所祷,谅即返其庐,爽见神来护之。于是卜贡江东之雷冈,相率造新庙□石为像奉焉。相传庙初建时,天地为之晦冥。录事吴君暨司户萧君,令康、黄二衙官,先后往视,皆立化,二君亦继亡,逮今祀为配神。一云自时厥后,神屡显嘉应。①

当然,上述故事的真伪问题我们现在已无法考证,但这些故事能够广泛流传开来,至少也说明在唐至五代时期,"石固"信仰日益扩大了。值得一提的是,在宋代文献中,有多处记载唐代和五代时期有人为"石固神"树碑题刻的事情。如:

> 《舆地碑记目》:"嘉济庙碑,庙在水东五里,庙有唐进士杨知新、伪吴薛光范二碑。"②
> 《盘洲文集》:"州直东绝贡水,再百举武肇然雷冈之上者,曰嘉济庙,入斋庐,有古碑二:其一唐宣宗八年进士杨知新所立,题曰:'石固王碑';其一吴杨溥九年节度使李德诚所立,题曰:'昭灵王之碑'"。③

《舆地碑记目》的作者王象之是南宋代著名的史学家,《盘洲文集》的作者洪适则是南宋著名的金石学家,他俩俱在自己的著文中提到唐人为"石固神"题碑之事,不仅说明唐代"石固"信仰的真实存在,而且还是反映了该神灵在唐代的巨大发展。按照学者的解释,获得官员题刻或朝廷封赐,是地方神灵取得合法性地位,受到国家承认并予以保护的"正神"的重要途径。④ 具有"进士"身份的杨知新竟然会为"石固神"题写碑刻,不仅说明当代时候"石固神"被人们所广泛敬奉,而且也说明该神灵已经朝祀典化的道路迈进了重要的一步。

宋至明清时期是"石固神"正式纳入国家祀典体系的时期。唐朝进士杨知新为"石固"庙题写碑刻或许只是个人行为,并不能代表"石固神"正式被纳入官方祀典,但是,到了两宋时期,"石固"神屡屡获得朝廷封赐,元代又加封王号,在明清又获得官方的定期祭祀。这些都说明"石固"神灵完全获得官方的认可并被正式纳入国家的祭

---

① 嘉靖《赣州府志》卷11《艺文》,引(明)宋濂:《江东庙记》。
② (宋)王象之:《舆地碑记目》卷2《赣州碑记》,四库全书本。
③ (宋)洪适:《盘洲文集》卷33,《小传·嘉济庙碑》,《四部丛刊》(初编)本。
④ 皮庆生:《宋人的正祀、淫祀观》,载于《东岳论丛》2005年4期,第25—35页。

祀体系之中了。

我们在考察"石固"神的祀典化过程时,要特别注意它在两宋时期的发展。我们认为,两宋时期是"石固神"信仰发展的最为重要的阶段。体现在以下两个方面:

一是两宋时期是石固神最先获得国家封赐的时期,也是该神灵正式进入官方祀典的开始。获得朝廷封赐,是"石固神"正式纳入官方祀典的重要标志,据文献记载,"石固神"获得朝廷的赐号,最早就是在北宋嘉祐年间。如:

"江东庙,在赣县雷冈之上,祀秦石固,屡著灵异。唐大中间里人周诚重建,宋嘉祐赐额'显庆',绍兴加封'昭烈',文信国有记;元加封王号;明洪武中,敕有司岁以正月初八诞日致祭,移祀城内四路口,宋濂有记。"①

"江东庙,城西老人仓背,神姓石名固,秦时赣县人,殁而为神。宋元间屡加封号,明洪武中,敕有司岁以正月八日诞辰致祭,后改祭春秋。"②

二是目前我们能够查阅到的关于该神灵的记载的早期文献,几乎都是从宋代开始的。如前文所提到的王象之《舆地碑记目》,胡太初等人所编纂的《临汀志》,以及郭祥正的《题赣州嘉济庙祈雨感应》,③文天祥的《重修嘉济庙记》④等,都是宋代文人留下的关于"石固"信仰的重要资料。两宋时期关于"石固神"的大量记述,充分反映了该神灵在这一时期的发展。

三是从明清时期的文献记述中,也有大量内容反映"石固神"在两宋时期的发展。

从前面的叙述中我们可以知道,"石固神"的历史十分悠久,至迟在唐代从进士杨知新题写"石固王碑"来看,该神灵就已得到当地民众的广泛信仰。到了宋代,关于"石固神"显灵的种种故事,更是如雨后春笋,层出不穷。这在明清时期的人文著述中,有明确的反映。例如,明初名臣宋濂所写的《江东庙记》一文中,十分生动地描述了16个"石固"显灵的故事,其中有12个故事就是发生在宋代,如,在宋朝建炎三年,用阴兵吓退金兵,保护了逃亡到赣州的隆祐太后;绍兴二十七年,帮助都统制李耕歼灭禁兵和山寇的叛乱;绍定三年,帮助荆襄监军陈垲讨伐朱光、陈达等叛乱;淳祐七年,帮助部使者郑逢辰肃清湖南鲁甲的啸乱;淳祐九年,帮助监军姚希得平定安远崔文广之变,等等。⑤ 这些与宋代有关内容的大量出现,应该是宋代当地民众对"石固"神灵的迷信和膜拜的体现,反映了该神灵在两宋时期的巨大发展。

我们在考察"石固神"祀典化的过程时,要注意这个过程其实与赣闽粤边区的开

---

① 雍正十年《江西通志》卷109《祠庙·赣州府·庙》。
② 乾隆四十六年《石城县志》卷3《经制志·祠庙》。
③ 参见(宋)郭祥正:《青山续集》卷4《古诗·题赣州嘉济庙祈雨感应》,四库全书本。
④ (宋)文天祥:《文天祥全集》卷9《记·重修嘉济庙记》,中国书店,1985年,第218页。
⑤ 嘉靖《赣州府志》卷11《艺文》,引(明)宋濂:《江东庙记》。

发进程是密切相关的。从秦汉到宋代,"石固神"从一个乡间野神,发展到遍见于地方文献和士人文集中的正统神灵,其实与"国家"对赣闽粤边区的开发是同步进行的。在这一过程中,我们要特别重视它在唐宋时期的发展。"石固神"在唐宋时期的高度发展,与当时在全国范围内掀起的"封神运动"和赣南地区在这一时期得到重要开发的背景有关。

唐宋时期的"封神运动"是"石固神"进入官方祀典的大背景。据学者研究,唐宋时期曾在全国范围内掀起了一场规模宏大的"封神运动",封神运动的结果使得大量地方土神进入国家祀典体系之中。[①] 建立"正祀"是宋代朝廷对待民间信仰的重要措施之一,当时政府通过对众多民间神灵、庙宇进行赐爵位、题庙号等手段,从而建立起了庞大的官方祭祀体系。[②] 在这场轰轰烈烈的全国性"封神运动"中,"石固"神灵亦于嘉祐至绍兴年间屡次荣获"显庆"、"昭烈"的庙号,从而被纳入到官方的祀典体系之中。

两宋时期赣南地区得到进一步的开发,也是"石固神"能够进入官方祀典的重要背景。我国古代经济重心的南移,连接南北交通的重要孔道——赣江-大庾岭通道的开凿,以及唐末以来大量中原战争难民的涌入,使赣闽粤边区的社会经济在两宋时期获得了巨大的发展。[③] 赣南地区的社会发展,以及它在沟通南北交通方面的重要地位,促使中央政权加强对这一地区的控制。除了在这里增设县治,加强驻军,建立保甲制度之外,他们还十分注重对民间信仰的控制。把信众多、流传广、影响大的民间神灵纳入官方祀典,则是官府控制地方社会的重要措施之一。[④] "石固神"能在宋代屡屡获得朝廷封赐,并被纳入官方祀典,当与赣南在这一时期获得重大发展,国家需要加强对这一地区的控制的特殊背景有关。

原刊于《历史文献研究》(总第30辑)上

附记:本来一直想写一篇小文,以抒发对先生的感念之情。所撰《"江东神"论考》之拙文,涉及秦汉史内容。虽然没有坚持做秦汉史研究,但我却一直秉承着先生

---

① 关于唐宋时期朝廷大肆封赐神灵庙号的"封神运动"的研究,可参见林国平:《福建民间信仰》(福建人民出版社,1993年)、[美]韩森:《变迁之神——南宋时期的民间信仰》(包伟民译,浙江人民出版社,1999年)、贾二强《唐宋民间信仰》(福建人民出版社,2002年)、沈宗宪:《国家祀典与左道妖异 宋代民间信仰与政治关系之研究》(台湾师范大学历史研究所2000年博士学位论文)、皮庆生:《宋代民众祠神信仰研究》(上海古籍出版社2008年)、雷闻:《郊庙之外——隋唐国家祭祀与宗教》(生活.读书.新知三联书店,2009年)等著文。

② [美]韩森著,包伟民译:《变迁之神:——南宋时期的民间信仰》,浙江人民出版社,1999年,第146—167页。

③ 邹春生:《王化和儒化:9—18世纪赣闽粤边区的社会变迁和客家族群文化的形成》,2010年福建师范大学博士学位论文,第61—84页。

④ 邹春生:《神灵入典与毁禁淫祠:略论国家对客家民间信仰的控制——兼论国家权力在客家文化形成中的作用》,《赣南师范学院学报》2008年第1期。

所教导的严谨治学这一风格。每一位黄门弟子都知道,先生在学术上是十分严谨的,这一点,我的体会也是十分深刻的。在课堂上当我汇报自己的读书心得,引用的史料少了一个文字,先生察觉出来后,就狠狠地批评我,要求我回去重新检视对照原文,务必改正过来。在做毕业论文时,先生要求我必须在史料上要有所突破,在半年左右时间内,"逼"着我天天趴在资料室,查阅那些晦涩难懂的秦汉简牍材料……这种对待学术极其严谨的态度,对我的帮助是很大的。

"刚柔并济"是先生给我的又一印象。先生在学术研究方面对待学生是很严格的,但生活上却是很温情的。记得我毕业离校时,到先生家辞行,他破天荒地跟我聊了一个来小时,聊起他自己的人生历程,提醒我以后在工作道路上要注意哪些东西……在毕业之后,我更是愈来愈感受到先生的这种"温柔"。每每我在逢年过节打电话向他问候,或将育子、考博等喜讯向他汇报时,他老人家总是特别的高兴,连声说好,并亦祝我及家人快乐。这个时候,他完全是一个慈祥的老人,丝毫见不到他治学上的严厉了。有一件事,我不得不说。在2011年国庆节,我参加研究生毕业十周年聚会,同室友朱德贵兄一起到先生家拜访。在先生家一直聊到晚上10点左右,末了,先生竟然不顾深秋的萧瑟寒风,执意陪着下楼,一直送我俩至学校大门口。这事虽过去五六年了,至今还记忆犹新。

先生的教导之恩,恰如恒河沙数,无法一一列举。因逢先生八十寿诞,于此叨叙一二,略抒感念之情。

祝先生健康长寿,幸福安康!

(作者简介:邹春生,赣南师范学院客家研究中心副主任、副教授)

秦汉时期通讯设施建设与军事信息传递问题论略

上官绪智

军事上要取得主动权,就要有基本的通讯设施,以掌握军事信息,这事关军队行动的成败与安全。《孙子》曰:"知己知彼,百战不殆"。要想取得军事上的胜利,了解敌我双方的信息是不可或缺的重要工作之一。因此,围绕军队行动进行信息保障是后勤保障工作的重要内容之一。当然,秦汉时期的通讯设施与信息系统不能与现代同日而语,但那时的王朝政府为能及时掌握全国特别是边疆地区军事情况,保障军队行动和指挥军队,还是采取了很多措施以加强军事信息的传递保障工作。这个问题有学者做了一些研究,但感觉不系统,仍有言之未尽之处。本文拟根据现有资料专就秦汉时期通讯设施建设与军事信息传递情况做一些探讨,以期就教于同仁。

一、通讯基础设施的修建

秦代,曾征调大批人员修建驰道、直道、五尺道等以军事为主要目的道路和边防工程,并在这些交通线和边防障塞体系中建立了大量的邮、亭、驿站、传舍、烽燧等信息传输与采集设施,以适应军事信息保障方面的需要。

(一)道路、邮、亭、驿站、传舍的修建

道路、邮、亭、驿站、传舍乃秦汉时信息传递之命脉,居于基础地位。离开了这些设施就难于获取信息,要快速传播信息,就须修建相关的基础设施。

1. 道路的修建

道路的修建在军事上除给后勤运输带来便利之外,也给军事信息传递带来了方

便。秦完成统一的第二年,公元前220年就开始"治驰道"①。驰道以咸阳为中心,伸向全国的各主要地区。据《汉书·贾山传》记载:

> 为驰道于天下,东穷燕、齐,南极吴、楚,江湖之上,濒海之观毕至。道广五十步,三丈而树,厚筑其外,隐以金椎,树以青松。

从中可知秦驰道有两大主要干线:一是由咸阳至燕、齐;另一条是由咸阳伸向吴、楚,且可直达海边。路面宽阔,修筑坚固,沿路树以青松,蔚为壮观。围绕这两大主干线还修建了许多支道。梁启超先生在《战国载记》②中,根据秦始皇五次出巡所经由的路线,勾画出当时全国驰道的大致分布轮廓:

> 始皇第一次出巡,巡陇西北地,出鸡头山,过回中。则此路线当由长安循泾水旁西北,趋达甘肃固原以西地。第二次出巡,东巡郡县,上邹峄山,遂上泰山,南登琅邪,还过彭城。乃西南渡淮至南郡,浮江至湘山,自南郡由武关归。则此路线当由长安经华县,出潼关,历洛阳、开封,以达济宁,由济宁至泰安,由泰安至诸城,直穷海滨。由海滨经徐州,至临淮南渡。复由凤阳西趋,经信阳至襄阳,折向东南,浮江至汉阳、岳州,以达湘阴、长沙。其归途则经沙市、江陵、襄阳,入紫荆、道商县返长安也。第三次出巡,东经阳武,登之罘,遂之琅玡,道上党入。则此路线当由长安西经同州,渡(黄)河而东,沿河之北岸,经蒲州、怀庆、东昌抵青州,至烟台,复循海南下至诸城。其归途则取道彰德、经潞安,沿太行山脉,经临汾、韩城,返长安也。第四次出巡,东北至碣石,巡北边,从上党入。此路线出时所经,史无可考。或当循燕、魏、赵故都,则径安阳、邯郸至今京师,东巡趋海滨,抵山海关、秦皇岛。其归途则沿长城,取道榆林、肤施,归长安也。第五次出巡,至云梦,浮江下颧藉河,渡海诸,过丹阳,至钱唐、临浙,水波恶,乃西百二十里,从狭中渡,上会稽,还过吴,从江乘渡,并海上,北至琅邪、之罘,遂渡河而西至平原津,及沙丘而遂不旧。此路线舟行最多,盖由巴东循江而行,既游云梦,复循江直下,径金陵,至镇江,折而南,掠太湖,至杭州,由余杭至绍兴,旋经苏州,从勾曲、仪徵间渡江津,北历淮徐,东遵东海,绕胶东半岛一周,自齐渡河,历临邑、平原、武城、巨鹿,将取道邯郸以归,而遂崩于沙丘也。……历经陕西、甘肃、河南、山东、河北、山西、江苏、安徽、浙江、湖北、湖南、四川十二省数万里之地,而所经皆治驰道。

---

① 《史记》卷6《秦始皇本纪》。
② 梁启超:《战国载记》,载《国史研究六篇附录三篇》,中华书局,1936年。

秦朝在此基础上,又修筑了直道。据《史记·蒙恬列传》记载:

> (始皇三十五年)乃使蒙恬通道,自九原抵甘泉,堑山堙谷,千八百里。道未就。……太史公曰:吾适北边,自直道归,行观蒙恬所为秦筑长城亭障,堑山堙谷,通直道。

此外,还修筑了五尺道。如据《史记·西南夷列传》载:

> 会秦击夺楚巴、黔中郡,道塞不通……秦时常頞略通五尺道,《索隐》谓栈道广五尺。《正义》《括地志》云:"五尺道在郎州。颜师古云其处险阨,故道才广五尺。如淳云道广五尺。"

由关中南下,进入巴蜀、汉中高山峻岭,道路艰险。故有"蜀道之难难于上青天"的诗句。于是又在此间进一步修筑了栈道。实际上,战国时的秦就不断构筑栈道于深山峡谷之中,形成两条干线,一条是关中至汉中栈道,即刘邦就封汉王至南郑途中采纳张良建议所烧绝的栈道。另一条是关中至蜀郡的栈道。正如蔡译所说:"栈道千里,通于蜀汉,使天下皆畏秦"。① 此种栈道宽五尺左右,修筑在西南地区的山地之中,故也称"五尺道"。

西汉在秦的基础上,道路建设又有新的发展。突出表现在以下方面:

一是开通通向西域的通道。据《汉书·西域传》记载:"汉兴至于孝武,事征四夷,广威德,而张骞始开西域之迹。"汉武帝派使者张骞前往西域联盟各国击匈奴取得成功。其后往西域的道路开通,具体路线据《西域传》记载:

> 自玉门、阳关出西域有两道:从鄯善傍南山北,波河西行至莎车,为南道,南道西逾葱岭则出大月氏、安息。自车师前王廷随北山,波河西行至疏勒,为北道,北道西逾葱岭则出大宛、康居、奄蔡焉。

二是开通西南地区的道路。其中一条是开辟至巴蜀(四川)地区的"襃斜道",比较以前的旧道近四百里。其情况如《史记·河渠书》所说:

> 其后人有上书,欲通襃斜道及漕事。下御史大夫张汤。汤问其事,因言:"抵蜀从故道,故道多阪,回远。今穿襃斜道,少阪,近四百里……天子以为然,拜汤

---

① 《史记》卷79《蔡泽列传》。

子印为汉中守;发数万人作褒斜道五百里,道果便近。

这条道路开辟之后,沟通了凤县至褒城的道路,从而缩短了关中至巴蜀地区的距离。另一条是汉武帝时司马相如开通的自成都至西南地区的越嶲郡的道路。据《史记·司马相如列传》记载:"司马长卿便略定西夷,邛、笮、冄、駹、斯榆之君皆请为内臣,除边关,关益斥,西至沫、若水,南至牂柯为徼,通零关道,桥孙水以通邛都。"从而开辟于从关中经巴蜀到今云贵地区的道路。

三是进一步沟通了中原与东南地区的交通。西汉为消灭东南割据势力,在发动对南粤、闽粤的战争时开辟了通往那里的水陆交通。据《汉书·西南夷两粤朝鲜传》记载:

元鼎五年(前112年)秋,卫尉路博德为伏波将军,出桂阳,下湟水;主爵都尉杨仆为楼船将军,出豫章,下横浦;故归义粤侯二人为戈船、下濑将军,出零陵,或下离水,或抵苍梧;使驰义侯因巴、蜀罪人,发夜郎兵,下牂柯江;咸会番禺。

从中可见开辟通往南粤的道路情况。在平定南粤之后,不久东粤又反,汉王朝又派兵前往平叛。所经路线是:

上(武帝)遣横海将军韩说出句章,浮海从东方往;楼船将军仆出武林,中尉王温舒出梅岭,粤侯为戈船、下濑将军出若邪、白沙,元封元年(前110年)冬、咸入东粤①。

从中又可以看出当时开辟通向东粤的道路情况。这些新开辟的道路,不但有陆路、水路,还有海路。

东汉迁都城洛阳后,为适应新的变化,对道路进行了重新整修。表现在:

一是整修洛阳以西干线。长安为周、秦、西汉的旧都,长期成为全国政治、经济、文化,交通的中心,这时的地位虽稍逊于都城洛阳,但也不失为全国的另一中心。因此联通这两大中心的交通干线非常重要。便于进一步利用秦和西汉时业已形成的交通干线网络。洛阳至长安再西北行经扶风、北地、安定、武威、张掖贯穿河西走廊至玉门关。出玉门关再西行,由新道(即北道)经伊吾北至车师,西抵乌孙;出玉门关西行,由南道经鄯善、于阗、疏勒,抵达葱岭。据海尔曼《中国与古叙利亚间之古丝路》所记,当时新道(即北道)的行程为二千一百公里。南道的行程为一千九百公里。洛阳抵长

---

① 《汉书》卷95《西南夷两奥朝鲜传》。

安再西南行循褒斜道经汉中抵达成都,由成都再向西南伸展可抵达昆明、永昌等地。据《后汉书·孝顺帝纪》载,延光四年(125年)"诏益州刺史罢子午道,通褒斜路"。说明这条通向西南交通干线在东汉时得到进一步整修。洛阳至长安再出武关经南阳抵达江陵,这是一条沟通中原与江南的重要孔道。

二是整修了由洛阳至西南的交通干线。《后汉书·循吏列传》记载了此条线路修筑的情形:

> 含洭、浈阳、曲江三县,越之故地,武帝平之,内属桂阳。民居深山,滨溪谷,习其风土,不出田租。去郡远者,或且千里。吏事往来,辄发民乘船,名曰"传役"。每一吏出,徭及数家,百姓苦之。飒乃凿山通道五百余里,列亭传,置邮驿。于是役省劳息,奸吏杜绝。

此三县道路开通后既除去了弊政,又方便了交通,在交通线上列亭传、置邮驿,还方便了信息传递。

三是整修了以洛阳以东的交通干线。即利用原直道、驰道由洛阳通北方、东南方、东方、东北方并修建飞狐道通辽东。通北方有两条线路。一条出洛阳经关中直达塞外九原。另一条出洛阳渡黄河,经平阳、晋阳通抵云中。通东南方也有两条线路:一条是出洛阳经陈留,沿鸿沟、颍水入淮,再南循泲水、巢湖以达于江南;另一条出洛阳经定陶,循泗水入淮河,再沿邗沟以达于江南。通东方线路:由洛阳东行直达临淄,再向前伸展至濒海地带。通东北线路:由洛阳北渡黄河经邺及邯郸以通涿蓟,再延向辽东。延向辽东的交通线叫飞狐道,是东汉初年为防御匈奴、乌桓而修建的,《后汉书·王霸列传》所载:"十三年(37年),增邑户,更封向侯。是时,卢芳与匈奴、乌恒连兵,寇盗尤数,缘边愁苦。诏霸将弛刑徒六千余人,与杜茂治飞狐道,堆石布土,筑起亭障,自代至平城三百余里。"就是指这条道。

秦汉时修建的以长安、洛阳为中心的四通八达的交通网络,把各地联系起来,不仅有助于经济发展,而且对加强中央对地方的控制、贯彻政令、传递军事信息起了重要作用。

2. 邮、亭、驿站、传舍的修建

为保证信息传递过程中的快速和持续性,秦汉时期,除开辟交通外,还修建许多传输信息的站点网络。这些站点就是邮、亭、驿站、传舍之类的设置。它们除兼其他功能外(如邮、亭司奸盗,驿站、特别是传舍兼接待过往宾客等),重要一点就是传递信息。中央政府为控制和了解各地的情况,防止其叛乱和外敌入侵,加强了信息传递的设置建设,以保证一旦有情况能将信息及时传递至中央,或将中央的指示、命令传至各地边防军队中。这些邮、亭、驿站、传舍均建在交通要道上,有些是重叠建在一起的,只是所传递信息的方式不同,其名称叫法各有差异。

邮:《史记·白起列传》载:"武安君既行,出咸阳西门十里,至杜邮"。《正义》曰:

> 《说文》云"邮,境上行舍",道路所经过。今咸阳县城本秦之邮也,在雍州西北三十五里。

其"邮,境上行舍"一语,明确指出"邮"是边境地区传递军事信息的专有设施,且沿至内地于京城,说明边境重要的军事信息有时要通过"邮"传递至京城。所以《居延汉简》中多见"以行邮"简文。如:"甲渠都侯以邮行"(16·5A)①。"肩水侯以邮行"(74·4)。"甲渠鄣侯以邮行"(E.P.T43:29)②。杜邮地这个地方以"邮"命名,又在交通线上,显然是因为在这个地方修建了信息传输中继站点——"邮"而得名。这种情况,文献亦有记载:如《史记·淮南厉王长列传》记载:

> 臣仓等昧死言:长有大死罪,陛下不忍致法,幸赦,废勿王。臣请处蜀郡严道邛邮。《集解》徐广曰:"严道邛僰九折阪,又有邮置。"骃案:张晏曰"严道,蜀郡县"。《索隐》按:严道,蜀郡之县也。县有蛮夷曰道。严道有邛莱山,有邮置,故曰"严道邛邮"也。

说明蜀郡在严道上修建有"邛邮",《史记·留侯世家》:"留侯病,自彊起,至曲邮"。又同书注引《汉旧仪》曰:"五里一邮,邮人居间,相去两里半"。师古曰:"邮,行书舍也"。说明"邮"是秦汉时期在交通线上以人步行的方式传递军事信息(当然也包括其它信息)而修建的一个重要设置。

亭:秦汉时亭的种类很多,如有乡亭、都亭、市亭、农亭、邮亭、燧亭等。关于亭牵涉的问题很多,对其性质众说纷纭,莫衷一是。这里只论及对信息保障有作用的邮亭和燧亭。先谈邮"亭",战国时,各国就已在边境线上建亭,负责防守和瞭望。例如吴起任魏国西河守时,就曾组织过对秦国边亭的进攻作战。秦统一后,又有发展,不仅沿边防线建亭,在边防线通往郡治、首都等地的各军用道路上也都建了亭,进而又扩展到全国交通要道,河川渡口等地。边亭的任务,除守望,也增加了传递信息、接待过往军人、官吏,监送服役人员前往役所和追捕盗贼、维持治安等职能。一般每十里路设一亭,如《后汉书·百官志五》亭长条下注引《汉官仪》曰:"设十里一亭",《风俗通》

---

① 中国社会科学院考古研究所:《居延汉简甲乙编》下册,中华书局,1980年。以后此类注简均属该书,只注简号,不再详注。

② 甘肃省文物考古研究所、甘肃省博物馆、文化部古文献研究室、中国社会科学院历史研究所:《居延新简》,文物出版社,1990年。以后此类注简均属该书,只注简号,不再详注。

曰："汉家因秦,大率十里一亭。亭,留也,盖行旅宿食之所馆。"十里一亭是上述"五里一邮"的两倍。故秦汉时在交通线上每十里应该有"邮"与"亭"设置在一处的地方。如《水经·渭水注》中,将上述所说的"杜邮"又称之为"杜邮亭";《汉书·循吏传》黄霸条:"吏出,不敢舍邮亭";又说:"黄霸为颍川太守,使邮亭"。《后汉书·赵孝列传》:"从长安还,欲止邮亭"等记载。将"亭"与"邮"连称为"邮亭",或者从另一个角度讲,是因"亭"与"邮"合建在一处。证明交通要道上所建的"亭"与"邮"具有相同的性质。又《居延新简》有"甲渠鄣候以亭行"(E.P.T51:145)的记载。说明亭与邮有相同的传递军事信息的功能。从"亭,留也,盖行旅宿食之所馆"记述看,亭因十里而设,距离比邮远,信息传递者需要稍作停留、休息,故比邮应该大一些,是中心邮亭。

驿站:据《史记·曹相国世家》记载:"(高祖)取砀、狐父、祁善置"。晋灼曰:"祁音坻。孙检曰'汉谓驿曰置。善,名也'"。说明汉高祖时在祁善这地方修建了驿站。《汉书·昭帝纪》说:元凤元年十月,燕王旦等"置驿往来相约结"。《汉书·武五子传》曰:"昭帝年十四,觉其有诈,遂亲信霍光,而疏上官桀等。桀等因谋共杀光,废帝,迎立燕王为天子。且置驿书,往来相报"。可见,燕王所住之地到京城的道路上修建有驿站。《汉书·陈汤传》曰:"后数岁,西域都护段会宗为乌孙兵所围,驿骑上书,愿发城郭敦煌兵以自救"。说明连通向西域的道路都修建了驿站。《后汉书·循吏列传·卫飒传》:"列亭传,置邮驿"。《后汉书·寇恂传》记有"遂驰使邮驿"之谓。《后汉书·舆服志》有"驿马三十里一置"的规定,而且谓驿站为"置"而不曰"传"。考据有关史料,京城通向西域的道路上确实修建了"驿站",但"三十里一置"说法似有疑义。如《后汉书·郭太列传》云:"知范特祖邮置之役"。李贤注引,《风俗通义》曰:"汉改邮为置。置者,度其远近之间置之也。"明确告诉我们驿站并非硬性规定"三十里一置",而是根据情况"度其远近之间置之也"。这可与《居延新简》中关于"置"的里程记录之片断相互印证:

> 长安至茂陵七十里,茂陵至茨置卅五里,茨置至好止七十五里,好止至义置七十五里。
>
> 月氏至乌氏五十里,乌氏至泾阳五十里,泾阳至平林置六十里,平林置至高平八十里。
>
> ▋(原简左缺)……
>
> 媪围至居延置九十里,居延置至觻里九十里,觻里至氐池九十里,氐池至小张掖六十里。
>
> 删丹至日勒八十七里,日勒至钧著置五十里,钧著置至屋兰五十里,屋兰至堠池五十里。(E.P.T59:582)

说明"列置于要害之路",而两站之间的里程数并非机械划一,它往往是要考虑沿途道路上的人文聚居环境设站。可能原来中原地区地形平坦,人口住居比较稠密均匀,故可固定"三十里一置"。不管怎么说,在通往全国的交通要道上基本上都修建了"驿站"是可以肯定的事。此为当时军队信息的快速、畅通传递提供了基础设置保障。

传舍:据《史记·蔺相如列传》记载:"秦王度之,终不可强夺(和氏璧),遂许斋五日,舍相如广成传。《索隐》广成是传舍之名。"说明秦国时在交通要道上就已修建了"传舍"。关于汉代的"传舍"。汉籍多见。如《汉书·黥布列传》说:"楚使者在,方急责黥布发兵,舍传舍。"《史记·外戚世家》云:"姊去我西时,与我决於传舍中。"《汉书·文帝纪》诏曰:"……今纵不能罢边屯戍,又饬兵厚卫,其罢卫将军军。太仆见马遗财足,余皆以给传置。"《史记·吴王濞列传》:"下邳时闻吴反,皆城守。至传舍,召令。"《史记·魏其武安候列传》:"武安乃麾骑缚夫置传舍。"《汉书·霍光传》:"票骑将军击匈奴,道出河东,河东太守郊迎,负弩矢先驱,至平阳传舍。"《后汉书·方术列传》:"哀帝时,有言越巂太守欲反,刺史大惧,遣文公等五从事检行郡界,潜伺虚实。共止传舍"。《后汉书·光武帝纪》:"光武乃自称邯郸使者,入传舍。"等等。在交通线上相隔多远距离修建一个"传舍",史籍无明确记载。《史记·田儋列传》谓田横"乘传诣洛阳,未至三十里,至尸乡厩置,……遂自刎"。《集解》引臣瓒曰:"厩置,置马以传驿也"。说明厩置与传置在一处,据此推知"传"与驿站一样在中原地区可能也是每三十里一置,这些修建在交通要道上的"传舍",同样为军事信息的传递提供了中继站。只是一个用驿马作为交通工具传递信息,一个用马驾的传车作为交通工具。但需要明确的是,传车要比驿马要求的道路条件要高得多,在边塞、山区等交通不便的地方传、舍作用应该不如驿。

(二)边防障塞及烽燧的修建

障塞(有时也称塞或长城等)是沿边境线修建的防御设施。"烽燧"一词,在史籍中出现的频率很高。汉简与有关典籍中通常将烽写作蓬、燓、鐆等;将燧写作㸂、䍧、队等。是修建在障塞之中的候望设施,往往修建在高地处,以便于瞭望和将瞭望到的敌情信息迅速传至障塞中的守备部队或附近的郡县,做好防御战斗准备。史书上对烽燧有时亦称亭燧、亭障或单称亭或燧等,如《说文解字》曰:"燧,塞上亭守烽火者"。《史记·蒙恬列传》云:"吾适北边,自直道归,行观蒙恬所为秦筑长城亭障,堑山堙谷,通直道"。司马迁所云"亭障",就是指烽燧。西汉刘向所撰《新序》卷十《善谋篇》也云:"蒙恬为秦侵胡,以河为境,累石为城,积木为塞,匈奴不敢饮马北河。置烽燧,然后敢牧马"。同样是说的蒙恬治边塞事,一曰筑亭障,一曰置烽燧,说明边塞亭障就是烽燧,二者所云互证。汉简中有燧、亭同名的情况,如居延甲渠塞,82·29简记载有"高沙燧",178·8简记载有"高沙亭部";30·12简记载有"箕山燧",178·7简记载有"箕山亭部"。卅井塞,114·18简记载有"灭寇燧",114·20A简记载有"灭寇亭"

等等。可见亭、燧、烽燧、亭燧、亭障等至少在边塞有时是不分的。早在西周时,烽燧就已出现。如《史记·周本纪》载:周幽王在京城侧近的骊山"为烽燧"戏诸侯。春秋战国时期,诸国均修建有烽燧(烽虞)。王念孙《广雅疏证》卷一下《释诂》曰:"烽、虞、阙、候、望也",又曰:"虞亦候望也"。所谓"虞和候望",用现在的话说,应该就是观察、采集敌情信息。《史记·魏公子列传》载:魏安厘王(前276—前252年)与异母弟信陵君下棋,"而北境传举烽,言'赵寇至,且入界'"。说明战国时魏国已经能用边防烽燧将候望(或者说是观察、采集)到的赵寇入侵信息迅速传至其国内政权中心。战国七雄中最贫弱的韩国也修建有烽燧,并注意与障塞结合在一起修建。公元前321年,张仪对韩襄王说:韩地势险恶,国无二岁之粮,"除守徼亭障塞",见兵最多不过二十万,难与秦为敌①。张仪认为弱小的韩国只有修"亭障塞",也就是修烽燧和障塞,并依托障塞,提前了解敌情信息,做好战斗准备,才能抵御强大的秦国的入侵。

秦汉建立大一统政权后,军事重心转移到边防,尤其是对匈奴的战争。史称:

> 匈奴,轻疾悍亟之兵也,至如猋风,去如收电,畜牧为业,弧弓射猎,逐兽随草,居无常处,难得而制②。

对这样一个游牧民族,在旷野与其硬拼是不行的。秦始皇深知其中的道理,于公元前215年派蒙恬"筑长城,因地形,用险制塞"。把秦、赵、燕长城联结起来,并向东西延伸,"起临洮至辽东,延袤万余里","筑亭障以逐戎人"③。蒙恬没有辜负秦始皇的厚望,在边塞十余年以塞(长城)障和亭燧为依托"却匈奴七百余里,胡人不敢南下而牧马"④。

汉代对边防障塞和烽燧也极为重视。如《史记·主父偃列传》记严安在武帝时上书言事云:

> 今欲招南夷,朝夜郎,降羌僰,略濊州(集解如淳曰:"东夷也"),建城邑,深入匈奴,燔其茏城(索隐匈奴城名),议者美之。此人臣之利也,非天下之长策也。今中国无狗吠之惊,而外累于远方之备,靡敝国家,非所以子民也。行无穷之欲,甘心快意,结怨于匈奴,非所以安边也⑤。

主父偃建议由进攻匈奴转为守边防御,置朔方郡"外阻河"以御匈奴。两汉时

---

① 《史记》卷70《张仪列传》。
② 《汉书》卷52《窦田灌韩传》。
③ 《史记》卷88《蒙恬列传》。
④ 《史记》卷6《秦始皇本纪》。
⑤ 《汉书》卷64《严安传》也有类似记载。

期，虽然在西南、岭南与蛮夷偶尔也有战争，但军防重点依然是防御北方的匈奴及西北羌人，故《汉书·高帝纪》载，二年（前205年）六月，"兴关中卒乘边塞"（汉人称长城为塞或者障塞，称秦长城为故塞①）。《汉书·匈奴传》记载，武帝时"建塞徼，起亭燧"。同书《张骞传》云："击破姑师，虏楼兰王。酒泉列亭障至玉门矣"。《史记·匈奴传》云："汉使光禄徐自为出五原塞数百里，远者千余里，筑城障列亭至庐朐"。《汉书·赵充国传》曰："自敦煌至辽东万一千五百余里，乘塞列隧"。《后汉书·西羌传》记载，在西海置郡，"筑五县边海，亭燧相望焉"。"障塞亭燧出长城数千里"。同书《王霸传》记王霸"与杜茂治飞狐道，堆石布土，筑起亭障"。《马援传》亦载："援乃将三千骑出高柳，行雁门、代郡、上谷障塞"，应劭《汉官仪》云：郡太守行"障塞烽火"。《盐铁论·本议》曰："匈奴背叛不臣，数为寇暴于边郡，备之则劳中国之士，不备则侵盗不止，先帝哀边人之久患，苦为虏所系获也。故修障塞，饬烽燧，屯戍以备之边"。不仅在西北至东北如此，在其他易被敌骚扰的边境也一样。如《史记·司马相如传》记载，武帝"告巴蜀太守：蛮夷自擅不讨之日久矣，时侵犯边境，夫边郡之士，闻烽举燧燔"。显然，汉武帝时期，巴蜀与西南夷（夜郎、僰）边界也修建有烽燧。说明汉代为防边寇，在秦长城的基础之上，将秦时障塞进行了整修，并向西北、东北和西南等边境沿线有了延伸和扩展，建立了一套更为完整的国防体系。烽燧或曰亭燧、亭障等候望系统也修建在这个障塞体系之中，它是整个边防障塞防御链条中的一个重要环节，都是在边防沿线上修建的具有采集与传输敌情信息作用的一种重要设施。甚至这一体系沿至内地。如《后汉书·马成列传》记载：

  十四年，屯长山、中山以备北边，并领建义大将军朱祐营，又代骠骑大将军杜茂缮治郸塞，自西河至渭桥，河上至安邑，太原至井陉，中山至邺，皆筑保壁，起烽燧，十里一候。

  烽燧系统实际上已经成为覆盖面极其广阔的通信网络。故《史记·匈奴列传》说："胡骑入代句注边，烽火通于甘泉、长安"。《后汉书·南匈奴列传》也记载："候列郊甸，火通甘泉。"李贤注曰："列置候兵于近郊畿，天子在甘泉宫，而烽火时至甘泉宫也"。这些都说明烽燧已经从边境修到了京畿。烽火信号可"通于甘泉、长安"。
  综上所述，道路和邮、亭、驿站、传舍及边防障塞和烽燧的修建，为信息的收集、传递提供了必要的基础设施保障。使边塞军事信息能很快传递到政权中心京城。如赵充国上书"陈兵利害……六月戊申奏，七月甲寅玺书报从充国计焉"②。在胡骑入侵

---

① 如《汉书》卷94《匈奴传》记载，匈奴"与中国界于故塞"。
② 《汉书》卷69《赵充国传》。

时,烽火信息能通"甘泉、长安"①。

二、传令、信息器备的置用

在传递信息过程中都要使用一定的工具。邮、亭、传、驿不外乎步递、车递、马递几种。步递除随身携带的邮件和必要的凭证外,无需其他器具。车递需要车辆和拉车的马匹,分别叫传车和传马。马递只需单骑马,也叫驿马。而边防塞障中的烽燧传递信息所需器具就多了,根据汉简所载,大致有烽、表、灶、苣、积薪、鼓等。此外,指挥军队行军打仗还要用到旗、鼓、金等信息器具。

(一)传驿用信息器备

传车与传马:在汉代,往往因每车用马数量多少和质量好坏,被区分为若干等级。如《汉书·高帝纪》载田横"乘传诣洛阳"语下,如淳注引《汉律》曰:

> 四马高足为置传,四马中足为驰传,四马下足为乘传,一马二马为轺传,急者乘一乘传。

这里非常明确地依据拉车马的数量和质量的优劣将"传车"分为置传、驰传、乘传、轺传四种类别。将马质量也分为高足、中足、下足三个优劣等级。汉简中也屡见"轺车一乘,马二匹"、"轺车一乘,用马一匹"等记载②。这进一步证明传车、传马有等级差别。而且还说明传递信息等级出现的原因,似乎与当时的信息通道(道路)情况、发布信息的机构级别及信息本身的重要程度有关。边塞兵卒用车传递信息因道路条件较差和便于信息机动快速传递,只能用级别低的一马或二马拉的小型的轺车。而王侯所用传车马的数量甚至要达到六、七匹,当然马的质量也应该是最好的。如《汉书·文帝纪》记载:

> 乃令宋昌骖乘,张武等六人乘六乘传诣长安,至高陵止,而使宋昌先之长安观变。

同一史实《汉书·爰盎传》记载:

> 诸吕用事,大臣颛制,然陛下从代乘六乘传,驰不测渊,虽贲、育之勇不及陛下。

---

① 《史记》卷110《匈奴列传》。
② 《居延汉简甲乙编》第25·2、36·6、505·9、505·13等号简文均有此类记载。

又《史记·吴王濞传》记吴楚等七国反时曰：

条侯将乘六乘传，会兵荥阳。

除上述记载乘六乘传，即六马驾驶的传车外，还有"乘七乘传"记载。如：

昭帝崩，无嗣，大将军霍光征王贺典丧。玺书曰："制诏昌邑王：使行大鸿胪事少府乐成、宗正德、光禄大夫吉、中郎将利汉征王，乘七乘传诣长安邸。"夜漏未尽一刻，以火发书①。

因此信息非同一般，故乘七乘传车，"夜漏未尽一刻，以火发书……侍从者马死相望于道。"马死了再换，此信息器具保障也非同一般。

驿用之单骑马：这要晚于车传，它可能是在传的基础上发展而来。如《史记·孝文帝本纪》所载"今纵不能罢边屯戍，而又饬兵厚卫，其罢卫将军军。太仆见马遗财足，余皆以给传置。"语下《索隐》按：

广雅云"置，驿也"。续汉书云"驿马三十里一置"。故乐产亦云传置一也。言乘传者以传次受名，乘置者以马取匹。传音丁恋反。如淳云"律，四马高足为传置，四马中足为驰置，下足为乘置，一马二马为轺置，如置急者乘一马曰乘也"。

这段话给我们透露两条信息：一是驿与传有紧密的联系，在某些情况下是一回事。"置，驿也"，"乐产亦云传置（驿）一也"，都是引如淳《汉律》注。《汉书·高帝纪》曰：置传、驰传、乘传、轺传。《史记·孝文帝本纪》里将"传"换为"置"，曰：传置、驰置、乘置、轺置。正如前述传舍与驿站设置时所说，传与驿（置）都是在交通要道上三十里一设，往往同设一处。二是之所以驿与传有紧密联系是人们在用传车传递信息时，发现马拉车跑得不够快，有时还受道路条件限制，"如置急者"干脆只"乘一马"，即用单骑马传递信息。就像春秋时用战车打仗，经过战国到秦汉时发现使用战马打仗比战车机动性要强一样，逐渐发展骑兵。故《汉书·高帝纪》载田横"乘传诣洛阳"，颜师古注曰："传，若今之驿。古者以车，谓之传车；其后又单骑马，谓之驿骑。"可见，驿用之单骑马传递信息在时间上要晚于车传，是在车传的基础上弃传车而用单骑马。

---

① 《汉书》卷63《武五子传》。

从大量史实来看,武帝以后,以单骑马传递信息者日渐增多。如《汉书·李广传附孙陵传》载天汉二年(前99年),武帝以军情诏陵,曰:"因骑置以闻。师古曰:'骑置,谓驿骑也。'"《汉书·刘屈氂传》载武帝征和二年(前91年)秋载戾太子"发兵入丞相府"时曰:"屈氂挺身逃,亡其印绶。是时,上避暑在甘泉宫,丞相长史乘疾置以闻。师古曰:'置,谓所置驿也。'"《汉书·西域传下》谓边郡有事时:"张掖、酒泉遣骑假司马为斥候,属校尉,事有便宜,因骑置以闻。师古曰:'骑置,即今之驿马也。'"《汉书·陈汤传》曰:"西域都护段会宗,为乌孙兵所围,驿骑上书。"《后汉书·循吏列传·卫飒传》曰:"(卫飒)列亭传,置邮驿"。《后汉书·袁安传》曰:"公事自有邮驿"等等,不仅武帝以后,以单骑马传递信息者日渐增多,而且从《袁安传》中的"公事自有邮驿"看,东汉时期以驿马传递信息有制度化倾向。

(二)烽燧用信息器具与烽火品约

烽燧中的人员在发现敌情以后,要将敌情信息传送出去,以使相邻的烽燧瞭望哨看清,知道敌人多少、距离远近等情况,依次传递,很快就可将敌情报告到指挥部和通报到友邻部队,以便指挥官采取措施。

信息器具,就是发送、传递这些信息的工具。通常有烽、表、灶、鼓、苣、积薪、鼓等。分述如下:

烽:作为一种信息器具,文献与汉简记载很多。但史学界争论也很多。主要焦点是:烽是用于白昼还是黑夜的问题。烽的含义自古至今注释者很多,诸家不一,众说纷纭,这里需要做些辩说。

据《史记·周本纪》曰:

幽王为烽燧,《正义》峰遂二音。昼日燃烽以望火烟,夜举燧以望火光也。烽,土鲁也。燧,炬火也。皆山上安之,有寇举之。

《史记·司马相如传》曰:

夫边郡之士,闻烽举燧燔,《索隐》烽燧。韦昭曰:"烽,束草置之长木之端,如挈皋,见敌则烧举之。燧者,积薪,有难则焚之。烽主昼,燧主夜。"

以上两条记载,谓"烽主昼"。

《史记·魏公子传》载:

公子与魏王博,而北境传举烽,言"赵寇至,且入界"。《集解》文颖曰:"作高木橹,橹上作桔槔,桔槔头兜零,以薪置其中,谓之烽。常低之,有寇即火然举之以相告。"

这个记载没有说是主昼还是主夜,但明确"有寇即火然(燃)举之"。火光夜晚易见,似有主夜之意。但《汉书·贾谊传》云:

> 斥候望烽燧不得卧。文颖曰:"边防备胡寇,作高土橹,橹上作桔皋,桔皋头兜零,以薪草置其中,常低之,有寇即然火举之以相告,曰烽。又多积薪,寇至即燃之,以望其烟,曰燧。"张晏曰:"昼举烽,夜燔燧也。"师古曰:"张说误也。昼则燔燧,夜则举烽。"

师古之注明确告知非为"昼举烽"而是"夜举烽"。《后汉书·光武帝纪》曰:

> 遣骠骑大将军杜茂将众郡施刑屯北边,筑亭候,修烽燧。《前书音义》曰:"边防备警急,作高土台,台上作桔皋,桔皋头有兜零,以薪草置其中,常低之,有寇即燃火举之,以相告,曰烽。又多积薪,寇至即燔之,望其烟,曰燧。昼则燔燧,夜乃举烽。"

这里也曰:"夜乃举烽"。

究竟以何者为是?学者陈梦家先生认为"宋裴骃引汉末文颖和魏时《汉书音义》最为可据①。与唐初著名训古大师颜师古所说一致。唐人张守节和司马贞分别在《史记正义》和《史记索隐》中不同意颜师古的解释,在唐代就形成对立的两说。但还是颜师古说影响大,奉行者多。如近代著名学者王国维就力主颜说。他在《流沙坠简》对烽燧作了考释,引《汉书·贾谊传》注,以为"烽用火,燧用烟,夜宜火,昼宜烟"。认为师古提出"昼则燔燧,夜则主烽"为卓识。王氏还据汉简指出汉代塞上告警除烽燧之外,"尚有不燃之烽",即"燃而举之谓之烽,不燃而举之谓之表,夜则举烽,昼则举表"②。劳榦也说:"颜师古订张晏之说,谓为昼则燔燧,夜则举烽。王氏国维谓为其识甚卓,是矣。"③由于王、劳二氏力彰颜说,似乎成了定论。实则细究也有商榷之处。我们考证下列汉简材料便知:

> 举堠上直上烽。(E.P.F16:8 节录)
> 坞上旁烽一通,同时付并山,丙辰日入时☐。(349·11)

---

① 陈梦家:《汉代烽燧制度》载《汉简缀述》,中华书局,1980年。
② 王国维、罗振玉:《流沙坠简》屯戍丛残考释二烽燧类,京都东山学社出版,1914年。
③ 劳榦:《居延汉简考释》考证二烽燧类,四川南溪石印本,1944年,第25—32页。

居延地烽一会。(116·41)

布烽六。(227·18)

布烽三,一不具;布表一;鼓一。(506·1)

烽绢不调□。(68·63)

今月余赤烽一。(517·11)

八月甲子买赤白缯风篷一完。(284·24)

烽不可上下……色不鲜明。(127·24)

具木蓬一完。(553·4)

草烽一,布表一,布烽三。(E. J. T37·1537—1538)

虏守亭鄣不得燔积薪,昼举亭上烽一烟,夜举离合苣火。(14·11)

从上述几简可以看出,烽分多种,以所置位置分,有堠上、坞上、旁烽;以颜色分,有赤、白等颜色烽;以其质地分,有草烽、木烽、烽一烟、布烽。且上述506·1简和E. J. T37·1537—1538显示并非王氏所说:"尚有不燃之烽","不燃而举之谓之表",若烽表是一回事,此两简没有必要将"布表一,布烽三"在一简上分开来记。实际上,查阅所有汉简记录,烽就是烽,表就是表,举烽就是举烽,举表就是举表,完全是两回事。退一步讲,即使是一回事,表即烽,则不燃之布烽存在更是无疑。显然草烽和木烽可燃举,夜易火,用于夜间。烽一烟、布烽夜间是无法分辨的,可以肯定是在白天使用。这有《居延汉简》为证:"□午日下餔时受居延烽一通,夜食时堠上苣火一通,居延苣火"(332·13)。这里清清楚楚记载,白天用烽,夜晚用苣火。显然若概而论之,说烽主夜或说烽主昼似乎都不妥。之所以出现两种截然相反的结论。原因有二:一是因为没有区分燃举之草木烽和不燃举布烽及烟烽等几种情况,讲烽主昼是针对不燃举烽和烟烽说的,讲烽主夜是针对燃举烽说的。二是没有具体问题具体分析。汉简中显示烽有几种,在历朝相沿的过程中,肯定又多有变化。比如段成式《酉阳杂俎》卷十六中记载:"狼粪直上,烽火用之"。说明后世的烽火信息器具在发生变化。沿至现在烽火信息器具已被各类现代化的无线电、卫星等信息器具所替代。所以后人在这种复杂的情况下不作具体情况具体分析,一概而论,硬性定论它主昼或主夜,实在是没有必要。如果一味力彰颜说,则汉简所记"午日下餔时受居延烽一通"(332·13)和《墨子·号令篇》:"昼则举烽,夜则举火。"作何解释?实际上把二者所讲之烽当作是白天可见的不燃举烽就不难理解了,因为下一句都讲到了夜间举火的情况。如果史料中都能如《流沙坠简》552号简:"昼不见烟,夜不见火",《武经总要·唐兵部烽式》:"白日放烟,夜则放火"这样清楚明白地记述,就不可能使后人混淆不清而生疑惑,而出现上述两种对立的说法。至于燧,《说文》曰:"燧。塞上亭,守烽者也。"是守望烽火之亭,据斯坦因所获《中国简牍考释》中所记,诸如"广昌燧"、"厌胡燧"等燧名者约有好几十简。此外《居延汉简》278·7B 简中有"燧长畸"、332·5 简中有"乐吕燧长已"、126·40 简中有"临莫燧长留人"、161·40 简中有"鉼庭隧长周安"、163·20 简中有"降虏燧长垣"等记载。以上均说明,燧者亭燧,是发布烽火信息的场所或曰机构名称,有燧长主持工作,为举烽火的地方,不是发信息的一种器具。夜皤燧也好,昼皤燧也好,我认为应该理解为是在燧这个地方皤一种信号,某种白天易见的信号当然是昼皤,反之亦然,更无必要断其主昼还是主夜。

总之,在燧这个地方,烽作为一种工具传递敌情信息 24 小时不能间断,昼夜皆举,只是根据昼夜不同特点所举之烽不同罢了。燧作为传播烽火信息的机构场所,也是 24 小时在不间断地工作着,正所谓"望烽走燧"是也。

表:作为传递信息的一种信息器具,在秦汉之前亦有之。如《墨子·号令篇》说:

> 出候无过十里。居高便所树表。表三人守之。比至城者三表,与城长烽燧相望。

汉简中也有记载"表"作为信息器具传递信息的情况。综合《居延汉简》进行考察:当时存在多种情况:以大小不同划分,可能有大小表之别。如:

> 埭上大表一古恶。(264·32)

既然此处写明是大表,则肯定是相对小表而说的,即有小表存在。
以放置地方不同划分,有在地上用的表和坞上用的表之别。如:

> 地表币,地表染埃。(68·109)
> 阳城坞宽高亥(疑为表子误写)厚上下举。(175·19B)

以用于显示不同的信息划分,有"亡人赤表"、"兰入表"等之别。如:

> 府告□□,居延有亡人,广地第八燧举赤表□留迟□举。(B.J.T22·11C)
> 日出三分兰入表一通。(E.J.T 22·11B)

程喜霖先生认为:"所谓'亡人赤表'是用赤色的表告示烽塞警戒追索逃人"。"'兰入表'的兰同阑,这是敌寇侵犯塞防以兰入表报警"。此外他还认为有"诟表,诟可作斥责解,用表号警告某一烽燧违制行为,大概是对烽火滞留失误的督责信号。①"

再次,从汉简所记表的数量看,有一至三枚数之不等。在汉简中有"布表一"外,还有表二、表三,如:

> 表二,不事用。(82·1)
> 守何表二,不鲜明。(214·47)
> 布二,宜□时□有表三□。(67·13A)

可能汉代每个烽燧中用表传递信息有一至三个就基本够用了。特殊信息需要表达可能也要多用一些。如《通典》卷一五二《守拒法》曰:

> 城上立四队,别立四表,以为候视,若敌欲攻之处,则去城五六十步即举一表,撞梯过城,举二表,敌若登梯举三表,欲攀女墙举四表。夜即举火如数。

灶:用烟传递信息没有灶是不行的,灶是保障发"烟"信息的一种基本设施。据初师宾在其《居延烽火考述》一文中所讲,他在居延所见,"甲渠塞第四隧烽台西南角堠坞夹角有灶,高1.1米;面积70厘米×60厘米,圆形灶膛,灶连烽台壁,壁上挖60厘米宽;30厘米深的槽作烟囱,外敷草泥,沿烽台壁通向上方。金关F_1西北角的灶形制相同。此二灶皆为烟灶,当在灶膛内燃柴草、粪,烟火藉烟囱施烟于堠顶,远方得以望见"。初师宾先生亲眼所见应该没错。比对《居延新简》所载甲渠塞第四燧探方二E.P.S4.T2:56简所云:

> 堠上烟窦突,出埤堄二尺,要中央三尺,□明上积三尺,突□=□八寸
> □□□□□

"烟窦突"应该就是烟灶出堠上的凸起部分,即灶膛与灶台的衔接部位。此处向上(埤堄)二尺,再加"明上积"三尺,按秦汉时尺长23.1厘米和27.65厘米两种情况计算。前者灶高1.155米,与初师宾实考基本吻合;后者灶高1.3825米,多了0.2825米,居延遗灶经过这么长时间的风蚀雨淋,现在所见比原来少0.2825米属正常;"要中央三尺"可能是说灶的中间腰身直径三尺,这样算来面积与初师宾所考也基本吻合。此简是断折简,且后面字迹模糊不清,可能是记述烟囱的高度与结构。

这种灶在每个燧所都有,甚至不止一个。与烽、表一样,为表示敌距我之远近,要

---

① 程喜霖:《汉唐烽堠制度研究》,三秦出版社,1990年,第56页。

发一烟、二烟、三烟,甚至四烟。故汉简中有载:

烟造一。(E.J.T37·1544)
灶少一。(E.P.T57:109)
☐ 灶一二 。(68·40)
为亭燧灶所四☐。(512·5)

"造"即灶字误写,"灶少一,灶一、二,灶所四",说明至少两灶以上。

苣:《后汉书·皇甫嵩传》载:

其夕遂大风,嵩乃约敕军士皆束苣乘城(苣音巨。《说文》云:"束苇烧之。")

现有出土实物证实了上述说法。敦煌 D_{18} (T_{9a}) 烽隧遗址所出之苣,就是以芦苇制作,长110、径10 厘米①;居延甲渠第四燧出土二枚残长82 厘米,径8 厘米,以茇茇草把束绳四道,分五节,中三节贯小木橛的苣②。看来苣的用料一般是就地取材,在敦煌用芦苇制作,在居延则用茇茇草制作。依此我们可以说:"苣"就是用芦苇或其他类似芦苇的草捆扎起来的今谓之火把的一种信息器具。发现敌情依照事先约定点燃,传递敌情信息。

居延汉简中关于苣的记载有不少,如:

小苣三百,☐苣九。(前述守御器簿506·1 简节录)
程苣六,小苣二百。(E.J.T37·1573—1588 简节录)
大苣卅,小苣、四尺苣各百☐。(E.P.T49:13B 节录)
毋角火苣五十。(264·32 简节录)
烽苣少卅七。(82·1 简节录)

上述记载除证明苣作为燧所传递信息的一种器具确实存在外,似乎还可从其透露的信息中研究两个问题:

一是苣的种类。包括大苣、小苣、四尺苣、程苣、角火苣、烽苣等。敦煌马圈湾烽燧遗址发现大苣长233 厘米,最长者244 厘米,径5 厘米。小苣长33—35.5 厘米、径4.5 厘米,最小苣长8.7 厘米、径3 厘米③。这是大、小苣的实物证据。关于四尺苣。

---

① 吴礽骧:《汉代烽火制度探索》,《汉简研究文集》,甘肃人民出版社,1984 年。
② 甘肃居延考古队:《居延汉代遗址的发掘和新出土的简册文物》,《文物》1978 年第 1 期。
③ 吴礽骧:《汉代烽火制度探索》,载《汉简研究文集》,甘肃人民出版社,1984 年。

合 82.4 厘米或 110.6 厘米。上述敦焰 D_{18}（T_{9a}）烽隧遗址所出长 110、径 10 厘米之苣和居延甲渠第四燧出土二枚残长 82 厘米，径 8 厘米的苣可能就是这种苣。关于桯苣、角火苣、烽苣。程喜霖先生引"《说文》曰：'床前几，杠也，车柄有二节，桯其下节也。'又花轴、锥杆都可称桯。盖桯为直或横连之木，插在苣中腰或一端，升举时竖于墩顶谓桯苣"。"角火苣，乃爇火、引火苣"。烽苣是苣"置兜零中燃举"①。似有些道理，尤其角火苣之解释，角和爇（jue）同音，可能是角乃爇字误写之故。这只是推测，还有待新的考古和文献发现来进一步证实。

二是桯苣与小苣的比例关系问题。将"小苣三百，□苣九"与"桯苣六，小苣二百"比较，一个出自大湾守御器簿，一个出自橐他莫当隧守御器簿。两簿在记载其他器具，如布烽与布表时，一曰："布蓬三不具，布表一"一曰："布蓬三，布表一"。布烽与布表之比为 3∶1。似乎当时一些信息器具配备有一种比例关系，这种关系可能暗藏着某种信息约定，比喻举一表三烽代表某种敌情信息。若真如此，桯苣与小苣之间的比例可能是 3∶100，这样大湾守御器簿中的"小苣三百，□苣九"，□可断字为桯字。这种严格规范的信息保障要求是必须的。因为它关系到燧所能否及时准确地将敌情信息传递出去，关系到指挥官能否及时准确的了解敌情信息并组织部队做好防御准备。

积薪：《墨子·备城门篇》曰："五十步积薪，毋下三百石，善蒙涂，毋令外火能伤。"说明早在先秦时，积薪就已经用于城防。沿至汉代积薪被广泛用于边防传递信息，而在汉简中屡见。如：

☑见殄胡举二苣火，燔一积薪。（427·2B）
☑传言举二苣火，燔一积薪。（427·2C）
大积薪三，小积薪三。（E.J.T37.1537—1558）
积薪八毋将契不涂墼，大积薪二未更积，小积薪二未更。（264·32）
积薪契，皆不涂墼，负八算，凡负卅四算。（E.P.T59:6 节录）
大小积薪薄燧。（82·1 节录）
察微燧……积薪八，皆毋涂□。（142·30 节录）

从上述简文中可知：

第一，积薪确实是用来传递敌情信息的器具，并且有时候要与苣火等其他信息器具配合使用。如上引前两简，均讲见敌要"举二苣火燔一积薪"。

第二，积薪有大小之分。如上引三、四简都有大小积薪的记录。

---

① 程喜霖：《汉唐烽堠制度研究》，三秦出版社，1990 年，第 60 页。

第三,积薪皆要涂堲。上述引简中也均有记录。前述《墨子·备城门篇》曰:"善蒙涂,毋令外火能伤"。《说文解字注》十三篇下,土部,"堲,从土既声,白涂也。"《释名疏证补》卷五《释宫室》曰:"堲,亚也次也,先泥之,次以白灰饰之也"。可见"涂堲"就是先在积薪表面涂一层泥,之后再用白灰饰之,使之不被外火伤害,同时还能防止雨淋,以防使用时影响信息发布。

第四,积薪作为发布敌情信息的重要器具,要登记在册,并要检查其保管的好坏。82·1 简将"大小积薪薄燧",都登记在册;142·30 简将"察微燧……积薪八,皆毋涂□"的情况记录在案;E.P.T 59:6 简将"积薪契皆不涂堲负八算"。这几简在这里引用时,限于篇幅只是节录与积薪有关的一部分,没有全引,实际上还记录了其他信息器具如此类似的情况。如 E.P.T 59:6 简除记录积薪不涂堲负八算外,对其他不符合管理使用要求的信息器具也都做了负算记录,最后把所有的负算加在一起共"负册四算"。可见,其他信息器具与积薪一样,为保证始终能处于良好的使用状态,对其管理都是相当严格的。

鼓:《史记·周本纪》载:"褒姒不好笑,幽王欲其笑万方,故不笑。幽王为烽燧大鼓"。说明周时鼓已用于烽燧。秦汉时作为烽燧中的信息器具仍使用。有汉简为证:

鼓一。(守御器薄 506·1 简节录)
代成则恭属尉朱卿候长王恭即秦到燧视事,燧有鼓一,受助吏时尚鼓,常县(悬)坞户内,东壁尉卿使诸吏旦夕击鼓,积二岁,尉罢去,候长恭庍免鼓,在燧恭以建武三年八月中。(E.P.F22.331)

说明燧所都配有鼓一个,在举火或发烟的同时,还要按上级的约定擂鼓,配合其他信息器具报警或平时早晚各击鼓一次报平安。但用鼓传递信息,似乎不像其他信息器具那样要求严格,可凭上级好恶时用时免。说明鼓不是烽燧中常用的信息器具。实际上指挥军队打仗才常用鼓。对此随后还要论及。

下面,重点说一下"烽火品约"问题。

所谓"烽火品约"。实际上,它相当于现在的信息密码。它是事先编制好若干组合码代表若干信息,对方发过来密码,只有知道密码约定的人才知道它代表什么信息。它是信息安全传递的重要手段。我所在的大学是专门搞信息加密的,所以当我第一次知道汉代就能以烽、表、灶、苣、积薪等不同的信息器具,根据敌人的数量及入侵程度施示不同组合的视听信号来传递不同的敌情信息时,我不得不为我们祖先表现出来的聪明才智而赞叹!

汉代关于在不同情况下,利用上述烽火信息器具所应发出信号的规定,称"烽火品约"。1974 年在居延甲渠候官 16 号房屋遗址中出土了较完整的《塞上烽火品约》

编号为 E. P. F16:1 - 17。也称张掖郡居延都尉品约。详见下文：

匈奴人昼入殄北塞,举二烽,□烦烽一,燔一积薪。夜入,燔一积薪,举堠(堠)上离合苣火,毋绝至明。甲渠、三十井塞上和如品。(E. P. F16:1)

匈奴人昼甲渠河北塞,举二烽,燔一积薪,夜入,燔一积薪,举堠上二苣火,毋绝至明。殄北、三十井塞和如品。(E. P. F16:2)

匈奴人昼入甲渠河南道上塞,举二烽,坞上大表一,燔一积薪。夜入,燔一积薪,举堠上二苣火,毋绝至明,殄北、三十井塞上和如品。(E. P. F16:3)

匈奴人昼入三十井降虏隧以东,举一烽,燔一积薪。夜入,燔一积薪,举堠上一苣火,毋绝至明。甲渠、殄北塞上和如品。(E. P. F16:4)

匈奴人昼入三十井候远隧以东,举一烽,燔一积薪,堠上烟一。夜入,燔一积薪,举堠上一苣火,毋绝至明。甲渠、殄北塞上和如品。(E. P. F16:5)

匈奴人渡三十井县索关门外道上隧,天田失亡,举一烽,坞上大表一,燔二积薪,不失亡,毋燔新。它如约。(E. P. F16:6)

匈奴人入三十井并试势北燧,县索关以内,举烽燔薪如故,三十井县索关诚势隧以南,举烽如故,毋燔薪。(E. P. F16:7)

匈奴人入殄北塞,举三烽。后复入甲渠部累,举旁河烽,后复入三十井以内部累,举堠上直上烽。(E. P. F16:8)

匈奴人入塞,守亭鄣不得下燔薪者,旁亭为举烽、燔薪,以次和如品。(E. P. F16:9)

塞上亭燧见匈奴人在塞外,各举部烽如品,毋燔薪,其误,亟下烽灭火,候尉吏以檄驰言府。(E. P. F16:10)

夜即闻匈奴人及马声,若日且入时,见匈奴人在塞外,各举部烽,次亭晦不和,夜入,举一苣火,毋绝尽日,夜灭火。(E. P. F16:11)

匈奴人入塞,候尉吏亟以檄言匈奴人入,烽火传都尉府,毋绝如品。(E. P. F16:12)

匈奴人入塞,承塞中亭燧举烽、燔薪,□□□□烽火品约官□□□举□□烽,毋燔薪。(E. P. F16:13)

匈奴人即入塞,千骑以上,举烽,燔二积薪,其攻亭鄣、坞壁、田舍,举烽,燔二积薪,和如品。(E. P. F16:14)

县田官吏令长丞尉见烽火起,亟令吏民□烽□□诚势北隧部界中民田蓄牧者□□□为令。(E. P. F16:15)

匈奴人入塞,天大风,风及降雨,不具烽火者,亟传檄告人,走马驰以急疾为□。(E. P. F16:16)

右塞上烽火品约。(E.P.F16:17)

其他地方也发现有零散的烽火品约。如：

匈奴人入塞及金关以北，塞外亭燧见匈奴人，举烽、燔积薪，五百人以上，昼举二烽。(228·7)

望见虏一人以上入塞，烦（燔）一责（积）薪，举二蓬（烽），夜二苣火。见十人以上在塞外，烦（燔）举如一人□□。

望见虏五百人以上，若功（攻）亭鄣，烦（燔）一责（积）薪，举三蓬（烽），夜三苣火。不满二千人以上，烦（燔）举如五百人同品。

虏守亭鄣，烦（燔）举，昼举亭上蓬（烽），夜举离合火，次亭燧和，烦（燔）举如品。(疏·691 M42)①

上述品约给我印象较深的几点是：

第一，规定了匈奴入侵不同方位施发信号的不同方法（或曰规则）。见下表：

入侵方位	施发信号 昼	施发信号 夜	简号	备注
殄北塞	举二烽，□烦烽一，燔一积薪。	燔一积薪，举堠（堆）上离合苣火。	E.P.F16:1	
甲渠河北塞	举二烽，燔一积薪。	燔一积薪，举堠上二苣火。	E.P.F16:2	
甲渠河南道上塞	举二烽，坞上大表一，燔一积薪。	燔一积薪，举堠上二苣火。	E.P.F16:3	其他塞燧和如品②
三十井降虏隧以东	举一烽，燔一积薪。	燔一积薪，举堠上一苣火。	E.P.F16:4	
三十井候远隧以东	举一烽，燔一积薪，堠上烟一。	燔一积薪，举堠上一苣火。	E.P.F16:5	

还有很多，不一一列举。对敌入侵方向明确后，将领布兵防御的主要方向也就明确了。

第二，规定了匈奴侵人数和入侵程度施发信号的不同方法（或曰规则）。见下表：

---

① 林梅村、李均明：《疏勒河流域出土汉简》，文物出版社，1984年，第76页。
② 此系居延都尉府的烽火品约。居延都尉府下辖殄北、甲渠、三十井塞的烽燧。一塞燧施发信号，其余皆和如品。

入侵人数	施发信号 昼	施发信号 夜	简号	备注
夜闻匈奴人及马声,日见匈奴人在塞外且入还看不清具体人数时	举部烽。	举一苣火。	E.P.F16:10 E.P.F16:11	毋燔薪
望见虏一人以上入塞,夜二苣火	举二烽,燔一积薪。	举二苣火。	疏691 M42	
见十人以上在塞外	举二烽,燔一积薪。	举二苣火。	疏691 M42	须扬
五百人以上	举二烽。		228·7	
五百人以上,若攻亭障	举三烽,燔一积薪。	举三苣火。	疏691 M42	
不满二千人以上	举三烽,燔一积薪。	举三苣火。	疏691 M42	
匈奴人即入塞,千骑以上,攻亭鄣、坞壁、田舍	举烽,燔二积薪。		E.P.F16:14	和如品

在匈奴人距烽燧较远还看不清具体人数的情况下,不需要燔积薪。在一人以上与十人以上施发信号相同的情况下,十人以上的须扬,可能是要将所举烽与苣火上下或左右扬动。总的施发信号的原则是匈奴人入侵的人数越多、程度越严重,所举的烽和苣火和燔的积薪就越多。对敌入侵的人数和入侵程度明确后,将领投入多少兵力和如何进行反击也就明确了。

第三,规定了发生特殊情况不能施发信号或施发信号出现错误时的解决办法(或曰规则)。见下表:

特殊情况	解决办法	简号	备注
匈奴人入塞,守亭鄣不得下燔薪者。	旁亭为举烽、燔薪,以次和如品。	E.P.F16:9	
匈奴人入塞,天大风,风及降雨,不具烽火者。	亟传檄告人,走马驰以急疾为□。	E.P.F16:16	
施发信号有误。	亟下烽灭火,侯尉吏以檄驰言府。	E.P.F16:10	

凡此种种,皆是在施发信号发生异常的情况下,无法传递或不能正确传递时信息

时,烽火品约规定采取的应急补救措施。使敌情信息能及时无误的传递到都尉、太守府。烽火品约考虑的如此安全周到实在是令人折服。就连与地方吏民怎么联络都规定得清清楚楚。如上述 E. P. F16:15 简曰:"县田官吏令长丞尉见烽火起,亟令吏民□烽□□诚勢北隧部界中民田蓄牧者□□□为令。"

(三)军队行军打仗时用的信息器具

除上述边塞燧所传递信息的器具外,我国古代将领们还在战场上通过鼓、旗、金等信息器具来传达指令、指挥军队战斗。如《孙子兵法·军争篇》云:

> 《军政》曰:"言不相闻,故为之金鼓;视不相见,故为之旌旗。"夫金鼓旌旗者,所以一人之耳目也。人既专一,则勇者不得独进,怯者不能独退,此用众之法也。故夜战多金鼓,昼战多旌旗,所以变人耳目也。

《军政》系殷商和西周时期出现的文献,现已散佚。孙武在其兵法著作中引用《军政》的话,说明《军政》在当时是存在的,同时也说明商周时金、鼓、旗作为指挥传令的信息器具已经在战场上起信息传递作用了。相传《六韬》为西周太公望(姜尚)所作。该书也记载,若与强敌交战,"当明号审令","人橾炬火,二人同鼓"①。"《管子·兵法》篇有"三官五教九章":

> 三官,一曰鼓,鼓所以住也,所以起也,所以进也;二曰金,金所以坐也,所以退也,所以免也;三曰旗,旗所以立兵也,所以利兵也,所以偃兵也。此之谓三官,有三令而兵法治也。

这说明,鼓声除宿营起住时传达一些号令外,在战场上传达的是前进的信号;金声主要传达停止、后退、罢战等信息;而旌旗乃以不同颜色和不同的挥舞动作传达进军方向或停止的命令。旗、鼓、金三种信息器具配合使用,能传达出清晰准确的命令,指挥战场上军队的一举一动。下面就其不同的功能分述如下:

旗:在行军打仗中是起标志性和引领性作用的信息器具。当时可传达如下信息:

一是标志信息。《周礼·地官·大司徒》云:"大军旅,大田役,以旗致万民,而治其徒庶之政令。注:旗,画熊虎者也,征众,刻日树旗,期于其下。"同书《夏官·大司马》云:"中春教振旅,司马以旗致民,平列陈如战之陈。注:以旗者,立旗,期民于其下也。"这说明旗帜可作为一种标志,致万民于军旅之中,民聚于旗下,即组成部队,因此称部下为麾下,麾亦为旌旗之属,而且有指挥之意。秦代"旄旌节旗皆上黑"②,汉代

---

① 《六韬》卷3《豹韬·敌强》第四五。
② 《史记》卷6《秦始皇本纪》。

则"旗帜皆赤"①。人们通过不同颜色和图案的旗帜所标志的信息,一望即可区分是哪个军队。

二是指挥传令信息。为了便于传达各种指令、指挥军队和区分不同的师旅,秦汉之前各种色彩和图案的旗帜在军队中就广泛运用,使用方法也千变万化。如《诗经·小雅·出车》:"设此旐矣,建彼旄矣。彼旟旐斯,胡不旆旆。出车彭彭,旂旐央央。"这是描述周宣王击玁狁(古时对匈奴的一种称呼)时使用各类旗帜的一种情况。有画龟蛇叫旐的旗,有竿头曲上饰旄牛尾叫旄的旗,有画鹰鸟叫旟的旗;有画蛟龙叫旂的旗。《孙膑兵法·十阵》说:"三声即全,五彩必具,辨吾号声,知吾五旗。"三声自然是各种鼓、金之声,后面还要论及。因指挥时要传达各种信息,一种色彩的旗帜是不够的,所以要"五彩必具";同时还要所有的人了解不同色彩旗帜和不同的使用方法所代表的信息含义,即"知吾五旗"。不同图案、不同色彩旗帜再加金鼓之声,相互之间交织组合使用,所传达的指挥信息应该是非常广的②。《史记·项羽本纪》:"项王乃上马骑。麾下壮士骑从者八百余人。"指挥官冲向哪里,旗帜就指向哪里,部队也会随之打向哪里。可见旗作为指挥传令用的信息器具,其指挥传令作用是相当强的。

三是传达军心士气是否稳定和军队存在多少的信息。军队旗帜整齐浩荡,显示军队人多心齐、士气稳定,旗帜混乱或没有了,说明军队混乱或已溃败。《左传·庄公十年》:齐鲁长勺之战中,曹刿见齐师"辙乱旗靡",知齐军已溃散,故敢于大胆挥师追击,从而大获全胜。秦汉时使用旗帜传达上述信息的记载很多。如《汉书·韩信传》记韩信、张耳率领军队东下井陉击赵时曰:

未至井陉口三十里,止舍。夜半传发,选轻骑二千人,人持一赤帜,从间道草

---

① 《汉书》卷1《高帝纪》。
② 《礼记·曲礼》也有这方面的记载:"武车绥旌,德车结旌。"即远远望去绥旌的就知是武车,结旌的就知是德车。陈澔注曰:"旌,车上旌旛也,尚威武,故舒散若垂绥然。玉、金、象、木四路不用兵,故曰德车,德美在内,不尚赫奕,故缠结其旌于竿也。"《曲礼》还曰:"前有水则青旌(陈注:王行宜警备,故前有变异则举类示之。青旌者,青雀也,是水鸟)。前有尘埃则载鸣鸢(陈注:鸢,鸱也,鸱鸣则风生,风生则尘埃起)。前有车骑则载飞鸿(陈注:鸿,雁也,雁飞有行列,与车骑相似)。前有大师则载虎皮(陈注:虎威猛,亦士师之象,士师非所当警备者,亦举类以示众,或者禁止暴横之意欤!)。前有挚兽则载貔貅(陈注:挚兽,虎狼之属,貔貅亦有威猛,举此使众知为备,但不知为载其皮为画其形耳)。行:前朱鸟而后玄武,左青龙而右白虎,招摇在上,急缮其怒(陈注:行,军旅之出也。朱鸟,玄武,青龙,白虎四方宿名也,以为旗章,其旒数皆放之……招摇,北斗七星也,居四方宿之中,军行法之,作此举之于上以指正四方,使戎阵整肃也……)。进退有度,左右有局,各司其局。"这段文献告诉我们,王出行警备时(当然行军打仗时也一样),前遇到水(江河),举青旗;遇到尘埃(古时与匈奴等少数民族在西北作战遇到风沙尘埃是常有的事),举画有鸣鸢的旗;遇到车骑,举画有飞雁的旗,等等。前方有不同的情况,举不同的旗帜,可向后方传达不同的信息,以便后方军队作好不同的准备。说明古时军队行军打仗已经能用不同颜色和图形的旗帜传达着不同的旗语信息了,这就为军队作出"进退有度,左右有局,各司其局"的反应提供了方便。又《通典》卷一四九引《李靖兵法》也有这方面的记载,说是用旗帜进行指挥时,一旦主将发出命令,旗官、旗手立即按命令树起某色旗子,相应的某方的部队见后,立即将本部旗帜树起,这叫"应旗",本部官兵立即准备听令。若主将命令全军行动,则五色旗全部树起,全军要立即"应旗",准备行动。旗帜指向何方,受令部队就向何方前进;指挥旗帜若向下低垂,受令部队就应跑步前进;两支或数支指挥旗帜相交,受令部队就应合队等等。

山而望赵军,戒曰:赵见我走,必空壁逐我,若疾入,拔赵帜,立汉帜。……信谓军吏曰:赵已先据便地壁,且彼来见大将旗鼓,未肯击前行,恐吾阻险而还。乃使万人先行,出,背水陈。赵兵望见大笑。平旦,信建大将旗鼓,鼓行出井陉口。赵开壁击之,大战良久。于是信、张耳弃鼓旗,走水上军,复疾战。赵空壁争汉鼓旗,逐信、耳。信、耳已入水上军,军皆殊死战,不可败。信所出奇兵二千骑者,候赵空壁逐利,即驰入赵壁,皆拔赵旗帜,立汉赤帜二千。赵军已不能得信、耳等,欲还归壁,壁皆汉赤帜,大惊,以汉为皆已破赵王将矣,遂乱,遁走。赵将虽斩之,弗能禁。于是汉兵夹击,破虏赵军。

韩信违背常规背水列阵,引赵军讥笑并出击,使事先准备的二千轻骑入赵营,"拔赵帜,立汉帜",韩信背水列阵,置己军无后退之路,只有与赵军决一死战,使得赵军一时很难取胜,欲回营休整时,见其旗帜已变成汉军的了,顿时大乱,赵将怎么都制止不了,于是汉军前后夹击,大败赵军。又《汉书·高帝纪》记载:

(秦二世三年九月)子婴诛灭赵高,遣将将兵距峣关。沛公欲击之,张良曰:"秦兵尚强,未可轻。愿先遣人益张旗帜于山上为疑兵(师古曰:益,多也,多张旗帜,过其人数,令敌疑有多兵)。"

《后汉书·刘盆子传》也有记载:

延岑及更始将军李宝合兵数万人,与逢安战于杜陵。岑等大败,死者万余人,宝遂降安,而延岑收散卒走。宝乃密使人谓岑曰:子努力还战,吾当于内反之,表里合势,可大破也。岑即还挑战,安等空营击之,宝从后悉拔赤眉旌帜,更立己幡旗。安等战疲还营,见旗帜皆白,大掠乱走,自投川谷,死者十余万。

以上情况充分说明,旗帜作为传递信息的一种器具,所传达的信息直接影响军心士气的稳定,运用得当,可以取得非常大的成功。

综上所述,旗帜作为古代军队的重要信息装备之一,至秦汉时期已被大量装备于军队,并得到广泛运用。说明充足地保障军队旗帜的使用,也是当时军队后勤保障的重要任务之一。但到目前为止尚未发现当时旗帜遗物出土,只是秦兵马俑坑第十过洞一号车的右前方有一长达6.7米的木杆遗迹,有学者以此坑出土所见车辕长350厘米,兵器木柄最长不过280厘米,并按照《周礼·考工记》:"凡兵无过三其身。过三其身,弗能用也,而无已,又以害人"的说法,依秦俑净身高约170厘米,"三其身"则510厘米。670厘米长的兵器很难使用,认为该木杆很可能就是秦军某种旗帜的旗杆,只是旗帜作为织物深埋二千年已难见其踪迹罢了。我认为此说法有一定道理。

鼓:是激励军队战斗士气的重要信息器具。如《后汉书·隗嚣传》记载汉光武帝给隗嚣之手书时曰:"如令子阳到汉中、三辅,愿因将军兵马,鼓旗相当。"鼓旗相当是说势均力敌之意,既然势均力敌借用鼓旗相当来表示,说明旗和鼓原本就是一样重要的。鼓的遗迹在秦兵马俑坑有出土,一号坑第五过洞一号战车的左骖马臀后出土了鼓,呈扁圆形,外径70厘米,内径53厘米,高9—12厘米;鼓壁作圆弧形,周长215.5厘米,壁已朽蚀,壁外原有彩绘,并置三个等距离的铜环。另外,二过洞一号车,左骖马臀后亦有一鼓遗迹。说明鼓原来是架放在车上的左方位置,这两辆车应是某级指挥员的战车。

"旌旗麾帜,所以威目"。"鼙鼓金铎,所以威耳"①。旗帜威目可以起到指挥军队和稳定军心、鼓舞士气的作用。同样,鼓金威耳也可以起到指挥军队和稳定军心、鼓舞士气的作用。一般情况下鼓传递的信息是:鼓声响起军队就得前进,不得后退;鼓声缓则速度慢;鼓声急,速度要求快,鼓声不止,就立即进攻;鼓声大作便要求拼死进攻。鼓在秦汉之前就已广泛用于行军、作战。并将鼓的指挥作用分为七种:"凡鼓,鼓旌旗,鼓车,鼓马,鼓徒,鼓兵,鼓首,鼓足,七鼓兼齐。②"即通过七种不同的鼓声发出七种不同的号令,有命令开合旌旗进军的,有命令战车、骑兵、徒兵冲锋的,有命令交兵接刃的,有命令四顾观察整顿队形的,还有命令改变行进速度的。至秦汉时期作为军队传令装备的鼓仍一样在普遍使用。如《汉书·东方朔传》曰:

> 十九学孙吴兵法,战阵之具,钲鼓之教,亦诵二十二万言。

连太中大夫东方朔十九岁就学孙、吴兵法,钲鼓之教,况乎秦汉时军队中的各级将领吏卒,说明先秦时的钲鼓之用在秦汉时一样盛行。如《汉书·李陵传》载:

> 令曰:闻鼓声而纵,闻金声而止。

又《后汉书·光武帝纪》(在昆阳之战中):

> 旗帜蔽野,埃尘连天,钲鼓之声闻数百里。

可见,鼓声就是命令,就是声撼数百里的战争。

秦汉军队行军打仗指挥传令用鼓,边塞守备指挥传令也使用鼓,几乎每个亭燧都

---

① 《吴子·论将》。
② 《司马法·严位》。

备有鼓。如据汉简记载：

> 卅井吞虏隧鼓枚各一。
> □□□晨时鼓一通。（T32f:06）
> 秦恭到隧视事。隧有鼓一,受助吏时尚。鼓常悬坞户内东壁,尉卿使诸吏旦、夕旦鼓。（E. P. F22.331）

说明鼓作为指挥传令的信息器具不仅在战争中起作用,而且在边塞守备中也起作用。因此,生产一定数量的鼓以保障军队使用仍是秦汉时期军队后勤保障中的要事之一。

金:是节、止军队行动的一种信息器具。指几种青铜乐器,《古今乐录》云:"凡金为乐器有六,皆钟之类,曰钟、曰镈、曰錞、曰镯、曰铙、曰铎。"《说文》:"镯,钲也。"军中常用的指挥乐器是钲、铙、铎几种,通常皆谓金钲。《字汇》解释说:"钲,铙也,镯也。镯似小钟,铙似铃,有大小之异。濮斗南曰:《周礼·鼓人》以金镯节鼓,以金铙止鼓。即无钲名,则镯,铙通谓之钲,而节止实用于鼓。铎,大铃也。……军法:五人为伍,五伍为两,两司马执铎。"《释名·释兵》曰:"铎,度也,号令之限度也。"故《诗经·小雅·采芑传》说:"钲以静之,鼓以动之。"《释名·释兵》:"金,禁也,为进退之禁也。"由上述文献记载可知,金所传递的最显著最重要的信息是"节"和"止"。就是说,"击鼓进军,鸣金收兵"。金与鼓所传递的信息正好相反,鼓动则金止。

秦兵马俑坑一号坑九过洞一号车的右骖马右侧出土青铜铎一枚,器形饰蟠螭纹,通高25.9厘米。此外,在前述左骖马臀后出土鼓的五过洞一号战车,其右骖马右侧又出土了一枚青铜铎,纹饰也是蟠螭纹,通高27厘米。此铎原出土报告定名为甬钟,有人认为是钲。金、鼓二器伴出同一战车,表明金、鼓在使用中有密切的配合关系。

不仅鼓、金是配合使用的,旗与鼓、金在信息传递中往往也是配合使用的。正如《吴子·兵教》所曰:"击鼓而进,低旗而趋,鸣金则退,麾而左之,麾而右之,金鼓俱击而坐。"《尉缭子·勒卒令》也有类似文字:"金鼓铃旗四者各有法。鼓之则进,重鼓则击;金之则止,重金则退。铃,传令也。旗麾之左则左,旗麾之右则右。"铃也是金之一种,上述内容道出了三者配合使用的一些基本法则,旗帜发出的是视觉信息,金、鼓发出的是听觉信息。将领们就是通过旗、鼓、金三者发出的信息调动指挥军队的,"金之不止,鼓之不进,虽有百万",[①]也是没有战斗力的。所以《尉缭子·兵令》曰:"不听金鼓铃旗而动者有诛"。

古人在当时科技水平并不很发达的条件下,能在军事领域充分发挥上述信息器

---

① 《吴子兵法·治兵》。

具的作用,这非常了不起。今天计算机、网络、通信卫星等高科技信息器具的出现,我们如何发挥其在现代军事中的作用,确乎值得认真思考研究。

三、信息传递的检查、保密措施

对于军事信息来说安全与及时送达非常重要。为保障信息安全与及时送达,秦汉政府采取了很多措施,制定了一系列法规与制度。

文献记载虽有烽火信息直接传抵至京城的情况。但多数情况下烽燧前沿的敌情信息传到都尉、太守府以后,他们可根据情况自行处理。如果是重大敌情信息才接着往京城传递。京城接到信息以后还要反馈具体指令。重大敌情和具体指令当时的烽火品约不可能也无法全部包容。因此,还得靠邮亭传驿来传递。这一过程中保证军事信息传递的安全和及时送达,仍然是统治者关注的重大问题。秦汉统治者对此采取了许多具体严格的措施。

秦代对信息的传递还有严格规定。如据《睡虎地秦墓竹简》记载:

> 行传书、受书,必书其起及到日月夙暮,以辄相报也。书有亡者,亟告官。隶臣妾老弱及不可诚仁者勿令。书廷辟有日报,宜到不来者,追之。(《行书律》)

这条法律明确告知:发文与收文单位要登记清楚发、收时间。且收文单位要依次向发文单位报告发来的文书是否收到。若文书有丢失,必须立即报告有关官府。官府对那些老弱的和不可信赖的人员,不能让其担任传递信息的任务。对应该送到而未如期送到者要严加追查。秦统治者特为信息传递制定法律,可见对能否安全及时传递信息问题是何等的重视。

秦简对持假符传、发伪造信息也制定了处罚规定。如秦简《睡虎地秦墓竹简·法律答问》规定:"发伪书,弗知,赀二甲"。还规定:"今咸阳发伪传,弗知,即复封传它县,它县亦传其县次,到关而得","咸阳及它县发弗知者当皆赀"。说明当时为保证信息的安全传递,不仅以传符为信,而且还要检查伪造文书和伪造符传凭证的情况。对没有发现者均予以重罚。

除制定法律保证信息传递的安全外,还专门制订《行书律》保证军政等重要信息传递的速度。《行书律》云:"行命书及书署急者,辄行之;不急者,日毕,勿敢留。留者以律论之。"不许有任何延误。

到了汉代,对军事等重要信息的安全与及时传递更是重视。主要体现在以下几方面:

(一)封传

所谓"封传"就是对传递的信息"封泥"盖上印章。如《汉书·平帝纪》曰:"驾一

封轺传",注引如淳曰:

> 律,诸当乘传及发驾置传者,皆持尺五寸木传信,封以御史大夫印章。其乘传参封之。参,三也。有期会累封两端,端各两封,凡四封也。乘置驰传五封也,两端各二,中央一也。轺传两马再封之,一马一封也。

说明"封传"就是根据前述"乘传、置传、驰传、轺传、单骑马"传递信息的形式之不同,"封传"数量也不同,从"一封传"直至"五封传",要加盖一到五枚印章,要求非常之严格,以杜绝伪传的出现。之所以实行这样的严格的保密检查,是因为危及信息传递安全的现象在当时确实存在。如《后汉书·郭丹列传》丹从南阳入关从师,"买符入函谷关"。说明加强信息传递安全保密措施非常必要。

(二)封检

就是指用刻齿的木板将记载有诸如军政信息的文书用绳捆束起来,在绳节处封泥、盖印。秦汉时,上自皇帝,下至公卿大臣及掾属小吏皆有印绶。皇帝及诸侯之印称玺,其他百官则称印或章。凡公文往来均封检。王国维先生指出:"书函之上既施以检,而复以绳约之,以泥填之,以印按之,而后题所予之人,其事始毕。"[①]封检既可防止泄密和作伪,又是文书真实性和权威性的凭证。如不加封,其真实性就要受到怀疑。汉代公文封检有明确记载,《后汉书·光武帝纪》注引《汉制度》曰:

> 帝之下书有四:一曰策书,二曰制书,三曰诏书,四曰诫敕。策书者,编简也,其制长二尺,短者半之,篆书,起年月日,称皇帝,以命诸侯王。三公以罪免亦赐策,而以隶书,用尺一木,两行,唯此为异也。制书者,帝者制度之命,其文曰制诏三公,皆玺封,尚书令印重封,露布州郡也。

《后汉书·鲍永列传》记载:"荆州刺史表上之,再迁,中元元年,拜司隶校尉。诏昱诣尚书,使封胡降檄。光武遣小黄门问昱有所怪不? 对曰:'臣闻故事通官文书不著姓,又当司徒露布,'"本注曰:

> 檄,军书也,若今之露布也。

又注引《汉官仪》曰:

---

① 《王国维遗书》第6册《简牍检署考》,上海书店出版社,1983年,第110页。

群臣上书,公卿校尉诸将不言姓。凡制书皆玺封,尚书令重封。唯赦赎令司徒印,露布州郡也。

可见,重要的文书要经皇帝玺印和尚书令之印两次封检。一般的军事文书封检虽然没有这么严格,但仍然要封检。《居延汉简》中对此记载很多,此举两例。如:

太守府书塞吏、武官吏皆为短衣去足一尺,告尉谓第四守侯长忠等,如府书方察不变更者。一事二封,七月庚辰掾曾佐严封。(E. P. T 51:79)

俱起燧长程偃等,皆能不宜其官换如牒,告尉谓城北候长辅,一事二封,八月丁亥士吏猛奏封。(E. P. T 51:79)

这是保证重要军事信息传递安全的又一重要措施。

(三) 收发登记

作为文书的发布者,除要检封文书外,还要对所寄发文书进行登记,以明确责任,保证邮书的顺利运行。如据简牍资料记载:

北书二封,其一封诣居延骑千人,一封章破诣□□赵卿治所。五月戊寅下餔,推木燧卒胜有受三十井诚勢燧卒樊隆,已卯蚤食五分当曲燧卒蔡崇付居延收降亭卒尹□□(E. P. T 59:156)

入西皂布纬书一封,大司徒印章诣府纬完赐……从事宋掾书一封,封破诣府。

出西书三封,置记二,二封诣府,一封冥安长印,一封酒泉大守章,一封毋印章诣敦煌,十二月癸酉大农付乐望卒①

正月辛巳鸡后鸣九分,不侵邮卒建,受吞远邮卒福,壬午禺中当曲卒光付,收降卒马印。(E. P. T51:6)

上述各简均为邮书的运行过程中的登记簿录。所记内容虽详略不一,但其基本格式大致相似。其一是登记过往邮书的运行方向和数量。如南书、北书、东书、西书等及一封、二封、三封等。其二是登记邮书种类性质。如置记、皂布纬书等。其三是登记邮书的外观是否完好,如封泥、印章、封面破损否等。其四是登记邮书交接情况。主要是登记承接前站和交付下站的时间及交接人、递送者等,登记得非常详细。尤其是 E. P. T51:6 简和 E. P. T 59:156 简,将几时几分谁付谁受等都登记得清清楚楚。一

---

① 胡平生等:《敦煌悬泉汉简释粹》,上海古籍出版社,2001 年,第 89、107 简和第 94、113 页。

旦交接登记手续办理完毕,前站任务即告完成,以后的递送等事均与前站无关。信息传递过程中一旦出现邮件不能安全或及时送达的问题,便要依据登记的情况追查责任。如:

邮书失期,前数召候长敞诣官对状(123·55)

六月辛未,府告金关啬夫久,前移檄逐辟橐他令史解事所行蒲封一,至今不到,解何记到久逐辟诣会月壬申旦府对状。(183·15AB)

官去府七十里,书一日一夜当行百六十里,书积二日少半日乃到,解何书到各推辟界中,必得事案到如律令言会月廿六日会月廿四日。(E.P.S4T2:8A)

123·55 简讲,因邮书失期,候官责令候长敞到候官处接受质询。183·15AB 简记录的是都尉府因一封应到而未到的邮书,在六月辛未日,令责任者金关啬夫久,于次日早上到都尉府说明情由。E.P.S4T2:8A 简指出邮书"一日一夜当行百六十里","去府七十里"的路程,早该送到的,可是"书积二日少半日乃到"。(都尉)府移书责令候官在其邮书传递的辖区(即"界中")进行调查,限定在当月 24 日——26 日三天内答复调查结果。对责任者要按律令进行处罚。此简的 B 面就记录了律令的具体处罚规定:

不中程百里罚金半两,过百里至二百里一两,过二百里二两。不中程车一里夺吏主者劳各一日,二里夺令□各一日。(E.P.S4T2:8B)

不仅如此,汉代边塞烽燧收发烽火信息也一样要清清楚楚登记在案。如:

□午日下餔时受居延烽火一通,夜食时堠上苣火一通,居延苣火。(332·13)

坞上旁烽一通,同时付并山,丙辰日入时□。(349·11)

乙夜一火　　丙夜一火　　丁夜一火
和木辟　　　和临道　　　和木辟
卒光　　　　卒章　　　　卒通　　(88·19

登记的目的与上述一样,是为存档备查,以便于尉、候、部考课成绩、检校事故,简文如:

□敢言之,还推辟到第廿泰(七)燧,验问燧长徐并,辞曰:第廿三燧,□燔一积薪,奴令并举一苣火、燔一积,付卅燧长王猛。并候,不□以北,吏士皆具已。敢鞞庭趣言付珍北火,日、时,敢言之。(E. P. T44:30ABC)

这是追究甲渠塞第廿七燧烽火违章的推辟案,案讯燧长徐并以及徐并的辩词。最后令其交"付珍北火日、时"的烽火记录簿审查。可见登记措施是为了检查督促信息准确、安全、及时的传递。

(四) 随到随送

信息传递,贵在速度,为了保证传递信息的速度,凡事关国家安全的军事信息,必须立即传递,不得有任何拖延。上述 E. P. T51:6 简就很能说明问题。正月辛巳鸡后鸣九分,不侵邮卒建还在接受吞远邮卒福送来的邮件,不侵邮卒建紧接着向下传递,至第二天(壬午)日近午时(禺中)11 点左右交给马卬收。由此看来,军事信息必须随到随送,日夜兼程。根据一些学者的考证,汉代烽火向内地传递也是不间断传递的,传递速度为每小时 100 里左右,每昼夜 1400——1800 里左右。① 这些考证据我所知,目前还没有新的文献资料出现能予以推翻。可见,无论是邮、亭、传、驿还是烽火传递,随到随送显然提高了信息发送的速度,为当时王朝有效地防御外敌的入侵起到了积极的保障作用。

(五) 专人传送

对事关国家安全的重大信息,不用邮卒,派信得过的专人传递。如《史记·陈丞相世家》记载:

> 高帝从破布军还,病创,徐行至长安。燕王卢绾反,上使樊哙以相国将兵攻之。既行,人有短恶哙者。高帝怒曰:"哙见吾病,乃冀我死也。"用陈平谋而召绛侯周勃受诏床下,曰:"陈平亟驰传载勃代哙将,平至军中即斩哙头。"

高帝因疑樊哙有异心,怕樊哙握重兵谋反,便派丞相陈平亟驰传去宣布"(周)勃代(樊)哙(为)将"的消息,并"斩哙头"。《汉书·丙吉传》记载:丙吉专派"驭吏边郡人,习知边塞发犇命警备事,尝出,适见驿骑持赤白囊,边郡发犇命书驰来至。"师古注曰:"犇,古奔字也。有命则奔赴之,言应速也。"由此可见,边郡之重要军事情报须派专人以"奔命书"方式迅速传递。

安全、迅速、准确传递信息是自古以来必须遵循的原则。上述各项措施的有效实

---

① 吴乃骧《汉代烽火制度探索》指出:"汉代蓬火一汉时行约 99 汉里。按,西汉行十八时制,一昼夜当行 1782 汉里。"初师宾《居延烽火考述——兼论古代烽号的演变》则指出:"汉代烽火每时行百里,昼夜约达千八百汉里。""汉一里约四百公尺强,每时百里,昼夜行今三、四百里左右。"两篇文章均载《汉简研究论文集》,甘肃人民出版社,1984 年。

施,较好地保证了秦汉邮、亭、传、驿和烽燧系统的高效运转和全国政令军情信息的及时畅通。除"烽火通甘泉"外,随后的详细军情报告和烽火品约表达不了的信息,由"候骑至长安",通过"邮、亭、传、驿"系统发挥作用。495·13简中就有燧卒与驿卒交接文书的记载:"驿马卒良受沙头卒同□□□……时良付不今卒丰"。说明烽燧与邮驿相互配合,组成了管理严密、效率较高的信息网络,中央和地方政府与边境军事机构即可互通紧急军情警报,又可互通详细的书面报告。邮驿与烽燧为秦汉统一局面的巩固与发展起到了重要的作用。如秦时蒙恬"筑亭障以逐戎人"。守边十余年,匈奴不敢南下牧马。汉之经营西域和北驱匈奴于大漠之地,也得益于在西、北"筑城障,起亭燧";汉武帝开发巴、蜀及西南夷,同样得力于"治南夷道"和于"南夷始置邮亭、烽燧"。至于东汉对西南山区的控制,也与卫飒之于山区"列亭燧,置邮驿"有直接关系。它不仅使边郡及国内的紧急军事情报可以在极短时间相互告知,以便采取措施,对付外族侵扰和内部叛乱。同时信息的畅通也促进了内地与边疆各种政治经济信息的交流,使中央皇权的"制书"、"玺书"及各种署急文书,都可以迅速传送全国各地,以统一政令。各郡国的情况以及政令执行状况,也可以迅速报告中央,对促进边疆地区的开发与统一多民族国家的巩固和发展及强化王朝的统治,也发挥了积极作用。

(作者简介:上官绪智,解放军信息工程大学人文社科系教员、博士)

从张家山汉简看西汉初期徭役制度

温乐平

徭役是国家强制百姓承担公共事务的无偿性劳动,包括劳役与兵役。傅筑夫先生说:"徭役是农奴性质的无偿劳役,……从秦时起,赋和役成为政府财政的明确制度,也是财政结构的两项主要内容,因为无偿地向人民征调物力和人力,乃是进行封建剥削的一种形式。"[①]关于汉代徭役制度的研究,历来为学界所重视,已有大量学术成果[②],许多问题已经基本解决。然而,由于徭役史料的缺乏或者文献记载的相冲突,遗留下来悬疑难点亦不少,诸如西汉初期"始傅"和"免老"的年龄问题、汉初徭役征调对象的范围问题以及徭役范围与服役方式问题、汉初徭役管理问题等,此类问题都是深入研究汉代徭役制度的关键内容。张家山汉墓出土了一批简牍,学界认定为吕后二年(即公元前186年)的律令,记载了大量的有关汉初徭役方面的法律,弥补了文献记载的不足,为研究汉初徭役制度提供了珍贵的原始资料。张家山汉墓竹简引起了学界广泛关注,陆续发表了大量的研究成果,其中有不少成果是关于汉初赋役制度的成果[③],为本文修改提供了重要参考。本文着重讨论西汉前期国家徭役的起止年龄、汉初徭役的征调对象、服役的范围及其从役方式以及徭役征调的管理等问题,不妥之处,敬请专家指正!

---

① 傅筑夫:《中国封建社会经济史》,人民出版社,1982年,第229页。
② 钱剑夫:《秦汉赋役制度考略》,湖北人民出版社,1984年;孙翊刚、董成铮:《中国赋税史》,中国财政经济出版社,1987年;黄今言:《秦汉赋役制度研究》,江西教育出版社,1988年。魏良弢:《西汉税、赋、役考释》,《新疆大学学报》,1981年第2期;黄今言:《西汉徭役制度简论》,《江西师院学报》1982年第3期;高敏:《秦汉的徭役制度》,《中国经济史研究》,1987年第1期;臧知非:《汉代更赋辨误》,《徐州师范学院学报》,1987年第2期;臧知非:《秦汉"正卒"辨析》,《中国史研究》,1988年第1期;等等。
③ 如张金光:《论秦汉徭役中的几个法定概念》,《山东大学学报》,2004年第3期;黄今言:《从张家山竹简看汉初的赋税征课制度》,《史学集刊》2007年第2期;杨际平:《中国财政通史·秦汉财政史》,湖南人民出版社2013年;等等。

一

关于汉代服役者服役的起、止年龄问题。学术界有两种观点:第一种基本认同整个汉代"始傅"年龄为二十三岁,免老年龄为五十六岁。马端临《文献通考》引徐氏曰:"按《高纪》,发关中老弱未傅者悉诣军。如淳曰:律,年二十三傅之畴官,高不满六尺二寸以下疲癃。《汉仪注》:民年二十三为正,一岁为卫士,一岁为材官骑士,习射御,驰战陈,年五十六乃免为庶民,就田里,则知汉初民在官三十有三年也。今景帝更为异制,令男子年二十始傅,则在官三十有六年矣。"①翦伯赞先生说:"西汉的人民,凡年二十三以上,五十六以下者,每年须提供一个月之无偿劳动,三天的戍边兵役。"②第二种认为汉景帝至昭帝时年二十而傅,而昭帝以后,年二十三而傅,至五十六老免。傅筑夫先生说:"汉承秦制,男子年二十三岁开始服役,景帝时改为'令天下男子二十始傅'。"③魏良弢先生认为服役对象为凡民男年龄二十三岁以上,身高六尺三寸以上都要登入兵役,至年五十六岁免。高祖、惠帝时因战争例外,景帝二年"令天下男子年二十始傅",以后又恢复二十三岁始傅。④ 孙翊刚、董成铮先生认为:"服役年龄:汉代规定,民年二十三至五十六岁,均有义务服役,凡民达到服役年龄,就要进行登记,叫'傅'。凡成丁登记到名册上后,就意味着准备应征服役了。汉景二年,曾令天下男子'二十始傅',服役年龄提前了三年。汉昭帝时才恢复汉初旧制,从二十三岁起役。"⑤罗庆康先生认为"西汉服役年龄由十七岁至二十而后至二十三,止役年龄由六十至五十六。"⑥黄今言先生说:"秦代的始役年龄以十七岁为起点,老免年龄通常为六十岁。西汉政权建立之初,服役者的起、止役年龄,可能一依秦旧,未有新的更动。但是,到了汉景帝二年,便改为年二十始傅。昭帝之时,又定为年二十三始傅,五十六岁老免,并从此逐渐形成为汉代的定制。"⑦

张家山汉简出土之前,关于景帝以前的"始傅"年龄均为推论,不足确信。这一点上需要展开来讲,明确汉初的"始傅"年龄,可以厘清整个汉代的服役年龄时限的问题。

何谓"傅"?"傅,著也,言著名籍,给公家徭役也。"⑧意思是说,登记名籍,以便给国家服役。我们先看看以往常引用三条文献材料,对"始傅"年龄的解释,如下:

---

① [元]马端临撰:《文献通考》卷10《户口考一》,中华书局,1986年,第106页。
② 翦伯赞:《秦汉史》,北京大学出版社,1983年,第188页。
③ 傅筑夫:《中国封建社会经济史》,人民出版社,1982年,第231页。
④ 魏良弢:《西汉税、赋、役考释》,《新疆大学学报》,1981年第2期。
⑤ 孙翊刚、董成铮:《中国赋税史》,中国财政经济出版社,1987年,第41页。
⑥ 罗庆康:《试论西汉徭役制度的特点》,《中国社会经济史研究》1985年第4期。
⑦ 黄今言:《秦汉赋役制度研究》,江西教育出版社,1988年,第262页。
⑧ 《汉书》卷1上《高帝纪》引注,中华书局,1962年,第38页。

孟康曰："古者二十而傅,三年耕有一年储,故二十三而后役之。"如淳曰："律,年二十三傅之畴官,各从其父畴学之,高不满六尺二寸以下为罢癃。《汉仪注》云民年二十三为正,一岁为卫士,一岁为材官骑士,习射御骑驰战陈。又曰年五十六衰老,乃得免为庶民,就田里。今老弱未尝傅者皆发之。未二十三为弱,过五十六为老。"①

御史曰:古者,十五入大学,与小役;二十冠而成人,与戎事;五十以上,血脉溢刚,曰艾壮。……今陛下哀怜百姓,宽力役之政(征),二十三始傅,五十六而免,所以辅耆壮而息老艾也。②

对孟康的解释中"古者"的时间无法具体确定,一般认为是先秦时期,则"始傅"年龄23岁,也是先秦时期定制,由此推论汉初的"始傅"年龄也是23岁。又有如淳所说"律,年二十三傅之畴官"的解释,再有昭帝时盐铁会议上御史所言"二十三始傅,五十六而免"。因此,推断出汉初"始傅"年龄为23岁,老免年龄为56岁,史学界、经济学界多以此为结论,似乎确信无疑,果真如此吗?

现据张家山汉简《傅律》内容来看,汉初对"始傅"年龄的规定,远远超出了人们的臆想。简文如下:

不更以下子年廿岁,大夫以上至五大夫子及小爵不更以下至上造年廿二岁,卿以上子及小爵大夫以上年廿四岁,皆傅之。公士(三六四)、公卒及士五(伍)、司寇、隐官子,皆为士五(伍)。畴官各从其父畴,有学师者学之。(三六五)③

从此简文来看,汉初吕后时期,"始傅"的年龄是依其父及本人的爵位高低所定的,分为三个档次,每档次隔二岁。父爵位不更以下的所有人,"始傅"年龄为20岁;父爵位大夫以上至五大夫之间及本人爵位不更以下至上造者,"始傅"年龄为22岁;父爵位卿以上及本人爵位大夫以上者,"始傅"年龄为24岁。"始傅"年龄是依据父亲及本人爵位的高低而定,爵高服役年龄延后几年,相反,提前2至4年。这种差次反映了官吏与平民、有爵者与无爵者之间的等级关系,是国家等级制度在汉代徭役征调上具体反映,是汉承秦功爵制之结果。

在汉景帝二年(公元前155年),国家对"始傅"的年龄有明文规定。据《汉书·

---

① 《汉书》卷1上《高帝纪》引注,第37—38页。
② 《盐铁论新注·未通》,辽宁人民出版社,1975年,第100—101页。
③ 张家山二四七号汉墓竹简整理小组:《张家山汉墓竹简[二四七号汉墓]》(释文修订本),文物出版社,2006年,第58页。

景帝纪》载:"二年冬十二月,令天下男子年二十始傅。"这是一份诏令,景帝令全国男子至20岁时必须傅籍,以备服役,没有提及爵位高低的"娟傅"差次问题。钱文子在《补汉兵志》云:"汉法,民年二十始傅,……自始傅为更卒,岁一月。"钱氏说法,正是据此诏令而推断汉制。此时"始傅"的年龄不再论爵位地位的高低,破除了汉初"二年律令"的所定的不平等的等级制规定。这是有进步意义的,反映了景帝时轻徭薄赋、宽惠爱民的政策。学界通常认为这是对秦制"始傅"年龄的修改,是汉代的新创制,因为秦代"始傅"起役年龄通常认定为17岁,也有16岁或15岁傅籍说有分歧意见①,甚至有23岁傅籍说②。现在看来,不足为据。确切地说,景帝诏令是对西汉初吕后以来傅籍年龄的修改。

至于西汉中期,昭帝对"始傅"与"免老"的年龄都有新的更改,男子"始傅"年龄延迟了三年,至23岁服役,有利于减轻了百姓的徭役负担,体现了昭帝厚惠恤民的政治思想,有助于缓和武帝以来日益尖锐的社会矛盾。

至此,完全可以明白了上文引孟康、如淳的注释及《汉仪注》所说的内容,其实都是汉制,尤指西汉中期以后的徭役制度。总之,西汉初期"始傅"年龄在吕后时分为20岁、22岁、24岁三个档次,不能单纯地以景帝时的20岁为论,亦不能笼统地以昭帝时的23岁为论,始傅年龄统划为一,那是景帝二年以后的事情。

关于"免老"年龄的问题,通常认为是56岁。何谓"免老"?是指因年龄高而享有豁免徭役的特权。《汉旧仪》曰:"秦制二十爵,男子赐爵一级以上,有罪以减,年五十六免。无爵为士伍,年六十乃免老。"这是秦制,免老的年龄界限:有爵者为56岁,无爵者为60岁。汉承秦制,免老年龄也定为56岁。《汉仪注》云:"民年二十三为正,一岁为卫士,一岁为材官骑士,习射御骑驰战陈。又曰年五十六衰老,乃得免为庶民,就田里。今老弱未尝傅者皆发之。未二十三为弱,过五十六为老。"学术界往往据此断定汉代的免老年龄为56岁,至于西汉初期免老年龄也只是向前推论而已,无史藉可查。现据张家山汉简的律文,有许多相关记录,不仅可以对免老有新认识,而且对睆老也是新获。如《傅律》记载:

  大夫以上年五十八,不更六十二,簪袅六十三,上造六十四,公士六十五,公卒以下六十六,皆为免老。(三五六)③

---

① 郑学檬:《中国赋役制度史》,厦门大学出版社,1994年,第28页。
② 马端临在《文献通考》中说:秦"凡民年二十三附之畴官";董说在《七国考》中说:"秦……凡民,年二十三附之畴。"徐复在《秦会要订补》中说:"秦制,凡民二十三,附之畴官,给郡县一月而更谓更卒,复给中都一岁谓正卒,复屯边一岁谓戍卒。"
③ 张家山二四七号汉墓竹简整理小组:《张家山汉墓竹简[二四七号汉墓]》(释文修订本),文物出版社,2006年,第57页。

据此简文,凡免老者,大夫以上者年龄至58岁、不更者62岁、簪褭者63岁、上造者64岁、公士者65岁、公卒以下者66岁,皆可为"免老",豁免徭役。免老的年龄依爵位高低而不同,大夫以上者以相同年龄为免老,不更者与大夫相差4岁,不更者至公卒以下依次只相差1岁,公卒与无爵者与大夫相并8岁。与秦制相比,有爵者不以56岁为免老,而至少是58岁以上,年龄至少延缓了2岁;无爵者不以60岁,而以66岁免老,年龄延缓6岁。这说明了西汉初期的确有减轻徭役的史实。此律令表面上看国家要求全民服徭役,具有全民平等性,但不同爵位享受不同的免老待遇,结合前面提到的《徭律》内容看,大夫以上者可以不服国家徭役,说明了汉初徭役制度并不具有"全民平等"性,而阶层的等级性质是其本质特征。不同爵位享受不同的免老待遇,反映了汉初社会等级制度与徭役制度结合,徭役负担轻重与身份地位高低密切联系。还有一条《徭律》令,也说明了这一点,简文如下:

民产子五人以上,男傅,女十二岁,以父为免□者;其父大夫者,以为免老。(三五八)①

意思是说,若百姓产子五人以上,男子已经傅籍(不更以下子20岁"始傅"),女子至12岁(汉初时待嫁年龄),其父可以定为免老;若产子五人,其父是大夫,本人可以为免老,享受徭役的豁免权。经过秦末农民战争、楚汉战争,至汉初时人口锐减,国家需在增加人口,以恢复经济,故以此律来奖励生育。但是,此律文颁布的后果是打破了原有的免老制度,使之不存在了免老年龄界限的问题,说明了汉初时"免老"不仅仅因年龄免除徭役的制度,而是一种享有豁免徭役的政治特权。

除"免老"以外,汉政府还将年龄较高又未及免老者,定为"睆老",可以享受减半服徭役的权利。这又是对西汉的一个新认识,以前未曾涉及。据张家山汉简《傅律》记载:

不更年五十八,簪褭五十九,上造六十,公士六十一,公卒、士五(伍)六十二,皆为睆老。(三五七)②

此律文说,爵位不更者年龄至58岁,簪褭者59岁,上造者60岁,公士者61岁,公卒、士伍者62岁,年限随着爵位下降而推延1岁为睆老,享受豁免一半徭役的特

---

① 张家山二四七号汉墓竹简整理小组:《张家山汉墓竹简[二四七号汉墓]》(释文修订本),文物出版社,2006年,第58页。
② 张家山二四七号汉墓竹简整理小组:《张家山汉墓竹简[二四七号汉墓]》(释文修订本),文物出版社,2006年,第57页。

权。这与"免老"的规定有所差别,现将"免老"、"睆老"年龄的详细对照情况列表如下:

爵位	大夫以上者	不更	簪袅	上造	公士	公卒以下者
免老年龄	58	62	63	64	65	66
爵位		不更	簪袅	上造	公士	公卒、士伍
睆老年龄		58	59	60	61	62

与免老相比,有所区别:(1)从所指的对象上讲,免老的对象包括所有的人,而睆老的对象很有限,仅包括不更、簪袅、上造、公士四等爵位者及公卒、士伍这些人,其他人不定为睆老的对象。(2)从年龄结构上讲,自不更至公卒、士伍之间,免老与睆老的年龄都相差4岁。由此可以断定:西汉初期免老、睆老是一种享有豁免徭役的政治特权,其年龄的限定必须根据本人的身份地位而定。所以,张家山汉简的出土,不仅将学界通常所认为汉代免老年龄56岁的观点修改了,而且提出睆老年龄的新观点。

二

关于西汉初期徭役的征点对象,学术界认为汉代国家规定可以征调任何一个人,凡"编户齐民"到适龄之后,都有服徭役的义务,即使丞相之子也在征调对象之内,有身便有赋,有丁便有役。然而,汉代并非全民服役,对免服徭役的人群有一套特殊的规定,即"复除"特权。《文献通考》卷13《职役考》引徐氏曰:

> 按汉之有复除,犹《周官》之有施舍,皆除其赋役之谓也。然西京时,或以从军,或以三老,或以孝悌力田,或以明经,或以博士弟子,或以功臣后,以至民产子者、大父母、父母之年高者,给崇高之词者,莫不得复,其间美意至多。至东都所复,不过济阳、元氏、南顿数邑,为天子之私恩矣。按周官及礼记所载周家复除之法,除其征役而已。至汉则并赋税除之,……故在复除之例者,并除其赋役也。然汉以后则官户之有荫至单于或老疾者除其役,则有之亦不复间有除税之事矣。

当代学者多般将"复除"称之"买复",即出钱谷或奴婢等买断国家的免役权,始于文帝,入粟拜爵至五大夫,可以享有免役特权;武帝以后,多为滥用。所以,汉代凡有宗室属籍及诸侯、功臣的后代,或有官籍、俸给六百石至二千石官吏和都尉以上的军官,或者享有一定爵位者,或者博士弟子及能通一经的儒生,或者有车骑马以及奴婢者、入粟者等,皆可免除徭役。①

现依据张家山汉简,针对西汉初期徭役征点对象问题,对以上见解进一步肯定,同时阐述一些新的认识。据《徭律》记载:

> 发传送,县官车牛不足,令大夫以下有訾(赀)者,以訾(赀)共出车及益,令其毋訾(赀)者與共出牛食、约、载具。吏及宦皇帝者不(四一一)与给傅送。事委输,傅送重车重负日行五十里,空车七十里,徒行八十里。免老、小未傅者、女子及诸有除者,县道勿(四一二)敢繇(徭)使。節(即)载粟,乃发公大夫以下子、未傅年十五以上者。补缮邑□,除道桥,穿波(陂)池,治沟渠,塹奴苑;自公大夫以下[上],(四一三)勿以为繇(徭)。市垣道桥,命市人不敬者为之。县弩春秋射各旬五日,以当繇(徭)。戍有亲及少者,隤后年,與□□□(四一四)□□为□□□□及发繇(徭)戍不以次,若擅與车牛,及繇(徭)不当繇(徭)使者,罚金各四两。(四一五)②

从此简来看,汉初国家对徭役的类型及相应的服役对象作了详细的规定,什么样的身份服什么样的徭役。大夫以下者必须服传送之役,或出资财物,而官吏及宦皇帝可以不服此役;公大夫以下者子及未傅年龄15岁以上者必须服运载粮食之役,而公大夫以上者可以不服此役;公大夫以下者,必须服修缮之役,如"补缮邑□,除道桥,穿波(陂)池,治沟渠,塹奴苑",而公大夫以上者可以免服此役;不守礼法的市人必须服修建"市垣道桥"的徭役。其中有三种人享有免除徭役的特权:(1)大夫以上官吏及宦皇帝者,可以免服徭役。(2)爵至公大夫以上者,可以免服徭役。(3)"免老"、年龄尚小未著傅籍者、女子及诸享有免除徭役权利者,可以免服徭役。

另外,汉初政府规定"睆老"及其家属在服役上享有特殊的减免权,相应地减半或免除其徭役负担,以留下照顾老人。据张家山汉简《徭律》记载:

> 睆老各半其爵繇(徭),□入独给邑中事。·当繇(徭)戍而病盈卒岁及繫(繫),勿聶(摄)。(四〇七)
> 诸当行粟,独与若父母居老如睆老,若县父母罷癃(癃)者,皆勿行。金癈、有□病,皆以为罷癃(癃),可事如睆老。其非从(四〇八)军战癈也,作县官四更,不可事,勿事。勿(?)以□眕(?)癃之令。尉前。(四〇九)③

---

① 参见黄今言:《秦汉赋役制度研究》,江西教育出版社,1988年,第250—253页。
② 张家山二四七号汉墓竹简整理小组:《张家山汉墓竹简[二四七号汉墓]》(释文修订本),文物出版社,2006年,第64—65页。
③ 张家山二四七号汉墓竹简整理小组:《张家山汉墓竹简[二四七号汉墓]》(释文修订本),文物出版社,2006年,第64—65页。

睆老仅服其一半的徭役,若有重病可以免除戍役。时值服役,而父母年高至睆老或者父母残疾而无他人照顾,本人可以免服徭役。若有战伤或至残疾者,可以减半徭役。非战伤伤残者,若不可服役,可以不服徭役。这说明在以孝治天下的汉初社会里国家对社会养老及社会保障措施较为完善。

汉律也规定史、卜、祝学童者及邮人享有免役的特殊优惠政策。据《史律》记载:

  谒任史、卜,上计脩法。谒任卜学童,令外学者,许之。□□学佴敢擅繇(徭)使史、卜、祝学童者,罚金四两。史、卜年五十六,(四八四)佐为吏盈廿岁,年五十六,皆为八更;六十,为十二[更],五百石以下至有秩为吏盈十岁,年当睆老者,为十二更,践更□□。(四八五)畴尸、茜御、杜主乐皆五更,属大祝。祝年盈六十者,十二更,践更大祝。(四八六)①

又据《行书律》记载:

  复蜀、巴、汉(?)中、下辨,故道及鸡䚡中五邮,邮人勿令繇(徭)戍,毋租其田一顷,勿令出租、刍槀。(二六八)②

由此知,国家考虑到史、卜、祝学童者及从事特殊职业邮人给予相应的优惠政策,可减免徭役,甚至连租税都减免。这些都是传世文献所未记载的,张家山汉简无疑是弥补了这一缺陷。

除以上免除徭役者以外,真正服徭役的负担主要是落在无爵的平民百姓身上,由此可见,汉初徭役征调对象主要是平民百姓,甚至有时将未傅籍年龄15岁以上少年也被征调服役,正所谓的"節(即)载粟,乃发公大夫以下子、未傅年十五以上者"。可见,汉初百姓的徭役负担,与秦代相比较,虽不繁重但也不简轻。然与东汉相比较,则简轻多了,有《文献通考·职役考》引徐氏所言为证:西汉"复除"甚多,"其间美意至多。至东都所复,不过济阳、元氏、南顿数邑,为天子之私恩矣。"

三

关于西汉初期服役范围与从服方式的问题,及国家对地方徭役的征调管理的问

---

① 张家山二四七号汉墓竹简整理小组:《张家山汉墓竹简[二四七号汉墓]》(释文修订本),文物出版社,2006年,第82页。
② 张家山二四七号汉墓竹简整理小组:《张家山汉墓竹简[二四七号汉墓]》(释文修订本),文物出版社,2006年,第46页。

题,以前学术界曾根据史书记载有过推论,且论述不详,现据新出土的张家山汉简史料,既可以对过去推论提供新证,又可以弥补过去未曾研究的缺漏。

对于西汉初期徭役的范围,主要分为劳役和兵役,劳役亦称为"更役",主要是从事生产性劳动,例如:修建道路、寺舍、城垣、宫苑,整饬河渠,漕运委输等。兵役亦称为"徭戍",主要从事训练、出征、屯戍等军事性活动。① 张家山汉简提供了新的佐证:如《徭律》记载:

> 发传送,县官车牛不足,令大夫以下有赀(赀)者,以赀(赀)共出车及益,令其毋赀(赀)者與共出牛食、约、载具。吏及宦皇帝者不(四一一)与给傅送。事委输,傅送重车重负日行五十里,空车七十里,徒行八十里。免老、小未傅者、女子及诸有除者,县道勿(四一二)敢𧝱(徭)使。節(即)载粟,乃发公大夫以下子、未傅年十五以上者。补缮邑□,除道桥,穿波(陂)池,治沟渠,塹奴苑;自公大夫以下[上],(四一三)勿以为𧝱(徭)。市垣道桥,命市人不敬者为之。(四一五)②

从此简中看出,汉初徭役的范围相当广,几乎涉及传送、运输、补缮城邑、修建道桥、穿凿陂池、整治漕渠、建苑囿等所有公共事业。另外,还有在官府手工业作坊中服役,《復律》记载:

> □□工事县官者复其户而各其工。大数衔(率)取上手什(十)三人为复,丁女子各二人,它各一人,勿筭(算)𧝱(徭)赋。家毋当(二七八)𧝱(徭)者,得复县中它人。县复而毋复者,得复官在所县人。新学盈一岁,乃为复,各如其手次。盈二岁而巧不成(二七九)者,勿为复。(二八〇)③

此简涉及在官府手工业中服役的问题,若手工技艺达不到标准者,不得免除徭役。

至于兵役,有正卒之役、戍卒之役之分。据《徭律》记载:"县弩春秋射各旬五日,以当𧝱(徭)。戍有亲及少者,隤后年,與□□□。(四一四)"每年春、秋季各地要征召百姓集中进行骑马、射箭、征战等军事训练,这就是正卒之兵役。又如《興律》记载:"当奔命而逋不行,完为城旦。(三九九)"所谓"奔命",《汉书·昭帝纪》曰:"及发犍

---

① 黄今言:《秦汉赋役制度研究》,江西教育出版社,1988 年,第 282—292 页。
② 张家山二四七号汉墓竹简整理小组:《张家山汉墓竹简[二四七号汉墓]》(释文修订本),文物出版社,2006 年,第 64—65 页。
③ 张家山二四七号汉墓竹简整理小组:《张家山汉墓竹简[二四七号汉墓]》(释文修订本),文物出版社,2006 年,第 47 页。

为郡奔命"。应劭注曰:"旧时郡国皆有材官骑士,以赴急难,今夷反,常兵不足以讨之,故权选取精勇,闻命奔走,故谓之奔命。"由此可见,"奔命"就是正卒所服的一种兵役,权宜时应急征调的士兵。倘若不从兵役,以黥为城旦。除正卒之役以外,还有戍卒之役。据《兴律》记载:

乘徼,亡人道其署出入,弗觉,罚金□☒。(四〇四)
守燧乏之,及见寇失不燔燧,燔燧面次燧弗私(和),皆罚四两。(四〇五)①

《张家山汉墓竹简》一书中注释道:"乘,《汉书·高帝纪》注引李奇曰:'守也。徼,边界。'"乘,即戍守,是对的。但"徼,边界也",值得商榷,应当释为"巡"也。故"乘徼",合起来当释为"戍守、巡察"。所以,这是指戍卒的戍守、巡察边关之役。若有逃亡人出入其关口,而未发现,当处以罚金。这些服役项目与过去学术界的认识基本是一致的。

对于西汉初期服役方式,从张家山汉简可以看出西汉初期服役的方式多种多样,有亲自服役的,有出物资代役的,有出钱雇人代役的等等。据《兴律》云:"已(?)繇(徭)及车牛当繇(徭)而乏之,皆赀日十二钱,有(又)赏(償)之繇(徭)日,车□☒。"(四〇一)这就是说,服役者还需自备牛车,若无牛车服役者,皆出钱一日12钱代役。表明汉初服役方式较为灵活,可以出钱代役。又据《奏谳书》记载:

十一年(汉高祖十一年,即公元前196年)八月甲申朔己丑,夷道介丞嘉敢谳(献)之。六月戊子发弩九诣男子毋忧,告为都尉屯,已受致书,行未到,去之。·毋忧曰:蛮夷大男子岁出五十六钱以当繇(徭)赋,不当为屯,尉窯遣毋忧为屯,行未到,去亡,它如九。·窯曰:南郡尉發屯有令,變(蠻)夷律不曰勿令为屯,即遣之,不智(知)亡故,它如毋忧。·詰毋忧,律蛮夷男子岁出賨钱,以当繇(徭)赋,非曰勿令为屯也,及虽不当为屯,窯已遣毋忧,即屯卒,已去亡,何解?毋忧曰:有君长,岁出賨钱,以當繇(徭)赋,即復也,存吏,毋解。·问:如辟(辭)。·鞠之:毋忧變(蠻)夷大男子,岁出賨钱,以當繇(徭)赋,窯遣为屯,去亡,得,皆審。·疑毋忧罪,它縣論,敢瀛(谳)之,謁报。署狱史曹發。·吏當:毋忧當要(腰)斩,或曰不當論。·迁报:当要(腰)斩。(七)②

---

① 张家山二四七号汉墓竹简整理小组:《张家山汉墓竹简[二四七号汉墓]》(释文修订本),文物出版社,2006年,第63页。
② 张家山二四七号汉墓竹简整理小组:《张家山汉墓竹简[二四七号汉墓]》(释文修订本),文物出版社,2006年,第91页。

此案例反映了汉初时在少数民族地区实行的徭役制度,可以出钱代役。毋忧的辩词中说到蛮夷男子可以纳 56 钱代服屯戍徭役。可见,这些汉简为重新认识汉初服役方式提供了新的佐证材料。

这份《奏谳书》案例引起学者对徭役制度的广泛讨论,臧知非先生根据张家山汉简《二年律令》认为"月为更卒"并非是农民每年在郡县轮流服劳役一个月,应是每个月服役一次,每月服役天数相等。"更"是劳役的计量单位,一月一更,一年要服十二次更役。农民可以钱代役,官府也把更役折合成货币征收,最终演变为更赋。① 万荣博士据此毋忧案和汉墓竹简认为西汉初"徭"是不包括屯戍在内的狭义徭役,仅指劳役而言,屯戍是兵役。服兵役者统称为正卒,"一岁屯戍"即"一岁以为卫士","一岁力役"即"一岁而以为材官骑士";普通劳役者为更卒,其中践更指亲自服役,过更是出钱雇人代自己服役。如淳所言更三品"卒更"、"践更"、"过更"实际上只有两品——"践更"与"过更"。②

对于西汉初期国家对徭役的管理问题,一直未作讨论,原因是无史料可考证。现据张家山汉简,可以了解西汉初期国家对地方徭役征调、上计等有一套严格的管理制度。据《徭律》云:

> 事委输,传送重车重负日行五十里,空车七十里,徒行八十里。……□□为□□□□及发繇(徭)戍不以次,若擅兴车牛,及繇(徭)不当繇(徭)使者,罚金各四两。(四一五)
> 都吏及令、丞时案不如律者论之,而岁上计繇(徭)员(数)及行繇(徭)数二千石官。(四一六)③

汉初对传送、运输徭役有严格的日程安排,规定重车重负荷要求一日行程至少 50 里,空车一日至少 70 里,徒步行走一日至少 80 里。此项规定明显是强化对服徭役的效率管理以防止服役者偷工作弊。地方官吏无权擅征徭役,征调徭役的权力集中在中央王朝。同时,各地方官吏要如数上计当年的服徭役的数量,否则,按"不如律者"论处。由此可知,西汉初期国家对已征调徭役的服役管理是相当严格的。若有不服役者,或逃役者,将从严处罚。如《兴律》云:

> 当戍,已受令而逋不行盈七日,若戍盗去署及亡盈一日到七日,赎耐;过七

---

① 臧知非:《从张家山汉简看"月为更卒"的理解问题》,《苏州大学学报》2004 年第 6 期。
② 万荣:《西汉初年徭役制度——由张家山汉简〈奏谳书〉"毋忧案"说起》,《江西师范大学学报》2014 年第 1 期。
③ 张家山二四七号汉墓竹简整理小组:《张家山汉墓竹简[二四七号汉墓]》(释文修订本),文物出版社,2006 年,第 64—65 页。

日,耐为隶臣;过三月(日)完为城旦。(三九八)

当奔命而逋不行,完为城旦。(三九九)①

意思说,当服戍役者已经接受通知而逃亡满七天,或者在服戍役者私离职署或逃亡时间在一至七天内,以"赎耐"论处;超过七天,"耐为隶臣";过三个月,将"完为城旦"。从《奏献书》所记的案例看,基本上按此律解释的,并判处极刑。毋忧以为只要出 56 钱就可以不服此役,但是,毋忧已经接受了服役通知,就是屯戍卒,而在路途中逃离,未服屯戍徭役,实际上触犯了汉代军事法律,故以屯戍卒擅离职守论处腰斩。总之,根据张家山汉简的新材料,可以知道西汉初期国家对徭役征调、上计等管理是相当严格的,基本上以法律形式来规范,确保徭役制度的贯彻执行。

2004 年 5 月初稿,曾仓促刊发;2010 年 9 月秦汉史专题教学时第二次修改;2016 年 6 月第三次修改,是为恩师黄今言教授八十华诞祝寿而修改,以此祝黄先生寿比南山、福如东海!

(作者简介:温乐平,南昌工程学院水文化研究中心教授)

---

① 张家山二四七号汉墓竹简整理小组:《张家山汉墓竹简[二四七号汉墓]》(释文修订本),文物出版社,2006 年,第 62—63 页。

秦汉私营工商业多层次考察

谢 华

秦汉时代是中国古代商品经济大发展的时期,这种大发展主要表现在商品生产和商品流通上。当此之时,商品生产涉及的门类较多,规模也相当大,管理水平亦较高;商品交易和流通有着各种方式,诸如集市贸易、贩运贸易等。伴随商品经济发展,秦汉时都市在促进地区经济开发和商品流通方面作用加强。通观整个秦汉时代,私营工商业在商品经济大发展中扮演着重要角色,成为秦汉商品经济发展的活力之源。本文试图从多层次对秦汉时期的私营工商业进行考察。

一

秦汉私营工商业活跃与当时较好的社会环境离不开。无论从政府的政策还是民间风气而言,都为当时私营工商业发展提供了良好的平台。不可否认,秦汉时期在一段时间内官营工商业曾占据主导,但从历史的长河来看,私营工商业是秦汉社会的主流。秦汉政府对私营工商业的态度,从总体而言是采取了宽容、扶植政策。

秦汉政府对私营工商业者的存在较为宽容。秦汉时期握有巨额财富的富商大贾比较多,这绝对不是偶然,与当时的宽松环境有密切关系。秦朝时"秦始皇帝令倮比封君,以时与列臣朝请。而巴蜀寡妇清,……家亦不訾,……秦皇帝以为贞妇而客之,为筑女怀清台。"[1]可知乌氏倮和寡妇清都是较大的工商业者,秦始皇能让一个朝请,为一个筑台,说明秦始皇承认他们已获得的社会地位。西汉初期,虽然刘邦令商人不得衣丝乘车,加重租税。但是新政权建立之初,经济凋敝,不得不靠私营工商业者来繁荣经济,因而"孝惠、高后时,为天下初定,复弛商贾之律"[2]。此时出现了许多资本

---

[1] 《史记》卷129《货殖列传》。
[2] 《史记》卷30《平准书》。

大户,有从事商品生产的,如蜀郡卓氏、程郑、南阳孔氏、鲁曹邴氏、齐刁间、东郭咸阳等;也有从事商品买卖的,如洛阳师史、关中田啬、田兰、安陵氏、杜氏等。他们这些人财产或数千万,或财累万金,或富至巨万。汉武帝时期工商业实行官办政策,私营工商业受到了比较大的限制。但西汉昭宣后又出现了一批新的富商大贾,"临淄姓伟訾五千万","洛阳张长叔、薛子仲訾亦十千万","京师富人杜陵樊嘉,茂陵挚网,平陵如氏、苴氏,长安丹王房君,鼓樊少翁,王孙大卿,为天下高訾。樊嘉五千万,其余皆巨万矣"①。东汉时期,官僚、地主、商人三位一体更是得到了合法的存在,出现了许多"资产亿计"的大富豪。如荀恁,"少亦修清洁,资财千万"②;种暠"父为定陶令,有财三千万"③。这仅是一般的财主,大的富人财产以亿计。商人折国"有资财二亿,家僮八百人。"④还有的商人高利贷者,家财达"数十亿"之多。这些握有巨额财富的富商巨贾"乘坚策肥,履丝曳缟","交通王侯,力过吏势",成为社会上令人羡慕的群体。

秦汉政府在工商业领域尽量减少国家行为。秦汉时期在工商业领域的国家行为莫大于盐、铁、酒等方面的官营。汉武帝和王莽时期国家为聚敛财富应付庞大的财政开支,实行了盐铁酒官营。但这种官营终非符合社会发展的潮流,遭到众人反对,也是人亡政息。除此特殊时期实行特殊政策外,秦汉政府对私营工商业的干扰是比较少的,且某些措施客观上有利于私营工商业的发展。秦统一六国后,为防止六国残余势力进行分裂活动,对各地的豪富实行强迫迁徙政策,许多盐铁商都在迁徙之列,即"迁虏"。但我们必须注意到这些"迁虏"并没有被消灭掉,而是在新的地方又凭借盐铁等行业东山再起。"秦破赵,迁卓氏。……致之临邛,大喜,即铁山鼓铸,运筹算,倾滇蜀之民,富至僮千人。"和卓氏同迁临邛的程郑,"亦冶铸,贾椎髻之民,富埒卓氏"。宛孔氏被迁往南阳之后,"大鼓铸,规陂池,连车骑,游诸侯,因通商贾之利。秦朝虽专山泽之利,但六国的"迁虏"能重新发家致富,这说明在利润较大的盐铁行业秦政府至少默许私营工商业主的存在和发展。秦保护民间纺织业,"或盗采人桑叶,臧(赃)不盈一钱,可(何)论?赀繇(徭)三年"⑤。秦统一中国,"上农除末"是秦王朝的根本方针。但是秦王朝某些措施客观上有利于商品经济的发展。秦朝货币分为二等,黄金为上币,镒为单位;圆形方孔的铜钱为下币,以半两为单位。币制统一后,克服了过去使用,换算上的困难,便利了各地商品交换和经济交流。在度量衡上,"一法度衡石丈尺",统一度量衡。以原秦国的单位为标准,淘汰与统一不合的制度。度量衡是商品交换的工具,其统一在客观上对于经济的发展和各地联系的加强无疑是有积极作用的。秦政府下令拆除阻碍交通的关塞、堡垒,修建了以首都咸阳为中心的驰道,又修

---

① 《汉书》卷91《货殖传》。
② 《后汉书》卷53《荀恁传》。
③ 《后汉书》卷56《种暠传》。
④ 《后汉书》卷82上《方术传》。
⑤ 睡虎地秦墓竹简整理小组:《睡虎地秦墓竹简·法律答问》,文物出版社,1978年。

筑了"直道","五尺道",以及"新道",就构成了以咸阳为中心的四通八达的道路网。这种交通网络固然在军事、政治方面有重要意义,同时对于促进各地经济、文化交流,起着积极作用。汉初,煮盐、冶铁、铸币等权都下放给普通民众,《汉书·货殖列传》曰:"蜀卓,宛孔,齐之刀间,公擅山川铜铁鱼盐市井之入,运其筹策,上争王者之利,下锢齐民之业"。高后时允许盐铁私人生产,只是对生产征税,"诸私为卤盐,煮济、汉,及有私盐井煮者,税之,县官取一,主取五。采银,租之,县官给橐,□十三斗为一石,□石县官税□□三斤。其□也,牢橐,石三钱。租其出金,税二钱。租卖穴者,十钱税一。采铁者五税一;其鼓销以为成器,有(又)五税一。采铅者十税一。采金者租之,人日十五分铢二。民私采丹者租之,男子月六斤九两,女子四斤六两。"①文帝即位后,仍然"纵民得铸钱、冶铁、煮盐"②,允许百姓铸造钱币,放任私人对盐铁的产销。当时"豪强大家得管山海之利,采铁石鼓铸,煮盐,一家聚众或至千人"③。东汉中央政府不再设置掌管盐铁事务的机构,只在郡县设盐铁官。光武、明帝两朝,都未正式恢复盐铁官营。直到章帝时才勉强实行了一段时间的盐铁专卖。和帝继位下诏"罢盐铁之禁,纵民煮铸,入税县官如故事"④,正式废除了专卖政策。终东汉之世,一直实行允许私人生产和销售盐铁,而国家征收盐铁税的政策。东汉除了灾歉之年"禁沽酒"之外,一般听任民间私营酒类。酒成为一个重要的商业部门,私人卖酒很盛。除了盐铁酒等方面外,汉初"除苛解娆,宽大爱人,……通关去塞"⑤,为便利往返商人,疏通关塞。文帝前元十二年又诏:"除关,无用传"⑥,取消进出关卡检查"符传"的规定,方便出入。景帝时,虽"复置传",但关塞仍然开放,而且免征关税,以利商贾。

秦汉民间有追逐末利之风。正如司马迁所说的"天下熙熙皆为利来;天下攘攘皆为利往"⑦。当时各地经商之风较浓,关中地区"栎邑北却戎翟,东通三晋,亦多大贾","[孝]、昭治咸阳,因以汉都,长安诸陵,四方辐凑并至而会,地小人众,故其民益玩巧而事末也。"关中"于天下三分之一,而人众不过十三,然量其富,什居其六",关中占据了财富的十分之六。关中之富从何而来,当然来自私营工商业了。邹鲁地区颇有周公遗风,民俗好儒,备于礼,但"及其衰,好贾趋利,甚于周人"。西楚"陈在楚夏之交,通鱼盐之货,其民多贾"。颍川、南阳"俗杂好事,其多贾"。⑧ 对于商业活动的热衷,从地域角度来说,东南西北尽括其中。班固在谈到各地风俗同样也谈到了各地经商热情,"(长安)五方杂错,风俗不纯,……富人则商贾为利","又郡国辐凑,浮

---

① 张家山二四七号汉墓竹简整理小组:《张家山汉墓竹简(二四七号墓)·金布律》,文物出版社,2001年。
② 国学整理社:《盐铁论·错币》,《诸子集成》,中华书局,1978年。
③ 国学整理社:《盐铁论·复古》,《诸子集成》,中华书局,1978年。
④ 《后汉书》卷4《和帝纪》。
⑤ 《汉书》卷49《晁错传》。
⑥ 《汉书》卷4《文帝纪》。
⑦ 《史记》卷129《货殖列传》。
⑧ 《史记》卷129《货殖列传》。

食者多,民去本就末","周人之失,巧伪趋利,贵财贱义,高富下贫,喜为商贾",南阳"故其俗夸奢,上气力,好商贾渔猎",上谷至辽东"有鱼盐枣栗之饶,北隙乌丸、夫余、东贾真番之列",齐地"负海舄卤,少五谷而人民寡,乃劝以女工之业,通鱼盐之利",鲁地"俗俭啬爱财,趋商贾"。① 当时"用贫求富,农不如工,工不如商,刺绣文不如依市门"②,大批农民脱离土地,弃农从商,以至出现"稼穑之民少,商旅之人多"的局面。不但老百姓追逐末利,就连官僚贵族也投身于工商业之中。张安世"夫人自纺绩,家童七百人,皆有手技作事,内治产业,累积纤微,是以能殖其货,富于大将军光"③。成帝时的丞相张禹"内殖货财",富而"买田至四百顷"。东汉时连皇帝也卷入了商海之中。如汉灵帝"作列肆于后宫,使诸采女贩卖,……帝著商估服"④,在后宫做生意,令宫女自相贩卖经商。所以晋代江统抨击说:"秦汉以来,风俗转薄,公侯之尊,莫不殖园圃之田,而收市井之利,渐冉相放,莫以为耻,乘以古道,诚可愧也。"⑤

二

私营工商业在相对宽松的社会环境下取得了大的发展,故其所带来的社会经济效益也凸显出来。

首先专业化分工加深。专业化分工加深是生产力发展的结果,是商品经济发展的内在要求,反过来又促进经济的繁荣和满足了人民各个方面的需求。秦汉时期各地根据自己地方特色形成了专业化的生产,"故曰陆地牧马二百蹄,牛蹄角千,千足羊,泽中千足彘,水居千石鱼陂,山居千章之材。安邑千树枣;燕、秦千树栗;蜀、汉、江陵千树橘;淮北、常山已南,河济之间千树荻;陈、夏千亩漆;齐、鲁千亩桑麻;渭川千亩竹;及名国万家之城,带郭千亩亩钟之田,若千亩卮茜,千畦姜韭;此其人皆与千户侯等"⑥。农业生产中有专业户,汉初召平为种瓜专业户。《史记·萧相国世家》曰:"召平者,故秦东陵侯。秦破,为布衣,贫,种瓜于长安城东,瓜美,故世俗谓之'东陵瓜',从召平以为名也。"召平为种瓜专业户。秦汉时期在手工作坊实行了必要的分工负责制,当时普遍各手工业生产部门内部,工种之间分工日益细密的事实。手工业内部分工深化乃是市场需求所致。商贾有"坐贾"、"行商"。坐贾是有固定营业处所的商人,"通邑大都,酤一岁千酿,醯酱千瓨,浆千甔,屠牛羊彘千皮,贩谷粜千钟,薪蒿千

---

① 《汉书》卷28下《地理志》。
② 《史记》卷129《货殖列传》。
③ 《汉书》卷59《张安世传》。
④ 《后汉书》卷8《灵帝纪》。
⑤ 《晋书》卷56《江统传》。
⑥ 《史记》卷129《货殖列传》。

车,船长千丈,木千章,竹竿万个,其轺车百乘,牛车千两,木器髹者千枚,……"①,从中可知,城市中商品经营的行业不少于30多个,普遍常见的有饮食业、酿酒业,除此之外,磨剑业、油漆、修理、装饰等行业也出现了。行商是进行贩运贸易者,全国各地经济区域都涌现出不少从事贩运贸易的商贾。"自京师东西南北,历山川,经郡国,诸殷富大都,无非街衢五通,商贾之所臻,万物之所殖者,……宛、周、齐、鲁,商遍天下。故乃商贾之富,或累万金,追利乘羡之所致也。"②关隘疏通,商人得以自由流动,货物也得以畅通。汉时私人运输业比较发达,大批官、私货物往往雇佣民力运输,主要形式是雇佣"僦"或"僦人"。《后汉书·乌桓传》:"顺帝阳嘉四年冬,乌桓寇云中,遮截道上商贾车牛千余两",在较荒僻的北境线上出现了庞大贩运商队。

其次,满足了社会生活需要,增加了财富。日常生活必需的一切物质资料"待农而食之,虞而出之,工而成之,商而通之",把物质资料由产地运送到消费地区,由生产者手中转到消费者手中,这一切都脱离不了商品生产和商品销售,完成这些任务的就是手工业者和商人。农业和手工业的发展为市场提供了丰富的商品。市场上有许多农产品和畜牧产品,诸如粮食、盐、油、酱、果类、菜类、牛、马、羊、布、帛、皮革。冶铁业的发展,市场上有锅、灯、顶针、剪子、菜刀、铁钉、铁镜、犁铧、曲柄锄、大镰刀等。随着造纸术的发明,市场上纸成为廉价的商品,与之相关的笔、墨、砚、手抄书籍亦大量有售。市场上发售的日常生活品还有药物、熟食、儿童玩具。韩康"常采药名山,卖于长安市"③,赵岐"卖饼北海市中"④,还有人"或作泥车瓦狗诸戏弄之具,以巧诈小儿"⑤。除了日常生活用品,制作精巧的奢侈品也充盈市场。王符《潜夫论·务本篇》载:"今工好造雕琢之器,巧伪饰之,以欺民取贿。物以任用为要,以坚牢为资,今商竞鬻无用之货,极淫侈之弊,以惑民取产。"商品流通则依赖商人来完成,"财物流通,有以均之"。私营工商业的发展促进了商品经济的活跃,增加了社会财富。《汉书·贡禹传》:"商贾求利,东西南北各用巧智,好衣美食,岁有十二之利",商业利润为20%。如果从事奢侈品或奇珍异宝的经营,利润更高。《盐铁论·力耕篇》:"美玉、珊瑚出于昆山,珠玑、犀象出于桂林,此距汉万有余里。计耕桑之功,资财之费,是一物而售百倍其价一也,一揖而中万钟之粟也。"富商大贾长途贩卖美玉,珊瑚等奢侈品可以做到"百倍其价",因而从商容易致富。秦汉时期,通过周边贸易和域外贸易给中原带来了巨大的财富。秦汉之际,"开蜀故缴,巴蜀民或窃出商贾,取其筰马、僰僮、髦牛,以此巴蜀殷富"⑥。汉时与周边和域外经济联系更为紧密,由于贸易的不对称性,所以

---

① 《史记》卷129《货殖列传》。
② 国学整理社:《盐铁论·力耕》,《诸子集成》,中华书局,1978年。
③ 《后汉书》卷83《逸民传》。
④ 《后汉书》卷64《赵岐传》。
⑤ 《后汉书》卷49《王符传》。
⑥ 《史记》卷116《西南夷列传》。

中原地区获利颇丰。《盐铁论·力耕篇》:载"汝、汉之金,纤微之贡,所以诱外国而钓胡、羌之宝也。夫中国一端之缦,得匈奴累金之物,……是则外国之物内流,而利不外泄也。异物内流则国用饶,利不外泄则民用给矣。"尽管中原王朝对周边贸易和域外贸易出于政治、军事和外交上的考虑而有种种限制措施,但这阻止不了百姓对财富的向往,秦汉时期,边地甚至有很多"阑出入关"的走私交易。秦汉王朝通过周边贸易和域外贸易获得了巨额利益,私营工商业主亦增殖了财富,促进了社会经济发展繁荣。

秦汉是封建自然经济占统治地位的时期,同时商品经济又不可遏制地发展起来,私营工商业表现得尤为活跃。秦汉政府推行"重农抑商"政策,不过在实际中,由于恢复和发展经济的需要以及统治者自身的需要,对私营工商业采取了宽容、扶植的态度。正如此,私营工商业所带来的社会经济效益也凸显出来。不能否认,秦汉私营工商业的发展是秦汉社会经济发展和进步的活力之源。

原刊于《文史博览》(理论)2008年第5期

(作者简介:谢华,湖南衡阳师范学院人文社会学部副教授)

秦代中央与地方关系的重新审视
——以出土政务文书为中心

吴方基

中央与地方关系,简称央地关系,指在一定国家政权组织形式下,中央与地方政府之间的权力配置及其运作的关系。① 它体现在政治(包括立法、行政、司法权力的分配,重在行政权)、经济(主要是财政权)、军事(主要是军队指挥权)等方面,尤以政治方面为核心,主要是行政权力的分配及其运作问题。②

古代央地关系的研究丰富,较多关注汉及其后朝代央地关系问题,注重以中央为视角,从政治制度(包括皇帝制度、职官制度、监察制度、行政制度、军事制度等)、管理体制、行政区划(层级)、财政等方面探讨国家权力在中央与地方两者之间的集与分、收与放的演变历程,特别强调央地关系上中央的重要地位,较少从政务运行实践或以地方为角度,跨学科审视两者的关系。③

关于秦代央地关系,传世文献记载极少,相关论著只是附带讨论,基于一些传世文献材料关于中央政治制度的记载,简单认为,秦代国家权力高度集中于中央,地方

---

① 李治安:《论古代中央与地方关系的演化和若干制约因素》,《天津社会科学》1996 年第 4 期;陈光:《该如何构建合理的中央和地方立法关系——兼评〈中央与地方立法关系法治化研究〉》,张海燕主编:《山东大学法律评论》第 7 辑,山东大学出版社,2010 年,第 182 页。
② 周振鹤:《外重内轻还是内重外轻?——中央地方关系变迁研究》,骆玉明、刘景琳编:《学说中国》,江西教育出版社,1999 年,第 129 页。
③ 参见张佐良:《近三十年来的中国古代中央与地方关系研究综述》,《中国史研究动态》2007 年第 12 期,第 18—25 页。

无自主权,没有处理好中央集权与地方分权的关系。① 这种结论推测为多,缺乏中央与地方(主要是地方)行政运作实践的论证支撑。近来里耶秦简、岳麓秦简等出土政务文书刊布,记载许多地方行政运作实践的情况,很大程度上开拓探讨秦代央地关系的空间。据此,本文结合法律史与行政学理论,从县级政务运行的视角,分两方面重新考察秦代央地关系:一、从静态法律文本出发,分析以法治国理念下中央与地方的权力配置关系;二、从动态的日常行政运作实践层面分析秦代中央与地方的权力运作关系。

一、以法治国理念与中央地方关系

秦代中央"法令由一统"②,实行以法治国理念,要求"事皆决于法"③,地方同样奉行这一治国理念,律令成为指导处理政务事务的标尺。此治国理念下的央地关系强调中央法治主义,贯彻刚性律令行政,以法律规范中央、地方权责及作为调整关系的手段。中央与地方的权限关系体现为法律关系。

(一)中央法治主义

秦代中央推行法治主义主要确立三大原则:在总则上,指出法令为治之本;在立法普法上,确保"明法度,定律令";在实践施行中,主张"事皆决于法"。

1. 法令为治之本

秦代确立,法令为治之本。《商君书·定分》曰:"法令者,民之命也,为治之本也"④,"故有明主忠臣产于今世而散领其国者,不可以须臾忘于法……臣故曰:法任而国治矣。"⑤其中明确说法令是治国的根本。其后李斯同样强调法治的根本地位,《史记》卷87《李斯列传》载:"若此然后可谓能明申、韩之术,而修商君之法。法修术明而天下乱者,未之闻也。"其中"修商君之法",则法令明,如此天下治而不乱。

2. "明法度,定律令"

---

① 参见以下论著附带相关论述:王超《我国封建时代中央与地方关系述论》,《中国社会科学》1983年第1期,第163—177页;李铁《古代中央与地方关系》,张晋藩主编《中国古代行政管理体制研究》,光明日报出版社,1988年,第170—196页;王云度《秦汉时期对中央集权与地方分权关系的探索》,《徐州师范学院学报》1988年第3期,第109—116页;薛军力《从汉代地方行政体制的演变看中央和地方的关系》,《天津师大学报》1990年第5期,第44—51页;王连升《秦汉时期中央与地方关系新论》,《历史教学》1991年第1期,第11—13页;薄贵利《中央与地方关系研究》,吉林大学出版社,1991年,第88页;周振鹤《中央地方关系史的一个侧面(上)——两千年地方政府层级变迁的分析》,《复旦学报》1995年第3期;李治安《唐宋元明清中央与地方关系研究》,南开大学出版社,1996年,第9—10页;白钢主编,孟祥才著《中国政治制度通史》第三卷《秦汉》,人民出版社,1996年,第264—272页。
② 司马迁:《史记》卷6《秦始皇本纪》,中华书局,1959年,第236页。
③ 《史记》卷6《秦始皇本纪》,第238页。
④ 商鞅:《商君书》,张觉校注,岳麓书社,2006年,第189页。
⑤ 《商君书·慎法》,第180—181页。

以法治国必宣明法度,制定律令,《史记》卷87《李斯列传》载:"明法度,定律令,皆以始皇起。"①秦始皇多次刻石昭告明定法律的精神,如始皇二十八年(前219)泰山刻石文:"皇帝临位,作制明法……治道运行,诸产得宜,皆有法式",琅琊刻石:"皇帝作始,端平法度……除疑定法,咸知所辟";二十九年(前218)之罘刻石文"普施明法,经纬天下,永为仪则"。② 其中"作制明法"、"皆有法式"、"端平法度"、"除疑定法"等,是秦始皇明法度、定律令明确写照。

3. "事皆决于法"

"事皆决于法"是秦代以法治国的具体施政,是法令在处理事务上的实际落实。《史记》卷6《秦始皇本纪》载,秦始皇统一天下伊始,即全国范围实行"事皆决于法"。③ 其后巡行途中,屡次刻石宣传这一政策,如之罘东观刻石文:"作立大义,昭设备器,咸有章旗。职臣遵分,各知所行,事无嫌疑。"④即说天下之事咸有章法,臣下皆有分职,以法令处理事务则没有嫌疑。又三十七年会稽刻石文:"秦圣临国,始定刑名,显陈旧章。初平法式,审别职任,以立恒常。"⑤

从出土的秦代政务文书看,"事皆决于法"在实践中力求贯彻。有研究指出,秦代官僚行政是在极为细密的法令规章下运作的,当时官府上行、下行或平行文书常见"如律令"("如律"、"如令")或"以律令从事"。⑥"如律令"即"依相关律令规定办理",是秦汉公文常用语,非形式上的公文催促命令语。⑦ 据统计,秦代(包括汉代)实际行政中的移年籍、劾移狱、过关津、舍传舍、官吏"代罢"、计校、期会、要求行政质量与效率、发布政令、解决行政纠纷、断狱、追究行政违法失职责任等行政行为,都要求依照与之相对应的具体律令条文规定办理。⑧

秦始皇死后,"法令为治之本"、"明法度,定律令"、"事皆决于法"等政策为秦二

---

① 《史记》卷87《李斯列传》,第2546—2547页。
② 《史记》卷6《秦始皇本纪》,第243、245、249页。
③ 《史记》卷6《秦始皇本纪》,第238页。
④ 《史记》卷6《秦始皇本纪》,第250页。
⑤ 《史记》卷6《秦始皇本纪》,第261—262页。
⑥ 参见邢义田:《从"如故事"和"便宜从事"看汉代行政中的经常与权变》,《秦汉史论稿》,台北:东大图书公司,1987年,第333—410页。刘太祥:《简牍所见秦汉律令行政》,《南都学坛》2013年第4期,第1—14页。
⑦ 关于"如律令"的含义,著名的中国学者王国维、陈直、裘锡圭、李均明和日本学者大庭脩、鹰取祐司等对"如律令"都有研究,主要有三种看法:一是其律令就是法令,要求照此办理;二是固定的一种下行文书用语,是官府文书的一种常用格式,与具体法令无关;三是符咒用语(参见张伯元:《出土法律文献研究》,商务印书馆,2005年,第269—271页)。张伯元、王焕林认为"如律令"的含义有一个发展演变的过程,从秦至汉初,"如律令"具有实际内容,有具体法令可按,大致在汉武帝时代,始逐渐成为一种固定的文书格式,为催促命令习语,魏晋以降演变为道家符箓术语(参见张伯元:《出土法律文献研究》,第268—284页。王焕林:《里耶秦简校诂》,中国文联出版社,2007年,第174—175页)。同样刑义田、刘太祥先生也认为秦代文书中的"如律令"就是强调要求以律令行政(参见邢义田:《汉代书佐、文书用语"它如某某"及"建武三年十二月候粟君寇恩事"简册档案的构成》,《治国安邦:法制、行政与军事》,中华书局,2011年,第513页。刘太祥:《简牍所见秦汉律令行政》,第3页)。
⑧ 刘太祥:《简牍所见秦汉律令行政》,第1—14页。

世继续奉行,《史记》卷6《秦始皇本纪》记秦二世袭位伊始,"乃遵用赵高,申法令"①。赵高"通于狱法"②,又"尝教胡亥书及狱律令法事"③。秦二世任用他"申法令",向天下表明实行秦始皇法治主义的态度。最近出土一则秦二世"奉召登基"文告,同样可见这种态度:"天下失始皇帝,皆遽恐悲哀甚,朕奉遗诏,今宗庙吏及箸以明至治大功德者具矣,律令当除定者毕矣。"④文告表明秦二世是奉行"遗诏",除定律令,继续贯彻以法治国。其后,秦二世听从赵高建议,任用"习法者"为侍中,⑤增强执法者的力量,进一步依法决事。

(二) 地方以律令行政为准绳

同中央法治主义相应,地方行政突出强调以律令行政为准绳,主要表现为三个方面:

其一,在行政伦理上,"明法律令"成为地方官吏行政的首要道德要求。《语书》说:"凡良吏明法律令,事无不能殹(也)……恶吏不明法律令,不智(知)事……"⑥此内容附在郡守颁布的地方性法规之中,说教的对象为县、道官吏,有两层含义:一、明确表明是否明法律令成为判定官吏良、恶的首要标准;二、只有明法律令,才能处理各种官府事务。

其二,政务文书所见,律令是地方行政运作的常见依据,里耶秦简记载郡与县、县与县、县与下属机构之间的往来文书常见"如律令"、"以律令从事"等体现律令行政的用语,"如律令"见简5－6、8－61＋8－293＋8－2012、8－143、8－155、8－462＋8－685、8－657、8－830＋8－1010、8－1560、8－1668、8－1901、8－2166⑦、16－5/16－6⑧等,"以律令从事"见简8－21、8－140、8－60＋8－656＋8－665＋8－748、8－63、8－657、8－1219、8－1538、353、8－1525、8－1510、8－1563、8－904＋8－1343、8－

---

① 《史记》卷6《秦始皇本纪》,第268页。
② 《史记》卷88《蒙恬列传》,第2566页。
③ 《史记》卷6《秦始皇本纪》,第264页。
④ 文告为湖南益阳兔子山遗址出土,2013年11月23日在湖南长沙举行的湘鄂豫皖楚文化研究会第十三次年会上公布。这里简文转引自光明网 http://life.gmw.cn/2013－11/24/content__9584484.htm,2013年11月24日。
⑤ 《史记》卷87《李斯列传》载:"(赵高)乃说二世曰:'……且陛下深拱禁中,与臣及侍中习法者待事,事来有以揆之。如此则大臣不敢奏疑事,天下称圣主矣。'二世用其计……"(第2558页)。侍中"入侍天子","赞导众事","顾问应对",正式朝会时,受天子委托,质问或传话公卿,地位尊贵亲近,"百寮之中,莫密于兹"。参见安作璋、熊铁基:《秦汉官制史稿(上)》,齐鲁书社,1984年,第282—291页。
⑥ 睡虎地秦墓竹简整理小组编:《睡虎地秦墓竹简·语书》(释文部分),文物出版社,1990年,第13页。
⑦ 分见陈伟主编:《里耶秦简牍校释(第一卷)》,武汉大学出版社,2012年,第8—9、46、83、94、160、193、234、359、376、405、440页。
⑧ 湖南省文物考古研究所、湘西土家族苗族自治州文物处:《湘西里耶秦代简牍选释》,《中国历史文物》2003年第1期,第20—22页。

1456①、9-1112②、8-131+8-378+8-514③、9-1到12④、16-9⑤等。

其三,以地方立法看,郡守颁布的地方性法规明确规定下属县、道以法律令来治政,云梦秦简《语书》有集中体现:

> 廿年四月丙戌朔丁亥,南郡守腾谓县、道啬夫:……今法律令已具矣,而吏民莫用……故腾为是而修法律令、田令及为闲私方而下之,令吏明布,令吏民皆明智(知)之,毋巨(炬)于罪。今法律令已布,闻吏民犯法为闲私者不止……自从令、丞以下智(知)而弗举论……此皆大罪殹(也)……今且令人案行之,举劾不从令者,致以律,论及令、丞。⑥

《语书》规定主要有三点:首先,提倡中央法治主义精神;其次,表明遵照中央以法治国理念,制定地方性法规,即"故腾为是而修法律令、田令及为闲私方而下之";再次,规定县令、丞依法行政,否则以律令论处。

(三)法律文本层面中央与地方的权限关系

秦代确立法治理念,制定法律制度,推行律令行政,中央与地方的权限关系在法律文本中作出规定,主要体现为递进的两点:

一、中央至地方各级官府机构行政均有严密的法律依据,如睡虎地秦简《秦律十八种》中《田律》《厩苑律》《仓律》《金布律》《关市》《工律》《工人程》《均工》《徭律》《司空》《军爵律》《置吏律》《效》《传食律》《行书律》《内史杂》《尉杂》《属邦》,《秦律杂抄》中《游士律》《中劳律》《藏律》《公交车司马猎律》《傅律》《屯表律》《捕律》《戍律》等,均是中央地方官府机构据以行政的法律。为更好律令行政,各官府机构抄录自身所用法律,如睡虎地秦简《内史杂》曰:"县各告都官在其县者,写其官之用律。"⑦为县通知都官抄录其所用法律的记载。又如里耶秦简8-173记载县属库官同样如此:

> 卅一年六月壬午朔庚戌,库武敢言之:廷书曰令吏(史)⑧操律令诣

---

① 分见《里耶秦简牍校释(第一卷)》,第33—34、80、43、48—49、193、293、349、341、361、246、332页。
② 里耶秦简牍校释小组:《新见里耶秦简牍资料选校(二)》,简帛网 http://www.bsm.org.cn/show__article.php?id=2069,2014年9月3日。
③ 何有祖:《里耶秦简牍缀合(八则)》,简帛网 http://www.bsm.org.cn/show__article.php?id=1852,2013年5月17日。
④ 《湘西里耶秦代简牍选释》,第14—19页。
⑤ 《湘西里耶秦代简牍选释》,第22—23页。
⑥ 《睡虎地秦墓竹简·语书》(释文部分),第13页。
⑦ 《睡虎地秦墓竹简·秦律十八种》(释文部分),第61页。
⑧ 杨先云《里耶秦识字三则》(简帛网 http://www.bsm.org.cn/show__article.php?id=1993,2014年2月27日)指出"史"应释为"吏"。

廷雠,

　　署书到,吏起时。有追。今以庚戌遣佐处雠。敢言之。①

　　县廷下令,要求库官派遣吏员到县廷校雠律令,说明库官府原抄录有自身所用法律。据此,其他官府机构自身所用法律情况可以推知。

　　二、在第一点基础上,秦代进而从法律文本层面对中央地方的权限作出规定,即中央与地方的权力配置关系由以行政分权为主转变为以法律分权为主。在法律分权下,中央地方各级政府的职权和责任配置由法律制度调整。以县政府为例,法律对县令、丞享有的职权(包括禁止权、监督权、奖罚权、确认权、人事任免权、裁决权、强制执行权、指挥权等)和应承担的两种行政责任(因本人实施行政行为违法而承担的责任和因下属机构或人员实施行政行为违法而承担的连带或连坐责任)作出规定,②地方权限超越行政分权的任意伸缩性,力求明确。通过法律分权,中央与地方的权限关系也不再囿于中央集权与地方分权的矛盾关系,体现为法律关系。

　　具体言之,此法律关系表现为三点:一、立法主体的主导地位,秦代法律由中央制定,主张中央对地方的主导权威。二、中央与地方权限关系的明确合理与法律的合理完善具有同一性。为保障法律的合理完善,秦代统一后对原有法律作过详密修订,前引《史记》卷87《李斯列传》载:"明法度,定律令,皆以始皇起。"即秦始皇统一六国后,对法律的修订、厘定。这种修订、厘定工作在岳麓秦简中找到依据,陈松长先生比对岳麓与睡虎地秦简"行书律",指出岳麓秦简"行书律"是摘抄自秦统一后的法律文本,时间晚于睡虎地秦简而更为细密,说明统一后秦代法律作过细密修订。③ 三、法律成为调整中央地方关系的主要手段。此《语书》中有所体现,南郡太守根据中央法律制定地方性法规,即通过法律调整中央与郡县的关系。

　　这样,我们是不是可以断定秦代地方政务完全依照法律进行程式化运作呢?并进一步认为法律之外地方毫无行政自主权呢? 这些问题只有分析出土政务文书所见地方行政运作实践,通过对比律令行政与律令外自主行政情况,才能得出较为具体的认识。

---

① 《里耶秦简牍校释(第一卷)》,第104页。
② 关于县令、丞的行政职权与责任,笔者另有专文论述,兹不赘言。
③ 参见陈松长:《岳麓书院藏秦简中的行书律令初论》,《中国史研究》2009年第3期,第31—38页。

二、县律令、自主行政实践及其总体对比

秦汉地方行政重心在县,①以县代表地方,从县政务运行角度考察中央与地方关系是可行的。县政务运行主要包括:一、政令的下达与执行;二、政务的申告与裁决。政令的下达分为两种情况:县令、丞所下达的政令和上级下达县令、丞的政令;政务的申告则是县属下级机构就政务情况向县令、丞申告,请求裁决,包括:一、本机构内部政务的申告与裁决;二、政务涉及其他机构的申告与裁决。下面分别列表统计,政务运行中县律令行政与自主行政的对比情况。

(一) 县令、丞下达的政令与执行

据出土政务文书记载,秦代县令、丞下达政令,主要以县丞下达的政令为多,与县丞"署文书"相对应。② 现列表统计里耶秦简所见秦代县令、丞下达政令与执行情况:

表1:县令、丞下达的政令及其执行表

下达者	执行者	政令内容	执行方式	简号及出处
迁陵县守丞	县尉	吏卒衣用及卒有物故当辟征	以律令从事	(8-657)193页
	令史	计以具付器计廿八年不来报	可以律令从事	(8-21)33-34页
迁陵县丞	令史		可以律令从事	(8-1219)293页
迁陵县丞	尉官	屯戍士五桑唐赵未到官署	以律令从事	(8-140)80页
		死亡者别以为二课	应令	(8-41)38页
迁陵县丞	仓	令史言视事,以律令假养	以律令	(8-1560)359页
迁陵县丞	少内	追赘债	以律令从事	(8-60+8-656+8-665+8-748)43页

---

① 关于地方行政重心在郡还是在县的问题,学界存有争论,邹水杰先生在整理相关此问题的研究成果后,通过系统分析两汉(有些内容涉及秦)县行政情况,指出秦汉地方行政重心一直在县,本文认同此观点。有关争论的整理及邹水杰先生对秦汉地方行政在县的论述参见邹水杰:《两汉县行政研究》,湖南人民出版社,2008年,第17—18、359—362页。

② 《后汉书·百官志》本注,第3623页。

续表

下达者	执行者	政令内容	执行方式	简号及出处
迁陵县丞	少内		以律令从事	8-131+8-378+8-514①
迁陵县守丞	司空	债校券	以律令从事言	(8-63)48-49页
安阳县守丞		计	当律令	8-222+8-1039②
迁陵县守丞			以律令从事,传书。	(8-1538)353页
	都乡	以五月敛之	应律	(8-1454+8-1629)331页
迁陵县令	都乡		以律令从事	(9-984)
迁陵县守丞	启陵乡	乡守恬有论事,以旦食遣自致	有律令	(8-770)223页
迁陵县守丞	司空	启治所狱留须	听书从事	(8-133)70-71页
县丞	尉官	士五辟缮治	听书从事	(8-69)53页
迁陵县守丞	船官	假船		(6-4)19页
	仓	覆狱遝迁陵隶臣邓	问之有名事,定(中略)谒报覆狱治所。	(8-136+8-144)76页
迁陵县丞	畜官仆足	令□□毋书史,畜官课有未上	书到亟日□	(8-137)77页
迁陵县守丞	令史	令史更行庙	行庙者必谨视中□各自署庙所质日(后略)	(8-138+8-174+8-522+8-523)78页
	厩	司空佐贰今为厩佐言视事日	今以戊申视事。	(8-163)99页
	县尉	尽将求盗、戍卒枲(操)衣、器诣廷		(8-1552)356页

---

① 何有祖:《里耶秦简牍缀合(八则)》。
② 何有祖:《里耶秦简牍缀合(六则)》,简帛网 http://www.bsm.org.cn/show__article.php?id=1765,2012年12月24日。

续表

下达者	执行者	政令内容	执行方式	简号及出处
迁陵县丞	乡	各别军吏		(8-198+8-213+8-2013)109—110页
迁陵县令	学佴	学童拾有鞠……上奔牒而定名事里。	今问之毋学童拾。	14-18/15-172①
县廷	库	令史(吏)操律令诣廷雠	今以庚戌遣佐处雠。	(8-173)104页
县廷	尉、少内	却之:廷令尉、少内各上瘛(应)书廷,廷校	今少内□□日备转除以受钱,而尉言毋当令者	(8-64+8-2010)②
县廷	司空	隶臣□行书十六封	今已传者	(8-1524)348页
县廷	田官	令居赀目取船,弗予,谩曰亡(中略)不亡,定谩者"訾",遣诣廷。	问之,船亡……史逐将作者汜中。	(9-981)③
县廷	库	上见輴辌辂乘车及		(8-175)104页
县廷	启陵乡	二月壹上人臣治(笞)者名	问之,毋当令者。	(8-767)221页
县廷	启陵乡	取鲛鱼与山今庐(鲈)鱼献之	问之启陵乡吏、黔首、官徒,莫智(知)。	(8-769)222页
县廷	启陵乡	令令启陵捕献鸟		(8-1562)359—360页
县廷	启陵乡	廷令□		(8-1797)392页
县廷	贰春乡	令乡求捕(岁赋献)毋出三月		(9-31)④

① 张春龙:《里耶秦简中迁陵县学官和相关记录》,李学勤主编:《出土文献(第一辑)》,中西书局,2010年,第232—233页。
② 何有祖:《里耶秦简牍缀合(七则)》,简帛网 http://www.bsm.org.cn/show_article.php?id=1679,2012年5月1日。
③ 简文的句读引自王焕林:《里耶秦简丛考》,《吉首大学学报(社会科学版)》2005年第4期,第157—158页。
④ 张春龙:《里耶秦简第九层选读》,载"中国简帛学国际论坛2012:秦简读研会"会议论文集,武汉,2012年11月17—19日。

表1显示,迁陵县令明确下达的政令为2例,县丞(守丞)明确下达的政令为16例,县丞下达的政令占绝对的优势。县廷是县的行政官署,①下达政令则是县令、丞共同所为,多为县官府机构的程序化常规工作,如定时校雠律令、上应书、上报例行工作的统计情况、关于进献皇帝之物的规定等。这类常规工作,县令、丞的行政运作一般只是照例行事,自主性并不强。

虽如此,以律令行政与否统计,县令、丞下达政令的执行方式中,县令、丞自主行政还是占多数。相比自主行政20例,县令、丞律令行政只有14例,以比率而言,前者占总数的58.8%,后者只占41.2%,县令、丞自主行政的空间远大于律令行政。此说明在本县之中,县令、丞通过下达政令,享有很大的行政自主权。

(二) 上级下达县令、丞的政令与执行

同县令、丞下达政令的执行成鲜明对比,上级下达县令、丞的政令,县令、丞只有遵照执行,行政自主权近于无,见表2。

表2:上级下达县令、丞的政令与执行表

下达者	执行者	政令内容	执行方式	简号及出处
洞庭郡假尉	迁陵县丞	士卒赍债	以律令从事	9-1到12②
内史	县	县以律令传别□☑	以律令	(8-228)119页
中央御史	郡县	举事可为恒程者□上帮(裙)直。	应令	8-153+8-159+8-158+8-155+8-152③
洞庭郡太守	迁陵县令	令县论卒人	署迁陵亟论言夬(决)	(8-61+8-293+8-2012)46页
洞庭郡太守	县令	传送委输,必先悉行城旦春、隶臣妾、居赀赎责(债)。急事不可留,乃兴繇(徭)。	以律令具论	16-5/16-6④

---

① 县的行政官署称"廷",已是共识。参见安作璋、熊铁基:《秦汉官制史稿(下)》,齐鲁书社,1985年,第150—151页;邹水杰:《两汉县行政研究》,第39页。
② 《湘西里耶秦代简牍选释》,第14—19页。
③ 于洪涛:《里耶简"御史问直络帮程书"传递复原》,王沛主编:《出土文献与法律史研究(第二辑)》,上海人民出版社,2013年,第44—46页。
④ 《湘西里耶秦代简牍选释》,第20—22页。

续表

下达者	执行者	政令内容	执行方式	简号及出处
洞庭郡守府	迁陵县守丞①	恒以朔日上所买徒隶数	问之毋当令者	(8-154)93页
洞庭郡守府	迁陵县丞	上葆缮牛车薄(簿),恒会四月朔日泰守府。	问之迁陵毋当令者	(8-62)47-48页
洞庭郡守府	迁陵县守丞	上真见兵会九月朔日守府	今□书者一牒	(8-653)192页
洞庭郡守府	迁陵县守丞	以朔日上所买徒隶数守府	问□	(8-664+8-1053+8-2167)197页
洞庭郡守府	迁陵县守丞	□□守书曰课皆□廮(应)式令		(8-704+8-706)207页
洞庭郡太守②	县令	□□令县上会十二月朔日		(8-740+8-2159)③
洞庭郡守府	迁陵县守丞	守府下四时献者上吏缺式曰:放(仿)式上。	今牒书廮(应)书者一牒上。	(8-768)222页
洞庭郡假太守			听书从事	(9-712)④

① 关于"守丞"之"守"的含义,学界争论很大,主要有三种观点:一认为"守"应是"试用职务",高敏先生在解读睡虎地秦简《秦律十八种·置吏律》中"守"时提出这一观点。二认为"守"是为掌管、主管的意思,"××守"就是××官署的最高长官和实际负责人,持这一观点的学者有杨宗兵、陈松长、邹水杰、陆德富等;三认为"守"是"试守"、"代理"之意,持这一观点的学者有张春龙、龙京沙、李学勤、陈治国、王彦辉等。但是,张春龙、龙京沙同时又有所修正说,秦时县、乡吏员的设置较傅世文献记载要复杂得多,"守"也不一定是"试守"或"代理"之意。王彦辉也有保留的指出,"守"的含义,可以确定者有"试官"、"临时代理"之义,其余义项尚有待进一步分析。其后,陈治国、农茜在《从出土文献再释秦汉守官》(《陕西师范大学学报(哲学社会科学版)》2007年第S2期,第183—185页)一文中又进一步提出:"秦及西汉初期的"守官"应是临时代理的官员"。参阅高敏:《从云梦秦简看秦的若干制度》,《云梦秦简初探(增订本)》,河南人民出版社,1981年,第194页。杨宗兵:《里耶秦简县"守"、"丞"、"守丞"同义说》,《北方论丛》2004年第6期,第11—14页;陈松长:《〈湘西里耶秦代简牍校释〉校读(八则)》,《简牍学研究》第四辑,甘肃人民出版社,2004年,第21—26页;邹水杰:《秦代县行政主官称谓考》(《湖南师范大学社会科学学报》2006年第2期,第104—108页;陆德富:《试说战国至秦代的县级职官名称"守"》,《中国国家博物馆馆刊》2013年第1期,第72—76页;湖南省文物考古研究所、湘西土家族苗族自治州文物处:《湘西里耶秦代简牍选释》,第8—25页;李学勤:《初读里耶秦简》,《文物》2003年第1期;陈治国:《里耶秦简"守"和"守丞"释义及其他》,《中国历史文物》2006年第3期,第55—60页;王彦辉:《〈里耶秦简〉(壹)所见秦代县乡机构设置问题蠡测》,《古代文明》2012年第4期,第46—57页。

② 原文为"庭守礼",应是洞庭郡太守礼(礼,人名)。"洞庭郡太守礼"见简8-61+8-293+8-2012、8-657、8-755+8-756+8-757+8-758+8-759(分见《里耶秦简牍校释(第一卷)》,第46、193、217页)、16-5/16-6(《湘西里耶秦代简牍选释》,第20—22页)。

③ 何有祖:《里耶秦简牍缀合(五)》,简帛网 http://www.bsm.org.cn/show_article.php?id=1704,2012年5月26日。

④ 《新见里耶秦简牍资料选校(二)》。

续表

下达者	执行者	政令内容	执行方式	简号及出处
御史		县□治狱及覆狱者,或一人独讯囚,啬夫长、丞、正、监非能与□□殿,不参不便。		(8-141+8-668) 81页

表2显示,上级下达县令、丞的政令中一般要求县令、丞按两种方式执行:"以律令从事"和"听书从事"。① 其中前者为5例,占总数的35.7%;后者明确表示的有1例,其余从县令、丞执行情况看,也是遵照上级政令从事,如洞庭郡守府下令,县令、丞上报执行情况一般都说:"问之毋当令者"或"今牒书應(应)书者一牒上","毋当令者"即没有符合政令的情况,"应书者"是符合政令的情况,说明县令、丞是谨遵下达的政令来执行。

可以确定的是,上级下达县令、丞的政令不管是要求"以律令从事",还是"听书从事",县令、丞都基本没有行政自主权。

（三）本机构内部政务的申告与裁决

与政令的下达与执行不同,县政务申告与裁决中,县令、丞律令行政占绝对优势,自主行政式微,见表3、4。

表3:本机构内部政务的申告与裁决表

裁决者	申告者	政务类型	裁决方式	简号及出处
县丞	启陵乡	告死马爰书	以律令负②	(9-2352)③
	启陵乡	劾书	(应律令)讯问、处罚	(8-651)191-192页
	尉	劾书	(应律令)讯问、处罚	(8-671+8-721+8-2163)199页
县丞		劾书	(应律令)讯问、处罚	(8-1770)388页
县丞			不批准	(8-130+8-190+8-193)68页
县丞	令佐	自言偿钱	问如辟(辞)次,竖购当初畀华,及告竖令智(知)之。	(8-1008+8-1532+8-1461)261页
县丞	司空	归船	不批准,听书从事。	(8-135)72-73页

---

① 与秦代"听书从事"相同,汉代上级下达下级的文书中常见"如书"习用语,位于文书之末,意即令受书者如书所言行事,执行文书中的命令。参见汪桂海:《汉代官文书制度》,广西教育出版社,1999年,第103页。

② 负,赔偿。

③ 游逸飞、陈弘音:《里耶秦简博物馆藏第九层简牍释文校释》,简帛网 http://www.bsm.org.cn/show__article.php?id=1968,2013年12月22日。

本机构内部政务的申告与裁决主要是指县下属机构及其吏员申告与县令、丞的裁决。表3所见,针对申告,县令、丞以律令裁决有4例,自主裁决3例,其中2例裁决结果为"不批准",批准与否同样体现县、丞的行政自主性。统计所占总数之比率,律令裁决占57.1%,自主裁决占42.9%,前者略现优势。

(四)政务涉及其他机构的申告与裁决

政务涉及其他机构的政务申告分两种情况:一、本县下属机构的政务涉及县内其他下属机构;二、本县下属机构的政务涉及县外其他机构。现列表4分别统计。

表4:政务涉及其他机构的申告与裁决表

	裁决者	申告者	涉及机构	政务类型	裁决方式	简号及出处
本县	县丞	启陵乡	县尉	除授里典、邮人	以律令	(8-157)94页
	县丞	启陵乡	仓	载粟	以律令从事	(8-1525)349页
	县丞	唐亭	尉、乡	有盗	以律令从事	(9-1112)①
	县丞	启陵乡	都乡	不移年籍	以律令从事	(16-9)②
	县丞	库	司空	用船	以律令从事	(8-1510)341页
	县丞	尉	仓	贳食	以律令从事	(8-1563)361页
	县丞		仓、司空	城旦琐不治邸	以律令从事	(8-904+8-1343)246页
	县丞	贰春乡	司空		以律令从事	(8-1456)332页
	县丞	畜官	某官	侍食羸病马	如律令	(8-143)83页
县外	临沮县丞	临沮县尉	迁陵县丞、令史	屯戍士五未到署所	可以律令从事	(8-140)80页
		迁陵仓	过所县乡	以次续食	如律	(8-1517)344-345页
	迁陵县丞	迁陵仓	过所县乡	以次续食	以律令	(8-169+8-233+8-407+8-416+8-1185)102页
		零阳县仓	迁陵县丞	以次续食	以律令从事	(5-1)1页
	迁陵县丞	迁陵仓	酉阳、临沅县丞	以次续食	(以律令从事)	(8-50+8-422)40-41页
	旬阳县丞	旬阳县左公田	迁陵县丞	负债	写移,移券,可为报	(8-63)48-49页
	迁陵县丞	迁陵县少内	郪县丞	付郪少内金钱计	以写□	(8-75+8-166+8-485)55-56页

---

① 《新见里耶秦简牍资料选校(二)》。
② 《湘西里耶秦代简牍选释》,第22—23页。

表4中政务涉及其他机构的申告与裁决总有16例,政务涉及本县有9例,政务涉及县外有7例。前者主要是县尉下属亭、县直属乡与诸官之间的相关政务申告,裁决者主要是县丞。值得注意的是,9例中律令裁决为百分百。后者7例中,明确的律令裁决有5例,其他2例从裁决内容看,是常规的"写移,移券,可为报",即程序化的转达文书及要求回复,非自主裁决。此说明,针对涉及其他机构的政务申告,县令、丞一般依相关律令裁决,自主裁决极少。

即便因情况特殊,县令、丞也须在律令的规范下作出行政裁决,同样属律令行政的范畴。如:

[1] 廿六年二月癸丑朔丙子(24日),唐亭叚(假)校长壮敢言之:"唐亭旁有盗,可卅人,壮卒少,不足以追,亭不可空,谒遣□索,敢言之。"/二月辛巳(29日),迁陵守丞敦狐敢告尉、告乡主:"以律令从事。尉下亭鄣署士吏谨备。贰[春]乡上司马丞。"(9-1112)①

[2] 卅二年正月戊寅朔甲午(17日),启陵乡夫敢言之:成里典、启陵邮人缺。除士五成里匄、成,成为典,匄为邮人,谒令尉以从事。敢言之。

正月戊寅朔丁酉(20日),迁陵丞昌卻之②:启陵廿七户已有一典,今有(又)除成为典,何律令應(应)?尉已除成、匄为启陵邮人,其以律令。(8-157)③

简9-1112是秦始皇二十六年二月二十四日,迁陵县下唐亭向县廷申告:"唐亭旁发现盗贼,有三十人,亭中壮卒少,不足追讨,请县廷指示。"即日县丞作出裁决:"按律令行事,县尉下ού亭、鄣官署中士吏作好备战工作,贰春乡把情况上报县司马丞。"裁决首要强调"以律令从事",显然属律令裁决。"以律令从事"后所附加说明,只是为更好执行相关律令而作的准备,并不体现自主性。

简8-157是秦始皇三十二年一月二十日,迁陵县启陵乡向县廷申告:"启陵乡成里(里名)里典和启陵乡邮人缺员,请求除用成里成(成,人名)为里典,匄(匄,人名)为邮人,同时谒告县尉,县尉进行这一人事任命。"迁陵县丞裁决:"申告不予批准,理由是启陵乡廿七户已经有一个里典,现又除用成为里典,不符合律令。既然县尉已依相关律令除用成、匄为启陵邮人,按律令行事。"县丞不批准申告,是依据律令对申告进行审查后作出的裁决,实质还在律令行政的范畴内,同样县丞准许县尉的任命,也是强调符合律令,均未体现自主性。

(五)县令、丞律令行政与自主行政的总体对比

据上表1、2、3、4进行统计,县律令行政与自主行政总体对比情况见表5:

---

① 《新见里耶秦简牍资料选校(二)》。
② 此简《里耶秦简牍校释》断句作"卻之启陵",不确,应把"卻之"、"启陵"断开。"卻之"作为行政司法公文术语,在文中一般是独立结构,后面不加对象,如文书习语"敢言之"。如简8-64+8-2010:卻之:迁陵尉、少内各上(应)书廷……(何有祖:《里耶秦简牍缀合(七则)》)简8-130+8-190+8-193:……卻之:诸徒隶当为吏仆养者皆属仓……(《里耶秦简牍校释(第一卷)》,第68页),等等。
③ 《里耶秦简牍校释(第一卷)》,第94页。

表5：县令、丞律令行政与自主行政所占比率的对比情况表

序号	行政运作内容	总数	律令行政及所占比率		自主行政及所占比率	
1	县令、丞下达的政令与执行	34	14	41.2%	20	58.8%
2	上级下达县令、丞的政令与执行	14	5	35.7%	0	0
3	本机构内部政务的申告与裁决	7	4	57.1%	3	42.9%
4	政务涉及其他机构的申告与裁决	16	14	87.5%	0	0
5	政令下达与执行（小计）	48	19	39.6%	20	41.7%
6	政务裁决（小计）	23	18	78.3%	3	13.0%
7	合计	71	37	52.1%	23	32.4%

表5所示，县令、丞下达政令的执行与县下属机构内部政务申告的裁决中，律令行政的比率不高，为43.9%；自主行政的比率相对较高，为56.1%。① 足见县令、丞对县下属机构可行使较强的行政自主权，不同于前文所引以往研究的观点，认为秦代中央高度集权，地方毫无（或只有极少）行政自主权。

然而，在上级下达县令、丞的政令与执行以及政务涉及其他机构的申告与裁决，县令、丞一般以律令行政，而无行政自主性。前者行政总数14例，律令行政5例，律令行政占总行政数的35.7%，此为中央通过立法对地方进行控权。其余则是县令、丞遵照上级（主要是郡级政府及其长官）政令执行政务，上级通过政令对下级进行控制，这种情况类似县令、丞通过下达自主性政令对县下属机构进行掌控，体现郡级行政自主权的存在。② 若中央下达政令到地方郡县，郡县须严格遵照执行，地方则无行政自主权，如前文所引里耶简"御史问直络幂程书"，复原如下：

御史问直络幂（裙）程书。（8—153）
制书曰：举事可为恒程者上丞相，上洞庭络幂（裙）【直】书有□□□
卅二年二月丁未朔□亥，御史丞去疾：丞相令曰举事可为恒
程者□上幂（裙）直。即癉（应）令，弗癉（应），谨案致（后略）（8—159正）
三月丁丑朔壬辰，【洞　庭】□□□□□□□□□□□

---

① 总体统计所占比率的方法：总数为县令、丞下达的政令与执行＋本机构内部政务的申告与裁决为34＋7＝41，两者律令行政总数为14＋4＝18，所占比率为18÷41＝43.9%；两者自主行政总数为20＋3＝23，所占比率为23÷41＝56.1%。

② 有研究据在上级下达县令、丞的政令与执行情况中，郡县长官没有行政自主权的存在，以及《史记·秦始皇本纪》记载侯生、卢生相与谋划的话语"天下之事无小大皆决于上"，依此扩大化认为郡县完全听命于中央，否定地方享有一定程度的行政自主权（参见王超：《我国封建时代中央与地方关系述论》，第164页；薛军力：《从汉代地方行政体制的演变看中央和地方的关系》，第44—51页；薄贵利：《中央与地方关系研究》，第88页；白钢主编，孟祥才著：《中国政治制度通史·秦汉卷》，第267—268页），从本表分析，这个观点是以往没发现出土材料的情况下作出的较为片面的推测，在上级下达县令、丞的政令与执行以及政务涉及其他机构的申告与裁决情况中是成立的，但是在下达政令与针对县下属机构内部政务申告的裁决中则不成立，可进一步商榷。

令□□索、门浅、上衍、零阳□□□以次传□□□□书到相报
（中略）
迁陵报酉阳，署令发。①（后略）（8－159背）
卅二年四月丙午朔甲寅，迁陵守丞色敢告酉阳丞主：令史下络帬（裙）直书已到，敢告主。（后略）（8－158）
四月丙午朔癸丑，迁陵守丞色下少内：谨案致之。书到言，署金布发，它如律令。（后略）（8－155）
卅二年四月丙午朔甲寅，少内守是敢言之：廷下御史书举事可为恒程者，洞庭上帬（裙）直，书到言。今书已到，敢言之。（后略）（8－152）②

文书传递过程清楚显示，"御史问直络帬程书"从中央下达洞庭郡，洞庭郡下达县，县与县之间次第传送，下达迁陵县的文书为酉阳转达而来，迁陵县再下达下属少内机构。其中地方每一级行政机构都是严格遵照文书执行，没有体现行政自主性。

后者政务涉及其他机构的申告与裁决事例总数为16例，律令行政14例，所占总数比率为87.5%，自主行政0例，余下2例为程序化常规裁决，律令行政在此类裁决中占绝对优势。

为清晰比对各种情况下县律令行政与自主行政所占比率，据表5制图如下：

县令、丞律令行政与自主行政所占比率的对比

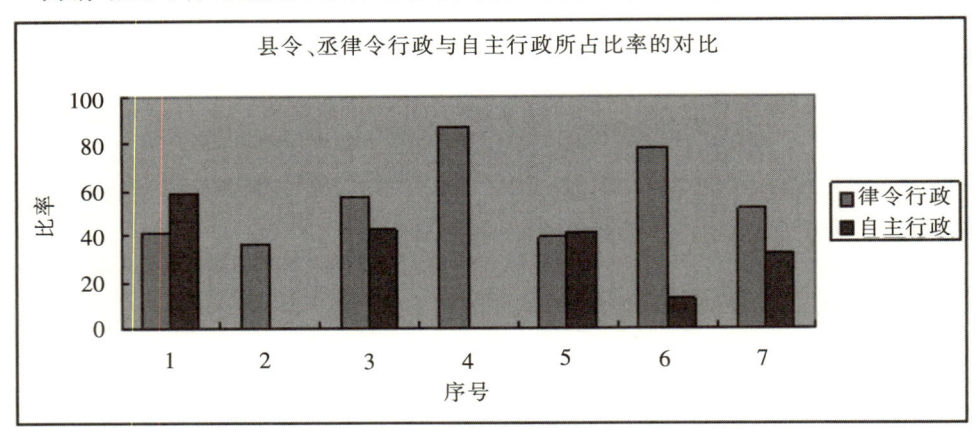

图中一目了然，在政令下达与执行中，县令、丞律令行政的比率低，而自主行政的比率高，县行政（也可说地方行政）自主权主要体现在这里。相反，在政务裁决中，律令行政占绝大部分，自主行政极少体现，律令行政的比率是自主行政的6倍多。总体而言，律令行政在所列举行政总数中还是比自主行政多，所占比率高于自主行政，前者为52.1%，后者仅有32.4%。

---

① 原文为"迁陵□，酉阳署令发"，有误，应是"迁陵报酉阳，署令发"。参见拙稿《论秦代金布的隶属及其性质》，第58页。
② 于洪涛：《里耶简"御史问直络帬程书"传递复原》，第44—46页。

三、中央与地方关系的重新审视

有研究指出,在法治或以法治为追求的国家中,立法关系是确立中央与地方关系的逻辑起点。① 秦帝国推行法治主义,可谓以法治为追求的国家,立法关系在中央与地方的关系中处于首要地位。

(一)立法关系:中央统一立法与地方自主立法的矛盾

中央与地方的立法关系指立法权如何在中央与地方之间进行配置及其运作的关系。秦代中央统一立法,合法的立法权来自中央,而非地方,但在立法权实践运作中,地方自发拥有自主立法权,中央与地方的立法关系体现为一种矛盾关系。具体而言:

一方面,秦代主张"法令由一统"②,中央统一制定法令,"法令皆副,置一副天子之殿中,为法令为禁室,有铤钥,为禁而以封之,内藏法令一副禁室中,封以禁印",任何人不得擅自更改,有擅发禁室印,及入禁室视禁法令,及禁剟一字以上,罪皆死不赦","郡县诸侯一受禁室之法令"③,说明地方施行的法令全部来自中央所藏法令的禁室,而没有另立法令的权力。

另一方面,在行政实践中,地方自发拥有自主立法权。如南郡太守颁布的地方性法规《语书》,就是郡立法的实例。④ 首先,之所以地方立法权是自发拥有,一是这种权力并非来自法律规定,不为中央制定的法律所认可。二是实际地方政务复杂,或地方有特殊需求,中央无法做到面面俱到,针对性进行立法,导致立法相对"空白";再则,地方政务时时发生变化,中央无法预测,导致立法绝对"空白",地方便出现自发立法现象。

其次,地方立法具有自主性。以县为例,秦代县令、丞具有行政规范权,或称自立条章的权力,可视为自主立法权。前文论述在政令下达与执行中,县令、丞自主行政的比率之所以偏高,就是因为县令、丞所下达的政令中有很大一部分是颁布的行政规范。这种行政规范游离于中央制定的法律之外,为县令、丞自主制定,同样具有法律效力,视为县级地方性法规。地方拥有自主立法权,是地方行政自主权的一定体现。

(二)裁决关系:律令裁决所体现的中央权威与地方自主权的式微

同立法关系相异,在裁决关系上,秦代中央与地方的关系主要体现为:中央通过法律对地方政务进行裁决,除律令裁决外,地方自主裁决的权力极小,说明在法律视野下,中央权威的确立以及地方自主行政权的式微。

表5显示,县以律令裁决政务所占比率为78.3%,自主裁决的比率为13.0%。律令裁决为县行政裁决的主要方式,其比率是自主行政的6倍多。此与史书所载"事

---

① 陈光:《该如何构建合理的中央和地方立法关系——兼评〈中央与地方立法关系法治化研究〉》,第181—198页。
② 《史记》卷6《秦始皇本纪》,第236页。
③ 《商君书》,第187页。
④ 刘海年:《云梦秦简〈语书〉探析——秦始皇时期颁行的一个地方性法规》,《学习与探索》1984年第6期。

皆决于法"①相应合。据这些行政实践事例,我们对"事皆决于法"应有正确的认识,即是说行政上对政务申告作出裁决的时候,要依据法律而行,而不是以往所理解:所有行政(包括政令下达与执行以及政务申告与裁决)都是在法律的范畴下运作。以往的扩大理解导致误解秦代中央与地方的关系,得出中央高度集权,地方无自主权的片面观点。

正确而言,站在律令裁决的角度,秦代中央与地方的关系是法律所规定的关系,中央制定的法律不仅对中央政务的裁决进行规定,同样对地方政务的裁决进行规定,这种规定使得行政实践中运作的权力不是来自于任意性的行政层面,而是来自于较为稳定和合理的法律层面。因中央具有统一制定法律的权力,故而本质上,中央与地方的裁决关系体现的是中央的绝对权威,这种权威是通过法律而获得,相应的是,在法律层面,地方基本上没有行政自主权。

综上所述,我们发现在行政实践上秦代中央与地方的关系是:中央通过统一立法,以法律调整行政关系,确立中央的绝对权威与对地方的主导控制地位,但地方通过律令行政之外自主立法及极少的行政裁决权,事实上在法律层面外享有一定的行政自主性,并非完全听命于中央。一言之,秦代中央地方关系在法律视野下,就是中央政府占有绝对主导地位,在法律视野外,地方政府具有一定的自主性。但地方的行政自主权是自发拥有的,是不合法的,并不为中央所承认,表现出秦代中央与地方关系的矛盾复杂性。

原刊于《史林》2016 年第 1 期

(作者简介:吴方基,长江大学历史系讲师、博士)

---

① 《史记》卷6《秦始皇本纪》,第238页。

再论《额简》"専部士吏典趣辄"
——兼谈汉代的士吏

吴方浪

一、问题的提出

《额济纳汉简》[①]"専部士吏典趣辄"（如下）册书自公布以来引起了学界的广泛关注。

  1　●専部士吏典趣辄 99ES16ST1：1
  2　告士吏候长候史【毋】坏亭隧外内 99ES16ST1：2
  3　告候尉赏仓吏平斗斛毋侵 99ES16ST1：3
  4　●扁书胡虏講赏二亭扁一毋令编弊绝 99ES16ST1：4
  5　●察数去署吏卒候长三去署免之候史隧长五去免辅廣士卒数去徙署三十井关外 99ES16ST1：5
  6　●察士吏候长候史多省卒给为它事者 99ES16ST1：6
  7　告隧长卒谨昼夜候有塵若警塊外谨备之 99ES16ST1：7
  8　●察候长候史雖毋马廪之 99ES16ST1：8

      （《额简》编者注：以上八简为一册书，尚存两道编绳）

关于这一册书，学界有以下几种观点：（1）白音查干、特日格勒、李均明"士吏行政规范"说。白音查干、特日格勒认为"以上为一部册书，是候官派驻各处烽燧士吏们的工作条款。简文的内容很自然地分为两类，一类为顶端有黑点，是士吏们必须完成

---

① 魏坚主编：《额济纳汉简》，广西师范大学出版社，2005年，第1页。

的工作,第二类为文首有'告'字者,是士吏们要完成的提醒工作。"①李均明也说,这册简书"内容为边塞当局依法律并结合当地实情颁布的行政规范。"②(2)王子今"部士吏工作要点"说。王子今在《额济纳〈專部士吏典趣辄〉简册释名》一文中指出,"專"应读作"布";"典"有主持、掌管、负责之意,语气较一般的主管似乎更为威严;"趣"即督促;"辄"则是指纠正,这是一册公布部士吏工作要点的文书,大略"趣"与"辄"分别对应者"告"(2、3、7)与"察"(5、6、8)。③(3)马怡"士吏到部督察职权"说。马怡《扁书试探》中提到"'專部士吏典趣辄'7字位于第1行,大约是本简册的标题。'專辄',專断,專职;'典',常法;'趣',督促。'士吏',候官派到各部从事督察的吏员。在标题之下,本简册开列了士吏到部督察时的诸项职权,其宣论性质与扁书颇为相符。"④(4)胡平生"專部士吏典的效率手册"说。胡氏认为,"專部士吏典"正与汉简中所出现的"某部士吏某"这一格式相吻合,"專"应当是部名,"典"是任职士吏之人的姓名。关于"部",胡氏在文章中特别加以指明"这里的部名,一是与前举诸例相同的以序数命名或专用部名。……还有一种用法,即某将军之部属,即其所统领的部队。"⑤

黎明钊《士吏的职责与工作:额济纳汉简读记》一文则试图折中前三种说法,既同意册书为"士吏行政规范",又指出其内容为"士吏的具体职责"。⑥

纵观诸论,均将"專部士吏典趣辄"之"部"释为候官之"诸部",对"部"字存在明显的误解,于简文原意也难以释通。现暂依诸论所释"部"即候官之"诸部",看简3:

告候尉赏仓吏平斗斛毋侵 99ES16ST1:3

对于此简,李均明⑦、王子今、马怡、胡平生四人皆未作进一步释读。而黎明钊则释之为"告知塞侯、塞尉:要求仓吏经常测校用于衡量奖赏的斗斛容器是否合乎标准,不要侵夺受赏者的利益。"⑧由前文知,李、黎均将"專部士吏"释为候官下属诸部士吏,但黎文释简3则是士吏去通告候官及塞尉"赏仓吏平斗斛毋侵"。明显,由候官下属诸部士吏指派候官、塞尉做某事,于汉官吏制度不合。再看简3文书用语,按汉简文书通例,下级进告上级某事曰"敢言之",上级对下级则常用"告"或"敢告"(见下

---

① 白音查干、特日格勒:《额济纳汉简概述》,载《额济纳汉简》,第30页。
② 李均明:《额济纳汉简法制史料考》,《额济纳汉简》,第63页。
③ 王子今:《额济纳〈專部士吏典趣辄〉简册释名》,《简帛》第一辑,上海古籍出版社,2006年。
④ 马怡:《扁书试探》,《简帛》第一辑。
⑤ 胡平生:《"專部士吏典"简册考校》,载自《胡平生简牍文物论稿》,上海中西书局,2012年,第184—195页。
⑥ 见黎明钊:《士吏的职责与工作:额济纳汉简读记》,社会科学历史所、简帛研究中心"中国社会科学院国际学术论坛:简帛学论坛"研讨会论文,2006年11月。
⑦ 见李均明:《额济纳汉简法制史料考》,载自《额济纳汉简释文校本》,北京文物出版社,2007年,第224页。
⑧ 见黎明钊:《士吏的职责与工作:额济纳汉简读记》,社会科学历史所、简帛研究中心"中国社会科院国际学术论坛:简帛学论坛"研讨会论文,2006年11月,第19页。

文)。上引简 3 所用"告"字,按汉简文书通例,"専部士吏"中士吏当属候、尉上级,诸论释其为候官下属诸部士吏,与汉简"告"用语习惯不符。

再则,简 5:

●察数去署吏卒候长三去署免之候史隧长五去免輔廣土卒数去徙署三十井关外 99ES16ST1:5

李均明释为:"对脱岗吏卒的惩罚条款,对不同身份的人,要求不同;候长三次脱岗,候史、隧长五次脱岗,即免职;戍卒屡次脱岗,则将被调往条件更艰苦的塞外工作。"① 黎明钊释之:"查察多次擅自离开岗位(去署)的官吏和士卒。如果候长累计三次去署即免去他的职位;候史、隧长累计五次擅离岗位,即免去他的职位;戍卒累计多次'去署',即徙往三十井塞外执行工作。"② 胡平生与李、黎二人释读相似。③ 据《额简》整理者报告,"専部士吏典趣辄"为一完整册书,出土于甲渠候官第十部第十六隧,若"専部士吏"为候官下属诸部士吏,则该士吏应该为甲渠候官所属第十部士吏。而据李、黎、胡释文知,该士吏对候官以下候长、候史、隧长、卒拥有监督权,可以将数次离署的戍卒徙往三十井塞外。按:第十部士吏隶属甲渠候官,行使职权的范围应仅限甲渠候官所辖区域;"三十井关外"为三十井候官辖区,第十部士吏当无权将"数去署"的戍卒徙往"三十井关外",即使甲渠鄣候本人也须得经居延都尉批审,方可实现戍卒跨候官区转徙。

故此,前贤释"専部士吏"为候官下属诸部士吏,于册书存较多抵触,亦不符合简文原意。因而,本文拟对"専部士吏典趣辄"中"専部士吏"进行重新考证,亦就前贤对该册书中个别简牍的校释提出商榷,最后对汉代士吏作一综论。

二、"専部士吏典趣辄"之"部"

对于"専部士吏典趣辄"之"部",学界基本认定为候官下属诸部之部。虽然胡平生对"部"字给出了自己的两种解释,但亦显不妥(见前引胡文)。要正确理解"専部士吏"之"部",先看简 2、3、7 中"告"字的使用:

2 告士吏候长候史【毋】坏亭隧外内 99ES16ST1:2
3 告候尉赏仓吏平斗斛毋侵 99ES16ST1:3

---

① 见李均明:《额济纳汉简法制史料考》,载自《额济纳汉简释文校本》,北京文物出版社,2007 年,第 224 页。
② 见黎明钊:《士吏的职责与工作:额济纳汉简读记》,社会科学历史所、简帛研究中心"中国社会科学院国际学术论坛:简帛学论坛"研讨会论文,2006 年 11 月,第 20 页。
③ 见胡平生:《"専部士吏典"简册考校》,载自《胡平生简牍文物论稿》,上海中西书局,2012 年,第 192 页。

7 告隧长卒谨昼夜候有尘若警塞外谨备之 99ES16ST1:7

上述三枚简牍,均以"告"字开始。关于汉简"告"字的使用,如《居延汉简》:

9 得仓丞吉兼行丞事,敢告部都尉卒人,诏书,清塞下谨候望备烽火,虏即入料度可备中,毋远追,为虏所诈,书已前下,檄到,卒人,遣尉、丞、司马数循行,严兵□《合校》12·1A①

10 十一月壬寅,甲渠鄣候汉彊,告尉谓士吏常 V 安主候长《合校》38·17

11 四月甲戌,甲渠候官告尉谓士吏、候长写移,檄到,惊《合校》42·18

12 十月壬寅,甲渠鄣候喜,告尉谓不侵候长赦等,写移,书到,趣作治,已成,言会月十五日诣言府,如律令/士吏宣、令史起《合校》139·36+142·33

13 六月辛未,府告金关啬夫久,前移拘逐辟囊他令史解事所行蒲封一,至今不到,解何,记到,久逐辟诣会壬申旦府对状,毋得以它为解,各署,记到,起时令可课,告肩水候官,候官所移卒责不与都吏□卿,所举籍不相应,解何,记到,遣吏抵校及将军未知不将白之《合校》183·15

简 9 出自地湾,属肩水都尉,"得仓丞吉兼行丞事"即得仓丞吉兼行张掖太守府之丞事,该简是张掖丞下达给各部都尉的文书,让各部都尉、卒人严烽火、备盗贼,毋为匈奴所侵。简 10、11、12 则为甲渠候官下达给其下士吏、候长等的下行文书。简 13 "府"指肩水都尉府,记载了两件事:一是肩水都尉府让金关啬夫调查囊他令史"所行蒲封一"为何至今还没有送达都尉府;二是肩水都尉府责问肩水候官所移送的士卒籍为何核查不实,并让肩水候官派属吏进行核实。由上述五简知,"告"或"敢告"为上级机关对下级机关下达文书时的使用语,而下级如果要向上级进言某事则使用"敢言之",如

甲渠候汉彊敢言之府,移书曰:戍卒《合校》3·12A

元康二年二月庚子朔乙丑,左前萬世□长破胡敢言之候官,即日疾心腹四节不举《合校》5·18

五凤二年九月庚辰朔己酉,甲渠候汉彊敢言之,府书曰:候长、士吏、蓬隧长以令秋射,署功劳,长吏杂试枲□封移都尉府,谨移第四隧长奴□□□□□□敢言之《合校》6·5

除简 2、3、7 外,《额简》中另还有两枚简牍含"告"字:

14 □甲渠鄣候汉彊告尉谓士吏安主、候长充等□ 99ES17SH1:36

---

① 谢桂华、李均明、朱国炤:《居延汉简释文合校》,北京文物出版社,1987 年,简称《合校》。

15 九月癸亥,官告第十七候史,为官买羊至今不来,解何？记到,辄持羊诣官会今毋后,都吏……2000ES7SF1:16

简14为候官汉彊下达给塞尉、士吏及候长充等的下行文书。简18讲的是甲渠候官责问第十七候史为官买羊,为何至今不来的原因,并要求第十七候史立即将羊持解到候官城,不能耽误。可见,《额简》99ES17SH1:36与2000ES7SF1:16两枚简牍"告"的使用,类似于《居延汉简》,为上级机关(首长)对下级下达指令时的习用语。两汉出土的汉简材料中,似此类简牍很多,兹不一一列举。综上可知,汉简"告"的使用仅限于上级对下级下达文书,而下级向上级呈送文书则曰"敢言之"。

明确了"告"字的使用情况,再看简3。李均民、王子今、胡平生认为该简"告"字应与"辄"连读,即"専部士吏""辄告"候、尉(见前引李、王、胡三文)。甚确。由"告"字使用习惯知,"専部士吏"的地位当候、尉之上。又该册书出土于居延都尉辖地,推知"専部士吏"为直隶于居延都尉之士吏(即都尉府直属士吏),非甲渠候官所属诸部士吏。

都尉府设直属士吏,见之敦煌汉简：

七月丁未,敦煌中部士吏福以私印行都尉事,谓平望、破胡、吞胡、万岁候官,写移檄到《散见简牍合辑》180

"都尉",指敦煌中部都尉。"敦煌中部士吏福"以"私印行都尉事",也就是说,士吏福的治所应该在敦煌中部都尉的驻地或邻近地,否则难于以"私印行都尉事"。从简文看,此为敦煌中部都尉府发出,下达给平望、破胡、吞胡、万岁四候官的官府檄文。因而,"敦煌中部士吏福"明显不隶属于候官,当直接隶属于敦煌中部都尉。据此,都尉府中同样设有士吏一职。故而,汉代于比邻敦煌中部都尉且同为西北边郡的居延都尉置直属士吏,当不足为奇。

再看简5,释读该简知,"専部士吏"具有对候长、候史、燧长、卒等人的罢免权。按边郡烽燧组织官吏的罢免权在都尉,[1]而简5"専部士吏"却享有对候长、候史等吏卒的任免权,由此亦可推知,该士吏直隶于都尉府,代都尉行使官吏之任免权,地位较高。从这一点上,亦可推翻释"専部士吏"为候官所属诸部士吏的释读。

经过上述考证晓,"専部士吏"直隶于居延都尉。明白这一点后,再讨论本节的重点——"部"的释读问题。由"専部士吏典趣辄"册书内容大致知,这是都尉府委任"専部士吏"对候官及各部隧进行监察的文书。按两汉边郡地区不置郡守,但置都尉,

---

[1] 参见永田英正著,张学锋译：《居延汉简研究》,广西师范大学出版社,2007年,第371—415页。

都尉府等同于郡太守府。而内郡太守对其属县的监察常由督邮进行，《后汉书·百官志》郡守条注云："其监属县，有五部督邮。"①因此，"専部士吏"之"部"应该等同于"五部督邮"之"部"，即意味着士吏或督邮行使职权的区域，类似于永田英正释"吞远部"之"部"为候长管辖区域②。汉代各级行政官长常会派属吏对其辖区进行监察，已成通制。如武帝元封五年"初置部刺史，掌奉诏条察州"③，将全国分为十三州部，每一州部派遣一名部刺史监察该州区域内所属郡国，并按六条问事。刺史亦将所监之州分为数区，每一区委派一名州从事专事该区监察事。④ 郡太守同样将所属郡县分为数部，每部遣一督邮进行监察。边郡都尉其各项职权等同于郡太守，因而居延都尉同样可以将所属地区分为数部，每部派遣一吏（"専部士吏"）进行监察。如《居延汉简》127·12 载："乙卯居延都尉北部掾宗移居□行所作治多不□□"，知居延都尉有"北部"，考汉代出土简牍，居延都尉辖下并无"北部"候，亦无"北部"隧，这里的"北部"只能是居延都尉所管辖的北部区域。综上，"専部士吏典趣辄"之"部"指代的是居延都尉所属行政区域中的某一区域，该区域应不小于候官辖区，包含一个或数个鄣候。至于该"部"所指区域的具体范围，下节将详加论述。按汉代边郡监察制度，都尉府对其下所属候官、部、隧的监察常由督烽掾进行，如：

> 必行加慎毋忽，督烽掾从珍北始度以□□到县索官，加慎毋方循行，如律令 421·8
> 建武六年七月己酉，居延都尉、督烽掾党有案问，移甲渠《新简》E.P.F22:420⑤
> 更始三年十一月戊寅，甲渠守督烽掾敢言之：第廿四隧长王阳从故候长张获谨严等，府遣督盗贼、督烽行塞，具吏，檄到，有家属□卢不调利索币绝或毋蓬或币绝□《新简》E.P.F22:282—285

督烽掾有时亦称"督烽"。⑥ 但是，督烽掾在对候、部、隧的监察过程中常会出现渎职的现象，如：

> 督烽不察欲驰诣府自出言状宜禾塞吏敢言之 疏768⑦

---

① 《后汉书》志第二八《百官志》，中华书局1965年版，第3621页。
② 见永田英正著，张学锋译：《居延汉简研究》，广西师范大学出版社，2007年，第345页。
③ 《汉书》卷一九上《百官公卿表》，中华书局1962年版，第741页。
④ 年耕望：《中国地方行政制度史—秦汉行政制度》。第305—314页。
⑤ 甘肃文物考古所等编：《居延新简》，北京文物出版社，1990年，简称《新简》。
⑥ 参见王俊梅：《简牍所见"督烽掾"试说》，载自额济纳汉简释文校本，北京文物出版社，2007年，第211页。
⑦ 林梅村、李均明编：《疏勒河流域出土汉简》，北京文物出版社，1984年。

当出现督烽掾"不察"的情况时,都尉常会亲自兼领督烽掾职:

> 后汉元年十一月戊辰,居延都尉领甲渠督烽掾 敢言之诚北《新简》E. P. F22:423

通常情况下不会委派其他属吏行使监督权。然而,当督烽掾督察不力,都尉本身由于各种原因又无法兼行督察之职时,都尉只有临时委派一名特使代替他去对某一特定区域内的吏卒行使这一督察权,"專部士吏典趣辄"中的士吏典即相当于都尉府在此情况下派出的特使,并非常制。

"專部士吏典趣辄"之"專",即"专","專部"即"专部","專部士吏"即是专管该部(地区)的士吏,类似于内郡的刺史专州、郡太守"专郡"①、郡督邮专部。李均明也说,"'專',主司、负责,多指对某种权利的强力监督与掌控,犹今言'专政'。"②黎明钊更是明确指出"这七条规范有点像刺史周行郡国,省察治政,黜陟能否,断理冤狱所奉行的六条问事。"③关于"典趣辄",胡平生释"典"为"士吏的人名","趣辄"应与"告"、"察"连读,为副词,重叠使用是为了表示强调。④ 笔者赞同。

综上所述,"專部士吏典趣辄"之"部"指居延都尉所属行政区域中的某一区域,该区域应不小于候官辖区,包含一个或数个鄣候。明确了"部"的含义,该册书的性质就一目了然了,即是居延都尉府直属"專部士吏""典",告知候、尉、士吏、候长、候史、隧长、卒去做某事及督察部隧中士吏、候长等是否有"去署"、"省卒给为它事"、"毋马禀之"等违规行为的文书。它既不是"行政规范"、"工作要点"也不是"效率手册",只是居延都尉交代给其专派到某一区域内的士吏典这个人所要完成的一些工作。

三、"輔廣士卒"再考——兼考"部"的范围

关于简5"●察数去署吏卒候长三去署免之候史隧长五去免輔廣士卒数去徙署三十井关外"之"輔廣士卒"的释读,学界争论颇多。李均明、黎明钊释之为辅、广两个地方或机构的士卒,但二人均未解释"輔"、"廣"具体指哪两个地方。马怡对该简的标点,可对"輔廣士卒"有两种释读:一是"輔廣士卒"指"輔廣"这个地方的士卒,在

---

① 如孙星衍叙录:《汉官六种·汉官解诂》载:"太守专郡,信理庶绩,劝农赈贫,决讼断辟,兴利除害,检察郡奸,举善黜恶,诛讨暴残。"
② 见李均明:《额济纳汉简"行政条规"册论考》,中国秦汉史学会年会论文,呼和浩特,2005 年。
③ 见黎明钊:《士吏的职责与工作:额济纳汉简读记》,第 19 页。
④ 有关此释读法详细考证,见胡平生:《"專部士吏典"简册考校》,载自《胡平生简牍文物论稿》,上海中西书局,2012 年,第 184—190 页。

这里"輔廣"二字为一地域或机构的名称;二就是跟李、黎二人的释读一样,"輔廣"指"輔"与"廣"两个地方或机构。胡平生较李、马、黎三人,存在较大差异。首先在"輔廣士卒"这四个字的校释上,李、马、黎三人均释为"輔廣士卒",而胡平生却释为"補廣土卒";其次在标点上,前三人均将"輔廣"二字与前面的士卒连在一起,作为对士卒的定语,而胡平生却将"補"与该字的前一个字"免"连读,修饰主语候史、燧长,释为"候史、隧长五去,免補",将"廣"字与"土卒"连读,释为"廣土卒",并认为"廣土"乃"廣地"之误,实为"廣地卒"。如:

● 察数去署吏卒:候长三去署,免之;候史、隧长五去,免;輔、廣,士卒,数去,徙署三十井关外。(李均明释)
● 察数去署吏卒:候长三去署免之;候史、隧长五去免;輔廣士卒数去,徙署三十井关外。(马怡释)
● 察数去署吏卒:候长三去署,免之;候史、隧长五去,免;輔、廣士卒数去,徙署三十井关外。(黎明钊释)
● 察数去署吏卒:候长三去署,免之;候史、隧长五去,免補;廣土卒数去,徙署三十井关外。(胡平生释)

(分别见前引李、马、黎、胡四文)

根据魏坚等编《额济纳汉简》中收录的简牍图片,现将该简"輔廣士卒"四字图片及用于对比的图片拍录于下:

对比5号简"士"字的写法,明显不同于1、6号简"士吏"的"士"字,从照片上看5号简"士卒"应释为"土卒",胡说是。再看"輔廣"之"輔"字,1号简"典趣輒"中"輒"字的"車"很容易辨认出来,而5号简"輔"字左半边似乎为 。正如胡平生所指出的那样,"此字左旁所从车与'輒'字迥异,其写法字头之一点一横与下方是分开

的,因此应释为'補'",甚是。因此,5号简的正确释读应该是:

●察数去署吏卒:候长三去署,免之;候史、隧长五去,免補;廣土卒数去,徙署三十井关外。99ES16ST1:5

笔者同样赞同胡平生将"補"字与前面的"免"字连读,[①]然而他同时又认为"廣土卒"乃"廣地卒"之误,笔者不能认同。其一,暂依胡平生将"廣土"视为"廣地"之误,肩水都尉下设廣地候官,其下又有廣地隧。除此外,目前出土汉代简牍材料中不见其他"廣地"。胡氏视"廣土卒"为"廣地卒"之误,那么"廣土卒"应即廣地候官下之戍卒无疑。从地理位置上讲,廣地候官在三十井候官的南部,自然条件及周边环境要比三十井候官所在地好得多,从廣地候官徙往三十井关外确可算一惩罚措施。如前所述,"專部士吏典"是居延都尉专派至某一地区处理册书上诸项事务的吏员,行使职权的最大范围只限于居延都尉辖区,对其他都尉(肩水都尉)府的吏卒没有处置权。因此,胡释"廣土卒"为"廣地卒"不妥。其二,即使"專部士吏典"拥有极大且特殊的权力,能够将肩水都尉所属广地候官的戍卒徙往居延都尉三十井关外,则该士吏所管辖的范围应至少跨越了居延与肩水两个都尉府。从居延都尉府各候官所处的地理位置我们知道,三十井候官是居延都尉最南边的一个候官,其北尚有居延候官、殄北候官。[②]不解的是,5号简对候长的处罚是"三去署"即免之,候史、隧长"五去署"即"免補",处罚不谓不重,然而涉及到对戍卒的处罚上,为什么只将去徙往居延都尉府最南边、条件最好的三十井关外,而不徙往更北、环境更艰苦的殄北候官呢?其三,如果"廣土卒"为"廣地卒"之误,那么为什么在5号简中涉及对离署戍卒的处置中,只针对廣地一个地区的戍卒,而于其他地区的戍卒"去署"就不加处分吗?这也显然无法理解的。基于以上三条,我们认为胡平生释"廣土卒"为"廣地卒"之误似不妥,于该简牍内容也无法解释得通。

既然"廣土卒"非"廣地卒",那么"廣土卒"究竟指什么呢?《晏子春秋·内篇》注引刘师培校补云:"'众疆',即廣土也。"《白虎通义·封禅》曰:"先削地、后绌爵者何?爵者,尊号也;地者,人所任也。今不能治廣土众民,故先削其土地也。"刘向《说苑》亦记到:"春秋记国家存亡,以察来世,虽有廣土众民,坚甲利兵,威猛之将,士卒不亲附,不可以战胜取功。"由此可见,"廣土"即指疆域的范围,于汉帝国而言就是指大汉所有的疆域,引申至"專部士吏典趣辄"册书中则是指"專部士吏典"所管辖的所有区域,即"部"指代的辖区。因而,"廣土卒"就是"專部士吏典"管辖范围内所有的士卒,与"廣土众民"同一个意思。简中"数去署"考核的范围,就是针对"專部士吏典"管辖

---

① 详见胡平生:《"專部士吏典"简册考校》,第193页。
② 见陈梦家:《汉简考述》,载自《汉简缀述》,中华书局,1980年,第23页。

的所有戍卒而言的,这样释读应该更符合简文原意。

弄清楚了"輔廣土卒",再看"專部士吏""部"的具体指代区域。据简5,"專部士吏典"的管辖范围涉涵盖三十井候官无疑。又该册书出土于甲渠候官第十六隧,因而"專部士吏"对甲渠候官拥有管辖权,亦可断定。另据陈梦家《汉简考述》知,甲渠候官与三十井候官为居延都尉南部的两个候官,其北部还有居延候官和殄北候官。故而,"專部士吏"中"部"的指代区域至少应涵盖居延都尉南部的甲渠、三十井两个候官,至于其辖区是否延伸到北部的居延候官和殄北候官,于此就不得而知了。

四、对"專部士吏典趣輙"册书7号简的重校

为重校方面,现将"專部士吏典趣輙"简7及原简图片摘录于下:

告隧长、卒谨昼夜候。有塵若警塊外,谨备之 99ES16ST1:7

研究者对该简释读的争议主要是在对"塊"字的考校上。据"塊"字原简图片,《额简》整理者认为是"塊"字,李均明进一步释"塊"为"块状物,就当地环境而言当指起伏之沙堆。"①胡平生则对《额简》整理者释 为"塊"提出异议,并校之为"堺"。② 胡说是。除"塊"外,研究者释 字为"外",似乎亦不妥。

胡平生也注意到这一点,并说:"这里不仅'堺'字有讹,就是下面的'外'字也讹了,写法与第2、5号简的'外'字明显不同。"可惜的是,胡文并没有对 作出重新校释。

为了更好地对7号简 此字作出正确的释读,我们将该册书简2、5中释为"外"字的图版摘录于下:

简2　　简5

经过对比可发现,简2、5 字左旁为"夕"字,7号简则为 字,无"、"。再看 的右旁,最下部一横线向上勾起,与2、5号简"外"字的右半部分也显然不同。细

---

① 李均明:《额济纳汉简法制史料考》,《额济纳汉简》,第63页。
② 详见胡平生:《"專部士吏典"简册考校》,第190—191页。

审 7 号简 ▨ 字,明显非"外字",更像"北"字。简文强调的不是胡文所释的"警备部界外",而是警备部界北,即辖区的北界。汉代边郡戍边吏卒巡视责任区一般都只是在自己的辖区内(即"界中"),不得越界。如:

　　檄到,候尉分部廋索,毋令名捕过留部界中,不得毕已言●谨 E. P. T51:59
　　日迹行廿三里,久视天田中目玄有亡人越塞出入□它部界中,候长、候史直日卒坐匿不言,迹□ E. P. T51:411
　　隧长常贤、充世、绾、福等杂廋索部界中,问戍卒王韦等十八人皆相证。《敦煌汉简》TH. 1722

更不会警备"部界外"。相反,出土简牍中却经常可见戍边吏卒巡察辖区"界北"的情况,如:

　　□候长充,六月甲子尽癸巳积卅日,日迹,从第四隧南界北尽第九隧北界毋越塞兰出入天田迹。6·7
　　到北界举坞上旁烽一通,夜坞上。13·2
　　候长武光、候史拓,七月壬子尽庚辰积廿九日,日迹,从第卅隧北尽鉼庭隧北界毋兰越塞天田出入迹。24·15
　　□北界毋兰越塞天田出入迹 45·17
　　吞远候史李赦之,三月辛亥尽丁丑积廿七日,从万年隧北界南尽次吞隧南界毋人马兰越塞天田出入迹。206·2

上列诸简涉及的都是边塞吏卒对所辖区域北界视察的事例,即简 7 所列"警界北"。从"專部士吏典"的辖区范围上看,士吏典的辖区涵盖居延都尉南部的甲渠、三十井两个候官,南接肩水都尉,我们都知道西北边郡诸部都尉防备的主要是匈奴,而匈奴正好在居延都尉府辖区的北部,即甲渠、三十井候官界北。因而,"專部士吏"才会要求辖区内隧长与戍卒"警界北",即警戒北方匈奴的袭扰。

五、余论:关于汉代的士吏

"士吏"一词在两汉传统文献中,经常被用来指代一类官僚群体,导致治汉史者形成一种误识:"士吏"即指官吏。随着居延汉简等简牍文献的出土,研究者逐渐对"士吏"产生了一种新的认识。劳干认为"士吏主要的工作场所在候部,日常勤杂事务由候长负责,士吏主要肩负军事事务。不是每个候部都设士吏,但在设有士吏的候部中,士吏拥有最高决策权,在某种程度上,士吏即为候部正职,而候长是候部副职。"①陈直先生《居延汉简研究》"候官系统"一节,根据《汉书·匈奴传》引颜师古注:"汉律:近塞皆置尉,百里一人,士史、尉史各一人,巡行徼塞。"材料指出,"颜注之'士史'即士吏之误,居延汉简候官、候长属吏中皆有士吏与尉史,不独塞尉有之,身份高于造史。"②陈文关于汉律"士史"即士吏之误及居延汉简候官与塞尉属吏中有士吏,身份高于造史之论无疑是正确的,但其对于候长属吏中也有士吏的结论,值得商榷,"士吏"无属于候长者。对此,笔者赞同于振波《居延汉简中的燧长与候长》提出的士吏秩次与候长相同一说③,遗憾的是,于文未对文中"士吏"的归属及秩次作出明确的界定。日本学者永田英正对士吏作了进一步的阐释:"士吏有可能是候官特别派往重要的候或燧的人员,让他们作为武吏指挥或监督候燧的军事事务。"④邢义田认为士吏能文会武,文武兼备。⑤ 陈梦家对士吏的考证更为细致,指出候、塞尉下皆有士吏,候部中的士吏由塞尉派遣,直属于塞尉;士吏的职责是谨候望、督烽火、备盗贼,此外还会参与候官文书的签署工作,是一名武吏,秩二百石。⑥ 但陈梦家考士吏秩二百石,似可商榷。

汉简所见"士吏"按有秩与否,可分为有秩(百石)士吏和普通士吏,如

  张掖居延甲渠塞有秩士吏公乘段尊,中劳一岁八月廿日,能书会计治官民颇知律令文《合校》57·6
  居延甲渠士吏䚛得广宛里公乘窦敞能不宜其官,今换补麋谷候长,代吕循《合校》203·33 甲渠塞百石士吏居延安国里公乘冯匡年卅二岁,始建国天凤上戊六年《新简》E.P.T68:4

其中有秩(百石)士吏秩百石,佩青绀纶绶半通印;普通士吏无秩次。士吏无论有无秩次,每月均可领1200钱俸禄⑦。

关于士吏的地位,劳干先生指出士吏位于候官之下,候官缺,士吏可行候事。⑧笔者赞同此说,汉简亦有实证:

---

① 见劳干:《从汉简中的啬夫令史候史和士吏论汉代郡县吏的职务和地位》,《中央研究院历史语言研究所集刊》第55本第1分册。
② 参见陈直:《居延汉简研究》,天津古籍出版社,1986年,第116页。
③ 于振波:《居延汉简中的燧长与候长》,《史学集刊》2000年第2期。
④ 永田英正著,张学锋译:《居延汉简研究》,第341页。
⑤ 见邢义田:《张家山汉简〈二年律令〉读记》,《燕京学报》新15期,2003年。
⑥ 见陈梦家:《汉简考述》,载自《汉简缀述》,中华书局,1980年。
⑦ 陈乃华:《居延新简〈五凤四年三月俸禄簿〉的年代学意义》,《山东师大学报》1997年第6期。
⑧ 劳干:《汉简所见之边郡制度》,《劳干学术论文集甲编》,台北艺文印书馆,1976年。

闰月庚申肩水士吏横,以私印行候事,下尉候长承书从事下当用者如诏书/令史得《合校》10·31)

□□渠士吏安主以私印行候事,谓士吏章,候□《新简》E.P.T52:195A

除行候事外,士吏亦可行都尉事,如

七月丁未,敦煌中部士吏福,以私印行都尉事,谓平望、破胡、吞胡、万岁候官,写移檄到《散见简牍合》180

对此,劳文未涉及。《睡虎地秦墓竹简》整理小组对士吏的身份地位作了进一步的界定:"士吏"为一种军官,地位在尉之下,候长之上①。

"士吏"一职渊源于秦,云梦睡虎地秦简《秦律杂抄·除吏律》曰:"●除士吏、发弩啬夫不如律,及发弩射不中,尉赀二甲。"②汉代士吏按所属机构不同,可分为以下几种:

(一) 候官士吏

16 显美传舍斗食啬夫莫君里公乘谢横,中功一劳二岁二月,今肩水候官士吏代郑昌成《合校》10·17)

17 □乘候官士吏诩、燧长戎,以亭行回《合校》427·1A

19 神爵四年十一月□□朔戊子,大煎都士吏张威、王贺□己□,士吏张、贺使一□扣□十二石□□□□五十二□□□□□□□□出钱毕加五十钱入马过子长《敦煌汉简释文》959③

简 16、17、19 中"肩水候官士吏"、"□乘候官士吏"、"大煎都士吏",指肩水候官、"□乘候官"及大煎都候官下属的士吏。

(二) 尉士吏

关于尉士吏,《汉书·匈奴传》引汉律曰:"近塞郡皆置尉,百里一人,士史、尉史各二人,巡行徼塞也。""士史"即"士吏"④。按两汉时期,于边塞地区设部,以郭候领之,其下置塞尉,"掌禁备羌夷犯塞"⑤,秩两百石,"近塞郡皆置尉"中"尉"即指塞尉。

---

① 睡虎地秦墓竹简整理小组编:《睡虎地秦墓竹简》,北京文物出版社,1990年,第79页。
② 睡虎地秦墓竹简整理小组编:《睡虎地秦墓竹简》,第79页。
③ 甘肃文物考古研究所编,吴礽骧、李永良、马建华释校:《敦煌汉简释文》,甘肃人民出版社1991年版,第98页。
④ 睡虎地秦墓竹简整理小组编:《睡虎地秦墓竹简》,第79页。
⑤ 《后汉书》志第28《百官志》,第3625页。

据此,汉代边塞地区塞尉的属吏中有士吏。汉简中有关尉士吏的简文如:

> 张掖居延甲渠塞有秩士吏公乘段尊,中劳一岁八月廿日,能书会计治官民颇知律令文《合校》57·6
> 建武五年三月癸未,武贤燧长忠,受将转守士吏孙彊《合校》61·1
> □成尉甲沟塞庶士士吏代和恢《新简》E.P.T27:43
> 甲渠塞百石士吏居延安国里公乘冯匡,年卅二岁,始建国天凤上戍六年《新简》E.P.T68:4

"甲渠塞有秩(百石)士吏"(莽新时称"甲沟","百石"称"庶士")皆指塞尉统辖下之尉士吏。根据出土的汉简材料,在汉代居延属国都尉的下属官吏中有一种尉,名为"将转守尉",如《新简》E.P.T7:7:"已付将转守尉迁士吏悝车六两□",简《合校》61·1中"将转守士吏"或为"将转守尉"属吏,其或如此,则"将转守士吏"亦为尉士吏。

(三)将廪士吏

> □己未,官告将廪士吏谭故第十四隧□(272·34A)

"廪"指储存粮食等物品的仓库,"将廪士吏"就是管理"廪"中粮食等物品发放工作的官府办事人员,如简《合校》35·19:"取。十一月乙亥,士吏以廪吏卒廿七人"。"将廪士吏"应归属于边郡仓系统。按汉代边郡的仓有郡仓、府仓(城仓)、候仓、部仓、燧仓等①,其中郡仓为一郡之总仓,府仓(城仓)为都尉府所属粮仓,候仓、部仓、燧仓则分别为候官、候长、燧长所属之粮仓。《合校》272·34A中"官"为候官。因此,"将廪士吏谭"应任职于为甲渠候官所在地之候仓。

(四)"五百"所属的士吏

> 昭武骑士益广里王彊一,属千人霸、五百偃、士吏寿《合校》560·13
> 其旗卒异其徽色,别五百以旐上齿色,别士吏以下旐下齿色,别什以肩章,别伍以肩左右,别士以肩章尾色,别《散见简牍合辑》410+411

《后汉书·百官志》注引《汉官仪》曰:"边郡置部尉、千人、司马、候、农都尉,皆不治民,不给卫士。"②"千人"为边郡地区领兵护卫的武职人员,分为"千人"和"骑千

---

① 参见赵岩:《也论简牍所见汉代河西屯戍系统的仓》,《中国农史》2009年第3期。
② 《后汉书》志第28《百官志》,第3624页。

人"两种,秩六百石,其下有"五百"。如《汉书·晁错传》引服虔曰:"假,音假借之假。五百,帅名也。"①《汉官六种·汉官仪》载:"太常驾四马,主簿前车八乘,有铃下、侍阁、辟车、骑吏、五百等员。"《汉印文字征》亦收录有"募五百将"与"骑五百将"二因。从上述两条简文可明显看出,"五百"属官中有士吏。

(五)县廷中的士吏

秦县廷中的士吏,见《里耶秦简》:

> 元年七月庚子朔丁未,仓守阳敢言之:狱佐辨、平、士吏贺具狱,县官食尽甲寅,谒告过所县乡以次续食。雨留不能决宿齎。来复传。零阳田能自食。当腾期卅日。敢言之。/七月戊申,零阳襲移过所县乡。/静手。/七月庚子朔癸亥,迁陵守丞固告仓啬夫:以律令从事。/嘉手。②

汉承秦制,县廷中同样设有"士吏",如张家山汉简《二年律令·具律》:

> 诸欲告罪人,及有罪先自告而远其县廷者,皆得告所在乡,乡官谨听,书其告,上县道官。廷士吏亦得听告。

据此,刑义田先生认为,居延汉简中甲渠候粟君向居延县递状子,当时受理的或许就是一位士吏。③

从前文对《额简》"專部士吏典趣辄"册书的考论,又知道,除了以上五类士吏外,居延都尉府及敦煌中部都尉府也设有士吏一职,这是诸家所未注意到的。然而,在同一边塞屯戍组织中,比如居延都尉府"專部士吏",其与都尉府所属各候官、塞尉中士吏等其他的关系如何,则不得而知。又据《额简》"專部士吏典趣辄"知,直属于居延都尉府的"專部士吏典"拥有对其下候官、塞尉所属士吏的监督权(如简2、6),可见,都尉府中士吏的地位应该高于候官或塞尉属下的士吏。

汉代的士吏虽分属于各级机构之中,但终其身份,仍属一个对所辖区域有实际领导权和支配权,有一定知识水平和办事能力,且"颇知律令文"的"役吏"。

其一,士吏设置广泛,遍布于汉代边郡各级防御系统之中。如前所述,上至自都尉府,下至烽燧,均有士吏行使着职责。然而,绝大多数既无俸秩,又无印绶,属吏也只有求盗、隧长等更低一级的办事人员。每年各隧的情况由士吏汇总,定期向上汇报,隧卒出现问题时,上级(一般是指塞尉或候官)通常询问的是士吏、候史,而不是燧

---

① 《汉书》卷49《晁错传》,第2289页。
② 湖南省文物考古研究所编著:《里耶秦简》,北京文物出版社2012年版,第1—5页。
③ 邢义田:《张家山汉简〈二年律令〉读记》,《燕京学报》新15期,北京大学出版社,2003年。

长,如简《居延新简》E.P.T59:68:"第十四隧卒氾赛不在署谨验问第十守候长士吏褒候史褒辞曰十二月五日遣赛□"。士吏所拥有的这一点独立领导权,也令他滋生了殴打吏卒的恶劣作风:

> 士吏上官隆捶击燧长□《合校》59·1
> □士吏陈宗斗伤人亡《合校》231·98+231·97

汉律对边塞官吏滥用职权殴打吏卒等服役人员的行为,是严加禁止的,如:

> 故甲渠候长唐博叩头死罪:博前为甲渠鉼庭候长,今年正月中坐搒卒敦狱七月廿□《合校》4·9
> 以牒验问:久故时与獂道丞儿谭为吏者,燧长徐宗知谭故为甲渠候长,未尝以吏贼殴捶击《合校》135·10+317·7

其二,两汉时期,任职士吏者本身必须具备一定办事的条件——"能书会计治官民颇知律令文",如简57·6:"张掖居延甲渠塞有秩士吏公乘段尊,中劳一岁八月廿日,能书会计治官民颇知律令文"。"知律令文"是两汉官吏为官的首要条件,如西汉著名的循吏文翁在治理蜀郡时,就曾选派"郡县小吏开敏有材者张叔等十余人"到长安受业博士"或学律令";①东汉陈宠的曾祖父陈咸,成、哀间也"以律令为尚书"②。律令也是汉代各级官吏处理政务的基本准则,正所谓"太守汉吏,奉三尺律令以从事耳"③。此外,"能书会计"也是任职士吏人员需具备的另一条件,如简283·19A:"■月部士吏候长往来书",士吏具备写书信的文化才能是无疑的。

其三,尽管士吏具备一定的实际权力,甚至还时有殴打吏卒的恶劣行径,但是,士吏的权力也是很有限的,仍属"役吏"的范围。只是与燧长、候史等更低一级"役吏"相比,其"吏"的性质更明显一些。比如,士吏因失职或办事不力而被罚金乃至戍边的律令文很多:

> 盗贼发,士吏、求盗部者及令、丞、尉弗觉智,士吏、求盗皆以卒戍边二岁,令、丞、尉罚金各四两。……□□□□发及斗杀人而不得,官啬夫、士吏、吏部主者,罚金各二两,尉、尉史各一两;而斩、捕、得、不得、所杀伤及臧物数属所二千石官,二千石官上丞相、御史。张家山汉简《二年律令·捕律》

---

① 《汉书》卷89《循吏传·文翁》,第3625页。
② 《后汉书》卷46《陈宠传》,第1547页。
③ 《汉书》卷83《朱博传》,第3400页。

盗铸钱及佐者,弃市。同居不告,赎耐。正典、田典、伍人不告,罚金四两。或颇告,皆相除。尉、尉史、乡部官啬夫、士吏、部主者弗得,罚金四两。张家山汉简《二年律令·钱律》

其四,士吏的职责多且杂,"役吏"身份明显。如掌管戍卒"行戍"、负责廪等粮食物质的发放、从事商品经营、"主亭隧候望通烽火备盗贼"等,维护边塞防御的安全与稳定。如

□弓五月乙卯,尉史凤付士吏阎卿买羊《合校》226·31+350·13

状辞:居延肩水里上造年卅六岁姓匽氏,除为卅井士吏,主亭隧候望通烽火备盗贼为职《合校》456·4

□在官舍请以新所作□□士吏匡之,市贾□前所卖筐笥直皆遗匡《新简》E.P.T40:74

□二合付王士吏卖,出笥一合付郑隧长卖,出笥一合付苏诩卖《新简》E.P.T43:16

由此观之,士吏的设置是为了满足办事的需要,他的主要职责就是办理边塞地区一些具体事务,如文书的写作、戍卒口粮的发放、买卖物品、备盗贼等杂役,并无固定职责。一旦某位士吏由于年老、病、软弱等原因无法履行他的这种职责时,则予之罢免,其"役吏"性质是显而易见的。

原刊于《简帛研究》2015 年秋冬刊,现为修改稿

(作者简介:吴方浪,江西师范大学历史文化与旅游学院讲师、博士)

我所敬仰的黄今言先生

张艳国

黄今言先生是我国当代著名史学家,是中国古代史研究领域重要的学科带头人之一,他尤以中国秦汉史研究著称。黄先生数十年如一日,辛勤耕耘在江西师范大学中国古代史教学、科研领域,为学校的历史学专业、学科和学风建设立下了汗马功劳,为江西省一代又一代的中国古代史人才培养作出了卓越贡献。后来有一段时间,他被华中师范大学中国历史文献研究所礼聘为兼职教授、博士研究生导师,为促进学校历史学专业与华中师范大学历史学专业之间的交流合作,作出了突出贡献。黄先生是我从业多年来,一直在我心中具有崇高地位的当代著名历史学家之一。我有幸从湖北省社会科学院调到江西师大工作,有了更多的机会与黄先生相处,向黄先生请益,这是我此前没有想到的事情,也是我今生的福气。

一、相识黄先生

我知道黄今言先生,比认识他要早得多。记得我最早知道黄今言先生,是在我上大学一年级的课堂上。丁季华老师在给我们上"中国通史"秦汉史时,非常注重将最新学术动态引入课堂,讲述学术动态远比教材的内容丰富得多。我在看过丁老师推荐的书目——翦伯赞先生所著的《秦汉史》后,对中国秦汉史喜欢得不得了,几乎到了着迷的程度。因此,对于丁老师讲到的秦汉史学术动态尤为留意。记得丁老师在讲到秦汉时期经济社会发展时,在讲解了《史记》《汉书》《后汉书》和《资治通鉴》等基本史料后,尤其提到李剑农先生的多卷本《中国经济史》对于秦汉经济史研究的贡献,并说,《中国史研究》新近发表的江西师范学院黄今言老师的一篇文章《汉代田税征课中若干问题的考察》(1981 年第 2 期),有新收获和新贡献,值得认真一读。《中国史研究》是由中国社会科学院历史研究所举办的国际闻名的史学权威期刊,一般发表知名历史学者的重量级论文和初出茅庐的青年历史学者的成名作。由期刊的作者构成和征稿路线，就可知丁老师为何如此重视黄先生的这篇力作了。我是1981年秋季考入华东师范大学历史系的，秋季上中国古代史上半段通史课，上课进度正好赶上黄先生大作发表，因此，立马拜读了黄先生的最新研究成果。作为一名刚入学的大学一年级新生，读起黄先生洋洋两万余字、历史资料引证丰富、分析入情入理和思想深刻的学术长文，难度有多大，可想而知啊！尽管如此，出于对秦汉史的热爱和对丁老师的尊敬，尽管当时不是完全读得懂黄先生的这篇论文，但我还是花了整整一个下午，充满好奇地在图书馆期刊阅览室读了两遍有余，做了一页又一页的笔记。黄先生对于学术前史了解得充分详细，对于历史资料占有得周详仔细，对于马克思主义经济理论掌握得准确熟练，真是令我佩服得五体投地！丁老师在课余走访我们寝室，询问我们学习中遇到什么疑难问题时，我主动与丁老师交流了黄先生的这篇文章，提出从文章的厚重程度来看，中国古代史文章岂不是极端难写？我们如何入门啊！丁老师以黄先生的文章为例，勉励我们，学贵专门，学贵创新，学贵执着，他认为功夫到了，就能写出像黄今言老师发表的高水平文章了。从丁老师的言语颜色中可以看出，他对黄先生的这篇文章是极推崇的。这尤其深深地影响了我这个十几岁对学术充满好奇和向往的大学一年级新生。由此，我也记住了黄今言先生，并关注黄先生此后在《秦汉史论丛》创刊号（该刊为中国秦汉史研究会主办，由著名历史学家林剑鸣先生主编，陕西人民出版社1981年11月出版，实际上我们见到该书时，到了次年春，即新学期开始时）、《江西师范学院学报》（因谷霁光先生、黄今言先生之故，我在大学期间还是经常关注该刊的）上发表的论文。

　　大学毕业以后，我有幸被分配到湖北省社会科学院《江汉论坛》杂志社从事史学专栏编辑工作。《江汉论坛》杂志是由著名哲学家、中国共产党创始人之一、时任武汉大学校长兼湖北省社会科学联合会主席的李达先生提议创刊的，从二十世纪五十年代开始，一直是我国由地方学术部门主办的在全国屈指可数的知名学术理论期刊之一。因为这个缘故，我更是关注史学界的动态与人物。在这阶段，我也能继续读到黄今言先生的文章，譬如令我至今仍有深刻印象的《秦汉少数民族地区的赋税和贡输问题》，发表在《中华文史论丛》（创刊于1962年，郭沫若先生题写刊名，由上海中华书局，1978年更名为上海古籍出版社主办，发表高水平、高端的文、史学术论文）1986年第一辑上。由于《江汉论坛》杂志社资料室期刊齐全，因此，我能够很容易地读到黄先生最新发表的史学研究成果。因为拜读黄今言先生的文章多了，我很希望能够有机会拜见他，当面向他请教。同时，在我心中，黄先生学问真大，他很神奇，我希望能够见到"真佛"。那时由于资讯不发达，除了只知道黄先生工作于江西师范大学历史系之外，其他一概不知。而黄先生有多大年纪？是哪里人？教什么课？从何人为师？如何练就了如此深厚的学术功夫？这些问题都深深地吸引着我的兴趣。那时，社会上与我同龄的青年人,关注的是影星刘晓庆、张瑜、郭凯敏、唐国强等等;像我们这一拨青年学子,更多地则是关注学术之星,即他们所仰慕,甚至是所崇拜的学术名家,特别是经常见诸报刊的学术名人。

俗话说,有缘人终相见。1987年11月,中国秦汉史研究会学术年会由徐州师范学院历史系承办,在新建成的徐州宾馆举行。《江汉论坛》杂志社受到邀请。我作为编辑部的特派记者参会,这是我非常乐意的。这次会议,可谓是中国秦汉史研究的一次学术盛会。一是规模大,正式代表160余人,列席代表50余人,列席者多为博士、硕士研究生;二是层次高,可谓名家荟萃,来自于北京、上海、西安、武汉、广州、济南等地的秦汉史专家如田昌五、林甘泉、张传玺、高敏、安作璋、林剑鸣、熊铁基、刘修明、张荣芳等等,当然也有我素所仰慕的来自江西师范大学的黄今言教授,特别是还有二十余位由大名鼎鼎的历史学家谷川道雄带领的日本历史学者一行;三是会期长,四天会议研讨,一天半历史文化考察。我报到后,即找我的好朋友、参与会务的徐州师院历史系的臧知非同志,询问他黄今言先生是否到会。知道黄先生参会的准确消息和住宿房号后,我心里就踏实了。黄先生提交了一篇关于汉代募兵制的军事史论文,并带领了三位青年教师参会(其中一位便是现任江西师范大学副校长的赵明教授)。报到的当天晚饭后,我就到黄先生房间拜访。黄先生身穿天蓝色中山装,下穿深色裤子,脚穿一双当时流行的解放牌球鞋,五十开外,虽然流露出旅途的疲倦,但双目炯炯有神,衣着朴素,十分精神。我们见面时,我彬彬有礼地向黄先生做自我介绍,黄先生认真地打量我,并专注地倾听我的自我介绍和有关《江汉论坛》历史学专栏的介绍。当我讲到我在大学时就仰慕先生,并拜读了他近年发表的若干篇秦汉史论文时,黄先生并不显得特别惊讶,只是亲切地对着我笑着,笑得很诚恳,很温暖。我自我介绍完后,黄先生半开玩笑半认真地说,《江汉论坛》是名刊呐,小小年纪就担任名刊编辑,真不简单!像是羡慕,更像是鼓励。黄先生询问我来徐州一路上是否顺利,杂志的编辑方针和审稿要求,参加工作以来参加了几场学术研讨会,这次参会是否有任务等等。由于黄先生讲的是石城普通话,有些地方我听起来还是显得吃力;每当这个时候,他会笑眯眯地重复一遍。由于这次会参会人员多,大家都想尽量多地会下互动交流,因此,一到会,大家就相互频繁走动。在我们还没有说完话的时候,又有朋友敲门来访,我们就不得不终止了交谈。"前客让后客。"在此次年会上,黄先生不仅作了关于汉代兵制的大会发言,而且还被选为中国秦汉史研究会理事,并于1993年选为秦汉史研究会副会长。在大会发言之初,黄先生幽默地说,前两天有位年轻朋友说,我的石城普通话不太好懂,那我今天尽量讲好普通话。这番话,显然是我们交谈的一项成果。在会议期间与黄先生的交流,给我留下了非常好的印象:黄先生真是文如其人,朴实,真诚,谦逊。黄先生在会议进行学术交流期间,直抒己见,但又尊重同仁,敬畏学术,不像个别学者那样,取得了一点成绩就飘飘然,得意忘形,不可一世。即便是我在向黄先生个别请教时,他也不太谈自己如何如何,总是推荐别的学者或是前贤的论著;当我向他约稿时,他有些许保留地回答说,等有了比较满意的研究成果,一定优先考虑《江汉论坛》。总之,这次与黄先生相见相识,是愉快的,也是我参会的一大成果,我多年的夙愿得以实现。

二、再见黄先生

我再次见到黄今言先生,有机会向他当面请教,却是在时隔21年之后了。造化弄人,我们再见之时,黄先生已是一位年过古稀的长者,而我也是一名年届壮年的中年人了。

2008年底,我调任江西师范大学副校长,有幸在师大服务,并与黄老师成为同事。次年年初,新学期开学不久,春暖花开,万物出彩,我与黄老师约好后,便在3月27日下午看望、拜访了他老人家。黄先生家的客厅收拾得非常整洁,显得更加亮堂;而黄先生上午刚刚理过发,看上去神清气爽,十分亲和的样子。黄先生十分谦和、体谅地说,你初来乍到,工作很重,还抽时间来专门看我,十分感谢!我说,这都是机缘巧合,顺天应人,应该应该!1991年10月,全国史学理论研究年会在厦门召开。闭会后,我在南昌暂停一站,计划拜访黄先生,但是不巧,黄先生也外出了。我说,上次的拜见又推迟了18年啊!这次我登门看望,更多的是以华中师范大学校友的身份和史学后学的身份看望前贤。那时,黄先生还兼任着华中师范大学中国古代史专业博士研究生导师,由于年事渐高,他不太在武汉多待。我此次带来了我的导师章开沅先生、严昌洪老师以及熊铁基、马敏、朱英、王玉德诸教授的问候,黄先生高兴地笑了,笑得很开心!我想,他应该是把这份关爱、问候看作是对他的肯定和评价,因此,他看得很重很重。当我说,请黄先生作为史学界的前辈多指导我、帮助我工作时,黄先生语气变得凝重起来,话匣子也一下子就此打开。

在两个小时的交谈中,黄先生除了简单地向我介绍了一下他退休后的生活起居、健身修养、读书写作习惯以外,主要介绍江西师范大学历史学专业、学科建设和历史学人才培养的缘起、发展,结合他的成长经历,生动、精粹地介绍历史学从系到院发展的一幕一幕的人和事,说到成就、荣耀处,他开怀大笑,笑的是那样开心!黄先生虽然退休了,我感觉他的心,他的神,依然还和他长期一起拼搏奋斗的历史学同事在一起!他给我最大的教益是,将我校历史学学科、专业放在与周边省重点师范大学历史学专业、学科的发展比较中,比如浙江师范大学、南京师范大学、安徽师范大学、湖南师范大学和河南师范大学等,他的视野十分开阔,对于各校历史学专业、学科的发展评点精细准确,对于我校历史学专业、学科发展的成绩、缺陷、不足和潜力分析得很细很深,也很客观实在。如果没有对历史学的热爱这么一股职业精神,如果没有对学校、对学院深深地热爱这么一股归宿感、认同感和使命感,作为一名已经退休的老职工,是绝对不会对于学校历史学专业、学科发展念兹在兹的!在讲到学院、专业和学科发展时,黄先生语速明显地慢了下来,好像是为了让我听得更真切、更仔细、更容易放在脑海里似的。他说,改革开放以来,市场经济对历史学科冲击很大,特别是集中在对精英人才、高层次人才队伍建设的冲击上,要把我校的历史学院建设得更强大、更有竞争力,重点是关注人才,抓紧人才队伍建设,保持中国通史队伍不垮不散,人心不乱,首先是要有一支完整的队伍能够支撑人才培养;只有这样,才能不断提升科研和学科的质量与实力。他认为,师范大学历史学专业与学科的优势在"通史"队伍;没有完整的队形、队伍,就不可能提升我校历史学专业、学科的整体实力。黄先生对人才培养中的师德、师能现状表现了深深地担忧。他认为,现有的职业水平评价、职称评聘体制、机制,严重冲击了教师的职业情趣和职业使命,使他们重科研,轻教学,不专注教学和人才培养,把当人民教师的荣光变成了"当教书先生"的职业尴尬,他们不能以人才培养、教书育人为中心安排、统筹自己的教学和科研。黄先生极为关心历史学科博士点建设,他把中国历史学一级学科博士点比喻为学院发展的"撒手锏",核心竞争力的关键。他对于2005年博士点申报失利,可谓痛心疾首。他说,江西师范大学历史学科建设一级学科博士点,寄托着数代师大历史人的重托和希望,每每看到与我们办学层次、水平和学科实力差不多,甚至是比我们差的学校都上了历史学科博士点,这个滋味真不好受啊!他说,失利了不可弥补,只能承认我们又一次丧失了历史的机遇,但是,组织工作一定要好好总结教训,向别人学习,一定不要泄气,一定要搞上去!临结束时,他千叮咛万嘱咐,一定要抓住眼前这次申博机会,打个漂亮的翻身仗!言谈之中,他没有哀怨,没有责备,也没有失望,而是帮我们出主意、想办法,鼓励我们积极进取,再接再厉。当时听得我豁然开朗,信心满满。在告辞的时候,黄先生在家门口紧紧地长时间握着我的手,嘱咐我处理好学校管理、教学研究和生活的关系,叮嘱我保重身体,珍惜健康。这既包含着一位长者对晚辈的深情关切,又像是一位老朋友的谆谆告诫。

从黄先生家告辞出来,我一直觉得浑身有一股暖流周身流过,有一股生生不息的干劲在遍身涌动。

三、相知黄先生

2009年底,我的《史学理论:唯物史观的视域和尺度》由华中科技大学出版社修订再版了。承蒙我办刊时的老友、时任《江西社会科学》杂志主编的余悦研究员的好意,希望我能请一位名家为拙著写一篇评论,放在他们的"好书新评"栏目中发表。我当时略有犹豫,带有推辞之意。余主编决然地说,既然是修订再版的书,说明书的质量较高,也有读者需求,我们专栏的任务就是推荐、评介好书,你如果推辞,那就由我们找作者吧!话说得这么彻底,大有却之不恭之感!我只好说,省得你们麻烦,还是由我请专家吧。因为在初版时,已有老、中、青数位知名专家为拙著写过评论,如陈启能、马敏、陈锋、何晓明、黄长义、刘保昌教授(研究员)等等。思来想去,就请黄今言先生吧!下定决心后,心里还是没有底的:一是黄先生年事已高,写书评是很费力费神的事情,怕累着他了;二是黄先生是史学界响当当的史学家,是前辈学者,担心请不动。经过我与师兄马敏教授商量,他大胆地鼓励我说,黄先生是很乐于扶持后学的,他在华师大担任博导期间,大家对他的评价非常好,只要他身体允许,是一定会为学术界谱写一段佳话的。经此一番激励,我在2010年春天的一个下午,将拙著毕恭毕敬地送到黄先生府上,请黄先生指教,并提出,希望黄先生能够拨冗为此写一篇书评,由《江西社会科学》发表。黄先生很认真地翻检一遍书后,爽快地应允道,书印制的好,内容更好,有很多我感兴趣的内容,我来写篇评论吧。他看了看我,继续平和地说道,我写好后,请你也看看,帮忙提提意见,看是否合适吧。在哪里发表,倒是无所谓的事情。听到黄先生这么一说,我心中的一块石头终于落了地!果然如马敏师兄所料,黄先生是一个极好打商量之人,是一位乐助后学的长者,真正具有大家风范!三个月后,黄先生打电话告诉我,书评已经写好,篇幅有万字之长;他还是谦虚地希望我看看,唯恐有失。我说,大家手笔,哪能有失,真诚感谢提携后学!书评发给《江西社会科学》后,余主编他们甚是重视,赶紧审稿,很快发表于该刊当年第9期。编辑部对黄先生写的书评评价甚高,认为是一篇有深入研究的学术评论,既有肯定和褒扬,又准确地客观地指出了书中存在的不足,客观评价为学术评论树立了榜样。

稍后的一个下午下班时间,我在老校区与健身归来黄先生相遇。因为申博失败,当时历史学院同仁都异常沮丧,情绪颇为压抑。我也在好长一段时间心情沉重,郁郁不欢。因此,这次突然相遇黄先生,倒是脑筋急转弯得快,想到了去年春季黄先生就博士点的谆谆嘱托,更觉得与黄先生不好相见,想来当时我的表情一定十分难堪羞涩!倒是黄先生好像看破了我的心思一般,主动喊了我一声,像是有话要对我说。我只好赶忙迎过去,与黄先生寒暄。黄先生也怪,只是紧紧地握着我的手,并没有想说话的样子。过了一会,他松开我的手,关切地说,辛苦了,辛苦了!晚则晚矣,气不可泄,从头再来!他的语气是那样坚毅,口气是那样宽容,表情是那样宽厚,模样是那样宽和,一下子让我愣住了。等我约略缓过神来,只听到黄先生温暖地说,辛苦了,早点回家休息吧!他的意思是,他都知道了,清楚了,不必我们再伤心地感慨一遍。原来,黄先生是那样理解我们,体谅我们。我不记得我们那天是如何分手的。

2016年春节前夕,学校委托我在老校区走访部分离退休老领导、老专家、老职工。走访结束后,我专程到黄先生家里去看望他,提早给他拜年,祝他身体健康,阖家欢乐!另外有一件事情,要当面向他报告。在今年下半年,就要迎来黄先生80华诞,他的学生们、亲友们都想庆祝一番。这既是一番好意,也是人之常情,更是尊老爱老的中华优秀文化传统。我听说在举办的方式上,他的学生们有不同主张,但出发点和目标都是一样的,是好的。我担心因此把事情耽搁了,就很想当面听听黄先生自己的意见,以便把此事落实、办好。黄先生非常客气地感谢了我的好意。他说,大家记得我,关心我,我很高兴,也很感动。我不希望兴师动众,烦劳大家,既浪费金钱物质,又耗费时间精力,这样就给大家添麻烦了。我工作几十年,教学科研小有成就,靠大家鼓励和帮助,我尽了一点绵薄之力,更是应该的,一定不要烦劳大家。如果大家希望在一起切磋学问、砥砺学术,我乐于参加、一起分享。黄先生从书房里拿出一本河南大学庆祝著名历史学家朱绍侯教授九十华诞的学术论文集、一本郑州大学庆祝著名历史学家高敏教授八十华诞的学术论文集给我看,直说这种形式好,老少同乐,实实在在,促进了学术探讨。我表示赞成,并说,别人能够做到的,我们也能做好! 说罢,黄先生很快将话题转移到传承、弘扬谷霁光先生学术精神上。他饱含深情地说,他能够走上中国古代史研究道路,在中国秦汉史研究上小有所成,得益于谷老的教诲与帮助。他对谷老的怀念与感激,是一贯的,如他在一篇学术《自序》中写道:"1961 年大学毕业后,留校任教。随后,有幸师从谷霁光教授学习秦汉魏晋南北史,在谷师的指导下,几年中我逐渐懂得了治学门径,注重理论学习与资料建设。"①黄先生向我详细介绍了谷老是如何指导他研读古籍,从基本的专业史料到"二十四史"的读书方法;指导他学习唯物史观理论,运用唯物史观观察历史问题;指导他发现问题,收集史料研究问题,运用史学理论与方法解决问题;指导他将观察、思考、研究心得写成文章,帮助他修改;指导他树立正确的科研态度,力戒浮躁,杜绝不端,不急功近利,不心浮气躁,沉下心气搞研究。他说,谷老对他最大的影响有三点:一是对学术达到了痴迷的程度,所以终生献身史学,成为一代著名历史学家;二是对学术的态度,一丝不苟,严谨踏实,张扬了良史精神,成为后世楷模;三是业精于勤,通过勤奋学习,对史料的掌握达到了炉火纯青的地步,为后人景仰。他说,我们应该多研究谷霁光先生的学术成就和史学思想,将他为史学研究所做的贡献传承下去。他谈起谷霁光先生的学术点滴和细节,如数家珍,无限怀念,令人同情共感,心心相通!

几十年来,黄今言先生既教书育人,桃李满园,他获得了全国优秀教师荣誉称号,被评为教授二级,可谓实至名归;他又埋头科研,笔耕不止,仅从 1979 - 2015 年间,已出版高质量的史学著作,如《秦汉赋役制度研究》《秦汉军制史论》《秦汉经济史论考》《秦汉商品经济研究》等八部,在《历史研究》《中国史研究》《中国经济史研究》《中华文史论丛》等重要期刊发表学术论文八十余篇,若加上 1979 年以前发表的文章共计

---

① 黄今言:《秦汉史文存〈自序〉》,江西人民出版社,2016 年,第 1 页。

百余篇,可谓是成果丰硕！历史学是与史料打交道的基础学科,起点高,要求严,难度大,功夫细,要取得一点一滴的成绩,都非易事！黄先生对史学研究的体会是,"师传有道唯尚德,治史无奇但求真"①,真是好意境。但是,可以想见,在"尚德"与"求真"的漫漫史学之路上,黄先生有多少付出,流了多少艰辛的汗水,恐怕只有"冷暖自知"②了！他在《中国史研究》《历史研究》等权威刊物发表文章,是他数十年奋斗的结果;学术的功德圆满,靠勤奋不辍,靠点滴积累。谷霁光先生曾说过,"聪明加勤奋,乘以时间,等于成就"。

"所谓大学者,非谓有大楼之谓也,有大师之谓也"③,师大有黄今言先生,这是我们的骄傲！大儒者,"术德兼备"④,"道德文章"⑤,师大有黄今言先生,这是我们的荣幸！"经师易遇,人师难遭"⑥,师大有黄今言先生,这是我们的福气！

（作者简介:张艳国,江西师范大学副校长、二级教授,历史学博士、博士后,博士生导师、博士后联合导师,中国史学会理事,江西省2011协同创新中国社会转型研究中心主任,国务院津贴专家）

---

① 黄今言:《秦汉史文存〈自序〉》,江西人民出版社,2016年,第7页。
② 鲁迅:《〈故事新编〉序言》,《鲁迅全集》第9卷,人民文学出版社,2014年,第279页。
③ 梅贻琦:《在国立清华大学校长就职典礼上的演讲》,1931年12月2日。
④ 胡先骕:《教育之改造》,《胡先骕文存》(上),江西高校出版社,1995年,第409页。
⑤ (南宋)辛弃疾诗句:"道德文章传几世,到君合上三台位。"见辛诗《渔家傲·为余伯熙察院寿》。
⑥ (东晋)袁宏:《后汉纪》。(北宋)司马光《资治通鉴》写作:"经师易得,人师难求。"意思一样。

今言吾师：永远感怀的师生情谊

吴 琦

时光荏苒，转眼之间黄今言老师已届八十华诞，令人不禁感慨，思绪万千。

1980年，我踏入江西师范大学历史系，彼时我并未清楚意识到我的一生将与历史学研究紧紧相连。四年之后，我拿到了历史学学士学位，走出了江西师大，同时跨入了华中师大的校门攻读历史学硕士学位。毕业之后的30余年，我一直从事历史学的研究与教学，于此而言，在江西师大的这四年本科阶段的学习对我一生的事业具有极其重要的意义，成为我专业发展的起点与基础。

回望大学四年的学习生活，紧张而自由，积极而自主。然而，由于当时师资的有限，给我们上课的老师并不多，开设选修课的老师则更为寥寥。客观而言，课堂上的学术引导少之又少，但恰恰是在这种有限的受教环境中，我经历了终身受益的熏染和教导，对我走上学术道路、端正学风具有直接的影响。这不得不感谢黄今言老师。今言师是本科阶段对我影响最大的老师之一，他对我的教诲、引导与鼓励，至今历历在目。

今言师给我们80级开设了两门课程：一是基础课程"中国古代史"的前半段，二是选修课程"秦汉史专题"。"中国古代史"用的是系中老师们的自编教材，上下两册，十分简单，打印与装订近乎粗糙与简陋，属于非正规出版物。正是用着这种自编教材，今言师给我们讲授了从远古到魏晋南北朝的历史。在我的记忆中，今言师课堂上十分严肃，多数时候都是坐着授课，可谓正襟危坐。虽戴着眼镜，双目却炯炯有神，讲授时目视上方，深邃而严正，令我们顿生敬畏与高山仰止之感。今言师上课喜提问，故而同学们在课堂上多紧张认真，不敢松懈。课堂中常有史料的征引和解读，这对于提升同学们的分析和理解能力极有助益。我的"中国古代史"课程，上半段学得最为扎实，与今言师的严谨学风及严格要求密切相关。

"秦汉史专题"是我们本科四年为数不多的专业选修课程之一，也是对我今后走上学术道路影响巨大的课程之一。那四年对我影响最大的专业选修课程一共有三门:杜德凤老师的"太平天国运动专题",课中杜老师对于学术动态的介绍以及期末考试的口试方式,令我深受教益;许怀林等三位老师开设的"江西地方史",系统梳理江西地方的历史人文,引领我们抄写、句读线装的地方志书,在本土史的讲授中脚踏实地训练我们的史学基本技能;今言师的"秦汉史专题"于我而言的意义在于:学术意识的培养和学术信心的树立。今言师的秦汉史选修课不是古代史秦汉部分的简单扩展,而是专题形式的问题分析,客观上培养了我史学研究中的问题意识。这门课程的考试形式是开卷,撰写课程论文,同学们自选内容,自拟题目。我当时谨记今言师的教导,一切从材料入手。我翻阅了《汉书》,最后依据《西南夷列传》写了一篇近4000字的小论文,当时为什么选择这个内容我已没有记忆,但这件事情对我的影响一直是刻骨铭心的。这篇论文是我在大学四年中写过的唯一一篇课程论文,更是我认真查阅史料、独立思考、严谨规范的第一篇学业论文。这份课程作业,今言师给了我"优秀"的成绩,并在班上进行了表彰,这深深地触动了我的心灵,让我在专业学习的懵懂中,找到了重要的自信,也坚定了我走学术道路的决心。当时的这种感受,我至今记忆犹新。所以,我此生坚守学术研究,今言师无疑是最有力的推动者。

今言师在学术上言传身教,有两件事情我一直难以忘怀。

有一年今言师患了严重的腰椎间盘突出,入院治疗,我们一些同学轮流去医院协助照顾,一人半天。轮到我的时候,那半天仿佛是在工作室度过的。整整半天的时间,今言师让我与他一起做了一件事情:校对。他的大作出了样稿,需要全文校对。今言师拿着手稿,我拿着样稿,我念,今言师对,我们师徒二人完全沉浸于学术作品,今言老师全然不像在养病,我更不像是去照看病人的。整个过程之中,我既为今言师学术至上的精神所熏染,也在史学的基本功方面得到了今言师的直接指点,受益匪浅。

四年级的时候,我们几个同学去今言师家,今言师见去的都是爱学习的几位同学,便给我们谈了许多治学方面的问题,尤其是细谈了他治学的心得。他把我们带到他的卡片柜前,拉开一排一排的卡片盒,给我们介绍他是如何做卡片,如何分类,如何使用等一系列方法。这个对于我太重要了,成效也十分明显。我进入研究生阶段之后,史料的查阅与收集基本上就是按照今言师的方法,用卡片抄录,然后分类,再遴选运用。

毕业之后,我在武汉攻读硕士学位,但与今言师的师生情谊一直延续着,我们始终保持着联系。早先从老家吉安到武汉都要经过南昌,每次抵达南昌时我都会去看望今言师,并向他求教,今言师总是不厌其烦,无论是在研究领域的选择、研究理论与方法,还是在学术发展规划等方面,他常娓娓道来,为我答疑解惑,始终是一位和蔼的引领我成长的好师长。今言师外出开会,如果经过武汉,我也会去迎接,并借机讨教。

令人回味的是,在我工作之后的有一段时间,我跟今言师尚有书信往来,谈的当然还是学术问题,当然更多的也还是我的讨教。2000年后,今言师挂靠华中师范大学历史文化学院中国古代史博士点招收博士研究生,那个时候,我也已经开始招收博士研究生了,于是,我可以在其中做一些协调的工作,但也因博士培养的事情,今言师来武汉的机会多了,博士开题、答辩等今言师都得要参加。那几年,是我工作之后与今言师见面最频繁的几年,也是我们交流最密切的几年。

这些年,随着事务的增加,工作的繁忙,我一直未能拜见今言师了,尤其是大广高速贯通之后,每次开车回吉安老家探望父母都不再经过南昌,交通愈发达,我们的见面反倒变得困难了许多。

人们常说,人生得一知己足矣,但我想说,人生得一良师足矣。因为今言师的言传,我得到史学与史识的良好训练,得以初窥史学门径,得以树立史学研究的兴趣与志向。因为今言师的身教,我学会了甘守平淡,坚守信念,无论在何种环境中始终不改学术研究的初衷。可以说,今言师不仅影响我的成长和发展,而且对于我成为一名教师之后的立身、履职、敬业影响深远。长期以来,我在学生的培养过程中,十分注重学生的内在想法、素养、兴趣,以鼓励和引导为主,尽力助推学生走上良性的发展轨道,这些皆是传承了今言师教书育人的理念。

三十年弹指一挥间,今言师已从壮年迈入耄耋之龄,岁月苍老了他的容颜,却始终改变不了他的治学精神,也始终无损他对学生的关爱之情,而我得诸今言师者甚多,回报今言师者甚少。"岁老根弥壮,秋深叶更荫",唯愿今言师生命之树与学术之树长青!

(作者简介:吴琦,华中师范大学历史文化学院院长、教授、博士生导师)

认真 严谨 执着
——黄今言先生印象记

陈晓鸣

我是1988—1991年师从黄先生攻读中国古代史专业秦汉史研究方向的硕士研究生,毕业后留校任教,一直在先生关怀和指导下学习、工作。在多年的交往中,先生给我的总体印象是:认真、严谨和执着。

作为一名教师,先生教书极为认真,有着强烈的敬业精神。每上一门课,先生总是事先写好讲授大纲,并详细列出史料及参考书目,人手一份,要求我们认真预习。而他自己授课,也从不马虎,每堂课必须事先准备,教案总是非常工整。先生至今仍保持一个习惯:若是次日有课,当天晚上一般是不接待客人的,实在不得已,在接待完客人之后,不管多晚,老人家都要认真看一遍教案,方可安然入睡。先生讲课,形神专注,十分投入。每每进入角色,就情动于中而形于色,语调抑扬顿挫,如痴如醉,别有韵味;而且内容广博,资料丰富,从不妄言虚构;每一观点,均排比史料,探究源流演变,丝丝入扣,层层递进,事情之来龙去脉,昭然若显。先生告诫我们的常言之语是"讲课要言之有据、言之有理,又得观点鲜明、重点突出",谓之"敲钉子",落到实处。

先生在长期的教学实践中,逐渐形成一套独特而实用的方法:每一专题,事先介绍基本线索、基本史料、研究动态;尔后针对重点、难点进行深入分析、系统讲授;值得研究的问题,大家讨论,集思广益。在这一过程中,既增强了教学内容的系统性和科学性;又培养了学生独立思考、刻苦钻研、善于质疑和释疑的能力;同时也拓宽了学生思路,提高了学生的科研素质。听先生讲课,如饮醇酿,久而弥甘;如含英咀华,回味悠长。经先生指导的学生,成果迭出,有的一两年内在省级以上刊物发表学术论文六、七篇,多的达十余篇,其中不少为国家级刊物上的优秀成果,从而形成了一个较为庞大的学术群体,也使江西的秦汉史研究在全国占有一席之地。

由于先生对教育事业的突出贡献,曾多次荣获"教书育人奖"、"教学优秀个人奖"、"教学优秀成果奖";1992年起享受国务院"政府特殊津贴";1995年获国家教委、人事部授予的"全国优秀教师"称号;1999年又获"曾宪梓教育基金会"二等奖。

作为一名学者,先生治学十分严谨,成果丰硕。老人家做学问,从不东拼西凑,而是以专题为主干,计划周密,有章可循。先是确定选题,次则做论文索引、了解学术动态,再次收集资料,列出详细研究提纲,继而发表系列论文,整理出版专著。20世纪80年代初,先生着重"秦汉赋役制度"专题研究,先后在《中国史研究》《中华文史论丛》《秦汉史论丛》等刊物发表了《汉代田税征课中若干问题的考察》《西汉徭役制度简论》等近十篇高质量论文,出版了《秦汉赋役制度研究》一书(江西教育出版社,1987年版);80年代末90年代初,先生着力从事"秦汉军事史"专题研究,先后在《历史研究》《中国史研究》等国家权威刊物发表了《汉代期门羽林考释》《汉代型募兵试说》等十数篇优秀论文,相继出版了《秦汉军制史论》(江西人民出版社1993年版)和《东汉军事史》(合作,第一作者,军事科学出版社1998年版)两部专著;90年代中期以来,先生在"秦汉经济史"专题研究领域用力颇勤,在《中国经济研究》《中国社会经济史研究》等刊物发表了《汉代庶民地主的形成及其历史地位》《汉代关市贸易》等十数篇优秀论文,出版了《秦汉江南经济述略》(主编,第一作者,江西人民出版社1999年版)和《秦汉经济史论论考》(中国社会科学出版社2000年版)以及《秦汉商品经济研究》(人民出版社2005年版)三部专著。先生的学问是环环相扣,依次递进。先从赋役制度入手,研究经济基础,进而研究政治、军事,和上层建筑相结合;反过来,又重新审视社会经济,探究上层建筑和经济基础的互动作用。因此,先生的成果厚重而扎实。这些论著,以开拓求实、见解精辟,创获殊多,成一家之言,而倍受史学界赞誉。其中有的论文在《光明日报》《文汇报》等十多家报刊同时报道或转载;有些论文被《东洋史研究》《骏台史学》《东方学》《中国研究月刊》等多家外文刊物转载、介绍或发表书评予以评价。

由于在科研上的重大贡献,先生多次获得江西省社科优秀成果一、二等奖。其学术传略被收录《中外名人辞典》等十余部书中,并连续兼任了中国秦汉史学会副会长、中国经济史学会理事等职。

按理说,先生已经出版了多部学术专著,发表论文也80余篇,共计300余万字,这在秦汉史研究领域已属凤毛麟角,功成名就了,所谓"船到码头,车到站",应该好好休息。作为学生,我也时常相劝:"千好万好,不如身体最好。"但先生却云:"身体固然重要,但学人无学术,活着也不是味道。"近些年先生又出版了《秦汉史丛考》(经济日报出版社2008年版)、《秦汉史文存》(江西人民出版社2016年版)等专著,先生视学术如生命,其执着的精神,真是难能可贵。

作为一名长者,先生扶掖后学,诲人不倦。老人家十分关心学术梯队和学科建设。在先生指导和扶掖下,不仅我们学院已有从事秦汉史教学和研究的人员多名,而且在全国其他地方亦为数不少。据不完全统计,在先生指导的本科生毕业论文中,发表了十多篇;而先生扶掖的非秦汉史专业的研究生中,发表了秦汉史方向的论文亦达近十篇。

先生对于我们这些已毕业走上工作岗位的同志,也十分关心其学业的成长。间或不搞研究,或一年未发表论文,先生都要过问并予敦促,对于我们每一个选题,先生均给予关注,有时亲自参加讨论,口传心授,耳提面命。曾记得我们交给先生的读书笔记和作业,先生拿到后,一字一句认真审阅。每次从先生手中领回习作时,看到字里行间已是圈圈点点,勾勾画画,还有不少中肯的眉批旁注,大到选题框架,小到行文修辞,无不点拨,受惠委实不少。

先生在学科建设上,也倾注了大量心血。老人家在学术界有着极好的人缘,和全国知名学者林甘泉、熊铁基、李根蟠等诸位先生保持密切的交往。想当年,我们学院申报专门史博士点,先生或亲自出马,东奔西走;或是电话联系,积极张罗;或是亲自秉笔,构架申报材料,着实花了功夫。不仅如此,先生也很重视资料建设。为充实专门史硬件设施,先生在选购图书资料上精打细算。为了避免资料的重复建设,老人家亲自上资料室了解学院图书状况,尔后认真钩索,分门别类列出十数页详细的购书清单,而且不顾寒暑,亲自跑书店选购图书。为了节省经费,先生还亲自与书店经理谈判,争取折扣,多买图书。事无巨细,均要亲自过问。直至现在,先生还十分关心学院的各项事业,尤其是学科建设,并经常提出意见和建议,充分体现了老一代学者的良知和责任。

原刊于《穿过历史的烟云》,江西高校出版社2000年版,有修改

(作者简介:陈晓鸣,江西师范大学历史文化与旅游学院副院长、教授)

黄今言先生的《秦汉军制史论》读后

李祖德

黄今言先生撰著的《秦汉军制史论》,由江西人民出版社出版后,引起了国内外秦汉史学界的关注。

军制史是军事史的一个重要组成部分,也是军事学与历史学的一门交叉学科。所谓军制,是国家或政治集团关于组织、管理、发展和储备军事力量的制度。但是,长期以来,有关我国军制或军制史的研究非常薄弱。在卷帙浩瀚的中国古代战争理论著述中,大多集中在战略、战术和作战指导思想方面,而对军事力量建设则往往为人们所忽略。在许多类书中虽有"兵类"之设,但不列"兵制"之目。《新唐书》首创《兵志》,但涉及军制不多,很不系统。古代战争理论对军制学的不够重视,以致在南宋以前还不见有军制方面的专著问世。到了南宋,陈傅良才撰写了我国古代第一部军制通史《历代兵制》。至于秦汉军制方面的史料,更是少得可怜。一部大量记载秦汉史料的《汉书》,连"兵志"也没有设列,而把有关军事方面的史料附属在《刑法志》中。南宋钱文子采摭群书,辑纂了《补汉兵志》。这是一部断代军制史专书,但由于"史阙其文","而其纤悉未能尽载此书也"(见《补汉兵志》陈元粹序),可见只是汇集有关史料,比较粗略。近年来,熊铁基先生撰写了一本《秦汉军事制度史》专著,填补了秦汉军制研究的空白,功不可没。但是熊著的侧重点在于历史学。作为军事学与历史学交叉的军制史,熊著在两者的结合上,似嫌不够;而黄今言先生的《秦汉军制史论》,在军事学与历史学两者的结合上,弥补了熊著的不足,因而具有自己的特色与风格。

翻开《秦汉军制史论》,我们可以发现该书对军事术语规范化的运用是准确无误的。我们长期从事历史学研究的一些学者,由于过去对军事学缺少了解,尤其对军事学术语往往处于一种若明若暗的状态,例如什么叫"军事领导体制"、什么叫"武装力量体制"等等,对这些概念的基本含义与内容往往搞不清楚,因此就很难对军制的内容作出科学的概括,从而也很难揭示军制的发展规律。黄今言先生充分吸取了军事科学现有的研究成果,把军制的内容划分为军事领导体制、兵役制度、武装力量、军事编制、军队训练、武器装备、士卒给养、军事费用、军法与奖惩等几个方面,并对每个方面的具体内容作了比较合理的安排,例如对军事领导体制,其主要内容"除最高军事统帅皇帝之外,包括太尉(大司马)、郎中令、卫尉和中尉、军事主官,职责明确,统制严密,旨在保证国家军权高度集中,以实现有效的领导和统一指挥。"又如对武装力量的构成主要是"包括中央军、地方军、边防军以及它们各自的任务、兵力、调发和统属关系等。以保证各武装组织形成整体力量,有效地运用其完成作战任务。"再如对军队编制的内容,"包括各军、兵种的建置,兵力组合的规模,军队编制及标志等。以保证各军、兵种及人和武器装备的有机配合,形成强大的战斗力"。由于黄今言先生充分利用军事学对军制所规范的科学界定和合理的划分,因而在全书的章节安排上,布局比较科学合理。全书除了绪论之外,共分为十一章。第一章是统御机构,也就是军事领导体制;第二章是兵员的征集,也就是兵役制度;第三章是中央军,第四章地方军,第五章边防军,讲的是武装力量的构成;第六章军种、兵种和编制,讲的是军队的组织编制;第七章军队的训练与校阅;第八章武器装备;第九章给养与转输;第十章军事费用;第十一章军法与奖惩。全书结构严密,层次分明,自成系统。

　　黄今言先生除了充分利用军事学研究的成果之外,同时又充分发挥他的历史学专长。众所周知,黄今言先生长期从事秦汉史研究,曾著有《秦汉赋役制度研究》一书,根底深厚,因而他在撰写《秦汉军制史论》时,不是就军制论军制,而是把秦汉军制放在整个社会经济的发展中进行考察,正确阐明秦汉军制与社会经济的辩证关系。他认为,经济基础在很大程度上影响和制约着军制的发展。例如封建土地所有制与兵役制度密切相关。西汉文景时期农夫"著地",自耕农较多,兵源充足,征兵制得以推行;而在西汉后期及东汉一代,随着大土地私有制发展,农民纷纷丧失生产资料而破产,结果征兵制松弛,而逐渐改行招募。只有把兵役制度与封建土地所有制联系起来进行考察,才能找到兵役制度变化的根源。经济基础决定着军制的变化,而军制也对经济基础起反作用,例如汉代的军屯,不仅就地解决了部分军粮的供给问题,而且对开发西北地区的经济也有积极的意义。类似以上的精辟论述还有很多,不能在此一一列举。

　　黄今言先生认为,秦汉时期的军制不是一成不变的,由于受到当时政治、经济诸因素的制约,它在不同历史阶段,呈现出不同的特点。根据秦汉社会经济的发展变化,他把秦汉军制划分为五个阶段,即统一后的秦王朝、西汉建立之初、汉武帝即位之后、王莽新朝时期、东汉时期。通过对五个阶段的论述,力求反映各个不同阶段的特点,从而清晰地展示了秦汉军制的演变过程,这在以往的著作中是不多见的。总之,由于作者对秦汉社会经济研究根底深厚,因而把秦汉军制的发展与社会经济联系起来进行考察,使这一著作视野开阔,角度新颖,令人耳目一新。

秦汉是我国历史上一个重要的时代,上承殷周,下启魏晋隋唐。作者在撰写《秦汉军制史论》过程中,充分注意了这一时代的特点。全书在每一章的开始,用较多的篇幅把问题的来龙去脉叙述得清清楚楚。例如第一章统御机构中,首先叙述"文武分职的发展"。作者认为,周代虽已是泱泱大国,"但也还没有建立起一个独立、完备的武官群体","职官制度的特点就是军、政统一,文、武不分途"。春秋时期,国家的上层统治官员仍然是文、武不分。"寓将于卿",平日理政是卿,战时统兵即为将,没有专门的武职。到了战国时期,各国为了适应兼并战争的需要,当时要求一批具有专门军事专长的人来担任各级军官,并要求保持军官队伍的相对稳定,于是出现了文、武分职,开始有了"将军"和独立的军事系统。随着文、武分职的发展,秦汉时期的军事统御机构日渐完备。作者通过对文武合一到文武分职的论述,把秦汉军事统御机构的形成与渊源作了交代。又如第二章兵员的征集,首先论述了"集兵方式的源流"。作者指出,统治者为了保障兵源的补充,曾实行过多种集兵方式。早在商代,士卒由贵族和平民充任,奴隶只能担负战争时杂役,无权当兵。西周集兵方式沿袭商代的征兵制,贵族子弟担任车乘的"甲士",一般平民充当徒兵(即步卒),奴隶只能随军服杂役。自春秋到战国,征兵对象有了很大的变比,主要来自农民和中小地主,同时也役及妇女。到了秦汉时期,集兵方式曾经实行过征兵制、谪戍制、志愿兵制("私装从军"),募兵制和刑徒兵制等各种不同的形式,其中征兵与募兵制是主要的集兵方式。这样,作者通过简单明了的论述,把集兵制度的源流演变,呈现在读者面前,使人一目了然。作者不但注意秦汉军制演变的"源",而且也非常重视秦汉军制对后世所产生的深远影响,也就是重视秦汉军制发展的"流"。例如作者认为,秦汉以后的各朝,其集兵方式一般皆沿着征、募兼行的轨迹发展。"三国初期,以募兵为主。稍后,募兵兵源不足,便实行兵、民分别立户,士兵世代为兵,形成世兵制,出现大量的职业兵和部曲兵;而局部地区也实行征兵制。隋及唐前期,把府兵制与均田制结合起来,实行征兵制,后来由于均田制破坏,府兵社会地位下降,大量逃亡,故从玄宗开元十一年起,改行募兵制。从此,府兵制逐渐被募兵制所代替。随后,五代至宋朝,主要实行募兵制。但至明代又复实行征、募兼施的制度。可见,以征、募为主的集兵方式,自汉代开创后,多为历朝所沿袭,它几乎成为中国古代集兵制度的一条规律"。作者通过这一段论述,不但为中国古代集兵制度找出了一个重要的源头,拓展了视野,而且也突出了秦汉军制在我国古代军制中所占的重要地位和重大意义,从而加深了对秦汉军制的理解。

在《秦汉军制史论》中不乏新见。有许多论述,创获殊多。例如在论述秦汉时期中央军与地方军的关系时,作者认为"当中央军强大有力、中央集权制国家巩固之时,地方军随时听命中央的调遣和支配,并效力于中央王朝;但若中央军一旦削弱,出现了封建的分裂割据,而私兵、部曲强大之时,那么地方军往往便成为中央军的对立面,而加速中央王朝的灭亡"。又如在论述集兵方式复杂多变时,作者认为"在和平时期,兵役制较为单一稳定,应役条件高,人民的兵役负担稍轻。而在战争年代,则兵役制度不稳定,征募范围广,士卒成份复杂,人民的兵役负担也为加重"。这些论述,不但颇具见地,而且也发人深思。其他如对步兵种类的划分、战时用兵量以及秦汉兵力总额的测度等问题,过去论及较少,而作者敢于遇难而进,发前人之所未发。

尤其难能可贵的是,作者对秦汉史研究中的许多分歧问题,并不回避,而敢于发表自己的意见。例如有的论著认为,"秦汉时期文武不分途","官吏的文武区分也不严格",所以当时也就没有《兵志》之类的记载。黄今言先生对这些论点表示了不同的意见。又如有人认为,整个秦汉时期均实行了"凡民皆兵"。黄今言先生对此也表示了异议,认为整个汉代"凡民皆兵"是缺乏充分根据的,而"民多买复","民多复除",正是从事实上乃至制度上对"凡民皆兵"说法的一种否定。再如秦代的"始傅"年龄,目前史学界存在着分歧,有十五岁、十六岁、十七岁之说。黄今言先生过去曾持"秦为十七岁始傅"说,而在《秦汉军制史论》中经过考证,认为秦代是十五岁"始傅"。这种实事求是的精神,充分表现作者对待学术问题的科学性与严肃性。

综观全书,作者并不拘泥于一物一事的考订,而是从宏观上把握住历史发展的脉络,形成了具有较高的理论特色。但是在具体论述时则注重材料的引证,使所持理论言必有据,详密而不繁琐。当然,书中有些问题还可以作进一步讨论,有些问题尚展开不够或没有提到,如秦汉的驿站邮传制度,在军事上具有重要的作用,也是军事通讯联络制度的一个重要组成部分,多年来学术界的研究成果不少,而书中未予应有的篇幅进行论述。又如武官的选任制度,主要包括各级武官的选拔、任用、考核、军爵、秩品、俸禄、致仕制度等,书中未单独专列章节予以系统的论述。再如秦汉时期的军制思想、观点、理论的发展演变,书中根本没有提到。由于存在以上这些美中不足的问题,致使秦汉军制史所包含的基本内容和体系尚不够完善。但不管怎样,从目前秦汉军制史的研究状况来看,它无疑是一部高于前人、比较全面系统论述秦汉军制的重要学术著作。

(作者简介:李祖德,中国社会科学院历史研究所研究员)

说《秦汉军制史论》的创获

霍印章

由黄今言教授著、江西人民出版社出版的《秦汉军制史论》(以下简称《史论》)一书,共十一章,30万字。《史论》体系科学、完备,史料翔实、丰富,考辨精微、确当,足以成一家之言。综览全书,实为近年来秦汉军制史研究中的一部很有学术价值的著作。

秦汉时代,是中华民族开创大一统的历史时期,其经济、政治、军事、文化制度均影响深远,垂及2000余年。因此,秦汉军制的研究历来受到重视,代不乏人;尤其是西汉军制,在历史上备受推崇,各种论著甚多。但是,以往对秦汉军制的研究,多限于一事一物、一制一典,或集中于某几个专题。如著名的宋人陈傅良《历代兵制》、钱文子《补汉兵志》以及今人对秦简、汉简、兵马俑中大量军事内容的研究等等,虽然贡献很大,但都没有从宏观上对秦汉军制史绘制出一幅完美的蓝图。《史论》的问世,恰恰弥补了这一缺憾。作者以马克思主义的唯物史观为指导,从秦汉军制发展沿革的全部史实出发,将其划分为"领导体制、兵役制度,武装力量,军事编制、军队训练、武器装备,士卒给养,军事费用,军法与奖惩"等九个方面,揭示秦汉军制固有的内涵,展现秦汉军制的历史全貌,阐明了秦汉军制与秦汉政治、经济、文化、地理环境、战争实践之间的内在联系及其发展规律。从而对秦汉军制史做出了全面的分析总结,创立一个较完备的体系。

《史论》内容的富赡,令人叹为观止。作者"取前人之已有,阐前人之未发",广征博采,探微摘伏,较以往秦汉军制史研究的一切著作都有过之而无不及。从马列经典著作、古代历史文献,到今人的研究成果和出土文物,无不应有尽有,涵盖无遗。全书援引各类论著200余种,其中仅秦汉竹简、木牍方面的专著即达18种之多。对于史料的运用,分析和把握,则处处体现着宏观与微观的统一,文献与文物的结合,定性分析与定量分析的相得益彰。以从来无人做过具体研究的秦汉军费为例,既有养兵费、武器装备费、边防工程费、战争费、军功赏赐费、安葬抚恤费、归降费等7项定性分析,又有平时,战时和不同战争规模下每年支出分别以百万、千万、十余亿,数十亿的定量分析;既有算赋、口赋、更赋共72亿多的基本来源,又有军队屯田、以訾征赋、赋外征调、假王侯租赋、减省官俸、盐铁官营、卖爵鬻官等补救措施;既以大量历史文献中的一般平均物价做依据,又以大量居延汉简中的个别具体物价做参考。这样详尽地占有史料,做全面、深入、精当的分析研究,全书各章无不如此,实为秦汉军制史研究中所难能可贵。

《史论》对秦汉军制研究中长期以来存在的大量学术争鸣问题,都一一做出了自己的独到的回答,新见频发,卓识迭出,议论中肯,多所折中。例如,秦代军制中到底有无太尉一官职,许多权威性专著人言人殊,都没有从秦代或秦国的史料中找到直接有力的证据,无法统一人们的认识。而《史论》的作者则慧眼独识,恰恰在《吕氏春秋·孟夏纪》中发现了秦有太尉官职的直接证据,从而了却一桩久争不休的悬案。又如,汉武帝创设的期门、羽林禁军,是否属于南军,也是学术界争议颇大的一个问题。从王应麟的《玉海·兵制》到郭沫若的《中国史稿》,都说期门、羽林属于南军,而《史论》则指出,统辖期门、羽林的光禄勋和统辖南军卫士的卫封皆位列九卿,官秩平级,二者不能互相隶属;卫尉职掌"殿外门舍",光禄勋职掌"殿内门舍"。二者的职能关系不容混淆。汉武帝增设期门、羽林的目的,正是为了强化光禄勋的郎卫,"使郎卫、南军,北军这三支武装力量得到平衡,以利互相牵制"。并从兵役性质和兵员的身份、地位,来源等方面考辨了期门、羽林与南军卫士的具体区别,从而令人信服地阐明了期门,羽林隶属于郎卫而不隶属于南军的问题。再如,秦汉时期士兵的服装,到底是由个人"自备"还是由官府供应,这也是学术界的热门话题之一。《史论》一方面从《史记》《汉书》《后汉书》、秦始皇陵兵马俑,云梦睡虎地秦简,居延汉简中引出充分史料,表明秦汉政府给所有各类士兵部发放统一的制式军装,并有发放标准、品种、数量、时间,方法的规定和服装制作,储存、缝补等具体情况的记载。另一方面又指出,秦简中也确有士兵向家中写信要钱要衣服的事实。但这是为了补充官府供应的不足,而不是士兵衣服必须由个人"自备"的证据,从而澄清了学术界在这一问题上的歧议。此外,有关秦汉正卒的役期、将屯的内涵、更三品的实质、募兵制的起源等有各种不同认识的问题,《史论》都通过究始末、探源流、察沿革、辨是非的精详周密考证,实事求是地还历史以本来面目。拨乱反正,正本清源,承前启后,继往开来,这便是全书的突出特色和贡献。

附记:本文原题为《简评〈秦汉军制史论〉》,刊于《军事历史》1994年第2期

(作者简介:霍印章,中国军事科学院军科战略部研究员)

古代商品经济断代研究的力作
——黄今言先生的《秦汉商品经济研究》

徐卫民　方　原

商品经济是中国古代社会经济的重要组成部分,在历史进程中具有自己独特的产生、发展过程,对中国古代社会起着重大影响,秦汉时期是中国古代商品经济发展的关键时期与高峰期,秦汉商品经济研究无疑也是中国古代商品经济研究的重点。改革开放以来,有关秦汉时期商品经济的研究已经取得了一定的成就,可谓硕果累累,然而至今未见一部断代的秦汉商品经济研究专著问世,这不能不说是学术界的一个遗憾。黄今言先生著《秦汉商品经济研究》(人民出版社,2005年3月出版)一书的出版填补了空白,弥补了这一缺憾。《秦汉商品经济研究》一书以马克思主义经济学说为指导,将历史文献记载与考古资料相结合,对秦汉商品经济的发展、特征等方面作了深入研究,在前人研究基础上屡有创见新识,较全面反映了秦汉时代商品经济发展的全貌。

《秦汉商品经济研究》一书积作者多年研究的成果与心血,内容丰富,是中国古代商品经济断代研究的一部力作,有益于古代商品经济领域研究的深入。

学术界一般认为"商品经济是以社会分工为基础,以商品生产和商品交换为主要内容,以货币关系为典型特征的经济形态"。《秦汉商品经济研究》一书紧扣商品经济概念这一主题设计篇目,抓住了研究的核心。全书共分为七章:第一章绪论部分概述了秦汉时期商品经济发展的轨迹、程度以及当时商品经济与自然经济的关系,力求使读者从中获得对秦汉商品经济的宏观或总体认识。第二章论述秦汉商品生产的发展及其主要特征。商品生产是实现货物交换的前提与基础,也是商品经济的基础。本章从手工业、农业领域中的商品生产着手进行研究,同时也注意到商品生产的表征与局限。第三章论述秦汉商品交换与商业形态的发展。从商业行业、商品种类增多、地区之间商品交换加强等方面论述商品交换范围的扩大,同时对直销、贩运、囤积、市肆四种商业形态发展以及节驵侩与商品交换中的买卖契约进行了细致考察。第四章论述秦汉商品市场的层次结构与发育状况。对当时的农村市场、城区市场、边境市场、域外市场及商品市场的发育状况作了探究。第五章论述秦汉商品价格与货币在流通中的地位。对主要商品价格进行了具体陈列,分析了商品价格波动的影响因素和政府平抑物价的政策与措施,使读者得以了解秦汉时期商品价格大致情况。还对货币在秦汉社会经济生活中占据的重要地位进行了分析论述。第六章论述秦汉商人的崛起与商业资本的投向,对当时商人的基本构成与他们的社会地位、变化及其对商业资本的投向做了考察。该书最后一章论述了秦汉时期消费观念与消费结构的变化。对消费特点及其对社会经济的影响做了归纳和剖析,这也可看作是作者对商品经济与社会文化意识形态关系方面的创新性论述。综观全书,可以发现其篇目设计紧紧围绕商品经济这个主题展开,从多方位、多角度进行论述。全书结构体系严整,使读者对秦汉商品经济得到较全面认识。

《秦汉商品经济研究》一书体现了作者强烈的问题意识。历史研究需要问题意识已成为史学研究者的普遍看法。本书作者黄今言先生是秦汉史研究领域的著名学者,国家改革开放和市场经济的发展使其对商品经济和传统市场有了较多的关注(见本书后记),这本身就体现了作者对现实的关注和强烈的问题意识。秦汉商品经济研究在改革开放以后取得了一系列成就,如何在前人基础上有所创新,必须具有强烈的问题意识。只有对前人研究中的疑点、难点、盲点进行探索,才能对学术有所贡献,黄今言先生很好地做到了这一点。《秦汉商品经济研究》一书处处体现了作者的问题意识,对学界未达成一致意见的秦汉商品经济发展表征作者发表了自己的看法。对以往学者没有涉及或较少论及的内容,例如:秦汉商品生产的特征,田庄主的商品生产,直销、贩运等四种商业形态,秦汉时期农村市场的数量及规模,秦汉商品市场的发育水平和功能,秦汉时期的货币铸造量,秦汉商品人社会地位的发表变化,等问题均一一作了深入、细致的考察、分析,填补了秦汉商品经济研究的众多空白。消费问题是商品经济研究的一个侧面,黄先生通过对史料研究,指出秦汉时代"消费观念由尚俭向崇奢演变",又论述了消费结构的改善和消费水平的提升,还对消费特点及影响作了分析,完善了对商品经济的整体把握,对商品经济与社会文化意识形态的关系也是创新性研究。中国古代自然经济与商品经济的关系以及古代商品经济与自然经济为何长久共存是两个重要且有争议的问题。关于前者,有学者认为"封建经济不一定都是自然经济,地主制经济与商品经济有本质联系",也有学者认为"自然经济和商品经济结合,而以自然经济占统治地位,是中国封建经济结构的特点。"黄今言先生通过对秦汉史实的分析,认为"在秦汉地主制下的自然经济与商品经济之间,是在互补与矛盾过程中运行的,二者的关系是互补与矛盾的关系"。这一观点的得出不仅对秦汉时期自然经济与商品经济关系作了一个有益的结论,对整个中国古代商品经济与自然经济的关系研究而言,也不失为是公允的结论。对于后者,前人多从封建生产方式的"坚固性和内部结构"着手研究。黄先生则提出要重视长期战乱、多政权并立及货币紊乱对商品经济发展的影响,强调了货币流通在商品经济发展中的重要作用,为我们洞察中国古代商品经济与自然经济长期共存的奥秘提供了新的思维。这些创新结论体现了黄先生从微观到宏观的研究,使《秦汉商品经济研究》一书具有更高的学术价值。

《秦汉商品经济研究》一书详略得当、重点突出,叙述严谨。有关秦汉商品研究已取得了一定的成果,如果对每一部分都展开进行详细论述,只是重复前人、无效劳动而已。该书作者对于前人研究较多且取得学界公认的部分,经过自己的吸收、消化,在著作中只是进行简单叙说,对有待进一步研究和作者有所心得的地方,则着力用墨,进行认真细致考察与探索。这就使得《秦汉商品经济研究》一书纲举目张、详略得当、重点突出,避免了某些著作为了结构完整而充涨内容那样的不良效果,全面提升了全书的学术质量。该书在研究方法上将历史文献与考古资料相结合,从而弥补了商品经济研究资料不足的缺陷,作者每一个结论的得出都是建立在翔实的资料占有上。在叙述过程中,作者本着知之为知之,不知为不知的严谨学术态度,对没有确证材料证明的问题如"市掾"与"市啬夫"的关系等进行了存疑,这就在揭示问题的同时也指出哪些问题尚未研究或有待进一步研究,为后人研究提供有力帮助。由于本书作者治学严谨、写作重点突出,又占有丰富资料,因此本书所得出的"秦汉时期的商品市场,不仅地区性市场在空间得到了扩展,初步形成了全国广阔的大市场,而且市场的发育水平,已进入了中国古代社会前所未有的新阶段"(该书第215页)等结论均是公允的。

《秦汉商品经济研究》一书之所以能获得成功是与作者黄今言先生长期以来的辛勤努力分不开的。黄先生从80年代起开始关注秦汉经济史研究,先后出版《秦汉赋役制度研究》《秦汉江南经济述略》《秦汉经济史论考》等著作,发表了大量论文。在秦汉商品经济研究方面,黄先生先后发表了《两汉工商政策与商品经济述略》《汉代贩运贸易论略》《论两汉时期的农村集市贸易》《汉朝与边境少数民族的关市贸易》《汉代农业商生产的群体结构与发展水平之评估》《汉代专业农户的商品生产与市场效益》《秦汉商品经济发展的表征的局限》《论秦汉商品市场发育水平的几个问题》等论文,《秦汉商品经济研究》一书是在上述高质量论文基础上完成的,是作者"十年磨一剑"学术精神的结晶,展现了作者严谨、求实的学风,达到了"务实求真、填补空白、有所创新"的目的。

当然《秦汉商品经济研究》也有些微瑕疵。张弘先生著《战国秦汉时期商人和商业资本研究》(齐鲁书社,2003年6月出版)一书系统研究了战国秦汉时期商人和商业资本的发展,对秦汉商人崛起和商业资本流向有所涉及,似应列入本书引用及主要参考书目当中。此外本书对秦汉时期市场功能作用的发挥等论述还有可以进一步深入之处。

总而言之,作为具有开拓性意义的古代商品经济断代研究力作《秦汉商品经济研究》一书值得研读。

(作者简介:徐卫民,西北大学文化遗产学院教授、博士生导师;方原,西北工业大学人文与经法学院教授)

自然经济与商品经济的互动
——黄今言教授《秦汉商品经济研究》评介

臧知非

一般说来,中国封建社会是自然经济的时代,无论是男耕女织式的个体小农,还是广占土地——剥削佃农或者依附农的地主经济,其生产都是以消费为主要目的,从生产属性上说,都是自然经济。这和欧洲中世纪没有本质的差别。但是,中国的封建社会又一直存在着世界上其他民族的历史所不曾有过的比较发达的商品经济,无论是个体小农,或者是地主,其生产都不可避免地和市场有着千丝万缕的联系,或者是被动地将自己的产品卖出,买进生活生产必需品,使自己的产品转化成商品,或者有目的地从事商品生产获取利润;更有众多的专门从事商品生产的手工业者;官营手工业作坊也部分地从事商品生产,这些都共同地演奏着我国传统的商品经济交响曲。因而从经济结构上说,我国封建社会的经济发展是自然经济和商品经济互动过程,虽然自然经济始终居于主导地位,但商品经济的作用不可低估。认识自然经济和商品经济的互动过程不仅是认识中国封建社会经济规律的关键,而且是把握中国封建时代社会矛盾变迁的核心。因而,科学地揭示中国封建社会自然经济和商品经济的发展状况,也就成为史学研究的重要任务。

自从马克思主义史学开始建立以来,人们就开始系统地研究中国封建社会经济结构及其变迁。但是,由于历史的局限,无论是研究的视野还是所运用的理论和方法都经历过探索的曲折历程。在 20 世纪 50—60 年代关于中国封建社会经济形态的研究,较多地受到农民和地主之间的阶级冲突的局限,着重于小农经济和地主经济的形态及其相互关系的研究,对工商业生产及其产品流通分析较少,对宋朝以前的商品经济研究就更少了。直到 70 年代末以后,人们才逐步摆脱以往教条主义的影响,开始深入科学地探讨中国封建社会发展演变的内在逻辑,全面地考察封建社会经济形态,特别是社会主义市场经济建设的提出,促进了人们对封建社会商品经济的研究,一系列经济史著作的问世和大量的相关论文的发表,极大地深化了对我国历史规律的认识。

通观以往论著,按照其内容可以分为两类,一类是通史式经济史著作,即全面论述某一个朝代或者整个封建社会经济演变的著作,另一类是专门论述某一方面内容的专史,如土地制度史、赋税制度史、货币制度史,工商管理史、经济思想史、商业发展史,等等。专门系统讨论某一个朝代的商品经济形态的著作则不多见,而全面论述秦汉商品经济的著作则还是个空白。人民出版社2005年3月出版的黄今言先生的《秦汉商品经济研究》正填补了这一学术空白。众所周知,秦汉是我国统一帝国时代,又是我国封建社会大发展的时代,奠定了此后封建社会形态的基本格局,深入探讨其政治、经济、文化的运动逻辑是准确把握封建社会运动规律的前提,尤其是秦汉的手工业和商业高度发达,无论是生产技术还是其产品的流通管理以及商品生产在社会经济结构中的比重,不仅达到了前所未有的程度,而且在相当长的历史时期内一直处于历史的高峰而未被突破,直到唐朝才有所改观。因而准确把握秦汉商品经济形态不仅是秦汉史研究的重要内容,也是认识我国封建社会历史的重要一环。因此,本书的出版,无论是对秦汉史研究,还是对我国封建社会形态研究,其学术意义的重要都是不言而喻的。

黄今言先生对秦汉经济史研究有素,曾先后出版过《秦汉赋役制度史》《秦汉江南经济述略》等专著,发表过一系列秦汉经济史论文,《秦汉商品经济研究》就是对以往研究的深化和升华,全书七章33万多字,在回顾、总结前人研究成果的基础上,从理论到事实全面地探讨了秦汉四百余年商品经济的发展状况。通观全书,我以为最突出的特点有以下几个方面:

第一是内容上的系统性和全面性。以往研究秦汉经济史或者商业史的论著,有断代式的,也有通史式的,有的偏重于史料的考释,有的偏重于经济思想的分析。无论其内容有何不同,都对秦汉商品经济给予了足够的重视,都有专门篇章讨论秦汉的商品生产、流通和管理以及物价等等。但这些著作共同的不足都在于没有从"商品经济"的完整定义出发考察秦汉商品的构成、形态、生产、管理的全部过程,对其发展演变的内在逻辑的分析当然也就谈不上系统性。众所周知,商品经济的核心是商品生产,按照恩格斯的定义:"我们所说的'商品生产',是指经济发展中的这样一个阶段,在这个阶段上,物品生产出来不仅是为了供生产者使用,而且也是为了交换的目的;就是说,是作为商品,而不是作为使用价值来生产的"。(《马克思恩格斯选集》第三卷第381页)可见,只有生产者在生产过程中已经能够具有出卖产品的既定目的的生产才是严格意义上的商品生产。至于那些本来不是为了出卖但因为某些客观因素而转化为商品的生产是不具有商品生产性质的。在我国历史上,这样纯粹的商品生产固然发达,但数量众多的个体农民尽管在主观上不是为了出卖而生产,但在客观上不可避免地将其劳动产品卖出,无论是粮食还是其他手工业产品,都有一部分转化成为名副其实的商品。也就是说,市场上流通的商品,除了商品生产的产品以外,也有很多是非商品生产的产品,而这些非商品生产的产品恰恰构成了我国历史上商品结构的重要组成部分。秦汉时代尤其如此。这首先要在理论上历史地分析自然经济和商品经济的关系问题,而后再遵循马克思主义经济学原理探讨古代商品经济的发展演变。《研究》首先在理论上辩证地分析了我国封建社会自然经济和商品经济是"互补"和"矛盾"的统一体,对以往的种种争论作出了自己的理论解释,形成自己的体系,而后系统地探讨秦汉时代商品生产、商业形态、市场结构、货币体系与商品价格、商业资本的流动等问题,从而完整地反映了秦汉时代商品经济的发展状况,把秦汉经济史研究推向了新的深度。

第二,从方法上看,《研究》采用纵横交错的方法,尽可能地立体再现秦汉商品经济的历史面貌。历史是由时间和空间构成的,考察任何历史现象都必须考虑到时间和空间的差异。秦汉历史四百余年,制度、政策、社会结构、经济形态都有着巨大的变化;同时因为自然环境和历史传统以及民族文化的不同,秦汉的区域发展很不平衡。研究商品经济自然要注意这些变化和不平衡性。以往研究,对秦汉历史的纵向演变注意的比较多,对区域差别分析的不够。虽然有研究秦汉区域文化的专著论述秦汉区域文化的差异,但那是以广义的文化为研究对象的,是对各地的地理环境、人文风俗、物产构成的全面描述,对区域性的商业行为以及各区域间的商业交流留意较少,更没有从商品经济的层面考察各地的区域差异。《研究》一书在纵向考察秦汉商品经济变迁的同时,着力考察商品经济的区域差异,弥补了这方面的不足。如在"秦汉商品市场的层次结构与发育状况"章中,著者既考察了城市市场和农村市场的层次性,又考察了边境市场以及域外市场状况,并考察其相互关系,同时考察了内地"跨郡县的在自然条件基本相近情况下所形成的市场,其交换范围不受一郡一县的限制,而又带有明显的地域性色彩"的市场。这不仅有助于对具体问题的认识,而且在方法上对其他问题的研究也有启示意义。

第三,在论述过程中,宏观和微观辩证运用,深化了对具体问题的研究。史学研究中的宏观和微观是辩证的统一体,没有宏观的思考,微观研究就会失去探索的方向;没有微观的论证则导致宏观思考的空疏。真正的史学研究必须做到宏观和微观的统一。这个道理,从事史学研究的人都是知道的,但在具体的学术研究过程中限于种种主、客观的原因,并不一定都能做到。特别是对资料缺乏而又为历代学者精耕细作的秦汉史而言,要做到宏观和微观的辩证统一困难就更大了。在这一方面,《研究》也做出了很好的努力,取得了出众的成就。从谋篇布局上说,作者对秦汉商品经济的历史面貌和发展逻辑是有着长期思考的,有自己成熟的看法;在具体论述过程中,则尽量寓论于史,通过微观分析表达自己的观点。如"秦汉商品价格与货币在流通中的地位"章,在思想上有着深刻的思考,通篇都是详细的考证,通过具体问题的微观考释说明秦汉商品价格的纵横变迁和货币职能的实际作用,而后再分析其原因。又如在"秦汉商品市场的层次结构与发育状况"章,从篇名看,这无疑是有着鲜明的时代感的学术命题,但是行文并没有任何时髦的理论发挥,而是运用传世和出土文献以及其他考古资料尽量复原秦汉时代的市场状况,探索其管理制度。又如在讨论个体农民与市场的关系时,这可以说是证明自然经济和商品经济互动关系的基石,因为就整个中国封建社会而言,小农经济都是国家存在的基础,男耕女织式的家庭劳动组合是社会劳动的主要形态,小农经济是自然经济的主体(与小农经济相对的是地主经济,地主经济也有着自然经济和商品经济的双重性格),只有从事实到逻辑得出小农经济和商品经济的不可分割,才能全面说明我国封建社会商品经济形态的内在规律性。对于这个问题,以往学者曾经做过很好的努力,但大都泛泛地从社会分工的角度进行理论分析。《研究》没有从理论上重复前人的劳动和结论,而是通过对典型个体农民生产收入的详细计算,说明小农经济和市场的千丝万缕的关系。尽管这种计算还有其局限,有着一定的逻辑推论的成分,具体的计算结果可能存在着这样那样的不足,但是这种谨慎务实的学风无疑是值得称道的,得出的结论也更有说服力。

以上,主要从宏观的层面就《研究》的方法、内容谈点个人看法,对《研究》所讨论的具体问题没有作出评论。学术研究,贵在创新,没有新见解的著作是谈不上"学术"二字的。从这个角度用审视的目光评析《研究》一书,这无疑是一部高质量的学术著作,这不仅体现在以上所指出的方方面面,而且表现在对诸多问题的讨论上著者都有自己的见解,譬如秦汉商品生产的特征与局限问题、市场体系的层次结构、市场发育程度、个体小农与地主田庄的商品生产的比重,货币功能及其原因,等等,著者都自己的看法,或者填补以往的空白,或者深化前人的认识,而所有这些又构成一个完整的研究体系。对这些具体问题的认识,无论同意与否,读者都会从中有所收益。这些读者自会感受,无须笔者赘言。

本书在内容上如果能对土地制度、赋役制度与工商业发展的关系再作出深入系统的说明,将更有助于人们对秦汉时代以及整个封建社会自然经济和商品经济互动关系的理解,从而有助于对封建社会发展规律的把握。众所周知,在农业社会,生产资料的根本体现就是土地,市场上流通的所有商品都直接或者间接和土地发生着联系,商品经济的发展演变和土地制度的变迁密不可分,特别是在我国封建社会早期,尤其如此。如战国时代是我国商品经济的兴起时期,恰恰是国家授田制度全面实行时期,也是中央集权的君主专制政体形成时期。从法律上说,所有土地都归国家所有,由官府按照一定标准授给农民耕种,农民按照规定向官府交纳田租和服徭役(包括兵役),这些授田民就是我国最早的个体小农,他们就是在国家授田制之下从事最早的商品生产,战国时代许多商人的原始身份就是这样的授田民。从张家山汉简看,起码在西汉前期继续着战国秦朝的授田制度,而西汉前期正是汉代商品经济凯歌行进的黄金时代。其原因固然多样,如当时的天下一统、黄老政治、工商政策等等,但还有一个更深层次的原因不为人所注意,这就是授田制度和赋役制度:是当时的授田制度为那些工商业者提供了必要的经济资源,提供了从事经济作物种植、畜牧以及矿冶业所必需的山林牧场和矿源土地,这就是当时把山川林泽折合成良田授予农民的制度。按战国西汉的授田制度,标准良田每夫百亩,劣质土地则增加授田数量,那些山川林泽在折合成良田授予农民以后,就成为那些叱咤风云的畜牧业主、种植业主、工矿业主从事商品生产的原始资本。此外,和授田制度并行的定额税制——实物和货币并举而以货币为主的制度强制性地把授田民和市场联系在一起,使广大的五口之家、百亩之地的授田民不得不把自己的农产品通过市场转换为货币以交纳规定的赋税,从而把自己的产品转化为商品,被动地和市场发生关系,客观上推动了商品经济的发展。不仅在汉代如此,在以后的各个朝代,都是如此,尽管以后的封建王朝并不存秦汉式的授田制度,但土地制度和赋税徭役制度无不影响着商品经济的走向和特征。黄今言先生对我国经济史研究有素,更是秦汉史研究专家,对此自然有高明的认识,可能是另有考虑,在本书中才未予深究。在这里,笔者只是谈谈自己的体会,向黄先生请益并和学界同仁交流而已。

原刊于《中国经济史研究》2007 年第 1 期

(作者简介:臧知非,苏州大学社会学院教授、博士生导师)

一部研究古代江南经济的拓荒之作
——读《秦汉江南经济述略》

陈世象

司马迁在论及江南社会经济时说,"地广人稀","饭稻羹鱼","无冻饿之人,亦无千金之家"。此语既说明了江南从远古起就是一方风调雨顺的富庶土地,亦揭露出至司马迁作《史记》时,江南经济开发程度之低,生产和生活水平相对于中原发达地区不可同日而语。然何以如此,《史记》并无细言。中经西汉后期至东汉一代,由于江南人民的辛勤劳作、积极开发以及中央行政管辖的加强,江南经济状况大有改观,经济地位相应提高。但是,秦汉时期江南经济到底经历了怎样的发展、变化,取得了什么成果,江南经济有何区域特色,经济的发展对社会其他方面有何促进等等,对这些问题,前人的论述不多,今人的研究也很不够。

令人欣喜的是,秦汉史研究领域的著名学者黄今言先生在近几年组织几位颇具功底的年轻学人,以江南的区域经济为主题,通过整理文献记载和考古材料,撰成了一部学术专著——《秦汉江南经济述略》。全书23万字,1999年5月由江西人民出版社出版。这是秦汉史界的幸事,也是经济史研究的一项丰硕成果。

拜读之后,我以为本书在如下几个方面给人以深刻的印象:

首先一点是该书自成体系,成一家之言。秦汉时期,尤其是东汉以前,全国的政治、经济文化中心在黄河中下游地区,而江南地居楚越,人口稀少。但是,这并不意味着江南的社会发展没有进展可言。从史书的零散记载中,人们已略知江南非荒芜之地,在江南的部分地区,先秦时期即有吴、楚、越等政权的经营,这些政权还一度与中原诸侯争雄,说明江南得到过一定程度的开发。《史记·货殖列传》更把江南作为一个经济区来描写,而大量的考古材料更揭示了江南经济已有了相当可观的发展成果,在某些方面已不落后于先进的中原地区,如漆器、青瓷、造船等,对中华文明都作出了重大贡献。

正是基于这样的认识,《述略》一书的作者在梳理文献材料的同时,广泛搜求、占有考古材料和相关研究成果,构建了一个精审的论述系统,分别从人口、自然资源和生态环境,农业经济的开发及其区域特征,手工业成就及其与中原的关系,交通运输业的开拓和管理,城市兴起与商业的演进,赋役征课与人民的反抗斗争等方面展开论述。从自然状况(人口、资源、环境)到发展成果(农业、手工业、交通、商业),把江南区域经济的状况、成果及其特色系统地展现在读者眼前,从而勾勒出一幅丰富多彩的古代江南经济生活的画卷,使人对秦汉江南经济有一个整体的认识,殊为不易。

论述系统的精心构建,既是该书的一个显著特点,也是该书一个独特的学术贡献。它不仅以西汉后期为分界线,将秦汉江南经济的发展分为前后两个阶段,而且从生产力角度,抓住自然资源、农业、手工业、交通、商业等几个方面进行了重点论述。同时还突破了以往此类学术著作只搜集、整理、堆积材料的通病,为研究中国古代区域经济开辟了一条极具学术意义和参考价值的路子。该书不仅为人们了解、研究秦汉江南经济提供了一个大致完整的框架和思路,具有拓荒意义,而且总结、归纳了有关秦汉江南经济的文献材料、考古材料及研究成果,具有集秦汉江南经济研究成果之大成的意义。

该书具有拓荒意义之处还表现在作者发前人所未发,所论所述条理分明,新意迭出。首先,把"人口、自然资源与生态环境"作为实论的开篇,表明了主编在构思选题结构时既具有强烈的时代感,抓住了我国当前经济发展过程中所面临的突出问题——人口、资源与生态环境,目的是"为现实提供历史依据和借鉴",使该书具有明确的理论价值和实践意义;又具有敏锐的学术眼光,因为唯有把这种事关经济史研究的基础性问题弄清了,才能使具体的经济问题如农业、手工业、交通业、商业等的研究条理分明地一一展开,细细道来。在本章中,作者在交代完民族和人口及数量分布、流向、气候、资源等具体问题后,专节写了"自然灾害与环境保护",重点探讨的是"人们对生态环境的认识和保护",这是前人所论不及或论述不多的一个问题。探讨中的一些提法也颇具新意,如作者认为"秦汉江南人口的大幅度增加跟传染病的防治有密切的关系";秦汉所建驰道均植树于道侧,其目的之一是防治空气污染,如此等等。

本书探讨的虽然是江南(区域性)经济的问题,但作者在深入研究秦汉江南经济所独具的地方特色的同时,态度鲜明地注意到了江南经济与中原经济的比较,对两个区域经济之间的联系、不同作了详细的论述。如农业一章,作者在论及江南农业的区域性特色时,对江南人民在兴修水利、利用水资源方面的贡献,就是结合中原地区的不同情况进行对比,展开讨论的;在手工业方面,作者在详细介绍了江南手工业的特色、成就之后,专节论述了"江南手工业与中原的关系",认为"中原与江南地区的手工业之间,存在着相互交流与相互影响的关系"。作者进而认为:"一种文化在其发展过程中,不可避免地要受到他种文化的冲击和影响。"正是民族之间的交往和融合,文化之间的相互影响和相互渗透,促进了全社会的经济发展。在论及商业时,作者专门就江南经济区与全国各大经济区之间的商业往来情况进行了梳理和研究。作者不仅注意到了区域间经济发展的不同及相互影响,并且对其原因作了有理有据的分析,观点令人信服。

关于徐福东渡,历来颇多争论,但一般均认为徐福东渡的目的地是日本。然本书作者在梳理出秦汉时期处于江南的几条海上交通路线后认为,徐福东渡的目的地可能是台湾。其说令人耳目一新。

该书的再一特色是材料翔实,言之有据。作者用力甚勤,占有大量的文献和考古材料。全书引用文献资料120余种、考古资料70余种,全书的注释多达数百条。凡所论及的观点都有大量的史实做依据,不尚空谈,学风扎实,治学功力是比较深厚的。同时,在研究方法上注意到了计量分析,操作也较规范。如关于江南城市,作者精心设计了几个规范的表格,在此基础上总结出江南城市建置的若干特点,这既有利于我们了解江南城市的情况,对研究北方乃至全国的城市状况也有参考意义。类似的表格在全书各章中均得到了很好的体现和运用。

掩卷思之,笔者深感本书不仅学术品位较高,填补了古代江南经济研究的空白,而且版式设计新颖,制作精良,一扫以往学术著作版式呆板的旧貌,是一部内在品质上乘、外在形式精美的学术著作。

诚然,与其他学术著作一样,本书也存在着某些缺陷和不足,如个别章节的研究广度有余,但深度分析不够。关于江南农产量的估计,只是提出了一个新的思路,结论仍然有待探讨。同时希望作者能尽快把"江南土地制度与阶级关系的变化"的研究成果拿出来,贡献于学界。

原刊于《江西社会科学》2000年第2期

(作者简介:陈世象,江西人民出版社编审)

读黄今言先生的《秦汉商品经济研究》

王　亮

　　黄今言先生的新著《秦汉商品经济研究》(以下简称《研究》)一书,已于2005年3月人民出版社发行,此书是作者经过十余年的研究且在发表六七篇系列论文基础上完成的。全面系统地研究了秦汉时期的商品经济,全书33万余字。可谓填补了历史上断代商品经济研究这一领域的空白,具有重要的理论和社会价值。对当前的市场经济建设也有重要的借鉴作用。

　　拜读《研究》后,深受启发,我觉得该书有以下几个显著特点。

　　1. 结构稳健,自成体系。作者从多角度、多层次对秦汉的商品经济进行了全方位的探讨。全书共分七章。第一章为绪论,第二章论述当时商品生产的发展及其主要特征和局限。第三章阐述商品交换与商业形态的发展,第四章探讨商品市场的层次结构与发育状况,第五章论证商品价格与货币在流通中的地位。第六章探讨商人崛起与商业资本的投向,第七章讨论当时消费观念与消费结构的变化。全书紧扣生产、交换、流通、消费等,进行了充分论证,而且颇具特色。各章节都在一个大要点的带动和理论的指导下,形成一个全面而多层级的论述分析。既有对前人研究极少的商品生产、商业形态、市场深层分析、社会消费等问题的探讨;又有对几乎所有经济部门的全景式描述。在对部门经济进行描述时,既涉及农业,手工业,畜牧业,林业,矿业等横观面的论述,又论及这些部门经济的发展水平,包括人口,土地,赋税等纵向指标,而且时时关注国家的经济政策的变化及其对经济的影响。其实经济史是以人为中心的生产、分配、消费的历史。经济史研究的基本框架是由人的观念与物质生产方式的互动构成的。以往,学术界常常将二者割裂开来,归入不同的学科体系加以研究。这样不但不能给人们一个系统完整的认识,同时还使原本生动的历史失去了应有的灵性。该书的作者乃成功地将两者结合起来,在一定程度上实现了物质层面与观念层面的统一。这种独特新颖的研究法不仅为我们研究史学开创了一种崭新的科学的便捷的高效之路,又有利于我们驾驭研究领域,使研究对象呈现出高清晰多层次的立体感。"读史明智",历史研究的社会功能贵在具有认识价值,即以历史的经验教训作为参照,来深化和指导现实的认识。这个认识价值是可以实现的,但又不是轻而易举的。要达到这个目的,其前提条件在于历史研究的成果必须为现实服务,必须揭示历史的本质和规律。作者站在历史与现实的交点上指出:社会只有在流动之中才会有活力,商品经济只有符合自身的经济规律才能发展。这是基于对秦汉商品经济作了客观的分析和深层思考,引人注目。

2.务真求实、多有创获。作者经过长期对秦汉商品经济的研究,不囿陈说,提出了许多富有新意的创见。例如:他指出秦汉商品生产的特征是:从其生产主体看,有私营,也有官营,而私营往往受到官营或"抑末"政策的制约;从产品结构看,品种多样,但农业的商品化程度比手工业低;从地域分布看,各地发展不平衡,中原内郡远比边郡国发达。关于秦汉的商业形态,作者认为当时有直销、贩运、囤积、市肆零售等四种。其中对贩运商业的渊源、经营范围、地域等作了详细论述。在概括秦汉贩运商业的发展趋势时指出,从贩运的商品内容来说,由主要贩运各地的名贵珍品,发展到大量贩运盐铁等民间生活、生产必需品;贩运商的成分,由六国的旧贵族后裔,民间自由商人,逐渐发展到地主,官僚等各色人物;贩运商的经营方式,既有个体经营,也有合伙进行。并形成一定制度;再从时间上看,私营贩运商业除在汉武帝时期受到较大抑制外,于西汉前、后期及整个东汉基本上皆处于发展态势。同时,也说明了秦汉贩运商业发展的原因和意义等。又如:在评估秦汉商品经济发展的水平和程度时,作者认为,当时商品经济的发展,主要体现在:商品交换比先秦加强。不仅区域之间交换扩大,交换主体广泛,而且交换渠道有了很大拓展。再是都会市场比较繁荣。全国各地涌现了十余座卓然不凡的"天下名都"。那里市场规划整齐,肆店林立、商品种类很多,商贾济济等,市场体制基本确立。还有就是货币流通量较大。黄金和铜钱的货币职能表现突出。它既是价值尺度,交换媒介,又是支付、贮藏手段。货币发行量之大,流通速度之快,在中国古代社会是空前的。但仍然存在历史的局限性,这就是商品生产总体水平滞后,基本上还停留在简单商品生产阶段。同时,商业环境较差,垄断多于竞争、市场机制不健全。这些看法都是发前人所未发,新意迭出。再如:关于秦汉社会各阶级的生活消费,这是学术界长期忽视的一个课题,本书用了一章的篇幅对此进行了详尽的论述。作者认为秦汉时期农民家庭的生活消费,主要是维持最低限度的生存消费,如口粮、食盐、衣着等。"养生"和"送死",较为简单。至于发展消费、享乐消费、精神文化消费等,对他们来说是无缘的。豪商家庭的生活消费,在西汉前期,一般比较俭约或是"简朴",但随着社会物质财富的增长和商品经济的发展,自西汉中期以后,他们的消费观念和消费水平便大有改变,由简朴趋向奢靡。大夫邓通"以铸钱财过王者",灌夫"家累巨万"成都罗氏"訾至钜万",鲁人丙氏"富至钜万"等,为了满足他们享乐的要求,各种精致的纺织品生产出来,酿酒的品种也大有增加,铜器、玉器、漆器式样繁多,集实用观赏性于一身,美轮美奂。当然,消费与生产有密切关系。在任何社会,生产都是消费的前提,没有生产就没有消费。汉代的生产力提高,商品经济的发展,为人们的消费提供了有利条件,但是消费也刺激或促进了生产的发展及市场繁荣。作者在宽领域、多渠道的视野中剖析经济,故能够做到恰如其分的评价,得出自己独特而又合乎历史实际的见解,所以在理论上多有创新。

《研究》一书的创获,还表现在对一些有学术争议的问题,提出了独特的见解。例如:过去一般认为,东汉时商品经济"萎缩",但作者根据大量史实得出了相反结论。认为当时从事商业活动的人增多,商人地主化的倾向更为明显,对外贸易更为频繁,铜钱并未超出流通领域。国家财政收支、民间贸易等仍以金属货币为主要流通手段。事实说明东汉的商品经济仍处于持续发展阶段,并逐渐纳入了封建地主制见解的轨道,成为地主制经济的有机组成部分。又过去有学者说秦汉时期已形成了"全国性统一大市场"。但作者认为当时的市场虽然比较广阔,但它是地域市场在空间的拓展,是简单货物交易的大市场,并未形成全国统一市场。这主要是因为各地经济发展不平衡,黄金与铜钱无法定比价,没有统一的市场价值、价格机制、价格制度不健全。当时还不可能使各种生产要素都纳入市场,成为国民经济关系的枢纽,使市场成为社会经济资源配置的基础等。此类例证很多,总之,不是人云亦云,都是在潜心研究后提出独自的学术见解,而且言之有据,论证有力,给人很大启迪。

3. **史料宏富,考证严密**。《研究》一书,引证的文献考古资料很多,除《史记》《汉书》《后汉书》《三国志》等正史外,还引证了大量的类书,政书及简牍、画像砖、画像石等,有关反映秦汉商品经济的史料几乎"竭泽而渔","一网打尽"。作者为了揭示丰富的历史内涵,反映历史真实,将商品价格的涨落变化,通过现有资料,制作了大量的表格,如地价表、粮食价格表、副产品、蔬菜价格表、生活生产用品表、畜产价格表、市场贸易统计表等。为说明商人的数量及小农的生活状况等,还制订了家庭收入支出表、商人数量测估表、自然灾害表等。这些表格是作者在阅读大量文献资料后精心制作汇集而成的,使读者阅读起来十分方便与明了,不仅可以加深对秦汉商品经济的认识,而且也有助于了解当时政府统制经济平抑物价等的政策措施。因此大大提升了该书的学术价值和现实意义。由于作者一贯治学严谨,他对许多史界有疑义的问题,做了严密的考证。例如自汉武帝元狩五年(公元前118年)至平帝元始年间(公元5年)有关五铢钱的铸造量问题,学界对《汉书·食货志》的有关记载的认识存在分歧。有学者将"二百八十亿万"的"亿",视作十万,认为当时的铸币是"二千八百亿"之多;有的学者将"二百八十亿万余"的"亿"视作万万,把"亿万"的"万"去掉,径作"二百八十亿"文。作者通过对"亿"和"亿万"二词的考证,认为西汉五铢钱的铸造量,不是2800亿,而当是280余亿多。理由是西汉铜的年产量和铸币水平还不可能超过唐宋时期。考证精辟,论证有力可信。再如:关于商人群体的社会构成问题,目前学界有多种划分法:有的从商人的社会身份划分;有的从商人的资本大小划分。而作者主要是从商业形态、经营方式来探讨职业商人的基本构成。他认为秦汉时期的职业商人大致上是由承包商、贩运商、囤积商、零售商和经纪商构成:其中,承包商一般带有开发商性质,属于大工商主,是商人中的财力雄厚者。贩运商往往无固定经销地址,是促进商流、物流的重要力量。囤积商则根据市场的供求关系,物价变化,贱买贵卖,以囤积居奇牟取暴利。零售商的数量占商人总数的比例很高,且通常是小本经营,定点销售,有"市籍",是各店铺的坐商。经纪商则是"节物贵贱"、平会两家买卖之价,说合买卖双方成交而从中获利的人。作者还指出,上述这些分类,不能绝对化,有的或许兼而有之,互有联系,不宜过于拘泥。又如:汉代商人的数量问题,在文献记载中只有"商遍天下"、"商贾错于路"之类概括性的描述。对当时全国的商人究竟多到何等程度?具体数据有多少?未见史籍有明确交代。作者根据《汉书·地理志》《后汉书·郡国志》《太平御览》等记载,测度出西汉全国乡级以上市场的市肆职业商人共计是41786人。如果加上当时66220个里市,每一个里市以一个肆店商计算,乃当时全国的肆店商总共为108006人,占全国总人户12233062的0.8829%,平均每113户就有一个商人。若再加上贩运商人在内,其人数当会更多。东汉时期,全国乡级以上市场的肆店商人共计是28396个,加上36820个里市商人,总计为65226个肆店商人,占全国总人户9698630的0.6725%,每149户有一人经商。作者指出,由于是估算各级市场拥有的商人数,导致结果会与当时的真实数量有一个上、下浮动的区间,故不一定很准确,仅仅是一个概略性的参考系数。还如:对汉代的农业商品率的考察,作者认为当时的农业商品化水平仍不是很高,农业商品率约在27%左右。这主要是由于受小农经济结构的制约,农业产品差价悬殊,且各地发展极不平衡等原因所致。类似的许多疑点、难点,作者都是在扎实史料的基础上展开论述的,言之有据,考证严密,令人信服,反映了作者治学之严谨。

4. 宏观着眼,微观入手。作者一方面十分注重地域间的比较,另一方面又注意数量分析和整体研究。本书在叙述一个地域的商品经济时,对于一些可能计量的经济指标如各个历史时期的人口,土地,赋税,粮价,布帛,畜产,蔬菜,副食品等总是尽量的做计量分析,以印证一些根据非计量资料做出的这一地区经济状况的判断:注意将商品经济的兴衰变迁与当时政治,军事状况,自然灾害联系起来考察,如秦末汉初,两汉之交,汉魏之际的战争等的巨大破坏力,导致物价腾贵,商业萧条,军阀的混战又使得人口锐减,土地荒芜,城市破坏对商品经济的发展造成了巨大的打击。又如在两汉400余年的历史中,年均灾发率达81%,不仅次数多。而且受害地区广,对社会经济的破坏也很大,直接影响了商品经济的发展,还需指出的是在政治清明的西汉之文景、昭宣及东汉的光、明、章诸帝时期,虽然也经常有自然灾害,但由于政府充分发挥起其职能,注重对灾民的赈济,开展生产自救,因而社会相对安定,物价比较平稳。对文献资料中没有留下全国各类农村市场数量的记载也予以严密的考辨,得出两汉农村市场乡市、里市的数量。这就是西汉乡市6622个,里市66220个,不论规模大小的市场,共计为72842个。东汉因政区调整,乡里范围有所扩大,乡市3682个,里市36820个,共计为40502个。综观《研究》全书,作者宏观与微观的结合,紧跟历史推移变化的主流,客观而具体地揭示秦汉商品经济的发展趋势和程度。这不仅能够比较完整地认识当时的社会经济生活,而且从一个新的层面认识这一时期的国家与社会,政治与经济,不仅填补了秦汉商品经济研究领域的诸多空白,大大夯实了这一领域的研究基础,而且把这一领域提高到了一个新的高度。

总而言之,黄今言先生的《秦汉商品经济研究》,视野开阔,结构严谨,内容丰富,条理清晰,史料翔实,论证精密,创获殊多,是一部开拓创新、求实崇真、自成体系、富有生命力的学术论著,它代表了新世纪的最新学术水平,是一部当今难得一见的好书。

原刊于《科教文汇》2008年第10期

(作者简介:王亮,江西省南昌市委编制办干部)

后　记

今年11月25日,是我们敬爱的黄今言先生八十大寿。

回首往事,感念吾师。作为学生,黄先生无论是在做事、做人,还是在治学方面,都给了我们非常深刻的影响。先生言传身教,嘉惠后学,育人有方,桃李满园。他几十年辛勤耕耘在中国古代史教学和秦汉史研究领域,兢兢业业,勤勉扎实,赢得了同仁们尊敬。

记得还是在2014年8月,我们在成都市参加中国秦汉史研究会年会时,有多位学者关切地问道:黄先生身体好吗?你们什么时候为他举办八十大寿学术研讨会?2015年在德州市参加首届东方朔国际学术研讨会时,又有多位大陆和香港的学者关心黄先生八十大寿的操办情况,令我们不胜感动。回到南昌后,我们与黄先生商量他八十华诞喜庆的事,结果被先生否定了。他说,没有必要为他这样做;再说,学院也没有这个传统,千万不要为他开这个先例。后来,偶尔有一次机会,我向张艳国副校长汇报了此事。张校长对此特别重视,并表示大力支持举办一场研究黄先生教育、学术思想的学术研讨会,以弘扬学校尊师重道的优良传统,传承老一辈学者的学术精神。他的这一番话,着实鼓舞了我们同门弟子筹办先生八十大寿学术研讨会的信心和决心。我们师兄弟经过慎重商量之后,再向先生汇报准备方案,结果又被先生朴实、淡泊的想法给否定了。黄老师说,没有必要举办这类学术研讨会,更不能劳烦各方人士奔波劳顿、远道而来。后经我们再三劝说,先生才勉强同意我们出版一本纪念学术文集,旨在促进学术交流,弘扬学术精神。

文集约稿函发出后,得到了学界友人的响应和支持,如九十高龄的著名历史学家朱绍侯先生、八十高龄的著名历史学家熊铁基先生,还有刘光华先生、李根蟠先生、张荣芳先生、廖伯源先生、周天游先生等,诸多德高望重的史学专家和前辈学者都踊跃赐稿,深情襄助,令人感动。截至九月十日,仅在半年多的时间内,我们已经收到57份珍贵稿件,这是学界送给黄先生的丰厚大礼!一封封传递着真挚情感的书信,一份份饱含时间沉淀的深厚感情，穿透纸背，令人动容。让我们向诸位专家、学者致以深深的敬意和感谢！

由于本学术文集的特殊性，论文选题种类较多，无法集中，所以我们在目录编排上，就没有完全依照内容分类，姑且将它们分为四大类：第一类是学界友人的专题学术论文，第二类是谷霁光先生弟子及再传弟子（黄老师学生）的论文，第三类是关于先生教书育人的学术随笔，第四类是有关先生著作的学术评论。这样编排，我们参照了学界通行的传统做法，大致根据学者年龄和辈份来确定编目顺序，年长者居前，学生辈依次跟进。

论文集稿成书，令人感慨不已！掩卷思量，饮水思源，不由得让我们深深地感激黄先生的教育之恩！衷心祝愿黄先生和师母许老师健康长寿，福永安泰！感谢江西师范大学副校长张艳国在百忙之中拨冗为书作序，真情感人！感谢中国社会科学院历史研究所所长、中国秦汉史研究会会长卜宪群等专家学者对黄先生八十大寿的关心与支持，感谢同门陈昌文师兄承担了论文集的出版工作，感谢吴方浪博士为论文集编辑做了大量的工作，感谢工作小组及所有同门弟子们的大力支持。如果没有大家的关心、支持，我们是不可能做好这项有意义的文化工作！

陈晓鸣　温乐平
2016年9月